플라톤의

법률

플라톤의

법률

박종현 역주

부록 : 미노스 · 에피노미스

서광사

이 책은 헬라스어 원전 역주서(譯註書)로서, Budé 판 플라톤 전집(*Platon: Œuvres Complètes*) 중에서 É. des Places가 교열 편찬한 제11권(1, 2부: 《법률(Les *Lois*)》 I-VI권: 1951년 초판, 1975, 1976년 판)과 A. Diès가 교열 편찬한 제12권(1, 2부: 《법률(Les *Lois*)》 VII-XII권: 1956년 초판, 1976년 판)에 수록된 *Nomoi*, 그리고 Oxford Classical Texts 중에서 J. Burnet이 교열 편찬한 *Platonis Opera*, 제5권(1907)에 수록된 *Nomoi*를 함께 1, 2차 기본 대본들로 삼고서, 그 밖의 몇몇 판본들을 참조하여 번역하고 주석을 단 것이다.

플라톤의

법률

부록: 미노스 · 에피노미스

플라톤 지음

박종현 역주

펴낸곳 · 도서출판 서광사

펴낸이 · 이숙

출판등록일 · 1977. 6. 30

출판등록번호 · 제406-2006-000010호

(10881) 경기도 파주시 회동길 77-12 (문발동)

대표전화 · (031) 955-4331 / 팩시밀리 · (031) 955-4336

E-mail · phil6161@chol.com

http://www.seokwangsa.co.kr / http://www.seokwangsa.kr

제1판 제1쇄 펴낸날 · 2009년 9월 10일

제1판 제5쇄 펴낸날 · 2020년 12월 20일

ISBN 978-89-306-0629-5 93160

▲ 플라톤(60세 무렵의 모습)
동시대의 조각가 실라니온에 의해 만들어진 것으로 추정되는
플라톤의 흉상 일부를 로마 제정 시대에 복제한 대리석 두상(頭像).
현재 뮌헨 조각 전시관에 소장되어 있다.

▲ 이다(Ida) 산의 꼭대기들

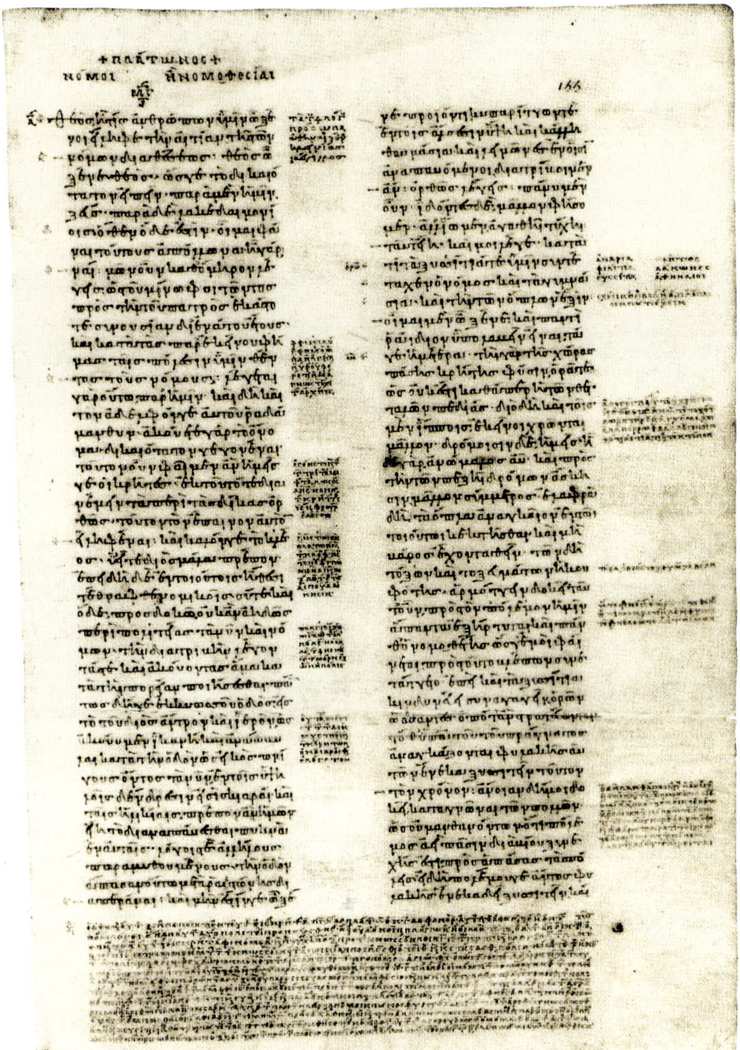

▲ 양피지에 적힌 《법률》의 필사본(codex)
Parisinus Graecus 1807의 첫째 쪽(624a1~625e8 끝).
9세기 것임.

머리말

나이 일흔 다섯을 반년쯤 남겨 둔 시점에 개인적인 또 하나의 학문적 대장정을 꼬박 5년이 가까운 긴 세월에 걸친 각고 끝에 끝맺었다. 이번에 내는 이 역주서는 서광사를 통해서 출간토록 계획한 플라톤 전집 중에서 단행본으로는 다섯 번째로 내는 것이고, 대화편 수로는 여덟째 것이다. 물론 서울대 출판부에서 2006년에 개정판으로 새로 낸 역자의 《플라톤》에 역주 형태로 완역되어 실린 《라케스》 편을 포함한다면, 내가 역주 형태로 낸 것들은 아홉 편이 된다. 플라톤 자신의 것들로 확실시되는 대화편들만의 수효가 26편이니, 대화편 수로 따지면, 1/3을 이제 넘긴 셈이다. 그러나 플라톤의 대화편들 중에서는 제일 분량이 많은 이 《법률》(*Nomoi*) 편이 추가됨으로써, 이제 양적으로는 플라톤 전집의 58퍼센트에 가까운 분량이 내 개인에 의해 역주 형태를 갖추고서 우리말로 출간되는 셈이다.

12권으로 이루어진 이 대화편은 10권으로 이루어진 《국가(정체)》(*Politeia*) 편과 함께 그 논의의 규모 면에서나 중요성에 있어서 플라톤 철학을 이루고 있는 대화편들 가운데서도 쌍벽을 이루는 것들이라 할 것이다. 《국가(정체)》 편이 50대의 야심 찬 플라톤의 열정이 담긴 거작이라면, 《법률》 편은 70대 초입을 지나 철학자로서 원숙한 경지에 이른 그가 팔순에 생을 마감할 때까지 필을 놓지 않고 매달린 또 하나의 초대형 거작이라 할 것이다. 이는 자신의 온 철학적 결산을 현실의 공동체적 삶 속에 구현하는 문제를 갖고 고심하며 보낸 오랜 세월의 앙금으로 얻게 된 결과물이라 말해도 좋을 것이다. 그런 점에서 말할진대, 《법률》 편이야말로 원숙기를 포함한 플라톤 철학의 전체적 진면목을 달관의 경지에서 보여 주는 거작이라 해도 될 것이다. 전체가 12권인 이 책에 필요한 주석들을 분량에 별로 구애받지 않고 단 데다, 부록까지 덧보태게 되니, 아무래도 그 덩치가 한 손으로 들기에 부담스러울 정도로 육중해질 것 같아, 좀은 걱정스럽기까지 하다.

이 번역의 일차적인 대본으로 삼은 것은 Budé 판 플라톤 전집(*Platon: Œuvres Complètes*) 중에서 É. des Places가 교열 편찬한 제11권(1, 2부: 《법률(Les *Lois*)》 I-VI권: 1951년 초판, 1975, 1976년 판)과 A. Diès가 교열 편찬한 제12권(1, 2부: 《법률(Les *Lois*)》 VII-XII권: 1956년 초판, 1976년 판)에 수록된 *Nomoi*이고, Oxford Classical Texts 중에서 J. Burnet이 교열 편찬한 *Platonis Opera* 제5권(1907)에 수록된 *Nomoi*는 이차적인 대본으로 삼았으며, 그 밖에 참고 문헌들에서 밝힌 문헌들을 늘 함께 참조했다. Budé 판의 일차적인 대본과 텍스트 읽기를 달리한 경우에는 이를 일일이 각주에서 밝혔다.

부록으로 추가된 《미노스》와 《에피노미스》는 플라톤의 것들이 아니고, 이른바 위작들에 속하는 것들로 판명된 것들이다. 그런데도 플라톤 전집에서는 《법률》 편의 앞과 뒤에 그 각각이 곧잘 붙게 되는 것들이어서, 없으면 어딘지 섭섭한 느낌을 갖게 하는 것들인지라, 내친걸음에 함께 번역해서 덧붙였다.

개인적으로 예고했던 작업들에 앞서 이 거창한 작업에 먼저 손을 댔던 것은 이 시대의 이 나라의 상황이, 학문적으로도 그리고 현실적으로도, 이런 고전의 출간을 절실하게 요구하고 있다고 판단한 데다가, 조금이라도 더 기력이 있을 때에 큰일부터 끝내는 게 좋겠다고 생각했기 때문이었다. 나는 6년 전에 인촌상(학술부문)을 받으면서 이런 소감을 말한 적이 있다. "저는 고전의 제대로 된 본격적인 역주 작업과 함께 이와 관련된 참고문헌들이 우리 학계에 미칠 영향을 참나무 숲의 그것에다 비유한 적이 몇 번 있습니다. 참나무 숲이 조성하는 비옥한 토양 때문에 거기에서는 200종이 넘는 식물이 함께 자랄 수 있다고 합니다. 고전의 그런 작업들은 이 나라 학계에 비옥한 학문적 토양을 조성해 줄 것이 분명합니다. 저는 이 나라 학계의 비옥한 토양 마련을 위해 이제껏 나름대로 노력해 왔지만, 제게는 이미 한 일보다도 제 생전에는 끝냈으면 싶은 일들이 더 많이 남아 있습니다. 그건 이 나라에서 서양 고전 학계의 학문적 자산을 몇 십 년이나 앞당겨 축적해 놓는 일이기 때문입니다." 그 이후로 펴낸 《필레보스》 편의 역주서(2004), 《국가(정체)》 편의 새로운 텍스트를 대본으로 삼은 대대적인 개정 증보판(2005) 등에다, 이번의 이 작업은 스스로 한 그런 다짐에 대해 부끄럽지 않은 큰 걸음을 내디딘 것이라는 생각이 든다.

어쨌든 별탈 없이 이 일을 일단 끝내고 나니, 참으로 홀가분하기 그지없는 데다, 뭔가 굉장한 걸 덤으로 또한 얻은 것 같은 기분이다. 그게 뭘까 하고 생각해 보니, 곧바로 쉽게 답을 얻게 된다. 그건 마음의 여유다. 모처럼 얻게 된 이 마음의 여유를 앞으로의 내 학문 활동의 전 영역에 확산할 생각이다. 이제부터는 했으면 싶은 일들을 쫓기지 않고서 쉬엄쉬엄 하는 데까지 편한 마음으로 할 생각이다. 이제까지는 한 가지 힘든 작업을 끝낼 무렵이면, 그동안의 작업과정이 얼마나 힘들었던지, 언제나 다시는 쫓기면서 일하지는 않겠다고 가족들에도 약속하고 주변에도 그리 선언했다. 그러나 그때뿐이었지, 늘 쫓기는 마음이기는 마찬가지였다. 하지만 이제야말로 마음의 여유를 갖고 여생의 학문활동을 하는 걸 개인적 행동 강령으로 삼을 생각이다.

끝으로, 새로운 플라톤 역주서가 나갈 때마다 부지런히 읽어 주면서 그 후속 출간을 성원해 주는 진지한 독자들에게 5년이 가까운 긴 시간의 산고 끝에 내놓는 이 책이 내 나름의 큰 고마움의 표시로 마음에 가닿는 것이 되었으면 좋겠다.

2009년 7월

박종현

차례

《법률》 해제

《법률》(*Nomoi*)이 플라톤의 대화편들 중에서는 그 분량 면에서 최대의 것이라는 건 책 자체가 사실로서 말해 주고 있으니, 쉽게 확인되는 일이겠다. 반면에 이 대화편이 틀림없이 최후의 것인지에 대해서는 딱 잘라 말할 수는 없더라도, 아마도 그럴 것이라는 데에는 이 분야의 학자들 거의 다가 공감하고 있는 일이다. 이와 관련해서 가장 믿을 만한 정보를 제공하고 있는 전거(典據)로는 《디오게네스 라에르티오스》(Ⅲ, 37)를 내세울 수 있겠는데,[1] 여기에는 이 대화편의 저술 상태 등과 관련해서 이렇게 전하고 있다. "몇몇 사람들이 오푸스(Opous) 사람 필리포스(Philippos)가 밀랍 서판[에 적힌] 상태로 있던 그(플라톤)의 《법률》(*Nomoi*)을 옮겨 적었다고 말하고 있다. 한데, 《에피노미스》(*Epinomis*)도 이 사람(필리포스)의 것이라고들 말하고 있다." 그러면 여기에서 말하고 있는 "밀랍 서판(蜜蠟書板: kēros)[2][에 적힌] 상태로 있었다" 함은

---

1) 그 밖의 이차적인 문헌들과 관련해서는 K. Schöpsdau, *Nomoi*, Buch I–III, 139~140을 참조하는 게 좋겠다.

2) 여기서 말하는 '밀랍 서판'이란 일정한 크기의 틀을 갖춘 나무판 또는 금속판 위에 밀랍을 펼쳐 붙여서 그 위에 골필 또는 철필(graphis: 라틴어로는 stilus에 해당됨)로 글을 적게 되어 있는 서판(deltos, gramma-

무엇을 뜻하는가? 이는 플라톤이 자신의 《법률》을 밀랍 서판에 쓰긴 했으나, 파피루스 두루마리에는 미처 옮겨 적지(metegrapsen) 못하고 원고(또는 초고) 상태로 남겨 놓고 임종했다는 걸 뜻한다. 그해는 347년이었고, 향년 80세였다. 그걸 그의 제자 필리포스가 파피루스 두루마리에 옮겨 적었거니와, 플라톤의 것으로 잘못 알려진 《에피노미스》도 실은 이 사람의 것이라는 이야기로 이어진다. 그런데 여기에서 문제가 되는 것은 '옮겨 적었다'로 번역한 metegrapsen을 더러는 '고쳐 적었다'로 이해해도 되는 걸로 보기도 한다는 것이다.[3] 물론 이 낱말은 옮겨 적거나 베낀다는 뜻 이외에 고쳐 적는다는 뜻도 있다. 한데, 《디오게네스 라에르티오스》의 같은 곳에서 바로 이어지는 그다음 문장, 곧 "에우포리온(Euphoriōn)과 판아이티오스(Panaitios)는 《국가(정체)》의 시작이 여러 번이나 고쳐진 게 발견된 걸로 말했다"라는 언급에서 '고쳐진'의 원어는 estrammenēn으로 되어 있다. 적어도 이곳에서는 두 경우에 분명히 다른 낱말을 각기 쓰고 있다. 게다가 이런 언급은 플라톤이 《국가(정체)》 편의 경우에는 그 첫머리를 여러 번이나 고쳐 적을 수 있었지만, 《법률》 편의 경우에는 자신의 갑작스런 임종으로 인해 그럴 기회는커녕, 밀랍 서판

---

teion, pinax: 라틴어로는 tabula에 해당됨)이다. 학생들이 글쓰기를 할 때도 이 서판을 쓰는데, 이를 여럿 연결하면 요즘의 공책같이 쓸 수 있는 것이다. 다만 다른 점은 그런 서판은 얼마든지 반복적으로 이용할 수 있다는 것인데, 이는 골필이나 철필의 반대쪽 끝의 납작하게 다듬어진 면을 이용해서 밀랍 서판에 적힌 걸 수시로 부분적으로 살짝 긁듯이 문질러 지워 버리면 되기 때문이다. 이렇게 지워진 서판을 라틴어로는 tabula rasa라 한다. 존 로크는 우리가 지각을 통해 관념을 갖기 전의 마음의 상태를 그것에다 비유해서 말하기도 했는데, 일본인 학자들이 이를 '백지'로 잘못 번역해서 쓰기 시작했다. 이는 '백지'가 아니라, 살짝 긁듯이 문질러서 '지워진 밀랍 서판'(erased tablet)을 뜻하는 말이다.

3) 바로 앞에서 말한 Schöpsdau의 책 141쪽, Morrow의 *Plato's Cretan City* 515~6 및 Saunders의 번역서 37쪽 참조.

상태에서 수정할 기회도 제대로 갖지 못했을 뿐더러, 두루마리에 옮겨 적지도 못했다는 뜻으로 이해할 수 있는 것이기도 하다. 이를 어쩌면 한두 해는 좋이 걸렸을 오랜 기간에 걸쳐 필리포스가 파피루스에 옮겨 적게 된 것이라 할 것이다.

한데, 밀랍 서판에 적힌 대로 충실히 그대로 옮겨 적었더라도, 열두 권으로 분할하는 등의 편집과 함께 아주 작은 부분에서, 이를테면, 집필과정에서 흔히 있을 수 있는 일로 같은 접속사나 부사 따위의 반복, 대수롭지 않은 낱말의 탈락이나 잘못 적기, 이런 따위의 무의식적으로 저질러진 결함들을 발견했을 경우에, 이것들의 수정과 보완 정도는 그가 했을 수 있다고 할 것이다. 그러나 그 이상의 것들에도 그가 손을 댔을까가 이 경우에 우리의 관심사일 수 있겠다. 한데, 이 문제와 관련해서는 Morrow가 그의 책 517~8쪽에서 하고 있는 이야기를 중심으로, 이 사람 저 사람의 이야기를 들어 보는 게 옳을 것 같다. 이를테면, 《법률》 편 772d에서는 남자의 혼인 연령을 25~35세로 잡고 있으나, 721b 및 785b에서는 30~35세로 잡고 있다. 이는 언뜻 보아 서로 어긋나는 주장이고, 보통사람들의 관심거리가 되는 사항이면서도 별로 중요한 사안도 아니어서 가벼운 마음으로 고쳐 적을 수 있었을 터인데도, 그냥 두었다는 것은 그가 그만큼 플라톤의 텍스트에 대해 있는 그대로 존중하는 태도로 임했다는 반증일 수 있다는 것이다. 또한 England가 그의 주석서(I, 386)에서 지적하고 있는 바로서, 691e1에서 시작해서 692a6에서 일단 끝나는 불과 여섯 줄인 문장에서 dynamis(힘)가 다섯 번이나[4] 반복적으로 사용된 것이나, 같은 곳에서 eti(아직도, 더 나아가)가 세 번이나 반복된 것도 '급한 그리고 교정도 하지 못한 집필의 증거들' (marks of rapid and unrevised writing)이라고 할 수 있겠는데, 이로써 필리포스는 이런 것들

4) 실은 692a2에서의 생략을 포함하면, 6번이다.

에 대해서도 전혀 손을 대지 않았다는 사실이 확인된다. England의 설명을 따르면, 이곳에서 스파르타의 역사적 사실들에 대한 기술을 함에 있어서 플라톤은 문장에는 그다지 신경을 쓰지 않고, 말하자면, 일단은 사항들의 나열을 우선 해 둔 셈인데, 이는 나중에 제대로 퇴고하기 위해 남겨 둔 것이라 하겠으나, 결국 그러지 못했다는 이야기이다. 아닌게아니라, 솔직히 말해서, 나로서는 가끔 텍스트 그대로는 도저히 그 뜻을 헤아릴 수 없을 것만 같은 대목들을 일일이 기억할 수 없을 만큼 여러 차례나 접하게 된 게 사실인데, 이런 경우들에 대한 Saunders의 말(*Notes* 85쪽)도 내 심정에는 그대로 와 닿는 것이었다. "[인용된] 구절 전체는 서두르고 고치지 못한 상태의 문장이다. 플라톤이야 곧 정확하고 간결해지기를 바라고 있겠지만, 그 결과는 무르익은 혼란이다." 그러나 Morrow(518쪽)도 Schöpsdau(142쪽)도 그리 말하고 있듯, 이런 것들로 해서 성급하게 필리포스를 나무랄 것이 아니라, 우리에게 전해지고 있는 《법률》 편의 "모든 말은 전적으로 플라톤의 것들이라는 걸 공식으로 삼음은, 우리가 접하게 될지도 모르는 어떤 모호한 점들을, 플라톤의 의도들을 더 잘 간파하는 이해를 통해, 우리로 하여금 [스스로] 설명해 보지 않을 수 없게끔 하는 것으로서, 스스로 제 힘으로 알아내게 하는 하나의 훌륭한 원칙(an excellent heuristic principle)이다." 아닌게아니라, 거듭 밝히는 바이지만, 혼란스럽기만 하고 도무지 명쾌하게는 이해하지 못할 것만 같은 문장들을 갖고서 온종일 씨름 씨름을 하며 골머리를 앓다가 마침내 "아, 그 뜻이구나!" 하고 스스로 깨우치게 된 일이 어디 한두 번이었던가! 그렇더라도 우리말 번역까지 그런 상태로 남겨 둘 수야 없는 일이 아니겠는가! 나로서는 그런 문장들까지 깔끔하게 우리말로 옮겨 놓느라 고달프리만큼 애쓰고 또 애썼지만, 그 부분의 원문들을 읽어 보지 않은 독자들이야 이를 알 턱이 없을 것이다.

그런데 이처럼 가끔은 서로 일치하지 않는 것 같은 점들이나 미처 정돈 또는 정리되지 못한 것 같은 대목들은 자칫 자료적 성격을 갖는 것들로 간주될 수 있는 것들이다. 따라서 이런 것들을 포함해서 적지 않은 부분들에 걸쳐, 이 대화편이 일정 부분에 있어서는 일종의 협동작업의 성격을 갖는 것이어서, 아카데미아 학원 사람들의 것들이 덧붙여지거나 함께 끼어들게 되었을[5] 가능성이 있다고 보고, 문제는 이런 일을 제대로 하기에는 철학적으로 충분한 능력을 갖추지 못한 필리포스가 그 일을 맡았다는 것이라 말할 수도 있다는 주장을 펴는 사람들도 있다.[6] 그러나 이런 주장을, 그런 일이 가능하다고 해서, 선뜻 받아들일 수는 없는 일이다. 더구나 《법률》 편의 집필 및 편집 과정이 정녕 그런 것이었다면, 그런 사정쯤은 충분히 알고 있었을 아리스토텔레스가 그의 《정치학》 1265a1~4에서 《법률》 편에 대한 언급을 하면서, 3인칭 복수가 아닌 단수 동사들로써 플라톤을 지칭하며 말했을[7] 리는 없을 것이기 때문이다.

그렇다면 이 대화편은 미완의 것인가? 이 대화편의 마지막 부분을 이루고 있는 제11권과 제12권은 적어도 분량 면에서는 제6, 7권을 제외하고는 오히려 많은 쪽에 속한다. 게다가 제12권의 3분의 2를 미처 넘기지 못한 곳쯤에서는(960b) "우리의 법률 제정[작업]은 거의 끝맺게 된 셈이겠습니다"라는 표현을 우리가 만나게 된다. 끝 부분(968c~969b)에 가서도, 이 나라 지성(知性)의 총집합체라 할 [새벽녘] 야간회의(ho nykterinos syllogos)와 관련해서 이런 말을 하고 있다. 장차 이 회의체를 구성할 사람들의 "나이와 배움의 능력, 기질적인 성품 그리고 습관에 의해서 수

---

5) 이런 것들을 Academic accumulation 또는 semi-authentic accretion이라 이들은 일컫고 있다.

6) S. Scolnicov & L. Brisson(edd.), *Plato's Laws* 중에서 D. Nails and H. Thesleff, Early academic editing: Plato's *Laws*. 이 논문 중에서도 특히 29쪽을 참조할 것.

7) eirēken(그는 말했다)과 boulomenos(그는 …하고자 하면서도)가 그렇다.

호의 성격에 적합한 사람들의 명부를 작성하고, … 그다음으로는, 무엇들을 배워야만 하는지를 찾아내기도 쉽지 않고, 이를 찾아낸 다른 사람에게서 배우는 자로 되는 것도 쉽지가 않습니다. 이것들에 더해서, 그 기간들을, 곧 그 기간에 이것들 각각을 습득해야만 한다는 걸 명문화해서 말해 둔다는 것은 공연한 일입니다. 왜냐하면 배우는 당사자들에게는 무엇을 알맞은 때(적기)에 배우는 것인지가 불명할 것이기 때문입니다. 아마도 각자의 혼 안에 그 학과목의 지식이 생기게 되기 전에는 말입니다. 물론 이것들과 관련된 모든 것을 이처럼 '말해서는 안 될 것들'(aporrhēta)로 말한다는 것은 옳게 말하는 게 아니겠으나, '미리 말하지는 말아야 할 것들'(aprorrhēta)로 말하는 것은 옳겠는데, 이는 미리 말한다고 해서(prorrhēthenta) 논의되고 있는 것들 중의 아무것도 밝히어 주는 게 없기 때문입니다. … 우리의 이 비범한(신적인) 회의체(ho theios syllogos)가 정말로 성립된다면, … 이것에 나라를 넘겨주어야만 할 것이며, 이에 대해서는 오늘날의 입법자들 중의 그 누구의 경우에도 실제로 아무런 시비도 일지 않을 것입니다. 오히려 조금 전에 논의를 통해서 머리와 지성의 협력 관계의 어떤 상(像)을 혼성함으로써 다루었던 꿈이 실제로 거의 현실로서 실현되어 있을 것입니다." 이런 마무리 부분의 발언을 통해서 우리는 그가 정작 하고자 했던 말은 다 했다고 하는 게 옳다는 게 내 판단이다.

이제껏 말했듯, 이 대화편은 문장들을 미처 고쳐 가며 다듬을 기회를 충분히 갖지 못하고, 밀랍 판의 초고 상태로 남겨 놓았다는 뜻에서는, 곧 스스로 정서까지는 미처 하지 못했다는 뜻에서는 미완이라 말할 수도 있겠다. 그러나 적어도 내용 면에서까지 미완이라고 말할 수는 없을 것 같다. 그런 점에서 이 대화편은 《크리티아스》 편의 경우와는 아주 다르다 할 것이다. 《크리티아스》 편은 아틀란티스 섬에 있던 강대국의 타락에 대해 징벌을 하기로 결심한 제우스가 신들을 모이게 한 다음, 말을 시작하려는 데서 뚝 끊긴다. 그러나 이 대화편은 미완 상태일 뿐이지, 밀랍 서판에 적힌 상태로 남아 있었다는 기록이나 전언은 어디에도 없고, 파피루스에 옮겨진 상태로 전해진 걸로 되어 있다. 그러므로 이와 관련해서 우리가 말해도 무리가 없을 것 같은 것은 이런 것이다. 이 대화편의 중단된 부분을 통해서 그가 마음속으로 하고자 했던 말들은 그 이후의 다른 대화편들 속에 확대 분산된 상태로 해소되었을 것이라는 정도의 말은 우리가 할 수 있을 것이라는 점이다.

이와 함께 우리의 또 하나의 관심사는 이 대화편의 집필 시기가 언제부터인가 하는 것이 되겠다. 제1권 638b에서 남이탈리아의 로크리스인들이 시라쿠사이인들에게 굴복하게 된 사건에 대해 언급하고 있는데, 이 일은 제1권의 이 부분이 이 사건 뒤에 집필된 것임을 시사한다. 이 사건에 대해 Schöpsdau는, 대개는 356년의 일로 보고 있지만, 아마도 352년의 일일 것으로 보고 있다.[8] 뒤의 경우라면, 이는 플라톤이 75세일 때고, 앞의 경우라 해도 71세일 때다. 그런가 하면, Schofield[9]는 《법률》이 이소크라테스(Isokratēs)의 《아레오파기티코스》(*Areopagitikos*)가 나온 때로 추정되는 355년에 저술되고 있은 것으로 보고 있다. 이런 시점들을 고려한다면, 70대의 초기는 넘기고서 집필이 시작되고 70대 중반에 본격적인 집필 단계로 진입하고 있은 걸로 보면, 무난한 추정일 것 같다.

일찍이 50대에 10권으로 이루어진 《국가(정체)》(*Politeia*)를 쓴 뒤에도, 서양 철학사에서 그 하나하나가 이정표가 되다시피 한 여러 편의 심오한 철학적 대화편들을 썼던 그다. 그런 그가 자신의 마지막 연대에 다시금 현실 정치와 직결될 수 있는 《법률》(*Nomoi*)이라는 12권짜리 거작의 집필에 매달리다 생을 마감했다. 이게 그에게 있어서 무엇을 뜻하는

---

8) Schöpsdau의 같은 책 135쪽.

9) Malcom Schofield, *Plato*: *Political Philosophy*, Oxford, 2006, 76~7.

지를 우리가 알기는 결코 어려운 게 아닐 것이다. 둘은 그 논의의 규모면에서나 중요성에 있어서 플라톤 철학을 이루고 있는 대화편들 가운데서도 쌍벽을 이루는 것들이라 할 것이다. 26편 또는 28편으로 손꼽히는 전체 대화편들의 분량 중에서 《국가(정체)》 편은 19퍼센트가 조금 못되고, 《법률》 편은 19퍼센트가 좀 넘는다. 이런 사실들은 그만큼 많은 시간과 열정을 이들 두 대화편에 그가 쏟았다는 걸, 따라서 정치적 현실에 대한 그의 관심이 또한 그만큼 컸다는 걸 우리에게 직설적으로 알려 주고 있다. 그가 74세 무렵에 쓴 것으로 추정되는 자전적 기록이라 할 《일곱째 서한》에서 그는 소크라테스의 죽음을 계기로 아테네의 현실 정치에 대한 환멸과 함께 직접적인 정치 참여를 스스로 포기하게 된 경위를 꽤 자상하게 밝히고 있는데, 그 일부를 여기에 인용하겠다.

"이런 일들과 정치하는 사람들을, 그리고 법률과 관습들을 지켜보던 내게는, 더 두루 살피면 살필수록, 그리고 나이를 더 먹으면 먹을수록, 바르게 나랏일을 경영하는 것이 그만큼 더 어려운 일로 보였소. 친구들과 신뢰할 만한 동지들이 없이 행동을 취한다는 것은 불가능한 일이었기 때문이오. — 그런 이들이 있다 하더라도 찾아내는 게 쉽지 않았소. 우리 나라가 이미 이제 더는 조상들의 습속과 관행대로 경영되지 않았으니까요. 다른 새로운 친구들과 동지들을 쉽게 얻기도 불가능한 일이었소.— 그리고 성문화된 법률도 관습도 타락해 가고 있었으니, 그 진행 속도는 놀라울 정도였소. 그리하여 내가 처음에는 공공의 일을 하려는 대단한 열의로 충만해 있었지만, 이런 일들을 유의해 보매, 온통 뿔뿔이 부동(浮動)하고 있음을 보고서는, 결국엔 현기증을 느끼기에 이르렀소. 그렇더라도 나는 한편으로는 이런 것들과 관련해서, 특히 나라 체제 전체와 관련해서 언젠가는 더 나아지지 않겠는가 하고 살피기를 그만두지 않았고, 다른 한편으로는 다시금 공공의 일을 할 기회를 늘 기다리고 있었소. 하지만 마침내는 오늘날의 모든 나라들에 대해서 이것들이 모조리 나쁘게 통치되고 있다는 사실을 깨닫게 되었소. 이 나라들에 있어서 법률의 상태는, 요행과 함께 어떤 경이적인 대비책이 없는 한, 거의 치유가 불가능할 정도이기 때문이오. 그리고 나는 바른 철학을 찬양하면서 이렇게 주장하지 않을 수 없게 되었소. 나라의 일들이건 사사로운 일들이건, 모든 형태의 올바른(정의로운) 것들을 알아보는 것은 그것으로 해서나 가능하다고 말이오. 따라서 바르게 그리고 진정으로 지혜를 사랑하는 이들의 부류가 정치적인 권력들을 장악하게 되거나 아니면 나라들에서 집권하고 있는 부류가 어떤 섭리(하늘의 뜻)로 해서 진정으로 지혜를 사랑하게 되기 이전에는, 인류가 결코 악과 불행의 종식을 보지는 못하게 될 것이라고 말이오. 이런 생각을 가진 상태로 나는 이탈리아와 시켈리아(시칠리아)로 갔었소. 내가 처음으로 그곳에 갔을 때는 말이오."(325c~326b)

이게 마흔 살 무렵의 그의 심경이었던 것으로 그는 이 서한에서 밝히고 있다. 그는 그 이후로도 비단 아테네만이 아니라 헬라스의 여러 나라에 있어서의 정치적 상황에 대한 근원적 접근 방식에 의한 진단과 처방 그리고 그 개혁을 늘 염두에 두고 있었다는 걸 우리는 이 서한에서 실증적으로 확인하게 된다. 그런 의미에서, 이들 두 대화편에서 특히 강조하고 있듯, 그는 철학을 통한 교육과 나라 체제의 근본적 변혁에 지대한 관심을 가졌던 철학자였던 게 엄연한 사실이다. Robin이 *Platon* (Paris, 1935) 254쪽에서 "플라톤은, 사람들이 흔히 생각하는 것과는 반대로, 실제로는 이론보다도 실천에 훨씬 더 몰두했다"고 말했는데, Morrow도, 이 말을 인용하며,[10] "우리가 플라톤의 작업을 전체적으로 볼 때, 그는 이론보다는 실천에 더 관심을 가졌었다고 주장해도 좋을 것이다"라고 말

10) 앞에서 언급된 책 4쪽.

하고 있다. 따라서 그가 42/3세경에 세운 아카데미아 학원은 바로 그런 그의 관심 때문에 세워진 것이었다고 말해도 조금도 빗나가는 게 아닐 것이다. 그가 《국가(정체)》 편을 출간한 뒤인 60대일 때에는, 이 학원이 어느덧 비단 아테네뿐만 아니라 온 헬라스에서 당대의 지식인들과 엘리트들을 끌어들이는 학문의 전당으로 되어 있었다는 건 곳곳에서 확인된다.[11] 마케도니아와 트라케 사이에 있던 스타기라(Stagira) 출신으로 17세의 아리스토텔레스가 이 학원에 입문한 것도 그가 60세였을 때였고, 이 젊은이는 향후 20년간 그의 사망 시까지 이 학원에 머문다. 《국가(정체)》 편에서 제시되고 있는 수호자 계층의 교육 과정, 특히 철인 치자들을 위한 교육 과정은 바로 이 학원에서 실제로 운용되고 있던 교육 과정과 별반 다를 것이 없었을 것으로 여겨도 될 것이다. 그런 교육을 받았거나 지도하게 된 사람들은, 플라톤이 아니어도, 여러 나라에서 법률 자문이나 법률 기초(起草)를 위해서 또는 정치적 자문을 위해서 초청된 경우들도 부지기수로 많았던 것 같다.[12] 이런 면에서의 아카데미아 학원 자체의 활동도 상당히 활발했던 것으로 우리는 전하여 듣고 있다.[13] Klosko 같은 사람은 아카데미아의 설립 취지를 '정치가들을 위한 학원' 으로 말하면서, 적어도 부분적으로는 입법가 지망자들과 통치자들의 자문역 지

11) 물론 소크라테스의 추종자들로서, 그의 사후에 키레네 학파를 형성한 아리스티포스(Aristippos), 메가라 학파를 형성한 에우클레이데스(Eukleidēs) 그리고 훗날의 키니코스 학파(Kynikoi, Cynics)의 창설자가 된 안티스테네스(Antisthenēs)를 중심으로 한 철학자들의 모임이 없었던 것은 아니나, 이것들은 실상 당대의 철학적 탐구 활동의 변방들이었던 셈이다.

12) Morrow의 같은 책 8~9쪽 참조. 또한 플루타르코스의 《콜로테스에 대한 답신(*Adversus Colotem*)》 32를 참조할 것.

13) G. Klosko, *The Development of Plato's Political Theory*, (Methuen, 1986), 188, 243.

망자들에게 실제적인 훈련을 제공하려 한 데서 찾고 있다. Barker 역시 "아카데미아는 입법가들의 양성소였으며, 얼마간은 법률 학교였음에 틀림없다"고 말하고 있다.[14] Morrow도 비슷한 말을 하고 있는데, 그건 이러하다.[15] "플라톤은 자기 시대의 도시 국가를 개혁하고자 했다. … 플라톤은 자신이 할 수 있는 최대의 기여는 그의 아카데미아를 통한 것이라 생각했다. 왜냐하면 아카데미아의 더 중요한 기능들 가운데 하나는, 비록 플라톤의 견지에서는 그 주된 목적이 아니었다 할지라도, 정치가들 또는 법률 고문들의 양성이었기 때문이다. 플라톤 생시에 아카데미아의 일원으로서 이 나라 저 나라에 입법자 또는 입법 자문으로 간 사람들의 수가 15명에서 20명인 것으로 옛날의 저자들에 의해 거명되고 있다." 이들은《국가(정체)》편에서 말하는 '철인 치자'는 아닐지라도, 적어도 '철인 입법자' 노릇은 하려고 했던 사람들로서, 플라톤이 생각했던 현실 개혁에 그들 나름으로 동참했던 것 같다. 그렇다면 이에서《법률》편과 관련해 우리가 이끌어 낼 수 있는 결론은 이런 것일 수 있다. 그로서는, 비단 정치적 현실과 관련된 자신의 철학적 작업의 결산으로서만이 아니라, 이런 현실적 요구들에 부응하는 지침서를, 더구나 자신의 사후에도 이용할 수 있게 하는 그런 지침서를 제자들로 하여금 갖도록 하기 위해서도 필요한 저술이 이것이었다고.

'법률'로 옮기고 있는 헬라스어 nomoi는 nomos의 복수 형태이다. nomos는 '법'을 뜻하기에 앞서 원래는 '관습'이나 '인습' 또는 '관례'를 뜻하는 말이었다. 관습이나 인습 또는 관례는 한 집단에 있어서 불문율과도 같은 '조상 전래의 율법'(patrioi nomoi)으로 굳어짐으로써 거의

---

14) E. Barker, *Greek Political Theory*, (London, 1957), 295. 또한 G. C. Field, *Plato and his Contemporaries*, (3rd ed. Methuen, 1967), 44~5를 참조할 것.

15) G. R. Morrow, The Demiurge in Politics: The *Timaeus* and the *Laws*, (*Proceedings of the American Philosophical Association* 27(1953~4): 5~23), 9.

강제력을 갖는 구속력을 행사하게도 되었다. 그러나 공동체의 규모 및 사회 환경의 변화는 나라 체제의 변화를 필연적으로 가져오게 마련이어서, 실정법으로서의 다양한 법규들을 요구하게 되었을 것이니, 나라에 있어서 법률 제정(nomothesia)의 기원을 우리는 이에서 찾게 된다.(681c 참조) 한데, 비록 법이 이처럼 상황의 변화에 따라 인위적으로 제정되기에 이르렀지만, 헬라스인들에게는 법이 여전히 신성시되어 왔으니, 법과 관련된 헬라스인들의 정서는 이런 것이었다. 헬라스 본토의 나라들은 새로운 법률의 제정과 더불어 올림포스 신들의 대변자 격인 아폴론의 델피 신전을 찾아 그 재가를 받는 형식적 절차를 밟았으며, 미노스 왕이 9년마다 크레테의 이다(Ida) 산에 있는 제우스의 동굴을 찾아가서 법률과 관련된 제우스의 조언을 구했다는 전설도, 법과 관련된 당시 사람들의 심성의 밑바탕을 잘 읽게 하는 것들이다. 그래서 이 《법률》 편 첫머리에서도 나오듯, 스파르타인들은 그들의 법률을 아폴론의 것으로, 크레테인들은 제우스의 것으로 각기 받아들였다. 이 대화편은 바로 플라톤 자신이라 해도 될 한 아테네인과 메길로스라 불리는 한 스파르타인 그리고 크레테의 새로운 가상의 식민지인 마그네시아(Magnēsia)의 입법을 위임받은 클레이니아스라는 한 크레테인이, 하지를 바로 앞둔 어느 무더운 여름날 새벽에 크노소스에서 만나, 함께 이다 산의 동굴을 찾아가면서 중간에 나무 그늘이나 풀밭 등에서 충분한 휴식을 가지며 마그네시아의 이주민들을 위한 법률의 제정과 관련된 대화를 나누는 형식으로 구성되어 있다. 그런데, 이 대화편에서도, 이들이 이 새로운 식민지의 법률 제정을 이럭저럭 끝맺는 것과 때를 맞추어, 더구나 국사(國事)와 관련해서 최고의 숙의(熟議) 기구인 [새벽녘] 야간 회의의 구성을 끝맺는 것과 맞추어 밤늦게라도 제우스가 어렸을 때 그곳에서 자랐었다는 전설이 어려 있는 이 동굴을 찾아들게 된다면, 그것으로 그들은 자신들이 함께 제정한 법률에 대한 제우스의 재가를 상징적 의미에서라도 받게 되는 것으로 짜여져 있다. 이것이 플라톤조차도 심정적으로는 떨치지 못하고 있는 법에 대한 헬라스인들의 종래의 기본 심성이었다고 보아야 할 것이다.

《국가(정체)》 편에 비해 《법률》 편이 더 현실적이며 철인 치자의 이상적 정치보다도 법치를 표방하게 된 것과 관련해서 그 연유를 플라톤이 연로해 가면서 이상을 접고 좀 더 현실주의자에 가깝게 변신했기 때문이라는 자못 감상적인 견해를 말하는 사람들이 더러 있다. 그러나 이는 이들 두 대화편과 관련된 플라톤의 의도를 전혀 잘못 짚은 데서 비롯된 것이다. Lisi의 말처럼,[16] 이 대화편을 주의 깊게 읽으면, "이전의 플라톤적인 견해와의 단절보다는 오히려 연속성을 드러내 보이게 한다"는 사실을 새삼 확인하게 할 것이기 때문이다. 플라톤은 《국가(정체)》 편에서 논의를 통해서 수립해 본 kallipolis(아름다운 나라)(527c)가 현실적으로 실현 가능한 것이라 믿지도 않았다. 그래서 "이론상(논의상)으로나 성립하는 나라 … 그 나라는 지상의 그 어디에도 존재하지 않을 것이다"[17]라고 단언적으로 말하고 있다. "그렇지만 그것은 아마도 그걸 보고 싶어 하는 자를 위해서 그리고 그것을 보고서 자신을 거기에 정착시키고 싶어 하는 자를 위해서 하늘에 '본'(paradeigma)으로서 바쳐져 있다."(《국가(정체)》 592a~b)고 또한 선언하고 있다. 이런 '본'의 성격과 관련해서 우리는 역시 《국가(정체)》 472b~473b에서 언급되고 있는 다음 구절에 주목해야 할 것이다.

"그렇다면 먼저 이걸 기억해야만 하네. 우리가 '올바름'(정의:

---

16) Lisi, F. L.(ed), *Plato's Laws and its Historical Significance*(Sankt Augustin, 2001)에 실린 Lisi의 논문 Contemporary readings of Plato's *Laws* 13~4.

17) 밑줄 친 부분의 원문은 gēs … oudamou … einai인데, utopia는 현실적으로 [지상의] '어디에도 있지 않는 곳'(ou + topos)의 합성어이다. 플라톤이 말하는 '아름다운 나라'(kallipolis)가 나라의 본(paradeigma)의 성격을 갖는 것일 뿐임이 강하게 시사되어 있다.

dikaiosynē)이 그리고 '올바르지 못함'(불의: adikia)이 어떤 것인지를 찾다가 여기까지 이르렀다는 사실을 말일세. … 하지만 우리가 올바름이 어떤 것인지를 찾아내게 되었다 해서, 우리는 또한 올바른 사람이 '올바름 자체'와 조금도 다르지 않고 모든 면에서 올바름과 같은 그런 것이기를 요구할 것인가? 아니면 가급적 그것에 가깝다면, 그리고 그것에 다른 어떤 것들보다도 최대한으로 관여한다면, 그것으로 우리는 만족할 것인가? … 그러니까 그건 본(paradeigma)을 위해서였네. 우리가 올바름 그 자체가 어떤 것인지를, 그리고 완벽하게 올바른 사람이 생길 수 있을지, 또한 그런 사람이 생긴다면, 그가 어떤 사람일지를, 그리고 다시, 올바르지 못함과 가장 올바르지 못한 사람에 대해 탐구했던 것은 말일세. 이는 이들이 행복 및 그 반대의 것과 관련해서 어떤 사람들로 보이는지, 이들을 보고서, 우리 자신들과 관련해서도 우리 가운데서 이들을 가장 닮은 사람이 그 행 · 불행에 가장 닮은 '운명의 몫'(moira)을 차지하게 될 것이라는 데 대해 우리가 의견의 일치를 보지 않을 수 없도록 하기 위함이었지, 그것들이 생길 수 있는 것들로서 입증하기 위해서는 아니었다네. … 한데, '가장 아름다운 인간'(ho kallistos anthrōpos)이 어떤 것인지 그 본을 그리고서, 그 그림에 모든 걸 다 충분히 표현해 넣은 화가가 그와 같은 인물이 생길 수 있음을 실증해 보여 줄 수 없다고 해서, 그를 자네는 덜 훌륭한 화가로 생각하는가? … 우리 또한 '훌륭한 나라'(agathē polis)의[18] '본'을 논의를 통해서 만들고 있었다고 말하지 않는가? … 만일에 앞서 언급된 그대로 나라를 수립할 수 있음을 우리가 입증할 수 없다면, 이 때문에 우리가 덜 훌륭한 말을 한 것으로 생각하는가? … 어떤

18) 철인 치자(哲人治者)의 확보를 통해서만이 그 실현 가능성을 기대할 수 있다는 이 훌륭한 나라를 7권 527c에서 kallipolis(아름다운 나라)라 일컫게 된다.

것이 말대로 실천될 수 있는가, 아니면 실천(praxis)은 말보다도, … 언제나 진실에 덜 미치는 본성을 지니고 있는가? … 그러니까 자넨 우리가 논의를 통해서 자세히 말한 그러한 것들이 완전히 실제로 실현되는 걸 보여 주어야만 된다고 내게 강요하질랑은 말게나. 오히려 자네로선 한 나라가 어떻게 하면 앞서 언급된 바에 가장 가깝게 다스려질 것인지를 우리가 발견할 수만 있다면, 이로써 자네가 보여 주기를 요구하고 있는 것들이 생길 수 있는 것들로 우리가 확인한 것으로 말하게나."

왜냐하면, 비록 현실적으로는 그것이 이 지상의 어디에서도 영원히 찾아볼 수 없을 '본'일지라도, 그 본을 가짐으로써 우리는 현실적 판단이나 실천을 위한 척도(metron)를 확보할 수 있게는 되기 때문이다. 더 이상 좋을 수가 없는 그런 '아름다운 나라'(kallipolis)는 물론 최선의 나라이지만, 이는 어디까지나 '본'으로서 척도 구실을 한다는 뜻에서 그러하다. 따라서 《법률》 편에서 말하고자 하는 나라는 차선의 나라요 현실의 나라이다. 그래서 그는 말한다.

"으뜸가는 나라(prōtē polis)와 나라 체제(정체: politeia) 그리고 최선의 법률은, 옛말이 온 나라를 통해 실현되는 그런 곳에 있습니다. 그건 친구들의 것들은 정말로 공동의 것이라고 하는 것입니다. 따라서 이 일이 — 아내들도 공동의 것들이지만, 자식들도 공동의 것들이요, 일체의 재물들도 공동의 것들인 일이 — 지금 어딘가에 있거나 언젠가 있게 될 경우, 이른바 사적인 것은 모든 방책을 써서 생활에서 모든 면에서 완전히 배제하게 됩니다. 그 성질상 사적인 것들까지도 어떻게든 가능한 한 공동의 것들로 되게끔 강구하게 됩니다. 이를테면, 눈과 귀 그리고 손이 공동으로 보고 듣고 행하는 것처럼, 그리고, 같은 것들에 대해서 모두가 기뻐하기도 하고 슬퍼하기도 하여, 최대한 한가지로 비난도 하고 칭찬도 하며, 법률 또한, 가능한 한, 나라를 최대한으로 하나이게 만들어 주는 것,[19] 이것 이상으로 더 옳고 더 훌륭한 다른 기준은 결코 그 누구도 정하지 못할 것입니다. 그 훌륭함(aretē)과 관련된 월등함에 의해서 기준을 정할 경우에는 말입니다. 물론 이런 나라에 어쩌면 신들이 또는 신들의 하나 이상인 자식들이 안주할 것이니, 이들은 이렇게 지내면서 즐거운 마음으로 안주할 것입니다. 바로 이런 까닭으로 어쨌든 나라 체제(정체)의 본(paradeigma)은 다른 어디에서도 찾으려 해서는 안 되고, 이를 꼭 붙들고서, 가능한 한 최대한으로 이와 같은 나라 체제(정체)를 추구해야만 합니다. 그러나 지금 우리가 착수한 나라 체제(정체)가 어떤 식으로든 실현된다면, 불멸성에 가장 가까운 것일 것이며 둘째로 값진 것일 겁니다. … 어쨌든 지금은 이것[20]이 어떤 것인지를 그리고 이와 같은 것이 어떻게 해서 생기게 되겠는지를 우리가 말하고 있는 거겠죠? 그러니까 첫째로는 토지와 가옥을 배분할 것이며, 또한 공동으로 농사를 짓지는 않기로 하죠."(739b~e)

《국가(정체)》 편에서 제시되고 있는 가장 이상적인 의미에서 '훌륭한 나라'(agathē polis) 또는 '아름다운 나라'(kallipolis)는 그 구성원들 모두가 '한마음 한뜻'(homonoia)인 '하나인 나라'(mia polis)요, 이는 이른바 가장 참된 의미에 있어서 '철인 치자'(哲人治者)(philosophos-basileus)인 절대적 권력자를 확보했을 때나 기대할 수 있는 나라이다. 그러나 그것은, 앞의 인용문에서 말했듯, 이론(논의)상으로나 성립하는 나라, 지상의 그 어디에도 현실적으로는 존재할 수 없는 나라이다. 그것

19) 이런 의미에서 '하나의 나라'(mia polis)에 대한 긴 언급은 《국가(정체)》 편 422e 및 423a~d에 보인다.

20) 가상의 식민지인 마그네시아에 세우려는 '차선의 나라 체제'를 가리킨다.

은 어디까지나 본일 뿐인 나라이다. 지혜와 절대 권력을 함께 갖춘 '철인 치자'의 등장은 현실적으로도 거의 불가능한 일일 뿐만 아니라, 자칫 유사 '철인 치자'에 의한 권력남용의 위험을 초래할 뿐일 수 있다. 따라서 인간의 한계, 잘못할 수 있는 인간성의 약점을 전제로 하여, 방금 말한 최선의 나라에 최대한 가까운 나라의 실현을 위한 법률을 제정하여, 이 법률이 지배하게 되는 나라가 차선의 실현 가능한 나라이다.

그런데 정작 뜻밖으로 여겨질 일은, 이 대화편의 제목이 《법률》이긴 하지만, 실제로 법규들 자체를 다루고 있는 부분은 겨우 1/3 정도에 불과하다는 점이다. 나머지인 약 2/3는 인사 문제, 곧 인선과 그들의 훈련, 전문(前文)에 반영된 내용들에 의한 교화 또는 의식화, 그리고 권고(paramythia) 등이다. 이 대화편의 넷째 권이 거의 끝나 가는 데서야(722c~d) "우리가 대화를 하기 시작했던 게 거의 새벽녘부터였는데, 한낮이 되었고, 아주 훌륭한 이 휴식처에 와 있지만, 법률에 관해서 말고는 아무것도 대화를 하지 않았고, … 이제야 우리가 법률을 말하기 시작한 것으로 생각되거니와, 앞에서 말했던 것들은 모두가 우리에게는 법률의 전문(前文: prooimion)들이다"라고 단언해 놓고서도, 정작 이 전문에 대한 논의를 끝맺는 것은 이에서도 한참 더 나가 제5권의 734e에 이르러서다. 이 대화편 이전에는 '일찍이 아무도 말한 적이 없는'(722e) 전문, 대한민국의 헌법이나 미합중국의 헌법에서 보다시피 한 문장으로 끝나 버리는 전문, 그걸 무려 5권까지에 걸쳐 하다니! 그러나 그것도 넓은 뜻에서의 전문이지, 좁은 뜻에서의 전문들은 여기에서 끝나지 않는다. 각 부문의 중대한 법률과 관련되는 한, 그때마다 전문은 동반된다. 법률로 제정된 것들 곧 법규들에 아무런 권고나 설득의 말도 덧붙이지 않고, 강제력의 행사만을 앞세우는 것이어서는 안 된다고 해서다. 따라서 법은 '단순한 형식의 법'(ho haplous nomos)이어서는 안 되고, '이중적인 형식의 법'(ho diplous nomos)이어야 한다고 하며, 이를테면, 혼인과 관련된 법률

의 경우에 두 유형의 법률을 대비해 보인다.(721b~d)

먼저 혼인과 관련된 '단순한 형식의 법'은 "개인은 30세가 되면, 35세까지는 혼인을 할 것. 그러지 않을 경우에는, 벌금과 불명예에 의한 처벌을 받을 것임. 벌금은 얼마 얼마이며, 불명예는 무엇 무엇임"이라 하는 것이다. 반면에 '이중적인 형식의 법'은 이런 것이다. "개인은 30세가 되면, 35세까지는 혼인을 할 것. 유념할 것은 인류가 어떤 본성에 의해서 불사성(不死性: athanasia)에 관여(참여)하는 방식이 그것이며, 또한 이에 대한 온갖 욕구를 모두가 선천적으로 지니고 있다는 것이니라. 유명해지며 죽어서 이름 없이 묻히지 않는 것이 그런 것에 대한 욕구이기 때문이다. 따라서 인간들의 종족은 모든 시간과 함께 묶이어 있으니, 모든 시간이 끝까지 인류에 동반하고 있으며 또한 동반할 것이다. 아이들의 아이들을, 언제나 같은 하나의 것인 것을 남기는 이 방식으로, 곧 출산에 의해서 불사성에 관여(참여)할지니라. 그러니 자의로 저에게서 이를 앗음은 결코 경건하지 못한 일이거니와, 자식들과 아내에 대해 무관심한 사람이라면, 의도적으로 그걸 앗는 것이다. 따라서 법에 복종하는 자는 벌을 받지 않고 자유로울 것이나, 반대로 불복하는 자는, 즉 35세가 되어서도 혼인을 하지 않는 자는 해마다 얼마 얼마를 벌금으로 내게 하라. 독신 생활이 자신에게 이득과 편함을 가져다주리라고 생각하는 일이 없도록 하기 위해서다. 또한 그 나라에서 젊은 연배의 사람들이 자신들보다 연장인 사람들을 그때마다 존경해 주는 그런 명예도 누리지 못하게 하라."[21] 뒤의 이중적인 형식의 법에서 단순한 형식의 법에서 언급된 단순한 내용을 제외하면, 남는 게 이 법조문의 전문인 셈이다.

이런 전문(前文)은 "입법자가 법규로 공포하는 그것들을 수용할 사람

21) 물론 여기에서는 본보기로서 언급된 것이고, 정작 혼인과 관련된 법은 772e 이후에서 제대로 그리고 길게 다루어지고 있다.

들이 호감을 갖고 받아들이도록 그리고 호감으로 해서 더 쉽게 알아듣도록 하기 위해서"(723a)란다. 이는 참된 의사가 환자를 다루는 방식과도 같다고 한다. 그런 의사는 환자의 질병들을 돌보며 살피되, "이 질병들을 그 시초부터 그리고 자연의 이치에 따라 검토하며, 환자 자신과도 … 함께하면서, 스스로 환자들한테서 뭔가를 배우기도 하면서, 동시에 할 수 있는 한도까지는 환자 자신을 가르쳐 주는데, 어떤 식으로든 납득이 되기 전에는 지시를 내리지 않고, 언제나 환자를 설득에 의해서 고분고분해지도록 준비를 한 그때에야, 건강으로 인도함으로써 만족한 결과를 얻도록 노력하기"(720d) 때문이다.

그러면 이런 취지의 전문까지 갖추며 제정되어야 할 법률은 기본적으로 어떤 성격의 것들이어야만 하는가? 사실 법률의 필요성은 인간들 사이에 골칫거리가 곧 문제가 생겼을 때에야 느끼게 되는 것이다. 말하자면 그것들은 인간사와 관련된 일종의 문제 해결책들로 제시된 셈이다. 왜냐하면 '우연(tykhē)들과 온갖 방식으로 일어나는 온갖 종류의 사건들'이 인간들로 하여금 법률 제정을 하게 하기 때문이다.(709a) 역설적으로 말해서, 사람들 아닌 전쟁이나 분쟁이, 심각한 가난의 곤경이 또는 역병 따위가 법률을 만들게 한다는 것이다. 그래서 "신이 모든 것을, 그리고 신과 더불어 우연과 시의(時宜, 기회: kairos)가 일체의 인간사를 조종한다"(709b)고도 한다. 인간은 이에 편승할 뿐이라고 보는 것이다. 이런 상황에서 인간들이 스스로 고안하는 기술이나 인간이 터득하게 된 지혜가 이 편승을 가능케 한다. 법률의 제정도 그 일환이다. 그러기에 "[한] 나라가 행복하게 경영되려면, 그 땅에 마땅히 갖추어져 있어야 할 다른 것들이 갖추어졌을 경우에도, 그런 나라에는 그때마다 진리(alētheia)를 고수하는 입법자가 [때맞추어] 나타나야만 한다."(709c) 그건 물론 축복이다. 그런 지혜를 터득하고 '진리를 고수하는 입법자'가 다름 아닌 참된 뜻에서 지성(nous)을 갖춘 이일 것이다. 지성은 인간이 자신

속에 지니고 있는 '불사성'(不死性: athanasia) 곧 신성(神性)의 편린이다. 헬라스 신화에서 말하는 신들이 아니라, 플라톤이 진정한 뜻으로 말하는 신은 어쩌면 신격화된 지성 곧 정신(Nous)이라 해도 되겠기 때문이다. 이 지성에 복종하며 가정과 나라를 경영하고, 법률이 '지성(nous)의 배분(dianomē)' (714a)일 수 있도록 하였을 때에야, 최선의 법률(aristoi nomoi)이, 바른 법률(orthoi nomoi)이 확보될 것이다. 그리고 이런 법률이 지배하는 나라 체제에서야말로, 오늘날 통치자들이라는 사람들이 이런 법률에 대한 봉사자들일 때에야말로 이상적인 법치(法治)가 실현되는 나라일 것이다. "법이 휘둘리고 권위를 잃은 곳에서는, 그런 나라에는 파멸이 닥쳐와 있는 게 보이니, … 법이 통치자들의 주인이고, 통치자들은 법의 종들인 곳에서는 구원이 내다보인다"(715d)고 한다.

그렇다면 '지성의 배분'에 합당한 법은 어떤 것인가? 715b에서부터 716c에 걸쳐 보이는 것으로 이런 언급이 있다. "나라 전체의 공동의 것(to koinon)을 위해 제정된 것이 아닌 것들은 바른 법률도 아니며 … 법률이 일부의 사람들을 위한 것일 경우에, 이 사람들을 우리는 도당이라 말하지 시민들이라 말하지 않는다. … 신이야말로, 옛말도 그렇듯이, 존재하는 것들(ta onta) 모두의 시작과 끝 그리고 중간을 쥐고 있어서, 자연[의 법칙]에 따라 순환하면서 곧장 그 여정을 완결한다. … 그러면 무슨 행위가 신의 사랑을 받고 신을 따르는 것일까? 한 가지가 있으며, 한 옛말로도 있는 것이다. 알맞은 정도의 것(적도인 것: [to] metrion)일 경우에, 닮은 것에게 닮은 것이 사랑을 받을 것이로되, 알맞은 정도(適度)가 아닌 것들(ta ametra)은 저들끼리도 또한 알맞은 정도인 것들(ta emmetra)에 대해서도 사랑을 받지 못한다. 우리에게는 무엇보다도 확실히 신이야말로 만물의 척도(metron)일 것이다." 그런 뜻에서 Brisson이, 《법률》의 역주서 서론의 끝(56쪽)을 맺으면서, 플라톤의 야심 찬 약속의 마지막 말은 "법 제정을 한다는 것은 신을 모방하는 것 곧 본받는 것이다" (légiférer, c' est imiter le dieu)라고 한 것은 적절한 것이라 할 것이다. 바로 앞에서 말했듯, '최선의 법률' 은 '지성의 배분' 이 제대로 이루어진 것이고, 이는 법 제정을 통해 '만물의 척도' 로서의 신을 본받고, 신을 모방하는 것이며 신을 닮는 것이다. 그것은 알맞은 정도 곧 적도(適度: to metrion)와 중용(to meson)을 구현하는 것이니, 적도 및 중용은 플라톤 철학에 있어서 궁극적 원리인 좋음(善: to agathon)의 이데아 곧 좋음 자체(auto to agathon)가 사물들이나 사태들 속에 구현되는 대표적인 방식이나 형태이다. 《법률》에서 알맞은 정도(適度)가 언급되고 있는 횟수는 그의 전체 대화편들을 통해서 언급되는 횟수의 거의 반이고, 중용(to meson)이 언급되고 있는 횟수는 전체의 거의 1/3에 달한다.[22) 이를테면, 관직의 임명과 관련해서는 이런 말을 하고 있다.

"만약에 누군가가 한층 작은 것들에 알맞은 정도(適度)를 무시하고서 한층 큰 것들을 부여한다면, 즉 배들에 돛들을, 몸들에 영양(음식)을, 혼들에 통치권들(권력들, 관직들: archai)을 그리한다면, 아마도 모든 것이 뒤집어지거나 파멸할 것이며, 히브리스(hybris)[23)]에 빠져듦으로써 일부는 질병들로 내닫고, 일부는 히브리스의 산물인 올바르지 못한 상태(불의: adikia)로 내닫습니다. 그렇다면 우리가 뭐라 말하겠습니까? 그건 어쨌든 이런 것일 것입니다. … 죽게 마련인 [자의] 혼의 자질(천성: physis)이, [아직은] 젊고 책임을 물을 수도 없는 처지에 있는데도, 인간들 사이에서 가장 큰 통치권(권력: archē)을 감당해 낼 수 있을 만한 경우는 결코 없어서, 그런 혼의 마음 상태(思考: dianoia)에서는 그게 가장 큰 질병인 어리석음(anoia)으로 가득 차 있어서, … 그걸 곧 파멸시키고

---

22) L. Brandwood, *A Word Index to Plato*(Leeds, 1976) 참조.
23) 색인에서 해당 각주들을 확인하여 참조할 것.

그것의 모든 힘을 사라지게 하는 법이라고 말씀입니다. 그러므로 알맞은 정도(적도)를 알고서 그런 일에 대비하는 것이 위대한 입법자들의 할 일입니다."(691c~d)

또한 나라 체제와 관련해서는 이런 말을 한다. "나라 체제(政體: politeia)들 가운데서도 어머니들과도 같은 것들 두 가지가 있는데, 이것들에서 다른 것들이 나왔다고 누군가가 말한다면, 그는 옳게 말하는 것입니다. 그리고 그 하나를 1인 통치 체제(1인 전제정체: monarchia)라 일컫는 반면에, 다른 하나는 민주정체(dēmokratia)라 일컫는 것이 옳으며, 또한 앞의 경우의 극단은 페르시아 종족이 갖고 있되, 뒤의 경우의 극단은 아테네인들이 갖고 있다고 하는 것이 옳습니다. 다른 것들은 거의 모두가 … 이 둘이 다양한 형태로 변형된 것들입니다. … 둘 중의 하나는 필요 이상으로 1인 전제적인 것만을 선호하는 반면에, 다른 하나는 자유로운 것만을 그리하여, 어느 쪽도 그것들에 있어서의 알맞은 정도들(적도들: ta metria)을 갖지 못했습니다."(693d~e) 앞의 경우에는 "민중(dēmos)에게서 자유로움(to eleutheron)을 너무 많이 빼앗은 반면에, 전제적인 것(to despotikon)을 적절할 정도 이상으로 끌어들임으로써, 나라 안에서 우애로움(to philon)과 공동체적인 것(공동체적 요소: to koinon)을 말살해 버렸다는 것입니다. … 너무한 노예 상태(douleia)와 전제적인 태도(despoteia)로 해서 … 옳지 않게 경영되고 있습니다. … 다음으로, 이번에는 아티케의 나라 체제(정체: politeia)에 관련된 것들을 말할진대, … 완전하고 일체 지배에서 벗어난 자유는 남들에 의해 적도(適度: metron)를 갖게 되는 지배보다도 적지 않게 나쁩니다."(697c~698b) 앞의 경우에는 민중에 대해 전적인 굴종(전적인 노예 상태: pasa douleia)을, 곧 신들 앞에서나 할 부복(proskynēsis)까지 하게 한다. 아리스토텔레스가 그들을 본성적으로 노예들인 사람들로 오해한 것은 그 때문이다. 반면에 뒤의 경우에는 대중들이 무제약적인 전적인 자유(pasa eleutheria)를 구가한다. 이런 자유가, 이를테면, 극장에서의 시가와 관련된 경연에서 다중이 판정을 내릴 때, 어떤 결과를 초래하는지 보자. 휘파람, 교양 없는 고함소리와 박수, 소동, 시가에서의 옳음의 배제, 즐겁기만 하면 된다는 생각과 함께 공연의 우열을 자신들이 결정할 수 있다는 만용까지 부리게 된다. 마침내는 "음악에 있어서 아름다운 것(to kalon)과 그렇지 않은 것을 이해한다고 해서죠. 그래서 음악(시가)에 있어서 최선자들의 지배(aristokratia) 대신에 일종의 고약한 형태인 관람객들의 지배(theatrokratia) 사태가 생기게 된 것입니다. 그리고, 만약에 일종의 민주주의(dēmokratia)가 음악(시가)에만 국한된 자유민들의 것으로서 일었다면, 그 결과는 그다지 두려워할 것이 전혀 아니었을 것이기 때문입니다. 그러나 이제는 모든 것에 대한 지혜를 누구나 다 갖고 있다는 생각과 위법이 우리의 시가에서 시작하더니, 자유도 뒤따랐습니다. [스스로] 아는 자들로서 무서울 것이 없는 사람들로 되니, 겁 없음이 뻔뻔함을 낳은 거죠. 대담함(자신감)으로 해서 더 나은 자의 의견을 두려워하지 않게 된다는 것, 이것 자체는 고약한 뻔뻔함과 진배없으니, 이는 지나치게 만용을 부리는 자유의 일종에 기인한 것입니다. … 이 자유 다음에는 통치자들에게 복종하고자 하지 않는 자유가 생길 것이며, 또한 이 자유에는 부모와 연장자들에 대한 복종과 이들의 훈계를 회피하려는 자유가 뒤따를 것이고, 마지막 단계에 가까워서는 법률에 복종하지 않으려 함이, 하지만 바로 마지막 단계에 이르러서는 맹세들과 신용들 그리고 신들에 대해서 전혀 개의하지 않음이 뒤따를 것입니다."(701a~c)

나라가 이런 꼴이 된다는 것은 기막히는 일이요, 개탄할 일이다. 그런 나라가 그 참된 뜻에서의 공동체(koinōnia)일 수는 없다. 따라서 모름지기 "입법자는 세 가지 것을 목표로 삼고서, 즉 법 제정을 하게 되는 나라가 자유로우며 자체적으로 우애롭고 지성(nous)을 갖추게 되도록 입법을 해야만 한다"(701d)고 한다. 크노소스인들을 포함한 크레테 사람들이 새로이 세우려는 마그네시아는 그런 구상 아래에서 논의된다. "자유와 우애 그리고 지성(nous)의 공유(koinōnia)를 통해서야"(694b) 그런 나라가 가능하다는 것이다. 그렇다면 자유와 우애에서 더 나아가 '지성의 공유'가 어떻게 가능하다는 말인가? 자유는 모두가 의무와 함께 누리도록 하면 되겠다. 우애도 구성원들 간에 최대한의 평등과 형평 등의 보장을 통한 갈등 없는 상호관계의 형성을 통해서 가능할 것이다. 그러나 지성에 관한 한 평등은 근원적으로 불가능하다. 이는 어차피 소수의 몫이기 때문이다. 그런데도 '지성의 공유'라니! 그렇더라도 그것의 공유에는 몇 가지의 방법이 있을 수 있다. 일차적으로 가장 확실한 것은 714a에서 하고 있는 시사다. 법이 '지성(nous)의 배분(dianomē)'이도록, 곧 법률 속에 지성이 최대한 반영되게끔, 그리하여 법이 그 정당성 곧 '옳음'(orthotēs)을 확보하도록 한 나라의 지성이 최대한 동원되어 법률을 제정하는 것이다. 그것은 이처럼 소수의 사람들이 '그 지혜로움의 능력을 공동의 것으로 기여케 함으로써' 가능해지는 것이다. 그다음 것은, 시민들이 스스로 이에 따르도록 하는 교육일 것이요, 또한 더 나아가서는 이런 법률의 수호를 위한 나라 차원의 감시와 함께 새로운 또는 변화하는 상황에 대응하기 위해 법률을 보완함으로써 그 '옳음'을 지속적으로 유지하도록 하는 것일 것이다. 어떤 시점에서 제정된 법률은 당시로서는 최대한 많은 경우에(epi to poly) 대비한 것들이지만, 모든 경우에(epi pan) 대비할 수 있게 하는 것들은 아니기 때문이다. 그러므로 입법자들이 유념하고 있어야 하는 것은 "첫째로, 법률을 기초함에 있어서 정확성과 관련해 가능한 한 충족도록 하는 것이다. 그다음으로는, 세월이 경과하고, 좋을 것으로 판단되었던 것들도 실제로 시험을 거치게 된다는 것이다. [이 경우에] 어떤 입법자가 이토록, 즉 다음과 같은 사실을 모를 정도로 어리석을 수 있겠는가? 즉 나라 체제(politeia)가 그리고 그에 의해서 수립된 나라와 관련된 질서가 결코 더 나빠지지 않고 언제나 더 나아지게 되기 위해서는 누군가가 뒤를 이어서 바로잡아(개정해) 주어야만 할, 그런 것들이 아주 많이 빠져 있게 되는 게 필연적이라는 사실을 모를 정도로 말이다."(760d~e) 다시 말해서, "법률을 어떻게 지키며 바로잡아야(개정해야만) 할 것인지"가 이제 중요한 과제가 된다. 법률의 수호 장치로서 제시된 것이 호법관(護法官)들(nomophylakes)의 선출이다.(752e~755b) 그리고 새로운 상황 또는 예상하지 못한 상황을 맞아 법률을 보완하거나 개정해야만 할 경우들에 대비할 기구로 제시된 것은 제12권 949e~969d에서 집중적으로 다루어지고 있는 [새벽녘] '야간 회의'(ho nykterinos syllogos)이다. 이는 정선된 나라의 원로들과 엘리트들이 매일 새벽녘에 모임을 갖고 나라의 중대사들을 협의하는 기구로 구상된 것이다. 이 회의체는 당시로서는 한 나라가 최대한으로 그 시대의 지성을 결집할 수 있는 장치였던 셈이다. England가 이 회의체가 '나라의 지성' (the nous of the state)으로 될 것인 걸로 말한 것도[24] 그래서였다. "이 회의체가 《국가(정체)》 편의 철인 왕들의 반영(a reflection)이라는 걸 알아보지 못하는 플라톤의 독자들은 별로 없다"[25]고 Morrow가 말한 것도 그런 뜻에서 옳다고 할 것이다.

이 회의체의 구성과 회합 시간에 대한 언급(949e~952c, 961a~b)을 정리하면 대충 이러하다. 우선 쉰 살 이상으로 여러 면에서 평판이 좋게 난 이들로 구성된 시찰단을 나라 밖으로 보낸다. 이들이 훌륭한 법질서를 갖춘 나라들과 비범한 사람들을 찾아가서 10년쯤 견문을 넓히며 새로운 배움을 얻게 한다. 자신들의 법규들 중에서 훌륭하게 제정된 것들은 확

24) 그의 주석서 II권 309쪽에서.

25) 앞에서 밝힌 Morrow의 같은 글, 17면.

고히 하되, 뭔가 소홀한 점이 있을 경우에는, 수정할 수 있기 위해서이다. 그러지 않고서는 나라가 결코 완전한 상태로 존속하지 못할 것이기 때문이다. "그들과의 교류를 가져 보지 못한 상태에서는, 결코 족히 유연할 수도 완벽할 수도 없을 것이며, 또한 법률을, 비단 습관들만이 아니라 앎(gnōmē)에 의해서 붙들지 않고서는, 지켜 낼 수가 없을 것이기 때문이다." 입법자(nomothetēs)는 그 공동체의 구성원들이 지켜야 할 어떤 관습 및 규범을 제정하는 자요, 거기에는 그 공동체가 추구할 이념과 가치 그리고 유지해야 할 질서의 틀이 수용되어 있어야 마땅할 것이다. 그러나 법률은 그 자체가 이론인 것은 아니고, 그 이론적 근거는 철학적 인식이 뒷받침해야 할 것이다. 앞서 714a에서 "지성(nous)의 배분(dianomē)을 법(nomos)이라" 말할 수 있게 되어야 함을 강조한 것도 그래서였다. 물론 어릴 적부터 교육과 습관에 의해서 법률에 따른 시민생활을 하는 것은 시민의 기본 의무이지만, 법률이나 관습의 옳음(정당성: orthotēs)에 대한 논거를 알지 못하고 있는 한, 법이나 관습에 의해서 고취되는 가치나 질서가 강력한 어떤 반론에 부딪히게 되면, 자칫 흔들리게 되고, 따라서 무시당하는 사태에 직면하게 될 수 있기 때문이다. 오래도록 지녀 온 신념이 무너지는 것은, 굳건한 앎의 뒷받침이 없으면, 언제나 쉽게 일어날 수 있는 일이기 때문이다. 그들이 귀국하면, 법률과 관련된 감시자들의 회의에 나가게 하되, 기존의 구성원들에 의한 시험을 치르게 한다. "이 회의는 젊은이들과 원로들로 혼성된 것이게 하는데, 날마다 반드시 새벽녘에서 해가 뜰 때까지 회합을 갖는 것입니다.[26] 이 모임은 첫째로 수훈을 세운 제관(祭官)들로, 그다음으로는 호법관들 중에서 언제나 원로들인 10명으로 혼성된 것이게 합니다. 더 나아가서 일체

26) 이는 이때가 다른 사적인 그리고 공적인 일들에서 모두가 가장 한가로울 때이기 때문이다.

교육(paideia)과 관련된 신임 감독관과 함께 이 관직에서 퇴임한 자들도 포함됩니다. 한데, 이들 각자는 혼자서 참석하는 것이 아니라, 서른 살에서 마흔 살까지의 젊은이로 제 마음에 드는 자를 대동케 합니다. 이들에게 있어서의 회합과 논의는 언제나 법률 및 제 나라와 관련된 것입니다. 그리고 이런 것들과 관련해서 무언가 다른 것이라도 알게 될 경우에, 특히 학문들과 관련해서, 이 탐구에 있어서 배우게 되는 자들에게는 더 밝게 되는 데 도움이 될 것으로 여겨지되, 배우게 되지 못하는 자들에게는 법률과 관련되는 것들에 대해서 더 어두워지고 불분명해질 것으로 이들에게는 보이는 그런 학문들과 관련해서 알게 될 경우에 말입니다. 이것들 가운데서 연로한 회원들이 받아들이는 것들일 경우에는, 젊은 회원들은 아주 진지하게 배워야만 합니다." 그래서 이 회의체는 지성의 보루인 동시에 '온 나라의 닻처럼 내려놓게 되는' 것이다.

우리말 번역본과 관련된 일러두기

1. 본문에서 난외(欄外)에 나와 있는 625a, b, c …, 705a, b, c … e와 같은 기호는 '스테파누스 쪽 수'(Stephanus pages)라 부르는 것인데, 플라톤의 대화편들에서 어떤 부분을 인용할 때는 반드시 이 기호를 함께 표기하게 되어 있다. 그 유래는 이러하다. 종교적인 탄압을 피해 제네바에 망명해 있던 프랑스인 Henricus Stephanus(프랑스어 이름 Henri Étienne: 약 1528/31~1598)가 1578년에 《플라톤 전집》(ΠΛΑΤΩΝΟΣ ΑΠΑΝΤΑ ΤΑ ΣΩΖΟΜΕΝΑ: Platonis opera quae extant omnia: 현존하는 플라톤의 모든 저술)을 세 권의 폴리오(folio) 판으로 편찬해 냈다. 그런데 이 책의 각 면(面)은 두 개의 난(欄)으로 나뉘고, 한쪽에는 헬라스어 원문이, 다른 한쪽에는 Ioannes Serranus의 라틴어 번역문이 인쇄되어 있고, 각 면의 내용을 기계적으로 약 1/5씩 다섯 문단으로 나눈 다음, 이것들을 a, b, c, d, e의 기호들로 양쪽 난의 중앙에 표시했다. 따라서 이 역주서(譯註書)의 숫자는 이 책의 각 권에 표시된 쪽 번호이고, a~e의 기호는 이 책의 쪽마다에 있는 각각의 문단을 가리키는 기호이다. 《법률》 편은 Stephanus(약자로는 St.) 판본 II권 p. 624a에서 시작해 969d로 끝난다. 이 역주서의 기본 대본으로 삼은 Budé 판도, 비록 권수(卷數)는 다를지라도, 쪽수와 문단 표시 기호는 그대로 따르고 있고, 이 역주서에

서도 이를 따르기는 마찬가지로 하고 있다. 따라서 우리말 번역도 이들 쪽수와 a, b, c 등의 간격을 일탈하지 않도록 최대한으로 노력했다. 그러나 가끔은 한 행(行)이 쪼개어지거나 우리말의 어순(語順) 차이로 인해서 그 앞뒤의 어느 한쪽에 붙일 수밖에 없게 된 경우가 더러 있다.

2. ( )는 괄호 안의 말과 괄호 밖의 말이 같은 뜻임을, 또는 같은 헬라스 낱말을 선택적으로 달리 번역할 수도 있음을 표시하는 것이다. 더구나 중요한 헬라스어의 개념을 한 가지 뜻이나 표현으로만 옮기는 것이 무리할 수도 있겠기에, 달리 옮길 수도 있는 가능성을 열어 놓기 위해서였다.

3. 번역문에서의 [ ]는 괄호 안의 말을 덧붙여 읽고서 그렇게 이해하는 것이 좋다고 생각했을 경우에 역자가 보충한 것임을 나타내거나, 또는 괄호 속에 있는 것을 함께 읽는 것이 본래 뜻에 더 충실한 것임을 표시하는 것이다.

4. 헬라스 문자는 불가피한 경우를 제외하고는 라틴 문자로 바꾸어 표기했다. 라틴 문자 ch로 표기한 것은 kh로, y로 표기한 것은 u로 바꾸어 표기하기도 하는 것이다. 여기에서는 헬라스 문자 χ를 훗날의 파생 서양 언어들의 어원을 쉽게 알아볼 수 있도록 하기 위해서 가급적 ch로 표기하는 것을 원칙으로 삼았으나, 발음을 잘못할 가능성이 있다고 판단될 경우에는 kh로 표기하기도 했다. 오늘날엔 많은 고전 학자가 일률적으로 kh로 표기하기도 한다. 그리고 원전 읽기를 Budé 판이나 다른 판본들과 달리했을 경우에는, 그리고 해당 구절을 원문을 갖고서 말할 수밖에 없는 경우에도 헬라스 문자들을 그냥 썼는데, 이는 헬라스어를 읽을 수 있는 사람들을 위한 것이니, 다른 사람들은 그냥 넘기면 될 일이다.

5. 헬라스말을 우리말로 표기하는 경우에는 되도록 실용적이고 간편한 쪽을 택했다. 이를테면, 라틴 문자로 y(u)에 해당하는 υ는 '위' 아닌 '이'로 표기했다. 오늘날의 헬라스인들도 '이'로 발음하지만, 우리도

Pythagoras를 이왕에 '피타고라스'로, Dionysos를 '디오니소스'로 표기하고 있음을 고려해서이다. 어차피 외래어 발음은 근사치에 근거한 것인데다, 현대의 헬라스인들도 그렇게 발음하고 있다면, 무리가 없는 한, 우리 말 표기의 편이성과 그들과의 의사 소통의 편의성을 고려하는 편이 더 나을 것 같다. 더구나 이런 경우의 '이' 발음은 우리가 '위'로 표기하는 u[y]의 발음을 쓰고 있는 프랑스인들조차도 '이'(i)로 발음하고 있음에랴! 그런가 하면 외래어 표기법에 따라 Delphoi를 옛날에는 '델피'로 하던 걸 요즘엔 '델포이'로 더러 표기하는 모양인데, 이는 그다지 잘하는 일은 아닌 것 같다. 고대의 헬라스 사람들도 Delphikos(델피의)라는 말을 썼는데, 이는 Delphoi에서 끝의 -oi가 '이'에 가깝게 발음되었던 것임을 실증적으로 입증해 주고 있다. '델포이'는 결코 Delphoi의 정확하거나 원어에 더 가까운 표기도 아니다. 오늘날의 헬라스인들은 물론 세계의 다른 어느 나라 사람들도 그걸 '델피'로 알아들을 리가 없는 불편하고 억지스런 표기이다. 헬라스어의 우리말 표기는 관용과 실용성 및 편이성을 두루 고려해서 하는 게 더 나을 것 같다. 반면에 영어에서도 the many의 뜻으로 그대로 쓰고 있는 hoi polloi의 경우에는, 영어 발음도 그렇듯, '호이 폴로이'로 표기하는 것이 현대의 헬라스인들을 따라 '이 뽈리'로 표기하는 것보다는 더 순리를 따르는 것일 것 같다.

6. 연대는, 별다른 표기가 없는 한, '기원전'을 가리킨다.

원전 텍스트 읽기와 관련된 일러두기

1. 원문의 텍스트에서 삽입 형태의 성격을 갖는 글 앞뒤에 있는 dash 성격의 짧은 선(lineola)들은 번역문에서는, 무리가 없는 한, 최대한 없애도록 했다. 그 대신 쉼표를 이용하여, 앞 뒤 문장과 연결 짓거나, 한 문장으로 따로 옮겼다. 대화에서 이런 삽입구 형태의 표시를 많이 하는 건 그리 자연스럽지 않을 것이라 생각해서다.

2. 헬라스어로 된 원문 텍스트에서 쓰이고 있는 기호들 및 그 의미들은 다음과 같은 것들인데, 이 책의 각주들에서도 이 기호들은 필요한 경우에는 썼다.

[ ]는 이 괄호 안의 낱말들 또는 글자들이 버릴 것들임을 가리킨다. 그러나 텍스트에서의 이 괄호 표시와 이 책의 번역문에서의 그것은 다른 용도로 쓰이고 있으니, 앞의 일러두기에서 이를 다시 확인해 두는 게 좋겠다.

〈 〉는 이 괄호 안의 낱말들 또는 글자들이 필사본 텍스트에 짐작으로 덧보태게 된 것들임을 가리킨다.

†(십자가 표시: crux)는 이 기호로 표시된 어휘나 이 기호로 앞뒤로 묶인 것들의 어휘들이 필사 과정에서 잘못 베꼈거나 잘못 고친 탓으로

원문이 훼손된 것(glossema corruptum)이어서, 그 정확한 읽기를 결정짓는 게 난감한 어구(locus desperatus)임을 가리킨다.

*** (별표는)는 원문 일부의 탈락(lacuna)을 가리킨다.

《법률》 목차

* 다음의 목차는 원전에 있는 것이 아니라, 대화 진행의 내용을 편의상 순서에 따라 나열한 것일 뿐임.

·디오니소스 합창가무단

671a~674c 연회와 관련해서. 약으로서의 술의 바른 이용

제3권 (676a~702e)

676a~682e 나라 체제의 기원. 선사시대의 인류가 맞은 대홍수. 새로운 발견 또는 발명. 생활공동체의 형성. 나라 체제의 갖춤. 일리온(트로이아)이 세워진 지형

683a~693c 도리스의 나라들. 라케다이몬(스파르타)의 혼성체제

693c~702b 두 유형의 나라 체제: 페르시아 제국의 1인 통치와 아테네의 민주정체

694a~698a 페르시아

698a~701c 아테네

701d~702e 입법자가 목표로 삼아야 할 세 가지 것들. 크레테인들의 새로운 나라에 대한 구상

제4권 (704a~724b)

704a~707d 새로운 정착지 마그네시아의 자연적 여건

707e~708d 이곳에 정착할 사람들과 그 통합

708e~712b 최선의 나라 체제와 그런 법률을 가장 신속하고 용이하게 갖추는 데는 참주적 권력을 갖되 지혜롭고 절제 있는 철인 치자의 등장이 그 첩경일 것이다.

712c~713e 크로노스 시대의 복된 삶에 관한 설화

713e~716e 법이 신을 닮은 지성의 배분이고, 통치자들이 그런 법률에 대한 봉사자들일 때, 이들은 알맞은 것들(적도의 것들)을 구현하는 자들이요, 신들의 사랑을 받는 자들이다. 차선의 나라 체제는 이에서 찾게 된다.

717a~718b 신들에 대한 공경 그리고 어버이와 조상들에 대한 섬김

718b~724b 법률에 앞서 반드시 있어야만 하는 설득 또는 권고의 성격을 갖는 전문(前文). 두 부류의 의사들과 두 부류의 법률

제5권 (726a~747e)

726a~728d 인간에게 주어진 소유물로 혼보다 귀한 것은 없으니, 이를 영

예롭게 할 일이다.

728d~e 중용의 건전하고 든든한 몸 상태

728e~729a 필요한 것들이 부족하지 않을 정도의 부가 최선의 것이다.

729b~c 아이들에게 물려줄 것은 많은 경외이지, 금이 아니다. 어른들의 본 보임이 중요하다.

729c~730b 나라와 친척, 친구들 그리고 남들과의 관계 맺음

730b~734e 어떤 사람으로서 삶을 영위하도록 가르칠 것인가?

734e~735a 법률의 전체적인 전문(前文)이 끝나, 나라 체제의 법률요강을 밝히기로 함

735a~736c 수용할 이주민들의 정화

736c~738e 가구의 수, 토지와 가옥의 분배, 공동체 생활의 기본적인 지침들

739a~e 본으로서의 최선의 나라 체제와 이에 최대한 가까운 차선의 나라 체제

740a~741d 5,040가구의 수와 추첨에 의한 할당 토지 지분의 철저한 유지

741e~744b 금지된 돈벌이, 금은의 소유, 필수적인 교환의 한계를 넘는 화폐의 소유, 지참금, 이자놀이 등의 금지

744b~745b 과세기준 재산에 따른 네 계층의 분류

745b~747e 지역과 토지의 분할 그리고 이에 따른 구역과 씨족 등의 편제

제6권 (751a~785b)

751a~752d 관직들의 확립과 그 임명의 중요성

752e~755b 호법관들의 선발과 이들의 임기. 이들에 대한 기본적인 지시사항: 법률의 수호, 자산등록 서류의 보관, 이와 관련된 위반사항에 대한 재판

755c~756b 군의 지휘관들

756b~756e 협의회 위원들

756e~758a 평등에 대하여

758a~758e 협의회 위원단

758e~760a 기타 관리들. 성직자들. 신전관리인들. 종교적인 사항 해설자들. 신전 출납관

760a~561e 영토의 방비

761e~762b 마을의 법정
762b~763c 농촌지역 관리인들의 생활
763c~763e 시내(도심지역) 관리인들의 선출과 이들의 임무
763e~764c 시장 관리인들의 선출과 이들의 임무
764c~765d 교육관리들. 시가와 체육 교육. 그 경기 및 경연 관리 그리고 그 심판관들
765d~766c 교육 감독관의 선발과 그 중요성
766c~766d 공직자들의 사망에 따른 조처 및 고아들의 보호자 사망에 따른 후속 조처
766d~768e 세 단계의 법정들. 그 구성과 재판관들의 선출
769a~771a 후계할 입법자들 및 호법관들의 필요성 그리고 이들에 대한 당부
771a~d 종교적인 제례
771e~776b 혼인과 관련해서
776b~778a 가복 및 노예의 문제
778b~779d 건축물들: 신전, 성벽, 관청, 법정, 기타 공공 건물들 그리고 가옥들
779e~781e 부부의 공동 식사 참여
782a~783d 먹고 마심 그리고 종족번식의 욕구
783e~785b 혼인 및 출산에 대한 의무

제7권 양육과 교육(788a~824a)

788a~c 법제화할 것들과 법제화할 수 없는 지침들
788d~789e 태아의 양육을 위한 임신부의 운동
790a~793d 젖먹이에서 세 살까지의 양육. 관례들, 관습법, 관행들
793e~794c 세 살에서 여섯 살까지. 놀이. 마을의 신전에 모이게 하여 예절과 무절제를 감독함
794c~808c 여섯 살부터는 성별로 나누어 교육함
794d~795d 양손 이용
795d~796e 체육: 춤과 레슬링
797a~800a 교육에 있어서 확립된 관례들을 함부로 바꾸지 않음
800b~802d 시가와 관련된 몇 가지 규범들

802d~804b 남녀 각각의 노래와 놀이
804c~d 학교에서의 배움
804d~806c 여성 교육
806d~808c 사람들의 일상적인 삶의 방식
808d~809a 아이들의 교육 감독
809a~e 교육 감독관에 대한 입법자의 지침. 가르칠 것들에 대한 개괄
809e~824a 교과과정
809e~812a 읽기와 쓰기(10~13세)
812b~813b 시가 및 음악(13~16세)
813b~816d 체육과 무용
816d~817e 희극과 비극
817e~820e 수학
820e~822d 천문학
822d~824a 관례들이나 관습법: 훈계와 법률 사이의 것들. 사냥

제8권 (828a~850c)

828a~e 축제들 또는 제례의식들의 법제화
829a~831b 군사훈련
831b~832d 제대로 된 군사훈련을 할 수 없게 되는 두 가지 원인: 만족할 줄 모르는 부의 추구와 분쟁 체제들
832e~833d 각종 경주들
833e~834a 무장 상태로 하는 경합들
834b~d8 경마
834e~835c 각종 행사의 시기 배정과 진행

835d~836a 갖가지의 욕망들과 알맞은 정도의 지킴
836a~842a 애욕(erōs)의 문제
836c~e 비정상적인 소년애
837a~e 젊은이를 [사람으로서의] 훌륭함으로 이끄는 사랑
838a~842a 자연의 이치에 따른 성관계와 비정상적인 성적 충동의 자제를 위한 지침들

842b~e 생계의 마련
842e~843b 농업법
843b~e 이웃에 대한 가해와 그 처벌
844a~d 물의 공급(1) 및 빗물의 처리
844d~845d 과실들의 수확
845d~e 물의 공급(2)
845e846c 수확물의 거두어들임
846d~847b 장인들. 자국민이 장인으로 되어서는 안 되는 이유
847b~d 수출입
847e~848c 농산물의 공급과 배분
848c~849a 가옥들과 신전들 그리고 장인들의 배치
849a~850a 시장
850a~c 거류민들

제9권 (853a~882c)

853a~d 중범에 대하여
853d~856b 신전 절도범에 대한 재판
856b~e 나라 체제의 전복에 관련된 범죄와 그 재판
856c~857a 반역죄
857a~b 모든 도둑질에는 일반법이 적용되어야 할 것인지에 대한 문제
857c~864c 형벌과 관련된 철학적 논의: 범죄의 여러 동기 및 자발적(고의적)임과 자발적(고의적)이 아님에 대한 구별과 그 문제점들
865a~874d 살인
865a~866d 본의 아닌(자발적, 고의적이지 않은) 살인
866d~869e 격해서 저지른 살인
869e~873b 자발적(고의적, 의도적)인 살인
873c~d 자살
873e~874a 짐승 또는 무생물로 인한 사망
874a~b 살해자가 불명할 경우의 살인
874b~c 정당하고 결백한 살인
874d~879b 상해
874e~875d 사람들이 법률을 제정하여 법에 따라 살아야 하는 이유

879b~882c 폭행 및 학대의 유형들과 그 대책들

제10권 종교 문제(884a~910d)

884a~885c 신들에 대한 불경을 초래하는 세 가지 마음 상태: (1) 신들이 있다고 믿지 않음. (2) 신들이 있기는 하나, 인간사들에 대해 마음 쓰지 않는다고 생각함. (3) 인간사들에 마음 쓰기는 하나, 제물과 기원으로 해서 마음을 바꾸게 된다고 생각함.
885c~888d 위의 세 가지와 관련된 반론의 요구
888d~890a 자연에 의한 것들과 우연에 의한 것들 그리고 인위적인 것들
890b~891e 무신론자들에 대한 반박의 어려움들
891e~893a 혼이 먼저인 것이다
893b~895b 열 가지 운동들
895c~896a '저 자신을 운동케 하는 것' 인 혼
896a~897b 혼은 모든 운동의 시초이며, 몸보다도 연장인 것이다.
897b~899d 최선의 혼이 우주와 천체들을 운행케 한다는 믿음
899d~903a 신들이 인간들에 대해 마음 쓴다는 믿음
903b~907b 신들은 우주 만물을 주재하니, 인간들의 혼들에 대해서도 그리한다.
907b~909d 신들에 대한 불경의 재판과 처벌
909d~910d 사가에서는 성소(聖所)나 제단을 갖지 못하게 함

제11권 (913a~938c)

913a~915d 재산권의 존중과 그 법적인 규정
915d~918a 매매 행위와 관련된 조례들. 정직함의 중요성
918b~920c 소매업, 교역 및 숙박업 등
920d~922a 계약체결과 그 불이행에 대한 처벌. 장인들 및 전사들의 경우
922a~928d 유언 및 유산 처리 그리고 그 고아들의 보호
928d~929e 아버지와 자식 간의 불화
930a~e 이혼 및 재혼 그리고 그 자녀들
930e~932d 어버이에 대한 효. 불효에 대한 처벌
932e~933e 독극물과 주술에 의한 타인에 대한 자발적·의도적인 가해
933e~934c 도둑질 및 폭력에 의한 가해

934c~935b 병으로 인한 광인과 적개심으로 인한 광인
935c~936b 욕질 및 희극에서의 격렬한 대사의 금지
936b~c 비력질을 금함
936c~e 노예나 가축들에 의한 피해
936e~937d 증언과 위증
937d~938c 법정 변호

제12권 (941a~969d)

941a~b 외교사절의 정직성
941b~942a 공공의 것을 훔치는 짓
942a~943d 군대의 지휘체계에 대한 복종과 군복무. 부대 이탈
943d~945a 무기를 버리는 행위
945b~947e 감사관들의 선출과 이들의 권한. 이들에 대한 생전 및 사후의 예우
947e~948b 감사관에 대한 기소
948b~949c 맹세와 관련해서
949c~e 공공의 행사 및 출연(出捐) 행사에 참여할 의무
949e~953e 장차 [새벽녘] 야간회의를 구성할 원로후보들의 외국시찰 그리고 네 부류 외국인들의 맞아들임과 보살핌
953e~954a 보증
954a~c 가택수색
954c~e 소유권 다툼
954e~955b 재판 참석이나 경합 참가를 방해하는 경우
955b~c 도둑맞은 물건을 받는 행위, 도망자를 숨겨 주는 행위, 사사로이 하는 평화체결 또는 전쟁을 일으키는 행위
955d~956b 공과금 부과와 신들에 대한 봉납물
956b~958c 세 단계의 법정들, 갖추어야 할 법령들, 법률과 관련된 배움의 필요성, 판결사항들의 집행
958d~960b 망자들의 장례와 무덤 그리고 장례비용
960c~e 나라 체제와 법률의 보전대책의 필요성
961a~969d [새벽녘] 야간회의의 구성과 그 기능. 그 구성원들이 갖추어야 할 자격과 배워야 할 것들

대화자들

아테네인 손님: 크레테에 새로 세워질 '마그네시아'(Magnēsia)라는 나라의 법률 제정을 위해 초청된 방문객으로 등장하고 있는 이 아테네인은 풍부한 철학적 지혜를 갖추었을 뿐만 아니라, 세상사에 대해서도 많은 성찰을 한 철학자로서 거침없이 자신의 생각을 쏟아 놓는다. 이 대화편의 제5권은 맨 끝의 한마디를 제외하곤 그 혼자서, 제12권은 2/3를 넘게 차지하는 앞부분을 역시 중간의 한마디만 제외하고 내리 혼자서 말하고 있다. 또한 이 사람은 법률에 관련된 자신의 생각을 말하면서 '나의 법'(ho emos nomos)(804d)이라고까지 말하고 있다. 그렇다면 이를 우리가 어떻게 해석하는 게 좋을까? 이 대화편 바로 앞에 쓴 것으로 추정되는 《필레보스》 편에서까지도 소크라테스를 대변자로 등장시켜 오던 플라톤이었다. 그러나 이 대화편에서는 전혀 그러지 않는다. 아카데미아의 제자들이 여러 나라로 법률 자문에 응하여 가는 마당에, 그들에게 지침이 될 것들을 말하면서까지 소크라테스의 이름으로 그럴 수는 없었으리라. 더구나 스승은 일흔 살에 세상을 떠났으니, 여든을 바라보는 원숙한 경지의 철학자가 되어 버린 플라톤이 더는 소크라테스의 탈을 쓰고 등장할 수는 없었을 것이다. 그렇다고 해서 이제까지 대화자로서 자신을 등장시킨 적이 없는 그인지라, 늘 그리해 왔던 대로, 자신의 이름은 숨긴 채, 그

러나 스스럼없이 등장하여 거침없이 제 생각을 말하고 있는 걸로 보아도 될 것이다. 892d에서 스스로 밝히고 있듯, 어쩌면 세 사람의 대화자들 중에서는 제일 나이가 적은 편일지도 모른다.

크레테인 클레이니아스(Kleinias): 가상의 인물로서, 마그네시아의 입법을 위임받은 인물로 등장하고 있으며, 형식상으로는 두 사람을 초대한 쪽인 셈이다.

라케다이몬(Lakedaimōn: 스파르타)인 메길로스(Megillos): 가상의 인물이지만, 642b~c에서는 그의 집안 배경에 대한 언급을 스스로 하고 있다. 712c에서는 스스로 자신이 셋 중에서 가장 연장자임을 밝히고 있다.

서로의 호칭과 관련하여: 크레테(Krētē)의 크노소스(Knōsos, Knōssos)에서 만난 이들은 모두가 같은 헬라스(Hellas)인들이긴 하나, 이들의 조국(patris), 곧 나라(polis)는 각기 다르다. 그래서 이들은 서로 상대를 '손님'(외국인: xenos)으로 자주 부르고 있다. xenos(크세노스)란 '외국인 귀빈'을 뜻하는 말이기도 하지만, 영어로 stranger 또는 foreigner에 해당하는 말이기도 하다. 그런데 크레테에 손님으로 초대된 아테네 사람이 정작 크레테 사람인 클레이니아스를 '아, 크세노스여!' 라고 부르고도 있으니, 이를 "아, 손님이시여!"로 옮긴다면, 손님이 주인을 손님으로 부르는 꼴이 된다. 따라서 이 대화편에서 자주 쓰이고 있는 서로에 대한 호칭 ō xene(단수) 및 ō xenoi(복수)는 "손님(들)이시여!"로 하지 않고, "선생이시여!" 및 "선생들이시여!"로 옮기기로 했다. 그러나 "…에서 오신 손님이시여!"라는 표현은 원문 그대로 가끔 썼다. 그리고 이름 다음에는 '** 님'으로 하되, 그냥 상대를 지칭할 때는 '선생'으로 했다.

아무래도 '당신' 이라는 호칭은, 우리 식 표현의 관행을 기준으로 할 때, 이 경우에는 맞지 않을 것 같아서다.

제1권

아테네인:[1] 선생들이시여! 선생네의 법률을 정함에 있어서 그 공을 인 624a
정받고 있는 쪽은 신인가요 아니면 어떤 한 인간인가요?

클레이니아스: 신입니다, 선생이시여! 가장 옳게 말하자면, 신이죠. 우리네에게 있어서는 제우스이지만,[2] 여기 이분께서 그 출신이신 라케다이몬(스파르타)[3] 사람들의 경우에는 아폴론[4]으로 말할 걸로 생각됩니

---

1) 이하에서는 '아테네인 손님'이라 하지 않고, 그냥 '아테네인'으로 약칭함. 앞에서 밝힌 대화자들의 서로에 대한 호칭과 관련된 언급을 참조할 것.

2) 곧 이어지는 각주에서 이와 관련된 언급을 했다.

3) 아테네(Athēnai)가 Attikē 지역의 도심이듯, Lakedaimōn(Sparta)도 Lakōnikē(Laconia)의 도심이다.

4) 여기에서 아폴론(Apollōn)을 그렇게 말하는 것은 특히 델피(Delphoi)의 신탁(神託: manteion, khrēsmos)과 관련해서 하는 것이다. 당시에 헬라스의 각 나라(polis)는 저마다 나라의 중대사를 결정하거나 법률의 제정과 관련해서 신탁을 구하는 것이 관례였다. 특히 여기에서 말하고 있듯, 스파르타가 법률을 정함에 있어서 그 공을 아폴론에게 돌리고 있는 것은, 이를테면 스파르타인들이 그들 나름으로 법률을 제정한 다음, 이를 아폴론의 신전에 가서 신탁을 통해 그 재가(裁可)를 받는 절차를 밟기 때문에 하는 말이다. 이는 헬라스의 다른 나라들의 경우에도 마찬가지이다. 아폴론은 제우스(Zeus)를 주신으로 삼는 올림포스 신들의 대변자인 셈이기 때문이다. 아닌게아니라 에우리피데스의 《트로이아의 여인들》 454에서는 아

다. 그렇지 않은가요?

메길로스: 그렇습니다.

아테네인: 그러니까 호메로스를 따라,[5] 미노스가 9년마다 매번 그 아
b 버지와의 함께함(synousia)을 위해 찾아뵙고서[6] 그분께서 내리시는 말

폴론이 예언의 주신(主神)(manteios anax)으로 불리고 있다. 그러나 크레테의 미노스 왕은, 다음에서 보듯, 제우스와 직접 접했던 것으로 전한다. 그런데 헤로도토스의 《역사》 I. 65를 보면, 델피를 찾은 리쿠르고스(630d 참조)가 무녀한테서 신처럼 환영받은 걸로 전하는데, 스파르타의 많은 법규(ta nomima)가 그에 의해서 혁신되었다 한다.

5) 여기에서 '호메로스를 따라'는 호메로스의 《오디세이아》 19. 178~9행을 따르는 걸 뜻한다. 이 대목은 나그네의 초라한 행색으로 위장하여 제 집으로 돌아와 그동안 아내를 괴롭힌 구혼자들을 처치할 궁리를 하고 있는 오디세우스(Odysseus)가 아직도 자신을 알아보지 못하고서 집요하게 자신의 출신지와 가문에 대해 묻고 있던 아내 페넬로페(Pēnelopē, 호메로스의 작품에서는 Pēnelopeia로 표기함)에게 거짓으로 자신은 크레테를 다스리던 미노스(Minōs) 왕의 후손이라고 말하고 있는 장면에 나오는 것이다. 크레테에는 아흔 개의 나라(polis)들이 있으며 …… "이들 가운데 크노소스라는 큰 나라가 있는데, 거기에서 미노스가/ 아홉 해 동안(enneōros) 다스리니, 그는 위대한 제우스와 흉금을 털어놓는 사이죠(oaristēs)"라는 것이 그 내용이다. 그런데 여기에서 '아홉 해 동안'(enneōros)을 '아홉 살에'로 해석하는 사람도 있으나, 본문에 나오는 '9년째마다'라는 의미를 살려서 그렇게 옮겼다. 그리고 플라톤의 것이 아닌 위작(僞作)으로 알려진 《미노스》라는 대화편(319b~e)에도 이 내용과 관련된 미노스에 대한 언급이 나오고 있다. 한데 호메로스가 90개로 말하고 있는 크레테 섬의 나라들 숫자는 5세기경에는 40개로 줄어 있었던 것으로 추정된다.

6) 미노스(Minōs)와 곧이어서 언급되는 라다만티스(Rhadamanthys)는 제우스가 에우로페(Eurōpē)한테서 얻은 아들들이다. 에우로페는 페니키아의 왕인 아게노르(Agēnōr)의 딸로서, 어느 날 바닷가에서 놀고 있다가, 거기로 헤엄쳐 온 아름답고 온순한 황소 한 마리를 보고서 그 등에 올라탔는데, 그 길로 이 황소는 크레테 섬으로 헤엄쳐 가 버렸다. 이 황소는 에우로페에게 반한 제우스가 변신한 것이고, 이 섬에서 에우로페는 미노스와 라다만티스를 낳았단다. 미노스는 트로이아 전쟁이 있기 3세대 전 크레테의 전설적인 왕이었다. 이른바 미노아 문명으로 알려진 크레테의 청동기

씀(phēmē)[7]들에 따라 선생네의 나라들을 위한 법률을 제정하게 된 것이라 해서 하시는 말씀이 아닌가요?

클레이니아스: 사실 우리 쪽에서는 그렇게 이야기하고 있죠. 더구나
그분과 형제간인 라다만티스는 지극히 올바른 분으로 되셨죠. 실은 두
분께서는 그 이름을 들으셨을 테죠. 따라서 적어도 우리 크레테 사람들 625a
은, 그분께서 당시에 송사(訟事)들과 관련된 일들을 바르게 처리하심으
로[8] 해서, 이런 칭송을 그분이 듣게 된 것으로 말할 것입니다.[9]

문화는 그의 이름을 딴 것이다. 앞의 각주에서 언급한 《미노스》 편에 의하면, 그는 9년마다 이다(Ida) 산에 있는 제우스의 동굴(to tou Dios antron)로 찾아가서, 거기에서 아버지인 제우스를 만나 대화를 통한 가르침을 받은(syngignesthai) 것으로 전한다. 사제 간(師弟間)처럼 그런 교류 또는 교감을 통해서 가르침을 받는 '함께함' (synousia = being with)이었다는 것이다. 이 말은 친밀한 남녀 간의 교합을 뜻하는 말이기도 한데, 현대의 헬라스어는 오히려 그런 뜻으로만 쓰인다. 그건 어쨌거나, 미노스는 제우스와 교류를 가지며 가르침을 받는 제자(synousiastēs)였다는 것인데, 앞의 각주에서 호메로스의 것으로 인용한 구절에서 제우스와 '흉금을 털어놓는 사이인 사람' (oaristēs)이라 한 것은 그런 뜻으로 한 말이다. 그는 아홉째가 되는 해마다 그 동굴에서 제우스를 만나, 새로운 가르침들을 받는 한편으로, 지난 아홉 해 동안 그가 제우스에게서 배운 것들을 밝히어 보여 줌으로써, 왕권에 대한 재신임을 받았다고 한다. 그가 아우인 라다만티스와 함께 크레테의 입법자가 된 것은 그렇게 해서였다. 라다만티스는 죽지도 않고 '축복받은 자들의 섬들' (極樂群島: makarōn nēsoi)이라는 엘리시온(Elysion)으로 가서 그곳의 통치자로 되었다고 하는가 하면, 저승의 판관으로 되었다고도 한다.

7) 이 경우에 phēmē는 신들이 내리는 예언 성격의 소리를 가리키기에 '제우스께서 내리시는 말씀' 으로 옮겼다. 《파이돈》 편 111b에도 phēmē와 관련된 언급이 나온다. phēmē에는 소문이나 전설 등의 뜻도 있다.

8) Burnet처럼 … τὰς δίκας, ὀρθῶς …로 읽지 않고, Des Places의 Budé 판에서처럼 … τὰς δίκας ὀρθῶς,… 로 읽거나 끝의 구두점을 아예 없애고 읽는 것이 옳다고 보았다.

9) 송사 처결과 관련해서 라다만티스에 대해서 하는 이런 칭송은 948b에도 보이거니와, 《소크라테스의 변론》 41a에서는 미노스와 함께 언급되고 있다.

625a

아테네인: 어쨌든 그 명성이 제우스의 자제께는 자랑스런 것이기도 하지만 아주 적절한 것이기도 합니다. 한데, 선생께서도 그리고 여기 이 분께서도 그와 같은 법에 근거한 관습(관례: ēthē) 속에서 양육되셨으니, 이제 우리가 길을 가면서 나라 체제(政體: politeia)[10)]와 법률(nomoi)

---

10) 이 역주서(譯註書)에서도, 늘 그래 왔듯, polis를 '나라'로, politeia는 '정체'(政體) 또는 '나라 체제'로 옮기고 있다. 그렇게 옮기는 이유에 대해서는 《플라톤의 국가(정체)》(2쇄 이후) 41~2쪽에서도 이미 어느 정도 밝힌 바 있지만, 여기서는 다른 예를 들어서 보완적인 언급을 하겠다. 앞의 각주(624a에서 호메로스와 관련된 주석의 끝 부분)에서도 언급했지만, 크레테 섬에만 해도 5세기경까지도 40개나 되는 polis들(poleis)이 있었다고 한다. 대개는 산이나 바다로 해서 지역적으로 자연스레 한계가 정해진 땅에서 한 무리를 이루어 살면서 나름으로 신전 그리고 공공의 장소와 시설들을 도심에 갖추어 갖고 있던 헬라스인들의 자치적 공동체들을 polis들이라 볼 수 있을 것이다. 이런 터에, 이것들에 근대의 '국가' 개념을 적용해서, '국가'라 하는 것은 아무래도 적잖은 무리가 있다. 그렇다고 영어 city 또는 city-state나 불어 cité, 독일어 Stadt처럼, 우리도 덩달아 '도시' 또는 '도시 국가'라고 똑같이 따라 부를 필요까지는 없을 것도 같다는 생각이 든다. 영어 city 또는 town에 해당되는 헬라스어는 [to] asty이다. 아티케(Attikē) 전체를 통해 도심 또는 시내인 아테네(Athēnai)는 asty이고, 그 밖의 지역은 시골(agros)이다. 또한 아테네의 경우에 '시내' 또는 '도심'이라는 뜻의 asty는, 《국가(정체)》 편 첫머리에서도 보듯, 외항 피레우스와 구별하는 뜻에서도 썼다. 로마인들이 '로마'를 Urbs(city의 뜻)로 지칭했듯, 아테네인들도 아테네를 곧잘 Asty라 지칭했다. 물론 아테네나 스파르타는 예외적으로 컸다. 비록 훗날 병탄 합병하기는 했지만, 한때는 피레우스 건너편의 살라미스(Salamis) 섬도 아테네 것이 아니었고, 아테네 교외로 바로 연결된 종교적 성지인 엘레우시스(Eleusis)는 독립된 나라였다. 에게 해를 배로 돌다 보면, 수도 없이 많은 섬들을 보게 되는데, 그것들이 대개는 독립된 나라들이었던 셈이다. 1000개도 넘는 polis들이 있었던 걸로 알려져 온다. 이런 경우에 부담 없이 쓸 수 있는 것으로 우리말에 '나라'라는 것이 있다. 6개의 가야국들에 각각 '나라'라는 말이 적용될 수 있겠듯이 말이다. 그리고 politeia란, 포괄적으로 말해, polis라는 자연적인 자치적 공동체(koinōnia)를 기반으로 하여 그 구성원들인 백성(politēs)들(politai), 곧 시민들이 그것과 관련해서 공공으로 누리거나 유

에 관한 논의로, 서로 이야기를 해 주며 듣기도 하면서, 시간을 보내게 되는 걸 즐거워하시지 않지는 않을 것이라 저는 생각합니다. 적어도 크 b
노소스에서 제우스의 동굴[11]과 신전(성소: hieron)으로 가는 길은, 우리가 듣기로, 족히 그럴 만한 [거리인] 데다가, 지금은 더위로 숨이 막힐

지하고 행사할 수 있는 모든 것을 가리킨다고 할 수 있을 것이다. 그러니까 거기에는 시민의 조건, 권리, 자격, 시민 생활과 활동, 통치, 전체 시민의 생활 방식이나 형태, 시민 조직체, polis의 행정 형태나 조직, 나라 체제, 정체(政體) 등의 여러 가지 뜻이 있겠다. 그러나 플라톤의 경우 《국가(정체)》 편과 마찬가지로 《법률》 편에서도 이 말이 주로 polis의 통치 형태나 통치권 행사의 방법과 관련되어 쓰이고 있는 것으로 보아 일단은 '정체(政體)'로 옮기기로 하되, 경우에 따라서는, 632c에서처럼, '나라 체제' 따위로 문맥에 따라 적역으로 생각되는 것을 찾아서 옮기기로 하겠다.

11) 제우스의 동굴 및 성소(to tou Dios antron kai hieron)로서 크레테의 크노소스 근처에 있는 것들은 셋이다. 첫째는 제우스가 태어났다는 딕테(Dikte) 동굴(Diktaion antron)로서, 크노소스의 동남쪽으로 비옥하고 광대한 라시티(Lassithi) 평야(해발 850미터의 고원)에 있는 마을 프시크로(Psychro)에서 좀 떨어져 높은 곳에 있는 동굴이다. 둘째 것은 제우스가 처음 동굴에서 태어난 뒤에, 크로노스(Kronos) 몰래 다시 옮겨져서 성장하며 어린 시절을 보냈다는 동굴로서, 이다 산(Ida, Idē, Idaion oros: 트로이아에 있는 이다 산이 아니라 해서, 일명 '에게 해에 있는 산'의 뜻으로 oros Aigaion이라고도 하며, 최정상은 해발 2498미터)의 니다(Nida) 고원(해발 1400미터) 바로 위쪽에 있는 '이다 동굴'(Idaion antron)이며, 크노소스의 서남쪽에 있다. 셋째 것은 크노소스 남쪽에 있는 육타(Jukta, Iouktas: 고대의 이름은 Lyttos 또는 Lyktos) 산에 있는 동굴로서, 이곳은 오늘날까지도 제우스가 묻힌 곳(mnēma Dios)으로 전해져 온다. 여기에서 세 사람이 향하여 가고 있는 곳은 둘째 것인 것으로 추정되고 있다. 실제로 이 지역들을 답사까지 한 Morrow(G. R. Morrow: *Plato's Cretan City*, Princeton, 1960, pp. 27~8)는 그런 결론을 내리며, 쌓인 눈 때문에 유월은 되어야 접근이 가능하다고 한다. 이곳 니다 고원에는 바위가 많은 등산길 곳곳에 정상 바로 아래까지 큰 규모의 초원이 있으며, 옛날에는 유달리 큰 kyparissos(현대어로는 kyparissi: 영어로는 cypress: 측백나뭇과 일종)의 숲(kyparissōn, kyparittōn)들이 많았던 것으로 알려져 있다.

지경인지라, 도중에는 키 큰 나무들 사이에 그늘진 쉴 곳들도 있는 것 같고, 우리 나이에는 자주 그곳들에서 쉬는 것이, 또한 서로 이야기로 격려하면서 이런 식으로 전체 노정(路程)을 편안히 통과하는 것이 아무튼 적절할 것입니다.

클레이니아스: 게다가 또 있습니다, 선생이시여! 가다 보면 작은 숲속에는 키파리소스(측백나뭇과 나무)들[12)]의 높고 아름다운 장관들이 있는가 하면, 또한 초원도 있어서, 이곳들에서 쉬면서 이야기하며 시간을
c 보낼 수도 있을 것입니다.

---

12) kyparissos(아티케어로는 kyparittos: 현대어로는 kyparissi: 영어로는 cypress)는 측백나뭇과의 일종으로 지중해 및 에게 해 연안 지역에 자라는 상록수이다. 학명은 Cupressus sempervirens(상록수)이다. 우리나라 산들에서 더러 볼 수 있는 노관주나무나 향나무 비슷한 형태로 나무줄기를 중심으로 긴 원뿔 모양을 이루며 훤칠하게 치솟은 늘푸른 침엽수인데, 아주 잘 자란 노관주나무보다도 비교가 안될 정도로 훨씬 키도 크고 침엽 형태의 잎이 무성해 수세(樹勢)도 좋고, 재질은 단단하다. 흔히 묘지 근처에도 많이 있어서, 애도를 표시하는 상징적 나무 구실을 하기도 하지만, 여기에서 보듯, 묘지와는 상관없이 숲을 이루고 있기도 하다. 헬라스 여행에서 산야에 원뿔 모양을 하고 쭈뼛이 솟은 듯이 훤칠한 상록수를 보았다면, 그건 틀림없는 그 나무라 해도 될 것이다. 이 책에 원색으로 크게 실린 사진에서 이다 산의 앞쪽에 펼쳐져 있는 산야 여기저기에 쭈뼛쭈뼛 많이들 자라고 있는 나무들이 그것들이다. 표지 그림에서도 이 나무들은 바로 눈에 띌 것이다. 영어사전들에서는 한결같이 '드린실편백'으로 번역하고 있으나, 실제로 이런 나무 이름이 우리말에 있는지조차도 나로서는 제대로 확인할 길이 없는 데다, 일본 특산인 '편백'보다는 오히려 '측백나무'로 보는 게 옳을 것 같다. 그러나 그게 측백나뭇과 나무인 건 분명한 것 같지만, 바로 '측백나무'로 못박기는 다소 주저된다. 그래서 그냥 '키파리소스'(측백나뭇과 나무)의 형태로 옮겼다. 우리가 요즘에야 '버즘나무'라 일컫는 플라타너스(platanus)도 실은 헬라스어 플라타노스(platanos)의 음역이다. 우리가 너도밤나뭇과에 딸린 '마로니에'를 그냥 그대로 일컫듯, '키파리소스'도 제대로 된 우리말 이름을 갖게 되기까진, 그냥 제 이름으로 부르는 것도, 물론 최선은 아니겠지만, 차선의 선택은 될 것 같다.

아테네인: 옳은 말씀입니다.

클레이니아스: 분명히 그렇습니다. 실제로 보게 되면, 더욱더 그렇다고 우리는 말하게 될 것입니다. 그럼 가십시다. 행운이 함께하길 빌면서요.

아테네인: 부디 그렇게 되길! 또한 제게 말씀해 주십시오. 무슨 취지로 선생네의 법은 공동 식사(syssitia)[13]와 체력 단련(ta gymnasia)[14] 그리고 무기의 갖춤(무장)을 제도화했나요?

클레이니아스: 선생이시여! 우리 쪽 것들[15]이야 누구에게나 이해하기가 쉬울 것이라 저는 생각합니다. 두 분께서 보시다시피, 크레테의 전체적 지형은, 테살리아[16]의 그것처럼, 평지가 아니기 때문입니다. 바로 d

---

13) 이 공동 식사 제도는 크레테에서만이 아니라, 리쿠르고스에 의해서 스파르타에도 도입된 것으로 전한다. 앞서 밝힌 헤로도토스의 저서에서 같은 곳 참조. 《국가(정체)》 편(416e)에서도 이 제도가 채택되고 있다.

14) 여기에서 '체력 단련'으로 옮긴 [ta] gymnasia는 [to] gymnasion(중성 명사)의 복수 형태이다. 단수인 '김나시온'은 원래 [웃통을] '벗은 상태로'(gymnos) 체력 단련을 하는 곳, 곧 '체련장'을 의미하는 말이다. '김나시온' 자체에 대해서는 761c에서 해당 각주를 참조하는 게 좋겠다. 그런데 여성 명사로서 단수인 [hē] gymnasia는 이에서 전용되어 신체적이든 정신적이든 일체의 '단련'이나 '훈련' 또는 '수련'(exercise, training)을 의미한다. 이 대화편에서 이 용어들은 몇 번이나 접하게 될 것이다. 또한 《파르메니데스》 편(135d, 136a)에서는 논리적 수련의 뜻을 갖는 gymnasia와 함께 동사 형태의 gymnasthēnai란 말이 쓰이고 있는데, 곧 이어지는 626b에 나오는 gegymnasthai도 약간의 농담조가 섞인 그런 표현이다.

15) 바로 앞에서 말한 제도들을 가리킨다.

16) Thessalia는 헬라스 본토 북부의 광활한 평야 지대로서, 그 평야의 면적은 헬라스에서 최대이다. 테살리아 동북쪽으로 올림포스(Olympos) 산과 오사(Ossa) 산을 가르는 긴 계곡을 템페(Tempē: 오늘날의 발음으로는 '뗌비')라 하고, 그 사이를 흐르는 강을 페네이오스(Pēneios: 오늘날의 발음으로는 '삐니오스')라 한다. 이 강은 서쪽의 핀도스(Pindos)에서 발원하여 테살리아의 들판에 풍부한 물을 공급하며 가로질러 흐르다가, 이 계곡을 지나 테르마 만(Thermaikos Kolpos)으로 빠진다. 게다가 이 지역은 대륙성 기후여서, 남쪽의 해안 지대의 들판과는 달리 비옥하여 곡식 농사가

625d

그 때문에, 그곳 사람들은 말들을 이용하는 편이기도 하지만, 우리는 달
리기를 이용하죠. 또한 이 지역은 평탄하지도 못한 데다, 발로 달리기의
단련에 오히려 적합하니까요. 이런 조건에서는 무기를 물론 가벼운 것들
로 갖추어야지, 무게가 나가는 걸 갖고서 달릴 수는 없게 마련입니다. 바
로 활들과 화살들의 가벼움이 제격일 것이라 여겨지죠. 따라서 이것들
모두를 우리로서는 전쟁에 대비해서 준비하게 되었거니와, 입법자
e (nomothetēs)도 제가 보기에는 이에 주목하고서 어쨌든 그 모두를 제도
화한 것 같습니다. 공동 식사를 하게 한 것만 해도, 모두가 출정 중일 때
는, 이 일 자체로 해서 이 기간 동안은 자신들의 수호를 위해서 공동 식
사를 하지 않을 수 없게 된다는 걸 알고서 그랬을 테니까요. 바로 많은
사람(다중: hoi polloi)[17)]의 어리석음(무지: anoia)을, 즉 모든 나라를 상
대로 한 계속되는 전쟁이 평생토록 자기들 모두에게 언제나 있다는 사실
을 깨닫지 못하고 있음을 나무랐던 것이라 제게는 생각됩니다. 어쨌든
전쟁이 있을 때, 정말로 수호를 위해서 공동 식사를 해야 하고, 다스리는
사람들(지휘자들: arkhontes)도 다스림을 받는 사람들(지휘를 받는 자
626a 들: arkhomenoi)도, 몇 사람씩 교대하여 가며, 자신들의 수호자들이도
록 해야만 한다면, 이는 평화 시에도 해야만 합니다. 대다수의 사람들이
평화(eirēnē)라 일컫는 것, 그것은 이름(onoma)일 뿐이지, 실제로는 모
든 나라(polis)에 모든 나라를 상대로 한 선포되지 않은 전쟁(akēryktos
polemos)이 늘 있는 게 자연스럽기 때문이죠. 또한 이런 식으로 살피시
게 되면, 선생께서는 이 점을 발견하시게 될 것입니다. 크레테인들의 입

잘 되고, 말 등의 가축 사육이 용이했다. 오늘날엔 면화 산지이기도 하다.

17) 이 책에서 '많은 사람' 또는 '다중'은 hoi polloi(the many)의 번역어이다. 또한 역자는 '대중(군중)'은 plēthos(the multitude)의 번역어로, '민중'이나 '평민', '인민' 또는 '구역(부락)민'은 dēmos(the people, the commons)의 그것으로 쓰고 있다.

법자는 전쟁에 주목하고서 우리의 법규(法規)들(관례들, 관습들: ta nomima)[18]을, 사적인 면에서도 공적인 면에서도, 모두 제도화한 것이며, 또한 이에 따라 법률을 이처럼 수호하도록 위임한 것이라는 걸 말씀입니다. 실상 어느 나라가[19] 전쟁을 이기지 못하게 될 경우에는, 그 밖의 b
것들은, 소유물들이든 하고 있는 일들이든, 그 어느 것도 전혀 이득이 되지 못하고, 패배자들의 좋은 것들은 모두가 전승자들의 것들로 된다고 해서죠.

아테네인: 선생이시여! 크레테인들의 법규들(관습들: ta nomima)을 꿰뚫어 보게 함에 있어서 선생께서는 아무튼 훌륭하게 단련을 하신 것으로[20] 제게는 보입니다. 하지만 이 점을 제게 한층 더 명확하게 말씀해 주십시오. 선생께서 훌륭하게 다스려지는 나라의 정의(定義: horos)[21]로

18) ta nomima는 'nomos(관습, 관례, 법)에 합치하는 것들'을 뜻하므로, 곧 '관례들' 또는 '관습들'이라고도 하겠지만, 법률(nomoi)과 거의 같은 뜻을 지니기에, '법규(法規)들'이라 해도 되겠다. 따라서 문맥에 따라 '관례들'이나 '관습들' 또는 '법규들'로 옮기겠다.

19) 여기에서 원어 tis는 막연한 불특정인을 뜻하는 것으로 볼 수도 있지만, 불특정의 나라(polis)를 뜻하는 것으로 보는 게 더 좋을 것 같다.

20) 625c에서 gymnasia에 대한 각주 끝을 참조할 것.

21) 여기에서 '정의'로 옮긴 horos는 '기준'으로 이해해도 되는 말이지만, 문맥상 '기준'으로 옮기자면, '판단' 또는 '판단하는'이라는 말이 그 앞에 오는 것이 자연스럽겠기에 '정의'로 옮겼다. 아리스토텔레스는 *Topica*(101b39)에서 "정의(horos)란 어떤 것의 '무엇임'(to ti ēn einai)을 나타내는 표현(의미규정 형식: logos)이다"라고 말하고 있다. 옛날에 헬라스 사람들은 어떤 사람이 소유하고 있는 토지를 말할 때, 그것이 남북으로 그리고 해가 떠오르는 쪽(동쪽)과 해가 지는 쪽(서쪽)으로 무엇 또는 누구의 땅과 이웃하고 있는지 그 경계 표시(horos)를 밝혔는데, 이를 낱말들에 적용하여 그것들이 다른 것들과 어떻게 구별되는지를 개념적으로 확정 짓는 작업을 의미 규정(horismos)이라 한다. 이와 관련하여 자세한 설명을 얻고자 하는 독자는 역자가 낸 《필레보스》 편의 역주서 《플라톤의 필레보스》에서 62a의 '의미 규정 형식'(logos)에 대한 각주와 부록 [1]을 참조할 것.

c 택하신 것은 전쟁에서 다른 나라들을 이기도록 그렇게 조직되어 다스려지는 것이어야만 한다고 선생께서는 말씀하시고 있는 것으로 제게는 생각되기 때문입니다. 안 그런가요?

클레이니아스: 물론입니다. 여기 이분께서도 같은 생각일 것이라고 저는 생각합니다만.

메길로스: 비범하신 분이시여![22] 라케다이몬 사람들 가운데 누구인들 사실 어떻게 달리 대답할 수 있겠습니까?

아테네인: 그렇다면 나라(polis)들 대 나라들[의 관계]에는 이것[23]이 타당하지만, 마을(kōmē) 대 마을[의 관계]에는 다른 것이 타당한가요?

클레이니아스: 결코 그렇지 않습니다.

아테네인: 그러면, 동일한 것이?

클레이니아스: 네.

아테네인: 어떻습니까? 마을 안의 가정(oikia) 대 가정[의 관계]에도, 그리고 개인 대 개인[의 관계]에도 동일한 것이 여전히 타당한가요?

클레이니아스: 동일한 것이 타당합니다.

d 아테네인: 하지만, 저 자신(hautos) 대 자기[의 관계]를 적 대 적[의 관계]로 생각해야만 하나요? 아니면 이번에는 우리가 어떻게 말할 것인가요?

클레이니아스: 아, 아테네 손님이시여! 저는 선생을 아티케 사람으로 부르고 싶지는 않으니까요.[24] 선생께서는 오히려 여신[25]의 호칭에 따라

---

22) ō theie를 우리말로 옮긴 것인데, 이는 스파르타 사람들이 상대를 칭찬하는 의미에서 곧잘 쓰는 표현으로 알려져 있다. theios(스파르타 방언으로는 seios)는 '신(theos)과도 같은'을 뜻하는 형용사이다. 《메논》 편 99d에도 스파르타인들의 이 호칭에 대한 언급이 보인다.

23) 앞에서 말한 '정의(定義: horos)'를 가리킨다.

24) 아티케(Attikē, 라틴명으로는 Attica)는 엄격히 말해 아테네(Athēnai)를

불릴 자격이 있는 것으로 여겨지기 때문입니다. 논의(logos)를 정당하게도 그 근원(arkhē)[26]으로 이끌어 가심으로써 선생께서는 한결 더 명확하게끔 만드셨기 때문입니다. 그래서 모두는 모두에게 공적으로도 적들이고, 사사로이도 저마다 저들 자신들에게 적들이라고 방금 우리가 말하게 된 것이 옳은 것이라는 걸 선생께서는 더 쉽게 아시게 되는 거죠.

아테네인: 어떻게 하시는 말씀입니까, 놀라운 분이시여? e

클레이니아스: 선생이시여! 이 경우에도, 저 자신을 이기는 것이 모든 이김(승리) 중에서도 으뜸가는 것이며 최선의 것이지만, 저 자신에게 지는 것[27]은 모든 것[28] 중에서도 가장 부끄러운 것인 동시에 최악의 것입니다. 이것들[29]이 실은 우리 각자 안에 우리 자신을 상대로 하는 전쟁이 있음을 보여 주고 있습니다.

아테네인: 그러면 논의를 다시 되돌립시다. 우리 각자는 하나인데, 한쪽은 저 자신보다 더 강하나(더 나으나), 다른 한쪽은 저 자신보다 더

도심으로 갖는 전 지역을 지칭하는 것이지만, 나라 이름으로는 '아테네'가 곧 아티케를 포괄하는 것이다. '아테네'(Athēnai)는 아테나(Athēna, Athēnē, Athēnaia) 여신을 수호신으로 모시는 나라임을 표방하는 이름이고, 복수 형태의 것이다. 아테나 여신과 아테네의 각별한 관계는 《티마이오스》 편 21e~24d에서도 이야기되고 있다.

25) 아테나 여신을 가리킨다. 그리고 아테네 여신은 지혜나 재주(mētis)로 넘치는 데다 영웅들을 전술적으로 많이 도와주는 남성적인 면이 있다. 여기에서는, 바로 다음 구절에서 보듯, 여신의 지혜와 연관해서 이런 언급을 하고 있다.

26) arkhē에는 시작, 원천, 근원, 원리, 통치 등의 뜻이 있다.

27) 여기에서 '저 자신을 이기는 것'의 원어는 to nikan auton hauton이고, '저 자신에게 지는 것'(to hēttasthai auton hyph' heautou)이다.

28) 여기에서 '모든 것'은 모든 '지는 것'(hēttasthai)을 뜻하는 것으로 보는 게 옳을 것 같다. '이김'(승리: nikē)에 대응하는 순수한 명사형의 '짐(패배)'은 hētta(hēssa)이다.

29) '저 자신을 이기는 것'과 '저 자신에게 지는 것'을 가리킨다.

627a 약하니(못하니)까,[30] 가정도 마을도 그리고 나라도 이 똑같은 점을 그것들 자체 안에 지니고 있다고 우리가 주장해야 할까요, 아니면 그렇지 않다고 주장해야 할까요?

클레이니아스: 어떤 것이 한쪽은 저 자신보다 더 강하나, 다른 쪽은 더 약한 것이라는 걸 말씀하시는 겁니까?

아테네인: 네.

클레이니아스: 그것 또한 옳게 물으신 겁니다. 그런 점은 아닌게아니라 있고말고요. 나라들에는 적잖이 있지요. 더 나은 사람들(hoi ameinones = the better)이 대중(군중: to plēthos)을, 그리고 한결 못한 사람들을[31] 이기고 있는 그 많은 나라의 경우에 있어서 이 나라는 저 자신보다도 더 강하다(저 자신을 이기는 나라)고 하는 게 옳겠으며, 이런 이김에 대해서는 칭찬을 받는 것이 지당할 것입니다. 하지만 그 반대인 나라의 경우에는, 그 반대로 될 것이고요.

b 아테네인: 그러면, 도대체 더 못한 쪽이 더 나은 쪽보다 더 강할 수 있겠는지,[32] 이 문제는 제쳐 두기로 합시다. 논의가 더 길어질 테니까요. 하지만 선생께서 말씀하신 바는 이제 제가 이해합니다. 동족 간이며 같은 나라의 시민들인 처지에, 올바르지 못한 다수의 시민들이 어느 땐가

---

30) 이와 비슷한 형태의 논의를 《국가(정체)》 편 430e~431d에서도 찾아볼 수 있다. '저 자신보다 더 강하다(더 낫다)' (kreittōn hautou)거나 '저 자신보다 더 약하다(못하다)' (hēttōn hautou)는 곧 '저 자신을 이기다' 와 '저 자신에게 지다' 로 옮겨도 되는 말이다.

31) '더 나은 사람들' 의 원어는 hoi ameinones(the better)이고, '한결 못한 사람들' 의 그것은 hoi kheirones(the worse, the inferiors)이다.

32) 626e 끝의 본문 및 각주에서도 언급되었듯, '더 강하다' 는 뜻의 헬라스어 kreitton(중성형: stronger)에는 '더 낫다' (better)의 뜻도 있어서 이런 말을 하는 것 같다. 이럴 경우에는 kheiron(worse, inferior) = kreitton(better)이 되는 모순을 범할 것이기 때문이다.

모여서는, 소수인 올바른 시민들을 강제로 노예로 만들고, 또한 지배까지 하게 될 경우에, 이 나라는 저 자신보다도 못하다(약하다: 저 자신에게 지고 있다)고 또한 동시에 나쁜 나라라고 말하는 게 옳을 것이나, 그들이 질 경우에는, 이 나라는 저 자신보다 더 강하며 좋은 나라라고 말하는 게 옳을 것입니다.

클레이니아스: 선생이시여! 방금 하신 말씀은 몹시 이상하기까지 합 c
니다. 그런데도 이처럼 도저히 동의하지 않을 수가 없군요.

아테네인: 잠깐! 이 점 또한 검토해 봅시다. 가령 여러 형제가 한 남자와 한 여자의 아들들일 경우에, 이들 가운데서 더 많은 수가 올바르지 못한 자들로 되고 더 적은 수가 올바른 자들로 되는 것이 특히 놀랄 일은 전혀 아닐 것입니다.

클레이니아스: 실상 놀랄 일이 아니죠.

아테네인: 그리고 이를, 즉 못된 형제들이 이길 경우에는, 이 가정(oikia)과 이 가족(친족: syngeneia) 전체가 저 자신보다 못하다(저 자신에게 지고 있다)고 말하되, 그들이 질 경우에는, 저 자신보다 강하다(저 자신에게 이기고 있다)고 말할 것인지를 붙들고 따지는 것은 제게도 두
분께도 어쨌든 적절한 게 아닐 것입니다. 왜냐하면 지금 우리가 고찰하고 d
있는 것은 많은 사람의 표현과 관련해서 그 어구(語句)들의 적절함이나 부적절함 때문인 것이 아니라, 법률의 옳음(정당성, 타당성: orthotēs)[33]

33) 여기에서 '법률의 옳음(정당성, 타당성: orthotēs)'이라는 말은 법률이 옳게 제정된 것인지 아닌지를 가리켜 하는 말이다. 우리말로 '옳다'는 표현은 사리에 맞거나 진리나 어떤 규범에 맞는 경우, 틀리지 않고 맞는 경우, 격식에 맞게 제대로 된 경우 등에 쓰인다. 이 경우의 orthotēs는 영어로는 correctness, rightness에 해당하는 것인데, 642a 등에서 보듯, 이 낱말은 시가 등의 예술의 orthotēs를 문제 삼을 경우에도 쓰이고 있는데, 무리가 없는 한, 용어의 통일을 꾀하는 의미에서 '옳음'을 앞세워 옮기기로 한다.

627d

및 그름(hamartia)과 관련해서, 도대체 그런 무엇인가가 본래(physei)[34] 있는지를 고찰하고 있기 때문입니다.

클레이니아스: 선생이시여! 더할 수 없이 참된 말씀입니다.

메길로스: 사실 지금으로서는, 저로서도 동의하고 있듯이, 적어도 그만큼은 훌륭하게 말씀하신 겁니다.

아테네인: 그러면 이 점 또한 보도록 합시다. 방금 언급된 형제들에게 어쩌면 어떤 판관(dikastēs)이 생길 수 있겠죠?

클레이니아스: 물론입니다.

아테네인: 실상 다음 중에서 어느 쪽이 더 나은 판관일까요? 누구든
e 그들 중에서 나쁜 형제들은 다 처치하되, 더 선량한 형제들이 저들끼리 다스리도록 지시하는 판관일까요, 아니면 선량한 자들이 다스리도록 하되, 한결 못한 자들은 살려 두고서 자진해서 다스림을 받도록 만드는 그런 판관일까요? 하지만 세 번째[35] 판관으로는 어쩌면 우리가 그 훌륭함(덕: aretē)[36]과 관련해서 말할 수 있겠습니다. 가령 누구든, 불화 상태에

34) '본래'로 옮긴 원어 physei는 영어로는 by nature(= physis)로 번역하는 말이다.

35) 헬라스인들의 경우에 수 '3'은 예부터 신성하고 행운을 상징하는 것이었다지만, 여기서는 '세 번째'에 구태여 그런 의미를 부여할 필요까지는 없는 것 같다. 왜냐하면 내용 자체가 그 중요성을 말하고 있기 때문이다.

36) aretē(아레테)는 이 책에서도 자꾸 반복되어 나오는 말이다. 이 낱말은 오래도록 흔히 '덕'(virtue, vertu, Tugend)으로 번역되어 온 것이지만, 이 번역은 이 낱말의 원 뜻을 제대로 살린 것이 못된다. 우선 무엇보다도 사람의 경우에 있어서 절제나 용기 따위와 같은 '혼의(정신적) aretē' 이외에도 '몸의 aretē'로 건강, 큼, 준수함, 힘셈 등이 있기 때문이다.(655b 및 아리스토텔레스의 《변론술(수사학)》, 1361a1~1361b3 참조) 게다가 사람의 경우에도 그가 하는 일(ergon) 또는 할 수 있는 일에 따른 aretē(훌륭함, 훌륭한 상태)가 있게 마련이기 때문이다. 또한 모든 사물에도 그 종류 나름으로 '훌륭한 상태', 즉 '좋은(agathos = good) 상태'(goodness)가 있게 마련이다. 이는 대개 그 종류 나름의 '기능'(ergon)이나 '구실' 또는

있는 한 친족을 넘겨받아서는, 그 누구도 처치하려 하지 않고, 화해시킨 628a
다음,[37] 그들에게 법률을 제정해 주고서, 이후의 남은 시간 동안은 서로 친구들이도록 지켜 주게끔 해 줄 수 있는, 그런 사람이 있다면 말씀입니

'쓰임새'(khreia)와 관련되어 있는 말이다. 어떤 것의 생존 기능 또는 그것의 존립 이유나 존립 조건과 관련된 것이든 간에, 또는 그것의 쓰임새(용도)와 관련되어서건 간에 그것들의 '훌륭한 상태'는 있게 마련이다. 가령 우리가 '좋은 눈'이라 말할 때, 이는 눈의 기능과 관련해서 하는 말이요, 개나 말의 경우에서처럼 그것들의 생존 조건이나 인간에 대한 그것들의 유용성과 관련해서도 우리는 그 '훌륭한 상태'를 상정할 수 있다. 그리고 모든 인위적인 산물은 그것들의 유용성 및 기능과 관련된 '훌륭한 상태'를 전제로 하여 만들어지고 있다. '좋은 칼'이라든가 '좋은 낫'이라 말함은 그 때문이다. 그런가 하면, 707d에서처럼 나라 체제(정체: politeia)의 경우에도, 심지어는 땅의 '비옥함'이나 물의 '양질'(良質)을 말할 때도 이 말을 쓰고 있다. 모든 사물에 걸친 이런 '훌륭한 상태' 곧 '훌륭함'(goodness, excellence)을 '아레테'라 한다. 영어로 excellence로 번역하기도 하는 점을 고려해서 '탁월성'이나 '빼어남'이라고도 함 직하나, 이 표현들은 다른 사람이나 다른 것들과 비교할 때, 그러하다는 뜻을 지니므로, 아무래도 썩 적절치는 않은 것 같다. 왜냐하면 그것은 기본적으로 그냥 어떤 것의 '훌륭한 상태'를 즉 '제 구실 제대로 함'이나 '그것다움'을 뜻하는 것이기 때문이다. 그런데 이 '훌륭한 상태'(훌륭함)란 독립적인 것이 아니라, 반드시 '… 의' 훌륭한 상태(훌륭함)여서, 어떤 부류나 종류에 속하는 것이다. 물론 사람의 덕목(德目)과 관련된 경우에는 이걸 '덕'이라 해도 무난하나, 역자는 논의의 보편성을 고려하여, 특정한 분야의 사람이 아닌 사람 자체의 경우에는, 되도록 '[사람의] 훌륭함', '[사람으로서의] 훌륭함' 또는 [사람의] '훌륭한 상태'로 옮기기로 하였다. 그러나 사람의 경우에도 이 말의 쓰임새는 일정하지가 않다. 이를테면, 그것은 군인이나 농부의 훌륭한 상태나 아이의 훌륭한 상태를 가리키기도 하기 때문이다. 643d에서도 우리는 이런 언급에 접하게 된다. "교육의 요지를 우리는 바른 양육이라 말하는데, 이는 놀이를 하고 있는 아이의 혼을, 그가 어른이 되었을 때 할 일(pragma)의 훌륭한 상태(aretē)에 있어서 완벽함을 요구하게 될, 그것에 대한 사랑으로 최대한 이끌어 줄 것입니다." 그리고 이 aretē와 반대되는 것은 kakia(badness: 나쁜 상태, 나쁨)이다.

37) διαλλάξας δὲ, 로, 즉 … δὲ 다음에 구두점(,)을 치고서 읽었다.

628a

다.[38]

클레이니아스: 그런 판관과 입법자가 훨씬 더 나을 것입니다.

아테네인: 또한 더 나아가, 그가 그들을 위해서 법률을 제정하게 되는 것은 전쟁(싸움: polemos)에 주목하는 것과는 반대되는 것[39]일 겁니다.

클레이니아스: 그건 사실입니다.

아테네인: 그러면 나라를 화합도록 하는 이는 어떻겠습니까? 그가 나라의 삶(살림: bios)을 경영함에 있어서 대외적인 전쟁에 더 주목하고서 하겠습니까, 아니면 나라 안에 매번 생기는 전쟁에 주목하고서 하겠
b 습니까? 바로 이게 내란(내분: stasis)이라 불리지요.[40] 이것은 모두가 제 나라에는 결코 일어나지 않기를 제일 바라는 것이겠고, 일어날 경우에도, 가급적 빨리 종식되길 바라는 것이겠죠.

클레이니아스: 뒤의 것에 주목할 것이라는 건 명백합니다.

---

38) 세 번째 판관이 판관으로서 '훌륭함'은 이 경우에 이렇게 재정리해 볼 수 있겠다. 그가 불화 상태에 있는 한 가족의 판관으로 위임된 취지는 한 가족을 해체하지 않고 명실상부하게 화목한 하나의 가족으로 유지될 수 있도록 해 주는 것이다. 이 위임받은 일을 제대로 이행하기 위해 그는 먼저 형제들을 화해시킨다. 다음으로 그는 이들의 화해가 일시적인 것이 아니라, 우애로운 관계로 끝까지 지속될 수 있게 해 주는 안전장치로서, 서로 지키지 않을 수 없는 준칙들을 구속력을 갖는 법률로서 정해 준다. 이로써 그는 조정관 및 판관으로서 훌륭하게 소임을 다했다. 이 대화편에서 말하고 있는 입법자의 소임도 기본적으로는 이 틀의 테두리 안에 있다. 한 공동체의 구성원들이 자유롭고 슬기로우며 서로 우애로운 관계를 유지할 수 있도록 해 주는 공동체를 지향하는 것이 이 대화편에서 강조하고 있는 입법자의 궁극적 목표이기 때문이다.(693b~694b 참조) 따라서 우애(philia)는 하나의 공동체를 유지키 위한 중요한 덕목들 중의 하나이다.

39) 헬라스어 polemos가 '전쟁' 또는 '싸움'을 뜻하니까, '전쟁'에 반대되는 것은 '평화'가 되겠고, 일반적인 '싸움'의 경우에 그것은 '화목'이 되겠다.

40) 전쟁 및 내란에 대한 간결한 언급을 우리는 《국가(정체)》 편 470b~d에서 읽을 수 있다.

아테네인: 한데, 누군가가 이번에는 한쪽은 파멸되나, 어느 한쪽은 승리하게 됨으로써 내란에 평화가 찾아오게 되는 걸 더 선호할까요, 아니면 서로의 화해로 해서 우애와 평화가 이루어지는 걸 선호할까요? 그러고서 외부의 적들에 대해서 경계를 하지 않을 수 없게 될 경우에는 말씀입니다. c

클레이니아스: 모두가 제 나라에서는 앞의 경우보다는 뒤의 경우처럼 되는 걸 바라겠죠.

아테네인: 그러니까 입법자도 마찬가지가 아닐까요?

클레이니아스: 물론입니다.

아테네인: 그런데 모든 입법자는 최선의 것(to ariston)을 위해서 일체의 법규들(ta nomima)[41)]을 정하지 않겠습니까?[42)]

클레이니아스: 어찌 그러지 않겠습니까?

아테네인: 그렇지만 최선의 것은 전쟁도 내란도 아니고, 이것들이 불가피한 상황은 일어나지 않기를 바라는 것이니, 서로 간의 평화와 함께 우의(philophrosynē)가 최선의 것입니다. 더구나 한 나라가 저 자신을 이기는 것은 최선의 것들에 속하는 것이 아니라, 불가피한 것들에 속하는 것 같아 보입니다.[43)] 이는 마치, 누군가가 병이 난 몸이, 의술에 의한 변통(便通)[44)]을 보게 됨으로써, 아주 좋은 상태에 있게 되었다고는 생각 d

41) 626a에서 ta nomima에 대한 각주를 참조할 것.

42) 플라톤 철학에 있어서 모든 것의 궁극적 원리인 좋음(善: to agathon)이 입법자에게도 그 목표가 될 것은 당연할 것이다.

43) 626e에서 클레이니아스가 그렇게 주장한 데 대한 반론인 셈이다. 그리고 여기에서 ἦν은 이 논의가 앞에서(626e에서) 했던 것임을 말해 주고 있는 것으로서, 이른바 philosophical imperfect에 해당하는 것이다.

44) 원어는 iatrikē katharsis이다. katharsis는 여기서 말하는 것처럼 몸에서 장애를 일으키거나 질병을 유발하는 해로운 물질이나 체액을 의학적으로 몸 밖으로 내보내는 걸 뜻하기도 하지만, 종교적 의미의 정화(淨化)나,

628d

하면서도, 그런 게 전혀 불필요한 몸에 대해서는 미처 생각이 미치지 못하고 있는 경우와 같습니다. 마찬가지로 나라나 개인의 행복(eudaimonia)과 관련해서도 누군가가 이런 식으로 생각을 한다면, 즉 대외적인 전쟁과 관련된 것들에 대해서만 그리고 이것들에 대해서 맨 먼저 주목한다면, 그는 결코 옳게 정치가(politikos)도 되지 못할 것이며, 전쟁에 관련된 것들을 위해서 평화와 관련된 것들을 입법하기보다는 평화를 위해서 전쟁과 관련된 것들을 입법하지 않는다면, 그는 엄밀한 뜻에서의 입법자

e (nomothetēs akribēs)[45]도 되지 못할 것입니다.

클레이니아스: 선생이시여! 말씀하시는 주장은 대체로 옳아 보입니다. 그렇더라도 저로서는 우리 쪽의 법규들이, 더구나 라케다이몬의 그것들이 전쟁에 관련된 것들을 위해 열성을 다한 게 아니라면 [오히려] 놀랄 것입니다.

629a 아테네인: 아마도 그럴 것입니다. 하지만 지금으로서는 우리끼리[46] 고집스럽게 다툴 필요가 전혀 없고, 침착하게 물어야만 합니다. 이것들에 대해서는 우리도 그들도 최대한 진지한 터일 테니까요. 그러면 제 논의를 따라와 주십시오. 어쨌든 우리는 티르타이오스[47]를 앞세우도록 합

735d~736a에서 보듯, 숙청과 같은 사회적 또는 정치적 정화도 뜻한다.

45) 《국가(정체)》 편 342d에서도 '엄밀한 뜻[에서]의 의사' 및 '엄밀한 뜻[에서]의 키잡이(선장)'에 대한 언급이 보인다.

46) autois는 autous로 읽음.

47) Tyrtaios는 7세기(기원전) 중엽의 스파르타의 시인이다. 그는 특히 스파르타와 서쪽으로 인접한 나라인 메세니아(Messēnia)와의 전쟁에서 죽음을 무릅쓰고 싸우도록 독려하는 시를 썼다. 그래서 그는 국민 시인처럼 여겨졌으며, 4세기에는 출정 중인 스파르타의 군인들이 그의 시 낭송을 듣도록 했다고 한다. 그의 시들은 오늘날 토막 시 형태로만 전해지고 있다. 바로 다음에서 인용된 그의 시는 토막 시 12. 1이며, 629e에서 인용되고 있는 것은 토막 시 12. 11~12이다. Tyrtaeus, *Elegiae*, *Fragmenta*, TLG 참조. 그런데 그의 시는 elegeion(복수는 [ta] elegeia임)으로 불리는 시의

시다. 그는 태생으로는 아테네인이지만, 여기 이분 나라의 시민[48]으로 되었는데, 그 사람이야말로 누구보다도 이것들에 대해서 진지했으니, 그는 이런 말을 했죠.

나는 이런 사람에 대해서 말하지도 대단하게 보지도 않으리

설사 어떤 사람이 누구보다도 부유할지라도, 또한 온갖 [좋은] 것들을 b
거의 다 들면서, 설사 많은 [종류의] 좋은 것들을 갖고 있다고 할지라도, 전쟁에서 언제나 가장 빼어난 자로 되지 않는 이에 대해서는 그러리라고 말씀입니다. 어쩌면 이 시들은 선생께서도 들으셨을 테니까요. 여기 이분께서는 그 시들에 물리셨을 것이라 저는 생각하기 때문입니다.

메길로스: 그야 물론입니다.

클레이니아스: 그리고 사실은 그것들이 라케다이몬에서 우리한테까지 전해졌답니다.

아테네인: 자, 이제 이 시인에게 공동으로 대충 이렇게 질문을 하죠. "더할 수 없이 대단한[49] 시인이신 티르타이오스여! 물론 당신께서는 전

형태로, 2행(行) 대구(對句)를 이루는데, 첫 행은 서사시처럼 hexameter(6절 운율)이고, 그다음 행은 pentameter(5절 운율)이며, 그 암송엔 아울로스(aulos)가 반주되었다고 한다. 6절 운율이란 첫째 행이 장단단(長短短) 또는 장장(長長)의 6마디가 한 행을 이루는 걸 그리고 5절 운율은 그다음 행에 그게 다섯이 있음을 원칙적으로 뜻한다고 할 것이다. 애가조(哀歌調)의 시(elegos), 비명(碑銘), 경구 성격의 시 등이 이들 운율들로 이루어진 것들인 데서 elegeion이라는 말이 유래된 것으로 추정된다. 위에서 *Elegiae*는 라틴어이고, 이를 헬라스어로 바꾸면, *Elegeia*로 된다.

48) 여기에서 '이분'은 메길로스를 가리키니, 스파르타인으로 되었음을 말하고 있다.

49) 626c에서 "대단하신 분이여!"라 했던 호칭의 최상급 형태이다.

c 쟁에서 유달리 빼어난 이들을 찬양하셨으니, 슬기롭고 훌륭하신 걸로 저희에겐 여겨져서 그럽니다. 따라서 저도 여기 이분께서도 그리고 크노소스의 이분 클레이니아스께서도 이에 대해서는 이미 당신께 열성적으로 동의한 걸로 저희는 생각하고 있습니다. 하지만 저희가 같은 사람들에 대해서 말하고 있는지 아니면 그렇지가 않은지, 저희는 명확히 알고 싶어 합니다. 그러니 저희에게 말씀해 주십시오. 두 종류의 전쟁이 있다고, 저희처럼, 당신께서도 명확히 믿고 계시는 건지 아니면 어떤지요?" 이에 대해서는 티르타이오스보다도 훨씬 못한 사람이라 할지라도 진실을 말

d 할 수 있을 것이라 저는 생각합니다. 즉 그건 두 가지이며, 그 하나는 우리 모두가 내란이라 일컫는 것으로, 이것이야말로, 방금 우리가 말했듯,[50] 모든 전쟁 가운데서도 가장 가혹한 것입니다. 다른 한 부류의 전쟁은 외국인들과 다른 민족들을 상대로 싸울 때의 전쟁에 대해 적용하는 것으로, 앞의 그것보다는 훨씬 더 유연한 것이라고 우리 모두가 간주할 것입니다.

클레이니아스: 어찌 그러지 않겠습니까?

아테네인: "자, 그러면 당신께서는 어느 쪽 사람들을, 그리고 어느 쪽 전쟁에 대해서 칭찬하시면서, 그처럼 극찬하시는 한편으로, 어느 쪽 사람들은 비난하신 것입니까? 당신께선 외국인들을 상대하여 싸운 사람들을 그러신 것 같으니까요. 어쨌든 당신께선 당신의 시에서 이렇게 말씀

e 하셨습니다. 이런 걸 버티어 내지 못하는 그런 자들에 대해서는 결코 참을 수 없다고 말씀입니다.

> 피투성이 학살을 보기도 하며,
> 또한 백병전을 하며 베어 죽이면서 돌진한들."[51]

---

50) 628b에서.

그래서 다음으로 저희는 말하고 싶어질 것입니다. "티르타이오스여! 당신께서는 나라 밖 외국과의 전쟁에서 특출해 보이게 된 이들을 특히 찬양하시는 것 같아 보입니다" 하고. 어쩌면 그분은 그렇다고 하면서 동의하겠죠?

클레이니아스: 물론입니다.

아테네인: 하지만 적어도 우리는, 비록 이들이 훌륭하기(용감하기)는 630a
하겠지만, 가장 큰 전쟁에서 가장 훌륭한(용감한) 걸로 두드러지게 된 자들을 한층 더 훌륭한(용감한) 이들이라 말합니다.[52] 우리는 또한 시인을 증인으로 갖고 있는데, 그는 시켈리아[53]에 있는 메가라인들의 나라

---

51) 티르타이오스의 토막 시 12. 11~12. 629a에서 해당 주석을 참조할 것.

52) 여기에서 '훌륭한(용감한)' (agathos), '가장 훌륭한(가장 용감한)' (aristos), '한층 더 훌륭한(용감한)' (ameinōn)은 형용사 agathos의 원급, 비교급, 최상급을 나타내고 있는 것들이다. 한데, 티르타이오스가 시인으로서 활동하던 당시의 기준에서 말한다면, agathos는 한 집단을 이루고 살던 당시의 한 polis에서 그들을 이끌어 가는 우두머리(首長)에게 적용되는 좋은 점들을 다 포괄하는 형용사라 할 것이다. 특히 외부의 위협에서 그들 집단을 지켜 줄 수 있는 능력을 갖춘 지도자라면, 당연히 '용감하고' (brave, valiant) '유능할' (capable) 것이다. 그래야만 그는 지도자로서 '훌륭하다' (good). 그는 '출신이 좋은' (well-born) '고귀한' (noble) 신분의 사람이다. 헬라스어 agathos는 당시의 신분 사회에서 여기에 영어로 괄호 속에 나열한 모든 것을 나타내는 형용사이다. 따라서 본문에서 '훌륭한(용감한)' (agathos)으로 옮긴 것은, 이 시인의 시대 기준으로 말한다면, '용감한(훌륭한)' (agathos)으로 옮기는 것이 맞다. 그러나 다음에서 인용되고 있는 시를 지은 테오그니스(Theognis)의 경우에는 사정이 달라진다. 6세기 중엽의 시인인 그의 시대에는 헬라스인들 사이에 참주정치 시대를 거치며 민주 의식이 확산되어 가던 시기여서, 종래에는 수장(首長)이나 귀족에게 적용되던 이 말이 도덕적인 의미에서 '훌륭한'의 뜻으로 쓰이게 되는데, Liddell & Scott, *A Greek-English Lexicon*에서는 Theognis, *Elegiae* 1. 438에서 이 말이 처음으로 이런 뜻으로 쓰인 것으로 밝히고 있다.

53) 오늘날의 시칠리아를 가리킨다.

630a

사람인 테오그니스[54]입니다. 그는 이런 말을 합니다.

믿을 수 있는 사람은 금은과도 맞먹을 만큼
어려운 분쟁 속에서는 값지네, 키르노스여!

한결 더 어려운 싸움에서는 바로 이런 사람을 우리는 앞서 말한 사람보다도 훨씬 더 나은 사람이라고 말합니다. 그건 용기(andreia) 그 자체 하나보다는 용기와 함께 올바름(정의: dikaiosynē)[55]과 절제(sōphrosynē)[56]
b 그리고 지혜(phronēsis)[57]가 동일한 것에 합쳐지는 것이[58] 더 나은 것과

---

54) Theognis는 메가라의 시인으로서, elegeion 형태의 시를 썼다. 그가 남긴 시는 1,400행이나 되지만, 위작인 것들이 많이 포함된 것으로 알려져 있다. 다음에 인용된 것은 그의 *Elegiae* 1. 77~78행이다. 이들 시 가운데서 19~254행은 거의가 그의 친구 키르노스(Kyrnos, 때로는 Polypaidēs로 불리기도 함)에게 말하는 형식으로 된 것들이다. 그는 메가라의 상류층 지주였던 것 같으며, 정치적 격동 속에서 믿었던 사람들한테서 배신을 당했다고 한다. 종래의 사회직인 틀이 무너지는 상황에서 사람의 훌륭함을 평가하는 잣대가 그대로일 수는 없을 것이다. 인용된 시구가 바로 그런 상황을 시사하고 있다. Theognis, *Elegiae*, TLG 참조.

55) dikaiosynē를 우리말로 옮기면서 역자는 '올바름(정의)'의 형태로 '올바름'(올바른 상태)을 앞세우고 '정의'는 괄호 속에 묶거나, 그냥 '올바름'으로만 옮기기로 한다. 이는 플라톤이 《국가(정체)》 편에서 내리고 있는 dikaiosynē에 대한 의미규정에 따른 선택이다. 이와 관련해서는 간단히 정리해 버릴 수 없는 번거로운 설명이 따라야 하는 부분이므로, 그 까닭에 대한 해명이 꼭 필요한 독자는 역자의 역주서 《플라톤의 국가(정체)》 개정 증보판 제3쇄 이후 판 759~767쪽(책 끝에 붙여)을, 그리고 같은 책의 63, 288, 683~684, 699~700쪽을 함께 참조하는 게 좋겠다. 그리고 이와 관련되는 dikē에 대해서는 728b의 해당 각주를 참조할 것.

56) '절제'로 옮긴 sōphrosynē에는 '건전(건강)한 마음의 상태', '신중함' 등의 뜻도 있다.

57) phronēsis는 실천적 의미가 강할 때는 '사려 분별'로 옮기는 것이 적

거의 같을 정도이죠. 내란들의 와중에서는 [사람으로서의] 전체적인 훌륭함(덕)(sympasa aretē)[59]을 갖추지 못한 경우에는 결코 믿을 수도 건전할 수도 없겠기 때문입니다. 하지만 티르타이오스가 말하는 전쟁에서 굳건히 두 발을 벌리고 서서 싸우다가 기꺼이 죽으려는 자들은 용병들 가운데서도 아주 많거니와, 이들 대다수는 거의 모두가 대담하고 불의하며 오만 무례하고 지극히 몰지각합니다. 그야말로 아주 소수를 제외하고는 말씀입니다. 그러면 우리의 이 논의는 이제 어디로 귀착하겠으며, 도대체 무엇을 분명히 하고자 해서 이런 말을 한 것일까요? 그건 이런 것인 c
게 명백합니다. 즉 무엇보다도, 제우스에게서 가르침을 받은 이곳의 입법자도, 그리고 조그마한 도움이나마 되는 입법자도, 모두가 언제나 가장 중요한 훌륭함(덕)(hē megistē aretē)에 제일 주목하고서 법률을 정할 뿐일 것이라는 것입니다. 그러나 이것은, 테오그니스가 말하는 바로는, 위험들에 처했을 때의 믿음직함(pistotēs)인데, 이를 누군가는 완벽한 올바름(정의)이라 일컬을 수도 있을 것입니다. 반면에 티르타이오스가 특히 찬양한 것은 고귀하고[60] 또한 이 시인에게 적절히 우러름을 받은 것이기는 하지만, 그렇더라도 차례로는 그리고 가치 서열로도 넷째 것이라

절할 수도 있지만, 플라톤의 경우에 sophia(지혜)와 같은 뜻으로 곧잘 쓰인다. 특히 《필레보스》 편에서는 더욱 그러하다.

58) b1의 elthousa는 elthousai로 읽음. 《국가(정체)》 편에서는 이들 네 가지 훌륭함(덕: aretē)이 한 인격이나 한 나라에 제대로 구현되어 있을 때, 사람은 사람답고 나라도 나라다운 것으로 설명해 보여 주려고 하고 있다.

59) 역시 같은 뜻이긴 하지만, 630e에서는 pasa aretē로 말하고 있는데, 이는 '훌륭함(덕)의 부분'(morion aretēs) 또는 '훌륭함(덕)의 어떤 한 부분'(aretēs ti morion)과 대비되는 뜻으로 쓰인 말이다. aretē에 대해서는 627e에서 해당 각주를 참조할 것.

60) 원어는 kalon이다. 이 말은 '아름답다'는 것이 그 기본 뜻이지만, 이 경우에는 도덕적인 의미에서 아름다움을 말하고 있는 데다가 문맥을 고려해서 그렇게 옮겼다.

d 말하는 것이 지당할 것입니다.[61]

클레이니아스: 선생이시여! 저희의 입법자를 멀리 처지는 입법자들의 무리 속으로 우리가 내던지고 있습니다그려.

아테네인: 여보십시오, 우리가 그를 그러는 것이 아니라, 우리가 저 자신들을 그러고 있는 것입니다. 라케다이몬의 법규들(관례들: ta nomima)과 이곳의 법규들(관례들) 모두를 리쿠르고스[62]와 미노스가 정함에 있어서 무엇보다도 전쟁에 주목하고서 한 것으로 우리가 생각할 경우에는 말씀입니다.

클레이니아스: 하지만 우리가 어떻게 말했어야만 했던 겁니까?

아테네인: 우리는 어쨌든 비범한(신성한)〈 〉때문에[63] 대화를 하고

---

61) 630a의 각주에서도 언급했듯, 티르타이오스의 시대에는 한 우두머리가 이끄는 polis가 대외적인 전쟁에서 살아남는 것이 나라 경영의 거의 유일한 지상 목표였다. 따라서 거기에 최고의 가치를 부여하게 되는 것은 당연한 일이다. 그러나 민주화되어 가는 과정에서 polis의 구성원들인 시민들(politai)이 나라 경영과 관련된 상충되는 의견과 이해 관계를 갖게 되면서, 또한 인간으로서의 저를 저마다 자각하게 되면서, 시민들의 가치관도 바뀌며 또한 다양해진다. 테오그니스의 '믿음직함'(pistotēs) 즉 신뢰성도 제 나라의 새로운 상황에서 절실히 요구되는 덕목이었던 셈이다.

62) Lykourgos는 스파르타(라케다이몬)가 '훌륭한 법질서'(eunomia)를 갖추게 했다는 전설적 인물이다. 일설에는 스파르타의 모든 법률과 군사 및 정치 제도가 그에 의해서 크레테에서 도입된 것으로 전하고 있는가 하면, 또한 일설에는 그가 제정한 법조문들은 델피의 아폴론에게서 신탁을 통해서 받은 것들과 그가 크레테에서 도입한 것들을 통합해서 아폴론의 재가를 받은 것이라 한다. 624a의 본문 및 주석을 참조할 것.

63) 630d9~e1에서 '어쨌든 비범한(신성한)〈 〉때문에'로 일단 옮긴 부분에는 원문 일부의 탈락(lacuna)이 있는 것으로 보고, 이 탈락 부분에 들어감 직한 것이 무엇일지를 생각해 보는 형태로〈 〉표시를 함께 했다. 그러나 이 탈락을 인정하더라도, 이 탈락 부분이 정작 무엇이냐에 대해서는 이론이 분분하다. Burnet의 텍스트대로 ὑπέρ γε θείας〈 〉로 일단 읽되,〈 〉속에 νομοθεσίας를 넣어서 읽을 것인가, 아니면 πολιτείας를 넣

있는 터이기에, 진실한 것과 올바른 것을 말해야만 하는 것으로 제가 생각하고 있듯, 그들도 [사람으로서의] 훌륭함(덕)의 어떤 한 부분(aretēs ti morion), 그것도 가장 평범한 것[64]에 주목하고서 법규들을 정한 게 아니라, [사람으로서의] 전체적인 훌륭함(덕)(pasa aretē)[65]에 주목하고서 한 것이라고 말했어야만 했으며, 또한 자기들의 법률을 종류들에 따라 추구함에 있어서도, 오늘날의 입법자들이 그 종류들로서 제시하면서 추구하는 바로 그런 것들을 추구했던 것은 아니라고[66] 말입니다. 왜냐하면 [입 e

어서 읽을 것인가가 우선 문제로 되겠다. 이들 두 경우라면, '번역은' '어쨌든 비범한(신성한) 〈법률 제정〉 때문에' 나 '어쨌든 비범한 〈나라 체제〉 때문에' 로 되겠다. 아니면 Burnet가 《파이드로스》 편 247c5의 경우를 들며 시사했듯, ὑπέρ γε 〈ἀλη〉 θείας (어쨌든 진리 또는 진실을 위해서)로 볼 것인지도 고려 대상이 될 수 있겠다. 다음으로 또한 어느 정도 설득력이 있는 견해는 θείας 〈 〉 아닌 θείου ἀνδρὸς로 읽는 것인데, 이 경우에는 '어쨌든 비범한 분(theios anēr) 때문에' 로 된다. 여기에서 theias 또는 theios 를 626c에서 말한 스파르타인들의 표현을 살려서 '비범한' 으로 옮기거나, 처음부터 제우스나 아폴론과 연관된 법률에 대한 논의이기에 그들에게서 유래된다는 뜻에서는 '신성한' 으로 옮기는 게 옳을 것이다. England와 Bury는 Badham을 따라 이렇게 읽는 것이 ἐτίθεἰ([법규들을] 정했다)의 주어를 분명히 밝히는 것이라 해서, '어쨌든 비범한 분(theios anēr) 때문에' 를 택했다. 그러나 ἐτίθει의 주어는 바로 앞에서 리쿠르고스 및 미노스로 밝히고 있으니, 새삼 밝히지 않아도 될뿐더러, 이 대목은 세 사람이 '무엇 때문에' 또는 '무엇을 위해서' 대화를 하고 있는지를 말하고 있는 곳이다. 그리고 Budé 판에서처럼 ὑπ' εὐηθείας로, 즉 '순박함에 의한(순박하게)' 로 읽는 것은 이 경우에는 그리 좋은 텍스트 읽기라고는 여겨지지 않는다. 역자는 '어쨌든 비범한(신성한) 〈법률 제정(nomothesia)〉 때문에' 로 읽기로 했는데, 이는 631a에서 하고 있는 논지와도 부합하기 때문이다.

64) 여기에서 '가장 평범한 것' (to phaulotaton)이라 한 것은 630a~b에서 든 네 가지 덕목, 즉 [사람의] 훌륭함들(aretai) 가운데서 서열상으로 마지막 것이라 해서 하는 말이다.

65) 630b에서 해당 각주를 참조할 것.

66) e3의 οὐδ'는 οὐχ 또는 οὐ δὲ로 읽는 게 옳다고 보았다.

630e

법자가] 저마다 필요하게 된 종류의 것, 그것을 오늘날은 거기에 추가해 가면서 찾기 때문인데, 어떤 이(입법자)는 상속들과 여자 상속자들에 관한 법규들을 그리하는가 하면, 어떤 이는 폭행에 관한 법규들을 그리하고, 다른 이들은 그 밖의 수없이 많은 그와 같은 것들을 그리합니다.[67]

---

67) 훗날 사람들의 현실적인 법규 제정은 처음부터 규제적 목적에서 출발한 데다가, 나중에 그 적용 분야별로 미비한 점이 드러나게 되면, 그때마다 수시로 이미 제정된 것에 더해서 추가 또는 개정하는 형태로 보완해 간다. 그렇게 함으로써 언젠가는 완벽한 형태의 법률을 갖추어 갖게 될 것이라 여기고서 그리한다. 그러나 이는 누더기 꼴이 되고 말 옷 깁기와 다를 바 없는 짓일 것이다. 이런 헛된 노력을 《국가(정체)》 편 426e에서는 히드라(Hydra)의 머리 베기에다 비유하고 있다. 여러 개의 머리를 가진 이 독 물뱀의 머리는 아무리 베어 내도 자꾸만 새로이 난다는 괴물이다. 병이 든 사람, 그런데도 무절제한 생활에서 벗어날 줄을 모르는 사람을, 그 생활 태도 자체를 바꾸도록 유도하지는 않고, 약과 치료만으로 연명하게만 해 주는 그런 의사가 있다면, 그를 진정한 의사라 할 수는 없을 것이다. 마찬가지로 법만 갖고 규제 위주의 나라 경영을 해 보겠다는 허황한 짓을 하고 있는 현실적인 입법자들은 이 《법률》 편에서는 논외의 대상들로 된다. 진정한 입법자는 시민들이 무엇보다도 우선적으로 사람으로서 그리고 시민으로서 훌륭할 수 있도록 '훌륭함'(덕: aretē)을 함양하도록 하는 데 그 기본 목표를 두고 있으며, 우리 또한 그리 말해야 한다는 뜻을 여기에서 말하고 있다. 시민들의 도덕심이나 덕성(德性)이 제대로 함양되도록 하는 시민적 교육과 설득에 그 초점이 맞추어진 입법 취지나 그 정신이 중요하지, 여러 항목의 법규가 그리 중요한 것은 아닐 것이기 때문이다. 따라서 정작 따져야 하는 것은 시민들이 함양해야만 하는 '훌륭함'(덕: aretē)이 무엇인 것이 가장 바람직한지를 정하는 것이라 할 것이다. '훌륭함'(덕: aretē)에도 여러 종류가 있고, 순위나 서열이 또한 있기 때문이다. 여기에서 입법자는 "전체적인 훌륭함(덕)(sympasa aretē)에 주목하고서 한 것이라고 말했어야만 했다"고 한 것도 그런 뜻에서 한 말이다. 곧 법률 제정의 으뜸가는 기본 정신이, 그 지표가 무엇인지를 아는 것이 중요하다는 걸 말하려 하고 있다고 할 것이다. 631b3 이후에서 언급하게 되는 것도 그런 관점에서 하게 되는 것이다. 상속이나 폭력 따위의 구체적인 사항들에 대한 법률의 제정은 그다음에야 할 일이라 해서, 뒤쪽으로 가서야 그런 구체적 법규 제정을 하게 된다. 이를테면, 상속법을 비롯

하지만 우리는, 방금 우리가 시작했듯, 법률과 관련해서 추구하는 것은 631a
훌륭하게 추구하는 이들[68]의 몫이라고 주장합니다. 그리고 법률에 관련된 선생의 해석(解釋: exēgēsis) 시도에 대해서도 저는 전적으로 찬탄하고 있습니다. [사람으로서의] 훌륭함(덕: aretē)에서부터 시작한다는 것은, 입법자는 [사람으로서의] 훌륭함(덕)을 위해서 법률을 제정했다고 말하는 것은 옳기 때문입니다. 그러나 입법자가 모든 것을 [사람으로서의] 훌륭함(덕)의 일부분(morion aretēs)에, 그것도 가장 사소한 것[69]에 그 모든 것을 관련시켜 법률 제정을 한(nomothetein) 것으로 선생께서 말씀하셨는데, 선생의 그 말씀은 제가 보기에 더는 옳지 않은 것으로 분명히 드러난 것 같거니와, 제가 방금 한 뒷부분의 이 주장 모두도 그 때문에 한 것입니다. 그러면 더 나아가 선생께서 어떤 식으로 구분해 가면서 말씀해 주시는 걸 저 자신이 듣고 싶어 하는 걸까요? 제가 선생께 말씀드리길 바라십니까? b

클레이니아스: 물론입니다.

아테네인: 이렇게 말씀하셨어야만 했습니다. "선생이시여! 크레테의 법률이 헬라스인들 사이에서 각별히 명성을 떨치고 있는 것은 공연한 게 아닙니다. 그것들은 옳기(orthon) 때문입니다. 이 법률 아래 사는 사람들을 행복하도록 만들어 주니까요. 그것들이 온갖 좋은 것을 갖추게 해주기 때문입니다. 하지만 좋은 것들에도 두 부류가 있으니, 한 부류의 것들은 인간적인(세속적인) 것들(ta anthrōpina)이나, 다른 부류는 신적인

한 가족법은 제11권에서 그리고 살인을 포함한 폭력 행사에 대해서는 제9권에서 다룬다.

68) 리쿠르고스나 미노스 같은 이들을 가리킨다고 할 것이다.

69) 여기에서 '가장 사소한 것'(to smikrotaton)이라 함은 630e에서 '가장 평범한 것'(to phaulotaton)이라 한 것과 같은 뜻에서 하는 말이다. 630e에서 해당 각주를 참조할 것.

631b

것들(ta theia)입니다. 한데, 앞의 것들은 신적인 것들에 달려 있거니와, 어떤 나라가 그것들 중에서 더 큰 것들을 받아 갖게 되면, 더 작은 것들
c 도 갖게 되지만, 그렇지 못할 경우에는, 양쪽 다를 앗기게 됩니다. 그러나 더 작은 것들 중에서는 건강(hygieia)이 앞장서고, 준수함(kallos)은 둘째이며, 셋째 것은 달리기나 그 밖의 모든 신체적 운동에서의 힘참이지만, 넷째는 부(富)인데,[70] 이건 지혜에 함께 따라 붙는 것일 경우에는 눈멀기는커녕 날카롭게 보는 것이죠.[71] 다시 신적인 좋은 것들(ta theia agatha) 중에서도 제일 앞장서는 것은 물론 지혜(사려 분별: phronēsis)이지만, 둘째는 지성(nous)을 동반한 절도 있는(절제하는) 혼(마음: psychē)의 상태(hexis)[72]요, 이들 둘이 용기와 함께 혼화(混和)됨으로써[73]

---

70) 《메논》 편 87e에서도 흔히 말하는 좋은 것들로 이것들을 들고 있다. 그리고 661a에서는 다중(많은 사람: hoi polloi)이 말하는 좋은 것들(ta agatha)로 가장 좋은 것은 건강한 것이지만, 둘째는 준수함(kallos)이고, 셋째는 부이지만, 그 밖의 좋은 것들로는 수도 없이 많다고 하고 있다. 《고르기아스》 편 451e에는 연회석에서 하는 돌림노래(skolion)들 가운데 하나로, "건강한 것(hygiainein)이 제일 좋은 것이요, 둘째는 준수해지는 것(kalon genesthai)이고, 셋째는 정직하게 부유해지는 것(ploutein adolōs)이니"라는 것이 있다고 하는데, Dodds는 그의 주석에서 이와 관련된 원래의 4행시 전문을 소개하고 있거니와, 그건 다음과 같다. (E. R. Dodds, *Plato: Gorgias*, Oxford, 1959, p. 200을 참조할 것.)

> 죽게 마련인 인간에게는 건강함(hygiainein)이 제일 좋은 것이지만,
> 둘째는 풍채(phya)가 준수해지는 것(kalon genesthai)이고,
> 셋째는 정직하게 부유해지는 것(ploutein adolōs),
> 그리고 넷째는 벗들과 더불어 젊음을 누리는 것이리.

71) 헬라스 신화에서는 부(富: ploutos)의 신인 Ploutos가 눈먼 것으로 이야기하고 있어서 하는 말이다.

72) 지성(nous)을 동반한 절도 있는(절제하는) 혼(마음: psychē)의 상태(hexis)의 원문은 meta nou sōphrōn psychēs hexis이다. hexis는 몸가짐,

셋째 것인 올바름(정의)이 있게 될 것이나, 넷째 것이 용기입니다.[74] 이것들 모두가 그것들[75]보다는 본성상(physei) 앞서는 자리에 놓일 것이 d
니, 특히 입법자로서는 그렇게 서열을 정해야만 합니다.[76] 그다음으로 그는 시민들 자신들에게 다른 법령(prostaxis)들은 이것들에 주목한 것들이도록 지시해야만 할 것이나, 이들 좋은 것들 중에서 인간적(세속적)인 것들은 신적인 것들에, 신적인 것들 모두는 앞장서 가는 지성(nous)에 주목해야만 하는 것으로 말씀입니다.[77] 그는 또한 서로들 관계를 맺

마음가짐, 습성, (굳어진) 상태 등을 뜻한다.

73) 혼화(混和: krasis)의 문제를 본격적으로 다루고 있는 대화편이 《필레보스》이다. 이와 관련해서는 특히 이 대화편에서 관련된 색인 항목들을 통해서 개략적인 내용 확인을 할 수 있을 것이다. 특히 61d~64e를 참조할 것. 그러나 먼저 889c의 해당 각주를 참조하는 게 좋겠다.

74) 《국가(정체)》 편에서는 나라를 구성하는 시민들을 성향에 따라(kata physin) 세 부류로 나누고서, 그 각각이 그 성향(physis)에 맞는 훌륭함(덕: aretē)들을, 곧 지혜(sophia)와 용기 그리고 절제를 각기 체현해서 갖게 되면, 어느 결에 그 나라에는 올바른 상태(올바름, 정의)가 실현되어 있을 것이라는 주장을 펴고 있다. 그래서 "돈벌이를 하는 부류와 보조하는 부류, 그리고 수호하는 부류, 이들 각각이 나라에 있어서 저마다 제 일을 할 때의 이 '자신에게 맞는 자신의 일을 함'(제 할 일을 함: oikeiopragia)이 '올바름'(올바른 상태)이고, 또한 이것이 이 나라를 올바르도록 만들 것이다"라고(434c) 말하고 있다. 이는 개인의 경우에도 마찬가지여서, 혼에 있어서 여러 부분이 서로 지배하며 지배받는 관계를 성향에 따라 확립함으로써 올바른 상태가 실현을 볼 수 있다고 한다.(444d~e) 《법률》 편에서도 이제 나라 경영과 법률 제정의 문제를 다루게 되는 터이니, 이런 문제를 아울러 함께 다루지 않을 수 없게 된 것이다.

75) 인간적인(세속적인) 것들(ta anthrōpina)인 좋은 것들을 가리킨다.

76) 661a~b, 697b, 906b를 참조할 것.

77) 플라톤 철학에서 지성(nous)은 각별한 지위를 차지하는 것이다. 참된 철학적 인식의 대상들인 이데아 또는 형상들도 지성의 대상들(ta noēta)이요, 사람을 사람답게 해 주는 최상의 기능이 지성이다. 더 나아가 《필레보스》 편(28c)에서는 "지성이 하늘과 땅의 제왕임"을 현자들은 믿고 있다

631d

는 혼인과 관련해서도, 그다음으로는 자녀들의 출산과 양육에 있어서도,
e 이들이 젊어서나 어른이 되고 늙은이로 되기까지도 옳게 명예를 부여하기도 하며 불명예를 안겨 주기도 하면서 보살펴야만(감독해야만) 합니다. 이들의 모든 함께함(교제: homilia)들에 있어서 이들의 괴로움(lypē)들과 즐거움(hēdonē)들, 욕구(욕망: epithymia)들 그리고 온갖 애욕
632a (erōs)의 열정들을 살피며 옆에서 지켜보고 있다가 법률 자체에 의해서 나무라거나 칭찬하기를 옳게 해야만 합니다. 또한 분노와 무서움의 경우들에 있어서도, 불운으로 인해 혼(마음)들에 생기는 동요들, 그리고 행운 속에서 그런 것들에서의 벗어남, 그리고 또 질병이나 전쟁 또는 가난 또는 이것들과 반대되는 것들과 관련해서 인간들에게 생기는 느낌들(pathēmata),[78] 이와 같은 것들 모두에 있어서 각자의 마음 상태(diathesis)[79]의 예쁨(아름다움: to kalon)과 그렇지 못함을 가르쳐도 주며 규정
b 해 주기도 해야만 합니다. 다음으로 입법자는 시민들의 재화 취득과 소비가 어떤 방식으로 되고 있는지 반드시 지켜보며, 이들 모두에게 있어서, 이들이 자발적이든 또는 자발적이지 않든 간에, 서로 간의 관계 맺음(koinōnia)과 헤어짐(dialysis)을, 즉 이런 일들 하나하나를 이들이 서로

는 말을 하고 있다. 《티마이오스》 편도 그런 믿음에 입각해서 전개된 우주론이다. 714a에서는 "법을 지성의 배분으로 보아야 한다"는 말을 하고 있는 것도 그런 믿음 때문이다.

78) 여기에서 '느낌들'로 옮긴 pathēmata의 단수는 pathēma로서, 이를테면 사람이 사람임으로 해서 겪게 되는(paskhō) 온갖 것을 뜻하는 말이다. 닥친 일, 당한 일, 사고, 수난, 처지, 조건, 상태, 감정, 성정, 느낌, 정, 성질 등을 뜻한다. 거의 비슷한 뜻으로 쓰이는 말이 역시 어원을 같이 paskhō에 갖고 있는 pathos이다. pathos에 대해서는 《필레보스》 편 31b의 각주를 참조할 것.

79) 여기에서 '마음 상태'로 옮긴 diathesis는 어떤 사람이 그때마다의 처지나 상황에서 보이는 '성향' 또는 마음이나 신체적인 '상태'를 뜻하는 말이다.

간에 어떤 식으로 처리하는지 살펴보아야 하거니와, 또한 어떤 경우들에는 올바름(to dikaion)과 그렇지 못함이 있고 어떤 경우들에는 이게 부족한지도 살펴보아야만 하고, 순종하는 이들에게는 명예를 나누어 주되, 잘 복종하지 않는 이들에게는 정해진 벌을 내려야만 합니다. 그리하여 c
전체적인 나라 체제(hapasē politeia)[80]의 완결(최종 단계: telos)[81]에 이르러서는, 사망자들 각각에 대한 매장은 어떤 식으로 되어야 하며 이들에게 무슨 명예들이 부여되어야만 할 것인지도 입법자는 알고 있어야 할 것입니다. 이를 살핀 다음에는, 법률을 제정한 자는 이 모든 것[82]에 대한 수호자들[83]을 임명하게 될 것인데, 이 수호자들 중에서 어떤 이들은 지혜(phronēsis)에 의해서 임할 것이나, 어떤 이들은 참된 의견(판단)(alēthēs doxa)에 의해서 임할 것입니다.[84] 이는 지성(nous)이 이것들 모두[85]

80) 여기에서는 politeia를 문맥에 따라 '나라 체제'로 옮겼다. 625a에서 politeia에 대한 각주 끝 부분을 참조할 것.

81) 헬라스어 telos에는 끝, 종말, 종결, 완성, 완결, 목적 등의 뜻들이 있다.

82) 이제껏 말한 모든 법규를 가리킨다.

83) 여기서 말하는 수호자들(phylakes)이란 755a 이후에서 언급하게 되는 법률 수호자들(nomophylakes)을 가리킨다. 그러나 '법률 수호자들'은 자칫 단순히 법률을 지키는 일반인들을 지칭하는 말일 수도 있으므로, 관직에 대한 명칭으로서는 부적합한 것 같아, '호법관(護法官)들'로 지칭키로 한다.

84) 법률의 수호 임무와 관련해서 어떤 이들은 '지혜'로 임하나 어떤 이들은 '참된 의견'으로 임한다는 것은, 이를테면, 951d~e에서 [새벽녘] 야간 회의에 참여하는 원로들과 이들이 대동하는 젊은이들의 지적인 차이를 염두에 두고서 하는 말일 것이다. 그런데 정작 지혜(phronēsis)와 참된 의견(판단)(alēthēs doxa)의 차이에 대해서는 플라톤이 참으로 많은 언급을 하고 있다. 그러나 여기서는 이 문장과 관련되는 범위 내에서 플라톤의 인식 이론에 따라 간단한 설명을 하는 것으로 그치겠고, 자세한 설명은 끝에 밝히는 대화편들의 해당 부분들에서 얻는 게 좋겠다. 우리가 감각적 지각(aisthēsis)에 의해서 표면적으로 접하게 되는 대상들(ta aisthēta = the sensibles)은 변화무상한 것들이어서, 이런 관계에서 얻게 되는 지각의 성과는 확실성도 일관성도 갖지 못한 것이요, 따라서 보편성이 결여되어 있

다. 거기에는 아무런 근거나 논거(logos)도 없다. 그저 '그렇게 보이거나 생각될' (dokei = it seems …) 뿐인 것이다. 결국 개인적인 '판단' 이나 '의견' (doxa = opinion, judgment)일 따름이다. 대개 사람들은 일상적으로는 이런 '판단' 이나 '의견' 에 의존해서 살아가고 있다. 그러나 판단이나 의견이라 해서 다 같은 것은 아니다. 현실적으로 그 결과가 딱 들어맞거나 정확히 알아맞히는 경우가 곧잘 일어나기 때문이다. 인류 역사상 그렇게 해서 이루어진 위대한 일들이 얼마나 많은가! 그런 의견이나 판단을 플라톤은 '참된 의견(판단)' (alēthēs doxa) 또는 '바른 의견(판단)' (orthē doxa)이라 했다. 하지만, 비록 그 실효성이 지식(epistēmē)이나 지혜(sophia, phronēsis) 못지않게 인정되는 그런 딱 들어맞는 '의견' 또는 '판단' 이라 할지라도, 논거나 근거가 없기로는 여느 '의견' 또는 '판단' 과도 마찬가지이다. 그래서 그런 판단이나 의견은 아테네의 전설적인 조각가 다이달로스(Daidalos)가 제작한 조상(彫像)들에다 비유된다. 그가 만든 상들은 실물과도 똑같이 살아 움직이는 것들이어서, 매어 두지 않으면 달아나 버리는 불안하기 그지없는 것들이고, 끝내 참된 자기 것일 수가 없다. 그것을 자기 것으로 만들려면, 매어 둠(desmos)으로써만 가능한데, 의견 또는 판단의 경우에 이 비유는 논거의 구명(究明)을 뜻한다. 이런 논거를 밝힘으로써 갖게 되는 앎(epistēmē)을 지혜(sophia, phronēsis)라 한다. 그리고 이런 능력을 가진 인식 주관을 플라톤은 특히 지성(nous)이라 했는데, 그에게 있어서 지성은 이성(logos)의 확장된 능력이다. 논리적 사고(dianoia)나 추론(logismos)을 넘어서는 대상에 대한 앎의 능력을 가진 것이 지성(nous)이라 보기 때문이다. 이 지성의 고유한 대상들을 그는 '지성에 의해서[라야] 알 수 있는 것들' (ta noēta = the intelligibles = the supersensibles)이라 하고, 그런 앎을 '지성에 의한 앎' (noēsis) 또는 그냥 '앎' (epistēmē)이라고 한다. 플라톤의 그런 앎의 대상을 흔히 이데아(*idea*) 또는 형상(形相: eidos)이라 한다. 그러나 이 용어들은 그에게 있어서조차도 그런 전문 용어로 쓰이기보다도 모양, 성질, 특성, 종류, 모습 따위의 뜻으로 쓰이는 경우가 훨씬 더 많을 것이다. (이와 관련된 부분적인 통계는 역자의 《플라톤의 네 대화편》, 294쪽 각주 79를 참조할 것.) 그리고 이상에서 간략하게 언급된 것들과 관련된 자세한 설명을 찾아볼 수 있는 것들은 다음 것들이다. 《메논》 편 97a~99c, 《티마이오스》 편 51d~52a, 《국가(정체)》 편 401d~402b, 그리고 전반적인 이해를 위해서는 특히 6, 7권을 차근히 읽어 보는 것도 좋겠다. 그런데 이 대화편에서 phronēsis는 '지혜' 또는 '사려 분별' 또는 '지혜(사려 분별)' 의 형태로 번역하게 되겠는데, 이 낱말은, 비록 이것이 실천적 의미의 지혜를 가리를 통합하여서, 이것들이 절제와 올바름(정의)을 따르는 것들이지, 부나 명예욕을 따르는 것들이 아님을 보여 주도록 하기 위해서입니다"[86]라고 말씀입니다. 선생들이시여! 저로서는 두 분께서 이런 식으로 상세히 설 d 명해 주시기를 바랐으며, 지금도 여전히 바라고 있습니다. 제우스의 것들이라 말하는 법률과 피티오스 아폴론[87]의 것들이라 말하는 법률에,[88] 즉 미노스와 리쿠르고스가 제정했다는 법률에 이 모든 것이 어떤 형태로 있으며, 또한 법률에 대해 정통한 사람에게는, 그가 전문 지식(tekhnē)으로 그렇건 또는 어떤 관습이나 습관(ethos)들로 해서 그렇건 간에,[89] 아주 명백히 보이겠지만, 우리 같은 사람들에게는 결코 명백하지 못한,[90] 어떤 질서를 갖게 된 것이 어떤 식으로 해서인지를 말씀입니다.

클레이니아스: 그렇다면, 선생이시여! 그다음은 어떻게 말해야만 하나요?

키는 쪽의 것이기는 하나, 플라톤 철학과 관련되는 한, sophia(지혜) 및 epistēmē(앎, 인식, 지식)와 구별되지 않은 채로 쓰이는 경우가 많다. 이는 지혜나 앎이 궁극적으로는 실천(praxis)과 직결될 수밖에 없다는 것이 그나 소크라테스의 지론이기 때문이다.

85) 바로 앞에서 말한 '이 모든 것'을 가리킨다.

86) 631d에서도 강조되고 여기서도 강조되고 있듯, 모든 가치나 법률도 지성(nous)이 주도하는 질서에 편입되어야 함을 거듭거듭 다짐하고 있는 것이 이 대화편이다. 그리고 여기까지의 따옴표로 묶인 내용은 사실상 앞으로 본격적으로 말하게 될 법률 제정과 관련해서 법률 제정의 기본 취지 또는 정신에 대해서 말하게 되는 전문(前文: prooimion)과 여러 분야의 법률의 근간에 대한 아주 간략한 요약인 셈이다.

87) Pythios Apollōn이란 'Pythō의 아폴론'이란 뜻인데, Pythō는 델피(Delphoi)가 있는 고장을 가리키는 이름이다.

88) 624a~b의 본문 및 관련 각주들을 참조할 것.

89) 앞에서 지혜(phronēsis)에 의한 경우와 참된 의견(판단)(alēthēs doxa)에 의한 경우에 대해 언급한 것과 같은 맥락의 것이다.

90) 겸양해서 하는 말이라 하겠다.

632d

아테네인: 우리가 이미 시작했듯, 처음부터 다시 자세하게 다루어야
e 만 할 것으로 제게는 생각되는군요. 처음에는 용기(andreia)의 수행(修行)과 관련되는 일들을,[91] 다음으로는 [사람으로서의] 훌륭함(덕: aretē)의 다른 종류를 그리고 다시 다른 종류를 두루 검토해 갑시다. 두 분께서 원하신다면 말씀입니다. 하지만 우리가 처음 것을 자세하게 다루게 되는 대로 이를 본으로 삼아, 다른 것들에 대해서도 그처럼 이야기를 나눔으로써 우리가 가는 길의 지루함을 덜도록 하십시다. 그러나 [사람으로서의] 전체적인 훌륭함(덕)(sympasa aretē)[92]을 다루고 나면, 적어도 우리가 방금 다루었던 것들이[93] 그것에 주목한 것들임을 우리는 밝혀 보일 것입니다. 신이 원한다면 말씀입니다.

633a 메길로스: 훌륭한 말씀입니다. 그러면 제우스의 예찬자이신 여기 이 분[94]을 먼저 심판하도록 해 보십시오.

아테네인: 그리해 볼 것입니다. 선생께 대해서도 저 자신에 대해서도 그리해 볼 것입니다.[95] 이 논의는 공동의 것(koinos)이기 때문입니다. 그러면 두 분께서는 말씀하십시오. 공동 식사와 체력 단련은 입법자에 의해서 전쟁에 대응해서 창안된 것으로 우리는 말합니까?[96]

---

91) 이 순서는 물론 631c 끝 쪽에서 말한 순서와는 전혀 무관하다. 그리고 여기에서 '수행(修行)과 관련되는 일들'은 epitēdeumata를 의역해서 옮긴 것인데, 이 낱말에는 활동, 일, 업무, 종사, 추구, 덕 따위의 수행이나 닦음, 제도, 관행, 생활 습관, 습속 등의 뜻들이 있다.

92) 630b에서 해당 각주를 참조할 것.

93) e6에서 ha 앞에 kai를 넣지 않고 읽었다.

94) 크레테 사람인 클레이니아스를 가리키나, 사실상의 심판 대상은 미노스가 제우스의 가르침을 받아 제정한 것으로 전하는 크레테의 법률이다. 다른 두 사람의 경우도 이는 마찬가지이다.

95) 앞의 경우와 마찬가지로 스파르타와 아테네의 법률에 대해서도 비판하게 될 것이라는 걸 예고하고 있다.

96) 625c~626c에서 말한 걸 다시 확인하고 있는 셈이다.

메길로스: 네.

아테네인: 그리고 셋째 것 또는 넷째 것은?[97] 그 밖의 다른 훌륭함(덕: aretē)[98]의 부분들이든 또는 이것들을 무엇이라 일컬어야 하건 간에, 입법자가 말하는 것들만은 명백히 밝혀 주는 것들이라면, 이것들과 관련된 것들은 이처럼 일일이 열거할 필요성이 어쩌면 있겠기 때문입니다.

메길로스: 그러면 셋째 것을 어쨌든 제가 그리고 라케다이몬 사람들 b
가운데 누구든 말씀드릴 수 있겠군요. 입법자가 사냥을 생각해 냈다고요.[99]

아테네인: 하지만 넷째 것이나, 또는 우리가 할 수만 있다면, 다섯째 것은 우리가 말하도록 해 봅시다.

메길로스: 더 나아가 넷째 것도 제가 말하도록 해 보겠는데, 이는 고통들의 인내(karterēsis)와 관련된 것으로서, 이는 우리에게 많이 일어나는 것이죠. 서로 간의 주먹싸움들의 경우에도 그리고 수시로 일어나는 많은 구타를 통한 강탈들의 경우에도 말씀입니다. 더 나아가서는 일종의 비밀 임무(krypteia)라 불리는 것도 있어서,[100] 인내와 관련해서 엄청나

97) 공동 식사와 체력 단련이 입법자에 의해서 전쟁에 대응해서 창안된 첫째와 둘째 것이라면, 바로 다음(c)에 제시된 것인 사냥은 그 셋째 것이 되겠다. 따라서 여기서 말하는 순서는 이런 사례들의 제시 순서일 뿐이다.

98) 용기 이외의 다른 훌륭함(덕)을 뜻한다.

99) 사냥과 관련된 법규는 823b~824a에 걸쳐서 다루고 있다.

100) 스파르타에서 행하여졌다는 이 비밀 임무(krypteia)는 그들의 agōgē(지도, 훈련, 단련, 훈육) 제도의 일환이었다고 한다. 이 제도에 의한 그들의 공교육은 크게는 세 단계에 걸친 것이었는데, 7~17세의 소년들(paides)을 상대로 한 것, 18~19세의 성년기 소년들(청춘 소년들: paidiskoi)과 20~29세의 청년들(hēbōntes)을 각기 상대로 한 것들이었다. 첫 단계는 엄격함과 복종 그리고 모의 전투를 연장자들에 의해 받는 훈련기였으며, 둘째 단계는 예비병으로서 훈련을 받는 시기였는데, 이 시기에는 성인이 된 선배와의 사이에 동성애적인 관계(paiderastia)가 제도적으로 허용되기도 했다고도 한다. 이들 가운데서 선발된 자들이 여기에서 말하는 '비밀 임무'(krypteia)에 참여하게 되었다고 한다. 낮에는 자신들을 숨

c 게 많은 고난을 겪게 하는 것이죠. 겨울에 맨발로 다니기와 침구 없이 자기, 그리고 아무도 저들에게 시중들어 주는 이들도 없이 스스로 자신들을 돌보며 밤이고 낮이고 온 나라를 떠돌면서 말씀입니다. 더구나 옷을 벗은 소년들의 체조 축전(hai gymnopaidiai)[101]에 의해서도 숨막히는 더위의 맹위와 맞서 싸우느라 무서운 인내심들이 우리에게 생기거니와, 그 밖에도 아주 많은 것이 있어서, 일일이 그 항목들을 다 들 수가 없을 지경입니다.

아테네인: 라케다이몬에서 오신 선생이시여! 아무튼 잘 말씀하셨습니다. 그렇지만, 자, 우리는 용기를 무엇이라 볼 것인지?[102] 이를 이처럼 단순히 무서움들이나 고통(괴로움)들을 상대로 하는 싸움(diamakhē)이
d 라고만 볼 것인지, 아니면 갈망들과 쾌락(즐거움)들 그리고 어떤 강력한 알랑대는 아첨들을 상대로 하는 싸움으로도 볼 것인지 말씀입니다.[103]

기고 다니면서, 여기에서 말하는 그런 훈련을 하는데, 일설에는 이들의 일부가 메세니아(Messēnia) 등의 정복민들인 농노들(heilōtai) 중에서 지도급 인물들을 치치했던 것으로 전한다. 그리고 셋째 단계에서 공동 식사와 군영 생활을 하며, 결혼도 하고, 일부는 기병들이 되기도 했다. 참고문헌: Hornblower, S. and Spawforth, A. (edd), *The Oxford Classical Dictionary*(3rd ed.), Oxford, 1999.

101) 이는 스파르타 사람들이 Thyrea에서의 승전과 전사한 이들을 기리는 축전으로서, 소년들이 옷을 벗은 상태로 율동적인 동작과 함께 부드러운 팔 동작으로 레슬링과 팡크라티온(pankration — 이에 대해서는 역자의 《플라톤의 국가(정체)》 338c 각주 42 또는 《플라톤의 필레보스》 29쪽을 참조할 것) 등의 동작을 해 보이며 음악에 맞추어 행진하는 일종의 무용 행진이었던 것 같다. 그런데 이 무용 행렬(choros)은 세 줄이어서, 맨 앞줄은 소년들로 이루어진 것이고, 그 뒤의 오른쪽은 노인들로, 그 왼쪽은 장년들로 각기 이루어진 것이었다고 한다. 이 축전은 6월 20~22일경의 하지 다음의 초승달과 함께 시작하는 달인 Hekatombaion 달에 열렸다. Athenaeus, *Deipnosophistae* xlv, 631b, xv, 678b~c 참조.

102) 곧 용기를 뭐라 정의할 것인지를 묻고 있는 것이다.

이것들은 스스로 엄숙한 걸로 여기는 사람들의 심장들조차도 밀랍 상태로 만들죠.

메길로스: 저는 그리 생각합니다. 이것들 모두를 상대로 하는 것이라고 말입니다.

아테네인: 적어도 우리가 앞에서 한 논의들을 기억하고 있다면, 여기 이분께서는 한 나라가 그리고 사람도 저 자신에게 지다(저 자신보다도 약하다)는 말을 했죠.[104] 그러지 않으셨던가요, 크노소스에서 오신 분이여!

클레이니아스: 그야 분명히 그랬죠.

아테네인: 그러면 현재 우리가 고통(괴로움: lypē)들에 진 사람을 나 e
쁘다고 말하는가요 아니면 쾌락(hēdonē)들에 진 사람도 그리 말하는가
요?

클레이니아스: 쾌락들에 진 사람을 우리가 더 그리 말할 것으로 제게는 생각되는군요. 또한 우리 모두는 아마도 쾌락들에 제압된 사람을 고통들에 제압된 사람에 더 앞서 창피스럽게도 저 자신에게 진 사람으로 말할 것입니다.

아테네인: 그러니까 제우스의 [가르침을 받은] 입법자도 피토의 입법 634a

103) 이 문장 끝의 의문 부호, 즉 … κηρίνους; 를 이런 형태로, 곧 물음을 먼저 던진 다음에 그 물음의 내용을 보완하는 형태로 처리했다. 그리고 용기를 싸움터에서의 용기만이 아니라, 무서움, 고통과 쾌락, 욕망 등과 관련된 인내의 관점에서도 다루고 있는 걸 《라케스》 편(191d~194a)에서 우리는 만나게 된다. England는 여기에서 용기를 이런 면에서 언급하게 됨으로써 아테네인이 자연스레 절제의 문제로 논의를 옮겨 가게 되는 것으로 말하고 있다. 아닌게아니라 635e5에서 절제의 문제를 아테네인이 거론하기 시작한다. 또한 이런 것들에 맞선 '수신의 보존'이라는 관점에서 용기를 규정하고 있는 대목을 《국가(정체)》 편(429c~d)에서 접하게도 된다.

104) 626e의 본문 및 해당 주석을 참조할 것.

634a

자도[105] 절뚝거리는 용기를, 즉 왼쪽 것들에 대해서만 버틸 수 있고, 오른쪽 것들인 교묘하고 알랑대는 것들에 대해서는 버티지 못하는 용기를 법제화하지는 않았을 게 분명하지 않겠습니까? 아니, 양쪽 다에 대해 버틸 수 있는 걸 그리했겠죠?

클레이니아스: 저로서는 양쪽 다에 대해 그럴 수 있는 걸 그리한 걸로 봅니다.

아테네인: 그러면 다시 선생들의 두 나라에는, 쾌락(즐거움)들을 맛보게 하는, 그래서, 고통들을 피하지 않았던 것처럼, 그것들을 피하지 않고, 오히려 그 한가운데로 이끌고 가서는, 쾌락들을 이겨 내지 않을 수 없게끔 하며 명예들로[106] 설득하는 그런 제도들로 어떤 것들이 있는지

b 말해 보도록 합시다.[107] 법률 속 바로 어디에 쾌락들과 관련해서 제도화된 그것과 동일한 것이 있나요? 선생들에게 있어서 고통들과 쾌락들을 상대로 같은 사람들이 똑같이 용감하도록 만들어 주게 되는 것, 그래서 이겨야만 할 것들에 이기게 해 주며 자신들에게 가장 가까이 있으면서 가장 사나운 적들한테[108] 결코 지지 않도록 해 주는 것, 그것이 무엇인지 말씀하시죠.

메길로스: 그런데, 선생이시여! 고통들에 대처하도록 한 법률을 제가 많이 들 수 있었던 것과 똑같이 그처럼 쾌락들과 관련해서도 중요하고

c 뚜렷한 것들로 많이 말할 게 어쩌면 없을 것 같군요. 하지만 작은 것들로는 말할 게 아마도 많을 겁니다.

---

105) 632d의 본문 및 해당 각주를 참조할 것.

106) 곧 명예로운 지위나 직분 또는 그런 보상을 하는 걸 뜻한다.

107) autōn 다음에 Budé 판에서는 선(—)으로 표시하였으나, Burnet는 의문 부호로 표시한 것을 포갤점(콜론)에 해당되는 '˙'로 바꾸어 읽었다.

108) 멀리 있는 실제의 적들보다도 633d의 앞뒤에 걸쳐서 언급했던 것들과 관련된 우리 자신의 내면적인 갈등들을 가리키고 있다고 할 것이다.

클레이니아스: 실은 제 자신도 크레테의 법률에 있어서 그와 같은 것으로 명백한 것을 똑같이 제시할 수는 없겠군요.

아테네인: 지극히 훌륭하신 분들이시여! 그것 또한 전혀 놀라울 게 아닙니다. 하지만, 만약에 우리 가운데서 누군가가, 진실한 것과 함께 최선의 것을 보고자 해서, 저마다의 국내법과 관련해서 어떤 점을 비난하게 되더라도, 우리는 서로 거칠게 대응하지 말고 상냥하게 받아들입시다.

클레이니아스: 옳은 말씀입니다, 아테네에서 오신 선생이시여! 또한 말씀하신 대로 따라야 하고요.

아테네인: 클레이니아스 님! 우리 연배의 사람들에게는 그런 게 적절 d
치도 않을 테니까요.

클레이니아스: 아닌게아니라 그렇지 못하죠.

아테네인: 그런데 누군가가 라코니케(스파르타)의 나라 체제(Lakōnikē politeia)[109]와 크레테의 나라 체제에 대해서 비난(비판)하는 게 옳은가 아니면 옳지 못한가는 딴 논의거리일 것입니다. 그야 어쨌든 많은 사람이 하는 말은 아마도 두 분보다 제가 더 [제대로] 말할 수 있을 겁니다. 두 분 나라의 법률 전반[110]이 적절하게(metriōs) 짜여져 있기도 하지만, 가장 훌륭한 법조문들 가운데 하나는 젊은이들 가운데 누구도 법률 중에서 어떤 것들이 훌륭한지 또는 훌륭하지 못한지를 따지고 드는 걸
허용하지 않고, 모두가 한목소리로[111] 신들이 정하였기에 그 모두가 훌 e
륭하게 제정되었다고 동의하여 말하도록 하는 것이니까요. 또한 누군가가 달리 말할 경우에는, 전혀 귀담아 들어 주지를 않는 것입니다. 하지만

---

109) 624a에서 해당 주석을 참조할 것.

110) ta tōn nomōn을 '법률 전반'으로 옮겼다.

111) 원어는 ex henos stomatos(한입으로)이지만, 우리 식으로 말하면, '이구동성으로'이겠으나, 굳이 원어를 살린다면, '한목소리로'가 더 나을 것 같기도 하다. 《국가(정체)》 편(364a1)에도 같은 표현이 보인다.

634e
혹시 누군가 나이 먹은 이가 선생들의 법률 중에서 뭔가 깊이 생각해 본 바가 있어서, 행정관이나 같은 나이 또래의 사람을 상대로 그런 내용의 말을 하더라도, 젊은이가 아무도 없을 때 하도록 하는 겁니다.

클레이니아스: 선생이시여, 지당하신 말씀입니다. 또한 선생께서는,
635a 마치 예언자처럼, 이것들을 제정한 사람과는 [시간적으로] 멀리 떨어져 있으면서도, 당시의 의도(dianoia)에 방금 아주 적중하시어서 매우 진실한 말씀을 하시는 것으로 제게는 여겨지는군요.

아테네인: 그렇다면 지금으로서는 우리 곁에 젊은이들도 없는 데다, 우리가 나이 덕을 보며 바로 이것들과 관련해서 우리끼리만 대화하는 것이, 아무것도 어길 게 없는 일로, 입법자에 의해서도 허용되는 게 아니겠습니까?

클레이니아스: 그건 그렇습니다. 그리고 우리의 법률에 대해 비난(비판)하는 걸 포기하는 일은 어쨌든 전혀 없도록 하세요.[112] 왜냐하면 아름답지 못한 점들 가운데 어느 걸 아무튼 알게 된다는 것은 불명예스런 것이 아니라, 그 비판을 악의적으로가 아니고 호의적으로 받아들이는 자에
b 게는 그것에서의 치유가 실현을 볼 수도 있을 것이기 때문입니다.

아테네인: 훌륭한 말씀입니다. 그렇지만 그 법률을 가능한 한 확실하게 충분히 검토하기 전까지는 어쨌든 비난하여 말하지는 않을 것입니다. 오히려 의문스러워서 하는 말일 것입니다. 왜냐하면 헬라스인들 그리고 이방인들[113] 가운데서도, 우리가 들어서 알기로는, 오직 선생네의 경우

---

112) εἰς ἃ καὶ μηδέν에서 England와 Budé 판에서는 [εἰς ἃ]로 괄호를 쳐서 처리한 부분은, 이 기호가 의미하듯, 굳이 살릴 필요가 없는 것으로 여겨, 빼고서 읽었다.

113) 헬라스(Hellas)인들은 자신들을 [hoi] Hellēnes라 하는 반면에 헬라스어를 쓰지 않는 이민족인 이방인들을 [hoi] barbaroi(the barbarians)라 했다. 이를 '야만인들'로 번역하는 것은 잘못하는 일이다.

들에 있어서만, 입법자가 최대의 쾌락(즐거움)들과 오락(놀이: paidia)들을 멀리하며 맛보지 못하게 했기 때문입니다. 하지만 방금 우리가 다루었던 바로서, 고통들과 무서움들의 경우는[114] 그가 이런 생각을 했던 겁니다. 만약에 누군가가 이것들을 어릴 적부터 줄곧 피하게 된다면, 불 c
가피한 고난들이나 무서움들 그리고 고통들에 처하게 될 때는, 그런 것들에 단련된 사람들을 피해서 달아나게 되며 이들의 노예로 될 것이라고 말씀입니다. 바로 이 똑같은 것을 같은 입법자가 쾌락들에 대해서도 생각했어야만 했다고 저는 생각하고 있습니다. 스스로 자신에게 이렇게 말하면서 말씀입니다. 우리의 시민들(politai)이 최대의 쾌락(즐거움)들에 대해 젊어서부터 아무런 경험이 없는 상태로 자라게 되면, 그래서 쾌락들 속에서 견디어 내고 그 어떤 부끄러운 일도 하지 않게끔 되는 수련을 하지 못하게 되면, 그들은 두려움들에 진 사람들과 똑같은 사태를 쾌락들에 바로 빠져듦으로 해서 겪게 될 것이라고 하면서요.[115] 적어도 쾌락 d
들 속에서 견디어 낼 수 있으며 쾌락들에 관련된 일들에 이력이 난 사람들에게, 경우에 따라서는 아주 나쁜 사람들에게 그들은 다른 방식으로 그리고 한층 더 부끄러운 방식으로 노예가 될 것이며, 한편으로는 노예 상태이나 한편으로는 자유 상태인 혼을 갖고 있어서, 단순하게[116] 용감하며 자유로운 사람들로 불릴 자격이 없는 사람들이 될 것이라고 말씀입니다.[117] 그러니 지금 한 말들 가운데서 혹시 어떤 것이 적절히 언급된

---

114) 633b~c에서.

115) φόβων 다음의 구두점 읽기는 Burnet를 따랐다. 곧 콤마 아닌 '·'로 읽었다.

116) 여기서 '단순하게'로 옮긴 haplōs는 아무런 단서(但書)나 조건 없이 '절대적으로' 또는 '단적으로'라는 뜻으로 쓰이는 말이기도 하다.

117) "우리의 시민들(politai)이 …"부터 여기까지가 그 앞의 "스스로 자신에게 이렇게 말하면서 말씀입니다"의 내용인 셈이다.

635d

것으로 선생들에게 판단되는지 생각해 보십시오.

e 클레이니아스: 그 주장을 하시게 되니, 적어도 저희에겐 어느 면에서는 그리 생각되는군요. 하지만 그처럼 중대한 것들에 대해 가볍게 바로 믿어 버리게 된다는 것은 오히려 젊은이들이나 생각 없는 이들이 하는 짓이 아닐는지.

아테네인: 그러면, 클레이니아스 님 그리고 라케다이몬 님이시여! 우리가 제시했던 것들 중에서 그다음 것을 마저 다루게 된다면, 바로 용기 다음에는 절제와 관련해서 우리가 말할 것이니까,[118] 선생들의 이 나라 체제(정체: politeia)들에서 우리가 아무렇게나 다스려지는 나라들의 그것들의 경우와는 다른 무언가를 발견하게 될까요? 방금 전쟁과 관련되

636a 었던 것들을 보았듯이 말씀입니다.

메길로스: 대체로 쉽지는 않을 것입니다. 하지만 실은 공동 식사와 체력 단련이 그 두 가지 것들[119]과 관련해서 창안되었던 것은 훌륭한 것이었습니다.

아테네인: 선생들이시여! 나라 체제(정체)들과 관련해서 현실적으로나 이론적으로나 똑같이 이의가 없기란 확실히 어려울 것으로 보입니다. 몸들의 경우에 그렇듯, 한 몸에 한 가지의 어떤 생활 습관(활동: epitē-deuma)[120]을 지정한다는 것은 불가능한 것 같기 때문입니다. 이 똑같은 것이 우리의 몸들을 한편으로는 해치나 한편으로는 이롭게 하기도 하는

b 것으로 드러나지 않는 그런 한 가지 것을 말씀입니다. 이들 체력 단련도 공동 식사도 다른 여러 면에서 지금은 나라들에 이롭지만, 내란들과 관련되어서는 위험하기 때문입니다. 이는 밀레토스와 보이오티아 그리고

118) 이 삽입구 형태의 문장 앞뒤로 있는 선(—)은 없앴다.
119) 용기와 절제를 가리킨다.
120) 632e에서 해당 각주를 참조할 것.

투리이의 청년들이 보여 주는 바입니다.[121)] 특히 이 관행(제도: epitē-deuma)은 오래된 관습적인 것이기도 하거니와 자연스런 것들, 즉 인간들뿐만 아니라 짐승들의 성욕과 관련되는 쾌락들을 질식시킨 것으로 여겨집니다.[122)] 그리고 이것들에 대해서는 선생들의 나라들이 제일 비난받겠거니와 그 밖의 다른 나라들 중에서도 체력 단련에 특히 매달리는 모 c
든 나라 또한 비난받을 것입니다. 또한 이런 것들을 장난스런 마음으로 생각하든 또는 진지한 마음으로 생각하든, 여성과 남성이 생식을 위한 결합(koinōnia)으로 진입할 경우, 이와 관련된 쾌락은 자연스럽게(kata physin) 주어지는 것으로 여겨지지만, 남성과 남성 또는 여성과 여성의 결합은 자연에 어긋나며(para physin),[123)] 으뜸가는 것들에 속하는 뻔뻔

---

121) Milētos는 이오니아 지방, 곧 지금의 터키 서해안에 헬라스인들이 세운 polis들 중에서 중심적 역할을 했던 나라였으며, Boiōtia는 아테네 북쪽에 인접해 있던 지역이었고, Thourioi는 아테네가 중심이 된 헬라스인들이 남이탈리아에 세운 나라였다. 여기서는 체력 단련이나 공동 식사가 내란들이나 모의를 하는 데 이용되었던 사례들을 들어서 말하고 있다. 아리스토텔레스의 《정치학》 V. 7. 1307b에는 투리이에서 장군들이 재선되는 것은 5년이 지난 뒤에나 가능한 걸로 법제화되어 있었으나, 젊은 군인들이 집단적으로 항거하여 이 법규를 철폐하고, 결국에는 정권을 찬탈하기에 이른 사건을 언급하고 있는데, 여기에서의 투리이에 대한 언급은 아마도 이 사건에 대한 것인 걸로 추정되고 있다. 보이오티아 지역의 테베(Thēbai)에서는 379/378년의 겨울에 스파르타의 점령에 저항하는 봉기가 일어났는데, 이 모의 내용을 체력 단련장(gymnasion)에서 서로 상대를 바꿔가면서 전달한 것으로 전한다. 이 사건 내용은 플루타르코스의 《소크라테스의 영적인 것에 관하여》(594. 25)에서 전한다. 그러나 밀레토스에서 일어난 일에 대해서는 명확한 자료를 확인하지 못했다. 그리고 이 문장 앞뒤의 선(—)은 없앴다.

122) b4~5의 텍스트 읽기는 이렇게 했다. καὶ δὴ καὶ πάλαι ὂν νόμιμον … καὶ τὰς κατὰ φύσιν [τὰς] περὶ τὰ …

123) '자연에 어긋나는'(para physin)은 '자연의 이치에 어긋나는'으로 그리고 '자연스럽게' 또는 '자연에 따른'(kata physin)은 '자연의 이치에 따

636c

함(tolmēma)으로서, 쾌락을 자제하지 못함(akrateia)으로 인한 것이라는 걸 알아야만 합니다.[124] 그런데 가니메데스[125]에 관련된 이야기를 크

른' 으로 이해하는 게 더 옳겠다. physis는 일차적으로 영어의 nature에 해당하는 뜻들을 지니고 있으며, 자연의 이치나 질서를 의미하기도 한다.

124) 동성애에 대해서는 양쪽 경우들 다를 비난하고 있는데, 남자들의 경우는 소년애(少年愛: paiderastia)가 위주였고, 이는 당시에 상당히 만연되었던 것 같다. 연상의 남자가 소년을 상대로 삼았다 해서, 그 상대를 [ta] paidika(사랑하는 소년)라 했다. 앞서 633b에서는 스파르타의 '비밀 임무' 에 대한 각주에 이와 관련된 언급이 있었다. '소년애' 와 관련해서는 역자의 《플라톤의 네 대화편: 에우티프론, 소크라테스의 변론, 크리톤, 파이돈》 중에서 《파이돈》 편 각주 95 및 133을 참조하는 것도 보충적인 이해에 도움이 되겠다. 반면에 《연회(향연)》 편과 《파이드로스》 편에는 소년애가 승화된 것일 경우, 그것이 인간의 정신적 성장과 향상에 얼마나 크게 기여할 수 있는 것인지에 대한 아름다운 담론이 실려 있다. 여자들끼리의 동성애 관계를 흔히 Lesbianism이라 하는 것은 Lesbos 섬의 미틸레네(Mytilēnē)에서 6세기(기원전) 초엽에 눈부신 활동을 했던 여류 서정시인 사포(Sappho)가 시작(詩作: poiēsis)이 남자들만의 전유물일 수 없다는 생각으로 일종의 문예학원을 세워 빼어난 재원(才媛)들을 모아서 가르치며 함께 지낸 데서 유래한다. 소크라테스가 준수한 젊은이들과 함께 철학적 담론으로 소일한 걸 일컬어 '디아트리베' (diatribē)라 한다. 플라톤은 아카데미아(Akadēmeia)라는 학원을 세워 젊은 인재들을 모아, 그들을 가르치며 함께 지냈다. 서양에서의 대학의 역사는 그렇게 시작되었다. 그렇다면 사포가 당시에 레스보스 섬에 더러 있었다는 이른바 신부학교들의 한 형태로 기원전 6세기 초엽에 재원들을 모아 시가(詩歌)를 가르치며 창작하게 한 문예학원도 그런 맥락에서 이해하는 게 정도일 것 같다. 더구나 철학이 헬라스인들의 정신계를 주도하게 되기 전까지는 시가가 교양의 전부였던 시기에는 말이다. 그러나 사포의 시들은 남성들의 가치 관념을 떠나, 여성들의 사랑을 주제로 한 시들이 주류를 이룬 데다, 애틋하고 진한 사랑의 표현들이 자칫 여성의 동성애를 연상케 하기에 충분하다. 물론 그런 사포와는 무관하게 여성들끼리의 동성애는 이 문장을 통해서도 확인되는 사실일 것이다. 사포의 시들은 D. A. Campbell, *Greek Lyric*, I: Sappho and Alcaeus 52~205(Loeb Classical Library, 1990)에 영어 대역(對譯)으로 수록되어 있다.

레테인들이 지어냈다고 해서 우리 모두는 이들을 책망합니다. 이들은 법 d
률이 제우스에게서 자기들에게 주어진 것이라 믿기에, 제우스와 관련된 이 이야기를 덧보탰는데, 이는 이 신을 좇아 이 쾌락(즐거움) 또한 누리고자 해섭니다. 그러니 그 이야기에 대해서는 그만두기로 하죠. 하지만 법률에 관해 두루 살피려는 사람들의 고찰(skepsis)은 거의 전부가 나라들에 있어서의 그리고 개인적인 인격(성격)[126]들에 있어서의 즐거움(쾌락)들과 괴로움(고통)들에 관련된 것입니다. 이들 두 샘은 자연적으로 흐르게 되는 것들로서, 이것들에서 물을 긷는 자가 길어야 할 곳에서 길어야 할 때에 길어야 할 만큼 긷는 경우에는, 나라도 개인도 그리고 모든 e
생물이 행복한 상태로 지내지만, 이를 알지 못함과 동시에 제 때를 또한 벗어나 하게 되는 자는 그와는 반대로 살겠기 때문입니다.[127]

---

125) Ganymēdēs는 트로이아의 트로스(Trōs) 왕의 세 왕자들 가운데 하나로, 인간들 중에서는 가장 미남이어서, 올림포스로 납치되어 가, 제우스에게 술을 따르는(oinokhoeuein) 일을 맡는 작인(酌人: oinokheus, oinokhoos)이 되었다고 한다. 호메로스의 《일리아스》, 20. 231~5에 그에 관한 언급이 나온다. 그의 납치는 신들이 했다고도 하고, 제우스가 직접 또는 그의 독수리가 했다고도 한다. 이런 연유로 그를 제우스의 소년애(少年愛: paiderastia)의 대상인 (ta) paidika(사랑하는 소년)로 말하기도 하는 잘못된 이야기가 훗날 사람들에 의해 만들어지기도 했다.

126) 여기서 인격 또는 성격으로 옮긴 ēthos(ἦθος)[복수 형태는 ēthē(ἤθη)임]에는 그 밖에도 성품, 성향, 품행 등의 뜻과 함께 사회적인 관습, 관례, 풍습 등의 뜻들이 있다. 헬라스인들은 개인적으로 그리고 사회적으로 이런 것들이 생기게 되는 것은 개인적인 습관과 이의 사회적 확장인 관습, 즉 ethos(ἔθος)로 해서라고 생각했다. 그리고 다시 ethos(습관·관습)는 반복되는 몸가짐이나 마음가짐으로 해서 굳어진 버릇, 곧 '습성'에서 비롯된다고 그들은 보아, 이를 그들은 '헥시스'(hexis)라 했다. hexis는 몸가짐·마음가짐·습성·[해버릇함으로써] 굳어진 상태 등을 의미한다.

127) 《프로타고라스》 편 357a5~b3에는 "즐거움(쾌락)과 괴로움(고통)의 바른 선택에 삶의 구원(보존: sōtēria)이 있는 것으로 드러났기에," 이는 결국 상대적인 지나침(hyperbolē)과 모자람(endeia) 그리고 같음(isotēs)에

636e

메길로스: 선생이시여! 그건 어쨌든 훌륭한 말씀입니다. 그렇더라도 이에 대해서 저로서는 도대체 무슨 말을 해야 할지 말문이 막힙니다.[128] 그렇지만 적어도 라케다이몬의 입법자가 쾌락들을 피하도록 지시한 것은 어쨌든 옳게 한 것으로 제게는 여겨집니다. 그러나 크노소스의 법률과 관련해서는 이분께서 하고자 하신다면, 지원을 해 줄 것입니다. 스파
637a 르타에서 가장 훌륭하게 제정된 법규들[129]은 쾌락들과 관련된 것들로 제게는 여겨지는군요. 왜냐하면 사람들이 최대의 쾌락들과 히브리스(hybris)들[130] 그리고 일체의 어리석음(anoia)과 마주치게 하는 데 무엇

대한 고찰로서의 측정술(metrētikē)의 문제일 것이라는 언급이 보이는데, 여기에서도 강조되고 있듯, 나라나 개인 그리고 모든 생물의 명운이 결국 이에 달려 있다는 말을 하고 있다. 따라서 법률적 논의도 이에 그 근본을 두고 있다고 할 것이다.

128) 여기에서 '말문이 막힌다'(aphasia … lambanei)는 표현은 바로 앞에서 아테네인의 발언 내용이 다분히 철학적이고 심오한 것이기에 자기로서는 뭐라 대꾸를 해야 할지 모르겠다는 뜻에서 하는 말이지, 어이없어하는 말은 결코 아니다. 역시 같은 취지에서 메길로스가 자신을 단수(eme) 아닌 복수 인칭(hēmas)으로 지칭함으로써 겸손을 나타내고 있다.

129) 여기에서의 중성 복수 정관사 ta는 내용상 ta [nomima](법규들)를 지칭하고 있는 것으로 보았다.

130) hybris에는, 그 구체적인 상황이나 사례가 명시되지 않은 경우에는, 한 가지로 옮기기가 어려운 여러 가지 뜻이 있다. '히브리스'는 남에 대해서건 자신에 대해서건 난폭함, 즉 지나침을 가리키는 말이다. 타인에 대한 경우에, 그것은 상대방으로 하여금 창피함(aiskhynē)이나 불명예(atimia) 또는 모욕당함(propēlakizesthai; 866e를 참조할 것)을, 곧 치욕을 느끼게 하는 오만, 오만 무례함, 방자함, 인격적·신체적·성적 폭행 등을 가리키며, 자신과 관련되는 경우에는 폭식(대식), 황음(荒淫), 술에 곯아빠짐 등의 무절제한 행위를 가리킨다. 남에 대한 '히브리스'에 대해서는 아리스토텔레스가 그의 《변론술(수사학: *Rhētorikē*)》 1378b24~29에서 한 의미 규정이 아주 적절한 것이라 하겠는데, 그건 다음과 같다. "hybris는 그걸 당하는 사람에게 창피한 느낌(aiskhynē)을 갖게 하는 행동을 하거나 말을 하는 것인데, 이는 일어난 일 이외에 다른 것이 자기에게 일어

보다도 그 계기가 되는 것, 그것을 우리 법률은 온 국토에서 내몰아 버렸기 때문입니다. 시골에서건 도심에서건 스파르타인들의 관할 아래에 있는 곳들에서는 연회들[131]을 그리고 이에 동반되는 것들로서 최대한으로

나도록 하는 게 아니라, 그저 쾌감을 갖느라 하는 것이다. 이에 대한 앙갚음을 하는 자들은 hybris를 저지르는 것이 아니라 보복(timōria)을 하는 것이다. hybris를 저지르는 자들에게 있어서의 그 쾌감(hēdonē)의 원인은 고약한 짓을 함으로써 자신들이 '더 우월하다'(hyperekhein mallon)는 생각을 하기 때문이다. 이 때문에 젊은이들과 부자들이 hybris를 저지르는 자(hybristēs)들인데, 이는 hybris를 저지름으로써 [자신들이] 우월하다고 생각하기 때문이다." 그런가 하면 플라톤의 《파이드로스》 편 237e~238c를 보면, 남에 대한 것과 함께 자신과 관련된 '히브리스'에 대한 이런 언급이 보인다. "판단(doxa)이 이성(理性: logos)에 의해서 최선의 것(to ariston)으로 인도되고 억제될 경우에, 이 억제(kratos)에 대해 절제(sōphrosynē)라는 이름이 주어진다. 반면에 욕망(epithymia)이 우리 안에서 비이성적으로(alogōs) 쾌락(hēdonē)으로 이끌리고 지배받게 될 경우에, 이 지배(archē)에 대해 '히브리스'라는 이름이 붙는다. 그렇지만 '히브리스'는 여러 이름을 갖는 것이다. 왜냐하면 그것은 여러 갈래의 것이고 여러 부분을 갖기 때문이다. …… 욕망이 먹을 것과 관련해서 최선의 것인 이성 및 다른 욕망들을 제압하게 될 경우에, 이는 폭식(대식)이라 불리며, … 음주와 관련해서 욕망이 참주 노릇을 하며 이것에 사로잡힌 사람을 이런 식으로 이끌고 갈 경우에, 어떤 호칭을 얻게 될 것인지는 분명하다." 793e의 해당 각주도 꼭 함께 참조하는 게 좋겠다. 히브리스와 관련해서는 역자의 《플라톤의 티마이오스》 21~25쪽을 참조한다면, 더욱 좋겠다.

131) 우리가 흔히 '향연'으로 번역해 온 헬라스어 symposion(symposium)은 '함께(sym-) 마시기(posis)'(symposia)를 위한 모임이니까, 문자 그대로 뜻풀이를 한다면, 술잔치(酒宴)가 되겠다. 우리는 이를 일본 사람들의 번역을 따라 오래도록 '향연'으로 번역해 왔다. — 중국에서는 이를 '회음'(會飮)으로 번역하고 있다. — '향연'의 사전적 의미는 '[특별히] 융숭하게 베푸는 잔치'이다. 반면에 공적인 또는 사적인 '축하·위로·환영·석별 등을 위하여 여러 사람이 모여 베푸는 잔치'(금성판, 국어대사전)는 '연회'라 한다. 따라서 단순한 '술잔치'나 그저 '융숭하게 베푸는 잔치'(hestiasis)가 아닌 한, 같은 제목의 플라톤의 대화편은 《연회》로 번역하는 게 옳다는 게 역자의 생각이다. 이는 같은 제목의 크세노폰의 그것에도

637a

일체의 쾌락들을 불러일으키는 것들을 선생께서는 보실 수가 없을 것입
b 니다. 술에 취해 홍청거리는 자를 만나고서 바로 가장 큰 벌을 주지 않는 사람은 아무도 없으며, 디오니소스 제전(祭典)[132]을 핑계로 내세우는 자

적용되는 것일 것이다. 헬라스인들의 연회는 귀족들의 유풍(遺風)으로서, 이에는 일정한 격식이 있었다. 한 집에서 남자들의 공간(andrōn)은 여자들이 주로 기거하는 공간(gynaikōn, gynaikōnitis)과 구분되어 있는데, 남자들의 이 공간은 초대한 친구들이나 손님들에게 성찬을 베푸는 개방적인 공간이기도 하다. 연회가 있는 날에는, 물론 초대되는 인원수에 따라 다르겠으나, 이 공간에 몇 개(대개 일곱 또는 그 이상)의 침상(klinē)이 배치된다. 연회는 데이프논(deipnon)이라 불리는 정찬 — 이런 경우에는 만찬이 되겠다 — 뒤에, 남자들이 머리에 화관을 쓰고, 제주를 따르고 기원을 하고서야 시작된다. 참석자들은 한두 사람씩 한 침상에 왼쪽 팔꿈치를 비스듬히 기댄 상태로, 11 또는 12도 정도의 포도주 원액과 샘물을 그날 연회의 사회자(symposiarkhos)가 정하는 일정 비율로 크라테르(kratēr: 포도주 희석용기)에서 혼합하여, 대개는 4, 5도 정도로 희석된 포도주를 노예 소년이 국자로 떠서 나눠 주는 걸 각자의 잔(kylix)으로 똑같이 받아서 마신다. 이런 식으로 한 차례의 술 따르기는 지나는데, 이는 물론 반복된다. 때로는 노예들의 가무가 여흥으로 있게 되고, 수수께끼 놀이나 코타보스(kottabos)라는 놀이, 돌림노래(skolion), 시 낭송 또는,《연회》편에서 보듯, 합의된 화제에 따라 저마다 발언하는 등으로 진행된다. 어지간히 취흥이 돋으면, 함께 어울려 떠들썩한 행렬을 이루며 행진을 갖는 것으로 모임이 파하는데, 이를 kōmos라 한다. 이런 장면은《연회》편 212c~e에 보인다. 그러나 때로는 연회가 새벽에야 지친 상태로 파하기도 했던 것 같은데, 아닌게아니라《연회》편 끝 쪽에는 모두들 곯아떨어진 동틀 무렵에야 소크라테스가 자리를 뜨는 장면이 또한 나온다. 오늘날에도 그들의 본격적인 여흥은 자정을 넘기면서 시작되는데, 이는 어쩌면 지중해성 기후 때문인지도 모를 일이다. 637e에서 포도주와 관련된 각주를 아울러 참조할 것.

132) 디오니소스 제전([ta] Dionysia [hiera])은 Dionysos(일명 Bakkhos) 신의 제전(祭典)들에 대한 통칭이다. 아테네의 경우에 이 제전으로는 네 가지가 있었다. 아테네의 달력으로 Poseideōn 달(11월 말경~12월 하순)에 열린 '시골(지방) 디오니소스 제전'(ta kat' agrous Dionysia)이 그 하나인데, 여러 부락(dēmos, 복수는 dēmoi)에서 날짜를 달리하며 열렸다.

축전 행렬의 행사와 함께 비극, 희극 및 디티람보스 공연도 있었다 한다. 행사의 시기순으로 보면, 둘째 것이라 할 '레나이아 제전'([ta] Lēnaia, 공식 명칭으로는 Dionysia ta epi Lēnaiōi)은 이오니아 지방에서 통용된 달력으로 Lēnaiōn 달(아테네의 달력으론 Gamēliōn 달로 12월 말경~1월 하순) 12일에 열렸으니, 이는 오늘날로 치면 1월에 있은 행사이다. 디오니소스에 대해 별칭으로 Dionysos Lēnaios라 일컫기도 했는데, 이는 포도즙을 짤 때 그 즙이 담기게 하는 통인 lēnos에서 유래했다는 설과 그 신도들(특히 여신도들: mainades)을 Lēnai라 한 데서 유래했다고도 하는 설이 있는데, Lēnaiōn 달에 열린 이 제전의 명칭도 이에서 유래된 것이다. 이 제전의 행사로 중요한 것은 극 공연이었는데, 비극보다는 희극 공연이 특히 중요시되었으며, 440년경부터는 디오니소스 극장에서 공연이 있었다. 시기순으로 세 번째 것인 셈인 Anthestēria는 Anthestēriōn 달(1월 말경~2월 하순)에 3일 동안 열린 제전이었다. 헬라스 말로 꽃을 anthos(복수는 anthē)라 하는데, 그 이름은 이에서 연유한다. 이는 이때부터 꽃이 피기 시작하기 때문이다. 디오니소스는 포도주의 신이기도 하지만 생명과 성장의 활력을 상징하는 신이기도 하다. 그래서 세 살배기들에게는 화환 장식을 해 주고 아이들도 행사에 참가케 했다고 한다. 첫째 날의 저녁에 지난해 가을에 수확해서 짠 포도즙을 발효용 술통인 항아리(pithos)에 여섯 달쯤 저장해서 발효시킨 포도주의 '항아리 열음'(pithoigia) 행사가 있었다. 이때 이 항아리들을 앞서 말한 '레나이아 제전' 때 연극이 공연되던 장소([to] Lēnaion)가 있는 '림나이'([hai] Limnai: 그 뜻은 '늪지대'로서 옛날에는 늪이었던 듯하며, 아크로폴리스 가까운 곳에 있었음)에 있는 디오니소스 신의 성역으로 날라다 열고서는 이 신에게 새 포도주를 바치고 맛보는 행사를 가졌다. 둘째 날에는 술잔치가 벌어지고, 셋째 날은 액운을 쫓는 날이었던 것 같다. 그리고 마지막 제전이 '시내 디오니소스 제전'(ta en astei Dionysia) 또는 '대 디오니소스 제전'(ta megala Dionysia)이라 한 것으로, Elaphēboliōn 달(2월 말경~3월 하순)의 10일째 날부터 14일까지에 걸친 5일간의 행사였다. 이 제전은 원래 아티케와 보이오티아 경계 지역인 엘레우테라이(Eleutherai)에서 아테네로 들여온 것으로, 534년에 참주 페이시스트라토스가 그 규모를 크게 확대한 것이었다. 갖가지의 행사와 함께 첫 이틀 동안에는 아테네의 10개 행정 단위의 부족(部族: phylē)들이 준비한 디티람보스(dithyrambos: 서정적인 디오니소스 합창 송가)가 공연되었으며, 그다음 3일간에는 3인의 비극 작가가 각기 세 편의 비극과 한 편의 사티로스(satyros) 극을 갖고 경연을 벌였고, 이 5일간의 오후에는 5명의 희극 작가가 각기 한 편씩의 희극을 갖고 경연을 했일지라도 놓아주지 않을 것입니다. 언젠가 제가 선생의 고장에서 마차들 안의 [그런 자들을] 목격했듯이 말씀입니다.[133] 또한 타라스[134]의 우리 이주민들[135]의 경우에도 디오니소스 제전 때에는 온 나라가 취해 있는 걸 제가 목격했습니다. 하지만 우리에게는 그런 일은 전혀 없죠.

아테네인: 라케다이몬에서 오신 선생이시여! 그와 같은 것들 모두가 어떤 인내심들이 있는 곳에서는 칭찬받을 만한 것들이지만,[136] 이완된
c 상태로 있는 곳에서는 더욱 어리석은 것들로 됩니다. 우리 고장 사람들 가운데 누군가가 스스로 변호하느라 곧 선생을 붙잡고서는 선생네 고장의 여인들의 방종(anesis)[137]을 지적할 것이기 때문입니다. 바로 이와 같

다. 이 대제전은 겨울이 끝나고, 항해도 할 수 있는 계절이라 많은 외국의 방문객들이 찾아오는 때에 열리는 것이었다.

133) 디오니소스 제전 때에는 마차를 타고 행렬에 낀 놀이꾼들이 상스런 말을 내뱉으며 즐거워하는 것이 상습적이었다고 한다.

134) Taras(Tarentum, 오늘날엔 Taranto라 함)는 남이탈리아에 스파르타가 8세기 말에 세운 식민지 나라였다. 이곳에 정착하게 된 사람들은 스파르타의 미혼모들이 아마도 농노들(메세니아인들)과의 사이에 낳은 자식들(Partheniai)로서, 완전한 스파르타인들로서의 시민권을 인정받지 못하였던 사람들이었다. 475년경에는 민주국이 되었으며, 4세기에 번창했다. 이 무렵에 승승장구한 지휘관이었으며 피타고라스 학파의 수학자요 철학자였으며 발명가이기도 했던 아르키타스(Archytas)는 플라톤과 각별한 친구 사이였다.

135) 고향의 자기 집(oikos, oikia)을 떠나 다른 곳으로 가서 정착한 사람을 apoikos(복수는 apoikoi) 곧 '이주민'이라 하는 반면에, 다른 나라로 거주지를 옮겨 온 사람들을 그 나라에서는 metoikos(복수는 metoikoi) 곧 '거류민'이라 한다.

136) 633c를 참조할 것.

137) 바로 앞의 '이완된 상태로 있음'과 '방종'은 같은 뜻을 갖는 말의 동사와 명사이다. 둘 다가 자제력을 발휘하지 못하고 풀린 상태에 있음을 가리키는 말들이다. 그런데 스파르타 여인들의 방종은 유명했던 것으로 알려져 있다. 이에 대한 언급은 제6권 781a 이후에도 보이지만, 아리스토

은 관행들의 경우에, 그게 타라스에 있어서건, 우리네 또는 선생네에 있어서건, 그게 잘못된 것이 아니라 옳은 것이라고 용인되게 해 주는 것은 한 가지 대답일 것으로 여겨집니다. 자기네에는 익숙지 않은 것을 보고서 놀라워하는 외국인에게 모두가 [이런] 대답을 해 줄 테니까요. "선생이시여! 놀라워하지 마십시오. 우리에게는 이게 관습(nomos)이지만, 아마도 당신네에게는 바로 이것들과 관련해서 관습이 다르겠죠" 하고 말씀입니다. 하지만, 친애하는 분들이시여! 지금 우리에게 있어서의 논의 d
는 다른 사람들에 대한 것이 아니라, 입법자들(nomothetai) 자신들의 나쁨(kakia)과 훌륭함(aretē)[138]에 대한 것입니다. 그러면 일체의 술 취함(취흥: methē)[139]에 대해 한층 더 자세히 언급하도록 합시다. 이 관행은 사소한 것도 아니며, 이에 대해 판정한다는 것이 하찮은 입법자의 일도 아니기 때문입니다. 하지만 제가 말하고 있는 것은 도대체 포도주를 마

텔레스의 《정치학》(제2권 1269b12~1270a14)에서도 심각하게 지적되고 있다. 앞서 633b의 각주에서 언급했듯, 스파르타의 남자들은 결혼을 하고서도 공동 식사와 군영 생활을 하기 때문에 밤사이의 외출을 통해서 아내들과 성관계를 갖고 아이들을 낳음으로써 국방력도 확보하게 된다. 상당히 강대했던 편이었던 이웃 나라(이를테면 메세니아) 사람들을 농노들로 만든 데다가, 헬라스에서 주도권을 행사하기 위해서는, 위에서 밝힌 곳에서 아리스토텔레스가 지적하고 있듯, '온 나라가 인내력을 갖도록' 할 필요성이 그만큼 컸던 셈이다. 그러나 국민의 반인 여성은 방임 상태로 팽개친 꼴이 된 데다가 토지도 소유하며 지참금까지 받게 되어, 여성들은 사치스럽고 무절제하게 살았으며, 마침내 여자들이 부를 거머쥐게 되는 폐단을 야기했다. 스파르타의 왕비 헬렌이 파리스를 따라 트로이아로 갔던 것도 괜한 이야기가 아닐 법한 일이라 할 것이다.

138) aretē와 반대되는 것은 kakia(badness: 나쁜 상태, 나쁨)이다. aretē에 대해서는 627e에서 해당 각주를 참조할 것.

139) 원어 methē는 '술 취함'을 뜻하는 말이지만, 여기에서 그리고 특히 제2권에서 이것의 유용성과 관련해서 언급하는 취지로 보아, '취흥'이라는 긍정적인 측면이 강조되고 있기도 하므로, 이를 함께 생각하는 것이 옳을 것 같아, 괄호 형태로 병기했다.

637d

시느냐 아니 마시느냐에 대한 것이 아니라, 술 취함(취흥) 자체에 대한 것입니다. 스키티아(Skythia) 사람들이나 페르시아 사람들이 하듯, 그리고 더 나아가 카르타고(Karkhedōn)[140] 사람들과 켈트족(Keltoi), 이베리아족(Ibēres)과 트라케인들이 하듯, 해야만 할 것인지에 대해서 말입니다. 이들 종족들은 모두가 전투적이죠. 아니면 선생네가 하듯, 해야만 할

e 것인지에 대해서 말하고 있습니다. 선생께서 말씀하시고 있듯, 선생네는 전적으로 그걸 멀리하고(금하고) 있으니까요.[141] 그러나 스키티아인들과 트라케인들은, 여인들이고 남자들이고 간에, 전혀 희석하지 않은(akratos) 포도주[142]를 음용하며, 이를 겉옷에다 쏟기도 하는데, 이는 아

140) Karkhedōn은 Carthago에 대해 헬라스인들이 지칭하는 이름이다.

141) 스파르타에서는 술 취함을 금기 사항으로 여기고 있음을 가리켜 말하고 있다.

142) 옛날의 헬라스인들은 포도주(oinos, methy)를 물과 일정 비율(logos)로 배합(krasis)해서 마시는 걸 원칙으로 삼았다. 그들에게 있어서는 특별한 종교적 의식이나 의학적 목적을 위한 것이 아닌 한, 그리고 간단한 아침 식사에서 딱딱한 빵을 포도주에 찍어 먹는 경우가 아니고서는 원액의 포도주를 그냥 쓴다는 것은 일종의 금기 사항이었다. 헬라스인들이 아침 식사를 '아크라티스마'(akratisma: 아침 음식) 및 '아크라티스모스'(akratismos: 아침 먹음)라 한 것은 지중해 지역의 건조한 날씨 때문에 빨리 굳어 버리는 '빵 조각들'(psōmoi)을 '희석하지 않은'(akratos) 포도주에 적셔 먹는 걸 뜻하는 말이다. 이처럼 포도주 원액과 물의 배합(krasis)을 위해 사용된 용기를 '크라테르'(kratēr: 포도주 희석용기: mixing-bowl)라 불렀다. 이 그릇에는 그들의 혼화(混和: krasis) 사상, 즉 중용 또는 적도(適度) 사상이 반영되어 있다. 그리고 포도주를 물과 혼합하는 것은 잔에 따라 마시기 직전에 했으며, 그 혼합 비율은 일정하지가 않았고, 포도주의 특성이나 마시는 사람들의 기호에 따라 달랐던 것 같다. 이를테면, 8세기의 보이오티아 출신의 시인 헤시오도스는 그의 《일과 역일(曆日)》, 595~6에서 이렇게 말하고 있다. "언제나 흘러, 탁해지는 법이 없는 흐르는 샘의/ 물을 먼저 세 차례 붓되, 네 번째는 포도주를 붓는다." 이에 따르면, 3(물) : 1(포도주)의 비율이 되는데, 요즘도 옛날 식으로 제조되는 원액 상태의 포도주 레치나(rhetsina)의 도수가 12도 안팎이고 보면, 그

름답고 행복한 관행을 따라 하는 것으로 믿기 때문입니다. 한데, 페르시아인들은 이를 많이 이용하거니와 선생네가 버린 그 밖의 다른 사치들도 누리지만, 저들보다는 더 질서가 있죠.

메길로스: 그렇지만, 친구시여! 적어도 우리가 손에 무기를 쥐는 때 638a
는, 우리가 이들을 모두 내몰 것입니다.[143)]

아테네인: 아, 보세요! 그런 말씀은 하지 마십시오. 그야 달아남의 경우에도 그리고 쫓는 경우에도 확언할 수 없는 것들이 많았으며 또한 많을 테니까요. 이런 이유로, 전투의 승패를 말함으로써 이를 아름다운 관행들인지 아닌지에 대한 명백한 기준(horos)으로 우리가 주장할 수는 결코 없을 것인즉, 이는 논의의 여지가 있는 것(amphisbētēsimon)입니다. 왜냐하면 큰 나라들이 작은 나라들과 싸워서 이기고 굴복시키니까요.[144)]
시라쿠사이인들은 로크리스인들에 대해 그랬는데,[145)] 이들이야말로 그 b

비율로 희석된 포도주의 도수는 아주 약한 셈이다. 그런가 하면 7세기의 레스보스 섬의 미틸레네 출신인 알카이오스(Alkaios)의 시에서는 시름을 잊기 위해 물 1에 포도주 2의 비율로 타서 잔 가득히 마시자고 하는 대목이 보인다. 그러나 가장 일반적인 혼합 비율은 3(물) : 2(포도주)인 것 같다고 한다. 이와 관련해서는 D. A. Campbell, *Greek Lyric* I, Loeb Classical Library, 1990, Alcaeus §346 및 L. Whibley, *A Companion to Greek Studies*, p. 543 (Cambridge, 1905)을 참조할 것. 앞의 각주 131의 뒤쪽에서 '연회 사회자'에 대한 언급을 아울러 참조할 것.

143) 이를 두고 Brisson은 페르시아 전쟁에서 헬라스인들이 승리한 것을 암시하는 것으로 보고 있다.

144) 626a~b를 참조할 것.

145) 여기에서 말하는 로크리스(Locris)는 헬라스 본토 중부의 그것이 아니라, 이 나라 사람들이 남이탈리아에 세운 로크리스(Locri Epizephyrii: Lokroi Epizephyrioi)를 가리킨다. 플라톤의 《티마이오스》 편에서 우주에 대한 이야기를 하는 주인공으로 등장하는 티마이오스에 대해서 그가 이 고장 출신임을 밝히고 있는 대목이 20a에 보인다. 시켈리아(시칠리아) 섬에 있던 시라쿠사이의 영향권 아래에 있었던 동맹국이었다. 650년경에 잘

638b 지역에서는 가장 훌륭한 법질서를 갖추게 된 이들로 평판이 나 있으며, 아테네인들은 케오스인들에 대해 그랬습니다.[146] 한데 이런 사례들로는 그 밖에도 수없이 많은 걸 우리가 발견할 수 있을 것입니다. 하지만 각각의 관행 자체에 대해 논의를 함으로써 우리 자신들을 납득시키도록 합시다. 승패들은 지금의 논의에서는 배제하고서, 이런 건 아름다운(훌륭한) 것이지만, 이런 건 아름답지 못한 것이라는 식으로 말하도록 하죠. 먼저 제 말을 들어 주십시오. 이것들 자체와 관련해서 무엇이 유익하고(khrēston) 무엇이 그렇지 못한지를 어떻게 고찰할 것인지에 대해서 말씀입니다.

c 메길로스: 그렇다면 어떻게 해야만 된다는 말씀인지요?

아테네인: 어떤 관행을 논의를 위해 택하는 사람들은 그리고 그게 언급되는 즉시 비난하거나 칭찬하도록 제의하는 사람들은 모두가 결코 이를 적절히 하고 있는 것으로 제게는 생각되지가 않고, 그건 누군가가 치즈[147]를 좋은 먹을거리로 칭찬하니까, 그것의 작용에 대해서도 그것의

레우코스(Zaleukos)라는 입법자가 이 나라의 법률 제정을 했는데, 이 법선은 가장 오래된 법전들 가운데 하나인 것으로 알려져 온다. 범죄에 대한 엄격한 처벌을 규정하였으며, 이른바 lex talionis(ius talionis: 받은 피해와 같은 형태의 보복 법)는 그에게서 유래했다고 한다.

146) Keos(오늘날에는 Kea로 부름)는 키클라데스 군도([hai] Kyklades [nēsoi]) 가운데 하나로, 이것들 가운데서는 아테네 쪽으로 가장 가까이 있는 섬이다. 신석기 시대부터 사람들이 거주했던 곳으로, 일찍이는 미노아 문명의 영향을 받았으며, 900년경에 4개의 독립적인 나라가 세워졌다고 한다. 6세기 말에서 5세기 초에 번창했으며, 《국가(정체)》 편에서 언급되고 있는 Simōnidēs와 역시 서정시인인 Bakchylidēs도 이 무렵의 케오스 출신들이다. 이들보다 조금 뒤에 소피스테스로서 이름을 떨친 Prodikos도 이 고장 출신이다. 아테네가 주도하는 해양 동맹국의 일원으로 있다가, 364년경에 반발했으나, 진압되고 만다.

147) Cornarius의 수정에 따라, πυροὺς를 τυροὺς로 읽는 게 옳다는 England 및 Saunders의 의견대로 그리 읽었다. Saunders, *Notes on The Laws of Plato*, No. 2 참조.

사용에 대해서도, 즉 어떤 방식으로 어떤 사람들에게 무엇과 함께 어떤 상태에 있는 것을 어떤 상태에 있는 사람들에게 사용할 것인지에 대해서도 물어서 알아보지도 않고서, 곧바로 누군가가 비난하는 경우와도 똑같은 짓을 하는 것으로 생각됩니다. 바로 지금 우리가 논의를 함에 있어서 똑같은 짓을 하고 있는 것으로 제게는 생각됩니다. 왜냐하면 우리가 술 d
취함(취흥)에 대해서 그 정도만 듣고서도, 곧바로 한쪽은 이를 비난하고, 다른 쪽은 칭찬하는데, 그것도 몹시 이상스럽게 하기 때문입니다. 우리는 각기 증거들과 칭찬하는 자들을 이용해서 칭찬을 하는데, 한쪽은 다수를 제시한다는 이유로 결정적인 것을 말하게 된 것이라 주장하지만, 다른 쪽은 포도주를 삼가는 자들이 싸움에서 승리하는 자들임을 우리가 보게 된다는 이유로 그리 주장하기 때문입니다. 그러나 이 또한 우리에게는 다시 논의거리가 되죠. 각각의 것들에 대해서 그리고 그 밖의 다른 법규들(관례들: ta nomima)에 대해서도 정말로 이런 식으로 두루 검토 e
한다면, 어쨌든 제 마음에는 들지 않을 것입니다. 하지만 다른 방식으로, 곧 제가 보기에는 마땅히 그래야만 할 것 같은 그런 방식으로 바로 이 문제, 즉 술 취함(취흥)에 대해서 말하고 싶군요. 그렇게 하도록 함으로써, 이런 모든 것에 대한 바른 탐구 방법(orthē methodos)을 우리 자신에게 명시해 보일 수 있을 것입니다. 이것들과 관련해서는 수천에 수천을 더한 집단이 선생들의 두 나라에 대해 이의를 제기하며 논쟁하려 들고자 할 테니까요.

메길로스: 만약에 이와 같은 것들에 대한 어떤 바른 고찰 방식(orthē skepsis)을 정말로 우리가 갖고 있다면, 그것에 대해 듣는 걸 망설여서는 639a
안 되죠.

아테네인: 그러면 대강 이런 식으로 고찰해 보십시다. 가령 누군가는 염소들을 기르는 걸 그리고 이 동물 자체를 훌륭한 소유물이라 칭찬하지만, 다른 누군가가 염소지기도 없이 풀을 뜯고 있는 염소들이 농경지에

639a

서 못된 짓들을 하고 있는 걸 목격하고서 비난을 해 댄다면, 또한 주인(arkhōn)[148)]이 없거나(anarkhon) 나쁜 주인들과 함께 있는 모든 짐승을 보고서는 이런 식으로 비난을 한다면, 그런 사람의 비난을 도대체 조금인들 건전한 비난을 하는 것으로 우리가 생각하겠습니까?

메길로스: 그야 어찌 그럴 수 있겠습니까?

아테네인: 배들의 경우에 있어서 그 통솔자(arkhōn)가, 배 멀미를 하
b 든 안 하든, 항해 지식만 갖고 있으면, 우리에게 유용한 사람이라 우리가 말할 것인지 아니면 어떻게 말할 것인지?

메길로스: 그가 그 기술을 가졌더라도,[149)] 선생께서 말씀하시는 그런 증상 또한 갖고 있다면, 결코 그럴 수가 없죠.

아테네인: 그러면 군대의 지휘관(arkhōn)은 어떨까요? 그가 전술적인 지식을 갖고 있다면, 비록 위험한 사태들에 당면해서는 비겁하여 겁을 잔뜩 먹고서 멀미하듯 하더라도, 충분히 지휘를 할 수 있을까요?

메길로스: 그 또한 어찌 그럴 수 있겠습니까?

아테네인: 하지만 이번에는 그런 전문적 지식도 갖고 있지 않으면서 비겁하기까지 한 경우라면?

메길로스: 아주 몹쓸 사람을 말씀하시고 있군요. 결코 남자들의 지휘관이 아니라 숫제[150)] 어떤 여인들의 지휘관을 말씀입니다.

---

148) arkhōn은 통솔자, 지배자, 통치자, 지휘자, 행정관, 집정관, 수장(首長) 등의 뜻으로 쓰이는 말인데, 이하에서는 문맥에 따라 그때마다 적절한 번역어로 옮기기로 했다. 어쨌거나 어떤 공동체나 단체 또는 집단을 통솔하거나 지휘하는 자 또는 그런 수장을 가리키는 말이다.

149) '그 기술을 가졌더라도'로 옮긴 것을 원문 그대로 옮기면, '그 기술에다'로 되나, 우리말 표현으로는 아무래도 의미 전달이 제대로 되지 않기에, 양보적 의미를 살려서 옮겼다.

150) 원어 sphodra를 여기서는 문맥상 이렇게 옮겼다. sphodra는 매우·몹시·격렬하게·열렬히·정확하게 등의 뜻들을 지닌 부사이다. '숫제 어떤 여

아테네인: 한데, 그게 어떤 공동체(공동 사회: koinōnia)든, 그 성격 상 통솔자(arkhōn)가 있고 또 이 통솔자와 함께해야만 그것이 유익한 것일 수 있는 공동체를 칭찬하는 자나 비난하는 자는 어떤가요? 하지만 공동체가 그 통솔자와 함께 스스로 옳게 공동 관계를 유지해 가는 걸 결코 일찍이 본 적이 없고, 언제나 통솔자가 없거나 아니면 나쁜 통솔자들과 함께하는 모임인 것을 본 사람이 그리하는 자일 경우 말씀입니다. 그러니까 그런 공동체들에 대한 그런 관찰자들이 쓸모 있는 무슨 비난을 하거나 칭찬을 하게 될 것이라고 우리가 생각할까요? c

메길로스: 하지만, 그런 공동 관계를 갖는 것들 가운데서도 옳게 되어 가는 걸 아무것도 결코 본 적도 없고, 그런 것에 관여한 적도 없는 사람들이 어떻게 그럴 수 있겠습니까? d

아테네인: 잠깐만! 많은 공동 사회(공동체: koinōnia) 가운데 연회 참석자들이나 연회(주연: symposion)들도 일종의 모임(함께함: synousia)[151]이라고 우리는 간주하겠죠?

메길로스: 그러고 말고요.

아테네인: 그러면 이 모임이 일찍이 옳게 진행된 걸 누군가가 본 적

인들의' 라는 표현에서 '숫제' 는 이 부사로서의 표현을 그대로 살리기 위해서 택한 번역어이다. 그리고 여기에서의 '어떤' (tinōn)은 '모든' 을 뜻하지 않는, 따라서 '나약한' 의 뜻을 함축하는 '일부' 를 가리키고 있는 표현이라 할 것이다. 그러나 Liddell & Scott: *Greek-English Lexicon*의 이 항목(I, 3)에서는 이 부사가 명사와 함께 쓰이는 용례들을 들고 있는데, 그 가운데 하나가 바로 '숫제 어떤 여인들의' 로 옮긴 tinōn sphodra gynaikōn이다. 이 사전에서는 이를 [of certain(역자 보충)] 'very womanish women' 으로 다분히 설명적인 번역을 달고 있다. 그리고 헬라스어로 '남자들' 은 andres(단수는 anēr)인데, '용기' 를 뜻하는 andreia(andria)의 어원적 의미는 '사내다움' (manliness)이다. andres에 대응하는 반대어는 gynaikes(단수는 gynē)이다.

151) 624b의 해당 주석을 참조할 것.

639d

이라도 있을까요? 두 분께서야 보신 적이 전혀 없다고 대답하시는 것이 쉬울 것입니다. 두 분께는 이 모임이 예사로운 것도 아니며 합법적인 것도 아니니까요. 하지만 저는 그런 모임에 여러 차례나 그리고 여러 군데서 접했거니와, 게다가 거의 모두에 대해서 따져 물어 보기도 했죠. 그리
e 고 어떤 모임도 거의 전체적으로 옳게 진행되는 걸 본 적도, 들은 적도 없고, 혹시 그런 경우가 있더라도, 사소하고 작은 부분에 있어서요, 대부분은 거의 모두가 잘못된 것들이었습니다.

클레이니아스: 선생이시여! 그건 어떻게 하시는 말씀인가요? 한층 더 명확하게 말씀해 주십시오. 말씀하시듯, 저희는 그런 것들에 대한 무
640a 경험으로 해서, 그런 것들에 접하게 되더라도, 그것들에 있어서 옳게 진행되는 것과 그렇지 못한 것을 어쩌면 곧바로 알아보지 못할 것이기 때문입니다.

아테네인: 그건 그럼직한 말씀입니다. 그렇지만 제가 말씀드릴 테니, 이해하도록 하십시오. 그 어떤 활동들을 위한 것들이든 모든 집회(단체: synodos) 그리고 공동체(공동 사회: koinōnia)들에도, 어느 경우에나 그것들 각각에는 통솔자(arkhōn)가 있는 게 당연하다는 것,[152] 이 점은 아시겠군요?

클레이니아스: 어찌 모르겠습니까?

아테네인: 그뿐만 아니라 전투를 하는 사람들의 지휘관(통솔자)은 용감해야만 한다는 것도 방금[153] 우리가 말했습니다.

클레이니아스: 그랬고 말고요.

아테네인: 사실인즉 용감한 자가 비겁한 자들보다는 무서움으로 해

---

152) 637b에서 연회에 대한 각주에서 말한 '연회 사회자'도 그런 사람임은 마찬가지일 것이다.

153) 639b에서.

서 혼란에 빠지는 일은 덜할 것입니다.

클레이니아스: 그것 또한 그렇습니다. b

아테네인: 한데, 그 어떤 것도 전혀 무서워하지 않으며 혼란에 빠지지도 않는 사람을 군대의 장군으로 임명하는 어떤 방책이 있다면, 우리는 이를 무슨 방식으로든 시행하지 않겠습니까?

클레이니아스: 그야 틀림없이 그럴 것입니다.

아테네인: 하지만 지금은 어쨌든 우리가 전쟁과 함께 적대적인 사람들의 적대적인 관계에 있어서 군대를 통솔할 사람에 대해서 언급하고 있는 것이 아니라, 평화 시에 친구들과 우의를 나누려는 친구들을 통솔할 사람에 대해서 언급하고 있습니다.

클레이니아스: 옳습니다.

아테네인: 그러나 적어도 이런 모임은, 술 취함(취흥: methē)이 동반 c
되는 것일 경우에는, 소란이 없을[154] 수는 없지 않겠습니까?

클레이니아스: 어찌 없을 수 있겠습니까? 완전히 그 반대일 걸로 저는 생각합니다.

아테네인: 그렇다면 첫째로 그들에게도 통솔자가 필요하지 않겠습니까?

클레이니아스: 물론이죠. 다른 어떤 일에도 그만큼 필요할 수는 없을 정도입니다.

아테네인: 그러니까 그런 통솔자로는, 만약에 가능하다면, 소란에 휘둘리지 않는 이를 구해야만 되는지요?

클레이니아스: 어찌 그렇지 않겠습니까?

---

154) 헬라스어 thorybos는 '소란'을 뜻하고, athorybos는 '소란이 없는' 상태를 가리키기도 하지만, 다음(c6)에서 보듯, '소란에 휘둘리지 않는' 상태를 가리키기도 한다.

640c

아테네인: 또한 더 나아가서 그는 모임(synousia)과 관련해서 사려 분별이 있는(phronimos) 이여야만 할 것 같군요. 그는 그들 사이에 조성
d 되어 있는 우정의 수호자가 될 것이며, 또한 그때마다의 모임을 통해서 한층 증진된 우정이 있도록 보살피는 사람이 될 것이기 때문입니다.

클레이니아스: 더없이 참된 말씀입니다.

아테네인: 그렇다면 술 취한(취흥 상태인) 사람들의 통솔자로는 술 취하지 않고(술을 마시지 않고) 슬기로운 이를 임명해야지, 그 반대로 해서는 안 되겠죠? 술 취한(취흥 상태인) 사람들의 통솔자가 술에 취해 있고 슬기롭지 못한 젊은이일 경우, 그가 뭔가 큰 잘못을 저지르지만 않는다면, [그것으로도] 그는 큰 행운을 만난 것일 테니까요.

클레이니아스: 실상 아주 큰 행운을 만난 것입니다.

아테네인: 따라서, 가령 누군가, 나라들에 있어서 이 모임들이 가능한 한에서 가장 옳게 진행되는데도, 이 일 자체[155]를 초들어 비난을 한다
e 면, 어쩌면 그가 옳게 비난을 하는 것일 수 있겠습니다. 하지만, 만약에 이 관행이 더할 수 없이 잘못 진행되는 걸 누군가가 보고서 [이 관행을] 비난해 낸다면, 첫째로 그는 이것 자체가 옳지 못하게 진행되고 있는 것임을 모르고 있다는 사실이, 다음으로는 [이런] 모든 것은, 술 취하지 않은(술을 마시지 않은) 주인이나 통솔자 없이 실행될 때는, 이처럼 나쁜 것으로 드러난다는 것을 또한 모르고 있다는 사실이 명백합니다. 혹시 선생께서는 이 점을, 즉 키잡이[156]도 그리고 그 밖의 모든 것의 통솔자

---

155) 여기에서 말하는 '이 일 자체'(auto to pragma)란 그런 '모임 자체' 또는 '모임을 갖는 것 자체'를 가리킨다고 할 것이다.

156) 일반적으로는 선주(nauklēros)가 곧 선장이었지만, 소형 상선이나 어선 따위의 작은 배의 경우에는 키잡이(조타수: kybernētēs)가 곧 선장이기도 했기 때문에, 여기에서 그를 선원들(nautai. 단수는 nautēs)의 통솔자로 말하고 있는 것이다.

도, 술 취한 상태가 되면, 모든 것을, 그게 배든, 전차든, 군대든 또는 그 641a
에 의해서 조종되는 것이 도대체 무엇이든 간에, 다 뒤집어 버린다는 걸 모르십니까?

클레이니아스: 선생이시여! 적어도 선생께서 말씀하시는 그건 전적으로 진실한 것입니다. 그렇더라도 그다음 것을 저희에게 말씀해 주십시오. 술 마심과 관련된 이 관례(to nomimon)가 옳게 진행된다고 할 경우, 이게 도대체 우리에게 무슨 이득을 줄 까요? 이를테면, 우리가 방금 말한 바로서,[157] 가령 군대가 옳게 지휘를 받을 경우에는, 그 지휘를 따르는 사람들에게 전쟁에서의 승리가 도래할 것이고, 이는 적지 않은 이득이며,
그 밖의 경우들도 그럴 것입니다. 하지만 연회(symposion)가 옳게 지도 b
를 받아 진행될 경우에, 개인들이나 나라에 무슨 큰일이 생기겠습니까?

아테네인: 어떻습니까? 한 아이나 한 무리가 적절히 지도를 받는다고 해서,[158] 나라에 무슨 큰 일이 생길 것이라고 우리가 말할 수 있겠습니까? 혹시 우리가 이렇게 질문을 받았을 경우에, 한 아이가 그랬을 경우에는, 나라에는 경미한 이득이 생길 뿐이라고 우리가 대답하겠지만, 만약에 선생께서 교육받는 자들의 교육(paideia)이 전반적으로 나라에 무슨 큰 이득을 주겠는가고 물으신다면, 이런 대답을 하기는 어렵지 않

157) 바로 이어지는 말로 보아, 아마도 640b에서 군대를 지휘할 장군에 대한 언급을 가리키는 것 같다.

158) 여기서도 그리고 바로 앞에서도 '지도를 받는다'로 번역된 paidagōgētheis는 paidagōgein(지도함) 곧 '교육함'의 수동태 현재분사(分詞)이다. 그런데 헬라스어로 '아이들'을 paides(단수는 pais)라 하고, '교육'은 paideia라 한다. 바로 이어지는 문장에서는 '교육받는 자들의 교육'(paideia tōn paideuthentōn)이란 표현이 보인다. 이렇게 해서 연회와 같은 모임을 통한 술 마심의 바른 지도에 대한 언급이 곧 교육과 관련된 논의로 자연스럽게 이행하게 된다. 사실상 《법률》 편의 핵심적 관심은 교육에 있다고 해도 과언이 아닐 것이다.

641b

을 것입니다. 즉 훌륭하게 교육을 받음으로써 훌륭한 사람들로 될 것이
c 며, 그런 사람들로 됨으로써 다른 일들에 있어서도 훌륭하게 처신하며, 더 나아가서는 전쟁을 하게 되어서도 적들한테 승리할 것이라고 말씀입니다. 실상 교육이 승리를 가져다주기도 하지만, 승리는 때로 교육 부족(apaideusia)을 가져다줍니다. 많은 사람이 전쟁들에서의 승리들을 통해서 한층 더 오만해져서는, 이 오만(hybris)[159]으로 해서 수없이 많은 다른 악들로 가득 차게 되기 때문입니다. 그리고 교육은 결코 카드모스식의 것으로 된 적이 없지만, 인간들에게 있어서의 승리들은 많은 경우가 그런 것들[160]로 되었으며 또한 될 것입니다.

---

159) 이 경우에는 hybris의 뜻이 분명하기에 '오만'으로 옮겼다. 637a에서 '히브리스'에 대한 각주를 참조할 것.

160) 여기서 말하는 '그런 것들'은 '카드모스(Kadmos)식의 것들' 곧 '카드모스식의 승리'(Kadmeia nikē: 영어로는 Cadmean victory라 함)들을 뜻한다. 이에 대해서는 두 가지의 유래가 있다. 페니키아 지역의 티레(Tyre) 또는 시돈(Sidon)을 통치하던 Agēnōr는 그의 딸 에우로페가 유괴당하자, — 이 유괴에 대해서는 624b에서 미노스와 관련된 주석을 참조할 것, — 아들들을 시켜 딸을 찾아오도록 하면서, 찾지 못하면 돌아오지 말라고 한다. 그래서 길을 떠나기는 했으나, 누이를 찾을 가망이 없음을 알고 있는 그들은 저마다 헤어져 새로운 왕국을 세운다. Phoinix는 자기 이름을 딴 페니키아를 건설하고, Kilix는 킬리키아(Kilikia)를 그리고 Kadmos는 카드메이아, 즉 테베(Thēbai)를 각기 세운다. 카드모스의 건국 신화에는 황당한 면이 있지만, 그건 대충 이런 내용이다. 카드모스는 그의 시종들과 함께 델피에 가서 신탁을 구하는데, 그 신탁의 지시대로 한 암소를 따라가서, 암소가 눕는 곳에 나라를 세우기로 한다. 마침내 한 곳에 이르러 암소가 지쳐 눕게 되자, 그곳에서 페니키아의 옹카(Onka) 여신에 해당하는 아테나 여신에게 제례를 올리기 위해 샘물을 근처에서 떠오게 부하들을 보냈으나, 그곳에는 큰 뱀이 아레스 신의 신성한 샘을 지키고 있다가 이들을 잡아먹게 된다. 이를 알게 된 카드모스는 이 뱀을 처치하게 되는데, 아테나 여신이 시키는 대로 그 뱀의 이빨들의 반을 땅에 뿌렸다가, 나중에 땅을 간다. 땅에서 무장한 사람들(이들은 '뿌려진 자들'

클레이니아스: 친구시여! 선생께서는 포도주를 마시며 함께 시간을 보냄[161]이, 옳게 진행만 된다면, 교육에 큰 몫을 차지하는 것으로 주장하 d
고 계신 걸로 저희에게는 생각됩니다.

아테네인: 물론입니다.

클레이니아스: 그렇다면 그다음으로 지금 하신 말씀이 진실이라는 걸 설명해 주실 수 있겠습니까?

이라 해서 Spartoi라 함)이 튀어나오기에, 그들 한가운데 돌을 던졌더니, 그들끼리 싸우며 서로 죽이더니만, 남은 숫자가 다섯이 되자, 싸움을 멈추고 서로들 그리고 카드모스와도 화해를 하게 되었다고 한다. 카드모스는 아레스 신에게 8년간이나 그 뱀을 죽인 데 대한 속죄의 제를 올린 뒤에 아테나 여신의 도움으로 이 땅의 왕이 된다. 이들 Spartoi(뿌려진 자들)는 서로 다투다가 큰 희생을 치르고서야 가까스로 싸움을 그치게 되었으니, 이처럼 어느 한쪽이 이겼다고도 할 수 없는 승리 곧 진 것과 다를 바 없는 승리를 '카드모스식의 승리'라 한다. 또 하나의 유래는 오이디푸스의 두 아들에 얽힌 것이다. 그가 저 유명한 비극적인 일로 테베의 왕위를 버린 뒤, 그의 두 아들 에테오클레스(Eteoklēs)와 폴리네이케스(Polyneikēs)는 서로 한 해씩 번갈아 가며 테베를 통치키로 한다. 그러나 폴리네이케스의 차례가 되었는데도, 에테오클레스가 약속을 지키지 않자, 폴리네이케스는 아르고스(Argos)의 왕 아드라스토스(Adrastos)에게로 망명하여 그 딸과 혼인한 뒤에, 군사를 모아 테베를 공격한다. 이를 사전에 탐지한 에테오클레스는 일곱 성문으로 쳐들어오는 적군과 맞붙어 싸우도록 하되, 자신은 일곱째 문에서 폴리네이케스를 상대하여 싸운다. 그러나 둘은 서로 상대의 손에 의해 죽게 되니, 이는 결국 자신의 파멸로 끝난 승리일 뿐이었다. 그러나 여기서 이런 말을 하고 있는 것은 교육(paideia)의 경우는 이와 다름을 강조해서 말하려고 하고 있는 것이다. 적어도 제대로 된 훌륭한 교육에 관련되는 한 '카드모스식의 교육'(Kadmeia paideia)은 없다는 것이다. 왜냐하면 훌륭한 교육은, Saunders가 지적하듯(*Notes*, No. 3), 사람으로서의 훌륭함(덕: aretē)에 대한 일깨움을 통한 인격 형성에 기여하게 될 것으로 기대되기 때문이다.

161) '포도주를 마시며 함께 시간을 보냄'은 hē en tois oinois koinē diatribē를 우리말로 옮긴 것이다.

641d

아테네인: 친구시여! 진실은 즉 그게 그러하다는 것을 자신 있게 주장한다는 것은, 많은 이가 이의를 제기하는 터이니, 신이나 할 수 있는 일이겠죠.[162] 하지만 제 의견을 말씀드려야 한다면, 조금도 인색할 것 없이 하겠습니다. 우리가 바야흐로 법률(nomoi)과 나라 체제(정체: politeia)에 대한 논의를 하기 시작한 터이니까요.

클레이니아스: 바로 이것을, 즉 현재 많은 이의가 제기되고 있는 것

e 들에 대한 선생의 의견을 우리가 알려고 하고 있습니다.

아테네인: 하지만 이렇게 해야만 합니다. 선생들께서는 그 주장을 아시게 되도록 하시는 데 그리고 저는 그걸 어떻게든 설명하도록 해 보는 데 진력해야만 한다는 것입니다. 그러나 저의 다음 말을 먼저 들어 주십시오. 헬라스인들(Hellēnes)은 모두가 우리나라[163]는 이야기하기(논의)를 좋아하며(philologos) 많은 말을 하는(polylogos)[164]것으로 알고 있는 반면에, 라케다이몬과 크레테의 경우에는, 한쪽은 말이 간결하나(brakhylogos),[165] 다른 쪽은 많은 말을 함(polylogia)보다는 생각을 많이

642a 하기(polynoia)[166]를 수련하는 것으로 알고 있습니다. 그래서 제가 작은

---

162) 진실과 관련해서 하는 비슷한 표현은《티마이오스》편 75d 및《국가(정체)》편 517b에서도 만나게 된다.

163) 곧 아테네를 가리킨다.

164) 많은 말을 하는(polylogos) 것과 수다(adoleskhia)는, 엄격히 말하면, 서로 구별된다고 할 것이다. 이야기하기 곧 논의하기 좋아하기(philologia)와 많은 말을 하기(polylogia)는, 즉 이야기나 논의를 좋아하여 많은 말을 자연스레 하는 건 아테네인들의 특징이다. 소크라테스가 철학적 담론으로 소일한 걸 일컬어 '디아트리베'(diatribē)라 하거니와, 플라톤의 대화편들은 그런 논의 풍토의 산물이기도 하다. 이에 대한 클레이니아스의 발언(887b)이야말로 적절한 언급일 것이다.

165) 간결한 표현(brachylogia)은 스파르타인들의 특징이다. 영어 laconic이나 laconism은 다 이에서 유래한다.

166) Bury는 이에 대해 각주를 달기를 크레테인들의 거짓말하는 버릇에

문제인 술 취함(취흥: methē)에 대해서 아주 긴 설명을 함으로써, 사소한 것에 대해서 많은 걸 말한다는 판단을 두 분께서 하시게 되는 일이 없도록 저는 조심할 것입니다. 그러나 이에 대한 자연스런 다룸은 시가(詩歌: mousikē)의 옳음(orthotēs)[167]을 떠나서는 우리의 논의가 결코 명확하고 충분해질 수가 없겠지만, 시가 또한 그것대로 전반적인 교육을 떠나서는 결코 그럴 수가 없습니다. 하지만 이는 아주 긴 논의거리입니다. 그러니 우리가 무엇을 할 것인지 보십시오. 이 문제들은 지금으로서는 제쳐 두고, 법률에 관련된 다른 어떤 논의로 옮겨 가도록 한다면 말씀입 b
니다.[168]

메길로스: 아테네에서 오신 손님이시여! 선생께서는 저희 집안(hestia)이 선생네 나라의 프로크세노스(proxenos)[169]라는 사실을 어쩌면 모르시고 있겠군요. 실상 아이들조차도 모두가, 자기들이 어떤 나라의 프로크세노스들이라는 사실에 대해 듣게 될 경우에는, 어릴 적부터 곧장

대한 완곡한 시사라고 했다. 글쎄 언제부터인지는 모를 일이나, 크레테인들을 가리켜 '거짓말쟁이들'(pseustai)이라 지칭해 온 것은 사실인 것 같다. Krētismos(Creticism)가 크레테인의 행태(Cretan behaviour) 곧 '거짓말하기'를 오래도록 지칭해 온 것이 사실이니까.

167) 이에 대해서는 655d 이후에서 다루게 되는데, 그곳의 해당 각주를 참조할 것.

168) 법률에 대한 논의는 제2권에서 다시 시작하고, 이제 절제의 단련을 위한 술 마심에 대한 논의를 하게 된다.

169) 헬라스의 여러 나라는 상대국에 상주 외교관을 두지 않고, 그 대신에 상대국 나라의 시민들 중에서 특정한 개인 또는 집안으로 하여금 제 나라의 권익을 위해 봉사케 하며 제 나라의 방문객들도 보살피게 했는데, 이런 사람을 '프로크세노스'(proxenos)라 했고, 이런 관계나 계약 또는 지위를 '프로크세니아'(proxenia)라 했다. 말하자면 오늘날의 '영사'(領事)인 셈이지만, 상대국 사람이 그 역할을 맡는 것이므로, 실제로는 '명예 영사'라 함이 옳겠다. 아닌게아니라 현대 헬라스어로도 '영사'를 proxenos라 한다.

642b

그 나라에 대한 어떤 호의가 우리 프로크세노스들 각자의 마음속에 자리
잡게 되겠죠. 제 나라 다음의 둘째 조국(patris)[170]인 걸로 말씀입니다.
특히 지금의 제게 이 똑같은 것이 생기게 되었습니다. 왜냐하면, 라케다
c 이몬 사람들이 뭔가를 갖고 아테네 사람들을 비난하거나 칭찬하기라도
하면, 곧바로 아이들한테서 "메길로스야! 너희 나라가 우리한테 잘못하
고 있어"라든가 또는 "잘하고 있어"라고 말하는 걸 듣곤 했거니와, 그러
면 이를 듣고서는 이와 관련해서 선생네 나라를 비난하는 사람들에 대항
해서 언제나 여러분을 위해서 싸우며, 전적인 호의를 간직해 왔기 때문
입니다. 또한 이제는 여러분 식의 발음(phōnē)조차도 제게는 친근하고,
아테네인들 가운데서도 하고많은 훌륭한 이들(agathoi)은 유달리 그러하
다고 많은 이가 하는 말은 지극히 진실한 말인 걸로 여겨지기 때문입니
다. 이들만이 억지스럽지 않고 자연스럽게(autophyōs), 그리고 신적인
d 섭리(theia moira)에 의해서 참으로, 따라서 결코 꾸밈이 없이 훌륭하니
까요.[171] 그러니 저를 위해서라도 자신 있게 선생께서 하시고 싶은 대로

170) patris는 '아버지(patēr)의 땅'이란 뜻인데, 곧 조상의 나라나 고향을 뜻한다.

171) 훌륭한 아테네인들에 대한 메길로스의 극찬인 셈이다. 《티마이오스》 편 24c~d에서 이집트의 한 성직자가 그곳을 찾아간 솔론에게 옛날의 아테네인들에 대해서 들려주고 있는 이야기 속에서도 그런 찬사가 보인다. 그러나 Saunders가 인용하고 있는(*Notes*, No. 4) 플루타르코스의 《대비열전(對比列傳)》 〈디온(Diōn)〉 편 58에는 아테네 및 아테네인들에 대한 다음과 같은 언급이 보인다. "그 나라는 [사람으로서의] 훌륭함(덕: aretē)으로 해서 훌륭한 사람들은 더 없이 훌륭한 사람들로, 또한 그 나쁨(악덕: kakia)으로 해서 못된 사람들은 더할 수 없이 나쁜 사람들로 배출한다고 하는 말이 정말인 것 같습니다. 마치 이들의 땅 또한 아주 훌륭한 꿀과 아주 빨리 죽게 하는 독미나리(kōneion)를 산출하듯이 말입니다." 여기에서는 그 앞부분에 해당되는 것만 말하고 있는 셈이다. 그리고 독미나리에 대해서는 역자의 《플라톤의 네 대화편》 265쪽의 각주를 참조할 것.

죄다 말씀해 주셨으면 합니다.

클레이니아스: 더 나아가, 선생이시여! 제가 드리는 말씀도 들으시고 받아들이신 다음, 선생께서 하시고 싶은 것들은 자신 있게 죄다 말씀하십시오. 아마도 선생께서는 들으셨을 것이기 때문입니다. 신과도 같으신 에피메니데스[172]가 이곳에서 태어나셨으며, 그분은 저희 친척이시기도 하죠. 한데, 페르시아 전쟁 10년 전에 신의 신탁(manteia)에 따라 여러분에게로 가셔서, 신이 정해 준 제물들을 바치시고서는, 특히 아테네 e
사람들이 페르시아 군대를 두려워하고 있을 때, 10년 안으로는 오지 않을 것이나, 그들이 올 경우에는, 그들이 바라는 그 어떤 것도 이루지 못하고 돌아갈 것이며, 그들이 저지른 것보다도 더 많은 나쁜 일들을 당하고서 물러나게 될 것이라고 말씀하셨습니다. 그래서 그때는 저희 조상들이 여러분께는 친구 같은 손님 대접을 받았으며, 이후 오래도록 저 자신도 저희 조상들도 가족적인 호의를 여러분에 대해 갖고 있죠.[173] 643a

아테네인: 그러니까 두 분의 몫은 듣는 것이겠는데, 준비가 되신 것 같군요. 반면에 저로서도 제 몫을 해 보도록 하는 준비는 되었습니다만, 정작 해낼 수 있게 되기는 그리 쉽지가 않을 텐데, 그렇더라도 해 보도록 해야 하겠죠. 그러면 먼저 논의를 위해서 도대체 교육(paideia)이 무엇인

172) Epimenidēs는 크레테의 예언가로서 기적을 일으키기도 했다는 반전설적인 인물이다. 그런데 그가 실제로 아테네의 종교적인 정화 의식의 집행을 위해 아테네를 방문했던 것은 다음에서 언급되고 있는 페르시아 전쟁(490~479년에 걸친 세 차례의 전쟁)보다 100년이나 앞선 600년경의 일로 알려져 있다. 따라서 클레이니아스가 1세기나 차이가 나는 연대 착오를 하고 있는 셈이다. 하기야 반전설적 인물에다 2, 3세기에 걸친 엄청난 장수를 한 것으로 알려져 있는 터라, 시대를 넘나들며 등장한 것으로 생각하고 있어서 하는 말일 수도 있겠다.

173) 이런 언급의 내용으로 보아, 여기서 말하는 '저희 조상들'은 크레테인들을 가리켜 말하는 것이 아니라, 클레이니아스 자신의 조상들을 말하고 있는 게 분명하다.

지 그리고 그것이 무슨 힘(dynamis)[174]을 지니고 있는지 그 의미 규정을 해 보도록 합시다.[175] 이 길이 방금 우리가 착수한 논의가, 그 신[176]에 이르기까지, 통과해야만 하는 것이라 우리가 말하는 것입니다.

클레이니아스: 그야 물론 그리하십시다. 어쨌든 선생께서 괜찮으시다면 말씀입니다.

b 아테네인: 그러면 도대체 교육이 무엇이라고 말해야 할 것인지를 제가 말씀드리면, 제가 말한 것이 만족스러운지 생각해 보십시오.

클레이니아스: 말씀하시죠.

아테네인: 물론 말씀드리죠. 무슨 일에 있어서든 훌륭한(agathos) 사람이 되고자 하는 이는 바로 그걸 어릴 적부터 줄곧 수련(meletan) 해야만 하는데, 이는 그 일에 적합한 각각의 것들로 놀이를 할 때나 진지하게 임할 때나 그리해야만 한다고 저는 주장합니다. 이를테면, 훌륭한 농부나 집 짓는 사람으로 되고자 하는 이의 경우에, 집 지을 사람은 아이들의
c 집짓기 물건들의 일종을 갖고 놀아야만 하는 반면에, 농사지을 사람 또한 그리해야 할 것인즉, 이들 각자를 양육하는 사람은 진짜 물건들을 본뜬 것들인 작은 도구들을 각자에게 마련해 주어야만 합니다. 그리고 특

174) dynamis에는 힘, 의의(意義), 가능성, 능력, 성능, 작용 등의 여러 가지 뜻이 있다.

175) [교육이] 도대체 무엇인지([paideia] ti pot' estin) 그 의미 규정을 한다(horizesthai)는 것은, 어떤 것에 대해 "그것은 [도대체] 무엇인가?"(ti [pote] esti[n];)라는 형태로 제기된 물음에 대해, 그것이 '… 임'(to 'einai')을 밝히는 의미 규정(定義: horismos, horos, logos)을 제시하는 것이다. 흔히 '소크라테스적인 대화편들'로 불리는 초기 대화편들이 보여주듯, 이 물음을 집요하게 그리고 끊임없이 제기하고, 그 대답을 요구하기 시작한 이가 바로 소크라테스였다. 895c~896a의 본문 및 해당 각주를 참조할 것.

176) 포도주의 신인 '디오니소스'를 가리키고 있으나, 실은 '포도주'를 점잖게 가리켜 하는 말이다.

히 먼저 배워 두어야 할 필요가 있는 교과들(mathēmata)을 먼저 배워야만(promanthanein) 합니다. 이를테면, 목수의 경우에는 재는(측정하는) 것이나 가늠하는 것을, 전사의 경우에는 말타기 놀이를 하거나 이런 유의 다른 어떤 것을 해야만 하거니와, 놀이(paidia)들을 통해서 아이들(paides)의 즐거움(hēdonē)들과 욕구(epithymia)들을, 그들이 이르게 됨으로써 그 목적을 달성하도록[177] 해야 할, 거기로 향하게끔 하도록 노력해야만 합니다. 따라서 교육(paideia)의 요지를 우리는 바른 양육(hē orthē trophē)이라 말하는데, 이는 놀이를 하고 있는 아이의 혼을, 그가 d
어른이 되었을 때 할 일(pragma)의 훌륭한 상태(aretē)[178]에 있어서 완벽함을 요구하게 될, 그것에 대한 사랑(erōs)으로 최대한 이끌어 줄 것입니다.[179] 그러면 적어도 여기까지 말씀드린 것이, 제가 [앞서] 말했듯,[180]

---

177) '목적을 달성함'으로 옮긴 telos ekhein에서 telos에는 632c에서 언급했듯, 끝, 종말, 종결, 완성, 완결, 목적 등의 뜻들이 있다. 이 경우에 telos ekhein은 제 구실 제대로 하는 목수나 전사로 되는 걸 뜻하고 있는 것으로 볼 수 있겠다. 따라서 '그 목적을 달성하도록'은 바로 다음(d)에서 말하게 되는 "그가 어른이 되었을 때 할 일의 훌륭한 상태(aretē)에 있어서 '완벽함'(teleios einai)을 요구하게 될"이라는 표현과 연관 지어 '완벽해지도록'으로 옮겨도 좋을 것이다. 아리스토텔레스의 entelekheia(entelecheia: 완성태, 완전태)가 그렇듯, 이 경우의 telos ekhein은 장차 목수나 전사가 되어야 할 사람이 의당 수행하게 될 일을 할 수 있는 기능(ergon)을 완성 상태로 갖추게 되는 걸 뜻하는 것이라 볼 수 있겠으니, 영어로 표현해서 to have … in perfection or fulfilment의 뜻을 지닌 표현이라 해도 되겠다.

178) 627e 및 630e 끝의 해당 각주들을 참조할 것.

179) 여기에서 보다시피, paides(아이들)-paidia(놀이)-paideia(교육)가 어원상 서로 연관되어 있음에 새삼 주목할 필요가 있겠다. 《국가(정체)》 편 536e~537a에는 아이들을 교육함에 있어서 강제로 하도록 하지 말고 놀이 삼아 하도록 해야만 한다는 취지의 언급이 보인다. 그리고 '놀이'를 뜻하는 라틴어 ludus가 '학교'를 의미하기도 한다는 데에 유의할 필요가 있을 것 같다.

643d
두 분께[181] 만족스러운지 보십시오.

클레이니아스: 어찌 그렇지 않겠습니까?

아테네인: 그렇다면 우리가 교육을 무엇이라고 말하는지를 규정하지 않은 상태로[182] 있게 해서는 안 되겠습니다. 왜냐하면 현재 우리가 각자의 양육을 두고 비난하거나 칭찬할 경우에, 우리는 우리 가운데 누군가
e 를 교육받은 이로 말하나, 누군가는 교육받지 못한 이로 말하는데, 이는 때로 소매업이나 소형 상선을 이용한 운송업 또는 그 밖의 이런 유형의 것들에 있어서 아주 많이 교육을 받은 사람들인데도 그리 말하기 때문입니다. 지금의 논의는 이런 것들을 교육이라 생각하는 사람들의 것에 대한 것이 아니라, 아이 적부터 [사람으로서의] 훌륭함(덕: aretē)과 관련된 교육, 곧 올바르게(meta dikēs) 다스릴 줄(arkhein)도 그리고 다스림을 받을 줄(arkhesthai)도 아는 완벽한 시민(politēs teleos)[183]으로 되는 것에 대한 욕구와 사랑을 갖는 자로 만드는 교육에 대한 것인 것 같으니까
644a 요. 이 논의는, 내가 보기에, 이 양육(trophē)을 따로 떼어 내서는, 이것만을 교육(paideia)이라 일컫고자 하되, 돈벌이나 체력과 관련된 어떤 분

---

180) 643b1~2를 참조할 것.

181) ἡμῖν으로 읽지 않고, ὑμῖν으로 읽었다.

182) '규정하지 않은 상태로'(aoriston)는 교육의 '의미 규정' 곧 정의(horismos)를 하지 않은 상태를 뜻한다.

183) 아리스토텔레스의 《정치학》 III, 4. 1277a25~29에서도 같은 생각을 엿볼 수 있다. "다스릴 수도 있고 다스림을 받을 수도 있음은 칭찬을 받는다. 존경받는 시민의 훌륭함(덕: aretē)은 훌륭하게 다스리기도 하고 다스림을 받을 수도 있음이라 여겨진다. 따라서 만약에 우리가 훌륭한 사람의 훌륭함은 다스림에 능한 것인 반면에, 시민의 그것은 양쪽 다의 것이라고 본다면, 둘이 칭찬을 받을 수 있는 것은 같은 방식으로가 아닐 것이다." 물론 《법률》 편의 이 대목에서 말하고 있는 '완벽한(성숙한) 시민'도 그런 뜻의 것이겠으며, 바른 양육과 이에 입각한 시민 교육도 아이들을 그런 시민들로 키우는 것임을 역시 강조하고 있다고 할 것이다.

야 또는 그 밖의 것으로서, 지성(nous)과 정의(올바름: dikēs)와는 상관 없는, 어떤 재주[184]를 목표로 하는 양육은 저속하고 자유민에 어울리는 것이 아니며 전혀 교육이라 불릴 가치가 없는 것이라 말하려는 것 같습니다. 그러기에 우리는 명칭(onoma)을 갖고서 우리끼리 다투는 일은 결코 없도록 하되, 방금 합의된 주장, 즉 적어도 옳게 교육받은 이들은 대체로 훌륭한 이들(agathoi)로 된다는 주장[185]이 그대로 유지되는 것으로 하죠. 또한 교육은 가장 훌륭한 사람들에게 생기게 되는 가장 아름다운 것들 중에서도 으뜸가는 것이기에, 교육은 어떤 경우에도 경시되어서도 아 b
니 되고요. 혹여 교육이 잘못되어 갈 경우에도, 그건 바로잡힐 수 있으니, 이는 모두가 일생을 통해, 할 수 있는 한, 언제나 해야만 하는 일입니다.[186]

클레이니아스: 옳은 말씀입니다. 선생께서 말씀하시는 것에 대해 저희 또한 동의합니다.

아테네인: 한데 그뿐만 아니라 실은 저 자신들을 다스릴(arkhein) 수 있는 이들은 훌륭한 이들이지만, 그럴 수 없는 이들은 못난이들[187]이라

---

184) 원어는 sophia로서, 이는 많은 경우에 '지혜'를 의미하지만, 여기서는 재주나 수완, 솜씨 따위를 뜻하는 것으로 쓰이고 있다.

185) 641b 끝 부분을 참조할 것.

186) 제12권에서 본격적으로 다루게 되는 [새벽녘] 야간회의가 그러기 위한 기구이다.

187) 원어는 kakoi(단수는 kakos)이다. kakos는 영어로 말하면 bad에 해당되니까, 우리말로는 '나쁜'이고, 따라서 kakoi는 '나쁜 사람들'로 되겠으나, 이 경우에는 자신들을 다스릴 수 있는 능력과 관련되는 것이므로, 바로 앞에서 말하는 '훌륭한 이들'(agathoi)과 대비되는 의미에서 그렇지 못한 이들을 가리키고 있을 뿐이다. 그러므로 도덕적인 또는 인격적인 판단이나 평가와 관련지어질 수 있는 '나쁜 사람(惡人)들'이라는 우리말 표현을 이 경우에 쓰는 것은 옳지 않다. 물론 눈이나 목수의 경우에 그 기능(ergon)을 잘 수행하는 경우에는 좋거나 훌륭하다(agathos)고 말하나, 그

644b

는 데에도 한참 앞서 우리는 합의했습니다.[188)]

클레이니아스: 지당한 말씀을 하십니다.

아테네인: 그러면 바로 이것으로 우리가 도대체 무엇을 뜻하고 있는
c 지 한층 더 명확하게 재점검해 보십시다. 그리고 제가 어떻게 해 볼 수만 있다면, 그런 걸 제가 비유를 통해서 두 분께 설명해 드리려는 걸 용인해 주십시오.

클레이니아스: 말씀만 하십시오.

아테네인: 그런데 우리는 우리 각자를 그 자체로는 하나로 보지 않겠습니까?

클레이니아스: 네.

아테네인: 하지만 각자는 자신 안에 서로 대립되는 어리석은 두 조언자를 갖고 있는데, 그것들을 우리는 즐거움(쾌락: hēdonē)과 괴로움(고통: lypē)으로 부르고 있죠?[189)]

클레이니아스: 그야 그렇습니다.

아테네인: 한데 이들 둘에 더하여 각자는 미래(닥쳐올 일들: [ta] mellonta)에 대한 의견(판단: doxa)들도 갖는데, 이것들에 대한 공통된 명칭은 예기(豫期, 예상: elpis)이지만, 개별적인 명칭은, 즉 괴로움(고통)에 대한 예상(elpis)은 두려움(phobos)인 반면에, 그 반대의 것에 대
d 한 예상은 자신(自信: tharros)입니다. 그러나 이것들 모두 위에는 이것들 중에서 도대체 어느 것이 더 나은 것인지 아니면 더 못한 것인지에 대

렇지 못할 경우에는 나쁘다(kakos)고 말한다. 그리고 이런 경우의 '훌륭한 상태' 곧 '훌륭함'을 aretē(goodness)라 말하는 반면에, '나쁜 상태' 곧 '나쁨'을 kakia(badness)라 한다. 627e에서 해당 각주를 참조할 것.

188) 626e를 참조할 것

189) 즐거움(쾌락)과 괴로움(고통)의 이런 면들에 대해서는 《필레보스》 편(31b~40e)에서 다루고 있다.

한 헤아림(logismos)[190]이 있으니, 이것이 나라(polis)의 공동(공통) 신념(dogma koinon)으로 되면, 법(nomos)이라 불리게 됩니다.[191]

클레이니아스: 어쩌면 가까스로 따라가겠군요. 그렇지만 제가 따라가고 있는 것으로 보시고서, 그다음 것을 말씀하십시오.

메길로스: 한데 실은 제게 있어서도 처지는 똑같습니다.

아테네인: 그러면 이것들에 대해서 이렇게 생각해 봅시다. 생물들인 우리 각자를 신들에 속하는[192] 꼭두각시(인형)로 생각해 봅시다.[193] 그들의 장난감으로 조립되었건 또는 어떤 진지한 목적을 위해 그리되었건 간에 말씀입니다. 그 점이야말로 우리가 모르고 있기 때문입니다. 그러나 이 점은 우리가 알고 있습니다. 곧 우리 안에는 이런 감정들(pathē)이 있 e
어서, 힘줄들이나 어떤 끈들[194]처럼, 우리를 당기기도 하고, 서로 대립되는 것들로서 대립되는 행위들로 서로 끌어당기기도 하는데, 바로 여기에서 [사람으로서의] 훌륭함(덕: aretē)과 나쁨(kakia)이 갈라져 자리잡게 된다는 걸 말씀입니다. 이 주장은 각자가 이 끌어당김들 가운데 하나를

190) logismos에는 '계산', '셈', 이성(logos)에 의한 '추론' 등의 뜻들이 있는데, 우리말로 이 양쪽 것들을 다 포함하는 말이 '헤아림'일 것이다.

191) 이 아테네인의 발언은 민주적인 나라에 있어서 법의 기본적인 성격이 어떤 것인지를 어느 면에서 아주 간명하게 잘 나타내고 있다고 할 수 있겠다. 나라(polis)나 나라를 구성하는 시민(politēs)들(politai)에게 있어서의 미래, 즉 장차 닥쳐올 일들이나 사태들([ta] mellonta)에 대한 예측과 이와 관련된 헤아림(추론: logismos)의 결과물을 합의된 형태로 의결한 것, 즉 '나라 곧 전체 시민(polis) 공동의 의견으로 포고하게 된 것'([ho genomenos] dogma poleōs koinon)이 법이라는 주장이다. 여기에서 dogma는 의견이나 견해, 신념, 결정, 법령 등을 의미한다.

192) theion을, 그다음 줄의 '그들'(ekeinoi) 곧 '신들'(theoi)과 연결시켜 이렇게 번역했다.

193) 803c 및 804b에서도 같은 생각을 말하고 있다.

194) 인형극이나 꼭두각시 놀음에서 이를 조종하는 데 이용되는 끈들을 말하고 있는 것으로 볼 수 있겠다.

644e

언제나 따라야지 어느 경우에도 이를 놓쳐서는 안 되며, 다른 힘줄들에 저항하며 각자를 끌어당기게 해야 함을 말하고 있기 때문입니다. 한데,
645a 이 헤아림(logismos)의 인도(이끎: agōgē)는 황금과도 같고 성스러운 것이어서, 나라의 일반법(koinos nomos)[195]이라 불리는 것입니다. 반면에 다른 것들은 거칠고 쇠와도 같은데, 앞의 것이 황금이어서 유연한 데 반해, 다른 것들은 온갖 종류의 것들과도 닮은 것들입니다. 가장 고귀한 이 법의 인도(이끎)에는 물론 언제나 가담해야만 합니다. 헤아림은 고귀하되(kalos),[196] 온유하며 강제적이지 않기에, 그것의 인도(이끎)에 협조해야 할 필요가 있으니, 이는 우리 안에서[197] 황금의 부류[198]가 다른 부류
b 들을 이기도록 하기 위해서입니다. 그리고 바로 이렇게 함으로써 꼭두각시(인형)들인 우리와 관련된 훌륭함(덕: aretē)의 이야기(mythos)도 보전될 것이며,[199] 저 자신보다 더 강하거나 더 약하다는 것[200]이 의미하는

---

195) '나라의 일반법'의 원어는 tēs poleōs koinos nomos이다. 644d에서 나라(polis)의 공동(공통) 신념(의견: dogma koinon)이 법으로 불리게 된다고 했는데, 이 표현에서 보듯, koinos에는, 영어 common의 경우처럼, '공동의', '공통의', '공공의', '일반적인', '보통의' 등의 뜻들이 있다. koinos nomos를 영어로는 common law로도 옮기고 있는데, 우리의 '일반법'의 뜻이 koinos nomos의 뜻과 부합하기에 그렇게 옮겼다.

196) kalos는 기본적으로 '아름답다'는 뜻을 지닌 형용사이지만, 도덕적인 가치에 있어서도 그러함을 나타내는 말이다. aiskhros(추하다)가 그 반대어이다.

197) a7에서 ἐν ἡμῖν으로 읽음.

198) 원어는 to khrysoun genos이며, 비슷한 비유와 논의는 《국가(정체)》 편 414c~415c 및 440a~441e에도 보인다.

199) 어떤 이야기가 보전(保全) 또는 보존된다는 것은, England가 말하고 있듯, 그것이 아직도 어느 면에서 설득력을 갖고 있다는 걸 의미한다. 어떤 이야기가 보전되는 것과 관련된 언급들 가운데, 가장 압권인 것은 《국가(政體)》 편 621b에 보인다. 그건 저승을 다녀온 에르의 이야기(614b~621b)가 어떻게 해서 '소실(실종)되지 않고 보전되었는지'(mythos esōthē

바도 어떤 면에서 더욱 분명해질 것입니다. 또한 나라와 개인의 경우에 있어서도, 개인은 이들 끌어당김과 관련해서 자신 안에 참된 원칙(논변, 설명: logos)[201]을 확보함으로써, 이를 따르며 살아가야 하는 반면에, 나라는 신들 가운데 누군가에게서 또는 이것들을 알고 있는 사람한테서 그런 원칙(논변, 설명)을 받아서는, 이를 법으로 정하고서, 대내적인 그리고 다른 나라들과의 관계도 유지해야만[202] 한다는 것도 분명해질 것입니다. 이렇게 해서 [사람으로서의] 나쁨(kakia)도 훌륭함(덕: aretē)도 우리에게는 한층 더 명확하게 구분되었습니다. 한데, 이게 더욱 명확해졌 c
으므로, 교육과 그 밖의 관행들(제도들: epitēdeumata)도 아마 더 명백

---

kai ouk apōleto)를 말하고 있는 것이다. 이 반대의 경우에는 "이야기가 실종되었다"(mythos apōleto)고 하는데, 이건 헬라스의 속담(paroimia)이기도 하다. 이는 이야기가 끝없이 이어져 듣는 사람이 지겨워 죽을 지경인 경우나, 귀담아듣지 않게 된 이야기의 경우, 또는 이야기 즉 논의가 진전을 보지 못하고 자꾸 맴돌기만 하여, 끝맺음을 볼 수 없게 되는 꼴이 되는 게 걱정되어 빗대어 하는 말이기도 하다. 《테아이테토스》 편(164d) 및 《필레보스》 편(14a)에 이 격언이 보인다.

200) '저 자신보다 더 강하거나 더 약하다는 것'의 원어는 to kreittō heautou kai hēttō einai이다. 이와 관련해서는 626e~627a에서 본문 및 관련된 각주들을 참조할 것.

201) 이 경우의 logos가 무슨 뜻으로 쓰인 것인지를 단언적으로 말하기는 어렵게 되어 있다. Liddell and Scott의 큰 사전에 수록되어 있는 logos의 뜻들과 용례들을 우리말로 다 옮긴다면, 아마도 이 책의 20쪽은 좋이 차지할 것이다. 앞서 644d의 logismos에 대한 각주에서 이 말이 '헤아림'이나 이성에 의한 '추론'(reasoning)의 뜻을 지니고 있다고 했다. 물론 logismos는 이성(logos)이 하는 것이다. 한데 이 이성이 '헤아림'이나 '추론' 또는 '논변'을 통해서 그 결과로서 확보한 '원칙'이나 '원리'도 logos라고 한다. 따라서 여기에서는 ho logos alēthēs를 '참된 원칙'으로 옮기는 것이 적절할 것 같다는 게 역자의 생각이다.

202) 여기에서 '… 와 관계를 유지한다'고 옮긴 것의 원어는 homilein인데, 이 낱말은 사귀다, 가담하다, 교류하다, 교제하다, 종사하다, 관계를 갖다 등을 뜻한다.

해질 것이며, 특히 포도주를 마시며 [함께] 시간을 보냄[203)]과 관련된 제도는, 사소한 것에 대해 지나치게 긴 논의를 하게 된 것으로 여겨지기도 하겠지만, 긴 논의의 가치가 없는 것이 아니라는 점도 아마도 밝혀질 것입니다.

클레이니아스: 훌륭한 말씀입니다. 그리고 적어도 지금의 담론(diatribē)[204)]거리로서 가치가 있는 것은 무엇이나 완결을 보도록 합시다.

d 아테네인: 그러면 말씀하십시오. 우리가 이 꼭두각시(인형)를 술 취하게 한다면, 이것에 우리가 어떤 결과를 초래하게 될까요?

클레이니아스: 하지만 무엇을 염두에 두시고서 다시 그걸 물으시는 겁니까?

아테네인: 특별한 것을 염두에 두고 있는 건 아무것도 없습니다. 다만 일반적으로 그것이 술 취함(취흥)에 관여하게 될 경우에, 어떤 사태가 일어날지 묻고 있는 겁니다. 그러나 제가 바라는 바를 한층 더 명확하게 말하도록 해 보겠습니다. 실은 이런 걸 묻고 있습니다. 그러니까 포도주를 마시는 것이 즐거움(쾌락)들과 괴로움(고통)들, 격정(격노: thymos)들 그리고 애욕(eros)들을 더 강렬한(격렬한) 것들이도록 조장하는가요?

클레이니아스: 크게 그렇습니다.

e 아테네인: 한데, 이번에는 감각적 지각(aisthēsis)들과 기억(mnēmē)들, 의견(판단: doxa)들 그리고 사려 분별(phronēsis)들은 어떤가요? 이것들도 마찬가지로 더 강렬한 것들이도록 조장하는가요? 아니면, 누군

---

203) 641c~d의 본문 및 해당 각주를 참조할 것. 여기에서는 koinē가 빠진 형태의 표현이 쓰이고 있다.

204) 여기에서는 '담론'으로 옮긴 diatribē는 625a에서 '시간을 보내는 것'으로 옮긴 것이다. 636c 및 641e의 해당 각주들을 참조할 것. 또한 이에는 이런 뜻들 이외에도 소일, 오락, 유흥지, 연구, 강론 등이 있다.

가가 술에 몹시 취하게 될 경우에는, 이것들이 그에게서 아주 떠나 버리는가요?

클레이니아스: 네, 아주 떠나 버립니다.

아테네인: 그러니까 그는 혼의 상태(hexis)에 있어서 그가 어린아이였을 때의 그때와 똑같은 상태에 이르게 되지 않겠습니까?

클레이니아스: 물론입니다.

아테네인: 그러면 그때에는 그가 자신을 조금도 통제(장악)할 수가 (enkratēs) 없게 되겠습니다.

클레이니아스: 조금도 그렇게 할 수가 없겠죠. 646a

아테네인: 그렇다면 그런 사람은 아주 못되다(ponērotatos)고 우리가 말하겠군요?

클레이니아스: 몹시 그렇죠.

아테네인: 그러고 보면, 노인만 두 번 아이가 되는[205] 게 아니라, 술 취한 사람 또한 그리되는 것 같군요.

클레이니아스: 아주 훌륭한 말씀입니다, 선생이시여!

아테네인: 바로 이 관행(제도: epitēdeuma)을 체험해[206] 보아야지, 가능한 한 전력을 다해서 회피하려 들어서는 안 된다고 우리에게 설득하려고 드는 그런 주장이 있기나 합니까?

클레이니아스: 있는 것 같군요. 어쨌든 선생께서 그리 말씀하시기도 하고, 방금도 선생께서는 그리 주장하실 참이셨습니다.

---

205) 일종의 속담 성격을 갖는 말이라 할 것이다. 플라톤의 위작인 《악시오코스》 편 367b6~7과 아리스토파네스의 《구름》 1417 등에도 나오는데, 이의 아주 간략한 표현은 dis pais gerōn이고, 좀 더 긴 형태는 dis paides hoi gerontes(노인들은 두 번 아이들로 된다)이다.

206) 원어는 '맛보다' (geuesthai)는 뜻을 갖는 것이다. 634a7~8에서 '쾌락(즐거움)을 맛보게 하는' 에서와 같은 낱말이다.

b 아테네인: 참으로 진실을 상기시켜 주십니다. 아닌게아니라 지금 저는 그럴 참입니다. 어쨌든 두 분께서 적극적으로 듣고 싶어 하시는 것으로 말씀하신 터이니까요.

클레이니아스: 어찌 저희가 듣고자 하지 않겠습니까? 다른 그 어떤 것 때문도 아니고, 놀랍고 이상한 것 때문에라도, 그리하겠습니다. 사람이 스스로 자진해서 자신을 아주 비천한 상태(phaulotēs)에 던져 넣어야만 한다면 말씀입니다.[207)]

아테네인: 혼의 그런 상태를 말씀하시는 거겠죠?

클레이니아스: 네.

아테네인: 하지만, 이 경우는 어떻습니까? 몸의 나쁜 상태(ponēria)에, 즉 가냘픔과 추함 그리고 무력함과 같은 그런 상태에 누군가가 자진
c 해서 이르고자 한다면, 우리는 놀라겠죠?

클레이니아스: 어찌 그러지 않겠습니까?

아테네인: 그러면 어떻습니까? 스스로 약 복용[208)]을 위해 의원(醫院)들로 찾아가는 사람들이 좀 뒤에는 그리고 여러 날 동안 자신들의 몸이 이런 상태가 될 것이라는 걸, 즉 만약에 끝까지 그런 상태로 간다면, 살고 싶어 하지 않을, 그런 상태일 것이라는 걸 모르고 있을 것으로 우리가 생각하고 있습니까? 또는 체력 단련장(gymnasion)들[209)]로 훈련을 위해 가는 사람들이 당장은 약해진다[210)]는 사실을 우리가 모르고 있습니까?

---

207) 결코 멀쩡할 수 없을 술 취함(취흥: methē)의 상태를 자진해서 체험해 보는 것을 두고 하는 말이다.

208) 원어는 pharmakoposia(약 마심)이다. 다음 내용으로 보아 인위적으로 철저하게 설사(katharsis)를 시키는 약, 곧 하제(下劑)를 마시는 걸 말하는 것으로 보아야 할 것 같다.

209) 원어는 ta gymnasia(to gymnasion의 복수)이다. 이와 관련해서는 625c에서 해당 각주를 참조할 것.

클레이니아스: 그 모든 것을 우리는 알고 있죠.

아테네인: 또한 그들이 그다음의 유익함을 위해서 자진해서 그리로 간다는 사실도 우리는 알고 있죠?

클레이니아스: 지극히 훌륭한 말씀입니다. d

아테네인: 그러니까 다른 관행들에 대해서도 똑같은 식으로 생각해야만 되지 않겠습니까?

클레이니아스: 물론입니다.

아테네인: 따라서 포도주를 마시며 [함께] 시간을 보냄[211]과 관련해서도 마찬가지로 생각해야만 합니다. 이걸 정녕 그것들에 옳게 포함시켜 생각할 수 있으려면 말씀입니다.

클레이니아스: 어찌 그렇지 않겠습니까?

아테네인: 그것으로 시간을 보냄이 과연 몸의 경우보다 조금도 못지 않게 우리를 위한 어떤 유익함을 갖는 것임이 밝혀진다면, 그것은 적어도 시작 단계에서는, 몸 단련[212]이 고통들을 동반하는 것인 데 반해, 그건 그런 것이 없다는 점으로 해서, 몸 단련을 능가합니다.[213]

클레이니아스: 옳은 말씀입니다. 하지만 저로서는 그것에서 그런 어떤 유익함을 우리가 찾아낼 수 있게 되더라도 놀라지 않을 것입니다. e

---

210) 체력 단련과 같은 운동을 처음 시작하는 사람이 처음에 겪을 지친 상태를 두고 하는 말이다.

211) 645c를 참조할 것.

212) 원어는 sōmaskia인데, 이는 sōma(몸)와 askeia = askēsis(단련)의 합성어이다.

213) 몸 단련도, 포도주를 마시며 함께 시간을 보냄도 다 같이 젊은이들을 훌륭한 시민들로 길러 내기 위한 교육의 일환으로서 유익함을 지닌 것이라면, 그 유익함을 경쟁 관계에서 본다면, 이 경주의 출발선상에서는 '포도주를 마시며 함께 시간을 보냄'이 고통은 없이 즐겁게 시작한다는 점에서 더 유리한 면이 있다는 뜻으로 하는 말이다.

646e

아테네인: 바로 그것이 지금 우리가 곧 분명히 해야만 할 것인 것 같군요. 그러면 말씀해 주세요. 거의 대립되는 것들인 두 종류의 두려움(phobos)을 우리가 관찰할 수 있겠죠?

클레이니아스: 바로 어떤 것들인데요?

아테네인: 이런 것들입니다. 나쁜 일들이 생길 것이라고 예상을 할 경우에, 우리는 어쩌면 그것들을 두려워하죠.[214]

클레이니아스: 네.

아테네인: 그런가 하면 우리는 아름답지 못한 무언가를 행하거나 말함으로써 나쁜 사람들로 여겨질 것이라는 생각을 하고서, 어쨌든 때로는
647a 평판(세평: doxa)[215]을 두려워합니다. 바로 이걸 우리가 아무튼 두려움으로 일컫기도 하지만, 모두가 또한 부끄러움(aiskhynē)으로 일컫기도 한다고 저는 생각합니다.[216]

클레이니아스: 왜 그렇지 않겠습니까?

아테네인: 바로 이것들을 두 종류의 두려움들로 제가 말한 것입니다. 이것들 중에서 뒤의 것은 고통들 및 그 밖의 두려움들(두려운 것들)에 대해서 대립하는 것[217]이기도 하지만, 대부분의 그리고 가장 큰 쾌락들

---

214) 이런 두려움에 대한 언급은 《필레보스》 편 32b~d 및 《라케스》 편 198b에서도 찾아볼 수 있다.

215) 여기에서 '평판' 또는 '세평'으로 옮긴 doxa(독사)는, 645e에서도 그랬듯, 앞에서는 줄곧 '의견' 또는 '판단'으로 옮겨 왔던 것이다. 그러나 누군가에 대한 세상 사람들의 일반적인 판단은 그 사람에 대한 세평이요 평판이다. 그리고 doxa의 인식론적인 유래 및 한계 등과 관련해서는 632c에서 '참된 의견(판단)'에 대한 각주를 참조하는 게 좋겠다.

216) 이 경우의 두려움과 앞 경우의 두려움, 이들 두 종류의 두려움에 대해 구분하여 언급하고 있는 걸 《에우티프론》 편 12a~c에서도 접할 수 있다.

217) 여기에서 '대립하는 것'(enantios)이란, England가 말하듯, 대항하는 의미의 것인 데 비해, 그 앞(646e4)의 '대립되는 것들(enantia)인 두 종류의 두려움'에서는 서로 대조되는 의미의 것, 즉 논리적인 대립 관계의 것

에 대해서도 대립하는 것이기도 합니다.

클레이니아스: 지극히 옳은 말씀입니다.

아테네인: 그러니까 입법자도 그리고 조금이라도 쓸모 있는 사람은 모두가 이 두려움을 가장 큰 존경심으로 공경합니다. 또한 이[218]를 경외(공경: aidōs)[219]라 일컫고, 이것에 대립되는 대담함[220]은 부끄러움을 모름(파렴치: anaideia)이라 일컬으며, 공사 간에 모두에게 가장 큰 나쁨으 b
로 간주하겠죠?

클레이니아스: 옳은 말씀입니다.

아테네인: 그런데 이 두려움은 다른 많은 큰 문제들에 있어서 우리를 구해 주기도 하지만, 또한 전쟁에서의 승리와 안전을 그 어떤 것도, 1대 1로 비교할진대, 이처럼 강력하게 우리에게 가져다주지는 못하지 않겠습니까? 승리를 가져다주는 것들로는 실상 둘이 있으니까요. 그 하나는 적들에 대한 대담함이며, 다른 하나는 나쁜 부끄러움과 관련해서 친구들을 의식하는 두려움이죠.

들임을 말하고 있을 뿐이다.

218) '이 두려움'을 가리킨다.

219) 여기에서 '경외'(敬畏) 또는 '공경'으로 옮긴 aidōs는 부끄러움, 염치, 신이나 타인에 대한 경외 또는 공경과 존중, 스스로 자존(自尊)하는 마음 등을 두루 의미하는 말로서, 헬라스인들이 중요하게 여겨 손꼽는 덕목들 중의 하나이다. 여기에서 제시된 것처럼 그 뜻이 여러 가지인 것 같지만, 실은 이것들 모두가 같은 뿌리를 갖는 것들이라는 데 유의할 일이다. 이 덕목은 《에우티프론》 편 12b~c에서도 다루어지고 있지만, 《국가(정체)》 편 여기저기에서도 자주 언급되고 있으며, 특히 《프로타고라스》 편 322c에서는 공동체의 구성원들이 반드시 갖춰야 할 덕목들 중의 하나로 손꼽히고 있다. 《법률》 편에서도 곳곳에서 강조되고 있다. 특히 729b의 본문을 참조할 것.

220) 원어는 tharros로서, 644d에서는 '자신'(自信)으로 옮겼던 것이다. 이 낱말에는 이런 뜻 이외에 '용맹' 그리고 나쁜 의미의 '만용'도 있다.

클레이니아스: 그건 그렇습니다.

아테네인: 따라서 우리는 저마다 두려움이 없는(aphobos) 사람으로
c 도 그리고 두려워하는 사람으로도 되어야만 합니다. 그 각각이 무엇 때문인지는 이미 구별했습니다.

클레이니아스: 분명히 그랬습니다.

아테네인: 그렇지만 각자로 하여금 많은 어떤 두려움들에 대해 정작 두려움이 없게끔 우리가 만들기를 바란다면, 법의 도움을 받아(meta nomou) 그를 두려움 속으로 이끌고 감으로써 그런 사람으로 우리가 만들어 내게 됩니다.

클레이니아스: 그럴 것 같습니다.

아테네인: 반면에 두려워하는 사람[221]으로 누군가를 우리가 만듦에 있어서 올바르게 하고자 할 경우에는 어떻습니까? 그로 하여금 몰염치(뻔뻔스러움: anaiskhyntia)와 부딪쳐 그것에 대해 단련케 함으로써, 그 자신의 쾌락(hēdonē)들과 싸워 이기도록 만들어야만 하지 않겠습니까? 또는 그 자신 안에 있는 비겁함(deilia)과 맞서 싸워서, 이를 이김으로써,
d 이처럼 용기(andreia)와 관련해서 완벽하게 되어야만 하겠지만, 이와 같은 싸움들을 체험하지도 못하고 그것들에 대한 단련도 없고서야 [사람으로서의] 훌륭함(덕)과 관련해서 그 누구도 저 자신이 이룰 수 있는 것의 반 만큼에도 미치지 못할 게 분명하겠죠? 그러니까 완벽하게 절제 있는 사람으로 되는 게, 몰염치해지며 불의를 저지르도록 충동해 오는 많은 쾌락 및 욕망과 싸워서 이겨 내지 않고서, 놀이에서나 진지한 활동에서나 언행을 통해서 그리고 제대로 알고서[222] 그리해 내지 않고서, 글쎄 그

---

221) 바로 앞에서 말한 두 가지 두려움 중에서 '나쁜 부끄러움과 관련해서 친구들을 의식하는 두려움'으로 해서 두려워하는 사람을 가리켜 하는 말이다. 그러니까 이는 오히려 조장되어야 할 두려움이다. 반면에 나머지 하나의 두려움은 극복되어야 하는 것이었다.

와 같은 일체의 것들을 겪어 보지 않고서, 가능하겠습니까?

클레이니아스: 그건 어쨌든 이치에 맞지 않는 것일 것입니다.

아테네인: 그러면, 어떻습니까? 어떤 신이 인간들에게 내려 준 두려 e
움의 약[223]이라도 있는 겁니까?[224] 그래서 누군가가 이 약을 더 마시고
싶어 하면 할수록, 그걸 마실 때마다, 자신이 그만큼 더 불행하게 된다고
믿게 되고, 당면한 현재의 일들이나 자신에게 장차 닥칠 미래의 일들을
모두 두려워하게 되어서, 마침내는 세상에서 가장 용감한 사람조차도 완 648a
전한 공포의 상태에 빠져 버리게 되지만, 자고 남으로써 약효가 다하게
되어, 마신 약의 영향에서 벗어나게 되면, 그때마다 다시 그 자신으로 돌
아오게 되는 약 말씀입니다.

클레이니아스: 선생이시여! 무슨 그런 마시는 약[225]이 인간 세상에 있다고 우리가 말하겠습니까?

---

222) 여기에서 '언행을 통해서 그리고 제대로 알고서'로 옮긴 부분의 원어는 meta logou kai ergou kai tekhnēs이다. meta logou를 더러 '이성의 도움을 받아서'로 해석하는 학자들이 있으나, 이는 647c4에 나오는 '법의 도움을 받아(meta nomou)'라는 표현에 영향을 받은 확대해석이라 할 것이다. Liddell & Scott의 대사전(VI, c)의 용례들에서도 확인할 수 있듯, logos와 ergon이 함께 나올 경우에, 이는 으레 '말과 행동'을 가리킨다. 그리고 meta tekhnēs(제대로 알고서)는 《파이돈》 편 89e에서도 확인할 수 있듯, aneu tekhnēs(제대로 알지도 못하고서)와 반대되는 뜻으로 쓰이고 있는 표현이기도 하다.

223) 두려움(phobos)을 생기게 하는 약(pharmakon)을 뜻한다.

224) 이 문단 끝, 곧 gignesthai 다음의 마침표(.)를 의문부호(;)로 읽되, 번역에서는 편의상 이를 미리 끌어다 여기에다 썼다. 물론 이후의 문장은 이 물음의 계속되는 내용이다.

225) 여기에서 '마시는 약'으로 옮긴 것의 원어는 pōma로서, 이는 원래 '마실 것', '음료' 등을 뜻하는 말이며, 649a에서는 '마실 것'을 뜻하는 걸로 쓰이고 있다. 그러나 이 경우에는, 앞에서 약으로 말했으므로, 요즘의 이른바 '드링크제 약'을 가리킨다. 마시는 행위 곧 '마시기'는 posis라 하는데, 이 말도 경우에 따라서는 '음료'를 뜻하기도 한다.

648a

아테네인: 아무것도 없죠. 그렇더라도, 행여 그런 게 어떤 경위로든 생기게 된다면, 그게 용기와 관련해서 입법자에게 유용한 것일 수 있을까요? 이를테면, 그것에 대해서 입법자와 우리는 능히 이런 식의 대화를 할 수 있을 것입니다. "자, 입법자시여! 귀하께서 크레테인들을 위해서
b 또는 누구들을 위해서 법을 제정하시든 간에, 귀하께선 먼저 용기 및 비겁함과 관련해서 시민들에 대한 시험을 해 볼 수 있기를 기대하십니까?"

클레이니아스: 아마도 모두가 그가 그럴 게 명백하다고 말할 겁니다.

아테네인: "다음은 어떤가요? 안전하게, 따라서 큰 위험들 없이 시험해 보는 건가요 아니면 그 반대의 방식들로 해 보는 건가요?"

클레이니아스: 이 경우에도 모두가 안전하게 시험해 보는 것이라는 데 동의할 것입니다.

아테네인: "한데, 귀하께서는 그들을 이 두려움들 속으로 이끌고 가서는 이 느낌의 상태들 속에서 시험해 봄으로써 두려움이 없게 되지 않을 수 없도록 만드는 데 그걸 이용하시겠습니까? 격려도 하고 충고도 하
c 며 또한 예우도 하면서 말씀입니다. 하지만 다른 한편으로는, 귀하께서 모든 면에서 지정해 주는 그런 사람으로 되는 데에 귀하를 따르려 하지 않는 자는 누구든 망신을 당하게 하면서 말씀입니다. 그래서 훌륭히 그리고 용감하게 단련이 되는 자는 아무런 벌도 주지 않고 놓아주시지만, 잘못 단련이 되는 자에게는 벌을 주시겠습니까? 아니면 그런 마시는 약에 대해 별다른 비난은 하시지 않으면서도, 그걸 전혀 이용하시지 않겠습니까?"

클레이니아스: 선생이시여! 그야 어찌 그가 그걸 이용하지 않겠습니까?

아테네인: 친구시여! 어쨌거나 그 단련은 지금의 것들에 비해 놀랍도록 쉬운 것일 겁니다. 개인에게나 소수의 사람들에게나 또는 누군가가 아무리 많은 사람에게나 언제고 이용하고 싶어 하건 간에 말씀입니다.

그래서 누군가가, 스스로 잘해 낼 수 있기 전에는 남에게 보여서는 안 된 d
다고 생각하고서, 부끄러움을 구실 삼아, 만 가지 것들 대신에 마시는 약
만 준비해 갖고 아무도 살지 않는 곳에서 혼자 두려움들에 대한 단련을
한다면, 그는 뭔가 옳게 해낼 것입니다. 또한 누군가가 저 자신이 천성으
로 그리고 수련으로 해서 훌륭하게 준비가 되어 있는 것으로 스스로 믿
고서, 그걸 마시는 여러 동지들과 함께 단련을 하면서 전혀 망설이지 않
고서, 그 마심으로 인한 필연적인 달라짐의 영향을 극복하고 제압하는
걸 보여 준다면, 그는 그의 훌륭함(덕: aretē)으로 해서 꼴사나움으로 인 e
한 큰 실수는 단 한 가지도 저지르지 않으며 사람이 달라지는 일 또한 없
되, 마지막의 마심에 이르기 전에, 모든 인간이 그 마시는 약에 져 버리
는 걸 두려워하여, 떠날 것입니다.

클레이니아스: 예. 그가 절제할 수 있을 것이기 때문이기도 하지만,[226] 선생이시여, 그런 사람은 그리합니다.

아테네인: 그러면 다시 그 입법자에게 이런 식으로 말하도록 합시다. 649a
"좋습니다, 입법자시여! 사실인즉 그와 같은 두려움의 약은 아마도 신이 인간들에게 주지도 않았지만, 인간들이 스스로 고안해 내지도 못했습니다. 잔치에서의 마술사들을 제가 말하고 있는 건 아니니까요. 하지만 두려움을 모르게 하며 그래서는 안 되는 것들에 대해 지나치게 그리고 때 아니게 담대해지게 하는 그런 마실 것이 있다고 할까요, 아니면 어떻게 우리가 말할까요?"

클레이니아스: "있지요" 하고 아마도 그는 대답할 것입니다. 포도주를 대면서 말씀입니다.

아테네인: 그러면 이건 방금 언급된 것[227]과는 실로 반대되는 작용을

226) Naí· sōphronoi gar,로 읽었다. 따라서 gar ⟨an⟩,의 ⟨an⟩은 삭제하고서 읽었다.

하는 것이겠지요? 이건 이것을 마시는 사람 자신으로 하여금 첫째로 곧
b 바로 이전보다도 더 기분이 좋도록 만들어 주며, 또한 이걸 더 맛보면 맛볼수록, 그만큼 더 낙관적인 희망들과 상상 속의 힘(능력)으로 부풀게 되겠죠? 그리하여 마침내 그런 사람은, 스스로 현자이기라도 한 듯이, 완전히 거리낌없이 말하기(parrhēsia)[228]와 완전한 자유(eleutheria) 그리고 두려움이라고는 전혀 없는 마음 상태로 가득 차서는, 아무것이나 망설이지 않고 말하거니와 행동 또한 마찬가지로 하겠죠? 이에 대해서는 모두가 우리와 동의할 것이라고 저는 생각합니다.

클레이니아스: 물론입니다.

아테네인: 그러면 이 점을 상기하십시다. 즉 우리의 혼들 안에 있는 두 가지 것들을 보살펴야만 한다고, 곧 한편으로는 우리가 최대한 대담해지는가 하면, 다른 한편으로는 그와 반대로 우리가 최대한 두려워하게
c 되도록 해야만 한다고 우리가 말했다는 걸 말씀입니다.

클레이니아스: 경외(공경: aidōs)[229]에 속하는 것들을 말씀하셨던 것으로 우리는 생각하고 있습니다만.

아테네인: 잘 기억하시고 있습니다. 한데, 용기와 두려움 없음은 두려움들 속에서 단련되어야 하니까, 반대되는 것은 반대되는 것들 속에서 양성되어야만 하는 것인지 고찰해 보아야만 합니다.

클레이니아스: 어쨌든 그건 실상 그럼직합니다.

아테네인: 그러고 보니 수련하는 것은, 스스로 겪음으로써 우리가 자연스레 각별히 대담하고 용맹스러워지게 되는, 그런 것들 속에서 해야만 할 것 같습니다. 뻔뻔스러움은 조금도 없으면서 용맹스러움으로 꽉 차

227) 두려움을 갖게 하는 약을 가리킨다.
228) 671b에서 해당 각주를 참조할 것.
229) 647a의 해당 각주를 참조할 것.

있고, 또 한편으로는, 그게 무엇이든 부끄러운 일은 언제고 말하거나 당 d
하거나 또는 행하려 드는 짓을 두려워하는 사람들이도록 하는 건 말씀입
니다.

클레이니아스: 그럴 것 같군요.

아테네인: 그러니까 우리가 그런 사람들이 되는 것은 다음과 같은 모
든 것에 있어서가 아니겠습니까? 곧 격정(격노: thymos), 욕정(애욕:
erōs), 오만(hybris),[230] 무지, 이(利)를 탐함, 비겁함, 그리고 더 나아가
이런 것들, 즉 부, 미모(준수함), 힘셈, 그리고 이런 모든 것, 즉 쾌락(즐
거움)에 도취됨으로써 제정신을 잃도록 만드는 것들 말씀입니다. 그러
나, 첫째로 이것들에 대해 시험을 해 보기 위해서, 그다음으로는 수련을
함에 있어서, 포도주로 하는 시험과 놀이 이외에, 값싸고 해로움이 덜한
것이면서도 오히려 적절한 즐거움을 주는 것으로 무엇을 우리가 말할 수
있겠습니까? 이 또한 어떻게든 조심스럽게 하게 된다면 말씀입니다. 그 e
야 물론 우리가 고찰해 보아야 할 테니까요. 불만스러워하며 난폭한 혼,
이에서 만 가지의 올바르지 못함이 생기게 되는 그런 혼[을 지닌 자]의
시험을 함에 있어서, 거래 계약들을 맺은 다음, 이 계약들과 관련해서 모
험을 함으로써 해 보는 것이 더 위험하겠습니까, 아니면 그와 어울려서 650a
디오니소스 제전 참관[231]을 함께하는 것이 더 위험하겠습니까? 또는 성
적인 쾌락(tàphrodisia)에 지고 마는 어떤 혼[을 지닌 자]에 대한 시험을

230) 히브리스(hybris)에 대해서는 637a 및 641c에서 해당 각주를 참조할 것.

231) '디오니소스 제전 참관'의 원어는 hē Dionysou theōria인데, Liddell & Scott 대사전에서는 이를 '디오니소스 제전'(ta Dionysia) 자체로 말하고 있다. 그러나 여기에서 이로써 의미하는 바는 이 제전을 함께 참관하며 포도주를 마시면서 어떤 사람 또는 사람들의 정신 상태를 살피는 것을 말하고 있는 것이다. 디오니소스 제전에 관해서는 637b의 해당 각주에서 자세히 언급했으니, 이를 참조할 것.

650a

하느라, 자신의 딸들이나 아들들 그리고 아내나 아낙들[232]을 내맡김으로써 해 보는 것이, 이처럼 가장 사랑하는 사람들을 통해서 모험을 함으로써 혼의 성품(ēthos)을 관찰하는 것이 더 위험하겠습니까? 하지만 별달리 피해를 볼 것도 없이, 놀이와 함께 이를 관찰하는 것이 [그런 것과는] 얼마나 다른지는 누군가가 그야말로 만 가지 것들을 들어서 말한다 한들 결코 다 하지 못할 것입니다. 적어도 그것들과 관련해서 특히 바로 이 점

b 에 대해서는, 곧 서로에 대한 공정한 시험이 이것일 뿐만 아니라, 다른 시험들에 비해서 값싸고 안전하며 신속한 것이어서 특이하다는 점에 대해서는 크레테 사람들도 그 밖의 다른 어떤 인간들도 이의를 제기할 걸로는 우리가 생각지 않을 것입니다.

클레이니아스: 적어도 그건 진실입니다.

아테네인: 그러니까 이것은, 즉 혼들의 성향(physis)들과 습성(굳어진 상태: hexis)[233]들을 안다는 것(gnōnai)은, 이것들을 보살피는 것(therapeuein)이 그 일인 그 기술(tekhnē)에는 가장 유용한 것들 중의 하나일 것입니다. 한데, 이걸 아마도 우리는 치술(治術: politikē [tekhnē])이라고 말할 것이라 저는 생각합니다.[234] 안 그런가요?

---

232) '아내나 아낙들'로 옮긴 것의 원어는 gynē(아내, 여자)의 복수 형태인 gynaikes이다.

233) hexis는 원래는 마음가짐이나 몸가짐의 경우처럼, 그런 '가짐'(having)을 뜻하나, 더 나아가 누군가가 마음가짐이나 몸가짐을 늘 그렇게 해버릇함으로써 굳혀 갖게 된 '습성' 그리고 그렇게 '굳어진 상태'를 뜻하게 된 말이다. 이에서 개인적인 '습관'과 이의 사회적 확장인 '관습', 즉 ethos(ἔθος)가 생기며, 다시 이에서 '인격' 또는 '성격'을 뜻하는 ēthos(ἦθος)(복수 형태는 ēthē(ἤθη)임)가 생기며, 이에는 그 밖에도 성품, 성향, 품행 등의 뜻과 함께 사회적인 관습, 관례, 풍습 등의 뜻들이 있다. 636d에서 해당 각주를 참조할 것.

234) 여기에서 갑작스레 치술(治術: politikē [technē])에 대한 언급이 왜 나온 것일까? 그렇다고 해서 치술의 문제가 이어지는 담론의 주제인 것도

클레이니아스: 분명히 그렇습니다.

아닌 터에 말이다. 그리고 왜 치술에는 혼들의 성향(physis)들과 습성(hexis)들을 아는 게 가장 유용한 것들 중의 하나라는 말을 한 것일까? 이에 대한 가장 적절한 해답을 우리는 아무래도 《정치가》 편에서 찾는 게 가장 잘하는 일일 것 같다. 물론 《국가(정체)》 편도 성향에 따른(kata physin) 혼들의 분류와 이들의 교육, 성향에 따른 직분의 부여 그리고 마침내는 철인 치자를 포함하는 통치자들을 확보하게 되기까지의 기나긴 여정을 다루고는 있다. 그러나 치술에 관한 한, 가장 집중적이고 압축된 내용을 담고 있는 것이 《정치가》 편이다. 이 대화편에서는 이상적인 치술을 왕도적 치술(basilikē)로 보고, 이것이 어떤 것인지를 모직물을 짜는 직조술(hyphantikē)에 빗대어 설명코자 한다. 모직물을 짜자면, 먼저 방적 과정을 거쳐 제대로 뽑아 낸 날실과 씨실을 확보해야만 한다. 사람들의 성향들 또는 혼들에도 날실과 씨실에 해당하는 것들이 있기는 마찬가지이다. 그러나 날실 감이나 씨실 감이 바로 얻어지는 것이 아니다. 그것들이 여러 단계의 방적 공정을 거치듯, 먼저 놀이를 통한 시험을 하고, 이 시험 다음에는 이들을 교육하고 돌볼 사람들에게 넘긴다. 용감한 성향은 너무 거칠어지지 않도록 순화하되, 온건한 성향은 너무 나약해지지 않도록 교육하고 감독하여, 마치 양쪽이 하나의 훌륭한 모직물로 짜여지듯, 서로 결합할(koinōnein) 수 있게 되어야만 한다. 그래서 치술적 행위(politikē praxis)가 이것들을 이용해서 반듯한 직물을 얻게 되는 것은 "왕도적 치술(basilikē technē)이 용감한 자들의 성품(ēthos)과 절도 있고 온건한 자들의 성품을 한마음 한뜻(homonoia)과 우애(philia)로써 규합하여, 이들의 삶이 공동의 것이도록 할 때이다."(311b~c)

제 2 권

아테네인: 그러면 그다음으로는 이것들과 관련해서 이를, 곧 포도주 652a
를 마시는 모임의 바른 이용을 통해 그(참석자들의) 성향들[1]이 어떠한지를 살피는 것, 이것이 그 유일한 좋은 점인지, 아니면 진지하게 고려해야 할 가치가 있는 큰 어떤 유익함이 또한 거기에는 있는지를 고찰해야만 할 것 같습니다. 그러면 우리는 뭐라 말하겠습니까? 우리의 논의(logos)가 시사하고자 하는 바로는 그런 것이 거기에는 있습니다. 하지만, 어떤 점에서 그리고 어떻게 해서 그런지, 논의로 해서 휘말려 들지 않도록 정
신을 가다듬고서 들읍시다. b

클레이니아스: 그러면 말씀하십시오.

아테네인: 그렇다면 우리로서는 바른 교육(hē orthē paideia)을 도대체 무엇이라고 말하고 있는지 저로서는 다시금 상기하게 되기를 바랍니
다.[2] 적어도 지금 제가 짐작하고 있는 바로는, 이의 보전(保全: sōteria) 653a
은 이 관행(제도: epitēdeuma)[3]이 훌륭하게 성취되는 데 달려 있기 때문

1) 650b에서 말한 '혼들' 곧 모임에 참석한 사람들이 지닌 혼들의 성향들을 가리킨다.

2) 643a~644d를 참조할 것.

3) 이는 물론 포도주를 함께 마시는 관행을 가리킨다.

653a

입니다.

클레이니아스: 그건 굉장한 말씀입니다.

아테네인: 더 나아가 저는 주장합니다. 아이들의 유아기의 처음 지각(감각: aisthēsis)은 쾌감(즐거움: hēdonē)과 고통(괴로움: lypē)이라고,[4] 그리고 이것들에 있어서 처음으로 혼에 있어서의 훌륭한 상태(훌륭함, 덕: aretē)와 나쁜 상태(나쁨: kakia)가 생기게 된다고, 그러나 지혜(사려 분별: phronēsis)와 굳건한 참된 판단(참된 의견: alēthēs doxa)들은 누구에게든, 비록 늘그막에라도, 생기게 된다면, 그 점에 있어서 그는 행운이라고 말입니다. 그야 어쨌든 이것들을 그리고 이것들에 포함되는
b 모든 좋은 것을 획득하여 갖고 있는 이는 완벽한 사람입니다. 따라서 교육(paideia)은 아이들에게 처음으로 생기는 훌륭함(훌륭한 상태, 덕)이라고 저는 말합니다. 쾌감(즐거움)과 좋아함(사랑: philia), 고통(괴로움)과 싫어함(미움: misos)이 아직 그 이유(논거: logos)는 알 수가 없는[5]

4) 이 경우의 지각 또는 감각(aisthēsis)은 사실은 '느낌'(pathos)이라 하는 게 더 옳을지도 모르겠다. 《티마이오스》 편 64a~65b에서는 감각적 느낌 및 지각과 쾌감(즐거움) 및 고통을 관련지어 언급하고 있다.

5) Budé 판의 원어는 logon lambanein인데, Loeb 판의 Bury도 이에 따르고 있다. 반면에 Burnet와 England는 이를 λόγῳ lambanein으로 읽고 있다. 번역자들도 양분되어 있다. 그런데 이 부분에서의 mēpō dynamenōn logon lambanaein(b3~4: 아직 그 이유-또는 논거-는 알 수가 없는)과 똑같은 뜻의 표현을 우리는 《국가(정체)》 편 402a2~3에서 만난다. 그것은 prin logon dynatos einai labein이라는 구절인데, 그 뜻은 '그 논거(이유)도 알 수 있기 전에'이다. 이 두 대화편들에서 바로 그다음 구절도 그런데다, 《국가(정체)》 편 401b~402a에서 다루고 있는 내용과 《법률》 편의 653b 이후의 이 대목에서 다루고 있는 내용의 취지가 또한 서로 일치하고 있다. 따라서 이 부분은 Budé 판 등의 읽기를 따르기로 했다. 그러나 Burnet 등의 읽기를 따른다면, '그 이유(논거: logos)는 알 수 없는'은 '이성(logos)에 의해서 이해할 수는 없는'으로, 따라서 그다음 줄의 '이유(논거)를 알게 되었을 때'는 '그들이 이성을 갖게 되었을 때'로 번역해야

그들의 혼들에 옳게 생기게 될 경우에는 말씀입니다. 하지만 그들이 그 이유(논거)를 알게 되었을 때, 그것들[6]이 적절한 습관(버릇: ethos)들에 의해 옳게 버릇 들이게 되었다는 것에 이성과 찬동하게 될 경우에, 이 찬동(symphōnia)이 [사람으로서의] 전체적인 훌륭함(훌륭한 상태, 덕: aretē)[7]입니다. 그러나 즐거움들 및 괴로움들과 관련해서 옳게 길러짐으로써, 미워해야 할 것들은 바로 처음부터 끝까지 미워하지만, 좋아해야 c 할 것들은 좋아하게 되는 바로 이 부분을 논의(이론)상으로 그것[8]에서 분리하여 또한 교육이라 지칭한다면,[9] 적어도 제 판단으로는 선생께서 옳게 지칭하시는 것입니다.

클레이니아스: 선생이시여! 아닌게아니라 선생께서 교육에 대해 하신 말씀은 앞서 하신 것[10]도 그리고 방금 하신 것도 옳게 하신 걸로 저희에게는 생각됩니다.

아테네인: 그러면 좋습니다. 옳게 길러진 즐거움들과 괴로움들, 바로 이것들이 교육[을 이루는 것]들인데,[11] 인간들에게 있어서 이것들이 느

할 것이다.

6) 쾌감(즐거움)과 좋아함(사랑), 고통(괴로움)과 싫어함(미움)의 느낌 또는 감정을 가리킨다.

7) 630b에서 해당 각주를 참조할 것.

8) '훌륭함(훌륭한 상태, 덕: aretē)'을 가리키다.

9) 이 대목은 아리스토텔레스가 《니코마코스 윤리학》 II. 3. 1104b8~13에서 플라톤이 바른 교육에 대해 다음과 같은 말을 한 것으로 밝히고 있는 대목과 정확히 일치한다. "도덕적(인격적) 훌륭함(덕)([hē] ēthikē aretē)은 즐거움(쾌락) 및 괴로움(고통)과 관련되어 있다. 즐거움(쾌락)으로 인해서 우리가 천박한 것들은 행하면서도, 괴로움(고통)으로 인해서는 훌륭한 것들을 삼가기 때문이다. 이 때문에, 플라톤이 말하듯, 바로 어려서부터 마땅히 즐거워해야 할 것들과 마땅히 괴로워해야 할 것들에 대해 즐거워하고 괴로워하게끔 어떤 식으로나 인도되어야만 한다. 이게 바른 교육([hē] orthē paideia)이기 때문이다."

10) 643a~644a에서 언급된 것을 가리킨다.

653c

손해지고 그들의 삶을 통해서 여러 면으로 쇠약해졌죠. 그러나 원래 고
d 달픈 종족으로 태어난 인간들을 신들이 불쌍히 여기고서, 이들에게 고난(노고)들에서 벗어나는 휴식들로서 신들을 위한 제전(축제: heortē)들의 갈마들임을 정해 주고서는, 무사 여신들(Mousai)[12]과 이들의 선도자이신 아폴론[13] 그리고 디오니소스를 제전의 동참자들로 내렸는데, 이는, 신들과 함께하는 제전들을 통해서 [이것들이] 활력소들로도 되어,[14] 그것들이 [스스로] 가다듬어지도록 하기 위해서였습니다.[15] 우리로서 고찰

11) '교육[을 이루는 것]들인데'에서 괄호 [ ] 안의 것은 내용상 그렇게 보완해서 읽어야 자연스럽겠기에 그리한 것이지, 원문이 바로 그런 것은 아니다.

12) Mousa(영어로는 Muse)에는 아홉 자매가 있어서, 곧잘 복수 형태(Mousai)로 불리는데, 이들은 제우스와 Mnēmosynē 사이에 난 딸들이라 한다. 시가와 춤 그리고 철학이나 천문학 등 모든 지적 탐구도 이들의 소관사이다. 시가 또는 음악을 의미하는 헬라스어 mousikē [technē]는 Mousa가 관장하는 기예(技藝: tekhnē)라는 뜻이다. 시인들이 시적 영감을 얻어서 시를 짓게 되는 것을 Mousa 덕분으로 여긴 탓이다. 호메로스의 작품 첫머리나 헤시오도스의 《신들의 계보(신통기)》 등의 첫머리도 '무사'를 언급하는 것으로 시작되는 것이 그 때문이다.

13) '무사 여신들(Mousai)의 선도자'(Mousēgetēs)는 Apollōn의 별칭이기도 하다.

14) '[이것들이] 활력소들로도 되어'로 옮긴 것에서 원문에서는 [이것들]이라는 지시대명사도 없는 것을 보완했거니와 원어 tas trophas 자체도 음식이나 자양물, 영양 또는 양육 등을 의미할 뿐이다. 따라서 여기에서 그것이 무엇을 뜻하는 말인지 종잡기 어렵게 되어 있어서, 학자들 거의가 이 부분과 다음 각주에 해당하는 부분에서 적잖이 헤매고 있다. 이 역주를 하고 있는 나 자신도 몇 시간 동안의 고심 끝에 이 낱말이 뜻하는 것이 '활력소'와 같은 것일 거라는 데 생각이 미치고서야, 실마리가 풀리게 되었다. 따라서 활력소들로 되는 것들의 주어도 쉽게 밝혀지게 된다. '이것들'로 지칭되는 주어는 직접적으로는 anapaulas(휴식들)이겠고, 이 휴식들을 제공하는 것은 tas … amoibas([제전들의] 갈마들임들)이다.

15) "그것들이 [스스로] 가다듬어지도록 하기 위해서였습니다"로 옮긴 원

해야만 하는 것은 오늘날 자꾸 되풀이되고 있는 그 주장이 자연스럽고 참된 것인지 어쩐지 하는 것입니다. 한데, 그 주장인즉, 어린것은 거의 모두가 신체에 있어서도 그리고 음성에 있어서도 조용한 상태로 있기가 불가능하고, 언제나 움직이려 들고 소리지르려 든다는 것입니다. 뛰며 e
펄쩍거리기를, 이를테면 즐거워서 춤을 추듯 하며 장난을 하는가 하면, 온갖 소리를 질러대기도 한다는 겁니다. 실상 다른 동물들은 움직임(kinēsis)들에 있어서의 질서(taxis)들에 대한 감각(지각: aisthēsis)도, 무질서(ataxia)들에 대한 감각도 지니고 있지 않다는 겁니다. 바로 이것들에는 리듬(rhythmos)과 선법(旋法: harmonia)[16]이라는 이름이 [각각에]

문(hin' epanorthōntai)에서도, 앞의 주석—원문상으로는 뒤에 나오는 문장임—에서처럼, 주어가 밝혀져 있지 않다. 게다가 이 경우의 epanorthōntai가 정확히 무슨 뜻으로 쓰인 것이냐가 또한 문제다. 이의 능동형 원형인 epanorthoō는 '바로잡다'나 '고치다'를 뜻하기 때문이다. 그래서 심한 경우에는 이를 여기에서 든 신들이 인간들로 하여금 '이 제전들을 옳게 진행하도록 하기 위해서'라는 뜻으로 해석하는 학자들도 있다. 그러나 그런 뜻으로 되려면, epanorthōntai는 epanorthōsi로 되어 있어야 하는데, 그리 읽은 텍스트는 없다. 이 문제는 이다음의 각주에서 밝힌 문제와 연계되어 그 실마리가 또한 풀리게 되며, 따라서 그 뜻도 '[스스로] 가다듬다'나 '[새로이] 가다듬어지다'로 이해될 수 있겠다. 물론 이 경우에 epanorthōntai는 수동태가 아닌 일종의 재귀적(再歸的) 용법으로 쓰이는 '중간태'(middle voice)이지만, 스스로 원기 회복을 하거나 정신을 가다듬는 경우 또는 자신을 추스르는 경우와 같은 그런 의미의 표현이라 할 것이니, 우리말로 '가다듬어지다'로 수동태 꼴의 표현을 하지 않을 수 없었던 것은 다음에서 밝히는 그 주어들의 성격 때문이었다. 그리고 이 경우에 그 주어가 되는 가다듬어지는 것들은 이 문장 첫머리에 언급된 것들, 곧 옳게 길러졌으되 삶에 지친 나머지 세월의 경과와 더불어 무디어져 버린 즐거움과 괴로움 따위의 느낌이나 감정인 것으로 보면 되겠다.

16) 여기에서 '선법'으로 옮긴 harmonia는 오늘날의 음악에서 말하는 '화성'으로서의 '하모니'를 의미하는 게 아니라, 고대의 헬라스 음악 특유의 선법(旋法: musical mode)을 의미한다. 665a에는 "음성(phōnē)의 질서, 곧 고음과 저음의 혼성이 실현되었을 때의 질서에 대해서는 선법(旋法:

653e

주어져 있죠. 그렇지만 우리에게는 우리가 말한 그 신들이 가무의 동반
654a 자들로서 내려졌으며, 이들이 또한 리듬과 선법에 대한 즐거움이 동반된 감각(지각)을 우리에게 준 이들이기도 하다는 겁니다. 바로 이 감각에 의해서[17] 이들은 우리를 움직이게 하며 또한 우리의 가무도 유도하고, 노래들 및 춤들과 함께 서로 어우러지게 하는데, 그들이 합창가무단(choros)들이라는 이름을 지은 것도 거기에서 생기는 기쁨(즐거움, 환희: chara)이라는 이름에서 유래한 것이라는 겁니다.[18] 그러면 우리가 이 주장을 우선 받아들일까요? 첫 교육은 무사 여신들과 아폴론을 통한 것이라고 볼까요,[19] 아니면 어떻게 볼까요?

클레이니아스: 그렇게 보죠.

아테네인: 그렇다면 우리로서는 교육을 받지 못한 사람(ho apaideu-

---

harmonia)이라는 이름이 붙여진다"고 말하고 있다. 그리고 《국가(정체)》편, 제3권 398d에는 이런 언급이 보인다. "노래(melos)는 세 가지, 즉 노랫말(가사: logos)과 선법(旋法: harmonia) 그리고 리듬(rhythmos)으로 이루어져 있다." 그리고 이에 이어지는 부분(398e~399a)에서 선법들의 종류들로 이오니아 선법(iasti [harmonia])과 리디아 선법(lydisti [harmonia]), 도리스(도리아) 선법(dōristi [harmonia]) 그리고 프리기아 선법(phrygisti [harmonia])을 기본적인 것들로 들고, 이것들의 변용 형태들, 이를테면 혼성(混成) 리디아 선법(meixolydisti harmonia)이나 고음 리디아 선법(syntonolydisti) 등도 함께 들고 있다. 그러니까 어떤 노랫말에 방금 든 것들과 같은 일정한 선법과 리듬이 부여됨으로써 하나의 시가(詩歌: mousikē)가 작곡된다는 이야기이므로, 선법은 일정한 음계(systēma)에 따라 만들어지는 선율의 변화와 성격을 규제하는 법칙이라 하겠다.

17) Budé 판에서처럼 ἤδη로 읽지 않고, 다른 판본들의 읽기에 따라 ᾗ δὴ로 읽었다.

18) choros(합창가무단, 합창가무)라는 이름이 chara(기쁨, 즐거움)에서 유래했다는 것은 일종의 농언이다.

19) 가무와 관련해서 포도주의 신인 디오니소스가 등장하는 것은 30세 이상 60세까지의 사람들로 구성되는 합창가무단과 관련되어서이다. 666a~c를 참조할 것.

tos)을 가무(歌舞)의 수련을 하지 못한(achoreutos) 자로 보아야겠지만, 교육을 받은 사람은 충분히 가무의 수련을 한 자로 보아야만 하지 않겠습니까?[20) b

클레이니아스: 물론입니다.

아테네인: 그렇지만 합창가무(choreia)[21)란 춤(orchēsis)과 노래(ōdē)가 합쳐진 것[22)입니다.

클레이니아스: 그건 필연적입니다.

아테네인: 그러면 훌륭하게 교육을 받은 자는 훌륭하게 노래도 하고 춤도 출 수 있겠습니다.

클레이니아스: 그럴 것 같습니다.

아테네인: 그러면 이제 막 말한 것이 도대체 무엇[을 말하는 것]인지 봅시다.

클레이니아스: 바로 어떤 걸 말씀하시는지?

아테네인: "그는 훌륭하게 노래하고, 훌륭하게 춤을 춘다"고 우리는 말합니다. [이에다가] "만일 그가 또한 훌륭한 노래들을 노래하고, 훌륭한 춤들을 춘다면"이라고 우리가 덧붙일까요, 말까요? c

클레이니아스: 덧붙입시다.

---

20) 이런 말을 하는 것은 가무가 곧 시가(詩歌: mousikē)에 수반되는 것이고, 시가는 철학이라는 학문 활동이 본격화되기 전까지는 교양의 전부였기 때문에 할 수 있는 것이다. 《파이돈》 편 61a에서 소크라테스가 "철학(philosophia)은 가장 위대한 시가(megistē mousikē)이다"라고 말한 것도 그런 맥락에서 이해해야만 되는 것이다.

21) choreia는 '합창가무'의 행위를 가리키는 말이고, choros는 오히려 '합창가무단'을 가리키는 말이다.

22) 여기에서 '합쳐진 것'이란 to synolon을 우리말로 옮긴 것인데, 더 정확히는 onoma to synolon(합쳐진 이름)이라 하는 것이 옳을 것이다. to synolon 자체는 '대체로'를 뜻하는 부사이지만, 여기서는 그렇게 이해하는 것이 옳을 것 같아, 그리 옮겼다.

654c

아테네인: 누군가가 아름다운 것들을 아름다운 걸로 그리고 추한 것들을 추한 걸로 생각도 하고, 이것들에 대해서 대하기도 그리한다면, 어떻습니까? 우리가 보기에, 그런 사람으로서 어느 쪽이 합창가무와 시가(詩歌: mousikē)에 있어서 더 잘 교육받은 사람이겠습니까? 아름다운 것으로 생각된(이해된) 것을 그때마다 몸(몸 움직임)과 소리로써는 충분히 뒷받침해 줄 수 있지만, 아름다운 것들에 대해 기뻐하지도 않고 아름답지 않은 것들을 미워하지도 않는 사람이 그런 사람이겠습니까? 또는 소리나 몸(몸 움직임)으로는 능히 제대로 표현해 내거나[23] 생각(이해)할
d 수는 없어도, 즐거움과 괴로움에 의해서는 제대로 표현하는 사람, 즉 아름다운 것들은 얼마든지 반기지만, 아름답지 못한 것들은 하나같이 못마땅해하는 사람이 그런 사람이겠습니까?

클레이니아스: 선생이시여! 선생께서는 교육에 있어서도 많은 차이가 나는 걸 말씀하시는군요.

아테네인: 그런데, 만일 셋인 우리가 노래 및 춤과 관련해서 아름다운 것(아름다움: to kalon)을 알고 있다면, 우리는 교육을 옳게 받은 사람과 옳게 받지 못한 사람도 알아볼 것입니다. 하지만 만일 우리가 이를 어쨌든 모르고 있다면, 교육을 지켜 주는 것인 뭔가가 있는지도,[24] 그리고 [있다면,] 그게 도대체 어디에 있는지도 우리는 알아볼 수가 없을 것
e 입니다. 그렇지 않습니까?

클레이니아스: 그야 그렇습니다.

아테네인: 그러고 보니 그다음으로 우리가 다시, 마치 냄새로 추적하는 개들처럼, 훑어야만 할 것들은 이것들, 곧 아름다운 자세(춤사위: skhēma)[25]와 노랫가락(melos) 그리고 노래(ǫdē)와 춤(orkhēsis)입니다.

---

23) Burnet 판에서의 kathorthoun 다음의 콤마(,)는 삭제하고서 읽었다.
24) 653a에서 바른 교육의 보전에 대해 언급한 것과 관련해서 하는 말이다.

하지만, 만약에 이것들이 우리를 빗겨가 버린다면, 바른 교육에 대한, 그게 헬라스적인 것이건 또는 이방인들의 것이건 간에, 이후의 우리의 논의는 헛된 것일 겁니다.

클레이니아스: 네.

아테네인: 좋습니다. 그러면 아름다운 자세(춤사위)와 아름다운 노랫
가락을 도대체 무엇이라 말해야만 합니까? 자, 용감한 혼과 비겁한 혼이
똑같은 고난을 겪고 있을 경우에, 그 자세(춤사위)들과 내는 소리들 또 655a
한 같아지겠습니까?

클레이니아스: 안색들조차 같지 않거늘, 어찌 그럴 수 있겠습니까?

아테네인: 실로 훌륭한 말씀입니다, 동지시여! 하지만, 시가(詩歌)는
리듬 및 선법과 관련되어 있는 것이어서, 실상 시가에는 자세(춤사위)들
과 노랫가락들이 있으니,[26] 리듬이 좋고(eurhythmon) 선법에 잘 맞다
(euarmoston)고 말하는 것은 옳지만, 노랫가락과 자세(춤사위)를, 마치
합창가무단을 지도하는 자(chorodidaskalos)들이 비유해서 말하듯,[27] 색
조가 좋다(euchrōn)[28]고 비유해서 말하는 것은 옳지 않습니다. 그러나
비겁한 자와 용감한 자의 자세(춤사위)나 노랫가락도 있으니, 용감한 자 b
들의 그것들은 아름다운 것들이라 일컫되, 비겁한 자들의 그것들은 추한
것들이라 일컫는 것은 옳습니다. 그리고 이 모든 것과 관련해서 우리에
게 있어서 아주 긴 어떤 논의가 벌어지는 일이 없도록 하기 위해서, 혼

---

25) 아마도 춤사위를 가리켜 하는 말일 것이다.

26) 《국가(정체)》 편 398d를 참조할 것.

27) 흔히 '음색이 곱다'는 말을 하듯.

28) '색조가 좋다'(euchrōn)는 말은 물론 여기서 말하고 있듯, 시가 전체에서의 뉘앙스를 '색조'에다 빗대어 하는 표현이겠다. chroa 또는 chroia(빛깔)를 Liddell & Scott 대사전에서는 음악의 경우에는 nuance를 뜻하는 것으로 밝히고 있다. 아리스토크세노스(Aristoxenos)의 《화성원리》(*Harmonika Stoicheia*) I, 24. 3에도 이 용어는 등장하고 있다.

및 몸(심신)의 훌륭함(훌륭한 상태: aretē)[29]에 속하는, 이게 훌륭함 자체든 또는 이의 영상(eikōn)이든,[30] 이에 속하는 일체의 자세(춤사위)와 노랫가락은 아름다운 것들이라 하되, 그와는 달리 나쁨(나쁜 상태: kakia)에 속하는 일체의 것은 그 반대라고 단순화합시다.

클레이니아스: 옳은 제의를 하시거니와, 지금으로서는 우리가 그게 그러하다고 대답한 걸로 해 둡시다.

아테네인: 더 나아가 이것에 대해서도 마저 [하시죠]. 모든 합창가무(choreia)에 대해서 모두가 마찬가지로 기뻐합니까, 아니면 그러는 것과
c 는 거리가 멉니까?

클레이니아스: 그야 아주 멀지요.

아테네인: 그러면 우리로 하여금 헤매게 한 것이 도대체 무엇이라고 우리가 말할까요? 같은 것들이 우리 모두에게 아름다운 것들인 것은 아닌가요? 아니면, 실은 같은 것들이 아름답지만, 같은 것들인 걸로 생각되지 않을 뿐인가요? 누군가가 적어도 이렇게 말하지는 않을 것 같기 때문입니다. 그가 나쁨(kakia)을 보여 주는 합창가무 공연들(choreumata)이 훌륭함(aretē)을 보여 주는 그것들보다 더 아름답다고는 결코 말하지도 않을 것이며, 자기는 사악함(mokhthēria)을 보여 주는 자세(춤사위)들에 대해 기뻐하지만, 다른 사람들은 그것과는 반대되는 어떤 무사(Mousa)에 대해 기뻐한다고도 하지 않을 테니까요. 그렇지만 대다수의

---

29) 훌륭함(훌륭한 상태: aretē) 및 나쁨(나쁜 상태: kakia)에 대해서는 627e에서 해당 각주를 참조할 것. 거기에서 aretē를 왜 우리가 그냥 '덕'이라 할 수 없는지를 말하면서, 혼의 aretē만이 아니라 몸의 aretē도 있기 때문이라 했는데, 바로 이 경우가 그 하나의 예증이 될 것이다.

30) 이는 《국가(정체)》 편 제5, 6권에서 그처럼 강조해서 언급했던 이데아 또는 형상과 그 영상 또는 모상(模像: eikōn)을 의식하고서 하는 말일 것이다.

사람들은 시가(mousikē)의 옳음(orthotēs)[31]은 혼들에 즐거움(쾌락)을 제공해 주는 힘(dynamis)이라고 어쨌든 말합니다. 그러나 이 주장은 용인될 수도 없으며, 그런 발설을 하는 것도 전적으로 경건하지(hosion) 못합니다만,[32] 정작 우리를 헤매게 하는 것은 오히려 이것일 것 같습니다. d

클레이니아스: 어떤 것입니까?

아테네인: 합창가무들의 공연들은 온갖 종류의 행위들과 운명들을 통해서 나타나는 여러 가지 기질(성격: tropos)의 모방적 표현(mimēma)[33]들이며, 이를 연기자들은 저마다 [제] 성격(ēthos)들과 모방(모방

---

31) 여기에서 말하는 시가의 '옳음'(orthotēs)이란, 642a에서 처음으로 언급되었던 것으로, 어떤 시가가 제대로 된 것인지 아닌지를 판정할 수 있게 해 주는 기준이 되는 '옳음'을 의미한다. 다시 말해, 모방 또는 묘사로서의 시가, 곧 예술이 옳게 모방 또는 묘사된 것인지를 말하는 그 '옳음'을 가리키는 말이다. 627d에서 '법률의 옳음'에 대한 각주를 참조할 것.

32) 《국가(정체)》 편(607a~e)에서 시는 즐거움을 주는 것이기보다도 나라의 체제와 인간 생활을 위해서 이로운 것이어야만 함이, 따라서 그 즐거움 때문에 법과 이성을 경시하게 만드는 것이어서는 아니 됨이 강조되고 있다. 곧 '즐거움(쾌락)을 위한 시'(hē pros hēdonēn poiētikē)는 배척되고 있다. 이 즐거움에 대해선 658e 끝의 본문 및 각주 54를 참조할 것.

33) 《국가(정체)》 편 제10권에서는 그 전반부에 해당하는 608b까지에 걸쳐 이 모방 행위와 관련된 예술 일반에 대한 언급을 하고 있다. 이에 따르면, 모든 예술가는 모방자(mimētēs) 또는 모방가이다. 한데, 예술을 모방 또는 모방 행위(mimēsis)로 보는 가장 직접적인 설명을 우리는 392d~394b에서 얻을 수 있다. 이를테면, 호메로스의 서사시는 사건들과 관련된 시인 자신의 이야기하기(이야기 진행: diēgēsis = narration)와 등장 인물(또는 신)들 자신들의 말하기(발언: rhēsis)로 이루어진다. 그런데 등장하는 인물들이나 신들은 헬라스인들의 전설적 역사나 신화를 통해서, 곧 설화를 통해 실재하는 것으로 상정되어 온 존재들이다. 이들이 등장해서 직접 말할 경우, 이는 직접화법으로 하는 것이니, 시인은 이를 최대한 실감나게 그대로 옮겨 전달해야만 한다. 가인(歌人: aoidos)이나 음송인(rhapsōdos)의 음송(吟誦)도 그런 인물들이나 신들의 목소리와 말투 그리고 몸짓

655d

행위: mimēsis)들을 통해서 표현하기에, 하는 말들이나 부르게 된 노래들 또는 어떤 식으로든 공연하게 된 춤들이 이들에게 맞을 경우에는, 그

e 게 성향(physis)으로 해서건 습관(ethos)으로 해서건 또는 양쪽 다로 해서건, 이들은 자기들에게 맞는 것들에 대해서는 기뻐하고, 이것들을 칭찬도 하며 아름다운 것들이라고까지 일컫게 마련입니다. 하지만 그것들이 이들에게 있어서 성향이나 기질(성격) 또는 어떤 익숙함(익힘: synētheia)에 어긋난 것들일 경우에는, 기뻐할 수도, 칭찬할 수도 없으며, 추한 것들이라 일컫게 마련입니다. 그러나 어떤 이들에게 있어서 성향에 속하는 것들은 바르되, 익숙함에 속하는 것들은 그 반대인 경우에, 또는 익숙함에 속하는 것들은 바르되, 성향에 속하는 것들은 그 반대인 경우

656a 에, 이들은 즐거움들과는 반대되는 칭찬들을 하죠. 이들은 이것들 각각을 즐거운 것들이기는 하지만, 몹쓸 것들이라 말하며, 또한 지혜로운 이들인 걸로 자신들이 생각하는 남들 앞에서 그런 것들을 몸 움직임으로 해 보이게 되는 걸[34] 부끄러워하기도 하지만, 자신들이 그런 것들을 아름다운 것들로 진지하게 표현하려고 하는 것처럼 노래하는 걸 또한 부끄러워하면서도, 자신들만 있을 때는 즐거워하니까요.

클레이니아스: 지당하신 말씀입니다.

아테네인: 그러니까 몹쓸 자세(춤사위)들과 노랫가락들에 대해서 기뻐하는 자에게는 그게 무엇이건 어떤 해로움을 가져다주겠지만, 반대되는 것들에서 즐거움을 얻는 자들에게는 반대로 어떤 이로움을 가져다주지 않겠습니까?

클레이니아스: 어쨌든 그럴 것 같습니다.

등을 최대한 실감나게 흉내 내며 말하는 것이었을 건 뻔한 일이다. 따라서 합창가무의 공연도 모방적 표현물(mimēma)들인 건 당연한 일일 것이다.

34) 곧 그런 연기를 하는 걸 가리킨다.

아테네인: 그건 그저 그럴 것 같기만 한 것일까요, 아니면 다음 경우 b
와 똑같을 게 필연적일까요? 즉, 누군가가 나쁜 인간들의 못된 성격들과 함께 지내면서 이것들을 미워하지 않고, 받아들이며 반길 경우와, 또한 이들을 나무라는 것도, 자신의 사악함을 꿈에서 보는 것처럼, 농담하듯 할 경우와 말씀입니다. 그 경우에는, 어느 쪽 것들에 대해 기뻐하건 간에, 그것들에 대해 기뻐하는 사람은, 설사 그것들에 대해 칭찬하는 건 부끄러워할지라도, 그것들을 닮게 되는(동화되는: homoiousthai) 건 분명히 필연적입니다. 그렇지만 그런 것[35]보다도 더 크게 좋은 것이나 나쁜 것으로 우리에게 아주 필연적으로 생길 수 있는 것이 무엇이라고 우리가 말하겠습니까?[36]

---

35) 닮게 됨 곧 동화(同化)를 가리킨다.

36) 아닌게아니라 '닮게 됨' 곧 동화(同化: homoiōsis = assimilation)는 플라톤 철학에 있어서 핵심적인 사상들 가운데 하나이다. 사람은 자신이 각별히 추구하거나 관심을 갖는 것들을 어느 결에 닮아 가게 마련이다. 역설적으로, 미워하면서 닮아 간다고 하지 않던가! 《국가(정체)》 편 제3권은 거의 전체가 시가(詩歌)의 그런 영향에 대한 언급으로 차 있다. 또한 같은 대화편 500c~d에서도 그런 언급을 접할 수 있다. 728b~c에서도 비슷한 언급이 보인다. 어찌 보면 인간에게는 본성적으로 동화 본능 같은 것이 있어서, 이런 인격적 동화 가능성에서 철학적 탐구의 의의도 찾을 수 있을 것 같기도 하다. 우주적 질서나 어떤 도덕적 가치의 추구는 그것과의 동화와 그것의 현실적 구현을 그 궁극적 목표로 하는 것이겠기 때문이다. 플라톤의 이데아 또는 형상(形相)이란 것도, 실은 그런 동화 가능성을 전제로 할 때, 본(paradeigma)의 성격을 갖게 되는 것이 된다. 또한 '닮게 됨' 곧 동화는 그의 인식론에서도 핵심을 이루는 원리와도 같은 것이다. 우리는 오관을 갖고 있고, 각각의 감각 기관에는 그 나름의 지각 대상들이 있다. 이것들끼리의 짝짓기, 곧 서로의 관계 맺음 또는 접촉에서 이른바 감각적 지각(aisthēsis)이 성립한다. 그러나 시각의 대상들은 시각에, 청각의 대상들은 청각에 알려지지, 이 관계 맺음은 결코 서로 엇갈릴 수는 없는 것이다. 마찬가지로, 감각적 지각에는 감각적 지각 대상들(ta aisthēta = the sensibles)만이 알려질 뿐이다. 그런데 감각적 지각에 의해서는

656b

클레이니아스: 그런 건 아무것도 없는 걸로 저는 생각합니다.

c 아테네인: 그러면, 무사 여신들과 관련되는[37] 교육(paideia)과 놀이(paidia)에 있어서 법률이 훌륭하게 제정되어 있거나 장차 그렇게 될 곳에서, 시인이 시작(詩作: poiēsis)에 있어서 무엇이든 자신이 좋아하는 리듬이나 노랫가락 또는 노랫말을 유지하는 것,[38] 이것으로 훌륭한 법 체제 안에서 살고 있는 이들의 아이들도, 합창가무단들의 젊은이들도 가르침으로써, [사람으로서의] 훌륭함(덕: aretē) 및 사악함과 관련하여 닥치는 대로 영향력을 미치는 게 허용될 것이라고 우리가 생각합니까?

클레이니아스: 적어도 그건 정말로 이치에 닿지 않습니다. 어찌 그럴 수가 있겠습니까?

d 아테네인: 하지만 이는 오늘날 실제로는, 이집트를 빼고는,[39] 모든 나라에서 그러는 게 허용되고 있습니다.

클레이니아스: 그러니까 이집트에서는 그런 것이 어떻게 법제화되어 있다는 말씀인가요?

알 수 없는 것들이 또한 있으며, 이것들이야말로 오히려 참된 앎의 대상들이라는 존재론을 들고 나온 이가 플라톤이다. 그런 존재들(ta onta)을 알아보는 인식 주관을 그가 지성(nous)이라 하고, 이것이 행사하는 앎의 능력을 '지성에 의한 앎(이해)' (noēsis)이라 일컫는 반면에, 이것에 알려지는 대상들을 '지성에 의해서[라야] 알 수 있는 것들' (ta noēta = the intelligibles)이라 했다. 이데아들 또는 형상들이 곧 그런 것들이다. 《파이돈》 편과 《국가(정체)》 편은 이와 관련된 문제를 크게 다루고 있는 대화편들이다. 이런 인식의 원리를 그는 헬라스인들의 속담을 빌려 표현하고 있는데, 그것은 "닮은 것에 닮은 것이"(to homoion tῷ homoiῳ: ho homoios tῷ homoiῳ) 알려진다는 것이다. 인식론적인 의미의 유유상종(類類相從)인 셈이다.

37) 이제까지 언급된 예술 분야를 가리키는 것으로 보면 되겠다. 653d에서 무사 여신들에 대한 각주를 참조할 것.

38) 당시의 시는 시가의 틀 안에서 이해해야 할 것이다.

39) 이런 문제와 관련된 이집트인들에 대한 언급은 799e에서 다시 하고 있다.

아테네인: 듣기에도 놀랄 일입니다. 옛날 옛적에 그곳 사람들에게는
지금 우리가 주장하고 있는 이 원칙이 이미 알려져 있었던 것 같습니다.
그건 나라마다의 젊은이들은 아름다운 자세(춤사위)들과 아름다운 노랫
가락들을 익힘에 의해 수련해야만 한다는 것입니다. 그들은 이것들을 정
리해서, 그것들이 무엇 무엇이며 어떤 것들인지 신전들에다 공시를 했으
며, 이것들을 위반해서 혁신을 한다거나 조상 전래의 것들(ta patria) 이
외의 다른 것들을 고안해 낸다는 것은 화가들에게도, 자세(춤사위)들이 e
나 그 밖의 다른 관련된 일들을 마무리지어 주는 사람들에게도 허용되지
않았으며, 오늘날에도 허용되지 않고 있습니다. 이들 분야에 있어서도
시가(詩歌) 전반에 걸쳐서도 말씀입니다. 그곳에서 살펴보신다면, 일만
년이 된 그림들과 돋을새김들을 선생께서는 발견하시게 될 겁니다. 거의
일만 년인 것이 아니라 실제로 일만 년입니다.[40] 그것들은 오늘날 만들
어지고 있는 것들보다 더 아름다운 것도 더 추한 것도 아닙니다. 똑같은 657a
기술이 만든 것들이니까요.

클레이니아스: 선생께서는 놀라운 일을 말씀하십니다.

아테네인: 실상 극단적으로 입법적이고 정치적이죠. 그러나 거기에서는 그 밖의 다른 것들로 하찮은 것들도 발견하시게 될 겁니다. 그렇더라도 시가와 관련되는 이 점은 참되고 유념할 가치도 있습니다. 즉 이런 것들과 관련해서 그 옳음[41]을 자연스럽게 갖추게 하는 노랫가락을 확고하게 법제화하여 봉헌할 수 있었다는 것은 말씀입니다.[42] 하지만 이것은

40) 이 문장 앞뒤의 대시 형태의 줄(lineola)은 삭제했다. 이처럼 이집트의 오랜 기록들에 대해 찬탄하는 플라톤의 언급은 《티마이오스》 편(21e~25d)에도 보인다.

41) 655d에서 해당 각주를 참조할 것.

42) '법제화하여 봉헌할 수 있었다'로 옮긴 부분은 텍스트 읽기 자체가 문제되는 부분이다. 우선 θαρροῦντα를 일종의 glossema corruptum(필사 과

657a

신이나 신과도 같은 이[43])가 한 일일 것입니다. 바로 그곳 사람들이 이 오
b 랜 세월 동안 보존된 노랫가락들은 이시스의 작품들(poiēmata)[44])이라 말하고 있듯이 말씀입니다. 그래서, 제가 말했듯, 만약에 누군가가 이것들의 옳음을 어떻게든 포착할 수 있게 되면, 이것들을 자신을 갖고 법으

정에서 잘못 베꼈거나 잘못 고친 탓으로 원문이 훼손된 것)으로 보고 이를 삭제했다. 그러나 이 자리에 있었을 원문이 무엇인지가 문제이다. Loeb 판에서 Bury는 이를 θ' ἱεροῦν τὰ로 읽고 있는데, 상당히 설득력이 있다. 전체적으로 글자들의 형태와 수가 엇비슷하다는 점에서도 그렇지만, 무엇보다도 문맥으로 보아 그럼직하다. 왜냐하면 이 내용은 656d의 "그들은 이것들을 정리해서, 그것들이 무엇 무엇이며 어떤 것들인지 신전들(ta hiera)에다 공시를 했다"는 내용과 일치하는 것이기 때문이다. 그리고 이에 이어 656e까지에 걸친 언급, 즉 "이것들을 위반해서 혁신을 한다거나 조상 전래의 것들(ta patria) 이외의 다른 것들을 고안해 낸다는 것은 화가들에게도, 자세(춤사위)들이나 그 밖의 다른 관련된 일들을 마무리지어 주는 사람들에게도 허용되지 않았다"는 내용도 657b까지에 걸친 이 부분의 언급과도 일치한다. 그러나 '봉헌함'(부정법 형태)을 뜻하는 낱말로 이 대화편에서 반복해서 쓰이고 있는 것들에 근거한다면, 오히려 καθιεροῦν으로 읽는 게 나을지도 모른다. England가 그렇게 읽고 있는 셈인데, 이 읽기와 관련해서 그는 그의 주석서 287쪽에서 몇 가지 의견을 밝히는 가운데, 이 읽기에서 제기되는 문제점을 해결하는 방책으로 nomotheteisthai를 현재분사형인 nomothetounta로 고쳐 읽는 것도 제의하고 있다. 그러니까 θ' ἱεροῦν을 καθιεροῦν으로 읽고 있는 셈이다. 아닌게아니라 바로 다음의 657b에는 '봉헌된 합창가무'라는 표현에 이 낱말이 쓰이고 있지만, 799b에서는 '각각의 노래들을 각각의 신들에게 봉헌함(바침)'이라는 표현에 바로 이 낱말이 쓰이고 있다. 이 낱말은 그 밖에도 813a, 839c 등등, 여러 군데에서 쓰이고 있다. Saunders, *Notes*, No. 8 및 Schöpsdau, *Nomoi*, Buch I~III, 278~9 참조.

43) andros는 삭제해도 되겠다.

44) 이시스(Isis)는 이집트 신화에 등장하는 최고신들 가운데 하나로, 저승신인 Osiris의 누이이며 그의 아내이다. 생명의 여신으로 알려져 있다. 기원전 4세기는 아테네의 외항 피레우스에 거주하던 이집트인들로 해서 이 여신에 대한 숭배가 전파되기도 했다고 한다. 그리고 여기에서 '작품들'로 옮긴 poiēmata는 '시들'을 뜻하기도 하는 말이다.

로 그리고 지시 사항으로 되도록 해야만 합니다. 즐거움과 괴로움의 추구는,[45] 언제나 새로운 시가를 이용하려 꾀하는 것으로서, 봉헌된 합창가무를 낡은 것이라 낙인을 찍고서 무너뜨리는 데는 대체로 큰 힘을 행사하지 못하니까요. 적어도 거기에서는[46] 도저히 무너뜨릴 수가 없었고, 오히려 완전히 그 반대였던 것 같습니다.

클레이니아스: 방금 선생께서 말씀하신 것들로 미루어 그것들이 그 c
런 것 같습니다.

아테네인: 그렇다면 시가와 합창가무를 동반하는 놀이의 바른 이용은 다음과 같은 식의 것이라고 우리가 자신을 갖고 말하겠군요? [일이] 잘 되어 간다[47]고 우리가 생각할 때는, 우리가 기뻐하고, 또 우리가 기뻐할 때는, 다시 우리는 [일이] 잘 되어 간다고 생각하죠? 그렇지 않습니까?

클레이니아스: 그야 그렇죠.

---

45) '즐거움과 괴로움의 추구'는, 엄격히 말하면, '즐거움의 추구와 괴로움의 기피'로 되어야 할 것 같지만, 이는 즐거움과 괴로움을 하나로 묶은 것으로서, 이를테면 지혜나 훌륭함(덕) 등의 추구와 대조되는 것이다.

46) 물론 이집트를 가리킨다.

47) 여기서 '[일이] 잘 되어 감'으로 옮긴 것의 원어는 eu prattein이다. 이 헬라스어는 독특하고 다양한 뜻으로 쓰이는 데다, 플라톤으로 해서 각별한 의미를 갖게도 된 것이기에 다소의 설명이 필요할 것 같다. eu(에우)는 '잘'(영어로는 well에 해당함)을 뜻하는 부사이다. 그리고 prattein(원형 prattō 또는 prassō의 부정사 형태)은 타동사로서는 통과함, 마침, 이룸, 해냄, …로 분주함, 다룸, 거래함, 행함(practise), (대가 등을) 받아 냄, 벌함 등을 뜻하고, 자동사로서는 어떤 상태에 있거나 지냄, 보냄을 뜻한다. 그러니까 eu prattein은 요컨대 '잘 함'이나 '잘 지냄' 그리고 '잘 되어 감'을 의미하는 것으로 이해하면 되겠다. 옛날 헬라스인들은 편지 첫머리의 인사로 "아무개가 아무개에게 평안함(eu prattein)을!" 하고 적었다. 플라톤의 이름으로 전하는 서한들도 이 인사로 시작하기는 마찬가지이다. 그런데 이 말과 관련된 흥미로운 철학적 논의의 한 장면을 우리는 《국가(정체)》 편 제1권 끝 부분(352d~354a)에서 접하게 된다.

657c

아테네인: 게다가 그런 상태에서는, 곧 우리가 기뻐할 때에는, 우리는 조용히 있을 수가 없습니다.

클레이니아스: 그건 그렇습니다.

d 아테네인: 그러니까 우리의 젊은이들은 스스로 가무를 할 준비가 되어 있고, 우리 연장자들은 우리대로 그들을 관람하는 이들로 지내는 게 어울린다고 생각하여, 그들의 놀이와 제전(축제) 행사로 해서 즐거워하겠죠? 우리에게서는 이제 [몸놀림의] 경쾌함이 사라져 버린 터인데, 우리는 이게 아쉽고 반길 처지라, 우리로 하여금 기억에 의해 최대한 젊음을 일깨워 줄 수 있는 자들에게 경연을 하게 하니까 말씀입니다.

클레이니아스: 더할 수 없이 참된 말씀입니다.

아테네인: 그러면 제전(축제) 행사를 하는 이들에 대해서 오늘날 많은 사람이 하고 있는 말이 전적으로 공연한 것이라 우리가 생각하고 있
e 는 건 아니겠죠? 이 사람을, 즉 우리로 하여금 최대한 신나게 하고 즐겁도록 만드는 사람을 가장 지혜로운 사람으로 간주하고 그리고 우승을 한 것으로 판정해야만 한다는 말 말씀입니다. 그야, 우리가 그런 경우들에는 어쨌든 실세로 놀이를 허용하니까, 가장 많은 사람을 가장 즐거워하도록 만드는 자를, 이 사람을 가장 예우해야 하며, 또한 방금 말했듯, 우승 상도 가져가게 해야만 하기 때문입니다. 일이 이런 식으로 진행된다
658a 면, 이는 옳게 하는 말이며 또한 옳게 하는 게 아닐까요?

클레이니아스: 아마도 그럴 것입니다.

아테네인: 하지만, 선생이시여! 그런 걸 우리가 급하게[48] 결정하지는 맙시다. 그러지 말고, 이를 부분별로 나누고서, 다음과 같은 식으로 고찰

48) 앞에서 클레이니아스가 takha(아마도)라 말한 데 대해, 이번에는 아테네인이 이를 받는 듯이 takhy(급하게)라 한 데는 약간의 농언기가 섞여 있다고 할 수도 있다.

해 보십시다. 어떻습니까? 만약에 누군가가 무슨 경합이든 이렇게 단순히 정한다면, 즉 체조라고도 시가라고도 또는 경마라고도 전혀 구분하지도 않고, 그 나라에 사는 사람들 모두를 모아 놓고서, 우승 상 제도를 정하여 공표하기를, 누구든 오직 즐거움에 관련되어서만 경합에 참가코자 하는 사람으로서, 관람객들을 가장 즐겁도록 하는 사람이, 그 방법에 대 b
해서는 아무런 지시도 하지 않은 채로, 이를 최대로 해내어, 경쟁자들 가운데서도 최대의 즐거움을 준 것으로 결정된 사람이 우승하는 걸로 한다면, 이 공고로 해서 도대체 무슨 일이 일어날 걸로 우리가 생각하겠습니까?

클레이니아스: 어떤 점과 관련해서 하시는 말씀인지요?

아테네인: 아마도 어떤 사람은, 호메로스처럼, 서사시 음송(rhapsọ̄dia)을 보여 줄 것 같고, 다른 사람은 키타라[49] 탄주에 맞춘 노래(kitharọ̄dia)를 들려줄 것 같으며, 어떤 이는 비극(tragọ̄dia)을 보여 줄

49) kithara는 대개 기원전 7세기경부터 리라(lyra)와 마찬가지로 7현(弦)을 갖게 된 수직형 현악기로서, 하프 유의 발현악기와 근본적으로 다른 점은 현들의 길이가 같고, 휴대하기가 상대적으로 간편하다는 것이겠다. 오늘날의 '기타'의 어원이 이에서 유래한다. 키타라도 리라도 탄주 방식은 같으나, 리라보다는 키타라가 더 정교하게 만들어진 것이고, 그 울림도 깊은 감을 준다고 한다. 이 둘의 형태상의 두드러진 차이점은 리라가 주로 사발 모양으로 된 공명 상자를 가졌고 그 밑면이 거북의 등으로 만들어졌거나 나무로 만들어졌을 경우에도 그런 모양으로 만들어 칠을 한 데 반해, 키타라는 그 공명 상자가 나무이고 전체적으로도 더 정교하게 만들어졌다는 점이다. 따라서 그 울림이나 정교함으로 해서 전문적이고 공적인 연주에는 키타라가 주된 악기로 이용되었던 것 같다. 비슷한 유형의 현악기들로는 사포(Sapphō)나 알카이오스(Alkaios)가 이용했다는 리라보다도 더 길고 많은 현들을 가진 바르비토스(barbitos, barbiton) 그리고 3~5현을 가진 포르밍크스(phorminx)가 있다. 이런 악기들의 제작 형태나 탄주 방식과 관련해서는 역자의 역주서 《플라톤의 국가(정체)》(개정 증보판), 686쪽을, 그 그림들로는 부록으로 실린 것들을 참고하는 게 좋겠다.

658b

것 같은가 하면, 또한 어떤 이는 희극(kōmōdia)을 보여 줄 것 같습니다. 그런가 하면, 어떤 이가 인형극을 보여 주고서 자기가 승리할 가능성이
c 가장 크다고 생각하더라도, 놀랄 일이 아닐 것입니다. 바로 이런 경쟁자들 그리고 그 밖의 수없이 많은 다른 경쟁자들이 참가할 경우에, 우리는 누가 이기는 게 정당하다고 말할 수 있겠습니까?

클레이니아스: 이상한 걸 물으시는군요. 과연 누가, 도대체 자신이 들어 보기도 전에 그리고 각각의 경쟁자들의 공연을 직접 들어 본 사람으로 되기도 전에, 그걸 알고 있는 듯이[50] 선생께 대답을 할 수 있겠습니까?

아테네인: 그러면, 제가 두 분께 이 이상한 대답을 해 드리길 바라십니까?

클레이니아스: 물론입니다.

아테네인: 한데, 만약에 아주 어린 아이들이 판정을 한다면, 이들은 인형들로 공연을 보여 준 자로 결정할 것입니다. 안 그럴까요?

d 클레이니아스: 어찌 그렇지 않겠습니까?

아테네인: 그러나 적어도 더 큰 아이들은 희극들을 보여 준 자로 결정할 겁니다. 반면에 여인들 중에서도 교육을 받은 이들과 젊은 청년들 그리고 전체 중에서는 아마도 거의 다수가 비극을 선택할 것입니다.

클레이니아스: 아마도 그럴 게 분명합니다.

아테네인: 하지만 음송인(rhapsōdos)이 《일리아스》나 《오디세이아》 또는 헤시오도스의 서사시들 중의 어느 걸 아름답게 음송하는 걸 아마도 우리 늙은이들은 가장 즐겁게 듣고서, 그가 월등하게 승리한 것으로 말할 것입니다. 그러니 누가 우승하는 게 옳은가요? 이게 다음 문제입니다. 안 그런가요?

---

50) 우리가 흔히 "그건 안 보아도 안다"는 태도로 임하듯이.

클레이니아스: 그렇습니다.

아테네인: 적어도 저로서는 그리고 두 분으로서도 우리 나이 또래의 e
사람들에 의해서 결정된 자들이 우승하는 게 옳다고 말할 게 필연적이라는 건 명백합니다. 왜냐하면 모든 나라에 있어서의 그리고 도처에서의 오늘날의 많은 관습 중에서도 우리의 [이] 관습(ethos)이 최선의 것이라 여겨지니까요.[51)]

클레이니아스: 물론입니다.

아테네인: 물론 저도 이 정도는 다중(hoi polloi)과 동의합니다. 즉 시가는 즐거움에 의해 판정되어야만 하나, 그렇더라도 적어도 어중이떠중이의 즐거움에 의해서 판정될 것이 아니라, 가장 훌륭하고 충분히 교육받은 사람들을 즐겁게 하는 그런 것이 대체로 가장 아름다운(훌륭한) 무사(Mousa)[52)]라고, 그러나 무엇보다도 [사람으로서의] 훌륭함(덕: aretē)[53)]과 교육(paideia)에 있어서 빼어난 한 사람을 즐겁게 하는 것이 가장 그런 것이라고 말씀입니다.[54)] 이런 것들에 대해 판정을 하는 사람들은 [사 659a

51) '우리의 [이] 관습(ethos)'이란 얼른 보아 나이가 지긋하게 든 사람들의 판정을 존중하는 것이겠으나, 이는 단순히 나이를 전제한 것이 아니라, 그 밑바탕에는 나라의 원로들의 판정을 존중한다는 생각이 깔려 있다고 하는 것이 옳을 것이다. 이는 바로 다음의 언급에서도 확인된다.

52) 곧 시가(mousikē), 더 넓게는 예술을 가리킨다고 보면 되겠다. 653d의 해당 각주를 참조하는 게 좋겠다.

53) 627e의 해당 각주를 참조할 것.

54) 축제 행사 때의 경연에서 그 우수성을 판정하는 기준이 즐거움일 수 있겠으나, 그게 정작 어떤 즐거움이냐가 선결 문제이겠다. 여기에서는 그 기준일 수 있는 즐거움을 '[사람으로서의] 훌륭함(덕: aretē)과 교육(paideia)에 있어서 빼어난 한 사람을 즐겁게 하는 것'으로 제시하고 있다. 이에 대한 보완적인 언급을 우리는 732e~734e에서 접하게 된다. 《국가(정체)》 편 583a~586c(특히 585e 이후)에서 하고 있는 참된 즐거움에 대한 언급을 함께 참조하는 것도 좋겠다.

659a

람으로서의] 훌륭함(덕)을 갖추어야만 한다고 우리가 말하는 것은 이런 이유로 해섭니다. 즉 이들은 다른 사려 분별 그리고 특히 용기를 갖추고 있어야만 하기 때문입니다.[55] 왜냐하면 적어도 참된 판정자(kritēs)는 관람객들한테서 배워서 결정을 하거나, 다중의 소동[56]과 자신의 교육 부족으로 해서 얼이 빠진 상태로 결정을 해서는 안 되기 때문이죠. 또한 알고는 있으면서도, 용기 부족과 비겁함으로 해서, 그가 판정함에 임하면서
b 신들을 불렀던[57] 바로 그 같은 입으로 거짓말을 하며 경솔하게 결정을 공표해서도 안 됩니다. 판정자는, 마땅히 그래야 하듯, 관람객들의 제자로서가 아니라 오히려 스승으로서 임석하는 것이니, 관람객들에게 즐거움을 부적절하거나 옳지 않은 방식으로 제공하는 자들에게는 반대하고 나서야 할 것이기 때문입니다.[58] 그야 옛날의 헬라스 조례에서는 그게

---

55) 여기에서 그냥 사려 분별(지혜: phronēsis)이라 하지 않고, '다른 사려 분별'이라 한 것은, 아마도 참된 의미에서의 지혜 또는 사려 분별이라고 할 정도는 아니더라도, 적어도 공연과 관련해서는 관람객들의 수준을 넘어서는 분별과 지혜는 갖추고 있어서, 공정한 판정을 내릴 수는 있을 정도의 사려 분별을 염두에 누고서 하는 말인 것 같다. 그리고 '특히 용기를 갖추고 있어야만 한다'고 한 것은 적어도 공연 결과에 대한 참된 판정자는 다중인 관람객들의 소동에 겁을 먹고 얼빠진 상태로 결정을 해서는 안 된다 해서다.

56) 다중(hoi polloi)의 소동(thorybos)이 누군가의 소신에 따른 판단이나 주장을 어렵도록 하는 것과 관련된 언급의 좋은 예로는 《국가(정체)》 편 492b~c를 참조할 것. 아테네의 경우, 디오니소스 극장이나 민회의 전용 집회 장소였던 프닉스(Pnyx)가 대표적인 그런 공간이었다. '프닉스에 모인 사람들의 소동'(thorybos Pyknitēs)이란 말이 있었을 정도였으니까. 비록 정도 차이는 컸겠지만, 대개 200~500명의 배심원들로 구성되는 법정에서의 재판 과정에서도 비슷한 소동이 있었음을 우리는 《소크라테스의 변론》 편(27b, 30c 등등)에서 확인할 수 있다.

57) '신들을 불렀던'은 '신들의 이름들을 부르고서 맹세했던'이 그 정확한 뜻이다. 이는 관직에 임하거나 이런 경연의 판정을 맡게 되는 자가 하게 되어 있는 서약 절차이다.

허용되었으니까요.[59] 오늘날 시켈리아 및 이탈리아의 조례[60]가, 관람객들의 다수(多數: plēthos)에 맡겨, 우승자도 거수가결(kheirotonia)로 결정케 함으로써, 시인들 자신들을 망쳐 놓은 것과 똑같이 말씀입니다.[61] 시인들은 이 판정자들[62]의 비천한 즐거움을 고려해서 시를 짓게 되니, c 결국 관람객들 자신들이 시인들을 교육하게 된 거죠. 그래서 관람객들 자신들의 즐거움도 망쳐 놓게 된 것입니다. 왜냐하면 관람객들은 언제나 저 자신들의 성격(성품, 인격: ēthos)들보다도 더 나은 성격(성품, 인격)에 대해 들음으로써[63] 더 나은 즐거움을 갖게 되어야만 하는데, 이제 이들이 행하고 있는 것과는 아주 반대되는 일이 일어나고 있기 때문입니

58) 시가의 판정에 관람객들 곧 다중이 지배하는 사태에 대해서는 700c~701a에서 다시 언급하게 된다.

59) "그야 옛날의 헬라스 법률에서는 그게 허용되었으니까요"의 원문 ἐξῆν … νόμῳ,에 대해 England는 원전의 난외(欄外) 주해(scholium)를 필사자가 본문 속에 삽입한 것으로 보고 [ ]를 쳤다. 반면에 Budé 판에서는 앞뒤로 짧은 선(lineola)을 쳤고, Burnet는 이마저도 없앴다. 역자는 '원전 텍스트 읽기와 관련된 일러두기'에서 밝힌 대로 이 짧은 선을 되도록 없애는 쪽을 택했으며, 쉼표나 구두점 처리도 이에 따랐다.

60) 이와 관련해서는 달리 알려진 바는 없고, 아마도 플라톤 자신이 시켈리아에 체류하는 동안의 개인적인 체험을 근거로 하는 말일 것이라고 Schöpsdau(285쪽)는 제 의견을 밝히고 있다.

61) Burnet는 Winkelmann을 따라 〈οὐ〉 καθάπερ로 읽고 있으나, 이를 따르지 않고, Budé 판대로 〈οὐ〉는 삭제한 채로 읽었다. 그리고 여기에서 '똑같이'는 실은 앞의 경우와는 정반대가 되는 것이겠다. 따라서 일종의 반어법 표현이라 할 수 있겠다.

62) 여기서 말하는 판정자들은 앞의 경우와는 달리 다수결로 판정해 버리는 자들, 곧 관람자들을 가리킨다.

63) 아리스토텔레스의 《시학》 25, 1460b33~34를 보면, "소포클레스가 말하기를 자기는 어떤 사람들이어야만 하는지(hoious dei)를 시로 나타내는데(poiein), 에우리피데스는 어떤 사람들인지(hoioi eisin)를 시로 나타낸다"고 했는데, 여기에서는 소포클레스의 시작(詩作) 태도를 바람직한 것으로 말하고 있다.

659c

다. 그러니 논의에 의해 이제 다시금 얻게 된 결론이 우리에게 시사해 주려고 하는 것이 도대체 무엇일까요? 혹시 이런 것인지 생각해 보십시오.

클레이니아스: 어떤 것인데요?

아테네인: 제가 보기에 우리의 논의는 서너 번이나 돌고 돌아[64] 같은
d 데로 귀착한 것 같습니다. 그러니까 교육(paideia)은 법에 의해 규정된 바른 원칙(ho logos orthos)[65]으로의 아이들(paides)의 이끎(holkē) 그리고 인도(agōgē)이며, 또한 이것은 가장 합리적이고 가장 연장자인 사람들한테서 경험을 통해 정말로 바른 것으로 인정을 받은 것이라는 겁니다. 그러므로 아이의 혼이 법 그리고 법에 승복하는 자들과 반대로 즐거워하고 괴로워하지 않고, 노인이 그러는 것들과 똑같은 것들에 대해 즐거워하고 괴로워하기를 따라하도록 버릇들이기 위해서, 바로 이를 위해
e 서 우리가 노래(ǭdē)들[66]이라 일컫는 것들이 오늘날 생기게 된 것이라 여겨집니다. 이것들은 실은 혼들을 위한 주문(주송: epǭdē)[67]들로서, 우리가 말하고 있는 그와 같은 찬동(symphōnia)[68]을 진지하게 목표로 삼고 있는 것들이지만, 어린것들의 혼들이 그 진지함(spoudē)을 감당해 낼 수 없는 탓으로 해서, 놀이(paidia)들과 노래들이라 불리며 실시로 하게도 되는 걸로 여겨집니다. 마치 환자들과 몸들이 허약한 사람들에게, 이
660a 들을 돌보는 사람들로서는 유익한 영양은 맛있는 음식물들로 제공하려 꾀하는 반면에, 나쁜 음식물들은 맛없는 상태로 제공하려 꾀하듯이 말씀

---

64) 특히 643a~645c에서 그리고 653b에서.

65) 645b의 본문 및 해당 각주 그리고 656d를 참조할 것.

66) ǭdē는 aoidē의 단축형이다.

67) epǭdē는 어원상 '…에게 또는 …에 대고(epi) 해 대는 ǭdē(노래)' 라든가 또는 노래 삼아 그리해 대는 것이라는 뜻이 되겠다. 이런 형태의 주문에 대한 언급으로는 이를테면 《파이돈》 편 77e~78a 및 114d에도 보인다.

68) 653b를 참조할 것.

입니다. 이는 앞의 것은 반기되, 뒤의 것은 싫어하는 버릇이 들도록 하기 위해서죠. 바로 똑같은 것을 바른 입법자(ho orthos nomothetēs)가 시인으로 하여금 [하게 할 것이니,] 아름답고 칭찬할 만한 언어로 [시를] 짓도록 설득할 것이며, 설득하지 못할 경우에는, 강제로라도 그리할 것입니다.[69] 그가 절제 있고 용감하며 아주 훌륭한 사람들의 자세들(춤사위들)과 노랫가락들을 리듬들과 선법들로써 옳게 만들어서 시로 짓도록 말씀입니다.

클레이니아스: 그러면, 선생이시여! 맹세코, 다른 나라들에서도 오늘 b
날 이런 식으로 시를 짓고 있는 것으로 선생께는 생각되십니까? 제가 들어서 알고 있는 한, 이곳 사람들[70]과 라케다이몬 사람들의 경우를 제외하고는, 지금 선생께서 말씀하시는 것들이 행하여지고 있는 경우를 저는 알지 못합니다. 춤들과 그 밖의 시가(mousikē) 전반에 걸쳐 언제나 새로운 것들이 생겨나는데, 이것들은 법률에 의해서 바뀌게 되는 게 아니라 어떤 무절제한 즐거움들로 해서 바뀌게 되는 것들로서, 선생께서 해석하시는 이집트 것의 경우처럼,[71] 똑같은 한결같은 상태의 것들에는 많이 미치지 못하는, 아니 결코 똑같은 것인 법이 없는 것들이니까요. c

---

69) 이 대화편이 법률 제정(nomothesia)의 문제를 다루면서 일관되게 강조하고 있는 것은 법의 강제적 집행보다도 그것에 앞선 설득(peithō) 쪽에 훨씬 더 무게를 두어야 한다는 것이다. 법에 의한 강제(bia) 또는 강제성(anankē)은 설득이 되지 않을 경우에 동원되는 수단이다. 이 설득적 성격을 갖는 것이, 722b~723c에서 밝히고 있듯, 구체적인 법규들에 앞선 전문(前文: prooimion)이다. 실상 734e에서 밝히고 있듯, 이 대화편에서 제5권의 이 대목까지가 전체적인 전문의 성격을 갖는 것이다. 그러나 전문 성격을 갖는 언급은 이에서 그치지 않고, 각 분야의 법률을 다룰 때마다 그것대로 하게 된다. 그리고 그런 근본적인 의도와 관련해서는 앞서 630e~631a에 걸친 각주에서 약간의 언급을 했다.

70) 크레테인들을 가리킨다.

71) 656d~e를 참조할 것.

660c

아테네인: 아주 훌륭한 말씀입니다, 클레이니아스 님! 하지만 만약에 선생께서 말씀하시는 것들을 실제로 오늘날 시행되고 있는 것들로 제가 말씀드린 걸로 선생께 생각되셨다면, 그리되시게 한 게 저이고 제 처지가 그리된 것인데, 이는 제가 생각하고 있는 바를 명확하게 말하지 못함으로써 그리된 것일 테니, 제가 놀랄 일은 아닐 것입니다. 그러나 시가와 관련해서 그렇게 되었으면 하고 제가 바라는 것들을, 그런 것들을 제가 말한 것인데, 아마도 그것들을 제가 실제의 일들로서 말한 것으로 선생께 여겨지게 한 것 같습니다. 고칠 수 없는 일들과 많이 진행되어 버린
d 과실들을 비난한다는 것은 결코 즐겁지는 않지만, 때로는 필요하죠. 이것들에 대해서는 선생께서도 같은 생각이시니, 보십시오, 선생께서는 그와 같은 것들이 다른 헬라스 사람들의 경우보다도 두 분과 두 분 나라의 사람들에게 있어서 오히려 시행되고 있다고 말씀하시겠는지요?

클레이니아스: 물론입니다.

아테네인: 어떻습니까? 만약에 다른 나라 사람들에게 있어서도 이런 식으로 실행되고 있다면 말씀입니다. 이것들이 이런 식으로 시행되는 것이 오늘날 실행되고 있는 것보다도 더 낫다고 우리가 말할 수 있겠습니까?

클레이니아스: 아마도 그 차이는 클 것입니다. 만약에 이분 나라의 사람들과 우리나라 사람들에게 있어서처럼, 그리고 더 나아가 선생께서 마땅히 그래야만 하는 것으로 방금 말씀하신 것처럼 시행된다면 말씀입니다.

아테네인: 그러면 자, 이제 합의를 보도록 합시다. 두 분 나라의 전체
e 적인 교육과 시가에서 하는 말들은 다음 것들이 아닙니까? 여러분이 시인들로 하여금 훌륭한(선량한) 사람은 절제 있고 올발라서 행복하며 축복받는데, 그가 장신이고 힘이 세건 또는 단신이고 약하건 간에, 또한 부유하거나 아니거나 간에, 그러한 걸로 말하도록 강요한다는 겁니다. 반면

에 설령 누군가가 키니라스와 미다스[72]보다도 더 부유할지라도, 올바르지 못하다면, 그는 비참하며 괴롭게 살고요. 또한 선생네의 그 시인[73]은 말합니다. 그가 정말로 옳게 표현한 것일진대 말씀입니다. "나는 말하지도 않으리." "또한 대단하게 보지도 않으리, 이런 사람은."[74] 즉 훌륭한

---

72) Cinyras는 키프로스(Kypros, Cyprus)의 전설적인 왕으로서, 아프로디테 여신의 제관 역할도 한 것으로 전한다. 호메로스의 《일리아스》 11. 19~28에는 그가 아가멤논에게 선물로 준 가슴받이(thōrax)에 관한 긴 언급이 나온다. 그는 미다스보다도 세 배나 복 받은 사람이라는 이야기가 전할 정도로 부유했던 것 같다. Midas는 프리기아(Phrygia)의 전설적인 왕으로서, 그에 관해서는 몇 가지 전설이 전해 오는데, 그중의 하나가 널리 알려진 것이다. 디오니소스의 양부이며 사티로스(Satyros)들의 지도자인 Seilēnos(Silenus)가 술이 취해 길을 잃고 떠도는 걸 보호하고 환대해 주었다 해서, 디오니소스가 미다스의 소원을 물었더니, 자기가 만지는 것이 다 황금으로 되게 해 달라고 한다. 그 소원을 들어주게 되니, 그가 마시거나 먹으려는 모든 음식과 사랑하는 딸마저 황금으로 바뀌게 되자, 결국 그 선물을 거두어 주길 빈 끝에, 리디아의 팍톨로스 강의 수원지로 가서 그 신통력을 씻어 털어 버림으로써 원상으로 돌아갔고, 이후로 이 강의 모래는 금의 성분을 갖게 되었다는 이야기이다. 일설에는 그가 삶과 우주 등의 비밀을 Seilēnos를 통해 알아내기 위해 Seilēnos가 마시는 샘에다 포도주를 부어 취하게 만든 다음, 그를 결박한 상태로 이것저것 물었는데, 인간의 삶에 대해 얻은 대답은 이런 것이었단다. 인간에게 제일 좋은 것은 아예 태어나지 않는 것이고, 일단 태어난 다음에는 되도록 빨리 이 세상을 하직하는 것이라나. 또 다른 이야기 하나는 그가 당나귀 귀를 갖게 된 것과 관련된 것이다. 이는 우리 민화로도 전하는 '임금님의 귀' 이야기의 원조 격인 것이라 할 것이다. 그가 아폴론과 목신(牧神) 판(Pan)의 음악 경연에서 판 신이 승리한 것으로 판정한 탓으로, 어리석음의 상징으로 당나귀 귀를 아폴론에게서 벌로 받게 되었다는 이야기이다. 이 창피스런 귀를 터번으로 모두에게 숨길 수는 있었지만, 그의 이발사에게만은 숨길 수가 없었고, 이 이발사는 이 비밀을 도저히 속으로 품고만 있을 수가 없어, 땅 구덩이에다 대고 털어놓았는데, 이곳에서 자라난 갈대들이 바람결에 "미다스 왕은 당나귀 귀를 가졌다"는 소문을 언제까지나 퍼뜨렸다는 것이다.

73) 앞서 629a~e에서 언급된 티르타이오스를 가리킨다.

660e

것들이라고들 말하는 모든 것을, 올바름(정의: dikaiosynē)은 갖추지 못
661a 한 채, 행하고 소유한 자는, 설령 그런 자로서 "또한 백병전을 하며 베어 죽이면서 돌진한들," 올바르지 못한 자로서 "피투성이 학살을 보면서도"[75] 버티어 낸다 한들, "트라케 쪽에서 불어오는 북풍"을 거스르며 달려가 승리한다 할지라도, 또한 좋은 것들이라고들 말하는 것들(이른바 좋은 것들) 중에서 다른 그 어떤 것이 그에게 언젠가 생긴다 할지라도 말씀입니다. 다중이 좋은 것들이라 말하는 것들은 옳게 말하는 것들이 아니니까요. 왜냐하면 건강함이 가장 좋고, 둘째는 준수함이며, 셋째는 부라고 하지만, 그 밖에도 좋은 것들은 수도 없이 많다고 말하기 때문입니다.[76] 또한 보고 듣는 게 날카롭고, 감각적 지각과 관련된 모든 걸 잘 지각하는
b 것, 더 나아가 또한 참주가 되어 하고 싶은 것은 무엇이나 할 수 있게 되는 것, 그리고 그야말로 일체 축복(makariotēs)의 극치는 이 모든 걸 소유하고서 최대한 빨리 영생하게 되는 것[77]이라고 말합니다. 그러나 두 분과 저는 아마도 이렇게 말할 것입니다. 이것들 모두는 올바르며 경건한 사람들에게는 아주 좋은 소유물들이지만, 올바르지 못한 사람들에게는 건강을 비롯한 모든 것이 아주 나쁜 것들이라고요. 더구나, 영원토록

---

74) 629a에서는 한 줄로 이어서 말한 티르타이오스의 토막 시 12.1을 여기서는 떼어서 인용하고 있다.

75) 역시 629e에서도 인용되었던 티르타이오스의 토막 시이다.

76) 631b~e의 본문 및 해당 각주를 참조할 것.

77) '최대한 빨리 영생하게 되는 것'이란 '빨리 신과도 같은 존재로 되는 걸' 뜻한다. 여기에서 '영생함'이란 뜻의 원어는 'athanaton einai'로서 '죽지 않음'이 그 직역이겠는데, '불사(不死)라는 추상명사는 athanasia이다. 헬라스어로 '죽음'은 thanatos이고, '죽음을 면치 못하는', '죽게 마련인'이라는 뜻으로는 thnētos를, '죽지 않는'이라는 형용사는 athanatos이다. 그래서 헬라스인들은 인간들을 가리켜 때로는 thnētoi(죽게 마련인 존재들: mortals)라 하고, 신들은 이와 대비되는 '불사의 존재들'이라는 뜻으로 [hoi] athanatoi라 했다.

죽지 않는 자이면서 좋은 것들로 말하는 모든 것을, 올바름(정의)과 [사 c
람으로서의] 일체의 훌륭함(덕)은 제외한 채로, 소유하고 있는 자가 보
거나 듣고 지각한다는 것은, 아니 살고 있다는 것 전반이 더할 수 없이
나쁜 것(megiston kakon)이지만, 그런 자는 되도록 짧은 시간 동안 생존
하는 것이 덜 나쁜 것이라고 말씀입니다. 바로 이것들을, 제가 말하고 있
는 이것들을 두 분께서는 선생들의 시인들로 하여금 말하도록 설득하고
강요하실 것으로 저는 생각합니다. 또한 더 나아가서는 이것들에 따르는
리듬들과 선법들을 부여해서 선생들의[78] 젊은이들을 교육하도록 하실
것으로 생각합니다. 안 그렇습니까? 보십시오. 제가 명확히 말할 테니까
요. 나쁜 것들이라 말하는 것들이 올바르지 못한 사람들에게는 좋은 것 d
들인가 하면, 올바른 사람들에게는 나쁜 것들인 반면에, 좋은 것들이라
는 것들은 좋은(훌륭한) 사람들에게는 참으로 좋은 것들이지만, 나쁜 사
람들에게는 나쁜 것들입니다. 그러니까 제가 물었던 것에 대해[79] 저도
두 분께서도 찬동하고 있는 건가요? 아니면 어떻습니까?

클레이니아스: 일부에 대해서는 어쩌면 우리가 찬동하고 있는 걸로
적어도 제게는 보입니다만, 일부에 대해서는 결코 그렇지가 않습니다.

아테네인: 그렇다면 건강과 부 그리고 참주의 권력을 영구히 소유하
고 있는 자, 이에 더해 특출한 힘과 용기를 불사(不死)와 함께 더 보태어
드리겠지만, 그 밖에 나쁘다고 하는 것들 가운데서는 어떤 것도 그에게 e
생기지 않은 자, 그러나 제 안에 올바르지 못함(불의: adikia)과 히브리
스(hybris)[80]만 간직한 자, 이렇게 사는 자는 행복하지 못하고 비참하게
될 게 명확하다고 제가 두 분으로 하여금 아마도 납득게 하지는 못하고

78) Burnet 및 England는 hymōn을 hēmōn(우리들의)으로 읽고 있다.

79) 아테네인이 말하고 있는 이 문단 첫머리로 되돌아가서 다시 물으며 확인하고 있다고 할 것이다.

80) 637a 및 641c에서 해당 각주를 참조할 것.

661e

있겠군요?

클레이니아스: 더할 수 없이 참된 말씀이십니다.

아테네인: 좋습니다. 그러면 그다음으로 우리가 무엇을 말해야만 합니까? 왜냐하면 용감하고 힘세며 준수하고 부유하며, 또한 자신이 일생
662a 을 통해 욕구하는 것은 무엇이나 하는 사람이 정말로 올바르지 못하고 '히브리스'(hybris)를 저지르는 자[81]라면, 필연적으로 욕되게(부끄럽게) 살 걸로 물론 두 분께는 생각되시지 않겠습니까? 이 점에 대해서는, 즉 어쨌든 욕되게 살 것이라는 점에 대해서는 아마도 두 분께서는 동의하시겠죠?

클레이니아스: 그야 물론입니다.

아테네인: 다음은 어떻습니까? 그가 잘못 살 것[82]이라는 것도?

클레이니아스: 아직 그건 경우가 같지 않습니다.

---

81) 여기에서 '히브리스를 저지르는 자'로 옮긴 것의 원어는 hybristēs이다. 637a의 각주에서 밝혔듯, '히브리스'에는 남에 대한 경우의 것과 제 자신에 대한 경우의 것이 있고, 어느 경우나 난폭함이나 지나침을 가리킨다고 했다. 난폭한 사람, 제멋대로 하는 사람, 오만 무례한 사람, 욕정에 사로잡힌 사람, 자제하지 못하는 사람 등이 그 대강의 뜻이겠다.

82) '잘못(나쁘게) 삶'([to] kakōs zēn: 영어로는 [to] live badly에 해당함)은 '잘(훌륭하게) 삶'([to] eu zēn: 영어로는 [to] live well에 해당함)과 반대되는 의미로 하는 말이다. to는 중성 정관사이지만, 부정법 동사와 함께 사실상 영어의 to + infinitive(부정사)의 구실을 하는 것이다. 'eu'는 '잘'이나 '훌륭하게'를 뜻하는 것으로 영어 'well'에 해당한다. 'kakōs'는 '나쁘게'나 '잘못'을 뜻하는 말로서, 영어 'badly'에 해당한다. 한데, 우리말로는 '잘산다'고 하면, '부유하게 사는 걸' 뜻하니, 이 경우에 '잘'을 '사는 것'과 떼어서 '잘 사는 것'으로나 '훌륭하게 사는 것'이라고 하면, 그 본뜻을 살리는 것이 되겠다. 그런 의미를 살리려 한다면, '잘'과 '훌륭하게'를 동시적으로 생각하는 것이 좋겠다. '잘 사는 것'에 대한 일반인들의 이런 이해를 근본적으로 반성해 보게 하려는 의도를 갖고 이 문제를 다루고 있는 대목이 《국가(정체)》 편 제1권 끝 부분에 나온다. 마찬가지로 그 반대의 뜻을 갖는 표현을 우리말로는 '못살다'의 꼴로 붙여서 쓰거나

아테네인: 그러면 이건 어떤가요? 즐겁지도 않게 그리고 제 자신에게 이롭지 않게 살 것이라는 건?

클레이니아스: 어떻게 그것들까지도 우리가 동의할 수 있겠습니까?

아테네인: 어떻게 그럴 수 있겠느냐는 건가요? 아, 친구들이시여! 우 b
리가 지금은 어쨌든 서로 의견을 대체로 달리하고 있으니, 만약에 신께서 우리에게 찬동해 주신다면, 그럴 수는 있을 것 같습니다만. 그야 물론 이것들이 필연적이라는 것은, 클레이니아스 님, 크레테가 섬이라는 사실도 제게는 그만큼 명확해 보이지는 않기 때문입니다. 그리고 만약에 제가 입법자라면, 저는 나라 안에 있는 모든 시인과 모든 사람으로 하여금 이렇게 말하도록 강제하려 애쓸 것입니다. 만약에 영토 안에 있는 누군가가 말하기를, 어떤 못됐던 사람들이 즐겁게 살고 있다거나, 또는 유익
하고 이득이 되는 것들과 더 올바른 것들은 별개의 것들이라고 말한다 c
면, 저는 최고의 중형에 가까운 벌을 내릴 것입니다. 또한 오늘날 크레테 사람들이나 라케다이몬 사람들 그리고 또 틀림없이 다른 나라 사람들이 말하는 것들과는 어긋나는 많은 다른 것들을 시민들로 하여금 말하도록 저는 설득하려 할 것입니다. 자, 제우스와 아폴론께 맹세코, 더할 수 없이 훌륭하신 분들이시여! 가령 두 분의 나라들에 법률을 제정해 주신 바로 그 신들께 우리가 물어 볼 수 있겠습니다.[83] "가장 올바른 삶이 [곧]
가장 즐거운 삶입니까, 아니면 두 가지 삶이 있어서, 이들 둘 중의 하나 d

'잘 못산다'는 꼴로 쓰는데, 이는 '가난하게 산다'는 뜻으로 쓰이는 말이다. 따라서 이 헬라스어의 표현을 제대로 살려서 이해하려면, '잘못 산다'는 꼴로 표현하는 게 옳다.

83) 하필이면, 이 두 신의 이름으로 맹세를 하는 것은 이들 두 신과 두 사람의 특별한 관계를 고려해서이다. 그리고 이들 두 신이 크레테 및 라케다이몬(스파르타)을 위해 법률 제정을 해 준 것으로 언급되는 것은 물론 상징적인 의미에서 한 것이다. 이와 관련해서는 제1권 첫머리(624a~b)의 본문 및 각주 2, 4, 6을 참조할 것.

662d

가 가장 즐거운 삶이고, 다른 하나는 가장 올바른 삶인가요?" 하고 말씀입니다. 둘이 있는 걸로 그들이 정작 대답한다면, 우리는 아마도 그들에게 다시 물을 것입니다. 진정 우리가 옳게 재차 묻는다면 말씀입니다. "어느 쪽 사람들을 가장 행복한 사람들로 우리가 말해야만 합니까? 가장 올바른 삶을 사는 사람들입니까, 아니면 가장 즐거운 삶을 사는 사람들입니까?" 하고요. 혹시라도 가장 즐거운 삶을 사는 사람들이라고 그들이 대답한다면, 그들의 그 말은 이상한 것이 될 것입니다. 하지만 저로서는
e 그런 걸 말하는 것을 신들에게 돌리고 싶지가 않고, 오히려 아버지들이나 입법자들에 돌리고 싶거니와, 앞에서 한 질문들을 저로서는 아버지와 입법자에게 질문한 걸로 하되, 이분께서는 가장 즐거운 삶을 사는 사람이 가장 복된 사람이라고 대답한 걸로 하죠. 그러면 그다음으로 저는 어쨌든 말할 것입니다. "아버지시여! 아버지께서는 제가 최대한 행복하게 사는 걸 바라시지 않았습니까? 하지만 아버지께선 제가 최대한 올바르게 살도록 늘 권유하시길 그만둔 일이 없으셨습니다"라고요. 따라서 그렇게 하신 분이, 그야 입법자이시든 아버지이시든, 이상하신 걸로 저는 생각하거니와, 말씀하시는 것도 스스로 일관성을 유지할 길이 없이 보이는군요. 하지만 이번에는 가장 올바른 삶이 가장 행복한 삶이라고 그분께서 밝히신다면, 이를 들은 사람 모두가 아마도 캐물을 것이라 저는 생각합니다. 그런 삶에 있는 것으로서 즐거움보다도 더 나은 것으로 법[84)]
663a 이 칭찬하는 좋으며 아름다운 것이 도대체 무엇인가고 말씀입니다. 왜냐하면 즐거움과 구별되는 좋은 것으로서 올바른 이에게 생길 수 있는 것이 무엇이겠습니까? 자, 인간들과 신들한테서 얻게 되는 명성과 칭찬은

84) 여기에서 법(nomos)은 England의 말대로 입법자(nomothetēs)의 의인화라 볼 수 있겠다. 아닌게아니라 어떤 텍스트는 아예 nomothetēs로 읽기도 한다.

좋으며 아름다운 것이지만,[85] 즐겁지는 않은 것이고, 악명은 그와 반대되는 것인가요? 친애하는 입법자시여, 우리는 조금도 그렇지 않다고 말할 것입니다. 하지만 누군가를 해치지(올바르지 못한 짓을 하지: adikein)도 누군가에게서 해침을 당하지(올바르지 못한 짓을 당하지: adikeisthai)도 않는 것은 즐겁지는 않으나, 좋거나 아름다운 일이지만, 그와 반대되는 것들은 즐겁기는 하나, 수치스럽고 나쁜 일들일까요?

클레이니아스: 어찌 그럴 수 있겠습니까?

아테네인: 그러니까 즐거운 것, 올바른 것, 좋은 것 그리고 아름다운 것을 떼어 놓지 않는 주장은, 다른 면에서는 전혀 그렇지가 않더라도,[86] b
적어도 누군가로 하여금 경건하고 올바른 삶을 살고 싶어 하도록 하는 것과 관련해서는 설득력이 있습니다. 그래서 적어도 입법자에게는 이것들이 이러하다는 걸 부인하는 주장은 주장들 중에서도 가장 수치스럽고 가장 자가당착적인 것입니다. 왜냐하면 아무도 괴로움보다는 더 많은 기쁨이 따라오지 않는 그런 것을 하도록 설득되는 것을 자진해서 하고 싶어 하지는 않겠기 때문입니다. 멀리 보이는 것은 거의 모든 사람에게, 특히 아이들에게 현기증을 느끼게 하죠. 하지만[87] 입법자는, 불명함을 제거함으로써, 우리에게 있어서의 판단(의견)을 그것[88]과 반대되는 상태에 있게 할 것이며, 또한 습관들과 칭찬들 그리고 논의들에 의해서 어떻게 c
든 우리에게 설득할 것입니다. 올바른 것들과 올바르지 못한 것들은 음영화로 그려진 것들[89]이어서, 올바르지 못한 것들이 올바른 자의 처지에

85) 《국가(정체)》 편 612b~613e를 참조할 것.

86) 흔히 우리가 우리말로 '다른 건(경우는) 몰라도'라고 하는 것과 같은 뜻의 표현으로 보면 되겠다.

87) nomothetēs 다음의 d'hēmin을 Burnet는 ei mē로 읽었으나, 이 읽기는 전혀 고려 대상이 되지 못하는 것으로 보았다.

88) 불명함(skotos)을 가리킨다.

서는 반대로 보이는 것들이겠는데,[90] 올바르지 못하고 나쁜 사람 자신의 관점에서 보면 [이것들이] 즐거운 것들로 보이고, 올바른 것들은 가장 즐겁지 못한 것들로 보이는 반면에, 올바른 자의 관점에서 보면, 모든 것은 그 모든 것에 대해 서로 반대되는 것들(tànantia)로 보이죠.

클레이니아스: 그리 보이죠.

아테네인: 하지만 이 판정에 있어서 어느 쪽 진실이 더 권위 있는 것이라 우리가 주장하겠습니까? 더 나쁜 혼 쪽의 것입니까 아니면 더 좋은 혼 쪽의 것입니까?

d 클레이니아스: 아마도 더 나은 혼 쪽의 것일 게 필연적입니다.

아테네인: 그렇게 되면, 올바르지 못한 삶은 올바르고 경건한 삶보다도 더 수치스럽고 더 사악할 뿐만 아니라, 진실로 더 즐겁지도 못할 게 필연적입니다.

클레이니아스: 적어도 지금의 논의에 따르면, 그런 것 같습니다, 친구들이시여!

---

89) 음영화(skiagraphia)는 음영으로 입체감을 갖도록 하기 위해 그린 그림이지만, 이는 착시 효과를 노려서 그린 것이니, 어떤 것의 참모습이 아닌 일종의 환영이라고도 할 수 있겠다. 이런 음영화에 대한 언급을 우리는 《국가(정체)》 편 602c~e에서 접할 수 있다.

90) '올바른 자의 처지에서는 반대로 보이는 것들'로 옮긴 부분의 텍스트 읽기와 관련해서는 고전학자들 간에 이견들이 있다. 대표적인 것은 c3에서 ἐναντίως로 읽을 것인가 아니면 ἐναντίῳ로 읽을 것인가 하는 것이다. Apelt를 따라 Bury와 Saunders가 ἐναντίῳ로 읽었으나, 이 책에서는 그리 읽지 않았다. phainomena와 관련된 구두점도 Budé 판 및 Burnet의 읽기를 따랐다. phainomena는 여기서부터 c5까지에 걸쳐 반복적으로 연결되기 때문이다. 그리고 '올바른 자의 처지에서는'으로 옮긴 부분에서는 관례적으로 pathos(여기에서의 문장에서는 pathei) 따위가 생략된 것으로 보고 보완해서 읽으면 되겠다. 왜냐하면 이 경우에 pathos는 어떤 것을 대하는 자의 처지나 상태 따위의 조건이나 느낌 또는 감정을 뜻하는 말이 되겠기 때문이다.

아테네인: 비록, 방금 한 논의가 이게 이러하다는 걸 입증한 것처럼,
그렇지는 않더라도, 조금이라도 쓸모가 있는 입법자가 젊은이들한테 좋
은 의도로 이런저런 거짓말하기를(허구를 말하길) 감행할 경우, 도대체
이 경우보다도 더 유익한 거짓말[91)]을, 그리고 강제로가 아니라 모두가
모든 올바른 것을 자발적으로 하도록 만드는 것보다도 더 효과적인 거짓 e
말을 그가 할 수 있을까요?

클레이니아스: 선생이시여, 진실(진리: alētheia)은 아름다우며 지속되는 것입니다. 그렇지만 그걸 납득시키기가 쉽지 않은 것 같습니다.

아테네인: 됐습니다. 시돈의 신화적인 설화(mythologēma)[92)]는, 그처럼 믿기 힘든 것인데도, 납득시키기가 쉬웠으며, 그 밖에도 수도 없이 많은 것이 그렇죠?

클레이니아스: 어떤 것들인데요?

아테네인: 이전에 뿌려졌던 이빨들에서 중무장한 사람들이 자라났다
는 것이죠.[93)] 그리고 이는 실로 입법자에게는, 젊은이들의 혼들에 무엇
인가를 납득시키려고 할 때, 설득하게 될 수 있는 큰 본보기가 어쨌든 되 664a

---

91) 여기에서 비교급 '더 유익한'(lysitelesteron)의 원급 lysiteles를 이용하여 '유익한 거짓말'(유익한 허구: pseudos lysiteles)로 조어(造語)할 수 있겠는데, Schöpsdau와 Brisson이 그랬듯, 그런 식의 조어로 gennaion pseudos(훌륭한 거짓말, 고상한 허구)를 《국가(정체)》 편 414b~c에서도 얻을 수 있겠다. 같은 대화편 389b에서는 이런 거짓말을 의사가 처방하는 약(pharmakon)처럼 '필요한 거짓말(허구)'(pseudos khrēston)이라 한다.

92) Sidōn은 페니키아의 수도 역할을 한 항구도시였다. 여기서 말하는 신화적인 설화는 641c에서 언급된 카드모스의 신화이다. 그곳에서 해당 각주를 참조할 것. 이 신화의 허구(pseudos)를 좋은 취지로 시민들로 하여금 곧이듣게 하는 것과 관련된 긴 언급이 《국가(정체)》 편 414b 이후에 보인다.

93) 바로 앞에서 언급된 신화적인 설화 가운데 한 대목과 관련된 이야기 내용이다.

664a 는 것입니다. 따라서 그는 무엇을 설득함으로써 나라에 가장 좋은 것(megiston agathon)을 해 줄 수 있겠는지, 오직 이것만 생각하고서 그 방도를 생각해 내야만 하거니와, 이와 관련해서는, 도대체 어떤 방식으로 이와 같은 생활공동체(synoikia) 전체가 이것들에 대해 노래들과 이야기들 그리고 논의들에 있어서 온 생애를 통해 언제나 최대한으로 같은 한 가지로 말할 수 있게 되겠는지, 온갖 방책을 찾아내야만 합니다. 그야 어쨌든, 만약에 이와는 달리 생각되신다면, 이에 대해서는 논의를 통해서 반론하는 데 주저할 것은 아무것도 없습니다.

b 클레이니아스: 하지만 적어도 이에 대해서는 저희 둘 중에 어느 쪽도 결코 반론할 수가 없을 것으로 제게는 보입니다.

아테네인: 그렇다면 그다음 걸 말하는 건 제 몫이겠습니다. 셋인 합창가무단 모두가 실은 아이들의 아직 어리고 여린 혼들에 우리가 이미 말했던 그리고 앞으로 또 말할 아름다운 것들 모두를 주문(呪文) 삼아 노래해 주어야만 한다고 저는 주장합니다. 하지만, 그것들의 요점은 이것이라 하죠. 곧, 같은 삶이 가장 즐겁기도 하고 가장 좋기도 하다고 신들이 말하는 것으로 우리가 주장함으로써, 우리는 동시에 가장 참된 것을
c 말하고 있을 뿐만 아니라, 우리가 설득해야만 할 사람들을, 달리 어떻게 주장할 경우보다는, 더 잘 설득하게도 될 것입니다.

클레이니아스: 선생께서 말씀하시는 것에는 동의해야만 하죠.

아테네인: 그러면 첫째로, 무사 여신들(Mousai)의 합창가무단(choros) 곧 어린이 합창가무단이 첫 순서로 등장하는 것이 지당하겠는데, 이들은 그와 같은 것들을 열의를 다해서 온 시민들 앞에서 노래할 것입니다. 둘째로는, 서른 살까지의 합창가무단이 등장하는데, 이들은 [자기들이] 말하게 되는 것들[94]의 진실성에 대한 증언자로서 [아폴론] 파이

94) '[자기들이] 말하게 되는 것들'은, 엄격히 말해서, 바로 앞에서 말한

안(Paian)[95]의 이름을 부르고서, 젊은이들에게 설득으로써 자비를 베푸시길 기원할 겁니다. 그런데 그 밖에 30세 이상 60세까지에 이른 사람들 d
도 셋째 단원들로서 노래를 해야만 합니다. 그러나 그 이상인 분들은, 이미 노래들은 감당할 수 없으므로, 같은 성격들[의 인물들]에 관련된 이야기들을 성스러운 목소리를 통해 들려주는 사람들로 남아야만 합니다.

클레이니아스: 하지만, 선생이시여, 이들 세 번째 합창가무단원들로 선생께서 누구들을 말씀하시는지요? 이들과 관련해서 선생께서 도대체 무슨 말씀을 하시려는 건지 제가 아주 명확히는 이해하지 못하고 있기 때문입니다.

아테네인: 그리고 실은 앞에서 하게 된 주장들 가운데 거의 대부분은 이들 때문이었습니다.

클레이니아스: 저희는 아직 이해하지 못했습니다. 한층 더 명확하게 e
말씀하도록 해 주십시오.

아테네인: 우리가 기억하건대, 이 논의들의 시작 부분[96]에서 우리는 이런 말을 했습니다. 모든 어린것의 성향은 불 같아서, 신체적인 면에서도 음성의 면에서도 조용한 상태로 있기가 불가능하여, 언제나 무질서하게 소리를 질러 대며 뛰놉니다.[97] 한데, 이들 양쪽 면의 질서에 대한 감각(지각)은 다른 어떤 동물도 지니지 못하고 있지만, 인간의 성향(인간성)만은 이를 지니고 있습니다. 바로 이 움직임(kinēsis)의 질서에 대한
이름이 리듬(율동: rhythmos)인 반면에, 음성(phōnē)의 질서, 곧 고음 665a
과 저음의 혼성이 실현되었을 때의 질서에 대해서는 선법(旋法: harmo-

것들을 이들이 합창으로 새삼 전달하게 되는 내용이라 할 것이다.

95) Paian은 병을 치료해 주는 신이었으나, 나중에는 아폴론 또는 의신(醫·神) 아스클레피오스의 별명으로 되었다.

96) 653d 이후를 말한다.

97) 653d~e를 참조할 것.

665a

nia)이라는 이름이 붙여지나, 둘을 합한 것은 가무(합창가무: choreia)라 불립니다. 한데, 우리는 말하기를 신들이 우리를 불쌍히 여겨 가무의 동반자들 그리고 가무의 선도자들로 아폴론과 무사 여신들을 지정해 주었다고 했거니와, 우리가 기억하건대, 특히 세 번째로는 디오니소스를 지정해 주었다고도 했습니다.

클레이니아스: 어찌 기억하지 못하겠습니까?

아테네인: 그러니까 아폴론 합창가무단(choros tou Apollōnos)과 무사 여신들의 합창가무단(choros tōn Mousōn)은 이미 말한 터이지만, 세
b 번째인 나머지 것은 디오니소스 합창가무단(choros tou Dionysou)이라 말해야만 할 게 틀림없습니다.

클레이니아스: 어째서죠? 말씀하십시오. 어쨌든 나이든 사람들의 디오니소스의 합창가무단이란 이처럼 갑작스레 듣게 되는 사람에겐 몹시 이상하게 들릴 테니까요. 30세 이상의 사람들과 50세가 된 사람들이, 60세가 된 사람들까지가 정말로 디오니소스를 기리어 가무를 한다면 말씀입니다.

아테네인: 선생께선 확실히 더할 수 없이 참된 말씀을 하십니다. 따라서 이와 관련해서는 이게 이렇게 되는 게 어떻게 해서 합리적일 수 있겠는지 그 설명이 필요하다고 저는 생각합니다.

클레이니아스: 물론입니다.

아테네인: 그러니까 적어도 앞에서 말한 것들[98]에 대해서는 우리 사이에 합의가 된 거겠죠?

c 클레이니아스: 무엇에 관해서 말씀인지요?

아테네인: 어른이고 아이고 간에, 자유민이건 노예이건 간에, 남자이건 여자이건 간에, 그리하여 온 나라가 온 나라 사람들에게 우리가 말한

---

98) 664a~c2에서 언급된 내용을 가리키는 것 같다.

것들을 주문 삼아 노래해 주기를 결코 그만두어서는 안 된다는 것입니다. 그것들을 어떻게든 언제나 바꿔 가면서 모든 면에서 다양성을 제공해 줌으로써,[99] 찬가들에 대한 일종의 채워지지 않는 욕구[100]와 즐거움이 이것들을 노래하는 사람들에게 있도록 해야만 한다는 거죠.

클레이니아스: 그게 그렇게 되어야만 한다는 데에 어찌 동의하지 않을 수가 있겠습니까?

아테네인: 우리의 이 나라에서 최선의 것인 이 부류가, 즉 나이들과 d
함께 사려 분별(phronēsis)들에 있어서도 이 나라에 살고 있는 사람들 중에서는 가장 설득력이 있는 이 부류가 가장 아름다운 것들을 과연 어디에서 노래함으로써[101] 가장 큰 효과를 낼 수 있겠습니까? 아니면 가장 아름답고 가장 유익한 노래들에 대해 최고의 주도권을 행사할 수 있는 이 부류를 우리가 이리도 어리석게 방치할 것입니까?

클레이니아스: 하지만, 적어도 방금 말한 대로일진대, 그걸 무시한다는 것은 불가능합니다.

아테네인: 그렇다면 이를 어떻게 하는 게 적절하겠습니까? 이런 방식으로 할 것인지 보십시오.

클레이니아스: 어떤 방식으로 말씀입니까?

아테네인: 연로해지게 되는 사람은 모두가 노래들에 대해서 어쩌면
망설임이 지나칠 정도가 되며, 노래를 하는 기쁨도 덜하고, 불가피할 경 e
우에도 오히려 부끄러워하게 되겠는데, 더 연로해지고 더 삼가는 마음이

---

99) 여기서 말하는 변화나 다양성은 기본적으로는 같은 내용을 다만 식상하지 않게 다양한 방식으로 표현하는 것을 의미할 뿐이다.

100) '찬가들에 대한 일종의 채워지지 않는 욕구'에서 '채워지지 않는 욕구'(aplēstia)란 '아무리 계속해서 불러도 자꾸 부르고 싶어지는 마음 상태'를 가리켜 하는 말이다.

101) 이에 대한 답은 666c에서 얻게 된다.

665e

될수록, 그만큼 더 그리하겠죠. 안 그렇습니까?

클레이니아스: 실상 그렇습니다.

아테네인: 따라서 정작 극장에서 온갖 부류의 사람들 앞에서 똑바로 서서 노래하는 건 한층 더 부끄러워할 겁니다. 또한 이것도 그런 사람들이, 마치 우승 때문에 경연하겠다고 발성 연습을 하는 합창가무단원들처럼, 초췌하고 먹지도 못한 상태로 노래를 하지 않을 수 없게 된다면, 아마도 전혀 즐겁지 않게, 그나마도 창피해하면서 노래를 할 것인즉, 열의라고는 없이 이 일을 하겠죠?

666a 클레이니아스: 과연 더할 수 없이 필연적인 말씀을 하십니다.

아테네인: 그러면 어떻게 이들을 우리가 격려함으로써 이들이 노래들에 대해 열의를 갖게 되겠습니까? 우리는 이렇게 입법을 하지 않겠습니까? 먼저 아이들은 18세까지는[102] 술(포도주)[103]을 전혀 맛보지 못하는 것으로 할 것입니다. 이들이 수고할 일들에 임하기를 시작도 하기 전에, 몸과 혼(마음) 안에 [이미] 있는 불에다 불을 쏟아 넣어서는[104] 안 되는 것으로, 젊은이들의 광기 상태를 조심하도록 가르칠 것입니다. 그다음으로, 30세까지는 물론 술을 맛보되 알맞은 정도(適度: to metrion)까

b 지만 하고, 젊은이는 술 취함(취흥: methē)과 과음(polyoinia)을 전적으

102) 성년의 나이를 18세로 보고, 성년이 된 청년을 '에페보스'(ephēbos)라 한다.

103) oinos는 포도주를 뜻하나, 이 경우에는 아예 술 자체를 맛보지 못하게 하는 것이므로, 그냥 '술'이라 하는 것이 원래의 그 의도를 살리는 것이기에, 그리했다. 포도주를 가리키는 또 다른 낱말로 methy도 있으나, 이 말은 보리로 만든 술을 가리키기도 하니까, 순전히 포도주를 가리키는 말은 아닌 셈이다. 그 밖에 poton이라는 말이 포도주를 뜻할 경우도 있으나, 이는 음료수를 가리키는 말이기도 하다. 포도주를 마시는 것과 관련해서는 637e에서 해당 각주를 참조할 것.

104) 《티마이오스》 편 60a에는 '몸과 함께 혼을 뜨겁게 하는 포도주'라는 표현이 보인다.

로 삼가도록 할 것입니다. 그러나 40줄로 들어가고 있는 사람[105)]은 공동 식사에서 융숭한 대접을 받으며, 다른 신들도 부르지만, 특히 디오니소스를 노인들의[106)] 입교 의식(入教儀式: teletē)[107)]과 함께 놀이에 불러 모시게 하는데, 이를 이 신이 인간들에게 노령의 엄격함(딱딱함)에 도움을 제공하는 치료 수단(pharmakon)[108)]으로 줌으로써, 우리를 다시 젊어지게 하며, 의기 소침의 상태를 잊음으로써 혼의 성격이 더 경직된 상태에서 더 유연한 상태로 되게 하겠죠? 마치 불 속에 놓이게 된 쇠가 그렇게 c
되듯, 그처럼 한결 더 쉽게 벼릴 수 있게 되도록 말씀입니다. 실로 이런 상태로 되고서야 비로소 각자가 어쨌든 열의도 더 갖고 수줍어하기도 덜하며 노래도 하고 또한 우리가 여러 차례 말한 것들도 주문 삼아[109)] 노래

105) '40줄로 들어가고 있는 사람'으로 옮긴 것은 30세를 넘어 40줄을 향해 가고 있는 사람을 가리킨다. 곧 앞(664d)에서 언급한 30세 이상 60세까지에 이른 사람들이 이루는 합창가무단의 일원으로 이제 막 된 사람을 가리킨다.

106) Budé 판을 따라 presbytōn으로 읽었다.

107) 헬라스 사회에서 큰 영향력을 미친 비교(秘教) 또는 밀교(密教)로서는 디오니소스 교 또는 오르페우스 교(Orpheus教)나 엘레우시스(Eleusis) 교가 있었는데, 이들 종교 단체는 그들만의 비밀스런 밀교 의식을 가졌다. 이를 헬라스어로는 mystēria(ta mystēria = the mysteries)라 한다. 그리고 이 종교에 입교(myēsis: 영어로는 initiation이라 함)하는 사람을 위한 의식이 이른바 입교 의식(入教儀式: teletai, 단수로는 teletē)이다. 그런데 여기에서 말하는 '40줄로 들어가고 있는 사람'은 30세 이상 60세까지의 사람들로 구성되는 셋째 합창가무단에 이제 들어가게 된 사람이라, 이를 환영하는 의식을 이렇게 밀교의 입교 의식에 빗대어 말하고 있다고 보면 되겠다.

108) Burnet가 pharmakon 앞에 ton oinon을 [ ] 괄호조차 치지 않고 텍스트의 일부로 삽입했는데, 이는 잘못된 것이라 보아야 할 것이다. ton oinon(포도주)은 pharmakon에 대한 난외 주해(scholium)일 뿐이겠기 때문이다. 엄격히 말해, 포도주는 처방으로서의 이 의식과 놀이에서 이용되는 치료약인 셈이다. 난외 주해에 대해서는 659b의 각주를 참조할 것.

666c

하고 싶어 하지 않겠습니까? 그야 많은 사람이 있는 데서가 아니라 적절한 수의 사람들이 있는 데서, 그리고 낯선 사람들이 있는 데서가 아니라 친근한 사람들이 있는 데서 말씀입니다.

클레이니아스: 그건 다분히 그렇겠죠.

아테네인: 그러니까 이들로 하여금 어쨌든 우리의 노래에 참여하게

d 끔 유도함에 있어서 이 방식은 전혀 꼴사나운 건 아닐 것입니다.

클레이니아스: 결코 아닙니다.

아테네인: 하지만 이 사람들이 어떤 목소리를 내거나 어떤 노래(음악: mousa)[110]를 할 것인지?[111] 어쨌든 이들에게 적합한 무엇인가를 그래야만 한다는 건 명확하겠죠?

클레이니아스: 어찌 그렇지 않겠습니까?

아테네인: 그러면 이 비범한 분들에겐 어느 게 적합할까요? 합창가무단들의 그것일까요?

클레이니아스: 선생이시여! 어쨌든 우리 고장 사람들과 이분 나라의 사람들이야[112] 합창가무단에서 익숙해지며 노래하는 걸 배운 그 노래 이외의 다른 어떤 걸 우리가 노래할 수는 없을 것입니다.

아테네인: 그야 당연합니다. 두 분께서는 가장 아름다운 노래에 참으

e 로 이르시지는 못했으니까요. 여러분은 군영(軍營)의 나라 체제(politeia)를 가지셨지 도시(시내: asty)[113]에 거주하는 사람들의 나라 체

---

109) 특히 659e, 664b 그리고 665c에서.

110) 이 경우의 mousa는 음악 또는 노래로 보는 게 옳겠다. 하지만 967e에서 해당 각주 또한 참조할 것.

111) 이 부분의 텍스트 읽기에는 논란이 많다. Budé 판 이외의 판본들의 읽기에 오히려 문제가 많기에, 이 판본의 읽기를 따랐다. hēsousin은 hiēmi 동사의 미래형 hēsō의 3인칭 복수를 나타내는 동사이다.

112) 크레테인들과 스파르타인들을 가리킨다.

제를 가지시지는 않았기 때문입니다. 예컨대, 떼[114]를 지어 풀을 뜯어먹도록 방목되는 가축 떼와도 같은 젊은이들을 여러분은 갖고 있습니다. 여러분 중에는 그 누구도 아주 사나워지고 성이 나 있는 제 아이를 동료들한테서 떼어서 붙잡아 두시지 않습니다. 개인적으로 마부를 딸리게 하지도 않으며, 쓰다듬어 주고 달래어 주면서 교육하지도 않습니다.[115] 또한 아이의 양육에 적절한 일체의 것을 허용하지도 않습니다. 이를 통해 아이가 비단 훌륭한 군인으로 될 뿐만 아니라, 나라(polis)와 도시의 지역 공동체(asty)들[116]을 경영할 수 있는 사람으로도 되겠는데, 이런 사람 667a

113) 625a의 각주 9를 참조할 것.

114) 가축 따위의 '떼'를 뜻하는 agelē는 크레테나 스파르타에서는 훈련받는 소년들의 무리를 가리키는 용어이기도 했다. 특히 스파르타에서는 이 '아이들의 무리'(agelē paidōn)를 boua라고 했는데, 사내아이들은 7(8?)세 이상이 되면, 집을 떠나 다른 또래들과 함께 집단으로 선배들의 지도 아래 고된 훈련과 최소한도의 것들로 살아가는 검약 생활을 하게 된다. 약간의 글공부와 체육, 군사훈련, 집단적인 가무 지도도 받았다. 이들의 세 단계에 걸친 agōgē(지도) 제도와 관련해서는 633b의 해당 각주에서 이미 약간의 언급을 했다. 20세가 되면 혼인을 하게 되나, 이들은 비번일 경우에만 밤에 몰래 아내를 만날 수 있었다. 이들이 제 집에서 아내와 함께 생활을 할 수 있게 되는 것은 30세가 되어서야 허용되었지만, 이나마도 식사는 15명 가량의 다른 시민들과 공동 회식(phidition)을 하는 의무를 지켜야만 했다. 이와 관련된 더 자세한 내용은 G. R. Morrow, *Plato's Cretan City*, (Princeton, 1960), pp. 52~3에서 찾아볼 것.

115) 마치 야생마를 길들이는 것을 연상시키듯이 비유적인 표현을 하고 있다.

116) '나라(polis)와 도시의 지역 공동체(asty)들(astē)'이라는 번역에서 보듯, 바로 앞에서는 asty를 '도시'(시내)로 번역해 놓고, 여기서는 '도시의 지역 공동체'로 번역했다. 물론 그 쓰임에 따라 그리한 것이다. asty는 625a의 각주 9에서도 부분적으로 언급했듯, 시골(agros)과 대비되는 '도시'나 '도성', '성채'(acropolis)와 대비되는 '도심' 등을 의미하나, 여기서는 하나의 polis 안에서 찾아볼 수 있는 여러 '지역 공동체'를 염두에 두고 이런 번역을 택했다.

667a

이야말로, 우리가 처음에 말했듯, 티르타이오스의 전사들[117]보다도 더 전사다울 것입니다. 그는 용기를 개인들에게 있어서도 나라 전체에 있어서도 언제나 그리고 어디에서고 사람으로서 지니게 되는 훌륭함(덕: aretē) 중에서 으뜸가는 것이 아니라 넷째 것으로서 평가할 것입니다.[118]

클레이니아스: 선생이시여! 선생께서 어찌하다가 우리의 입법자들을 또다시 비하하시는 건지[119] 저는 모르겠습니다.

아테네인: 그럴 의도로 이러고 있는 게 아닙니다, 선생이시여! 설령 그렇다 하더라도 말씀입니다. 하지만, 두 분께서도 괜찮으시면, 논의가 이끄는 대로, 우리도 그리 따라갑시다. 만약에 우리가 진정 합창가무단들의 것보다도 그리고 공공의 극장들에서의 것보다도 더 아름다운 음악
b (mousa)을 갖고 있다면, 이를 우리는 이분들[120]에게 할당하도록 하십시다. 그런 음악은 창피해하겠지만, 가장 아름다운 음악이라면, 이에는 참여하기를 청할 것으로 우리가 말하는 그분들에게 말씀입니다.

클레이니아스: 그러고 말고요.

아테네인: 그러니까 첫째로, 어떤 기쁨(만족감: charis)이 동반되는 모든 것의 경우는 어쨌든 이런 것이기 마련인 게 아닌가요? 즉 바로 이것[121]만이 그것의[122] 가장 중요한 것이거나, 아니면 어떤 옳음(orthotēs)

---

117) 629a~e의 본문 및 해당 각주를 참조할 것.

118) 630a~b 및 e를 참조할 것.

119) 아마도 630d에서 한 말과 연관시켜서 하는 말일 것이다.

120) 666d6에서 '비범한 분들'(theoi andres)로 지칭되었던 사람들, 30세 이상 60세까지의 사람들로 구성된 합창단원들을 가리킨다.

121) 곧 '기쁨'(만족감)을 가리킨다.

122) '그것의'(autou)는 그 앞의 '모든 것의'를 받고 있다. 문법적으로는 앞의 것이 복수이기는 하나, 그 내용은 사실상 그런 것 '각각'(hekaston)이기에, 단수로 받는 것으로 보면 되겠다. J. Burnet는 *Plato's Phaedo* (Oxford, 1911), p. 104에서 바로 이 문장을 문법적인 수를 바꿔 받는 실

이나 또는, 셋째로, 이로움(유용성: ōphelia)도 그런 것이거나 말씀입니
다. 이를테면, 제 말씀은 먹을 것과 마실 것 그리고 일체의 자양물에는
기쁨이 따르는데, 이를 우리가 즐거움(hēdonē)이라 일컬을 것이라는 거
죠. 한데, 이 옳음과 이로움으로 말할진대, 바로 이걸 우리가 섭취하게 c
되는 것들의 경우에 그때마다 '건강에 좋음' (hygieinon)이라 말하는데,
이게 바로 그것들[123]에 있어서는 가장 옳은 것(to orthotaton)이기도 합
니다.

클레이니아스: 바로 그렇습니다.

아테네인: 그리고 실은 배움(mathēsis)에도 어쨌든 기쁨의 감정,[124] 곧 즐거움은 동반합니다.[125] 그러나 옳음과 이로움 그리고 그 잘함(잘됨: to eu)과 멋짐(to kalōs)은 진실(alētheia)이 구현해 줍니다.

클레이니아스: 그건 그렇습니다.

아테네인: 닮은 것들의 만듦을 위한 그 모든 모상(模像) 제작술
(technē eikastikē)[126]들은 어떻습니까? 이들 기술이 이 일을 완수하게 될 d

례로서 들고 있다.

123) 우리가 섭취하는 음식들을 가리킨다.

124) 중성 관사 to가 가리키는 생략된 명사를 pathos 따위로 보아 '감정'이라 보완했다.

125) 배움이나 슬기로움과 결부된 즐거움에 대한 언급을 우리는 《국가(정체)》 편 582a~583a 및 《필레보스》 편 51e 이후에서도 접할 수 있다.

126) 이에 이어지는 논의 때문에라도, 이 각주를 다는 게 좋겠다. 《소피스테스》 편 235b~236c를 보면, 사물들의 진상(진실: alētheia)을 모방한 모방물(mimēma)을 실물에 대한 영상(eidōlon)이라 하고, 이를 만드는 기술을 영상 제작술([hē] eidōlopoiikē [technē])이라 일컫고, 이를 다시 둘로 나누면서, 그 하나를 모상(eikōn)을 만드는 기술이라 해서 모상 제작술(eikastikē [technē])이라 하고, 다른 하나는 유사상(類似像: phantasma)을 제작하는 것이라 해서 유사상 제작술(phantastikē [technē])이라 한다. 여기서 말하는 모상(eikōn)은 실물의 길이, 폭, 높이를 원래의 비율 그대로 제작한 다음, 색깔도 똑같이 칠함으로써 실물을 그대로 본뜬 듯이 만들어

667d

경우에, 이것들에 있어서 동반되는 것으로서 즐거움이 생기는데, 이게 정작 생길 경우, 이를 기쁨(만족감: charis)이라 지칭하는 것은 지당하지 않을까요?

클레이니아스: 네.

아테네인: 그렇지만 적어도 그런 것들의 옳음은 아마도, 대체적으로 말해서, 양과 질에 있어서의 같음(isotēs)[127]이 먼저 성취하지, 즐거움이 그러는 것은 아닐 것입니다.

클레이니아스: 훌륭한 말씀입니다.

아테네인: 그러니까 즐거움에 의해서는 오직 저것만을 판정하는 게 옳지 않겠습니까? 즉, 만들어진 것이 이로움이나 진실을 제공하는 것도 또는 유사성(homoiotēs)을 제공하는 것도 아니고, 또한 해로움을 가져

e 다주는 것은 물론 아니고, 오직 다른 것들에 수반하는 바로 그것만을 위해서, 곧 기쁨을 위해서 생기게 되는 것에 대해서만 판정하는 것이 말씀입니다. 바로 이것을 누군가가 즐거움이라 일컫는 것은 썩 잘하는 것이죠. 그것들 중에 아무것도 이것에 동반하지 않는 경우에는 말씀입니다.

클레이니아스: 신생께서는 해롭지 않은 즐거움만을 말씀하시고 있습니다.

아테네인: 네, 그리고 같은 이것을 저는 실은 놀이(오락: paidia)라고

진 것을 가리킨다. 반면에 유사상(類似像: phantasma)은 원근법 등에 의한 착시 현상을 이용하는 방법으로 만들어진 것이다. 모방(mimēsis)과 관련된 비슷한 논의는 《국가(정체)》 편 596a~598d에서도 하고 있다.

127) 옳음을 '양과 질에 있어서의 같음'과 연관 지어 말하고 있는 것은 모방 또는 묘사적인 표현으로서의 예술 작품 또는 행위가 그 모방 대상을 크기 따위의 양이나 성격 따위의 질에 있어서 얼마만큼 같을(닮을) 정도로 모방 또는 묘사하고 있느냐가 그 작품이나 행위가 옳게 모방 또는 묘사된 것인지 아닌지를 판정하는 기준이 되겠기 때문이다. 바로 앞의 각주에서 언급한 내용을 참조할 것.

도 말합니다. 그게 진지한 관심거리나 논의거리가 될 만한 해를 끼치지도 이로움을 주지도 않는 경우에는 말씀입니다.

클레이니아스: 더할 수 없이 참된 말씀입니다.

아테네인: 그러니까, 방금 말한 것들로 미루어 우리가 주장할진대, 모든 모방(mimēsis)[128]을 판정하게 되는 데에는 즐거움이나 참되지 못한 의견(doxa)에 의해서 하는 것이 가장 적절하지 못하다고 할 것입니다.
특히 일체의 같음(isotēs)[129]을 판정함에 있어서는 더욱 그렇습니다. 만 668a
약에 특정한 누군가에게는 그리 생각(판단)된다거나 특정한 누군가가 특정한 무언가에 대해 기뻐한다면, 같은 것(to ison)이 같은 게 아니며, 요컨대 균형을 이룬 것(to symmetron)도 균형을 이룬 게 아니겠기 때문입니다. 그런 판정을 함에 있어서는 참된 것(to alēthes)이 모든 것 중에서도 가장 적합한 반면에, 다른 그 어떤 것도 전혀 그렇지 못합니다.

클레이니아스: 그야 전적으로 그렇습니다.

아테네인: 그런데 우리는 실상 모든 시가를 묘사적인 것(eikastikē)이며 모방적인 것(mimētikē)이라 말하지 않습니까?

클레이니아스: 물론입니다.

아테네인: 따라서, 누군가가 시가(mousikē)는 즐거움에 의해 판정하게 되는 것이라고 주장할 경우에, 이 주장을 단연코 받아들이지 말아야 할 것이며, 혹시 어딘가에 그런 시가가 있더라도, 그걸 단연코 진지한 것
으로서 추구해서도 안 되고, 아름다운 것의 모방물(mimēma)과의 유사 b
성을 가진 그것을 추구해야만 합니다.

클레이니아스: 더할 수 없이 참된 말씀입니다.

아테네인: 따라서 가장 아름다운 노래(ǭdē)를 추구하는 사람들도 즐

128) 곧 모방으로서 예술 전반을 가리킨다고 해도 될 것이다.

129) 667d를 참조할 것.

거우면 되는 음악(mousa)이 아니라, 옳은(orthē) 것인 음악을 추구해야만 할 것 같습니다. 우리가 주장하고 있듯,[130] 모방의 옳음은, 모방되는 대상을 그 규모대로 그리고 그 성격대로 구현할 경우에야, 있을 수 있겠기 때문입니다.[131]

클레이니아스: 실인즉 어찌 그렇지 않을 수 있겠습니까?

아테네인: 또한 더 나아가서는, 누구나 시가와 관련해서는 이 점에 동의할 것입니다. 시가와 관련된 모든 창작물(poiēmata)은 모방(mimēsis)
c 이며 묘사(apeikasia)라는 데 대해서 말씀입니다. 또한 적어도 이에 대해서는 시인들도 청중도 그리고 배우들도 모두가 동의하지 않겠습니까?

클레이니아스: 그러고 말고요.

아테네인: 적어도 각각의 창작물과 관련해서, 그것에 있어서 실수를 하지 않으려는 사람은 그게 도대체 무엇인지를 물론 알고 있어야만 할 것 같습니다. 그 본질(본성: ousia)[132]을 알지 못하고서는, 곧 그것이 도대체 무엇을 의도하고 있는지 그리고 도대체 그게 사실상 무엇의 모상(eikōn)인지를 알지 못하고서는, 그 의도의 옳음이나 그 과오(hamartia)[133]는 아무래도 판별하지 못할 것이기 때문입니다.

---

130) 667d5~7에서.

131) 앞서의 모상 제작술에 대한 각주를 참조할 것.

132) 여기에서 '본질(본성)'로 옮긴 ousia(우시아)는 플라톤의 중기 대화편 이후에는 곧잘 '본질'이나 '존재' 또는 '실재성', '실재성을 지닌 것' 등과 같은 철학적인 의미를 갖는 전문 용어로 쓰이지만, '자산'과 같은 일상적 의미로도 쓰이고 있는 말이다. 그러나 여기서는 예술적 창작물이나 예술적 창작 행위가 도대체 무엇을, 무슨 의도로 모방하거나 묘사하려고 하는지 그 창작 행위의 본질(본성)이 무엇인지, 따라서 그 산물인 창작물로서의 모상(eikōn)의 본질(본성)이 무엇인지를 말하고 있다. 이 용어에 대한 보충적 설명으로 913b에서 '자산'에 대한 각주를, 그리고 895d에서 해당 각주를 아울러 참조할 것.

133) 모상(eikōn)의 의도, 즉 모방의 의도를 옳게 구현한 것인지 아니면

클레이니아스: 그러기는 힘들 것입니다. 어찌 그렇지 않겠습니까?

아테네인: 하지만, 그 옳게 함(옳게 됨: to orthōs)을 알지 못하는 사 d
람이 적어도 그 잘함(잘됨: to eu)과 나쁘게 함(나쁘게 됨: to kakōs)[134]을 글쎄 판별할 수 있겠는지요? 한데, 제가 썩 명확하게 말하지 못하고 있습니다만, 다음과 같이 말하게 되면, 아마도 더 명확해지겠죠.

클레이니아스: 어떻게 말씀입니까?

아테네인: 우리의 시각과 관련되는 묘사들로는 물론 수없이 많은 것이 있습니다.

클레이니아스: 네.

아테네인: 그러면, 가령 누군가가 이것들 중에서도 모방된 몸들[135]의 각 부분이 도대체 무엇인지를 모른다면, 어떨까요? [그런] 그가 이것들의 모방 작업이 정작 옳게 된 것임을 알아보게 될까요? 제가 말하는 건 다음과 같은 것입니다. 이를테면, 몸의 수치들과 그 부분들 각각의 자리
들이 제대로 되어 있으며, 그것들이 얼마나 있으며, 그것들 중에서 어떤 e

잘못 구현한 것인지를 말하고 있는 것이다. 여기에 '과오'로 옮긴 hamartia는 원래는 과녁에 '빗맞음'을 뜻하는 말이다.

134) '잘함(잘됨: to eu)과 나쁘게 함(나쁘게 됨: to kakōs)'으로 옮긴 것은 바로 앞에서 '옳게 함(옳게 됨: to orthōs)'으로 옮긴 것과 마찬가지로 모두 부사에 중성 정관사 to를 붙인 것이다. 다시 말해, '옳게 함(옳게 됨: to orthōs)'은 모방 또는 묘사가 '옳게'(orthōs: 영어로는 rightly, correctly에 해당함)되었음을 또는 그리했음을 말하며, '잘함(잘됨: to eu)'의 경우도 '잘'(eu: 영어로는 well에 해당함)되었음을 또는 그리했음을, 그리고 '나쁘게 함(나쁘게 됨: to kakōs)'의 경우도 '나쁘게'(kakōs: 영어로는 badly에 해당함) 되었음을 또는 그리했음을 각기 말한다. 667c에서 '멋짐'(to kalōs)으로 옮긴 것도 '아름답게(멋지게, 훌륭하게: kalōs: 영어로는 beautifully, finely에 해당함) 되었거나 그리했음을 말하고 있는 것이다. 굳이 영어식으로 설명을 보충한다면, what is done 'well' ('correctly' / 'finely' / or 'badly')이라는 형식의 표현이다.

135) 그림으로 그려진 몸이나 조각으로 만들어진 몸을 가리킨다.

668e 것들이 어떤 것들 곁에 있어서 적절한 순서를 갖추게 되었는지를, 그리고 더 나아가 색깔들과 모양들을 그가 알까요? 또는 이 모든 것이 혼란 상태로 모방(묘사)되어 있는 건지를 그가 알까요? 누군가가 모방된 동물(생물)[136]이 도대체 무엇인지를 전혀 모르고서도, 그것들을 판별할 수 있을 것으로 생각됩니까?

클레이니아스: 그야 어찌 그럴 수 있겠습니까?

아테네인: 만약에 우리가 그려진 것이나 조각된 것이 사람이라는 걸 알고 있다면, 또한 그의 부분들 모두를 색깔들 및 모양들과 함께 그 기술
669a (기예: technē)[137]로 해서 갖게 되었음도 알고 있다면, 어떻겠습니까? 이것들을 알고 있는 이로서는 곧바로 저것도, 즉 그 작품이 아름다운지도 또는 어떤 점에서 아름다움(kallos)이 부족한지도 이미 알고 있을 게 어쨌든 필연적이겠지요?

클레이니아스: 그러니까 실은 거의 우리 모두가 그 인물들의 아름다움들을 알고 있었던 셈입니다, 선생이시여!

아테네인: 더 없이 옳은 말씀입니다. 그러면 각각의 모상(模像: eikōn)과 관련해서, 회화에 있어서든 시가에 있어서든 또는 그 밖의 모든 것에 있어서든, 사려 깊은 판정자로 되고자 하는 이는 이것들 세 가지를 갖추어야만 되지 않겠습니까? 첫째로는, 그게[138] 무엇인지를 아는 것이고,
b 다음으로는, 무슨 모상이든, 이것이 얼마나 옳게(orthōs), 그리고 셋째로는 얼마나 잘(eu), 노랫말들로나 노랫가락들로 그리고 리듬들로 표현되었는지를 아는 것 말씀입니다.

클레이니아스: 어쨌든 그런 것 같습니다.

---

136) 여기서 zōion은 어떤 생물이나 동물을 말하는 게 아니라, 그려진 인물상이나 동물상 또는 그 밖의 물상(物像)을 가리킨다.

137) 미술, 예술 등의 - 술(術)을 의미한다.

138) 모방 또는 묘사의 대상인 것을 가리킨다.

아테네인: 따라서 우리가 시가와 관련된 어려움이 어디에 있는지를 말하지 못하게 되는 일은 없도록 합시다. 시가와 관련해서는, 다른 모상들과는 달리, 사람들이 노래 삼아 말하고 있기에, 모상들 모두 가운데서도 그야말로 최대의 신중성이 요구되니까요. [시가의 경우에,] 누군가가 잘못하기라도 할 것 같으면, 나쁜 성격(성품)들에 대해 호감을 가짐으로써, 스스로 최대의 해를 입게 될 것이기 때문입니다.[139] 시인들은, 무사 c
여신들(Mousai) 자신들에 비하면 보잘것없는 시인들임으로 해서, 그 잘못을 알아차리기가 지난하죠. 무사 여신들이야 결코 이토록 큰 실수는 하지 않을 것이기 때문입니다. 남자들의 말에 여자들의 색조[140]나 노랫가락을 부여하도록 한다거나, 자유민들의 노랫가락과 자세(춤사위)들을 노예들 및 자유민들이 아닌 사람들의 리듬들과 맞추도록 궁리를 하지도 않으며, 또한 그와 반대로 자유민의 리듬들과 자세(춤사위)를 그 리듬들에 대립되는 노랫가락이나 노랫말에 부여하도록 권고하지도 않습니다.
더 나아가서, 뭔가 한 가지 것을 모방한답시고, 짐승들과 사람들 및 악기 d
들의 소리들과 온갖 소음들을, 단일한 것으로 결합하는 짓도 결코 하지 않을 것입니다.[141] 그러나 인간들로서의 시인들[142]은 이와 같은 것들을 이치에도 닿지 않게 뒤엉키고 뒤범벅이 되게 하고도 남아, 오르페우스가 '마냥 즐거운 꽃다운 시절을 누리는'[143] 이들로 말하는 사람들의 웃음을

---

139) 시가가 사람의 인격 형성에 미치는 영향에 대한 언급으로서 아주 적절한 것을 우리는 《국가(정체)》 편 401b~402a에서 접할 수 있다.

140) 655a에서 '색조'에 대한 각주를 참조할 것.

141) 이런 경우들과 관련된 비판적 언급은 《국가(정체)》 편 396a~c, 397a, 398a 등에 보인다.

142) 바로 앞(c)에서 시인들은, 무사 여신들(Mousai) 자신들에 비하면 보잘것없는 시인들이라 했다.

143) Orpheus는 트라케 출신의 전설적인 인물로, '오르페우스 비교(秘敎)'를 창시한 사람이다. 그를 훗날 사람들이 가인(歌人)으로도 여기게 된 것

669d

자아내겠죠. 아닌게아니라 이 모든 것이 범벅이 되어 있는 것을 사람들은 보니까요. 또한 더 나아가서는, 시인들이 리듬 및 자세(춤사위)들을 노랫가락과 따로 떼어 놓는가 하면, 산문들이 운율을 갖게 하는 한편으로,
e 이번에는 노랫가락과 리듬을 노랫말도 없이, 키타라 탄주(kitharis)와 아울로스[144] 연주(aulēsis)만을 이용하는데, 이 경우들에는 가사도 없이 리듬과 선법만으로 된 것이라,[145] 그게 의도하는 바가 무엇이며, 도대체 언급할 가치가 있는 모방물들 가운데 어느 걸 모방하고 있는 것이기나 한지도 알아보기가 아주 어렵습니다. 하지만 실상 이런 것은 모두가 많

은 그가 남긴 것으로 전해지는 교리(敎理)가 담긴 시들 때문이다. 이 종교에서는 금욕적인 생활과 정화 의식(淨化儀式: katharmoi)이 강조된다. 이 종교에도 엘레우시스(Eleusis) 비교에서처럼 '비교(秘敎, 密敎) 의식(儀式)' (mystēria)이 있는데, 이를 '입교(入敎: myēsis) 의식' (teletē)이라 한다. 여기에 인용된 토막 구절이 어디에 나오는지는 분명치 않다. 그리고 다음에서 '웃음을 자아낸다' 는 말은 한창 나이의 젊은이들이 재미있어할 것이라는 뜻이지, 이들의 비웃음거리가 될 것이라는 뜻은 아닌 것 같다.

144) 키타라에 대해서는 658b의 각주를 참조할 것이며, 여기서는 아울로스(aulos)에 대한 설명만 하면 되겠다. 이는 헬라스인들의 대표적인 목관악기로서, 몸체의 재질은 뽕나무의 일종이고, 갈대 취관(吹管)을 가졌다. 대개 두 개를 함께 부는데, 이 경우에 좌우 양손으로 하나씩 쥐고 불기 편리하도록 가죽끈(phorbeia)으로 악기와 입, 뺨 그리고 머리통에 고정되도록 연결했는데, 이렇게 함으로써 아마도 볼이 불룩해지는 것도 동시에 막아 주는 효과가 있었던 것 같다. 이 악기가 흔히 플루트로 잘못 불렸는데, 오히려 '오보에' 나 '클라리넷' 과 비슷한 악기로 보는 게 옳다고 한다. 원어 그대로 '아울로스' 라 옮긴 것도 그 때문이다. 역자의 역주서 《플라톤의 국가(정체)》의 끝에 수록된 그림을 참조할 것.

145) 653e에서 선법과 관련된 각주의 설명을 참조할 것. 이 가운데서 《국가(정체)》 편, 제3권 398d에서 인용된 다음 구절, 즉 "노래(melos)는 세 가지, 즉 노랫말(가사: logos, rhēma)과 선법(旋法: harmonia) 그리고 리듬(rhythmos)으로 이루어져 있다"에서, '노래' 로 번역된 melos는 《법률》 편에서는 '노랫가락' 으로 번역되고 있는 반면에, '노래' 는 ǫdē의 번역어로 쓰이고 있다.

은 촌스러움으로 가득 차 있다는 것을 알아야 할 것이니, 최대한의 속도와 매끄러움을 그리고 짐승들의 소리를 몹시도 좋아하는지라, 춤과 노래에 포함되는 일체의 것을 제외한 채, 아울로스 연주나 키타라 탄주를 이용하는데, 이 각각만의 이용은 일종의 전적인 무교양(전적으로 시가를 670a
모르는 상태: amousia)이며 요술이 될 것입니다. 이것들은 이런 식으로 논의가 되었습니다.[146] 하지만 적어도 우리가 고찰하고 있는 것은, 이미 30이 되었거나 50 이상이 된 사람들은 우리의 무사 여신들을 무엇에 이용해서는 안 되는지가 아니라, 도대체 무엇에 이용해야만 되는지 하는 것입니다. 그러므로 이런 것들로 미루어 우리의 이 논의는 이미 다음과 같은 것을 시사해 주고 있는 것 같이 제게는 생각되는군요. 50이 된 사람들로서 노래를 하는 게 적합한 사람들이야말로 적어도 합창가무 음악[147]
이상의 더 나은 교육을 받았어야만 했다는 것을 말씀입니다. 왜냐하면 b
이들로서는 리듬들과 선법들에 대해 민감하고 이해도 하고 있어야만 하는 게 필연적이기 때문입니다. 그렇지 않고서야 어떻게 누군가가 노랫가락들의 옳음(orthotēs)을 알게 되겠습니까? 도리스 선법(dōristi)[148]이 어느 노랫가락에 적합한지 또는 적합하지 않은지 하는 옳음, 그리고 리듬의 옳음을 말씀입니다. 즉 시인이 노랫가락에 그 리듬을 부여한 것이

146) 802a~803b에서 시가의 전반적 규범에 대한 개략적인 언급을 하고 있다.

147) 여기에서 '합창가무 음악'으로 번역한 것의 원어는 hē chorikē mousa이다. 이 경우의 mousa는, Liddell & Scott의 대사전에서도 그러고 있듯, '음악' 또는 '노래'를 뜻하는 소문자 형태로 읽는 게 대문자(Mousa)로 읽는 것보다 더 나은 읽기일 것 같다.

148) 여러 가지 선법에 대한 언급은 653e의 해당 각주에서 이미 했다. 그리고 이들 선법의 기본 성격들과 이것들에 어울리는 악기들에 대한 약간의 언급을 우리는 《국가(정체)》 편 398d~399e에서 찾아볼 수 있다. 용기와 절제 그리고 예절을 고양하는 노랫말이나 노랫가락에는 도리스(도리아) 선법이 적합한 것으로 알려져 있다. 그리고 《라케스》 편 188d에서는 "도리스 선법이야말로 유일하게 헬라스적인 선법이다"라는 언급이 보인다.

670b 옳게 한 것인지 또는 그렇지 못한 것인지를 말씀입니다.[149)]

클레이니아스: 결코 알게 되지 못할 것이 명백합니다.

아테네인: 많은 군중이 선법에 잘 맞음(to euarmoston)과 리듬이 좋음(to eurhythmon)을 또는 그렇지 못함을 충분히 이해하는 것으로 스스로들 믿는다는 것은 실은 가소로운 일일 것이기 때문입니다. 아울로스에[150)] 맞추어 노래를 부르며 리듬에 맞추어 춤을 추는 훈련을 받은 그 많
c 은 사람, 이들은 그러나 이것들 각각을 자신들이 알지도 못하면서 그러고 있다는 것에는 생각이 미치지 못합니다. 한데, 적합한 것들을 갖춘 모든 노랫가락은 아마도 옳을 테지만, 적합한 것들을 갖추지 못한 것은 잘못된 것일 겁니다.

클레이니아스: 그건 더할 수 없이 필연적입니다.

아테네인: 그렇다면 도대체 그게 어떤지를[151)] 모르는 사람의 경우는 어떻습니까? 그러니까 우리가 말한 바로 그걸[152)] 노랫가락이 어떤 점에서건 옳게 갖추었는지를 그가 알게나 되겠습니까?

클레이니아스: 무슨 방도로 그가 그럴 수 있겠습니까?

아테네인: 그래서 우리는 이제 다시금 다음 사실을 밝히게 된 것 같습니다. 우리가 지금 청하고 있고 어느 면에서는 자발적으로 노래를 하

---

149) England는 "도리스 선법(dōristi)이 … 그렇지 못한지를 말씀입니다"를 괄호로 묶었다. 즉 [ᾧ … μή];의 형태로 괄호를 쳤는데, Loeb 판도 이를 따르고 있다. 이 문장은 그 앞의 문장, 곧 "그렇지 않고서야 어떻게 누군가가 노랫가락들의 옳음(orthotēs)을 알게 되겠습니까?"에 대한 필요한 부연 설명이므로, 굳이 그럴 필요는 없겠다.

150) Badham의 읽기를 따른 Budé 판의 읽기대로 αὐλῷ로 읽었다. Burnet는 이를 αὐτῶν으로 읽었다.

151) 어떤 노랫가락의 선법과 리듬의 상태를 뜻한다.

152) 노랫가락이 적합한 것들로 갖추어야 할 것들이 방금 말한 것들만이 아니라, 구체적으로는 666a~c에서 말한 관점에서도 그래야만 함을 말하고 있으므로, hoper보다는 hotiper로 읽는 게 더 나은 읽기일 것 같다.

도록 강요하고 있는 우리의 가수들로서는 적어도 대충 이 정도까지는, d
즉 저마다 율동(리듬)들의 스텝(basis)들[153]과 노랫가락들의 음들(chordai)을 따라갈 수 있을 정도까지는 교육받는 게 필수적이라는 것, 그리고 이는, 선법들과 리듬들을 살피면서, 그 나이의 그런 사람들이 노래하기에 적합한 것들을 또한 고를 수 있도록 하기 위해서라는 것을 말씀입니다. 그리고 이렇게 해서 그들이 노래를 하게 되고, 또한 노래를 함으로써 당장에는 자신들이 해롭지 않은 즐거움들을 누리기도 하지만, 젊은이들
로 하여금 훌륭한 인격(성품: ēthos)들을 알맞은 애정을 갖고 반기도록 e
하는 데 안내자들로도 됩니다. 한데, 이 정도까지의 교육을 받았으므로, 그들은 대중에 적용되는 교육이나 심지어는 시인들 자신들과 관련되는 교육보다도 더 엄밀한 의미의 교육 수련을 했습니다. 시인으로서는 셋째 것을,[154] 즉 모방물(mimēma)이 아름다운(훌륭한) 것인지 또는 아름답지(훌륭하지) 못한 것인지를 알아야만 할 아무런 필요성도 없기 때문이지만, 선법 및 리듬에 대해서야 알아야만 하는 게 거의 필수적인 것이겠죠. 그렇지만 그들로서는 가장 아름다운(훌륭한) 것 그리고 버금가는 것의 선택을 위해서 그 세 가지[155] 모두를 아는 게 필수적입니다. 그렇지 않고서는 [사람으로서의] 훌륭함(덕: aretē)과 관련해서 결코 젊은이들
을 충분히 고무해 주는 게[156] 못됩니다. 671a

그리고 우리의 논의가 처음에 의도했던 바는, 곧 디오니소스 합창가무

---

153) England의 지적처럼, 동시에 '박자'의 의미도 포함되는 것으로 보는 게 옳을 것 같다. 시의 경우에는 운율(步格)을 뜻한다. 이와 관련해서는 역자의 《플라톤의 국가(정체)》 399e의 본문과 217쪽 각주 53 및 56을 참조할 것.

154) 669a~b를 참조할 것.

155) 670d를 참조할 것.

156) '고무해 주는 게'로 번역한 것의 원어는 '주문'(주송: epǭdē)이다. 659e에서 해당 각주를 참조할 것.

671a

단에 대한 지지의 발언[157]은 훌륭한 것임을 밝히려 한 것은 할 수 있는 만큼은 언급되었습니다. 그러면 이게 과연 그렇게 되었는지 생각해 봅시다. 그와 같은 모임은 아마도 술 마심이 진행되어 가면서 언제나 떠들썩함이 더해 갈 것은 필연적이겠는데, 바로 이 점은 지금 논의되고 있는 것

b 들과 관련해서 일어나는 게 필연적이라고 처음에 전제했던 것입니다.[158]

클레이니아스: 그야 필연적입니다.

아테네인: 그러나 모두가 평소의 저보다 들뜨게 되고 즐거워져서, 거리낌없이 말하기(parrhēsia)[159]와 그런 상황에서의 옆 사람 말 안 듣기로 일관하면서도,[160] 저마다 저 자신은 물론 남들도 능히 통솔할 수 있는 것으로 생각하죠.

클레이니아스: 물론입니다.

아테네인: 그러니까, 이런 일들이 일어날 경우에는, 마치 무슨 쇠붙이처럼, 술 마시는 사람들의 혼들이 달아오른 상태가 되어, 한결 더 유연

c 해지고 더 젊어져서는, 교육하고 형성(形成)할(plattein) 수 있고 또 그럴 줄 아는 사람한테는 고분고분해지는 것으로 우리가 말하지 않았던가요?[161] 마치 그들이 어렸을 때처럼 말씀입니다.[162] 한데, 이 형성하는 이

---

157) 636e~641d, 664d~666b를 참조할 것.

158) 640c에서.

159) 여기서 '거리낌없이 말하기'로 옮긴 parrhēsia는 pas(모두, 모든 것)와 rhēsis(말하기)의 복합어이다. 정치적으로는 아테네인들이 민주정치 체제 아래에서 마음껏 누린 '언론 자유'를, 즉 '무슨 말이고 해 댈 수 있는 자유'를 뜻한다. 이에 대해서는 649b에서도 언급되었다. 또한 《국가(정체)》 편 557b를 참조할 것.

160) 여기에서 '일관한다'로 옮긴 원어는 '넘친다'는 뜻으로 쓰이는 말이지만, 여기서는 우리말 표현으로는 어딘지 맞지 않은 것 같아 표현을 바꾸었다.

161) 666b~c에서.

162) 교육을 통해 아이들의 혼들을 어떤 유형의 것들로 틀 잡히게 형성해

(plastēs)를 그때의 같은 사람, 곧 훌륭한 입법자(nomothetēs)인 걸로 말하지 않았던가요? 그가 제정하는 연회(宴會)와 관련된 법률(nomoi sympotikoi)이 있어야만 한다는 겁니다. 자신만만하고 대담하며 적절한 정도(to deon) 이상으로 부끄럼을 모르는, 그래서 저마다의 침묵과 발언, 술 마시기와 음악의 순서를 기다리려고도 하지 않는 자로 하여금 모든 걸 이것들과 반대로 하고자 하도록 할 수 있는 법률, 아름답지 못한 만용이 등장함에는 그것에 맞서 싸울 가장 아름다운 두려움(phobos)을 정당 d
하게 들여보낼 수 있는[163] 법률을 말씀입니다. 이 신성한 두려움을 우리는 경외(공경: aidōs) 그리고 부끄러움(수치: aiskhynē)이라 이름 지었습니다.[164]

클레이니아스: 그렇습니다.

아테네인: 이 법률의 수호자들 및 이들의 동료 일꾼들로서는 소란에 휘둘리지 않으며[165] 술을 마시지 않은(술이 취하지 않은) 사람들[166]을 술로 해서 맑은 정신이 아닌 사람들의 지도자들[167]이게 해야만 할 것이니, 이들이 없이 술 취함(취흥)과 맞서 싸운다는 것은 소란에 휘둘리지 않

가는 것과 관련된 언급은 《국가(정체)》 편 377c 및 그 앞과 뒤에도 보인다.

163) 시합을 위해서 시합장에 등장하는 두 선수들에다 만용과 두려움을 빗대어 말하고 있다.

164) 646e~647c의 본문 및 해당 각주를 참조할 것. 이것들에 대해서는 699c~d에서도 새삼스레 언급하면서, 실제로 이것들 둘이 페르시아 전쟁 때에 어떤 영향을 미쳤는지를 말하고 있다.

165) 640c의 해당 각주를 참조할 것.

166) nēphontes에는 두 가지 뜻이 다 있다. 어느 경우든 맑은 정신이고 자제력을 갖추고 있을 경우를 가리킨다.

167) 여기에서 '지도자들'로 옮긴 것의 원어는 군대의 지휘관들 곧 장군들을 뜻하는 stratēgoi인데, 곧 이어지는 문장에서 보듯, 이는 군대의 지휘관들에 비유되어 언급되기도 하기 때문이기도 하다. 실은 연회를 주재하는 사람인 symposiarkhos(복수는 symposiarkhoi임)를 가리킨다.

671d 는 지휘자들을 갖지 못한 적들과 싸우는 것보다도 더 위험합니다. 그런
e 가 하면, 이들에게 그리고 디오니소스의 지도자들[168]에게, 즉 60세를 넘긴 사람들[169]에게 자진해서 복종할 수 없는 자는 아레스(Arēs)의 지휘관들[170]에게 불복하는 자와 같거나 그보다도 더한 창피를 감내해야 할 것입니다.

클레이니아스: 옳습니다.

아테네인: 그러니까, 술 취함(취흥)이 그렇고 놀이가 그렇다면, 함께 술을 마시는 그런 사람들은 이롭게 되며, 지금처럼 서로 적들이 아니라,
672a 서로 따로따로 지내던 이전보다도 더 친구들로 되지 않겠습니까? 그들이 법률에 따라 모임에 함께 참석하였다가, 술을 마시지 않은(술 취하지 않은) 사람들이 술로 해서 맑은 정신이 아닌 사람들을 인도할 때, 그대로 따른다면 말씀입니다.

클레이니아스: 그야 옳습니다. 정녕 지금 선생께서 말씀하시는 그대로라면 말씀입니다.

아테네인: 그렇다면 디오니소스의 선물에 대해 그런 식의 무조건적인 비난을,[171] 즉 그건 나쁘며 나라에 받아들일 가치가 없다는 식의 비난

---

168) 디오니소스는 주신(酒神)이므로 다음의 군신 아레스와 대조하는 뜻에서 하는 말이다. 그리고 이 경우의 지도자들의 원어는 hēgemones(단수는 hēgemōn임)이다.

169) 664c~665b에서 세 번째 합창가무단은 30세 이상에서 60세까지의 단원들로 구성되며, 이를 디오니소스를 기리는 '디오니소스 합창가무단'이라 했다. 그리고 60세 이상인 사람들은 노래를 감당할 수 없는 사람들이라 해서, 이 가무단원들로도 될 수 없다고 했다.

170) 아레스는 군신(軍神)이며, 여기에서 '지휘관들'로 옮긴 것의 원어는 arkhontes(단수는 arkhōn임)이다. 물론 군대의 통솔자들을 뜻한다. 그러니까 여기서는 연회의 사회자(symposiarkhos: 637a에서 '연회'에 대한 각주를 참조할 것)를 군대의 지휘관에다 빗대어 말하고 있다.

171) 638c~e에서 했던 비난을 가리키는 것으로 보면 되겠다.

을 더는 하지 맙시다. 그야 누군가가 아직도 논의를 더 진행할 수 있겠기 때문입니다. 그것이 주게 되는 최대의 좋은 점조차도 많은 사람을 상대로 말하는 것은 주저할 일이니까요. 그걸 일단 말하게 되면, 사람들이 이를 잘못 해석하고 잘못 알기 때문입니다. b

클레이니아스: 어떤 것이기에?

아테네인: 어떤 이야기와 함께 전설이 어쩌면 은연중에 전해지고 있죠. 이 신은 친어머니가 아닌 헤라(Hēra)로 해서 그의 혼이 판단력(gnōmē)을 잃게 되었고,[172] 이 때문에 그 보복으로 광란의 주연(bakkheiai)과 일체의 광적인 합창가무를 [사람들로 하여금] 갖도록 했다는 겁니다. 이런 연유로 포도주도 바로 이 목적을 위해 주어진 것이라는 거죠. 저로서야 이와 같은 것들은 신들과 관련해서 말해도 무방하다고 생각하는 사

172) 헬라스 신화에 의하면, 디오니소스는 테베의 왕 카드모스(Kadmos)의 딸인 세멜레(Semelē)와 제우스 사이의 소생이다. 따라서 제우스의 정처인 헤라(Hēra)는 그의 친어머니가 아닐 뿐이지, 계모는 아니다. 따라서 여기에서는 흔히 '계모'를 뜻하는 mētryia로 언급되고 있지만, '친어머니(mētēr)가 아닌'으로 옮겼다. 그런데 '헤라로 해서 그의 혼이 판단력(gnōmē)을 잃게 되었고'라는 표현을 연상케 하는 구절을 우리는 에우리피데스의 《키클롭스》 3행의 그가 '헤라로 해서 미치게 되었을 때'라는 표현에서 만나게 된다. 질투심이 많은 헤라는 세멜레가 잉태한 것을 알게 되자, 사람의 모습을 하고 나타나서는 여인으로 하여금 제우스한테 제 모습을 보여 달라는 청을 하도록 설득한다. 여인의 청에 따라, 번갯불(astrapē)과 함께 제우스가 제 모습을 드러내자, 여인은 재가 되어 버린다. 제우스는 그 잿더미 속에서 여인이 가졌던 아이를 구해서 제 넓적다리에 넣고 있다가 달이 차서 태어나게 한 것이 디오니소스라 전한다. 이렇게 해서 태어난 아이는 세멜레와 자매간인 이노(Inō)에게 맡겨지나, 헤라의 질투는 멈출 줄을 몰라, 이노와 그 남편 아타마스(Athamas)를 미치게까지 만든다. 그래서 아타마스는 제 아들을 죽이고, 이노는 다른 아들과 함께 바다에 뛰어들었다가, 바다의 여신 레우코테아(Leukothea)로 되었다 한다. 그래서 이 아이, 곧 디오니소스는 요정들(Nymphai)에게 맡겨져 자란다.

람들에게 말하도록 맡기겠습니다. 하지만 이 정도만큼은 저는 알고 있습
c 니다. 모든 동물은, 그것이 성숙하고서야 지성(nous)을 갖추는 게 어울리는 그만큼, 그것은 역시 그것에 상응하는 정도만큼 전혀 지성을 갖추지 못한 채로 태어난다는 걸 말입니다. 제 특유의 사려 분별(phronēsis)을 아직 갖추지 못한 바로 그 시기에는 아주 미친 상태가 되어 무질서하게 소리를 질러 대거니와, 자신을 일으킬 수 있게 되는 즉시, 이번에는 또 무질서하게 뛰뛰기를 합니다. 이것들이 시가와 체육[173]의 기원들(archai)이라고 우리가 말했던 걸 상기하도록 합시다.[174]

클레이니아스: 저희는 기억하고 있습니다. 어찌 기억하지 못하겠습니까?

아테네인: 그러니까 이 기원(起源: archē)이 우리 인간들에게 리듬과 선법(harmonia)에 대한 감각(지각: aisthēsis)을 심어 주게 된 것이며,
d 아폴론과 무사들(Mousai) 및 디오니소스가 신들 중에서 장본이 된다고 우리가 말했던 것도[175] 기억하시지 않습니까?

클레이니아스: 어찌 기억하지 못하겠습니까?

아테네인: 다른 사람들의 주장은 특히 포도주가 어쨌든 인간들에 대한 보복의 의도로 우리가 미치도록 하기 위해서 주어진 것이라고 하는 것 같습니다. 하지만 지금 우리가 하고 있는 주장은 그것과는 정반대의 의도로, 곧 한편으로는 혼이 경외(공경: aidōs)를 갖도록 하기 위한 약으로서, 다른 한편으로는 몸이 건강과 기운을 갖기 위한 약으로서 주어졌다는 것입니다.

클레이니아스: 선생이시여, 선생께서는 그 주장을 아주 훌륭하게 상

173) 이 경우의 체육은 합창가무(choreia)에서의 춤과 관련된 것이라 할 것이다.

174) 653d~e 및 664e를 참조할 것.

175) 653d~654a를 참조할 것.

기케 하셨습니다.

아테네인: 그래서 합창가무의 절반에 대한 논의는 마친 걸로 하죠. e
하지만 나머지 절반은, 그렇게 하는 게 좋을 것으로 여겨지는 대로, 우리가 완결을 짓도록 할까요, 아니면 그만둘까요?

클레이니아스: 바로 어떤 걸 말씀하시는지, 그리고 그 각각을 어떻게 나누시고서 그러시는 건지요?

아테네인: 전체적으로 합창가무는 우리에게 어쩌면 교육(paideusis) 전체였으며,[176] 다시 그것의 일부가 리듬들과 선법들, 곧 음성(phōnē)과 관련되는 부분입니다.

클레이니아스: 네.

아테네인: 반면에 몸의 움직임(동작: kinēsis)과 관련되는 부분은 음성의 움직임과 공통된 리듬을 갖습니다만,[177] 그 자세(춤사위: skhēma)는 특유의 것인 반면에, 저 경우에 음성의 움직임은 노랫가락(melos)입니다. 673a

클레이니아스: 더할 수 없이 참된 말씀입니다.

아테네인: 따라서 혼에까지 미치는 음성과 관련되는 것들은, [사람으로서의] 훌륭함(덕: aretē)의 교육으로서,[178] 어떤 방식으로 해서인지는

---

176) 654a9~b1을 참조할 것.

177) 리듬(rhythmos)을 우리가 '율동'으로 번역하지만, 실은 이에는 음악적인 면과 몸의 움직임, 곧 춤과도 관련되는 면이 있어서 이런 말을 하고 있다. 바로 이어지는 말도 이와 관련된 것이다.

178) '[사람으로서의] 훌륭함(덕: aretē)의 교육으로서'로 번역한 부분의 텍스트 읽기는 Budé 판에 따른 것으로, ὡς ἀρετῆς παιδειαν,으로 읽었다. πρὸς ἀρετὴν παίδεις로 읽은 Burnet 등의 읽기를 따른다면, '따라서 혼에까지 미치는 음성과 관련되는 것들은, [사람으로서의] 훌륭함(덕: aretē)의 교육으로서'로 번역된 부분은 '따라서 [사람으로서의] 훌륭함(덕)을 위한 혼의 교육에까지 미치는 음성과 관련되는 것들은'으로 되겠다.

673a

모르겠으나, 우리가 시가(mousikē)라 일컬었습니다.[179]

클레이니아스: 실상 옳습니다.

아테네인: 반면에 몸과 관련되는 것들은, 놀이를 하는 사람들의 춤으로 우리가 말한 것으로서,[180] 이와 같은 움직임(동작)이 몸의 훌륭함(훌륭한 상태: aretē)에까지 미치게 될 때는, 그런 것을 위한 몸의 기술적인 이끎을 체육(gymnastikē)이라 지칭합시다.

클레이니아스: 지당합니다.

b 아테네인: 한데, 시가의 부분에 대해서는, 우리가 합창가무의 거의 반을 이미 다루었으며 또한 마친 걸로 말한 이 부분에 대해서는 지금도 그리 말한 걸로 해 둡시다. 그러면 우리가 나머지 반에 대해서 말할까요, 아니면 어떻게 그리고 어떤 방식으로 해야만 할지?

클레이니아스: 선생이시여! 선생께서는 크레테인들 그리고 라케다이몬인들과 대화를 하시고 있고, 우리는 시가와 관련해서는 논의를 끝냈으되, 체육에 대해서는 논의가 부족하니, 이 물음에 대해서 저희 중에 누가 선생께 도대체 무엇을 대답해야 할 것으로 생각하시는지?

아테네인: 저로서는 선생께서 그 질문을 하심으로써 상당히 명확하
c 게 대답까지 하신 걸로 말씀드릴 수 있겠군요. 또한 그게 질문이면서도, 제가 말씀드렸듯, 지금은 대답이기도 하면서, 더 나아가서는 체육과 관련된 것들에 대한 논의까지 마치도록 하라는 지시이기도 하다는 걸 제가 알겠습니다.[181]

---

179) 《국가(정체)》 편 401d를 참조할 것.

180) 657c~d를 참조할 것.

181) 《국가(정체)》 편에서도 시가에 대한 교육을 먼저 다룬 다음에 체육의 문제를 다룬다.(376e) 그러나 410b~412a(특히 410c 및 412a)에서는 체육도 결국은 혼을 위한 것, 그래서 "시가와 체육을 가장 훌륭하게 혼화(混和)하여, 이를 혼에 가장 알맞게 제공하는 사람"이 되도록 하는 교육이 강

클레이니아스: 아주 잘 이해하셨습니다. 바로 그리해 주십시오.

아테네인: 그래야 하죠. 적어도 두 분께서 익히 아시고 있는 것들인지라 말씀드리기는 그다지 어렵지 않을 테니까요. 두 분께서는 그 기예(技藝, 기술: technē)에 있어서보다는 이 기예에 있어서 훨씬 더 많은 경험을 가지셨을 것이기 때문입니다.[182)]

클레이니아스: 대체로 진실을 말씀하십니다.

아테네인: 그러니까 다시 이 놀이(paidia)의 기원은 모든 동물이 자연스럽게 뛰는 버릇이 드는 것인데, 인간이라는 동물은, 우리가 말했 d
듯,[183)] 리듬 감각을 갖게 됨으로써 춤을 생기게 하고 탄생시켰습니다. 한데, 노랫가락이 리듬을 상기시키고 일깨우게 하여, 이 둘이 서로 결합함으로써 합창가무(choreia)와 놀이를 탄생시킨 것입니다.

클레이니아스: 더할 수 없이 참된 말씀입니다.

아테네인: 그런데 이의 한쪽은, 우리가 말했다시피, 이미 우리가 다루었으나, 다른 쪽 것은 차례를 따라 우리가 다룰 것입니다.[184)]

클레이니아스: 물론입니다.

아테네인: 그러면 술 취함(취흥: methē)의 이용에 대해 맨 먼저 마무리를 하도록 합시다. 두 분께서도 같은 생각이시라면 말씀입니다. e

클레이니아스: 바로 어떤 걸 그리고 무엇을 말씀하십니까?

조되고 있다.

182) 앞의 것은 '시가'(mousikē [technē])를, 뒤의 것은 '체육'(gymnastikē [technē])을 가리키는데, 둘 다에는 괄호 [ ] 안에 표시했듯 technē(라틴어로는 ars, 영어로는 art에 해당함)라는 말이 원래는 붙어 쓰이는 것이나, 관용적으로 이를 생략한 채로 쓴다. 우리가 -술(術), -법(法)으로 쓰고 있는 것이 모두 이에 해당한다.

183) 653e 및 664e를 참조할 것.

184) 제7권에서 교육의 문제를 본격적으로 다루면서, 795d~796e에서 체육에 대해 다루고 있다.

673e

아테네인: 만약에 어떤 나라가, 그걸 진지한 성격의 것으로서 보
아,[185] 지금 말한 이 관행을 법률 및 질서와 함께 이용한다면, 즉 절제함
을 위한 단련으로서[186] 이용한다면, 또한 다른 즐거움들도, 이것들을 제
압하기 위해 방책 삼아, 마찬가지로 같은 이치로 멀리하지 않는다면, 같
은 이 방식으로 이 모든 것을 이용해야만 합니다. 반면에 어떤 나라가 그
걸 놀이(유흥)로 이용한다면, 그래서 원하는 사람에게는 그리고 원하는
경우에는 또한 누구와 더불어서 다른 어떤 관행들과 함께 마시고자 하거
674a 나 간에 허용된다면, 이 나라나 이 사람이 술 취함(취흥)을 이용해야만
된다는 데에 저는 투표를 하지 않을 것입니다. 크레테인들과 라케다이몬
인들의 그 이용보다도 오히려 카르타고인들의 법에, 즉 출정 중에는 결
코 누구도 이 음료를 맛보지 못하도록 하되, 이 기간 동안에는 줄곧 물만
마시도록 하는 것에[187] 찬동하겠습니다. 또한 나라 안에서도 남녀 노예
는 결코 이를 맛보지 못하며, 통치자(행정관)들도 통치하는 그 해 동안
b 에는 그러지 못하고, 또한 조타수들도, 직무 수행 중인 재판관들(배심원
들)도 전혀 포도주를 맛보지 못하며, 중요한 협의회(boulē)에 협의를 하
러 모이는 그 누구도, 그리고 석어도 낮 동안에는 신체적인 단련이나 질
병 때문이 아니라면 그 누구도 단연코, 또한 밤에도 아이를 생기게 할 생

185) '술 취함(취흥)'을 진지한 목적에 이용할 경우를 e8행(번역문에서는 e7행)에서 시작하는 다음 문장에서의 '놀이'의 목적으로 이용하는 경우와 대비시키기 위해서 하는 말이다.

186) μελέτης로 읽은 Budé 판의 읽기를 따르지 않고, Burnet 등의 읽기를 따라 μελέτῃ로 읽었다.

187) 카르타고의 이런 법에 대한 언급은 637d~e에서 한 카르타고 사람들에 대한 언급과는 언뜻 보아 배치되는 것 같지만, 이는 출정 중의 경우를 말하는 것은 아니었다고 할 것이다. 그리고 다음에서 말하는 금지 사항들은, 재판관들(배심원들)이나 협의회 등의 언급으로 보아, 카르타고의 경우를 들어서 말하고 있는 것은 아니라 할 것이다.

각을 하는 경우에는 남자든 여자든 그걸 맛보지 못하게 하는[188] 데 저는 찬동합니다. 그리고 그 밖의 많은 경우를 누군가가 말할 수 있을 것입니다. 지성(nous)과 옳은(바른) 법(nomos orthos)[189]을 지닌 사람들이 포도주를 마시지 않아야 할 경우들을 말씀입니다. 그래서 이 주장에 따르 c
면, 어느 나라에도 많은 포도나무가 필요하지는 않을 것이니, 다른 농사에 대해서도 그리고 전체 식생활[190]에 대해서도 규정을 해 두어야 하겠지만, 적어도 포도주와 관련된 농사는 모든 것 가운데서도 아마도 가장 알맞은 정도로(emmetrotata) 그리고 최소한도로 하게 되어야 할 것입니다. 선생들이시여, 선생들께서도 동의하신다면, 이로써 포도주에 관해서 했던 논의에 대해 마무리를 한 것으로 하죠.

클레이니아스: 훌륭하셨습니다. 동의도 하고요.

---

188) 775d를 참조할 것.

189) 713a 및 714a를 참조할 것. 이곳들에서는 인간은 지성을 지니고 법은 지성의 배분이어야 함이 강조되고 있다.

190) 여기에서 '식생활'로 번역한 것은 diaita인데, 이는 생활 방식, 처방된 생활 방식, 섭생이나 양생법 등을 뜻하는 말이지만, 여기서는 문맥상 그리 번역했다.

제 3 권

아테네인: 그러면 그것들은 그런 식으로 되었습니다. 하지만, 도대체 무엇이 나라 체제(정체: politeia)의 기원(archē)이 된 것으로 우리가 말할 것인지? 이는 이 관점에서 가장 쉽게 그리고 가장 훌륭하게 볼 수 있지 않겠습니까? 676a

클레이니아스: 어떤 관점에선가요?

아테네인: 나라(polis)들이 훌륭함(훌륭한 상태: aretē)과 함께 나쁨(나쁜 상태: kakia)으로 이행해 가는 진행을 그때마다 관찰해야만 되는 바로 그 관점에서입니다.

클레이니아스: 하지만 어떤 관점을 말씀하시는지요?

아테네인: 길고도 무한한 시간과 그 기간 동안의 변화들의 관점에서라 저는 생각합니다. b

클레이니아스: 어떤 뜻으로 말씀하시는 겁니까?

아테네인: 자, 언제부터 나라들이 있어 왔고 사람들도 나라의 구성원들로서 살아왔는지,[1] 선생은 그 시간의 장구함이 어느 정도인지 아실 수

---

1) 여기에서 '나라의 구성원들로서 살아왔는지'로 번역한 헬라스어는 politeuomai의 현재분사형 politeuomenoi이다. politeuomai는 자유 시민으로

676b

있을 것으로 생각하십니까?

클레이니아스: 실상 결코 쉬운 일이 아닙니다.

아테네인: 하지만 끝도 없고 엄청난 기간일 것이라는 건 알고 계시겠죠?

클레이니아스: 적어도 그거야 물론 알고 있죠.

아테네인: 그러니까 그 기간 동안에 수천에 수천의 나라들이 우리[인간들]한테 생겨났다가는, 같은 수의 비율로 그보다 적지 않은 나라들
c 이 멸망하지 않았겠습니까? 또한 곳곳마다 여러 번에 걸쳐 온갖 형태의 정체(政體, 나라 체제)들이 통치를 했겠죠? 그리고 때로는 한층 더 작은 것들에서 한층 더 큰 것들이 생겨난 반면에, 때로는 한층 더 큰 것들에서 한층 더 작은 것들이 생겨나고, 또한 한층 더 나은 것들에서 한층 더 못한 것들이 생겨나는가 하면, 한층 더 못한 것들에서 한층 더 나은 것들이 생겨나기도 했겠죠?

클레이니아스: 그건 필연적입니다.

아테네인: 바로 이 변화(metabolē)의 원인(aitia)을, 우리가 할 수만 있다면, 파악하도록 합시다. 아마도 이것이 정체(나라 체제)들의 최초의 성립(탄생: genesis)과 전환(이행: metabasis)을 우리에게 보여 주겠기 때문입니다.

클레이니아스: 훌륭한 말씀입니다. 따라서 열의를 갖고 그래야만 합니다. 선생께서는 이것들에 대해 선생께서 생각하시는 바를 밝히시되, 저희는 선생을 따라감으로써 말씀입니다.

677a 아테네인: 그러면 두 분께는 옛날 이야기들이 어떤 진실성을 지니고 있는 것으로 생각되십니까?

서 살다, 정치에 관여하다, 다스리다, 어떤 형태의 통치 형태를 갖다 등을 뜻하는 말이다.

클레이니아스: 바로 어떤 것들인데요?

아테네인: 여러 차례에 걸친 인간들의 파멸들이 대홍수들이나 질병들 그리고 그 밖의 많은 것으로 인해서 일어났는데, 이 경우들에서 인간들의 아주 적은 일부가 남게 되었다는 겁니다.[2)]

클레이니아스: 물론 그런 모든 것은 누구에게나 믿을 만한 것입니다.

아테네인: 자, 그러면 그 여러 차례의 파멸들 중에서 언젠가 대홍수로 말미암아 일어난 이 파멸을 상정해 보기로 합시다.[3)]

---

2) 《티마이오스》 편 22a~d를 참조할 것.

3) 창세기에 나오는 노아(Noah)의 방주와 비슷한 이야기가 헬라스 신화에도 있다. 청동기 시대의 인류의 죄악들에 대해 분노한 제우스가 지구에 대홍수가 나게 했는데, 프로메테우스는 제 아들인 데우칼리온(Deukalion)과 며느리 피라(Pyrrha)에게 방주(larnax)을 만들어 살아남게 했다. 이들은 이 방주에서 아흐레 밤낮을 지낸 뒤에 홍수가 잦아들어 테살리아 지역(625d에서 해당 각주를 참조할 것)에 표착한다. 이들은 어머니의 뼈를 그들 어깨 너머로 던지라는 신탁의 조언이 땅(어머니인 대지)의 돌을 그리하라는 것으로 새겨듣고, 그리했더니, 데우칼리온이 던진 것들은 남자들이 되고 피라가 던진 것들은 여자들이 되었다 한다. 그리고 그들 둘 사이에서 태어난 아들이 헬렌(Hellēn)이고, 이 아들이 세운 나라가 처음으로 헬라스(Hellas)로 불리게 되었단다. 이 헬렌의 아들들로 도로스(Dōros), 크수스토스(Xouthos), 아이올로스(Aiolos)가 있었는데, 도로스의 후손이 도리스(Dōris) 부족 또는 종족([hoi] Dōrieis, Dōriees, Dōriēs)으로, 아이올로스의 후손이 아이올리스(Aiolis) 부족 또는 종족([hoi] Aiolees, Aioleis, Aioleēs)으로 되나, 크수토스의 두 아들 아카이오스(Achaios) 및 이온(Iōn)에게서는 이들의 후손 아카이아(Achaia) 부족 또는 종족([hoi] Achaioi)과 이오니아(Iōnia) 부족 또는 종족([hoi] Iōnes)이 생겨나게 된다. 훗날 이들 모두를 합쳐 '헬렌의 후손들(Hellēnes)이라 일컫게 되고, 이 후손들이 살게 된 지역 전체를 헬라스라 부르게 된 것이다. 어쨌든 이들이 프로메테우스와 혈통적으로 연결되었다는 것은 새로운 인종과 새로운 기술의 발견들에 대한 상징적 의미를 갖는 것이라 할 것이다. 아닌게 아니라 우리는 바로 이어지는 본문에서 새로운 기술의 발명들과 관련된 언급들을 만나게 된다.

677a

클레이니아스: 그 파멸과 관련해서 어떤 걸 생각해 보면서 말씀입니까?

b 아테네인: 그때 파멸을 벗어났던 사람들은 거의가 목초 지대의 몇몇 산사람들이었을 것이고, 이들이 아마도 산꼭대기 지대에 있던 살아남은 인류의 작은 불씨들이었을 것이라고요.[4)]

클레이니아스: 그건 명백합니다.

아테네인: 어쨌든 이런 사람들은 다른 기술들에 대해서도 그렇겠지만, 그리고 도시(asty)들에서 서로 간의 탐욕(더 가지려는 욕망: pleonexia)[5)]과 경쟁심(이기기를 좋아함: philonikia), 그리고 또 서로를 상대로 꾸미는 그 밖의 온갖 악행과 관련된 계책들에 대해서도 아마 경험들이 없을 건 필연적입니다.

클레이니아스: 다분히 그럴 것 같습니다.

c 아테네인: 그러면 들판에 정착한 나라들과 바다 쪽에 정착한 나라들은 그 시기에 완전히 파멸된 것으로 볼까요?

클레이니아스: 그렇게 봅시다.

아테네인: 그러니까 모든 도구도 망가져 버렸을 것이며, 또한 기술(technē)과 관련되는 어떤 것이나 치술(治術: politikē) 또는 그 밖의 어떤 지혜(sophia)와 관련되는 어떤 것이 진지한 의미에서 발명 또는 발견

---

4) 이런 상황에 대한 비슷한 기술이 《티마이오스》 편 22d~23c 및 《크리티아스》 편 109d에 보인다. 그리고 오늘날의 헬라스에서는 여전히 산들의 목초지에서 양들을 키우고 있는데, 이는 웬만한 섬들의 경우에도 그렇다. 그 옛날의 크레테에서도, 헬라스의 본토에서도 그랬을 것은 뻔한 일이겠다.

5) pleonexia은 pleon(더, 더 많이)과 hexis(가짐)의 합성어로서, pleonektēs(제 몫 이상을 가졌거나 요구하는 사람)의 특성이나 행동을 가리키는 말이므로, '탐욕'이나 '과욕'을 뜻하는 말이다. 그런가 하면 《티마이오스》 편(82a)에서 보듯, 자연현상에 있어서 문제를 일으키는 '지나침'을 가리키기도 하고, 또한 어떤 처지의 유리함이나 우세함을 가리키기도 한다.

된 적이 있었다 하더라도, 그것들 모두가 그 시기에 없어져 버렸다고 우리는 말하지 않겠습니까? 선생이시여, 만약에 이것들이, 오늘날 정돈되어 있듯, 과연 그렇게 줄곧 남아 있었다면, 무엇인들 새로운 것이 실상 어떻게 발명 또는 발견되었겠습니까?[6)]

클레이니아스: 그러기에 이를 수만 년 동안이나 당시의 사람들은 모 d
르는 상태로 있었지만, 천 년 또는 2천 년이 경과하는 동안에 어떤 것들은 다이달로스[7)]에 의해, 어떤 것들은 오르페우스[8)]에 의해, 또는 어떤 것

---

6) 여기에서 '발명 또는 발견되었다'고 번역한 것은 두 개의 낱말이 아니라, 원어로는 한 가지 뜻인 ēurēmenon 및 anēurisketo인데, 이를 문맥상 그리 번역했을 뿐이다. 그리고 Schöpsdau는 이 문장 곧 "선생이시여, 만약에 이것들이, …… 실상 어떻게 발명 또는 발견되었겠습니까?"를 클레이니아스가 하는 말로 돌리고 있다.

7) Daidalos는 아테네의 전설적인 명장(名匠)이다. 크레테의 미노스 왕궁에 괴물 소 미노타우로스를 가두어 두기 위해 미궁(labyrinthos)을 만들었다가, 그곳에서 빠져나오는 방법을 아리아드네에게 가르쳐 주었다는 걸 구실 삼아 미노스가 놓아주지 않고, 아들 Ikaros와 함께 이 미궁에 가두어 버린다. 이에 밀랍과 새의 깃털들로 날개를 만든 다음, 이를 이용해서 아들과 함께 탈출하나, 아들은 너무 태양 가까이 날았다가 밀랍이 녹아 떨어져 죽었으나, 그는 무사히 이카리아(Ikaria) 섬(사모스 섬 왼쪽에 있음)에 안착했다는 이야기는 잘 알려져 있는 것이다. 또한 조상(彫像: agalma)의 두 다리를 자연 상태로 따로 떨어져 있게 한 것(agalma periskeles)을 만들기 시작한 조각가가 바로 그였다는데, 그가 만든 조상들(아마도 나무로 만든 조상들, 즉 xoana였던 듯)은 마치 살아 있는 듯해서 눈을 움직이며 걸어다녔다고 한다. 이런 묘사는 《메논》 편(97d)에도 보인다. 그런데 《에우티프론》 편(11b)에서는 소크라테스가 '우리 선조이신 다이달로스 …'라 말하고 있는데, 이는 그의 부친인 소프로니스코스가 석수(石手 또는 조각가)였고, 소크라테스 자신도 한때는 같은 일을 했다니까, 가통(家統)으로 말하면, 그도 다이달로스의 후예인 셈이라 해서 그런 말을 했을 것이다.

8) Orpheus에 대해서는 669d에서 해당 각주를 참조할 것. 그런데 여기에서 그가 언급되는 것이 그의 종교적인 지혜와 관련해서인지 아니면 그의 리라 탄주가 짐승들과 나무까지도 감동케 했다는 그의 솜씨 때문인지는

677d

들은 팔라메데스[9]에 의해 빛을 보게 되었으며, 음악과 관련된 것들은 마르시아스[10]와 올림포스[11]에 의해서, 리라는 암피온[12]에 의해서 빛을 보게 되었는가 하면, 그 밖에도 아주 많은 것이 또한 다른 사람들에 의해서 말하자면 엊그제[13] 일어난 일이 되었습니다.

아테네인: 아주 잘 하셨네요, 클레이니아스 님! 친구 분을, 그야말로 어저께[14] 태어나신 셈이신 분을 빠뜨리셨으니까 말씀입니다.

분명치 않다. 그의 종교적인 가르침과 관련해서는 졸저 《헬라스 사상의 심층》 22~24쪽을 참조하는 것도 좋겠다.

9) 팔라메데스(Palamēdēs)는 트로이아 전쟁에 참가하지 않으려고 꾀부리는 오디세우스를 들통나게 한 탓으로 원수 사이가 된다. 함께 참전하게는 되나, 오디세우스의 모함으로 죽임을 당하게 된다. 그는 영리하고 재주도 많아, 몇 개의 문자와 서양 장기 그리고 주사위 놀이 등의 발명도 한 것으로 전한다.

10) Marsyas는 Satyros(디오니소스의 시종이며, 상반신은 사람의 형상을 하고 있고, 하반신은 염소 형상을 했으나, 나중엔 망측스레 발기된 큰 남근과 꼬리를 가진 정도의 괴물로 묘사됨)들 중의 하나로, 2개의 아울로스(aulos)를 함께 쓰는 음악의 창시자라 한다. 원래는 아테나 여신이 아울로스를 발명했으나, 그것을 불 때 여신의 얼굴이 일그러지게 되는 걸 알고서, 이를 버렸는데, 마르시아스가 이걸 집어서 그 부는 법을 익히게 되었다 한다. 한데, 이것으로써 아름다운 음악을 연주할 수 있게 된 마르시아스는 아폴론의 리라(또는 키타라) 연주에 도전한다. 이 경연에서 결국 이긴 아폴론은, 승자가 마음대로 벌주기로 한 조건대로, 그를 나무에 묶어 산 채로 그 껍질을 벗기는 형벌을 가했다고 한다.

11) 이 경우의 Olympos는 사람 이름으로서, 그는 아울로스 음악을 본격적으로 헬라스에 보급하고, 상응하는 작곡도 한 것으로 알려졌다.

12) Amphiōn은 제토스(Zēthos)와 함께 제우스와 안티오페(Antiopē) 사이에 난 쌍둥이 형제로서, 테베의 일곱 성문을 가진 성벽을 축조했다고 한다. 그는 테베의 성벽 자리를 걸어 돌면서 리라를 탄주함으로써 돌들이 성벽으로 되게 했다고 한다.

13) 원어는 '어제 그리고 그제'이다. 오래지 않은 최근을 우리말로도 '엊그저께'라 지칭하는 것이 어쩌면 이리도 신통하게 일치하는지 참으로 놀랍다.

14) 역시 장구한 세월에 비해 바로 어제처럼 최근의 일이라는 뜻으로 하는

클레이니아스: 에피메니데스[15]를 두고 말씀하시는 게 아닌가요?

아테네인: 그렇습니다, 그분을 말합니다. 친구시여, 여러분의 경우에 e
그분께서는 정교한 고안에 있어서 모두를 월등히 능가하셨기 때문입니다. 헤시오도스가 오래전에 예언했던 바를, 여러분께서 말씀하시듯, 그분께서는 실제로 완성하셨죠.[16]

클레이니아스: 물론 우리는 그리 말합니다.

아테네인: 그러니까 그 파멸이 일어났을 때, 그때 인간들에게 있어서의 사태는 바로 이러했던 걸로 우리는 말하지 않겠습니까? 그 황폐함은 엄청나고 무서운 것이었으되, 땅은 아주 풍부했는데, 비록 다른 동물들도 사라졌지만, 소수의 가축이 그리고 어쩌면 염소의 일부가 살아남았고, 당시에 처음에는 이것들이 목부들이 연명하기에도 모자랄 정도였다
고 말씀입니다. 678a

클레이니아스: 물론입니다.

아테네인: 지금 우리의 논의 대상들이 되고 있는 나라(polis)와 나라

말이다. 물론 바로 앞 문장에서의 '엊그제'와 같은 맥락의 표현이나, 더 최근임을 말하는 셈이다.

15) 642d에서 해당 각주를 참조할 것.

16) 에피메니데스가 기적을 행한 사람으로 알려졌다는 말은 앞의 주에서 이미 했다. 여기에서는 그가 채소나 나물 따위로 검소하면서도 놀라운 먹을거리를 고안해 낸 것이 헤시오도스(Hēsiodos)가 《일과 역일(曆日)》 41행에서 한 말을 현실적으로 실증해 보여 준 것이라 해서 하는 말일 것이다. 헤시오도스의 그 구절은 "아욱과 asphodelos(나리과의 식물)에도 얼마나 큰 유익함이 있는지"를 모르는 사람들, 전부보다는 반이 얼마나 좋은 것인지, 그래서 결과적으로는 반이 오히려 전부보다도 훨씬 더 많은 이득을 가져다준다는 중용(to meson) 또는 적도(適度: to metrion)의 가치를 모르는 사람들에 대한 개탄을 말하고 있는 것인데, 바로 이 인용 구절을 플루타르코스의 *Moralia* 중의 《일곱 현인들의 연회》 157e에서 에피메니데스의 섭생 또는 약제 발견의 행적과 연관시키고 있다.

678a

체제(정체: politeia) 그리고 법률 제정(nomothesia)과 관련된 기억이 실제로 [그들에게] 조금인들 있었을 것으로 우리가 생각합니까?

클레이니아스: 결코 없었을 것입니다.

아테네인: 그렇다면 오늘날 우리에게 생긴 일체의 것이, 곧 나라들과 나라 체제(정체)들도, 기술들과 법률도, 많은 나쁨(사악: ponēria)과 훌륭함(덕: aretē)도 그런 상태에 있던 그들에게서 생긴 게 아니겠습니까?

클레이니아스: 어떻게 하시는 말씀입니까?

b 아테네인: 그러면, 선생이시여! 그때 사람들은 도시들에서의 많은 아름다운 것들에 대한 경험들도 없었지만, 그것들과 반대되는 많은 것에 대한 경험들 또한 없었을 것인데, [사람으로서의] 훌륭함(덕)이나 나쁨(kakia)과 관련해서도 그들이 완벽했을 것으로 우리가 생각합니까?

클레이니아스: 훌륭히 말씀하셨습니다. 또한 선생께서 말씀하시는 걸 저희는 이해하고 있습니다.

아테네인: 그러니까 시간이 경과하면서, 우리 인류도 증가하게 되었고, 모든 것이 현재의 모든 상태에 이르게 된 게 아닐까요?

클레이니아스: 지당한 말씀입니다.

아테네인: 어쨌든 갑자기 그리된 것은 아니고, 오랜 기간 동안에 조금씩 진행된 것 같습니다.

c 클레이니아스: 그게 그랬을 것은 아주 마땅하기도 하죠.

아테네인: 높은 지대에서 들판으로 내려온다는 것은 모두에게 새삼스런 두려움이었을 것이기 때문이라고 저는 생각합니다.

클레이니아스: 어찌 그렇지 않았겠습니까?

아테네인: 그 무렵의 사람들 사이에는 그 수가 적음으로 해서 서로를 보게 되면 반가워했겠지만, 당시에는 육상으로나 바다로나 서로 왕래할 수 있게 해 줄 수송 수단들이 그 기술들과 함께 거의 다 사라져 버리지 않았겠습니까? 그래서 서로 어울리는 것이 그리 가능한 일이 아니었을

것으로 저는 생각합니다. 쇠와 구리 그리고 온갖 광물이 엉망진창이 되어 사라져 버렸으니, 그런 것들을 정련하게 될 아무런 방도도 없게 되었으며, 벌목 또한 부족했었기 때문입니다.[17] 설령 어떤 도구가 산악 어딘가에 남아 있게 되었더라도, 이것들은 곧 마모되어 사라져 버렸겠지만, [그걸 대체할] 다른 것들은 생기지 않았습니다. 채광 기술이 다시 인류를 찾아오게 되기 전까지는 말씀입니다. d

클레이니아스: 어찌 그럴 수 있었겠습니까?

아테네인: 얼마나 많은 세대가 지나고서야 이 일이 이렇게 되었을 것으로[18] 우리는 짐작합니까?

클레이니아스: 아주 많은 세대일 게 명백합니다. e

아테네인: 그렇다면 그땐 쇠와 구리 그리고 그와 같은 모든 것이 필요한 기술들은 같은 기간 동안 또는 그 이상의 기간 동안 사라져 버린 상태로 있었지 않겠습니까?

클레이니아스: 물론입니다.

아테네인: 따라서 당시에는 여러 가지 이유로 내란(stasis)과 함께 전쟁(polemos)도 사라져 버렸습니다.[19]

클레이니아스: 어째서죠?

아테네인: 첫째로 그들은 서로 반가워하고 우호적이었는데, 이는 외로움 때문이었으며, 다음으로는 먹을거리가 그들에게 있어서는 싸움거리가 아니었습니다. 아마도 초기의 소수를 제외하면, 목초지가 부족하지 679a
않아, 당시에는 대부분이 목축으로 살아갔습니다. 젖도 고기도[20] 결코

---

17) 벌목 도구의 부족은 목재의 부족 사태를 빚고, 목재 부족은 선박이나 마차 등의 운송 수단의 마련을 엄두도 못 내게 한다는 걸 말하고 있는 것이다.

18) 인류가 채광 기술을 이용할 수 있게 된 것을 가리킨다.

19) 전쟁과 내란에 대한 대비적 언급으로 628a~d를 참조할 것.

679a
부족하지 않았으며, 더 나아가서는 사냥을 함으로써 결코 변변찮지도 않
고 적지도 않은 먹을거리를 마련했기 때문입니다. 게다가 옷도 침구도
집도 그리고 불을 이용하는 기구나 불을 이용하지 않는 기구도 풍부했습
니다. 쇠가 전혀 필요하지 않은 조형 기술들[21]이나 엮는 기술들, 이 두
b 가지 기술은 사람들에게 이 모든 걸 마련해 주도록 신이 내린 것이기 때
문입니다. 이는, 인류가 그런 곤경에 처했을 때, 새싹과 성장을 볼 수 있
도록 하기 위해서였습니다. 그랬기 때문에 그들은 물론 몹시 가난하지도
않았으며, 가난으로 해서 저들끼리 어쩔 수 없이 불화하게 되는 일도 없
었습니다. 하지만 금도 없고 은도 없었기에, 그들은 결코 부유해지지도
않았으니, 이게 그때의 그들의 처지였습니다. 그런데 가난도 부도 함께
하지 않는 그런 생활공동체(synoikia)에, 거기에 가장 고매한 인격(성품:
ēthos)들이 아마도 생겨날 수 있을 것입니다. 히브리스[22]도 올바르지 못
c 함(불의: adikia)도, 또한 질투들도 악의들도 생겨나지 않을 것이기 때문
입니다. 그야 그들이 좋은(착한) 사람들인 것은 이런 것들로 해서 그리
고 이른바 순진성(순박함: euētheia)으로 해서입니다.[23] 그들은 아름다
운(훌륭한) 것들이라고 또는 추한(창피한) 것들이라고 들은 것들을, 자
신들이 순진한 터라, 더할 수 없이 진실 그대로 말한 걸로 생각하고서 곧
이듣기 때문입니다. 아무도, 오늘날처럼, 똑똑해서 거짓말을 의심할 줄

20) 여기에서 굳이 '젖'이라 번역한 것은 gala가 모든 젖을 가리키는 말이기 때문이다. 여기에서 말하는 목축은 주로 양들을 치는 걸 가리키는 것으로 보는 것이 옳겠기에, 젖도 우유라기보다는 양젖일 것이고 고기도 쇠고기보다는 양고기를 가리키는 것으로 보는 것이 옳을 것이다.

21) 이 경우에는 토기나 도자기를 만드는 기술을 가리키는 것일 것이다.

22) 637a에서 해당 각주를 참조할 것.

23) 《국가(정체)》 편 369a~372e를 보면, 이론상으로 수립되고 있는 하나의 생활공동체가 자연스럽게 '건강한 나라'로 머물 수 있는 한계를 그들의 순박한 삶의 형태와 연관 지어 기술하고 있다.

을 몰라, 신들이나 인간들에 대해서 하는 말들을 참인 것들로 믿고서 그것들에 따라 살았습니다. 바로 이 때문에 그런 사람들은 전적으로 방금 우리가 이야기한 그런 사람들이었습니다.

클레이니아스: 적어도 제게는 그리고 이분께도 그게 그럴 것이라는 d
데는 같은 생각이 들 것입니다.

아테네인: 그러니까 이런 식으로 산 여러 세대는 대홍수 전에 태어났던 사람들이나 오늘날의 사람들보다도 다른 기술들과 관련해서도 그러했겠지만, 전쟁과 관련된 기술들에 있어서도 더 기술도 모자랐고 더 무지했다고 우리는 말하지 않겠습니까? 오늘날 육지에서 또는 바다에서 일어나는 그 많은 전쟁, 그리고 소송(dikē)들이나 내란(stasis)들이라 말하는 나라 안에서만 벌어지는 싸움들, 언행들을 통해 서로 해치고 올바 e
르지 못한 짓을 하는 데 온갖 꾀를 짜내는 그런 싸움들과 관련된 기술들 말씀입니다. 하지만 그들은 더 순진했고 용감했으며, 동시에 더 절제도 있었고 모든 면에서 더 올발랐다고 우리는 말하지 않겠습니까? 한데, 이것들의 원인에 대해서는 이미 우리가 이야기했습니다.

클레이니아스: 옳은 말씀입니다.

아테네인: 그러면 우리로서는 이것들을 말했던 것이 그리고 이것들에 따르게 될 귀결들 모두에 대해 아직 더 말하게 될 것은 다음 것 때문에, 즉 당시 사람들에게 도대체 법률(nomoi)의 소용(khreia)이 무엇이었으며 그들의 입법자(nomothetēs)가 누구였는지를 우리가 알아보자고 해
서라고 해 둡시다. 680a

클레이니아스: 어쨌든 훌륭히 말씀하시기도 하셨습니다.

아테네인: 그러니까 그들은 입법자들이 필요하지도 않았고, 당시로서는 그런 일[24]이 일어날 상황도 아직은 아니었겠죠? 그런 [큰 변동] 주

24) 원어는 to toiouton인데, 여기서 '그런 일'은 '입법자가 필요한 사태'

기(periodos)[25]의 한 시기에 태어난 사람들에게는 아직 문자 기록은 없지만,[26] 관습(ethos)들과 이른바 조상 전래의 법률(관습 법률: patrioi nomoi)에 따르며 살아가기 때문입니다.

클레이니아스: 어쨌든 그럴 것 같습니다.

아테네인: 하지만 적어도 이건 이미 한 유형(typos)의 통치 형태(정체: politeia)[27]입니다.

클레이니아스: 무슨 유형입니까?

b 아테네인: 그 시기의 통치 형태는 개인적 지배 체제(dynasteia)[28]라고 모두가 일컫는 것으로 제게는 생각됩니다. 이것은 오늘날에도 여전히 여러 곳에 있는데, 헬라스인들 사이에서도 이방인들의 경우에도 있습니다. 한데, 이걸 호메로스도 어딘가에서 키클롭스족[29]의 가족 생활과 관련해서 있었던 것으로 말하고 있는데, 그건 이런 것입니다.

를 가리키는 것으로 보면 될 것 같다.

25) 여기서 말하는 주기(periodos)는 대홍수나 우주적 차원의 대변동이 주기적으로 일어난다는 것을 전제로 해서 하는 말이다.

26) 아주 비슷한 상황에 대한 언급이 《티마이오스》 편 23a~c에 보인다.

27) 여태껏 '나라 체제(정체: politeia)'의 꼴로 번역하던 걸 여기에서 이처럼 '통치 형태(나라 체제, 정체: politeia)'의 꼴로 갑작스레 바꾸어 적은 것은, 여기서부터 681a에 이르기까지에서 보듯, 아직 polis(나라)의 형태가 제대로 잡히기 전이기 때문이다.

28) dynasteia란 일차적으로 권력이나 지배권을 의미하는 말인데, 극단적인 소수파 전제정치를 의미하기도 하지만, 여기서는 가부장(족장) 지배 형태(patriarchia)라 할 수 있는 것이라 여겨, '개인적 지배 체제'(dynasteia)로 일단 옮겨 보았다. 역주서 《플라톤의 국가(정체)》 544d에서는 영어 dynasty(왕조)가 의미하듯 '세습군주제'로 옮겼던 것이다.

29) 다음에 인용되고 있는 Kyklōps족(Kyklōpes)에 관한 이야기는 호메로스의 《오디세이아》 9. 112~115에 있는 것으로, 오디세우스가 만났다는 외눈박이 거인족에 대해 들려주는 이야기의 한 대목이다.

그들에겐 조언을 해 주는 집회도 정해진 관례들[30]도 없는데,

높은 산들 꼭대기에서 기거하기를

안이 텅 빈 굴속에서지만, 저마다

처자들을 거느리되, 저들끼리는 서로 마음 쓰지도 않죠. c

클레이니아스: 선생의 이 시인은 어쨌든 매혹적인 것 같습니다. 그야 물론 우리들도 그의 다른 시구들 또한 읽었는데, 아주 세련된[31] 것들이었으니까요. 하지만 많이 읽지는 않았습니다. 크레테인들은 다른 나라의 시들에는 그다지 탐닉하지 않기 때문입니다.

메길로스: 하지만 우리 쪽에서는 탐닉하지요. 그리고 그 시인은 어쨌든 그런 시인들[32]을 압도하는 걸로 보입니다. 그렇지만 그는 그때마다 어쨌든 라코니케[33]식 삶 아닌 이오니아식 삶을 오히려 이야기했습니다.[34] 아닌게아니라 그는 지금 선생의 주장에 대해 훌륭히 증언을 해 주 d

30) '정해진 관례들'로 번역한 원어는 themistes이고, 그 단수는 themis이다. themis는 비록 성문화되지는 않았으나, 정해졌거나 확립된 관습이나 관례를 의미한다. 특히 씨족 사회의 관습법 구실을 하는 것이라 할 것이다. 이에서 어떤 것을 하는 것이 '옳다'고 하든가 '정당하다'고 할 때도 이 말을 쓰기도 하는데, 그럴 때의 용법은 dikē와도 같다. 또한 정의나 법령 또는 옳음이 신격화된 여신을 가리키기도 한다.

31) 원어 asteia는 도시적인, 예절 바른, 세련된, 매혹적인, 재치 있는 등을 뜻하는 말이다.

32) 아마도 서사시인들을 가리키는 것 같다.

33) 624a에서 라케다이몬에 대한 각주를 참조할 것.

34) 호메로스의 고향은 알려져 있지 않으나, 오늘날은 터키의 영토가 되어 있는 에게 해 연안의 어디일 걸로, 특히 옛날 이름으로 이오니아(Iōnia) 지방 어디일 것으로 추정되고 있다. 이오니아 지방이란 대충 말해서 북쪽으로는 스미르나(Smyrna)에서 시작해서 남쪽의 밀레토스(Milētos) 그리고 그 왼쪽의 섬들을 가리키는 지역으로, 이 지역에는 헬라스인들 중에서도 이오니아 방언을 쓰는 이오니아 부족(hoi Iōnes)이 기원전 1000년경부

680d

고 있는 것 같습니다. 설화를 통해 그들의 원시적인 상태의 탓을 야성 상태에 돌림으로써 말씀입니다.

아테네인: 네, 지지해 주는 증언이니까요. 그뿐만 아니라 그를 그와 같은 통치 형태(정체)들이 때로는 생긴다는 데 대한 정보 제공자로 삼읍시다.

클레이니아스: 훌륭한 말씀입니다.

아테네인: 그것들은 그런 파멸(재앙)들의 경우에 있어서의 곤경으로 해서 한 가족 단위로 그리고 일족(一族)[35] 단위로 뿔뿔이 흩어진 사람들로 구성되지 않겠습니까? 그런 통치 형태들에서는 그들에게 있어서의

e 통치권(arkhē)이 아버지 또는 어머니에게서 받게 된 것이기 때문에 가장 나이 많은 부류가 다스리고, 다른 사람들은 그들을 따라, 마치 새들이 한 무리를 이루듯, 할 것입니다. 이들은 가부장적 통치를 받으며 모든 것 가운데서도 가장 올바른 왕정의 통치를 받겠죠?

클레이니아스: 분명히 그렇습니다.

아테네인: 하지만 그다음에는 더 많은 수가 공동체(to koinon)로 결집해서 여러 나라(polis)를 만들고서, 산사락에서 최초의 농경으로 방향

681a 을 잡게 되며, 일종의 빙 두른 돌담들로 짐승들을 막기 위한 방벽들을 만들어, 다시금 하나의 커다란 공동의 거주 지역을 이루게 됩니다.

클레이니아스: 그건 다분히 그럴 것 같습니다.

아테네인: 어떤가요? 다음 것은 그럴 것 같지 않습니까?

클레이니아스: 어떤 것인데요?

아테네인: 이들 거주 지역들이 처음의 비교적 작았던 것들에서 한층

터 본토에서 이주해 가서 살던 지역이다.

35) 원어는 genos인데, 이는 가문이나 씨족 또는 부족을 의미하는 말이기도 하다. 그러나 여기서는 아직 그렇게까지 확대되지는 않은 단계로 보아, '한 집안' 또는 '일족'으로 이해하는 것이 옳을 것 같다.

더 큰 것들로 증대될 경우에, 이들 작은 것들 각각은 일족 단위로 제일 연장자를 통치자로 가진 채로 그리고 서로 떨어져 거주한 탓으로 특유한 자체의 어떤 관습(ethos)을 가진 채로 나타나게 될 것 같습니다. 관습들 b
이 다른 건 부모들과 그들을 키워 준 사람들로 해서인데, 신들과 관련해서 그리고 저들 자신들[36]과 관련해서도 버릇들인 관습들이 그렇겠는데, 더 절도 있는 사람들의 관습들은 더 절도 있겠고, 더 용감한 사람들의 그것들은 더 용감하겠죠. 그리고 이런 식으로 저들마다 자신들의 선택들을 아이들과 그 자손들에게 각인해 줌으로써, 우리가 말하듯, 그들 고유의 법률을 가진 채로 더 큰 생활공동체로 들어온 것입니다.[37]

클레이니아스: 어찌 그렇지 않겠습니까?

아테네인: 그렇지만 실은 저들마다 자신들의 법률이 마음에 들겠지만, c
다른 사람들의 것들은 그다음 것들일 것은 어쩌면 필연적일 것입니다.

클레이니아스: 그렇습니다.

아테네인: 우리는 이를테면 법률 제정(nomothesia)의 바로 시발점(기원: arkhē)에 우리도 모르는 결에 발을 디딘 것같이 보입니다.

클레이니아스: 분명히 그렇습니다.

아테네인: 아무튼 그다음에는 함께 모여든 이들이 이들 공동의 몇몇 사람들[38]을 뽑게 되는 것이 필연적이겠으니, 바로 이들이 그들 모두의 관례들(ta nomima)[39]을 살펴보고서 이것들 중에서 공동체(to koinon)

---

36) 곧 인간들을 가리킨다.

37) 이런 과정은 투키디데스의 《역사》 II, 15~16에서 테세우스(Theseus)에 의한 아테네의 통합 과정에서 잘 기술되어 있다.

38) 곧 그들 공동의 대표자들을 가리킨다.

39) ta nomima는 626a 등에서는 '법규들(관례들, 관습들)'로 번역했던 것이지만, 여기서는 문맥상 아직 법규들 이전의 단계라 여겨, 그리 번역했다. 같은 곳에서 해당 각주를 참조할 것.

681c

와 관련해서 가장 그들 마음에 드는 것들을, 이를테면 왕들처럼, 민중(평
d 민: dēmos)들을 지도하는 자들이나 이끄는 자들에게 명시적인 것들로 제시해 보임으로써 채택토록 해 줄 게 필연적입니다. 이들 자신들은 입법자(nomothetēs)들로 불리게 되겠지만, 저 지도자들을 통치자들(arkhontes)로 임명하게 되어, 개인적 지배 체제(dynasteia)[40)]들에서 일종의 최선자[들의] 정체(最善者政體: aristokratia)[41)] 또는 일종의 왕정(basileia)을 만들어 내게 되겠으니, 그들은 통치 형태(정체)의 이런 바뀜 속에서 살아가게 될 것입니다.

클레이니아스: 어쨌든 그처럼 차례로 그리고 그런 식으로 되어갈 것입니다.

아테네인: 그러면 더 나아가 셋째 형태의 나라 체제(정체: politeia)를 말하도록 합시다. 나라 체제들과 함께 또한 나라(polis)들의 모든 종류와 상태가 바로 여기에서 다 만나게 됩니다.

클레이니아스: 그건 바로 어떤 것인가요?

---

40) 680b에서 해당 각주를 참조할 것.

41) aristokratia란 최선자들([hoi] aristoi = the best)이 지배하는(kratein = to rule) 정치 체제를 뜻하는 말이다. 역사적으로는 신분이 높거나 또는 부유한 이른바 귀족들(the best born)이 그런 사람들로서 통치를 했다고 해서 이를 '귀족정치'라 한다. 그러나 플라톤이나 아리스토텔레스는 '최선자들' 또는 '지선자(至善者)들'의 기준을 '사람으로서 훌륭한 상태' 곧 '사람으로서의 훌륭함'(덕: aretē)에 두고서, 그런 원론적인 가장 참된 의미에서 최선인 사람들이 통치하는 이상적인 정치 체제를 가리키는 말로 이 용어를 썼다. 따라서 진정으로 그런 사람들은 스스로 '최선자들'로 자임하지도 스스로 통치하려고도 하지 않고, 일종의 거부할 수 없는 의무감에서 통치를 떠맡는다는 게 그 특징이기도 하다. 그러나 여기에서는 아직은 바로 그런 통치 체제를 말하는 단계는 아니고, 다만 더 큰 공동체로 모여든 집단들을 대표하는 지도자들이 통치를 하게 된 '일종의 최선자[들의] 정체(最善者政體: aristokratia)'일 뿐이다.

아테네인: 둘째 것 다음 것은 호메로스도 지적했던 것인데, 셋째 것 e
은 이렇게 해서 생긴 것으로 그는 말하고 있습니다. 그는 어딘가에서 말하고 있으니까요.

[그분께서] 다르다니에를 세우셨지. 아직은 신성한 일리오스가,
또박또박 발음하는 인간들의 도성(polis)이 들판에 세워지지 않아,
여전히 그들은 샘이 많은 이데 산 자락에 살고 있었으니까.[42]

그가 이 말들을 그리고 키클롭스족과 관련해서 한 말들[43]을 하는 것은 682a
어쩌면 신의 뜻을 따라서(kata theon) 그리고 자연의 이치를 따라서(kata physin)[44] 한 것일 테니까요. 아닌게아니라 시인의 부류는 신과도 같아, 영감을 얻고서 노래를 하는데, 어떤 카리테스(Charites)[45]와 무사 여신

---

42) 《일리아스》 20. 216~218. 영어권의 경우에 meropōn anthrōpōn(또박또박 발음하는 인간들)을 같은 곳 220, 233행의 thnētōn anthrōpōn과 같은 뜻인 '죽게 마련인 인간들' 즉 'of mortal men'으로 으레 번역하고 있다. 한데, Liddell & Scott, *Greek-English Lexicon*: Revised Supplement(Oxford, 1996)에 의하면, Meropōn anthrōpōn은 'Kōs 섬에 최초로 정착한 메롭스(Merops)의 후손들로 추정되는 사람들'이라 한다. 그리고 이 구절은 아킬레우스를 맞상대하기 위해 나온 트로이아의 아이네이아스(Aineias)가 아킬레우스의 혈통보다도 더 자랑스럽다고 여기는 자신의 혈통을 자랑하기 위해 자신이 다르다노스(Dardanos)의 7대 손임을 밝히는 장면의 일부이다. 일리오스(Ilios) 또는 일리온(Ilion)은 트로이아(Troia) 평원의 도성을 가리키며, 인용 구절의 첫 줄 괄호 안의 '그분'은 다르다노스를 가리킨다. 이데(Idē) 산은 트로이아 남동쪽에 있으며 최고봉은 가르가로스(Gargaros)로서 그 높이는 해발 1770미터이다. 크레테 섬의 중부 지역에 있는 이다 또는 이데 산에 대해서는 제1권의 각주 10을 참조할 것.
43) 680b에서 인용한 《오디세이아》의 구절을 가리킨다.
44) 곧 '자연스런 이치 그대로'를 뜻하는 것으로 보면 되겠다.
45) 카리테스(Charites)는 곧 카리스(Charis) 여신들을 총칭해서 일컫는 이

682a

들(Mousai)[46]의 도움을 받아 그때마다 진리에 따라(kata alētheian)[47] 일어나는 많은 일들을 포착하지요.

클레이니아스: 그러고 말고요.

아테네인: 그러면 우리가 지금 하고 있는 이야기의 앞쪽으로 더 나아가 보도록 합시다. 아마도 우리의 의도와 관련해서 뭔가를 시사해 줄 수도 있겠기 때문입니다. 그래야만 하지 않겠습니까?

b 클레이니아스: 물론입니다.

아테네인: 고지대로부터 넓고 아름다운 평지로 [내려옴으로써], 높지 않은 어느 산등성마루에, 이데 산 높은 곳에서 발원한 많은 강을 가진 일리온[48]이 세워진 것이라 우리는 말합니다.

클레이니아스: 그리 말하고 말고요.

아테네인: 그런데 이 일은 대홍수 이후 오랜 시간이 지나고서야 일어난 것으로 우리는 생각하고 있지 않습니까?

클레이니아스: 어찌 오랜 시간이 지나고서가 아니겠습니까?

름이다. 제우스의 딸들로서, 헤시오도스가 처음으로 그 수를 셋으로 말한 이래로 일반적으로 세 자매로 말한다. 헬라스어 charis(라틴어는 gratia, 영어로는 grace)가 우아(優雅), 우미(優美), 그리고 그런 마음의 드러남이라 할 호의, 은혜, 고마움과 이로 인한 기쁨 등을 뜻하듯, 그런 것들을 신격화한 것들(라틴어로는 Gratiae이고, 영어로는 Graces임)이다.

46) 653d에서 해당 각주를 참조할 것.

47) 이 경우의 '진리에 따라(kata alētheian)'는 '사태들의 진행 이치에 따라'의 뜻으로 이해하면 되겠다.

48) [to] Ilion은, 앞(681e)의 각주에서도 언급했듯, 주로 일리오스(Ilios)라고 하며, 트로이아 평원의 도성이며 왕궁이 있는 곳이기도 하다. 호메로스의 경우에는 《일리아스》 15. 71에서만 Ilion이라 하고, 그 이외의 곳들에서는 Ilios라 언급하나, 이 대화편에서는 앞의 인용문이 아닌 이곳과 d6 그리고 685c2에서 Ilion으로 언급하고 있다. 헬라스의 비극 작품들에서도 거의 다가 Ilion으로 언급하고 있다.

아테네인: 어쨌든 방금 말한 파멸(재앙)에 대한 놀라운 망각 현상이 그들에게 그때는 일어났던 것 같습니다. 이처럼 여럿이며 그것도 고지대 c
에서 흘러오는 강들 아래쪽에 그들이 나라(polis)를 세웠을 때는, 그다지 높지도 않은 몇몇 산등성마루들을 믿고서 그랬을 때는 말씀입니다.

클레이니아스: 그러니까 그들은 그런 수난과는 아주 장기간의 시간적 거리를 두고 있었던 게 명백합니다.

아테네인: 그뿐만 아니라 그때는 이미 다른 여러 나라도 세워지고 있었던 걸로 저는 생각합니다. 사람들의 수가 증가하고 있었기 때문이죠.

클레이니아스: 물론입니다.

아테네인: 짐작건대 이들 다른 나라들이 이 나라를 상대로 원정하기까지 했던 것 같은데, 아마도 바다로 해서였을 것입니다. 이미 모두가 두려움 없이 바다를 이용하고 있었으니까요.

클레이니아스: 그런 것 같습니다. d

아테네인: 십 년가량 머물고서 아카이아인들[49]이 트로이아를 파멸케 만들었죠.

클레이니아스: 그랬고 말고요.

아테네인: 그런데 십 년이 되는 이 기간 동안, 일리온이 포위되어 있던 그동안, 포위를 하고 있던 자들 저마다의 본국에서는 젊은 사람들의 반란들과 관련되어 많은 나쁜 일들이 일어났습니다.[50] 이들은 저들 자신들의 나라로 그리고 집으로 귀환하는 전사들을 곱게도 그리고 옳게도 맞

---

49) 호메로스의 작품에 등장하는 아카이아인들([hoi] Achaioi)은 헬라스인들을 가리키는 명칭들 가운데 하나이다. 따라서 훗날 펠로폰네소스 반도의 북동쪽, 코린토스 왼쪽 지역을 가리키는 Achaia라는 특정 지역의 사람들을 한정적으로 가리켜 쓰는 말은 아니다. 제3권 각주 2를 참조할 것.

50) 이를테면, 오디세우스나 아가멤논과 관련된 일들이 그런 경우들이라 할 수 있겠다.

682e

e 아들이지 않았으니, 죽음과 학살 그리고 대규모의 망명 사태가 일어났죠. 추방되었던 이들은 이름을 바꾸고서 다시 돌아왔습니다. 그때의 망명자들을 규합한 이가 도리에우스였기 때문에, 그들은 아카이아인들 대신에 도리스인들로 불리게 되었죠.[51] 그리고 라케다이몬인들이여! 그 이후의 모든 일은 어쨌든 여러분이 이미 설화로 이야기하고 있으며 또한 완결도 했습니다.

메길로스: 물론입니다.

아테네인: 우리가 처음에는 법률에 관한 대화를 하다가 이에서 벗어나,[52] 시가와 주연(酒宴)의 문제에 부딪치게 되었던 바로 그 대목의 같은 문제들에, 마치 신의 뜻을 따르기라도 하듯, 이제 다시 이르렀으며, 논의 또한 우리에게 이를테면 붙들 기회를 주고 있습니다.[53] 왜냐하면 논의가

683a 라케다이몬으로의 정주(定住) 자체에 이르렀기 때문입니다. 두 분께서는 이 정주를 옳게 한 것이라 하시며, 크레테 또한 형제간인 법률에 의해 그리한 것이라 말씀하셨습니다. 그러니까 지금 우리는 몇몇 통치 형태

51) 여기에서 언급된 도리에우스(Dōrieus)라는 인물에 대해서는 널리 알려진 바가 없다. 도리스인들과 아카이아인들 자체에 대해서는 제3권의 각주 3을 참조하면 되겠는데, 거기에서도 보다시피, 이들은 서로 다른 부족들이지, 여기서 말하듯 도리스인들이 이름만 바꾼 아카이아 부족은 아니다. 왜냐하면 트로이아가 함락되고(기원전 약 1250년경으로 추정되고 있음) 나서 약 80년 뒤에 그때까지 미케네 문명의 주역이던 아카이아 부족이 도리스 부족에 밀리어 펠로폰네소스 반도에서 쫓겨나기 시작하여, 소아시아의 이른바 이오니아 지방 및 그 서쪽 도서들에 이주하게 된 것으로 역사는 기록되고 있기 때문이다. 그리고 트로이아 원정군의 총사령관은 미케네의 왕 아가멤논이었으며, 미케네는 청동기 미케네 문명의 중심지였다.

52) 638d~e를 참조할 것.

53) 《국가(정체)》 편 544b를 보면, 어떤 문제를 다루는 걸, 마치 그것을 붙잡고 레슬링을 하는 것에다 비유하는 묘사가 나오는데, 여기서도 다시 이전의 문제로 돌아가 붙들게 된 논의가 그런 씨름을 할 기회를 제공하게 되었다는 말을 하고 있는 것이다.

(politeia)들[54]과 정주들에 대해 상세히 이야기함으로써, 논의의 헤맴을 통해서나마 이 정도는 덕을 보았습니다. 우리는, 우리가 생각하듯, 첫째와 둘째 그리고 셋째 나라(polis)가 굉장히 긴 기간 동안의 정주 과정에서 서로 이어지고 있는 걸 관찰하게 되었습니다. 그러나 이제 이 넷째 나라가, 혹시 그러기를 바라신다면, 민족(종족)(민족국가: ethnos)이, 옛날에 정착되어 가다가 이제는 정주를 마친 상태로 우리 앞에 도래했습니다.[55] 만약에 우리가 이 모든 것을 통하여, 무엇이 훌륭하게 또는 그렇지 b
못하게 수립되었으며, 어떤 법률이 보존되는 것들을 보존하고, 또한 어떤 법률이 파괴되는 것들을 파괴하는지, 그리고 또 어떤 것들이 어떤 것들을 대신하는 것들로서 바뀜으로써 행복한 나라로 되도록 하는지, 이것들에 대해서 다소 정통해질 수 있다면, 메길로스 님 그리고 클레이니아스 님, 바로 이것들을 우리로서는, 이를테면 처음부터 하듯, 다시 말해야만 합니다. 이미 한 논의들에 대해 우리가 뭔가 비난할 것이 없다면 말씀입니다.

메길로스: 선생이시여! 혹시라도 어떤 신께서 우리에게 약속하시기를, 우리가 법률 제정에 대한 고찰을 위한 두 번째 시도를 할 경우에는, c
방금 한 논의들보다 더 못하거나 더 적은 것들을 우리가 듣게 되지는 않을 것이라고 하신다면, 저로서는 먼 길을 가고 싶을 것이며, 지금의 이날

---

54) 680a에서 해당 각주를 참조할 것.

55) 첫째 것에서 넷째 것까지를 편의상 정리하면, 대체로 이렇게 요약할 수 있겠다. 첫째 것은 개인적 지배 체제, 곧 가부장적 지배 형태이고, 둘째 것은 첫째 것인 것들 여럿이 농경을 위주로 하는 하나의 커다란 생활 공동체를 이루고서, 법률을 제정하고 그들 나름의 최선의 통치자들을 임명하는 그런 형태의 것이다. 그리고 셋째 것은 트로이아의 경우에서 보듯, 들판이 있되 성채 자체는 그리 높지는 않은 산등성이 같은 곳에 세운 나라로서, 다양한 나라 체제를 갖는 것이다. 넷째 것은 이런 체제를 갖는 여러 나라의 연맹 형태의 것으로서 이제부터 다룰 것이다.

683c

이 제게는 짧게 여겨질 것입니다. 비록 [태양]신이 방향을 바꿈으로써 여름에서 겨울로 접어드는 날이 거의 되기는 했지만 말씀입니다.[56)]

아테네인: 그러면 그 고찰을 해야만 할 것 같습니다.

메길로스: 물론입니다.

아테네인: 그러니까 라케다이몬과 아르고스 및 메세네가 그리고 이것들과 이웃한 지역들이, 메길로스 님, 사실상 여러분 조상들의 지배 아
d 래 있게 된 그때에 우리가 있는 걸로 상상해 봅시다. 그런데 그 뒤에, 어쨌든 설화의 내용이 전하는 대로, 그들은 군대를 셋으로 나눈 다음, 세 나라 곧 아르고스, 메세네 및 라케다이몬을 수립하기로 결정하였습니다.

메길로스: 바로 그렇습니다.

아테네인: 그래서 테메노스는 아르고스의 왕으로 되었으며, 크레스폰테스는 메세네의 왕으로 되고, 프로클레스와 에우리스테네스는 라케다이몬의 왕들로 되었습니다.[57)]

---

56) 하지에 거의 이르렀음을, 따라서 논의를 할 수 있는 시간이 그만큼 늘어나는 것을 말하고 있는 것이다.

57) 여기서 Argos의 왕으로 되었다는 Tēmenos, Messēnē의 왕으로 되었다는 Kresphontēs, 그리고 라케다이몬(스파르타)의 왕들로 되었다는 Proklēs와 Eurysthenēs는 모두 이른바 헤라클레스의 후손들(Hērakleidai)로서, 이들이 펠로폰네소스 반도로 돌아온 것으로 설화는 전하는데, 이는 사실상 도리스족의 펠로폰네소스 침공을 정당화하기 위한 설화이다. 아르고스는 미케네 아래쪽에 있던 나라로 Argolis로도 불렸는데, 기원전 7세기 중엽까지만 해도 라케다이몬, 곧 스파르타를 견제할 정도로 강력했으나, 이후 스파르타의 영향권 아래에서 기를 펴지 못한 상태로 있었던 나라이다. 그리고 여기서 메세네로 언급되고 있는 나라는 370/369년에 테베(Thēbai)의 도움을 받아 300년 만에 스파르타에서 독립하게 된 나라로 되었는데, 이전에는 메세니아(Messēnia)로 불리던 나라였다. 펠로폰네소스 반도의 서남 끝 쪽에 라케다이몬의 왼쪽에 있던 이 나라는 농작물이 잘 자라는 곳이었는데, 8세기 말에 스파르타가 서쪽의 타위게토스(Taűgetos) 산을 넘어가 정복해 버렸다. 7세기 중엽에 스파르타에 항거해 봉기했으나

메길로스: 어찌 그렇지 않았겠습니까?

아테네인: 그리고 모두는, 만약에 누군가가 이들의 왕국(basileia)을 파멸시키려 할 경우에는, 이들 [왕들]을 도와주기로 맹세했습니다. e

메길로스: 물론이죠.

아테네인: 하지만 왕정(basileia)[58]이 무너지거나, 또는 어떤 통치(지배: arkhē)가 일찍이 무너졌던 것은, 단연코, 그들 자신들[59] 아닌 다른 누군가에 의해서는 아니겠죠? 혹시 방금, 조금 전에 이 논의들에 우연히 마주쳐, 그게 그런 걸로 우리가 상정했던 걸[60] 지금 우리가 잊고 있는 겁니까?

메길로스: 어찌 그럴 수 있겠습니까?

아테네인: 그러므로 이제 곧 그런 것을 우리가 더욱 확고히 하게 될 것입니다. 왜냐하면 우리가 일어난 실제의 일들과 우연히 마주침으로써, 우리는 같은 주장에 이르게 된 것 같기 때문입니다. 그래서 우리는 공허한 어떤 것에 대해 탐구하고 있는 것이 아니라, 실제로 일어났으며 진실 684a

(629a에서 티르타이오스에 관련된 각주를 참조할 것), 결국 합병되어, 그 땅은 스파르타인들에 분배되고, 이 나라 사람들은 이른바 농노(Heilōtēs)들(Heilōtai)로서, 그 땅을 분배받은 스파르타인 주인에게 농산물 수확의 반을 바쳤다. 이후 근 300년 동안 그들은 이런 농노 생활을 했던 것이다. 그리고 라케다이몬의 왕은 처음부터 둘이었던 탓으로 이 전통은 이후로도 계속된다.

58) basileia는 왕국을 의미하기도 하고 왕정을 의미하기도 한다. 앞의 경우에는 왕(basileus)을 포함해 그 왕국에 속하는 모든 사람이 한마음으로 외침에 대항해 서로 도울 태세가 되어 있는 경우일 것이나, 뒤의 경우에는 특정한 왕의 통치가 내부적인 요인으로 무너지는 경우가 되겠다. 그래서 '왕국'과 '왕정'으로 달리 번역해 보았다. 그리고 684a2의 경우에는 문맥상 어쩔 수 없이 '왕가'로 번역했다.

59) 왕이나 통치자 자신들을 가리킨다.

60) 정확히 무엇을 가리키는지가 분명치 않다.

684a

성을 지닌 것에 대해 탐구하고 있습니다.[61] 이런 일들이 실제로 일어났습니다. 세 왕가와 이들의 지배를 받는 세 나라는 다스림(arkhein)과 다스림을 받음(arkhesthai)을 위해 제정한 공동의 법률에 따라 서로 맹세했습니다. 한쪽은 시간이 지나고 세대가 바뀌더라도 통치를 더 강압적으로 하는 일이 없게 하겠다고 하는 반면에, 다른 쪽은, 통치자들이 이 맹세를 굳건히 지키는 한, 자신들이 왕정을 결코 해체하지도 않을 것이며 그런 시도를 하는 다른 사람들을 그냥 내버려 두지도 않을 것이라고 말씀입니

b 다. 또한 왕들은 부당한 일을 당하는 다른 왕들과 평민들([hoi] dēmoi)을, 그리고 평민들은 부당한 일을 당하는 다른 평민들과 왕들을 도울 것이라고 말씀입니다. 그렇지 않겠습니까?

메길로스: 그야 그렇죠.

아테네인: 그렇다면, 법률 제정을 왕들이 했건 또는 다른 누가 했건 간에, 세 나라에서 법제화된 나라 체제들의 확립된 상태들에는 적어도 한 가지 중대한 것이 있지 않겠습니까?

메길로스: 어떤 것인가요?

아테네인: 제정된 법률에 불복하는 그 한 나라에 대항해서 서로 도와주는 두 나라가 언제나 있다는 것입니다.

메길로스: 그건 명백한 일입니다.

---

61) "그래서 우리는 공허한 어떤 것에 대해 탐구하고 있는 것이 아니라, 실제로 일어났으며 진실성을 지닌 것에 대해 탐구하고 있습니다." 이 문장에 삽입되어 있는 두 번째의 ton auton logon은 Badham이 그랬듯, Budé 판에서도 이에 [ ]를 쳐서 배제하는 쪽을 택했는데, 이 번역에서는 이를 따라, 본문에서 이 부분을 삭제했다. 만약에 684a1의 [ton auton logon]을 굳이 살려서 읽는다면, 그 번역은 이렇게 되겠다. "그래서 우리는 [같은 주장을] 공허한 어떤 것과 관련시켜서 탐구하고 있는 것이 아니라, 실제로 일어났으며 진실성을 지닌 어떤 것과 관련시켜서 탐구하고 있습니다."

아테네인: 그렇기는 하나 많은 사람이 실은 입법자들에게 이걸, 즉 평민들이 그리고 다수가 기꺼이 받아들이게 될 그런 법률을 제정하도록 지시합니다. 마치 누군가가 체력 단련을 시키는 사람들이나 의사들에게 그 보살핌을 받는 몸들이 즐겁게 보살핌을 받고 치료도 받도록 지시하는 경우처럼 말씀입니다.[62] c

메길로스: 그야 전적으로 그렇습니다.

아테네인: 하지만 적어도 누군가가 고통이 그다지 크지 않고서도 몸들을 좋은 상태로 그리고 건강하도록 만들어 줄 수만 있어도 많은 경우에 만족해야만 합니다.

메길로스: 물론입니다.

아테네인: 더 나아가 당시의 사람들에게는 법률 제정을 용이하게 하 d
는 데 적지 않은 이점으로 적어도 이런 것이 있었습니다.

메길로스: 어떤 것입니까?

아테네인: [그때의] 입법자들에게 대해서는, 그들이 재산(ousia)상의 일종의 균등(isotēs)을 실현하는 대책을 마련하고 있을 때에도, 비난들 중에서도 가장 큰 비난이, 법률이 제정되고 있는 다른 많은 나라에서 일어나고 있는 바로 그 비난이 없었습니다. 누군가가 토지의 소유와 관련된 개혁을 하거나 채무의 해지를 꾀할 경우에, 이런 조처들이 없이는 평등함(to ison)이 충분히 실현을 볼 수 없다는 것을 간파하고서, 그럴 경우에 생기는 비난 말씀입니다.[63] 그런 것들 가운데 어느 것을 개혁하려는(바꾸려는: kinein) 시도를 하는 입법자에게는 모두가 "옮기지 말아야 할 것들(ta akinēta)은 옮기지(kinein) 말지니라"(바꾸지 말아야 할 것들

62) 그런 법률, 그리고 그런 치료법이 어떤 것들인지에 대한 구체적 언급은 719e~722c에서 다시 하고 있다.

63) 736c~e를 참조할 것.

e 은 바꾸지 말지니라)[64]라고 말하면서 항거하며, 토지의 재분배와 채무의 무효화[65]를 제의하는 사람에게 저주를 해 대어, 모든 사람을 난감한 상태에 빠뜨립니다. 그러나 도리스인들에게는 이 문제 또한 이처럼 잘 되어 있어서 책망을 들을 일이 없는 상태였으니, 토지도 다툴 일이 없게 배분하게 되었으며, 큰 빚이나 오래된 빚도 없었습니다.

메길로스: 정말입니다.

아테네인: 그렇다면, 선생들이시여, 도대체 어떻게 해서 그것들[66]에게 있어서 정주(定住)와 법률 제정이 그처럼 결과적으로 나쁘게 되었습니까?

685a 메길로스: 어떻게 그리고 그것들에 대해 무엇을 갖고 나무라는 말씀을 하시는 겁니까?

아테네인: 세 개의 거주 지역이 생겼으나 그것들 중에서 두 지역은 나라 체제(politeia)와 법률을 급속하게 망쳐 버렸고, 하나만이 즉 선생

---

64) 이것은 일종의 속담으로서, 원어는 mē kinein ta akinēta이다. "옮기지 말아야 할 것들(ta akinēta)은 옮기지(kinein) 말지니라"는 속담에서 '옮기지 말아야 할 것들(ta akinēta)'은 특히 무덤이나 성상(聖像) 등의 성물(聖物)일 것이다. 그런데 여기서 '옮김'으로 번역한 kinein은 그 앞에서는 '개혁함'으로 번역한 말이다. 이처럼 kinein에는 움직이다, 운동케 한다, 옮기다, 개혁한다, 변경한다, 바꾼다 등의 뜻들이 있다. 따라서 이 속담은 여기서는 오히려 "바꾸지 말아야 할 것들은 바꾸지 말지니라"는 뜻으로 말하는 것일 것이다. 이 속담은 《테아이테토스》 편 181b에서도 인용되고 있는데, Cornford는 이를 토지의 경계표지들(landmarks)을 옮기는 것과 연관시키고 있거니와, 재미있는 발상이다. 아닌게아니라 토지 소유권자의 경계표지들(horoi, horia)도 함부로 옮길 수 없는 것이기는 마찬가지이다. 842e를 참조할 것.

65) 이에 대한 언급이 《국가(정체)》 편 566a에도 보인다. 특히 솔론(Solōn)의 빚 탕감(seisakhtheia) 법령은 아테네에 있어서 하나의 큰 역사적 사건이었다.

66) 683d의 각주에서 언급한 세 나라 또는 그 나라 사람들을 가리킨다.

네의 나라만이 존속했다는 겁니다.[67]

메길로스: 선생께서 문제 삼으시는 것은 그리 쉬운 게 아닙니다.

아테네인: 그렇지만 지금 이를 고찰하고 캐묻고 있는 우리로서는, 법률과 관련해서 나이 든 사람들의 절도 있는 놀이를 하면서, 괴롭지 않게 길을 가야만 합니다. 우리가 이 길을 떠나기 시작했을 때, 우리가 말했듯이 말씀입니다.[68] b

메길로스: 물론입니다. 또한 선생께서 말씀하시는 대로 어쨌든 해야만 하고요.

아테네인: 그렇다면 이 나라들에 질서를 잡아 준 법률에 대한 고찰보다도 우리가 할 수 있는 법률에 대한 더 나은 고찰로 무엇이 있겠습니까? 더 이름나고 더 큰 무슨 나라들의 정주(定住)들과 관련된 고찰을 우리가 할 수 있겠습니까?

메길로스: 이것들 대신에 다른 것들을 말하기는 쉽지가 않을 것입니다.

아테네인: 그러니까 그때 사람들은 적어도 이 조처를 비단 펠로폰네소스를 위해서만 도와주기에 충분한 것으로서가 아니라, 혹시라도 이방인들(이민족들: hoi barbaroi)[69] 가운데 누군가가 헬라스인들을 해치기 c
라도 할 경우에는, 이들 모두를 위해서도 그럴 수 있는 것이도록 유념했

---

67) 683d의 각주에서 언급된 세 나라 중에서 라케다이몬(스파르타)만이 존속했다는 말이다.

68) 625b를 참조할 것.

69) hoi barbaroi란 원래는 헬라스어를 사용하지 않는 나라의 사람들을 총칭해서 지칭하는 말이었다. 특히 메디아인들 그리고 기원전 6세기부터는 주로 페르시아인들을 가리켜 그렇게 지칭하기 시작했다. 그러나 5세기에 접어들어 세 차례에 걸친 페르시아 전쟁을 거치면서, 헬라스적 가치 및 사고 방식과 극단적으로 대조되는 페르시아인들의 행태에 접하게 되매, 여태껏 주로 언어적 차이를 갖고서 지칭하던 이 용어가 차츰 헬라스와 문화적 차이를 보이는 나라들의 사람들을 지칭하는 말로 쓰이기 시작하여, 마침내는 이른바 the barbarians라는 뜻을 갖게도 된다.

685c

다는 것이 거의 명백합니다. 이를테면, 그때 일리온 주변 지역에 기거하던 사람들이, 니노스[70] 주변에 일어난 아시리아인들의 강국(dynamis)[71]을 믿고서, 대담하게도 트로이아를 상대로 전쟁을 일으켰을 경우처럼 말씀입니다. 그 제국(arkhē)의 위용은 아직 남아 있는 것이 작은 게 아니니까요. 마치 오늘날 우리가 대왕[72]을 두려워하듯, 그때는 그 통합된 조직을 그때 사람들이 무서워했죠. 트로이아의 두 번째 정복은 실상 이들[73]
d 에 대한 엄청난 비난거리로 되었습니다. 트로이아가 아시리아인들의 제

---

70) Ninos는 아시리아(Assyria)를 세운 사람이기도 하고, 그의 이름과 같은 도성의 이름이기도 한데, 이 도성은 Ninive[h]라고도 한다.

71) 아시리아인들의 강국(dynamis)은 '아시리아 제국'으로 번역하는 사람들이 더러 있으나, dynamis 자체가 제국을 의미하는 것은 아니어서, 원어를 그대로 살린다는 취지에서 '강국'으로 옮기되, 바로 다음 문장의 arkhē는 역시 그 뜻을 살려 '제국'으로 옮겼다.

72) '대왕'(大王)으로 번역한 것의 원어는 ho megas basileus(= the Great King)인데, 페르시아 전쟁(ta Mēdika [pragmata]) 이후로 페르시아의 황제를 헬라스인들이 그렇게 지칭했다. 때로는 정관사 없이 왕을 뜻하는 basileus(= King)만으로도 또는 단지 정관사 ho와 함께 ho basileus(= the King)만으로도 그를 지칭하기도 했다. ho megas basileus는 basileus ho megas로도 어순을 바꿔 쓰기도 한다.

73) 헬라스인들을 가리킨다. 여기에서 헬라스인들의 10년에 걸친 트로이아 공략을 두 번째 정복(halōsis)으로 언급하고 있는 것은 그 한 세대 전에 있었던 일을 일차 정복으로 보고서 하는 말이다. 《일리아스》 5. 638~651에서는 헤라클레스가 프리아모스(Priamos)의 부왕 라오메돈(Laomedōn)을 죽이게 되었음을 말하고 있는데, 그 연유는 이러하다. 라오메돈은 딸 헤시오네(Hēsionē)에 대한 헤라클레스의 구혼을 조건부로 받아 주기로 약속한다. 그건 포세이돈이 트로이아를 황폐케 하기 위해 보낸 바다 괴물한테서 딸을 구해 주는 조건으로였는데, 헤라클레스는 약속을 지켰으나, 라오메돈이 약속을 지키지 않았기 때문이었다. 그런데 682e~683d의 본문 및 해당 각주들에서 언급했듯, 트로이아를 공격한 헬라스인들은 헤라클레스의 후손들로 언급되고 있으니, 이들의 트로이아 정복은 두 번째 정복이 되는 셈이다.

국의 일부였기 때문입니다. 이런 모든 경우를 대비하여 그때 헤라클레스의 자손들인 형제 왕들의 지배를 받는 세 나라로 배분되었던 군대를 단일화한 조처는 훌륭하게 고안되었을 뿐만 아니라, 트로이아로 갔던 군대보다도 장비 또한 월등하게 갖추었던 것으로 간주되었습니다. 첫째로는 사람들이 펠롭스의 후손들[74]인 통치자들보다도 더 나은 헤라클레스의 후손들[75]인 통치자들을 가졌다고 생각했고, 다음으로는 이 군대 또한 트로이아로 갔던 군대보다도 용맹(용기)[76]에 있어서 월등했던 걸로 생각했 e
기 때문입니다. 이들이 이겼고, 저들은 이들한테, 곧 아카이아인들인 저들이 이들 도리스인들한테 졌으니까요. 그때 사람들이 이렇게 그리고 이런 어떤 의도로 그 조처들을 취하게 된 걸로 우리는 생각지 않습니까?

메길로스: 그야 물론입니다.

아테네인: 그렇다면 그들은 또한 이것들이 확고하게 유지되며 오래
도록 지속할 것으로 생각했을 것 같지 않습니까? 그들은 많은 수고와 위 686a
험을 서로 함께 나누기도 했지만, 형제들 간인 왕들의 일족에 의해 통합되고 있었으며, 이것들에 더해서 더 나아가 많은 다른 예언자들에게도 예언을 구했지만 델피의 아폴론에게도 신탁을 구했으니까요.[77]

메길로스: 어찌 그렇지 않았겠습니까?

아테네인: 이처럼 크게 기대했던 바로 이것들이 그때 곧 무산되어 버렸던 것 같습니다. 방금 우리가 말했듯, 선생네 고장의 작은 부분[78]을 제

74) 여기서 말하는 Pelops의 후손들이란 그의 손자들로서, 헬라스의 트로이아 원정군의 총사령관이었던 아가멤논(Agamemnōn)과 그의 아우 메넬라오스(Menelaos, Menelas, Meneleōs)를 가리킨다.

75) 683d의 본문 및 각주를 참할 것.

76) 원어는 aretē이지만, 이 경우에는 '용맹' 또는 '용기'를 의미한다. 그 무렵에는 더구나 군대에서라면, 사람으로서의 '훌륭함'은 곧 '용맹' 또는 '용기'를 의미했기 때문이다.

77) 624a에서 해당 각주를 참조할 것.

b 외하고는 말씀입니다. 바로 이 부분조차도 다른 두 부분[79]을 상대로 전쟁하는 걸 오늘날까지도 결코 멈추지 않았습니다. 적어도 그때의 의도가 실현되고 하나로 화합했더라면, 그것은 전쟁과 관련해서는 저지할 수 없는 어떤 힘을 가질 수 있었을 것입니다.

메길로스: 어찌 그러지 않았겠습니까?

아테네인: 그렇다면 어떻게 그리고 어떤 식으로 그게 무너졌던가요?[80] 그처럼 큰 규모의 그런 조직(systēma)을 도대체 무슨 우연(tykhē)이 무너뜨렸는지를 고찰할 가치는 있지 않을까요?

메길로스: 만약에 누군가가 다른 것에 관심을 돌린다면, 훌륭하고 중
c 대한 것들을 보존해 주거나 또는 그 반대로 아주 무너뜨리는 [또] 다른 법률이나 통치 형태(나라 체제: politeia)들을 관찰하기는 확실히 힘들 것이기 때문입니다. 이것들에 대해 소홀히 하고서는 말씀입니다.

아테네인: 따라서 어쩌면 이로써 우리가 어떤 충족한 고찰을 하게 되는 행운을 만나게 된 것 같습니다.

메길로스: 분명히 그렇군요.

아테네인: 그런데, 선생이시여! 사람들은 모두가 그리고 바로 지금은 우리도 어떤 훌륭한 것이 생기는 것을 보게 될 때마다, 만약에 누군가가 그것을 일정한 방식으로 훌륭하게 이용할 줄만 안다면, 그것이 놀라운
d 결과들을 초래할 것이라고 모르는 결에 생각하게 되겠죠? 하지만 지금은 우리가 바로 이 문제와 관련해서 어쩌면 옳지도 않게 그리고 자연스럽지도 않게 생각하고 있는 것 같거니와, 또한 다른 것들 모두에 대해서도 모두가 그렇게 생각하게 되겠죠?

---

78) 메길로스가 속하는 라케다이몬 곧 스파르타를 가리킨다.
79) 아르고스와 메세네를 가리킨다.
80) 688c~689b 및 695d~696b에서 그 대답을 하고 있다.

메길로스: 그렇지만 무슨 말씀을 하시는 겁니까? 그리고 특히 무엇과 관련해서 그 주장을 선생께서 말씀하시는 걸로 우리가 말할까요?

아테네인: 선생이시여! 방금 저 또한 자신을 비웃었습니다. 왜냐하면 우리가 언급했던 그 군대를 [상상하며] 바라보노라니, 그게 아주 멋진 것이라는 생각이 들었으며, 제가 말씀드렸듯, 만약에 누군가가 그걸 정말로 잘 이용했더라면, 그게 헬라스인들에게는 놀라운 소유물이 되었을 것이라는 생각이 또한 들었기 때문입니다. e

메길로스: 그러기에 선생께서는 모든 걸 훌륭히 그리고 지각 있게 말씀하셨고 저희는 칭찬을 하지 않았습니까?

아테네인: 아마도 그랬을 겁니다. 아닌게아니라 무언가 크고 많은 능력과 힘을 가진 것을 보게 되는 사람은 모두가 곧바로 이런 느낌을 갖게 될 것이라는 생각이 제게는 듭니다. 즉 그걸 소유한 자가 그와 같은 것이며 그처럼 큰 규모의 것인 그것을 이용할 줄만 안다면, 그는 놀랍고도 많은 걸 이룩하게 되어 행복할 것이라고 말씀입니다.

메길로스: 그것 또한 옳은 게 아닙니까? 아니면 어떻게 말씀하시겠 687a
습니까?

아테네인: 각각의 것에 대해 이런 칭찬을 하는 사람이 그 칭찬의 말을 옳게 하는 것이 어떤 점에 주목함으로써 그런지 생각해 보십시오. 맨 먼저 방금 언급된 바로 그것과 관련해서, 그때 군대를 통솔하던 사람들이 군대를 적절히 지휘할 줄을 알았다면, 어떻게 함으로써 시의(時宜: ho kairos)에 아무튼 적중할 수 있었겠습니까? 군대를 공고히 결집하여 언제까지나 보존함으로써 그럴 수 있었을 게 아니겠습니까? 그럼으로써 자신들이 자유로우면서 원하는 대로 다른 사람들을 다스릴 수도 있게 되겠으며, 헬라스인들이건 이방인들(이민족들)이건 간에, 통틀어 그 모든 사람 속에서 자신들도 그리고 자손들도 무엇이건 하고자 하는 바를 하게 b
될 수도 있지 않겠습니까? 그들을 칭찬하게 되는 건 이런 것들 때문이

아니겠습니까?

메길로스: 그야 물론입니다.

아테네인: 그러니까 굉장한 부나 어느 일족의 빼어난 영예 또는 그런 유의 무언가를 목격한 자도 똑같은 그런 것들을 말하겠죠? 이를 기대하고서, 즉 그걸 통해서 자신이 바라는 모든 것이 또는 그 대부분이 그리고 가장 값진 것들이 자신에게 생기게 될 것이라고 기대하고서 말하는 거겠죠?

메길로스: 어쨌든 그럴 것 같습니다.

c 아테네인: 그렇다면, 자, 모든 인간의 공통된 욕구 목표(koinon epithymēma)인 한 가지가 이제 우리의 논의에 의해서 밝혀진 거죠?[81)]

메길로스: 어떤 것인데요?

아테네인: 최대한 모든 것이, 만약에 모두가 아니라면, 적어도 인간사들[82)]은 제 마음(혼: psychē)의 지시대로 되는 것입니다.

메길로스: 물론입니다.

아테네인: 그렇다면 모두가, 아이들일 적에도 늙은이들이 되어서도, 그런 걸 언제나 바라니, 바로 이걸 우리가 끝끝내 기원할 것이라는 것도 필연적이지 않겠습니까?

메길로스: 어찌 그렇지 않겠습니까?

d 아테네인: 또한 더 나아가서는 친구들과 함께, 그들이 자신들을 위해서 바라는 바로 그것들을 아마도 기원할 것입니다.

메길로스: 물론입니다.

---

81) c2~3의 hōs autos phēsin ho logos(논의 자체가 말해주듯이)는, England가 이를 [ ]로 묶었듯, 바로 그 앞의 '[우리의] 논의에 의해서'라는 표현에 이은 군더더기라 여겨, 삭제하고서 읽었다.

82) 신들의 뜻에 따라 결정되는 신들의 소관사들(ta theia)이 아니라, 인간의 소관사들(ta anthrōpina)이라 해서 하는 말이다.

아테네인: 아들은 아버지한테는 친구입니다. 비록 어른에게는 아이이지만 말씀입니다.

메길로스: 어찌 그렇지 않겠습니까?

아테네인: 그렇기는 하나, 아이가 저에게 생기도록 기원하는 것들 가운데 많은 것을 그 아버지는 결코 아들의 기원대로 생기는 일은 없도록 신들한테 기원을 합니다.

메길로스: 아들이 철없고 아직 어린 상태에서 기원을 할 경우를 말씀하십니까?

아테네인: 또한 아버지가 그야말로 늙었거나 몹시도 성급한 데다, 아름다운 것들과 올바른 것들에 대해서는 아무것도 아는 것이 없으면서, 불운하게 생을 마감한 히폴리토스를 상대로 한 테세우스에게 일어난 것 e
들과 유사한 감정들의 상태[83]에 있으면서 아주 적극적으로 기원하지만,[84] 아들은 알고 있는 게 있을 경우에, 그런 경우에도 아들이 아버지와

83) 여기에서 '감정들의 상태'로 옮긴 것의 원어는 pathēmata이고, 이의 단수 형태는 pathēma이다. 이에는 어떤 사람에게 닥쳐서 겪게 되는 '불운'이나 '수난', '재난', '처지', '조건', '상태', 그리고 '감정'이나 '느낌' 등을 가리킨다. 여기에서는 문맥을 고려해서 '감정들의 상태'로 옮겼다.

84) Thēseus는 전설적 인물로서, 아테네의 국민적 영웅으로 추앙된 왕이었다. 헤라클레스와 동시대의 인물로서 그와도 친구사이였다고 한다. 그가 아테네를 위해서 이룩한 위업들 가운데 하나는 해마다 일곱 쌍의 미혼 남녀들을 크레테의 미궁(labyrinthos)에 있는 괴물 미노타우로스(Minotauros)에게 제물로 바치던 굴욕적인 조공을, 스스로 그 일행으로 가서 괴물을 처치하고 탈출함으로써, 이를 중단케 했던 일이다. 아티케 지역의 여러 독립적인 공동체들을 아테네를 중심으로 하는 하나의 나라로 통합한 것도 그의 업적인 것으로 전한다. 아들 Hippolytos를 낳은 첫 아내가 죽은 뒤에, 테세우스는 둘째 아내로 미노스(Minōs)의 딸인 파이드라(Phaidra)를 맞는다. 그러나 파이드라는 히폴리토스에게 반하게 되어, 테세우스가 없는 사이에, 아들에게 접근하나, 철저하리만큼 순결한 생활을 유지하는 그를 유혹하는 데 실패한다. 이에 파이드라는 오히려 히폴리토스가 자

687e 같이 기원을 할 것이라고 선생께서는 생각하십니까?

메길로스: 무슨 말씀을 하시는지 알겠습니다. 선생께서는 이런 건, 즉 모든 것이 제 소원에 따라 주도록 기원해서도 안 되고 안달하게 되어서도 안 된다고 말씀하시는 것으로 제게는 생각되니까요. 그렇다고 해서 소원이 제 사려 분별(지혜: phronēsis)에 더 따르는 일은 전혀 없다고[85] 말씀하시는 거겠죠. 그러나 나라도 우리 개개인도 이런 걸,[86] 즉 지성(nous)을 갖추도록 기원도 하고 열성을 쏟기도 해야만 한다는 말씀이죠.

688a 아테네인: 네. 특히 적어도 정치가와도 같은 입법자는 언제나 이에[87]

신을 유혹하려 한 것으로 적은 거짓 서판을 손에 쥔 채 자결한다. 설화는 아르테미스만 따르고, 사랑의 신인 아프로디테를 외면하는 그를 괘씸하게 여긴 여신이 일을 그렇게 꾸민 것으로 전한다. 이를 그대로 믿고, 결백을 주장하는 아들을 믿지 않은 아버지는 아들을 추방하고, 세 가지나 되는 저주까지 내리게 하는 기원을 한다. 결국 그 저주들 가운데 하나가 실현되어 아들은 죽게 되고, 아르테미스 여신은 테세우스가 사실을 잘못 알고 있었다는 걸 깨치게 하나, 때는 이미 늦어 버렸다. 오늘날 《히폴리토스》라는 같은 이름으로 전해지고 있는 에우리피데스의 작품은 이 이야기를 담고 있다.

85) "그렇다고 해서 소원이 제 사려 분별(지혜: phronēsis)에 더 따르는 일은 전혀 없다고"로 옮긴 부분의 텍스트 읽기에는 적잖은 문제가 있다. Burnet 판에서는 poly mallon으로 읽은 부분을 Budé 판에서는 mēden mallon으로 읽고 있는데, 이를 따랐다. 그리고 이런 해석의 타당성은 688b6~8의 "지성을 갖추지 못한 사람이 기원을 한다는 것은 위태로운 일이어서, 소원하는 것들과는 반대되는 것이 그에게 일어난다는 걸 제가 주장하고 있다는 겁니다"를 통해서 확실해질 수 있겠다. 해당 부분의 논의와 관련해서는 England의 주석과 Saunders의 Notes, No. 14 및 Schöpsdau의 해당 주석을 참조하는 게 좋겠다.

86) 여기에서 '이런 걸'(touto de)은 바로 앞 문장의 e5~6에 나온 '이런 건 … 아니'(ou touto)와 상반되는 것을 말하기 위한 표현이다.

87) '사려 분별'(지혜: phronēsis) 또는 '지성(nous)'을 가리키는 것으로도 볼 수 있겠으나, 그보다는 '지성을 갖추도록 하는 것' 또는 '사려 분별(지혜)을 갖도록 하는 것'을 가리킨다고 보는 것이 옳겠다. 이는 688e, 693b,

주목해서 법률의 체제를 정해야만 한다는 것을 제 스스로도 기억해 내게 되었지만, 두 분께도 제가 상기시켜 드립니다. 처음에 언급된 것들[88]을 우리가 기억하고 있다면 말씀입니다. 두 분의 준칙(권고: parakeleuma)은 훌륭한 입법자는 법규들(관습들, 관례들: ta nomima) 모두를 전쟁을 위해서 정해야만 한다는 것이었으나, 저로서는 말하기를, 그것은 그 네 가지인 것들 중의 한 가지 훌륭함(덕: aretē)[89]과 관련해서만 법률을 제정할 것을 지시하지만, [법률을 제정함에는] 전체적인 훌륭함(덕)(pasa aretē)에, 무엇보다도 [사람으로서의] 전체적인 훌륭함(덕)을 선도하는 b
으뜸가는 훌륭함(덕)에 주목해야만 한다고 했습니다. 그건 사려 분별(지혜)과 지성이며, 또한 이것들을 따르는 사랑(erōs)과 욕구를 동반하는 판단(의견: doxa)일 것입니다. 따라서 논의는 다시 같은 곳에 이르렀거니와, 말하는 사람으로서의 저는 그때 말했던 바로 그것을, 만약에 바라신다면, 이제 놀이 삼아, 또는 그러지 말고 진지하게 하기를 바라신다면, 그리 말할 것입니다. 지성을 갖추지 못한 사람이 기원을 한다는 것은 위태로운 일이어서, 소원하는 것들과는 반대되는 것이 그에게 일어난다는 걸 제가 주장하고 있다는 겁니다.[90] 만약에 선생들께서 제가 진지하게 c
말하고 있는 것으로 간주하고자 하신다면, 그리 보십시오. 선생들께서

---

e, 694b, 701d 등에서도 확인된다.

88) 제1권 첫머리에서 시작해서 630b까지에 걸쳐 하게 된 [사람으로서의] 훌륭함과 관련된 논의를 가리킨다.

89) 이하 b4까지의 내용을 고려해서 630a~631c의 본문 및 해당 각주들을 함께 참조하는 것이 좋겠다.

90) 지성을 갖추지 못한 사람, 곧 어리석은 사람도 자기 판단으로는 좋은 것, 제게 행복을 가져다줄 것으로 기대되는 것을 소원하고 이에 대한 기원을 한다. 그 간절한 기원(eukhē)을 신이 들어준 게 오히려 그에게는 불행일 수도 있다. 황금과 관련된 미다스(Midas)의 이야기도 그런 경우라 할 것이다. 미다스의 이야기는 660e에서 해당 각주를 참조할 것.

688c

우리가 좀 전에 시작한 논의를 따라가시게 되면, 두 분께서는 이제 왕들의 몰락과 전체적인 구상의 좌절의 원인이 비겁함이 아니라는 걸, 또한 다스리는 사람들과 다스림을 받는 게 적절한 사람들이 전쟁과 관련된 것들을 몰라서도 아니라는 걸 알아내게 될 것이라고 제가 실은 예상하고 있으니까요. 그것들이 몰락하게 된 것은 그 밖의 전체적인 나쁨(pasa kakia)[91]으로 해서인 것임을, 그리고 무엇보다도 인간사들 가운데서도 가장 중대한 것들에 대한 무지(amathia)로 해서인 것임을 말씀입니다.
d 그러니까 그때 일들의 경우에도 그건 그렇게 일어났으며, 지금도, 만약에 어딘가에서 일어난다면, 그리 일어나며, 앞으로도 달리 일어나지는 않을 것입니다. 두 분께서 바라신다면, 이어지는 논의를 따라가면서 [이를] 알아내어, 친구들이신 두 분께 제 능력껏 밝히어 드리도록 애쓸 것입니다.

클레이니아스: 그러면, 선생이시여! 말로 선생을 칭찬하는 건 오히려 부담스럽지만, 행동으로는 열렬히 저희가 칭찬할 것입니다. 언급되는 것들을 저희는 열성적으로 따라갈 것이며, 그것들에 있어서 적어도 자유민으로서 칭찬하고 아니함이 아주 명확할 것입니다.

e 메길로스: 아주 훌륭하십니다, 클레이니아스 님! 그러면 선생께서 말씀하시는 바를 하도록 하십시다.

클레이니아스: 신께서 바라신다면, 그건 그리될 것입니다. 말씀만 하세요.

아테네인: 그러면 이제, 남은 논의의 길을 따라가면서,[92] 우리는 주장

---

91) 이 문단 첫머리의 '전체적인 훌륭함(덕)(pasa aretē)'과 대비되는 표현이다. 676a의 본문 및 627e에서 훌륭함(aretē)에 대한 각주, 특히 그 끝 부분을 참조할 것.

92) '남은 논의의 길을 따라가면서'라는 표현은 남은 길을 실제로 가면서 논의를 하고 있어서 하는 것이다.

합니다. 가장 큰 무지(hē megistē amathia)가 그때 그 강국(强國: dynamis)[93]을 무너뜨렸거니와 지금도 그것이 본성적으로 똑같은 일을 한다고 말씀입니다. 따라서, 이게 이러할진대, 적어도 입법자는, 가능한 한, 나라들에 지혜(사려 분별: phronēsis)가 생기도록 하되, 어리석음(지각없는 상태: anoia)[94]은 최대한 제거하도록 해야만 합니다.

클레이니아스: 그건 명백합니다.

아테네인: 그렇다면 무엇이 가장 큰 무지라고 말하는 게 옳을까요? 689a
말씀드리게 되는 것이 두 분께도 같은 생각인지 검토하십시오. 사실 저는 그걸 이런 것으로 봅니다.

클레이니아스: 어떤 것으로죠?

아테네인: 누군가에게 어떤 것이 아름답거나 좋은 것이라고 판단(생각)되는데도, 그걸 사랑(좋아)하지 않고 미워하면서도, 못되고 올바르지 못한 것이라 판단되는 것은 사랑(좋아)하고 반길 경우의 것입니다.[95] 이성(logos)에 따른 판단(의견: doxa)과 관련된 괴로움(고통: lypē)과 즐거움(쾌락: hēdonē)의 이 불협화음(diaphōnia)을 저는 가장 극단적이며 가장 큰 무지라고 주장하는데, 이는 그것이 혼의 대부분을 차지하는 부분에 속하는 것이기 때문입니다.[96] 혼에 있어서 괴로워하거나 즐거워하는 부

93) 685c의 해당 각주를 참조할 것.

94) anoia는 어원적으로 지성(nous, noos)이 부족하거나 없는 상태, 곧 지성의 부재(aneu nou) 상태를 뜻한다.

95) Budé 판의 읽기처럼 여기에서 마침표를 쉼표로 읽지는 않았다. Budé 판의 이 읽기는 a5 Tēn을 그다음 문장의 tautēn과 내용적으로 바로 연결시킬 수 있게 하는 이점이 있겠으나, 문법적으로는 옳지 않다고 할 것이다. Tēn은 689a1의 amathia를 받는 것이기 때문이다.

96) 혼(psychē)을 기능적 측면에서 볼 경우에, 이성적인 부분과 욕구적인 부분 그리고 기개적인 부분으로 구분해서 볼 수 있으며, 욕구적인 부분이 그 대부분을 차지한다고 보고서 하는 말이다. 특히 《국가(정체)》 편 제3권

b 분은 바로 나라(polis)에 있어서 평민(dēmos)과 대중(plēthos)[97]에 해당되는 것입니다. 그러므로 앎(지식: epistēmē)들과 판단(의견: doxa)들 그리고 이성에, 본성상 지배할 것들인 이것들에 혼이 대립할 경우, 이를 저는 어리석음(지각없는 상태, 지성의 부재 상태: anoia)이라 일컫습니다. 나라의 경우에도, 대중이 통치자들과 법률에 복종하지 않을 때는, 똑같거니와, 특히 개인의 경우에는, 훌륭한 주장(원칙: logos)들이 [제] 혼 안에 있는데도, 이것들을 전혀 활용하지는 않고, 오히려 이것들에 정반대로 할 때는, 이 모든 것을 저는 나라에 있어서건 또는 시민들 개개인에 있
c 어서건 가장 엇가는 종류들의 무지로 간주합니다. 하지만, 그것들은 장인(dēmiourgos)들의 경우에 있어서의 무지들이 아닙니다.[98] 선생들이시여, 두 분께서 제가 말하고 있는 바를 이해하시고 있을진대 말씀입니다.

클레이니아스: 친구시여! 저희는 선생께서 말씀하시는 바를 이해도 하고 동의도 합니다.

아테네인: 그러면 이 문제는 이렇게 판단(결정)되고[99] 선언된 걸로

에서 이와 관련된 논의가 집중적으로 되고 있다. 그리고 이것들의 바람직한 상호관계에 대한 논의는 제4권에서 하고 있다.

97) 바로 앞에서 '혼의 대부분을 차지하는 부분'으로 옮긴 데서, '대부분을 차지하는 부분'의 원어도 plēthos이다. 그러니까 혼의 plēthos와 나라의 plēthos를 연관 지어 가며, 농언도 겸해서 하고 있다.

98) '나라에 있어서건 또는 시민들 개개인에 있어서건 가장 엇가는 종류들의 무지'란 나라나 시민으로서의 인간을 결국엔 파멸로 몰고 가는 것이라는 뜻으로 하는 말인데, 이에 비해서 장인(匠人)들의 특정한 기술적 무지는 나라나 개인의 존립에 결코 치명적인 것이라 할 성격의 것이 아니라는 뜻으로 하는 말이다. 앎의 차원에서 이런 구별을 하고 있는 걸 우리는 《국가(정체)》 편 428b~d에서 접할 수 있다.

99) 원어 dedogmenon(원형은 dokeō)은 평의회나 민회 등에서 제의된 어떤 의견(doxa)이 '의결되었음'을 말하는 표현이기도 한데, 여기에서도 법률 제정과 관련된 논의를 하고 있는 터라, 이런 표현을 빌려다 쓰고 있는 셈이다.

하죠. 즉 시민들 가운데서 이것들에 대해 무지한 자들에게는 통치와 관계되는 것은 아무것도 맡겨서는 안 되며, 또한 무지한 자들로서 비난을 받아야만 한다고 말씀입니다. 비록 이들이 아주 계산(추론)에 능한 사람들(logistikoi)이고, 또한 모든 세련된 것과 성향상 혼의(정신적) 기민성과 관련된 모든 것에 있어서 부지런히 단련한 사람들이라 할지라도 말씀 d
입니다. 반면에 이들과는 반대되는 상태에 있는 사람들은 지혜로운 사람들로 일컬어야만 하며, 속담대로 글도 모르고 수영할 줄도 모른다고 해도,[100] 이들에게는 지각 있는 사람들이기에 관직들도 주어야만 합니다. 선생들이시여, 화합(symphōnia)[101] 없이 최소 형태의 사려 분별(지혜)인들 어떻게 생길 수 있겠습니까? 그건 불가능합니다. 하지만 화합들 중에서도 가장 아름다우며 가장 큰 것은 가장 큰 지혜(megistē sophia)라 말하는 것이 지당할 것이니, 이 지혜에 관여하고 있는 사람은 원칙(이성)에 따라(kata logon) 사는 사람이지만, 이 지혜가 부족한 사람은 가정을 망치는 사람으로 그리고 나라와 관련해서도 결코 구원자는커녕, 이런 것들에 대해 무지함으로써, 완전히 그 반대로 그때마다 드러날 것입니다. 그러면, 방금 우리가 말했듯이, 이것들이 이런 식으로 선언된 걸로 e
간주하죠.

클레이니아스: 정말 그리 간주하죠.

아테네인: 그렇기는 하나, 나라들에는 다스리는 사람들(archontes)과 다스림을 받는 사람들(archomenoi)이 있을 게 필연적일 것이라 짐작됩니다.

---

100) "글도 모르고 수영할 줄도 모른다"는 것은 보통의 기본적인 것도 할 줄 모른다는 뜻의 속담이다.

101) 불협화음(diaphōnia)과 반대되는 말이다. 원래는 음성(phōnē)과 관계되는 '협화음'을 뜻하는 말이지만, 비유적인 뜻으로 쓰이기도 한다. '불협화음'도 '불화', '불일치' 등의 뜻으로 쓰이기는 마찬가지이다.

689e

클레이니아스: 물론입니다.

690a 아테네인: 좋습니다. 하지만 다스리고 다스림을 받을[102] 자격들 또는 위치들[103]에는 어떤 것들이 그리고 몇 가지나 있을까요? 큰 나라들이나 작은 나라들이나 그리고 가정들에 있어서도 마찬가지이겠죠? 아버지와 어머니의 자격이 그 한 가지가 아니겠습니까? 전반적으로 어버이는 자식들을 다스릴 정당한 자격이 어디에서나 있겠죠?

클레이니아스: 있고말고요.

아테네인: 이에 뒤따르는 것은 고귀한 사람들이 미천한 사람들을 다스리는 것이며, 더 나아가 셋째 것으로서 이것들에 뒤따르는 것은 원로들이 다스리고 젊은이들은 다스림을 받아야만 한다는 것입니다.

클레이니아스: 물론입니다.

b 아테네인: 또한 넷째 것은 노예들이 다스림을 받되, 주인들은 다스리는 것입니다.

클레이니아스: 어찌 그렇지 않겠습니까?

아테네인: 다섯째 것은 어쨌든 더 강한 쪽이 다스리고, 더 약한 쪽은 다스림을 받는 것이라 저는 생각합니다.

클레이니아스: 어쨌든 다분히 불가피한 다스림(통치, 지배: archē)을 선생께서는 말씀하셨습니다.

아테네인: 그리고 모든 생물(동물)에게 있어서 가장 널리 퍼져 있는 자연스런(자연에 따르는: kata physin) 다스림은 일찍이 테베 사람인 핀

---

102) 헬라스어로 '다스림(통치함)'은 archein(arkhein)이고, '다스림을 받음'은 archesthai(arkhesthai)이다. 그리고 순수한 명사형으로서의 '다스림' 곧 '통치'나 '지배'는 archē(arkhē)이다.

103) 여기에서 '자격들 또는 위치들'로 옮긴 것의 원어는 axiōmata인데, 다스리는 경우에는 '자격들'로 옮기면 되겠으나, 다스림을 받는 경우에는 이 말이 그리 적합한 것이 아니어서 '자격들 또는 위치들'처럼 두 가지 표현으로 옮겼다.

다로스가 말했던 대로죠.[104] 그러나 가장 큰 자격은 여섯째 것일 것 같은

104) Pindaros(518~446 이후)는 올림피아 경기, 피티아 경기, 네메아 경기 및 이스트미아 경기에서 우승한 사람들을 찬양하는 이른바 '승리를 축하하는 노래(epinikion hasma, epinikion melos = Epinician ode)들'(Epinikia, Epinikoi)을 지었으며, 이는 오늘날에도 온전히 전해지고 있다. 그는 벌써 20대부터 헬라스 전역을 통해 명성을 얻기 시작했으며, 여러 나라에서 여러 가지 일로 그에게 시작(詩作)을 의뢰했다. 그래서 그는 어느 특정한 나라보다도 오히려 헬라스 전체를 생각했던 민족 시인이었던 셈이다. 한데, 여기에서 언급되고 있는 것은 '토막 글 169'로 알려진 것이고, 그 전문은 다음과 같다. Sir J. Sandys (ed.), *Pindar*, Loeb Classical Library 참조.

율법(법: nomos)은 모두의 제왕
죽게 마련인 것들이거나 불사하는 것들이거나 간에
지극히 강제적인 것마저 정당화하면서 이끄나니
가장 높이 든 손으로. 내 그 증거로 삼느니
헤라클레스의 노역들로써. 게리온(Gēryōn)의 소를
그가 에우리스테우스(Eurystheus)의 궁전 문 앞에
간청도 하지 않고 대금도 치르지 않은 채로 몰고 갔기에.

헤라클레스의 노역들(erga)로는 흔히 12가지를 꼽는데, 이것들 가운데 하나가 여기에서 언급되고 있는 Gēryōn(또는 Gēryonēs)의 소를 가져오는 것이었다. 그는 이 세상 서쪽 끝 오케아노스의 에리테이아(Erytheia: '홍도'라는 뜻) 섬으로 가서 머리가 셋인 식인 괴물인 거인 게리온을 처치하고 그의 소유물인 이 소를 에우리스테우스에게 갖다 바친다. 원래 헤라클레스의 12가지 노역들은 제우스와 알크메네(Alkmēnē) 사이에서 난 그를 어떻게든 해치려는 헤라 여신이 그를 미치게 함으로써, 제 아내와 자식들을 환각 속에서 적들로 알고 살해한 데 대한 속죄를 위한 것이었다. 이 끔찍한 짓을 저지른 그는 이 죄악에 대한 정화를 위해 델피의 신탁을 구했는데, 그것은 티린스(Tiryns: 미케네 남쪽에 있었던 나라)의 왕 에우리스테우스한테로 가서 12년간 봉사하면서, 왕이 부과하는 노역들을 치르게 하라는 것이었기 때문이었다.

여기에서 인용된 이 토막 시의 내용에 대한 언급은 714e6~715a2에도 있으며, 《고르기아스》 편 484b에서는 이 토막 시 가운데 4줄 반이 그대로 인용되고 나머지는 그 내용이 언급되고 있다. 《고르기아스》 편에서는 칼

690b

데, 그것은 무지한 자는 따르되, 지혜로운 자가 이끌고 다스리도록 지시
c 하고 있는 것입니다. 비록 그렇기는 하지만, 지극히 지혜로우신 핀다로스이시여! 이것이야말로, 즉 그 본성에 있어서 강제적이지 않은, 자발적인 자들에 대한 법의 지배야말로 어쩌면 자연에 어긋나지(para physin) 않고 오히려 자연스런(자연에 따르는: kata physin) 것이라고 어쨌든 저로서는 말할 수 있겠습니다.[105)]

클레이니아스: 더없이 옳은 말씀입니다.

아테네인: 그렇지만 신의 사랑을 받으며 행운인 일곱째 것인 다스림은 우리가 누군가를 추첨을 하게 해서, 당첨된 사람은 다스리게 하되, 당첨되지 못한 사람은 물러나서 다스림을 받는 것이 지당한 것이라고 말하

리클레스(Kalliklēs)가 다수인 약자들이 인위적으로 만든 법은 자연(자연의 이치)에 어긋나게(para physin) 제정된 것이고, 진정한 '자연의 법'(nomos ho tēs physeōs)은 강한 자가 지배하는 것임을 강조하기 위해 이 토막 시를 원용하고 있다. 한데 경건하기 그지없는 핀다로스가 그런 칼리클레스의 주장을 뒷받침하는 데 원용되고 있는 못마땅한 사실을 해소하기 위해, Dodds는 그의 주석서(*Plato: Gorgias*, Oxford, 1959), 270쪽에서 이 토막 시에서 핀다로스가 뜻하는 nomos(법)를 '제우스의 뜻'(the will of Zeus)이라고 할 '운명의 [필연적인] 법칙'(the law of Fate)이라고 짐작해 보는 것이 그럼직할 것이라 말하고 있다. 하기는 신들도 인간들도 운명(moira)은 피할 길 없다는 게 헬라스인들의 고정관념이다. 그러나 《법률》 편의 이 대목에서 아테네인은 어떤 의도로 이를 원용하고 있는 것일까? 이는 아무래도 곧 이어지는 690c에서의 언급, 즉 '그 본성에 있어서 강제적이지 않은, 자발적인 자들에 대한 법의 지배야말로 어쩌면 자연에 어긋나지 않고 오히려 자연스런(자연에 따르는) 것'이라고 한 언급과 연관시켜서 보는 게 옳을 것 같다. 아무리 옳은 법일지라도, 강제보다는 교육을 통한 납득에 의해서 법을 따르도록 하는 걸 강조하는 것이 이 대화편의 기본 구상이기 때문이다. 실상 이 대화편의 거의 2/3의 분량이, 구체적인 법조문들보다도, 법의 정신을 말하는 철학적 논의를 담은 법률의 prooimion(前文)이다.

105) 바로 앞의 각주에서 끝 부분을 참조할 것.

는 것입니다.

클레이니아스: 더없이 참된 말씀입니다.

아테네인: 우리는 법률의 제정에 가벼운 마음으로 임하는 사람들 가 d
운데 누군가를 상대로 농담조로[106] 이렇게 말할 수 있을 것입니다. "그러면 입법자여, 당신은 보십니까? 통치자들과 관련된 자격들에 몇 가지가 있으며, 이것들이 그 본성에 있어서 서로 상반된 것들이라는 걸요? 실은 이제야말로 내분(stasis)의 어떤 근원을 우리가 찾아내었는데, 당신은 이를 치유해야만 합니다. 하지만 먼저 아르고스와 메세네의 왕들이 이것들에 어긋나는 무슨 잘못을 어떻게 저질렀기에, 자신들과 함께, 당시에는 놀라운 것이었던, 헬라스인들의 힘(강국: dynamis)을 몰락하게 했는지
를 우리와 함께 살피십시오. 그들은 헤시오도스가 반이 전부보다도 때로 e
는 더 낫다고 말한 것이[107] 더할 수 없이 옳다는 걸 모르고 있었던 게 아닐까요? 전부(to holon)를 취하는 것은 해로우나, 반(to hēmisy)이 적정할(metrion) 때, 그럴 때에는 알맞은 정도(適度: to metrion)가 과도함(적도에 어긋남: to ametron)보다도 더 많다(더 낫다: pleon)고, 더 나쁜 것에 비해 더 좋은 것이라고 그는 여겼던 겁니다."

클레이니아스: 어쨌든 더할 수 없이 옳습니다.

아테네인: 그렇다면 매번 이 일이 일어나 파멸시키는 것이 먼저 왕들의 경우에 있어서라고 우리가 생각합니까 아니면 민중들의 경우에 있어서라고 생각합니까?

---

106) 685a 및 625b를 참조할 것.

107) 헤시오도스(Hēsiodos)의 《일과 역일(曆日)》, 40행의 원문은 "그들은 반이 전부보다도 얼마나 더 많은 줄도 모르고 있다"는 것인데, 이는 제 몫 이상을 가지려는 탐욕(pleonexia)이 결국엔 모두를 잃게 하는 것이라는 걸 경계하는 뜻으로 한 말이다. 이 구절의 내용이 《국가(정체)》 편, 466c에서도 언급되고 있다. 677e에서 헤시오도스와 관련된 각주를 참조할 것.

691a 클레이니아스: 그럼직하고 가능성이 많은 것은 이게 사치로 인해 낭비적으로 산 왕들의 병폐일 것이라는 겁니다.

아테네인: 그러니까 이 병에, 즉 법률로 규정된 것보다도 더 많이 가지려 하는(to pleonektein)[108] 병에 먼저 걸린 것은 그때의 왕들이었다는 것이, 그리고 그들이 말과 맹세로써 칭찬했던 것에 있어서 저들 자신들과도 합치하지 못했음이 명백하지 않습니까? 우리가 말했듯, 이 불협화음(불일치: diaphōnia)은 가장 큰 무지인데도,[109] 지혜로 여겨져서, 저 모든 것을 음(音)의 잘못 짚음(plēmmeleia)과 찢는 듯한 비음악성(무교양: amousia)으로 망쳐 놓았다는 게 말씀입니다.[110]

클레이니아스: 다분히 그런 것 같습니다.

b 아테네인: 좋습니다. 입법자가 당시에 법률을 제정하면서 이 사태(증상: pathos)의 발생과 관련해서 정작 무슨 대비를 해야만 했던가요? 맹세코, 오늘날엔 그걸 안다는 것이 전혀 지혜로울 것도 없으며 말하기가 어려울 것도 없습니다. 하지만 그때에 그걸 미리 내다볼 수 있었다면, 그걸 미리 내다본 사람은 우리보다도 더 지혜로웠겠죠?

메길로스: 바로 어떤 걸 말씀하시는 건지?

아테네인: 메길로스 님! 선생네에게 생긴 일을 보고서 이제는 알 수 있거니와, [일단] 알게 되었으니, 그때 무슨 일이 일어났어야만 했는지를

---

108) 앞의 각주에서 '제 몫 이상을 가지려는 탐욕'을 pleonexia라 했는데, 이의 동사형 부정법(不定法) 형태가 여기에서 '더 많이 가지려 함'으로 옮긴 pleonektein이다. 677b의 해당 각주를 참조할 것.

109) 689a~d를 참조할 것.

110) 689a~d에서 화합(symphōnia)을 '가장 큰 지혜'라 하고, 불화를 불협화음(불일치: diaphōnia)으로 말하며 '가장 큰 무지'라 했는데, symphōnia나 diaphōnia나 다 같이 음성(phōnia)과 관련지은 비유이다. 음의 잘못 짚음(plēmmeleia)이라든가 찢는 듯한 비음악성(무교양: amousia)이라는 표현도 이에 따른 비유적 표현이다.

말하는 건 쉽지요.

메길로스: 한층 더 명확히 말씀하십시오.

아테네인: 그러니까 가장 명확한 것은 이런 것이겠습니다.

메길로스: 어떤 것인가요?

아테네인: 만약에 누군가가 한층 작은 것들에 알맞은 정도(適度: to c metrion)를 무시하고서 한층 큰 것들을 부여한다면,[111] 즉 배들에 돛들을, 몸들에 영양(음식)을, 혼들에 통치권들(권력들, 관직들: archai)을 그리한다면, 아마도 모든 것이 뒤집어지거나 파멸할 것이며, 히브리스(hybris)에 빠져듦으로써 일부는 질병들로 내닫고, 일부는 히브리스의 산물인 올바르지 못한 상태(불의: adikia)로 내닫습니다.[112] 그렇다면 우리가 뭐라 말하겠습니까? 그건 어쨌든 이런 것일 것입니다. 친애하는 이들이시여! 죽게 마련인 [자의] 혼[113]의 자질(천성: physis)이, [아직은]

111) c1 끝의 [δύναμιν]은 배제하는 쪽을 택했다. tois elattosi가 복수이므로 meizona도 중성 복수일 것이고, 따라서 dynamin은 부사로 쓰인 것이어야겠는데, 이런 의미라면, '알맞은 정도(適度: to metrion)를 무시하고서'가 이 문맥에서는 충분히 그 구실을 감당하고 있으므로, 그것은 군더더기일 것이기 때문이다.

112) "히브리스(hybris)에 빠져듦으로써 일부는 질병들로 내닫고, 일부는 히브리스의 산물인 올바르지 못한 상태(불의: adikia)로 내닫는다"는 이 표현 속에서 우리는 다시금 '히브리스'에 대한 아주 좋은 대비적인 용례를 얻게 된다. 637a의 각주에서 꽤 자세히 언급했지만, 단적으로 말해 '히브리스'는 남에 대해서건 자신에 대해서건 난폭함 곧 지나침을 가리키는 말이라 했다. 지금 여기에서 말하듯, 히브리스에 빠져듦으로써 질병들로 내닫는 경우란 지나치게 영양분을 많이 섭취해서 몸이 너무 비만해진 나머지 병이 드는 경우이겠고, 뒤의 경우에는 오만 무례해져서 인격적 파탄자가 되는 경우 따위를 말하는 것일 것이다.

113) '죽게 마련인 [자의] 혼'으로 번역한 thnētē psychē는 원어를 그대로 옮기면, '죽게 마련인 혼'이 되겠으나, 이렇게 되면, 우리의 몸과는 달리 혼 자체는 불멸하는 것으로 보는 견해와는 배치되는 게 된다. 게다가 여

691c

젊고 책임을 물을 수도 없는 처지에 있는데도, 인간들 사이에서 가장 큰 통치권(권력: archē)을 감당해 낼 수 있을 만한 경우는 결코 없어서, 그
d 런 혼의 마음 상태(思考: dianoia)에서는 그게 가장 큰 질병인 어리석음(anoia)으로 가득 차 있어서, 가장 가까운 친구들한테서 미움을 사게 된다는 거죠. 이런 사태가 일어나면, 이것은 그걸[114] 곧 파멸시키고 그것의 모든 힘을 사라지게 하는 법이라고 말씀입니다. 그러므로 알맞은 정도(적도: to metrion)를 알고서 그런 일에 대비하는 것이 위대한 입법자들의 할 일입니다.[115] 그런데 그런 일이 그때 일어났던 걸로 지금 추측하는 것은 지극히 적절합니다. 그때 있었던 일은 이런 것 같은데 …

메길로스: 어떤 것인가요?

아테네인: 선생네를 보살피는 어떤 신이 있다는 것인데, 이 신은 미래를 내다보고서, 선생네에 쌍둥이 왕들의 탄생을 한 혈통에서 얻게 함
e 으로써, 오히려 알맞은 정도(적도)로 [권력(통치권)을] 줄였습니다.[116]

기에서는 '죽게 마련인 인간의 혼'을 말하고 있지, 혼이 사멸하느냐 아니냐를 말하고 있는 대목이 아니다. '죽게 마련인 [자의] 혼'으로 번역하는 것은 그런 이유에서다.

114) 바로 앞 문장의 '그게'와 함께 '죽게 마련인 [자의] 혼의 천성(자질: physis)'을 가리킨다.

115) 아닌게아니라 《법률》 편에서 알맞은 정도(適度: to metrion) 또는 중용(to meson)이 언급되고 있는 횟수는 플라톤의 전체 대화편들을 통해서 그것들이 언급되고 있는 전체 횟수의 거의 절반에 해당한다. 이는 이 대화편이, 여기서도 언급하고 있듯, 법조문들에 알맞은 정도 곧 적도 또는 중용의 정신을 최대한 반영토록 하는 것이 '위대한 입법자들'(megaloi nomothetai: 단수는 megas nomothetēs)의 할 일이고, 그런 뜻에서 법은 '지성의 배분'(714a)이어야 함을 강조하고 있는 것임을 단적으로 드러내는 것이기도 하다. 또한 그런 의미에서 '위대한 입법자'는 《국가(정체)》 편에서 제시된 '철인 치자'에 해당된다고 말해도 될 것이다. 그리고 알맞은 정도(적도)의 측정에 관여하는 측정술(metrētikē)과 관련해서는 《정치가》 편 283e~285a를 참조할 것.

그리고 그다음에는 한 걸음 더 나아가 선생네의 통치(archē)가 아직도 열병 상태에 있음을 알아보고서는, 어떤 인간적인 천성이 어떤 신적인 힘과 결합함으로써[117] 왕가 혈통의 제멋대로 하려는 힘과 노령의 건전한 692a
마음 상태의 힘을 결합하게 됩니다. 28명의 원로들[118]의 힘을 가장 중대한 일들에 있어서 왕들의 힘과 대등한 표결권을 갖도록 만듦으로써 말씀입니다. 하지만 선생네의 통치가 아직도 염증 상태이고 격한 상태에 있음을 세 번째 구원자[119]가 보고서는, 그것에, 이를테면 재갈 사슬[120]처

116) 왕권을 양분하게 됨으로써 한 사람이 행사할 수 있는 권한이 반으로 줄게 되었음을 말하고 있는 것이다. 그리고 여기에서 말하고 있는 쌍둥이란 683d에서 말한 프로클레스와 에우리스테네스를 가리키는데, 이들은 전설상으로 스파르타의 최초 왕인 아리스토데모스(Aristodēmos)의 쌍둥이 아들들이다. 이후로 스파르타는 제도적으로 두 왕을 두어, 서로 혼자서는 절대권을 행사하지 못하도록 견제하게 했다. 헤로도토스의 《역사》 VI. 51~52 참조.

117) 리쿠르고스를 가리키는데, '신적인 힘과 결합해서'는 델피 신탁의 도움을 받은 것을 뜻하는 말이다.

118) 이른바 원로회(원로원: gerousia)를 가리킨다. 원로회의 대표적인 예는 스파르타의 것으로, 60세 이상의 원로들로 구성되었으며, 종신직이었고, 대표적인 귀족 가문 출신들로서, 시민들의 갈채를 많이 받은 사람들이 뽑히었으며, 결원이 생길 때도 그런 식으로 뽑았다 한다. 원로회(원로원)의 주된 일들은 30세 이상의 '동등한 지위를 갖는 남자 시민들'(homoioi)로 구성되는 민회(apella)에 상정할 안건의 사전 심의(probouleusis), 중대한 범죄들을 다루는 최고 법정 역할, 법률 및 관습과 관련된 감독 등이었다.

119) 연회에서 술을 마시기 전에 신들에게 제주(祭酒, 神酒: spondē)를 바치되, 첫 잔은 올림포스의 제우스와 그곳 신들에게, 둘째 잔은 영웅들에게, 그리고 셋째 잔은 구원자 제우스(主神 제우스: Zeus Sōtēr)에게 따른다. 헬라스인들의 속담인 '구원자를 위한 세 번째 잔'(to triton tōi sōtēri)은 '행운의 세 번째'나 '결정적 차례인 세 번째'를 뜻한다. 이처럼 2명의 왕들과 28명의 원로들로 구성되는 원로회에 이어, 나라의 안정에 기여할 정치적 제도와 관련된 '결정적 차례인 세 번째' 것으로 제시된 것이, 그

692a

럼, '에포로스(국정 감독관)들'의 힘을 물렸으니,[121] 이는 추첨에 의해서 배분하게 된 힘에 가까운 것입니다.[122] 바로 이 설명대로 선생네의 왕정은, 마땅히 그래야만 하는 것들로써 혼성(절충)되고[123] 적도(適度:

래서 스파르타가 이른바 '훌륭한 법질서'(eunomia)를 갖추게 하는 데 크게 기여한 것이 5명의 '에포로스'(ephoros)들([hoi] ephoroi)을 두는 것이었다. 이 제도를 도입한 '구원자'는 테오폼포스(Theopompos, 약 720~675) 왕이라고도 또는 리쿠르고스(630d에서 해당 각주를 참고할 것)라고도 한다. 《여덟째 서한》 354b에서는 리쿠르고스가 그리한 걸로 언급되고 있다.

120) 말 재갈의 일부로서, 말이 움직일 때 덜걱거리는 고리를 이루는 부분을 가리킨다.

121) 재갈을 물리듯 하는 것을 말한다. 그리고 5명의 '에포로스'(ephoros)들([hoi] ephoroi)의 선출은 해마다 모든 스파르타 시민들을 상대로 했는데, 아마도 그 성격상 왕들과 귀족들을 견제하는 역할을 동시에 수행하도록 하기 위한 제도였던 것 같다. 이들은 달마다 왕들과 서로 서약을 했는데, 왕들은 국법에 따른 통치를 서약하고, 이들은, 왕들이 그 서약을 지키는 한, 왕들의 지위를 굳건히 지켜 준다는 것이었다. 왕이 원정을 가게 되면, 2명의 '에포로스'가 동행을 하는 등, 이들은 왕들에 대해 전반적인 통제를 했으며, 경우에 따라서는 사신들을 포함한 원로들로 구성되는 최고 법정에 왕을 기소하고 처벌까지 할 수 있었으며, 외국과의 조약과 관련된 협상도 했다. 그들은 또한 행정 전반을 통제하며, 민회의 소집과 사회, 교육 행정의 감독, 군대 동원과 파병에 대한 명령, 장군들의 소환이나 관리들의 파면과 기소, 중요한 정치적 재판권 행사 등, 실로 막강한 힘을 행사했다. 그러니 '에포로스'(ephoros)를 우리말로 한마디 용어로 번역할 수 있을 것 같지가 않다. 굳이 번역한다면, '국정 감독관'이 그런 대로 어울리겠는데, '집정관'이나 '행정 장관'은 아무래도 맞지가 않는 것 같다.

122) 이를테면, 아테네의 경우에 많은 관직이 추첨에 의해서 결정되는 것과 비슷한 제도라는 의미로 하는 말이다.

123) 원어는 symmeiktos genomenē인데, symmeiktos의 명사형은 symmeixis이다. 이는 '혼합'을 뜻하는 말로 이의 궁극적 목표는 좋음(to agathon)의 실현에 있고, 이는 '알맞은 정도' 곧 적도(適度: to metrion, metron)의 적중을 통해서 실현될 수 있는 것이다. 이런 문제를 집중적으로 다루고 있는 대화편이 《필레보스》이다. 그러나 여기에서는 '혼합'이란

metron)[124]도 갖추어서, 그 자체도 보존되고 다른 것들에 대해서도 안전의 원인이 되기도 한 겁니다.[125] 어쨌든 테메노스와 크레스폰테스[126] 그 b
리고 다른 입법자들에게만 맡겨져 있었을 경우에는, 이들이 어떤 입법자들이었건 간에, 아리스토데모스의 지역[127]마저 결코 보존되지 못했을 것입니다. 그건 그들이 법률 제정에 대한 경험이 충분하지 못했기 때문이었습니다. 젊은 혼이, 참주정치(tyrannis)로 바뀔 수도 있는, 그런 통치권(권력: archē)을 쥐게 된 다음에도, 그로 하여금 [처음의] 맹세들에 의해서[128] 절도(적도)를 지키게 할(metriasai) 수 있을 것이라고는 어쩌면 그들이 결코 생각하지는 않았을 것이니까요. 하지만 최대한 존속하는 통치가 되기 위해서는 그게 어떤 것이어야만 했으며 또한 어떤 것이어야만 하는지를 이제 신이 보여 주었습니다. 한데 우리가 이런 것들을 알게 된
다는 것은, 앞에서도 말했듯,[129] 지금으로서는 일단 일어난 일이라 조금 c

용어로 옮기지 않고, '혼성(조절)'이라 옮긴 것은 이곳에서 논의되고 있는 주제의 성격과 문맥을 고려해서이다. 이하에서 권력 또는 통치권(archē) 행사와 관련해서 '절도(적도)를 지키게'(metriasai) 하기 위해서 권력 분할을 위한 제도를 마련하고, 다시 이들 분할된 '권력들(archai)을 조절하여'(metriasai), 이것들을 하나의 것으로 통합하는 것 등은 결국 통치권 행사나 나라 경영과 관련된 적도(適度) 구현을 위한 시도일 것이다. 바로 693b~e에서 이런 논의의 압축된 구절을 만나게 될 것이다.

124) metron은 원래 '척도'(measure)를 의미하지만, 이는 그 자체가 적도(適度: due measure or limit)를 의미하기도 한다.

125) Schöpsdau(438쪽)는 "다른 것들에 대해서도 안전의 원인이 되기도 했다"는 표현을 페르시아 전쟁에서 헬라스의 보존에 스파르타가 기여한 것과 연관시켜 볼 수 있는 걸로 언급하고 있다. 692e의 끝 쪽 본문 및 해당 각주를 참조할 것.

126) 683d의 본문 및 해당 각주를 참조할 것.

127) 프로클레스와 에우리스테네스는 아리스토데모스의 쌍둥이 아들들이니, 그의 영토는 라케다이몬 곧 스파르타를 가리킨다.

128) 684a를 참조할 것.

도 지혜로운 게 아닙니다. 실제로 일어난 사례를 통해서 알아보는 것은 조금도 어려운 게 아니니까요. 하지만 누군가가 그때 이것들을 앞질러 내다보고서 권력들(archai)을 조절할(metriasai) 수 있어서, 그 셋을 하나의 것으로 통합할 수 있었다면,[130] 그때 구상하게 되었던 훌륭한 것들 모두를 그는 보전했을 것이며, 페르시아의 군대나 또는 그 밖의 어떤 군대도, 우리를 만만한 자들로 얕잡아 보고서, 헬라스로 급습해 오지는 않았을 것입니다.

클레이니아스: 참된 말씀입니다.

d 아테네인: 클레이니아스 님! 어쨌든 그들이 이들을 막아 낸 것 것은 부끄러운 방식으로 했습니다. 그러나 제가 부끄러운 것으로 말하는 것은 어쨌든 그때 승전했던 사람들이 육지와 바다에서의 훌륭했던 전투들을 이기지 못했다는 것이 아닙니다. 한데, 제가 그때의 부끄러운 것이라 주장하는 것은 다음 것을 갖고서 말하는 것입니다. 첫째로, 그 나라들이 셋이었는데도, 그 가운데서 하나는 헬라스를 위해서 방어를 했지만, 나머지 둘은 이럴 정도로 고약하게 타락해 있었습니다. 그 가운데 하나는, 라케다이몬과 전력을 다해서 싸우느라, 헬라스의 방위 지원을 방해한 반면에,[131] 다른 하나는 [영토] 분할 당시에 맨 먼저 분할되었던 아르고스인

129) 691b 및 691d에서.

130) 여기에서 말하는 '셋'과 '하나'는 바로 앞에서 권력 구조를 왕권과 원로회 및 국정 감독관직이라는 셋으로 분산시킨 것 그리고 이것들로 혼성된 것이 적도를 갖춘 하나의 안정된 나라로 되었던 스파르타의 경우를 두고 하는 말이다. 바로 다음에 이어지는 언급에서는 마찬가지로 헬라스 전체도 그렇게만 되었더라면, 과연 전체 헬라스가 어떠하였겠는지 하는 안타까움을 말하고 있다.

131) 스파르타와 메세네 사이의 갈등을 시사하는 것 같다. 그러나 헤로도토스의 《역사》 VI. 106에 의하면, 아테네의 지원 요청을 받은 스파르타는 지원군을 보내기로 의결하기는 했으나, 당장에 지원군이 출발하지는 못하

데, 이 나라는 이민족을 막아 내도록 지원 요청을 받고서도 이에 응하지 e
도 않았으며 돕지도 않았습니다.[132] 그러나 그 전쟁과 관련해서 그때 일어난 일들을 두고서 누군가는 헬라스에 대해서 결코 의젓하지 못했던 걸로 많이 비난할 수도 있겠습니다. 그렇다고 헬라스가 스스로 방어했다고 말하는 것도 옳지 않을 것입니다. 하지만 아테네인들과 라케다이몬인(스파르타인)들의 공동의 결의(決意)가 다가오는 노예 상태를 막아 내지 못
했던들,[133] 헬라스의 종족들은 이미 거의 모두가 서로 뒤섞이어 버렸을 693a

는데, 이는 아폴론 신을 기리는 늦여름의 카르네아(Carnea) 제전 기간 중의 일정한 날에는 출정을 할 수 없도록 법으로 정해져 있었기 때문이라 한다. 이 전투가 490년의 저 유명한 마라톤(Marathōn) 전투였다. 아테네와 그 이웃인 플라타이아(Plataia)의 동맹군은 스파르타의 지원군을 기다리며 결전을 미루고 있었으나, 결국 스파르타의 군대가 도착하기 전에 전투가 벌어졌고, 약 1만 명의 아테네 군대와 그 유일한 동맹군인 플라타이아의 1천 명의 전체 중장비 보병들은 그 두 배나 되는 페르시아의 군대를 상대로 싸워서 이긴다. 이 전투에서 페르시아 군대는 6,400명이나 전사한 데 비해, 아테네의 전사자들은 단지 192명이었다 한다. 698e를 참조할 것.

132) 역시 헤로도토스의 《역사》 VII. 148에 의하면, 아르고스는 페르시아의 대군이 곧 헬라스를 침공할 것이라는 첩보를 입수하고서, 그렇게 될 경우에 틀림없이 자기들도 헬라스 전체의 방어를 위한 지원 요청을 받게 될 것이라는 걸 알고서, 이에 어떻게 대처하는 게 좋을 것인지 미리 델피의 신탁을 구한다. 신탁의 내용이 소극적으로 대처하라는 것이라 해석되어, 동맹군으로 참전하지 않을 구실을 준비한다. 최근에 6천 명의 군사들이 라케다이몬(스파르타)의 군대에 의해 살해된 터였기 때문이기도 했다. 그래서 라케다이몬과의 30년간의 평화 조약 체결과 연합군 병력의 반을 지휘할 수 있는 권한을 요구 조건으로 내세운다.

133) 제1차 페르시아 전쟁의 결전장이었던 마라톤 전투(490년)에는 스파르타의 군대가 하루 늦게 도착하는 바람에 실제로 참전하지는 못했다. 그러나 제2차 페르시아 전쟁(480년) 때에는 헬레스폰토스 해협을 건너 육로로 동북쪽에서부터 휩쓸며 남하하는 페르시아의 지상군을 스파르타의 왕 레오니다스(Leonidas)가 연합군과 함께 그의 결사대를 이끌고 테르모필레(Thermopylai)의 좁은 길목을 이용해 치열한 전투를 벌이며 저지한다. 하

693a

것이며, 또한 헬라스인들 속에는 이민족들이 그리고 이민족들 속에는 헬라스 민족이 뒤섞이었을 것입니다. 오늘날 페르시아인들의 전제적 지배를 받고 있는 민족들이 이주당하고 합쳐져 살게 되면서 뿔뿔이 흩어져 불행한 상태로 살게 되었듯이 말씀입니다.[134] 클레이니아스 님 그리고 메길로스 님! 이런 일들로 우리는 옛날의 그리고 또 오늘날의 이른바 정치가들 및 입법자들에 대해 비난을 할 수 있겠는데, 이는 그 원인들을 찾
b 아냄으로써, 그것들과는 다른 무엇을 했어야만 했는지를 우리가 알아내기 위해서입니다. 이를테면, 바로 방금도 우리가 말했던 것처럼, 강력한 권력(통치권)들도 또한 혼성(절충)되지 않은[135] 권력(통치권)들도 법으로 보장해 주어서는 안 된다는 것입니다. 이런 것을, 곧 나라는 자유로우며 슬기롭고 자체적으로 우애로워야만 하며, 입법하는 사람은 이런 것들에 주목하여 입법을 해야만 한다는 생각을 하고서 말씀입니다.[136] 한데 이미 여러 차례에 걸쳐 몇 가지 것들이 제시되고서, 입법자는 이것들에

지만 한 배반자가 우회로를 페르시아군에 알려 줌으로써 급기야 방어선이 뚫리고 그의 결사대는 모두 장렬한 최후를 맞게 된다. (이와 관련해서는 707c에서 아르테미시온에 대한 각주를 참조할 것.) 그래서 아테네까지 물밀 듯 남하한 페르시아의 지상군과 바다 쪽으로 내려와 집결한 막강한 해군의 위세 앞에 풍전등화 꼴이 된 아테네였지만, 테미스토클레스(Themistoklēs)가 주도하는 살라미스(Salamis) 해전에서 극적으로 승리함으로써 온 헬라스가 굴종의 위협에서 벗어나게 된다. 제3차 페르시아 전쟁 때에는 플라타이아(Plataia) 전투(479년)에서 스파르타의 군대와 아테네의 군대가 협공으로 페르시아의 군대와 그 동맹군을 물리친다. 《메넥세노스》편 239c~241e에 이들 전쟁과 그 교훈에 대한 언급이 보인다.

134) 이른바 이오니아 지역에 정착했던 이오니아 부족의 경우가 그렇게 된 대표적인 경우일 것이니, 여기에서는 특히 이를 염두에 두고서 말하고 있는 것으로 볼 수도 있을 것이다. 이오니아 부족에 대해서는 680d에서 해당 각주를 참조할 것.

135) 692a에서 '혼성'에 대한 각주를 참조할 것.

136) 701d를 참조할 것.

주목하고서 입법을 해야만 한다고 우리가 말했던 것들, 그래서 내세우게 되었던 것들이 그때마다 우리에게는 똑같은 것들로 보이지 않는다고 하 c
더라도, 우리는 놀라지 않도록 합시다. 그렇지만, 절제 있음(마음이 건전함: sōphronein)[137]에 주목해야만 한다거나 또는 지혜(사려 분별: phronēsis)나 우애(philia)에 주목해야만 한다고 우리가 주장할 경우에, 이 목표(skopos)는 다른 것이 아니라 같은 것이라고 생각해야만 합니다. 그래서 이와 같은 많은 다른 낱말(표현)들이 제시되더라도, 혼란에 빠지지는 않도록 하시죠.

클레이니아스: 그 논의들로 되돌아갈 때는 우리가 그리하도록 할 것입니다. 한데, 지금은 우애 및 지혜(사려 분별) 그리고 자유(eleutheria)와 관련해서 선생께서는 입법자가 무엇을 목표로 삼아야만 하는 것으로 말씀하시고자 하셨는지 말씀하십시오. d

아테네인: 이제 들어 보십시오. 나라 체제(政體: politeia)들 가운데서도 어머니들과도 같은 것들 두 가지가 있는데, 이것들에서 다른 것들이 나왔다고 누군가가 말한다면, 그는 옳게 말하는 것입니다. 그리고 그 하나를 1인 통치 체제(1인 전제정체: monarchia)라 일컫는 반면에, 다른 하나는 민주정체(dēmokratia)라 일컫는 것이 옳으며, 또한 앞의 경우의 극단은 페르시아 종족이 갖고 있되, 뒤의 경우의 극단은 우리[138]가 갖고 있다고 하는 것이 옳습니다. 다른 것들은 거의 모두가, 제가 말씀드렸듯, 이 둘이 다양한 형태로 변형된 것들입니다. 그런데 [한 나라에] 지혜(사려 분별)와 함께 자유와 우애가 정말로 있으려면, [그것은] 이들 둘에 관여해야만 하고, 또한 그러는 게 불가피합니다.[139] 바로 이것을 우리의 논 e

137) 여기에서 '자유' 대신에 '절제 있음'을 갑작스레 말하는 것은 방종에 가까운 지나친 자유를 연상하고서 하는 말일 수도 있겠다. England가 그런 비슷한 말을 하고 있다.

138) 아테네인들을 가리킨다.

693e 의가 우리에게 지시해 주고자 하고 있는 것입니다. 결코 나라는 이 둘을 부분적으로 갖게 되지 않고서는 훌륭하게 다스려질 수가 없을 것이라는 주장은 말씀입니다.[140)]

클레이니아스: 어떻게 그럴 수 있겠습니까?

아테네인: 그러니까 그중의 하나는 필요 이상으로 1인 전제적인 것만을 선호하는 반면에, 다른 하나는 자유로운 것만을 그리하여, 어느 쪽도 그것들에 있어서의 알맞은 정도들(적도들: ta metria)을 갖지 못했습니다. 하지만 두 분의 나라들은, 즉 라코니케와 크레테는 적도를 더 갖추었습니다. 그러나 아테네인들과 페르시아인들도 옛날에는 어쩌면 그랬겠지만, 오늘날엔 덜 그러합니다. 그 원인들을 자세히 알아보기로 할까
694a 요?

클레이니아스: 물론입니다. 적어도 우리가 내세운 것들을 완수하고자 한다면 말씀입니다.

아테네인: 그러면 들어 보도록 하십시다. 페르시아인들이 키로스[141)]

---

139) 여기에서 '관여함'의 뜻으로 옮긴 것의 원어는 metalabein이다.

140) 바로 이 대목에 대해 아리스토텔레스는 그의 《정치학》(1266a1 이후)에서 비판을 하고 있는데, '최선의 나라 체제(정체)'는 가장 나쁜 나라 체제들인 이들 민주정체와 참주정체(1인 전제정체)로 구성될 수는 없다는 것이다. 더 많은 정체들로 구성된 것이 더 낫다는 주장이다. 아리스토텔레스의 이 비판은 거의 말꼬리 붙잡기에 가까운 것이다. 여기에서 플라톤이 말하는 것은 자유와 지혜 또는 지성 그리고 우애가 있는 나라는, 페르시아와 같은 극단적인 1인 전제정체나 아테네처럼 거의 자유방임 상태의 극단적인 민주정체와 같은 '지나침'을 피하고, 이것들에 비해 알맞은 정도(적도: to metrion) 또는 중용(to meson)이 실현되는 나라에서나 가능하다는 것이기 때문이다. 시민들 모두가 절제 있는 자유를 구가하는 나라, 시민들 간에 갈등 없는 우애가 넘치는 나라, 어차피 소수일 수밖에 없는 지성인들이 그리고 엘리트들이 최대한 동원되어 이들의 역량을 나라 전체의 지성 또는 지혜로 결집시키는 나라, 이 셋을 두루 갖춘 나라가 그런 나라일 것이기 때문이다.

시대에는 노예 상태(douleia)와 자유(eleutheria) 사이에서 알맞은 정도(적도: to metrion)를 [훗날에 비해] 더 누린 편이었을 때, 처음에는 그들이 자유로워졌으나, 나중에는 다른 많은 사람의 주인들로 되었습니다. 다스리는 자들(통치자들: archontes)이 다스림을 받는 자들(피통치자들: archomenoi)에게 자유를 나눠 주고 평등하게 대해 줌으로써, 군사들이 지휘관들과 더욱 우애롭게 되었으며, 위험에 처해서는 헌신적으로 b
임했습니다. 또한 그들 가운데서 누군가가 지혜로워서 조언을 해 줄 수 있을 경우에는, 왕이 시샘하는 일이 없었으므로, 거리낌 없이 말하게(parrhēsia)[142] 해 주며 어떤 일에 대해 조언을 해 줄 수 있는 자들을 존중해 주어, 그 지혜로움의 능력을 공동의 것으로 기여케 했습니다. 그래서 그야말로 모든 것이 그때는 그들에게 있어서 향상되어 갔는데, 이는 자유와 우애 그리고 지성(nous)의 공유(koinōnia)를 통해서였습니다.[143]

---

141) Kyros 대왕으로 알려진 그는 기원전 557년경에 메디아에 예속되어 있던 안샨(Anshan)이라는 작은 나라의 왕으로 등극했으나, 사르디스와 리디아, 바빌로니아 제국, 아시리아, 시리아, 팔레스타인 등을 정복하여, 페르시아 제국을 일으킨 최초의 황제였다. 530년에 사망하기까지 그는 자기가 점령한 나라들에 대해서도 관용으로 대하며 지혜롭게 다스렸던 것으로 알려졌다.

142) 671b에서 해당 각주를 참조할 것.

143) 여기에서 '지성의 공유'(nou koinōnia)로 번역한 koinōnia에는 '공유'라는 뜻 이외에도 관여, 함께함, 동참, 어우름, 공동 관계, 교합, 결합, 공동체 등 여러 가지 뜻이 있다. 687e 끝 부분에서 나라도 개개인도 지성을 갖추도록 해야만 한다는 언급이나, 693b에서의 "나라는 자유로우며 슬기롭고 자체적으로 우애로워야만 하며, 입법하는 사람은 이런 것들에 주목하여 입법을 해야만 한다"는 말, 또는 701d 끝 부분에서 하고 있는 말, 즉 " … 지성을 갖도록(갖추도록) …"이라는 말로 미루어, 그 낱말을 '공유'로 옮기는 게 무난할 것이라 판단된다. 그렇다면 '지성의 공유'가 어떻게 가능하다는 말인가? 그것을 공유하는 방법에는 여러 가지가 있을 수 있겠으나, 일차적으로 가장 확실한 것은 714a에서 하고 있는 시사다. 법

694b

클레이니아스: 어쨌든 언급된 일들이 대체로 그처럼 일어났던 것 같습니다.

c 아테네인: 그렇다면 도대체 어떻게 해서 그게 캄비세스의 치세에 붕괴되었다가 다리우스(다레이오스: Dareios) 치세에 거의 다시 회복되었을까요?[144] 선생들께서는 이에 대해 생각해 봄에 있어서 우리가 추측을

이 '지성(nous)의 배분(dianomē)'이도록, 곧 법률 속에 지성이 최대한 반영되게끔, 그리하여 법이 그 정당성 곧 '옳음'(orthotēs)을 확보하도록 한 나라의 지성이 최대한 동원되어 법률을 제정하는 것일 것이다. 이는 바로 앞에서 한 말 곧 "그 지혜로움의 능력을 공동의 것으로 기여케 했습니다"와 같은 뜻으로 하는 말일 것이다. 그다음으로는 시민들이 스스로 이에 따르도록 하는 교육일 것이요, 또한 더 나아가서는 이런 법률의 수호를 위한 나라 차원의 감시와 함께 새로운 또는 변화하는 상황에 대응하기 위해 법률을 보완함으로써 그 '옳음'을 지속적으로 유지하도록 하는 것일 것이다. 이를 위한 기구로 제시된 것이 제12권 951c 이후에서 집중적으로 다루어지고 있는 [새벽녘] '야간 회의'(ho nykterinos syllogos)일 것이다. 이는 정선된 나라의 원로들과 엘리트들이 매일 새벽녘(새벽부터 해가 뜰 때까지)에 모임을 갖고 나라의 중대사들을 협의하는 기구로 구상된 것이다.

144) Cambyses는 694a에서 언급된 키로스 대왕의 큰아들로서, 부왕의 사망(530년)으로 왕위를 계승받았다. 그는 525년에 이집트를 정복함으로써 부왕의 정복 역사에 대미를 장식한 셈인데, 이로 말미암아 향후 2세기 동안 이집트는 페르시아의 지배를 받게 된다. 그러나 그는 광적인 폭군인 것처럼 알려져 있다. 그가 죽고 얼마 동안 무정부 상태에 있던 페르시아를 다시 안정시키고, 그 왕위를 계승한 이는 같은 귀족 가문의 Dareios I세(재위 기간 521~486)였다. 그는 영토들을 재정비하고서, 20명의 총독들을 두어, 조공을 바치게 하는 등의 방법으로 통치 체제를 확립했다. 그 갖가지의 조공 양태에 대한 기록은 헤로도토스의 《역사》 III. 89~97에서 접할 수 있다. 이 제도는 그의 사후에도 유지되었다. 그는 또한 영토 확장에 나섰는데, 동쪽으로는 인더스 계곡에까지 그리고 서쪽으로는 트라케까지 미치었다. 이 과정에서 이미 페르시아 제국의 속국들로 전락해 있던 이오니아의 여러 나라에 무리한 지원을 요구하게 된다. 이 나라들은 헬라스 민족들이 소아시아에 이주하여 가서 세운 나라들이었다. 페르시아의 과도

해 보기를 바라십니까?

클레이니아스: 그게 바로 우리가 착수한 그 문제에 대한 우리의 고찰을 어쨌든 인도해 줄 것입니다.[145)]

아테네인: 키로스에 대해서 지금 제가 추측하는 바로는, 그가 다른 것들의 경우에 있어서는 훌륭한 지휘관이며 애국자였지만, 바른 교육(paideia orthē)에 대해서는 전혀 이해하지 못했으며, 가정 경영(oikonomia)에는 조금도 마음을 쓰지 않았습니다.

클레이니아스: 어떻게 우리가 그런 걸 주장할 수 있겠습니까?

아테네인: 그는 젊어서부터 일생을 통해서 전쟁에 종사했으며, 아이들을 양육하는 것은 여인들에게 맡겼던 것 같습니다.[146)] 여인들은 이들을 아이들일 적부터 곧장 행복한 자들로 그리고 이미 축복받은 자들로[147)] d

---

한 세금 등으로 압제에 시달리게 된 이들 나라는 499년에 한때는 강국이었던 밀레토스가 주동하는 반란을 일으키게 되나, 494년에 이 반란은 무참히 진압된다. 그런데 이 반란을 지원해 준 에레트리아(698c~d의 본문 및 해당 각주 참조)와 아테네가 반란에 연루되었음을 핑계로 헬라스 본토에 대해 굴종을 요구하는 사신을 491년에 보내게 되나, 이 요구가 거절당하매, 이듬해(490년 여름)에 엄청난 대군을 보내 헬라스의 섬나라들과 본토를 공략하게 한다. 에레트리아를 초토화하며 무서운 기세로 아테네를 위협하던 이 전쟁은 마라톤 평원에서의 패배로 끝나고(그해 9월), 4년 뒤에 그는 죽는다. 이것이 이른바 제1차 페르시아 전쟁이었다.

145) Budé판의 〈eis〉는 생략하고서 읽었다.

146) 헤로도토스의 《역사》 I. 136 참조.

147) '행복한'은 eudaimōn의 번역어로, '축복받은' 또는 '복 받은'은 makar, makarios의 그것으로, 그리고 '복 많은'은 olbios의 그것으로 각기 쓰는 게 좋겠다는 게 내 생각이다. olbios는 세속적인 뜻에서의 좋은 것들과 관련해서이나, makar, makarios는 하늘에서 또는 신들이 축복처럼 내리는 것이라 보아서다. 반면에 eudaimōn은 물질적으로든 또는 정신적으로든 잘 지내는 걸 지칭한다. 따라서 어떤 사람들에게는 세속적인 의미에서 잘 지내는 것이 또한 그런 의미에서 사람답게 살며 지내는 것이 행복한 것일 수 있겠으나, 어떤 사람들에게는 진정한 의미에 있어서 사람

694d

또한 이런 것들로는 아무것도 부족한 게 없는 자들로 키웠습니다. 여인들은 충족하리만큼 행복한 이들에게 대해 그 누구도 어떤 일에서건 반대를 하지 못하게 막으며, 또한 이들이 말하는 것이나 행하는 것은 모두가 칭찬하도록 강요함으로써 그런 사람들로 키웠습니다.

클레이니아스: 훌륭한 양육을 말씀하신 것 같습니다.[148)]

e 아테네인: 그러니까 최근에 부유해진 왕실 여인들의 여성적인 양육, 또한 남자들이 전쟁들과 여러 가지 위험한 일들로 해서 여가를 갖지 못하는 터라, 남자들이 없는 상태에서 아이들을 키우는 여인들의 양육이죠.

클레이니아스: 실상 이치에 맞습니다.

아테네인: 반면에 그들의 아버지는 양 떼와 가축 떼 그리고 사람들의 무리와 그 밖의 온갖 짐승들의 많은 무리를 그들을 위해 획득했지만, 장
695a 차 이것들을 그가 넘겨주기로 되어 있는 그들이 페르시아적인 아버지의 방책(기술: technē)을 교육받지 못하고 있다는 걸 모르고 있었던 겁니다. 페르시아인들은 양치기들이며 거친 고장의 자손들이기에, 그 방책(기술)은 아주 굳세고 야외에서 살며 뜬눈으로 밤을 샐 수도 있는, 또한 선장에 나가야 할 경우에는 그리할 수 있는 양치기들로 만들어 내기에 충분하고 혹독한 것이죠. 하지만 이른바 행복 때문에 타락해 버린 교육, 곧 메디아식 교육[149)]을 자신의 아들들이 여인들과 환관들한테서 받았다

노릇 제대로 하며 사는 것이 행복한 것일 것이다.

148) 물론 빈정대는 투로 하는 말이다.

149) 앞뒤의 문맥으로 보아, 아마도 호화롭고 전혀 꾸중이라곤 듣지 않고 자라게 하는 양육을 가리키는 것 같다. 메디아(Mēdia)는 카스피 해 남서쪽 고원지대에 세워진 나라였으며, 고대의 페르시아어와 가까운 언어를 사용하기도 하여 페르시아의 전신처럼 알려져 있는 나라다. 프랑스어로 헬라스와 페르시아 사이에 3차에 걸쳐 벌어진 이른바 페르시아 전쟁들을 guerres médiques(메디아 전쟁들)라 하는 것도 실은 이런 오해에서 연유한 것이라 말하는 게 옳을 것 같다. 한때 메디아는 바빌로니아 및 아시리

는 걸 그가 간과했습니다. 이로 해서 이들은 으레 될 법한 그런 자들로 b
되는데, 이들은 꾸지람이라고는 듣지 않는 양육을 받고서 자란 것입니다. 따라서 키로스가 죽은 뒤에 그 자식들이 왕국을 물려받았을 때, 이들은 사치와 방종으로 충만해서, 처음에는 그들 가운데 하나가 다른 하나를, 저들이 동등하다는 데 대해 울화가 치밀어, 죽여 버리게 되며,[150] 그 다음에는 그 자신이 술 취함과 무교양으로 해서 미치게 되어서는, 메디아인들과 캄비세스의 어리석음을 경멸한 당시의 그 환관이란 자로 해서[151] 통치(제국)를 망치게 되었죠.

아 등을 정복했으나, 아스티아게스(Astyagēs, 585~549) 대에 페르시아의 키로스에게 져서 망하게 된다.

150) 키로스 대왕의 큰아들 캄비세스(694c의 각주 참조)는 왕위에 오르자 아우 스메르디스(Smerdis)를 살해했다.

151) 여기에서 '당시의 그 환관이란 자'는 가우마타(Gaumata) 또는 고마테스(Gomates)라는 이름을 가진 한 '마고스'(Magos: 배화교의 성직자를 의미하기도 하나, 나쁘게는 마법사를 가리키기도 함)를 가리킨다. 그는 환관 노릇을 하다가, 자신이 캄비세스에 의해 살해될 뻔했다가 기적적으로 살아난 스메르디스(바로 앞의 주석을 참조할 것)인 것처럼 가장하여, 왕위 찬탈을 한다. 그는 7개월 동안 왕 노릇을 하나, 다리우스(다레이오스) I세를 포함한 일곱 명의 페르시아 귀족들에 의해 살해된다. 그런가 하면, 헤로도토스 《역사》 III. 61~79에는 이 사건의 전말이 자세하게 기록되어 있는데, 이야기가 좀 다르다. 캄비세스가 이집트에 머물고 있는 동안 그의 집사(meledōnos)로 페르시아에 머물게 한 '마고스'가 있었는데, 이 자는 형제가 다 '마고스'였다. 그런데 이 집사와 형제간인 다른 '마고스'는 용모도 살해된 스메르디스를 닮았지만, 이름도 같았다. 집사인 '마고스'는 캄비세스가 스메르디스를 살해했지만, 이 일은 아주 소수만이 알고 있는 비밀이고, 많은 사람은 그가 아직 살아 있는 것으로 믿고 있다는 점을 이용하여, 이 가짜 스메르디스를 내세워 반란을 일으키고 왕위 찬탈을 하게 되었다는 것인데, 그다음의 이야기는 앞에서 말한 것과 같다. 그리고 환관 즉 내시를 가리키는 말 eunouchos(영어로는 eunuch)는 사실상 '거세된 남자'를 지칭하는데, 어원상으로는 여인들의 eunē(침상, 잠자리)를 지켜 주는(보살피는: echōn) 시종을 뜻하는 말이다.

c 클레이니아스: 바로 그런 말들을 어쨌든 하고 있을 뿐만 아니라, 어쩌면 대체로 그런 식으로 되었던 것 같기도 합니다.

아테네인: 그랬다가 통치권(제국)이 다시 페르시아인들에게로 넘어간 것은 다리우스(다레이오스)와 그 일곱 사람[152]으로 해서였던 것으로 아마도 이야기하는 것 같습니다.

클레이니아스: 물론입니다.

아테네인: 그러면 논의를 따라가면서 고찰하기로 합시다. 다리우스(다레이오스)는 사실 어느 왕의 아들도 아니었으며, 사치스런 교육을 받지도 않았습니다. 그는 제국에 입성해서 일곱 사람 가운데 한 사람으로서 제국을 장악하게 된 뒤, 이를 일곱 부분으로 쪼개서 나누었는데, 꿈결에 보는 것 같은 그 작은 흔적들이 지금까지도 아직 남아 있습니다. 그는 또한 법률을 제정해서 일종의 공통된 평등을 도입함으로써 나라 경영을
d 하는 것이 적절하다고 생각했으며, 또한 키로스가 페르시아인들에게 약속한 그의 조공 물품들에 대한 처분을 법으로 명문화해서, 모든 페르시아인 사이에 우애와 협력을 이끌어 냈으며, 재화와 선물들로 페르시아 민중을 자기편으로 끌어들였습니다. 그랬기 때문에 그의 군대는 그에 대한 호의와 함께 키로스가 남긴 것 못지 않은 영토를 추가로 획득하도록 해 주었습니다.[153] 그러나 다리우스(다레이오스) 다음은 다시 왕실의 사치스런 교육을 받은 크세르크세스[154]였습니다. 누군가가 이렇게 말하는 건 어쩌면 지당할 것입니다. "다리우스(다레이오스)여! 그대는 키로스의

---

152) 바로 앞 각주를 참조할 것.

153) 그의 영토 확장에 대해서는 694c의 해당 각주를 참고할 것.

154) Xerxēs(재위 기간 486~465)는 다리우스(다레이오스) I세와 아토사(Atossa)의 아들이며, 아버지의 왕위 계승자였다. 부왕이 실패한 헬라스의 정복은 유업이었기에 480년과 479년의 제2차 및 제3차 페르시아 전쟁을 일으키나, 결국 패배했다. 저 유명한 살라미스(Salamis) 해전은 480년의

잘못을 배우지 못하고서, 키로스가 캄비세스를 자라게 한 것들과 똑같은 e
생활 습관 속에서 크세르크세스를 키웠소"라고 말씀입니다. 크세르크세스는 똑같은 교육들의 산물이었기에, 캄비세스의 불운들과 거의 같은 일들을 치렀습니다. 또한 그 이후의 그처럼 오랜 기간 동안 페르시아인들 속에는 정말로 대왕(황제)인 왕은 지금까지도 없었습니다.[155] 그 이름[156]을 제외한다면 말씀입니다. 그러나 그 탓은 운이 아니고, 남달리 부유하
고 참주적인 자들의 아이들이 대체로 살아가는 그런 나쁜 삶이라는 것이 696a
제 주장입니다. 아이고 어른이고 그리고 노인이고 간에 이런 양육을 통해서는 [사람으로서의] 훌륭함(덕: aretē)과 관련해서 빼어나게 되지 못할 것이기 때문입니다. 입법자로서는 바로 이것들에 대해서 고찰해야만 하거니와 우리 또한 지금 이 마당에서도 그리해야만 한다고 우리는 주장하고 있습니다.[157] 라케다이몬 사람들이시여! 여러분의 나라에 적어도 이걸 부여하는 것이야말로 옳은 일입니다. 즉 가난이나 부 그리고 사인(私人)의 신분이나 왕의 신분이나 간에, 이에 어떤 차별도 두지 않고 명예와 양육(교육: trophē)을 여러분께서 배분하시는 것은 말씀입니다. 처음에 어떤 신에게서 성스러운 것으로서 여러분께 신탁의 말씀으로 내려
진 사항들이 아닌 한은 말씀입니다.[158] 그야 물론, 누군가가 부로 해서 b
남다르다고 하여, 각별한 명예들이 적어도 나라 차원에서 주어져서는 안

일이고, 플라타이아(Plataia) 전투는 479년의 일이다. 살라미스 해전에서의 패배와 관련된 비극 작품으로 아이스킬로스의 《페르시아인들》이 있는데, 이 작품은 페르시아와 같은 제국의 '히브리스'가 자유와 자존을 지키려는 나라의 사람들에게서 어떤 징벌을 받게 되는지를 잘 그려 보이고 있다.

155) 685c에서 '대왕'에 대한 각주를 참조할 것.

156) 헬라스인들이 페르시아의 왕을 '대왕' 곧 '황제'라고 칭한 이름을 가리킨다. 그러니까 그만이 진짜 대왕 곧 황제 노릇을 했다는 이야기이다.

157) 교육의 중요성을 새삼 환기시키고 있다.

158) 691e의 전후에서 언급되고 있는 것과 같은 경우를 말하고 있다.

696b

되기 때문입니다. 누군가가 [사람으로서의] 어떤 훌륭함(덕)은 없이 빠르다거나 준수하다(아름답다)거나 또는 힘세다고 해서[159] 그리되어서도, [사람으로서의] 훌륭함(덕)의 경우에도 절제(건전한 마음 상태: sōphrosynē)가 거기에서 빠진 채인데, 그리되어서도 안 되기 때문입니다.

메길로스: 선생이시여, 어찌하여 그런 말씀을 하시는지요?

아테네인: 용기(andreia)는 아마도 [사람으로서의] 훌륭함(덕: aretē)의 한 부분(morion)이겠죠?

메길로스: 어찌 그렇지 않겠습니까?

아테네인: 그러면 제 말을 들으시고서 스스로 판단하십시오. 선생께서는 누군가가 몹시 용감하기는 하나, 절도 없고 무절제할 경우에, 선생과 동거하는 사람으로나 이웃으로 받아들이겠는지 말씀입니다.

c 메길로스: 쉿!

아테네인: 어떤가요? 기술자는 그리고 이런 것들에 있어서 똑똑하기는 하지만, 올바르지 못한 사람은?

메길로스: 결코 그러지 않을 것입니다.

아테네인: 그렇지만 적어도 올바른 것(정의로운 것: to dikaion)은 절제 있음(마음이 건전함: sōphronein)과 떨어져 생길 수는 없습니다.

메길로스: 어찌 그럴 수 있겠습니까?

아테네인: 적어도 우리가 방금 현명한 사람으로 내세웠던 사람, 즉 즐거움들과 괴로움들을 바른 주장(원칙: logos)들에 합치하고 따르는 상태로 갖는 사람 또한 분명히 그럴 수는 없을 것입니다.[160]

메길로스: 실상 그렇지 않으니까요.

159) 올림피아 경기 따위의 각종의 체전이나 그 밖의 경연대회에서 우승한 사람의 경우를 염두에 두고서 하는 말일 것이다.

160) 689a~d를 참조할 것.

아테네인: 또한 더 나아가 나라들에 있어서의 명예들 가운데서도, 어떤 것들이 그때마다 정당하게 또는 그렇지 않게 주어지게 되는 것들인지 하는 문제와 관련해서 다음 것을 고찰해 보십시다. d

메길로스: 어떤 것인데요?

아테네인: 어떤 혼에, 다른 일체의 [사람으로서의] 훌륭함은 없이, 절제만 달랑 홀로 있을 경우에, 그게 명예롭다거나 불명예스럽다는 게 옳을 수 있겠습니까?

메길로스: 저로서는 어떻게 말해야 할지 모르겠습니다.

아테네인: 하지만 선생께선 어쨌든 적절히 말씀하셨습니다. 제가 물은 것들 중의 어느 쪽에 대해서건 선생께서 대답하셨다면, 선생께서는 엉뚱하게 말씀하신 걸로 제게는 여겨질 것이기 때문입니다.

메길로스: 그렇다면 그건 잘된 것이겠습니다.

아테네인: 그렇습니다. 그러니까 명예들이나 불명예들이 되는 것들에 대한 [단순한] 첨가는 언급할 가치가 없고, 오히려 일종의 침묵이 나을 것입니다.[161] e

메길로스: 선생께서는 절제(건전한 마음 상태)를 말씀하시고 있는 것으로 제게는 보입니다.

아테네인: 예. 하지만 나머지 것들 중에서 이 첨가와 함께 우리를 가장 이롭도록 해 주는 것은 가장 존경받는 것으로서 존중될 것이며, 버금가게 그러는 것은 버금으로 존중될 것입니다. 또한 바로 이렇게 그다음 차례에 비례해서 그다음 차례의 명예들을 각각의 것이 얻게 되는 것이 옳을 것입니다.

메길로스: 그건 그렇습니다. 697a

161) 696b에서 절제(건전한 마음 상태: sōphrosynē)와 관련된 언급을 참조할 것.

697a

아테네인: 그러면 어떻습니까? 이것들을 배분해 주는 것 또한 입법자의 할 일이라고 우리는 다시 말하지 않겠습니까?[162)]

메길로스: 그렇고말고요.

아테네인: 그러면 선생께서는 각각의 일과 관련해서 그리고 세세한 부분에 걸쳐 모든 걸 입법자가 분배하도록 그에게 맡기되, 우리 자신들도 어느 면에서는 법률에 대해 욕심내는 사람들이기에, [그것들을] 세 부류로 나눠서, 가장 중대한 것들과 둘째 것들 그리고 셋째 것들을 따로따로 쪼개도록 우리가 해 보기를 바라십니까?

메길로스: 그야 물론입니다.

아테네인: 그러니까, 인간의 힘이 미치는 한도까지, 장차 보존되고
b 행복할 나라는 명예들과 불명예들을 옳게 배분해야만 하며 또한 그러는 게 불가피하다고 우리가 주장하고 있는 것 같습니다. 결국 혼과 관련되는 좋은 것들(ta agatha)을, 혼에 절제(건전한 마음 상태)가 있을 경우에는, 가장 귀하고 으뜸가는 것들로 삼되, 몸과 관련되어 아름답고 좋은 것들은 버금가는 것들로 삼으며, 재산 및 재물과 관련되는 좋은 것들은 셋째 것들로 삼는 것이 옳습니다. 그러나 어떤 입법자나 나라가 이에서[163)] 벗어나, 재물을 명예로운 것들로 앞세우거나 또는 뒤의 것들 가운데 어
c 느 것을 명예에 의해 앞쪽에 배치할 경우에, 이는 경건하지도(hosion) 않으며 정치적이지도(politikon) 않은 짓을 하는 것입니다. 우리가 이런 말을 한 것으로 할까요 아니면 어떻게 말한 걸로 할까요?

메길로스: 아주 명확하게 그런 말을 한 것으로 하세요.

아테네인: 그러니까 우리로 하여금 이것들을 자상하게 말하게끔 만든 것은 페르시아인들과 관련된 정체(나라 체제)에 대한 검토였습니다.

---

162) 631d 이후를 참조할 것.
163) 이런 순서로 매겨진 것들을 가리킨다.

한데 우리는 이들이 해가 갈수록[164] 더 나빠지는 걸 발견하게 되는데, 그
까닭은 민중(dēmos)에게서 자유로움(to eleutheron)을 너무 많이 빼앗
은 반면에, 전제적인 것(to despotikon)[165]을 적절한 정도 이상으로 끌어
들임으로써, 나라 안에서 우애로움(to philon)과 공동체적인 것(공동체
적 요소: to koinon)을 말살해 버렸다는 것입니다. 이것이 사라짐으로 d
써, 다스리는 자들(통치자들: [hoi] archontes)의 의사 결정(boulē)이 다
스림을 받는 자들(피통치자들: [hoi] archomenoi)과 평민을 위해 내려
지는 일은 없고, 그들 자신들의 통치를 위해서 그러게 됩니다. 조금이라
도 자신들에게 이득이 있을 것이라고 그때마다 믿게 되는 경우에는, 나
라들을 뒤엎는가 하면, 우호적인 민족들을 화염으로써 파멸시켜서는, 원
수처럼 무자비하게 미워하며 미움을 받습니다. 그리고 저들 자신들을 위
해 평민들이 싸워 주는 것이 필요한 상황에 처하게 될 경우에, 그들은 이
들에게 이번에는 위험을 무릅쓰고 싸우고자 하는 열의를 갖는 공동체적
인 것이 전혀 없음을 발견하게 됩니다. 하지만 계산상으로는 무수히 많 e
은 사람을 가졌으면서도, 모두가 전쟁에는 무용한 자들을 가진 셈이라,
마치 사람들이 모자라서 그런 것처럼, 사람들을 고용함으로써, 용병들과
외국인들에 의해 보호받게 될 것이라 믿습니다. 이에 더하여, 매번 이른
바 나라에서 명예롭고 아름다운 것들이라는 것들이 황금이나 은에 비할 698a
경우의 허섭스레기와도 같은 것이라는 걸 자신들의 행동을 통해서 말하
고 있음을 그들은 알지 못할 수밖에 없게 됩니다.

메길로스: 그건 분명히 그렇습니다.

아테네인: 어쨌든 페르시아인들과 관련되는 것들에 대해서는, 지나

---

164) Burnet 판의 epi eti는 Budé 판의 읽기에 따라 etē epi etē로 읽었다.

165) 노예(doulos)에 대해 주인(despotēs)이 취하는 것과 같은 태도를 가리키는 형용사가 despotikon이다.

698a 친 노예 상태(douleia)와 전제적인 태도(despoteia)로 해서 지금도 얼마나 옳지 않게 경영되고 있는지에 대해서는 이로써 [논의를] 끝맺도록 하시죠.

메길로스: 물론입니다.

아테네인: 하지만 그다음으로 이번에는 아티케의 나라 체제(정체: politeia)에 관련된[166] 것들을 우리가 마찬가지로 자세히 말해야만 합니

b 다. 완전하고 일체 지배에서 벗어난 자유(eleutheria)가 남들에 의해 적도(適度: metron)를 갖게 되는 지배보다도 적지 않게 나쁘다는 걸 말씀입니다.[167] 헬라스인들에 대한, 아니 아마도 유럽[168]에 거주하는 모든 이

---

166) Budé 판의 읽기에 따라 Burnet 판의 peri tēn … 에서 tēn을 삭제하고서 읽었다. 그리고 Attikē(라틴어로는 Attica)는 도심인 아테네를 중심으로 시골까지를 포함하는 지역으로, 물론 아테네의 영토이다. 제1권 각주 3을 참조할 것.

167) 693d에서 언급한 1인 통치 체제(1인 전제정체: monarchia)의 극단적인 유형을 페르시아에서 찾아, 이에 대한 자세한 언급을 바로 앞(698a)까지에 걸쳐 했다. 이제 민주정체(dēmokratia)의 극단적인 유형으로 아테네의 경우를 자세하게 언급하려 한다. 또한 《국가(정체)》 편, 제8권 562b~563e에서도 우리는 아테네인들의 극단적인 이른바 '멋대로 할 수 있는 자유'(exousia)의 행사가 어떤 상황을 초래했는지에 대한 생생한 증언을 들을 수 있다. 그리고 '남들에 의해 적도(適度: metron)를 갖게 되는 지배'란 그런 '멋대로 할 수 있는 자유'가 공동체를 구성하고 있는 같은 구성원들인 남들에 의해 어느 정도 필요하고 적절할 정도로 제약받는 것을 뜻한다.

168) 고대 헬라스어로는 Eurōpē(에우로페)라 하는데, 오늘날의 유럽과는 물론 일치하지 않는다. 기원전 5세기 중엽에 헤로도토스를 비롯한 그의 동시대인들은 자기들이 살고 있는 지역을 포함한 알려진 땅덩이를 하나의 대륙으로 보고, 이를 유럽과 아시아 및 리비아로 나누었다. 당시에 리비아는 이집트의 서북부 아프리카를 지칭하는 이름이었고, 이집트를 위시해서 소아시아를 포함하는 지역을 아시아로 지칭하였으며, 헤라클레스의 두 기둥이 양쪽으로 있었다는 오늘날의 지브롤터 해협에서 시작하는 지중해

에 대한 페르시아인들의 공격이 행하여졌던 그때에 우리의 나라 체제는 옛것이었으며, 어떤 관직들은 네 계층의 과세기준 재산(timēma)들을 근거로 한 것들이었습니다.[169] 그리고 우리 안에는 경외(敬畏, 공경: aidōs)[170]가 안주인으로 있었으니, 이로 해서 우리는 그때의 법률에 복종하면서 살고 싶어 했습니다. 또한 거기에다가, 육지와 바다를 통해 엄청난 규모의 원정군이 닥치게 되어, 난감한 상태에서의 무서움에 떨어지게 하니[171], 우리로 하여금 통치자들과 법률에 한층 더 잘 복종하게끔 만들 c
었으며, 또한 이 모든 것으로 해서 우리에게는 우리 자신들 사이에 강력한 우애가 일었습니다. 살라미스 해전보다 거의 십 년 전에 다티스가 페르시아 원정군을 이끌고 왔으니까요.[172] 다리우스(다레이오스)가 노골

연안 지역과 이에 인접한 대륙 지역 그리고 흑해 주변 지역이 그들에게 알려진 유럽이었던 셈이다.

169) 이는 솔론(Solōn: 약 640~561 이후)의 개혁 조처의 일환으로 시행된 제도의 일환이었다. 저 자신은 귀족 출신이었지만, 아테네의 민주화에 크게 기여한 정치가였으며 유명한 시인이기도 했으며, 594/3년에 집정관(archōn)으로 있으면서, 아테네의 여러 가지 정치적인 개혁들을 단행했다. 그중의 하나는 당시의 농경사회에서 거의 노예 상태로 전락해 버린 가난한 농부들에게 일체의 빚 탕감(seisachtheia) 조처를 단행했다. 이로 해서 이들은 빚으로 잡힌 농토를 다시 자기 것으로 갖게 됨으로써, 이른바 육일조(1/6租)로 곡물 생산을 바치던 질곡에서 벗어나 떳떳한 시민으로 살아갈 수 있게도 되었다. 또한 이때까지는 관직들을 귀족 명문 출신들([hoi] Eupatridai)이 장악하고 있었지만, 이제는 곡물의 수입 단위를 기준으로 세금 납부의 의무를 지게 하는 한편, 관직들에도 이에 상응하여 일정 수준 참여할 기회를 갖도록 했다. 그것은 곡물의 수입 단위를 기준으로 한 과세기준 재산(timēma)에 따라 네 계층으로 나눈 것이었다.

170) 제1권 647a의 해당 각주를 참조할 것.

171) 바로 아래에서 언급하게 되는 마라톤 전투 및 에레트리아의 초토화와 관련된 것이다. 마라톤을 통해 헬라스 본토로 상륙하기 직전에 그 앞의 에우보이아 섬에 있던 에레트리아(각주 173 참조)에 대한 페르시아 군대의 작전은 그 소식을 들은 사람들로 하여금 공포에 떨게 했다.

적으로 아테네인들과 에레트리아인들에게로[173] 그를 보내, 완전히 노예 신세로 만들어 끌고 오도록 할 것이며, 이를 이행치 못할 경우에는 그를 사형에 처할 것임을 미리 선언한 것입니다. 그래서 다티스는 에레트리아
d 인들을 단기간에 족히 수만의 군대로[174] 전적으로 힘으로써 제압하고서는, 우리나라[175]에 위협적인 통보를 했는데, 그것은 에레트리아인들 가운데 아무도 저한테서 도망하지 못했다는 것입니다. 실상 다티스의 군사들은 서로의 손을 잡고서 온 에레트리아를 저인망으로 훑다시피[176] 했으

---

172) Salamis(현대 발음으로는 Salamina)는 아테네의 외항 피레우스(Peiraieus, 현대 발음으로는 Pireas) 건너편에 있는 섬으로, 솔론 시대에 아테네의 영토가 되었으며, 오늘날에는 그리스의 해군 기지가 있는 곳이다. 기원전 480년 9월 말에 이 섬과 주변의 작은 섬들 그리고 아티케 본토가 이루는 해협에서 페르시아의 함대는 아테네의 함대에 참패를 당한다. 이때의 전쟁이 제2차 페르시아 전쟁이었다. 그러니까 이보다도 10년 전이라면 마라톤에서의 결전이 있었던 해가 되겠는데, Datis는 이때 페르시아의 원정군을 이끈 두 사령관 중의 한 명이었다. 695d의 크세르크세스에 대한 각주를 참조할 것.

173) 이에 대해서는 694c에서 다리우스(다레이오스)에 대한 각주를 참조할 것. Eretria는 아티케 동쪽의 길게 뻗은 섬 에우보이아(Euboia: 오늘날의 발음으론 Evia)에 있던 한 나라(polis)였으며, 이웃한 칼키스(Chalcis)와 함께 이 섬에서는 주도적인 역할을 했다.

174) 《메넥세노스》 편 240a~c의 내용을 따르면, 그 기간은 3일 동안이었다고 하며 그 광경은 소름끼치는 것이다. 헤로도토스의 《역사》 V. 101에 의하면, 7일이 걸렸다 한다.

175) 아테네를 가리킨다.

176) 페르시아의 군대가 줄의 형태로 서로 손을 잡고 인간 띠를 형성해서, 마치 저인망(sagēnē) 그물을 이용해서 일정 지역의 물고기들을 싹쓸이하듯, 한 나라를 쓸어 가며 그 주민들을 소탕해 버리는 작전을 폈기 때문에, 그들의 이 방법을 sagēneuein이라 한다. 헤로도토스의 《역사》 VI. 31에는 페르시아의 군대가 헬라스의 섬들이나 페르시아에 항거한 이오니아 지역의 나라들을 평정할 때 이 방법을 어떻게 썼는지에 대한 구체적인 설명이 보인다. 물론 이는 저들 군대의 엄청난 규모와 상대의 지역적 한계가 전

니까요. 이 통보가 진실이든 또는 어떤 식으로 전달되었건 간에, 다른 헬라스인들을 그러기도 했지만 특히 아테네인들을 경악게 해서, 이들이 팔방으로 도움을 청하는 사절들을 보냈지만, 라케다이몬(스파르타)인들을 제외하고는 아무도 응하려 하지 않았습니다.[177] 그러나 이들도 메세네를 e
상대로 그때는 전쟁 상태에 있던 중이었던 탓으로 해서 그리고 실은 다른 어떤 일이 이들을 그러지 못하도록 해서든, — 전하는 말에 대해 우리가 아는 게 없으니까, — 이들은 어쨌건 마라톤에서 전투가 벌어지고 나서 하루 늦게 도착했습니다.[178] 한데 그 뒤에도 그 왕[179] 쪽에서는 대대적인 준비들이 되었다는 이야기와 수도 없이 많은 위협이 전달되어 왔죠. 그러나 시간이 지나면서, 다리우스(다레이오스)가 사망했다는 소식이 전해졌지만, 그의 젊고 격렬한 성격인 아들이 통치권을 넘겨받았고
그 열의[180]는 결코 포기되지 않았다고 했습니다. 하지만 아테네인들은 699a
이 모든 것이 마라톤에서 일어난 일 때문에 저들 자신들을 겨냥해서 준비되고 있다고 생각했습니다. 또한 아토스를 파내어 [운하를] 뚫었다고도,[181] 헬레스폰토스에 다리를 놓았다고도,[182] 다수의 함선들에 대해서

제된 작전일 것이다.

177) 플라타이아의 참전을 빠트리고 있는 셈이다. 692d의 각주를 참조할 것. 《메넥세노스》 편 240c에서는 그리 말하고 있으나, 헤로도토스의 《역사》 VI. 108에는 마라톤 전투에서 플라타이아인들이 아테네를 지원한 데 대한 언급이 보인다.

178) 692d의 각주를 참조할 것. 또한 스파르타와 메세네의 갈등에 대해서는 683d의 각주를 참조할 것.

179) 페르시아의 황제를 가리킨다. 685c의 '대왕'에 대한 각주를 참조할 것.

180) 침략의 야욕을 뜻한다. 헤로도토스 《역사》 VII. 5~8을 보면, 다리우스가 사망한(486년) 뒤에 왕위를 계승한 크세르크세스가 처음에는 헬라스 원정을 전혀 생각하지 않고 있었으나, 마르도니오스(Mardonios)를 비롯한 주변 사람들의 갖가지 부추김으로 해서, 결국엔 원정을 결정하게 되는 과정이 기술되어 있다.

도 듣게 되어서는, 육지에서도 바다에서도[183] 자신들에게는 구제책이 없다고 믿게 되었습니다. 아무도 자기들을 도와주지 않을 것으로 여겼기 때문입니다. 이전에 그들이 와서 에레트리아를 파괴해 버렸을 때에도, 그때 아무도 에레트리아인들을 도와주지도 않았고 함께 싸우려 들지도 않았다는 걸 기억해섭니다. 바로 똑같은 일이 그때도 적어도 육지에서
b 일어날 것으로 예상했습니다. 그런가 하면 바다에서도 또한 1천 척 이상의 함선들이 공격해 온다니, 구제책은 전적으로 무망한 것임을 알아본 것입니다. 이들은 그야말로 한 가지 구제책을, 가냘프고 궁하기는 하지만 유일한 것인 것을 곰곰이 생각해 보게 되었습니다. 이전에 일어났던 일에, 즉 그때에도 아무런 방도도 없는 처지에서 싸우던 이들이 승리를 하게 되는 일이 일어나는 걸 보게 되었다는 사실에 주목함으로써 말씀입

181) Athōs는 마케도니아에서 세 손가락 모양으로 뻗어 나온 칼키디케(Chalkidikē)라 불리는 작은 반도의 동쪽 끝 곶(岬)을 가리키기도 하고, 이 곶의 거의 대부분을 차지하며 가파르게 치솟은 산 자체(최고봉은 해발 2,033미터임)를 가리키기도 한다. 크세르크세스는 헬라스의 본토 원정에 앞서 483년부터 481년에 걸쳐 이 곶의 대륙 쪽 가까운 곳에 있는 지협에 운하를 뚫음으로써, 아토스 산을 끼고 우회하는 위험한 항로를 피하도록 했다고 한다. 오늘날에는 이 산의 가파른 곳들에 세워져 있는 스무 개나 되는 이름난 수도원들이 메테오라의 그것들과 함께 유명하다.

182) Hellespontos는 유럽과 아시아를 가르는 좁은 해협으로서, 지중해에서 흑해로 들어가기에 앞서 그 사이에 있는 마르마라(Marmara) 해로 들어가는 해협이며, 오늘날에는 Dardanelles라 한다. 이 마르마라 해에서 흑해로 빠지는 해협이 보스포로스 해협이며, 이 해협의 유럽 대륙 쪽에 이스탄불이 있다. 크세르크세스는 헬레스폰토스 해협에서도 가장 좁은 곳인 아비도스(Abydos: 아시아 쪽)와 세스토스(Sestos: 유럽 쪽) 사이에 배들로 다리를 놓아 육로의 원정군을 건너게 했다. 훗날 알렉산드로스도 같은 길을 이용했다.

183) 크세르크세스의 원정대는 헬레스폰토스 해협을 건너면서부터 육로와 함께 연안 해로로도 거의 훑다시피 하며 아테네까지 점령해 갔다.

니다. 이 희망에 올라타자, 자신들을 위한 피난처는 오로지 자기 자신들과 신들에게 있다는 걸 발견하게 되었습니다. 따라서 이 모든 것[184]이 이 c
들에게 서로에 대한 우애(philia)를 생기게 했습니다. 즉 그때 이들이 겪고 있던 그 두려움(phobos)과 또한 이전의 법률로 해서 생기게 된 두려움이 그리 만든 것입니다. 이 두려움은 이전의 법률에 복종함으로써 이들이 갖게 된 것인데, 앞에서의 논의에서는[185] 우리가 여러 번 경외(공경: aidōs)로 말했던 것으로서, 장차 훌륭한 사람들로 되고자 하는 이들은 이에 또한 복종해야만 한다고 우리가 말했던 것이니, 이에 구애받지 않으며 이에 대한 두려움이 없는 자는 비겁한 자입니다. 이런 자를 만약에 그때 두려움(deos)이 붙들지 않았다면, 그는 결코 함께 모여 방어를 하지도 않았을 것이며, 신전들(성소들)과 무덤들, 조국 그리고 친척들과 친구
들을, 실제로 그가 도와주었듯, 지켜 주지도 못하고, 우리는 그때 작은 d
무리로 갈라졌다가는 저마다 산지사방으로 뿔뿔이 흩어졌을 것입니다.

메길로스: 선생이시여! 아주 옳은 말씀을 하시기도 하셨지만, 선생께도 그리고 조국에도 어울리는 말씀을 하셨습니다.

아테네인: 그건 그렇습니다, 메길로스 님! 당시에 일어났던 일들을 선생께 말한다는 것은, 조상들의 기질을 공유하신 분이시기에, 지난 일들을 말한다는 것은 실은 옳은 일입니다. 그렇지만 선생께서도 그리고 클레이니아스께서도 우리가 법률 제정과 관련해서 어떤 점에서 적절한 것들을 말하고 있는지 살피십시오. 제가 말하고 있는 것은 그것을 위해
서이지, 이야기나 하자고 하는 게 아니니까요. 부디 보셨으면! 어느 면에 e
서는 페르시아인들에게 일어난 것과 똑같은 사태가 우리에게도 일어났

184) '이 모든 것'은 내용적으로는 바로 앞에서 말한 것, 곧 자기들 자신과 신들만이 의지할 것들이라는 상황 인식과 또한 다음에서 말하는 두 가지 두려움을 다 포함해서 하는 말이라 보아야 할 것이다.

185) 646e~647d, 671d, 698b~c를 참조할 것.

699e

기에, 즉 그들의 경우에는 민중(인민들: dēmos)을 전적인 굴종(전적인 노예 상태: pasa douleia)으로 이끌고 가지만, 우리의 경우에는 그와 반대로 대중들(ta plēthē)을 전적인 자유(pasa eleutheria)로 몰아가기에, 이제부터 우리가 무엇을 어떻게 말해야 할 것인지는 앞에서 이미 했던 우리의 논의들이 어느 면에서는 훌륭히 말해 주었다는 것을 말씀입니다.

700a 메길로스: 잘 말씀하셨습니다. 하지만 방금 말씀하신 것을 저희에게 한층 더 자세히 알게끔 해 주십시오.

아테네인: 그건 그럴 것입니다. 친구들이시여! 옛 법률의 시대에는 우리의 민중이 어떤 것들에 대해서도 주인이 못되고, 어느 면에서는 자발적으로 법률에 복종했습니다.[186]

---

186) 여기에서 '법률에 복종했습니다'(edouleue)는 그 앞의 '주인'이라는 말과 대비시키는 뜻에서 강한 의미로 옮긴다면, '법률에 대해 종 노릇(douleia)을 했습니다'로 되겠다. 아이스킬로스의 《페르시아인들》 241~242를 보면, 크세르크세스(Xerxes)의 모후 아토사(Atossa)가 헬라스의 군대에 대해서 '주인(despotēs) 노릇을 하는(epidespozei)' 자가 누구인지를 묻자, 합창가무단은 "그들은 그 어떤 사람의 노예들도 신하들도 아닙니다"라고 대꾸하는 장면이 나온다. 헤로도토스의 《역사》 VII. 103~104에는 추방당한 스파르타의 왕 데마레토스(Dēmarētos)가 자신이 의탁하고 있던 페르시아의 크세르크세스와 그의 헬라스 원정을 앞두고 갖는 대화 중에 헬라스인들의 자유가 어떤 것인지에 대한 이런 언급이 나온다. "천이든 만이든 또는 5만이라 할지라도, 어쨌든 모두가 똑같이 자유로우며 한 사람에 의해 지배받지 않는다면, 어떻게 이렇게 큰 [페르시아의] 군대와 맞설 수 있겠습니까? … 왜냐하면 우리 식으로 한 사람에 의해 지배를 받게 될 경우에야, 이 사람을 두려워해서, 제 천성 이상으로 더욱 용감해지며, 수적으로는 열세이면서도 채찍으로 해서 다수를 향해 가지 않을 수 없게 되니까요."(103) 이에 대해 데마레토스는 대답하길 "그들이 자유롭기는 하나, 모든 점에서 자유로운 건 아니니까요. 왜냐하면 법이 그들에 대해 주인(despotēs)으로 임하기 때문입니다. 그들은 폐하의 백성들이 폐하에 대해서 그러는 것보다도 훨씬 더 법을 은연중에 두려워하여, 법이 지시하는 것들은 어떤 경우에도 합니다. 법은 언제나 똑같은 걸 지시하죠. 어떤 경

메길로스: 바로 어떤 법률에 대해서 말씀하시는 건지요?

아테네인: 첫째로 당시의 시가(mousikē)와 관련되는 법률에 대해서입니다. 자유로운 삶의 지나친 확장을 우리가 처음부터 자세히 말하기 위해서죠. 물론 당시에는 우리 시가가 몇 가지의 종류와 형식에 따라 나뉘었으니까요. 노래(ǭdē)의 한 종류는 신들을 향한 기원(祈願)들이었는 b
데, 찬가(hymnos)들[187]이라는 이름으로 불렸습니다. 그리고 바로 이것과 반대되는 다른 종류의 노래가 있었는데, 이것들은 만가(輓歌, 哀歌: thrēnos, 복수는 thrēnoi임)[188]라 부르는 게 제일 나을 것입니다. 또한 다른 종류로는 파이안(paian, paiōn)들[189]이 있었는가 하면, 다른 또 하나

우에도 전투에서 도망하는 일이 없을 것이며, 전열을 지킴으로써 눌러 이기거나 죽거나 할 것임을 지시합니다."(104) '법이 통치자들의 주인이고, 통치자들은 법의 종들인' 그런 나라, 또한 일부의 사람들을 위해서가 아니라. '나라 전체의 공동의 것을 위해' 제정된 법률을 가진 그런 나라, 사람들이 알맞은 것들(適度인 것들: ta emmetria)을 하도록 만드는 나라, 그래서 신들의 사랑을 받게 될 그런 나라를 이 아테네인은 곧(715a~716c에서) 말하려 하고 있는 것이다.

187) 찬가(hymnos, 복수는 hymnoi임)는 신들의 위업을 기리고 신들을 향한 기원(祈願)들을 담은 노래를 일반적으로 지칭하는데, 여기서는 그다음의 '파이안' 및 '디티람보스'와 마찬가지로 신들을 기리는 찬가이기는 하나, 이것들과는 구별되는 것으로서의 좁은 의미의 것이라 할 것이다. 리라의 탄주에 맞추어 불렀던 것 같다.

188) 장례에서 부르는 노래로, 호메로스의 《일리아스》 24. 721 이후를 보면, 선창자(先唱者)의 노래와 합창 형태의 비탄이 그 뒤를 따르는 장면이 보인다. 그러나 엄밀히 따져, 매장 전의 만가인 epikēdeion(800e에서는 복수 형태로 epikēdeioi ǭdai로 언급되고 있음)과 그 뒤에 며칠 동안 추도 또는 추모하는 노래인 thrēnoi는 구분되기도 한다.

189) 고유명사로서의 '파이안'(Paian)에 대해서는 664c의 해당 각주에서 이미 언급했다. 파이안들(paiōnes)은 질병이나 역병 등의 나쁜 일들에서 구원해 주고 무사하게 된 데 대해 신들, 특히 아폴론에게 감사하는 노래이다. 물론 그 대상이 되는 신은 아폴론만은 아니다.

의 것은 디티람보스(dithyrambos)[190]라 하는 것으로 제가 생각하기에는 디오니소스의 탄생과 관련된 것이었습니다. 그런가 하면 다른 종류의 노래를 '노모스(nomos)들'(nomoi)[191]이라는 바로 이 이름으로도 불렀습니다. 하지만 이걸 키타라[192] 탄주에 맞춘 노래의 가락들이라고도 불렀습니다. 따라서 이것들이 그리고 다른 것들 또한 정리된 터라, 노랫가락(melos)의 종류를 서로 다른 것으로 오용하는 것은 허용되지 않았습니니

---

190) 바로 다음에서 언급하고 있듯, 디오니소스의 탄생과 그를 숭배하는 제례와 연관된 합창이었는데, 나중에 아테네에서는 디오니소스 제전 행사의 일환으로 그 경연까지 하게 된다. 637b에서 디오니소스 제전에 대한 각주를 참조할 것.

191) 이 대화편에서 nomoi는 줄곧 '법률'을 뜻하는 것이었다. nomos(단수)는 원래 '관습'을 의미했고, 관습처럼 사회적 구속력을 갖는 것이 더 나아가 강제적 구속력을 갖게끔 제도화되었을 때, 이를 '법'이라 한다. 그래서 nomos는 단수로서는 '법'을, 복수(nomoi)로서는 '법률'을 뜻한다. 또한 이 낱말은 음악에서 일반적으로는 '가락'(melody, strain, tune)을 의미하기도 한다. '노모스'의 이런 복합적인 뜻들이 서로 맞물려 있어서, 시가의 특정한 가락이 그냥 가락일 수만은 없으며, 그것의 변화는 결국 국법과 사회의 관습을 뒤흔들어 놓을 수도 있겠기 때문에 여기에서 이런 논의를 하게 되는 것이다. 《국가(정체)》 편, 제4권 424b~d에서는 가락 – 관습 – 법의 이런 맞물린 관계에 대한 요약된 언급을 읽을 수 있다. 《법률》 편 제2권에서도 결국 그런 문제를 다루었던 셈이다. 그런데 본문의 이 대목에서는 nomos가, 바로 그다음 문장에서 언급되고 있는 '키타라 탄주에 맞춘 노래의 가락들'(kitharǭdikoi nomoi)의 경우처럼, 특정한 종류의 가락, 곧 노래를 가리키는 뜻으로 쓰이고 있다. 끝에 예로서 든 것은 7세기의 테르판드로스(Terpandros)가 창안한 것이라 하거니와, 악기로서는 키타라와 같은 성질의 것인 리라도 이용되었다 한다. 또한 700d 끝에서 언급하고 있는 '아울로스(aulos)에 맞춘 노래'의 가락들(aulǭdikoi nomoi)도 있었는데, 이의 창안자는 역시 7세기의 클로나스(Klonas)라 한다. 그런가 하면, 669e에서 언급하고 있듯, '노랫가락과 리듬을 노랫말도 없이 키타라 탄주와 아울로스 연주만을 이용하는' 경우의 것도 있었다.

192) 658b에서 해당 각주를 참조할 것.

다. 이것들을 알아보고, 알게 됨과 동시에 판정하며, 또한 승복하지 않는 c
자를 벌주는 것도 권위자였지, 요즘처럼, 휘파람[193])도 대중(plēthos)의 교양 없는 고함소리들도 또한 칭찬을 보내는 박수들도 아니었습니다. 하지만 교육을 받게 된 사람들이 '하게 된 판단'(dedogmenon)은 자신들이 조용히 끝까지 듣는 것이었던 데 반해, 아이들과 학동 수행자들[194]) 그리고 대부분인 군중(ochlos)[195])에게는 질서를 잡아 주는 매의 경고가 있
었습니다. 따라서 시민들의 대다수는 이것들에 있어서는 이처럼 질서 정 d
연하게 통솔되는 걸 바랐으며, 소동에 의해서 판정하려 들고자 하지는 않았습니다.[196]) 하지만 나중에는, 시간이 지나면서, 시인들이 비음악적

---

193) 원어 syrinx(시링크스)는 원래 양치기 등이 부는 '피리'를 뜻하는 말이지만, 여기서처럼, 극장에서 군중들이 불어 대는 '휘파람'이나, 야유하는 '쉬잇' 소리를 잇달아 내는 것, 또는 고양이 울음소리 같은 걸 내는 걸 가리키기도 한다.

194) 아이들을 학관이나 김나시온에 데리고 갔다 함께 오는 노예를 paidagōgos(복수는 paidagōgoi임)라 한다. 어떤 이는 교복(教僕)이라는 말을 쓰기도 한 것 같은데, 우리말 사전에서는 이 말을 찾아볼 수가 없다.

195) ochlos(오클로스)는 군집(群集)을 이룬 사람들(crowd, throng)을 원래는 뜻하는 말이다. 이 명사와 관련된 동사 ochleō는 움직이다, 어지럽히다, 방해하다, 괴롭히다, 성가시게 하다 등을 뜻한다. 그러니까 ochlos는 누군가가, 이를테면 민중 선동가(dēmagōgos)가 ochleō라는 동사가 의미하는 뜻의 목적으로 동원할 수 있는 군중을 의미하는 것으로 본다면, 대충 맞는 말이 되겠다. 이들이 정치적 지배력을 행사하게 될 경우처럼, 가장 낮은 수준의 민주정치를 ochlokratia라 하는데, 이를 영어로 mobocracy 곧 mob-rule이라 하거니와 ochlocracy라 그대로 음역해서 쓰기도 한다. 그런데 영어 mob도 실은 라틴어 mobilis(움직이기 쉬운, 변하는)에서 유래한 것이다. 그래서 ochlos나 mob은 dēmos(민중, 평민, 인민, 부락민)와는 반대되는 의미로 쓰이는 말이기도 하다. 또한 이런 용어들과 관련해서는 625e에서 해당 각주를 참조할 것.

196) 극장(theatron)에서 공연된 것들에 대한 으뜸상 등의 등수 결정에 있어서는 적어도 전문가들에 의한 판정이 존중되었지, 다중의 인기에 의해 결정되는 것은 시민들 대다수가 바라지도 않았음을 말하고 있다.

700d

인(비시가적인) 가락의 어김(hē amousos paranomia)[197]을 저지르기 시작했습니다. 시인들이 시인의 소질을 갖고 태어나기는 했지만, 무사(Mousa)[198]에 있어서의 올바른 것(to dikaion)과 준법적인 것(to nomimon)에 대해서는 알지 못한 채로, 열광하며 정도 이상으로 즐거움에 사로잡혀서는, 만가들을 찬가들과 그리고 파이안들[199]을 디티람보스들과 섞는가 하면, 키타라 탄주에 맞춘 노래(kitharǭdia)들로 아울로스(aulos)[200]에 맞춘 노래(aulǭdia)들을 흉내 냄으로써, 모든 걸 모든 것과
e 합쳐 버렸습니다. 그들은 본의 아니게, 자신들의 어리석음으로 해서, 시가(mousikē)에는 그 어떤 옳음(orthotēs)도 없고,[201] 즐거워하는 자의 즐거움(hēdonē)에 의해서 판정하는 것이, 그가 더 나은 사람이건 또는 더 못한 사람이건 간에, 지당하다고 잘못 말했던 겁니다.[202] 그들은 바로 그와 같은 시들을 짓고, 거기에다 그런 주장까지 덧보태어 함으로써, 다중(hoi polloi)에게 시가에 대한 가락의 어김(법의 어김: paranomia)[203]과 이들이 스스로 능히 판정할 수 있다는 만용을 심어 주었습니다. 바로 이로 해서 관람객들[204]은 소리를 내지 않는 자들에서 큰소리를 내는 자

---

197) 여기에서 '가락의 어김'으로 옮긴 paranomia는, nomos가 법·관습·가락을 의미했듯, 의미상으로도 곧 '법의 어김'(범법)을 뜻할 뿐만 아니라, 결과적으로도 그리로 인도하게 된다는 생각에서 이런 말을 하고 있는 것이다. 이와 관련해서는 앞(700b)에서 한 '가락들'에 대한 각주를 참조할 것.

198) 653d, 658e, 666d를 참조할 것.

199) 700b에서 해당 각주를 참조할 것.

200) 669d에서 해당 각주를 참조할 것.

201) 곧 시가에는 옳거나 그른 것의 기준이 없다는 뜻으로 하는 말이다.

202) 658e를 참조할 것.

203) 바로 앞(d)에서 해당 각주를 참조할 것.

204) 극장을 뜻하는 theatron은 집합명사로서는 관람객들([hoi] theatai)을 의미하기도 한다. 여기에서는 이의 복수 형태(ta theatra)가 쓰였다.

들로 바뀌었으니, 음악에 있어서 아름다운 것(to kalon)과 그렇지 않은 701a
것을 이해한다고 해서죠. 그래서 음악(시가: mousa)에 있어서 최선자들
의 지배(aristokratia)[205] 대신에 일종의 고약한 형태인 관람객들의 지배
(theatrokratia) 사태가 생기게 된 것입니다.[206] 그리고, 만약에 일종의
민주주의(dēmokratia)가 음악(시가: mousa)에만 국한된 자유민들의 것
으로서 일었다면, 그 결과는 그다지 두려워할 것이 전혀 아니었을 것이
기 때문입니다. 그러나 이제는 모든 것에 대한 지혜를 누구나 다 갖고 있
다는 생각과 위법(가락의 어김)이 우리의 시가(mousikē)에서 시작하더
니, 자유도 뒤따랐습니다. [스스로] 아는 자들로서 무서울 것이 없는 사
람들로 되니, 겁 없음이 뻔뻔함을 낳은 거죠. 대담함(자신감)으로 해서
더 나은 자의 의견을 두려워하지 않게 된다는 것, 이것 자체는 고약한 뻔 b
뻔함과 진배없으니, 이는 지나치게 만용을 부리는 자유의 일종에 기인한
것입니다.

메길로스: 더없이 참된 말씀입니다.

아테네인: 이 자유 다음에는 통치자들에게 복종하고자 하지 않는 자
유가 생길 것이며, 또한 이 자유에는 부모와 연장자들에 대한 복종과 이
들의 훈계를 회피하려는 자유가 뒤따를 것이고, 마지막 단계에 가까워서
는 법률에 복종하지 않으려 함이, 하지만 바로 마지막 단계에 이르러서
는 맹세들과 신용들 그리고 신들에 대해서 전혀 개의하지 않음이 뒤따를 c

---

205) '최선자들의 지배'로 옮긴 aristokratia는 '최선자들(hoi aristoi)이 지배하는(kratein) 체제'로서, 정치 체제로 말하면 '최선자[들의] 정체'(the rule of the best)를 뜻한다. 물론 이는 원론적인 차원에서 논의할 때의 번역어이고, 역사적인 사실들과 관련시켰을 경우에, 역사적인 현실에 있어서는 사실상의 '최선자들'로 행세한 사람들이 귀족들이었으므로 '귀족정치'(aristocracy)로 옮기고 있는 것이다.

206) 이런 내용과 관련된 논의는 659a~c에서도 한 차례 했다.

701c

것입니다. 이야기로 전하는 옛 티탄(Titan)들의 기질을 드러내 보이며 또한 흉내 내기도 함으로써, 다시금 그때 것과 똑같은 처지로 돌아가, 힘든 삶을 살아가게 되어서는, 결코 나쁜 일들(악과 불행)이 그치지 않게 될 것입니다.[207] 그렇다면 무엇을 위해서 우리가 다시금 이것들을 말하

207) 티탄(Titan)들(Titanes)은 헬라스 신화에서 제우스를 비롯하여 올림포스(Olympos) 산의 정상을 보금자리로 삼은 신들, 이른바 올림포스의 신들에 한 세대 앞선 신들을 가리킨다. 그러니까 우라노스(Ouranos)는 1대의 주신(主神)이고, 크로노스(Kronos)가 2대 그리고 제우스(Zeus)가 3대째 주신이므로, 크로노스의 세대에 속하는 신들이다. 이들 신들의 세대 물림에 얽힌 신화는 참으로 황당하고 섬쩍지근하기까지 한데, 그 내용은 대개 이러하다. 우라노스는 하늘이고, 그를 낳고 또 그의 아내가 된 가이아(Gaia, Gē)는 땅이다. 우라노스가 제 아이들이 세상에 나오는 것을 싫어해 가이아의 자궁 속에 가두어 두니, 그 고통이 견디기 힘든 가이아가 막내 아들 크로노스를 설득해서, 낫을 갖고 있다가 우라노스가 자기와 교접하려고 할 때, 그 남근을 자르게 했고, 이로 해서 크로노스는 주신이 된다. 그러나 주신이 된 크로노스도 자기와 아내 레아(Rhea) 사이에서 난 자식이 언젠가는 자신의 자리를 빼앗게 될 것이라는 예언을 듣고서, 레아가 아이를 낳는 족족 삼켜 버린다. 그러나 레아는 한 아이를 낳는 길로 몰래 크레테 섬의 이다 산(625b에서 제우스의 동굴에 내한 각주를 참조할 것)에 숨기고, 대신 배내옷으로 싼 돌을 삼키게 한다. 이렇게 해서 살아남게 된 제우스가 성장해서, Mētis 여신의 도움으로 얻은 약을 크로노스가 먹게 함으로써, 이전에 삼킨 아들과 딸들을 다 토해 내게 하여, 이들과 힘을 합해 크로노스와 그의 형들(Titanes. 이들 중에서 맏이인 Okeanos만이 동조하지 않음)을 내몰아, 지하 세계의 제일 밑바닥인 Tartaros에 가두어 버리는데, 십 년이 걸린 이 싸움이 이른바 '티타네스와의 싸움'(Titanomachia)이다. 이리하여 제우스를 주신으로 한 올림포스 신들의 시대가 열린다. (헤시오도스의 《신들의 계보(신통기)》 154~210, 453~506 및 617~868을 참조할 것.) 그런데 Ouranos가 Kronos에 의해 생식기를 절단당했을 때 땅에 흘린 피로 인해 땅의 여신인 가이아가 잉태를 하여 낳게 된 자식들이 Gigantes(거인족들)인데, 크로노스를 비롯한 티타네스가 타르타로스에 갇히게 되자, 가이아는 이들 '거인족들'을 부추겨 제우스를 위시한 올림포스 신들에 도전케 한다. 이들 사이의 싸움을 gigantomachia([올림포스] 신들과 거인족 간의 싸움)라 일컫는다. 이 거인족들을 처치하기 위해

게 된 것일까요? 제가 보기에는, 말을 그리하듯, 논의를 그때마다 붙들어야만 할 것 같거니와, 마치 입에 재갈을 물리지 않은 것처럼, 논의에 의해서 억지로 끌리어 가다가, 속담 그대로 나귀에서 떨어지는 일이[208] 있어서는 안 될 것 같습니다. 오히려, 방금 말했던 것을, 곧 "실은 무엇을 d
위해서 이것들을 말하게 되었는가?"라고 물어야만 할 것 같군요.

메길로스: 훌륭한 말씀입니다.

아테네인: 따라서 이것들은 그것들을 위해서 말하게 된 것입니다.

메길로스: 그것들은 무엇들이죠?

아테네인: 입법자는 세 가지 것을 목표로 삼고서, 즉 법 제정을 하게 되는 나라가 자유로우며 자체적으로 우애롭고 지성(nous)을 갖추게 되도록 입법을 해야만 한다고 우리는 말했습니다.[209] 이것들이 아니었던가요?

메길로스: 분명히 그렇습니다.

아테네인: 바로 이것들을 위해서 가장 전제적인 나라 체제(政體: e

서는 신과 인간의 힘이 합쳐야만 된다고 해서 헤라클레스의 도움을 받게 되는데, 올림포스 신들 중에서 그 주역을 맡은 것은 제우스와 아테나 여신이다. 여기에서는 티탄(Titan)들이 한때는 우라노스에 의해 가이아의 뱃속(땅속)에 갇히어 지내다가, 마침내 제 세상을 만나 활개를 치며 지내다가, 올림포스 신들과의 싸움에서 져, 다시 타르타로스에 갇히게 되는 고통스런 삶을 살아가게 된 것에 대해 빗대어 이런 언급을 하고 있는 것이라 하겠다.

208) 원어는 apo tinos onou pesein이고, "나귀에서 떨어진다"는 말인데, 자신의 실수로 곤란한 처지가 된 경우를 가리키는 뜻으로 쓰이는 속담일 것이다. 아리스토파네스의 《구름》 1273에 "나귀에서 떨어진 사람(ap' onou katapesōn)처럼 무슨 헛소리를 하십니까?"라는 구절이 나오는데, 이 문장 중의 ap' onou(나귀에서)는 잇대어 발음하면, apo nou로 된다. apo nou는 '지성(정신: nous)을 잃고서'의 뜻으로 이해할 수 있는 표현이다. 곧 '얼빠진 사람'처럼 보이는 경우에 쓰이는 표현이라 할 것이다.

209) 이는 693b~694b에서 반복적으로 강조되었던 바다.

701e

politeia)와 가장 자유로운 나라 체제(정체)를 선택해서, 이것들 가운데 어느 것이 바르게 다스려지는지를 우리가 지금 살피고 있습니다. 한데, 이것들 곧 전제적인 통치를 하는 유형들과 자유롭게 하는 유형들 각각이 어떤 적도(適度) 상태(metriotēs)를 취하게 되었을 경우에는, 그럴 경우에는 그것들에 유달리 번영(eupragia)이 일었음을 보았습니다. 반면에 그 각각이 극단으로, 즉 한쪽은 노예 상태의 것들의 극단으로 다른 쪽은 그 반대 것들의 극단으로 나아갈 경우에는, 그 어느 쪽에도 유익함은 없었습니다.[210]

702a 메길로스: 더없이 참된 말씀입니다.

아테네인: 또한 더 나아가서는 이것들 때문에 도리스 군대의 정주(定住)와 다르다노스가 산자락에 정주한 일[211]에 대해서도, 또한 바다 가까이의 정주와 [대홍수로 인한] 파멸에서 살아남게 된 첫 세대의 사람들에 대해서도 고찰했습니다.[212] 더 나아가 이런 것들에 앞서 있었던 시가(詩歌)와 술 취함(취흥) 그리고 이것들 이전의 것들에 대한 우리의 논의들도[213] 그것들 때문에 고찰했습니다. 이것들 모두는 도대체 어떻게 하면 나라가 가장 훌륭하게 경영될 수 있을 것이며, 또한 개인적으로는 어떻게 하면 누군가가 자신의 삶을 가장 훌륭하게 영위하게 될 것인지를 알
b 아내기 위해서 말하게 되었으니까요. 그렇다면, 메길로스 님 그리고 클레이니아스 님! 과연 우리가 뭔가 유익한 일을 했는지에 대해, 도대체 우리 자신에게 무슨 심문을 우리가 말로 나타내서 할 수 있을까요?

---

210) 693d~e를 참조할 것.

211) 원문은 생략된 형태의 것인데, 681e에서 인용된 《일리아스》의 구절에서 말하고 있는 내용이기에, 보완 형태로 번역했다.

212) 제3권 첫머리부터 692c에 이르기까지 고찰해 보았던 일들을 몇 가지 대표적으로 나열한 셈이다. 그 순서는 역순이다.

213) 곧 제1권 및 제2권에서의 논의들을 가리킨다.

클레이니아스: 선생이시여! 제가 한 가지는 깨달은 것으로 생각되는군요. 우리가 상세히 다루었던 이 모든 논의의 주제들은 우리에게는 일종의 행운 덕분이었던 것 같습니다. 적어도 제 자신은 지금 이것들이 거의 필요하게 된 처지에 이르렀기도 한 데다가, 또한 때맞추어 선생과 함께 여기 이 메길로스 님 또한 옆에 계시게 되었기 때문입니다. 두 분께는 c
지금의 제 사정을 숨기지도 않겠거니와, 어떤 징조로도 삼을 테니까요. 실은 크레테의 대부분이 일종의 이주지를 만들려 꾀하고 있어서, 크노소스(Knōsos)인들에게는 이 일에 관심을 갖도록 지시가 내려져 있는데, 크노소스인들의 나라는 저와 다른 9명에게 이를 위임하고 있습니다. 또한 동시에 법률을 제정하도록 지시했는데, 이곳의 법률 중에서 어떤 것들이 우리를 만족시키는 것들일 경우에는 이를 채택하며, 또한 다른 나라들의 것들도, 더 나은 것들로 보일 경우에는, 그것들이 이국적임을 전혀 고려하지 말고 채택하도록 지시했습니다. 그러니 이제 저에게도 그리고 두 분께도 서로 이 은혜를 베풀도록 하시죠. 이미 말한 것들 중에서 골라서, d
마치 우리가 처음부터 나라를 수립하는 것처럼, 논의에 의해서 나라를 구성하도록 합시다. 또한 동시에 우리가 찾고 있는 것에 대한 고찰도 있게 될 것이니, 저로서는 이와 함께 미래의 나라에 아마도 이 구상(구성: systasis)을 이용할 수도 있을 것입니다.

아테네인: 클레이니아스 님! 어쨌든 좋은 소식입니다.[214] 메길로스

214) "어쨌든 좋은 소식입니다"의 원문을 직역하면, "선생께서는 적어도 전쟁을 알리시고 있지는 않습니다(전쟁 소식을 알리시고 있지는 않습니다)"이다. Liddell & Scott의 대사전에 의하면, "전쟁을 알리지는 않는다"(ou polemon [ep]angelleis)는 것은 일종의 속담으로, 그 뜻은 "그건 좋은 소식이다"(that is good news)라고 한다. 우리 식으로 말하면, "전쟁이 아니라니, 됐습니다!" 또는 "전쟁만 아니라면, 됐습니다!"라는 뜻으로 쓰이는 속담이라 보면 되겠다. 이 속담은 《파이드로스》 편 242b6에도 보인다.

님께 마뜩찮은 게 아무것도 없다면, 제 쪽에서는 모든 것이 가능한 한 선생의 마음에 들게끔 될 것이라 생각하십시오.

클레이니아스: 좋은 말씀입니다.

메길로스: 그리고 제 쪽에서도 진실로 그런 것으로 생각하십시오.

e 클레이니아스: 두 분께서는 더할 수 없이 훌륭한 말씀을 하셨습니다. 하지만 먼저 논의에 의해서 나라를 수립하도록 합시다.

제 4 권

아테네인: 그러면 자, 도대체 이 나라는 무슨 나라로 될 것이라 생각해야만 할까요? 제가 말하는 건 도대체 그것의 이름이 지금은 무엇인지를 묻고 있는 것도 아니고, 나중에 그것을 불러야만 할 이름이 무엇인지 묻고 있는 것도 아닙니다.[1] 이는 아마도 이 나라의 세움이나 특정 지역이 새로 생기는 이 나라에 붙여 줄 것입니다. 무슨 강이나 무슨 샘에서 유래한 이름이 그걸 붙여 줄 수도 있겠고, 또는 그 지역의 신들에게서 유래한 이름이 이들 자신들의 명성에 따른 이름을 붙여 줄 수도 있을 것입니다.[2] 그보다는 이 나라에 대해 제가 묻고자 하는 것은 오히려 이것, 곧 그것이 해안에 있는 나라일 것인지 또는 내륙의 나라일 것인지 하는 것입니다. 704a b

클레이니아스: 선생이시여, 지금 우리에게 있어서 논의거리가 되고 있는 나라는 어쨌든 바다에서 거의 80스타디온[3] 가량 떨어져 있습니다.

---

1) 848d에서 처음으로 마그네시아인들에 대한 언급이 있고, 860e에서야 이 나라를 '마그네시아(Magnēsia)인들의 나라'(hē tōn Magnētōn polis)로 일컫고 있다.

2) "이는 아마도 … "에서 시작하여 여기에서 끝난 문장의 원문을 우리말로 번역하는 데 따른 난삽함 때문에 어쩔 수 없이 다소 풀어서 옮겼다.

704b

아테네인: 그럼 이건 어떤가요? 이 나라의 해안 지대를 따라서는 항구들이 있나요, 아니면 항구라고는 전혀 없나요?

클레이니아스: 아니 그렇다기보다도, 거기에는 가능한 범위에서 최선의 항구들이 있습니다, 선생이시여!

c 아테네인: 설마! 한데, 이 나라의 시골 땅은 어떤가요? 온갖 걸 산출하는가요 아니면 어떤 것들은 부족한가요?

클레이니아스: 대체로 부족한 건 아무것도 없습니다.

아테네인: 이 나라와 이웃해서 어떤 나라가 가까이 있게 됩니까?

클레이니아스: 전혀 없습니다. 그 때문에 이 나라가 수립되고 있기도 한 겁니다. 이곳에서 옛날에 있었던 일종의 이주가 가늠을 할 수 없을 정도의 기간 동안 이 고장을 황량하게 만들었기 때문입니다.[4]

---

3) 스타디온(stadion, 복수는 stadia 또는 stadioi)은 헬라스의 길이 단위로서, 600podes(포데스는 헬라스의 거리 단위로서, 단수는 pous이며, 영어 feet, foot와 같은 뜻임)인데, 그 길이는 지역과 시대에 따라 다르기는 하나, 대체로 175미터에서 200미터이다. 아테네의 경우에는 약 185미터인 반면에 올림피아에서는 약 192.3(192.27)미터에 해당한다. 올림피아 경기장의 달리기 코스 길이는 이 단위에 맞춘 것이다. stadion을 라틴어로 음역하면 stadium으로 되는데, 오늘날 우리가 육상 경기장 따위를 그렇게 일컫는 것도 이에서 연유한다. 그러니까 여기에서 말하는 80스타디온은 아테네의 길이 단위를 기준으로 환산하면, 대체로 14.8킬로미터쯤 되니까, 약 15킬로미터 남짓으로 보면 무난하겠다. 옛날의 아테네 도심과 그 외항인 피레우스(Peiraieus)의 거리는 약 8킬로미터이다.

4) 그러니까 한때는 사람들이 살던 곳이었으나, 지금은 버려진 땅인 셈인 곳에 새로운 나라를 세우려 하고 있는 것이다. 실제로 이 지역일 수 있는 곳이 어디일지에 대한 추정은 흥미로운 일일 수는 있겠으나, 아틀란티스 섬의 전설처럼, 실은 부질없는 일일 것이다. 크레테와 그 지역에 대해서 알고 있는 사람의 지역적 설명을 토대로 플라톤 나름으로 그럼직하게 상상해 본 곳일 수 있겠기 때문이다. 이와 관련해서는 Morrow의 책 30~31쪽을 참조하는 게 좋겠다.

아테네인: 들판과 산 그리고 숲은 어떤가요? 이것들 각각이 차지하는 부분의 비율은 어떻습니까?

클레이니아스: 다른 크레테의 자연과 전체적으로는 닮았습니다. d

아테네인: 이 나라는 평지라기보다는 울퉁불퉁한 편이라는 말씀이겠습니다.

클레이니아스: 바로 그렇습니다.

아테네인: 그렇다면 이 나라가 훌륭함(덕: aretē)의 획득과 관련해서
적어도 치유 불능 상태의 것은 아니겠군요. 왜냐하면, 만약에 이 나라가
해안에 있는 나라로 되고, 좋은 항구들을 갖고 있으며, 온갖 걸 산출하지
는 못하고 많은 게 부족하다면, 이 나라에는 어떤 위대한 구원자와 어떤
신과도 같은 입법자들이 필요할 것이기 때문입니다. 이런 나라가 자연적
으로 잡다하고 천박한 성품(성격)들(ēthē)[5][의 사람들]을 많이 갖지 않
게 되려면 말씀입니다. 그러나 지금으로서는 80스타디온이라는 거리가
위안을 줍니다. 그렇지만 이 나라는 필요한 정도 이상으로 바다에 가까
이 있는데, 선생께서는 이 나라에 그토록 좋은 항구들까지 있다고 말씀
하시니, 어쩌면 그만큼이나 더 그럴 테지만,[6] 그렇더라도 이 점마저도 705a
만족스러워해야 합니다. 이 지역에 인접해 있는 바다는 날마다 즐거움을
주는 것이기는 하나, 참으로 몹시 짜고 쓴 이웃이지요.[7] 통상(emporia)

5) 제1권 636d에서 해당 각주를 참조할 것.

6) 그만큼 더 걱정스럽다는 뜻이 배어 있다고 할 것인데, '더 그럴 테지만'이라는 표현은 그 앞에서 계속되는 원문의 맥락에 따라 보완된 형태로 옮긴 것이다.

7) 기원전 7세기 중엽에서 말까지에 걸쳐 활동한 스파르타의 서정시인 알크만(Alcman)의 토막 시에 "이웃이 짜다"(almyron to geitonēma)는 게 있는데, 그 뜻은 "바다를 이웃으로 갖는 것은 나쁜 일이다"라고 한다. D. A. Cambell, *Greek Lyric*, vol. II, (Loeb C. L. 1988), pp. 468~9 참조. 그리고 이 문장이 의미하는 것이 무엇인지는 바로 다음에 밝혀져 있다.

과 소매업을 통한 돈벌이로 그 지역을 충만케 함으로써, 사람들의 혼들에 변덕스럽고 믿을 수 없는 성격들을 낳아, 이 나라를(이 나라 사람들을)[8] 자체로도 믿을 수 없고 우애롭지도 못하게 만들며 또한 다른 나라 사람들에 대해서도 마찬가지이게 만들기 때문입니다. 그렇긴 하나 이와 관련해서는 온갖 것을 산출할 수 있다는 점이 또한 위안이 되지만, 땅이
b 울퉁불퉁하다니, 산출이 풍부하면서도 동시에 온갖 걸 산출하지는 못한다는 게 명백합니다. 만약에 이럴 경우에는,[9] 많은 수출을 하게 되어, 다시 은화와 금화로 대신 채우게 될 것인즉, 고매하고 올바른 성품(성격, 인격)들의 획득에 있어서, 한 가지 일로 비교하건대, 나라에 이보다 더 나쁜 일은 거의 일어나지는 않을 것입니다. 우리가 기억하기로 앞서의 논의에서 우리가 말했듯이 말씀입니다.[10]

클레이니아스: 그야 우리가 기억하고 있죠. 또한 그때도 우리가 옳게 말했지만, 지금도 그러고 있다는 데 우리는 동의하고 있습니다.

c 아테네인: 그러면 다음 것은 어떤가요? 조선을 위한 목재의 장소로서는 우리의 이 지역이 어떻습니까?

클레이니아스: 언급할 가치가 있을 만한 전나무도 또한 소나무도 없고, 많은 키파리소스(측백나뭇과 나무)가 있는 것도 아닙니다. 또한 우산 모양을 한 소나무[11]도 버즘나무도 적게 눈에 띌 것인데, 배 만드는 사

8) polis는 '나라'를 뜻하지만, 집합적으로는 그 나라 사람들 전체를 뜻하기도 한다.

9) 곧 자족할 정도를 넘어 모든 걸 풍부하게 산출하게 될 경우에는 오히려 걱정스럽다는 뜻으로 하는 말이다.

10) 679b를 참조할 것.

11) '우산 모양을 한 소나무'로 풀어서 옮긴 소나무는 pitys의 번역어이고, 그 앞에서 그냥 '소나무'로 말한 것은 peukē이다. peukē는 한번 베어 버리면, 다시 자라지 못하는 소나무이지만, pitys는 그렇지 않다고 하니, 그만큼 유연성이 있는 것이라 하겠다. 그리고 그다음의 '버즘나무'란 우리가 흔히

람들로서는 배들의 안쪽 부분들에 바로 이것들을 그때마다 이용하는 게 불가피하죠.

아테네인: 자연의 그런 특성들도 이 지역을 위해서는 나쁜 게 아닐 것입니다.

클레이니아스: 왜죠?

아테네인: 어떤 나라가 나쁜 모방들을 함으로써 적들을 쉽게 모방할 수는 없다는 것은 좋은 일이죠. d

클레이니아스: 이미 언급된 것들 중에서 바로 무엇을 염두에 두시고서 그 말씀을 하신 겁니까?

아테네인: 선생이시여! 처음에 언급된 것을 염두에 두고서 저를 감시하십시오.[12] 그건 크레테의 법률과 관련된 것으로서, 이게 한 가지 것에 주목한 것이라는 것이었습니다. 특히 이를 두 분께서는 전쟁을 목표로 한 것이라 하셨지만, 저는 그 말을 받아서 말했습니다. 그와 같은 법규들(관습들: ta nomima)이 어딘가 [사람으로서의] 훌륭함(덕: aretē)에 주목하고서 제정된 것들이라는 점에서는 훌륭하기는 하지만, 그것들은 [사람으로서의] 훌륭함(덕)의 한 부분에 주목한 것이지 전체적인 훌륭함(덕)에는 거의 주목하지 않은 것이라 하여, 저는 그다지 동조하지 않았습니다. 따라서 이번에는 이제 두 분께서 저를 따라, 지금 진행되고 있는 e
법률 제정(nomothesia)에 대해, 혹시라도 어떤 걸 [사람으로서의] 훌륭함(덕)에 관련시키지 않거나 훌륭함(덕)의 한 부분과 관련시켜서 제가

플라타너스(platanus)로 불러 왔던 것이고, 헬라스어로는 platanos이다.

12) '처음에 언급된 것'이란 광범하게는 625c 이후 632e까지에 걸쳐 언급된 것들을 가리키겠으나, 그중에서도 특히 630c~631a 및 688a~b4에서 언급된 것이 그 요지이겠고, 이 요지는 688a~b4에서 다시 요약되고 있다. "저를 감시하십시오"란 혹시 거기에서 말했던 것들과 다른 말을 하는지 감시하라는 뜻으로 하는 말이겠다.

705e

법률 제정을 하고 있는지 감시하십시오. 그야 물론 제가 이런 법만을 옳게 제정된 것으로 보니까요. 궁수가 하는 식으로, 목표들 중에서도 언제

706a 나 지속적으로 훌륭한 어떤 결실을 동반하게 되는 것만을 그때마다 겨냥할 뿐, 다른 일체의 것은 도외시하는, 즉 앞서 언급된 것들[13]은 없이부나 또는 그와 같은 것들 가운데 그 어떤 것이 있게 되건 간에, [아랑곳하지 않는] 그런 법을 말씀입니다. 그렇지만 제가 말한 적들에 대한 나쁜 모방은, 누군가가 바다 가까이 거주하되 적들로 해서 괴로움을 겪게 될 때, 그런 때 생기는 것입니다. 이를테면, 이런 것입니다. 정말이지 과거의 수모를 상기시키고자 해서 이 말을 하려는 건 아닙니다. 그야 물론 미노스가 옛날에 아티케에 거주하던 사람들로 하여금 가혹한 공물을 가져

b 오도록 강제조처를 했기 때문입니다.[14] 그는 막강한 해양 세력을 갖고 있었지만, 그들은 아직도, 지금처럼, 전함들을 보유하지도 못했으며, 그 지역 또한 해군력을 쉽게 제공할 만큼 조선용 목재가 충만한 것도 아니었습니다. 그래서 그들은, 항해상의 모방을 통해서 자신들이 곧바로 뱃

---

13) [사람의] 훌륭함(덕)들을 가리키다.

14) 미노스(Minōs) 왕의 젊은 아들 안드로게오스(Androgeōs)가 판아테나이아(Panathēnaia) 축제에서 경기에 참석했다가 살해되는 변고를 당한 데 대한 보복으로 당시에 해양 제국(thalassokratia)으로 그 위세가 당당했던 크레테의 미노스는 아테네를 포위하는데, 이 사태는 아테네가 제물을 바치기로 하는 조건으로 겨우 수습된다. 그건 해마다 미혼의 젊은 남녀(ēitheoi) 일곱 쌍을 소머리에 사람 몸을 가진 괴물 미노타우로스(Minōtauros)에게 제물로 바치는 것이었다. 당시의 전설 속의 왕인 아이게우스(Aigeus)를 찾아 아테네로 온 그의 아들 테세우스(Thēseus)는 이 끔찍한 조공에 대한 이야기를 듣고서, 그 일행으로 가기를 자청한다. 크레테에 도착한 그를 보고 반한 미노스 왕의 딸 아리아드네(Ariadnē)가 준 실꾸리의 실을 풀어가며 미궁(labyrinthos) 속으로 들어가 거기에 갇혀 있는 미노타우로스를 처치한 다음, 일행은 그 실을 따라 되돌아 나옴으로써 탈출에 성공하게 된다.

사람들로 되어서, 적들을 그때 막아 낼 수 있게 될 수도 없었습니다. 그들에게는 여전히 여러 차례에 걸쳐 일곱 쌍의 젊은이들을 잃는 편이 이득이었으니까요. 제 자리를 굳게 지키는 중무장 보병들[15] 대신에 수병들 c
로 되는 버릇을 들이게 되기 전에는 말씀입니다. 수병들은 [배에서] 자주 뛰어내리는가 하면 잽싸게 달리다시피 하여 다시 배로 후퇴하기도 하고, 또한 공격해 오는 적들을 맞아 그 자리에서 머물며 버티다가 죽음을 무릅쓰지 않도록 하는 것을 전혀 창피스런 일로 여기지도 않죠. 아주 선뜻 무기를 버리거나, 그들이 말하는 대로, 결코 창피스러울 게 없는 도주들을 하는 그들에게도 그럴듯한 핑계들은 생기지요. 이런 표현들은 해군의 교전에서 곧잘 등장하기 때문인데, 이는 때로 수없이 칭찬할 가치가 있는 게 아니라, 오히려 그 반대인 것입니다. 나쁜 습관들(관습들: ethē) d
은 결코 버릇을 들여서는 안 되는데, 이것들은 시민들 중에서도 최선의 부류가 그리해서는 안 되기 때문입니다. 한데, 적어도 이건, 즉 그와 같은 것은 훌륭한 태도(관행)가 아니라는 점은, 아마도 호메로스에게서도

---

15) 헬라스어로 '큰 방패'를 hoplon이라 하고, 이의 복수 형태(hopla)는 '중무장'을 뜻한다. 그러니까 이 중무장의 핵심은 큰 방패인 셈이다. 이에서 '중무장 보병'(hoplitai, 단수는 hoplitēs)이란 말이 유래하는데, 지상의 보병으로서 갖출 수 있는 모든 무장을 갖춘 전사이다. 청동의 갑주로는 코와 귀까지 보호하도록 한 투구와 가슴받이, 정강이받이로 갑옷을 갖추고, 겉에 청동을 입힌 직경 약 80센티미터의 방패(hoplon)와 길다란 창을 드는데, 근접전에서는 칼을 쓴다. 이 장비를 갖추자면 비용이 많이 드는 데다 원칙적으로 시민 각자가 스스로 이 무장을 갖추게 되어 있어서, 중무장 보병은 상대적으로 부유한 시민들이었던 셈이다. 이들을 이용한 전투대형을 '밀집 대형'(密集隊形: phalanx)이라 하는데, 이 대형은 통상 8중의 대형을 유지하는 것이었다. 이 전투대형은 정상적인 전진 상태에서는 가공할 위력을 발휘했으나, 옆구리와 후미에 취약점을 갖고 있는 것인데다, 전체적 움직임이 거추장스런 면이 있었다. 마라톤 전투 등에서 페르시아 군대가 압도된 것도 이 밀집 대형의 중무장 보병들한테 당해서였다.

706d

배울 수 있었습니다. 오디세우스가 이를 갖고 아가멤논을 비난하고 있기 때문인데, 그건 아카이아인들이 트로이아인들에 의해 전투에서 제압되자, 함선들을 바다로 끌어내리도록 지시해섭니다. 그러나 그는 그에게 거칠게 대들며 말합니다.

e 전투와 함성이 어우러진 판인데 지시하시다니,
갑판들이 훌륭한 함선들을 바다로 끌어내릴 것을. 오히려 트로이아인들에게
바라던 바가 이루어지도록 하시겠다니. 더구나 그리 바라고 있는 그들에게.
하지만 우리에겐 갑작스런 파멸이 내릴 것입니다. 아카이아인들은,
함선들이 바다로 끌어내려지는 터에, 싸움에 매달리지도 않고,
달아날 것이니, 전의를 잃을 것이기 때문이죠.
707a 그때는 그대가 말씀하시는 그 제안이 커다란 불행을 가져다줄 것입니다.[16)]

그러니까 그 또한 이를 알고 있었습니다. 중무장 보병들이 싸우고 있는데, 바다에서 삼단 노 전함들[17)]이 대기하고 있다는 것은 나쁜 것이라는 걸 말씀입니다. 이런 습관들에 익숙해지면, 사자들조차 사슴들을 피하는 버릇을 들이게 될 것입니다. 게다가 함대(해군력)를 통한 국력이 나라의 구원과 동시에 전사들 가운데서도 가장 훌륭한 부류에 명예들을

16) 호메로스의 《일리아스》 14. 96~102의 인용이기는 하나, 여기에서 인용되고 있는 것은 97, 98, 100, 102행에서 오늘날 전해지고 있는 호메로스의 텍스트와는 차이를 보이고 있다.

17) 삼단 노 전함(triērēs)은 길이 35~37미터에 너비 3.5미터 크기의 전함으로, 전체 승선 인원은 200명 이상이고, 그중에서 노를 젓는 수병들이 170명이었다. 당시엔 가장 빠른 전함이었으며, 순항 속력은 7~8노트이나, 10분 또는 20분 동안 낼 수 있는 순간 최대 속력은 13노트였다고 한다.

부여하지는 않습니다. 키잡이의 기술과 50인 조장[18]의 지휘 그리고 조정(漕艇) 기술을 통해서, 또한 그다지 훌륭하지도 않은 온갖 부류의 사람들 b
에 의해 나라가 구원될 경우에, 각자에게 명예를 옳게 부여할 수가 없을 것이기 때문입니다. 그렇다고 한다면, 나라 체제(정체: politeia)가 이 능력 없이 어떻게 여전히 옳은 것일 수가 있겠습니까?[19]

클레이니아스: 그건 거의 불가능합니다. 그렇지만, 선생이시여, 이방인들을 상대로 살라미스에서 벌어진 헬라스인들의 해전[20]이 어쨌든 헬라스를 구했다고 적어도 우리 크레테인들은 주장하고 있습니다.

아테네인: 아닌게아니라 헬라스인들 가운데서도 그리고 이방인들 가
운데서도 많은 이가 그 말을 합니다. 하지만, 보세요, 우리는, 곧 저도 여 c
기 계신 메길로스께서도 마라톤에서 그리고 플라타이아에서 벌어진 육상 전투가 그런 것으로 주장합니다.[21] 앞의 것은 헬라스인들에게 구원을 시작했던 것이나, 뒤의 것은 그 마무리를 했던 것입니다.[22] 그리고 그 육상 전투들은 헬라스인들을 훌륭한 사람들로 만들었으나, 해전들은 훌륭한 사람들로 만들지는 못했죠. 그때 우리를 구원하는 데 기여했던 전투들에 대해서 우리가 이렇게 말할 수 있다면 말씀입니다. 해전과 관련해서라면, 선생께서 말씀하신 살라미스에서의 해전에다 아르테미시온[23]에

18) 50인 조장(pentēkontarchos)은 바로 앞에서 언급한 삼단 노 전함에서 바로 함장(triērarchos)의 지휘를 받는 책임 지휘관이다.

19) 697b를 참조할 것.

20) 693a에서 해당 각주를 참조할 것.

21) 마라톤과 관련해서는 692c에서, 그리고 플라타이아에 대해서는 695d에서 해당 각주를 각각 참조할 것.

22) 3차에 걸친 페르시아 전쟁에서 1차인 마라톤 전투(490년)와 3차인 플라타이아 전투(479년)가 육지에서 벌어진 전투였으니, 이는 처음과 끝을 의미하는 셈이다. 반면에 살라미스 해전(480년)은 그것들 사이에 있었다 해서 하는 말이다.

서의 해전을 저로서는 추가할 수 있을 테니까요. 하지만 실은 지금 나라
d 체제(정체)의 훌륭한 상태(훌륭함, 덕: aretē)에 주목하면서, 이 나라 땅의 특성과 법질서를 우리는 고찰하고 있는 것입니다. 구조되어 단지 생존할 뿐인 것을, 많은 사람이 생각하듯, 사람들에게 가장 귀중한 것이라고 우리는 생각지 않거니와, 가장 귀중한 것은 가능한 한 가장 훌륭한 사람들로 되는 것 그리고 그런 사람들일 수 있는 그만큼의 기간 동안 생존하는 것입니다. 한데, 이 또한 앞에서 한 우리의 논의에서 이미 언급된 것으로 저는 생각합니다.[24)]

클레이니아스: 물론입니다.

아테네인: 그러면 우리는 이것만 생각하기로 합시다. 같은 길을 따라 감으로써, 우리가 나라들의 수립 및 법률 제정과 관련해서 그것들을 위한 최선의 것인 길을 가고 있는지를 말씀입니다.

---

23) 아르테미시온(Artemision)은 아티케 동쪽의 길게 뻗은 섬 에우보이아(Euboia: 오늘날의 발음으론 Evia)의 서북쪽 돌출부라 할 오늘날의 뻬프끼(Pefki)에 가까이 있는 곳(오늘날의 Artemissio)으로 이 지명은 그곳에 있는 아르테미스(Artemis) 여신의 신전에서 유래한다. 이곳의 해전이란 살라미스 해전(480년 9월: 698c에서 해당 각주 참조)이 있던 그해 늦여름에 3일 동안 페르시아의 함대와 대치하던 헬라스 함대의 기지 역할을 한 곳이다. 이틀 동안은 상대적으로 적은 함선들로도 저녁 무렵의 공격으로 기선을 잡았으나, 3일째 되는 날에는 오히려 대낮에 공격해 오는 페르시아 함대에 많은 타격을 입게 되는데, 이는 육지의 전투와 연계해서 작전을 펴던 헬라스 함대가 육지에서의 급박한 상황 변화로 급기야 후퇴를 서둘다가 그리된 것으로 보인다. 육지에서는 스파르타의 왕 레오니다스(Leonidas)가 테르모필레(Thermopylai)라는 좁은 길목에서 약 7000명의 중무장 보병들로 구성된 헬라스의 연합군을 지휘하며 이틀 동안 페르시아의 군대를 잘 막아 냈다. 그러나 에피알테스(Ephialtēs)라는 이름을 가진 한 현지인이 페르시아 군에 다른 통로를 가르쳐 줌으로써, 헬라스 군대의 연합 전선은 급기야 허물어지고, 보이오티아의 군대와 함께 끝까지 버티던 레오니다스는 그의 호위대 300명과 장렬한 최후를 맞는다.

24) 661c를 참조할 것.

클레이니아스: 그야 아주 최선의 길을 가고 있습니다.

아테네인: 그러면 이것들에 이은 그다음 것을 말씀하십시오. 그 나라 e
에 정착할 사람들은 누구인가요? 온 크레테에서 누구든 원하는 사람인
가요? 각각의 나라들에 땅에서 나는 먹을 것에 비해 주민이 더 많아졌다
고 해서 말씀입니다. 설마하니 헬라스인들 가운데서 원하는 이는 다 모
으시는 건 아닐 테니까요. 비록 아르고스와 아이기나[25] 그리고 헬라스의
다른 곳에서도 여러분의 땅으로 이주한 사람들을 더러는 제가 목격하고
는 있습니다만. 그러면 이제 선생께서 말씀하시는 이 나라 시민들의 무 708a
리가 어디 출신일 것인지 저희에게 말씀해 주시겠습니까?

클레이니아스: 온 크레테에서 오게 될 것 같거니와 다른 헬라스인들 가운데서도 특히 펠로폰네소스 출신의 동료 거주자들을 받아들일 것으로 제게는 보입니다. 또한 방금 선생께서 말씀하신 사람, 곧 아르고스 출신들이라 하신 것도 진실이거니와, 오늘날 이곳에서 가장 명성이 높은 고르틴[26] 부족이기도 하죠. 이들은 펠로폰네소스의 고르틴에서 이주했

---

25) 아르고스에 대해서는 683d에서 해당 각주를 참고할 것. 그리고 아이기나(Aigina)는 아테네에서 남서쪽으로 약 20킬로미터쯤 떨어져 있는 섬으로, 면적은 약 90평방 킬로미터이다. 1100년경에 도리스인들이 점유했으며, 500년경에는 교역의 발달과 함께 막강한 해군력을 키웠다. 506년부터는 이웃한 아테네와 오랫동안 반목 상태에 있게 된다. 457/6년에 아테네에 패배하고서 아테네가 주도한 델로스 동맹에 가담한다. 431년에 펠로폰네소스 전쟁(431~404년)이 터지자, 아테네는 이 전쟁의 한 분쟁 요인이기도 한 이 섬에서 주민들을 모조리 추방하고서는 아테네인들로 하여금 농지를 경작하게 했다. 그러나 이들 추방되었던 사람들은 405년에 스파르타의 해군 지휘관 리산드로스(Lysandros)에 의해 돌아오게 된다.

26) 고르틴(Gortyn, 요즘 발음으론 Gortis)은 크레테의 중부에 있던 나라로, 기원전 3세기에는 한동안 크노소스와 맞상대할 만큼 강력한 나라이기도 했다. 이 나라는 기원전 6세기에 상당히 정비된 법체계를 갖추고 있었던 것으로 전하는데, 이것이 450년경에 약간 재정비되어 돌에 새겨져 아고라에 공시되어 있었던 것으로 추정된다. 이것들이 새겨진 석물(石物)이

으니까요.

b 아테네인: 그런데 여러 나라 사람들의 이주[27]는 그리 쉽게 이루어지지 않을 것입니다. 벌 떼들의 방식으로 이루어지는 것이 아니라면 말씀입니다. 즉 땅의 협소로 해서 시달리거나 또는 이와 같은 어떤 고통스런 상황들 때문에 어쩔 수 없게 되어, 한 부족이 한 지역에서 이동해서 정착하게 되거나, 친구들에게서 친구가 옮겨 가듯 하지 않을 경우에는 말씀입니다. 그런가 하면, 시민들의 일부가 내란들로 인해 어쩔 수 없게 되어 다른 곳으로 추방당하지 않을 수 없게 되는 경우도 때로는 있습니다. 또한 언젠가는 온 나라가, 불가항력의 전쟁으로 완전히 제압되어, 탈출을 한 경우도 이미 있었습니다. 따라서 이 모든 경우에 이주를 하고 법률 제

c 정을 한다는 것은 어느 면에서는 한결 쉽지만, 어느 면에서는 한결 어렵습니다. 단일 부족은 언어가 같고 법률도 같은 데다가, 신성한(종교적인) 것들 및 이와 같은 모든 것을 공유하기에, 일종의 우애를 갖기는 하지만, 본국의 것들과 다른 법률이나 다른 나라 체제(정체)들에 대해서는 쉽사리 참고 견디어 내질 못하죠. 그런가 하면 때로는 법률의 고약함으로 해서 내란까지 겪고서도 또한 전에도 자신들을 파멸케 한 같은 그 관습(관례)들을 익숙함 때문에 여전히 그대로 행하려 드는 것이 나라를 수

d 립하는 이와 법률을 제정하는 이에게는 힘들고 불복하는 것이 되죠. 이와는 달리 도처에서 같은 곳으로 모여든 부족은 새로운 법률에 아마도 더 잘 순응하고자 하겠지만, 통합을 이루는 것은, 그리고 마치 멍에로 연결된 한 쌍씩의 말들이, 흔히 말하듯, 호흡을 맞추며 같은 방향으로 향하

기원후 100년경에 아고라 한쪽에 세워진 극장(음악당: ōdeion) 건물의 일부로 이용되었다. 이를 통해 이른바 '고르틴 법전'의 존재가 확인된다.

27) 여기에서 '이주'로 번역한 원어 katoikismos는 나라의 '수립'으로 여러 차례 번역하기도 했던 것이다. 식민지 개척을 통한 '이주'나 나라 '수립(세움)' 또는 '정착' 등을 뜻한다.

는 것은 많은 시간을 요하며 아주 어려운 일입니다. 하지만 사실은 법률 제정과 나라들의 수립들이야말로 사람들의 훌륭함(aretē)과 관련해서 무엇보다도 가장 완벽하게 증명하는 것[28]입니다.

클레이니아스: 그럴 것 같습니다. 하지만 어떤 식으로 보시기에 그 말씀을 하시는 건지, 한층 더 자세히 말씀하십시오.

아테네인: 선생이시여, 제가 입법자들에게로 되돌아가 그들에 대해 e
고찰하면서, 그들을 낮잡아 말하는 것도 있을 것 같군요. 하지만 만일 우리가 뭔가 때맞추어 말한다면, 더 이상 아무런 문제도 되지 않을 것입니다. 그렇다고 한다면, 제가 도대체 무엇 때문에 꺼리겠습니까? 실은 거의 모든 인간사가 다 그런 것 같아 보이니까요.

클레이니아스: 바로 무엇에 대해서 말씀하시는 건가요?

아테네인: 제가 말하려 했던 것은 인간들 중에서는 어느 누구도 결코 709a
어떤 입법도 하지 않거니와, 우연(tykhē)들과 온갖 방식으로 일어나는 온갖 종류의 사건들이 우리에게 모든 것을 입법해 준다는 것입니다.[29] 어떤 전쟁이 어쩔 수 없이 나라 체제(정체)를 뒤엎고 법률도 바꾸었는가 하면, 심각한 가난의 곤경이 그렇게 하기도 했기 때문입니다. 그런가 하면, 질병들 또한 많은 걸 개혁하지 않을 수 없게 하는데, 역병들이 덮칠

---

28) '가장 완벽하게 증명하는 것'으로 옮긴 것의 원어는 그냥 '가장 완벽(완전)한 것'(teleōtaton)이지만, 이 상태로는 뜻이 분명치 않다. 따라서 문맥을 고려하여 그리 보완해서 옮겼다. 즉 [tekmērion] teleōtaton으로 보완해서 옮긴 것이다.

29) 곧 인간들이 처음부터 스스로 알아서 입법을 한 것이 아니라, 여기서도 들게 되는 온갖 사건들이 결국 인간들을 그렇게 입법을 하지 않을 수 없게 했다는 뜻으로 하는 말이다. 다시 말해, 법 없이도 살 수 있는 인간들의 처지가 못 되어서, 법률을 제정하게 되었고, 그럴 수밖에 없게 된 이상, 법을 법답게 만드는 것이 사람으로서 의당 할 일일 것이라는 말을 하려는 것이다.

경우에나 여러 해에 걸친 오랜 기간 동안 불순한 계절들이 계속될 경우에는 말씀입니다. 만약에 누군가가 이 모든 걸 미리 내다보았다면, 제가 방금 말한 바로 그것을 잽싸게 말했을 것입니다. 죽게 마련인 자는 그 누
b 구든 아무것도 입법하지 못하지만, 인간사(人間事)들은 거의 모두가 우연들이라는 겁니다. 항해나 조타술, 의술 그리고 장군의 전술과 관련해서 이 모든 걸 들며 말하는 것은 잘하는 것인 것 같습니다만, 같은 이것들의 경우에 있어서 이 말을 하는 것도 실은 마찬가지로 잘하는 것인 것 같습니다.

클레이니아스: 어떤 것인가요?

아테네인: 신이 모든 것을, 그리고 신과 더불어 우연과 시의(時宜, 기회: kairos)가 일체의 인간사를 조종한다는 것입니다. 이것들에 한결 더 유연한 셋째 것인 기술(technē)[30]이 동반하게 된다는 걸 시인해야만 한
c 다는 것입니다. 이를테면, 폭풍우 상황에는 조타술의 도움을 받는 것이 그러지 않는 것보다는 큰 이득이라고 저로서는 보니까요. 아니면 어떻게 보시는지?

클레이니아스: 그렇게 봅니다.

아테네인: 그러니까 다른 경우들에 있어서도 같은 이치에 따라 이는 똑같이 타당하거니와, 특히 법률 제정의 경우에도 이 똑같은 것이 인정되어야만 합니다. 나라가 행복하게 경영되려면, 그 땅에 마땅히 갖추어져 있어야 할 다른 것들이 갖추어졌을 경우에도, 그런 나라에는 그때마다 진리를 고수하는 입법자[31]가 [때맞추어] 나타나야만 한다는 것입니다.

---

30) 기술이 한결 더 유연한 것이라 함은 신이 정하는 것이나 우연과 시의(時宜, 기회: kairos)가 조종한다는 일체의 인간사는 어찌 보면 인간이 개입할 여지가 없는 경직된 것, 곧 인간으로서는 어찌 해 볼 도리가 없는 것인 데 반해, 기술은 인간의 선택이 가능한 유연성을 갖는다는 뜻으로 하는 말일 것이다.

클레이니아스: 더할 수 없이 참된 말씀입니다.

아테네인: 그러니까 언급된 것들 각각과 관련해서 적어도 기술을 가진 사람은 아마도 옳게 기원을 할 수 있겠군요? 무엇이 우연에 의해서 자기에게 있게 되면, [자기의] 기술만 필요한 상황일 것인지는 [알 테니까요]. d

클레이니아스: 그야 물론입니다.

아테네인: 그렇다면 방금 언급된 다른 사람들도 자신들의 기원을 말하도록 지시를 받게 된다면, 모두가 말할 것입니다. 안 그럴까요?

클레이니아스: 물론입니다.

아테네인: 입법자도 바로 똑같은 짓을 할 것이라 저는 생각합니다.

클레이니아스: 저로서도 그리 생각합니다.

아테네인: 입법자한테 물어 보도록 합시다. "그러면, 자, 입법자여! 당신께 무엇을 그리고 어떤 상태에 있는 나라를 제공할까요? 이를 받아서 당신께서 나머지로 이 나라를 스스로 충분히 경영할 수 있게 하자면 말씀입니다" 하고요. 그러고서 그다음엔 뭘 말하는 게 옳은가요?[32] 이건 입법자를 대신해서 우리가 말하는 것이겠죠? e

클레이니아스: 그렇습니다.

아테네인: 그는 이런 말을 할 것입니다. "참주체제로 다스려지는 나라를 제게 주십시오. 또한 참주는 젊고 기억력이 좋으며 쉬 배우고 용감하며 또한 천성이 호방한 사람이게 하십시오. 하지만 앞서 한 논의에서도 우리가 말한 것이 [사람으로서의] 훌륭함(덕: aretē)의 일체 부분들에는 동반되어야만 하거니와, 이번에도 이것이 이 참주체제의 혼에 동반되 710a

31) 원어는 ho nomothetēs alētheias ekhomenos이다.

32) Burnet 판에서는 이 문장 곧 "그러고서 그다음엔 뭘 말하는 게 옳은가요?"를 클레이니아스가 하는 걸로 되어 있으나, Budé 판을 따라 아테네인이 하는 걸로 했다.

710a

게 하십시오. 다른 모든 것이 갖추어졌을 경우에, 이것들이 쓸모 있는 것으로 되자면 말씀입니다."[33)]

클레이니아스: 메길로스 님! 동반되어야만 하는 것으로 이 손님께서 말씀하시고 있는 것은 제가 보기엔 절제(건전한 마음 상태: sōphrosynē)[34)]인 것 같습니다만. 안 그런가요?

아테네인: 어쨌든 통속적인 의미의 것입니다, 클레이니아스 님! 누군가가 엄숙한 뜻으로 말함 직한, 즉 절제 있음(마음이 건전함: sōphronein)은 사려 분별(지혜: phronēsis)임이 틀림없는 것으로 말하는, 그런 것은 아닙니다.[35)] 그건 아이들이나 짐승들에게 있어서 바로 타고난

33) '참주'(tyrannos) 그리고 '참주정체'(tyrannis)라 하면, 가장 고약한 독재자요 고약한 형태의 통치 체제이다. 《국가(정체)》 편에서도 그리 다루어지고 있다. 그런데도 왜 이런 말을 하는지는 711e7~712b에 가서야 분명히 그 의도가 최종적으로 드러난다. 따라서 거기까지는, 궁금하더라도 우선은 참고, 그냥 논의를 따라가는 게 좋겠다.

34) 696b~c를 참조할 것.

35) 비슷한 언급을 하고 있는 대목을 우리는 《파이돈》 편 82a~b에서, 그리고 《국가(정체)》 편 430b~c 등에서도 만난다. 이처럼 절제 있음(마음이 건전함: sōphronein) 곧 절제(sōphrosynē)를 일반적으로 사람들이 말하는 그런 통속적인 의미의 것과 엄숙한 뜻으로 말하는 것과 구별하는 것은 소크라테스의 저 유명한 지론인 "훌륭함(덕: aretē)은 곧 앎(epistēmē)이다"에서 연유한다. 사람의 '훌륭함' 곧 덕은 앎 곧 지혜(sophia, phronē sis)에서 나오는 것이니, 그것은 이에서 찾아야만 한다는 것이다. 그리고 이 경우의 앎은 무엇보다도 사람 구실이 무엇인지에 대한 것이다. 이를테면, 제화공이 자기 일(구실: ergon)과 구두의 기능(구실: ergon)을 제대로 모르고서는 도대체 훌륭한(agathos = good) 제화공으로 될 수가 없다. 제화공으로서 훌륭한 상태, 즉 훌륭함(aretē = goodness)은 이 앎에 근거한다. 이 앎이 없으면 그는 나쁜(kakos = bad) 제화공으로 될 수밖에 없다. 그래서 소크라테스에게 있어서 나쁜 상태, 즉 나쁨(kakia = badness)은 곧 무지(agnoia)이다. 그러니까 사람의 모든 훌륭함(덕: aretē)은 사람 구실에 대한 앎에 근거를 둔 것일 때, 엄밀한 의미에서의 사람의 '훌륭함'일 수 있다. 따라서 엄밀한 의미에 있어서 사람의 '훌륭함'의 부분들

상태로 꽃피는 것으로서, 쾌락들과 관련해서 어떤 것들은 자제하지 못하지만, 어떤 것들은 자제하죠. 그리고 이것[36]이 이미 말한 여러 가지의 다른 좋은(훌륭한) 것들과 떨어져서 달랑 홀로 있는 것일 경우에는 언급할 b 가치가 없는 것이라고 우리는 말했습니다.[37] 두 분께서는 제가 말하는 걸 이해하실 걸로 여깁니다만.

클레이니아스: 그야 물론입니다.

아테네인: 따라서 우리의 참주(tyrannos)가 그런 천성들에 더해 이 천성(physis)[38]을 가진 걸로 하죠. 이 나라가 최대한 신속하게, 그리고 이를 가짐으로써 가장 행복하게 영위될 수 있는 그런, 최선의 나라 체제(정체: politeia)를 갖게 하려면 말씀입니다. 나라 체제(정체)의 질서 체계를 갖추게 하는 것으로는[39] 이보다도 더 신속하고 더 좋은 것은 없으며 앞으로도 결코 없을 것이기 때문입니다.

클레이니아스: 선생이시여! 누군가가 이를 말하면서 어떻게 그리고 c 무슨 주장을 펴면서 한다면, 자신이 옳게 말하고 있다고 제 자신을 납득시킬 수 있겠습니까?

아테네인: 클레이니아스 님! 이게 이런 것이 자연스럽다는 것, 어쨌든 이를 이해하기는 어쩌면 쉬울 것입니다.

클레이니아스: 어떻게 하시는 말씀인지요? 선생께서 말씀하시듯, 만

인 절제나 용기 등도 결국은 사람 구실이 무엇인지에 대한 앎이 없이는 성립할 수 없는 것이다. 여기에서 "절제 있음(마음이 건전함: sōphronein)은 사려 분별(지혜: phronēsis)임이 틀림없는 것으로 말한다"는 것도 그런 뜻에서 하는 말이다.

36) '절제 있음(마음이 건전함: sōphronein)'을 가리킨다.

37) 696d를 참조할 것.

38) 물론 절제(건전한 마음 상태)를 가리킨다.

39) '질서 체계를 갖추게 하는 것으로는'이라 번역한 것은 헬라스어 diathesis를 문맥에 따라 풀어서 의역한 것이다.

약에 젊고 절제 있으며, 쉬 배우고 기억력이 좋으며 용감하고 또한 호방한 참주가 생긴다면?

아테네인: 행운을 타고났다는 것도 보태십시오. 다른 점에서가 아니라, 그의 시대에 칭찬할 만한 입법자가 태어나고, 또한 어떤 우연이 그로
d 하여금 이 사람과 해후 상봉토록 한다는 점에서 말씀입니다. 이런 일이 일어난다면, 특히 그가 어느 나라를 잘 경영해 가기를 원할 경우의 바로 그것들 모두는 거의가 신에 의해서 실현되었겠기 때문입니다. 둘째 것은 그와 같은 통치자들로 가령 둘이 생길 경우이고, 다시 셋째 것이 그리고 그 수가 많아질수록 같은 비율로 더 힘들어지고, 그 반대일수록 반대로 될 것입니다.

클레이니아스: 선생께서는 최선의 나라(aristē polis)가 그야말로 최상급의 입법자 및 절도 있는 참주와 함께하는 참주체제(참주정체: tyrannis)에서 생기는 것으로, 그리고 그와 같은 조건에서 그런 것으로의 변화가 가장 쉽게 그리고 가장 빨리 진행될 것으로 말씀하시는 것 같습니다. 그
e 러면 둘째로는 과두(소수)체제(과두정체: oligarchia)에서 그럴 것이고 — 그게 아니라면 어떻게 말씀하실 것인지? — 그리고 셋째로는 민주체제(민주정체: dēmokratia)에서 그럴 것이라는 말씀인 것 같습니다.[40]

아테네인: 결코 그렇지가 않고요, 첫째로는 참주체제에서, 둘째로는 군주정치 체제(basilikē politeia)[41]에서, 셋째로는 일종의 민주체제에서

---

40) 여기에서 첫째, 둘째 및 셋째 등의 순서를 말하는 것은 어떤 체제에서 그리고 어떤 조건에서 '최선의 나라'가 생길 가능성이 가장 많으며, 또한 그런 나라로의 변화가 가장 쉽게 그리고 가장 빨리 진행될 수 있을 것인지 하는 문제와 관련된 체제의 순서이지, 최선의 나라와 그다음 가는 나라 등을 말하는 순서가 아니다.

41) 젊은 참주를 참된 입법자가 소신대로 도와주고 그가 법 제정을 한 그대로 참주가 통치를 하는 경우와는 달리, 이미 제나름의 소신과 웬만한 고집도 있는 군주의 통치 체제나, England가 말했듯이, 왕이 둘이었던 스

그럴 것입니다. 하지만, 넷째 것이 과두체제이니, 이는 그와 같은 것[42]이 생기는 것을 받아들이기가 가장 어려울 것입니다. 이 체제에서는 가장 많은 최고 권력자(dynastēs)가 생기기 때문입니다. 따라서 그런 일이 일어나는 것은 이때라고, 즉 참된 입법자가 자연적으로 생기되, 이 나라에서 막강한 힘을 행사할 수 있는 사람들과 관련되는 어떤 힘이 이 입법자와 공유하는 것이 될 때라고 우리는 말합니다. 그러나 이런 부류가, 참주 711a
체제에서처럼, 수적으로는 최소이지만 최강이 되는 곳에서, 이곳에서 그리고 그때에 변화의 신속함과 용이함이 쉬 가능해집니다.

클레이니아스: 어떻게 말씀입니까? 저희는 이해하지 못하겠기 때문입니다.

아테네인: 하지만 이는 우리가 한 번만 말한 것이 아니라, 여러 차례 한 것이라 저는 생각합니다. 한데, 두 분께서는 참주체제로 다스려지는 나라를 어쩌면 목격하시지 못하셨겠습니다.

클레이니아스: 저야 그 구경을 하고 싶어 하는 사람도 어쨌든 아닙니다.

아테네인: 하지만 그 나라에서 방금 언급된 이것을 보실 텐데. b

클레이니아스: 어떤 것입니까?

아테네인: 참주가 나라의 관습(ēthos)들(poleōs ēthē)을 바꾸고자 할 경우에는, 그다지 수고를 할 것도 없고 아주 많은 시간이 필요하지도 않습니다. 자신이 시민들을 몰아가고 싶은 바로 그 길로, 그것이 [사람으로서의] 훌륭함(덕: aretē)의 관행들(epitēdeumata)[43]로 향한 것이든 또는 그 반대되는 것으로 향하는 것이든 간에, 스스로 먼저 나아가야만 합니

파르타의 경우를 염두에 두고서 하는 말로 볼 수 있겠다.

42) 최선의 나라 및 그것으로의 변화를 말하는 것이라 보는 게 옳을 것이다.

43) 632e에서 해당 각주를 참조할 것.

711b

다. 자신이 먼저 모든 걸 실천함으로써 그 밑그림을 그려 보이고서, 어떤
c 것들은 칭찬하고 존중해 주는가 하면, 어떤 것들은 책망거리로 삼고, 또한 복종하지 않는 자는 각각의 행위들에 상응해서 모욕을 안겨 주는 겁니다.

클레이니아스: 그리고 우리는 어떻게 해서 그와 같은 설득과 동시에 강제를 이용하는 자를 다른 시민들이 선뜻 뒤따를 것으로 우리가 믿습니까?

아테네인: 친구들이시여! 강력한 권력을 가진 자들의 선도(先導)에 의한 것보다도 더 빨리 그리고 더 쉽게 나라가 법률을 바꾸는 길이 있을 것처럼 그 누구도 우리를 설득게 하지는 마십시오. 다른 길은 지금도 없지만, 앞으로도 결코 없을 것입니다. 실상 우리에게는 이게 불가능한 것
d 도 어렵게 일어나는 것도 아니니까요. 그러나 일어나기 어려운 것은 다음 것이며, 오랜 세월을 통해서도 일어나는 일이 아주 드물죠. 하지만 이런 일이 [정작] 생길 경우에는, 그것이 언젠가 생기게 되는 그 나라에 수없이 많은 온갖 좋은 일이 실현될 것입니다.

클레이니아스: 바로 어떤 걸 말씀하시는지요?

아테네인: 절제 있고 올바른 관행들에 대한 숭고한 사랑이 막강한 권력자들이 통치하는 체제들에 생기게 될 때를 말합니다. 1인 통치(monarchia)에 따라 권력자들이 통치하는 체제들에서건 또는 부나 혈통의 월등
e 함에 따라 특출하게 되는 체제들에서건 간에 말씀입니다. 또는 네스토르[44]의 천성을 언젠가 누군가가 되살려 갖게 될 경우를 말합니다. 그를 사람들이 말하기를 모든 인간 중에서도 언변의 힘으로 해서 특출한 사람

44) Nestōr는 필로스(Pylos)의 왕으로서 트로이아 원정에 참가했다. 호메로스의 《일리아스》에서 그는 언변에 능한 선의의 인간으로(1. 247~253), 신중하고도 사려 깊은 지휘관이나 정치적 역량을 지닌 자로서 존경받는 인물로(4. 293~309, 9. 52~78, 9. 96~170 등) 묘사되고 있다.

이긴 하나, 그것보다도 절제 있음(마음이 건전함)으로 해서 한층 더 특출하다고 하죠. 그러니까 이는, 사람들이 말하듯, 트로이아 시대에 일어난 일이지, 결코 우리 시대에는 일어나지 않았습니다. 그렇더라도 만약에 그런 사람이 있었거나 앞으로라도 있게 된다면, 또는 우리 가운데 누군가가 그런 사람이라면, 이 사람은 복되게 살 것이니, 절제 있는(마음이 건전한) 사람의 입에서 나오는 말들을 함께 듣는 사람들 또한 복됩니다. 일체의 권력(dynamis)에 대해서도 똑같은 주장(원칙)이 마찬가지로 타당합니다. 곧, 최대의 권력이 한 사람에게 있어서 지혜로움(phronein) 및 절제 있음(마음이 건전함)과 한데 합쳐질 때, 그때에 최선의 정체(나 712a
라 체제: politeia hē aristē)와 그런 법률[45]의 탄생이 실현을 보지, 그 밖의 방법으로는 결코 그리되지 않는다는 것입니다.[46] 그러면 이것들이, 마치 전해지는 일종의 설화(mythos)처럼, 신탁 투로 예언된 것으로 하고, 또한 한편으로는 나라가 훌륭한 법률을 갖는 것이 어렵지만, 다른 한편으로는, 만약에 우리가 말하는 것이 정녕 일어난다면,[47] 무엇보다도

45) '그런 법률'이란 '최선의 법률'을 뜻한다.

46) 같은 생각을 읽게 하는 대목을 우리는 《국가(정체)》 편 제5권 473c~e 및 제6권 499b~c와 501e에서 그리고 《일곱째 서한》 326a~b에서도 만난다.

47) 바로 앞에서는 그리고 바로 앞의 각주에서 밝힌 곳들에서는 이른바 철인 군주 또는 철인 치자(哲人治者)를 말하고 있는 셈이다. 이는 최선의 정체(나라 체제)와 최선의 법률을 가진 나라의 탄생이 가능한 조건에 대한 신탁과도 같은 예언인 셈이다. 그러나 이는 현실적으로는, 기적이 일어나지 않는 한, 좀처럼 실현을 볼 수 없는 예언적 선언이다. 그렇다면 차선의 가능성은 없는가? 그것에 대해 말하고 있던 대목이 709e~710d였다. '젊고 기억력이 좋으며 쉬 배우고 용감하며 또한 천성이 호방하고' 절제 있고 사려 분별이 있는 참주가 행운을 타고나서 같은 시대에 "칭찬할 만한 입법자가 태어나고, 또한 어떤 우연이 그로 하여금 이 사람과 해후 상봉토록 한다면," 그 경우에야말로 최선의 나라가 최대한으로 신속하게 실현을 볼 수 있을 것이라 한다. 이 대화편의 아테네인이 다름 아닌 노년의 플라톤이라 상정한다면, 그가 60대에 시라쿠사이의 참주 디오니시오스 II

712a

월등하게 신속하고 아주 쉽게 실현을 보게 될 것이라는 게 증명된 걸로 하십시오.

클레이니아스: 어떻게 해서 말씀입니까?

b 아테네인: 선생의 나라에 [이를] 적용해서, 마치 늙은 아이들처럼,[48] 이야기(말: logos)로 법률을 만들어 보도록 합시다.

클레이니아스: 그러면 진행합시다. 더는 지체하지 맙시다.

아테네인: 그럼 나라의 수립을 위해서 신을 불러 도움을 청합시다. 신이 듣도록, 그리고 듣고 난 다음에는, 심기가 편한 상태로 그리고 호의를 갖고 나라와 법률을 함께 다스려 가기 위해 우리에게로 오게끔 말씀입니다.

클레이니아스: 아닌게아니라 오셨으면!

아테네인: 하지만 도대체 바로 무슨 나라 체제(정체)를 이 나라에 정
c 해 줄 생각을 우리가 하고 있습니까?

클레이니아스: 이를테면, 무슨 뜻으로 물으시는 겁니까? 좀 더 명확하게 말씀해 주십시오. 말하자면, 일종의 민주체제(dēmokratia)나 과두(소수)체제(oligarchia) 또는 최선자[들의] 체제(aristokratia)[49]나 군주체제(basilikē [politeia])를 말씀하시는 겁니까? 물론 참주체세(tyrannis)를 말씀하시는 건 어쨌든 아닐 것 같기 때문입니다. 적어도 우리가 생각하고 있듯이 말씀입니다.

아테네인: 자, 그렇다면 두 분 중에서 어느 분께서 이것들 중에서 어느 것이 자기 나라의 나라 체제(정체)인지를 말씀해 주심으로써 먼저 대답을 해 주시고 싶은지?

세에게 걸었던 꿈의 좌절에 대한 아쉬운 회고와 함께 그 가능성의 조건들에 대한 점검을 여기에서 새삼스레 하고 있는 것으로 보아도 좋을 것 같다.

48) 바로 앞에서 설화와 관련된 말을 했던 탓으로, 마치 그런 이야기를 하는 아이들 꼴이 된 자기들 셋을 빗대어 하는 말이다.

49) 681d의 해당 각주를 참조할 것.

메길로스: 그야 연장자인 제가 먼저 말하는 게 더 옳지 않겠습니까?

클레이니아스: 아마도 그렇겠습니다. d

메길로스: 하지만 실은 곰곰이 생각은 해 봅니다만, 선생이시여, 라케다이몬에서의 나라 체제(정체)를 그처럼 무엇이라고 지칭해야만 할 것인지 선생께 말씀드릴 수가 없군요. 제게는 참주정체를 닮은 것처럼 생각되기도 하고요. 이 나라에서 에포로스(국정 감독관)들(ephoroi)[50]의 제도는 참주적이어서 놀라운 것이 되었기 때문입니다. 또한 때로는 모든 나라 중에서도 민주적으로 다스려지는 나라를 가장 닮은 것처럼 제게는 보이기도 합니다. 그런가 하면 또한 이를 최선자[들의] 정체(귀족정체)는 아니라고 말하는 것은 아주 이상하겠습니다. 그리고 실은 이 나라에 e
는 어쨌든 종신 군주제가 있으며,[51] 이는 가장 오래 된 것으로서, 모든 사람이 그리고 우리 스스로도 그리 말하는 것입니다. 하지만 제가 지금 이런 식으로 갑작스레 질문을 받고 보니, 방금 말했듯이, 그게 이 정체들 가운데 무엇인지를 실제로 구별지어서 말할 수가 없군요.

클레이니아스: 메길로스 님! 저도 선생과 똑같은 사태를 겪고 있는 것으로 보입니다. 크노소스에서의 나라 체제(정체)를 그것들 가운데 어느 것으로 자신 있게 주장하며 말하기는 아주 난감하기 때문입니다.

아테네인: 선생들이시여! 그건 두 분께서 실제로 정체들에 관여하시는 탓입니다. 방금 우리가 이름을 든 것들은 [실제] 정체들이 아니라, 나
라들의 경영 방식(oikēsis)들이니, 나라들에 있어서 일부는 주인 노릇을 713a
하는가 하면, 일부는 어떤 일부에 대해서 노예 노릇을 하는데, 주인 노릇을 하는 쪽의 지배력(kratos)이 그 각각[52]으로 지칭되는 것입니다. 하지

50) 692a에서 해당 각주를 참조할 것.

51) 691e~692a를 참조할 것.

52) 앞에서 든 나라 체제(정체)들 각각을 가리킨다.

713a
만 나라가 정말로 그런 것[53]에 따라 지칭되어야만 한다면, 지성(nous)을 지닌 자들에 대해 참으로 주인 노릇을 하는 신의 이름으로 불려야만 합니다.[54]

클레이니아스: 어느 신입니까?

아테네인: 그러니까, 만약에 우리가 지금 질문 받은 것에 대해 어떻게든 제대로 설명을 하겠다면, 설화를 조금 더 추가로 이용해야만 하겠죠?

클레이니아스: 그렇다면, 그리해야만 하지 않겠습니까?

아테네인: 그야 물론입니다. 실은 우리가 앞서[55] 자세히 다루었던 나
b 라들의 형성보다도 훨씬 전인 크로노스 시대에[56] 어떤 형태의 몹시 행복

---

53) 주인 노릇을 하는 쪽의 지배력(kratos)을 가리킨다.

54) 709a~c에서 인간사들을 주로 결정하는 것이 신과 우연 그리고 시의(時宜, 기회)이고 인간의 몫은 기술 또는 지혜일 뿐이라 했다. 하지만 "나라가 행복하게 경영되려면, 그 땅에 마땅히 갖추어져 있어야 할 다른 것들이 갖추어졌을 경우에도, 그런 나라에는 그때마다 진리를 고수하는 입법자가 [때맞추어] 나타나야만 한다"고 했다. '진리를 고수하는 입법자' (ho nomothetēs alētheias ekhomenos)는 지성(nous)을 지닌 이요, 신의 지혜를 아는 이다. 그런 의미에서 그는 신의 뜻에 따라 입법을 하는 이다. 법률이 그런 입법자에 의해서 제정된 것인 한, 그것들은 '지성(nous)의 배분(dianomē)' (714a)이요 신의 뜻을 따른 것일 것이니, 이런 법률이 지배하는 나라 체제야말로 이상적인 '법치(法治)'가 실현되는 나라일 것이다. 한때(크로노스의 시대에) 인류는 전적으로 신들의 보호를 받으며 아무런 걱정도 없이 부족함이라고는 모르는 평화로운 삶을 살았던 적이 있었다고 설화는 전하고 있지만, 이는 신화 속의 것일 뿐, 이제는 인간이 자신 속에 지닌 '불사성'(不死性) 곧 신성(神性)의 편린인 지성에 의존해서 인간이 제정할 수 있는 최선의 법률(aristoi nomoi)을 확보하여, 이에 따른 나라 경영을 해야만 한다는 데 이후의 논의는 초점을 맞추고 있다.

55) 678a 이후의 논의를 가리키는 것 같다.

56) 크로노스에 대해서는 701c에서 해당 각주를 참조할 것. 그리고 여기에서 말하고 있는 크로노스 시대에 대한 것은 《정치가》 편 268d8 이후에서 이야기되고 있는 큰 신화(megas mythos)의 일부이다. 이 신화 중에서 271a~272a에 걸친 부분에서 하고 있는 이야기의 요지는 이런 것이다. 이

한 통치와 [나라] 경영이 있었다고 하거니와, 오늘날 가장 훌륭하게 경영되는 나라들 가운데는 어느 나라나 이의 모방 형태를 지니고 있는 것이라니까요.

클레이니아스: 그것에 대해서는 열심히 들어야만 할 것 같습니다.

아테네인: 어쨌든 제가 보기에는 그렇습니다. 또한 그 때문에 그걸 우리의 논의에 끌어들이기도 한 겁니다.

클레이니아스: 그렇게 하신 것은 아주 잘하신 겁니다. 그리고 만약에 그게 적절하다면, 그다음 설화마저 끝마치는 것이 아주 옳게 하시는 것일 겁니다. c

아테네인: 두 분께서 말씀하시는 그대로 해야만 합니다. 그런데 우리는 그때의 복 받은 삶에 대한, 즉 모든 것을 얼마나 풍족하고 저절로 갖게 되었던 삶이었던가에 대한 설화를 우리는 전하여 받아 갖고 있습니다. 그 일들의 까닭은 이런 것이라고 합니다. 그러니까, 우리가 이미 언급했듯,[57] 크로노스는 인간의 어떤 자질(physis)도 모든 인간사를 능히 제 힘으로 스스로 경영할 수는 없다는 걸, [그렇다고 해서] 오만(hybris)[58]과 올바르지 못함(불의: adikia)으로 가득 차 있는 것도 아니라는 걸 알고 있는 터라, 이 일들에 대해 생각해 보고서는, 우리 인간의 나라들에 왕들과 통치자들을 그때 임명했는데, 이들은 인간들이 아니라 d
인간보다도 더 신과도 같고 더 나은 부류인 수호신(신령: daimōn)들[59]

때는 천체들의 운행이 오늘날과는 반대 방향이었으며, 사람들도 처자가 있어서 사람에게서 나는 것이 아니라, '흙에서 태어난 종족'(to gēgenes genos)이었으며, 모든 게 풍족하고 절로 얻게 되는 터라, 지혜도 기술도 필요 없는 삶이었다고 하는데, 이는 전적으로 크로노스의 보살핌 때문이었다는 이야기이다.

57) 691c를 참조할 것.

58) 이 경우의 '히브리스'는 '오만'으로 번역해도 되겠다. hybris에 대해서는 637a에서 해당 각주를 참조할 것.

713d

입니다. 이를테면, 오늘날 우리가 양들이나 다른 가축 떼들에 대해서 그리하듯이 말씀입니다. 우리는 일부의 소나 염소들을 소들이나 염소들을 거느리는(다스리는) 자들로 만들어 주지 않고, 그것들보다 나은 부류인 우리가 이것들의 주인 노릇을 합니다. 그러니까 그 신도,[60] 인간을 사랑하는 터라, 우리보다도 더 나은 부류인 수호신들(신령들: daimones)의 부류를 똑같은 식으로 임명한 것입니다. 이들은 이들로서는 아주 쉽게 그러나 우리에게는 몹시 안도감(위안)[61]을 갖게 하며 우리를 보살피고,

---

59) 복수는 daimones이다. daimōn은 일찍이는 우리가 흔히 운명과 연관해서 생각하게 되는 그런 신력(神力)이나 신 또는 신적인 존재를 주로 가리켜 왔다. 그런데 헤시오도스의 《일과 역일(曆日)》(*Erga kai Hēmerai*) 121~126을 보면, 지금 이 대화편의 이 대목에서 말하는 것과 비슷한 대목을 몇 군데서 만나게 된다. 올림포스에 거처를 가진 신들이 최초로 만든 인간의 종족은 황금족이었는데, 이들은 크로노스가 하늘에서 다스리던 시절의 인간들이었다고 한다. 한데, 대지가 이들을 덮어 버려 죽게 되었고, 이들은 순결한 다이몬들(daimones hagnoi)로 불리며, 사멸하는 인간들의 수호자들(phylakes)로 되었는데, 인간들에게 나쁜 일들도 막아 주는 자들(alexikakoi)이며 또한 부도 가져다주는 자들(ploutodotai)이라 한다. 훗날(기원전 5세기 무렵부터) 운이 좋은 사람을 eudaimōn(좋은 '다이몬'과 함께하는)이라 하는 반면에 운이 나쁜 사람을 kakodaimōn(나쁜 '다이몬'과 함께하는)이라 하게 된 것은 어쩌면 비슷한 생각에서 유래한 것이라 할 수 있겠다. 수호신으로서의 '다이몬'에 대한 언급을 우리는 플라톤의 대화편 《파이돈》 편(107d~e) 및 《국가(정체)》 편(617d~e, 620d~e)에서도 만나게 된다. 그런가 하면 그의 《연회(향연)》 편(202d~203a)에서는 신들과 인간들 사이에서 매개 역할을 담당하는 존재들을 '다이몬들'이라 하며, 이들에는 온갖 부류의 많은 것이 있는데, 에로스(Erōs)도 그 가운데 하나라고 말하고 있다. 그런데 《티마이오스》 편(90a~c)에서는 놀랍게도 인간에게 있어서 각자의 지성(nous)이야말로 바로 그의 수호신 곧 '다이몬'이라 말하고 있다. S. Hornblower and A. Spawforth, edd., *The Oxford Classical Dictionary*, third ed., Oxford, 1996. 참조.

60) 크로노스를 가리킨다.

61) 여기에서 rhastōnēs는 zeugma에 해당하는 용법으로 쓰인 것이어서, 같

평화와 경외(공경) 그리고 훌륭한 법질서와 하고많은 정의(올바름: dikē) e
를 생기게 하여, 인간의 종족들이 분쟁 없고 행복하도록 만들었습니다. 그래서 이 설화는 오늘날에도 진실을 말하고 있으니, 그건 신이 아니라 죽게 마련인 누군가가 다스리는 하고많은 나라에 살고 있는 사람들에게는 나쁜 일들과 고난에서 벗어남이 있을 수 없다는 것입니다. 그러나 우리로서는 모든 방책을 다 써서 크로노스 시대의 것이라는 삶을 본받도록 해야만 하며, 또한 우리 안에 불사성(不死性: athanasia)을 지닌 것[62]이 있는 한, 공적으로 그리고 사적으로도 이에 복종하며 가정들과 나라들을 경영해야만 하는 것으로 생각됩니다. 지성(nous)의 배분(dianomē)을 법 714a
(nomos)으로 일컬으면서[63] 말씀입니다. 그러나 만약에 쾌락과 탐욕을

은 낱말이지만 뜻은 같지 않기에, 번역도 그리했다.

62) 지성(nous)을 가리킨다. 《티마이오스》 편 90a~c를 참조할 것.

63) 957c에는 법(nomos)이라는 명칭이 지성(nous)과 관련되어 있다는 말을 하고 있는데, 여기에서도 이 둘을 관련시켜서 언급하고 있는 것으로 볼 수 있다. 지성으로 옮긴 nous는 noos의 단축형이다. 그러니까 noos-nomos를 서로 연관 지어 발음하면서 그 사이에 dianomē(배분)를 개입시켜 생각해 보자는 제의를 하고 있는 셈이다. 《정치가》 편 297a6~b1을 보면, 지혜로운 통치자들은 '지성과 기술로써 가장 올바른 것을 그 나라 사람들에게 언제나 배분해 주는' 것으로 말하고 있는데, 이 언급에서도 보다시피, 배분과 관련된 판단의 주체는 지성이다. 그러니까 법조문 하나하나에 지성에 의해서 가장 올바른 것(가장 정의로운 것: to dikaiotaton)으로 — 궁극적으로는 적도(適度: to metrion)인 것으로 — 판단된 것을 기술적으로(전문적 지식에 의해) 배분해(반영해) 놓았을 경우, 이런 경우에야 그 법을 진정한 법이라 할 수 있다는 주장을 펴고 있다고 할 것이다. 그런가 하면, "지성의 배분을 법으로 일컬으며"라는 표현에서 '배분'을 뜻하는 dianomē의 복수(dianomai) 대격(對格: accusative)은 dianomas이고, '신령들'을 뜻하는 daimones의 대격은 daimonas이다. 그렇다면, noos-nomos의 경우처럼, daimonas-dianomas를 서로 연관 지어 발음해 보면서, 크로노스 시대에 인간들을 보살피도록 지시받은 '신령들'을 대신하는 역할을 담당하게 된 것이 법률(nomoi)임을 새삼 강조하려는 의

714a
향하며 이것들이 충족되기를 요구하고 있으나, 아무것도 채우지 못하
고,[64] 끝없고 만족하지 못하는 고약한 질병으로 시달리는 혼을 가진 한
인간이나 어떤 과두체제 또는 민주체제가 나라나 어떤 개인을 다스린다
면, 그런 인간이 법률을 짓밟으면서 그리한다면, 방금 우리가 말했듯, 아
무런 구제책이 없습니다. 따라서, 클레이니아스 님, 우리는 이 설화에 대
해서 생각해 보아야만 합니다. 우리가 그것을 믿을 것인지 아니면 어떻
b 게 할 것인지 말입니다.

클레이니아스: 물론 믿어야만 합니다.

아테네인: 그러면 선생께서는 나라 체제(정체)들이 있는 그만큼 법률
의 종류들이 있다고 어떤 사람들은 주장하고 있다는 걸 아십니까? 나라
체제(정체)들이란 많은 사람이 말하는 그런 것들임은 방금 우리가 열거
했던 것들이고요.[65] 정말이지 지금 논쟁거리가 되고 있는 것은 하찮은
것에 대한 것이 아니라, 아주 중요한 것에 대한 것이라고 생각하십시오.
왜냐하면 올바른 것(정의로운 것: to dikaion)과 올바르지 못한 것(불의
한 것: to adikon)이 무엇을 주목해야만 하는가가 다시금[66] 우리에게 있
어서 논쟁대상으로 되었기 때문입니다. 법률은 전쟁이나 진체적인 [사람
c 으로서의] 훌륭함(덕)(aretē holē)에 주목할 것이 아니라, 수립된(기성

도도 숨겨져 있다고 할 수 있겠다. 신들의 보호를 받던 시대는 지났고, 이제 인간사는 인간 스스로 해결해야만 하는 시대가 되었기 때문이다. 신화시대는 끝나고 인간들이 자신들의 역사를 만들어 가는 시대가 되었기 때문이다. 그래서 715c에서는 법률에 대한 충실한 복종을 신들(theoi)에 대한 봉사로, 그리고 통치자들 또는 관직에 임명된 자들은 법률에 대한 봉사자들이라 말하고 있으며, 762e에서도 법률에 대한 복종을 신들에 대한 복종이라 말하고 있다.

64) 여기에서 욕망을 채우는 것과 관련된 비유는 구멍 뚫린 항아리(밑 빠진 독)에 물을 채우는 경우를 빗댄 것인데, 《국가(정체)》 편 586b에 보인다.

65) 712c를 참조할 것.

66) 630b~c를 참조할 것.

의) 나라 체제(정체)가 무엇이거나, 이것에 편익(이득)이 되는 것(to sympheron)을 눈여겨봄으로써, 그게 언제까지나 지배하여 무너지게 되는 일이 없도록 해야만 한다고 주장하니까요. 또한 올바른 것의 자연스런 의미 규정(定義: horos)은 이렇게 표현하는 것이 가장 훌륭하다는 겁니다.

클레이니아스: 어떻게 말씀입니까?

아테네인: 더 강한 자(강자: to kreittōn)의 편익(이득: to sympheron)이라고[67] 하는 것입니다.

클레이니아스: 한층 더 명확하게 말씀하십시오.

아테네인: 이런 겁니다. 나라에 있어서 그때마다 지배하는 쪽이 법률을 제정하는 게 틀림없다고들 주장합니다. 그렇지 않습니까?

클레이니아스: 참된 말씀입니다.

아테네인: "그래 선생은 승리한 민중이나 다른 정체가 또는 참주조차 d
도 제 정권을 유지하는 데 편익이 되는 것과 다른 어떤 것을 자진해서 우선적으로 목표로 삼아 법률을 제정하게 되는 경우가 있을 것이라 생각하십니까?" 하고 사람들은 묻겠죠.

클레이니아스: 어찌 그럴 수 있겠습니까?

아테네인: 그러므로 법 제정을 한 사람은 제정된 이것들을 범하는 사람을 올바르지 못한 짓을 범한 자로서 응징하게 되지 않겠습니까? 그것들을 올바른 것들이라 일컬으면서 말씀입니다.

클레이니아스: 확실히 그럴 것 같습니다.

아테네인: 그러니까 그것들[68]은 언제나 이처럼 그리고 이런 식으로 올바름(정의로움: to dikaion)을 유지할 것입니다.

67) 《국가(정체)》 편 338c에서 트라시마코스가 밝힌 바로 그 주장이다.
68) 법률로 제정된 것들을 가리킨다.

714d

클레이니아스: 어쨌든 이 주장은 그리 주장하고 있습니다.

아테네인: 이것이 다스림과 관련된 저 자격들 중의 하나이기 때문입
e 니다.

클레이니아스: 바로 어떤 것들인가요?

아테네인: 누가 누구를 다스려야만 할 것인지 그때[69] 우리가 고찰했던 것들입니다. 어버이는 자식들을 다스리되, 원로들은 젊은이들을, 고귀한 사람들은 미천한 사람들을 다스려야 할 것으로 판명되었습니다. 또한 그 밖에도, 혹시 우리가 기억하고 있다면, 많은 경우가 있었거니와 그것들은 서로 충돌하는 것들이기도 했습니다. 특히 그것들 가운데 하나는 이것이었는데, 우리는, 핀다로스가 말한 대로,[70] 그가 지극히 강제적인
715a 것을 자연스런 것으로 정당화하여 이끌고 간 것으로 말했다고 저는 생각합니다.

클레이니아스: 예, 그것들이 그때 말했던 것들이었습니다.

아테네인: 그러면 우리의 이 나라가 어느 쪽 부류의 사람들에게 넘겨져야만 할 것인지 생각해 보십시오. 그런 일은 어떤 나라들에서는 이미 만 번도 더 일어났을 테니까요.

클레이니아스: 어떤 것입니까?

아테네인: 지배권과 관련된 관직들(archai)이 다툼거리들로 되었을 경우, 승자들은 이처럼 나라의 일들을 아주 독차지해 버림으로써, 패자들에게는, 당사자에게도 그 자손들에게도, 그 어떤 관직도 나누어 주지
b 않게 되어, 서로 감시하면서 삽니다. 혹시라도 누군가가 관직에 오르게 되어서는, 이전에 있었던 나쁜 일들을 기억하고서, 반란을 일으키는 일이 없도록 하기 위해서죠. 이런 것들을 이제 우리는 나라 체제(정체)도

---

69) 690a~c에서.

70) 690b의 본문 및 해당 각주를 참조할 것.

아니라고, 또한 나라 전체의 공동의 것(to koinon)을 위해 제정된 것이 아닌 것들은 바른 법률(orthoi nomoi)도 아니라고 말할 것이 틀림없습니다. 법률이 일부의 사람들을 위한 것일 경우에, 이 사람들을 우리는 도당(stasiōtai)이라 말하지 시민들(politai)이라 말하지 않으며, 이들이 올바른(정의로운) 것들이라 말하는 것들도 공연히 말하는 것들입니다. 우리가 이런 것들을 말하게 된 것은 이런 이유로 해서입니다. 즉 선생의 나라에서 우리가 관직들을 부여하게 되는 것은 누군가가 부유하다고 해서도, 또는 그런 유의 다른 어떤 것, 이를테면 힘이나 덩치 또는 가문을 갖 c
추었다고 해서도 아닙니다. 하지만 제정된 법률에 가장 잘 복종하는 이이며, 나라에서 이로써 승리를 거둔 사람이라면, 신들에 대한 봉사도 이 사람에게 부여되어야 할 것이니, 가장 큰 봉사는 으뜸인 사람에게, 버금가는 봉사는 버금가게 이긴 사람에게, 그리고 이런 비례로 그다음 사람들에게는 그다음 것들을 부여해야만 한다고 우리는 주장합니다. 하지만 제가 오늘날 통치자들(hoi archontes)이라는 사람들을 법률에 대한 봉사자(hypēretēs)들로[71] 일컬은 것은 명칭들의 쇄신을 위해서가 아니라, 무 d
엇보다도 이것 이상으로 나라에 구원이거나 그 반대인 것이 없다고 제가 믿어서입니다. 법이 휘둘리고 권위를 잃은 곳에서는, 그런 나라에는 파멸이 닥쳐와 있는 게 보이니까요. 그러나 법이 통치자들의 주인이고, 통치자들은 법의 종들인 곳에서는 구원이 그리고 신들이 나라들에 주었던 온갖 좋은 것들이 생기는 걸 저는 내다봅니다.

클레이니아스: 예, 단연코 그렇습니다, 선생이시여! 연세대로 날카롭게 보시는군요.

아테네인: 이런 일들을 제 스스로 보는 데에는, 젊을 적에는, 사람은

71) 신들에 대한 봉사(hē tōn theōn hypēresia)와 법률에 대한 봉사자들(hypēretai tois nomois)로서의 통치자들을 동일 선상에 놓고 보고 있으니, 이 경우에 신들(theoi)은 곧 법률(nomoi)이다.

e 누구나 아주 둔하지만, 연로해져서는 아주 날카로우니까요.

클레이니아스: 더할 수 없이 참된 말씀입니다.

아테네인: 그러면 그다음 것은 무엇입니까? 이주민들이 와서 현재 있는 것으로 간주하고서, 그다음 이야기를 이들을 위해 끝맺어야만 하지 않겠습니까?

클레이니아스: 어찌 그렇지 않겠습니까?

아테네인: 그러니까 우리는 이들을 향해 말하도록 합시다. "여러분!
신이야말로, 옛말도 그렇듯이, 존재하는 것들(ta onta) 모두의 시작과 끝
716a 그리고 중간을 쥐고 있어서,[72] 자연[의 법칙]에 따라 순환하면서 곧장
그 여정을 완결합니다. 한데, 그를 언제나 동반하는 것이 정의의 여신
(Dikē)[73]이니, 신성한 법(ho theios nomos)을 버리는 자들에 대해 보복
하는 자로서입니다. 장차 행복하게 될 사람은 여신을 붙들고 겸손하고
예의바르게 따르지만, 자만심으로 해서 으쓱대는 자나, 재화 또는 명예
로 해서, 심지어는, 젊음 및 어리석음과 함께, 몸의 외형미로 해서 의기
양양한 자는 그 혼이 오만(hybris)[74]으로 이글거리고 있습니다. 자신은
통치자나 지도자로 다른 누구도 필요하지 않고, 오히려 남들을 능히 이
b 끌어갈 수 있다고 해선데, 신을 잃고서 버림받은 것입니다.[75] 그러나 버

---

72) 이는 오르페우스(Orpheus)의 것으로 알려져 온다. 여기서 말하는 '신'은 제우스를 지칭한다. 따라서 바로 다음에서 가리키는 '그'도 제우스이다. Diels/Kranz, *Die Fragmente der Vorsokratiker*, I, (Weidmann, 1954), Orpheus, B에 토막 글 6으로 수록되어 있다.

73) 여기서 '디케'는 그냥 추상명사인 '정의'(dikē)가 아니라 '정의의 여신'(Dikē)이라 보는 게 옳다. Dikē는 제우스와 테미스(Themis)의 소생으로(헤시오도스 《신들의 계보》 901~3 참조), 사람들이 저지르는 불의를 제우스 옆에서 보고하여 벌받게 한다(헤시오도스 《일과 역일》 256~262 참조). 따라서 Budé 판대로, 소문자 아닌, 대문자로 읽었다.

74) 637a에서 '히브리스'에 대한 각주를 참조할 것.

림받은 처지가 되자, 더 나아가 자신과 같은 처지의 다른 사람들을 조력자들로 끌어들여서는 날뛰니, 덩달아 모든 걸 뒤흔들어 놓는 겁니다. 그래서 어떤 부류의 많은 사람에게는 그가 뭐나 되는 사람인 것처럼 여겨지지만, 그다지 오래지 않아 정의의 여신에 의해서 탓할 수 없는 보복을 당하게 됨으로써, 그 자신도 가정도 그리고 나라도 완전히 몰락시키고 맙니다. 그렇다면 이런 일들이 이처럼 되어 가게 되어 있을진대, 사려분별이 있는 사람이 이와 관련해서 무엇을 하거나 생각해야만 하며, 또한 무엇은 그러지 말아야만 하겠습니까?"

클레이니아스: 적어도 이 점은 아주 명백합니다. 신을 따르게 되는 사람들 가운데 한 사람으로 되는 걸 모두가 생각해야만 한다는 것입니다.

아테네인: "그러면 무슨 행위가 신의 사랑을 받고 신을 따르는 것입 c
니까? 한 가지가 있으며, 한 옛말로도 있는 것입니다. 알맞은 정도의 것(적도인 것: metrion)일 경우에, 닮은 것에게 닮은 것이 사랑을 받을 것이로되,[76] 알맞은 정도(적도)가 아닌 것들(ta ametra)은 저들끼리도 또

---

75) 부모를 잃고 고아로 버려진 상태에 대한 비유이다.

76) 여기에서는 "닮은 것에게 닮은 것이(tǭ homoiǭ to homoion) 사랑을 받을 것이다"로 되어 있는 데다가, '알맞은 정도의 것(적도인 것: metrion) 일 경우에'라는 단서까지 붙어 있다. 837a에서는 "[사람으로서의] 훌륭함(덕)과 관련해서 닮은 사람을 닮은 사람과 친구로 우리는 부른다"라고 하고, 《고르기아스》 편 510b에서는 "옛날의 지혜로운 사람들이 닮은 사람이 닮은 사람과(ho homoios tǭ homoiǭ) 친구라고 말한다"고 한다. 그리고 《국가(정체)》 편 425c에서는 "언제나 닮은 것이 닮은 것을 불러들인다"고 하는가 하면, 《연회(향연)》 편 195b에서는 "닮은 것이 닮은 것에 언제나 접근한다"고 하고, 이를 옛말로서 말하고 있다. 그런데 이런 옛말의 최초 출전은 호메로스의 《오디세이아》 17. 218인 것으로 학자들은 한결같이 말하고 있다. "언제나처럼 신은 닮은 것을 닮은 것으로 인도하죠"가 그것이다. 《리시스》 편 214a~b에서는 《오디세이아》의 바로 이 구절을 거의 같은 문장으로 그대로 인용하고서는, "닮은 것은 닮은 것에게 언제나 친구인 게 필연적이다"라고 말하고 있다. 이 모두는 이른바 유유상종(類類相從)을

716c

한 알맞은 정도인 것들(ta emmetra)에 대해서도 사랑을 받지 못할 것이란 겁니다. 우리에게는 무엇보다도 확실히 신이야말로 만물의 척도(metron)일 것이며, 누군가가 말하듯, 어느 인간이 그런 것보다는 아마도 훨씬 더 그럴 것입니다.[77] 그러므로 그런 것한테 사랑을 받게 되는 것

의미한다. 그런데 플라톤의 경우에 이 옛말은 다음에 곧 말하게 되는 구절, 즉 "그런 것한테 사랑을 받게 되는 것은 가능한 한도 안에서 저 또한 그런 것으로 최대한 되는 게 필연적이다"라는 말에서 볼 수 있듯, 그의 동화(닮게 됨: homoiōsis) 사상의 원리로 되고 있다. "가능한 한 신을 닮게 됨. … 신을 닮게 됨은 지혜에 의해 올바르고 경건하게 되는 것이다"(《테아이테토스》 편 176b)라든가 '[사람의] 훌륭함(덕)을 수행하여 인간으로서 가능한 한 신을 닮으려는 사람'(《국가(정체)》 편 613a) 등에서 볼 수 있듯, 인간이 신을 닮게 되는 것은 인간이 어떤 것을 본받아 그것을 닮게 됨으로써 그 극치의 경지에 이르는 것을 뜻한다. 플라톤에게 있어서 앎 또는 인식의 목적도 궁극적으로는 그 대상과의 실천적 동화에 있기 때문이다. 그에게 있어서 이데아 또는 형상이 본(paradeigma)의 성격을 갖기도 하는 것은 바로 그 때문이다. 가령 《국가(정체)》 편에서 '가장 큰 배움'의 대상으로 제시된 '좋음'(善: to agathon)은 우주를 포함한 자연 그리고 인간을 포함한 모든 사물이 끊임없이 실현하거나 유시하려는 본이요 원리이다. 자연의 진행이나 존립 방식도 이를 구현하는 방식으로 진행되고, 인간의 기술이나 실천도 이를 구현하거나 실현한다. 그런데 실은 이 동화 사상의 뿌리는 피타고라스 학파에서 유래한다. 우주를 '아름다운 질서 체계'로서의 kosmos로 보고서, 수를 그 아름다운 질서의 이해를 위한 열쇠로 삼았던 피타고라스 학파에 있어서 삶의 궁극적 목표는 아름다운 우주적 질서에 동화되는 것이었기 때문이다.

77) 흔히 '인간 척도(homo mensura) 명제' 또는 '프로타고라스적 척도'(Prōtagoreion metron)라고 하는 걸 갖고서 하는 말일 것이다. Prōtagoras(약 481~약 411)는 가장 이름난 그리고 원조 격인 소피스테스로서, 철학사를 통해서도 큰 비중을 갖는 인물이다. 그의 철학적 주장의 요지를 담고 있는 것인 이 척도(metron)와 관련된 명제는 이런 것이다. "사람은 만물의 척도(metron)이다. 있는 것들(…ㄴ 것들: ta onta)에 대해서는 있다(…다)고, 있지 않은 것들(…지 않은 것들: ta mē onta)에 대해서는 있지 않다(…지 않다)고 하는 척도이다." 《테아이테토스》 편 152a를 참조할

은 가능한 한도 안에서 저 또한 그런 것으로 최대한 되는 게 필연적이며,
바로 이 이치(logos)에 따라 우리 중에서 마음이 건전한(절제하는) 사람 d
(ho sōphrōn)은 신의 사랑을 받는데, 이는 닮았기 때문이나, 마음이 건
전하지 못한(절제하지 못하는) 사람은 닮지 않았으며 다르고 올바르지
도 못하거니와,[78] 같은 이치로 다른 것들 또한 이러합니다. 그러면 이것
들에 따른 귀결은 다음과 같은 추론(logos)이라고 생각하십시다. 이는
온갖 추론들 가운데서도 가장 훌륭하며 가장 참된 것이라고 저는 믿습니
다. 선한(훌륭한) 사람으로서는 신들에게 제물을 바치는 것이 그리고 기
원과 봉헌 및 그 밖의 신들에 대한 섬김으로써 언제나 신들과 교류하는
것이 더할 수 없이 아름답고 좋은 것이며, 행복한 삶과 관련해서도 지극
히 효험이 있고 특히 적절합니다만, 나쁜 사람의 경우에는 이것들과는 e
반대인 것이 자연적입니다. 그야 나쁜 사람은 그 혼이 순수하지 못하나,
그 반대인 사람은 그 혼이 순수하기 때문이겠지만, [혼이] 더럽혀진 사
람한테서 선물을 받는다는 것은 선한 사람의 경우이건 신의 경우이건 결 717a
코 옳지 못합니다. 그러므로 경건하지 못한 사람들로서는 신들에 대해
많은 공을 드린다는 것이 공연한 일이지만, 경건한 사람들의 경우에는

것. 이 인간 척도설은 상당한 설명이 필요한 것이지만, 여기서는 간단히 설명하는 것으로 그치겠고, 더 자세한 설명이 필요한 독자는 졸저 《헬라스 사상의 심층》 125~130쪽을 참조하는 게 좋겠다. 이 명제에서 말하는 '사람'은 '각자'이고, 있거나 있지 않음(…이거나 …이 아님)은 각자의 감각적 지각(aisthēsis)에 근거해서 판단한 것이다. 따라서 각자가 감각적 지각에 근거해서 갖게 되는 판단은 참된 의미에 있어서 앎(epistēmē)이라 할 수 있는 것이 못되고 각자의 의견(판단: doxa)일 수밖에 없는 것이다. 그런데 모든 사람이 그 나름으로 갖게 된 이런 의견들은 모두가 대등하기에 변론술에 의한 설득 또는 제압이 필요하게 된다. 소피스테스들에 대한 사회적 수요가 바로 여기에서 생기게 되었다.

78) 〈ho〉는 삭제하고서 읽었다.

모두가 아주 때맞추어 하는 겁니다. 그러니 우리에게 있어서는 이것이 겨냥해야 할 과녁입니다. 하지만 이 과녁에다 던질(쏠) 것들이 던져지고(쏴지고)[79] 그리고, 이를테면, 이 던질(쏠) 것들을 던져(쏘아) 보냄이 행하여질 경우에,[80] 이것들을 뭐라 말하는 게 가장 옳을까요? 올림포스의 신들[81]과 나라를 갖고 있는 신들[82] 다음의 숭배[83]들은 먼저 지하 세계의 신들[84]에게 짝수인 둘째요 왼쪽 것인 것들[85]을 배정한다면, '신들에 대한 공경'(eusebeia)의 과녁에 아주 정확하게(옳게) 적중하는 것입니다.
b 반면에 이것들보다 위의 것들인 홀수의 것들[86] 및 그것들과 대립되는

---

79) 이런 이중적인 표현을 하는 것은 '던질(쏠) 것들'(belē. 단수는 belos)이 창이나 칼일 수도 있고 활이나 돌일 수도 있기 때문이겠다. 물론 투창으로 쓰이는 창이나 화살이 그 대표적인 것들이겠다.

80) 신들에 대한 공경의 의식을 행함에 있어서 어떤 기준을 갖고서 하는 것이 제대로 과녁에 적중하는 것인지를 활을 쏘아 화살을 날리거나 창을 과녁을 향해 던져 그것이 날아가게 하는 것에다 빗대어 말하고 있다.

81) 올림포스 산정에 그 거처를 갖고 있다는 제우스, 헤라를 비롯한 12신들을 가리킨다.

82) 이를테면, 아테네의 수호신인 아테나(Athena), 델로스(Dēlos)나 델피(Delphoi)의 아폴론 등이겠는데, 물론 이들 신은 올림포스의 신들과 겹친다.

83) 여기에서 '숭배'로 번역한 것의 원어는 timē인데, 이는 보통의 경우에는 '명예'로 옮길 것이지만, 여기에서는 신들에 대한 것이므로 그리 옮겼다. 따라서 여기서는 명예의 서열이 아니라, 숭배의 서열을 말하고 있다.

84) 지하 세계의 신들(khtonioi theoi)로는 하데스(Hadēs), 데메테르(Dēmētēr), 페르세포네(Persephonē) 등이 있다.

85) 아리스토텔레스의 《형이상학》 제1권 986a를 보면, 피타고라스 학파의 일부가 짝을 이룬 열 가지 원리들(archai)로 홀수와 짝수, 하나와 여럿, 오른쪽과 왼쪽, 정지와 운동, 곧음과 굽음, 빛과 어둠 등을 열거하고 있는데, 여기서 '짝수인 둘째요 왼쪽 것인 것들'이란 그냥 '둘째'(둘째로 숭배할 것들)라 하면 될 것을 그리 말한 셈이다. 하지만 왜 이런 복잡한 표현들을 하고 있는지에 대한 설명을 얻는 것은 716c의 각주에서 한 동화(同化) 사상이 피타고라스 학파와 연관된다는 데서 찾을 수 있을 것 같다. 해당 각주의 끝 부분을 참조할 것.

것들[87]은 방금 전에 말한 것들[88]에 배정하는 것이 그러는 것입니다. 하지만 사려 깊은 사람이라면 이 신들 다음에는 신령들에게, 그리고 이들 다음에는 영웅들에게 제례를 올리려 할 것입니다. 이들을 바로 뒤이을 것은 법에 따라 사사로운 조상신들의 사당들에 제례를 올리는 것이나, 이것들 다음에는 살아 계신 어버이에 대한 존경입니다. 은혜를 입은(빚을 진) 사람이 으뜸가고 가장 큰 은혜(빚)들을 갚는 것은, 갚아야 할 것들 중에서도 가장 중요한 것들을 갚는다는 것은 당연하기 때문입니다. 자신이 획득했거나 갖고 있는 것들은 모두가 저를 낳아서 길러 주신 분들의 것으로서, 이것들은, 즉 자산을 비롯하여, 둘째로는 몸에 속하는 것 c
들, 그리고 셋째로는 혼에 속하는 것들도 그분들을 전력을 다해서 섬기는 데 제공되기 위한 것들로 여기는 것이 당연하기 때문입니다. 어릴 적 저에 대한 보살핌과 저를 위해 일찍이 견디어 낸 고통들의 빚을 진 터에, 이 빚들(대부 받은 것들)을 갚는다는 것은, 노령에 그게 몹시 아쉬운 처지인 노인 분들에게 갚는다는 것은 말씀입니다. 온 일생을 통해서 저의 어버이에 대해서 각별히 말을 삼가고 또한 삼가 왔어야만 했던 것은 날 d
개를 단 가벼운 말들[89]에 대해서는 더할 수 없이 무거운 벌이 내리기 때문입니다. 이런 것들과 관련된 모든 이에 대한 감시자로서는 정의의 여신(Dikē)의 사자(使者)인 네메시스(Nemesis)[90]가 임명되어 있으니까요.

---

86) '홀수의 것들'을 뜻하는 ta peritta에 Burnet, England 및 Bury는 [ta peritta]로 괄호를 쳤다.

87) '이것들보다 위의 것들인 홀수 및 그것들과 대립되는 것들'이란 바로 앞에서 말한 '짝수인 둘째요 왼쪽 것들'보다 공경의 대상들로서 서열이 높은 '첫째 것들'이란 것을 그리 말하고 있는 것이다.

88) '올림포스의 신들과 나라를 갖고 있는 신들'을 가리킨다.

89) 생각 없이 경박하게 내뱉는 말들을 뜻한다.

90) 네메시스(Nemesis)는 불의로 해서 이는 의분 및 이에 따른 보복을 가리키는 추상명사이지만, 여기서처럼 신격화되면, '응보의 여신'을 지칭한다.

717d

그러므로 화내시는 어버이에겐, 그걸 말씀으로 표시하시건 또는 행동으로 표시하시건 간에, 굽히고서 화를 누그러뜨리도록 해야만 합니다. 아버지가 아들에게서 올바르지 못한 짓을 당한 것으로 생각할 경우에는 유달리 몹시 화를 냄 직하다는 걸 인정하고서 말입니다. 그러나 어버이가 돌아가시게 되면, 가장 절제된 장례가 가장 아름다우며, 관례로 된 규모
e 보다도 넘치지도 않고 조상들이 자신들의 부모들에게 했던 것보다도 모자라지도 않도록 하며, 또한 이미 돌아가신 분들에 대해서 해마다 하게 되는 섬김도 마찬가지로 예를 갖추어 해야만 합니다. 지속적으로 기억을
718a 해 드려 소홀히 하지 않음으로써, 무엇보다도 이로써 언제나 숭배해야만 합니다. 행운으로 얻게 된 용돈에서 알맞은 정도의 것을 세상의 일들로 시달리다 가신 분들[91]에게 할당함으로써 말입니다. 우리가 이런 것들을 행하고 또한 이 원칙들에 따라 살아간다면, 그때마다 각자는 신들한테서 그리고 우리보다도 더 나은 존재들[92]한테서 그 대가를 받아 갖게 되겠죠. 생애의 대부분을 밝은 기대 속에서 보내면서 말씀입니다."

하지만 자손들과 친척들, 친구들 그리고 같은 시민들과 관련된 일들, 그리고 또 신들이 요구하는 손님(낯선 사람)들에 대한 접대[93]와 이들 모

---

91) '세상의 일들로 시달리다 가신 분들'로 옮긴 것은 '죽은 사람들'을 뜻하는 hoi kekmēkotes의 본래 뜻을 살려서 그리 번역했다. '수고를 다한 사람들'이라는 뜻이기도 하다.

92) 717b를 참조할 것.

93) 헬라스에서 손님(낯선 사람: ho xenos)들에 대한 접대(xenika therapeumata)는 손님(낯선 사람)들이 받을 권리와도 같은 것이었다. 879e에서도 볼 수 있다시피, 손님(낯선 사람)을 보호해 주는 신(ho xenikos theos)이 있다고 그들은 믿었으며, 손님을 보호하고 접대를 제대로 받도록 하는 신으로 제우스를 그리 말했으니, Zeus xenios(또는 xenios Zeus)는 그런 뜻으로 부르는 제우스의 별칭이다. 그래서 호메로스의 《오디세이아》 6. 207~8에서는 낯선 사람(손님, 나그네)들과 거지들 모두는 제우스가 보낸 것으로 말하고 있다. 같은 책 9. 271 및 14. 389 등을 참조할 것.

두와의 관계를 원만히 수행함으로써[94] 자신의 삶을 밝고 즐겁게 하며 법 b
에 따라 다스려 가야만 하는 것들, 이것들에 대한 법률 자체의 처결(해결) 방식(diexodos)은 한편으로는 설득하는 것이지만, 다른 한편으로는 그 성격들(ēthē)이 설득(peithō)에 불복하는 것들일 경우에는 강제(bia)와 벌(dikē)로써 바로잡는 것인데, 신들이 우리와 뜻을 같이할 경우에는, 복 받고 행복한 나라로 그것이 만들어 놓을 것입니다. 그러나 제가 생각하고 있는 바로 그런 생각을 하는 입법자라면 또한 말해야만 하고 말할 수밖에 없는 것들이지만, 법의 형태로 표현되기에는 적합지 않은 것들, 이것들과 관련해서는 제 자신을 위해서도 또한 자신이 입법을 해 주게
되는 사람들을 위해서도 본보기를 제시해 주고, 그 나머지 모든 것도 가 c
능한 한 상세히 다루고서야, 그다음으로 법률의 제정을 시작해야만 할 것으로 제게는 생각됩니다. 그렇다면 이와 같은 것들은 특히 무슨 형태로 표현되어 있을까요? 그것들은 이를테면 한 가지의 어떤 유형으로 포괄해서 말할 수 있을 정도로 쉬운 건 전혀 아니지만, 우리가 이것들에 대해서 뭔가 확실히 해 둘 수 있으려면, 이렇게 다음과 같은 식으로 파악하도록 하십시다.

클레이니아스: 어떤 것인지 말씀하십시오.

아테네인: 저는 시민들[95]이 [사람으로서의] 훌륭함(덕: aretē)과 관련해서 최대한 잘 설득될 수 있기를 바라거니와, 입법자 또한 법률 제정 과정 전체를 통해서 이를 실현하려고[96] 애를 쓸 게 명백합니다.

---

94) 이 문제들과 관련해서는 제5권 729b~730b에서 좀 더 자세한 언급을 하고 있다.

95) 여기에서 원어 autous가 받는 것은 '입법자가 입법을 해 주게 되는 사람들' 곧 '시민들'을 가리킨다.

96) 곧 '시민들이 [사람으로서의] 훌륭함(덕: aretē)과 관련해서 최대한 잘 설득될 수 있게 되는 걸' 가리키는데, 법률 제정의 일차적 목표는 이처럼

d 클레이니아스: 어찌 그렇지 않겠습니까?

아테네인: 그렇다면 방금[97] 언급된 것들은, 아주 사나운 혼을 만난 게 아니라면, 입법자가 권고하는 것들을 한층 더 얌전히 그리고 호의적으로 듣도록 하는 데 뭔가 도움이 될 것이라 제게는 여겨졌습니다. 그래서 그게 설사 그가 말하는 것을 듣는 사람을 크게는 아닐지라도 작으나마 더 호의적이고 더 쉽게 배우도록 만들기라도 한다면, 그건 아주 만족할 일입니다. 왜냐하면 최대한으로 그리고 되도록 빨리 가장 훌륭해지고자 열심인 사람들을 찾아보기란 썩 쉬운 일도 아니지만, 그 수도 많지가 않기
e 때문입니다. 한데, 많은 사람이 이런 말을 하는 헤시오도스를 현자로 공언하고 있습니다. '나쁨(악덕: kakotēs)'에 이르는 '길은 평탄하고' 힘들지 않게 가도록 해 주니, 그 길 아주 짧아서라는 거죠. 그는 말합니다. '하나, [사람으로서의] 훌륭함(덕: aretē) 앞에는'

땀 뺄 일들을 죽지 않는 신들이 놓아두었으니,
이에 이르는 길은 멀고도 가파르며
719a 처음엔 험하기조차 하지. 하지만 그 정상에 이르고 나면,
이후로는 견디어 내기가 그야말로 쉽지, 그 힘들던 길이.[98]

시민들로 하여금 강제(bia) 아닌 설득(peithō) 즉 교육(paideia)을 통해 [사람으로서의] 훌륭함(덕: aretē)에 스스로 이르도록 유도하는 데 있음을 새삼 밝히고 있다.

97) Τὰ τοίνυν δὴ는 의심스럽다는 J. D. Denniston(*The Greek Particles*, 2nd ed., Oxford, 1970, p. 578) 및 Saunders(앞의 책, §22)의 견해에 따라, Τὰ τοίνυν ⟨νυν⟩ δὴ로 읽었다.

98) 헤시오도스의 《일과 역일》 287~292에서 인용된 것이지만, 이 중에서 온전한 형태로 인용된 4행은 289~292행이다. 그나마도 마지막 줄에서 이 대화편에서는 pherein으로 되어 있는 것이 헤시오도스의 원전에서는 pelei로 되어 있다. 여기에서 인용된 부분의 일부는 《국가(정체)》 편, 364c~d와

클레이니아스: 어쨌든 훌륭하게 말씀하신 분 같습니다.

아테네인: 물론입니다. 그러나 앞에서 한 논의가 제게 영향을 미쳤으니, 두 분 앞에 이를 공개하고자 합니다.

클레이니아스: 그러면, 그리하십시오.

아테네인: 그럼 입법자와 이야기를 하도록 합시다. 이런 대화를 하면서 말씀입니다. "입법자여! 우리에게 말씀해 주십시오. 만약에 우리가 b

---

《프로타고라스》 편 340d에서도 인용되고 있다. 그리고 '나쁨'으로 옮긴 kakotēs는 kakia와 같은 뜻으로 쓰인 것이며, 그다음에 나오는 '[사람으로서의] 훌륭함(덕: aretē)'과는 반대되는 뜻으로 쓰인 말이다. '[사람으로서의] 훌륭함(덕: aretē)' 등과 관련해서는 제1권 627e에서 해당 각주를 한 번 더 참고하는 게 좋겠다. 또한 한 가지 더 덧붙여 말해 둘 것은 헤시오도스가 《일과 역일》에서 말하고 있는 페르세스(Persēs)가 동생인가 아니면 형인가 하는 문제이다. 문헌들은 두 사람을 그냥 '헤시오도스와 페르세스 형제'로만 말하고 있다. 따라서 우리도 그냥 형제로만 알고 넘기면 될 일일 것 같기도 하지만, 우리말에는 형제간에도 높임말 또는 낮춤말을 쓰니, 번역하는 사람으로서는 어떻게든 양단 간에 결정을 아니 할 수 없게 된다. 여기에 인용된 시에서도 보다시피, 이 말은 헤시오도스가 페르세스에게 말하고 있는 것이다. 이 번역에서는 헤시오도스의 말투를 아우인 페르세스한테 하대하는 투로 했다. 역자의 역주서 《국가(정체)》 편 350쪽 각주에서 일찍이 역자는 페르세스를 아우로 분명히 말했다. 이제 그 근거를 밝힐 계제가 된 것 같다. 《일과 역일》 286행 및 397행에서 헤시오도스가 아우 페르세스(Persēs)를 nēpie Persē라 호격(呼格)으로 지칭하고 있는 걸 우리는 발견하게 된다. nēpios는 원칙적으로 유아나 아이에 대해서 그 미숙한 상태를 지칭해서 하는 말이다. 그런데 Liddell & Scott의 대사전 아닌 중사전에서는 그 어원을 nē(부정을 나타내는 접두사) + epos(말)로 밝히고 있다. 그러니까 이 어원을 따르면, 이는 '아직 말도 제대로 못하는'의 뜻으로, 점잖게 말해서 '철없는' 또는 '철이 덜 난' 정도의 뜻이라 할 것이다. 그래서 비유적으로 '어린애 같다'라든가 '어리석다'는 뜻으로도 쓰이게 된 말이다. 따라서 nēpie Persē는 '철없는(어리석은) 페르세스여!'라고 부르는 것이니, 이는 아무래도 동생한테 하는 말투이지, 형한테 하는 말투라고 하기에는 적잖은 무리가 따를 것 같다.

719b

무엇을 해야만 하고 또한 말해야만 하는지를 귀하께서 진정으로 알고 계시다면, 우리에게 말씀해 주려 하실 거란 것도 명백하지 않은가요?"

클레이니아스: 그야 필연적입니다.

아테네인: "그러니까 좀 전에 우리는 귀하께서 시인들이 자신들의 마음에 드는 것을 짓도록(詩作하도록: poiein) 내맡겨 두어서는 안 된다고 말씀하시는 걸[99] 듣지 않았던가요? 이들은 법률과 배치되는 것으로 도대체 무엇을 말할 경우에, 자신들이 나라에 해를 입히는지 알지 못하니까요."

클레이니아스: 참된 말씀임이 분명합니다.

아테네인: 그러면 시인들을 대신해서 우리가 다음과 같은 말을 그에게 한다면, 우리가 하게 되는 말들이 적절한 것일까요?

클레이니아스: 어떤 것들입니까?

c 아테네인: 이런 것들입니다. "입법자여! 우리[100] 스스로도 늘 말하고 다른 사람들 모두에게도 받아들여지고 있는 옛 이야기가 있는데, 그건 시인이 무사(Mousa) 여신[101]의 세발 솥(三脚座: tripous)에 앉아 있을 경우, 그때는 제정신이 아닌 상태여서,[102] 이를테면, 일종의 샘과도 같아,

---

99) 제2권 656c를 참조할 것.

100) 따옴표 안의 '우리'는 시인들을 가리킨다.

101) 제2권 653d에서 해당 각주를 참조할 것.

102) '시인이 무사(Mousa) 여신의 세발 솥 또는 삼각좌(三脚座: tripous)에 앉아 있을 경우, 그때는 제정신이 아닌 상태여서'에 대해서는 먼저 세발 솥 또는 삼각좌에 대한 주석을 달고, 다음으로는 시인이 거기에 앉아 있을 때의 '제정신이 아닌 상태'에 대해 주석을 달도록 하겠다. tripous란 발(pous, 복수는 podes임)이 셋 달린 솥을 말한다. 《일리아스》 18. 344에서는 파트로클로스(Patroklos)의 시신에서 핏덩이를 씻어 내기 위한 목욕물을 데우기 위해서 '큰 세발 솥'을 세워 놓고 불을 지피게 하는 장면이 나오는데, 이런 용도로 쓰이는 것을 '목욕물을 부어 넣는 세발 솥'(loetrochoos tripous)(같은 책, 같은 곳, 346)이라 하는데, 이런 목적으로

만든 것을 '불 위에 세우도록 만든'(empyribētēs) 것이라 해서 tripous empyribētēs라 일컫기도 한다(《일리아스》 23. 702). 그런데 이 세발 솥은, 《일리아스》 23. 702, 《오디세이아》 23. 13 등에서 보다시피 시합에서의 승리에 대한 상이나 명예로운 선물로 이용되기도 했다. 특히 《오디세이아》 23. 13에서는 그냥 솥(lebēs)과 함께 이보다 더 귀한 상으로 제시되고 있다. 그런가 하면, 아테나이오스(Athēnaios)의 《*Deipnosophistai*(현자들의 성찬)》 II. 37, 38에는 이런 언급이 보인다. 디오니소스 제전에서 받게 되는 으뜸상(우승 상: nikētērion)이 세발 솥이었는데, 이는 포도주를 물과 희석하는 용기(kratēr)의 용도로 주는 상이라는 것이다. 이처럼 세발 솥에는 두 가지가 있어서, 이런 용도의 것은 '불 위에 세워 놓지 않는 것'이라 해서 'apyros tripous'라고 했다. 그런데 이 말은 '아직 불 위에 세워 놓지는 않은 것' 곧 아직 한 번도 목욕물을 데우기 위해 쓰이지 않은 것을 뜻하기도 한다. 한데, 이 책의 이곳에서는 포도주와 관련되는 이 세발 솥의 상징적 의미와 관련해서 이런 말을 하고 있다. 술을 마시는 사람들은 자신들이 어떤 사람들인지를 드러낼 뿐만 아니라, 다른 사람들도 저마다 솔직히 말하게 함으로써 자신을 드러나게 만드는데, 이래서 "포도주는 진실(alētheia)이기도 하고, 포도주는 사람의 속마음(생각: noos)을 보여준다"고 하면서, "또한 사람들이 진실을 말하는 사람들을 tripous에서 말한다(ek tripodos legein)고 하는 것도 그 때문이다"라고 한다. 이렇게 해서 '진실 특유의 tripous'니 '예언의 능력으로 해서 얻은 진실로 인한 아폴론 고유의 tripous'니 하면서, 델피(Delphoi)의 tripous와 연결을 짓게 된다. 아닌게아니라 델피의 무녀(여제관: Pythia)가 여기에 앉아서 신탁의 답(manteion, chrēsmos)을 내리게 됨으로써, 말하자면 무녀가 앉는 신성한 삼각좌(三脚座)로 쓰이게 된다. 신탁을 구하는 사람은 소정의 의례를 거쳐 아폴론 신전의 지성소(至聖所: adyton) 가까이에 접근하는 것이 허용되나, 이는 무녀를 볼 수 없는 곳까지다. 이 지성소 안에는 세계의 중심을 상징하는 배꼽 모양의 돌 조각인 옴팔로스(omphalos)와 한 그루의 월계수(daphnē)가 있다. 수량이 풍부한 샘에서 정화 의식을 거친 무녀(여제관: 피티아)는 지성소의 제단에서 월계수 잎과 보릿가루를 태워 향을 피우고서 월계수 잎으로 된 관(冠)을 쓰고서는 이 삼각좌(tripous)에 앉아서 신들린(entheos, enthous) 상태가 되어, 월계수 가지를 흔들며 아폴론의 영감(epipnoia Apollōnos)으로 얻은 계시를 중얼거리면, 이를 예언자들(prophētai)이 정리해서 신탁의 답으로 내리나, 이는 어쩔 수 없이 모호한 내용의 것이어서, 단정적으로 그 뜻을 무엇이라 해석할 수는 없게 되어 있다.(이 부분과 관련해서는 앞에서 인용한 *The Oxford Classical Dic-*

솟아오르는 것을 곧바로 흘려보냅니다.[103] 그의 기예(기법: technē)는 모방(mimēsis)이어서, 서로 대립되는 상태에 있는 인물들을 그려 냄으로써, 자가당착의 말을 자주 하지 않을 수 없게 되어, 말한 것들 중에서
d 진실한 것들이 이쪽 것들인지도 아니면 저쪽 것들인지도 모릅니다. 그러나 입법자로서는 법에서 이런 짓을, 즉 한 가지 것에 대해 두 가지 말을 할 수가 없습니다. 한 가지 것에 대해서는 언제나 한 가지 말을 표명해야만 합니다. 하면, 방금 귀하께서 말씀하신 바로 그것들[104]을 갖고서 생각해 보십시오. 장례는 넘치는 경우도 있고, 모자란 경우나 알맞은 경우도 있겠는데, 귀하께서는 그중에서 한 가지를, 곧 중간 것을 택하셔서, 이를 지시하시기도 하고 무조건 칭찬하기도 하셨습니다. 그러나 저로서는, 만약에 부로 해서 남다른 여인이 있어서 저의 시에서 자신의 장례를 치르

---

*tionary*를 참조함.) 그러면 이 각주에서 이제까지 한 설명과 '시인이 무사(Mousa) 여신의 세발 솥 또는 삼각좌(三脚座: tripous)에 앉아 있을 경우, 그때는 제정신이 아닌 상태여서'라 한 언급은 어떤 연관성이 있는 것일까? Mousa 여신의 삼각좌(三脚座: tripous)에 대한 문헌상의 언급으로 확인된 것은 없는 것 같다. 그러나 제3권 682a에는 시인에 대한 이런 언급이 보인다. "시인의 부류는 신과도 같아, 영감을 얻고서 노래를 하는데, 어떤 카리테스(Charites)와 무사 여신들(Mousai)의 도움을 받아 그때마다 진리에 따라(kata alētheian) 일어나는 많은 일들을 포착하지요." 이 인용구에서 특히 주목할 부분은 '시인의 부류는 영감을 얻고서(entheastikon on) 노래를 한다'는 것이다. 영감에 사로잡힌(entheastikon) 상태는 곧 신들린 상태(enthousiasmos)이다. 시인의 마음이 신들린(en-theos, enthous) 상태가 되면, '제정신(phrēn)이 나가 버린'(ek-phrēn) 상태, 곧 신들린 몰입 상태에 있게 되고, 다시 제정신이 든(em-phrēn) 상태로 복귀하면, 시적 영감(epipnoia)을 잃게 된다는 것이다. 본문은 그런 이야기를 하고 있는 것이다.

103) 시적 영감으로 시상이 넘치는 시인의 시작(詩作: poiēsis) 행위를 샘이 밑에서 새로운 샘물이 솟아오르면 넘치게 되는 물을 바로 흘려보내는 것에 빗대서 말하고 있다.

104) 717d~e를 참조할 것.

도록 지시한다면, 넘치는 장례를 칭찬할 것입니다. 반면에 누군가가 검 e
소하고 가난한 사람이라면, 그는 부족한 장례를 칭찬할 것이지만, 알맞은 정도의 자산을 갖고 있으며 그 자신도 절도 있는 사람이라면 같은 장례를 칭찬할 것입니다. 귀하로서는, 방금 알맞은 정도(metrion)를 말씀하시면서, 말씀하신 것처럼, 그렇게 말씀을 하셔서는 안 되고, 알맞은 정도(적도: to metrion)가 무엇이며 얼마만큼 많은 것인지(hoposon) 말씀하셔야만 합니다. 아니면 그와 같은 정도의 말이 법으로 된다고는 결코 귀하께서 생각하시는 일이 없도록 하십시오."

클레이니아스: 더할 수 없이 참된 말씀입니다.

아테네인: 그러면 우리의 법률을 위해 임명된 이는 법률의 첫머리에서 그와 같은 걸 아무것도 공표하지 않고서, 바로 무엇은 해야 하고 무엇은 하지 않아야만 하는지를 말하고, 또한 형벌(zēmia)을 위협으로 내밀
고서는, 다른 법으로 향하되, 법률로 제정된 것들(법규들: ta nomo- 720a
thetoumena)에 한마디의 권고(paramythia)[105]나 설득(peithō)의 말도 덧붙이지 않을 것인가요? 마치 어떤 의사의 경우처럼 말씀입니다. 우리를 그때마다 치료함에 있어서 어떤 의사는 이렇게 해 버릇하나, 어떤 의사는 저렇게 해 버릇하죠. 이 각각의 방식을 우리가 상기해 보십시다. 마치 아이들이 의사가 자신들을 가장 부드러운 방식으로 치료해 주기를 의사에게 청하듯이, 우리도 입법자에게 청하기 위해서 말씀입니다. 이를테면, 우리가 무슨 말을 하고 있는 걸까요? 아마도 우리가 어떤 이들은 의사들이라고 말하고, 어떤 이들은 의사들의 보조자(조수)들이라고 말하겠지만, 이들 또한 우리가 의사들로 부를 게 분명합니다.

클레이니아스: 그야 물론입니다. b

아테네인: 이들이 자유민들이건 또는 노예들이건 간에, 이들은 주인

105) 885b에서 '권고의 말'(paramythion)을 참조할 것.

720b

들[106]의 지시와 관찰에 따라 그리고 경험에 따라 그 기술(technē)을 획득하지, 자연의 이치에 따른(kata physin) 것은 아닙니다. 자유민들 자신들이 배워서 자신들의 제자들을 그리 가르치듯이 말씀입니다.[107] 선생께선 이들을 의사들로 불리는 사람들의 두 부류로 보십니까?

클레이니아스: 어찌 그러지 않겠습니까?

아테네인: 그렇다면 선생께서는 이 점을 또한 아시고 있겠습니다. 나라들에 있어서 환자들 가운데는 노예들인 자들도 있고 자유민들인 자들
c 도 있어서, 노예들은 거의 대체로 노예들이 뛰어 돌아다니면서 또한 의원들에서 대기하고 있으면서 치료를 합니다. 이런 의사들 가운데서는 아무도 가노(家奴)들 각각의 각 질병과 관련된 아무런 설명도 해 주거나 해 받는 일이 없고, 다만 자신의 경험을 통해서 좋은 것으로 판단되는 것들을, 스스로 정확하게 알고 있는 사람처럼, 지시합니다. 마치 참주처럼 고집스럽게 말씀입니다. 그리고선 다른 환자인 가노에게로 훌쩍 옮겨가 버리는데, 이런 식으로 주인이 환자들에 대한 보살핌을 쉽게 하도록 준비
d 를 합니다. 반면에 자유민인 의사는 대개는 자유민들의 질병들을 돌보며

---

106) 여기서 '주인'(despotēs)이란 의원(醫院: iatreion) 또는 병원의 원장을 가리키는 것으로 보면 되겠다.

107) 의원(醫院)의 주인인 원장 또는 제대로 된 의사는 의술을 학술적으로 그리고 체계적으로 배우고 습득한 사람일 것이다. '자연의 이치에 따라(kata physin) 의술을 획득했다'는 말은 그런 말이다. 그런 사람이라야 진정한 의미에 있어서 '자유민인 의사'일 것이다. 그런 의사는, d에서 말하다시피, '질병들을 그 시초부터 그리고 자연의 이치에 따라 검토하며' 학술적으로 접근한다. 그래서, 제9권 857c4~d를 보면, 이런 의사는 '철학함(philosophein)에 가까운 논의를 하는 사람'이라 한다. 반면에 '이론(logos)은 없이 경험만을 이용하는' 자는, 그가 자유민이건 또는 노예이건 간에, '이들은 주인들의 지시와 관찰에 따라 그리고 경험에 따라 그 기술(technē)을 획득하는' 자들이어서, 언제까지나 '조수' 또는 돌팔이로 머물 수밖에 없을 것이라는 이야기이다.

살피거니와, 이 질병들을 그 시초부터 그리고 자연의 이치에 따라 검토하며, 환자 자신과도 그리고 친구들과도 함께하면서, 스스로 환자들한테서 뭔가를 배우기도 하면서, 동시에 할 수 있는 한도까지는 환자 자신을 가르쳐 주는데, 어떤 식으로든 납득이 되기 전에는 지시를 내리지 않고, 언제나 환자를 설득과 함께 고분고분해지도록 준비를 한 그때에야, 건강으로 인도함으로써 만족한 결과를 얻도록 노력하겠죠? 의사가 치료를 e
하고 체육 교사가 체육을 시키는 것이 이렇게 하는 것이 더 나을지 아니면 앞의 방식으로 하는 것이 더 나을지? 하나의 능력(힘: dynamis)[108]을 이중적인 방식으로 실현할 것인지 아니면 한 가지 방식으로 그리고 둘 중에서도 더 나쁘고 거친 방식에 따라 이루어지도록 할 것인지?

클레이니아스: 선생이시여, 이중의 방식이 아마도 월등히 나을 것입니다.

아테네인: 그러면 이 이중적 형식(to diploun)과 단순한 형식(to haploun)이 법률 제정 행위들 자체에 적용되고 있는 걸 우리가 또한 보도록 할까요?[109]

클레이니아스: 어찌 그러고 싶지 않겠습니까?

아테네인: 자, 그러면 신들에 맹세코, 입법자가 제정하게 될 첫째 법은 무엇일까요? 나라들과 관련된 법령들에 있어서 첫째 것은 출산과 관련된 시초를 준비하는 것이 순리적이지(자연스럽지: kata physin) 않겠 721a
습니까?

클레이니아스: 물론입니다.

아테네인: 모든 나라에 있어서 출산들의 시초는 혼인들을 통한 섞임과 함께함이 아닙니까?

108) 여기서 '능력(힘: dynamis)'이란 의술(iatrikē [technē]) 따위의 능력이나 힘을 가리킨다.

109) 이와 관련해서는 719e~720a를 참조할 것.

721a

클레이니아스: 어찌 아니겠습니까?

아테네인: 그러니까 혼인과 관련된 법률이 맨 먼저 제정될 경우에, 모든 나라에 있어서의 바른 상태(orthotēs)와 관련해서 [법] 제정이 훌륭하게 될 것 같이 보입니다.

클레이니아스: 그건 전적으로 그렇습니다.

아테네인: 먼저 단순한 형식의 법을 말해 봅시다. 그건 아마도 대략 이럴 것입니다.

b 개인은 30세가 되면, 35세까지는 혼인을 할 것.[110] 그러지 않을 경우에는, 벌금과 불명예에 의한 처벌을 받을 것임. 벌금은 얼마 얼마이며, 불명예는 무엇 무엇임.

혼인들과 관련된 단순한 형식의 법(ho haplous nomos)은 이와 같은 것이라 해 두죠. 반면에 이중적인 형식의 법(ho diplous nomos)은 다음과 같은 것입니다.

개인은 30세가 되면, 35세까지는 혼인을 할 것. 유념할 것은 인류가 어떤 본성에 의해서 불사성(不死性: athanasia)에 관여(참여)하는 방식이 그것이며, 또한 이에 대한 온갖 욕구를 모두가 선천적으로 지니고 있
c 다는 것이니라. 유명해지며 죽어서 이름 없이 묻히지 않는 것이 그런 것에 대한 욕구이기 때문이다. 따라서 인간들의 종족은 모든 시간과 함께 묶이어 있으니, 모든 시간[111]이 끝까지 인류에 동반하고 있으며 또한 동반할 것이다. 아이들의 아이들을, 언제나 같은 하나의 것인 것을 남기는 이 방식으로, 곧 출산에 의해서 불사성에 관여(참여)할지니라. 그러니

110) 《국가(정체)》 편 460e에서는 출산 적령기로서 남자는 25세에서 55세까지의 30년, 여자는 20세에서 40세까지의 20년을 제시하고 있다.

111) 모든 시간(ho pas chronos)은 영원(aiōn)을 뜻한다. 영원과 시간 등에 대해서는 《티마이오스》 편 37d~38b를, 그리고 특히 그 대비는 37d를 참조할 것.

자의로 저에게서 이를 앗음은 결코 경건하지 못한 일이거니와, 자식들과 아내에 대해 무관심한 사람이라면, 의도적으로 그걸 앗는 것이다. 따라서 법에 복종하는 자는 벌을 받지 않고 자유로울 것이나, 반대로 불복하 d
는 자는, 즉 35세가 되어서도 혼인을 하지 않는 자는 해마다 얼마 얼마를 벌금으로 내게 하라. 독신 생활이 자신에게 이득과 편함을 가져다주리라고 생각하는 일이 없도록 하기 위해서다. 또한 그 나라에서 젊은 연배의 사람들이 자신들보다 연장인 사람들을 그때마다 존경해 주는 그런 명예도 누리지 못하게 하라.[112)]

이 법을 앞의 것과 대비시켜[113)] 듣게 된 사람은 각각의 하나하나와 관련해서 생각해 볼 수 있을 것입니다. 법률이 이처럼, 설득함과 동시에 위협함을 통하여, 그 길이에 있어서 최소한 두 배의 것들로 되어야만 할 것 e
인지, 아니면 위협하는 것만을 이용함으로써 그 길이에 있어서 단순한 것들로 되어야만 할 것인지를 말씀입니다.

메길로스: 선생이시여! 라코니케식은 더 간결한 쪽을 늘 선호하는 것이죠.[114)] 그렇지만, 만약에 누군가가 저로 하여금 이들 성문화된 것들 중에서 어느 쪽 것을 우리나라에 있어서 성문화해서 갖고 싶은지를 결정하는 자(심판자)로 될 것을 명령한다면, 저는 더 긴 쪽을 택할 것입니다.
더구나, 모든 법과 관련해서도, 양쪽의 각 경우가 생긴다면, 이 본보기를 722a
따라 같은 이것을 택하겠습니다. 그렇더라도 여기 계신 클레이니아스 님

---

112) 그러나 여기에서 본보기로서 언급된 혼인과 관련된 법은 772e 이후에서 제대로 그리고 길게 다루어지고 있다.

113) 방금 말한 이중적인 형식의 법과 그 앞의 단순한 형식의 법을 각각 가리킨다.

114) 라코니케(hē Lakōnikē [gē])에 대해서는 제1권 각주 3을 참조할 것. 곧 스파르타를 가리킨다. 간결한 글이나 말(brachylogia)은 라코니케식 표현의 특징이다.

722a 께도 방금 법제화된 것이 만족스러워야만 할 것으로 생각합니다. 그와 같은 법률을 지금 이용할 것으로 생각되고 있는 나라가 이분의 나라이니까요.[115)]

클레이니아스: 어쨌든 훌륭한 말씀입니다, 메길로스 님!

아테네인: 한데, 성문화된 것들의 분량이 많거나 적은 것과 관련된 걸 논의거리로 삼는다는 것은 너무 어리석은 일입니다. 귀히 여겨야 할 것은 최선의 글이지, 가장 짧은 글도 아니며, 긴 글도 아니라고 저는 생
b 각하기 때문입니다. 하지만, 방금 언급된 법률의 경우에 한쪽 것이 다른 쪽 것보다 그 효용성의 빼어남에 있어서 곱절이나 다를 뿐만 아니라, 방금 언급된 것은, 즉 두 부류의 의사들이 비교된 것은 더할 수 없이 옳은 것이었습니다.[116)] 그러나 이와 관련해서는 입법자들 가운데서 일찍이 아무도 법률 제정과 관련해서는 두 가지 것을, 즉 설득(peithō)과 강제력(bia)을 이용할 수 있다는 생각을 하지 않았거니와, 교육(paideia)을 경험하지 못하는 군중(ochlos)과 관련되는 한, 그 한쪽 것만을 이용합니다.
c 강제성(anankē)을[117)] 설득과 혼화(混和)하여[118)] 법률 제정을 하지 않고,

---

115) 제3권 702c~d를 참조할 것.

116) 720a~e를 참조할 것.

117) Burnet가 τὴν† μάχην으로 읽은 것을 Budé 판에 따라 ἀνάγκην으로 읽었다.

118) "강제성을 설득과 혼화하여(kerannyntes) 법률 제정을 한다"는 것에서 kerannyntes의 원형은 kerannymi이고, 이의 명사형은 krasis이다. 이 경우의 혼화와 아주 비슷한 경우의 언급을 우리는 《국가(정체)》 편 410a~412a 및 441e에서 찾아볼 수 있는데, 이곳에서는 시가(詩歌)와 체육의 혼화(krasis)를 통한 혼(정신)의 교육과 관련된 언급을 하고 있다. krasis(mixing, blending)는 meixis 또는 mixis(mixing, mingling)와 마찬가지로 역시 일차적으로는 '혼합'을 의미하기는 한다. 그러나 그 결과가 조화 또는 융화를 이룬 것일 경우, 이는 단순한 혼합보다는 '혼화'(混和)라 하는 것이 옳다. 혼화의 문제와 관련해서 집중적으로 다루고 있는 대화편

순전한 강제력[119]만을 이용하기 때문입니다. 하지만, 복 받으신 분들이시여, 저는 더 나아가 법률과 관련해서 지금은 어디에서도 찾아볼 수 없는 세 번째 방식이 생길 필요가 있음을 보게 됩니다.

클레이니아스: 바로 어떤 걸 말씀하십니까?

아테네인: 방금 우리가 대화를 한 것들에서 어떤 신의 도움으로 생긴 것입니다. 우리가 대화를 하기 시작했던 게 거의 새벽녘부터였는데, 한낮이 되었고, 아주 훌륭한 이 휴식처에 와 있습니다만, 법률에 관해서 말고는 아무것도 대화를 하지 않았습니다. 한데, 이제야 우리가 법률을 말 d
하기 시작한 것으로 제게는 생각되는군요. 앞에서 말했던 것들은 모두가 우리에게는 법률의 전문(前文: prooimion)들[120]이었습니다. 하지만 무엇 때문에 제가 이것들을 말했을까요? 이걸 말하고자 해섭니다. 즉, 모든 논의(연설)에는, 또한 음성이 관여하는 모든 것에는 서론 또는 전주곡(서곡, 서시: prooimion)들이 있거니와, 흡사 어떤 준비운동들처럼, 그것들은 그다음에 올 것을 완결(연주)하는 데 도움이 될 어떤 기술적인

은 《필레보스》이다. 이 대화편의 색인에서 관련 항목들을 찾아보고서 참고하는 것도 좋겠다.

119) 순전한 강제력(akratos bia)으로 번역한 말에서 akratos는 '혼화하지 않은', '혼합하지 않은', 따라서 '순수한' 또는 '절대적인'을 의미한다. 포도주로 말하면, 물과 희석하지 않은 포도주(oinos akratos)의 경우와 같다.

120) prooimion(복수는 prooimia)은 이처럼 법률의 경우에는 전문(前文)을 뜻하지만, 바로 다음에서 보듯, 서론, 전주곡, 서곡, 서시, 연설이나 논의의 벽두 또는 첫머리 등을 뜻하기도 한다. 어원상으로는 앞(pro) 곡조(선율, 가락, 노래, 시가: oimos)라는 뜻이다. 그리고 '법'을 뜻하는 nomos도, 다음에서 보듯, 가락 또는 특정한 종류의 가락이나 노래 등을 뜻하기도 한다. 곧 prooimion에 대한 '본 악곡'(本樂曲)이라 할 것이다. 이와 관련해서는 제3권 700b, d에서 '노모이들' 및 '가락의 어김'에 대한 각주를 각각 참고하는 게 좋겠다. 《티마이오스》 편 29d에도 관련된 언급이 보인다.

722d

시도의 성격을 갖는 것들이라는 걸 말씀입니다. 가령 키타라 연주에 맞춘 노래의 이른바 노모스(nomos)들(nomoi)[121] 및 일체 음악(mousa)의 전주곡(서곡)들은 놀라우리만큼 정성을 들인 것들로서 첫머리를 차지하
e 게 되는 것으로 짐작합니다. 그러나 정말로 nomoi(법률)인 것들, 바로 이것들을 우리는 국법이라[122] 말하는데, 이것들의 전문(前文: prooimion)은 일찍이 아무도 말한 적이 없으며, 설사 그걸 지은 사람이 있었더라도, 그게 햇빛을 보게 하지는 못했습니다. 마치 그런 게 없는 것이 자연스럽기라도 한 것처럼 말씀입니다. 하지만 지금 우리가 하고 있는 담론은, 제게 생각되는 바로는, 그런 것이 있는 게 자연스러움을 보여 주고 있습니다. 그러고 보니 어쨌든 이중의[123] 법률이라 방금 말했던 것도 어쩌면 이처럼 단순히 이중적인 것이 아니라, 두 가지 것들, 곧 법과 법의 전문(prooimion tou nomou)인 것으로 제게는 여겨졌습니다. 따라서
723a 참주적 지시로 언급되었던 것, 즉 자유롭지 못한 자들로 우리가 말한 의사들의 지시들에 비유되었던 것, 이것은 절대적인 법(nomos akratos)[124]으로 여겨지고요. 그러나 이에 앞서 말한 것, 즉 여기 이분께서 설득적인 것이라 하신[125] 것은 정말로 설득적인(peistikon) 것이거니와, 아닌게아

121) 바로 앞의 각주 및 700b에서 '노모스들'에 대한 각주를 참조할 것.
122) '바로 이것들을 우리는 국법이라'에서 '국법'으로 옮긴 것의 원어는 politikoi인데, 여기에서 이는 nomoi politikoi를 말하는 것이다. '키타라 연주에 맞춘 가락'이라든가 '보이오티아 가락' 따위처럼, 음악에서 말하는 '가락'으로서의 nomoi가 아니라, polis적인 또는 정치적인 nomoi라는 뜻으로 하는 말이지만, 그 뜻은 결국 나라와 관련된, '가락' 아닌, '법률'이므로, '국법'으로 옮기는 게 무난할 것이라 여겨, 그리했다.
123) 여기에서 '이중적'으로 옮긴 diploi(단수는 diploos)에는 '두 배'란 뜻도 있다. 이는 720e 이후의 언급에도 부분적으로는 해당된다.
124) 법에 설득적인 면이 전혀 없음을 가리켜 하는 말이다. 722c에서 '순전한 강제력'에 대한 각주와 그 본문을 참조할 것.
125) 메길로스를 가리키며, 721e~722a에서 메길로스가 한 말로 미루어 그

니라 연설(논의: logoi)의 경우에 있어서의 [연설] 벽두(첫머리)의 효능을 갖는 것 같고요. 왜냐하면 그건 바로 법인 지시를, 즉 입법자가 법으로 공포하는 것을 받아들이게 될 사람이 호감을 갖고 받아들이도록 그리고 호감으로 해서 더 쉽게 알아듣도록 하기 위해서이기 때문입니다. 앞서 말을 한 그 사람[126]이 설득하느라고 한 그 모든 말은 이를 위해서 한 것임이 제게는 명백해졌습니다. 바로 이 때문에 이것은, 법의 본문(本文: logos)이 아닌, 바로 전문이라 일컫는 것이 옳다는 것이 어쨌든 제 주장 b
입니다. 그렇다면 이런 것들을 말한 터에, 그다음으로 제가 뭘 말하게 되길 스스로 원하겠습니까? 그건 이것입니다. 입법자는 전체 법률 앞에 언제나 전문(前文)들이 없는 상태로 만들어서는 안 되거니와 법률 각각의 경우에도 이는 마찬가지여야만 한다는 것인데,[127] 이로써 법률은, 방금 언급된 두 법[128]이 서로 달랐던 정도로, 저들끼리 다릅니다.

클레이니아스: 저로서는 이런 것들을 알고 있는 이가 우리에게 달리 입법을 하도록 지시하지는 않았으면 합니다.

아테네인: 그렇다면, 클레이니아스 님, 모든 법률에는 전문들이 있으 c
며 일체의 법률 제정이나 일체 연설을 시작함에는 그 각각에 적합한 전문 또는 첫머리를 앞세워야만 한다고 적어도 그토록 선생께서 말씀하신 것은 훌륭한 것으로 제게는 생각됩니다. 왜냐하면 그다음에 언급될 것은 사소한 것도 아니거니와, 이걸 명확히 또는 명확하지 못하게 기억하게 되는가는 적은 차이가 있는 것도 아니기 때문입니다. 그렇지만 이른바

렇다는 이야기이다.

126) 715e~718a에서 따옴표로 묶인 말을 한 사람을 가리키는 것으로 보인다.

127) 그러니까 전문들에도 두 부류가 있어야 한다는 주장이다. 법률 전체에 대한 전반적인 전문과 각각의 법 조항에 앞세워야만 하는 전문이 그것들이다.

128) 721b~d에서 예시된 혼인과 관련된 두 가지 형식의 법을 가리킨다.

723c
중대한 법률과 사소한 법률의 경우에도 똑같이 전문을 갖게 되도록 우리
가 지시를 한다면, 우리는 옳게 말하는 게 아닐 것입니다. 모든 노래나
d 연설이 그래야만 하는 건 아니니까요. 비록 모든 것에는 그 성격상 그런
것이 있을지라도, 그걸 모두 이용해야만 하는 것은 아닙니다. 하지만, 그
런 것은 연사 자신이나 노래를 짓는 사람 그리고 입법자 자신에게 그때
마다 맡겨야만 합니다.

클레이니아스: 선생께서 더없이 참된 말씀을 하시는 것으로 제게는
여겨집니다. 그렇다면, 선생이시여, 더 이상 미루는 시간 보내기는 하지
말고, 본론으로 돌아가, 선생께도 괜찮다면, 그것들[129]에서부터 시작합
시다. 즉 그때 선생께서 전문을 말하려고 해서 말씀하시지는 않았던 것
들에서부터 말씀입니다. 그러니까 우리는, 이를테면 놀이를 하는 사람들
e 이 말하는 것처럼, 처음부터 더 낫게 두 번째로, 다시 되풀이합시다. 이
제 막 했듯이, 닥치는 대로 논의를 할 게 아니라, 전문(前文)을 완결하도
록 말씀입니다. 그것들의 시작 부분을 전문으로 삼도록 동의한 것으로
봅시다. 그리고 신들에 대한 숭배와 조상들의 보살핌에 관련된 것들은
이미 언급된 것들[130]로도 충분합니다. 그다음 것들은, 진체 전문이 충분
히 언급된 것으로 선생께 판단될 때까지, 말하도록 해 봅시다. 그다음에
는 법률 자체를 말씀하시면서 진행하실 겁니다.

724a 아테네인: 그러니까 우리는 신들 및 그다음의 존재들[131]에 관하여는
그리고 생존해 계신 부모나 돌아가신 조상들에 관하여는, 지금 우리가
말하고 있듯, 그때 충분히 전문을 말했던 겁니다. 하지만 선생께서는 그
와 같은 것으로 아직 남아 있는 것을, 말하자면, 이제 밝히도록 제게 권
유하시고 있는 것으로 보입니다.

---

129) 715e~718a에서 따옴표로 묶인 것을 가리키는 것으로 보인다.
130) 바로 앞의 각주에서 밝힌 곳을 가리킨다.
131) 717a~b를 참조할 것.

클레이니아스: 그건 전적으로 그렇습니다.

아테네인: 그렇지만 이런 것들 다음에는, 자신들의 혼들과 몸들 그리고 재산들에 관련된 것들에 대한 관심의 진지함과 완화를 어떻게 유지해야만 하는지를 숙고하는 것이 말하는 사람으로서도 듣는 사람들[132]로서 b
도 적절하고 또한 [양쪽 다에] 가장 공통된 것이기도 하며, 가능한 한도까지의 교육도 받게 될 것입니다. 그러므로 우리로서 그것들 다음에 정말로 말해야만 할 것들과 들어야만 할 것들은 바로 이것들입니다.

클레이니아스: 지당하신 말씀입니다.

132) 말하는 사람은 아테네인이고 듣는 사람들은 상대인 두 사람이다.

제 5 권

아테네인: 신들과 사랑하는 조상들에 관련해서 언급된 것들[1]을 방금 726a
들은 이라면, 모름지기 모두가 들어야 할 것입니다. 자신의 모든 소유물
가운데서도 가장 신성한 것은[2] 혼(psychē)이니, 이는 무엇보다도 제 자
신의 것입니다.[3] 모든 이에게는 제 자신의 것들로 모두 이중의 것들이
있습니다. 그러니까 더 강하고 더 나은 쪽 것들이 주인 노릇을 하는 것들
인 반면에, 더 약하고 더 못한 쪽 것들은 종 노릇을 하는 것들입니다. 따
라서 자신의 것들 중에서도 주인 노릇을 하는[4] 것들을 종 노릇을 하는
것들보다 언제나 더 존중해야만(귀히 여겨야만) 합니다. 바로 이처럼 자
신의 혼을, 주인들인 신들[5]과 이들을 따르는 것들[6] 다음으로, 두 번째로 727a

---

1) 715e7~718a6에서 언급된 것들을 가리킨다.

2) E. B. England와 R. G. Bury는 이 다음에 [meta theous](신들 다음으로는)를 삽입했지만, 군더더기이다. England가 스스로도 밝히고 있듯, 신들은 인간의 소유물도 아니고, 신성 자체이지, 가장 신성한 것들도 아니겠기 때문이다.

3) 959a~b 및 《알키비아데스 I》 130e에서 그리고 《파이돈》 편 115c~e에서도 특히 우리의 주검과 관련지어 혼을 그렇게 말하고 있다.

4) 이를테면, 주인 노릇을 하는 혼의 기능들에 대한 언급으로는 《국가(정체)》 편 353d~e를 참조할 것.

727a

존중해야만 한다고 말함으로써 제가 옳게 권고하고 있을 겁니다. 하지만 우리 가운데서 거의 아무도 그것을 옳게 존중하고 있지 않습니다. 그리 생각할 뿐이죠. 명예란 어쩌면 신성한 좋은 것이겠으나, 나쁜 것들 가운데서는 그 어떤 것도 명예로운 게 없겠기에, 어떤 언변이나 선물들 또는 고분고분함으로 혼을 키우게 될 것이라 생각하는 사람은 한결 나쁜 상태에 있는 혼을 더 나은 상태의 것으로 전혀 만들지 못하고 있습니다. 그는 혼을 존중하고 있는 것 같지만, 전혀 그러지 않고 있는 겁니다. 이를테면, 모든 아이는 어른이 되는 즉시 모든 걸 능히 알 수 있다고 믿으며, 자신의 혼을 칭찬함으로써 그것을 존중하는(명예롭도록 하는)[7] 것으로 여

b 기거니와, 혼이 무엇을 원하든 그리하도록 열성으로 응하는데, 요즘 하는 말로, 그렇게 함으로써 혼을 해치고 있지 존중하는 게 아닙니다. 하지만 우리가 주장하는 바는 신들 다음으로는 그걸 두 번째로 존중해야만 한다는 것입니다. 사람이 그때마다의 제 과실들을, 그것도 대부분의 가장 큰 잘못들을 제 탓으로 여기지 않고, 남들 탓으로 여기면서, 자신에게는 늘 아무 탓도 없는 것으로 제외할 경우에도, 그는 제 혼을, 그리 보이듯, 존중하는 것이 아니라, 그러는 것과는 그가 동떨어져 있습니다. 실은

c 그걸 그가 해치고 있기 때문입니다. 그가 입법자가 말하는 것과 칭찬하는 것에 어긋나게 쾌락들에 탐닉할 때, 그 경우에도 그는 전혀 제 혼을 존중하는 것이 아니라, 나쁜 것들과 후회로 가득 채움으로써 그걸 불명예스럽게 하고 있는 겁니다. 그런가 하면 이와 반대로 칭찬받는 수고들

5) 902b 및 906a에서도 그리 말하고 있다. 특히 《파이돈》 편 62b~63a에서는 인간도 노예처럼 신들의 소유물로 보고, 주인인 신의 허락도 받지 않고 함부로 스스로 제 목숨을 거둘 수는 없다는 이야기를 하고 있다.

6) 717b에서 말했듯, 신령들(daimones; 단수는 daimōn임)을 뜻한다.

7) 헬라스어 timan에는 존중한다, 존경한다, 숭배한다, 명예롭게 한다, 명예를 부여한다, 귀히 여기다 등의 뜻이 있다. 그 명사형은 timē이다.

과 무서움들, 고통들 그리고 슬픔들을 참으며 치러 내지 못하고 굴복해 버릴 경우에, 그 경우에도 그는 굴복함으로써 그것을 존중하지 않고 있는 겁니다. 이와 같은 짓들 모두를 함으로써 혼을 불명예스럽도록 만들게 되기 때문입니다. 어떻게든 살아남는 걸 좋은 것으로 생각할 경우에도, 혼을 존중하는(명예롭도록 하는) 게 아니라, 그때도 그걸 불명예스럽 d
게 하고 있는 겁니다. 왜냐하면 저승(하데스)[8]의 것들을 모두 나쁜 것들이라고 혼이 생각할 경우에, 그곳 신들과 관련된 것들이 그 본성상 반대로 우리에게 좋은 모든 것 중에서도 가장 좋은 것들인지 어쩐지도 혼이 모르고 있다는 것을 스스로 가르쳐 주며 논박하면서 항거하지도 못하고 굴복하고 있는 것이기 때문입니다. 또한 누군가가 [사람으로서의] 훌륭함(덕: aretē)보다도 준수함(kallos)[9]을 더 귀히 여길 경우도, 이는 참으로 그리고 전적으로 혼의 불명예(atimia) 이외의 다른 것이 아닙니다. 왜냐하면 이 주장은 혼보다도 몸이 더 귀한 것이라 말하고 있기 때문입니다. 이는 거짓말을 하고 있는 것입니다. 지상에서 태어난 것은 그 어떤 e
것도 올림포스의 것들[10]보다도 더 귀하지 않기 때문이거니와, 혼에 관해서 다른 의견을 갖고 있는 자는 얼마나 놀라운 것인 이 소유물을 자신이 등한시하고 있다는 걸 깨닫지 못하고 있는 겁니다. 또한 누군가가 재화

---

8) Hades의 헬라스어 원어는 Haidēs 또는 Aïdēs(서사시에서)이다. 하데스는 제우스와 형제간으로 지하 세계를 관장하는 신인데, 나중에는 지하 세계 자체, 즉 저승을 의미하게도 되었다. 그래서 '보이지 않는'(a-idēs)이라는 말과 연관지어 생각하기도 한다.

9) kallos(beauty)는 to kalon(the beautiful, the moral beauty: 아름다움)과는 달리 주로 신체적인 아름다움, 곧 잘생김, 준수함, 미모 등을 뜻한다.

10) 올림포스(Olympos)는 신들의 거처니까, '올림포스의 것들'이란 이들 12신들과 이들에 속하는 것들을 가리킨다고 보면 되겠는데, 인간에게 있어서도 혼은 신적인 것이기 때문에 지상에서 태어난 것(gēgenes)인 몸보다도 귀한 것이란 뜻의 말을 여기서는 하고 있다.

728a 를 불미하게 획득고자 열망하거나, 또는 그걸 [그렇게] 획득하고도 꺼림
칙해하지 않는 경우, 그 경우에 그는 선물들로 자신의 혼을 명예롭게 하
고 있는 게 분명히 아닙니다. 사실 그것과는 아주 거리가 멉니다. 제 혼
의 값지고도 아름다운 것을 작은 금을 받고서 팔아 버린 것이기 때문입
니다. 땅 위의 금이든 땅 밑의 금이든, 모든 금도 [사람으로서의] 훌륭함
(덕)만한 값어치는 없으니까요. 요컨대, 입법자가 부끄럽고 나쁜 것들로
그리고 반대로 좋고 훌륭한 것들로 일일이 열거하여 규정한 그것들에 대
해, 한쪽 것들은 온갖 수단을 다 써서 회피하되, 다른 쪽 것들은 전력을
다해서 추구하려 하지 않는 사람은 이 모든 일에 있어서 모두가 가장 신
b 성한 것인 혼을 가장 불명예스럽고 가장 볼썽사나운 상태에 있게 하고
있다는 걸 깨닫지 못하고 있는 겁니다. 악행에 대한 이른바 가장 큰 벌
(dikē)[11]은 거의 아무도 헤아리지 못하고 있기 때문입니다. 그 최대의 벌
은 나쁜 사람들을 닮게 되는 것인데, 그리 닮게 됨으로써 좋은 사람들과
좋은 말들을 피하며 이들한테서 자신을 떼어 놓게 되는 한편으로, 다른
쪽 것들과의 어울림에 따라 그것들과의 밀착을 추구하게 되는 겁니다.
하지만, 이런 사람들과 계속해서 사귐으로써, 이런 사람들이 자연적으로
c 서로 행하고 말하게 되어 있는 것들을 행하기도 하며 당하게도(겪게
도)[12] 되는 건 필연적입니다. 그러니까 이 당함(겪음: pathos)은 벌이 아

---

11) 여기에서 '벌'로 번역한 dikē에는 여러 가지 뜻이 있어서, 앞에서도 여러 가지로 번역해 왔다. 원래 이 말은 '습관'이나 '관습' 또는 '방식'을 뜻하는 말이다. 그런데 어떤 공동체가 오래도록 지켜 온 관습은 그 구성원들에 대해 으레 어떤 당위성이나 마땅한 도리의 성격을 갖는 것으로 되어, 마침내 구속력을 갖게 된다. 그래서 관습에 근거를 둔 '정의'나 '정당함' 그리고 이를 어겼을 경우의 '벌', '소송', '심판', '재판', '판결', '처벌', '벌금', '소송' 등을 뜻하게도 되었다.

12) 여기에서 '행함'(poiein)은 '능동'을, '당함'(겪음: paskhein)은 '수동'을 각각 뜻한다.

니라, — 올바른 것(정의로운 것: to dikaion)과 처벌은 선의의 것이니까,[13]— 응징(timōria),[14] 곧 불의(adikia)에 따른 수난(pathē)입니다. 이 수난(pathē)을 당하게 된 자도, 이를 당하지 않고 있는 자도 불쌍하죠. 앞사람은 [아직은] 치유가 된 것이 아니고,[15] 뒷사람은, 다른 여러 사람이 무사하게끔 되기 위해서, 사라지게(처형)될 테니까요.[16] 전체적으로 말해서, 우리에게 명예란 더 나은 것들을 따르되, 한층 못한 것들이기는 하나, 더 좋아질 수는 있는 것들을 최대한 좋아지도록 하는 바로 이 일을 이루는 것입니다.

그러므로 나쁜 것은 피하되 무엇보다도 가장 좋은 것을 추적하여 붙잡는 데 있어서, 그리고 일단 그걸 붙잡은 다음에는 이번에는 여생을 그 d
것과 함께 사는 데 있어서, 인간에게 주어진 소유물로서, 혼보다도 더 그 성질상 적합한 것은 없습니다. 이 때문에 명예로는 혼이 둘째 서열에 배정되었습니다.[17] 셋째 것은 몸에 주어지는 명예인 게 자연스럽다는 이 점은 어쨌든 모두가 알 만한 일일 것입니다. 그러나 이 명예들은 다시금

13) 곧 사법적 절차와 이에 따른 처벌을 의미한다.

14) 악한 사람들이 악행을 서로 행하고 당하는 가운데 하는 보복적인 응징을 가리킨다. 따라서 이는 사법적인 절차에 따른 처벌이 아니다.

15) 《고르기아스》 편 472e에는 이런 구절이 보인다. "불의를 저지르는 자 그리고 올바르지 못한 자는 아주 불쌍하다. 그렇지만 만약에 불의를 저지르고도 처벌도 받지 않고 응징도 당하지 않는다면, 그는 더 불쌍하다. 그러나 그가 신들과 인간들에 의해 처벌을 받고 죗값을 치른다면, 그는 덜 불쌍하다." 곧 정당한 사법적 절차에 따라 처벌을 받는 사람은 잘못에 대한 교정의 기회, 곧 정신적으로 좋지 못한 상태에서 치유될 기회를 갖게 되고, 따라서 그만큼 더 나은 사람으로 될 수 있는 기회도 얻게 된다. 그러나 그렇다고 해서 치유된 것은 아직 아니니, 여전히 불쌍하다.

16) 이 문장의 해석과 관련해서는 Saunders가 그의 주석서(No. 23)에서 긴 언급을 하고 있다.

17) 726a~727a를 참조할 것.

728d

검토를 해 보아야만 할 것이며, 이것들 가운데서도 어느 것들이 참된 것들이고 얼마나 많은 것이 거짓된 것들인지를 검토하는 것은 입법자가 할 일입니다. 그런데 그는 그것들을 다음의 것들이라 그리고 다음과 같은 것들이라 제게 알려 주는 것 같군요. 명예로운 몸은 아름다운 것도 힘센 것도 날쌘 것도 큰 것도 아니며, 또한 튼튼한 것도 아니고, — 비록 많은
e 이에게는 이것이라 여겨지겠지만, — 그렇다고 해서 이것들과 반대되는 것들도 아니니, 이 모든 상태의 중간을 유지하고 있는 몸들이 비교될 수 없을 정도로 아주 건전하고 든든한 것들이죠. 앞 경우의 것들은 그 혼들을 우쭐하고 대담하게 만드나, 뒤의 경우의 것들은 초라하고 비굴하게 만들기 때문입니다. 재화와 소유물들의 소유 또한 이와 같아서, 똑같은 척도로 평가할 일입니다. 이것들 각각의 과다는 나라들에도 사사롭게도
729a 적대감들과 분쟁들을 야기하는 반면에, 이것들의 모자람은 대개 노예 상태를 야기하기 때문입니다. 따라서 아이들을 위해서, 이들이 최대한 부유한 상태가 되어 있도록 하기 위해서, 돈을 좋아하는 일은 없도록 해야 할 것입니다. 그건 그들에게도 또한 나라에도 더 나은 게 아니니까요. 젊은이들에게는 아첨꾼들이 꾀게 하지 않을 정도의 자산, 그러나 필요한 것들이 부족하지 않을 정도의 자산, 이것이 무엇보다도 가장 적당하며 최선의 것이기 때문입니다. 이것이 우리와 화합을 이루며 모든 것과 조
b 화되어 고통 없는 삶을 실현하게 되니까요. 아이들에게는 많은 경외(공경, 염치: aidōs)[18]를 물려주어야지, 금을 물려주어서는 안 됩니다. 한데, 우리는 부끄러움을 모르는 젊은이들을 꾸짖음으로써 이를 물려주게 될 것이라 생각하고 있습니다. 그러나 이는 오늘날 젊은이들에게 하는 교훈으로는, 즉 젊은이는 모든 이 앞에서 부끄러움을 느껴야만 한다고 말하며 훈계하는 걸로 생기는 게 아닙니다. 하지만 사려 깊은 입법자는 오히

18) 647a에서 해당 각주를 참조할 것.

려 더 나이 많은 사람들에게 젊은이들 앞에서 부끄러움을 느끼도록 권고함 직하며, 또한 나이 많은 사람이 부끄러운 뭔가를 행하거나 말하는 걸 젊은이들 가운데 누군가가 혹시라도 보거나 듣게 되는 일이 없도록 조심할 것을 권고함 직합니다. 나이 많은 사람들이 부끄러움을 느끼지 않는 c
곳, 이곳에서는 젊은이들 또한 더할 수 없이 뻔뻔한 게 필연적이니까요. 왜냐하면 젊은이들의, 동시에 또한 나이 많은 이들의 돋보이는 교육(paideia)은 훈계하는 것(nouthetein)이 아니라, 누군가가 남한테 훈계하며 말함 직한 바로 그것들을 스스로 일생을 통해 행하여 보이는 것이기 때문입니다. 한데, 만약에 누군가가 친족을 그리고 같은 핏줄을 갖고 같은 가족 신들을 섬기는 공동체의 구성원들 모두를 존중하고 공경한다면, 출산을 관할하는 신들은 그의 자식들의 출산에 대해 합당하게 호의적일 것입니다. 또한 더 나아가서는 친구들과 동료들 문제만 해도, 만약에 누군가가 저에 대한 그들의 도움들을 그들이 여기고 있기보다도 더 크고 d
더 귀한 것들로 여기는 반면에, 친구들에 대한 제 호의들은 친구들 및 동료들 자신들이 생각하고 있기보다도 더 작은 것들로 생각한다면, 일상적 교제에서 호감을 갖는 관계를 유지할 것입니다. 나라 및 시민들과의 관계에 있어서도, 올림피아 경기에서의 겨룸이나 일체의 전쟁 및 평화적인 겨룸들에서 승리하는 것보다도 제 나라의 법률에 대한 봉사의 평판에 의해 이기는 쪽을 택하는 사람이야말로 비교될 수 없을 정도로 아주 훌륭합니다. 법률에 대해 일생 동안 모든 사람들 가운데서도 가장 훌륭히 봉 e
사했다는 평판 말입니다. 그런가 하면, 외국인들과 맺은 계약들은 가장 신성한 것들로 생각해야만 합니다. 외국인들 사이에서 저질러진 그리고 외국인들에 대해 저지른 과실들은 거의 모두가 시민들 사이에서 저질러진 과실들에 비해 보복해 주는(응징하는) 신에게 더 보복 대상이 됩니다. 외국인(나그네)은 동료들이나 친족들이 없는 상태에 있기에, 인간들과 신들한테 더 동정을 받기 때문입니다. 그래서 보복(응징)을 할 수 있

729e

는 자가 더욱 열성적으로 도와주지만, 나그네를 보호하는 제우스[19]를 따

730a 르며 나그네들 각각을 보호하는 수호신(daimōn)과 그런 신이 특히 그런 힘을 갖고 있지요. 그러므로 조금이라도 앞을 내다보는 생각(promētheia)이 있는 사람은 일생을 통해서 외국인(나그네)들과 관련해서는 그 어떤 과실도 범하지 않고 제 일생의 종착점을 향하여 가게 되도록 많은 조심을 합니다. 그런데 외국인들에 대해서 범한 과실들이든 내국인들에 대해서 범한 과실들이든, 각각의 경우들에 있어서 탄원자들과 관련된 과실은 가장 심각한 것으로 됩니다. 탄원자가 계약상의 합의 사항들에 대한 보증자로 되었던 신에게 탄원을 하게 되면,[20] 이 신은 일을 당한 자의 각별한 보호자로 되어서, 그걸 당한 자가 당한 일들에 대해 결코 앙갚음을 하지 않은 상태로 당하고 있게는 하지 않을 것이기 때문입니다.

b 이렇게 해서 우리는 부모와 제 자신 및 제게 속하는 것들에 관련된 관계 맺음들, 그리고 나라와 친구들 및 친족, 그리고 또한 외국인들 및 내국인들과 관련된 관계 맺음들에 대해 거의 상술하다시피 한 셈입니다. 그러나 자신이 어떤 사람으로서 삶을 영위하는 것이 가장 훌륭할 것인지가 그다음으로 자세히 다루어야 할 것입니다. 법이 초래하게 될 것들이 아니라, 칭찬과 나무람이 각자 각자를 교육함으로써 앞으로 제정될 법률에 더 순종하고 고분고분하도록 만들게 될 것들, 이것들이 우리가 그다

c 음으로 언급해야 할 것들입니다. 참됨(진실: alētheia)이야말로 신들의 경우에는 모든 좋은 것들을 선도(先導)하나, 인간들의 경우에는 일체의

---

19) 제우스의 여러 별칭 가운데 하나가 Zeus xenios인데, 이는 나그네를 보호해 주는 신이라는 뜻이다. 그러니까 제우스는 나그네들을 보호하는 신들을 다 거느리는 신이기도 하다.

20) 국내법의 보호를 받는 내국인끼리의 계약과는 달리, 다른 나라 사람들과 개인적으로 맺는 계약은 신에 맹세코 했을 것이므로, 그 신은 그들의 계약에 대한 보증자, 곧 사람으로 치면, 증인인 셈이다.

것을 선도합니다. 앞으로 축복받고 행복하게 될 사람은 처음부터 곧바로 참됨에 관여해야 할 것입니다. 최대한 오래도록 진실한 사람으로 삶을 살아가기 위해서는 말씀입니다. 그런 사람은 미덥기 때문이죠. 그러나 의도적인 거짓말을 해 대는 사람은 미덥지가 않고, 본의는 아니면서도 거짓말을 해 대는 사람은 어리석지요. 이들 중에 어느 쪽도 샘낼 게 아닙니다. 그야 적어도 미덥지가 않고 무지한 사람은 모두 친구가 없기 때문입니다. 이 사실은 세월이 지나면서 알려져서, 힘든 노령기에 삶의 종말을 앞두고 완전히 외로운 처지를 자신에게 마련해 주게 됨으로써, 동료
들과 자식들이 살아 있건 또는 살아 있지 않건 간에, 그에게 있어서 삶은 d
거의 고아나 다름없는 것이 됩니다. 아무런 올바르지 못한 짓(불의)도 저지르지 않은 자는 물론 명예롭습니다만, 올바르지 못한 짓(불의)을 저지르는 사람들이 올바르지 못한 짓(불의)을 저지르는 걸 허용하지 않는 자는 그보다도 두 배 이상의 명예를 누릴 자격이 있습니다. 앞사람은 한 사람의 몫을 하는 가치가 있으나, 뒷사람은 다른 사람들의 올바르지 못함(불의: adikia)을 통치자들에게 알림으로써 많은 다른 사람들의 몫을 하는 가치가 있기 때문입니다. 그런가 하면, 힘닿는 데까지, 통치자들과 함께 징벌을 하는 데 도와주는 이는 나라에 있어서 위대하며 완벽한 인물로서,[21] 이 사람은 [사람으로서의] 훌륭함(덕: aretē)으로 우승 상을
차지한 이로 선언되어야 할 것입니다.[22] 바로 똑같은 칭찬은 절제(sō- e
phrosynē) 그리고 사려 분별(지혜: phronēsis)과 관련해서도 해 주어야만 하며, 이는 누군가가 그 밖의 다른 것들로서, 그 자신이 가질 수 있을 뿐만 아니라 남들에게도 전파할 수 있는 것들로 지니고 있는 좋은 것들

21) 732a를 참조할 것.

22) 이는 불의(adikia)를 방관하지 않고 적극적으로 막는 것이 올바름(정의: dikaiosynē)의 사회적 확산을 돕는 호법(護法) 운동의 일환임을 강조하기 위해서 하는 말일 것이다.

730e
의 경우에도 그리해야만 합니다. 그것들을 전파해 주는 사람은 최정상
급의 명예를 주어야만 하는 반면에, 그리하고자 하지만, 할 수는 없는 사
람[23]은 둘째가는 명예를 허락해야만 합니다. 그러나 시기하며, 좋은 어떤
것들을 우애로 해서는 누구와도 자진해서 공유하게 되는 일이 없는 이
731a 사람[24]은 비난받아야만 합니다. 그러나 그 소유물을 그걸 지닌 자 때문
에 조금이라도 더 불명예스럽게 만들어서는 안 되고, 오히려 힘닿는 데
까지 그걸 지니려고 해야만 합니다. 우리 모두가 [사람으로서의] 훌륭함
(덕)과 관련해서는 시기하지 않고 이기기를 좋아하는 마음이게 해야 하
죠. 그런 사람이 스스로 경합함으로써, 남들을 비방들로써 깎아 내리지
않고서도, 나라들을 키우기 때문입니다. 그러나 시기하는 사람은, 비방
에 의해서 남들보다 우월해야 한다고 생각함으로써, [사람으로서의] 참
된 훌륭함(덕)을 위해 스스로도 덜 노력하며, 경합하는 사람들을 부당하
게 비난함으로써 의기 소침 상태에 빠뜨리고, 또한 이로 해서 온 나라를
b [사람으로서의] 훌륭함(덕)의 경합에 있어서 단련을 받지 못한 상태로
만듦으로써, 이 나라를 그 명성과 관련해서 더 왜소하게 만드는 데 그 나
름의 일조를 하게 됩니다. 그러니까 모든 사람이 격정적이면서도(기개
있으면서도: thymoeidēs) 최대한 온순해야만 합니다.[25] 왜냐하면 다른
사람들의 위험하고 고치기 힘들거나 또는 아예 고칠 수 없는 비행들에
대해서는 싸워서 방어함으로써 이겨 내고 또한 전혀 굽힘이 없이 응징하
는 것 이외에는 달리 피할 길이 없기 때문입니다. 그러나 이는 고귀한 기
c 개(격정: thymos)[26] 없이는 어떤 혼도 해낼 수가 없습니다. 반면에 불의

---

23) 올바름, 절제, 사려 분별 등을 스스로 개인적으로는 실천하지만, 남들에게까지 영향을 미치어, 사회적으로 확산해 가는 일은 하지 못하는 경우를 말하고 있다.
24) 앞의 주석에서 말한 것들을 혼자서 독점하려는 사람을 가리킨다.
25) 《국가(정체)》 편 375a~e 및 410b~412a를 참조할 것.

를 저지르기는 하지만, 그 비행들이 고칠 수 있는 것들일 경우에는, 모든 올바르지 않은 사람이 올바르지 않은 것은 자발적인 게(自意로 해서는: hekōn) 아니라[27]는 것을 우선 알고 있어야만 합니다. 왜냐하면 최대로

---

26) thymos는 그 어원을 thyō에 두고 있는데, 이는 힘차게 움직이거나 격노하는 것을 나타내는 동사이다. 그러므로 thymos는 원래 우리말의 '혈기'와 '활기' 및 '격정'에 가까운 뜻을 지닌 말이다. 생명력, 원기; 감정이나 느낌, 용기나 기개 또는 분노나 격분; 의지나 생각 등이 깃들이는 심장이나 마음을 가리키는 말이다. 플라톤이 쓰는 이 말을 영어로는 대개 spirit 또는 spirited temper, 불어로는 ardeur나 colère 그리고 독일어로는 Eifer로 번역하고 있는데, 역자는 '격정(기개)'으로 번역했다. 이의 형용사는 thymoeidēs이다. 플라톤은 《국가(정체)》 편(특히 제4권)에서 혼을 그 기능이나 성향에 따라 편의상 세 부분으로, 즉 '이성적(헤아리는) 부분'(to logistikon [meros]), '격정적인 부분'(to thymoeides [meros]), '욕구적인 부분'(to epithymētikon [meros])으로 나누는데, 이는 흔히 혼의 삼분설(三分說) 또는 세 부분설이라는 통칭으로 널리 알려져 있다. 그러나 이는 어디까지나 하나인 혼의 기능 및 성향에 따른 개념적인 구분일 뿐이다. 그런가 하면, 그는 개념적·기능적인 면에서 편의상 구분하는 데서 더 나아가 놀랍게도 혼을 두 부류의 것들로, 곧 '불사하는 종류의 것'과 '사멸하는 종류의 것'으로 구분해서 말하기도 한다. 《티마이오스》 편(69c~74d)에서는 '혼의 불사하는 원리'(archē psychēs athanatos)를 언급한 뒤에, '다른 종류의 혼'(allo eidos … psychēs)이라든가 '사멸하는 종류[의 것]'(to thnēton [eidos])이라고 하는가 하면(69c), 69d~71b에서는 사멸하는 부류의 혼(to tēs psychēs thnēton genos)을 다시 두 부분(meros, moira)으로 구분해서 언급하고 있다. 다시 말해, 횡격막(가로막)을 칸막이로 하여, '가슴'(흉강)과 '몸통'(복강)에 사멸하는 혼의 두 부분, 즉 '용기와 격정에 관여하는 부분'과 '음식물 등에 대해 욕구를 갖는 부분'이 나뉘어 자리잡고 있는 것으로 말하고 있다. 이와는 달리 신적(to theion) 또는 가장 신적(to theiotaton)이며 최선의 것(to beltiston)인 불사의(athanatos) 혼은 뇌(enkephalos, 73d)에 자리잡고 있는 것으로 언급하고 있다. 이것이 곧 이성(logos) 또는 지성(nous)으로 불리는 혼이다.

27) 이곳 및 바로 다음의 언급과 관련해서는 689a~b에서 '가장 큰 무지'에 대한 언급을, 그리고 특히 《국가(정체)》 편 589c~e도 참조하는 게 좋겠다. 그리고 710a의 각주에서 "훌륭함(덕: aretē)은 곧 앎(epistēmē)이

731c
나쁜 것들은 그 어떤 것도 어느 경우에나 결코 아무도 자발적으로(자의
로) 지녔으면 하지는 않을 것이기 때문인데, 더구나 자신의 가장 귀중한
부분들에 있어서는 조금도 그러지 않을 것입니다. 혼은, 우리가 그리 주
장하고 있듯, 모두에게 있어서 정말이지 가장 귀중한 것입니다. 그러므
로 아무도 최대로 나쁜 것을 자신의 가장 귀중한 부분에 자발적으로(자
의로) 받아들여서는, 결코 평생토록 그걸 지닌 채로 살려고 하지는 않을
것입니다. 하지만 올바르지 못한 자도, 나쁜 것들을 지닌 자도 어쨌든 불
쌍합니다. 그러나 그것들을 고칠 수 있는 것들로 지니고 있는 자에 대해
d 서는 불쌍해하는 것이 허용되며, 또한 격정을 억제하여 누그러뜨리는 것
이 그리고 아낙처럼 격렬하게 분해하기를 지속하지는 않는 것이 허용됩
니다. 반면에 절대로 고칠 길이 없을 정도로 빗나가고 나쁜 사람에 대해
서는 분노를 터뜨려야만 합니다. 바로 이 때문에 훌륭한 사람은 그때마다
격정적이면서도 온순해야만 하는 것이 적절하다고 우리가 말하고 있는
것입니다.

많은 사람의 경우에 그들의 혼들에 타고난 모든 나쁜 것들 가운데서도
가장 큰 것은 모두가 저 자신에 대해서는 그걸 용서해 줌으로써, 이를 피
e 하는 그 어떤 방도도 강구해 내지 못하고 있다는 겁니다. 이것이 사람은
모두가 저 자신에 대해서는 본성적으로 친애하거니와 또한 이러해야만
하는 것도 옳다고 사람들이 말하고 있는 것입니다. 모든 과실의 진짜 탓
은 각자 저마다에 대한 저 자신의 지나친 사랑으로 해서 그때마다 [그게]
생긴다는 것입니다. 왜냐하면 사랑을 하는 사람은 그 사랑을 받는 사람
에 대해서 눈이 멀게 되어서는, 올바른(정의로운) 것들과 좋은 것들 그

다"라는 소크라테스의 언명과 이에서 자연스럽게 도출되는 "나쁨(kakia)은 곧 무지(agnoia)이다"와 관련된 주석을 참조할 것. 《프로타고라스》 편 345d~e 및 《티마이오스》 편 86d~e에도 같은 취지의 주장이 나오는 대목들이 보인다.

리고 아름다운 것들을 잘못 판단하게 되기 때문입니다. 참된 것에 앞서 732a
언제나 제 것을 존중해야만 한다고 믿어서죠. 적어도 위대한 인물로 될
이는 저 자신도 저 자신의 것들도 사랑하지 말고, 올바른(정의로운) 것
들을 사랑해야만 합니다. 이것들이 내게 있어서 행하여진 것들일 경우도
그리해야겠지만, 다른 사람에게 있어서 행하여진 것들일 경우에는 더더
욱 그리해야만 합니다. 한데, 이 똑같은 과실로 해서 저 자신에게 있어서
의 무지(amathia)를 지혜(sophia)인 걸로 여기는 일이 모두에게 일어나
죠. 이런 연유로 우리는 거의 아무것도 모르면서 모든 걸 아는 것으로 생
각하여, 우리가 모르는 것들을 다른 사람들이 하도록 맡기지 않고, 스스 b
로 함으로써 우리가 과실을 범하지 않을 수 없게끔 됩니다. 그 때문에 모
든 사람은 지나치게 자신을 사랑하는 건 피하되, 저 자신보다도 더 나은
자를 언제나 좇아야만 합니다. 그런 자와 관련해서는 그 어떤 부끄러움
도 앞을 막아서게 되는 일이 없이 말씀입니다.[28)]

이것들보다 더 사소한 것들이며 자주 듣는 것들이긴 하나, 이것들보다
못지않게 유용한 것들을 스스로 상기케 하면서 말해야만 합니다. 이를테
면, 무엇인가가 유출하게 되면 언제나 그와 반대로 유입이 되어야만 하
듯, 상기함(anamnēsis)은 모자라는 사려 분별(지혜: phronēsis)의 유입
이니까요.[29)] 바로 그 때문에 지나친 웃음들과 눈물도 억제할 것을 모든 c
사람이 모두에게 권고해야만 합니다.[30)] 또한 모든 지나친 기쁨과 지나친
고통도 전적으로 숨기고서 의젓해 보이도록 애써야만 합니다. 각자의 수

28) 이제까지의 저 자신보다도 더 나은 자 또는 더 나은 새로운 저 자신을 목표로 삼아 정진하는 자세를, 마치 옛 애인을 버리고 새로운 애인을 좇는 것처럼, 부끄럽게 여길 일이 전혀 아니라는 뜻으로 하는 말이다.

29) anamimnēiskonta˙ … epirrhein, … apoleipousēs.의 구두점들은 Burnet의 독법을 따랐다.

30) 《국가(정체)》 편 606a~c를 참조할 것.

732c

호신(daimōn)[31]이 잘 지내는 처지에 있을 때에도, 그리고 어떤 일들로 해서 그 수호신들이 불운으로, 이를테면, 높고 가파른 비탈에 맞닥뜨려 있을 때에도 말입니다. 그러나 신은 적어도 선량한 사람들에게는 닥쳐
d 있는 큰 고난들 대신에 더 작은 것들을 언제나 주어서, 지금의 처지보다도 더 나은 쪽으로의 변화들을 보게 할 것이라고, 그런가 하면 이것들과 반대되는 좋은 것들에 관련된 모든 것이 이들에게 행운과 함께 언제나 생기게 될 것이라고 기대해야만 합니다. 바로 이 희망들과 이런 모든 것에 대한 기억을 갖고서 저마다 살아야만 합니다. 조금도 해이해지지 말고, 놀 때나 일할 때나, 남도 저 자신도 이를 또렷이 기억하게 하면서 말입니다.

그러니까 이제 관행들과 관련해서는 어떤 것들을 추구해야만 하며, 각
e 자 자신과 관련해서는 어떤 사람이어야만 하는지, 신들에 관련된(종교적인) 것들은 거의 언급이 되었습니다. 하지만 인간의 것들은 지금으로서

31) '다이몬'(daimōn)은 각자의 혼에 따라붙어서, 그가 살아 있는 동안 그의 '삶의 몫'이라 할 운명(moira)을 지키는 '수호신'을 가리킨다. 그런데 《파이돈》 편 107d를 보면, 각각의 '다이몬'이 제비뽑기로 저마다 어떤 혼을 맡게 되는 것으로 언급되고 있다. 그러나 《국가(정체)》 편 617e에서는 "다이몬이 그대들을 제비로 뽑는 게 아니라, 그대들이 다이몬을 선택하리라"라고 운명의 여신 라케시스(Lachesis)가 혼들을 향해 선언하고 있는 걸로 나온다. 한데, 헬라스인들이 사용하는 '행복'(행운, 번창, 풍요: eudaimonia) 또는 '불행'(불운: kakodaimonia)이라는 말은 어원적으로 이 daimōn과 연관되어 있다. 행복함을 뜻하는 형용사 eudaimōn(행복한)은 '좋은(eu) 수호신(daimōn)으로 복 받은'을 뜻하는가 하면, 그 반대어인 kakodaimōn(불행한)은 '나쁜 수호신에 붙들린'을 뜻한다. 본문에서 그다음에 하고 있는 수호신과 관련된 말도 이런 맥락에서 이해해야 할 것이지만, 어떤 사람 또는 혼과 이를 운명적으로 맡고 있는 수호신은 결국 별개의 것이 아니라 서로를 공유하는 동반 관계에 있는 하나의 운명 공동체인 셈이다. 그런가 하면 '다이몬'은 신들에 비해 그 격이 낮은 '신령'을 뜻하기도 한다.

는 우리가 아직 언급하지 않고 있는데, 해야만 합니다. 왜냐하면 우리는 사람들과 대화를 하고 있지, 신들과 하고 있는 게 아니기 때문입니다. 즐거움(쾌락: hēdonē)들과 괴로움(고통: lypē)들 그리고 욕망(욕구: epithymia)들은 물론 본성상 특히 인간적인 것입니다.[32] 죽게 마련인 모든 동물은 말하자면 이것들과 속절없이 결부되어 있으며, 그것도 심각하고 막강한 것들에 의해서 매달려 있게 되는 게 필연적입니다. 따라서 가장 아름다운 삶(ho kallistos bios)은 찬양해야만 합니다. 이는 그것이 비
단 명성과 관련된 위용으로 해서 압도하기 때문만이 아닙니다. 누군가가 733a
이를 누리고[33] 싶어 하고 젊어서 이에서 도망가는 자가 되지 않는다면, 우리 모두가 추구하는 이것, 곧 평생토록 더 많이 즐거워하되 덜 괴로워하는 것으로도 그게 또한 압도하기 때문입니다. 만약에 누군가가 그걸 옳게 누린다면, 이렇게 되는 것이 명백할 것이라는 건 곧바로 그리고 충분히 드러날 것입니다. 하지만 그 옳음(orthotēs)은 무엇입니까? 이를 이제 논의에서 취해서 고찰해야만 합니다. 우리로선 그리 사는 것이 자연스런 것인지 또는 달리 사는 것은 자연스럽지 못한 것인지를, 더 즐거운 삶과 더 괴로운 삶을 대비해 가며 다음과 같이 고찰해야만 합니다. 우리는 우리에게 즐거움이 있기를 바라지만, 괴로움(고통)은 선택하지도
원하지도 않거니와, 즐거움 대신에 그 어느 쪽도 아닌 것[34]을 원하지는 b
않지만, 이를 괴로움과는 바꾸기를 원합니다. 우리는 더한 즐거움을 동반한 덜한 괴로움을 원하는 반면에, 더한 괴로움을 동반한 덜한 즐거움은 원하지 않지만, 이것들 각각이 같은 비율일 경우에는, 우리가 원하는 그대로를 명확히 할 수도 없을 것입니다. 한데, 이것들 모두는 수와 크

---

32) 물론 신들 또는 신적인 것들과 대비할 때 그렇다는 말이다.
33) '명성을 누리는 걸' 뜻한다.
34) 중성 상태의 것으로 보면 되겠다.

733b
기, 강도와 동등함 그리고 이와 같은 것들 모두로 해서 [우리의] 바람과
관련되어 있으며, 각각의 것들의 선택과 관련해서 차이를 가져오기도 하
c 고 아무런 차이를 가져오지 않기도 합니다. 이것들이 바로 이렇게 되어
있는 게 필연적이므로, 그 각각이 많고 크며 강렬하되, 즐거움(쾌락)들
의 그 정도가 우세한 삶을 우리는 원하나, 그 반대되는 경우의 삶은 원하
지 않습니다. 그리고 다시 그 각각이 적고 작으며 미약하면서도, 괴로운
것들이 우세한 삶은 우리가 원하지 않으나, 그 반대되는 경우의 삶은 원
하고요. 하지만 다시, 평형을 이루게 된 삶의 경우에는, 앞서의 경우처
럼, 생각해야만 합니다. 평형을 이룬 삶도, 우리에게 친근한 것에 의해
d 우세할 경우에는, 우리가 원하지만, 이와 달리 싫어하는 것들에 의해 우
세할 경우에는, 원하지 않습니다. 그러기에 우리의 모든 삶이 본래 이것
들에 엮이어 있다고 생각해야만 하며, 또한 우리가 천성으로 어떤 삶들
을 원하는지도 생각해야만 합니다. 따라서 만약에 우리가 이것들과 어긋
나게 뭔가를 원한다고 말한다면, 실제의 삶들에 대한 어떤 무지와 무경
험으로 해서 이를 말하고 있는 겁니다.

그러면 인간으로서 가능한 한 가장 복되게 살아야만 할 그런 삶들로,
선택할 것이 무엇 무엇이 있으며 또 얼마나 많이 있을까요? 원하기도 하
고 자발적이기도 한 것과 원하지도 않고 자발적이지도 않은 것을 자신을
e 위해 정한 준칙[35]에 비추어 보고서, 좋아하는 것이면서도 동시에 즐겁
고, 최선의 것이며 가장 아름다운 것으로 택하게 되는 삶 말씀입니다. 그
러면 말해 봅시다. 절제 있는 삶이 그 하나이고, 지혜로운 삶도 그 하나
이며, 용감한 삶도 그 하나요, 건강한 삶 또한 그 하나인 것으로 정렬하
죠. 그리고 넷인 이것들에 반대되는 것들로서 또 다른 넷을, 곧 어리석은

35) 원어는 nomos(법)이지만, 문맥을 고려하여 여기에서는 '준칙'으로 옮겼다.

삶, 비겁한 삶, 무절제한 삶, 병든 상태의 삶을 정렬하고요. 그러면 절제
있는 삶을 아는 사람은 이를 모든 것에 대해 온유한 걸로, 곧 조용한 괴 734a
로움들과 조용한 즐거움들, 온유한 욕구들과 광적이지 않은 애욕들을 갖
게 하는 것으로 간주할 것입니다. 반면에 무절제한 삶은 모든 것에 대해
격렬한 걸로, 곧 강렬한 고통들과 강렬한 쾌락들, 열렬하고 광포한 욕망
들과 더할 수 없이 광적인 애욕들을 갖게 하는 것으로 간주할 것이고요.
절제 있는 삶에서는 즐거움들이 괴로움들을 압도하나, 무절제한 삶에서
는 고통들이 그 크기와 수 그리고 빈번함으로 해서 즐거움들을 압도하는
것으로 간주할 테죠. 이런 연유로 삶들 중에서도 앞의 것은 우리에게 더
즐거운 것이 되지만, 뒤의 것은 더 괴로운 것이 되는 게 필연적이고 자연 b
스럽거니와, 적어도 즐겁게 살기를 바라는 자는 어쨌든 자발적으로는 무
절제하게 사는 걸 단연코 허용하지 않습니다. 만약에 지금 한 말이 옳다
면, 모든 무절제한 자는 자발적이지 않은 게[36] 필연적이라는 것이 이제
명백합니다. 절제함이 부족한 상태로 모든 인간의 무리가 살고 있는 것
은 무지(amathia)로 인해서이거나 자제하지 못함(akrateia)[37]으로 인해
서 또는 이 둘 다로 인해서이기 때문입니다. 병든 상태의 삶 및 건강한
삶과 관련해서도 똑같이 생각해야만 하는데, 이는 둘 다가 즐거움들과
괴로움들을 갖기 때문입니다. 하지만 건강한 상태에서는 즐거움들이 괴로
움들을 압도하나, 병든 상태의 삶들에서는 괴로움들이 즐거움들을 압도

36) 헬라스어로 hekōn은 고의로, 의도적으로, 자발적으로, 자의(自意)로 등을 뜻하며, 그 반대되는 것은 akōn이다. 733d에서 '자발적인'(hekousion) 그리고 '자발적이지 않은'(akousion)이라 한 것은 그 형용사적 형태들이다.

37) akrateia는 enkrateia(자제: self-control)와 반대되는 것으로, '자제하지 못함' 또는 '자제력 부족'을 뜻한다. 아리스토텔레스는 akrateia를 akrasia로 바뀐 용어를 쓰며, 이 문제를 《니코마코스 윤리학》 제7권에서 집중적으로 다루고 있다.

c 합니다. 한데, 삶들 가운데서의 선택을 통한 우리의 바람은 괴로운 것이 우세하게 되는 게 아닙니다. 오히려 이것이 열세하게 되는 경우의 이 삶을 더 즐거운 것으로 우리는 판정했습니다. 따라서 무절제한 삶보다는 절제 있는 삶이, 어리석은 삶보다는 지혜로운 삶이, 또한 비겁한 삶보다는 용기 있는 삶이 양쪽[38] 다를 더 적고 더 작게 그리고 더 드물게 가지며, 뒤에 든 각각이 앞에 든 각각을 즐거움들로 해서 압도하는가 하면, 앞의
d 것들은 뒤의 것들을 괴로움으로 해서 압도하게 되니, 용감한 사람은 비겁한 사람을, 지혜로운 사람은 어리석은 사람을 이기게 됩니다. 그래서 한쪽 부류의 삶들이 다른 쪽 부류의 삶들보다도 더 즐겁습니다. 곧 절제 있고 용감하며 지혜롭고 건강한 삶이 비겁하고 어리석으며 무절제하고 병든 상태의 삶보다도 말씀입니다. 요컨대, 몸과 관련된 또는 혼과도 관련된 훌륭함(덕: aretē)을 고수하는 삶이 나쁨(mochthēria)을 고수하는 삶보다도 더 즐겁기도 하거니와, 또한 다른 점들로 해서도, 즉 아름다움과 옳음(바름), [사람으로서의] 훌륭함(덕) 및 명성으로 해서도 월등하여,
e 이런 삶을 사는 사람이 이와 반대되는 삶을 사는 이보다도 모든 면에서 그리고 전체적으로 더 행복하게 사는 걸 실현하게 되도록 할 것입니다.

법률의 전문(前文: prooimion)으로 하는 말은 여기에서 논의의 끝을 맺도록 하죠. 그러나 전문(서곡) 다음에는 어쩌면 법[조문](본 악곡: nomos)[39]이 뒤따르는 게, 아니 그보다도 실은 나라 체제(정체: politeia)의 법률 요강을 작성하는 게 필요할 것입니다. 그러니까 마치 일종의 직물(synyphē)이나 또는 그 밖의 다른 어떤 엮어서 만든 세공품처럼, 씨와 날은 같은 것들로는 만들어질 수 없고,[40] 날들의 부류는 그 훌륭한 상태

38) 즐거움과 괴로움을 가리킨다.

39) 722d 및 700b의 해당 각주들에서 이와 관련된 설명을 참조할 것.

40) 플라톤은 《정치가》 편에서 치술(治術: politikē), 특히 왕도적 치술

(훌륭함: aretē)와 관련해서 차이가 나는 게 필연적입니다. 왜냐하면 이 부류는 강하고 그 특성들에 있어서 일종의 견고성을 지니고 있는 반면에, 다른 쪽은 한결 더 유연하면서 올곧은 적합성을 보여 주니까요. 바로 735a
이 때문에 나라들에 있어서 관직들을 맡아 통치를 하게 될 사람들과 적은 교육으로 시험을 받은 사람들을 이런 식의 어떤 방법으로 그때마다 비례해서 가려야만 합니다. 그야 물론 나라 체제와 관련해서는 두 가지 것이 있기 때문입니다. 그 하나는 각자 각자에 대한 관직(archē)들의 임명이요, 다른 하나는 그 관직들을 위해 마련되는 법률입니다.[41)]

그러나 이 모든 것에 앞서 다음과 같은 것들을 생각해야만 합니다. 양치기도 소치는 사람도 말들을 키우는 사람도 그리고 이와 같은 모든 무 b
리나 그 밖의 다른 것들을 넘겨받는 사람도 맨 먼저 각 무리의 공동생활을 위해 적절한 정화(katharmos)를 하는 것을 제쳐 놓고서 그것들을 돌보는 일부터 하려 드는 일은 결코 없을 것입니다. 건강한 것들과 건강하지 못한 것들을 그리고 순종인 것들과 순종이 아닌 것들을 가려내어, 한쪽 것들은 다른 무리들로 보내 버리되, 다른 쪽 것들은 보살필 것입니다. 그것들의 몸 및 혼들과 관련해서 자신이 하게 되는 노고가 헛된 것이 되고 끝이 없을 것이라는 생각을 하고서 말입니다. 만약에 누군가가 현재의 가축들을 완전히 정화하지 않는다면, 그 천성과 나쁜 양육이 타락게 c
한 혼들이 각각의 가축들에 있어서 건강하고 더럽혀지지 않은 습관들과 몸들을 가진 부류마저 덩달아 망쳐 놓을 것이라 해서죠. 사실인즉 다른 동물들의 경우에는 그 심각성이 한결 덜하거니와 다만 예를 드느라고 논

(basilikē [technē])을 직조술(hyphantikē)에다 비유하고, 용감한 성품의 사람들과 절제하는 성품의 사람들을 날실과 씨실처럼 활용하여 적재적소에 임명함으로써 나라라는 훌륭한 직물(hyphasma)을 짜 내는 정치적 행위의 과정에 빗대어 설명하고 있다.

41) 이 문제는 잠시 유보되었다가 제6권에서 재론된다.

735c

의에 끌어다 댈 가치가 있을 뿐입니다. 하지만 사람들의 경우에는 입법
자가 정화 및 일체의 다른 대책들과 관련해서 그들 각자에 적절한 것을
d 찾아내어 밝히어 주는 것이 지극히 중대한 일입니다. 이를테면, 나라의
정화와 관련된 일만 해도 사정은 다음과 같겠기 때문입니다. 철저한 정
화들에는 많은 종류의 것들이 있어서, 그 일부는 한결 더 온건한 것들이
지만, 다른 일부는 한결 더 가혹한 것들인데, 동일한 사람이 참주(tyran-
nos)이면서 입법자일 경우에는, 가혹하되 최선의 것들인 정화들을 시행
할 수 있을 것입니다. 그러나 참주의 권력이 없는 입법자가 새로운 정체
와 법률을 확립할 경우에는, 정화들 가운데서도 가장 온건한 정화를 하
더라도, 그런 정도의 것을 하고서도 만족해할 것입니다. 한데 최선의 정
화는 고통스럽습니다. 약들 중에서도 그런 유형의 것이 그렇듯이 말씀입
e 니다. 그건 처벌을 동반하는 재판에 의해서 응징을 하고, 최종적으로는
처벌에 죽음과 추방까지 하기에 이르는 것입니다. 치유될 수 없는 자들
이며 나라에 최대 해악을 입힌 최대의 범죄자들은 제거되는 게 통상이기
때문입니다. 그러나 정화들 중에서도 우리에게 있어서는 한결 더 온건한
것은 다음과 같은 것입니다. 갖지 못한 자들이 식량의 부족으로 해서 가
진 자들의 재산으로 이끌고 가는 자(선동자)들을 선뜻 따라나설 준비를
736a 하고 있는 상태로 있는 사람들로 드러난 자들, 나라의 질병으로 커 버린
이들은 제거의 좋은 표현인 식민 이주(apoikia)라는 이름으로 최대한 호
의적으로 나라 밖으로 내보내게 되죠. 그러므로 모든 입법자는 어떻게든
이를 처음에 단행해야만 하겠지만, 이와 관련된 지금의 우리 사정은 이
들 경우보다는 오히려 보통이 아닌 경우입니다.[42] 식민 이주도, 정화의
일종인 선발도 현재의 경우와 관련해서는 강구할 필요가 없기 때문입니
다. 이를테면, 일부는 샘들이기도 하고 일부는 계류(溪流)이기도 한 것들

42) atopōtera를 Burnet 판은 akopōtera로 읽고 있다.

여럿이 하나의 호수(저수지)로 합류할 경우에, 합류하는 물이 최대한 깨 b
끗하도록 주의하여 지키는 게 필수적입니다. 일부는 배수장치를 이용하고, 일부는 물길을 트고 또한 물길을 돌려서라도 말입니다.[43] 하지만 모든 정치적인 구성에는 노고와 위험이 내포되어 있는 것 같습니다. 한데, 지금 하고 있는 것은 논의를 통한 것이지 실제로 하고 있는 게 아니므로, 우리의 주민 모집도 끝난 걸로 하고, 이 나라의 정화도 뜻대로 된 걸로 하죠. 왜냐하면 지금의 이 나라의 시민으로 함께 가려고 꾀하는 사람들
중에서 나쁜 사람들은 온갖 설득에 의해서 그리고 충분한 시간을 갖고 c
철저하게 시험함으로써 이들이 오는 것을 우리가 막되, 선량한 사람들은 가능한 한 호의를 갖고 기분 좋게 맞아들일 것이기 때문입니다.

그러나 우리가 만난 이 행운을 잊지 않도록 합시다. 우리가 헤라클레스의 후손들의 식민 이주[44]를 행운이라고, 그리고 이들이 토지와 채무의 무효화 및 분배와 관련된 두렵고 위험스런 다툼을 어떻게 피하게 되었는지 우리가 말했듯이 말씀입니다.[45] 이 문제에 대해서 오랜 나라로서는 입법을 하지 않을 수 없게 될 경우에, 개혁을 하지(바꾸지) 않은 채로 둘
수도 없고, 그렇다고 어떤 식으로든 개혁할(바꿀: kinein)[46] 수도 없어 d
서, 말하자면 다만 기원만이 할 일로 남거니와, 그나마 오랜 기간에 걸쳐 조금씩 하는 조심스런 변경이 조금의 변경을 진행하게 하니, 그건 이런

---

43) 맑은 샘물의 경우에는 바로 호수 또는 저수지로 유입하도록 해야 하겠지만, 겨울 동안에 쌓인 눈이 녹거나 비가 와서 급류처럼 흘러드는 계류는 일종의 거름장치라 할 것들을 이용하여 한참 동안 빙빙 돌게 하여 정화한 다음에 받아들일 필요가 있음을 말하고 있는 것이다.

44) 이와 관련해서는 683d의 본문, 특히 해당 각주를 참조할 것.

45) 684d~e를 참조할 것. 그리고 여기에서 '토지와 채무의 무효화 및 분배'는, 684e에서 한 '토지의 재분배와 채무의 무효화'라는 언급으로 보아, '토지의 분배와 채무의 무효화'로 이해하는 것이 옳을 것 같다.

46) 684d~e를 참조할 것.

736d

것입니다. 풍부한 토지를 가진 자들 자신들이 언제나 개혁을 하는 자들이요, 이들은 또한 자신들에게 많은 채무자가 있어서, 곤궁한 사람들과 어떤 식으로든 형평성(epieikeia)을 위해 스스로 나누고 싶어 하는 겁니
e 다. 일부의 경우에는 빚을 면제해 줌으로써[47] 또한 일부의 경우에는 [토지를] 나누어 줌으로써 말입니다. 이들은 어떻게든 적도(適度) 상태(metriotēs)를 고수하려고 하고, 가난은 재산의 감소가 아니라 만족할 줄 모르는 욕심(탐욕: aplēstia)의 증대라고 믿고 있습니다. 이것이 나라 구원의 가장 큰 시작이 되어, 말하자면 이 안정된 기초 위에 훗날 누군가가 이와 같은 정치 체제에 적합한 정치 질서를 어떤 식으로든 구축하려고 할 경우에, 정작 구축할 수도 있게 될 것입니다. 하지만 이 변경이 건전
737a 하지 못한 것일 경우에는, 그다음의 정치적 실천은 어떤 나라의 경우에도 용이하지가 않을 것입니다. 우리는, 우리가 그리 말하고 있듯, 그런 다툼을 피하게 된 것입니다. 그렇더라도, 만약에 우리가 그걸 피할 수 없게 되어 있었다면, 우리가 어떻게 그 회피책을 강구했겠는지 말해 본다는 것은 어쨌든 더 옳은 일입니다. 그러면 이제 말해 둡시다. 정의감(dikē)과 함께 돈 욕심을 부리지 않는 것과 같은 그런 방책 이외의 다른 것으로서 회피할 길은, 넓든 좁든 간에, 없다고요. 그리고 이제 이것이 우리의 이 나라의 이를테면 버팀대(토대)이게 하죠. 재산들은 서로 간에
b 말다툼 거리가 되지 않도록 어떤 식으로든 해 놓아야만 하기 때문입니다. 그렇지가 못하고, 서로 간에 예로부터의 불만거리들이 있는 사람들의 경우들에는,[48] 조금이라도 지각이 있는 사람들이라면 다른 조처에 앞서 자진해서 앞으로 나아가지는 않을 게 틀림없습니다. 그러나, 지금의

---

47) 아테네에서 솔론이 시행했던 빚 탕감(seisakhtheia) 정책은 그런 시도였다고 할 것이다. 698b에서 솔론에 관련된 각주를 참조할 것.

48) 이다음의 텍스트 읽기에서 [kai]는 빼고서 읽었다.

우리 경우처럼, 신이 새로운 나라도 세우도록 해 주고 서로 간에 전혀 아무런 적대감도 없도록 해 준 사람들의 경우에, 토지와 가옥의 분배로 해서 이들에게 적대감의 원인들이 발생하도록 한다는 것은 온 사악을 동반한 무지라 할지라도 사람의 것일 수는 없습니다.[49]

그러니까 바른 분배(dianomē)의 방식은 무엇입니까? 첫째로 시민들 c
의 총수가, 곧 그 수가 얼마여야만 하는지가 정해져야만 합니다.[50] 그다
음으로는 시민들의 배분, 곧 이들을 그 수에 있어서 몇 부분들로 그리고
얼마만한 규모로 나누어야만 하는지에 대해 동의를 해야만 합니다. 한
데, 이들 분할된 부분들에는 토지와 가옥들을 되도록 똑같이 할당해야만
합니다. 적정 인구의 총수는 물론 토지와 그리고 이웃한 나라들과 대비
해서 말하는 것 이외에 더 옳게 말하게 되는 일은 없을 것입니다. 토지는 d
일정수의 절제 있는(마음이 건전한) 사람들을 먹여 살리기에 넉넉한 크
기의 것이면 되고, 그 이상은 전혀 추가적으로 필요하지도 않으며, 인구
는 이 정도의 것이면 됩니다.[51] 곧 자신들을 부당하게 해치는 이웃들을

49) 이제까지의 이런 언급들은 물론 크레테 섬에 새로이 세우려는 가상의 식민지인 마그네시아(Magnēsia)의 좋은 조건들과 그렇지 못한 기존의 나라들의 형편들을 대비해 가면서 하는 것들이다.

50) 물론 마그네시아(Magnēsia)의 인구에 대한 언급이다.

51) 이 부분의 텍스트 읽기에 문제되는 것들이 있다. Burnet 판과 Budé 판에서 γῆ μὲν ὁπόση πόσους … προσδεῖ, πλήθους δέ, ὁπόσοι … 로 되어 있는 부분에서, England, Taylor, Bury, Saunders(*Notes*, No. 29), Pangle, Schöpsdau가 한결같이 πόσους를 ποσούς로 읽고 있다. 역자 또한 그리 읽고, 번역도 그리했다. 그런데 특이한 것은 Des Places의 경우이다. Budé 판의 텍스트 읽기는 Burnet와 같은데, 정작 이 판에 함께 수록된 그의 프랑스어 대역은 텍스트와 달리 다른 사람들의 경우처럼 되어 있다. 그리고 텍스트 읽기에서 또 한 가지가 문제된다. γῆ도, England와 Bury가 그리 읽은 것처럼, γῆς로 읽어야 된다고, 그래서 γῆς μὲν [δεῖ] ὁπόση …, πλήθους δέ, ὁπόσοι … 로 대비되게 읽는 게 옳은 것으로 생각되는데, 이상하게도 이 부분의 이 읽기는 간과되고 있다. 물론 이 읽기에서 [δεῖ]를 문맥상 보

737d

스스로 막아 낼 수 있을 정도이며 또한 부당하게 불의를 당하는 자신들의 이웃들을 도와주는 데 속수무책이 되지 않을 수 있을 정도 말입니다. 그러나 이 문제들은, 우리가 그 영토와 이웃들을 본 다음에, 실제로 그리고 말로도 우리가 결정할 것입니다. 하지만 지금으로서는 그 기본 형태와 밑그림을 위한 끝맺음을 하기 위해서 법률 제정으로 논의가 진행되게 하죠.

e 분배에 의한 토지 소유자(geōmoros)들과 그걸 방위하는 자들[52]은 5,040명이 그 적절한 수인 걸로 하죠. 그리고선 토지와 가옥들은 마찬가지로 똑같은 [수의] 몫들로 나뉘도록 하죠. 사람과 그 할당이 짝을 이루게 하고요. 그러면 이 전체 수[53]를 먼저 두 부분으로 나뉘게 하고, 다음으로는 같은 수를 셋으로 나뉘게 하죠. 그건 그 성질상 넷, 다섯, 그리고 열까지 차례로 나뉠 수 있으니까요. 입법을 하는 자는 물론 모두가 수들

738a 에 대해서 적어도 이 정도는, 곧 어느 수가 그리고 어떤 수가 모든 나라에 가장 유용하겠는지 생각을 해 두어야만 합니다. 그러니까 그 안에 가장 많은 그리고 최대한 연속적인 나눗수(除數)들을 갖고 있는 수를 골라 봅시다. 물론 모든 급수는 온갖 용도를 위한 나뉨을 허용합니다. 하지만 5,040이란 수는 전쟁을 위해서도 그리고 평화 시의 모든 계약과 거래를 위해서도, 또한 세금 징수와 분배 문제와 관련해서도 59개 이상의 나눗

b 수로 나뉠 수는 없습니다. 1부터 10까지는 연속적입니다만.[54]

완해서 읽는 것은, προσδεῖ로 미루어, 자연스런 것이고, 따라서 γῆς μὲν …, πλήθους δέ로 대응되는 게 자연스럽다는 것이 역자의 생각이다.

52) '토지 소유자들과 그걸 방위하는 자들'이란 곧 가구주를 말한다. 이 시대에는 대개 한 가구를 통계상 4명으로 잡는다. 물론 노예 등의 딸린 식구는 제외하고, 순수한 자국민을 기준으로 해서다.

53) 5,040의 수를 가리킨다.

54) 5,040이라는 수는 7의 계승(7 factorial: 7!)이요, 이의 나눗수들은 1부터 10까지는 연속적이나, 그 이상에서는 11, 13, 17, 19 등등이 빠진다.

이것들은 물론 법이 그리할 것을 지시하는 사람들로서는 한가할 때라도 확실하게 이해하도록 해야만 합니다. 그게 실은 다름 아니라 이러하기 때문입니다. 나라를 세우는 사람에게는 다음 것들을 위해서 이를 말해 두어야만 합니다. 누군가가 처음부터 새로운 나라를 수립하고 있을 경우라도, 또는 몰락해 버린 오래된 나라를 재건하고 있는 경우라도, 신들 및 신전들과 관련해서 그 나라에서 각자들을 위해서 무엇을 세워야만 하건 간에 그리고 어느 신들 또는 수호신(신령)들의 이름들로 그것들을 일컫게 되어야만 하건 간에, 조금이라도 지각이 있는 사람이라면, 그 누구도 바꾸려 들지 않을 것들이 있습니다. 그것들이 델피[55]나 도도네[56]에서 또는 아몬[57]에게서 받은 신탁의 지시들이거나, 또는 어떤 옛말들이 c

---

그러니까 1부터 10까지의 10개와 이후의 49개(12, 14, 15, 16, 18, 20, 21, 24, 28, 30, 35, 36, 40, 45, 48, 56, 60, 63, 70, 72, 84, 90, 105, 112, 120, 126, 140, 144, 168, 180, 210, 240, 252, 280, 315, 336, 360, 420, 504, 560, 630, 720, 840, 1008, 1260, 1680, 2520), 도합해서 59개의 나눗수를 5,040이라는 수가 갖는다. 이 나눗수들은 여러 가지 목적을 위해 활용할 수 있는 유용한 일정 단위들이 될 수 있다는 뜻으로 이런 말을 하고 있는 것이다. 이를테면, 일정한 행정 단위나 동원 단위 또는 조직 단위, 배분 또는 할당 단위 등으로 여러 목적에 편리하게 활용이 가능할 것이다.

55) 제1권 각주 4, 62, 87을 참조할 것.

56) Dōdōnē는 헬라스의 서북부 지역인 에피루스(Epirus, Epeiros)에 있는데, 이곳에는 제우스의 신전이 있었으며, 헬라스인들이 신탁을 얻었던 곳으로는 이곳이 가장 오래된 것이었다. 호메로스의 《오디세이아》 14권(327~9)에는 오디세우스가 자신의 귀향과 관련해서 신탁을 얻고자 참나무 잎사귀가 높은 곳까지 무성하게 매달린 이곳 신전을 찾아간 것으로 말하는 대목이 나온다. 이곳의 참나무는 성수(聖樹)로서, 이 나뭇잎의 살랑거리는 소리를 통해 제우스 신의 뜻을 읽은 것으로 전한다.

57) Ammōn(Amana, Amun)은 처음에는 이집트의 Waset(오늘날의 Luxor) 지역에서 섬기던 큰 신이었으나, 나중에는 이집트인들의 주신의 하나로 섬기게 되었으며, 올림포스의 제우스 신에 해당하는 신으로 여기게 되었다. 리비아 사막의 Siwa 오아시스가 있는 곳의 그 성소에서 신탁을 얻는

738c

어떤 이들을 어떤 식으로 납득시켰건, 그게 신들의 환영들이 나타남으로
써든 또는 신들의 영감을 통한 시사로 해서든 간에, 이것들이 납득게 하
여 제물들을 종교의식들과 결합된 것이도록 제도화했습니다. 이는 본고
장의 자생적인 것이기도 하고, 티레니아[58] 것이기도 하며, 키프로스[59]
것이기도 또는 다른 어떤 고장에서 유래한 것이기도 합니다. 그런 말들
로 해서 신탁들과 상(像)들, 제단들 그리고 신전들을 신성화했으며, 또한
d 이것들 각각에 성소들을 주었습니다. 입법자로서는 이 모든 것 가운데
그 어떤 것도 아주 조금일지라도 바꿔서는 안 됩니다. 나뉜 무리들[60] 각
각에는 어떤 신이나 수호신(신령) 또는 영웅을 배정해야만 하거니와, 토
지를 분배함에 있어서는 특별히 제쳐 놓은 구역과 함께 합당한 모든 것
을 우선적으로 배당해야만 합니다. 그럼으로써, 각각의 나뉜 무리들이
정기적으로 모이게 되었을 때, 그때마다의 필요한 일들에 용이한 대처를
할 수 있게 하며, 시민들은 제물을 바치는 의식들과 함께 서로 우호적으
e 로 대하며 친근해지기도 하고 또한 서로 알게도 되는데, 나라를 위해서
는 이들이 서로에게 아는 사이가 된다는 것, 이것보다 더 크게 좋은 것은
아무것도 없습니다. 왜냐하면, 서로의 기질들이 서로에게 환히 보이도록
되어 있지 않고 캄캄하게끔 되어 있는 곳에서는, 당연한 명예도 관직도
또는 합당한 판결도 누군가가 옳게 얻게 되는 일이 결코 없을 것이기 때
문입니다. 따라서 모든 나라에서는 한 사람 한 사람이 서로에게 이렇게

의식이 행하여졌다고 하는데, 알렉산드로스 대왕도 이곳에서 신탁을 구했다고 한다.

58) 헬라스인들에 의해 티레니아(Tyrrhēnia)라 불린 나라는 로마인들에 의해서는 에트루리아(Etruria)로 불렸는데, 중서부 이탈리아를 가리킨다. 오늘날의 토스카나(Toscana) 지역에 있었다.

59) Kypros의 앞바다에서 아프로디테 여신이 탄생했다 해서 여신을 Kypris라고도 일컫는데, 이런 연유로 이 섬은 이 여신 숭배의 본고장이기도 하다.

60) 5,040가구가 일정 단위의 '무리로 나뉜 것'(meros)을 가리켜 하는 말이다.

되도록, 곧 자신이 누구에게고 결코 거짓되게 보이는 일이 없되, 언제나 단순하고 참되게 보이도록 하며, 다른 사람이 그런 사람이면서 감쪽같이 자신을 속이게 되는 일이 없게끔 하는 데 열의를 보여야만 합니다.

739a
그러니까 법률의 제도화에 있어서 그다음의 이행은, 마치 성스러운 선을 넘어 돌을 놓는 장기의 경우처럼,[61] 익숙하지 않은 것이어서, 처음으로 듣게 되는 사람을 어쩌면 놀라게 할지도 모르겠습니다. 그렇더라도 따져도 보고 시험도 해 보게 되는 사람에게는 최선의 것에 비해 차선의 나라는 수립될 것으로 보일 것입니다. 하지만 어떤 이는 참주의 권력(전제 권력)을 행사하지 못하는 입법자[62]에게 익숙해 있지 않아서 이 나라를 어쩌면 받아들이지 않을지도 모릅니다. 그러나 가장 옳은 절차는 최선의 나라 체제(정체: politeia)와 차선의 것 그리고 셋째 것에 대해서 말해 주되, 이를 말하고 나서, 선택권은 나라 수립의 책임을 진 각자에게 b
주는 것입니다. 그러면 이제 우리도 이 논의 순서에 따라서 합시다. 그 훌륭함(aretē)으로 해서 으뜸가는 나라 체제(정체)를 말한 다음에, 버금가는 것을 그리고서 셋째 것을 말하기로 합시다. 하지만 그 선택권을 지금은 클레이니아스에게 줍시다. 또한 만약에 누군가 다른 사람이 이런 것들의 선택에 임하여 자신의 기질에 따라 자신의 마음에 드는 것을 제 조국의 것으로 언제고 지정해 주고자 할 경우에도 그리합시다.

그러니까 으뜸가는 나라(prōtē polis)와 나라 체제(정체: politeia) 그

---

61) pesseia(petteia)는 일종의 서양 장기이겠는데, 계란형 돌들(lithoi)을 말들(pessoi, pettoi)로 쓴 어른들의 놀이였던 것 같다. 이 장기판에는 아마도 중앙선을 기준으로 하는 '성스러운 선'(hiera grammē)이 있었던 것 같고, 이 선을 넘어 돌을 놓는다는 것은 더 이상 달리 해 볼 도리가 없을 때 쓰는 '마지막 수'인 것 같다. 이를 ton aph' hieras [grammēs] lithon kinein이라 한다.

62) 735d를 참조할 것.

c 리고 최선의 법률은, 옛말이 온 나라를 통해 실현되는 그런 곳에 있습니다. 그건 친구들의 것들은 정말로 공동의 것이라고 하는 것입니다.[63] 따라서 이 일이 — 아내들도 공동의 것들이지만, 자식들도 공동의 것들이요, 일체의 재물들도 공동의 것들인 일이 — 지금 어딘가에 있거나 언젠가 있게 될 경우, 이른바 사적인 것은 모든 방책을 써서 생활에서 모든 면에서 완전히 배제하게 됩니다. 그 성질상 사적인 것들까지도 어떻게든 가능한 한 공동의 것들로 되게끔 강구하게 됩니다. 이를테면, 눈과 귀 그
d 리고 손이 공동으로 보고 듣고 행하는 것처럼, 그리고, 같은 것들에 대해서 모두가 기뻐하기도 하고 슬퍼하기도 하여, 최대한 한가지로 비난도 하고 칭찬도 하며, 법률 또한, 가능한 한, 나라를 최대한으로 하나이게 만들어 주는 것,[64] 이것 이상으로 더 옳고 더 훌륭한 다른 기준은 결코 그 누구도 정하지 못할 것입니다. 그 훌륭함(aretē)과 관련된 월등함에 의해서 기준을 정할 경우에는 말입니다. 물론 이런 나라에 어쩌면 신들이 또는 신들의 하나 이상인 자식들이 안주할 것이니, 이들은 이렇게 지내면서 즐거운 마음으로 안주할 것입니다. 바로 이런 까닭으로 어쨌든
e 나라 체제(정체)의 본(paradeigma)은 다른 어디에서도 찾으려 해서는 안 되고, 이를 꼭 붙들고서, 가능한 한 최대한으로 이와 같은 나라 체제(정체)를 추구해야만 합니다.[65] 그러나 지금 우리가 착수한 나라 체제

---

63) 《국가(정체)》 편 제5권에서는 "친구들의 것들은 공동의 것"(koina ta philōn)이라는 이 옛말이 나라의 수호자 집단에 엄격하게 적용되어, 처자들과 남편들의 공유와 함께 이들에게는 사유 재산을 일절 허용하지 않는 제도와 관련된 긴 논의를 하고 있다. 《디오게네스 라에르티오스》(VIII. 10)에 의하면, 이 옛말은 피타고라스가 한 걸로 전한다.

64) 이런 의미에서 '하나의 나라'(mia polis)에 대한 긴 언급은 《국가(정체)》 편 422e 및 423a~d에 보인다.

65) 플라톤의 《국가(정체)》 편에서 제시되고 있는 가장 이상적인 의미에서 '훌륭한 나라'(agathē polis) 또는 '아름다운 나라'(kallipolis)는 그 구성원

(정체)가 어떤 식으로든 실현된다면, 불멸성에 가장 가까운 것일 것이며 둘째로 값진 것일[66] 겁니다. 하지만 셋째 것은, 만약에 신이 바란다면, 이것들 다음으로, 우리가 소상히 말할 것입니다. 그야 어쨌든 지금은 이것[67]이 어떤 것인지를 그리고 이와 같은 것이 어떻게 해서 생기게 되겠는지를 우리가 말하고 있는 거겠죠?

물론 첫째로는 토지와 가옥을 배분할 것이며, 또한 공동으로 농사를 짓지는 않기로 하죠. 이런 것은 지금의 출산과 양육 그리고 교육에 비해 740a

---

들 모두가 '한마음 한뜻'(homonoia)인 '하나인 나라'(mia polis)요, 이는 이른바 가장 참된 의미에 있어서 '철인 치자'(哲人治者)(philosophos-basileus)를 갖게 된 나라이다. 그러나 그것은 "이론(논의)상으로나 성립하는 나라 … 지상의 그 어디에도 존재하지 않을 나라, … 그렇지만 그것은 아마도 그걸 보고 싶어 하는 자를 위해서 그리고 그것을 보고서 자신을 거기에 정착시키고 싶어 하는 자를 위해서 하늘에 본(paradeigma)으로서 바쳐져 있다."《국가(정체)》 편(제9권 마지막 부분)에서 피력되고 있듯, 이런 본으로서의 '최선의 나라'는 어디까지나 본일 뿐, 현실적으로는 실현될 수 없는 나라이다. 지혜와 절대 권력을 함께 갖춘 '철인 치자'의 등장은 현실적으로도 거의 불가능한 일일 뿐만 아니라, 자칫 유사 '철인 치자'에 의한 권력남용의 위험을 초래할 뿐일 수 있겠다. 따라서 인간의 한계, 잘못할 수 있는 인간성의 약점을 전제로 하여, 방금 말한 최선의 나라에 최대한 가까운 나라의 실현을 위한 법률을 제정하여, 이 법률이 지배하게 된 나라가 차선의 것이다. 그러나 법률도 사람이 만든 것이라, 보완의 필요성이 끊임없이 제기된다. 그런데 이는 한 나라가 확보할 수 있는 한, 지혜롭고 유능하며 경험 많고 견문이 넓은 인재들을 각계 각층에서 최대한 확보하는 한편으로, 이런 인물들을 나라가 적극적으로 양성하여 추가적으로 갖게 됨으로써, 이들의 지혜를 모으는 모임(syllogos)을 통해서 강구하게 될 것이다. 《법률》 편은 이런 생각으로 저술된 것이라 할 것이다.

66) Des Places의 Budé 판의 텍스트 읽기에 따라 timia로 읽었는데, 이를 Burnet의 Oxford 판에서는 hē mia로 읽고 있다.

67) 가상의 식민지인 마그네시아에 세우려는 '차선의 나라 체제'를 가리킨다.

740a

서 큰 규모의 것이라 말할 테니까요. 그야 어쨌든 대체로 다음과 같은 취지로 분배토록 하죠. 그러니까 추첨에 의해 할당된 몫의 토지를 제몫으로 갖게 된 사람은 이를 나라 전체의 공동 소유물로 여겨야만 하는데, 이 토지를 조국 영토의 일부로서, 자식들이 어머니를 보살피는 것보다도 더 크게, 보살펴야만 합니다. 대지는 여신으로서 죽게 마련인 존재들의 여주인이 되기도 하기 때문이니,[68] 그 고장의 신들과 동시에 수호신(신령)들에 대

b 해서도 똑같은 생각을 가져야만 합니다. 한데 이것들이 이후로도 언제까지나 지속되기 위해서는 그 밖에도 이런 생각을 해야만 합니다. 화덕들[69]은 방금 우리가 나눈 수 만큼이겠고, 이것들은 언제나 그 정도여야지 그 이상이어서도 그 이하이어서도 결코 안 됩니다. 따라서 그런 것은 온 나라[70]에 걸쳐 다음과 같이 확고해져야 할 것입니다. 추첨에 의한 할당 토지(klēros)를 갖게 된 사람은 자신의 아이들 중에서 제 사랑을 가장 많이 받는 한 사람만을 언제나 이 집안의 상속자로서 남기게 하죠. 자신을 계

c 승해서 가문과 나라의 신들[71]을 섬기는 사람으로서, 생존하고 있는 분들

68) 헬라스어로 땅, 토지, 흙, 지구 등을 gē(earth) 또는 gaia라 하는데, Gaia(가이아)는 '대지의 여신'이기도 하다. 그런가 하면, 《티마이오스》 편(40b)에서도 그리 말하고 있듯, 지구는 우리를 큰 뜻에 있어서 양육해 주는 것이기도 하니, 어머니와도 같다.

69) 원어 hestia는 원래 불씨를 간직해 두는 화로나 화덕 또는 벽난로(정확히는 재가 있는 그 바닥)인데, 그게 있는 '가옥'을 뜻하기도 한다.

70) peri pasan polin은 이 경우에는, Pangle이 그리 보았듯, '모든 나라'라기보다는 지금 수립하려고 하고 있는 '나라 전체'를 뜻하는 것으로 보았다.

71) '가문의 신들'이란, England가 그리 말하고 있듯, 717b에서 말한 조상신들을 가리키는 것으로 보면 되겠다. 그리고 '나라의 신들'이란 헬라스인들이 섬기는 신들이 기본적으로 올림포스의 12신을 중심으로 한 것들이지만, 이들 중에서도 각각의 '폴리스'(나라)가 특별히 섬기는 신들은 제각각이기 때문에 하는 말이다. 이를테면, 아테네의 경우에는 아테나 여신을 그 보호자로서 각별히 섬기거니와 아크로폴리스에 있는 파르테논 신전은 여신을 모시는 곳이기도 하다.

과 그때는 이미 생을 마감하신 분들을 섬기는 사람으로서 말씀입니다. 그러나 자식이 하나 이상이 있는 사람들의 경우에는, 다른 자식들을, 여아들은 나중에 지시받게 될 법에 따라[72] 시집을 보내고, 남아들 또한 시민들 가운데서 소생이 없는 사람들에게 아들들로 나눠 줄 일입니다. 이는 되도록 호감이 가는 쪽으로 할 것이로되, 호감을 갖지 못하는 사람들의 경우에는, 또는 저마다의 자식들이 남녀 간에 많은 편이 될 경우나, 이와 반대로 불임으로 해서 적은 편이 될 경우에는, 우리가 가장 중대하 d
고 가장 명예로운 것으로 여길 관직[73]이 이 모든 일에 대해, 곧 자식들이 넘치는 사람들에 대해 또는 모자라는 사람들에 대해 무엇을 해야만 할 것인지를 살피고서, 되도록 5,040가구만이 언제나 유지되게끔 방책을 강구하죠. 그러나 그 방책들은 많이 있습니다. 왜냐하면 출산이 넘치게 되는 사람들에게는 억제책들이 있을 것이고, 이와 반대되는 경우에는 많은 출생을 위한 보살핌과 열의가 있을 것이니, 명예와 불명예를 이용함으로써 또한 젊은이들에 대해서는 어른들의 충언을 통한 충고로 대처하는 것이 우리가 말하고 있는 바를 실현할 수 있을 것이기 때문입니다.[74] 특히 e
최종적으로, 5,040가구의 같은 숫자 유지와 관련되어 아주 낭패를 당하게 될 경우에는, 즉 동거하는 사람들의 서로에 대한 애정으로 해서 시민들의 과잉 증가 사태가 우리에게 일어나서 우리가 난감해할 경우에는, 아마도 우리가 여러 번 말한 적이 있는 오랜 방책이 있겠습니다.[75] 적절

---

72) 제6권 772d5 이후 및 제11권 924d1 이후를 참조할 것.

73) 《국가(정체)》 편(460a)에서는 이런 일이 통치자들의 재량에 맡겨질 것으로 언급되고 있다.

74) dynantai의 사실상의 주어는 여러 가지 방책들로 제시된 것들일 것이다. 그런 의미에서 e1에서 Burnet가 ⟨hai⟩를 보충해서 읽는 쪽을 택한 것은 텍스트 읽기에 도움이 될 수도 있겠다.

75) 식민 이주는 이 대화편의 736a, 707e 및 708b에서도 언급한 바 있지만, 헬라스인들이 옛날부터 써 온 토지 부족 문제를 해결하기 위한 편리

740e

할 것으로 여겨지는 규모의 식민 이주로 내보내는 것인데, 이는 친구들 쪽에서 하는 우호적인 내보냄입니다.[76] 한데, 이와는 반대로 질병의 홍수를 몰고 오는 풍랑이라도 몰아닥치거나, 또는 전쟁들의 파멸이라도 닥쳐,
741a 고아의 처지로 인해 정해진 숫자보다도 인구가 훨씬 더 줄게 될 경우에는, 얼치기 교육을 받은 자들을 자발적으로 시민들로 편입시켜서는 안 되겠지만, 신조차도 필연(anankē)을 힘으로 당해 낼 수는 없다고[77] 합니다.

그러니까 지금 말한 우리의 주장이 우리에게 이런 말로 권고하고 있는 걸로 봅시다. "지극히 훌륭하신 분들이시여! 자연에 따라 유사성과 평등, 동일성 그리고 합의된 것을 존중할 것이니, 수와 관련해서 그리고 훌
b 륭하디훌륭한[78] 것들의 온갖 힘과 관련해서 해이해지지 마십시오. 첫째

한 방책이었다. 천 개는 되었을 것이라는 polis들의 수적인 증가의 주된 원인들 중의 하나가 이것이라 할 수 있을 것이다.

76) 강제적인 추방이 아니라, 서로 좋은 마음으로 나가고 내보냄이라는 뜻으로 하는 말이다.

77) "신조차도 필연(anankē)을 힘으로 당해 낼 수는 없다"는 이 말과 뜻은 같으나, 표현은 약간 다른 것으로 시모니데스의 시구가 있는데, 이는 《프로타고라스》 편, 345d5에서 인용되고 있다. "필연에 대해서는 신들조차도 맞서 싸우지 않는다"(시모니데스, 542. 29~30)는 것이 그것이다. 818b를 참조할 것. 참고 문헌: D. A. Campbell, (ed.), *Greek Lyric*, Ⅲ, Loeb C. L., 1991.

78) kalos kågathos는 kai agathos를 모음 축합(母音縮合)(crasis)하여 kalos와 합성한 관용어이다. 헬라스어로 kalos(beautiful, fine)는 '아름다운', '훌륭한' 등을 뜻하고, agathos(good)는 '좋은', '훌륭한'을 뜻하며, kai는 영어 and에 해당되는 접속사다. 이 합성어를 우리말로는 '훌륭하디훌륭한'으로 옮기는 게 좋다고 역자는 평소에 생각해 온 터라 그리 번역한다. 따라서 이에 남성 정관사 ho를 붙이면, '훌륭하디훌륭한 사람'으로 되겠고, 여기에서처럼 중성 복수 정관사 ta를 붙여 ta kala kågatha [pragmata]의 형태로 쓰면, '훌륭하디훌륭한 것들'이 되겠다. 그리고 이를 추상명사화한 것은 kalokågathia(훌륭하디훌륭함)이다. K. J. Dover는 그의 책 *Greek Popular Morality In the time of Plato and Aristotle*, (Univ. of Cali-

fornia Press, 1974), pp. 41~5에서 이 용어의 쓰임새의 출전들에 대한 언급을 한 다음, 45쪽에서 제 나름의 결론을 내리고 있는데, 그 내용은 대체로 이런 것이다. 이를테면, 가난한 아테네인이 어떤 사람에 대해 kalos kågathos라는 표현을 보통 선뜻 쓰게 되는 것은 이런 경우라고 할 수 있겠다는 것이다. 제 자신이 갖고 싶은 부와 명성, 가문을 가진 사람이며, 자기도 그리 되었으면 좋을 교육을 받고 교양 있으며 잘 차려입은 사람, 체격 좋고 여러 가지 운동으로 단련된 사람이 그런 사람일 것이라는 것이다. 말하자면, 보통 사람들의 선망의 대상이 되는 사람이라고 할 것이니, 그가 보기에는 이런 사람이야말로 '훌륭하디훌륭한 사람'일 것이다. 당시의 그런 사람은 대개는 귀족이었다고 할 것이다. 그런데 엉뚱하게도 404년의 30인 과두정권이 [hoi] kaloi kågathoi(복수 형태임)를 위한 정치를 하겠다는 명분으로 일대 숙청을 단행하게 된다. 한데 바로 이 정권의 과격파 두목이 플라톤의 외당숙인 크리티아스였으며, 그의 외삼촌 카르미데스도 이 정권에 가담하고 있었다. 비록 《일곱째 서한》에서는 이들의 형편없는 정치에 환멸까지 느낀 것으로 그의 심정이 토로되어 있기는 하지만, 그 때문에 플라톤에 대한 훗날 사람들의 오해도 없지 않았다. 한데, 《국가(정체)》 편 569a에서는 그런 부류의 사람들을 '이른바 훌륭하디훌륭한 자들'(hoi kaloi kågathoi legomenoi)이라 지칭하고 있는 반면에, 396b~c에서는 '참으로 훌륭하디훌륭한 이'(ho τῷ ὄντι kalos kågathos)라는 표현을 만나게 되는데, 한마디로 말해, '가장 지혜로운 사람'이 바로 그런 사람이다. 참고삼아 이와 관련된 아리스토텔레스의 언급도 알아보는 게 좋을 것 같아, 여기에 적는다. 그는 《에우데모스 윤리학》(제8권 제3장, 1248b8~1249a20)에서 이 두 낱말의 명사형 혼성어인 kalokågathia를 먼저 언급하면서, 부나 건강이 정작 '좋은 것'이면서, 더 나아가 유익하며 훌륭한 것일 수 있는 것은 그것을 좋은 목적을 위해 선용할 수 있는 사람에게 있어서나 가능한 일이라고 하며, 이런 사람을 '훌륭하디훌륭한 사람'(ho kalos kågathos)이라 말하고, 이런 사람이 지닌 덕(aretē)을 kalokågathia이라 하며, 이를 '완전한 덕'(aretē teleios)이라 했는데, 영어로는 이를 흔히 'nobility'로 옮기고 있다. 그에 의하면, 부나 명예, 행운 또는 신체적인 훌륭한 상태(aretē) 등이 그 본성상(physei) 좋은 것(agathos)들이긴 하나, 경우에 따라 이것들은 해로울 수도 있는 것이다. 어리석은 사람이나 올바르지 못한 사람 또는 방종한 사람이 그것들을 이롭게 쓰지 못할 경우가 있기 때문이다. 건장함이 '좋은 것'이긴 하나, 그 자체로 칭찬받을 성질의 것은 아니다. 그러나 절제는 그 자체로 '좋은 것'(agathos)이어서 '칭찬받을 것'(epainetos)이요, 따라서 '훌륭한 것'(kalos)이기도 하다.

로, 특히 이미 말한 숫자를 평생토록 지키십시오. 그다음으론 처음에 알맞은 정도(적도: metrion)인 것으로 몫을 배정해 받은 재산의 수준과 크기를, 그걸 서로 사고팔고 함으로써, 무시하는 일이 없도록 하십시오. 그걸 분배한 신인 추첨[79]도 입법자도 그대들과 한편은 아니니까요. 그야 우선 불복하는 자에게 법은 명령할 것이기 때문입니다. 이런 조건들로 추첨에 참여하기를 바라거나 아니면 그러지 않거나 할 것을 말입니다.
c 첫째로 땅은 성스러운 것이기에 모든 신의 것이요, 그다음으로는 남녀 제관들이 첫 번째 제물들을 바칠 때와 두 번째 제물들을 바칠 때 그리고 세 번째까지 기원을 하게 된다는 걸 공언한 것입니다. 추첨으로 갖게 된 가옥이나 토지를 사거나 파는 자는 이에 마땅한 벌들을 받게 될 것임을 말입니다.[80] 이는 측백나뭇과[81] 목판의 기록으로 그 내용을 훗날을 위해 새겨 적어서 신전에 비치해 둘 것입니다. 이런 조처들에 더하여 더 나아

79) '추첨에 의한 할당 토지' 자체를 klēros라 하지만, 원래 klēros라는 말은 '추첨'을 뜻하는데, 추첨은 일종의 운(tykhē)일 것이다. 따라서 여기서는 추첨이 마치 운명의 신처럼 신격화된 셈이다. '추첨에 의한 할당 토지' 자체가 운인 것일 수밖에 없는 것도 그게 상대적으로 기름진 땅일 수도 있고 박토일 수도 있겠기 때문이다.

80) 물론 이것이 바로 앞에서 말한 기원(祈願)의 내용이다. 곧 모두가 평등하고 차별 없이 우애롭게 살도록 토지와 가옥을 균등하게 배분한 그런 취지를 살리는 원칙들을 반드시 지키도록 할 것임을 세 차례에 걸친 기원을 통해서 다짐했음을 말하고 있는 것이다. 5,040가구 지분의 토지와 가옥의 일관된 유지는, 비록 땅의 비옥함 여부와 농사를 짓는 사람의 기술이나 근면성 따위로 인한 수확에서는 결과적으로 차이를 낳겠지만, 평등한 자유 시민으로서의 자격 유지를 위해서는 최소한의 기본적이고 필수적인 요건일 것이다. 토지와 가옥의 분배에 참여한 시민들 각자는 그런 취지로 세워지는 나라에 동참한 것이다. 따라서 그걸 팔고산다는 것은 이런 취지를 무시하고 나라의 중대한 질서와 기본을 무너뜨리는 중대한 범죄 행위로 간주될 수밖에 없겠다.

81) 625b의 해당 각주를 참조할 것.

가, 이것들의 수호가 이루어지도록 하기 위해서, 관직들 가운데서도 가장 날카롭게 감시할 것으로 여겨지는 관직에 이를 맡길 것입니다. 이런 일들에 대한 위반들이 일어날 때마다 당국자들이 이를 모르는 상태로 지나쳐 버리는 일이 없이, 불복한 자를 법 그리고 신과 함께 벌주게 말입니다. 그야 방금 내려진 이 지시가, 이에 따른 조처까지 추가될 경우에, 이를 따르는 모든 나라에 얼마만큼 좋은 것인지는, 옛날 속담대로, 나쁜 사람이야 그 누구도 결코 알지 못할 테지만, 경험이 있고 습관이 예의바른 사람은 알 것이기 때문입니다. 이와 같은 체제에서는 돈벌이란 별로 없기도 하거니와, 이런 체제에 따른 귀결은 천한 돈벌이들 가운데 어떤 걸로도 그 누구도 돈벌이를 해서도 안 되며 할 수도 없다는 겁니다. 이른바 수공(手工)이 자유민의 성품(ēthos)을 창피스런 것으로 돌려놓는 한,[82]

d

e

82) "수공(手工: banausia)이 '자유민의 성품'(ēthos eleutheron)을 창피스런 것으로 돌려놓는다"는 생각은 앞서 제1권 644a에서도 읽을 수 있었던 것이다. 이는 무엇보다도 사람의 혼, 특히 지성(nous)의 힘을 키우는 진정한 교육이 못되고, 손재주나 키우고 돈벌이에 종사하는 것이라 해서요, 따라서 자유롭지 못한 사람들에나 어울리는(aneleutheros) 것이라 해서다. 헬라스어로 banausia는 '수공'을 의미하기도 하지만, 저속하거나 상스러움을 뜻하기도 하는데, 이의 형용사형인 banausos는 명사적 용법으로는 직인(職人)이나 직공을 뜻하기도 하지만, 저속하다는 뜻으로 쓰인다. 그래서 이 말은 '자유민이 아님'을 뜻하기도 하지만 '천하다'는 뜻의 aneleutheros(illiberal)와 거의 같은 뜻으로 쓰이기도 한다. 아테네 사람들이 그런 일에 종사할 사람들로 거류민들(metoikoi)을 받아들여, 아테네의 외항 피레우스에서 그런 일을 하도록 한 것도 그래서였다. 《국가(정체)》 편 495e, 특히 590c를 참조할 것. 또한 이런 생각을 아주 잘 읽게 해 주는 글을 우리는 아리스토텔레스의 《정치학》(1337b6~11)에서 접할 수 있는데, 그건 다음과 같다. [젊은이들은] "유용한 것들로서 이에 관여하는 자로 하여금 저속한(banausos) 사람으로 만들지 않을 그런 것들에 관여해야만 한다. 어떤 일이나 기술 또는 배움이 [사람으로서의] 훌륭함(덕: aretē)의 활용 및 활동들과 관련해서 자유민들의 심신이나 생각을 쓸모없게 만드는 것들이면, 그것이 그리고 그런 것이 저속한 것이라 생각해야만 한다."

741e
이와 같은 것들로 돈을 모은다는 건 전혀 생각조차도 하지 말아야 할 일입니다."

이것들에 더해, 이 모든 것에 뒤따르는 법이 또한 있습니다. 그 어떤
742a 사인에게도 금이나 은을 소유하는 것은 허용되지 않는다는 것입니다. 하지만 화폐는 일상의 교환을 위해서, 어쩌면 장인(匠人)들과 거래하지 않을 수 없는 교환을 위해서 허용됩니다. 그리고 그런 부류의 사람들로서, 노예들이나 체류자들인 임금 노동자들에 대한 임금을 지불하는 게 요구되는 모든 이에게도 이는 허용됩니다. 이런 걸 위해서 이들이 이들 사이에서는 통용 가치를 갖지만 다른 사람들 사이에서는 통용되지 않는 화폐를 소유해야만 한다고 우리는 주장합니다. 그러나 출정들이나 다른 사람들이 사는 곳으로 여행을 떠나는 경우들을 위해서는, 이를테면 대사나
b 나라를 위해 필요한 사자로 누군가를 내보내야 할 경우에, 이들을 위해서는 나라가 그때마다 헬라스 화폐(nomisma Hellēnikon)를 소유하는 게 필수적인 일입니다. 한데 사인이 나라 밖으로 나갈 필요가 생기게 될 경우에는, 통치자들의 허락을 받고서 여행을 떠나게 하죠. 그렇지만 그가 초과해서 남는 외화를 갖고 귀국하게 될 경우에는, 이를 나라에 예치케 하고서, 같은 비율의 국내 화폐로 받게 하죠. 그러나 누군가가 이를 사유화한 걸로 드러날 경우에는, 이를 공공의 것이 되게 할 것이며, 이를 알고도 알리지 않은 자 또한 그걸 갖고 들어온 사람과 함께 저주와 비난
c 을 받도록 할 것이요, 이것들에 더해, 또한 갖고 들어온 외화보다도 적지 않은 벌금형을 받도록 하죠. 혼인을 하거나 출가케 하는 이는 그 어떤 지참금[83]도 전혀 주지도 받지도 말아야 합니다. 누구에게고 믿지 못하는

83) 원어는 proix인데, 이의 대격(對格: accusative)은 proika이다. 현대의 헬라스어로는 이 대격을 그대로 주격으로 쓰고, 발음은 '쁘리까'라 한다. 이 지참금 풍습은 최근까지도 거의 그대로 이어져 온 것이나, 최근에야 그 폐해 때문에 법적으로는 금지되었다 한다. 24세기 전의 플라톤의 시대

사람에게는 돈을 맡기지 말 것이며, 이자를 조건으로 돈을 빌려 주지도 말 것이니, 돈을 빌린 사람은 이자도 원금도 전혀 갚지 않아도 되기 때문입니다. 이것들이 나라가 추구할 가장 훌륭한 관행들임은 누군가가 이렇게, 곧 언제나 시초의(근본) 의도[84]를 되돌아보며 고찰할 경우에 옳게 판 d
단할 것입니다. 지성을 지닌 정치가의 의도는 물론 많은 사람(다중: hoi polloi)이 훌륭한 입법자가 가져야만 하는 것으로 주장함 직한 바로 그 의도는 아닙니다. 그들은 주장하기를 그가 좋게 생각을 하고서 입법하기를 나라는 되도록 크며, 최대한 부유하고, 금광과 은광도 갖고 있으며, 육지에서도 바다에서도 최대한 다수를 지배하도록 해야만 한다는 것입니다. 또한 그들은 덧붙이기를 적어도 옳게 입법을 하는 자는 나라가 되도록 최선의 그리고 가장 행복한 나라이기를 바라야만 한다고 할 것입니다. 하지만 이것들 중에서 일부는 실현될 수 있지만, 일부는 실현될 수 e
없습니다. 그래서 [나라를] 통할하는 사람은 가능한 것들은 원하겠지만, 불가능한 것들은 공연한 소원들이라 해서 바라지도 않고 시도하려고 하지도 않을 것입니다. 실상 행복한 사람들은 대체로 동시에 훌륭하게 되는 게 거의 필연적인 일이지만, ― 이는 물론 그가 원하는 바이겠지만, ― 아주 부유하면서 또한 훌륭하게 되는 건 불가능한 일입니다. 많은 사람(다중)이 부자들로 간주하는 바로 그런 부자들은 말입니다.[85] 그들은 소수의 사람들 가운데서 최대의 화폐가치를 갖는 소유물들을 가진 사람들

에 이미 법으로 금지하도록 했던 것을 이제야 겨우 제도화했다니, 참으로 딱한 일이라 할 것이다.

84) 원어 τὴν ἀρχὴν … καὶ τὴν βούλησιν은 두 개의 명사로 앞의 명사가 형용사 역할을 하게 한 것으로, 이를 문법 용어로는 hendiadys(두 가지로 하나의 뜻을 나타내는 것)라 한다.

85) 물론 많은 사람(다중)이 생각하는 부자들과 736d~e에서 시사된 부자들이 구별된다는 뜻에서 하는 말일 것이다.

743a 인데, 이는 나쁜 사람도 가질 수 있는 것이죠. 그러나 만약에 이게 이러
하다면, 적어도 저는 부유한 사람이 훌륭하지 않고서도 참으로 행복하게
된다는 데 대해 결코 그들에게 동의하지는 않을 것입니다. 남달리 훌륭
하면서도 또한 남달리 부유하기는 불가능합니다. "왜죠?" 하고 누군가가
어쩌면 물을 것입니다. 우리는 대답할 것입니다. "올바른(정의로운) 방
법에 의하기도 하고 올바르지 못한(불의의) 방법에 의하기도 한 획득은
올바른 방법만에 의한 획득보다 두 배도 더 되는 데다, 지출은 아름답게
든 추하게든 하려고도 하지 않지만, 훌륭한 사람들이 아름다운 일들에
b 지출하는 것보다도 두 배나 더 적게 쓰게 될 것이기 때문입니다. 그러므
로 재산은 두 배이면서도 지출은 반인 사람들보다도 이들과는 반대로 하
는 사람이 더 부유해질 수는 결코 없는 일입니다. 이들 가운데서 한쪽은
훌륭하나, 다른 쪽 사람으로서, 인색한[86] 사람일 경우에는 나쁘지는 않습
니다만, 경우에 따라서는, 곧 방금 말했던 경우는 아주 나빠서, 결코 훌
륭할 수가 없습니다. 올바르게(정의롭게)도 올바르지 않게(불의로)도 취
득하면서, 소비는 올바르게(정의롭게)도 올바르지 않게(불의로)도 하지
않는 사람이, 인색하기도 할 경우에는, 부유하지만, 아주 나쁜 사람은 많
은 경우에 돈을 헤프게 써서, 아주 가난하기 때문입니다. 그러나 아름다
c 운 일들에 지출도 하고 올바른(정의로운) 일들로만 [재화를] 획득하는
사람은 결코 부로 해서 쉽게 특출하게 되지도 않겠지만 또한 몹시 가난
해지지도 않을 것입니다. 그래서 아주 부유한 사람들이 훌륭하지는 않다
는 우리의 주장은 옳습니다. 그런데 그들이 훌륭하지 않다면, 행복하지
도 않습니다."

그러나 우리 법률의 전제(hypothesis)는 이에, 곧 시민들이 되도록 행복하고 서로서로 최대한 우애롭도록 하는 데 주목하고 있는 것입니다.[87]

---

86) 물론 나쁜 일로 지출을 하지 않는 경우를 가리켜 하는 말이겠다.

하지만 시민들 서로 간에 많은 송사(dikē)가 있고,[88] 올바르지 못한 일(불의: adikia)들 또한 많은 곳에서는 시민들이 결코 우애롭지 못하고, d 그런 일들이 되도록 작고[89] 드물게 있는 곳에서나 시민들은 우애롭습니다. 그래서 나라에는 금도 은도 있어서는 안 되며, 또한 수공이나 이자[놀이] 또는 창피스런 것들의 키움[90]을 통한 큰 돈벌이가 있어서도 안 되고, 농사가 제공해 주고 거두게 하는 만큼의 것들, 그리고 이것들 중에서도, 돈을 벌게 됨으로써, 재물이 본래 위하기로 되어 있는 것들을 소홀히 하지 않을 수 없게 만들지는 않을 만큼의 것들이 있어야만 한다고 우리는 말하고 있는 겁니다. 한데, 이것들은 혼(psychē)과 몸(sōma)이니, 이것들은 체육(gymnastikē) 그리고 그 밖의 교육(paideia) 없이는 언급할 가치가 있는 것들이 결코 되지 못할 것입니다. 바로 이 때문에 재물에 대 e 한 마음 씀을 마지막으로 존중해야 한다고 우리가 말한 것이 한 번만이 아니었던 겁니다. 모든 사람이 진지하게 관심을 가질 것들로 모두 세 가지가 있는데, 옳게 진지해질 경우의 관심의 대상으로서 마지막인 셋째 것은 재물이요, 몸에 대한 것은 그 중간이며, 으뜸 가는 것은 혼에 대한

87) 693b 및 701d를 참조할 것.

88) '소송하기를 좋아함'을 헬라스어로 philodikia라 하는데, 언제부터인가 아테네인들이 그랬던 것 같다. dikē의 여러 가지 뜻에 대해서는 728b의 해당 각주를 참조할 것.

89) 여기에서 '되도록 작은'은 저질러지는 '올바르지 못한 일(불의)'의 규모가 작음을 지칭한다. 그리고 명사들과 이것들을 꾸미는 형용사들이 순서상 서로 엇갈리는 것을 문법적으로는 chiasmos(chiasmus)라 한다.

90) 여기에서 '창피스런 것들의 키움'으로 옮긴 원문은 정확히 말해서 '키우는 것들이 창피스런 것들'임을 말하고 있는 것이다. 그런데 그것들이 정작 무엇이냐가 문제이다. 이 '키우는 것들'(boskēmata)이 무엇을 뜻하는지는 불명한데, 이를 대개는 Wilamowitz가 *Platon: Beilagen und Textkritik*, (Weidmann, 1969) 400쪽에서 "pornoboskos(포주)를 생각한다면, 틀리지 않을 것이다"라고 한 말을 받아들이는 편이다.

743e

것이기 때문입니다. 특히 이제껏 우리가 다루어 온 나라 체제(정체)에서 명예들이 이처럼 서열 지어진다면, 이 나라 체제(정체)는 옳게 법 제정을 해 갖게 된 겁니다. 하지만 만약에 여기에서 정해질 법률 중에서 어느
744a 것이 이 나라에서 절제(마음이 건전한 상태)보다도 건강을, 또는 건강과 절제함보다도 부를 더 명예로운 것으로 앞세우는 것으로 보인다면, 그건 옳지 않게 제정된 것으로 밝혀질 것입니다.[91] 그러니까 입법자는 이 점을 몇 번이고 분명히 해야만 합니다. "무엇을 내가 바라고 있는가?" 또한 "혹시 이것이 내게 실현되고 있는가, 아니면 내가 목표에서 빗나가고 있는가?" 하고 말입니다. 그리고 이렇게 함으로써 아마도 그 자신도 법 제정(nomothesia)에서 벗어나겠지만 다른 사람들도 [그 일에서] 해방시켜 주겠는데, 다른 어떤 방법으로도 결코 그리할 수는 없을 것입니다.

우리가 주장하고 있는 건 이런 겁니다. 추첨을 하게 된 사람은 추첨에
b 의한 할당 토지를 우리가 말한 이런 조건들로[92] 소유토록 하라고요. 물론 개개인이 저마다 다른 모든 것도 똑같이 갖고서 이주지로 간다면, 그야 멋진 일일 터. 하지만 이는 불가능한 일이기에, 어떤 이는 더 많은 재물을 갖고서 도착하겠으나, 어떤 이는 더 적게 갖고서 도착할 것입니다. 그야 여러 가지 이유 때문에, 그리고 나라 차원의 기회들의 균등 때문에라도, 과세기준 재산(timēma)들[93]은 균등하지 않아야만 합니다. 관직들과 재산세 그리고 분배가, 비단 조상들과 제 자신의 [사람으로서의] 훌륭함(덕: aretē)에 따라서만이 아니라, 또한 신체적인 힘이나 잘생김에
c 따라서도 아니고, 부를 이용하는 방식과 가난에 따라서도, 각자가 받을 가치가 있는 명예(timē)를 부여받는 것이기 위해서는 말입니다. 명예들

91) 697b를 참조할 것.
92) 740a~741c를 참조할 것.
93) 698b의 본문 및 해당 각주를 참조할 것.

과 관직들을 비례하는 불평등에 의해 되도록 평등하게 받음으로써 다투
는 일이 없도록 하기 위해서죠.[94] 이런 것들 때문에 재산의 규모에 의해
서 과세기준 재산들을 네 단계로 만들어야만 합니다. 첫째와 둘째, 셋째
그리고 넷째로, 또는 다른 어떤 이름들로 불리는 것들로 말입니다. 그리
고 같은 과세기준 재산의 계층에 머물러 있을 경우도 있겠고, 가난한 사
람이었다가 더 부유해지거나 부자들이었다가 가난한 사람들로 되는 경
우도 있겠는데, 이 경우에는 저마다 자신들에게 합당한 과세기준 재산의
계층으로 옮겨갑니다. d

한데, 이것들에 뒤따르는 것으로 또한 다음과 같은 형태의 법을 저로
서는 제정할 수 있을 것 같습니다. 나라가 어쩌면 가장 큰 질환에, 곧 불
화(diastasis)나 내란(stasis)이라 불리는 게 더 옳을 것에 말려들지 않으
려면, 극심한 가난도 부도 그 나라의 일부 시민들에게 있어서는 안 된다
고 우리는 주장합니다. 양쪽 것 다가 그 둘을 낳기 때문입니다. 그러므로
이제 입법자는 이것들 각각의 한도를 선언해야만 합니다. 가난의 한도는
추첨에 의한 할당 토지의 값이게 하죠. 이 한도는 유지되어야만 하며, 어 e
느 통치자도 그리고 다른 사람들도 [사람으로서의] 훌륭함(덕: aretē)으
로 명예를 열망하는 사람은 그 누구든 마찬가지로 그 누구의 경우에도
이 한도보다 더 적게 되는 걸 간과하게 되어서는 안 될 것입니다. 입법자
는 이를 척도(metron)로 정하고서, 이의 두 배와 세 배 그리고 네 배까지
는 획득하는 걸 허용할 것입니다. 하지만 누군가가 이를 초과하여 획득
하게 될 경우에는, 뭔가를 발견함으로써 또는 어딘가에서 받음으로써 또
는 돈을 벌게 됨으로써, 아니면 그와 같은 다른 어떤 행운으로 해서 그
척도를 초과하게 되는 것들을 획득하게 될 경우에는, 이를 나라에 그리 745a

94) 이와 관련해서는 757a~d에서 다루고 있다. 757a의 해당 각주를 참조할 것.

고 나라를 지켜 주는 신들에게 떼어 바침으로써 명성도 얻고 벌도 받지 않게 될 것입니다. 하지만 만약에 누군가가 이 법에 불복할 경우에는, 원하는 자가 그 반을 받는 조건으로 고발할 것이고, 죄인은 또 다른 그만큼의 부분을 자신의 재산에서 지불하게 될 것이며, 그 나머지 반은 신들의 몫이 될 것입니다. 추첨에 의한 할당 토지(klēros) 이외의 모든 시민의 재산은 모두 법에 따라 임명되는 문서 보관 담당관들이 입회한 가운데 공개적으로 기록하게 할 것이니, 이는 재물과 관련되는 모든 문제를 다루
b 는 송사가 절차상 쉽고 아주 명확하도록 하기 위해서입니다.

그리고서 그다음으로는 맨 먼저 도성(polis)[95]을 되도록 영토 중앙에 건립해야만 할 것이니, 현실적 여건에서는 나라를 위해서 그 밖에도 많은 적절한 점을 갖고 있는 곳을 골라서 할 것인데, 이는 이해하기도 말하기도 전혀 어렵지 않습니다. 그리고 이것들 다음에는 열두 부분으로 나누는 것입니다. 맨 먼저 헤스티아,[96] 제우스 그리고 아테나의 신전을 세우고서, 이를 '아크로폴리스'(성채)라 일컫고, 둥글게 에워싼 다음, 이곳
c 에서부터 도성 자체와 전 영토를 [방사형의] 열두 부분으로 나눕니다. 그러나 열두 부분은 좋은 토양인 것들은 작되, 한결 나쁜 토양인 것들은

95) 여기서는 문맥을 고려해서 polis를 '나라'로 하지 않고, '도성'으로 했는데, 이 경우는 좁은 의미의 polis 곧 시골(chōra, khōra: 이는 곧 영토를 뜻하기도 함)을 제외한 akropolis(성채)와 '아고라'(장터, 시장, 집회장, 공공장소)를 중심으로 한 도심(asty)을 갖는 '도읍'을 뜻하고 있어서다.

96) Hestia는 화덕(hestia)의 여신이다. 크로노스와 레아의 딸이며, 제우스의 누나이다. 화덕(hestia)이 의미하듯(740b의 해당 각주 참조), 가정과 가족의 상징적 의미를 갖기도 한다. 헬라스의 각 나라에는 영빈관 성격을 갖는 Prytaneion이라는 건물이 있어서, 이곳의 화덕에는 언제나 불이 타고 있는데, 이는 이 여신에 바치는 성화이기도 하다. 새로 식민지를 개척하게 되면, 이곳에서 불을 가져갔다. Hestia는 로마 신화의 Vesta에 해당된다.

더 크도록 함으로써 균등해져야만 합니다. 추첨에 의한 할당 토지는 5,040개로 나누되, 이것들 각각을 다시 둘로 쪼개서, 쪼개진 것들 둘을 짝으로 추첨케 하는데, 그 각각은 가까운 것과 먼 것으로 짝을 이룬 것입니다. 도성에 가까운 부분은 변경에 가까운 것과 하나의 추첨에 의한 할
당 토지를 이루고, 도성에서 둘째로 가까운 것은 변경에서 둘째로 가까 d
운 것과 그리되고, 다른 것들도 마찬가지로 그리되는 겁니다. 하지만 둘로 쪼개진 것들에 있어서도 방금 말한 걸, 곧 토양의 척박함과 훌륭함(비옥함: aretē)[97]의 문제를 분배 토지의 크고 작음에 의해서 균등하게 하는 방책을 쓰는 것입니다. 그런데 사람들 또한 열두 부분으로 나누고, 모든 것에 대해서는 기록이 되어 있는 터라, 그 밖의 재산도 되도록 균등한 열두 부분으로 배분하는 방식으로 조처합니다. 특히 그다음으로는 열두 신[98]에게 열두 할당 토지를 정해 주고, 그 할당된 부분은 그 신의 이름을
따라 부르며, 그 신에 봉헌하고, 이를 부족(phylē)이라 일컫습니다. 다시 e
도성의 열두 부분도 다른 지역을 나눴던 것과 똑같은 방식으로 나눕니다. 그리고 각자는 두 개의 가옥을 배분받습니다. 이렇게 해서 정주가 끝났습니다.

---

97) 627e에서 해당 각주를 참조할 것.

98) 헬라스인들은 올림포스 산에서 살고 있는 신들을 열둘로 생각했다. 제우스(Zeus), 헤라(Hēra), 포세이돈(Poseidōn), 아테나(Athēna), 아폴론(Apollōn), 아르테미스(Artemis), 아프로디테(Aphroditē), 헤르메스(Hermēs), 데메테르(Dēmētēr), 디오니소스(Dionysos), 헤파이스토스(Hēphaistos), 아레스(Arēs)가 그들인데, 이들은 아테네의 파르테논 신전의 동쪽 프리즈(frieze)에 새겨진 상들의 명단이다. 그러나 때로 이 열두 신들의 명단에서 디오니소스는 헤스티아(바로 앞 곧 745b의 각주 참조)와 바뀌기도 한다. 이를테면, 《파이드로스》 편 246e~247a에는 헤스티아가 열두 신들 중의 하나로 거명되고 있고, 아테네의 참주 페이시스트라토스(Peisistratos) 가(家)에 의해 아고라에 세워진 열두 신들의 제단에도 이 여신이 포함되어 있다.

745e

하지만 우리는 어떻게든 이런 걸 유념하고 있어야만 합니다. 방금 말한 모든 것이, 말 그대로 모두 실현될 만큼, 그처럼 때를 맞추어 일어나
746a 는 일은 결코 없을 것이라는 걸 말입니다. 사람들이 그와 같은 생활공동체(synoikia)에 대해 불만을 품지 않으며, 재물은 정해진 알맞은 정도의 것을 평생토록 갖고, 각자에게 자식들의 출산은 우리가 말한 대로요, 금으로 만든 것들을 앗긴 채로, 참고 견딘다는 것은 말입니다. 그 밖의 다른 것들로 입법자가 지시할 것들도 방금 말한 것들로 미루어 명백한데, 이 또한 마찬가지입니다. 또한 더 나아가, 우리가 말했듯, 시골에서고 도심에서고 그 한가운데에 사방으로 빙 둘러 집들을 갖는다는 것은, 거의 꿈 이야기를 하고 있는 것 같기도 하거니와, 마치 밀랍으로 어느 나라와 시민들을 형성해 내고 있는 것 같기도 합니다. 이와 같은 말은 어느 면에
b 서는 물론 잘못한 것이 아닐 수도 있겠거니와, 입법자는 마음속으로 다음과 같은 것들을 되짚어 생각해 보아야만 합니다. 그러니까 입법을 하는 자는 다시 우리에게 이런 말을 하겠습니다. "친애하는 분들이시여! 이 논의들을 통해서 방금 말한 것이 어느 면에서 진실을 말한 것이라는 걸 제 자신이 간과한 것으로 생각지는 마십시오. 하지만 실은 앞으로 진행될 것들의 각 경우에 있어서 가장 올바른(dikaiotaton) 것은 이것이라고 저는 생각합니다. 착수되어야 할 그런 것의 본(paradeigma)을 제시하는 사람은 가장 아름답고(훌륭하고) 가장 진실한 것들에 전혀 모자람이
c 없게 하는 것입니다. 그러나 그에게 이것들 중에서 무엇인가가 실현되는 게 불가능한 것으로 드러날 경우에는, 바로 이건 피하고 실천하려고도 안 하되, 나머지 것들 중에서 무엇이든 이것에 가장 가까운 것이며 또한 성격상 실천하기에 적절한 것들 중에서 이것과 가장 동류인 것, 바로 이것이 실현되도록 꾀하는 것입니다. 그는 입법자로 하여금 그 의도대로 끝을 맺도록 허용합니다. 그러나 일단 이게 실현되고 나면, 그때에나 앞서 말한 것들 가운데 어느 것이 적절하며, 법 제정에는 무엇이 거북하다

고 할 것인지에 대해 그가 입법자와 함께 고찰합니다. 왜냐하면, 비록 아주 하찮은 분야의 장인이라 할지라도, 언급할 가치가 있는 장인으로 될 사람이 만들어 내게 되는 것은 아마도 어디에서나 그것 자체가 일관성을 d
유지하는 것[99]이어야만 하겠기 때문입니다."

이제는 열두 부분으로 나누는 것에 대한 채택된 의견[100] 다음으로 바로 이것을 알게 되도록 힘써야만 합니다. 곧 그 안에 아주 많은 소부분을 갖는 열두 부분이 무슨 방식으로 해서 이것들에 뒤따르는 것들을 이것들에서 생기게 하고, 5,040까지에도 이르게 하는지가 명백함을 말입니다.[101] 씨족(phratria)들과 부락(市區: dēmos)들 그리고 마을(촌락: kō-
mē)들을 나누는 것도,[102] 군대편제와 행군, 더 나아가서는 화폐 및 도량 e
형 단위들과 관련해서도 이를 이용합니다. 이것들 모두를 적어도 법은 균형 잡히고 서로 조화하는 것들로 정해 주어야만 합니다. 이것들에 더

99) 여기에서 '그것 자체가 일관성을 유지하는 것'(to homologoumenon auto hautōi)이라 번역한 것은 어느 경우에나 '자체적으로 [모순되지 않고 일관되게] 합치하는 것'이란 뜻이다.

100) 여기에서 '채택된 의견'으로 옮긴 것의 원어 doxa는 그냥 '의견' 또는 '판단'이지만, 아테네의 민회에서 제안된 '의견(doxa)'이 가결되면, 이는 doxan으로 곧 '가결된(채택된) 의견'으로 된다. 따라서 여기에서도 그렇게 하기로 서로 합의를 본 의견이라는 뜻에서 '채택된 의견'으로 옮겼다.

101) 5,040을 12부분(meros) 곧 12부족(phylē)으로 나누면, 각각의 부분 곧 각 부족은 420가구가 된다. 그런데 420의 나눗수들은 1, 2, 3, 4, 5, 6, 7, 10, 12, 14, 15, 20, 21, 28, 30 등등이므로 그 이하의 소부분들은 이런 단위로 나눔이 가능하겠다. 738a의 본문 및 해당 각주를 참조할 것.

102) 씨족(phratria)은 부족(phylē)의 소부분 곧 하부조직 단위이고, 여기에서 부락(市區: dēmos) 및 마을(kōmē)로 번역한 말도, 아테네의 경우에는 dēmos를 도성 안의 '부락'(市區)의 뜻으로, kōmē는 촌락인 '마을'의 뜻으로 썼다. 하지만 아리스토텔레스의 《시학》, 1448a36~7에 따르면, 펠로폰네소스 사람들은 kōmē를 아테네인들의 dēmos와 같은 뜻으로 썼다고 한다.

746e
해서, 만약에 누군가가 사람들이 소유하게 되는 모든 도구는 그 가운데
어느 것도 규격(척도)이 없는(ametron) 것이도록 허용해서는 안 되는
것으로 지시할 경우에는, 이게 좀스러움으로 여겨지게 되는 걸 두려워하
여, 그것들에 대해 겁을 먹어서도 안 됩니다. 또한 공통된 원칙으로 삼아
747a 야 할 것은 모든 것과 관련해 수들의 나뉨과 변화가 유용하다는 겁니다.
수들이 그 자체에 있어서도 다양한 변화를 보이지만, 평면들에 있어서도
또한 입체들에 있어서도 그리고 특히 소리들과 위아래로 직진으로 하는
이동에 따른 운동들과 회전운동들에 있어서도 다양한 변화들이 있습니
다.[103)] 적어도 입법자는 이것들 모두를 염두에 두고서 시민들에게 지시
해야만 합니다. 모두가 힘닿는 데까지는 이것들의 질서 체계를 놓치게
b 되지 않도록 말씀입니다. 왜냐하면 가정 경영과 관련해서도 나라 체제
(정체)와 관련해서도 또한 일체 기술과 관련해서도 수들에 관한 공부만
큼 큰 힘을 갖는 단일한 청소년의 배움은 아무것도 없기 때문입니다. 한
데 가장 중요한 것은 그게 천성으로 졸리어하고 무지한 자를 일깨우며
쉬 배우게 하며 기억력을 키우고 총명하도록 만든다는 것입니다. 그 놀
라운 기술로 그의 천성을 넘어 향상케 함으로써 말입니다. 바로 이 모든
것[104)]은, 만약에 누군가가 그 밖에도 법률과 관행들에 의해서 이것들을
충분히 그리고 유익하게 습득하게 될 사람들의 혼들에서 저속함과 돈을
c 좋아하는 마음을 떼어 내게만 된다면, 훌륭하고 적절한 교과목들로 될 것
입니다. 그러나 만약에 그렇지 못할 것 같으면, 지혜 대신에 못된 짓이라
불리는 짓을 자신도 모르게 저지르게 될 것입니다. 이집트인들이나 페
니키아인들[105)] 그리고 다른 관행들 및 소유물들에 얽힌 인색함으로 인하

103) 이는 수론, 평면기하학, 입체기하학, 화성학, 운동이론 및 천문학과 관련된 수에 대한 언급인 셈이다.

104) 이는 바로 다음의 '이것들'과 함께 앞에서 든 수학 과목들을 가리킨다.

여 그렇게 되어 버린 다른 많은 종족의 경우에 오늘날 볼 수 있듯이 말입니다. 그들에게 생긴 입법자가 신통치 못해서 그런 결과를 초래했거나 또는 가혹한 운명이 그들에게 닥쳤거나 또는 심지어는 그와 같은 다른 어떤 자연적인 조건 때문이거나 간에 말입니다. d

또한, 메길로스 님 그리고 클레이니아스 님! 장소들에 관련해서 이 점을 우리가 간과해서도 안 되기 때문입니다. 더 낫거나 더 못한 사람들을 태어나게 하는 것과 관련해서 어떤 고장들은 다른 고장들과 다르다는 점을,[106] 그리고 이에 반하여 입법을 해서도 안 된다는 걸 말입니다. 어떤 지역들은 온갖 바람으로 해서 그리고 일조량으로 해서 어떤 경우는 곡물에 좋지 않기도 하고 어떤 경우는 알맞기도 하지만, 어떤 지역들은 물로 해서, 어떤 지역들은 땅에서 나는 작물 자체로 해서도 그렇습니다. 이 작물은 몸들에 대해서 더 좋게 해 주기도 하고 나쁘게 해 줄 뿐만 아니라, 혼들에 대해서도 이런 모든 걸 못지 않게 생기게 할 수 있습니다. 하지만 e
이 모든 곳 중에서도 가장 특출한 고장은 일종의 신성한 바람과 수호신들의 몫으로 된 땅이 있는 곳들이니,[107] 언제고 이주해 와서 정착하는 사람들을 상냥하게 받아들이기도 하고 그 반대로 하기도 하죠. 이것들에 대해서 적어도 지각 있는 입법자는, 이와 같은 것들을 인간으로서 고찰할 수 있는 한 검토해 보고서, 그리 법률을 제정하려고 꾀할 것입니다. 이것이야말로 선생께서도 하셔야만 하는 것입니다, 클레이니아스 님! 적어도 영토를 정하여 이주 정착을 하려고 하는 선생으로서는 맨 먼저 이와 같은 것들에 마음을 기울이어야만 합니다.

클레이니아스: 아테네 손님이시여! 선생께서 아주 훌륭히 말씀하시

105) 《국가(정체)》 편, 436a를 참조할 것.

106) hōs ouk eisin …에서 ouk를 빼고서 읽는 쪽을 택했다.

107) 745d를 참조할 것.

기도 하거니와 저로서도 그리해야만 하죠.

* 방사형의 12부분으로 나뉜 전체 영토에 대한 도해(圖解). 각 구획선은 도로이기도 함.

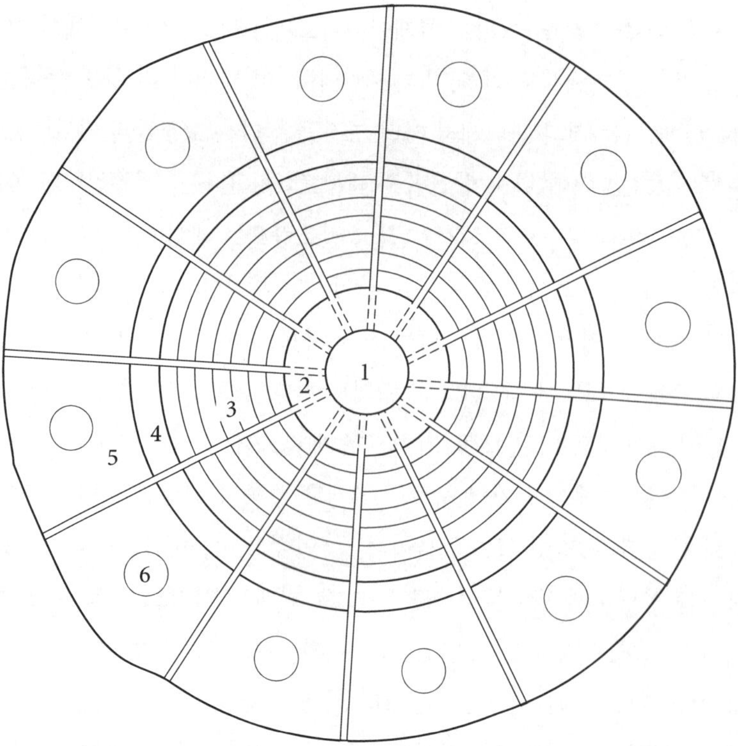

1. 아크로폴리스(성채: akropolis)
2. 도심(asty 또는 polis) · 시장(agora) · 공공건물 · 신전들이 배치된 곳
3. 12부족(phylē) 각각이 부락(dēmos)을 이룬 도심지역의 가옥들
4. 도심 외곽(교외: proasteion). 거류민들인 장인들의 거주 지역
5. 시골(농촌: khōra)
6. 각각의 농촌지역에 형성된 마을(kōmē). 소규모의 신전, 시장 등이 갖추어져 있음.

제 6 권

아테네인: 그렇지만 방금 말한 모든 것 다음으로 선생께서 하실 일은 아마도 나라(polis)를 위한 관직들(archai)의 확립 및 임명[1]일 것입니다. 751a

클레이니아스: 아닌게아니라 그건 그렇습니다.

아테네인: 나라 체제(politeia)의 관리와 관련해서는 이것들 두 가지 것들이 생기는데,[2] 첫째는 관직들의 확립과 관직을 맡을 사람들의 임명인데, 관직들로는 얼마나 많은 게 있어야 하고 또한 어떤 식으로 임명되어야만 하는지의 문제입니다. 그다음엔, 바로 이처럼 각각의 관직들에 법률을 지정해 주어야만 합니다. 이번에도 어떤 법률이, 얼마나 많은 법 b
률이 그리고 어떤 것들이 각각의 관직들에 합당한 것들일지의 문제입니다. 하지만 선택에 앞서 잠시 멈추었다가, 이와 관련된 어떤 적절한 언급

1) 이 경우에 원어 katastasis(여기서는 복수인 katastaseis)는, 바로 다음에 이어지는 문장에서 보듯, 관직들의 '확립'과 관직을 맡을 사람들의 '임명' 양쪽 다를 뜻하는 말로 쓰이고 있다. 그래서 '확립 및 임명'으로 번역했다.
2) 735a에서 이에 대한 문제를 다루려다가 잠시 유보했다. 이에 앞서 다루어야 할 선행 문제들이 있다고 해서, 이것들에 대해 735b 이후 제5권 끝(747e)까지에 걸쳐서 언급한 다음에야, 이제야 되돌아가서 다시 다루게 된 것이다.

751b

을 하도록 합시다.

클레이니아스: 그건 바로 무엇입니까?

아테네인: 이런 것입니다. 어쩌면 모든 이에게 이런 점은 명백할 것입니다. 법률 제정(nomothesia)이 중대한 일이기는 하지만, 훌륭하게 수립된 나라가 적합하지 않은 관리들로 하여금 훌륭하게 제정된 법률에 대한 책무를 지도록 할 경우에, 훌륭하게 제정된 법률의 실효도 전혀 못 보며,
c 아주 많은 웃음거리가 되는 걸로만 그치지 않고, 이 법률로 해서 아마도 나라들에 아주 지대한 해악과 손상이 발생하게 될 것이라는 겁니다.

클레이니아스: 어찌 그렇지 않겠습니까?

아테네인: 그러면, 친구시여! 지금의 선생의 나라 체제 및 나라와 관련해서 이 사태가 일어나는 걸로 생각해 보십시다. 선생께서는 아실 테니까요. 첫째로는, 통치 권력의 지위에 옳게 오르는 사람들인지, 본인들 및 각각의 가족이 아잇적부터 선발 시점까지 충분한 시험을 받도록 해야만 한다는 것을, 또한 그다음으로는, 장차 선발을 하게 될 사람들이 법률의 관례 속에서 양육되어야 하며, 받아들이지 못할 사람들과 받아들일
d 사람들을 그 자격대로 옳게 선별하고 배제할 수 있게 되는 것과 관련해서[3)] 훌륭히 교육받아야만 한다는 것을 말씀입니다. 그러나 이 경우에는 사람들이 최근에야 만나게 된 데다 서로들 알지도 못하는 터이고, 더욱이나 교육조차도 받지 못하였으니, 어떻게 관리들을 나무랄 데 없이 선발할 수가 있겠습니까?

클레이니아스: 아마도 불가능할 것입니다.

아테네인: 하지만 실은 [시작된] 경연에는 핑계가 전혀 받아들여지지

---

3) 텍스트 읽기에서 이 부분은 Des Places의 Budé 판을 따르지 않고, Burnet의 Oxford 판 등을 따랐다. 751c9의 te는 삭제했고, d1의 πρώτους는 πρὸς τὸ로 읽었다. Saunders의 *Notes*, No. 34를 참조할 것.

않는다고들 합니다. 특히 지금은 선생께서도 그리고 저로서도 이 일은 해야만 합니다. 선생께서 말씀하시듯, 선생께서는 크레테의 백성들에게 자신이 열 번째 사람으로서[4] 열성껏 나라를 수립하기로 지금 약속하셨 e
고,[5] 저는 저대로 지금 하고 있는 우리의 이야기와 관련해서 선생께 돕 752a
기로 약속한 터이니까요. 그러므로 어쨌든 이야기를 하면서 일부러 이야기에 머리가 없는 상태로 제가 남겨 두고 싶지는 않다는 것은 틀림없습니다.[6] 그게 그런 꼴을 하고 사방으로 돌아다닌다면, 꼴사납게 보일 것이기 때문입니다.

클레이니아스: 아주 훌륭히 말씀하셨습니다, 선생이시여!

아테네인: 그뿐만 아니라 힘닿는 데까지 저는 그리할 것입니다.

---

4) '열 번째 사람으로서'는 '다른 아홉 명과 함께'라는 뜻으로 하는 말이다.

5) 702c를 참조할 것.

6) "이야기에 머리가 없는 상태로 남겨 둔다"는 것은 지금 자신들이 마그네시아(Magnēsia)라는 이상적인 나라의 수립을 위해 그 체제 및 법률과 관련해서 하고 있는 거창한 이야기(mythologia)가 제대로 완결도 보지 못한 상태로 중단되는 걸 뜻한다. 따라서 아테네인은 그러지 않고, 이 거창한 작업과 관련된 이야기에 마침내 머리를 얹는 일까지 하겠다는 다짐을 하고 있는 셈이다. 비슷한 표현들을 우리는 플라톤의 여러 대화편에서 만나게 된다. 《필레보스》 편 66d에서 '완결한다'는 걸 뜻하는 비유적 표현으로 "머리를 얹어 놓듯이 해 준다"(hōsper kephalēn apodounai)는 것이 보이는가 하면, 같은 뜻으로 '머리를 올려놓는다'(kephalēn … epitheinai)는 표현이 《티마이오스》 편 69b, 《고르기아스》 편 505d에 보인다. 그런가 하면, 《파이드로스》 편 264c에서는 동물의 그림에 몸뚱이는 물론 머리나 다리를 그려 넣지 않은 상태로 둬서도 안 되지만, 사지 따위도 있어야만 하듯, 논의도 그래야만 한다는 표현이 보인다. 그런데 이런 표현이 정확히 어디에서 유래했는지는 불명하다. 제일 그럼직한 설은 돌기둥에 이오니아식이나 도리아식 따위의 기둥머리를 올리는 것이나 조각에 머리를 올려놓는 것에 빗대어 하는 말이라는 것이다. 이와 관련해서는 A. E. Taylor, *A Commentary on Plato's Timaeus*(Oxford, 1928, p. 494) 및 E. R. Dodds, *Plato: Gorgias*(Oxford, 1959, p. 332)를 참조할 것.

752a

클레이니아스: 그러면 전적으로 우리가 말하고 있는 그대로 하십시다.

아테네인: 그렇게 될 것입니다. 신이 바라고 우리도 나이를 그 정도 만큼은 극복할 경우에는 말입니다.

b 클레이니아스: 하지만 신이야 바라겠죠.

아테네인: 틀림없이 그럴 것입니다. 신을 따르되, 이 점도 알고 있도록 합시다.

클레이니아스: 어떤 것인가요?

아테네인: 우리의 이 나라가 지금의 처지에서는 얼마나 대담하게 그리고 모험을 감행하는 방식으로 수립될 것인지 하는 것입니다.

클레이니아스: 무엇과 관련해서 그리고 특히 어떤 점에 주목하고서 지금 그 말씀을 하십니까?

아테네인: 이제 제정해 놓게 되는 법률을 경험 없는 사람들이 받아들
이게 하느라, 우리가 얼마나 쉽게 그리고 겁도 없이 법률 제정을 하고 있
나 해섭니다. 하지만, 클레이니아스 님, 적어도 이 정도만큼은 거의 모두
c 에게 그리고 썩 현명하지 않은 이에게도 명백합니다. 즉 이들이 어쨌든
처음에는 어떤 법률도 쉽게 받아들이지 않을 것이라는 건 말입니다. 그
러나 만약에 우리가 머물러 있기를, 이들이 이 법률을 아이들일 적에 겪
으며 함께 자라, 이것들에 충분히 익숙해져서 온 나라를 위해 관리들의
선발에 참여하게 될 때까지, 대충 그 기간 동안만 하게 된다면, [그리]되
겠죠. 그렇더라도 우리가 말하고 있는 게 일어나되, 정녕 어떤 식으로 그
리고 어떤 수로 해서든 옳게 일어난다면, 이렇게 아동 교육을 받은 나라
가 그 시점 이후로도 존속할 안전성이 확보될 것이라고 적어도 저는 생
각합니다.

d 클레이니아스: 어쨌든 그건 이치에 맞습니다.

아테네인: 그러면 이제 이 문제와 관련해서 다음과 같은 식으로 해서 어떻게 어떤 충분한 해결책을 강구할 수 있을지 생각해 보십시다. 왜냐

하면, 클레이니아스 님, 제가 주장하는 바는 크노소스 사람들이 다른 크레테인들과는 달리 지금 여러분이 이주하게 되는 지역에 대해서 비단 형식적인 절차상으로만이[7] 아니라, 으뜸가는 관리들이 가장 안전하게 그리고 가장 훌륭하게 임명되도록 가능한 한 열성적으로 마음 써야만 한다는 것이기 때문입니다. 따라서 다른 관직들을 선발하는 것은 비교적 간
단한 일이겠으나, 우리가 으뜸가는 호법관들(nomophylakes)[8]을 선발하 e
는 것은 무엇보다도 반드시 전심전력을 다해서 해야만 할 일입니다.

클레이니아스: 그렇다면 이를 위해 무슨 방책과 주장을 우리가 찾아낼 수 있겠습니까?

아테네인: 그건 다음과 같은 것입니다. "크레테인들의 자제들이여! 크노소스 사람들은 여러 나라[9] 가운데서도 수장(首長) 노릇을 하기 때문에[10] 이 공동 이주지에 도착하는 사람들과 함께 공동으로 이들과 저들 중에서 공동으로 모두 37명을 선발하되, 19명은 정착하게 될 사람들 중에서, 나머지는 크노소스 자체에서 선발해야만 합니다"라고 저는 주장합
니다. 그런데, 크노소스 사람들은 이들을 선생의 나라에 넘겨주거니와, 753a
선생 자신을 또한 이 식민지의 시민이며 그 18명 중의 한 사람이도록 설

7) 종교적인 의식을 치르는 걸 뜻할 것이다.

8) 원어 nomophylax(nomophylakes는 복수임)는 '법률수호자'가 그 본뜻이겠지만, 이는 법률을 수호하는 사람들에 대한 일반적인 지칭일 뿐이겠으므로, 특히 법률수호가 그 임무인 관직을 맡은 사람의 경우에는 '호법관'(護法官)으로 지칭하는 것이 옳다고 여겨 그리 지칭하기로 한다. 이 호법관들의 지위는 《국가(정체)》 편 414b에서 언급되고 있는 '완벽한 수호자들'(phylakes panteleis) 및 428d~e에서 언급되고 있는 '완벽한 수호자들'(teleoi phylakes)과 '참된 수호자들'(alēthinoi phylakes)에 해당한다고 볼 수 있겠다.

9) 크레테 섬에는 5세기경까지도 40개나 되는 나라(polis)들이 있었다고 한다. 625a에서 '나라 체제'에 대한 각주를 참조할 것.

10) 624a에서 '호메로스를 따라'에 대한 각주를 참조할 것.

득하거나 적절한 압박으로 강요할 것입니다.

클레이니아스: 그런데, 선생이시여, 왜 선생께서도 메길로스 님께서도 이 정체(politeia)에 참여하시지 않으십니까?

아테네인: 클레이니아스 님, 아테네는 배포가 큽니다. 스파르타 또한 그렇습니다.[11] 그리고 두 나라는 멀리 떨어져 있습니다. 하지만 모든 면에서 이 정체는 선생께 적당합니다. 또한 다른 정착인들에게도 똑같을
b 것입니다. 방금 선생과 관련해서 말한 것들처럼 말씀입니다. 그러면 지금의 우리 상황에서는 어떻게 되는 게 가장 적절할 것인지는 언급된 걸로 하죠. 그러나 시간이 경과하고 이 정체(나라 체제)가 존속하게 되면, 이들의 선발은 다음과 같은 것이게 하죠. 기병으로든 보병으로든 무장을 하고 싸우는 사람들이면 그리고 저들 자신의 나이에 따른 능력 내에서 전투에 참여한 사람들이라면, 모두가 관리들의 선발에 참여하는 겁니다. 한데, 선발은 나라가 가장 귀중히 여기는 바로 그 신전에서 이루어져야
c 만 하고, 저마다 작은 평판[12]에 [후보의] 이름과 그 아버지 이름 그리고 부족과 그가 속하는 부락(dēmos)의 이름을 적어 그 신의 제단 위에 가져다 놓아야만 합니다. 또한 그는 자신의 이름도 이처럼 똑같은 식으로 그 옆에 적어야만 합니다. 하지만 누구든 그 평판들 중에서 적힌 것이 제 마

11) 헬라스의 권역에 세워졌던 나라들의 수는 좋이 1,000개는 되었을 것으로 추정된다. 이들 중에서도 예외적으로 규모가 컸던 나라가 아테네와 스파르타였다. 따라서, mega phronousin 곧 mega phronein은, 흔히 고취되거나 의기충천하거나 도도함 또는 주제넘은 생각을 하는 것 등을 뜻하는 말이지만, 여기서는 문맥으로 보아 그 본 뜻을 살려 '배포가 크다'는 뜻으로 이해하는 것이 적절할 것 같다.

12) 원어는 pinakion인데, 이 경우에는 투표용으로 쓰이는 것이겠다. 서판(書板)이나 화판 따위의 평판(平板)을 pinax라 하는데, 이의 축소형을 나타내는 것이 pinakion이다. 배심원들이 평결을 적거나 투표를 할 경우에 이를 이용했던 것 같다.

음에 들지 않을 경우에는, 그러고 싶은 사람은 그걸 가져다가 30일 이상 시장(장터: agora)에다 두는 게 허용됩니다. 이들 평판들에 적힌 이름들 중에서 첫째 서열에 드는 것으로 판정된 300명까지를 관리들이 온 나라
가 보도록 공시해야만 하고, 시민들은 이들 중에서 각자가 바라는 사람 d
을 다시 마찬가지로 적어서 가져다 놓아야 할 것입니다. 두 번째로 적어낸 이들 가운데서 선택된 100명을 다시 모두에게 공시해야만 합니다. 세 번째로는 원하는 사람이 이들 100명 중에서 자기가 바라는 사람의 것을 갖고서 잘라 놓은 제물들 사이로 지나가도록 하죠.[13] 그래서 최다득표를 한 사람들 37명을 심사를 한 다음, 이들이 관리들로 선출되었음을 공포하도록 하죠.

그러면, 클레이니아스 님 그리고 메길로스 님, 누가 우리의 이 나라에
서 관직들 및 이들의 심사[14]와 관련된 이 모든 걸 제도화하게 될까요? e
이처럼 처음으로 통합되는 나라들에는 이런 사람들이 있어야만 하는 게 필연적이라는 걸 우리가 알고 있겠죠? 하지만 모든 관직들에 앞서 있어야 할 사람들이겠는데, 없다는 걸요. 아닌게아니라 어떤 식으로든 있어야만 하고, 그것도 평범한 사람들이 아니라, 최대한 정상급의 인물들이어야만 합니다. 실상 속담들 중에 시작이 모든 일의 반이라는 말이 있거니와, 어쨌든 시작을 훌륭하게 하는 걸 모두가 그때마다 칭찬하죠. 하지

---

13) 원어 tomion(여기서는 복수 tomia가 쓰임)은 여러 부분으로 잘라 놓은 제물을 가리키는데, 그 위에서 서약의 의식을 치렀다. 따라서 이 의식을 치르는 사람의 선택은 진지하고 엄숙한 의미의 것이라 말할 수 있을 것이다. Saunders는 그의 주석서(No. 36)에서 이 삼차 투표까지 참여할 수 있는 사람들은 시간적 여유도 있고 제물도 바칠 수 있는 부유한 사람들일 것이라 하며, 이는 선택적이고 정교하게 고안된 선출방안으로 아주 플라톤적인 것이라고까지 말하고 있다.

14) 원어 dokimasia는 각종 후보의 법률적 요건 충족과 관련된 '자격 심사'를 뜻한다.

753e

만 시작을 훌륭하게 한다는 건, 제가 보기엔, 반보다 더한 것이겠는데,[15)]
754a 이미 그렇게 된 일을 충분히 칭찬한 사람은 아무도 없습니다.

클레이니아스: 지당한 말씀입니다.

아테네인: 따라서 적어도 그걸 알고 있는 터에, 우리가 이 문제를 말하지 않고 지나쳐 버리지는 않도록 합시다. 이게 어떤 식으로 될 것인지 우리 자신들에게 아주 명백하게 하지 않고 넘기는 일은 아무것도 없도록 함으로써 말입니다. 사실 저는 당면한 것과 관련해서는 한 가지 필요하고 유익한 것을 말하는 것 말고는 전혀 잘할 수가 없습니다.

클레이니아스: 바로 무엇인가요?

아테네인: 우리가 수립하려고 하는 있는 이 나라에는, 정작 이 나라
b 를 세우고 있는 나라[16)]를 제외하고는, 이를테면 부모가 없습니다. 새로 세워진 나라들이 자기들을 세운 나라들과 종종 적잖이 많이 불화하며 앞으로도 그럴 것이라는 사실을 제가 모르고 있는 게 아닙니다. 하지만, 지금 현재로서는, 마치 아이가, 비록 언젠가는 저를 낳은 어버이와 불화하게 될지언정, 당장은 어쨌든 놀이나 하고 지내는 별 수 없는 처지에서는 어버이를 좋아하고 또한 어버이한테서 사랑도 받으며, 언제나 친척들한테로 달아남으로써, 이들이 어쩔 수 없는 유일한 동맹군임을 확인하게 되죠. 지금 제가 말하고 있는 바로 이런 관계가 크노소스 사람들에게는
c 새 나라에 대한 보살핌으로 인해서 그리고 새 나라에는 크노소스에 대해서 이미 형성되어 있습니다. 따라서 방금 말했듯[17)] 저는 말합니다. — 훌륭한 것은 두 번 말해도 해로울 게 아무것도 없기 때문인데,[18)]— 크노소

---

15) 《국가(정체)》 편 제2권 377a11~b3에도 비슷한 내용이 강조되고 있는 것이 보인다.

16) '마그네시아' 라는 새로운 나라의 수립을 주도하고 있는 나라는 크노소스이다.

17) 752d에서 말한 것을 가리킨다.

스 사람들이 이 모든 것에 대해 함께 감독을 해야만 합니다. 이 이주지에 도착하는 사람들 중에서 가능한 한 가장 연장이면서 가장 훌륭한 사람들을 100명 이상 선발함으로써 말입니다. 또한 크노소스 사람들 자신들 중의 또 다른 100명이 있어야 하고요. 제가 주장하는 것은 이들이 새 나라로 가서 관직들이 법률에 따라 임명되고, 임명된 다음에는 심사 또한 받도록 함께 보살펴야만 한다는 것입니다. 이것들이 끝나고 나면, 크노소 d
스 사람들은 크노소스에서 거주해야만 할 것이며, 새 나라는 스스로 자체를 보전하며 번영하도록 노력해야만 할 것입니다. 그렇지만 37명에 뽑힌 사람들은 이제 그리고 이후로도 줄곧 우리의 이런 목적들을 위해서 선출되었습니다. 첫째로, 법률의 수호자들이게 합니다. 다음으로는 각자가 관리들에게 자신들의 자산 총액을 적어서 낸 문서들의 수호자들이게 합니다. 과세기준 재산(timēma)이 최고 계층인 자의 경우에는 4므나[19)]

18) 속담 성격의 표현으로서, 비슷한 표현은 956e에도 보이며, 《고르기아스》 편(498e) 및 《필레보스》 편(60a)에도 보이는데, 《필레보스》 편에서는 이를 속담(paroimia)으로 말하고 있다. 대체로 '무엇'을 '두 번'(dis) 또는 '세 번'(tris) 되풀이해서 말하는가([ep]anapolein)의 차이 정도라 할 것이다. 이를테면, 여기에서는 '훌륭한(아름다운) 것(to kalon)'이 956e에서는 '옳은 것(to orthon)'으로 되어 있고, '세 번'이 추가되어 있다. E. R. Dodds에 의하면, 고전 주해자(scholiast) 및 속담수집작가(paroemiographer)들은 이를 생략 형태로 dis kai tris to kalon(훌륭한 것은 두 번 세 번)으로 인용하면서, 생략된 동사는 아마도 anapolein(되풀이한다)일 것이라고 말하고 있다. 또한 이에 때로는 to de kakon oud' hapax(그러나 나쁜 것은 한 번도 말 것)를 첨가하고 있는 것으로 말한다. 그의 *Plato: Gorgias*, Oxford, 1959, p. 315 참조.

19) 므나(mna)는 헬라스의 화폐단위이며, 1므나는 100드라크메(drachmē)에 해당된다. 당시에 건장한 기능인의 하루 수당이 1드라크메였다고 한다. 《소크라테스의 변론》 편(38b)을 보면, 소크라테스가 자신에 대한 벌금형으로 1므나를 제의하니까, — 당시에 포로의 석방 대가가 이 금액이었다 함 —, 여러 사람이 30므나의 벌금을 제의하도록 하고 자기들이 물겠다고

754e

e 를, 과세기준 재산이 둘째 계층인 자는 3므나, 과세기준 재산이 셋째 계층인 자는 2므나 그리고 과세기준 재산이 넷째 계층인 자는 1므나를 제외하고서 말입니다.[20] 하지만 만일에 누군가가 적어 낸 것 이외에 다른 어떤 걸 소유하고 있는 걸로 드러날 경우에는, 그런 일체의 것은 공동의 것이게 합니다. 이에 더해서 원하는 사람은 소송을 제기할 수 있게 합니다. 이득 때문에 법률을 경시한 것으로 유죄판결을 받게 될 경우에는, 이는 아름답지 못하며 명예롭지도 못하고 창피한 것이죠. 그래서 원하는 자는 그를 창피스런 이득 챙기기로 기소해서 바로 호법관들 앞에서 재판을 받게 합니다. 만약에 피고가 유죄라면, 공동 재물에는 관여하지 못하

755a 게 합니다. 또한 나라에 의해 어떤 분배가 행하여질 경우에도, 추첨에 의한 할당 토지 이외에는 아무런 할당도 받지 못하게 합니다. 그 죄상은, 그가 살아 있을 때까지는, 원하는 사람은 모두가 읽을 수 있는 곳에 적어 두게 합니다.[21] 호법관은 20년 이상 그 관직에 있지 못하게 하되, 50세 이상인 자를 그 관직에 임명되게 합니다. 그러나 60세에 임명된 경우는

하는 장면이 나온다. 또한 같은 대화편(26d)에서 아낙사고라스의 책을 1드라크메로 구입할 수 있다는 언급이 보인다. 그리고 1드라크메는 6오볼로스(obolos)에 해당하는 것이었는데, 당시에 노동력을 상실한 노인들이 주류를 이루었던 배심원들의 일당이나 축제 행사 때 가난한 시민들의 극장 관람을 위해 나라에서 각자에게 제공하는 '관람 비용'(theōrika)이 처음에는 2오볼로스였다가 나중엔 3오볼로스로 올랐다고 한다. 그런가 하면, 펠로폰네소스 전쟁 말기에 아테네에서는 가난한 시민의 하루 생계비로 2오볼씩 지급했는데, 이를 diōbelia(2오볼 수당)라 했다. 모두가 은화였다. 774d에는 혼수의상 비용에 대한 언급이 보인다. 참고로 덧붙이면, 최고 화폐단위인 탈란톤(talanton)은 60므나이다.

20) 그러니까 자산 규모에 따라 각각 이 액수만큼은 신고하지 않아도 되는 셈이다.

21) 자산 문제와 관련된 이런 언급은 744d~745a에서도 이미 어느 정도는 했다.

10년간만 그 관직에 있게 합니다. 이 원칙[22]에 따라, 누군가가 70세를 넘
겨 그 이상 살지라도,[23] 이들 관리들의 일원으로서 그렇게 중대한 관직 b
을 앞으로도 맡겠다는 생각은 결코 하지 않도록 합니다.

그래서 호법관들과 관련된 지시사항들은 이들 세 가지[24]로 말합니다.
앞으로 법률이 전개됨에 따라 그 각각은 이 사람들에게 방금 말한 것들
이외에 이들이 추가적으로 마음 써야 할 것들을 지시할 것입니다. 그러
나 지금은 다른 관직들의 선발과 관련해서 말했으면 싶습니다.

그다음으로는 물론 장군(stratēgos)들 및 전쟁과 관련해서 이들을 보좌
할 사람들을 선발해야만 하니까요. 이를테면, 기병대 지휘관들, 부족 지 c
휘관들 그리고 보병 부족들의 분견대 통솔자들 말입니다. 뒤에 말한 이
들에게는 바로 이 이름이 적절하겠는데, 많은 사람이 이들을 분견대 지
휘관들[25]로 일컫기도 하죠. 물론 이들 중에서도 장군들은 호법관들이 바
로 이 나라 자체에서 뽑아 추천케 하되, 적령기에 전쟁에 참여했던 사람
들 그리고 그때마다 이에 참여하게 되는 사람들 모두가 이들 추천된 자
들 중에서 선출케 합니다. 그러나 추천되지 않은 자들 중의 누군가가 혹
시라도 추천된 자들 중의 누군가보다 더 낫다고 누군가에게 판단될 경우
에는, 누가 누구 대신에 추천되는지 지명하고서, 바로 이에 대해 맹세를 d

22) 여기에서 '원칙'으로 옮긴 원어는 logos인데, 이 경우에는 '비례'로 옮겨도 되겠다.

23) 텍스트 읽기에서 Des Places의 Budé 판이 755a7에서 οὕτως· ἄν τις로 읽은 것을, Burnet의 Oxford 판 등을 따라 ὅπως ἄν τις로 읽었다. 특히 Bury가 ὅπως, ἄν τις로 읽은 것은 문장 해독을 더 쉽게 하는 효과가 있다.

24) 첫째는 법률의 수호이고, 둘째는 자산등록 서류의 보관이며, 셋째는 이와 관련된 위반 사항의 재판이겠다.

25) 여기에서 '분견대 지휘관'으로 옮긴 것의 원어는 taxiarchos인데, 이 경우의 taxis는 정렬이나 대오 등을 뜻하는 것이 아니라, '분견대'를 의미한다.

755d

한 다음, 그 다른 사람을 대신으로 추천케 합니다. 둘 중에서 어느 쪽이든 거수가결에 의해 결정되는 자가 그 선출 대상으로 포함되게 합니다. 거수가결에 의해 최다득표를 하게 된 3명,[26] 이들이 장군들이며 전쟁과 관련된 일들의 감독관들이게 합니다. 호법관들의 경우처럼 심사를 받게 한 다음에 말입니다. 선출된 장군들은 자신들의 분견대 지휘관들로 12명
e 을, 각각의 부족을 위해 1명씩의 분견대 지휘관을 추천케 하되, 장군들의 교체추천이 있었던 것처럼, 분견대 지휘관들의 경우에도 교체추천이 있을 것이며, 거수가결과 판정이 있게 합니다. 협의회(평의회: boulē)와 그 운영(실무)위원회(prytaneis)가 선출되기 이전인 현재로서는 호법관들이 이 모임을 가장 성스럽고 최대한 수용할 수 있는 장소에 소집하되, 중무장보병들과 기병들 그리고 이들에 이어 셋째로는 군의 모든 예속부대를 따로따로 참석하게 합니다. 장군들과 기병대 지휘관들은 모두가 [참여하여] 거수가결로 결정하지만,[27] 분견대 지휘관들은 방패를 든 전사
756a 들[28]이, 이들의 부족 지휘관들은 전체 기병대가, 경무장보병들이나 궁병(弓兵)들 또는 그 밖의 다른 군 예속부대들의 지휘관들은 장군들 자신들이 임명케 합니다. 기병대 지휘관들의 임명이 우리에게 아직 남아 있게 되겠습니다. 그러니까 이들은 장군들을 추천하기도 한 바로 그 사람들이 추천하게 하되, 이들의 선출과 교체추천[29]은 장군들의 경우에 했던 것과 똑같은 식으로 할 것이니, 기병대는 이들을, 보병들이 보고 있는 가운데
b 서, 거수가결로 표결케 할 것이요, 거수가결에 의해 최다득표를 하게 된 2명, 이들이 모든 기병의 지도자들이어야 합니다. 거수가결(kheiroto-

---

26) gignetai 다음에 쉼표를 치고 읽는 것이 좋겠다.

27) 물론, 755c 이후에서 밝혔듯, 추천된 자들을 상대로 하여서다. 그리고 여기서 말하는 '모두'의 조건도 같은 곳에서 이미 밝혔다.

28) 중무장보병들을 가리킨다. 706c의 해당 각주를 참조할 것.

29) 텍스트 읽기에서 anti⟨pro⟩bolēn으로 Ast가 고쳐 읽은 대로 읽었다.

nia)에 대한 이의제기는 두 번까지가 용인됩니다. 만약에 누군가가 세 번째로 이의제기를 할 경우에는, 각각의 거수가결의 계표(計票)를 맡은 당사자들끼리 표결토록 합니다.

협의회(평의회)는 12명 그룹이 30이게 합니다. 360명은 나누기에 적합한 인원수가 되겠죠.[30] 이들의 수를 90명씩 네 부분으로 나누고서, 과 c
세기준 재산 각 계층에서 90명의 협의회 위원들을 뽑게 합니다.[31] 처음에는 과세기준 재산이 최고인 계층에서 뽑는데, 모두가 의무적으로 [참여]합니다. 불복하는 자는 결정된 벌금을 물게 됩니다. 이들이 지명되면, 이들의 명단을 적어 놓게 합니다. 다음날엔 과세기준 재산이 둘째인 계층에서 앞의 경우와 마찬가지로 똑같은 식으로 뽑고, 셋째 날엔 과세기준 재산이 셋째인 계층에서 뽑되, 원하는 사람이 [참여]합니다. 하지만, 이는 앞의 세 과세기준 재산의 계층들에는 의무적이나, 가장 덜 자유로 d
운[32] 넷째 계층에 속하는 자는 투표를 하려 하지 않더라도 벌금을 면제받습니다. 넷째 날엔 모두가 [참여하여] 과세기준 재산이 넷째인 가장 적은 계층에서 뽑는데, 과세기준 재산이 넷째와 셋째인 계층 출신인 자가 투표를 하려 하지 않을 경우는 벌금을 물지 않습니다. 그러나 과세기준 재산이 둘째와 첫째인 계층 출신으로서 투표를 하지 않는 자는 벌금

30) 한 달을 30일로 잡고 12개월이면, 360은 1년의 근사치이다. 따라서 360명으로 구성되는 협의회는 매일 협의회 운영위원회 의장을 교체적으로 낼 수 있겠다. 그리고 이 수들은 모두가 5,040의 나눗수이다. 738b에서 해당 각주를 참조할 것.

31) 이하(e4까지)에서 '뽑는다', '지명한다', '투표한다'로 옮긴 원어는 pherein인데, 문맥에 따라 그리했다. 그리고 여기에서 90명씩은 최종적인 숫자이다.

32) 여기에서 '가장 덜 자유롭다'는 말은, 여러 날 동안 투표에 참여하느라, 농사 등의 가사를 며칠째 돌보지 않아도 될 만큼 경제적인 여유가 없다는 뜻으로 하는 것이다.

756d
을 물게 되는데, 과세기준 재산이 둘째인 계층 출신인 자는 처음 벌금의
e 세 배를 물되, 과세기준 재산이 첫째인 계층 출신인 자는 그 네 배를 물
게 됩니다. 다섯째 날엔 적힌 이름들을 관리들이 모든 시민이 보도록 공
시하여, 이 명단으로 모두가 다시 투표를 하거나 아니면 처음의 벌금 액
수로 벌금을 냅니다. 그래서 각각의 과세기준 재산을 가진 계층에서 180
명씩을 뽑은 다음, 이들 중에서 반을 추첨으로 뽑아서 심사를 받게 함으
로써, 이들이 그 해의 협의회 위원(bouleutēs)들이 됩니다.

이렇게 이루어지는 선출(hairesis)은 1인 통치의 정체(monarchikē
politeia)와 민주적 정체(dēmokratikē politeia)의 중간(중용: meson)을
취하겠는데, 나라 체제(정체: politeia)는 이것들의[33] 중간을 언제나 유
757a 지해야만 합니다.[34] 왜냐하면 노예들과 주인들은 결코 친구들이 될 수가
없겠기 때문인데, 이는, 비록 변변찮은 사람들과 빼어난 사람들이 동등
한 명예를 누리는 것으로 선언될지라도, 안 되는 일입니다. 평등하지 않
은 사람들에게는 평등한 것들이, 알맞은 정도(적도: to metron)에 적중
하지 못할 경우에는,[35] 불평등한 것들로 되니까요. 이들 양쪽 처지로 인
해서는 정체들이 분쟁(stasis)들로 가득 찹니다. 평등(isotēs)이 우정
(philotēs)을 생기게 한다는 옛말[36]은 실상 참된 것이며, 아주 옳게 그리
고 제대로 한 말입니다. 하지만, 이를 가능케 하는 평등이 도대체 어느
b 것인지, 이게 썩 명확하지가 않은 탓으로 우리를 몹시 혼란케 합니다. 왜

---

33) 여기에서의 ἧς는, 내용상으로는 앞의 두 정체를 받아 ὧν으로 되는 게 옳겠으나, 문법적으로는 앞 선행사의 견인(attraction)으로 인한 것이다. 이에 대해서는 England의 주석서 559쪽을 참고할 것.

34) 693d 및 701e를 참조할 것.

35) 716c를 참조할 것.

36) 《디오게네스 라에르티오스》(VIII. 10)에는 "우정은 평등이다"라는 말을 피타고라스가 한 걸로 전한다.

냐하면 두 가지 평등이 있어서, 둘이 이름은 같으나, 실제로는 여러 점에
서 거의 대립되는 것들이기 때문입니다.[37] 모든 나라와 모든 입법자가
족히 다른 한쪽 것을 존중하는데, 척도나 무게 그리고 수량에 의한 평등
을 분배 문제에 있어서 추첨에 의해서 조절합니다. 하지만 가장 참된 최
선의 평등을 모두가 알아보기는 쉽지 않습니다. 그건 물론 제우스의 판
정에 속하는 것이기 때문이겠는데, 그건 사람들을 언제나 조금씩 도와주
지만, 그게 나라들이나 개인들을 도와주는 한, 모두가 좋은 결과를 가져
다줍니다. 더 큰 것에는 더 많이, 더 작은 것에는 더 적게 나눠 주니, 그 c
것들의 성격에 따라 각각에 알맞게 주는 거죠. 특히 명예들을 부여함에
있어서는 [사람으로서의] 훌륭함(덕: aretē)과 관련해서 더 큰 인물들에
게는 언제나 더 큰 것들을 그리하되, [사람으로서의] 훌륭함(덕) 및 교육
(paideia) 면에서 그 반대인 인물들에게는 그에 비례해서 적절한 것(to
prepon)을 그리합니다. 공동체적(정치적) 올바름(정의로움: to dikaion)
이란 것도 우리에게 있어서는 언제나 바로 이것임에 틀림없겠기 때문입
니다. 지금 우리가 희구하고 있는 것도, 즉 지금 세워지고 있는 이 나라
도 우리가 이 평등에 주목하고서 수립해야만 합니다, 클레이니아스 님! d
언젠가 누군가가 다른 나라를 세울 경우에도, 같은 이것에 유념하면서
입법해야지, 소수의 참주들이나 한 사람에 또는 민중(dēmos)의 어떤 힘
(지배: kratos)조차도 유념하지 말고, 언제나 올바름(정의로움)에 유념
하면서 해야만 합니다. 이는 방금 말한 것, 즉 평등하지 않은 자들에게
자연스럽게 평등한 것이 주어지는 것입니다. 아닌게아니라 모든 나라는
이 두 평등의 약간 변형된 형태들을 추가적으로 이용하는 게 어쨌든 필연

37) 여기서 말하고 있는 두 가지 평등이란 흔히 산술적 평등(arithmētikē isotēs)과 이에 대비되는 기하학적(등비적) 평등(geōmetrikē isotēs)으로 지칭되고 있는 것들이다. 앞의 것에 대한 언급이 《국가(정체)》 편 558c에 보이고, 뒤의 것에 대한 언급이 《고르기아스》 편 508a에 보인다.

757d
적입니다. 그 나라가 자체의 일부에서라도 분쟁에 말려들지 않으려면 말입
e 니다. 왜냐하면 형평(공평함: to epieikes)과 너그러움(to syngnōmon)은,
그것들이 수용되는 경우에는, 엄격한 정의(dikē)에 어긋나게 그 완벽성
과 정확성을 손상하는 것이기 때문입니다. 그래서 다중(hoi polloi)의 불
만 때문에 추첨(klēros)의 평등을 추가적으로 이용하지 않을 수 없게 되
는 겁니다. 그때에도 이들은 기원하는 가운데 신과 행운을 불러, 이들이
추첨을 가장 올바른(정의로운) 쪽으로 옳게 인도해 주도록 합니다. 바로
758a 이렇게 어쩔 수 없이 양쪽 평등을 이용할 수밖에 없기는 하지만, 행운을
요하는 평등은 최대한 소수의 경우들에나 이용하도록 해야만 합니다.

친구들이시여, 앞으로 존속할 나라는 이런 까닭으로 이런 것들을 이처
럼 시행하는 게 필연적입니다. 바다에서 항해 중인 배도 밤낮으로 언제
나 경계가 요구되기에, 나라도 그와 마찬가지로 다른 나라들의 파도들을
헤쳐 나가며 대내적으로는 온갖 음모에 말려들 위험한 상황에 처하여 있
어서, 낮을 거쳐 밤으로 그리고 밤에서 낮이 될 때까지 관리들을 관리들
b 과, 지키는 사람들을 지키는 사람들과 물론 연결되게 해야만 합니다. 언
제나 인수인계를 함으로써 결코 중단하는 일이 없게 해야만 합니다. 그
러나 많은 인원은 이런 일들 중의 어떤 것도 결코 민첩하게 해낼 수가 없
으니, 협의회 위원들의 대다수로 하여금 대부분의 시간 동안은 자신들의
개인적인 일들에 종사하며 자신들의 가사를 처리하게 되는 걸 허용하는
게 불가피합니다. 이들의 1/12 부분씩을 열두 달에 배분함으로써, 그 한
c 부분이 한 달씩 지키는 이들로 스스로 되어, 다른 어떤 곳에서 또는 제
나라 안에서 누군가가 찾아오면, 이 사람을 언제고 만날 준비가 되어 있
습니다. 누군가가 보고를 하고자 하거나, 또한 나라에 적절한 것들 중에
서 어느 걸 다른 나라들을 상대로 대답해 줄 걸 물어 올 경우에, 그리고
다른 나라들에 묻고서, 그 대답을 받고자 할 경우에도 말입니다. 특히 나
라 차원에서 그때마다 언제고 곧잘 일어나는 온갖 형태의 변혁(혁명:

neōterismos)에 대비해서, 최대한으로 이런 일들이 일어나지 않도록 할 것이로되, 일단 일어날 경우에는, 최대한 신속하게 나라가 이를 감지하고서, 사태가 수습되도록 합니다. 이런 까닭들로 해서 나랏일을 주재하는 이 위원단이 언제고 회의 소집과 해산의 권한을 가져야만 하며, 법률에 따른 정기 회합만이 아니라 나라의 비상 사태로 인한 회합에 대해서도 그래야만 합니다. 따라서 이 모든 걸 협의회의 1/12 부분이 통할하는 것이니, 나머지 11 부분은 1년 동안의 나머지 부분의 기간 동안은 쉽니다.[38] 또한 협의회의 이 한 부분은 늘 다른 관리들과 함께 나라 차원에서 d

38) 협의회(평의회: boulē)의 이런 구성 및 그 운영 방식 등은 아테네의 제도를 모델로 한 것이다. 그러나 아테네에서는 클레이스테네스(Kleisthenēs)의 대대적인 민주화 개혁(508/7년) 이후로 10개의 부족(phylē)으로 행정편제가 개편되었고, 이들 각각에서 30세 이상의 남자들로 50명씩, 도합 500명을 뽑아, 이들이 그 해의 협의회(boulē)를 구성했다. 1년을 10으로 나눈 각 분기 동안 한 부족의 대표들 50명이 협의회의 운영(실무) 위원회(prytaneis)를 구성한다. 당시에는 음력을 공식 달력으로 썼기 때문에, 추첨에 의해 먼저 협의회의 운영을 맡게 되는 4부족은 36일씩, 나중의 6부족은 35일씩 맡게 된다.(아리스토텔레스의 《아테네의 나라 체제》(*Athēnaiōn Politeia*), 43. 2 참조.) 이 기간(prytaneia) 동안 이들은 '톨로스'(tholos)로 불리는 둥근 지붕의 원형 건물(지금도 '아고라'에는 그 터가 그대로 있다)에 머물며, 국비로 식사도 하고, 협의회(boulē) 및 민회(ekklēsia)의 업무와 외교 업무 등을 주관하게 된다. 그리고 그들 가운데서 매일 한 사람의 대표를 추첨에 의해 선발하게 되는데, 이 사람은 자기가 선택한 한 소단위 지역 출신 위원들의 도움을 받으며 '톨로스'에서 24시간 당직을 서고, 그날 열리게 되는 협의회 또는 민회의 의장(epistatēs)이 되는가 하면, 국새와 국고 및 국가 문서의 보관 업무도 그의 소관이 된다. 협의회 위원으로서 의장이 되는 것은 일생에 한 번뿐이다. 그런데 협의회는 자체에 어떤 의안 결정권이 있는 기구가 아니라, 민회에서 투표에 부칠 의제 또는 의안들을 협의하고 민회의 소집권을 갖는 기구일 따름이다. 그 기간(prytaneia) 동안 네 차례의 정규적인 주요 민회(kyria ekklēsia)가 소집되고, 물론 특별한 안건이 있을 경우에도 민회는 소집된다. 민회는 18세 이상의 성인 남자로서 시민 자격을 갖춘 아테네인들로

758d

이 지키는 일들을 수행해야만 합니다.

또한 나라와 관련된 것들이 이렇게 구성되어 있는 건 적절한 것일 겁
e 니다. 하지만 나머지 전체 영토에 대한 보살핌은 무엇이며 그 질서는 무엇입니까? 도성 전체와 영토 전체가 열두 부분으로 나뉘었을 때는,[39] 도성 자체의 길들과 가옥들 및 [공공]건물들, 그리고 항구들과 시장(장터)들 및 샘들, 특히 성역(聖域)들과 신전들 및 이와 같은 모든 곳의 감독관들로 임명된 자들이 있어야만 하지 않겠습니까?

클레이니아스: 어찌 그렇지 않겠습니까?

759a 아테네인: 그러면 신전들을 위해서는 신전 관리인들과 제관들 그리고 무녀들이 있어야만 하는 걸로 말합시다.[40] 길들과 [공공]건물들, 이것들과 관련된 질서 및 인간들, ― 이들이 불의를 저지르지 않도록 하기 위해서, ― 그리고 다른 짐승들, 이것들을 관할할 세 부류의 관리들을 선발해야만 합니다. 도성권역 자체와 교외에서 나라들에 어울리는 일들이 일어날 수 있게 하자면 말입니다. 지금 말한 것과 관련된 부류는 시내(도심지역) 관리인들[41]이라 일컫되, 시장(장터)의 질서와 관련된 부류는 시장

구성되는 최고 의결기구였다. 그러니까 연간으로 치면, 총 40회의 정규적인 회의와 그 밖에도 필요에 따른 회의를 가졌다. 협의회를 통해 민회에 제의된 안건은 대체로 거수가결(kheirotonia)에 의한 종다수결로 의결되는데, 이를 psēphysma(다수표에 의해 통과된 법안, 곧 법령)라 한다. 외교 문제, 재정, 군사 작전 등, 나라의 중대사와 관련된 문제를 의결하며, '장군'(stratēgos)들의 선발, 심지어는 나라의 안위와 관련된 범죄에 대한 재판까지 하게 되는 기구가 민회였다. 이런 협의회와 민회가 아테네 민주체제의 근간이었던 셈이다.

39) 745b~e를 참조할 것.

40) 원어로 '신전'은 to hieron(성스러운 곳)이며, 신전 중에서도 내밀한 곳으로 신상(神像)을 모신 당(堂)을 특히 naos 또는 neōs라 한다. 그래서 '신전 관리인'은 neōkoros이다. '제관'(祭官)은 hiereus이며, 이의 여성형이 hiereia인데, 이를 '여제관'으로도 번역할 수 있겠으나, 실은 '무녀'이다.

관리인들[42]이라 일컫습니다. 하지만 신전들의 제관들과 무녀들에게 이것이 세습적인 성직일 경우에는 이를 바꾸어서는 안 됩니다. 그러나 처 b
음으로 이주를 하게 되는 사람들에게 이런 것들과 관련해서 일어남 직하겠듯, 아무 신전에도 그러지 못했거나 또는 소수의 신전들에나 그랬겠는데, 아직 신전 관리인들이 임명되지 않은 곳들에는, 제관들과 무녀들이 신들을 위해 신전 관리인들로 되도록 임명해야만 합니다. 이들 모두 가운데서도 그 임명들에 있어서 일부는 선출될 것들이지만, 일부는 추첨에 의해서 될 것들입니다. 각 지방과 도성에 있어서 서로 간의 우애(philia)를 위해서 민중적 방식과 비민중적 방식[43]을 혼합함으로써, 최대한 한마음 한뜻이도록 하기 위해서 말입니다. 그러므로 제관들과 관련된 것들은 신 자신에게 맡기고서 그 마음에 드는 것이 되도록 할 것이니, 추첨하는 c
건 이처럼 신의 소관인 운에 맡기되, 언제고 당첨자가 첫째로, 온전하며 적출인지, 그다음으론, 최대한 정화된 상태의 가정 출신으로서 그 자신

41) 아리스토텔레스의 《아테네의 나라 체제》 50. 2에 의하면, 아테네에는 시내(도심지역) 관리인들(astynomoi)로 해마다 10명이 추첨에 의해 뽑혀서, 5명은 시내(도심지역: asty)에서 그리고 나머지 5명은 아테네의 외항(外港)인 피레우스(Peiraieus)에서 근무했으며, 그들의 주된 의무는 시내의 도로들과 성역들의 청결 유지, 가옥구조가 도로의 통행에 지장을 초래하는 일이 없게 하는 일이었다고 한다. 이 대화편에서는 이들의 임무와 관련해서 763c~d에서 구체적으로 언급하고 있다. 그런데 현대의 헬라스어로는 경찰을 astynomia, 경관을 astynomos라 한다.

42) 원어로는 agoranomoi로서, 역시 아리스토텔레스의 같은 책, 51. 1에 의하면, 앞의 경우와 같은 방식으로 뽑아, 같은 수로 근무케 했다. 시장질서와 상품관리 및 세금 징수 등의 업무를 법에 따라 수행했다.

43) 민중적 방식은 dēmos를, 비민중적 방식은 mē dēmos를 각각 문맥에 따라 그리 번역했는데, 이 경우에 '민중적 방식'은 추첨에 의한 방식을 지칭하는 것이라 할 것이다. 이와 관련해서는 757e를 참조할 것. 그리고 dēmos에는 부락(市區), 구역, 그 구역 사람들 전체, 평민들, 민중 등의 뜻들도 있다.

도 부모도 마찬가지로 살인이나 이런 유의 것들과 관련해서 모든 종교적 인 과오에서 깨끗한지 심사를 해야만 합니다. 모든 종교적인 것들(ta theia)과 관련된 법률(nomoi)은 델피에서 얻어 오고, 이를 위한 해설자
d (해석자: exēgētēs)들을 임명한 다음, 이를 이용해야만 합니다. 제관의 각 임기는 1년간이고 그 이상이어서는 안 되며, 종교와 관련해서 율법(hieroi nomoi)에 따라 종교의식을 능히 집행할 자는 우리에겐 60세 이상이어야 할 것입니다. 무녀들과 관련해서도 법규들(ta nomima)은 같은 것들이게 하죠. 해설자들로는 네 부족이 넷씩 세 차례에 걸쳐 뽑게 합시다. 각각이 이들 부족에서 뽑히지만, [그때마다] 최다수표를 얻게 된 셋이 심사를 받습니다. [이들] 9명을 델피로 보내어, 각각의 3인조에서 1명씩이 [신탁을 통해] 임명됩니다.[44] 이들에 대한 심사와 연령의 제한 시기
e 는 제관들의 경우와 같습니다. 이들이 평생토록 해설자들이게 합니다. 그런가 하면 결원이 생겼을 경우에는, 결원이 된 네 부족이 선출케 합시다. 그런데 신전들 각각에서 신성한 재물 그리고 성역들과 이곳들에서의

---

44) 여기에서 언급되고 있는 3명의 해설자들을 최종적으로 얻게 되기까지의 절차에 대해서는 논란이 분분하다. Saunders는 그의 주석서(No. 37)에서 이와 관련된 여러 해석을 정리한 다음, 반론을 하고서, 자신의 견해를 피력하느라, 그 큰 지면들을 5쪽이나 할애하고 있다. 그러나 결과적으로는 오히려 혼란만 부추기고 있는 셈이다. 게다가 그는 759d5의 τρεῖς를 τρὶς로 읽고 있으나, 이것도 혼란을 가중시킨다. 여기에서는 번역문 가운데 약간의 보완 설명이 필요하다고 여겨지는 부분에 관련해서만 언급하겠다. 마그네시아의 5,040세대는 행정상의 편의를 위해 12부족으로 나뉜다.(745b~e를 참조할 것) 그러니까 "네 부족이 넷씩 세 차례에 걸쳐 뽑게 합시다"라는 말은 네 부족이 한 조가 되어, 각 부족에서 1명씩 곧 4명을 뽑는데, 전체로는 12부족이니까 3개조가 차례로, 곧 세 차례에 걸쳐, 도합 12명을 뽑는 셈이다. 그러나 [그때마다] 최다수표를 얻게 된 3명이 심사를 받은 다음, 이들 3인조 셋이, 곧 9명이 델피로 가서, 각각의 3인조에서 1명씩이, 곧 네 부족으로 이뤄진 1개조에서 1명씩이 최종적으로 [신탁을 통해] 임명된다는 것이다.

수확물들 및 세수입을 관장하는 출납관들은 과세기준 재산이 최대인 계층에서 뽑되, 가장 큰 규모의 신전들에는 3명, 한층 작은 규모의 것들에 760a
는 2명, 아주 아담한 것들에 대해서는 1명을 임명합니다. 그러나 이들의 선출과 심사는 장군들의 경우에 진행되었던 것과 똑같이 진행됩니다.[45)] 종교와 관련된 것들 또한 이런 것들이도록 합시다.

그런데 가능한 한 그 어떤 것도 무방비 상태로 있게 하지 맙시다. 그러니까 나라의 파수들은 이런 식으로 이루어지게 합시다. 감독할 장군들과 분견대 지휘관들, 기병대 지휘관들, 부족 지휘관들, 협의회 운영위원들, 특히 시내(도심지역) 관리인들과 시장 관리인들이 우리로 해서 만족하 b
게 선출되어 임명될 경우에는 말입니다. 나머지 전체 영토는 이런 식으로 지킵니다. 우리의 전 영토는 가능한 한에서 균등한 부분들로 나뉘었거니와, 각각의 부분에 추첨에 의해 매년 배정되는 1개 부족은, 이를테면, 농촌지역 관리인들이자 수비대장들로 5명을 내놓게 하고,[46)] 이들 각
각의 5명은 자기들의 부족에서 25세 이상 되고 30세 미만인 젊은이들 중 c
에서 12명을 차출케 합니다.[47)] 이들로 하여금 추첨으로 영토의 부분들을 지정받게 하되, 달마다 각각에 각 부분을 지키게 합니다. 그래서 모두가

45) 755b~756b를 참조할 것.

46) 여기에서 말하고 있는 '농촌지역 관리인들'(agronomoi)과 '수비대장들'(phrourarchoi)은 별개의 직책을 가진 책임자들이 아니라, 761d~e에서 언급된 내용에서 보듯, 두 역할을 겸하고 있다고 보아야 할 것 같다. 따라서 어느 쪽으로 불러도 되고, 두 역할을 겸하는 관리들, 즉 '농촌지역 관리인들이자 수비대장들'이라 불러도 된다고 보는 것이 옳을 것 같다.

47) 인원수 문제와 관련해서 또다시 혼란스럽게 하는 대목이다. 왜냐하면 한 부족이 내는 5명의 농촌지역 관리인들 또는 수비대장들이 각기 12명씩을 대원들로 차출한 60명에 5명이 합해져서 도합 65명이 되는가, 아니면 각각의 5명이 12명의 대원을 차출함으로써 도합 17명이 되는가가 이 문장에서는 분명치 않기 때문이다. 그러나 761e의 내용으로 보아, 5+12=17명으로 보는 게 옳겠다.

760c

전체 영토에 대해서 경험도 하게 되고 알게도 되게 하기 위해서죠. 파수 보는 자들과 통솔하는 자들의 파수와 통솔은 2년간이게 합니다. 처음에 추첨된 부분들, 곧 영토의 지역들을 달마다 언제나 다음 지역으로 바꿔
d 가면서 수비대장들은 오른쪽으로 돌며 인도해 가게 합니다. 오른쪽으로는 동쪽[48]으로 하게 하라는 겁니다. 그해가 지나면, 둘째 해에는 최대한의 수비대원들이 그해의 한 계절에만 그 영토에 대한 경험을 하지 않고, 영토에 더해 각 계절에 각 지역에서 일어나는 일을 가급적 많은 사람이 숙지하게 되도록 하기 위해서, 해당 대장들이 언제나 왼쪽으로 지역을
e 바꿔 가면서 되돌아 인도해 가게 하십시다. 둘째 해를 그들이 다 보낼 때까지 말입니다. 셋째 해에는 다른 농촌지역 관리인들이자 수비대장들 5명을, 즉 12명의 감독자들을 선발해야만 합니다. 그런데 각각의 지역에서 지내는 동안 그 근무는 다음과 같습니다. 우선 영토가 적들에 대한 방비 상태가 최대한 잘되어 있도록 하기 위해서, 이에 필요한 만큼의 도랑을 파고, 해자도 파 놓으며, 영토와 소유물에 무엇이고 해를 입히려 드는 자들을 막아 내느라 힘닿는 한 방어시설을 구축합니다. 이 목적으로 각
761a 지역에서는 멍에를 메운 짐승들과 가복들을 이용하겠는데, 앞의 경우에는 부리고, 뒤의 경우에는 감독을 합니다. 그들의 집안 일에서 한가로운 상태에 있는 때를 최대한 골라서 말입니다. 그렇지만 모든 걸 적들은 건너기 힘들게 만들되, 친구들은, 사람들도 멍에를 메운 짐승들도 그리고 가축들도 되도록 잘 건널 수 있게 만들고, 각각의 길들도 되도록 평탄케 되게끔 배려합니다. 또한 제우스 신이 보내는 물[49]이 농토를 해치지 않

48) 원어는 '새벽'을 뜻하는 heōs(ēōs)인데, 이는 곧 '날이 밝기 시작하는 곳', 즉 '해가 돋는 곳'으로서의 동쪽(anatolē)과 같은 뜻으로 쓰이는 말이다. dysis(해가 지는 곳) 또는 hespera(저녁)가 서쪽을 뜻하는 것과 같은 이치이다.

49) 곧 '비'를 뜻한다. 헬라스어로 "비가 온다"는 말은 brechei(it rains)라

고, 고산지대에서 산악의 그 많은 움푹 파인 골짜기로 흐름으로써 오히려 이롭게 하고, 이의 범람을 구조물들과 도랑들로 막음으로써, 제우스 b
신이 보낸 물을 받아들이고 머금게 하여, 아래쪽 경작지와 고장들 모두에 냇물과 샘들을 제공하여, 아무리 가문 고장들일지라도 물 많고 물 좋은 고장들로 만들어 냅니다. 원류의 물을, 그게 강물이든 샘[50]이든, 식물들과 구조물들로 한층 더 그럴듯하게 꾸리고, 또한 지하의 수로로 물의 c
흐름을 모음으로써 모든 걸 풍성하게 만듭니다. 또한, 혹시 그 주변에 무슨 숲이나 봉헌된 성역이라도 있을 경우에는, 철따라 물을 대는 시설에 의해 바로 신들의 성전으로 냇물이 흐르게 함으로써 장식합니다. 그런가 하면 이런 곳들에서는 곳곳에 젊은이들이 자신들을 위해서도 그리고 노인들을 위해서도 김나시온(체력 단련장: gymnasion)[51]들을 마련해야만

하는데, "제우스가 비를 보냈다"(Zeus ebreche)고도 한다. 호메로스의 《일리아스》(1. 511, 517, 560 등등)에서 자주 등장하는 주신(主神) 제우스, 곧 신들의 주군인 제우스(Zeus theōn basileus)에 따라붙는 표현들 가운데 하나는 '구름을 모으는 제우스'(nephelēgereta Zeus)이다. 그는 또한 번개와 벼락의 신으로도 묘사된다. 그러니까 비를 제우스가 내려보내는 물이라 표현하는 것도 이런 표현들의 일환이라 할 것이다.

50) 헬라스어로 '샘'에도 두 가지가 있는데, krēnē는 인위적으로 조성된 샘(fountain)이고, pēgē는 자연적으로 솟아오르는 샘(spring)이다. Liddell & Scott, *Greek-English Lexicon: Revised Supplement*(Oxford, 1996) 참조.

51) 김나시온(gymnasion)은 원래 [웃통을] '벗은 상태로'(gymnos) 체력 단련을 하는 곳을 의미하는 말이다. 626a에서 언급되고 있듯, "사람들이 평화라 일컫는 것, 그것은 이름일 뿐이지, 실제로는 모든 나라(polis)에 모든 나라를 상대로 한 선포되지 않은 전쟁이 늘 있기" 때문에, 청년들(ephēboi)이 이에 대비한 체력 단련을 늘 해 둔다는 것은 나라 차원에서도 요구되고 있는 일이다. 김나시온은 그런 청소년들의 신체 단련을 위해 대개 도성 외곽의 냇물이 흐르는 곳에 마련된 공공 시설이다. 761c의 본문에서 언급되고 있는 내용에서도 보듯, 가까이에 냇물이 흐르고 있으며 신전이나 특정한 성역이 있는 곳에 김나시온이 마련되었다. 5세기까지만 해도 대개는 그런 곳의 작은 숲이 그늘을 제공하는 야외공간을 이용했고,

761c

합니다. 노인들을 위한 뜨거운 목욕탕을 갖추게 하고 말입니다. 시들거
d 나 마른 나무의 땔감들을 풍족하게 준비해 두고서요. 병으로 시달리고 농사의 수고로 지친 몸들을 살갑게 맞이함으로써 이롭도록 해 주기 위해서죠. 이는 그다지 현명치 못한 의사의 영접보다도 훨씬 더 낫습니다.

실상 이것들과 이런 유의 모든 것은 그곳들에 결코 멋없지는 않은 놀이와 함께 화사함과 유익함을 가져다주는 것들이 됩니다. 이것들과 관련

제대로 된 건조물이 들어선 것은 그 이후의 일인 것 같다. 육상 경기를 위한 트랙, 레슬링 도장(palaistra), 목욕 시설, 탈의실 등을 갖추게도 되었고, 규모가 클 경우에는 승마 연습장, 투창이나 원반던지기, 권투 연습장 등의 시설을 또한 갖추었다. '체육'을 gymnastikē [tekhnē]라 했던 것은 그런 곳에서 하는 교육이라 해서였다. 이 체육교사를 '김나스테스'(gymnastēs) 또는 '파이도트리베스'(paidotribēs)라 한다. 물론 이런 교육은 사교육이다. 그런데 젊은이들이 많이 모이는 이런 곳에서 일찍이 젊은이들을 상대로 한 이들의 지적·정신적 교육의 필요성에 착안한 사람이 소크라테스였다. 플라톤의 대화편 《리시스》의 첫머리를 보면, 김나시온이 있는 아카데미아(Akadēmeia, Akadēmia)에서 성벽 안으로 들어오지 않고 곧장 또 다른 김나시온이 있는 리케이온(Lykeion)으로 소크라테스가 가고 있는 장면이 나온다. 그는 김나시온이 있던 그곳으로 젊은이들을 찾아가, 이들을 상대로 특히 철학적인 논의나 담론으로 소일했는데, 그런 일로 소일하는 걸 헬라스어로는 '디아트리베'(diatribē)라 한다. 이 낱말은 또한 그런 목적으로 '자주 찾는 곳'을 뜻하기도 한다. 물론 이 낱말에는 그 밖에도 시간 보내기, 소일, 소일거리, 오락, 그런 목적으로 자주 찾아가는 곳, 연구, 담화, 담론, 이야기, 강연 등의 뜻들도 있다. 바로 그런 김나시온이 있던 곳, 소크라테스가 젊은이들과의 소일을 위해 자주 찾아갔던 곳들 중의 한 곳에 플라톤이 385년경에 학원을 세우니, 이게 아카데미아 학원이었다. 그리고 이로부터 50년 뒤인 335년에는 이 학원에서 반대 방향인 동쪽으로 10리쯤 떨어진 성밖의 '리케이온 김나시온'에 아리스토텔레스가 그의 학원을 세우게 된다. 원래 아카데미아는 영웅 아카데모스(Akadēmos, Hekadēmos)를 모신 성역으로 가까이에 케피소스(Kēphisos) 강이 흘렀고, 아리스토텔레스가 역시 그의 학원을 세웠던 곳인 리케이온 김나시온도 아폴론(Apollōn Lykeios) 신전이 있는 성역이고, 가까이로는 일리소스(Ilisos) 강이 흘렀다.

해서 진지하게 임해야 할 일은 다음과 같은 것이라 합시다. 60명의 각 분단[52]은 자신들의 고장을 비단 적들 때문만이 아니라 친구들이라 자처하는 자들 때문에도 수호해야만 합니다. 이들은 이웃들이나 시민들 중에서 누군가가, 그가 노예이건 자유민이건 간에, 그들 중의 누군가를 해칠 경 e
우에, 그 해코지를 당한 걸로 주장하는 사람을 위해서 재판을 하게 되겠는데, 작은 일들은 그 5명의 관리들 자신들이 재판을 하지만, 한층 더 중한 것들, 즉 한쪽이 다른 쪽에 대해서 보상을 요구하는 액수가 3므나에 이르는 것일 경우에는, 이들은 12명[53]과 함께 17명이 재판을 해야만 합니다. 그렇지만 재판관이나 관리로서 재판을 하고 관직을 맡는 것은 그 누구도 감사[54]를 면제받은 상태로 하지는 못합니다. 왕들처럼 종결을 짓는 사람들의 경우야 예외죠. 특히 이들 농촌지역 관리인들의 경우가 그렇습니다.[55] 이들이 불평등한 지시들을 함으로써, 또는 농지에서 허락도 얻지 않고 뭔가를 취하거나 가져가려고 꾀함으로써, 자신들의 감독 아래 762a
있는 사람들에 대해서 뭔가 난폭한 짓을 저지른다면, 그리고 또 아첨하느라 뭔가를 주는 걸 받거나, 벌금을 부당하게 내도록 판결한다면, 알랑

52) '60명의 각 분단'은 12부족에서 5명씩 뽑힌 농촌지역 관리인들 또는 수비대장들을 가리킨다.

53) 대원들을 가리킨다.

54) '감사'(監査)로 번역한 헬라스어 euthyna(복수는 euthynai임)는 '바로잡음'이 그 본뜻이다. 공직에 임명되었던 사람이 임기만료로 물러나게 될 때, 받게 되어 있는 '감사'를 뜻한다. 아테네의 경우 이 감사는 두 부분에 걸쳐서 시행되었다. 그 하나는 공금관리와 관련된 회계감사이고, 다른 하나는 공직 기간 동안의 그의 처신에 대해서 제기된 고발과 관련된 감사이다. 이 건에 대해서는 협의회에서 임명된 감사관들이 기각하거나 또는 법정으로 이관하거나 했다. 이에 비해 앞서 이미 여러 차례 언급된 '심사'(dokimasia)는 공직에 선출된 후보가 정식으로 임명되기에 앞서, 결격 사유의 유무를 확인하는 절차이다. 이는 요즘의 청문회 비슷한 것인 셈이다.

55) 이들은 감사에서 더욱 예외가 될 수 없다는 뜻이다.

거림에 져서, 온 나라에 수치를 안기게 하는 것이라 합시다. 반면에 그 고장 사람들에게 해를 입힌 그 밖의 잘못들의 경우에, 그것들이 1므나까지일 경우에는, 그 마을 사람들과 이웃사람들 앞에서 자진해서 재판을 받게 합니다. 그러나 매번 그 이상의 것들이거나, 또는 그 이하의 것들이
b 라 할지라도, 달마다 늘 다른 고장으로 이동하게 됨으로써 도망가서 피할 수 있게 될 것이라 믿고서, 재판을 받고자 하지 않을 경우에는, 이와 관련해서 피해자는 공공의 법정에 제소할 수 있거니와, 유죄판결을 내리게 될 경우에는, 회피하며 자진해서 처벌을 받으려 하지 않는 자로 하여금 두 배의 벌금을 물게 합니다.

대장들이자 농촌지역 관리인들은 2년 동안 다음과 같은 식으로 살게 합니다. 첫째로는, 각 지역마다 공동 식사(syssitia)[56)]가 있어야만 하는
c 데, 여기에서 모두가 공동으로 식생활을 해야만 합니다. 어느 하루라도 공동식사에서 빠지거나 밤에 외박을 하게 되는 자를, 대장들의 지시가 없는데도 또는 아무런 불가피한 사정도 없는데도 그리하는 자를 5명의 지도자들이 공개적으로 알리고, 또한 파수를 등한히 한 자의 이름을 적어 장터에 내놓는다면, 나라 체제에 대한 자신의 의무를 저버린 자로서 치욕을 겪게 할 것이며, 그를 우연히 만나게 되어 응징을 하고 싶어 하는 사람이 매질로써 벌을 주게도 합니다. 이에 대해서는 아무도 처벌을 받
d 지 않습니다. 그러나 대장들 자신들 중에서 누군가가 스스로 이런 유의 어떤 짓을 할 경우에는, 이에 대해서 60명 전체[57)]가 관심을 가져야만 합니다. 한데, [이들 중에서] 이를 감지하거나 들어서 알고 있으면서도 기

---

56) 625c를 참조할 것.

57) 12부족에서 각각 5명씩 선발된 대장들(hoi archontes) 또는 농촌지역 관리인들을 총칭해서 말하는 것으로, 그 조직체 자체에 대한 지칭이다. 따라서 그런 짓을 저지른 자가 1명 있다 할지라도, 이 조직에 대한 호칭 자체가 바뀌는 것은 아니라 할 것이다.

소를 하지 않는 자는 같은 법률적 책무를 지게 하여야 하며, 젊은 대원들보다도 더 무거운 벌을 받게 합니다. 젊은 대원들에 대한 일체의 통솔권이 박탈당하게 합니다. 호법관들은 이런 일들에 대한 엄격한 감시자들이게 합니다. 이런 일들이 애당초에 일어나지 않도록 하거나, 일단 일어난 다음에는 상응하는 처벌이 있도록 하기 위해서는 말입니다. 사람은 누구 e
나 마땅히 모든 사람과 관련해서, 섬기기(종 노릇)를 해 보지 않은 자는 칭찬받을 만한 주인이 될 수가 없을 것이라는 생각을 해야만 하거니와, 또한 훌륭히 다스리는(통솔하는) 것(to kalōs arxai)에 대해서보다도 훌륭하게 섬기는(종 노릇하는) 것(to kalōs douleusai)에 대해 더 자부심을 가져야만 합니다. 첫째로는 법률을 섬기는 것이니, 이는 신들에 대한 섬김(종 노릇: douleia)이기 때문입니다.[58] 다음으로는 젊은이들이 연장자들이며 명예롭게 산 사람들을 언제나 섬기는 것입니다. 또한 그다음으로는 이 두 해 동안 농촌지역 관리인들의 일원이 되어 있었던 자는 날마다 초라하고 궁한[59] 식생활을 겪어야만 했습니다. 왜냐하면 12명조는 선발되고 나서, 5인조와 함께 만나, 마치 자신들이 가복(家僕)들이기나 한 것
처럼, 자신들이 다른 가복들이나 노예들을 물론 갖지 않기로 결의하게 763a
하기 때문입니다. 또한 다른 농부들이나 마을 사람들에게서 그들의 일꾼들을 사사로운 봉사에 이용하지도 않고, 오로지 공공의 봉사에만 이용합니다. 그런가 하면 다른 것들의 경우에는 이들은 스스로 자신들의 힘으로 봉사도 하고 자조도 하며 살아가기로 마음먹습니다. 이것들에 더하여

58) 이와 관련해서는 713a의 본문 및 해당 각주를 참조할 것.

59) 텍스트 읽기에서 ἀπύρου로 읽은 Des Places의 Budé 판을 따르지 않고, ἀπόρου로 읽은 Burnet의 Oxford 판을 따랐다. 앞의 읽기를 따르면, '궁한'은 '불을 쓰지 않는', 곧 불을 이용하는 요리를 하지 않고 날 것 상태의 것들만 먹는다는 이야기가 된다. 어느 쪽으로 텍스트를 읽든 그다지 문제될 건 없겠다.

763a
여름이고 겨울이고 중무장을 하고서 전 영토를 철저하게 조사하고 다니
b 는데, 이는 온 지역을 수호도 하고 알기 위해서입니다. 자신들의 전 영토
를 자세하게 알게 된다는 것은 그 어떤 배움에 못지않은 것인 것 같기 때
문입니다. 사냥개를 데리고 하는 사냥이 바로 이를 위해서이거니와, 젊
은이가 그 밖의 사냥을 해야만 하는 것도, 이런 것들과 관련되어 모두에
게 생기는 다른 즐거움과 동시에 유익함을 위한 것 못지않게, 그것을 위
해서입니다. 따라서 이들을, 이 사람들도 그 업무도, 누군가가 비밀요원
들[60]로 또는 농촌지역 관리인들로 또는 무엇으로 부르길 좋아하건, 그리
c 부르라고 하고, 장차 자신들의 나라를 족히 보전코자 하는 모든 사람은
힘닿는 한 열성적으로 할 일을 합니다.

그다음으로 우리가 이어서 할 관리들의 선출은 시장 관리인들 및 시내
(도심지역) 관리인들과 관련된 것이었습니다.[61] 어쨌든 60명인 농촌지
역 관리인들에 잇따르는 것은 3명의 시내(도심지역) 관리인들이겠습니
다. 이들은 도성의 12부분을 세 갈래로 나눈 다음, 그들[62]을 본따서 시내
(도심지역)의 길들과 지방에서 언제나 도성으로 향하여 나 있는 큰길들
d 그리고 [공공]건물들을 보살피는데, 이는 모든 것이 법률대로 되도록 하
기 위해서입니다. 특히 물의 경우에는, 이들에게 수비대가 정성을 들여
돌보며 준비하였다가 보내서 넘겨준 것을 샘들로 충분히 그리고 깨끗한
상태로 흘려보내, 도성을 꾸밈과 동시에 이롭게 하도록 보살핍니다. 물
론 이들은 유능하기도 해야 하며 여가를 갖고서 공공의 일들을 보살펴야
만 합니다. 그 때문에 모든 시민은 자기가 원하는 시내(도심지역) 관리
인을 과세기준 재산이 최고인 계층에서 추천합니다. 그러나 선출은 거수

60) 633b의 본문 및 해당 각주를 참조할 것.
61) 760b를 참조할 것.
62) 농촌지역 관리인들을 가리킨다.

로 하며, 최다수표를 얻게 되는 사람들이 6명에 이르면, 이 일이 임무인 e
사람들이 3명을 추첨케 하여, 심사를 받고서 이들을 위해 제정해 준 법
률에 따라 관직을 수행합니다.

이들 다음으로는 시장 관리인들을 과세기준 재산이 둘째인 계층 및 과
세기준 재산이 첫째인 계층에서 5명을 선출하는데, 나머지 절차에서는
이들의 선출이 시내(도심지역) 관리인들의 선출과 똑같이 진행됩니다.
남들을 제치고 거수가결로 뽑힌 10명 가운데서 5명을 추첨으로 뽑아, 이
들이 심사를 받고서 관리들로 선출된 걸로 공고합니다. 모두가 모두를
거수가결케 합니다. 그러나 이에 참여하지 않는 자가 당국자들한테 보고 764a
될 경우에는, 나쁜 사람이라는 평판에다가 50드라크메의 벌금을 물게 합
니다. 원하는 자는 민회(ekklēsia)와 공공의 집회(ho koinos syllogos)에
참가합니다. 그러나 이는 과세기준 재산이 둘째인 계층 및 과세기준 재
산이 첫째인 계층 출신에게는 의무적(강제적)이게 할 것이니, 이런 출신
이 집회에 불참한 것으로 판명될 경우에는, 벌금으로 10드라크메를 물게
할 것입니다. 반면에 과세기준 재산이 셋째인 계층 출신과 과세기준 재
산이 넷째인 계층 출신에게는 이게 의무적인 것이 아니며, 벌금도 물지
않게 합니다. 당국자들이 어떤 불가피함으로 해서 모두에게 참석하도록
어떤 지시를 하지 않을 경우에는 말입니다. 그렇지만 시장 관리인들은 b
시장(agora)과 관련되어 법률에 의해 정해진 질서를 지키며,[63] 시장 지
대의 신전들과 샘들을 돌봅니다. 그 누구도 올바르지 못한 짓을 저지르
지 못하도록 하기 위해서 말입니다. 올바르지 못한 짓을 저지르는 자는
벌하는데, 노예와 외국인은 태형과 구속에 의해서 합니다. 그러나 자국
인인 누군가가 이런 것들과 관련해서 죄를 저지른다면, 벌금액수 100드

63) 시장의 질서 유지와 관련된 자세한 언급은 849a~850a 및 917b~918a 에서 하게 된다.

라크메까지는 이들 스스로 판결할 권한을 갖습니다만, 이의 두 배까지는
c 시내(도심지역) 관리인들과 함께 공동으로 재판을 하여, 올바르지 못한 짓을 저지르는 자에게 벌금을 부과합니다. 반면에 같은 형량의 벌금이나 처벌을 시내(도심지역) 관리인들도 자신들의 관할권 내에서는 하게 합니다. 1므나까지는 자신들이 벌금을 부과하지만, 그 두 배 액수는 시장 관리인들과 함께 부과하게 합니다.

이다음 것으로는 시가(mousikē)와 체육(gymnastikē)을 관장하는 관리들을 임명하는 것이 적절하겠는데, 이들 각각은 두 부류입니다. 이들 중의 일부는 교육(교양: paideia)을 위한 관리들이지만, 일부는 경연(agōnia)을 위한 관리들입니다. 교육을 위한 관리들로 법이 말하려는 것은 김나시온(체력 단련장)들과 학교(didaskaleion)들의 감독관들인데,
d 이것들과 관련된 질서 및 교육과정과 함께 소년 소녀들의 학교 다님 및 기숙과 관련된 보살핌을 책임지는 관리들입니다. 반면에 경연을 위한 관리들로 법이 말하려는 것은 체육 경기자들과 시가와 관련된 경연자들의 심판관[64]들인데, 이들 또한 두 부류입니다. 즉 한 부류는 시가와 관련된 자들이지만, 다른 한 부류는 운동경기와 관련된 자들입니다. 경기의 경우에 사람들과 말들의 심판관들은 같은 사람들입니다. 그러나 시가의 경우에는, 독창(monǭdia)[65] 및 모방술(模倣術: mimētikē)[66]과 관련되는

---

64) 여기서 말하는 '심판관'(athlothetēs)은 동시에 '상을 수여하는 사람'을 뜻하기도 한다.

65) 물론 바로 다음에서 언급하는 '합창'(chorǭdia)과 대조해서 하는 말이겠다.

66) 플라톤은 우리가 예술적 작품으로 말하는 것을 모방적 표현물(mimēma)로 보며 일체의 예술적 활동을 모방 또는 모방 행위(mimēsis)로 본다. 따라서 예술이 모방술(模倣術: mimētikē)로, 예술가가 모방자(mimētēs) 또는 모방가로 불리는 것은 당연하다 할 것이다. 한데, 예술을 모방 또는 모방 행위(mimēsis)로 보는 가장 직접적인 설명을 우리는 《국가(정체)》

심판관들은 다른 사람들입니다. 이를테면, 서사시 음송인(rhapsǭdos)들이나 키타라(kithara)를 탄주하며 노래하는 사람(kitharǭdos)들, 아울로스(aulos) 취주자(aulētēs)들 그리고 그런 유의 모든 사람의 심판관들이 다른 사람들이고, 합창(chorǭdia)과 관련되는 사람들이 또한 다른 사람들인 것은 마땅한 일일 것입니다. 그러면 우선 춤과 온갖 음악적 질서 속에서 이루어지는 소년들과 남자들 및 소녀들의 합창가무단(choros)들의 놀이(paidia)와 관련된 관리들을 아마도 선발해야만 할 것입니다. 그러나 이들을 위해서는 한 사람의 관리면 족하고, 40세 이상이면 됩니다. 또 765a
한 혼자서 하는 노래와 관련해서도 30세 이상인 한 사람의 관리면 족하

e

편, 392d~394b에서 얻을 수 있다. 이를테면, 호메로스의 서사시는 사건들과 관련된 시인 자신의 이야기하기(이야기 진행: diēgēsis = narration)와 등장 인물(또는 신)들 자신들의 말하기(발언: rhēsis)로 이루어진다. 그런데 등장하는 인물들이나 신들은 헬라스인들의 전설적 역사나 신화를 통해서, 곧 설화를 통해 실재하는 것으로 상정되어 온 존재들이다. 이들이 등장해서 직접 말할 경우, 이는 직접화법으로 하는 것이니, 시인은 이를 최대한 실감나게 그대로 옮겨 전달해야만 한다. 헬라스인들이 선(線)문자 따위가 아닌, '알파' 부터 '오메가' 까지의 문자를 제대로 이용하기 시작한 것이 기원전 8세기의 일로 알려져 있으니, 이 시기에 그때까지 구전되어 온 것들을 제나름으로 재구성하는 형태로 집대성한 이가 호메로스였을 것이다. 물론 그 내용의 상당 부분이 이미 시가(詩歌: mousikē)의 형태로 구송(口誦) 또는 음송되며 전해지던 것들이라 할 것이다. 가인(歌人: aoidos)이나 음송인(rhapsōdos)의 음송(吟誦)은 그런 인물들이나 신들의 목소리와 말투 그리고 몸짓 등을 최대한 실감나게 흉내 내며 말하는 것이었을 것은 뻔한 일이다. 호메로스의 서사시에서도 등장 인물들이나 신들의 말하기는 이들의 말하기와 행동 양태를 본뜨는 것이니, 이는 흉내 내기요 모방이라 말하는 것이 옳겠다. 한데, 자연이나 사물들을 본뜨며 묘사하는 그 밖의 예술 활동도 넓은 의미의 모방이기는 마찬가지라고 보아도 될 것이다. 그래서 《국가(정체)》 편, 제10권에서는 그 전반부에 해당하는 608b까지에 걸쳐 이 모방 행위와 관련된 예술 일반에 대한 언급을 하고 있다. 《법률》 편의 이 대목에서 하고 있는 모방술(模倣術: mimētikē)과 관련된 언급은 그런 서사시 음송인(rhapsǭdos)을 연상하면 이해에 도움이 되겠다.

765a

거니와, 이 사람이 감독이면서 경연하는 자들에게 충분히 결정을 내려 줄 수 있습니다. 다음으로는 합창가무단들을 통솔하고 정돈해 주는 사람을 다음과 같이 선발해야만 합니다. 이런 것들에 대해 애정을 가진 사람이라면 모두가 [선발을 위한] 모임에 가야 합니다. 만약에 가지 않는다면, 벌금을 물릴 것입니다. 이에 대해서는 호법관들이 결정해 줄 사람들입니다. 그러나 다른 사람들의 경우에는, 참석하고자 하지 않더라도, 이
b 게 전혀 의무적인 것이 아니게 합니다. 선출을 하는 사람은 경험이 있는 자(전문가)들 중에서 추천을 해야만 합니다. 심사에서도 이 한 가지가, 즉 당첨자가 경험이 없는 자(비전문가)들의 부류에 속하는지, 아니면 경험이 있는 자(전문가)들의 부류에 속하는지가 공방(찬반)거리이게 합니다. 거수로 예선에서 뽑힌 10명 중에서 당첨자 한 사람이, 심사를 받고서, 1년 동안 합창가무단들을 법에 따라 관할케 합니다. 이것들과 마찬가지로 같은 방식으로 당첨자가 그 한 해 동안 판정에 참여하는 독창들과 아울로스 반주(synaulia)들을 관할케 합니다. 당첨자 자신에 대한 판정
c 은 심사하는 판정자들에게 맡기고서 말입니다.[67] 다음으로 말들 및 사람들의 체력 단련과 관련된 경기의 심판관들[68]은 과세기준 재산이 셋째인 계층에서, 또한 더 나아가서는 과세기준 재산이 둘째인 계층에서 선출해야만 합니다. 그러나 이 선출에 있어서 앞서는 세 과세기준 재산 계층들은 의무적이게 하되, 과세기준 재산이 최소인 계층은 벌금을 물지 않고 면책합니다. 당첨자들은 셋이게 합니다. 거수로 예선에서 20명이 뽑힌 다음, 이들 20명 중에서 3명이 추첨으로 뽑히게 되면, 이들을 심사하는

---

67) 이 문단에서는 독창이나 1인 연주자의 부류와 합창가무단을 관할하거나 심판하는 사람 그리고 이들 자신들의 선출과 심사 등에 대한 설명이 서로 얽히듯 엮인 상태로 되어 있어서 문장이 명쾌하지 못하다. Saunders의 주석서 38번 항목 참조.

68) 764d에서 해당 각주를 참조할 것.

사람들의 투표가 또한 심사를 하게 될 것입니다. 하지만 만약에 누군가
가 관직을 위한 어떤 형태의 추첨 및 판정과 관련되어서든 심사에서 거 d
부될 경우에는, 다른 사람들이 그 대신으로 똑같이 선출되며, 이들에 대
한 심사 또한 똑같이 하게 됩니다.

앞서 말한 것들[69]과 관련된 관직들 가운데서 아직 우리에게 남아 있는 것은 남녀(소년 소녀)의 일체 교육을 담당하는 감독관입니다. 법률에 따라 이들을 관할하게 될 사람은 딱 한 사람이게 합니다. 50세 이상인 사람이되, 정실 소생 아이들의 아버지이고, 적자 적녀의 아버지라면 더할 나위 없지만, 만약에 그렇지 못하다면, [둘 가운데] 어느 한쪽은 되어야만
합니다. 뽑힌 사람 스스로도 뽑는 사람도 이 관직이 나라에서는 최고위 e
관직들 중에서도 월등하게 가장 중대한 것이라는 걸 유념하고 있게 합니다. 그야 자라는 모든 것의 첫 싹이 트기를 훌륭하게 시작했을 경우에, 이게 그것 자체의 본성의 훌륭한 상태(aretē)[70]에 어울리는 완성을 보게 하는 가장 주된 것이기 때문입니다. 식물들의 경우에도, 길들인 또는 야
생 동물들의 경우에도 그리고 인간들의 경우에도 말입니다.[71] 우리가 말 766a
하듯, 인간은 길들인 동물입니다. 그렇기는 하지만, 바른 교육을 받고 천성이 복 받은 경우에는 더할 수 없이 신 같기도 하고 교화된 동물로 되는 편이지만, 충분히 교육을 받지 못하거나 훌륭히 양육되지 못했을 경우에는, 대지가 키우는 하고많은 것들 중에서도 가장 사나운 걸로 되는 편입니다. 이 때문에 입법자는 아이들의 양육이 이차적인 것이나 부차적인 것이 되게 그냥 두어서는 안 되고, 맨 먼저 장차 이들을 보살필 사람을

69) 시가와 체육을 가리킨다.
70) aretē를 바로 '덕'으로 번역할 수 없는 이유를 여기에서도 접하게 된다. 사람의 경우에 '[사람으로서의] 훌륭함(훌륭한 상태, 덕)'으로 번역해 온 게 이런 이유로 해서였다. 627e에서 해당 각주를 참조할 것.
71) 753e를 참조할 것.

766a 잘 뽑는 일부터 시작해야만 합니다. 나라 안에 있는 사람들 중에서 모든 면에서 가장 훌륭한 사람, 이 사람이 그들의 감독자로 임명되도록 가능
b 한 한 최선을 다해서 지시해야만 합니다. 그러므로 협의회(boulē)와 그 운영(실무)위원회[72]를 제외한 일체의 관직에 있는 사람들은 아폴론의 성전으로 가서 비밀투표를 하게 하는데, 각자가 호법관들[73] 중에서도 누구든 교육과 관련해서 생기는 문제들을 가장 훌륭하게 관할할 것으로 여기는 자에게 투표케 합니다. 최다수표를 얻게 된 자가, 호법관들을 제외한 다른 관리들한테 심사를 받고서, 5년간 관할케 합니다. 6년째에는 같은
c 방식으로 이 관직에 다른 사람을 선출합니다.

그러나 만약에 누군가가 공직으로 봉직하는 중에 관직의 임기가 만료되기 전에 30일 이상을 남겨 두고서 사망할 경우에는, 마땅히 이에 대한 책무를 지게 되어 있는 사람들이 다른 사람을 같은 방식으로 그 관직에 임명합니다. 그리고 만약에 고아들의 어떤 보호자가 죽게 될 경우에는, 아버지와 어머니 쪽으로 사촌들의 아이들에 이르기까지 친척들이며 국내에 머물고 있는 자들이 다른 사람을 10일 이내에 보호자로 지정케 하
d 거나, 아니면 아이들에게 보호자를 지정해 주게 되기까지 각자가 날마다 1드라크메를 벌금으로 물게 합니다.

한데, 법원(법정: dikastērion)들이 제대로 확립되어 있지 않은 모든 나라(polis)는 나라답지 않은 나라(apolis)로 될 게 틀림없습니다. 또한 우리의 재판관이 아무 소리도 내지 못하고, 소송 당사자들에 대한 사전 심문들에서, 마치 중재의 경우들에서처럼, 그들[이 말하는 것] 이상으로 또렷이 말을 하지 못하고서는, 올바른(정의로운) 것(to dikaion)들의 판결과 관련해서 결코 충족하지 못할 것입니다. 이 때문에 다수인 재판관

72) 이와 관련해서는 758a~d의 본문 및 해당 각주를 참조할 것.

73) 752e 이후를 참조할 것.

들[74]도 변변찮은 소수의 재판관들도 훌륭하게 재판하기가 쉽지 않습니
다. 그러나 양쪽의 쟁점은 언제나 명확해져야만 합니다. 시간과 함께 찬 e
찬함 그리고 여러 차례 심문함은 쟁점이 명백해지는 데 유용합니다. 이
를 위해서는 맨 먼저 맞고소를 한 당사자들이 이웃들한테로 가야만 합니
다. 이들은 친구들이기도 하고 또한 다툼거리가 되고 있는 행위들에 대
해 최대한 알고 있는 자들입니다. 하지만 만약에 누군가가 이들에게서 767a
결국 충족한 판결을 얻지 못한다면, 다른 법정으로 가게 합니다. 그러나
이들 두 법정이 화해시킬 수 없을 경우에는, 세 번째 법정이 이 소송에
종지부를 찍게 합니다.

그러니까 어떤 면에서 법정들의 구성 또한 관리들의 선출입니다. 왜냐
하면 모든 관리는 어떤 일들의 재판관이기도 한 게 필연적이기 때문입니
다. 재판관은 관리가 아니지만, 재판을 하며 판결을 내리는 당일에는 어
느 면에서 전혀 하찮은 관리도 아니니까요. 따라서 재판관들도 관리들로
간주하고서, 누가 적절한 재판관들이겠으며, 무슨 일들에 대한 재판관들 b
이겠는지, 그리고 각각의 사건에는 얼마나 많은 재판관들이 있어야만 할
것인지 말해 보도록 합시다. 그런데 소송 당사자들이 스스로 어떤 사람
들을 함께 선발하여 자신들을 위한 재판관들로 선언한 바로 그 법정이야
말로 가장 권위 있는 것으로 합니다.[75] 나머지 것들로는 물론 두 [부류

---

74) 아테네의 경우 재판관(dikastēs)들은 실은 몇 백 명이나 되는 배심원들이었다. 당시의 재판제도와 관련해서는 역자의 역주서 《플라톤의 네 대화편: 에우티프론, 소크라테스의 변론, 크리톤, 파이돈》 중에서 《소크라테스의 변론》 편의 해제를 참조할 것. 그러나 여기에서 다수가 문제되는 것은 중구난방이라 재판을 제대로 진행할 수 없을 것이라는 의미일 것이다.

75) 이런 경우의 법정은 바로 다음에서 언급하게 되는 경우들의 공적인 법정(dikastērion)이라기보다도 중재자(diaitētēs)들을 통한 분쟁(amphisbētēsis)의 해결을 도모하는 자리인 셈이다. 바로 앞(766e)에서 말한 이웃들이 그런 중재자들일 것이다.

767b

의] 법정이 있는 것으로 합니다.[76] 그 하나는 한 개인이 자기에게 다른 한 개인이 부당한 짓을 했다고 비난하며, 법정으로 끌고 가 해결을 보고자 하는 경우의 것이고, 다른 하나는 시민들 가운데 누군가에 의해서 공공의 것(to dēmosion)이 피해를 보게 된 것으로 누군가가 여기고서, 공
c 공의 것을 돕고자 할 경우의 것입니다. 재판관들이 몇이며 어떤 사람들일 것인지 말해야만 합니다. 그러니까 첫째로, 서로 간에 세 번째로 다투게 된 개인들 모두를 위해서는 우리에게 공동의 법정이 성립되게 해야만 하는데, 그건 어쩌면 다음과 같은 식으로 되겠습니다. 1년간 또는 그 이상의 기간 동안 유지되는 모든 관직은, 하지 다음에 오는 달에 새해가 시작될 때면,[77] 그 전날에 모든 관리는 한 신전에 모여야 합니다. 그리고선
d 신께 맹세를 한 다음, 각각의 관직에서 가장 훌륭한 것으로 판단될 뿐만 아니라, 오는 해에는 동료 시민들에게 가장 훌륭하게 그리고 가장 경건하게 판결을 내려 줄 것으로 보이는 재판관 한 사람을 모든 관직에서, 이를테면 맏물처럼,[78] 내야만 합니다. 그러나 이들이 뽑힌 다음에는 이들

---

76) kritēria와 관련된 해석에서 Saunders의 의견(그의 주석서 40번 항목)에는 동의하지 않는다.

77) 고대의 헬라스에서는 음력을 썼다. 그러나 헬라스 안에서도 더러는 나라에 따라 일 년의 시작과 열두 달 각각의 명칭도 조금씩 달랐다. 아테네의 경우에는, 여기서 말하고 있듯이, 하지(6월 21~22일) 다음의 신월(新月: noumēnia, neomēnia)과 더불어 시작되는 달인 '헤카톰바이온'(Hekatombaiōn)이 새해의 시작이다. 따라서 이 달은, 양력으로 치면, 6월 하순에서 7월 하순에 걸칠 수도, 또는 어느 해는 두 달의 중순에 걸친 것일 수도 있겠으며, 또한 이보다 더 빠르거나 늦을 수도 있겠기에, 대개는 6월에서 7월에 걸치는 달로 친다. 따라서 한 해의 마지막 달은 오늘날의 양력 오뉴월에 해당되는 달로, '스키로포리온'(Skirophoriōn)이라 하겠고, 요즘의 정월에 해당되는 달은 '가멜리온'(Gamēliōn, 12월~1월)이다. 이와 관련해서는 E. J. Bickerman, *Chronology of the Ancient World*, (London, 1980), p. 20을 참조할 것.

78) 그 해의 첫 수확물인 맏물을 신에게 바치는 관행에 빗대어 각 분야에

을 뽑은 사람들 앞에서 심사를 받게 됩니다. 만약에 누군가가 심사에서
거부될 경우에는, 같은 방식으로 다른 사람을 그 대신 뽑아야만 합니다.
그래서 심사를 거친 사람들이 다른 법정들을 기피하는 사람들에 대한 재
판을 하되, 공개투표를 하게 합니다. 협의회 회원들 그리고 재판관들을
선출한 다른 관리들도 이들 재판을 지켜보며 듣는 것이 의무적인 일이지 e
만, 다른 사람들의 경우에는 원하는 자나 합니다. 그러나 누군가가 의도
적으로 부당하게 판결을 한 것으로 누군가를 비난할 경우에는, 호법관들
에게로 가서 고발케 합니다. 이런 재판에서 패소한 자는 피해자에게 피
해액의 절반[79]을 벌금으로 물게 합니다. 만약에 손해액이 더 큰 것으로
판단될 경우에는, 이 재판을 하는 재판관들은 이 사람이 이에 더해서 받
아야만 할 벌이 무엇인지 또는 공동체와 고소한 자에 대해 벌금으로 물
어야 할 게 어느 정도인지 추가 산정을 해야만 합니다. 공적인 것들과 관
련된 기소들에 대한 판결에는 첫째로 대중(to plēthos)이 참여하는 게 필
수적입니다. 왜냐하면 누군가가 나라에 부당한 짓을 할 경우에는, 모두 768a
가 피해를 입게 되며, 따라서 이들이 그와 같은 결정들에 참여하지 못하
게 되면 화를 낼 게 당연하겠기 때문입니다. 하지만, 비록 이와 같은 재
판의 시작도 끝도 민중(dēmos)의 재량에 맡겨져 있어야 하겠으나, 심문
은 최고위 관직의 세 사람에게 맡겨져 있어야만 하는데, 이들은 피고와
원고가 합의를 본 자들입니다. 양쪽이 합의를 볼 수 없을 경우에는, 협의
회가 이들 양쪽의 선택 중에서 결정합니다. 그렇더라도 개인적인 소송들 b
의 경우에도 가능한 한 모두가 관여해야만 합니다. 왜냐하면 판결을 하

서 맨 먼저 선출할 사람을 그리 말하고 있다.

79) Ritter가 이 부분이 846b에 나오는 언급과 일치하려면, 이 '절반'(hēmisy)을 '두 배'(diplasion)로 읽어야 한다고 주장했는데, 이 의견을 따르는 사람들이 더러 있다. 그러나 이 두 단어는 잘못 읽힐 수 있는 그런 가능성이 전혀 없는 것들이다.

는 데 한몫을 하는 권리를 갖지 못하는 사람은 자신이 나라에 전혀 관여하지 못하고 있다고 여길 것이기 때문입니다. 따라서 이 때문에 부족들 따라 법정들이 또한 생기게 마련이며, 필요에 따라 즉각적으로 추첨에 의해 뽑힌 재판관들은 타락하지 않고 재판을 하게 마련입니다. 그러나 그와 같은 모든 경우에 대해 최종적인 판결을 하는 것은, 적어도 인간의 힘이 미치는 한, 도저히 타락하지 않도록 해 줄 그런 법정이라 우리는 주
c 장합니다. 이웃들로 이루어진 법정들에서도 부족 단위의 법정들에서도 해결을 볼 수 없는 사람들에게는 말입니다.

우리의 법정들을 공직기관들인 걸로 말하는 것도 공직기관들이 아닌 걸로 말하는 것도 그 주장이 논의의 여지가 없다고 하기는 쉽지가 않다고 우리는 말하는데, 이제 막 이 법정들에 대해 부분적으로는, 이를테면 바깥쪽에서 그린 일종의 윤곽그림처럼, 말했지만, 대개는 빠뜨리고 있습니다. 왜냐하면 소송들에 대한 정확한 법률의 제정과 분류는 법률 제정의 마지막 단계에 가서야 자세하게 하게 되는 게 지당하겠기 때문입니다. 따라서 이 문제들에 대해서는 끝 쪽에서 우리를 기다려 주도록 일러
d 두죠.[80] 그러나 다른 관직들과 관련된 임명들은 그 대체적인 입법을 거의 한 셈입니다. 하지만 나라 및 일체의 정치적 실천과 관련해서 하나하나의 그리고 일체의 경영에 대한 전체적 정확함이 명확하게 되는 것은 그 설명이 처음부터 시작해서 둘째 것들과 중간 것들 그리고선 그 모든 부분을 각기 거쳐서 그 결말에 이르러서나 가능합니다. 그렇더라도 지금
e 으로서는 이미 이루어진 관직들의 선출에 이르기까지의 이것이 앞서 언급된 것들의 결말이 되기에 충분합니다. 그러니 법률 제정의 시작에는 이제 더 이상의 미룸이나 망설임이 전혀 필요하지 않습니다.

클레이니아스: 선생이시여, 앞서 말씀하신 것들은 전적으로 제 마음

80) 956b 이후에서 이에 대한 언급을 다시 하게 된다.

에 듭니다. 이미 말씀하신 것들과 앞으로 말씀하시게 될 것들에 관련해서 방금 그 시작과 결말을 연결하셨는데, 이것들은 그것들보다도 한층 더 마음에 들게 말씀하셨습니다.

아테네인: 그렇다면 여기까지 지금껏 해 온 우리 노인들의 지적인 놀 769a
이[81]가 훌륭했던 셈입니다.

클레이니아스: 선생께서는 어른들의 진지함[82]이 훌륭한 것임을 입증해 보이신 것 같습니다.

아테네인: 어쨌든 그런 것 같군요. 그러나 다음 것이, 제게 여겨지듯, 혹시 선생께도 그리 여겨지는지 생각해 보십시다.

클레이니아스: 바로 어떤 것이며 무엇들과 관련해서입니까?

아테네인: 이를테면, 각각의 상들과 관련된 화가들의 작업에는 끝이라는 게 전혀 없는 것으로 여겨져서, 즉 색칠을 한다거나 빛깔을 내게 한다거나 하며, 또는 화가들의 제자들이 그런 걸 도대체 무엇이라 일컫건
간에, 장식하기를 결코 그치지 않을 것으로 여겨져서, 그 그림들이 더 아 b
름답고 더 밝은 것으로 더 이상 진전을 볼 수 없게 되는 그런 일은 없을 것이란 사실을 선생께선 알고 계십니다.

클레이니아스: 선생께서 말씀하시는 건 제 자신도 들어서 대충은 알고 있습니다. 어쨌든 제가 그런 기예(그림솜씨: technē)에는 전혀 정통

81) 크노소스에서 만난 세 노인들이 제우스의 동굴이 있는 고산지대를 쉬엄쉬엄 오르면서 나라 체제와 법률에 관련된 논의를 하는 걸 스스로 나이 먹은 사람들의 일종의 놀이(paidia)로 말해 왔는데, 여기서는 '노인들의 지적인 놀이'(hē presbytōn emphrōn paidia)로 말하고 있다. 625a~c, 685a 및 712b를 참조할 것.

82) '진지함'(spoudē)과 '놀이'(paidia)는, 이를테면 647d에서처럼, 서로 대비되는 말이다. 그리고 '어른들의 진지함'이란 아이들의 놀이(paidia tōn paidōn)와 대비한 표현일 것이다. 따라서 '놀이'처럼 말하고 있는 이 논의는 실은 진지하고도 심각한 담론(diatribē)인 셈이다.

769b

하지 못하니까요.

아테네인: 그게 선생께 지장이 된 건 아무것도 없습니다. 그렇지만 방금 이와 관련해서 우리가 우연히 하게 된 이야기를 다음 경우처럼 이
c 용하도록 합시다. 가령 누군가가 어느 날 최대한 아름다운 상을 그리고 선 이것이 또한 언제까지나 이어질 세월 동안에도 결코 더 나빠지지 않고 더 나아지도록 할 궁리를 했다고 합시다. 죽게 마련인 자로서, 이 상이 세월의 경과로 해서 뭔가 손상을 입게 될 경우에, 이를 바로잡아 주며, 그리고 화가 자신의 그림솜씨와 관련된 역량부족으로 해서 빠뜨린(소홀히 한) 것을 빛이 나게 하여 더 진전을 보게 만들 수 있게 될 그런 후계자를 남기지 못한다면, 그의 그 큰 노고가 단명할 것이라는 사실을 아십니까?

클레이니아스: 정말입니다.

d 아테네인: 그러니까 어떻습니까? 선생께는 그와 같은 것이 입법자의 뜻이라고 여겨지지 않습니까? 첫째로, 법률을 기초함[83]에 있어서 정확성과 관련해 가능한 한 충족하도록 하는 것입니다. 그다음으로는, 세월이 경과하고, 좋을 것으로 판단되었던 것들도 실제로 시험을 거치게 된다는 겁니다. [이 경우에] 어떤 입법자가 이토록, 즉 다음과 같은 사실을 모를 정도로 어리석을 수 있을 것이라 생각하십니까? 즉 나라 체제(politeia)가 그리고 그에 의해서 수립된 나라와 관련된 질서가 결코 더 나빠지지 않고 언제나 더 나아지게 되기 위해서는 누군가가 뒤를 이어서
e 바로잡아(개정해) 주어야만 할, 그런 것들이 아주 많이 빠져 있게 되는 게 필연적이라는 사실을 모를 정도로 말입니다.

클레이니아스: 그건 그럴 것 같습니다. 어찌 그렇지 않겠습니까? 그

83) 여기서 법률을 '기초한다'는 뜻으로 쓰인 헬라스어(grapsai)는 그림이나 도형을 그리거나 글을 쓴다는 뜻으로 쓰이는 말이기도 하다.

런 것은 누구든 모두가 바랄 것 같군요.

아테네인: 그러니까, 누군가가 이에 대한 무슨 대책을 갖고 있다면, 즉 법률을 어떻게 지키며 바로잡아야만(개정해야만) 할 것인지, 이와 관련된 크고 작은 생각을 행동으로든 말로든 무슨 방식으로든 다른 사람에게 가르쳐 줄 수 있다면, 그가 완결에 이르기 전에는, 그런 것을 말해 주는 걸 결코 포기하지는 않지 않겠습니까?

클레이니아스: 어찌 포기할 수 있겠습니까? 770a

아테네인: 그렇다면 지금의 경우에 저도 두 분께서도 해야만 하는 건 이게 아니겠습니까?

클레이니아스: 바로 어떤 걸 말씀하시는 건가요?

아테네인: 우리가 바야흐로 법률 제정을 하려 하고 있습니다만, 우리의 호법관들이 이미 선출된 데다, 우리는 삶의 해 질 녘(황혼기)[84]에 있는 데 반해, 이들은 우리와 대비해 젊은 터라, 지금 우리가 말하고 있듯, 우리는 법률 제정을 하는 것과 동시에 바로 이들을 입법자들로도 또한 호법관들로도 만들도록 가능한 한 노력해야만 합니다.

클레이니아스: 그야 물론입니다. 정말로 우리가 능히 그럴 수만 있다 b
면 말씀입니다.

아테네인: 그야 어쨌든 우리는 그리하도록 노력해야만 하며 열의를 갖고 해야만 합니다.

클레이니아스: 어찌 그러지 않겠습니까?

아테네인: 그러면 이들을 상대로 하여 말합시다. "친애하는 법률의 구원자들이여! 우리가 법률을 제정하게 되는 각각의 분야들과 관련해서

84) 아리스토텔레스의 《시학》 1457b23~5에는 "또는 엠페도클레스처럼, 노령을 삶의 저녁 또는 삶의 해 질 녘(황혼기)이라 말할 것이다"라는 문장이 보이는데, 이와 관련된 그의 글이 남아 있지 않은 터라, 정작 어느 표현이 엠페도클레스의 것인지는 불명하다.

770b
아주 많은 것을 우리는 빠뜨리게 될 것이오. 이는 불가피하기 때문이오.
그렇더라도 적어도 사소한 것들이 아니며 전체적인 것을, 마치 어떤 윤
곽그림[85]의 경우처럼, 그리지도 못하고 놓쳐 버리는 일은 가능한 한 하
지 않을 것이오. 그러나 이 개략적인 언급(윤곽그림)을 완전토록 채우는
c 것은 그대들이 해야만 할 것이오. 한데, 그대들이 어디에 주목하고서 그
런 걸 할 것인지를 들어야만 하오. 메길로스와 나 그리고 클레이니아스
는 이것들을 적지 않은 횟수에 걸쳐 서로들 말했으며, 또한 훌륭하게 말
했다는 데 의견의 일치를 보고 있소. 우리는 그대들이 우리에게 동의함
과 동시에 제자들이 되기를 바라오. 호법관도 입법자도 주목해야만 하는
것으로 우리가 서로 합의를 본 바로 이것들에 주목하면서 말이오. 그 합
의는 한 가지 요점을 지니고 있는 것이었소. 사람이 어떤 식으로, 그게
d 어떤 활동이나 어떤 성품 또는 어떤 소유나 욕구, 판단 또는 도대체 무슨
학과목들로 인한 것이건 간에, 인간에게 합당한 혼의 훌륭함(훌륭한 상
태, 덕: aretē)을 갖추게 됨으로써 훌륭하게 되든, 그가 공동체 생활을 하
고 있는 사람들 중의 한 남성이건 또는 여성이건, 또는 젊은이들이나 노
인들 가운데 한 사람이건 간에, 온 생애를 통해서 온 열성(spoudē)은 우
리가 말하고 있는 같은 이것을 목표로 한 것일 거라는 거요. 반면에 이에
장애가 되는 다른 것들 가운데서는 그 어떤 것도 그 누구든 더 귀히 여기
e 는 것으로 드러나는 일은 없을 것이오. 마침내는 나라에 대해서조차도,
나라가 노예의 굴레를 쓰고서 더 나쁜 사람들에 의해 다스려지는 걸 바
라기보다는, 그게 파멸하거나 또는 망명으로 나라를 떠나는 게 불가피해
보일 경우에도 그렇소. 이와 같은 모든 것은 겪으면서 참고 견디어 내야

85) 헬라스어 perigraphē는 그림으로 말하면 768c에서 말한 것처럼 '바깥쪽에서 그린 일종의 윤곽그림'과 같은 것 곧 표면적으로 테두리를 그려 내는 것(outline)이지만, 언어적 설명으로는 '개요'를 뜻한다.

할 일들이기 때문이오. 그 성격상 인간들을 더 나쁘게 만들게 되어 있는 그런 나라 체제로 바꾸게 되기보다는 말이오. 이것들이 앞서 우리가 합의한 것들이기도 하거니와, 이제 그대들이 이것들 각각[86]에 주목하고서,
우리의 법률을 되돌아보고[87] 이것들을 가능케 하지 않는 것들은 비난하 771a
되, 이것들을 가능케 하는 것들은 반기며 애정을 갖고 받아들여 그것들 속에서 사시오. 그 밖의 활동들이나 이른바 좋은 것들[88]이라는 다른 것들을 겨냥하는 것들에 대해서는 작별을 고해야만 하오."

그러면 이다음의 우리 법률의 시작은 이것이게, 곧 성스러운 것들부터 시작하는 것이게 합시다. 물론 먼저 5,040의 수를 우리가 다시 거론해야만 하니까요. 이 수는 아주 많은 유용한 나눗수들을 갖고 있었으며 또한
갖고 있으니, 전체로서도 그렇고 동시에 부족 단위의 수[89]로서도 그러한 b
데, 이것이야말로 우리가 전체의 1/12로 삼았던 것이며, 정확히 21x20에 해당합니다.[90] 우리의 전체 수는 12로 나뉘는데, 12는 부족의 수이기도 합니다. 각각의 나뉜 부분이야말로 성스러운 것인 걸로, 신의 선물로 생각해야만 합니다. 열두 달과 우주(to pan)[91]의 순환(periodos)[92]에 따른

86) 이것들 각각이란 '인간에게 합당한 혼의 훌륭함(훌륭한 상태, 덕: aretē)을 갖추는' 것과 함께 그럴 수 있도록 해 주는 활동 등과 열성이 그 한 부류일 것이고, 나머지 한 부류는 '이에 장애가 되는 다른 것들'로 결코 이보다 더 귀히 여겨서는 안 될 것들을 가리키는 것으로 볼 수 있겠다.

87) 770e7의 ἐπαινεῖτε(칭찬하고)는 아무래도 그리 읽기에는 무리가 따르는 것으로 판단되어, Apelt, England 및 Bury의 읽기를 따라, ἐπάνιτε(되돌아보고)로 고쳐 읽었다.

88) 631c에서 본문 및 해당 각주를 참조할 것.

89) 부족 당 420세대이다. 그리고 420은 5,040의 1/12이다.

90) 737e~738a 및 745c를 참조할 것.

91) to pan은 '전체'를 뜻하기도 하지만, 여기서는, 《티마이오스》 편(28c, 30b 등)에서처럼, '우주'를 뜻하는 말로 쓰이고 있다. 이 밖에도 역시 '전체'를 뜻하는 to holon과 '질서', 더 나아가 '아름다운 질서 체계'를 뜻하

771b
것이죠. 이 때문에 함께 갖게 된 이 특성이 모든 나라 또한 이것들을 신
성화하도록 인도합니다만, 어떤 사람들은 다른 사람들보다 어쩌면 그 나
c 눔을 더 정확하게 나누고 그걸 한층 더 운 좋게 신성화했을 것입니다. 그
야 어쨌든 우리는 지금 5,040의 수를 선택한 것을 제일 옳은 걸로 주장하
는데, 이 수는 1부터 시작해서 12까지, 11을 제외하고는, 모든 나눗수를
갖고 있습니다. 그러나 이건 지극히 작은 치료 수단[93]이면 해결됩니다.
다른 쪽에 두 화덕만 떼어 주게 되면, 건전하게 되겠기 때문입니다.[94] 이
것들이 진실로 이러하다는 것은 한가한 때의[95] 길지도 않은 이야기가 증
명해 줄 수 있을 것입니다. 지금으로선 현재의 예언과도 같은 원칙을 믿
d 고서 이 나누기를 합시다. 그리고서 각각의 나뉜 부분에 신 또는 신들의
자식을 지정하고서,[96] 제단들과 이것들에 어울리는 것들도 할당하고요.
이들 제단에 바칠 제물들과 관련해서는 한 달에 두 번의 회합을 갖도록
합시다. 열두 번은 부족의 나뉜 부분[97]을 위해서요, 열두 번은 바로 나라
의 나뉜 부분을 위해서입니다. 그야 첫째로는 신들과 이들 무리의 은총

는 kosmos도 '우주'를 뜻하는 말로 쓰이고 있다.

92) periodos에는 회전, 주기, 궤도 등의 뜻들도 있다.

93) '지극히 작은 치료 수단'은 '아주 소량의 약'으로 옮겨야 할 원어를 의역한 것이다.

94) "다른 쪽에 두 화덕만 떼어 주게 되면, 건전하게 되겠기 때문입니다." 이 문장에서 '화덕'(hestia)은, 740a의 본문 및 각주에서 보았듯, 곧 가구(oikēsis, oikos)를 뜻한다. 이 대화편에서는 마그네시아가 5,040세대(가구)를 유지하는 걸 기본 전제로 삼고 있으니까, 이에 미흡한 것은 일종의 치유 대책이 요구된다. 5,040가구에서 두 화덕이 모자라는 것은 5,038가구이다. 그런데 5,040이 1부터 시작해서 12까지, 11을 제외하고는, 모든 나눗수를 갖고 있는 데 반해, 5,038은 11로 나뉘는 수이다. 즉 5,040−2=5,038이고, 5,038÷11=458이다.

95) 지금은 그럴 계제가 아니라는 말이다.

96) 745b~e를 참조할 것.

97) 746d를 참조할 것.

을 위해서요, 둘째로는, 우리가 말하겠듯이, 우리 자신들의 친근함과 서
로 알게 됨을 위해서 그리고 일체의 사귐(함께 함: homilia)을 위해서
죠.[98] 물론 혼인을 통한 관계 맺음과 결합을 위해서는 어떤 가문에서 시 e
집을 오는 사람이며 어떤 사람이고 또한 어떤 가문으로 시집을 보내게
되는지에 대한 무지한 상태를 반드시 제거할 수 있어야만 하니까요. 이
런 일들에 있어서는 모든 것과 관련해서 가능한 한 실수를 하는 일이 결
단코 없도록 최선을 다해서 해야 하는 겁니다. 따라서 이처럼 진지해야
할 일을 위해서는 놀이(paidia)까지도 하도록 해야만 합니다. 소년 소녀
들이 합창가무를 하게 하는 것입니다. 그러면서 규칙(logos)에 따라 그리 772a
고 그럼직한 구실들을 갖는 때에, 저마다 건전한 상태의 부끄러움을 갖
는 한도 내에서, 이들 남녀가 알몸 상태를 서로 보기도 하고 보여 주게도
하는 겁니다. 이 모든 일의 감독관들과 합창가무단들의 지휘자들은 관리
들(통솔자들)로 되어야 하며, 또한, 우리가 빠뜨린 [것들이 있는] 한에
서, [이를] 정리해서 호법관들과 함께 입법자들이 되어야만 합니다.[99] 그
러나 우리가 말했듯, 입법자가 빠뜨린 사소한 많은 것, 이런 것들 모두와
관련해서는, 그 이용으로 해서 배우게 됨으로써, 해마다 이것들에 대한 b
경험자들이 늘 생겨서, 이를 해마다 정리하고 바로잡아 고치는 게 불가
피합니다. 이와 같은 법규들(ta nomima)과 관행들(제도들: epitēdeuma-
ta)의 기준(horos)이 충분히 갖추어진 것으로 판단될 때까지는 말씀입니
다. 그러니까 제물 바치는 일들과 합창가무들에 대한 경험의 기간이 십
년이면, 모든 경우에 걸쳐 그리고 각각의 것들에 배정된 기간으로서는,
알맞은 정도(metrios)이면서도 충분한 시간일 것입니다. 법률 제정을 한

98) 738d~e를 참조할 것.

99) 이 경우에 입법자들이 된다는 것은, 이 분야에서 실무자들로 종사하게 되면서 법률적 미비점이나 허점을 발견하고, 이를 보완하는 차원의 법률 개정을 한다는 제한적 의미에서 하는 말이다.

c 입법자가 살아 있을 경우에는 공동으로 하되, 이미 사망했을 경우에는,
해당 관직들에 있는 사람들 자신들이 자신들의 관할 영역에서 소홀히 한
점을 바로잡도록 호법관들에게 제의합니다. 이는 각각의 것이 훌륭하게
다듬어져 완결을 본 것으로 여겨질 때까지 합니다. 그러나 이것들이 일
단 확정되는 그때에는, 최초에 이들에게 입법자가 제정해서 정해 준 다
른 법률과 함께 이제는 바꿀 수 없는 것들로 대해야만 합니다.[100] 이것들
과 관련해서는 그 어느 것도 결코 자발적으로(自意로) 바꿔서는 안 됩니
다. 하지만 어떤 불가피한 사태가 발생한 것으로 판단된다면, 관직에 있
d 는 사람들 모두와 민중 모두 그리고 신들의 신탁 모두도 협의상대로 찾
아가서, 만약에 모두가 동의할 경우에는, 그리 바꿔야 하지만, 그렇지 않
을 경우에는 어떤 식으로든 바꾸는 일이 있어서는 결코 안 되거니와, 저
지하는 쪽이 법에 따라 언제나 제압해야만 합니다.[101]

그래서 누군가가 25세가 되었을 때 그리고, 스스로도 관찰을 해 오고
남들에게서 관찰을 받기도 해 온 터라, 제 마음에 들고 아이들의 공유와
e 출산을 위해서도 적합한 상대를 찾아낸 것으로 믿게 된 때에는, 35세 안
에 모두가 혼인을 하게 합니다.[102] 그러나 적합하고 맞는 상대를 어떻게
찾아야만 하는지를 먼저 듣게 합니다. 왜냐하면, 클레이니아스 님께서
말씀하시듯, 각각의 법 앞에는 그 각각에 적절한 전문(前文: prooimion)
을 앞세워야만 하기 때문입니다.[103]

---

100) 법규나 관행을 함부로 바꿀 수 없다는 이런 생각을 우리는 《국가(정체)》 편 424c~425e에서도 읽을 수 있다.

101) 곧 반대가 있을 때는 법 개정이 불가능함을 말하고 있는 것이다.

102) 남자의 혼인 연령과 관련해서 여기에서 제시된 것은 25~35세인데, 721b와 785b에서 제시된 것은 30~35세이다. 상한선만 같은 셈이나, 여기서의 문맥으로 보아, 의무적인 권장 나이는 30~35세이지만, 25세 이후에는 적극적 권장은 아닐지라도 허용은 된다는 뜻으로 해석하면 될 것 같다.

103) 법의 전문에 대한 클레이니아스의 언급은 723d~e에서지만, 전문 자

클레이니아스: 선생이시여! 아주 잘 상기시켜 주셨습니다. 역시 논의의 적기를 그리고 제게는 아주 적절한 것으로 여겨지는 대목을 맞추신 겁니다.

아테네인: 좋은 말씀입니다. 그러면 훌륭한 조상의 자손에게 말합시
다. "여보게! 사려 깊은 사람들에게서 존중받는 혼인을 해야만 하네. 이 773a
들은 자네에게 권고할 걸세. 가난한 사람들과의 혼인을 피하지 말며 부유한 사람들과의 혼인을 별나게 추구하지도 말 것이로되, 다른 것들이 같을 경우에는, 다소 부족한 쪽을 존중해서 결합관계에 들어가도록 해야만 하네. 이렇게 함으로써 나라를 위해서도, 또한 결합하게 되는 가구들[104]을 위해서도 이득이 되겠기 때문일세. 같은 수준과 균형을 이룬 상태는 양끝으로 치우친 것[105]과는 [사람으로서의] 훌륭함(덕: aretē)과 관
련해서 한없이 차이가 나니까. 모든 행위에 정도 이상으로[106] 저돌적인 b
동시에 급하게 서두르는 자신임을 알게 된 자는 점잖은 어른들의 사위가

체의 필요성과 타당성 및 구체적인 예에 대한 아테네인의 언급은 721a~723d에 보인다.

104) 원어로는 '화덕들'이다. 771c에서 해당 각주를 참조할 것.

105) 여기에서 '양끝으로 치우친 것'으로 번역한 말의 원어는 akraton이다. 이 말은 '혼합(혼화)되지 않은', '섞이지 않은' 상태를 가리키는 것인데, 여기서는, 바로 그다음의 언급에서 보듯, 한쪽으로 치우친 상태를 지칭하는 뜻으로 쓰인 것이다.

106) '정도 이상으로'의 원어는 tou deontos인데, 소유격인 이 말의 주격 또는 목적격은 to deon이다. to deon은 마땅한 것, 당연한 것, 필요한 것, 적절한 것, 알맞은 것, 묶는 것 또는 그런 정도 등을 뜻하는 말이다. 그런데 우리말에 '정도껏' '정도 이상으로'라는 표현이 있다. 이 경우에 '정도'는 '알맞은 한도'를 뜻한다. tou deontos는 그런 의미에서 때로는 그냥 '정도 이상으로'로 번역하는 것이 좋을 경우가 많다. 이 표현은 이 대화편에서도 여러 군데 나오지만, 플라톤의 다른 대화편들에서도 도처에서 만나게 되는 것이다. 또한 이 표현은 to metrion(알맞은 상태, 적도)과 함께 플라톤의 적도(適度) 사상에서 중요한 의미를 갖는 것들 중의 하나이다.

되도록 힘써야만 하네. 천성이 반대인 사람은 반대인 쪽의 인척이 되도록 해야만 하는 거지.[107] 모든 혼인과 관련해서도 한 가지 들려줄 말이 있어야 할지니라. 구혼을 함에는 모름지기 각각의 혼인이 나라에 유익한 것이도록 해야지, 제 마음에 제일 드는 것이도록 해서는 아니 되느니라. 그러나 사람은 모두가 본성적으로 자신과 가장 닮은 쪽으로 아무래도 언제나 이끌리는데,[108] 이 때문에 나라가 전체로는 재물과 기질적인 성품
c 들에 있어서 고르지 못하게 되지. 이로 해서 우리가 우리에게 일어나는 걸 바라지 않는 일들이 대다수의 나라들에도 틀림없이 일어난다네." 그렇다고 해서 이런 것들을 말로 표현되는[109] 법에 의해 지시한다는 것은, 즉 부자는 부자 집안과 혼인하지 말고, 많은 걸 할 수 있는 자도 그러한 다른 집안과 혼인하지도 말도록 강요하는 한편으로, 성격들에 있어서 비교적 급한 자들이 비교적 느린 자들과 그리고 비교적 느린 자들이 비교적 급한 자들과 혼인의 결합관계에 의해 맺어지도록 강요한다는 것은 우스꽝스러움에 더해 많은 사람의 분노를 자아낼 것입니다. 나라가 포도주 희석 용기[110]에서 되는 식으로 혼화(混和)되어야만 한다는 걸 이해하기
d 란 쉽지가 않기 때문입니다. 이 용기에 포도주가 부어지면 미친 듯이 부

---

107) 같은 취지의 생각을 읽게 하는 언급을 우리는 《정치가》 편 310b 이후에서 만나게 된다.

108) 716c의 본문 및 해당 각주를 참조할 것.

109) 여기에서 '말로 표현되는'으로 번역한 것의 원어는 dia logou인데, 이 경우의 logos는 '언어적 표현'을 뜻한다고 할 것이니, 이것이 '법'과 결부된다면, 이는 곧 성문화된 법을 가리키는 것이 된다. 아닌게아니라 e3에서는 성문화된 법(graptos nomos)이 언급되고 있다.

110) 647e에서 포도주 희석 용기(kratēr)와 관련된 해당 각주를 참조할 것. 그리고 이 용기에서 포도주 원액과 샘물이 일정한 비율로 혼합된 것을 술 따르는 그릇에 일단 떠 담은 다음, 이 희석된 포도주를 술잔들에 따른다. 이와 관련된 설명은 졸저 《헬라스 사상의 심층》 40쪽에 비교적 자세히 되어 있다.

글거리지만, 술기 없는 다른 신[111]에 의해서 누그러짐으로써 훌륭한 결합을 보아, 좋은 알맞은(적도) 상태의(metrion) 음료를 만들어 냅니다. 그러니까 이런 일이 아이들의 섞임(혼합: meixis)에서도 일어남을 꿰뚫어 보는 것은 거의 아무도 할 수가 없습니다. 바로 이 때문에 이와 같은 것들을 법으로서는 상관치 말고 그냥 내버려 두는 게 필요하거니와, 이들에게 재물에 대해 만족할 줄 모르는 것인 혼인의 평등보다는 아이들
자신들의 고름(균등함)을 저마다 더 귀히 여기도록[112] 주문(呪文) 삼아 e
노래해 줌으로써[113] 설득하도록 애써야만 합니다. 또한 혼인에 있어서 재물에 대해 열을 올리며 추구하는 자는 꾸지람으로 단념케 해야지, 성문화된 법으로 강제해서는 안 됩니다.

그러면 이것들이 혼인에 대한 권고의 말(paramythion)들로서 말한 것들이라 합시다. 특히 이것들에 앞서 말했던 것들과 함께 말입니다. 아이들의 아이들을 남겨 자신을 대신하여 신을 섬기는 자로 계승케 함으로써
영원성을 붙들어야만 한다는 것이었습니다.[114] 따라서 이 모든 것을 그 774a
리고 이 이상의 것을 누군가가 혼인들과 관련해서, 혼인을 해야만 하는 데 대한, 법적 전문으로 내세워 말한다면, 그는 옳게 하는 것일 겁니다.

111) 여기에서 '술기 없는(맑은 정신의) 다른 신'은 '물'을 뜻한다. 포도주의 신이 디오니소스이니까 이런 비유를 하고 있다.

112) 더 많은 부를 갖기 위해 부자들끼리 혼인하는 것은 자칫 한쪽으로 치우치는 성격이나 기질의 아이들을 출산할 가능성이 높기 때문에, 그보다는, 앞서 a~b에서 말했듯, 극단을 서로 보완한 성격 또는 기질의 아이들의 출산할 수 있는 가능성이 많은 쪽을 고려하여 혼인을 하는 것에 더 비중을 둘 것을 권고하고 있다.

113) 659d~e를 참조할 것.

114) 721b~c를 참조할 것. 여기에서 말하는 '영원성'(hē aeigenēs physis)은 거기에서 말한 '불사성'(不死性: athanasia)을 의미하는 것으로 보면 되겠다.

774a

그러나 누군가가 의도적으로(고의로: hekōn) 불복하여, 스스로 남남으로 처신하며 그 나라에서 일체 교류를 갖지 않으면서, 혼인도 하지 않고 35세가 될 경우에, 그는 해마다 벌금을 물게 합니다. 과세기준 재산이 최고 계층인 자는 100드라크메를, 과세기준 재산이 둘째 계층인 자는 70드라크메를, 과세기준 재산이 셋째 계층인 자는 60드라크메를, 그리고 과세기준 재산이 넷째 계층인 자는 30드라크메를 물게 합니다. 이는 헤라
b 여신에게 바치는 것이게 합니다.[115] 해마다 이를 치르지 않은 자는 그 열배를 갚게 합니다. 여신의 회계 담당자가 징수를 하게 합니다. 스스로 이를 징수하지 못하면, 자신이 이를 갚게 할 것이며, 감사에서는 [해당자] 모두[116]가 해명을 하게 합니다. 그러니까 혼인을 하지 않으려는 자는 재물의 면에서는 이런 벌을 받게 할 것이나, 연하의 젊은이들한테서 일체의 선배 대접도 받지 못하게 하며, 젊은이들 가운데서 그 누구도 그에게 대해서 자진해서는 아무것도 거들떠보지 않도록 합니다. 반면에 그가 누군가를 벌주려 할 경우에는, 당하고 있는 사람을 모두가 편들어 막아 주
c 게 합니다. 그 자리에 있게 된 자로서 그 편을 들지 않은 자는 비겁함과 동시에 나쁜 시민이라 법에 의해 지칭케 합니다.

지참금과 관련해서는 앞서도 말했지만,[117] 다시 말해 둡시다. 가난한 사람들이 재물이 궁해서 아내를 맞지 못한 채로 또는 딸을 출가시키지 못한 채로 늙어 가는 일은 이러나저러나 있을 수 없다는 것입니다. 왜냐하면 이 나라에 사는 사람들 모두에게는 생활필수품들이 갖추어져 있기 때문입니다. 재물로 해서 아내들에게 방자함(hybris)이 일거나, 남편들

115) Hēra 여신은 제우스의 아내이며, 혼인을 주관하는 신이다.

116) 여기서 말하는 '모두'(pas)가 회계 담당자 모두인지 아니면 벌금을 물어야 하는 35세 이상인 자들 모두인지가 불명하다. 어쩌면 양쪽 다로 보는 게 옳을 것 같다. 그래서 '[해당자] 모두'로 번역했다.

117) 742c를 참조할 것.

이 초라하고 부자유한 종 신세가 되는 일이 한결 더 덜할 것이기 때문입니다. 또한 [이 법에] 복종하는 자[118]는 이로써도 한 가지 훌륭한 일을 하 d
는 것입니다. 반면에 이에 불복하여, 혼수 의상을 위해서 50드라크메 상당 이상, 1므나 상당 이상, 1.5므나 상당 이상을 주거나 받는 자는,[119] 반면에 과세기준 재산이 최고 계층인 자로서 2므나 상당 이상을 그리한 자는 국고에 그만큼[의 초과분]을 따로 내게 합니다. 주거나 받은 것은 헤라 및 제우스에 헌납되는 것이게 합니다. 징수는 이들 두 신의 회계 담당자들이 합니다. 혼인을 하지 않은 자들에 대해서 헤라 여신의 회계 담당 e
자들이 그때마다 징수를 하거나, 그러지 못하면 이들이 저마다 자신들의 부담으로 그 벌금을 갚아 주거나 해야만 하는 걸로 말했듯이 말입니다.[120]

약혼에 대한 권한은 첫째는 아버지 몫이요, 둘째는 할아버지 몫이겠고, 셋째는 같은 아버지 소생의 오라비들 몫이지만,[121] 이들 중의 하나도 없을 경우에는, 그다음으로 그 권한은 어머니 쪽으로 같은 순서입니다. 혹시 어떤 예사롭지 않은 불행한 일이라도 일어난 경우에는, 가장 가까운 친족들이 언제나 보호자들과 함께 권한을 갖습니다.

혼례들에 앞선 의식으로나 이런 것들과 관련된 다른 어떤 적절한 종교
의식으로 혼례 전에 또는 혼례 중에 또는 혼례 뒤에 거행하게 되어 있는 775a

118) 742c에서 지참금을 주거나 받는 걸 금지한 법에 대한 복종 여부를 말한다.

119) 여기에서 제시된 금액 기준은 과세기준 재산이 최저인 계층부터 역순으로 말하고 있는 것이다. 므나(mna) 및 드라크메의 화폐단위 및 그 화폐가치에 대해서는 754d의 해당 각주를 참조할 것.

120) 774a~b에서.

121) 오늘날에도 헬라스에서는 여자가 남자와 사랑을 하게 될 경우에는 아버지의 허락을 받아야 하지만, 아버지가 없을 경우에는, 오라비의 허가를 받는 게 관례라고 한다.

775a 것들은 해당 해설자들에게 물어서 그들이 시키는 대로 저마다 함으로써 모든 게 자신에게 알맞게 진행된 것으로 여겨야만 합니다.

혼례 잔치의 경우에는 양쪽에서 친구들을 각기 5명 이상 초청하지는 않아야 하며, 친척들과 가족들로도 양쪽에서 마찬가지로 또 그만큼만 초청해야만 합니다. 그런가 하면 비용은 그 누구의 경우에도 자기 재산에 따른 비율 이상이 되어서는 안 됩니다. 재물에 있어서 가장 부유한 계층인 사람의 경우에는 1므나, 그다음 경우에는 그 반, 또한 그다음 경우에도 이런 비율 이상이 되어서는 안 되는 겁니다. 각자의 과세기준 재산이
b 계층별로 내려가듯이 말입니다. 그리고 법에 복종하는 자는 모두가 칭찬해야만 하지만, 불복하는 자는 호법관들이 벌주게 합니다. 아름다운 것에 대해 무지한 자로서 또한 혼례의 무사(Mousa) 여신들과 관련된 가락들(법률: nomoi)[122]에 대해 교육받지 못한 자로서 말입니다. 한데, 취할 지경이 되기까지 술을 마시는 것은, 포도주를 준 신[123]의 축제들에서가 아닌 경우에는, 다른 어떤 곳에서도 적절치 않거니와, 안전하지도 않습니다. 특히 혼인에 대해 진지했던 사람으로서는 말입니다. 혼인 때에는
c 인생의 작지 않은 변화를 겪고 있는 신부와 신랑이 특히 사려가 깊어야 마땅한데, 이는 또한 태어날 아이가 언제나 최대한 사려 깊은 부부 사이에서 생기도록 하기 위해서이기도 합니다. 이 아이가 신의 도움을 받아 어느 밤 또는 어느 낮에 생기게 될지는 거의 불명하겠기 때문입니다. 또한 이에 더해 술 취함으로 해서 몸이 맥 풀린 상태에서 생식이 이루어져서는 안 되고,[124] 자라게 되는 것이 실하고 굳건하며 차분한 것으로 알맞게 구성되어야만 합니다. 그러나 포도주를 잔뜩 마신 사람은 그 자신이

122) nomoi(단수는 nomos임)에 '가락들'과 '법률'의 양쪽 뜻이 다 있는 것과 관련해서는 722d~e의 본문 및 해당 각주를 참조할 것.

123) 디오니소스(Dionysos)를 가리킨다.

124) 674b를 참조할 것.

사방으로 이끌리어 가며 갈팡질팡합니다. 몸도 혼도 광란 상태에 있는
거죠. 따라서 술 취한 자는 그 씨를 뿌림에 있어서도 비틀거리기도 하고 d
또한 신통치도 못하여,[125] 개연성으로 보아 변덕스럽고 믿을 수가 없고 또한 인격적으로나 신체적으로나 반듯한 데라곤 전혀 없는 아이를 낳게 될 것입니다. 이 때문에 오히려 한 해 내내 그리고 일생을 통해, 특히 출산을 하는 연령대의 그 시기 동안은, 자발적(자의적)으로는 건강에 좋지 못한 것들도, 방자함(hybris) 및 불의(adikia)와 관련되는 것들도 하는 일이 없도록 조심해야만 합니다. 태어나는 아이들의 혼들과 몸들에 제 판박이로 모습을 갖추게 하여, 모든 면에서 더 못한 아이들을 낳을 게 필연
적이기 때문입니다. 각별히 그날 낮과 밤에는 이런 것들과 관련된 것들 e
을 멀리해야만 합니다. 사람들에게 있어서 확고히 기반이 잡힌 시작은, 신과도 같이, 모든 걸 구해 주기 때문입니다.[126] 그걸 선용하는 사람들 각각에게서 그것에 마땅한 명예를 누리게 될 경우에는 말입니다.[127]

혼인한 신랑은 추첨에 의한 할당 토지(klēros)에 있는 두 집[128] 가운데
하나를 이를테면 어린아이들을 낳고 양육하는 곳으로 여겨야만 합니다. 776a
부모와 떨어져서 그곳에서 결혼 생활을 하며 가정을 이루고 자신과 자식들의 생계를 꾸려 가야만 합니다. 한집안 사람들 간에도[129] 어떤 그리움

125) 여기에서 '신통치 못하다'고 함은 kakos(= bad)를 그리 번역한 것인데, 이는 태어날 아이를 수태시켜야 할 씨(정자)의 임자로서 그 기능(ergon)을 정상으로 수행하지 못함을 두고 하는 말이다.

126) 시작의 중요성에 대한 강조는 753e 및 765e에서도 있었다.

127) 여기에서는 '시작'이 신격화되어 언급되고 있다.

128) 새로운 이주지로 예정된 마그네시아에서는 5,040세대가 각기 추첨에 의해 토지를 할당받게 되는데, 이 할당 토지는 도성 쪽의 것과 변경 쪽의 것을 한 짝으로 하는 것이었다. 도성 안에 살면서 농사를 짓자면, 도성에서 먼 변경의 농촌에는 당일로 왕래하기가 어려울 것이므로, 각 세대는 도성 안과 도성에서 먼 농촌 지역에 각각 한 채씩의 가옥도 배분받게 했다. 여기에서는 그 두 가옥 중의 하나를 가리킨다. 745b~e를 참조할 것.

776a
이 있을 경우에는, 그게 모든 성품을 접착하며 묶어 주기 때문입니다. 반
면에 함께 지냄(synousia)이 지겨울 정도가 되고 시간으로 인한 그리움
을 갖지 않게 되면, 포만의 지나침으로 해서 서로에게서 떨어져 나가게
합니다. 바로 이런 것들 때문에 부모에게 그리고 처가 식구들에게 자신
b 들의 집들에서 머물게 하고서, 이를테면 식민지로 이주해서 거주하는 사
람들처럼, 이들을 방문하기도 하고 또한 방문 받기도 하며 살아야 합니
다. 또한 아이들을 낳고 양육함으로써, 마치 횃불처럼,[130] 세대를 이어
가며 삶을 넘겨주면서, 언제나 법률에 따라 신들을 섬기면서 말입니다.
다음으로 소유물들은 누군가가 얼마나 가짐으로써 가장 적당한 정도
의 재산을 갖는 게 될까요? 실상 많은 경우에 이해하는 것도 소유하는
c 것도 어렵지가 않지만, 가복들[131]의 경우는 모든 면에서 어렵습니다. 그
까닭은 우리가 그들에 대해서 어떻게 보면 옳지 않게 말하면서도, 어떤
식으로는 옳게 말하고 있기 때문입니다. 노예들에 대해 우리가 말하는
표현들도 그들의 이용과 반대되는가 하면, 또한 그 이용과 일치하기도
하니까요.

메길로스: 이건 또 어떤 뜻으로 말씀하시는 건가요? 선생이시여, 지

---

129) 원어 en tais philiais는 직역하면 '친애함[들]에 있어서'로, 또는 약간 의역해서 '친애하는 관계들에 있어서'로 되겠으나, 문맥을 고려해서 Liddell & Scott의 대사전에 있는 'in the family circle'이라는 뜻풀이를 참작하여 '한집안 사람들 간에도'로 번역했다.

130) 《국가(정체)》 편 328a를 보면, 벤디스(Bendis) 여신의 축제에서 횃불을 들고 경마를 하면서, 그걸 다음 선수에게 넘겨주는 저녁 무렵의 행사에 대한 언급이 나온다.

131) 여기에서 '가복들'로 번역한 헬라스어는 oiketoi(단수는 oiketēs임)인데, 사삿집의 소유에서 놓여나지 못한 사람이 '가복'(家僕, 가노)이고, 노예(doulos)(복수는 douloi임)는 해방되더라도 여전히 노예인 점이 다른 것이라고 Liddell & Scott의 대사전에서는 한 인용문을 통해서 설명하고 있다.

금 무슨 말씀을 하시는 건지 저희가 전혀 알지 못하겠기 때문입니다.

아테네인: 메길로스 님, 물론 그럴 것입니다. 헬라스인들 모두 가운데서도 라케다이몬(스파르타)인들의 농노제도(heilōteia)[132]는 아마도 최대의 곤혹스러움과 논쟁거리를 제공하겠는데, 어떤 사람들은 그게 잘된 거라는 거고, 다른 어떤 사람들은 그게 잘된 게 아니라 해서죠. 그러나 마리안디니아인들의 예속에 따른 헤라클레아인들의 노예제(douleia)[133] d
는 논쟁거리를 덜 제공하죠. 테살리아의 농노계층[134] 또한 그렇습니다. 이것들 및 이런 것들과 같은 모든 것을 눈여겨본 우리로서 가복들의 소유와 관련해서 무엇을 해야만 할까요? 제가 논의를 해 가다가 우연히 말하게 된 바로 그것을 제가 도대체 무슨 뜻으로 말하려 하는지 선생께서 제게 물으신 것은 당연하기도 한데, 그건 이겁니다. 짐작하건대 우리 모두가 되도록 고분고분하고 훌륭한 노예들을 가져야만 한다고 말하고 있다는 걸 우리는 알고 있습니다. 많은 노예가 이미 어떤 사람들에게는 형제들이나 아들들보다도 [사람으로서의] 모든 훌륭함(덕: aretē)의 면에서 더 나은 자들이 되어, 주인들과 재산 및 이들의 가옥들 전체를 구했으 e

132) 기원전 700년경에 스파르타인들은 펠로폰네소스 서남부 지역의 메세니아(Messēnia)를 정복하여, 이 지역 원주민들의 일부를 농노들(heilōtai)로 삼았고, 일부는 사방으로 흩어졌다. 그러나 펠로폰네소스 전쟁 기간에는 이들이 아테네의 지원을 받으며 반란을 일으켰다. 결국 369년에는 테베의 지원을 받아 스파르타의 지배에서 해방된다. 633b에서도 관련된 각주를 참조할 것.

133) 흑해 남쪽 해안의 헤라클레아(Heraclea Pontica)는 메가라(Megara) 및 보이오티아(Boiōtia)가 세운 식민지인데, 이 식민지가 이웃한 마리안디니아(Mariandynia)인들을 예속화함으로써, 이들이 농노신분으로 전락했다. 따라서 douleia를 Liddell & Scott의 대사전에서 이 경우의 것을 용례로 들며 집합적인 의미로 풀이한 해석은 따르지 않았다. England의 주석 참조.

134) 테살리아(Thessalia)의 농노들은 특히 penestai라 했다.

776e

니까요. 노예들에 대한 이런 이야기들을 실은 우리가 어쩌면 알고 있을 겁니다.

메길로스: 물론입니다.

아테네인: 그런데 정반대인 쪽도 있지 않은가요? 노예의 혼에는 건전한 것이라곤 아무것도 없으며, 지각 있는 이는 이들 족속에 대해 결코 아무것도 신뢰하지 말아야 한다고 하는 쪽 말입니다. 우리의 시인들 중에서도 가장 지혜로운 이[135]가 제우스에 대해 말하면서, 밝혔죠.

777a 멀리 천둥소리를 울리는 제우스께서는 얼을 반이나 앗아가 버리죠.
누구에게든 노예 신세가 되는 날이 덮치게 된 사람들에게서.

바로 이것들에 있어서 각자가 생각하는 바가 달라서, 어떤 부류의 사람들은 노예 가족의 부류에 대해 전혀 신뢰하지 않고, 짐승의 부류를 대하는 식으로 뾰족한 것들이나 매로써 노예 가족의 혼들을 세 배 아니 그 이상으로 노예 상태로 만들어 버립니다. 그런가 하면 다른 부류의 사람들은 모든 면에서 이들과 정반대로 합니다.

메길로스: 물론입니다.

b 클레이니아스: 그렇다면, 선생이시여, 이들이 생각하는 바가 이처럼 다를진대, 우리의 이 고장의 경우에 우리는 노예들의 소유 및 처벌과 관련해서 무엇을 해야만 합니까?

아테네인: 그러면, 클레이니아스 님, 어떤가요? 사람이란 동물은 까다롭고, 또한 그 불가피한 구별과 관련해서도, 즉 노예와 자유민 그리고

135) 호메로스를 가리키며, 다음 시구는 《오디세이아》 322~3행에 있는 것이지만, 오늘날 전하는 텍스트와 여기에 인용되고 있는 것과는 약간의 차이가 있다.

주인을 실제로 구별하는 것이 결코 유용할 성싶지도 않지만, 앞으로도
유용할 것 같지 않아 보이기에, 그 소유가 힘들 거라는 건 명백하겠죠.
왜냐하면 실제로 메세니아인들의 잦은 상습적 반란들[136]이 일어나는 데 c
대해, 그리고 한 가지 언어를 사용하는 노예 가족들을 많이 소유하고 있
는 나라들에 하고많은 나쁜 일이 일어나고 있는 데 대해서도, 더 나아가
이탈리아 주변에서 일어나고 있는 이른바 해적들[137]의 온갖 짓거리들과
사태들도 여러 차례나 지적되어 왔기 때문입니다. 이 모든 걸 눈여겨보
고서, 누군가는 이와 같은 모든 것과 관련해서 뭘 해야만 할지 당혹해할
것입니다. 바로 두 가지 방도만이 남습니다. 노예 노릇을 더 수월하게 해
주게 될 자들은 서로가 같은 고향(나라) 사람들이 아니고, 또한 되도록 d
같은 언어로 말을 하지 않는다는 것이며,[138] 이들을 옳게 다루는 것은 이
들을 위해서만이 아니라, 저 자신들을 더 위해서이기도 합니다. 이런 자
들의 다룸은 노예 가족들에 대해 어떤 오만 무례함(hybris)도 보이지 않
고, 가능하다면, 동등한 사람들에 대해서보다도 부당한 짓을 덜 하는 것
입니다. 꾸미지 않고 천성으로 정의(올바름: dikē)는 우러르되, 불의(올
바르지 못한 것: to adikon)는 진정으로 미워하는 사람은 그로서는 부당
한 짓을 하기가 한결 더 쉬운 그런 사람들 속에서 남달리 드러나 보이니
까요. 노예들과의 관계에 있어서 그 성품과 행위의 면에서 불경함 및 불
의와 관련해 오염되지 않은 자는 누구보다도 능히 [사람으로서의] 훌륭 e
함(덕: aretē)의 싹이 트도록 그 씨앗을 뿌릴 수 있을 것입니다. 한데, 똑
같은 말을 주인과 참주에 대해서도 그리고 저보다 약한 자에 대해 온갖
개인적 지배 권력을 행사하는 자에 대해서도 할 수 있는 것인즉, 그리 말

136) 776c에서 해당 각주를 참조할 것.

137) 브리송이 그리 말하고 있듯, 아마도 노예들로 이루어진 무리였던 것 같다.

138) 이들끼리의 단합과 저항을 막기 위해서라고 할 것이다.

777e

하는 것은 옳기도 합니다. 그렇지만 노예들은 마땅히 처벌해야 할 경우에는 그리해야지, 자유민들처럼 훈계만 함으로써 망쳐 놓게 해서는 안
778a 됩니다. 노예를 대하는 태도는 대체로 모두 지시가 되어야지, 노예 가족들에 대해서는, 여자들이건 남자들이건 간에, 결코 어떤 식으로도 농담을 하지 말아야 합니다. 노예들에 대한 바로 이런 태도에 있어서 많은 사람이 노예들을 생각 없이 아주 망쳐 놓음으로써 삶을 더 힘들게 만들어 놓게 되는 경향이 있으니, 노예들로서는 다스림을 받기가, 그들로서는 다스리기가 더 힘들어지는 겁니다.

클레이니아스: 옳은 말씀입니다.

아테네인: 그런데 누군가가 모든 일의 도움과 관련해서 노예들을 그 수와 그 편의성에 있어서 가능한 한 충분히 준비하여 갖춘 상태에 있다면, 그다음 일로는 논의를 통해 가옥들에 대한 개괄적인 언급을 해야만 하지 않겠습니까?

클레이니아스: 그야 물론입니다.

b 아테네인: 그렇습니다. 모든 건축과 관련하여 어쨌든 집이라곤 미리 갖춰진 게 실제로 없는 새 나라에 대해 마음을 써야만 할 것 같습니다. 이것들 각각을 그리고 신전들과 성벽들을 이 나라가 어떤 식으로 갖추게 될 것인지 말씀입니다. 클레이니아스 님, 이것들은 혼인에 앞서는 것들이겠으나, 지금은 논의를 통해서 진행되고 있으므로, 현재로서는 이런 식으로 진행되는 것이 물론 허용됩니다. 그렇지만 실제로 진행될 때에는, 신께서 바라신다면, 이것들을 혼인에 앞서 지음으로써, 그때는 이런
c 것들 모두에 더해 벌써 그 문제들을 우리가 결말지은 게 될 것입니다. 그러나 지금은 간단하게 이것들에 대한 개괄적인 논의만 하십시다.

클레이니아스: 물론입니다.

아테네인: 그런데 신전들은 시장(agora) 전체 주위에 그리고 온 도성(polis)이 빙 두른 높은 지대에 구축해야만 합니다. 방벽이 잘 쳐진 상태

와 깨끗함을 위해서죠. 이것들 가까이에 관청들과 법정들도 지어야 하고요. 가장 신성한 곳들인 법정들에서는 소송들을 접수해서 판결들을 내리는데, 한편으로는 경건한(신성한) 것들과 관련되기도 하고, 또 한편으로는 이런 신들의 건물들이기도 합니다.[139] 이들 법정들에서 살인에 대한 합당한 재판들과 사형에 해당하는 불의에 대한 재판들이 행하여질 테니까요. 메길로스 님, 성벽들과 관련해서는 저로서는 성벽들이 땅바닥에 누운 상태로 잠자고 있게 해야지 일어나게 해서는 안 된다는 점에서 스파르타에 동조하고 싶은데,[140] 그건 다음 이유들 때문입니다. 이에 대해 d

139) 그 정확한 뜻이 무엇인지가 분명치 않다. 아마도 이런 맥락에서 이해해야 할 것일 것 같다. 헬라스어로 신전을 neōs, naos라고도 하나, '신성하다', '성스럽다'는 뜻의 형용사 hieros에다 중성 관사 to를 붙여, to hieron(신성한 곳, 성스러운 곳)이라고도 한다. 그리고 헬라스어 hosios는 '신성하다', '거룩하다'는 뜻과 함께 '경건하다'는 뜻을 지닌 말이다. 그런데 엄격히 말해 '경건하다'는 말은 신성한 것에 대한 사람의 마음가짐(hexis)을 나타내는 말이다. 본문에서는 법정들을 '가장 신성한 곳들'이라 했는데, 이는 이곳에서 과연 피고가 '신성한 것'에 대한 경건한(hosios) 마음의 소지자인지 아니면 불경한(anosios) 자인지를 판결하게 되기 때문이라 하겠다. 살인은 신성에 대한 모독(miasma)이며 혼의 '더럽혀짐'이다. 이를 깨끗한 상태로 지우는 것이 정화(katharsis)이다. 그리고 《에우티프론》 편 12d를 보면, 경건함(to hosion)은 올바름(정의로움: to dikaion)의 한 부분(morion)으로 언급되고 있다. 법정(dikastērion)은 그런 것들에 대한 재판(dikē)을 하는 곳이다. 그런가 하면, 범죄내용에 따라서는 재판이 신전에서 열리는 경우들도 있을 것임을 말하고 있기도 하는 것 같다.

140) 아테네에는 거대한 하나의 바윗덩어리 위에 구축된 아크로폴리스(acropolis)라는 요새와도 같은 성채가 있는 데다, 아테네의 도성(polis)을 에워싼 성(ho peribolos)이 도심(to asty)에서 남서 방향으로 약 8킬로미터 거리에 있는 외항 피레우스(Peiraieus)까지 뻗어 있는 장성(長城: ta makra teichē)으로 연결되어 있었다. 이와 관련된 언급은 《국가(정체)》 편 439e에도 보인다. 그런데 스파르타의 경우에는 그런 높은 지대의 아크로폴리스도 성벽도 없었다. 겨우 목책과 벽돌로 둘러쳐진 정도였던 것으로 알려져 있다. 이와 관련해서는 바로 다음의 각주를 참조할 것. 이 문장에

서 읊어지고 있는 시구(詩句)도 있는데, 이는 훌륭합니다. "성벽은 토석
e 보다도 청동과 쇠로 된 것이어야만 할지니라"[141]는 겁니다. 이에 더해 우리는 또한 아주 많은 웃음거리가 되어 마땅하겠습니다. 해마다 젊은이들을 지방으로 보내, 해자를 파 놓기도 하고 도랑도 파고, 또한 여러 가지의 구조물을 이용해서 적들을 막아, 이들이 국토의 경계를 넘는 걸 허용하지 않도록 하고서도,[142] 우리가 성벽으로 둘러싼다는 건 말입니다. 이는 첫째로 건강의 측면에서 나라들에 결코 이롭지 않거니와,[143] 그 안에

서 '스파르타에 대한 동조'란 헬라스의 두 강대국인 이들 두 나라 가운데서 국방과 관련되는 한 오히려 스파르타 쪽을 택하는 것이 더 건전하다는 뜻으로 하는 말일 것이다.

141) 이 시구가 누구의 것인지는 불명하다. 여기에서 '토석'으로 번역한 것의 원어는 gēina인데, 이는 '흙'을 뜻하는 말이다. 그러나 실제로는 돌을 위주로 흙과 함께 성벽을 만들거나 벽돌(plinthos)도 이용했을 것이다. '청동과 쇠로 된 성벽'은 청동과 쇠로 만들어진 무장을 갖추고 나라의 성벽 역할을 하며 방위하는 전사들을 뜻한다. 아이스킬로스의 비극《페르시아인들》, 349는 페르시아의 황태후 아토사가 아들 크세르크세스가 아직도 아테네를 함락시키지 못하고 있는지를 전령에게 다급하게 물은 데 대한 대답으로 전령이 하는 말이다. "사람들로 이루어진 방벽이 굳건하기 때문입니다"가 그것인데, '청동과 쇠로 된 성벽'은 그런 이미지와 부합하는 것일 것이다.

142) 760e를 참조할 것.

143) 아닌게아니라 펠로폰네소스 전쟁 기간 동안에 들판을 버리고 이 도성 안에 갇힌 상태로 살던 아테네인들이 430~426년에는 '인구가 최고로 밀집한 상태'(ta polyanthrōpotata)에서 역병(loimos)이 돌아 인구의 1/4 이상이 목숨을 잃었다. 이런 극한적인 상황이 아닐지라도, 성벽 안쪽의 도심 구역에서의 일상생활은 답답할밖에 별도리가 없는 것일 것이다.《파이드로스》편 첫머리에서 230e까지를 보면, 어느 여름의 아침나절에 파이드로스를 따라 도심의 사람들을 떠나 성벽 밖으로 나온 소크라테스가 발을 담글 수 있는 냇물이 흐르고 머리를 기대고 눕기에 알맞은 상태로 비스듬히 경사진 풀밭과 화사한 주변의 풍광에 다소 수다스러울 정도로 감탄해하는 장면이 묘사되어 있다.

거주하는 사람들의 혼들에 일종의 유약한 습성이 생기게 하는 경향이 있습니다. 그 안으로 불러들임으로써, 적들을 막아 내지 않고 도망하게 하고, 이 나라 사람들로 하여금 밤낮으로 언제나 지키게 함으로써 안전을 779a
확보해 갖게 되는 게 아니라, 성벽들과 성문들로써 보호받으며 자게 됨으로써 정말로 안전장치들을 갖게 될 것이라 생각하게 되는 겁니다. 고생은 안 하려고 태어난 걸로 생각하지만, 편안함이 실은 노고에서 얻게 되는 것이라는 사실을 모르고 있는 거죠. 그러나 부끄러운 편안함과 안이함에서는 어쨌든 반대로 노고가 생기게 되는 게 자연스런 이치라고 저는 생각합니다. 하지만 일종의 성벽이 정녕 인간들에게 어쨌든 있어야 한다면, 사삿집들의 건축이 처음부터 이렇게, 즉 온 도성(polis)이 하나 b
의 성벽을 이루도록 해야만 합니다. 곧 모든 가옥이 길들 쪽으로는 같은 높이로 닮은꼴을 하고서 방벽이 잘 쳐진 상태를 유지하여, 도성 자체가 하나의 가옥 형태를 갖게 됨으로써[144] 보기에도 불쾌하지 않고, 수호의 용이함의 측면에서도 전체적으로 그리고 모든 면에서 안전을 위해서는 각별한 것이 될 것입니다. 그러나 이것들이 처음에 지어진 대로 유지되려면, 특히 그 안에 거주하는 사람들이 이것들에 대해 관심을 가져 마땅하겠지만, 시내(도심지역) 관리인들[145]이 감독하여, 조심을 하지 않는 자 c
를 벌주며, 시내(도심지역)의 모든 것의 청결에 마음 쓰고, 또한 개인이 그 누구도 건축 구조물이나 땅 파기로 나라에 속하는 그 어떤 것도 범하지 못하도록 하여야만 합니다. 특히 제우스 신이 보내는 물[146]의 원활한

144) 745b에서 한 언급으로 보아, 도성 전체가 중심부를 기점으로 방사선 형태의 열두 구역으로 나뉨에 따라, 그 사이로 길들이 나고, 가옥들의 배열이 정연할 것은 자연스런 것일 것인데, 게다가 가옥들이 '같은 높이로 닮은꼴을 하고' 있다면, 더더욱 그러할 것이다.

145) 759a의 본문 및 해당 각주를 참조할 것.

146) 곧 비를 뜻한다. 761b의 본문 및 해당 각주를 참조할 것.

779c 흐름을 이들이 감시해야만 하며, 또한 도성 안팎으로 관리해 마땅한 하고많은 것도 감시해야만 합니다. 그러나 이것들 모두를 두루 살펴보게
d 된 호법관들은 필요에 의해 추가로 입법을 하게 하되, 법이 그 부족함으로 해서 빠뜨린 그 밖의 다른 많은 것에 대해서도 그리하게 합니다. 이 건물들이 그리고 시장 주변의 건물들과 김나시온(체력 단련장: gymnasion)[147] 및 모든 학교가 준비되어 그곳을 찾는 사람들을 기다리고 있기에, 극장들 또한 관객들을 그리하기에, 입법의 순서를 따라가며, 혼인 다음의 일들로 옮겨 가도록 합시다.

클레이니아스: 물론입니다.

아테네인: 그러면 혼인의 문제는 우리로선 다 해결된 것으로 합시다, 클레이니아스 님! 그다음에는 아이의 출생 전까지 1년 이상의 생활이 있
e 겠는데, 바로 이 기간 동안 신랑 신부가 많은 다른 나라와는 다르게 될 이 나라에서 어떤 방식으로 살아야만 하는지를 말하는 것이 아주 쉬운 건 아닙니다. 방금 앞서 말했던 것들[148]에 계속되는 것으로서 말입니다. 그러나 앞서 이런 것들은 적지 않았으므로, 많은 그것들보다도 이것이 대중에게는 받아들이기가 한결 더 어렵습니다. 그렇기는 하나 바르고 참된 것으로 여겨지는 것은 어떻게든 말해야만 합니다, 클레이니아스 님!

클레이니아스: 물론입니다.

780a 아테네인: 따라서 사람들이 공적인 공공의 일들을 어떻게 처리하며 살아야만 하는지에 대한 법률을 나라들에 공포할 의도를 갖고 있는 사람일지라도, 사사로운 일들에 대해서는, 그게 강제인 한, 그래서는 안 되는 것으로 생각하죠. 저마다 그날 하고 싶은 대로 살 자유가 각자에게 있거

---

147) 761c에서 해당 각주를 참조할 것.

148) 776b4까지 혼인과 관련해서 언급되다가 중단된 문제를 말한다고 보아야 할 것 같다.

니와, 모든 게 규칙대로 진행될 필요도 없고, 사사로운 일들은 법으로 규제되지 않은 채로 내버려 두어도, 공공의 공적인 일들에 있어서 사람들이 법에 따라 살고자 할 것으로 믿는 사람은 옳은 생각을 하고 있는 게 아닙니다.[149] 바로 무엇 때문에 이런 걸 말하게 되는 걸까요? 이 때문입니다. 우리의 신랑들이 혼인 이전의 시절에 비해 조금도 다르지 않게 또 b
는 덜하지 않게 공동 식사로 식생활을 해야만 한다고 우리가 말할 것이라는 겁니다. 그리고 이것은 실상 놀라운 것이었죠. 애초에 처음으로 여러분의 고장에서 행하여졌을 때는 말입니다.[150] 이는 어떤 전쟁이나 그 밖의 다른 것으로서 똑같은 영향력을 갖는 것이 인구 부족 상태에 처한 사람들의 어려움으로 해서 법제화된 것인 것 같습니다. 그러나 이를 겪어 보고 공동 식사를 이용하도록 강요당한 사람들에게는 이 관습이 안전에 큰 기여를 하는 것이라 여겨졌습니다. 이와 같은 식으로 해서 여러분 c
의 공동 식사 관행이 제도화되었습니다.

클레이니아스: 다분히 그런 것 같습니다.

아테네인: 제가 방금 말씀드린 대로, 한때는 이게 놀랍고 어떤 사람들에게는 지시하기가 두려운 것이기도 했지만, 오늘날에 이를 법으로 정하도록 명령하는 사람에게 똑같이 어렵지는 않을 것입니다. 그러나 이에 뒤따르는 일이, 정작 일어난다면, 그 본성상 일어나는 게 옳은데, 현재는 어디에서도 일어나지 않고 있지요. 입법자도 별달리 해 볼 수가 없어서, 농담하는 사람들의 표현처럼,[151] 불 속에 소모(梳毛)하는 짓이나[152] 그

149) 790b2~4를 참조할 것.

150) 스파르타와 크레테에서는 남자들의 공동 식사가 제도화되어 있었다. 이 제도와 관련해서는 이 대화편의 제1권 앞부분에서 길게 언급되었다. 스파르타와 마찬가지로 크레테 사람들로 도리스(Dōris)계이다.

151) '농담을 하는 사람들의 표현대로'로 번역한 원어는 to tōn paizontōn 인데, 이는 그 내용상 to [rhēma] tōn paizontōn을 뜻하는 것으로, 곧

밖의 수도 없이 많은 그런 실효성 없는 짓을 하는 것이니, 그건 말하기도
d 쉽지 않고, 말하고서 구현하기도 쉽지가 않습니다.

클레이니아스: 선생이시여, 선생께서는 말씀하시려고 하면서도 몹시 망설이시는 것 같은데, 그게 바로 무엇입니까?

아테네인: 들어 보시죠. 바로 이 문제로 공연히 많은 시간 소비를 하지 않기 위해서 말입니다. 나라에 있어서 질서와 법에 관여하게 되는 것은 실상 모두가 온갖 좋은 것을 초래합니다만, 무질서하거나 질서가 잘못 잡힌 것들은 질서가 잘 잡힌 것들 중의 다른 많은 걸 망쳐 놓습니다. 이 말은 지금의 논의에도 적용됩니다. 클레이니아스 님 그리고 메길로스
e 님! 여러분께는 남자들에 관련된 공동 식사 관행이 훌륭하게 그리고, 제가 말씀드렸듯, 놀랍게도 어떤 신적인 필연에 의해 제도화되었습니다만,

---

'농담 또는 놀이를 하는 사람들(hoi paizontes)의 표현(말: to rhēma)'을 뜻하는 것으로 보아, 그리했다. 어떤 일을 두고, 농을 하듯이 하는 또는 빈정대는 투로 하는 표현을 생각하면 되겠는데, 이런 농담조 표현들 가운데는 속담 성격을 갖는 것들이 많다. 바로 이어지는 속담도 넓은 뜻에서 그런 것들의 일종이겠다. 그렇지만 이를 England가 Adam이 그의 *The Republic of Plato*, Vol. I., (Cambridge, 1963), p. 211에서 422e, 573d의 경우들과 《법률》 편의 이 대목을 예로 들고 하고 있는 주석에 따라 바로 '속담에서 말하듯'(as they say in the proverb) 또는 '속담 형태의 표현'(proverbial saying)을 언제나 뜻하는 것으로 말하는 것은 다소 비약에 가까운 단언이라 할 것이다. 이런 주장 때문에 적잖은 학자들이 이를 '속담대로'의 뜻으로 바로 옮기고 있다. 그러나 《국가(정체)》 편의 그곳들에서도 실은 바둑놀이를 닮은 일종의 [장기] '놀이를 하는 사람들의 표현(말)'(422e) 또는 [수수께끼] '놀이를 하는 사람들의 표현(말)'(573d)을 뜻하고 있다. 더구나 속담을 뜻하는 헬라스어 paroimia는 앞서 이미 여러 차례나(701d, 741d, 753e) 쓰이고 있다.

152) "불 속에 소모(梳毛)한다"(eis pyr xainein)는 것은 "모래밭 갈기"나 "밑 빠진 독에 물 붓기"처럼 헛수고를 하는 것에 대한 속담이다. '소모'는 이를테면 모직을 짜기에 앞서 그 실을 얻기 위한 방적 과정의 전 단계이다.

여자들의 경우에는 결코 옳지 못하게도 법의 규제를 받지 않는 상태로 781a
내버려 두게 되어, 이들의 공동 식사 관행은 빛을 보지 못하게 되었습니다. 그러나 우리 인간들 가운데서는 천성으로 타고나기를 한결 더 비밀스럽고 속아 넘어가게 하는 성[153)]인 여성은 그 연약함 때문에 옳지 못하게도 입법자가 멈칫 물러서는 통에 이 관행이 좀처럼 제도화되지 못한 채로 방치되었습니다. 여성에 대한 방임으로 해서, 여러분으로서는 많은 것을 놓치게 된 겁니다.[154)] 만약에 이것들이 법제화되었던들, 지금보다도 훨씬 더 나았을 것들을 말입니다. 여자들에 관련된 일이 무질서한 채
로 간과되어 버린다는 것은, 사람들이 생각하듯, 비단 반[155)]이 아니라, b
여성의 자질(physis)이 [사람으로서의] 훌륭함(훌륭한 상태, 덕: aretē)과 관련해서 남자들의 자질보다 못한 그만큼,[156)] 우리에게 그 갑절 이상

---

153) 여기에서는 비교급이 쓰이고 있으나, 그 원급인 epiklopos는 '기만적인, 교활한' 등을 뜻하는 말이나, 역자는 완곡한 표현으로 그 뜻풀이를 했다. 헤시오도스의 《일과 역일》 60 이후에서는 제우스가 여성을 탄생케 하는 신화를 말하고 있는데, 67행에서는 여성에 대해 그런 성품(epiklopos ēthos)으로 언급하고 있다.

154) 스파르타의 남자들이 결혼을 하고서도 군영 생활을 하며 공동 식사를 하면서, 밤 외출을 통해서만 부부 관계를 유지함으로써, 방임 상태에 있게 된 여인들은 경제권을 거머쥔 데다가 사치와 무절제의 방종한 생활을 하게 되었다. 남이탈리아에 스파르타인들이 세운 식민지 타라스(Taras, Tarentum)의 이주민들은 스파르타의 여인들과 농노들(heilōtai) 사이에서 태어난 2세들이었던 걸로 알려져 있다. 637c의 본문 및 해당 각주를 참조할 것.

155) 남성과 여성이 그 나라 인구의 각기 반반씩을 각기 차지한다는 일반적인 관점에서 하는 말이다.

156) 이 구절이 말하고 있는 것은 '여성의 자질'이 [사람으로서의] 훌륭함(훌륭한 상태, 덕: aretē)과 관련해서 남자들의 자질보다 그 자체로 못하다는 뜻으로 하는 것이라기보다도, 804d~806c에서 보듯, 교육 등에 있어서 남녀평등과 관련되는 제도 문제에서 여성을 방임 상태로 내버려 둠으로써, 결과적으로 남성의 자질보다 못한 상태가 되는 것이라는 데 주안점

의 비율로 차이를 가져다줄 것입니다. 그러므로 이를 고치고 바로잡아 모든 관행을 남녀에게 공통되게 제도화한다는 것은 나라의 행복을 위해서 더 좋을 것입니다.[157] 하지만 지금은 이처럼 인류가 아직은 이 지경에 이를 정도로 행운을 누리게 된 것은 결코 아닙니다. 즉 이에 대해서는 지각 있는 사람이 다른 고장들에서건 나라들에서건 언급조차 한 일이 없으
c 니, 공동 식사가 나라 차원에서 인정된 일은 아예 없죠. 그러니 누군들 실제로 여자들로 하여금 식음을 공개된 상태에서 드는 걸 남들이 볼 수 있도록 강제하려 들고서도, 어찌 비웃음을 사지 않겠습니까?[158] 여성이

이 있는 것이라 할 것이다.

157) 804d~806c에서 여성의 교육과 관련해서 남녀의 평등에 대한 강력한 주장에 접하게 될 것이다.

158) 아테네의 경우를 들어서 말한다면, 한 집에서도 여자들이 주로 기거하는 공간(gynaikōn, gynaikōnitis)과 남자들의 공간(andrōn)은 구분되어 있었다. 여자들이 기거하는 공간은 뒤채나 높이 올려 지은 구조물로서, 외부인과 좀처럼 접하지 않도록 배려된 구조였다. 반면에 남자들의 공간은 초대한 친구들이나 선생들에게 성찬을 베푸는 공간이기도 한데, 여기에 그 집안의 여자들이 동석하는 일은 있을 수 없는 일이다. 여자들만의 폐쇄된 공간에서 기거하며, 외부와의 접촉은 거의 차단된 상태에 있는 터에, 남들이 그것도 다른 남자들까지 있는 공개된 장소에서 음식을 든다는 것은 그런 상황에서는 엄두를 낼 수 없는 일일 것이다. 이 대화편의 이 대목에서 여인들의 공동 식사와 관련해서 이때껏 망설이는 투로 말하고 있는 것은 이런 상황을 염두에 두고서, 남녀평등의 원칙론에 입각해 이런 주장을 펼 수밖에 없어서다. 《국가(정체)》 편 제5권 앞 부분에서도 우리는 대화를 주도하는 소크라테스가 비슷한 상황에 처하여 몹시 망설이는 대목을 접하게 된다. 그러나 이 나라는 '성향에 따라' 곧 '자연의 이치에 따라'(kata physin) 수립되는 나라이므로, 남자나 여자나 그 성향 또는 자질이 같아, 장차 나라의 수호자들로 될 인물들이라면, 똑같은 교육을 받고서 같은 임무에 배정되어 마땅하다고 하며, 웃통을 벗고서 하는 체육교육을 여성이 받는 것은 당연하다고 한다. 그러면서 이 문제를 원칙론에 입각한 논의의 바다를 헤엄쳐 나오면서 만나게 되는 하나의 큰 파도에다 비유하고 있다. 이런 주장에 따라 공동 식사의 문제는 오히려 곁가지처럼

참고 견디기에 이보다도 더 힘든 건 없을 테니까요. 실인즉 공개되지 않
는 은거 생활을 하는 데는 익숙하지만, 강제로 공개된 곳으로 이끌리어
나오는 데 대해서는 온갖 저항을 다함으로써 입법자를 월등히 제압할 것
입니다. 따라서 다른 곳에서는, 제가 말씀드렸듯, 바른 주장을 말하더라 d
도 온통 아우성치는 일이 없이 참는 일은 없을 것이나, 어쩌면 이곳에서
는 참을 것입니다. 물론 전체 나라 체제와 관련된 논의가, 적어도 논의를
위해서는, 실패하게 되지 않는 게 좋을 것 같다면, 이 관행이 얼마나 좋
으며 적절한지를 제가 말씀드리고 싶습니다. 두 분께서도 듣는 게 좋다
고 생각되신다면 말씀입니다. 그렇게 생각되시지 않는다면, 그만두고요.

클레이니아스: 하지만, 선생이시여! 짐작건대 저희 두 사람에게야 아
주 놀라우리만큼 듣는 게 좋다는 생각이 드는 것 같습니다.

아테네인: 그러면 듣기로 합시다. 그렇지만 제가 어딘가 훨씬 앞쪽으
로 되돌아간 데서부터 말하려 드는 것으로 두 분께 생각되시더라도 전혀
놀라지 마십시오. 왜냐하면 우리는 한가함을 즐기고 있거니와 법률과 관 e
련된 문제들을 여러 면에서 깡그리 고찰하지는 못하도록 우리를 재촉하
는 것은 아무것도 없기 때문입니다.

클레이니아스: 옳은 말씀입니다.

아테네인: 그렇다면 처음에 말한 것들[159]로 되돌아가도록 하십시다.
그야 모든 사람이 적어도 이 정도는 이해하고 있어야만 하겠기 때문입니
다. 인류에게는 전연 시작도 없었고 종말 또한 결코 없어서, 언제나 인류 782a
는 있었고 어떻게든 있을 것이거나, 아니면, 인류가 탄생한 이상, 그 시
초부터의 기간이 상상할 수 없는 시간이라는 걸 말씀입니다.

클레이니아스: 물론입니다.

다루어진다.(456b~458d)

159) 제3권 첫머리에서 말한 것들을 가리킨다.

782a

아테네인: 그러면, 어떻습니까? 나라들의 성립과 몰락들, 질서 있는 또는 무질서한 온갖 관행들, 먹는 것 곧 마실 것들과 함께 먹을 것들에 대한 갖가지의 다양한 욕망들이 온갖 방식으로 온 지구상에 있었다는 생각을 우리가 하지 않습니까? 또한 온갖 계절의 바뀜 속에서 생물(동물)
b 들[160)]이 자체의 다양한 변화들을 하게 되는 것 같다는 생각도요?

클레이니아스: 어찌 그렇지 않겠습니까?

아테네인: 그러면, 어떤가요? 포도나무도 이전에는 없었다가, 언젠가 나타난 것이라고 아마도 우리는 믿고 있겠죠? 마찬가지로 올리브나무도 데메테르와 코레의 선물들[161)]도요? 또한 트리프톨레모스[162)]와 같은

---

160) 원어 ta zǭa(단수는 to zǭon임)의 원뜻은 '살아 있는 것들'이지만, 그 중에서도 특히 '동물들'을 가리킨다.

161) '데메테르(Dēmētēr)와 코레(Korē)의 선물들'이란 곡물을 뜻한다. 데메테르는 크로노스(Kronos)와 레아(Rhea) 사이에 태어난 딸로서, 모든 곡물을 포함한 농산물의 여신이다. 여신과 제우스 사이에 태어난 딸 페르세포네(Persephonē)는 그냥 '그 딸', '그 처녀' 또는 '그 소녀'라는 뜻으로 Korē로도 일컫는다. 이 딸을 지하 세계를 관장하는 신인 하데스(Hąldes)가 납치해 가자, 어머니는 딸을 찾아 온 세상을 떠돌다가, 지친 상태로 노파로 변장한 채 엘레우시스(Eleusis)에 왔는데, 이곳의 왕 켈레우스(Celeus)와 왕비 메타네이라(Metaneira)의 환대를 받고, 이들의 신생아를 돌보아 준다. 여신은 이 아이를 영생토록 하기 위해 불 속에서 아이를 들고 그 사멸성(死滅性)을 불태워 버리려 하나, 그 현장을 왕후한테 들키고 만다. 이에 여신은 사실을 말하고, 이후로 저를 기리는 종교적 의식을 행하도록 지시하는데, 이것이 곧 엘레우시스 비교(秘敎)의 기원이다. 이 아이를 데모폰(Dēmophōn)이라고 하는가 하면, 일설에는 트리프톨레모스(Triptolemos)라고도 한다. 그야 어쨌든 여신은 엘레우시스의 왕자들 중의 하나였던 트리프톨레모스로 하여금 자기를 섬기는 종교를 전승케 하며, 그에게 곡물의 씨앗들을 주어, 세상 사람들에게 이로써 농사짓는 법을 전파케 한다. 그런데 하데스는 코레 곧 페르세포네를 지하 세계로 납치해 가서 아내로 삼은 다음, 겨울 동안만 자기와 함께 머물게 하고, 봄이면 다시 지상으로 어머니 곁으로 보냈다고 하는데, 이는 농사와 관련된 자연의 순환, 곧 봄에서 가을까지의 농사철 그리고 농사철이 아닌 겨울로

사람을 그런 것들의 전파자라 믿고요? 그러나 이것들이 없었던 시절에는 생물(동물)들이, 오늘날처럼, 서로의 먹이로 전락하게 된다고 우리는 생각지 않습니까?

클레이니아스: 물론입니다.

아테네인: 아닌게아니라 오늘날에도 아직껏 사람들을 서로 제물로 바 c
치는 짓이 많은 사람들의 경우에 지속되고 있는 걸 우리는 목격하고 있습니다. 그런가 하면 그 반대의 것을 우리가 다른 사람들의 경우에는 듣고 있습니다. 쇠고기라곤 맛보려 들지도 않은 때가, 신들에게 바치는 제물들이 짐승들이 아니라, 죽들과 꿀에 잰 열매들 그리고 이런 유의 다른 동물 형상을 한 정결한 과자들이었던 때가 있었죠. 동물의 고기를 먹는 것도 신들의 제단들을 피로써 더럽히는 것도 경건하지 못하다 해서 삼간 겁니다. 이른바 일종의 오르페우스적인 삶의 방식들[163]이 당시의 사람들에게 생겼던 것인데, [먹는 것으로는] 혼이 없는 것들(동물들이 아닌 것
들)을 고수하되, 반대로 혼을 지닌 모든 것에 대해서는 삼가는 것입니다. d

클레이니아스: 선생께서 하신 말씀은 아주 많이 말하는 것들이기도 하고 믿기에 솔깃한 것들이기도 합니다.

아테네인: 누군가가 물을 수 있겠습니다. 그러니까 지금 두 분께 이

의 바뀜과 연관시킨 신화적 허구인 셈이다.

162) 바로 앞의 각주를 참조할 것.

163) 오르페우스(Orpheus) 및 오르페우스 비교에 대해서는 669d에서 해당 각주를 참조할 것. 오르페우스적인 삶의 방식(Orphikos bios)이란 특히 금욕적이고 육식을 하지 않는 삶, 곧 에우리피데스의 《히폴리토스》 952~954에서 보듯, '혼이 없는 먹을거리'(apsychos bora)를 고집하는 채식주의자의 삶인데, 이 점은 피타고라스적 생활 방식(Pythagoreios bios)에서도 찾아볼 수 있는 것이다. 이는 모두가 혼의 윤회를 믿고 있어서다. 인간을 포함한 동물들의 혼들이 서로 간에 윤회를 한다고 믿는 터에, 서로를 죽여 그 고기를 먹는다는 것은 도저히 용납될 수 없는 일일 것이다.

782d

모든 걸 말씀드리게 된 게 무엇 때문인가 하고요.

클레이니아스: 옳게 짚으셨습니다, 선생이시여!

아테네인: 그렇다면, 클레이니아스 님, 그다음 것들을, 제가 할 수 있다면, 말씀드리도록 해 보겠습니다.

클레이니아스: 말씀하시죠.

아테네인: 제가 관찰컨대, 인간들에게 있어서 모든 것은 삼중의 필요(chreia)와 욕구(epithymia)들[164]에 달려 있어서, 이것들로 해서 옳게 인도되는 이들에게는 [사람으로서의] 훌륭함(덕: aretē) 또한 생기지만, 잘
e 못 인도된 이들에겐 그 반대가 됩니다. 먹음과 마심, 이것들은 태어나는 인간들에게 바로 있는 것들이거니와, 모든 동물은 이 모두와 관련된 욕망(erōs)을 지니고 났으니, 광적인 격정으로 가득 차서, 이것들 모두와 관련된 즐거움(쾌락: hēdonē)과 욕구들을 충족시키는 것 이외의 다른 어떤 것을 해야만 하며 [그럼으로써] 일체의 괴로움(고통: lypē)에서 자신들을 언제나 벗어나게 해야만 한다고 말하는 사람에 대해서는 귀머거
783a 리 행세를 하는 것으로 일관합니다. 그런가 하면 우리에게 있어서 셋째인 최대의 필요와 욕정(erōs)은 가장 강렬하고 마지막에 시작되지만, 사람들을 완전히 광기로 달아오르게 만드는데, 이는 종족(genos)의 번식[165]과 관련해서 도저히 견잡을 수 없는 정욕으로[166] 불타는 것이죠. 바로 이

164) 여기서 말하는 '삼중의 필요와 욕구들'이란, 다음에서 곧 밝혀지듯, 먹고 마심 그리고 생식의 필요와 그 욕구들을 가리킨다.

165) '종족의 번식' 곧 '생식'에서 '번식'의 원어 spora는 '씨뿌림'을 뜻한다.

166) '도저히 견잡을 수 없는 정욕으로'는 hybrei pleistēi(더할 수 없는 hybris로)를 의역한 것이다. 이 경우의 '히브리스'는 637a의 해당 각주 끝부분에 있는 《파이드로스》 편의 인용문 중에서도 특히 다음 언급에 해당되는 것이라 할 것이니, 그것은 이러하다. "판단(doxa)이 이성(理性: logos)에 의해서 최선의 것(to ariston)으로 인도되고 억제될 경우에, 이 억제(kratos)에 대해 절제(sōphrosynē)라는 이름이 주어진다. 반면에 욕망

들 세 가지의 병적인 충동들을 이른바 가장 즐거운 것과는 반대로 최선의 것으로 방향을 틀게 하여, 세 가지의 가장 강력한 것들, 즉 두려움과 법 그리고 참된 논변(ho alēthēs logos)에 의해 제압하도록 시도해야만 합니다. 실은 이에 더해 무사 여신들(Mousai)과 큰 경합들을 관장하는 신들[167]의 도움 또한 활용해서 그것들의 자람과 유입을 억제하여야만 합니다. b

이제 혼인들 다음으로는 아이들의 출산을, 그리고 출산 다음에는 양육(trophē)과 교육(paideia)을 다룹시다. 그리고 이렇게 논의가 진행되어 가다 보면, 우리에게 있어서 각각의 법도, 앞서처럼, 아마도 완결을 보게 되겠죠. 우리가 공동 식사[의 문제]에 이르게 될 때는 말씀입니다. 이러한 함께함(공동관계: koinōnia)[168]을 진정 여자들의 경우에 갖게 해야만 할 것인지 또는 남자들의 경우에만 갖게 해야만 할 것인지는, 당사자들[169]과 가까이서 섞이어 지내 봄으로써, 아마도 더 또렷이 간파하게 될 것입니다. 또한 이들을 막고 있는 것들은 아직껏 법제화하지 못한 것들이거니와, 우리가 이것들을 정돈함으로써 [그 안을 들여다볼] 가리개로 삼고서,[170] 방금 말했듯, 이것들을 한결 더 정확하게 간파하게 될 것이 c

---

(epithymia)이 우리 안에서 비이성적으로(alogōs) 쾌락(hēdonē)으로 이끌리고 지배받게 될 경우에, 이 지배(archē)에 대해 '히브리스'라는 이름이 붙는다."

167) '큰 경합을 관장하는 신들'이란 제우스, 포세이돈, 아폴론 및 헤르메스를 지칭한다. 이들의 도움을 활용한다는 것은 체육 및 운동경기와 관련된 것이겠다. 무사 여신들(Mousai)과 관련해서는 653d의 본문 및 해당 각주를 참조할 것.

168) 물론 공동 식사를 가리킨다.

169) 여기서 '당사자들'(autois)이란 이 마그네시아에 이주하게 될 사람들을 가리킨다. 그래서 이들이 어떤 관습을 가진 사람들인지, 곧 이런 제도를 수용할 수 있는 사람들인지 아닌지를 먼저 파악할 필요가 있다는 이야기를 하려는 참이다.

며, 이들에게 더욱 합당하고 적절한 법률을 제정하게도 될 것입니다.

클레이니아스: 지당한 말씀입니다.

아테네인: 그러면 방금 말한 것들은 기억 속에 간직해 두기로 합시다. 아마도 이것들 모두가 언젠가 우리에게 소용될 것이기 때문입니다.[171)]

클레이니아스: 바로 어떤 것들을 그리하도록 권유하시는 건지요?

아테네인: 우리가 세 가지 낱말들로 구별했던 것들입니다. 아마도 먹음 그리고 둘째로는 마심, 셋째로는 성적인 쾌락들의 일종인 강렬한 자
d 극을 우리가 말했을 겁니다.[172)]

클레이니아스: 선생이시여! 지금 권유하시는 것들이야 아마 어떤 경우에도 우리가 기억하고 있을 것입니다.

아테네인: 좋습니다. 그러면 신혼부부에게로 옮겨갑시다. 이들이 어떻게 그리고 무슨 방식으로 아이들을 출산해야만 되는지 가르쳐 줄 것이고, 만약에 우리가 이들을 설득하지 못할 경우에는, 몇 가지 법률로 위협할 것입니다.

클레이니아스: 어떻게 말씀입니까?

아테네인: 신부와 신랑은 되도록 가장 훌륭하디훌륭한[173)] 아이들을

---

170) '막고 있는 것들'은 ta epiprosthen을, '[그 안을 들여다볼] 가리개'도 epiprosthen을 그리 번역한 것이다. 이런 번역을 하는 데는 Saunders의 *Notes*, No. 43을 많이 고려했다. 공동 식사의 문제는 앞서 781a의 각주(스파르타의 경우) 및 781c의 각주(아테네의 경우)에서 각각 언급했듯, 각 나라의 주민들의 관습과 직결되어 있어서 단박에 함부로 법제화할 수는 없는 문제이다. 이 문제는 주민들의 관습과 습성 등을 면밀히 살펴보고서 충분한 정비작업을 거쳐, 합당하고도 적절한 방책을 강구하는 것이 옳을 것이라는 견해를 피력하고 있는 것이다.

171) 839a~b를 참조할 것.

172) 782e~783a에서 말했다.

낳아서 나라에 보여 주겠다고 마음먹어야만 합니다. 한데, 일체의 행위 e
에 공동 참여를 하는 사람들 모두가 정신을 가다듬고서 자신들과 행위에 대처할 경우에는, 모든 걸 훌륭하디훌륭한[174] 것들로 이루어 내겠지만, 신중하지도 지성을 갖추지도 못하고서 대처할 경우에는, 그 반대의 결과를 초래하겠죠. 신랑 또한 신부와 출산에 대해 의당 신중하게끔 할 것이지만, 신부 또한 마찬가지로 그리하게끔 합니다. 자신들에게 아직 태어
난 아이들이 없는 동안에는 특히 그리하게끔 합니다. 이들에게는 감독들 784a
이 있게 합니다. 이들은 우리가 선발한 여인들인데, 다수일 수도 소수일 수도 있겠고, 그 수가 얼마일지 그리고 언제 그럴 것인지는 관리들이 판단하여 지시할 일입니다. 이들은 에일레이티이아(Eileithyia)[175]의 신전으로 날마다 한 시간의 $\frac{1}{3}$[176] 정도 동안 모임을 갖는데, 따라서 여기에 모이게 되면, 서로 통보케 합니다. 아이를 낳게 될 사람들 가운데서, 남자이건 여자이건 간에, 어떤 이가 혼례식에서 제물을 바치는 의식이나 성스러운 의식 때에 지시된 것들 이외의 다른 어떤 것들에 눈길이 가 있

173) 741a에서 해당 각주를 참조할 것. 다만 여기에서는 그 최상급이 쓰였다.

174) 앞의 경우와 같은 곳의 각주를 참조할 것.

175) 에일레이티이아(Eileithyia)(크레테에서는 Eleuthia 또는 Eleuthyia라 함)는 출산을 돕는 여신이다. 어원상으로는 '[필요한 때에] 와 주는 여신'이라는 뜻으로, 때로는 복수의 형태로 에일레이티이아이(Eileithyiai)라 하여 역시 여인들의 출산을 돕는 여신 아르테미스(Artemis Eileithyia)의 동료 여신들로 간주되기도 한다. 헤시오도스는 이 여신을 제우스와 헤라의 딸로 말하고 있다.

176) 여기에서 '한 시간의 $\frac{1}{3}$'로 일단 번역하긴 했으나, 이는 그리 단정해서 말할 수 있는 것은 아니다. 왜냐하면 헬라스어 hōra는 시각, 때, 하루 또는 낮 동안의 시간 전체, 한창 때, 계절 등을 의미하기도 하기 때문이다. 그러나 일상생활에서는 밤낮의 길이가 같은 때를 기준으로 해돋이부터 해넘이까지의 낮을 열두 부분들로 나눈 단위의 시간, 곧 한 시간을 가리키기도 한다. 오늘날에는 한 시간을 mia [h]ōra라 한다.

b 는 걸 누군가가 목격하게 될 경우에는 말입니다. 아이를 낳게 될 사람들의 출산이나 이들을 지켜보는 일은 십 년이게 하되, 그 이상은 안 합니다. 아이를 낳는 것이 순탄할 경우에는 말입니다. 하지만 이 기간 동안에 어떤 부부가 아이를 낳지 못할 경우에는, 친척들 및 여성 관리들과 함께 협의하여 양쪽 당사자들에게 적합한 조건으로 이혼하게 합니다. 그러나 양쪽 당사자들에게 적절하고 도움이 되는 것들과 관련하여 무슨 다툼이
c 라도 있을 경우에는, 호법관들 중에서 열 명을 뽑아, 이들의 재량에 맡겨, 이들이 결정하는 대로 따르게 합니다. 여성 관리들이 젊은이들의 집으로 들어가서, 충고도 하고 위협도 해 가면서, 이들로 하여금 잘못과 무지한 짓을 중단케 합니다. 하지만 만약에 이게 불가능할 경우에는, 호법관들에게로 가서 알릴 것이고, 이들은 제지를 합니다. 한데, 이들조차도 어찌 해 볼 수가 없을 경우에는, 그 이름을 적어 맹세를 하고서 단연코
d 아무개를 더 개선할 수가 없다는 것을 공개적으로 밝힙니다. 그 이름이 공시된 사람이 그를 기소한 사람들에 대해 법정에서 승소하지 못할 경우에는, 다음과 같은 불명예를 겪게 합니다. 혼례에도 아이들의 출생에 대한 감사 의식에도 가지 못하게 합니다. 만약에 그가 갈 경우에는, 원하는 사람이 그를 때려서 응징케 하는데, [이로 해서] 처벌을 받는 일은 없게 합니다. 여자의 경우에도 똑같은 조치들이 법규(관례)이도록 합니다. 여자가 난잡해서, 같은 식으로 그 이름이 적히고서 승소를 하지 못할 경우에는, 여인들의 행렬들이나 영예로운 일들 그리고 혼례나 아이들의
e 생일 잔치들에 참석하는 것도 하지 못하게 합니다. 그렇지만 법률에 따른 아이들의 출산을 마치게 되었을 때,[177] 만약에 누군가가 남의 여자와 또는 여자가 남자와 그런 관계를 갖는다면, 그것도 상대가 아직 아이를 낳을 나이라면, 이들에게는 아직도 아이를 낳을 사람들에 대해서 말한

177) 바로 앞의 b를 참조할 것.

것과 같은 처벌이 있게 합니다. 그다음에는 이와 같은 모든 것에 있어서 절제하는(마음이 건전한) 남녀는 존중받게 하되, 이 반대인 사람은 이와 반대로 평가받도록 합니다. 아니 오히려 경멸받도록 합니다. 그리고 이런 것들[178]과 관련해서 더 많은 사람이 절도를 지킬 경우에는, 법 제정을 785a
하지 않고 가만히 두어야 합니다만, 난잡할 경우에는, 법 제정을 해서, 이런 식으로 그때 제정된 법률에 따라 대처하게 합니다. 각자에게 있어서 온 생애의 시작은 첫해입니다. 이는 조상들의 사당들[179]에 사내아이나 딸아이에게 있어서의 삶의 시작으로 기록되어야 합니다.[180] 또한 전체 씨족에 속하는 것으로서, 회반죽으로 희게 한 벽에는 그 해 그 해의 연도를 표시하는 관리들(통치자들)의 연표를 그 옆에 병기케 합니다.[181]

---

178) 이제까지의 언급으로 보아 주로 남녀의 성적인 문제를 가리키는 것으로 보아야 할 것이다.

179) 원어는 hiera patrǭa이다. [to] hieron은 신전을 뜻하지만, 이 경우는 헬라스인들의 민족 종교적인 차원의 것이 아닌 가족적인 집안의 것이므로, '사당'으로 번역했다. 717b를 참조할 것.

180) 이는 이 아이들이 자라 훗날 씨족의 일원으로서 시민 자격을 획득하는 데 결정적인 증거가 되기 때문이다.

181) '관리들(통치자들)'로 번역한 헬라스어 원어는 hoi archontes(단수는 [ho] archōn임)이다. archōn은 통치자, 지휘자, 우두머리, 관리 등을 의미하는 말이다. 이 대화편에서는 이제껏 거의 '관리'로 번역해 왔다. '호법관들'(nomophylakes)도 관리들의 일부이기는 마찬가지이다. 그런데 이 대목에서는, 비록 단언해서 말하기는 망설여지지만, 이 아테네인이 아테네의 경우를 염두에 두고 이런 말을 하고 있는 것으로 볼 수 있을 것 같다. 아테네에서는 나라의 통상적인 공무 수행을 맡을 최고 책임자들로 '9명의 행정관(집정관)들'(hoi ennea archontes)을 추첨에 의해서 뽑았는데, 이들 중에서 서열 1위인 자를 ho archōn이라 칭하고, 그 해를 그의 이름을 따라 부르니, 그의 이름이 곧 그 해의 연도 표시가 된다. 그러나 이와는 달리, 이 대화편의 947a~b에서는 아폴론과 태양신을 모시는 제관들 중에서 으뜸으로 선출된 자의 이름이 '연도의 척도'(metron arithmou tou chronou)가 되게 하고 있다. G. R. Morrow, *Plato's Cretan City*, (Princeton,

b 씨족 중에서 살아 있는 사람들은 늘 가까이에 적어 두지만, 삶과 작별을 한 사람들은 회로 지워야 합니다. 혼인의 한계는 처녀에게는 16세에서 20세까지가 최장기간으로 확정되어야 하나, 청년에게는 30세에서 35세까지여야 합니다.[182] 그런가 하면 관직에 나가는 것은 여자의 경우에는 40세, 남자의 경우에는 30세여야 합니다. 전쟁과 관련해서는 남자의 경우에는 20세에서 60세까지입니다. 반면에 여자의 경우에는, 전쟁과 관련된 일들에 활용할 필요가 있다고 판단된다면, 아이들을 출산한 다음 50세에 이르기까지, 저마다에 적합하고 가능한 것을 지시합니다.[183]

1960), 127쪽 참조.

182) 남자의 혼인 연령과 관련해서는 772d~e의 본문 및 해당 각주를 참조할 것.

183) 플라톤은, 생식과 관련되는 문제를 제외하고는, 남녀 간에 자질이나 성향(physis)에 있어서 기본적으로 다를 것은 아무것도 없다는 견해를 갖고 있다. 781a 이후, 804d~806c 및 《국가(정체)》 편 제5권 455c~457b를 참조할 것.

제 7 권

아테네인: 남녀 아이들이 태어났으므로, 짐작건대 우리로서는 양육 788a
(trophē)과 교육(paideia)을 다음으로 말하는 것이 지당하겠습니다.[1] 이
를 말하지 않고 넘어간다는 것은 전적으로 불가능한 일입니다. 그러나
이는 법률보다는 일종의 가르침(didakhē)과 훈계(nouthetēsis)로써 말을
하는 것이 더 적절할 것으로 우리에게는 보일 것 같습니다. 왜냐하면 개
인적으로 그리고 집에서 일어나는 많고 작은 일들은 모두에게 잘 드러나
보이지 않으니까요. 이것들은 각자의 괴로움과 즐거움 및 욕구로 인해서
쉽게 입법자의 조언들과는 어긋나게 생기게 되는 것들이어서, 시민들의 b
성품(ēthos)들을 각양각색의 서로 닮지 않은 것들로 만들어 버릴 것입니
다. 이는 나라들에 나쁜 것입니다. 그런 일들의 사소함과 잦음으로 해서
법률을 제정하여 처벌한다는 것도 부적절한 동시에 볼썽사납기도 하지
만, 사람들로 하여금 사소하고 잦은 일들로 법을 어기도록 버릇들임으로
써, 성문화된 법률마저도 망쳐 놓기 때문입니다. 그래서 그것들과 관련
해서는 법 제정을 한다(nomothetein)는 것이 난처한 일이긴 하지만, 잠
자코 있을 수는 없는 일입니다.[2] 그렇지만 제가 말하려는 바를, 이를테 c

1) 이 순서는 이미 783b에서 말한 그대로다.

788c
면 보기를 들어 밝힘으로써, 설명해 보도록 해야만 하겠습니다. 지금 말씀드리게 되는 것들은 어떤 면에서는 암담해 보이겠기 때문입니다.

클레이니아스: 더할 수 없이 참된 말씀입니다.

아테네인: 그러니까 전적으로 바른 양육은 몸들과 혼들을 되도록 가장 아름답고 가장 훌륭하도록 만들어 낼 수 있는 것으로 판명되어야만 한다는 것은 아마도 옳은 말일 겁니다.[3]

클레이니아스: 물론입니다.

d 아테네인: 몸들을 가장 아름답도록 만들자면, 아주 단순화할진대, 아이들이 어릴 적부터 곧장 최대한 바르게 자라야만 한다고 저는 생각합니다.

클레이니아스: 그야 아주 분명합니다.

아테네인: 어떻습니까? 우리가 이런 생각을 하게 되지 않습니까? 모든 동물의 처음 자람이 월등하게 가장 크고 대부분의 성장을 이루어서, 인간들의 크기는 다섯 살 이후 20년 동안에 자란 것이 [그 이전의] 두 배가 되지는 못한다는 것이 많은 사람에게는 말다툼거리까지 된다는 걸 말입니다.

클레이니아스: 그건 정말입니다.

아테네인: 그렇다면, 어떻습니까? 많은 그리고 균형에 맞는 운동은
789a 없이 자꾸 자라기만 많이 한다면, 몸들에 수도 없이 많은 나쁜 걸 초래한다는 걸 우리가 모르고 있습니까?

클레이니아스: 그건 분명히 그렇습니다.

아테네인: 그러니까, 몸들에 최대의 영양이 공급될 때, 그때 최대의

---

2) 780a 및 793b~d를 참조할 것.

3) 특히 643a~644b 그리고 652b~653c에서 교육 및 양육과 관련해서 말한 대목들을 가리켜 하는 말일 것이다.

운동이 요구됩니다.

클레이니아스: 그렇다면 뭡니까, 선생이시여? 그래 아주 어린 갓난 아이들에게 가장 많은 운동을 지시하자는 겁니까?

아테네인: 결코 그게 아니고, 한층 더 이전으로 이들이 어머니들의 몸 안에서 양육되고 있을 때에 그러자는 겁니다.

클레이니아스: 어찌 하시는 말씀인지, 친구시여? 혹시 태아들을 말씀하십니까?

아테네인: 예. 그러나 그 나이의 것들의 체육을 두 분께서 모르신다는 b
것은 전혀 놀라울 일이 아닙니다. 비록 그게 이상한 것이긴 하지만, 제가 두 분께 설명해 드리고 싶군요.

클레이니아스: 물론 그러셔야 합니다.

아테네인: 한데, 이와 같은 것은 저희[4]의 경우에 더 잘 이해할 수 있습니다. 저희 고장에서는 필요 이상의 놀이를 하는 사람들이 있기 때문입니다. 실은 저희 고장 사람들의 경우에 비단 아이들만이 아니라 나이 든 이들도 더러 날짐승 새끼들을 키우기 때문인데, 이것들을 서로 싸우게 하기 위해서죠.[5] 그런 날짐승들을 단련시키는 사람들이야 그것들을
부추겨서 서로 대항케 하는 것으로 체력 단련을 하게 함으로써 충분한 c
운동을 하게 한다고는 믿을 턱이 없지요. 왜냐하면 이들은 이 운동들에 더해 저마다 겨드랑 아래로,[6] 비교적 작은 것들은 손안에 쥐되, 비교적

4) 아테네인들을 뜻한다.

5) 이런 목적으로는 주로 메추라기나 수탉을 이용했던 것 같다.

6) 여기에서 '겨드랑 아래'란 팔뚝에서 팔목 및 손바닥까지를 다 포함해서 하는 말인데, 이런 표현을 쓰게 된 것은 헬라스인들이 걸치는 장방형의 통 옷감으로 만든 겉옷인 히마티온(himation)을 한쪽 어깨에 걸친 상태에서 몸에 두른 그 옷 속의 손이나 아래팔 안쪽에 새를 지니고 다니는 걸 가리켜서 표현하는 것으로 보면 되겠다.

큰 것들은 아래팔 안쪽에 끼고서 산보를 하면서 아주 많은 스타디온(stadion)[7]의 거리를 가니까요. 이는 제 몸들의 좋은 상태를 위해서가 아니라, 이 날짐승 새끼들의 좋은 상태를 위한 것입니다. 이해력이 있는 사람에게는 이 정도로도 다음과 같은 사실을 그들이 설명해 줄 것입니다. 모
d 든 몸은 모든 종류의 흔들림과 운동들로 피로하지 않게 움직이게 됨으로써 이로움을 얻게 된다는 겁니다.[8] 그것들이 제 자신들에 의한 것들이건 또는 무언가에 올리어져서건 또는 바다에서건, 또는 말을 타고 가게 되거나 또는 다른 것들에 의해 어떤 식으로든 몸들이 이동하게 됨으로써 운동을 하게 되는 것이건 간에 말입니다. 이것들을 통해 곡물과 음료수의 자양물들을 소화함으로써 건강과 아름다움 그리고 그 밖의 다른 힘도 우리에게 제공해 줄 수 있게 됩니다. 이것들이 이러할진대, 그다음으로
e 우리가 뭘 해야만 할 것이라 말하겠습니까? 임신부는 산보를 해야만 하고, 아기가 태어나면, 보들보들할 동안은, 이를테면 밀랍처럼 형성하며, 두 살까지는 강보로 싸야만 하는 걸로 법률 제정을 한다고 말함으로써 바로 웃음을 사길 바라십니까? 더구나 법에 의해 처벌하는 것으로써 보모들로 하여금 언제고 어디든 어린아이들을 시골로나 신전으로 또는 친척들한테로 데리고 다니길, 아이들이 충분히 설 수 있게 될 때까지 하다가, 그때도 아직은 어리니까 사지가 무리하게 압력을 받게 됨으로써 휘어지는 일이 없도록 조심하여, 아이가 만 세 살을 채우게 될 때까지는 데리고 다니는 수고를 하도록 합니까?[9] 또한 보모들은 되도록 힘세야 하

---

7) 스타디온(stadion)은 헬라스인들의 길이(거리)를 나타내는 단위이다. 이에 대해서는 제4권 각주 3을 참조할 것.

8) 《티마이오스》 편 89a에서 몸의 기운을 돋우게 하는 방법들 가운데 최선의 것은 신체 단련을 통한 것이고, 그다음 것으로는 간접적이고 수동적인, 그러나 피곤하지는 않은 운동들을 들고 있다.

9) 보모들의 이런 여러 가지 역할에 대한 언급이 《국가(정체)》 편 377b~c

며 하나여서는 안 되도록 합니까? 이것들 각각에 대해서, 그대로 이행되지 않을 경우에는, 이것들을 이행하지 않는 자들에 대한 처벌을 명문화할까요? 아니면 그런 것과는 먼 것입니까? 실은 방금 말한 것[10]이 엄청날 지경이 될 것입니다. 790a

클레이니아스: 그건 어떤 것입니까?

아테네인: 우리가 대단한 웃음을 살 것이라는 겁니다. 보모들의 여성적이고 노예적인 성품들도 그대로 따르려 하지는 않을 것이라는 것에 더해서 말입니다.

클레이니아스: 그렇지만 바로 무엇 때문에 이것들을 말해야만 하는 걸로 우리가 주장했습니까?

아테네인: 이 때문입니다. 나라들에 있어서 주인들과 자유민들의 성품들은 그것들을 듣고서 아마도 이런 바른 판단에 이를 것입니다. 즉 나 b
라들에 있어서 개인적인 가정 경영이 옳게 되지 않고서도 공적인 것들이 법률 제정의 어떤 확고함을 갖게 되리라고 누군가가 생각한다면, 그건 공연한 일일 것이라고 말입니다. 또한 이에 생각이 미치게 됨으로써 방금 말한 것들을 스스로 법률로 삼고, 그렇게 삼음으로써 자신의 가정과 나라도 동시에 잘 경영하게 되어, 행복해질 것입니다.

클레이니아스: 그 또한 아주 그럼직한 말씀입니다.

아테네인: 그렇기 때문에 이와 같은 법 제정을 결코 중단하지 않도록 합시다. 아주 어린아이들의 혼들과 관련된 제도들(epitēdeumata)을, 우 c
리가 몸들과 관련해서 했던 이야기들을 자세히 말하기 시작했던 것과 똑같은 방식으로,[11] 제시해 주게 되기 전에는 말입니다.

에도 보인다.

10) 웃음 곧 비웃음을 가리킨다.

11) 아마도 672c 이후에 체육에 대해서 했던 언급들을 가리키는 것 같다.

790c

클레이니아스: 그건 아주 옳은 말씀입니다.

아테네인: 그러면 이걸 두 경우의 이를테면 기본 원리(stoicheion)로 채택합시다. 곧 아주 어린것들의 몸과 혼의 보육 및 운동은 온 밤낮을 통해 최대한 지속되는 것이거니와, 이는 모두에게 이롭기도 하지만, 아주 어린것들에게 적잖이 이롭기 때문이며, 이는, 그게 가능하다면, 늘 배를
d 타고 있는 것과도 같이 사는 것입니다.[12] 한데, 갓 태어난 아기들의 경우에도 되도록 이에 가장 가깝게 만들어 주어야만 합니다. 이는 다음 사실로도 증명될 일입니다. 곧 어린것들의 유모들도 코리반테스(Korybantes)[13]의 치유의식(治癒儀式)을 주재하는 여제관들도 경험을 통해 이를 체득하거나 유용한 것으로 터득했다는 것입니다. 아마도 쉬 잠들지 않는 아이들을 어머니들이 재우고자 할 때, 아기들에 대해 가만히 있지 않고
e 반대로 운동을 제공할 테니까요. 언제나 팔에 안고서 흔들기도 하고, 조용함이 아니라 자장가를 들려주죠. 그건 영락없이 아이들을 아울로스 연주로 매혹하는 것과도 같아서, 마치 넋 나간 박코스 신도들[14]의 경우처

---

12) 《티마이오스》 편 89a를 참조할 것.

13) 코리반테스(Korybantes)는 코리바스(Korybas)의 복수이고, 코리바스는 소아시아 프리기아(Phrygia)의 키벨레(Kybelē) 여신의 제관(祭官)을 가리킨다. 이 여신은 풍요와 자연의 신이며, 질병을 낫게 하는 신으로 알려져 있는데, 이 제례에는 요란스런 춤과 악기(아울로스) 연주가 수반되었던 것 같다. 5세기에는 헬라스에도 알려지면서, 젊은 제우스와 어린 디오니소스를 기리는 종교 행사 등과 결부되면서, 특히 밀교 의식(orgia)을 통해 북과 아울로스 연주에 맞춘 열광적인 춤을 추며 신도들은 거의 광란의 경지(Korybantiasmos)에 몰입했던 것 같다. 그런 사람들을 hoi korybantiōntes(코리바스적인 열광 상태에 빠진 사람들)이라고 했다. 그래서 정신 질환을 앓는 사람들이 이 의식을 통해 일종의 동종 요법(homeopathy)적인 치료를 받았던 것 같은데, 이는 그런 방법으로 지친 상태인 채로 깊은 잠에 빠졌다가 깨어남과 동시에 정신적 정화(Korybantismos)를 얻게 되는 것으로 여겨졌기 때문이다. 코리바스적인 열광 상태에 빠진 사람들에 대한 묘사가 《크리톤》 편 54d에 보인다.

럼, 춤 그리고 노래와 함께 이런 운동의 요법을 이용하죠.[15)]

클레이니아스: 그러니까, 선생이시여, 우리에게 있어서 이 모든 것의 주된 원인은 무엇입니까?

아테네인: 그걸 알기는 그다지 어렵지 않습니다.

클레이니아스: 어떻게 말씀입니까?

아테네인: 이 양쪽 느낌의 상태[16)]는 아마도 두려워함일 것이며, 이들

---

14) 박코스(Bakkhos: 라틴어 음역으로는 Bacchus)는 포도주의 신 Dionysos의 이칭(異稱)이다. 이 신을 섬기는 신도들(Bakkhoi)에는 특히 여신도들(Bakkhai)이 많고, 이들은 또한 그 광신적인 행태 때문에 mainades(단수는 mainas이고, 그 뜻은 '광란하는 여자'임)라고도 한다. 이들은 정상적인 일상생활의 틀을 벗어나 산야를 헤매며, 나르텍스(narthēx)라는 산형 화서(繖形花序) 식물로 만든 지팡이(thyrsos)를 꼭대기엔 솔방울을 달고 담쟁이덩굴이나 포도나뭇잎 덩굴 따위를 휘감아 갖고서는, 이를 휘두르며 노래하고 춤추고 다니며, 이아코스(Iakkhos: 디오니소스에 대한 주문적(呪文的) 외침인 호칭)를 외치다가 신들린 상태(enthousiasmos)가 되면, 초인적 힘을 발휘하여 나무를 뿌리째로 뽑는가 하면, 들짐승들을 잡아 갈기갈기 찢어 날로 먹기도 했다. 이런 신들린 상태에 빠져듦으로써 현실의 온갖 질곡'에서 벗어나는' 엑스타시스(ekstasis = stepping-out-of)를 체험하게 되었다고 한다. 이런 체험을 통해서 일시적이나마 일종의 구원과도 같은 해방감(lysis, apallagē)을 누리게 되었던 것 같다. 이와 관련해서 더 자세한 내용을 알고 싶은 독자는 졸저 《헬라스 사상의 심층》(18~21쪽)을 참조할 것.

15) καθαπερεὶ ···, ἰάσει ··· 의 텍스트 읽기에서 여러 가지 다른 주장들이 있고, Saunders도 그의 주석서(No. 46)에서 다른 견해를 제시하고 있으나, Burnet의 경우와 마찬가지로 다소 무리가 있는 데다가, Diès의 Budé 판의 읽기가 그런 대로 무난한 것으로 판단되어 이를 따랐다. 단 βακχειῶν은 βακχείων으로 읽음으로써 그 앞의 τῶν παιδίων과도 대응케 했다. 따라서 이 부분의 텍스트 읽기는 Loeb 판의 Bury의 텍스트 읽기와 일치한다. 무엇보다도 이런 읽기는 Saunders의 καθάπερ ἡ [μελῳδία]가 그다음 줄의 χορείᾳ καὶ μούσῃ와 중복 또는 충돌하는 것을 피하게 해 준다.

16) 쉬 잠들지 못하고 있는 아기들의 상태와 코리바스적인 열광 상태나 박코스 신도들과 같은 열광 상태에 빠진 사람들의 상태를 가리킨다.

790e

두려움은 혼의 어떤 나쁜 습성(상태: hexis)으로 인한 것입니다. 그러니까 누군가가 그와 같은 상태들에 외부에서 흔들림을 가져오게 될 경우,
791a 외부에서 오게 된 그 움직임은 내부의 두려워하는 광적인 움직임을 제압하거니와, 일단 제압하게 되면, 혼에는 평온함[17]이, 저마다의 거칠어진 심장의 고동에는 고요함이 나타나게 되도록 만들죠. 이는 전적으로 만족스런 것입니다. 아기들의 경우엔 잠이 들게 만들고, 다른 쪽의 경우엔 깬 상태로 아울로스 연주를 들으며 춤을 추게 되어, 저마다 좋은 징조를 얻고서 제물을 바치게 되는 신들[18]의 도움을 받아, 광적인 상태들 대신에
b 제정신인(사려 깊은) 습성(상태)들을 갖게끔 해 줍니다.[19] 이 또한 어쨌든 이처럼 간략하게 말하는 것으로도 어느 면에서 설득력을 갖는 설명이 될 것입니다.

클레이니아스: 분명히 그렇습니다.

아테네인: 그러나 적어도 그것들이 이처럼 이와 같은 어떤 힘을 갖고 있다면, 다음 사실에 우리 스스로 생각이 미치어야 합니다. 어릴 적부터

---

17) 원어는 galēnē인데, 바다에 찾아온 '고요'를 뜻한다. 《파이돈》 편 84a에서는 철학을 통해서 마침내 얻게 되는 혼(마음)의 평온함을 이 낱말로 써 나타내고 있다.

18) 키벨레 여신과 디오니소스를 가리킨다.

19) "광적인 상태들 대신에 제정신인(사려 깊은) 습성(상태)들을 갖게끔 해 줍니다"에서 '광적인 상태(manikē diathesis)들'을 지칭한 '상태'는 diathesis라 하되, '제정신인(사려 깊은) 습성 또는 상태 (hexis emphrōn)들'을 지칭한 '상태'는 hexis라 하고 있다. '디아테시스'(diathesis)는 어떤 것이 처하여 있는 일반적 상태를 가리키는 것으로 보면 되겠다. 반면에 '헥시스'(hexis)는 원래 '마음가짐'이나 '몸가짐'을 뜻하는 말이고, 이에서 더 나아가 마음가짐이나 몸가짐을 그렇게 '해버릇함으로써' 어떤 사람에게 있어서 '굳어진 상태' 곧 '습성'이나 '성격 상태'를 의미하게도 된다. 이와 관련해서는 역자의 역주서 《플라톤의 필레보스》 70쪽 11d의 본문 및 해당 각주를 참조하는 것도 도움이 되겠다.

두려운 것들과 함께해 온 모든 혼은 그만큼 더 무서움을 겪게 되는 데 길들여질 것이라는 데 대해서 말입니다. 하지만 아마도 이게 비겁함(deilia)의 단련이 되지, 용기(andreia)의 단련이 되지는 않는다고 모두가 말할 것입니다.[20)]

클레이니아스: 실인즉 어찌 그러지 않겠습니까?

아테네인: 그렇지만 어쨌든 이와 반대되는 것은 바로 어릴 적부터의 용기의 수행(修行)이고, 우리에게 부딪쳐 오는 두려운 것들과 무서움들을 이겨 내는 것이라 우리는 말할 것입니다. c

클레이니아스: 옳은 말씀입니다.

아테네인: 이것 또한, 즉 아주 아이들일 적의 여러 가지 운동 형태의 체육도 혼의 훌륭함(훌륭한 상태, 덕: aretē)의 한 부분에 크게 기여하게 된다고 말합시다.

클레이니아스: 그야 분명합니다.

아테네인: 더 나아가 혼에 있어서의 침울하지 않음(불만스럽지 않음)과 침울함(불만스러움)은 각기 혼의 좋은 상태(eupsychia)와 혼의 나쁜 상태(kakopsychia)의 작지 않은 부분을 이루는 것으로 될 것입니다.

클레이니아스: 어찌 그렇지 않겠습니까?

아테네인: 그러면 무슨 방도로 이들 둘 중의 어느 하나가 갓 태어난 d
아이에게 곧바로 뿌리내려 주길 우리가 바랄 것인지, 누군가가 어떻게 그리고 어느 정도까지 이것들을 얻게 되겠는지 말해 보도록 해야 합니다.

클레이니아스: 어떻게 그러지 않을 수 있겠습니까?

아테네인: 그래서 우리 쪽의 견해를 제가 말씀드리죠. 사치는 아이들의 성격들[21)]을 불만스러워하고 화를 잘 내며 작은 것들로 해서도 격렬하

---

20) 이하에서 하는 용기와 관련된 언급은 632d~635e에서 이미 길게 한 것들이다.

791d
게 반응하도록 만들지만, 이와 반대인 경우 곧 심하고 야만스런 굴종은 이들을 초라하고 자유롭지 못하며[22] 사람을 싫어하도록 만들어, 불편한 동거자들로 만듭니다.

e 클레이니아스: 그러면 아직 말소리를 제대로 알아듣지 못하는 것들이며, 다른 교육도 전혀 맛볼 수 없는 것들을 온 나라가 어떻게 양육해야만 합니까?

아테네인: 대체로 이런 식이겠습니다. 새로 태어나는 모든 것은 곧바로 외침과 함께 소리를 내거니와, 인간들의 부류는 그 어떤 것 못지 않게 그럽니다. 특히 외침에 더해 다른 것들보다도 더 울음으로 시달리죠.

클레이니아스: 그야 분명합니다.

아테네인: 따라서 아기가 무엇을 원하는지를 살피는 보모들은 제공
792a 되는 것에 대한 바로 이런 반응들[23]에 의해 판단합니다. 제공되는 것에 대해 잠자코 있으면, 잘 제공된 걸로 생각하되, 울거나 소리를 지르면, 잘못 제공된 걸로 생각하니까요. 아기들에게야말로 자기들이 좋아하고 싫어하는 것에 대한 표시가 우는 것이고 소리지르는 것인데, 결코 행운의 징표들은 아닙니다. 그러나 이 기간은 3년 이상이고, 생애의 적지 않은 부분을 나쁘게 또는 나쁘지 않게 보내는 것입니다.

클레이니아스: 옳은 말씀입니다.

아테네인: 침울한(불만스런) 사람이야말로 심기가 불편하고 비탄하
b 며, 훌륭한 사람이 의당 그런 것보다도 더, 대개의 경우에, 불평으로 가득 차 있을 것으로 두 분께는 여겨지시지 않습니까?

---

21) 원어는 ēthos(ἦθος, 복수는 ēthē임)인데, 제7권의 앞쪽에서는 '성품'으로, 636d 등에서는 '성격' 또는 '인격'으로도 옮겼던 말이다. 636d에서 해당 각주를, 그리고 791a에서 hexis에 대한 각주를 참조할 것.

22) 777a를 참조할 것.

23) 울음이나 외침 등을 가리킨다.

클레이니아스: 어쨌든 제게는 그렇게 여겨집니다.

아테네인: 그러면, 어떻습니까? 만약에 누군가가 양육되는 우리의 아기가[24] 되도록 고통과 무서움 그리고 일체의 괴로움을 최대한 적게 겪게끔 이 3년 동안 온갖 방책을 적용하려 애쓴다면, 이 경우에 양육되는 이 아이의 혼을 한결 기분 좋아하고 심기가 편한 상태로 만들게 될 것이라고 우리는 생각지 않습니까?

클레이니아스: 그야 명백한 일입니다. 선생이시여, 만약에 누군가가 그 아이에게 많은 즐거움을 제공한다면, 특히 그럴 것입니다. c

아테네인: 그 점에 있어서는 더는 클레이니아스 님을 따르고 싶지 않군요, 선생이시여! 물론 우리에는 그와 같은 행위가 모든 파멸 중에서도 제일 큰 것이기 때문입니다. 이는 양육의 시작 단계에서 매번 일어나니까요.[25] 하지만 우리가 일리 있는 말을 하고 있는지 보도록 합시다.

클레이니아스: 무슨 뜻으로 하시는 말씀인지 말씀하시죠.

아테네인: 지금의 우리의 논의는 작은 것에 대한 것이 아닙니다. 메길로스 님! 선생께서도 살피시고서, 판단을 내림에 있어서 우리를 도우십시오. 제 주장인즉 바른 삶(ho orthos bios)은 즐거움들을 추구해야만 된다고도, 그렇다고 해서 괴로움들을 아주 피해야만 한다고도 주장하는 것이 아니라, 바로 중용(중간)을 반겨야(aspazesthai to meson) 한다는 d
것입니다. 이를 '심기가 편한 상태' (hileōs)[26]로 이름하여 방금 제가 지

24) 텍스트 읽기에서 [to trephomenon]은 Burnet의 읽기를 따라 살려서 읽었다.

25) 모든 것의 시작 단계의 중요성에 대한 언급은 753e, 765e, 775e에서도 있었다. 이 점은 《국가(정체)》 편 377a11~b에서도 몹시 강조되고 있다.

26) 여기서 '심기가 편한 상태' (hileōs)란, 바로 앞에서 말하고 있듯이, 즐거움들과 괴로움들을 초탈하여 있는 상태를 가리켜 말하거니와, 바로 그 다음에서는 이를 다름 아닌 '신의 상태(diathesis)'라 일컬어도 잘 맞힌 표현일 것이라 말하고 있다. 아닌게아니라 《필레보스》 편 33b에서는 신들

792d

칭한 것인데, 이는 신탁의 한 표현대로 우리 모두가 바로 신의 상태(diathesis)로도 잘 맞히어 일컫는 것입니다. 이런 상태(습성: hexis)[27]는 우리 중에서 장차 신과도 같이(theios) 되고자 하는 이 또한 추구해야만 한다고 저는 주장합니다. 따라서 자신을 즐거움(쾌락)들에 완전히 내맡기다시피 해서도, 그런다고 해서 괴로움들에서 벗어나게 되는 것도 아니므로, 안 되며, 또한 다른 사람이 이와 똑같은 걸 겪게끔 해서도 안 됩니다. 그가 노인이거나 젊은이거나, 여자이건 남자이건 간에 말입니다. 특
e 히 새로 태어난 아이의 경우에는 가장 덜 그러하도록 해야만 합니다. 그야 물론 그때에 모든 성격(성품: ēthos)이 습관(ethos)을 통해서[28] 모든

이 즐거워하거나 괴로워하는 일이란 결코 없을 것이라 하며, 사람으로서 그렇게 산다면, 그런 삶이야말로 '가장 신적인 삶'일 것이라고 한다. 플라톤 자신의 것이 아닌 위작으로 간주되고 있는 《에피노미스》 편 985a에서도 신은 '괴로움(lypē)과 즐거움(hēdonē)에서 벗어나 있는' 것으로 언급되고 있다. 또한 《국가(정체)》 편 427b에서는 망자들이 누리고 싶어 하는 상태 또한 '심기가 편한 상태에 있는 것'일 것으로 말하고 있다. hileōs에는 이런 뜻 이외에도 '상냥한', '자비로운', '은혜를 베푸는' 등의 뜻들도 있다. 712b 및 747e에서는 '상냥한'으로 옮기기도 했다. 영어로는 gracious, propitious 등으로 옮기는 말이다.

27) 791b의 각주에서 밝혔듯, diathesis도 hexis도 '상태'를 나타내는 말이기는 하나, 앞 것은 어떤 것이 처하여 있는 상태를 가리키는 말이고, hexis는 마음가짐이나 몸가짐을 그렇게 '해버릇함으로써' 어떤 사람에게 있어서 '굳어진 상태' 곧 '습성'이나 '성격 상태'를 의미한다고 했다. 신체적인 건강한 상태나 병적인 상태는 누군가가 어느 시점에 처하여 있는 상태요, 신이라는 존재가 처하여 있음 직한 상태도 그런 존재 자체가 원래부터 갖추고 있을 것으로 상정된 상태일 것이니, diathesis이다. 반면에 인간의 인격적인 훌륭한 상태(덕: aretē)나 성격 또는 성품 또는 습관은 굳어진 또는 굳혀서 갖게 된 상태(hexis)의 것이요, 그 모두가 이에서 비롯된 것이다. 따라서 만약에 인간이 신과도 같은 그런 상태에 이른다면, 이는 지혜를 수반한 오랜 수련의 산물일 것이므로, 그건 diathesis 아닌 hexis의 일종이다.

28) 이와 관련해서는 636d에서 해당 각주를 참조할 것.

이에게서 가장 결정적으로 뿌리내리게 되니까요.[29] 더 나아가 저로서는, 제가 농담을 하는 것으로 보이지 않도록 하자면, 모든 여인 중에서도 뱃속에 아이를 지니고 다니는 이들을 그 해 동안에는 각별히 보살펴야만 하는 것으로 주장하고 싶군요. 임신부가 많은, 동시에 음란한 쾌락들을 추구하지도 그렇다고 해서 괴로움들을 추구하지도 않고, 심기가 편하고 살가우며 유연한 것을 높이 사면서 그 기간을 살아가게 되도록 말입니다.

클레이니아스: 선생이시여, 선생께서 저희 둘 중에서 어느 쪽이 더 옳 793a
은 대답을 하는지 메길로스 님께 물어보실 필요는 전혀 없습니다. 왜냐하면 제 자신은 순전한 괴로움(고통)의 삶과 순전한 쾌락(즐거움)의 삶은 모두가 피하되, 언제나 어떤 중용의 길을 헤쳐 나가야만 한다는 데 선생과 동의하니까요. 따라서 선생께서는 훌륭히 말씀하셨으며 동시에 대답도 들었습니다.

아테네인: 사실 아주 옳은 말씀입니다, 클레이니아스 님! 한데, 우리가 셋이니, 이것들에 더해 이 점도 생각해 보십시다.

클레이니아스: 어떤 건가요?

아테네인: 우리가 지금 꼼꼼히 다루고 있는 것들인 이것들 모두는 많은 사람이 성문화하지 않은 관례들(agrapha nomima)[30]로 일컫는 것들이라는 사실입니다. 관습법(조상 전래의 관습들: patrioi nomoi)[31]으로

29) 792c의 해당 각주에서 밝힌 곳들을 참조할 것.

30) 관습 또는 법을 nomos(바로 다음 각주를 참조할 것)라 하고, 관습에 부합하거나 준법적임을 뜻하는 그 형용사가 nomimos 또는 nomimon(복수는 nomima임)이다. 따라서 ta nomima는 '관례들' 또는 '법규들'을 뜻한다.

31) 관습법(조상 전래의 관습들: patrioi nomoi)에서 괄호 안의 것은 원어를 그대로 직역한 것이고, 괄호 밖의 것은 법률 용어에 맞춘 번역이다. nomos(복수는 nomoi임)는 일차적으로는 '관습'을 뜻하는 말이나, 이 '관습'이 강제성을 띤 구속력을 갖게 됨으로써 '법'의 뜻을 갖게도 된 것이다.

b 말하는 것들 또한 이런 모든 것 이외의 것들이 아니죠. 또한 더 나아가
방금 시작된 우리의 논의가 이것들을 법률로 일컬어서도 안 되며, 말하
지 않고 그냥 넘겨서도 안 된다고 한 것은[32] 잘한 것입니다. 왜냐하면 이
것들은 일체 나라 체제(정체: politeia)의 끈들(desmoi)이어서, 이미 성
문화하여 제정되고 확립된 모든 법률과 앞으로도 제정될 법률 사이를 연
결하고 있기 때문입니다. 그것들은 영락없이 조상 전래의 아주 오랜 관
례들과도 같아서, 그것들이 훌륭하게 확립되고 습관화되면, 그때 성문화
c 되어 있는 법률을 완전한 안전장치로 감싸서 갖게 됩니다. 하지만, 그것
들이 훌륭함(正道: to kalon)에서 벗어나게[33] 될 경우에는, 이를테면 목
수들의 건축물들에 있어서 지주(버팀 기둥)들이 그 중간에서 구부러질
경우처럼, 모든 것을 한군데로 무너져 내리게 만들어, 지주들도 그리고
나중에 그 위에 아름답게 지어진 것들마저도, 옛것들이 무너짐으로써, 서
로 다른 것들 위에 포개진 상태로 쌓이게 되죠. 클레이니아스 님, 바로 이
걸 우리가 염두에 두고서, 새로운 것인 선생의 나라를 모든 방면에서 동
여매어야만 합니다. 법률이니 습관들(ethē)이니 또는 관행들(epitēdeu-
mata)이라 일컫는 하고많은 것들을, 그게 큰 것들이건 작은 것들이건 간
d 에, 되도록 소홀히 하는 일 없이 말씀입니다. 이런 것들 모두에 의해서
나라는 함께 묶이게 되기 때문이거니와, 이것들이 어느 쪽이든 없을 경

---

32) 제7권 첫머리인 788a에서 시작된 양육과 교육에 대한 언급들을 두고서 하는 말이다.

33) '훌륭함(정도: to kalon)에서 벗어나게' 에서 to kalon은 원래 '아름다움' 이거니와 이 경우에는 문맥으로 보아서는 '훌륭함' 보다도 오히려 '정도' (正道)라고 하는 게 더 적절할 것 같다. 그리고 여기에서 plēmmelōs는 악기의 연주나 노래를 부름에 있어서 음을 잘못 짚은 경우를, 곧 노래 또는 곡조(melos)에서의 그르침을 뜻하는 것이니, 그 결과는 당연히 '아름다움' 에서 벗어나는 것이 되겠고, 이 경우에 원문상으로는 to kalon이 쓰이고 있는 것이 더 자연스럽다 할 것이다.

우에는 안정적일 수가 없을 것입니다. 따라서 우리가 보기에 많은 동시에 사소해 보이는 관례들(nomima)이나 인습들(ethismata)이 추가로 흘러들어 법률을 더 확장된 것들로 만들더라도 놀라지 말아야 합니다.

클레이니아스: 어쨌든 선생께서는 옳게 말씀하시거니와, 저희도 그렇게 유념할 것입니다.

아테네인: 그러므로 남아이건 여아이건 세 살에 이르기까지, 만약에 누군가가 이것들을 정확하게 이행하고, 언급된 것들을 부차적인 것으로 e
이용하는 일이 없다면, 이제껏 양육된 아이들에게는 그 이득이 적지 않을 것입니다. 그렇지만 세 살과 네 살, 다섯 살 그리고 더 나아가 여섯 살까지도 아이들의 혼의 성향에는 놀이들이 필요할 것입니다. 그러나 이제는 벌을 주어서라도 사치에서 떨어져 나오게 할 것이나,[34] 불명예스럽게는 하지 말아야 할 것이니, 노예들에 대해서 우리가 말했던 것처럼,[35] 모욕적으로 벌줌으로써 벌받는 자들에게 분노를 일으키게 해서도 안 되지
만,[36] 벌을 주지 않음으로써 사치를 방조해서도 안 됩니다. 자유민들에 794a

34) 이 나이의 아이들을 교육함에게는 놀이(paidia)도 필요하지만, 응석받이로 자라지 않게 하자면, 호된 나무람이나 벌줌(kolasis)이 또한 필요함을 강조하고 있다.

35) 777d 이후를 참조할 것.

36) "모욕적으로(meth' hybreōs) 벌줌으로써 벌받는 자들에게 분노를 일으키게 한다"에서 말하고 있는 '모욕적임'은 hybris의 번역어이다. '히브리스'에 대해서는 637a의 해당 각주에서 이미 비교적 자세하게 언급했다. 그런데 지금 이 경우처럼 hybris와 분노(orgē) 유발의 관계를 잘 설명해 주는 글을 우리는 데모스테네스(Dēmosthenēs)의 것(21. 72)에서 만나게 된다. "분노를 일으킨 것은 구타가 아니라, 불명예(치욕: atimia)였다. 자유민들에게는 구타당하는 것이 두려운 게 아니고, hybris를 당하는 상태에서 구타당하는 것이다." 사람을 구타하면서, 어떤 자세(춤사위)로, 어떤 표정과 목소리로 상대방에게 모욕을 주는가는 물론, 어떤 부위를 구타하는지도 문제다. 이를테면 '귀싸대기를 갈기는 짓'(epi korrēs typtein)은 특히 모욕적이었던 것 같다.

794a

게도 이와 똑같은 방식으로 대해야만 합니다. 이 나이의 아이들에게 있어서 어떤 놀이들은 자연적인 것들이니, 이것들은 이들이 모이게 되면 거의 스스로 찾아내죠. 이제 이 나이 또래의, 곧 세 살에서 여섯 살까지의 아이들은 마을마다의 신전들[37]에 모여야 합니다. 각 마을 사람들의 아이들이 같은 곳에 함께 모이는 겁니다. 더 나아가 보모들은 이 나이 또래 아이들의 예절과 무절제를 감독해야 할 것이지만, 보모들 자신들과
b 이들의 보호를 받는 일체의 무리에 대해서는 12명의 선발된 여성들 중에서 한 사람이 각각의 무리를 1년간 통솔하도록 배치될 것이고, 이들을 배치하는 건 호법관들(nomophylakes)이 합니다. 이 여성들은 혼인들을 감독하는 책임을 진 여인들이 선출하게 할 것이니, 자신들과 같은 나이인 자를 각 부족에서 한 사람씩 선출합니다. 이렇게 임명된 자는 날마다 신전으로 찾아가며 또한 잘못한 자는 언제나 벌줌으로써 그 직무를 수행케 합니다.[38] 상대[39]가 노예 남녀이거나 또는 외국인 남녀일 경우에는 이 책임자가 스스로 몇 명의 나라 노예(관노)들을 이용해서[40] 벌을 주지
c 만, 상대가 시민이어서 벌줌에 대해 이의를 제기하는 경우에는 도심 관리인들 앞의 법정으로 이끌고 가고, 이의 제기를 하지 않는 시민일 경우에는 직접 벌을 주게 합니다. 그런가 하면 남녀를 여섯 살 이후에는 이제 각각 성별로 나뉘게 합니다. 소년들은 소년들대로 그리고 마찬가지로 소녀들은 소녀들대로 서로들 함께 소일(diatribē)을 하게 합니다. 이들 각

37) 열두 부족 각각에 할당된 신전들을 뜻한다. 745b~e를 참조할 것.

38) 784a를 참조할 것.

39) 잘못한 자를 가리킨다.

40) '나라 노예(관노)들'이란 공공의 목적에 동원되는 치안 인력을 가리킨다. 이를테면, 5세기 아테네의 경우에 민회 등의 집회나 법정의 질서 유지를 위해 동원되는 치안 병력으로 스키티아(Skythia)인들인 궁수 노예들(hoi toxotai)을 이용했다. 이들을 관할하는 책임자들을 치안관들(astynomoi)이라 했는데, 이 대화편에서는 이들을 '도심 관리인들'로 번역했다.

각은 배움들(ta mathēmata)로 향해야만 하는데, 남자들은 승마와 활쏘기, 투창 및 투석기로 돌 던지기를 가르치는 교사들한테로 갑니다. 또한 여성들도, 어떻게든 동의하는 경우에는, 적어도 배우는 것까지는, 그리고 무엇보다도 특히 무기[41]의 이용까지도 익히게 합니다. 그야 물론 이런 것들과 관련된 지금의 사정은 모든 이의 판단으로는 거의 잘못 알려져 있기 때문입니다.[42] d

클레이니아스: 어떤 것이기에?

아테네인: 우리의 오른쪽과 왼쪽이 손을 이용하는 각각의 행위의 면에서 그 쓰임과 관련해서 구별되는 것은 자연스런 것이라는 겁니다. 발과 다리의 경우에 좌우는 그 수고를 함에 있어서 아무런 차이도 없는 것으로 보이니까요. 그러나 손의 경우에는 보모들과 어머니들의 무지로 인해서 우리가 저마다 이를테면 한쪽을 제대로 못쓰게[43] 된 겁니다. 왜냐하면 각각의 사지의 천성(physis)은 거의 균형을 이루고 있지만, 옳게 이용하지 않음으로써 우리 스스로 이것들을 습관을 통해서 차이가 나도록 만들었기 때문입니다. 큰 차이를 보이지 않는 하고많은 일들의 경우에는, 이를테면 왼손으로는 리라를 다루고 오른손으로는 채를 이용하는 것[44]이 아무 상관도 없으니까요. 또한 이와 같은 그 밖의 것들의 경우에 e

---

41) [ta] hopla는 흔히 중장비를 뜻하는 말이나, 이 경우에는 그냥 '무기'를 뜻하는 것으로 보아야 할 것이다. 이와 관련해서는 706c에서 '중무장 보병들'에 대한 각주를 참조할 것.

42) 제6권의 마지막 각주를 참조할 것.

43) '한쪽을 제대로 못쓰게'의 원어는 khōloi인데, 이는 원래 한쪽 다리를 '저는' 것을 나타내는 말이지만, 여기에서는 사람들이 두 손 중에서 주로 한 손을 많이 쓰게 됨으로써 다른 한 손은 상대적으로 힘을 그만큼 쓰지 못하는 불균형 상태가 되었다는 뜻으로 쓰고 있다.

44) '왼손으로는 리라를 다룬다'는 것은 리라(lyra)나 키타라(kithara) 등의 현악기의 경우에 리라(lyra)를 왼손으로 쥐고서, 오른손이 채(plektron)를

794e

도 이는 마찬가지죠. 그러나 이런 예들을 이용해서 다른 경우들에도, 그
795a 럴 필요가 없는데도, 적용한다는 것은 어리석음과 진배없습니다. 이는 스키티아인들[45)]의 관습이 보여 주었는데, 그건 왼손으로 활을 밀어내고 오른손으로 화살을 끌어당기기만 하는 게 아니라, 각각의 손을 양쪽 용도로 똑같이 쓰는 겁니다. 이와 같은 또 다른 많은 예가 전차 몰기나 그 밖의 다른 것들의 경우들에도 있거니와, 이 경우들에서 왼쪽을 오른쪽보다도 약하도록 만들어 가는 사람들이 자연을 거스르는(para physin) 짓을 꾀하고 있다는 사실을 알 수 있습니다. 그런데 이것들은, 우리가 말했듯, 뿔로 만들어진 채들이나 이와 같은 도구들의 경우에는 아무런 상관
b 도 없습니다. 그러나 전쟁을 위해 철제 무기를 사용해야만 할 경우에는, 크게 차이가 납니다. 활이나 창 그리고 이런 유의 각각을 사용할 경우에도 그렇지만, 중장비 무장에 대항해서 중장비 무장을 사용해야 할 경우에는 특히 큰 차이가 날 것입니다. 배우고 못 배우고가 그리고 체력 단련을 한 사람과 체력 단련을 하지 않은 사람은 아주 많은 차이를 보이죠. 팡크라티온(pankration)[46)]이나 권투(pygmē)[47)] 또는 레슬링(palē)[48)]을

이용하여 현들을 탈 때, 왼손가락들로 현(khordē)들을 누르면서 음정과 진동을 조절하는 걸 가리켜 하는 말이다. 이들 현악기와 관련해서는 658b의 각주를 참조할 것.

45) Skythia는 우리가 '스키타이'로 부르고 있는 지방의 이름이다. 헬라스인들이 자기들의 북동쪽으로 다뉴브 강에서 돈 강, 카프카스(코카서스), 볼가 강에 이르는 지역을 대충 가리켜 그리 불렀다. 794b 끝의 각주를 참조할 것.

46) 팡크라티온(pankration)은 권투와 레슬링이 혼합된 자유형 격투기로, 이들 경기에서 허용되는 온갖 수단을 다(pan) 동원해서 힘을 쓰며(kratein) 겨루기를 하는 일종의 '다 걸기' 격투기였다. 물거나 손가락으로 눈알을 파는 행위를 제외하곤, 발로 차거나 목조르기 그리고 사지 비틀기 등은 허용되는 격렬한 경기였던 것 같으며, 상대가 위험을 느끼고 항복할 때까지 진행되는 경기였다. 오늘날의 그리스에서도 동호인들끼리

완벽하게 수련한 사람이 왼쪽으로 싸우는 게 불가능할 수 없듯이, 그래서 누군가가 방향을 바꾸어 그로 하여금 다른 쪽으로 맞붙지 않을 수 없도록 할 경우에, 절뚝거리지도 비틀거리며 끌리어 가지도 않는 것처럼, 이와 똑같이, 중무장을 한 상태로도 또는 그 밖의 다른 모든 상태에서도, c
사지를 양쪽으로 가진 자는 이것들로 방어도 하고 남들에 대해 공격도 할 것인즉, 가능한 한 이것들 중에서 그 어느 것도 하는 일이 없거나[49] 그걸 쓸 줄 모르는 상태로 내버려 두게 해서는 안 될 것으로 예상하는 것은 옳다고 저는 생각합니다. 그러나 만약에 누군가가 어쨌든 게리오네스[50]나 심지어는 브리아레오스[51]의 신체적 조건(physis)을 갖고서 성장한다면, 그는 백의 손으로 백 개의 던지는 창을 던질 수 있어야만 합니다. 바로 이 모든 것에 대한 마음 씀이 남녀 관리들에게 생겨야만 합니다. 여성 관리들은 놀이들과 보모들에 대한 감독들이 될 것이나, 남성 관 d

이 경기를 부활시켜 수련하고 있다. 《국가(정체)》 편 338c에 이 경기의 한 선수와 관련된 언급이 보인다.

47) 오늘날의 권투와 기본적으로 다른 점은 '링'에 올라 몇 '라운드'를 치르는 시합이 아니라, 경기장 모래밭에서 상대가 케이오를 당하거나 패배를 시인하여 손을 들 때까지 계속되는 것이었고, 체급 구별도 없고, 글러브를 이용하지 않고, 부드러운 가죽띠로 손목과 손 관절들을 감은 상태로 싸우는 것이었다. 830a~c를 참조할 것.

48) 오늘날처럼 체급에 따르기보다 나이에 따라 대적했으며, '폴'(fall)에 해당하는 '넘어뜨림'(ptōma)은 세 번째까지로, 상대방의 어깨가 땅에 닿거나 또는 무릎이 땅에 닿을 경우에도 '폴'이 되는 것으로 판정했던 것 같다.

49) 여기에서 '하는 일이 없거나'로 번역한 말의 원어는 argon이다. 이 말은 '일' 또는 제 '기능'(ergon)을 '하지 않고'(a-) '게으름을 피우는' 걸 원래는 뜻한다.

50) 게리오네스(Gēryonēs, Gēryoneus, Gēryōn)는 허리 부분에서 셋으로 나뉜 몸통과 머리를 가졌고, 날개까지 달렸다는 거인 괴물이다.

51) 브리아레오스(Briareōs)는 백이나 되는 손을 가졌다는 거인 괴물이다.

795d

리들은 배움들과 관련된 감독들이 되어, 모든 소년과 소녀가 손발을 잽싸게 놀릴 수 있게 됨으로써, 습관들로 해서 되도록 천성(physis)들을 아주 망쳐 놓는 일이 전혀 없게 될 것입니다.

한데, 배움들(ta mathēmata)은 말하자면 두 갈래 것으로, 곧 몸(sōma)과 관련된 체육(gymnastikē)에 속하는 것들과 혼의 훌륭한 상태(eupsychia)를 위한 시가(詩歌: mousikē)에 속하는 것들로 어쩌면 다룰 수 있겠습니다.[52] 체육에 속하는 것들은 다시 둘이, 곧 춤(orchēsis)과 레슬링이
e 있겠습니다. 춤에서도 한 가지는 무사(Mousa)의 말씨를 모방하는 한편으로 당당하면서도 자유로움을 지키는 것이나, 다른 한 가지는 건강한 상태와 날렵함 및 아름다움을 위해 몸 자체의 사지들과 부분들의 굽힘과 폄의 적정성을 지킴으로써, 이것들 각각에 율동적인 운동이 부여되어, 이것이 모든 춤에 충분히 퍼짐과 동시에 동반하게 됩니다. 그리고 무엇
796a 보다도 레슬링과 관련해서 안타이오스나 케르키온이 자신들의 기술들에 있어서 쓸데없는 경쟁심 때문에 도입한 것들이나, 또는 권투의 에페이오스나 아미코스가 도입한 것들은 교전(交戰)에는 아무런 쓸모도 없는 것들이라 논의로써 장식할 가치가 없습니다.[53] 그러나 바른 자세로 하는

---

52) 소년 소녀들의 교육과 관련된 이런 분류는 《국가(정체)》 편 376e에서도 하고 있다. 그러나 체육도 시가도 결국엔 혼을 위한 것임이 같은 대화편 410b~412a에서는 강조되고 있다.

53) 안타이오스(Antaios)는 포세이돈(Poseidōn)과 가이아(Gaia)의 아들로서 리비아의 한 동굴에서 살았다는 거인이다. 그는 동굴 앞을 지나는 모든 나그네로 하여금 자기와 레슬링을 하도록 강요한 다음, 자기에게 패한 자를 모두 죽였다고 한다. 그는 땅바닥에 넘어지면, 대지의 여신이기도 한 어머니 가이아에게서 오히려 새로운 힘을 얻게 되었다 한다. 그러나 그런 그를 헤라클레스가 공중으로 들어올려 쥐어 짜서 죽여 버렸다 한다. 그에 대해서는 《테아이테토스》 편 169b에서 논의를 통한 씨름꾼에다 비유되고 있다. 케르키온(Kerkyōn) 역시 포세이돈의 아들이라 한다. 그는 엘레우시스(Eleusis) 근처에 살면서, 지나가는 사람들에게 레슬링을 강요해

레슬링으로 인한 것들은, 즉 목이나 손 그리고 옆구리를 풀려나게 함으로 인한 것들은 힘과 건강을 위해서 경쟁심과 의젓한 자세로 단련하는 것들이라, 이것들은 모든 것에 유용하기에 소홀히 해서는 안 됩니다. 우리가 법률의 이 대목에 이르게 되면, 배울 사람들과 가르치게 될 사람들에게 지시해야만 합니다. 가르치는 사람들로서는 이런 모든 걸 살갑게 b
가르쳐 줄 것이나, 배우는 자들로서는 고마운 마음으로 받아들일 일입니다. 합창가무단들에 있어서 모방하기에 적절한 모방 공연들인 것들도 모두 소홀히 해서도 안 됩니다. 이를테면, 여기 이 고장에서 쿠레테스[54]가

서 패한 자들을 죽였다고 하나, 결국엔 테세우스(Thēseus)가 그를 죽이게 된다. 레슬링에서 다리를 이용하는 기술은 그가 도입했다고 한다. 에페이오스(Epeios)는 트로이아 전쟁에서 아테나 여신의 도움을 받아 목마를 만들었으며(《오디세이아》, 8. 493), 또한 파트로클로스(Patroklos)의 장례 행사의 일환으로 아킬레우스가 벌인 몇 가지 시합 가운데서 권투에서 우승하는 장면이 《일리아스》 23. 664~699에 묘사되고 있다. 아미코스(Amykos)는 보스포로스(Bosporos) 해협의 칼케돈(Chalcedon)반도에 있던 비티니아(Bithynia)의 한 부족이었던 베브리케스(Bebryces)인들의 왕이었다고 한다. 그는 힘이 장사여서, 그 나라에 오는 모든 사람에게 자기와의 권투 시합을 강요해서, 자기에게 패한 자를 제 마음대로 처리할 수 있도록 했다 한다. 그도 결국엔 아르고 선원들 중의 한 사람(Argonautēs)인 폴리데우케스(Polydeukēs, 라틴명은 Pollux)한테 당한다. 권투 시합 때 손에 감는 가죽끈은 그의 고안품이라 한다.

54) 쿠레테스(Kourētes)의 본뜻은 '젊은이들' 특히 '젊은 전사들'이지만, 여기서는 제우스가 크레테의 이다(Ida) 산 동굴에서 어린 시절을 보낼 때, 그를 섬기던 반신반인(半神半人)의 전사들을 가리킨다. 이들이 어린 제우스의 수호 전사들로 된 내력은 이러하다. 우라노스(Ouranos)를 제거하고서 주신(主神)이 된 크로노스(Kronos)는 자기와 아내 레아(Rhea) 사이에서 나는 한 자식이 언젠가는 자신의 자리를 빼앗게 될 것이라는 예언을 듣고서, 레아가 아이를 낳는 족족 삼켜 버린다. 그러나 레아는 한 아이를 낳는 길로, 몰래 이다 산의 한 동굴(625b에서 제우스의 동굴에 대한 각주를 참조할 것)에 숨기고, 그 대신에 배내옷으로 싼 돌을 삼키게 한다. 이렇게 해서 제우스는 살아남게 되어, 이곳에서 성장하게 된다. 그러나

796b

무장한 상태로 하는 놀이나, 라케다이몬[55]에서 디오스코로이[56]가 무장한 상태로 하는 놀이 말입니다. 그런가 하면, 저희 고장에서의 처녀여신인 여왕 신[57]은 합창가무[58]의 놀이에 대해 기뻐하며, 아마도 빈손으로

언제 발각될지 모르니, 걱정이 이만저만이 아니다. 그래서 '쿠레테스'로 하여금 동굴 주변에서 방패 등의 무기들을 서로 부딪치며 법석을 떨면서 소란스레 춤을 추게 함으로써 아기 제우스의 울음소리가 들리지 않게 하여, 그의 존재를 크로노스가 끝내 눈치채지 못하게 했다는 이야기이다. 훗날 이를 기념하여 해마다 크레테의 청년들이 '쿠레테스'로 분장하고서 그들을 모방하며 무장한 상태로 춤을 추는 놀이를 공연했다고 한다. 그런데 이 '쿠레테스들'이 부른 찬가가 기원전 3세기의 것으로 추정되는 한 입석(stēlē)에 새겨져 있는 것이 크레테의 동쪽 끝 해안에 있는 팔레카스트로(Palaikastro)에서 영국의 발굴단에 의해 발굴되었다. 이 찬가 속의 종교적 의식에 각별한 의미를 부여하며, 이에서 헬라스인들의 종교적 기반과 그 확장을 찾아보려는 작업을 이론적으로 시도한 책을 낸 학자가 있으니, J. E. Harrison이 그이며, 그 책은 *Themis: A Study of the Social Origins of Greek Religion*(London, 1963)이다.

55) 624a의 해당 각주를 참조할 것.

56) 디오스코로이(Dioskoroi, Dioskouroi)의 본뜻은 '제우스의(Dios) 아들들'인데, 카스토르(Kastōr)와 폴리데우케스(Polydeukēs) 쌍둥이 형제를 가리킨다. 이들은 스파르타의 왕 틴다레우스(Tyndareus)와 레다(Lēda) 사이에 난 아들들이라고 하나, 폴리데우케스는 제우스와 레다 사이에서 태어난 것으로 말하기도 한다. 이들의 자매인 클리타이므네스트라(Klytaim[n]ēstra)와 저 유명한 헬레네(Helenē)의 경우에도, 헬레네의 아버지는 제우스인 걸로 신화는 전한다. 백조로 변신한 제우스가 레다에게 접근하여 알을 낳게 하니, 이 알에서 헬레네가 태어났다는 이야기이다. 일설에는 폴리데우케스도 그렇게 해서 태어난 것으로 전한다. 폴리데우케스와 관련해서는 796a의 아미코스에 대한 각주에서 잠깐 언급했거니와, 카스토르는 백마가 끄는 전차몰이로 이름난 기사였다. 말하자면 이들은 운동 경기의 후원자들이기도 했지만, 여러 면에서 인간들을 구원해 주는 수호신들의 역할을 하기도 했다. 따라서 이들을 기리는 제례 의식이 널리 행하여지기도 했다.

57) '처녀여신(korē)인 여왕 신(despoina)'은 아테네(Athēnai)의 수호신인 아테나(Athēna) 여신을 가리킨다.

58) 654a~b에서 합창가무단(choros) 및 합창가무(choreia)에 대한 해당 각

춤을 추어서는 안 되고, 완전 중무장을 갖춘 상태로, 그렇게 춤을 추어 c
내야만 하는 걸로 여겼던 것 같습니다. 바로 이것들을 소년들과 함께 소녀들도, 여신의 은혜를 높이사며, 어떻게든 모방하는 것이 적절할 것입니다. 전쟁에서의 이용을 위해서도 그리고 축제들을 위해서도 말입니다. 어쩌면 아이들일 적부터 아직 싸움터에 나가지 않는 동안까지는,[59] 신들을 위한 행진이나 축제 행렬을 지을 때는 언제나 무장과 말들을 함께 갖추어야만 할 것입니다. 때로는 더 빨리 때로는 더 천천히 춤추며 행진하
는 가운데, 신들과 신들의 자손들에게 탄원을 합니다. 경연(競演)이나 예 d
비 경연도, 만약에 어떤 것을 위해서라면, 이것들 이외의 다른 것들을 위해서 먼저 경연해서는 안 됩니다. 왜냐하면 이것들은 평화 시에도 전쟁 중에도 나라 체제를 위해서 또한 개인적인 가정들을 위해서도 이로운 것들이기 때문입니다. 그러나 그 밖의 다른 신체적인 운동들은, 그것들이 놀이들이든 또는 진지한 것들이든, 자유민들의 것은 아닙니다, 메길로스 님 그리고 클레이니아스 님!

처음 논의들에서[60] 자세히 다루어야 할 것으로 제가 말씀드렸던 체육을 이제 대체로 다루었으며, 이는 완벽합니다. 하지만, 만약에 이보다 나
은 걸 두 분께서 아시고 있다면, 힘을 합쳐 말씀하십시오. e

클레이니아스: 선생이시여, 이것들을 제쳐 놓고서 이것들보다 더 나은 다른 것들을 체육과 함께 경연과 관련해서 말하기는 쉽지가 않습니다.

아테네인: 그런데 이것들 다음의 것은 무사 여신들(Mousai)과 아폴론의 선물들과 관련된 것으로서, 그때는 모든 걸 다 말한 걸로, 그래서 체육에 관련된 것들만을 남겨 둔 것으로 우리는 생각했습니다.[61] 그러나

주들을 참조할 것.

59) 여섯 살에서 스무 살까지를 가리킨다. 785b 및 794c를 참조할 것.

60) 673b~d를 가리킨다.

61) 672e~673d를 참조할 것. 무사 여신들과 이들의 선도자인 아폴론의 선

796e

지금은 모두에게 말해야만 할 것들이 무엇이며, 또한 무엇이 먼저 말해야만 할 것인지가 명백합니다. 그러면 순서대로 이것들을 말하도록 하십시다.

클레이니아스: 물론 말해야만 합니다.

797a 아테네인: 제 말을 들어 보십시오. 앞서도 두 분께서는 이미 들으시긴 했습니다만. 그렇더라도 어쨌든 너무 이상하고 익숙지 않은 것은 말하는 사람도 듣는 사람도 아주 조심해야만 합니다. 특히 지금은. 왜냐하면 말하기가 두렵지 않은 것이 아닌 주장을 제가 말할 참이기 때문입니다. 그런데도 어떻게든 용기를 내어서, 저는 물러서지 않을 것입니다.

클레이니아스: 선생이시여, 선생께서 말씀하시는 그것은 무엇입니까?

아테네인: 제가 주장하는 바는 모든 나라에 걸쳐서 놀이들의 부류가 법률의 제정과 관련해서 이것들[62]이 지속적인 것들일지 또는 그렇지 못할 것들일지를 결정짓는 데 있어서 가장 주된 것이라는 사실이 모두에게

b 알려져 있지 않다는 것입니다. 이게[63] 정해져서, 같은 사람들은 언제나 같은 놀이들을 같은 방식으로 한결같이 하며, 같은 놀이들로 기분 좋아하게 될 경우에는, 가까스로 확립된 관례들 또한 가만히 그냥 지속되게 합니다. 하지만 놀이들이 바뀌고 새로워지며 그 밖의 다른 변화들을 언제나 겪게 될 경우에는, 그래서 어린이들(젊은이들)[64]이 같은 것들을 결

물이라 할 시가(653d의 본문 및 해당 각주 그리고 665a 및 672c~d의 본문을 참조할 것)에 대해서는 제2권에서 한 차례 집중적으로 다룬 셈이지만, 시가의 형식 및 내용과 관련된 입법의 문제가 아직 남아 있음을 말할 참이다.

62) 제정된 법률을 가리킨다.

63) 놀이들의 부류를 가리킨다.

64) 헬라스어 hoi neoi(the young)는 '어린이들'을 비롯해서 30세까지의 '젊은이들'을 다 포괄하는 말이라, 한 가지로 번역하기가 곤란한 경우가 더러 있다.

코 친근한 것들로 대하지 않을 경우에는, 자신들의 몸맵시들에 있어서도, 또는 다른 사물들에 있어서도 우아함과 볼품없음이 그들과는 언제나 일치하지 않는 상태가 되게 하는가 하면, 새로운 뭔가를 시작하거나 모 c
양들이나 색깔들 그리고 이런 유의 모든 것과 관련해서[65] 익숙한 것들과는 다른 것을 들여오는 사람이 각별히 존경받게 하는데, 나라를 망치는 것으로는 이보다 더한 것이 없다고 우리가 주장하더라도 지당한 주장일 것입니다. 왜냐하면 이는 알지 못하는 사이에 어린이들(젊은이들)의 성품들(ēthē)을 바꾸어 놓고, 이들한테 옛것은 하찮은 것으로 만드는 한편으로 새것은 귀한 것으로 만들기 때문이죠. 다시 한 번 제가 말씀드리지만 모든 나라에 이런 말과 이런 믿음보다도 더 큰 손실은 없습니다. 이것들이 얼마나 크게 나쁜 것들인지를 제가 말씀드릴 테니, 들어 보십시오.

클레이니아스: 그래 선생께선 나라들에 있어서 옛것을 비난하는 것에 d
대해 말씀하시는 겁니까?

아테네인: 바로 그렇습니다.

클레이니아스: 그러면 선생께선 저희를 바로 그 주장에 대해 경청하는 사람들로, 예사롭지 않고, 더할 수 없이 호의적인 사람들로 가지시게 되는 걸 겁니다.

아테네인: 정말 그럴 것 같군요.

클레이니아스: 말씀만 하십시오.

아테네인: 자, 그러면 그 주장을 우리가 듣도록 함에 있어서 평소의 우리 자신들 이상으로 하도록 하며, 서로 말해 줌에 있어서도 그리하도록 합시다. 그야 나쁜 것들의 경우를 제외하고는 모든 것의 바뀜(metabolē)이 지극히 위태롭다는 걸 우리가 확인하게 될 것이기 때문입니다. 모든 계절이나 바람들의 경우에도, 몸의 식생활들[66]이나 혼들의 기질들

65) 그림 및 조각과 관련해서 하는 말이다. 668e~669a를 참조할 것.

e 의 경우에도, 요컨대, 방금 제가 말씀드렸듯, 나쁜 것들의 경우들을 제외
하고는, 어느 경우에는 그러하나 어느 경우에는 그렇지 않다고 할 것 없
이, 그러하다는 걸 말씀입니다.[67] 그러니까, 누군가가 몸들이 모든 먹을
것들과 마실 것들 및 운동들에 어떻게 익숙해지는지 보면 되겠군요. 비
록 처음에는 이것들로 해서 그것들이 혼란스러워하게 되었지만, 나중에
798a 는 시간의 경과로 바로 이것들에서 그것들과 동류인 살이 자라나니, 이
모든 식생활에 대해 친근하고 익숙하며 알아보게 되어서는, 즐거움 및
건강과 관련해서 아주 잘 지내게 되죠. 또한 누군가가 이름난 식생활들
가운데 어느 것으로 다시 바꾸도록 강요당할 경우에, 처음에는 병들로
혼란스러워졌다가, 이 생활 방식에 다시 익숙해짐으로써, 언젠가는 힘들
게 회복하게 되죠. 바로 똑같은 이 일이 사람들의 사고(思考: dianoia)들
과 함께 혼들의 성향(physis)들과 관련해서도 일어난다는 생각을 해야만
b 합니다. 사람들이 그 안에서 자라게 된 법률이 천행으로 오랜 기간 동안
바뀌지 않고 있다면, 그래서 법규들(관례들)[68]이 지금의 것들과 다른 적
이 언젠가 있었다는 데 대한 기억이 아무에게도 없고 또한 그것에 대해
서 들은 바도 없다면, 혼은 온통 그것들을 우러를 것이며, 현재의 그것들
가운데 어느 것을 바꾸는 것을 두려워할 것이기 때문입니다. 입법자는
어떤 방식으로 이런 상태가 나라를 위해 형성되겠는지 바로 그 방책을
어떻게 해서든 생각해 내야만 합니다. 따라서 저로서는 이런 식으로 그

---

66) 여기서 '식생활'로 번역한 원어는 diaita인데, 이에는 그 밖에도 '일상생활', '생활 방식', '섭생', '식이요법' 등의 뜻들이 있다.

67) 《국가(정체)》 편 380e~381a를 참조할 것.

68) b2의 지시대명사 auta는 b4의 ta kathestōta [nomima]를 앞서 가리키는 것으로 보아 '법규들(관례들)'(ta nomima)로 옮겼다. 물론 auta(이것들)는 중성 복수이므로, 남성 복수인 autoi 곧 nomoi(법률)의 지시대명사일 수는 없겠으나, ta nomima는 nomoi와 의미상으로는 결국 같다고 할 것이다.

걸 찾아냅니다. 어린이들의 놀이들은 바뀌어도, 앞서 우리가 말했던 대로,[69] 실은 놀이들일 뿐이어서, 이것들에서 지대하고 심각한 해악은 초 c
래되지 않는다고 모두들 생각하고 있어서, 이를 막지 않고, 굽히어 따라갑니다. 따라서 그들은 이 점을 헤아리지 못하게 됩니다. 즉 놀이들에서 혁신을 하게 된 이 아이들은 이전의 아이들과는 다른 사람들이 되는 게 필연적이고, 일단 다른 사람들이 되면, 다른 삶을 추구하게 되고, 이를 추구하게 됨으로써 다른 제도(관행)들과 법률을 욕심내게 되는 게 필연적입니다. 그리고 이렇게 된 다음에는, 방금 말한 가장 나쁜 일이 나라들에 닥치더라도, 그들 가운데 아무도 두려워하지 않게 됩니다. 그러니까 d
외양과 관련해서 그런 일을 겪게 되는 것과 같은 하고많은 그 밖의 것들은 바뀌더라도 비교적 작은 해악을 초래합니다. 하지만 성품들의 문제와 관련된 칭찬이나 비난에 연관되는 것들이 자주 바뀔 경우, 이 문제들은 무엇보다도 중대하며 최대의 신중성이 요구되는 것들이라고 저는 생각합니다.

클레이니아스: 어찌 그렇지 않겠습니까?

아테네인: 어떤가요? 리듬들과 시가 전체와 관련된 것들은 더 선량한 사람들과 더 나쁜 사람들의 기질들(성격들: tropoi)의 모방적 표현들(mimēmata)이라 우리가 말한 앞서의 주장들[70]을 우리는 믿고 있나요? 어떻습니까? e

클레이니아스: 우리의 견해가 어쨌든 다를 수는 결코 없을 것입니다.

아테네인: 그렇다면 우리의 아이들이 춤들이나 노래들과 관련해서 다른 모방적 표현들에 관여하고 싶어 하는 일이 없도록, 또한 누군가가

69) 797a의 뒷부분을 가리킴.

70) 655d에서 말한 것을 가리킨다. 이런 내용의 구체적인 언급이 특히 《국가(정체)》 편, 396b~397b에 보인다.

798e

온갖 즐거움(쾌락)을 내밀며 이들을 설득하지도 못하도록 온갖 방책을 강구해야만 한다고 우리가 주장하고 있는 게 아닙니까?

클레이니아스: 지당한 말씀입니다.

799a 아테네인: 그러면 우리 중에서 누군가가 이런 것들을 위한 것으로 이집트인들의 것[71]보다도 더 나은 기술을 갖고 있습니까?

클레이니아스: 바로 어떤 걸 말씀하십니까?

아테네인: 모든 춤과 모든 노랫가락을 봉헌하는 것입니다. 먼저 축제들을 정리하고, 연중에 무슨 축제들이 언제 그리고 신들 중에서도 어느 신들 각각을 위해서 그리고 이들 신들의 자손들과 수호신(daimōn)들을 위해서 거행되어야만 하는지 계산해서 정하는 겁니다. 그다음으로는, 신들에게 바치는 제물들 각각에 맞추어 무슨 노래를 불러야 하며, 무슨 합
b 창가무들로 그때의 제례의식을 거행할 것인지도 말입니다. 확정하는 것은 우선 몇 사람이 하되, 일단 확정된 것들은 운명의 여신들(Moirai)[72]과 그 밖의 다른 모든 신에게 모든 시민이 함께 제물을 바치고, 제주를 따름으로써 각각의 신들 및 그 밖의 것들[73]에게 각각의 노래를 봉헌합니다.

---

71) 656d 및 그 이후를 참조할 것.

72) 헬라스어로 운명을 '모이라'(moira)라 하는데, 이를 신격화해서 '운명의 여신'(Moira)이라 한다. 헤시오도스가 《신들의 계보》(904~5)에서 이 여신을 세 자매(Moirai)로 말하기 시작했다. 과거(ta gegonota)를 관장하는 라케시스(Lachesis), 현재(ta onta)를 관장하는 클로토(Klōthō) 그리고 미래(ta mellonta)를 관장하는 아트로포스(Atropos)가 그들인데, 때로 라케시스와 아트로포스의 소관이 바뀌는 경우가 있다. 그런데 헤시오도스는 같은 곳에서 이들을 제우스와 테미스(Themis) 여신 사이의 소생들로 말하고 있으나, 플라톤의 《국가(정체)》 편(671c)에서는 이들을 '필연(必然)의 여신' 곧 아낭케(Anankē)의 소생들인 걸로 말하고 있다. 여기에서는 이처럼 '확정된 것들'은 함부로 바꿀 수 없다는 점이 강조되고 있으므로, 이들이 아낭케 여신의 소생들이라는 점과 연관시켜 이런 언급을 하고 있는 것으로 보아야 할 것 같다.

누군가가 어느 한 신에게 이것들과 어긋나는 다른 찬가들이나 합창가무를 바칠 경우에는, 남녀 제관들이 호법관들과 합세하여 그를 내쫓는다면, 이는 경건하게 그리고 법에 따라 내쫓는 겁니다. 그러나 내쫓긴 자가 자진해서 추방에 응하지 않을 경우에는, 그의 온 생애를 통해 원하는 사람이 그에 대해 불경죄로 공소를 제기할 수 있습니다.[74)]

클레이니아스: 옳습니다.

아테네인: 우리가 이제 이 논의에 이르렀으므로, 우리 자신들에게 맞 c
는 처신을 합시다.

클레이니아스: 무엇에 대해서 말씀하시는지?

아테네인: 모든 젊은이는, 나이 든 사람은 말할 것도 없거니와, 무엇이든 이상하거나 어떻게도 전혀 익숙지 않은 것들 가운데 어떤 것을 보거나 듣게 될 경우에, 이것들과 관련해서 당혹하게 된 것에 아마도 내닫듯 그처럼 곧바로 동조하려 하지는 않을 것입니다. 오히려 멈춰 서서는, 마치 세 갈래 길에 이르러 길을 제대로 알지 못하는 사람처럼, 그가 혼자
서 아니면 다른 사람들과 함께 길을 가고 있건 간에, 자신에게 그리고 다 d
른 사람들에게 이 난처하게 된 일에 대해 물을 것입니다. 또한 그 길이 어디로 인도할 것인지 그 여정에 대한 검토를 어떻게든 확실히 하기에 앞서 길을 떠나려 하지는 않을 것입니다. 특히 바로 지금이야말로 우리가 그와 똑같이 해야만 합니다. 왜냐하면 법률과 관련해서 지금은 범상치 않은 논의를 만난 터라, 어쩌면 철저한 검토를 해야만 하겠기 때문이기도 하지만, 이처럼 중대한 것들에 대해서 이 나이가 된 사람들이 뭔가 명확한 것을 당장에 말할 수 있을 것으로 자신 있게 주장할 만큼 경박해

73) 앞에서 말한 신들의 자손들과 수호신(daimōn)들을 가리킨다.

74) 당시에는 검사 제도가 없었으므로, 성인 남자로서 공민권을 가진 사람일 경우, 누구든 원하는 사람이 공소를 제기할 수 있었다. 불경죄의 문제는 제10권에서 다시 본격적으로 다루게 된다.

799d

서도 안 되겠기 때문입니다.

클레이니아스: 더할 수 없이 참된 말씀입니다.

e 아테네인: 따라서 우리는 이 문제에 시간을 할애할 것이고, 우리가 충분히 검토하게 될 때, 그때는 이 문제를 확실히 하게 될 것입니다. 그러나 지금 우리가 당면하여 [다루고] 있는 법률에 뒤따르는 조례[75]를 소상히 다루게 되는 걸 공연히 제지당하지 않기 위해서, 그것들[76]의 결말까지 나아가도록 합시다. 신이 원한다면, 이 설명 전체가 완결을 보게 될 때에는, 지금껏 의문의 대상이었던 것도 아마 충분히 밝히게 될 것이기 때문입니다.

클레이니아스: 선생이시여! 더할 수 없이 훌륭한 말씀입니다. 그러면 선생께서 말씀하셨듯이 그리하도록 합시다.

아테네인: 그러면 이 역설적인 것, 즉 우리의 노래들이 법률(nomoi)[77]이 되었다는 것이 결정된 걸로 하자는 겁니다. 옛사람들도 키타라 탄주[78]에 맞춘 노래에 관련된 것을 대개 이런 식으로 일컬었던 것

---

75) '… 법률에 뒤따르는 조례'에서 '조례(條例)'의 원어는 taxis이다. 721a에서는 '법령'으로 번역했던 것이지만, 어떤 법률에 뒤따르는 것으로 명시되어 있어서 '조령(條令)' 곧 '조례'로 번역했다. taxis는 이런 법적인 의미 이외에 일반적으로는 정렬, 전열, 대오, 질서, 규칙, 지시 등의 뜻들로 쓰이는 말이다.

76) 법률(nomoi)을 가리킨다.

77) '법률'을 뜻하는 nomoi가 곧 '가락들' 또는 특정한 가락들을 뜻하기도 해서 농담조로 둘을 엮어서 하는 말이며, 이 농담조의 엮음은 800a에서도 반복되거니와, 이는 법률만큼 노랫가락들도 함부로 바꾸거나 어길 수 없는 것들임을 강조하고 있는 것이다. nomos(법)는 곧 관습을 의미하기도 한다는 데 또한 유의해야만 할 것이다. 이와 관련해서는 700b에서 'nomoi'에 대한 각주를 한 번 더 읽는 게 좋겠다. 또한 722d의 본문을 참조할 것.

78) 700d를 참조할 것.

같아 보이듯 말입니다. 그러니까 아마도 그들 또한 방금 말한 것에서 아 800a
주 멀리 있지도 않을 것입니다. 누군가가 이를테면 잠결에 또는 깨어 있는 상태로 꿈꾸듯이 이를 아마도 예측했을 것입니다. 그러면 이를 그것에 대한 결정인 걸로 하죠. 공공의 그리고 성스러운 노랫가락들과 젊은 이들의 일체 합창가무에 어긋나게, 아니 노모스들(nomoi)[79] 가운데 다른 어떤 것에든 어긋나게 소리를 내는 것도, 춤동작을 하는 것도 아무도 하지 못하게 하죠. 따라서 그리하지 않는 자는 벌을 받지 않고 자유롭도록 할 것이나, 불복하는 자는, 방금 말했듯, 호법관들과 남녀 제관들이
응징토록 합니다. 이제 우리에게 있어서 이것들이 논의에 의해서는 확립 b
된 걸로 할까요?

클레이니아스: 확립된 걸로 하죠.

아테네인: 그렇다면 누군가가 이것들을 법률로 제정할 경우에 무슨 수로 아주 웃음거리가 되지 않을 수 있겠습니까? 이것들과 관련해서 다음 것도 봅시다. 가장 안전한 것은 마치 모형들[80]처럼 이것들을 위한 몇 가지를 먼저 논의에 의해서 조형하는 것입니다. 그러나 제가 말씀드리는 모형들 중의 한 가지는 이런 것입니다. 법에 따라 제물을 바치는 의식이 거행되고 희생된 제물들이 불태워지게 되었을 때, 누군가에게 누군가가
사사롭게 제단들과 희생된 제물들 옆에 서서는, 이를테면 아들이나 또는 c
형제가, 아주 불경스런 말을 내뱉는다고 합시다. 그럴 경우 그가 아버지나 다른 친척들을 낙담케 하며, 불길한 소리와 예언을 내뱉는 게 아니겠는가고 우리는 말하겠죠?

클레이니아스: 물론입니다.

---

79) nomoi가 곧 법률을 의미하기도 한다는 데 유의할 일이니, 바로 앞의 해당 각주와 함께 700b에서 해당 각주를 또한 참조할 것.

80) 여기에서 '모형'으로 번역한 원어는 ekmageion인데, 이 경우에는 801d7의 typos(규범)와 거의 같은 뜻으로 쓰이고 있다.

800c

아테네인: 그러니까 우리 지역의 나라들에서, 말하자면 거의 모든 나
라에서 이는 일어나고 있는 일입니다. 어떤 주무 관청이 공적으로 어떤
제물을 바치는 제례를 올릴 때는, 그다음으로 합창가무단이 하나가 아니
라 합창가무단들 여럿이 와서는, 제단들에서 멀리 떨어져서가 아니라,
d 때로는 제단들 옆에 서서, 희생된 제물들에 아주 불경스런 말을 쏟아 놓
으니까요. 그들은 듣는 사람들의 혼들을 노랫말들과 리듬들 그리고 더할
수 없이 구슬픈 선법들로 옥죄죠. 그래서 [방금] 제물로 제례를 올린 나
라를 당장에 가장 많이 눈물 흘리게 하는 이 사람이 승리의 상을 가져갑
니다. 이 관습(nomos)[81]이야말로 우리가 거부하지 않겠습니까? 또한 만
약에 시민들이 언젠가 이런 유의 연민의 비탄들을 듣게 되어야만 한다
e 면, 부정(不淨)한 액날들[82]일 그런 때에는, 나라 밖에서 고용된 가수들의
합창가무단들이 와야만 하겠죠? 이를테면, 망인들로 해서 고용된 자들
이 일종의 카리아식 가락[83]으로 [망인들][84] 뒤를 따릅니다. 아마도 이런

81) 여기에서 일단 '관습'으로 옮긴 것의 원어는 nomos인데, 실은 nomos가 지닌 세 가지 기본적인 뜻들, 곧 '관습', '법' 그리고 '가락'을 다 염두에 둔 상태에서 하는 말이므로, 여기에서는 이런 뜻들을 다 생각하면서 읽어야 할 것이다. 따라서 그다음의 '거부한다'(apopsēphizometha)는 말은 '거부 투표를 한다', 더 나아가서는 '부결한다'는 뜻으로도 이해해야 할 것이다.

82) 공적인 행사나 법률상의 업무 집행은 하지 않으나, 무덤에 제주를 따르는 데 이용되는 날들이다. 이른바 액날들(apophrades hēmerai: 라틴어로는 dies nefasti)이다.

83) 카리아식 가락(Karikē mousa)은 일종의 장송곡이다. 아리스토파네스의 《개구리들》 1302에 '카리아인들의 아울로스 악곡'(Karikōn aulēmatōn)에 대한 언급이 보인다. 카리아(Caria)는 남서쪽 소아시아지역의 마이안드로스(Maiandros) 강 아래쪽, 밀레토스(Milētos)의 오른쪽 내륙의 산악지대로서 카리아인들이 거주하던 곳이다. 카리아인들은 용병으로도 이용되었던 것 같다. 《라케스》 편 187b에서도 이들의 이용에 대한 언급이 보인다.

것은 그와 같은 노래들과 관련해서도 일어나는 게 적절할 것입니다. 특히 만가[85]들(epikēdeioi ǭdai)에 어울리는 의상은 아마도 화관도 도금된 장신구들도 어쨌든 아닐 것이니, 되도록 빨리 이것들에 대한 논의에서 벗어나기 위해서 하는 말입니다만, 완전히 그 반대일 것입니다. 다만 저로서는 이 정도의 것을 우리 자신들에게 다시 물어봅니다. 노래들을 위한 모형들 중의 하나로서 첫째로 이것이 만족스런 것으로 확립된 걸로 할 것인지 말씀입니다.

클레이니아스: 어떤 것인데요?

아테네인: 상서로운 말(euphēmia)[86]입니다. 우리의 노래 종류는 모든 면에서 특히 아주 상서로운 것이도록 해야겠죠? 아니, 제가 아무것도 801a
더는 묻지 않고, 이를 이렇게 정할까요?

클레이니아스: 그야 물론 그리 정하시죠. 이 법은 만장일치로 통과되는 것이니까요.

아테네인: 그러면 상서로운 말 다음으로 무엇이 시가(mousikē)의 둘째 법이 되겠습니까? 그때마다 우리가 제물을 바치는 그 신들에게 기원들[87]이 있어야 한다는 게 아니겠습니까?

클레이니아스: 어찌 그렇지 않겠습니까?

---

84) e3의 원어 τοὺς τελευτήσαντας를 Budé 판 등에서는 [τοὺς τελευτήσαντας]로 처리했다.

85) 700b에서 해당 각주를 참조할 것.

86) '상서로운 말'(euphēmia)은 신성한 의식이 진행되는 동안 일체의 '불길한 말'(dysphēmia)을 삼가는 것인데, 이의 가장 확실한 방법은 이런 의식이 진행되는 동안에는 차라리 경건한 마음으로 침묵을 지키는 것이다. 그래서 euphēmia는 그런 침묵을 가리키는 말이기도 하다. 이를테면, 아리스토파네스의 《테스모포리아(Thesmophoria)제(祭)를 올리는 여인들》 295~6을 보면, 기원을 하기에 앞서, 장내를 정숙히 하기 위해 한 여인이 등장하여 "침묵할 것이오, 침묵할 것이오!" 하고 외치는 장면이 나온다.

87) 물론 시가의 형태를 빌린 기원(祈願: eukhē)이겠다.

801a

아테네인: 한데, 셋째 법은, 시인들이 기원들이란 신들에게 하는 청들이라는 점을 아는 자들이어야 하며, 이들은 부지중에 나쁜 것을 좋은
b 것으로 [여겨] 청하는 일이 결코 없도록 충분히 신중을 기해야만 한다는 것이라 저는 생각합니다. 그야 물론, 그와 같은 기원이 있게 될 경우에, 이 사태는 우스꽝스런 것이 될 것이라 여겨지기 때문입니다.

클레이니아스: 그야 물론입니다.

아테네인: 그런데 우리는 좀 전에[88] 논의에 의해서 설득되지 않았던가요? 은의 부(富)도 황금의 부도 이 나라에 터를 잡고 깃들이게 해서는 안 된다고 말입니다.

클레이니아스: 분명히 그렇습니다.

아테네인: 그러면 이 주장이 도대체 무엇의 보기를 말해 주고 있는 것이라 우리가 말할까요? 시인들의 부류가 좋은 것들과 좋지 못한 것들을 완벽할 정도로 썩 잘 알고 있는 건 아니라는 사실에 대한 보기가 아니
c 겠습니까? 그러니까 어떤 시인이 노랫말로써 또는 노랫가락과 관련되어 그런 잘못을 저지를 경우에, 즉 옳지 못한 기원들을 지을 경우에, 그는 우리의 시민들로 하여금 가장 중대한 문제들과 관련해서 반대되는 것들을 기원하도록 만들 게 틀림없습니다. 그런즉, 우리가 말했듯, 이보다도 더 큰 많은 잘못을 접하게 되지는 않을 것입니다. 따라서 또한 이것을 우리가 음악(시가: mousa)과 관련된 법률과 규범(typos)들 중의 하나로 삼을까요?

클레이니아스: 무엇을 말씀입니까? 저희에게 더 명확하게 말씀해 주십시오.

아테네인: 시인은 그 나라의 법규들(ta nomima)과 올바른(정의로운) 것들 또는 아름다운 것들이나 좋은 것들에 어긋나는 다른 어떤 것도

88) 741b~742e를 참조할 것.

짓지 못하거니와, 그가 짓게 된 것들(작품들)도, 이것들과 관련해서 임명 d
된 판정관들과 호법관들 자신들에게 제시되어 승인을 받기 전에는, 그 어떤 사인(私人)에게든 보여 주는 게 허용되지 않는다는 겁니다. 그러나 시가 문제와 관련된 입법자들과 교육 감독관은 우리가 선발한 터라,[89)] 이들은 사실상 임명된 셈입니다. 그러면 어떻습니까? 제가 여러 차례 묻는 것입니다만, 이를 우리의 셋째 법으로, 그리고 규범 및 모형으로 삼을까요? 아니면, 어떻게 생각되시는지?

클레이니아스: 그리 정하죠. 어찌 그러지 않겠습니까?

아테네인: 그렇지만 이것들 다음으로는 신들에 대한 찬가들과 칭송들 e
이 기원들과 결합되어 노래로 불리는 게 지당하며, 신들 다음으로는 수호신들과 영웅들에 대해서도 마찬가지로 칭송들과 함께 이들 모두에 어울리는 기원들이 있게 될 것입니다.

클레이니아스: 어찌 그렇지 않겠습니까?

아테네인: 그렇더라도 그다음으로 이미 거칠 것 없이 바로 법으로 될 것은 이것일 것입니다. 시민들 중에서도 생을 마감한 사람들로서, 신체적으로나 정신적으로나 훌륭하고 수고로운 일들을 해내고 법률에 순종한 사람들, 이들은 칭송들을 받아 마땅할 것입니다.

클레이니아스: 어찌 그렇지 않겠습니까?

아테네인: 그렇지만 아직 살아 있는 사람들을 칭송과 찬가들로 추앙 802a
하는 것은, 누군가가 온 생애를 달려온 다음에 훌륭한 끝을 확인하게 되기 전에는 무난하지 않습니다. 그러나 우리로서는 이 모든 것이 남자들이건 여자들이건 두드러지게 훌륭하게 된 이들에게는 공통되게 적용되는 걸로 하죠. 노래들도 춤들도 이런 식으로 제도화되어야만 합니다. 시가와 관련해서는 옛날 사람들의 많은 오래고 아름다운 작품들[90)]이 있습

---

89) 764c 이후를 참조할 것.

802a

니다. 특히 몸들을 위한 춤들도 마찬가지입니다. 이것들 중에서 수립되
고 있는 나라 체제에 적합하고 어울리는 것을 가려내는 데 거부감을 가
b 질 것은 아무것도 없습니다. 이것들의 심사관들(dokimastai)로는 50세
이상인 사람들이 선출되어, 그 가려내는 일을 할 것입니다. 옛 작품들 중
에서 충족한 것으로 판단되는 것이면, 뽑을 것이로되, 부족하거나 전혀
부적합한 것이면, 아주 버릴 것이나, 앞 경우의 것은 채택해서 수정을 할
것입니다. 시에 밝으면서 동시에 음악에도 밝은 사람들을 초청해서, 이
c 들의 시작(詩作) 능력들을 이용할 것이나, 소수의 경우를 제외하고는, 이
들의 즐거움(취향)들과 욕구들에 맡기지 않고, 입법자의 의도들을 해석
해서, 춤과 노래 및 일체의 합창가무를 최대한 이 의도들의[91] 뜻에 따라
구성합니다. 그러나 음악과 관련된 모든 무질서한 종사(從事)일지라도
질서를 갖추게 될 경우에는, 비록 달콤한 음악이 동반되지 않더라도, 월
등히 낫습니다. 즐거운 것이야 모든 음악에 공통된 것이죠.[92] 누군가가
어릴 적부터 성인이 되어 사리를 아는 나이에 이르기까지 절도 있고 정
d 연한 음악 속에서 삶을 살아오다가, 언제고 그것과 반대되는 음악을 듣
게 될 경우에는, 이를 혐오하며 천하다고 말하니까요. 반면에 보통의 달
콤한 음악 속에서 자랐을 경우에는, 이에 반대되는 음악을 차갑고 즐겁
지 않다고 말하죠. 그리하여, 방금 말했듯, 즐거움이나 불쾌함의 측면은
그 각각의 경우에 [어느 쪽에도] 더 우월할 게 전혀 없고, 다만 한쪽은
그 음악 속에서 자란 사람들을 그때마다 더 나은 사람들로 만드나, 다른

90) 원어 poiēmata는 '시(詩: poiēma)들'을 뜻하기도 한다.

91) '이 의도들의'로 번역한 원어 autōn을 Bury 및 Luc Brisson의 읽기를 따라 autou(입법자의)로 읽는 것이 더 매끄러울 수도 있겠으나, 굳이 그렇게 읽지 않아도 되겠다.

92) 물론, 바로 이어지는 언급에서 보듯, 저마다의 취향에 따라 '즐거운 것'(to hēdy)이 상이할 수는 있다.

쪽은 더 나쁜 사람들로 만든다는 점에서 월등한 차이가 집니다.[93)]

클레이니아스: 훌륭한 말씀입니다.

아테네인: 더 나아가서는, 여자들에게 적합한 노래들과 남자들에게
적합한 노래들을 어쩌면 윤곽 형태로나마 규정함으로써 구별해야만 할 e
것이며, 또한 선법들 및 리듬들과도 맞추도록 해야만 할 것입니다. 어쨌
든 전체 선법(harmonia)에 맞지 않거나 리듬(rhythmos)에 맞지 않는다
는 것은, 이것들 각각에 알맞은 것을 노랫가락들에 아무것도 부여하지
못함으로써 그리된다는 것은 끔찍하니까요.[94)] 따라서 적어도 이것들[95)]
의 [기본] 형태들도 법으로 정하는 게 필수적입니다. 양쪽의 노래들에
대해서는 그 필연성에 의해 제어되는 선법과 리듬을 부여할 수 있습니다
만, 여자들의 것들은 각각의 천성이 차이가 난다는 것 바로 이 점에 의해
서 명확히 하기도 해야만 합니다. 그러므로 호방함(to megaloprepes)이
야말로 그리고 용기(andreia) 쪽으로 쏠림은 남성적인 것이라 말해야 할
것이나, 단정하며 삼가는 것(to kosmion kai sōphronon) 쪽으로 더 기울
어짐은 더 여성적인 것이라 말해야 할 것입니다. 법과 말로[96)] 전승되어
야만 할 것으로서 말입니다. 그러니까 이것은 일종의 법령(taxis)입니다.
바로 이것들의 가르침(didaskalia)과 전승(傳承: paradosis)이 어떤 방식 803a
으로 누구에게 그리고 언제 이것들의 각각을 시행해야 할 것인지가 그다
음으로 언급되어야만 합니다. 이를테면, 배를 만드는 어떤 장인이 조선
을 시작함에 있어서 용골을 놓음으로써 배들의 형태들을 윤곽으로 그리

93) 시가의 이런 중요성에 대해서는 《국가(정체)》 편 376c~412c에서 장황할 정도로 강조되고 있으며, 같은 대화편 608b에서도 또한 강조되고 있다.

94) 669b~670b를 참조할 것.

95) 여기서 가리키는 '이것들'은 선법과 리듬이다.

96) 여기에서 '법(nomos)과 말(logos)로'는, Saunders가 시사하듯(*Notes*, No. 54), '가락과 노랫말 속에'로 이해할 수도 있는 것이다.

게 되듯, 바로 똑같은 짓을 저 또한 하고 있는 것 같이 제게는 보입니다. 삶들의 모습들을 혼들의 기질들(tropoi)에 따라 구별하도록 해 봄으로
b 써, 실제로[97] 이것들의 용골을 놓게 되는 것이 말입니다. 어떤 방책으로 그리고 도대체 어떤 생활 방식들(tropoi)과 함께 함으로써 인생의 이 항해를 우리가 가장 훌륭하게 치러 낼 것인지, 이를 옳게 고찰함으로써 말입니다. 그런데 인간사(人間事)야 물론 크게 고심(spoudē)할 가치가 없는 것들이지만,[98] 그렇더라도 진지해지지(고심하지: spoudazein)[99] 않

97) 여기에서 '실제로(ontōs)' 라는 표현을 쓴 것은 이 경우에 '기질들' 로 번역한 tropoi와 '용골' 을 뜻하는 tropideia가 유사한 두 음절을 각기 갖고 있는 걸 갖고 말장난을 하고 있는 것이다.

98) 사람의 일들을 두고 '크게 고심(spoudē)할 가치가 없는 것들' 이라 말하는 이 표현과 아주 비슷한 표현을 우리는《국가(정체)》편 604c에서도 만나게 된다. 헬라스인들은 일찍부터 신들을 '불사하는 것들' (athanatoi = immortals)이라 말하면서, 인간들에 대해서는 '죽음(thanatos: 라틴어 mors, 형용사는 mortalis)을 면할 수 없는 것들' (thnētoi: mortals)이라 하다가, 급기야는 스스로 '하루살이들' (ephēmeroi = ephemerals)로 비하하기에 이른다. 하루살이 목숨일 뿐만 아니라, 그날그날(eph' hēmeren) 제우스가, 신들이 이끄는 대로 희로애락 겪으며 생각하며 살아갈 수밖에 없는 게 인간이라는 체념 속에 살아가던 그들이었다. 물론 인간에 대한 이런 옛날 사람들의 생각이 플라톤의 생각일 수는 없다. 소크라테스의 이성(logos)에 대한 확신이나 플라톤과 아리스토텔레스의 지성(nous)에 대한 확신은 인간의 혼(psychē)에서 하루살이 인간 이상의 것을 인간 자신에게서 찾아냈음을 의미하며, 이제야 인간이 진정으로 '고심할 것' (진지한 유의 대상: to spoudaion)도 갖게 되었음을 뜻한다. 804b~c에서 이런 생각을 비치는 발언을 읽을 수 있을 것이다.

99) 이의 추상명사형이 '고심' (spoudē)이고, 이에는 그 밖에도 열의, 열성, 진지함, 서둠 등의 뜻들이 있다. 바로 다음에서 '고심할 것' (진지한 유의 대상: to spoudaion)이라 한 것은 그 형용사에 중성정관사(to)를 덧붙여 명사화한 것이다. 사람의 경우에 spoudaios는 진지한, 빼어난, 훌륭한 등을 뜻하나, 사물의 경우에 spoudaion은 '진지하게 유의할 가치가 있는' 또는 '중요한' 등을 뜻한다.

을 수가 없습니다. 그리고 이게 행운은 아닙니다.[100] 그러나 우리가 이런 처지에 있으므로, 이[101]를 어떻게든 우리가 뭔가 적절한 것을 통해서 하게 된다면, 아마도 우리로선 합당할 것입니다. 한데, 도대체 제가 무슨 말을 하고 있냐고요? 누군가가 제게 바로 이런 질문으로 되받는다면, 어쩌면 그가 옳게 하는 것일 겁니다.

클레이니아스: 분명히 그렇습니다. c

아테네인: 고심할 것(진지한 유의 대상: to spoudaion)에 대해서는 진지해져야 하지만, 고심할 것(진지한 유의 대상)이 아닌 것에 대해서는 그러지 않아야 하고, 본성상 신은 아주 복되고 고심할 대상인 반면에, 인간은, 앞서 말했듯,[102] 신의 일종의 장난감으로 만들어진 것이고, 사실은 이게 인간의 최상의 것이 되었다고 저는 주장합니다. 모든 남녀가 바로 이 삶의 방식에 좇아 가장 훌륭한 놀이를 하면서 그렇게 일생을 보내야만 하는데, 이는 오늘날 생각되고 있는 것과는 반대되는 것입니다.

클레이니아스: 어떻게 말씀입니까? d

아테네인: 오늘날 사람들은 아마도 고심(진지함, 열의)들이 놀이들을 위해서 있어야만 하는 걸로 생각하고 있을 겁니다. 전쟁과 관련된 것들은, 고심할 것(진지한 유의 대상)들로서, 평화를 위해 잘 이끌어야만 할 것이라 생각들 하니까요. 그러나 전쟁 중에는 놀이(paidia)도 자연히 그랬지만, 교육(padeia)[103] 또한 우리에게는 결코 논의 가치가 없었으며,

---

100) 인간의 처지가 행운이랄 수가 없는 것이라는 뜻으로 하는 말이다. 이는 물론 신들의 처지에 비해서 하는 말이며, 호메로스 이후의 서사시들을 통해서도 볼 수 있듯, 전통적으로 헬라스인들은 자학적인 인간관을 가져왔던 게 사실이다. 이와 관련해서는 바로 앞 앞의 각주를 참조할 것.

101) 인간사와 관련해서 '진지해짐'(spoudazein)을 가리킨다.

102) 644d 이후를 참조할 것.

103) paidia(놀이)와 padeia(교육)의 발음이 유사하기 때문에 함께 언급되고 있는 측면이 있다고 하겠다. 656c를 참조할 것.

803d

없고 또 없을 것입니다. 바로 이것[104)]이야말로 적어도 우리에게 있어서는 가장 고심할 것(진지한 유의 대상)이라고 우리가 주장하고 있습니다만. 따라서 저마다 가장 오래도록 최선의 인생을 평화롭게 보내야만 합
e 니다.[105)] 그렇다면 무엇이 옳은 길입니까? [저마다] 어떤 놀이들을 하며, 제물을 바치고 노래도 하며 춤도 추면서 삶을 살아야만 할 것이니, 그럼으로써 신들이 자신에 대해 심기가 편한 상태가 되어 있도록 할 수 있게 되는 한편으로, 적들을 막아 내고 싸워서 이길 수도 있게 됩니다. 그러나 누군가가 어떤 것들을 노래하고 춤추게 됨으로써 이 두 가지를 이루게 할지, 그 윤곽적인 것은 언급되었습니다. 그리고 마치 따라가야 할 길들이 난 것처럼, 그 시인이 이런 말을 한 것도 잘한 것이라 생각하고요.

804a 텔레마코스여, 어떤 것들은 자네 스스로 마음속으로 생각할 것이나,
어떤 것들은 신께서도 시사해 주실 게야. 내가 생각하기로는
자네가 신들의 뜻을 거스르고서 태어난 것도, 자란 것도 아니니까.[106)]

---

104) 물론 '교육'을 가리킨다.

105) 입법자가 법률 제정에 있어서 전쟁과 평화 중에 어느 쪽에 주안점을 두어야 할 것인지에 대한 논의는 이 대화편의 모두에서부터 시작되었다. 그러나 이 문제와 관련해서는 628c~d에서 한 언급에 새삼 유의할 필요가 있겠다. "최선의 것은 전쟁도 내란도 아니고, 이것들이 불가피한 상황은 일어나지 않기를 바라는 것이니, 서로 간의 평화와 함께 우의가 최선의 것이다. …… 나라나 개인의 행복과 관련해서도 누군가가 이런 식으로 생각을 한다면, 즉 대외적인 전쟁과 관련된 것들에 대해서만 그리고 이것들에 대해서 맨 먼저 주목한다면, 그는 결코 옳게 정치가도 되지 못할 것이며, 전쟁에 관련된 것들을 위해서 평화와 관련된 것들을 입법하기보다는 평화를 위해서 전쟁과 관련된 것들을 입법하지 않는다면, 그는 엄밀한 의미에서의 입법자도 되지 못할 것입니다."

106) 《오디세이아》 3. 26~28. 아버지 오디세우스의 행방을 찾아 나선 텔레마코스에게 아버지의 친구인 멘토르로 변장한 아테나 여신이 그로 하여금

바로 똑같은 생각을 우리가 키운 아이들도 하고서, 이미 말한 것으로 충분히 말하기도 했지만, 제물 바치는 의식들 및 합창가무들과 관련된 것들은 수호신과 신 또한 자기들에게 시사해 주게 될 것이라 믿어야만 합니다. 어느 신들에게 그리고 언제 그 각각을 각각의 신들을 위해 놀이 b
로 하며 또한 이들이 심기가 편한 상태이게 함으로써, 그들이 천성대로 인생을 보내게 될 것인지를 말입니다. 대개는 꼭두각시들이면서도,[107] 조금씩은 진실에 관여하면서요.[108]

메길로스: 선생이시여, 선생께서는 우리 인류를 아주 얕잡아 말씀하십니다.

아테네인: 메길로스 님, 놀라지 마시고, 저를 용서해 주십시오. 신에 비추어 보고서 느낀 터라, 방금 말씀드린 걸 말한 것이니까요. 그렇더라도, 선생께서 좋다면, 우리 인류는 변변찮은 게 아니라, 뭔가 고심(진지함)의 가치가 있는 것이라 하죠. c

이것들 다음 것으로는, 김나시온(체력 단련장)들과 공공 학교들의 건물들은 도성 중심 지대의 세 곳에 마련되고, 다시 외곽 쪽으로 도심 주변 세 곳에도 승마 체력 단련장들과 활쏘기 및 그 밖의 경무장 보병들의 무기 던지기[109]를 위해 넓은 빈터가 마련되는 걸로 말했죠. 젊은이들의 배움과 함께 수련을 위해서 말입니다. 그렇지만 만일에 그때 충분히 말하지 못했다면, 이제 법률과 함께 논의에 의해서 말하도록 하죠. 이들 모든 건물에는 급료에 응한 각 분야의 외국인 교사들이 거주하면서, 전쟁과 d

네스토르 왕에게 아버지의 행방에 대해 물을 용기를 주느라 들려주는 말이다.

107) 803c에서는 인간이 신의 '장난감'(paignion)으로 만들어진 것으로, 여기서는 '꼭두각시'(thauma)인 걸로 언급하고 있다. 644d에서는 그 양쪽 다로 언급하고 있다.

108) 730c를 참조할 것.

109) 794c를 참조할 것.

804d

관련된 학과목들인 모든 것을, 그리고 시가와 관련된 모든 것도, 학생들에게 가르칩니다. 아비가 그러기를 원하는 아이는 학교에 가되, 원하지 않는 아이는 교육을 포기케 할 것이 아니라, 흔히 하는 말마따나, 어른이고 아이고 간에 모두가 가능성에 따라(kata to dynaton) 의무적으로 교육을 받아야만 합니다. 이들은 낳은 이들의 것들이기보다도 오히려 나라의 것들이니까요. 그런데 여자들에 대해서도 똑같은 것들을 저의 법은 말하
e 려 하는데, 남자들에 관련된 것들 모두와 똑같은 것들을 여자들도 수련해야만 한다는 겁니다. 또한 저는 이 주장을 주저하지 않고 말하겠습니다. 승마술의 경우에도 체육의 경우에도 그 어떤 점에서도 남자들에게는 적합하겠지만, 여자들에게는 적합지 않을 것이라곤 없다고 말입니다. 그야 제가 옛날 이야기들을 곧이듣고 있기 때문입니다. 지금도 말하자면 흑해 주위에는 사우로마티스(Sauromatis)들[110]이라 일컫는 수도 없이 많

110) 사우로마티스(Sauromatis)들에 대한 꽤 자세한 기록을 우리는 헤로도토스의《역사》IV. 110~117에서 찾아볼 수 있다. 이에 의하면, 이들이 바로 헬라스인들이 아마존족(Amazones)이라 일컫는 여전사족이다. 헬라스인들은 이들과의 싸움에서 이겨, 생포한 자들을 배 세 척에 싣고 가다가, 되려 이들한테 살해된다. 그러나 배를 조종할 줄 모르는 이들은 풍랑 덕에 어느 호숫가 절벽 지대에 닿아 뭍에 오른다. 그곳은 스키티아인들(795a의 해당 각주를 참조할 것)이 사는 곳이었고, 이들은 말들을 빼앗아 타고 스키티아인들을 습격한다. 영문을 모른 채로 이들을 맞아서 싸우던 스키티아인들은, 이들 중의 전사자 시신을 확인한 결과, 이들이 여자들인 것을 알게 된다. 그래서 이들을 죽이지 않고, 이들에게서 아이들을 얻기로 하고서, 스키티아의 젊은이들로 하여금 이들 곁에서 진을 치되 싸우지는 않도록 한다. 언어도 통하지 않는 이들과 같이 행동하며 가까워지도록 온갖 노력을 기울인 끝에, 마침내 자신들을 해칠 의사가 전혀 없는 것을 알아챈 여전사들은 이들의 접근을 허용하고, 혼인까지 하게 된다. 그러나 이들은 스키티아의 여인들과 동화되기를 거부하는지라, 남편들과 함께 타나이스(Tanais) 강을 건너 3일 동안 이동한 끝에, 그곳에서 정착하여, 여인들은 옛날의 자기들 관습대로 남자들과 똑같이 말을 타고 사냥도 하고,

은 여인들이 있는 걸로 저는 알고 있습니다. 이들의 경우에는 말들뿐만 805a
아니라 활들과 그 밖의 무기들을 공유(koinōnia)하며 남자들과 동등한 의무를 지고 동등하게 수련을 받습니다. 한데, 이에 더하여, 저는 이것들과 관련해서 다음과 같은 헤아림(logismos)[111]을 갖게 됩니다. 만약에 이런 일들이 정말로 이처럼 일어날 수 있다면, 지금 우리들의 고장들에서 모든 남자들이 온 힘을 다해 여자들과 일제히 똑같은 것들을 추구하지 않는 일이 진행되고 있다는 것은 그 무엇보다도 가장 어리석은 일이라고 저는 주장합니다. 왜냐하면 아마도 모든 나라가 똑같은 비용과 수고로 두 배 대신에 이렇듯 거의 그 반인 꼴로 있고 또한 있게 되겠기 때문입니
다.[112] 그렇다고 한다면, 입법자에게는 바로 이 일이 놀랄 만한 실수가 b
될 것입니다.

클레이니아스: 어쨌든 그런 것 같습니다. 선생이시여, 물론 우리가 방금 말한 것들 가운데 아주 많은 것이 보통의 나라 체제(정체: politeia)들과는 어긋납니다. 하지만 선생께선 말씀하시길[113] 실은 이 논의가 자세히 다루어지게 해야 하되, 일단 자세히 다루어지는 것이 잘 되었을 때는, 좋은 것으로 판단되는 것을 선택해야만 한다고 하셨습니다. 또한 선생께서는 아주 합당하게 말씀하셨으며, 저로 하여금 제가 이런 것들을

같은 복장을 하고 전투에도 함께 참가했다고 한다.

111) logismos는 셈, 계산, 추리, 추론 등을 뜻하는데, 어느 면에서 이 모두를 아우르는 우리말은 '헤아림'일 것이다.

112) 모든 관행을 남녀에게 공통되게 제도화하는 것과 관련해서는 780d~781c의 본문 및 각주들에서 언급되었으며, 여기에서도 계속되고 있다. 《국가(정체)》 편 451d~457b에서도 이 문제와 관련된 적극적인 논의를 찾아볼 수 있다.

113) 정확히 뭘 말했다는 것인지가 분명치 않으나, 내용으로 보아서는 739a~b에서 말한 것을, 상세히 다루는 일 자체와 관련해서는 746b~c 및 799e에서 말한 것을 각기 가리키는 것 같다.

c 말한 데 대해 지금 제 스스로 꾸짖게 만드셨습니다. 그러니 이후로는 선생의 마음에 드는 걸 말씀하십시오.

아테네인: 클레이니아스 님! 제 마음에 드는 것은, 제가 앞서도 말씀드렸듯, 이것입니다. 즉, 이것들이 일어날 수 있는 것들이라는 점이 사실들에 의해 충분히 증명되지 못할 경우에는, 어쩌면 이론적으로 뭔가 반론도 펼 수 있을 것입니다만, 지금으로선 이 법을 도저히 받아들이지 못하는 이는 아마도 뭔가 다른 방도를 찾아야만 할 것입니다. 그러나 그것들[114]로는 우리의 권유가, 곧 여성이 우리 남성과 함께 교육 및 다른 것
d 들에 최대한 관여해야만 한다는 주장을 하는 것이 잠재워지지는 않을 것입니다. 실은 이것들에 대해서는 어쩌면 이렇게 생각해야만 할 테니까요. 가령 여자들이 남자들과 공동으로 전체 생활에 관여하지 않을 경우에, 여자들에게는 어쨌든 다른 어떤 조례(taxis)가 생기게 될 게 필연적이겠죠?

클레이니아스: 실상 필연적입니다.

아테네인: 그러면 오늘날 공고되어 있는 것들 중에서 어느 것을 지금 우리가 여자들에게 지시하고 있는 이 공동참여(koinōnia)에 앞서 우리가 택하겠습니까? 트라케인들과 그 밖의 많은 종족이 여자들을 이용하여,
e 농사도 짓고 가축도 키우며 양도 치고 또한 노예들과 아무것도 다를 게 없이 봉사케 하는 걸 택할까요? 아니면, 우리와 그 지역[115] 사람들 모두가 하듯 할까요? 지금도 우리 고장에서는 이런 일들과 관련해서는 이런 식으로 되고 있으니까요. 속담 그대로, 우리는 물건이란 물건은 죄다 어느 한 집으로 모아 놓고서는, 여인들에게 넘겨주어 관리케 하고, 북과 일체 모(毛) 방적도 관장케 하죠.[116] 그것도 아니면, 바로 이들 양쪽의 중간

---

114) 바로 앞에서 든 반론 등의 방도를 가리킨다.
115) 아테네와 인근 지역을 가리킨다.

인 것, 곧 스파르타적인 것을 주장할까요, 메길로스 님? 소녀들이 체력 806a
단련과 함께 시가(詩歌) [교육]에 참여하며 살아야 하는가 하면, 여인들은 모 방적에서는 자유롭지만, 결코 천하지도 초라하지도 않은, 따라서 일종의 단련된 삶의 올을 엮어야 합니다. 반면에 [가사의] 돌봄과 관리 그리고 또 아이들의 양육에서는 중간 정도에는 이르지만, 전쟁과 관련된 일들에는 관여하지 않습니다. 그래서 언젠가 나라 및 아이들 때문에 싸워야 할 어떤 불가피한 운명이 닥칠지라도, 아마존족과 같은 여인들처
럼, 활쏘기나 그 밖의 기술적인 던지기에도 참여할 수가 없으며, 방패와 b
창을 집어들고 여신[117]을 흉내 내지는 못하게 됩니다. 이들로서는 약탈당하는 조국을 위해 진솔하게 저항함으로써, 그 이상 큰 것은 못 해도, 어느 전열 속에서는 목격됨으로써, 적어도 적들에게 두려움을 갖게 할 수는 있겠는데도 말입니다. 이들은 이런 식으로 살아감으로써, 사우로마티스들[118]을 감히 흉내 내려 드는 일도 전혀 하지 않을 것이니, 이들 여
인들에 비해 저들 여인들[119]은 남자들로 보일 것입니다. 그러니 이런 것 c
들로 선생네의 입법자들을 칭찬하고 싶어 하는 이는 하게 하시죠. 하지만 제 말은 달라지지 않을 것입니다. 입법자는 완벽해야지, 어중간해서는 안 되니까요. 여성은 무질서하게 일상생활을 하면서 사치를 하고 돈을 쓰도록 내버려 두면서, 남성에 대해서는 감독을 한다면,[120] 그 나라를

116) 트라케의 여인들이 노예들처럼 들일을 포함한 온갖 험한 일들을 다 하는 데 비해, 아테네를 포함하는 지역들에서는 남자들은 농사를 포함한 정치 활동 등의 바깥일들을 하고, 여자들은 온갖 가내 활동들을 맡아서 하기 때문에 하는 말이다.

117) 여기서 말하는 여신은 아테나 여신이다. 아테나는 전쟁의 여신이기도 하여, 무장한 모습으로 그려지기도 한다. 796b~c의 본문 및 각주를 참조할 것.

118) 804e에서 해당 각주를 참조할 것.

119) 물론 사우로마티스 여인들(아마존족)을 가리킨다.

806c

위한 행복한 삶의 거의 반을 그 두 배 대신에 아주 포기하게 되는 겁니다.

메길로스: 우리가 뭘 하죠, 클레이니아스 님? 선생께서 우리를 상대로 이처럼 스파르타를 공격하시도록 내버려 둘까요?[121)]

d 클레이니아스: 그럼요. 이분께는 무슨 말씀이든 하시는 게[122)] 허용된 터라, 그냥 두셔야만 합니다. 우리가 법률을 모든 면에서 충분히 다루게 될 때까지는 말입니다.

메길로스: 옳은 말씀입니다.

아테네인: 그러니까 아마도 그다음 것들을 이제 말하도록 해 보는 게 제가 할 일이 아니겠습니까?

클레이니아스: 어찌 그렇지 않겠습니까?

아테네인: 그런데, 가령 이런 경우에 사람들의 삶의 방식은 어떤 것이 되겠습니까? 필수품들은 알맞은 정도로 마련되어 있되, 기술들과 관
e 련된 것들은 남들에게 넘겨주었고,[123)] 노예들에게 맡긴 농토는[124)] 땅에서 나는 것들의 수확물을 사람들이 절도 있게 살아가기에 충분할 정도로 생산해 낼 경우에 말입니다. 그러나 공동 식사들은 남자들의 것들이 따로 마련되고, 그 가까이에 딸아이들과 이들의 어머니들을 포함한 이들 가족

---

120) 637b~c의 본문 및 타라스와 스파르타 여인들의 방종에 대한 각주들을 참조할 것.

121) 스파르타(Sparta, Spartē)와 크레테는 같은 도리스(Dōris)계의 종족이다.

122) '무슨 말씀이든 하시는 게'는 parrhēsia(pas + rhēsis)를 풀어서 옮긴 것이다. '거리낌 없이 말하기', '무슨 말이든 해 대기' 곧 '제약 없는 언론 자유'를 뜻한다. 민주정치가 실현된 아테네의 시민들이 그런 자유를 누렸다.

123) 아테네의 경우에 상공업에 종사하는 사람들의 주류는 다른 나라에서 온 이주민들(metoikoi)이었다. 이들에게는 시민으로서의 권리는 없었으나, 세금을 낼 의무가 있었다.

124) 스파르타에서는 메세니아(Messēnia) 등의 정복민들을 농노들(heilōtai)로 이용했다.

들의 것들이 또한 마련된다면 말입니다. 이 모든 공동 식사를 파하는 것
은 날마다 공동 식사에 참여한 사람들의 행동거지를 관찰하며 보는 남녀
주재자들에게 위임되어 있으며, 그다음으론, 담당 관리와 그 밖의 사람 807a
들이 당일 낮과 밤에 그러기로 되어 있는 신들에게 제주를 따르는데, 이
와 같이 제대로 진행되어 귀가하게 된다면 말입니다. 바로 이런 식으로
정연한 상태에 있게 된 사람들에게는 필요하고 아주 마땅한 일로 남아
있는 것이란 아무것도 없고, 비육 가축식으로, 이들 각자가 살쪄 가며 살
아야만 하겠죠? 그러니까 그건 올바른 것도 아니며 아름다운 것도 아니
고, 그렇게 사는 자는 그에 마땅한 운명을 피할 수도 없을 것이라고 우리
는 주장합니다. 게으르고 대책 없이 살쪄 버린 동물은 용맹과 함께 힘든 b
일들로 충분히 살이 빠진 동물들 가운데 어느 다른 동물한테 아마도 갈
기갈기 찢기는 게 마땅할 것입니다. 그러니까 이것들이, 지금처럼 우리
가 추구한다면,[125] 충족하리만큼 정확하게는[126] 아마도 결코 실현을 보
지 못할 것입니다. 아내들과 아이들, 사삿집들 그리고 이와 같은 모든 것
이 우리들 각자에게 사사로이 마련되어 있는 한은 말입니다. 그것들 다
음의 것들로 다시 방금 말한 차선의 것들이 우리에게 있어서 실현된다
면,[127] 그 실현은 아주 적절한 것일 겁니다. 그렇더라도 이렇게 사는 사 c

125) 여기에서 텍스트 읽기는 νυνὶ(b3)로 읽은 Budé 판의 Diès를 따르지 않고, νῦν εἰ로 읽었다. 그리고 그 앞의 이 문장 첫머리의 tauta는 806e에서 언급된 ta syssitia(공동 식사) 또는 이를 포함해서 이와 관련된 것들을 가리키는 것으로 보는 게 옳을 것 같다. 이 텍스트 읽기와 관련해서 Saunders는 그의 주석서 No. 55에서 복잡한 논의를 하고 있으나, 별로 명쾌하지가 않다.

126) '충족하리만큼 정확하게는'(di' akribeias men hikanēs)이 뜻하는 것은, 바로 다음에 이어지는 문장에서 언급되고 있듯, 공동 식사를 남녀가 별도로 분리된 공간에서 하지도 않고 사사로이 가정을 갖는 것도 아니라, 《국가(정체)》 편 458c에서처럼 남녀가 공동의 주거에서 공동 식사를 하는 형태를 염두에 둔 것이라 할 것이다.

람들에게 남겨지는 할 일(ergon)은 아주 사소한 것도 아주 하찮은 것도 아니고, 무엇보다도 중대한 것으로서, 올바른 법에 의해 지정받은 것이라고 우리는 주장합니다. 왜냐하면 피티아 경기(Pythia)[128]나 올림피아 경기(Olympia)[129]에서의 승리를 목표로 하는 삶은 그 밖의 다른 일들에 대해서는 전혀 짬을 내지 못하는 삶이거니와, 몸과 혼의 훌륭한 상태(훌륭함: aretē)에 전적으로 마음 쓰는, 그래서 인생이라 하기에 지당한 삶
d 은 그 두 배 아니 그보다도 훨씬 더 짬을 내지 못하기 때문입니다. 다른 일들 가운데 그 어떤 부차적인 일도 몸의 운동과 부양에 기여하는 데 있어서 몸에 마땅한 것들에 방해가 되어서는 안 되며, 또한 혼을 위한 배움들(학문들: mathēmata)과 습관(ethos)들에 방해가 되어서도 안 되기 때

---

127) 739a~e를 참조할 것.

128) 피티아 경기(Pythia)는 델피(Delphoi)의 아폴론 신을 기리는 경기로서, 처음에는 8년마다, 나중에는 4년마다 올림피아 경기가 열리는 3년째 해의 8월 하순에 이곳에서 열린 축제의 일환이었다. 582년에 시작되었으며, 올림피아 경기에 버금가는 경기였다. 파르나소스(Parnasos, Parnassos) 산기슭의 아폴론 신전이 위치한 작은 동산의 맨 위쪽 비탈에 자리잡고 있으며, 발굴을 통해 복원된 그 유적은 원형이 비교적 잘 보존되어 있는 편이다. 이 경기장 아래에 신전과의 중간 비탈 지대에 음향효과가 아주 빼어난 극장이 자리잡고 있으니, 이로 미루어 시가(詩歌) 경연 또한 이곳에서 벌어졌음을 새삼 확인할 수 있겠다. '피티아'라는 이름은 델피가 위치한 지역 명칭이 피토(Pythō)인 데서 유래한다.

129) '올림피아'(Olympia)는 고음 강세표시(pitch)의 위치가 끝음절에 있으면, 그 지역 이름(Olympia khōra)을, 그것이 둘째 음절에 있으면, 그 경기(ta Olympia hiera)를 뜻한다. 올림피아 경기는 제우스 신전이 있는 이 지역에서 4년마다 8, 9월에 이 신을 기리어 열렸다. 시작은 기원전 776년부터였으며, 이 축전이 열리고 다음번에 열리기까지의 4년간의 기간을 Olympias(=Olympiad)라 했다. 처음에는 '스타디온'(stadion)이라 불리는 거리의 달리기(789c에서 해당 각주를 참조할 것)에서 시작하였다가, 다른 시합 종목들이 차례로 추가되어 갔고, 6세기 무렵에는 헬라스의 전지역에서 선수들이 모여들었으며, 5세기에는 5일간이나 축제가 계속되었다 한다.

문입니다. 밤이고 낮이고 그 모든 날도 바로 이를 행하는 자에게 있어서는 그것들에서 완전하고 충족한 것을 얻어 내기에는 아마도 충분치 않을 테니까요.

이것들이 그 성질상 바로 이러하므로, 모든 자유민에게는 전체 시간과 관련해서 일과표가 있어서야만 합니다. 새벽에 시작해서 다음 날 새벽 e
그리고 해돋이까지 거의 언제나 계속되는 거죠. 그렇더라도, 어떤 입법자가 가정 관리에 대해서, 또한 그 밖의 것들이나 온 나라를 완벽하게 틀림없이 지키고자 하는 이들에게 야간에 잠자지 않는 것과 관련해서[130] 마땅한 것들에 대해서 많은 것을 자주 그리고 시시콜콜히 말한다면, 볼썽사나워 보일 것입니다.[131] 시민들 가운데 누구고 간에 어느 날 밤이나 온 밤 동안 계속해서 잠을 자고, 깨어 있는 것이, 언제나 맨 먼저 일어나
는 것이 하인들 모두에게 보이지 않는다는 것, 이건 모두에게 부끄러운 808a
걸로 여겨질 일이요, 자유민이 할 짓은 아니니까요. 그런 것을 실상 법으로 불러야 하건 또는 관행으로 불러야 하건 간에 말입니다. 특히 그 집의 안주인이 몇몇 하녀들에 의해 잠을 깨고, 그 자신이 맨 먼저 남들을 깨우지 못하는 것은 남녀 노예들과 종 아이들끼리도 창피한 일로 말해야 할 것이니, 혹여 그럴 수만 있다면, 온 집이 떠들며 말해야 할 것입니다.[132]
하지만 관리들은 나라 차원에서 그리고 바깥주인들과 안주인들은 가정 b
에서 모두가 밤에 깨어 있으면서 나랏일들과 집안 일들의 많은 부분을 처리해야만 합니다. 많은 잠은 우리의 몸들에도 혼들에도, 또한 이 모든 것[133]과 관련된 활동들에도 그 성질상 조화되지 못하기 때문입니다. 자

130) 밤을 새며 나라를 지키는 중대한 일들과 관련해서는 이미 758a~d에서 언급했다.

131) 788a~b를 참조할 것.

132) 그 집에 사는 하인들만이 아니라, 집까지도 입이 있다면, 그리 소곤거릴 거라고 빗대어 하는 말이다.

808b

는 동안은 그 누구도 아무런 가치가 없으며, 살아 있지 않은 자보다도 조금도 더 나을 게 없으니까요. 그러나 우리 중에서도 누구든 사는 것과 생각함(지혜롭기: phronein)에 유달리 관심을 갖는 이는 되도록 오랜 동안
c 깨어 있으며, 잠자는 것은 자신의 건강을 위해 유용한 만큼만 지키는데, 이는 많이 자는 게 아닙니다. 버릇으로 잘 굳혀질 경우에는 말입니다. 그런데, 나라들에서 관리들이 밤에 깨어 있으면, 이들이 나쁜 사람들에게는, 그런 시민들과 함께 적들에게도, 두렵지만, 올바르고(정의롭고) 마음이 건전한(절제하는) 사람들에게는 감탄할 만하며 존경받고, 자신들을 위해서도 온 나라를 위해서도 유익합니다.

이처럼 보낸 어느 날 밤은 언급된 모든 것에 더해 사실은 일종의 용기
d 를 그 나라들에 살고 있는 시민들 각자에게 또한 갖게 해 줍니다. 날이 바뀌고 새벽이 돌아오면, 아이들은 아마도 교사들에게로 가야만 할 텐데, 가축을 치는 사람 없이 양들이나 그 밖의 다른 어느 무리도 살게 되어 있지 않으니, 아이들도 물론 아이들의 보호자들[134] 없이, 노예들도 주인 없이 살게 되어 있지 않습니다. 그러나 아이는 모든 동물 중에서도 가장 다루기 힘든 것입니다. 생각함(phronein)의 샘물이 아직 그 물길을 전혀 트지 못하고 있는 그만큼, 반항적이고 난폭하며 동물들 중에서도 가장 제멋대로가 되기 때문입니다.[135] 바로 이 때문에 여러 가지 것들로,

---

133) England가 그리 말하듯 나랏일들이나 집안 일들을 가리키는 것으로 보는 게 옳을 것 같다.

134) 여기서 '보호자'로 번역한 말의 원어 paidagōgos는 그 어원을 풀이하면, '아이(pais)의(paidos) 인도자(agōgos)'란 뜻이다. 아이들의 교육을 돌보는 가복(家僕), 곧 교복(敎僕)으로서, 아이를 학교(gymnasion)에 데려다주고 데려오는 노예를 가리켜 그리 일컬었다. 물론 아이의 휴대품도 들고 다녔을 것이다. 그러나 이 낱말은 교사나 지도자를 뜻하기도 한다. 영어 등에서 '교육자'를 pedagogue라 함은 이에서 유래된 것이다.

135) 766a를 참조할 것.

이를테면 일종의 고삐와 같은 것들로 이를 속박해야만 하는데, 처음에, e
곧 보모들이나 어머니들에게서 벗어나게 될 때, 놀이와 철없음 때문에는 보호자들을 이용해서, 또한 더 나아가서는, 무엇이건 가르치는 사람들과 자유민으로서의 배움들을 이용해서 그리해야만 합니다. 다른 한편으로는, 누군가가 이런 것들 가운데 어떤 일로 잘못할 경우에는, 그를 누구든 자유민들 가운데 맨 먼저 만나게 된 사람이, 노예처럼 벌주게 합니다.[136] 아이 자신도, 보호자도 그리고 교사도 말입니다. 반면에 만약에 누군가가 제대로 벌주지 않을 경우에는, 먼저 최대의 책망을 당하게 할 것이나,
호법관들 중에서도 아이들의 관리직에 선발된 이[137]가 이 사람을, 곧 우 809a
리가 말하고 있는 자들과 만나게 되었기에 마땅히 처벌해야 되는데도 처벌을 하지 않은 이 사람을, 또는 제대로 처벌하지 못한 이 사람을 감시하게 합니다. 우리의 이 호법관은 날카롭게 지켜보며 아이들의 양육을 각별히 보살피면서, 아이들의 성향들을 언제나 법률에 따라 좋은 것으로 향하게 함으로써 바로 인도하게 합니다.

그렇지만 바로 이 호법관을 우리의 법이 스스로 충분히 교육하자면[138] 어떻게 하면 되겠습니까? 이제껏 실은 명확하고 충분한 것은 아무것도
말한 게 없고, 일부는 말했으되, 일부는 말하지 않았으니까요. 그러나 이 b
사람에게는 가능한 한 아무것도 제쳐 놓지 말고, 모든 점을 상술해 주어야만 합니다. 이 사람이 다른 사람들에게 가르침을 주는 자인 동시에 양육자가 되자면 말입니다. 그런데 합창가무, 곧 노랫가락과 춤에 관련된

136) 아이들에게도 자유민의 측면에서 교육을 통한 가르침을 통해서 다스릴 면과 노예처럼 엄격히 벌을 줌으로써 다스릴 면이 있다는 뜻으로 하는 말이다.

137) 아이들의 교육 감독관에 대해서는 765d~e를 참조할 것.

138) 법을 의인화해서 하는 표현인데, 교육 감독관에게 제공할 법률적 지침의 필요성을 말하고 있는 것이다.

809b

것들은 무슨 유형의 것들이 선택되어야 하며, 시정되어야 하고, 또한 봉
헌되어야 하는지는 언급되었죠.[139] 그러나 운율(metra) 없는 글로 쓰인
것들은 어떤 것들이며, 지극히 훌륭하신 아이들의 감독관이시여, 선생에
의해 양육되는 아이들을 무슨 방식으로 다루어야 할 것인지는 우리가 말
c 하지 않았습니다. 그렇지만 전쟁과 관련된 것들로는 이들이 뭘 배우고
수련해야만 하는지는 우리의 논의로 해서[140] 선생께서 아십니다. 그러나
첫째로, 글들에 관련된 것들[141]이나, 둘째로, 리라 [탄주] 그리고는 계산
하기의 경우에, 이것들에 대해서는 전쟁을 위해서도 필요한 만큼은 저마
다 이해해야만 한다고 우리가 말했습니다.[142] 또한 더 나아가, 같은 이것
들을 위해서도 신성한 것들의 운행들[143]에 속하는 것들로 유익한 것들,
곧 별들 및 해 그리고 달과 관련해서도 유용한 것들을 모든 나라가 이것
d 들과 관련해서 조정할 필요가 있는 만큼은 이해해야만 합니다. — 우리
가 말하고 있는 것은 바로 무엇들과 관련된 것인가요? 달들의 기간들로
하는 날들의 배열, 그리고 각 년(年)으로 하는 달들의 배열에 관련된 것
입니다. 그래서 자연스럽게 계절들을 보내고 제물을 바치는 의식들과 축
제들도 개최됨으로써 각기 그 각각에 마땅한 것들을 받게 되어, 나라를
살아 있으며 깨어 있는 것이도록 하여, 신들에겐 경의를 표하게 되는 한
편으로, 인간들로 하여금 이것들과 관련해서 한결 더 지혜롭도록 만들게
될 것입니다.[144] — 친구시여, 이것들 모두가 아직은 입법자에 의해 선생

---

139) 802a~b 및 799a~b를 참조할 것.

140) 794c~795b 및 804c~806c에서 한 논의를 참조할 것.

141) 곧 읽기와 쓰기를 가리킨다.

142) 747a~c를 참조할 것.

143) '운행'으로 번역한 원어 periodos에는 돎, 둘레, 주기, 기간, 천체의 궤도나 운행, 회전운동 등의 뜻들이 있다. 그리고 여기에서 '신성한 것들'(ta theia)이란 천체들을 뜻한다. 헬라스인들은 천체들을 신들이라고도 했다.

144) 천문학적인 것들에 대한 이해를 갖는 것이 이처럼 실용적 목적을 위

께 충분히 설명되지는 않았습니다. 그러니 이후로 언급될 것들에 대해 e
정신을 가다듬으십시오.

첫째로, 우리는 글들에 대해서 선생께서 충분히 설명 듣지 못하고 있는 걸로 말했는데, 그 표현에 대해 무엇을 불만스러워해서 그러는 걸까요? 그건 이것입니다. 장차 절도 있는 시민이 되고자 하는 이가 이 교과에 철저하게 파고들어야 할 것인지 아니면 전혀 덤벼들지 말아야 할 것인지를 선생께 아직껏 자세히 말하지 못했다는 겁니다. 리라의 경우도 마찬가지입니다. 물론 덤벼들어야만 하는 걸로 지금 우리는 말하고 있습니다. 글들의 경우에는 열 살 된 아이가 삼 년 가량, 리라[탄주]는 열세
살 된 아이가 손대기 시작하되, 또 다른 삼 년을 계속하는 것이 적절한 810a
기간일 것입니다. 그리고 이 기간 이상도 이하도 아버지에게나 아이 자신에게도, 배움을 좋아하거나 싫어하거나 간에, 이와 관련해서 이 이상 또는 이 이하의 위법적인 소일을 하는 것이 허용되지 않도록 합니다. 불복하는 자는 아이들에게 주어지는 명예를 누리지 못하게 할 것인즉, 이것들은 조금 뒤에 말해야 할 것들입니다. 정작 이 기간 동안에 도대체 젊은이들은 무엇을 배워야 하며, 교사들은 그들대로 무엇을 가르쳐야만 하
는지, 바로 이것을 맨 먼저 알도록 하십시오. 그러니까 글들을 쓰고 읽을 b
수 있을 때까지 정진해야만 합니다. 그러나 그 속도와 아름다움[145]과 관

해서만이 아니라, 종교적인 목적을 위해서도 필요한 것임이 강조되고 있는데, 이런 언급은 제8권에서도 이어진다. 그런데 《국가(정체)》 편(527d)에서도 천문학의 실용성에 대한 언급이 보이지만, 곧이어서(이후 제7권 끝까지에 걸쳐) 이 학문의 더 중요한 목적은 혼의 눈길을 육안으로는 볼 수 없는 것으로 인도하는 매개 구실에서 찾는다. 즉 혼이 지닌 최상의 능력이라 할 지성(nous)을 일체의 감각적 지각(aisthēsis)들에서 벗어나 순수한 상태가 되도록 함으로써, 마침내는 그 고유한 대상들인 '지성에 의해서라야 알게 되는 대상들'(ta noēta)에 대한 앎, 즉 지성에 의한 앎(noēsis)에 이르는 것이 그 궁극적인 목적임을 밝히게 된다.

810b

련해서 아주 세련되게 되는 것은, 정해진 기간에 그 자질이 제대로 촉진되지 못한 자들은 내버려 둡니다. 그런데 리라 탄주가 동반되지 않은 상태로 쓰인 시인들의 교과들과 관련해서, 그 일부는 운율을 갖춘 것들이지만, 일부는 리듬 부분을 갖추지 못한 것들인데, 다만 산문으로 말한 형

c 태의 글들은, 리듬과 선법이 결여된 것들로서, 많은 그런 사람들 가운데 몇몇이 우리에게 남긴 글들은 위험한 것들입니다.[146] 모든 이들 중에서도 가장 훌륭하신 호법관들이시여! 이것들을 어떻게 다룰 것입니까? 도대체 여러분께 입법자가 무슨 조치를 취하도록 지시한다면, 옳게 지시하는 게 되겠습니까? 그도 몹시 당혹해할 것으로 저는 짐작합니다.

클레이니아스: 선생이시여, 도대체 무엇 때문에 이를 선생께선 정말로 당혹해서 자신에게 말씀하시는 것으로 보이시는지요?

아테네인: 옳게 짚으셨습니다, 클레이니아스 님! 그렇긴 하나 두 분께서는 법률과 관련해서 협력자들이시기에, 쉬워 보이는 것과 그렇지 못한 것을 제가 말씀드려야 겠습니다.

d 클레이니아스: 그렇다면, 뭔가요? 이것들에 대해서 지금 선생께선 무엇을 말씀하시고 있으며, 어떤 걸 느끼시는지요?

아테네인: 그야 말씀드릴 것입니다. 실은 수도 없이 많은 사람의 입에 회자되는 것과 상반되는 걸 말한다는 건 결코 쉬운 일이 아닙니다.

클레이니아스: 무슨 말씀인가요? 앞서 법률과 관련해서 우리가 듣게 된 말들이 많은 사람(다중: hoi polloi)과 상반되는 경우들이란 사소하고 드문 것들이라 생각되십니까?

아테네인: 선생께서 말씀하시는 이것은 물론 사실입니다. 그야 많은

145) 물론 글씨의 아름다움을 뜻한다.

146) 제10권에서 이 문제는 특히 종교적인 관점에서 다루어지고 있다. 이런 문제와 관련된 시들에 대한 본격적인 비판은《국가(정체)》편 제2, 3권 및 제10권 전반부에서 접할 수 있다.

사람한테서 미움을 사게 되지만, 아마도 적지 않은 다른 사람들한테서는 — 만약에 적다면, 적어도 그들보다 못하지는 않은 사람들한테서는 — 사랑을 받게 되는, 같은 그 길을 선생께서는 제게 권유하시는 것으로 제게는 보이니까요. 저로 하여금 이들과 함께 현재의 논의들을 통해서 이 e
제 내게 된 법률 제정의 길을 위험을 무릅쓰며 자신을 갖고서, 아무것도 포기하지 말고, 나아가도록 권유하시는 걸로 말입니다.

클레이니아스: 물론입니다.

아테네인: 그래서 포기하지 않습니다. 말씀드리건대, 우리에게는 많은 시인이 있는데, 더러는 6절 운율의 서사시(epē hexametra)[147] 시인들

---

147) 6절 운율의 서사시(epē hexametra, hexametra epē)로는 대표적인 것이 호메로스의 작품들이다. 헬라스의 운문들에서 운율(metron, 복수는 metra)을 나타내는 시각(詩脚, 音步, 韻脚: pous)은, 영시의 경우처럼 소리의 강약(强弱)을 나타내는 것이 아니라, 다만 장단(長短: —∪)을 나타내는 것이다. 이를테면, 닥틸로스(daktylos) 시각은 —∪∪이고, 이암보스(iambos) 시각은 ∪— 이며, 트로카이오스(trochaios) 시각은 —∪이다. 시각(pous = foot)의 ∪는 1박자(chronos prōtos)이고, — 또는 ∪∪는 2박자(disēmos [agōgē])이며, 3박자(trisēmos = trichronos)는 ∪∪∪ 또는 ∪— 이다. 4박자(tetrasēmos)도 이에 준한다. 그러나 한 박자의 길이 자체는 절대적인 것이 아니고, 상대적인 것이다. 아리스토텔레스는 《시학》 4. 1449a. 24~5에서 "모든 운율(metron) 중에서도 가장 대화적인 것(malista lektikon)이 이암보스 운율(to iambeion metron)이다"라고 말하고 있는데, 비극시의 대화(dialektos)에는 주로 이 운율이 동원된다. 그런데 이암보스 시각(詩脚: pous)은 ∪— 의 시각이고, 비극 대화의 각 행(行)은 이 이암보스 시각이 주가 되는 여섯 시각으로 이루어져 있으나, 이것은 트로카이오스 시각(—∪)과 마찬가지로 너무 짧아서 지극히 단조롭기 때문에, 동일한 두 시각을 한 쌍(syzygia)으로 간주하여 1절(節) 운율로 삼고, 여섯 시각 전체는 3절 운율로 본다. 따라서 이를 '3절 운율의 이암보스'(iambos trimetros)라 부른다. 반면에 서사시 운율은 영웅시 운율이라고도 하는데, 이른바 닥틸로스 시각(—∪∪)이 주가 되는 6절 운율(hexametra)이 한 행을 이루기 때문에, '6절 운율 서사시'라고 말한다.

810e

이고 더러는 3절 운율과 그 밖에도 여러 가지로 일컫는 온갖 운율의 시인들이죠.[148] 어떤 시인들은 진지함을 염두에 두고 있으나, 어떤 시인들은 웃음을 염두에 두고 있지요. 젊은이들 가운데서도 옳게 교육을 받게 될 자들은 이들[의 시들] 속에서 양육하고 젖어 들도록 만들어야만 한다고 수도 없이 많은 사람이 몇 번이고 주장합니다. 공개 낭독에서 많이 듣

811a 고 많이 배워, 전체 시인들[의 시들]을 외워 버리게 만듦으로써 말입니다. 그러나 어떤 사람들은 모든 시인의 작품들에서 골자들을 뽑고 어떤 것들은 전체 시구들을 한데 모아서는, 기억하게 함으로써 외워 버리게 해야만 한다고 주장합니다. 만약에 누군가가 많은 경험과 많은 배움을 통해서 우리를 위해 훌륭하고 지혜롭게 되어 주려면 말입니다. 선생께서는 지금 저로 하여금 바로 이들에게 이들이 무엇은 훌륭히 말하고 무엇은 그렇지 않게 말하는지 밝히게 되도록 무슨 말이든 하게 촉구하시는 겁니까?

클레이니아스: 어찌 그렇지 않겠습니까?

아테네인: 그렇다면 도대체 이들 모두에 대해 한마디로 제가 뭐라 말

b 함으로써 충분히 말하는 게 되겠습니까? 대체로 다음과 같이 말하는 데 대해 모두가 또한 제게 동의할 것이라 저는 생각합니다. 이들이 저마다 많은 것을 훌륭히 말하기도 했지만, 또한 많은 것을 그 반대로 말하기도 했다고 말입니다. 만약에 이게 이러하다면, 많이 배움(polymathia)은 아이들에게 위험을 가져다주는 것이라고 저는 주장합니다.

클레이니아스: 그러면 선생께선 호법관에게 어떻게 그리고 무엇을 권고하실 건지요?[149]

---

148) 다양한 운율에 관련해서는 《국가(정체)》 편 399e~400c의 본문 및 역자가 단 해당 각주를 참조할 것.

149) d에서 '교육자이기도 한 호법관'에 대한 각주를 참조할 것.

아테네인: 무엇에 대해서 말씀하시는 겁니까?

클레이니아스: 도대체 무엇을 본보기로 삼아서 보며 모든 젊은이로 하여금 어떤 것은 배우도록 허용하되, 어떤 것은 막을 것인지 하는 것입니다. 말씀하세요. 아무것도 망설이지 마시고 말씀하세요. c

아테네인: 클레이니아스 님! 어떤 식으로든 제가 행운을 만난 것 같습니다.

클레이니아스: 무슨 일로 해선가요?

아테네인: 본보기로는 전혀 곤궁하지가 않아서요. 새벽부터 바로 지금까지 우리가 자세히 해 온 논의들을 이제 돌아보니, — 우리가 신들에게서 일종의 영감을 얻은 것으로 제게는 보이는데 — 그게 전적으로 일종의 시작(詩作)과도 흡사하게 말하게 되었다는 생각이 어쨌든 제게는 들어섭니다.[150] 또한 제게는 어쩌면 놀라운 느낌은 전혀 들지 않은 것 같습니다. 제 자신의 말들을 이를테면 전체로 모아서 잘 살펴보노라니 몹 d
시 기뻤습니다. 그야 이것들이, [일찍이] 시들이나 이처럼 산문으로 말한 것들로 제가 배웠거나 들었던 대부분의 것들 가운데서도, 젊은이들이 듣기에는 무엇보다도 가장 적당하며 적합한 것들임이 명백해졌기 때문입

150) 헬라스인들은 시인이 시를 짓는 것, 곧 시작(詩作: poiēsis)은 신에게서 어떤 영감(epipnoia)을 얻게 됨으로써 가능하게 되는 것으로 여겼다. 그래서 호메로스는 《일리아스》와 《오디세이아》의 첫머리에서 그리고 헤시오도스는 《신들의 계보(神統記)》와 《일과 역일》의 첫머리에서 자기들이 이들 서사시를 읊는 것을 무사(Mousa = Muse) 여신이 하는 일로 말하고 있다. 이를 두고 M. M. Willcock은 그의 《일리아스》 주석서 *The Iliad of Homer*, Books I–XII, (London, 1978), p. 185에서 "무사 여신은 시인의 영감이 인격화된 것이다"라고 말하고 있다. 그런데 여기에서는 아테네인의 주도로 새벽부터 해 온 법률에 대한 이들의 논의가, 마치 훌륭한 시작(詩作)의 경우처럼, 어떤 영감의 도움을 얻은 듯이 훌륭히 진행되었음에 스스로도 흡족해서 이런 말을 하고 있는 것이다.

811d

니다. 제가 생각하기로, 교육자(교육 감독관)이기도 한 호법관[151]을 위해서 이보다도 더 나은 본보기를 저는 말해 줄 수 없겠으며, 또한 교사들에게는 이것들을, 그리고 이것들과 관련되며 이것들과 유사한 것들을 아이
e 들에게 가르치게끔 권고하도록 말해 주는 것 이상으로 할 수는 없겠습니다. 따라서 시인들의 시들과 산문으로 쓰인 것들이나 또는 글로 쓰지는 않고 단지 말로 했을 뿐인 것들을 샅샅이 조사해보다 보면, 어쩌면 이 논의들과 형제 간인 것들을 그가 만날 수도 있겠는데, 그 경우엔 어떤 식으로도 그냥 지나쳐 버리지 말고, 글로 써 두는 겁니다. 그리고서 그는 맨 먼저 교사들 자신들이 이것들을 배우고 찬양하도록 강요해야 하지만, 교사들 가운데서 이것들이 마음에 들지 않아 하는 자들은 협력자들로 삼지 말고, 찬양하는 쪽에 가담하는 자들을 협력자들로 삼을 것이니, 이들에
812a 게 젊은이들을 가르치고 교육하도록 넘길 것입니다. 저의 이 이야기는 여기에서 이렇게 결말짓지요. 글들(성문화된 것들)과 이를 가르치는 사람들에 대한 이야기 말입니다.

클레이니아스: 선생이시여! 제안대로 계획된 논의들의 틀 밖으로 우리가 나간 것 같지는 않은 것으로 제겐 보입니다. 그러나 전체적으로 옳게 진행하고 있는지 아니면 그렇지 못한지는 어쩌면 자신 있게 주장하기가 어렵군요.

아테네인: 클레이니아스 님! 그거야말로, 우리가 여러 번 말했듯,[152] 법률에 대한 전체적인 설명의 결말에 우리가 이르렀을 때, 그때에나 더

---

151) 텍스트에서는 호법관(nomophylax)과 교육자(교육 감독관: paideutēs)가 하나의 정관사로 묶이어 있거니와, 808e 끝 부분에서처럼, 여기에서도 이 둘이 각기 다른 사람이 아니라, 같은 한 사람 곧 호법관들 중에서도 교육 감독의 책임도 맡도록 선출된 사람이다. 이 사람의 자격 및 선출과 관련해서는 765d~766b를 참조할 것.

152) 이를테면, 799e 및 768c 등에서.

명백하게 될 것 같기 때문입니다.

클레이니아스: 옳습니다. b

아테네인: 그러면 글을 가르치는 사람[153] 다음으로는 키타라 탄주자(kitharistēs)에 대해서 우리가 말해야 하겠죠?[154]

클레이니아스: 물론입니다.

아테네인: 그러니까 키타라 탄주자들에게는, 우리가 앞서의 논의들을 상기할 경우에, 그 가르침[155]과 함께 이런 것들과 관련된 교육에 있어서 합당한 것을 배정하게 된다고 저는 생각합니다.

클레이니아스: 바로 어떤 것들에 대해서 말씀하시는지요?

아테네인: 디오니소스 합창가무단의 60세 된 가수들[156]은 리듬들과 선법들의 구성들에 대해 유달리 민감해져야만 한다고 우리가 말했던 걸로[157] 저는 생각합니다. 노랫가락들의 모방(mimēsis)은, 훌륭하게 되는 c
경우든 나쁘게 되는 경우든, 그 느낌들의 상태에 혼이 처하게 되기에, 누군가가 훌륭한 것[158]을 닮은 것들과 그 반대의 것을 닮은 것들을 가려낼

153) 원어는 grammatistēs로서, 이는 일반적으로 서기 또는 기록자를 뜻하나, 교사로서는 글(grammata)을 쓰고 읽는 것을 가르치는 사람을 뜻한다. 요즘 식으로 말하면 국어 교사인 셈이다. 그러나 바로 앞(a)에서 '글들(성문화된 것들)과 이를 가르치는 사람들'에 대한 언급에서 보았다시피, 그가 가르칠 글들에는 문학 작품들만이 아니라 입법자들이 제정한 법률과 법의 정신에 관련된 글들도 포함됨은 물론이다.

154) 809e~810a를 참조할 것.

155) Budé 판의 dikaskalias는 didaskalias의 오식(誤植)이다.

156) 30세에서 60세까지의 '디오니소스 합창가무단'에 대해서는 664c~665b를 참조할 것.

157) 670a~b를 참조할 것.

158) 여기에서 '훌륭한 것'으로 번역한 원어 hē agathē가 '훌륭한 혼'(hē agathē [psychē])을 뜻하는지 아니면 '훌륭한 모방'(hē agathē [mimēsis])을 뜻하는지가 분명치 않다. 이는 '그 반대의 것'의 경우에도 마찬가지이다. 예술 행위를 모방(mimēsis) 행위로 말하는 것은 이미 플라톤의 《국가

812c

수 있어서, 뒤의 것들은 버리되, 앞 것들은 공적으로 내세워서 노래하고 또한 젊은이들의 혼들에 주문(呪文) 삼아 노래해 주게 하기 위해서는 말입니다. 이들 각자가 모방들을 통해서 뒤따르게 됨으로써 [사람으로서의] 훌륭함(덕: aretē)의 획득을 추구하도록 촉구하면서요.

클레이니아스: 더없이 참된 말씀입니다.

d 아테네인: 따라서 이런 까닭으로 키타라 탄주자와 그 교육을 받는 자
는 현(絃)들의 명확함을 위해서 리라의 음들을 또한 이용해야만 합니다.
[현들의] 음들을 음성들에 일치시키면서 말입니다. 그러나 리라[159]의 이
음(異音: heterophōnia)[160]과 다양성은, 곧 현들이 퉁겨져 내는 노랫가락
들과 멜로디(melǭdia)를 지은 사람의 것들이 각기 다르거나, 특히 음정
의 벌어짐과 음정의 조밀함[161]을, 느림과 빠름을, 그리고 저음과 고음을
e 함께 울리게 [또한 마주 울리게][162] 하는 것은, 또한 마찬가지로 리듬들

(정체)》 편을 통해서 우리가 익히 알고 있는 바다. 그러니까 이 경우에 훌륭한 시가 또는 노랫가락은 '훌륭한 모방' 곧 '훌륭한 혼의 모방'이다. 앞의 번역과 관련해서 외국의 학자들이 서로 달리 번역들을 하고 있는 것은 그런 까닭으로 해서다.

159) 리라와 키타라의 차이에 대해서는 658b에서 해당 각주를 참조할 것.

160) 음악 용어로 '헤테로포니'(heterophony)가 쓰이고 있다.

161) 여기에서 '조밀함'(pyknotēs)'이란 높이가 다른 음들 사이의 간격, 곧 음정(diastēma)의 조밀한(pyknon) 상태를 가리켜 하는 말인데, 그 반대인 경우가 '음정의 벌어짐(manotēs)'이다. 그런 음정을 '조밀 음정'(pyknōmata: 단수로는 pyknōma)이라 하는데, 《국가(정체)》 편 531a~b에 이와 관련된 언급이 보인다. 아리스토텔레스의 제자로서 음악 이론가이며 철학자이기도 한 아리스토크세노스(Aristoxenos)는 이 '조밀한(pyknon) 음정(diastēma)'에 대해서 이렇게 말하고 있다. 그의 《화성학》 I. 24. 10~15d에서 내리고 있는 그 의미 규정에 따르면, '4음 음계의 음정에 있어서 결합된 두 음정이 나머지 음정보다도 더 작은 쪽'을 가리킨다. 이를테면, 두 4분음의 음정, 또는 반음 둘의 음정이 그런 경우이다. H. S. Macran(ed.), *The Harmonics of Aristoxenus*, Oxford, 1902 참조.

의 온갖 다양한 것들을 리라의 음들과 맞추는 것은, 그러니까 이와 같은 모든 것을 3년 안에 시가의 유용한 것을 빨리 습득하게 될 자들에게는 적용하지 않아야 합니다. 상반되는 것들을 서로 뒤섞어 놓으면, 배우는 것을 힘들게 만들기 때문이니, 되도록 젊은이들이 배우기 쉽도록 해야만 합니다. 이들에게 지정된 필수 학과들은 사소하지도 적지도 않기 때문이니, 이는 우리의 논의가 시간의 경과와 함께 보여 줄 것입니다. 그러나 시가와 관련된 이것들은 이처럼 우리의 교육자(교육 감독관)[163]가 감독하게 합시다. 또한 노랫가락들 자체와 노랫말들의 경우에 합창가무를 가르치는 교사들이 어떤 것들을 그리고 무엇을 가르쳐야만 하는지, 이 또
한 앞에서[164] 모두 우리가 말했습니다. 봉헌되어야 할 것들을, 곧 축제들 813a
에 각각 어울리는 것들로서, 나라들에 행운의 즐거움을 제공함으로써 이롭게 할 것들을 우리는 말했습니다.

클레이니아스: 말씀하신 그것들 또한 진실입니다.

아테네인: 그러니까 더할 수 없는 진실입니다. 음악(시가: mousa)과 관련된 행정관으로 선발된 자는 이것들을 우리에게서 넘겨받아 행운과 함께 감독하게 하죠. 그런 한편으로 우리는 춤 및 몸과 관련되는 체육 전
반에 관련해서 앞에서 말한 것들에 추가로 제시토록 합시다. 시가 b
(mousikē)에 속하는 것으로서 가르칠 것으로 남은 것을 우리가 제시했듯, 체육의 경우에도 마찬가지로 합시다. 소년들도 소녀들도 춤을 추고 체육 훈련을 하는 걸 배워야만 하니까요. 안 그렇습니까?

클레이니아스: 그렇죠.

아테네인: 따라서 이들이 정진을 하는 데에는 소년들을 위해서는 남자

162) 이 부분은 텍스트에서 [kai antiphōnon]으로 묶인 것이다. 사족인 셈이니, 삭제하고서 읽는 것이 군더더기 없이 읽는 게 되겠다.

163) 811d에서 말한 교육 감독관을 가리킨다.

164) 798d~802d를 가리킨다. 특히 799a~b를 참조할 것.

813b

무용교사가, 소녀들을 위해서는 여자 무용교사가 더 적합할 것입니다.

클레이니아스: 그야 그리하도록 하죠.

아테네인: 그러면 가장 많은 일거리를 갖게 될 이 사람, 곧 아이들의
c 감독관을 다시 부릅시다. 시가와 관련된 것들 그리고 체육과 관련된 것들을 감독하느라 별로 여가가 없을 이 사람을 말입니다.

클레이니아스: 그렇다면 비교적 나이가 많은 사람이면서[165] 어떻게 그처럼 많은 것을 감독할 수가 있을까요?

아테네인: 그야 쉽지요, 친구시여! 법이 그에게 남녀 시민들 가운데서 그가 원하는 자들을 보조자들로 채용하도록 허락했거나 허락할 것이기 때문입니다. 그는 누굴 채용해야만 하는지 알 것이고, 이 일에 있어서 잘못 짚는 일이 없도록 하려 할 것입니다. 그는 이 관직에 대해 신중하게
d 두려운 마음으로 임하거니와 그 중대성[166]도 알고 있으며, 이런 점에 대해서도, 즉 젊은이들이 훌륭하게 양육되었거나 양육될 경우에는 우리에게 있어서의 모든 걸 바른 항로로 항해하게 할 것이라는 데 대한 헤아림에도 익숙해 있을 것입니다. 하지만 그렇지 못할 경우에는 ― 그건 말할 가치도 없고, 이 새 나라를 위해서는, 예언하기를 좋아하는 이들을 공경해서라도,[167] 우리는 말하지 않을 것입니다. 물론 이것들에 대해서도, 곧 춤들에 관련된 것들과 체력 단련들의 운동에 관련된 것들에 대해서도 우리로서는 많은 걸 말했습니다.[168] 왜냐하면 전쟁에 관련된 것들로 몸을 위한 모든 고역도 우리는 체력 단련들로 보고 있기 때문입니다. 궁술도,
e 일체의 던지기도, 경무장보병 기술도, 일체의 중무장 전투도, 전술적 전

165) 교육 감독관은 50세 이상인 사람이어야 하기 때문이다. 765d를 참조할 것.

166) 이 관직의 중대성에 대한 언급으로는 765e~766b를 참조할 것.

167) 예언자들에 대한 언급은 제8권 첫머리(828a~b)에 나온다.

168) 794c~796d를 참조할 것.

개들도, 군대들의 일체 원정과 야영 그리고 승마에 속하는 하고많은 과목들도 말입니다. 이것들 모두에는 나라에서 보수를 받는 공공의 교사들이 있어야만 하며, 이들의 제자들로는 이 나라의 소년들과 남자들이 되어야 하고, 소녀들도 여인들도 이 모든 것을 아는 자들로 되어야만 합니다. 아직 소녀들일 적에는 무장한 상태의 춤과 전투를 익힐 것이나, 여인들이 되고서는 전술적 전개와 정렬 그리고 무기를 쥐고서 놓거나 들기를 814a
익혀야만 합니다. 다른 이유로 해서가 아니라, 만약에 온 민중이 총동원되어[169] 나라를 뒤에 두고 나라 밖으로 언젠가 진군을 해야만 할 경우에는, 아이들과 나머지 시민들을 지켜 주는 사람들 정도만큼[의 역할]은 감당할 수 있기 위해서는 말입니다. 또는 반대로, 이런 것들 가운데 그 어떤 것도 맹세코 있을 수 없는 일로 선언할 것이 못 되는데, 외부에서 적들이 강대한 군사력과 힘으로, 그들이 이방인들이건 또는 헬라스인들이건 간에, 침공해 들어올 경우에는, 나라 자체를 위해서 항전하는 사태가 벌어지게 되는 건 필연적이겠는데, 여인들이 이런 식으로 부끄럽게 양육되었다면, 이는 아마도 나라 체제(politeia)의 몹시 나쁜 상태(kakia) b
일 것입니다. 여인들이, 마치 어미 새들이 가장 힘센 짐승들 중의 어느 것이라 할지라도 그것에 대항해서 새끼들을 위해 싸우다 기꺼이 죽고자 하며 온갖 위험을 감수하듯이, 하지는 않고, 곧장 신전으로 서둘러가서는, 제단들과 신전 건물들을 온통 채우다시피 몰려든다는 것은, 그리하여 인류의 명성을 모든 짐승들 중에서도 천성이 가장 겁쟁이인 것으로 추락하게 한다는 것은 말입니다.

클레이니아스: 선생이시여, 그런 일이 일어나는 나라는, 나쁜 걸 떠

169) 텍스트 읽기에서 이 다음의 [pasē tē dynamei](전체 군사력으로)는 바로 앞의 pandēmei(온 민중이 총동원되어)에 대한 훗날 사람의 방주(旁註)가 본문 속에 끼이게 된 것으로 보아 생략했다.

c 나서, 단연코, 결코 의젓할 수가 없을 것입니다.

아테네인: 그렇다면 적어도 그 정도만큼은 여인들로서도 전쟁에 대해 무관심해서는 안 되고, 모든 남녀 시민들이 마음을 써야만 한다는 것, 이것을 법으로 정할까요?

클레이니아스: 어쨌든 저는 찬성합니다.

아테네인: 그런데 레슬링에 대해 부분적으로는 우리가 말했습니다
만,[170] 저로서 말하자면, 가장 중요한 것이라 할 것은 우리가 말하지 않
았습니다. 또한 말로 설명하는 것과 함께 몸으로 시범해 보이지 않고서
d 는 그게 쉽지가 않습니다. 따라서 이건 그때 가서 판정하도록 합시다. 즉
실제 행동에 설명이 따름으로써, 이미 언급된 다른 것들 가운데서 명확
한 어떤 걸 드러내 보여 줄 때, 또한 모든 운동 중에서는 실제로 전술에
월등하게 제일 가까운 것이 우리에게 있어서는 그런 레슬링이라는 점을,
특히 이것은 전술을 위해서 수련해야지, 이것을 위해서 전술을 습득해서
는 안 된다는 점을 보여 줄 때 말입니다.

클레이니아스: 그건 어쨌든 훌륭한 말씀입니다.

아테네인: 이제 레슬링 학교(palaistra)의 의의에 대해서는 여기까지
의 논의로써 우리로서는 언급된 걸로 하죠. 그러나 나머지 전신 운동의
e 경우, 그 최대 부분을 누군가가 일종의 춤으로 일컫는다면, 그는 옳게 말
하는 것일 겁니다. 춤(orkhēsis)에는 두 종류가 있는 것으로 간주해야만
하는데, 그 하나는 더 아름다운 몸들을 모방하는[171] 것으로 고귀함(to
semnon)을 목표로 하는 것이나, 다른 하나는 더 추한 몸들을 모방하는
것으로 천박함(to phaulon)[172]을 목표로 하는 것입니다. 그리고 다시 천

---

170) 795d~796a에서.

171) 예술 행위를 모방 행위로 보기 때문에 이런 표현을 쓴다. 이 경우에 '모방하는'을 '표현하는'으로 이해하는 것이 더 직접적으로 와 닿을 것이다. '모방'과 관련해서는 812c에서 해당 각주를 참조할 것.

박함에도 두 종류가 있고, 진지함(to spoudaion)[173)]에도 다른 두 종류가
있습니다. 바로 이 진지함의 한 종류는 전쟁 때 그리고 격렬하고 힘든 일
들에 엮이어든 아름다운 몸들을 모방하는 한편으로 용감한 혼을 모방하
는 것이지만, 다른 한 종류는 잘 지내는 가운데 알맞은 정도의 즐거움들
속에 있는 사려 깊은 혼을 모방하는 것입니다. 누군가가 이런 춤을 평화
로운 것이라 말한다면, 그는 자연스럽게 말하는 것일 겁니다. 이들 중에 815a
서 바로 전투적인 춤은 평화로운 춤과는 다른 것이기에, 누군가가 전쟁
춤[174)]이라 일컫는다면 옳을 것입니다. 일체의 타격과 투척을 몸 비켜 피
하기나 완전한 몸 구부리기로 그리고 높이 또는 몸을 낮춘 자세로 뛰어
오르기로 피해 내는 것들을 모방(표현)하는 춤,[175)] 그리고 이것들과 반대

---

172) 여기서 말하는 '천박함'(to phaulon)은 816d~e에서 희극이 보여 주는 우스꽝스러움(to geloion)임이 밝혀진다.

173) 곧 '고귀함'(to semnon)을 가리키고 있는 것이다. 그리고 이 경우의 to spoudaion은 803c에서 말한 '진지한 유의 대상' 또는 '고심할 것'이라는 보통명사를 지칭하는 것이 아니라, 추상명사로서 '진지함'을 뜻한다.

174) 원어는 pyrrhikē [orkhēsis]로서 그 유래에 대해서는 이설이 더러 있지만, Liddel & Scott의 대사전에서는 그 유래를 다음 둘에서 찾고 있다. 그 하나는 파트로클로스(Patroklos)의 장례 행사의 일환으로, 그를 화장한 뒤에 거둔 유골을 무덤에 묻기 전에, 아킬레우스가 여러 가지 경기를 벌이게 하여, 승자에게 상을 받게 한 데서 유래했다는 것이다. 시신을 화장하기 위해 쌓는 장작더미를 헬라스어로 pyra(pyrē)라 하기 때문이라는 말이다. 다른 하나는 그 창안자인 스파르타 출신의 피리코스(Pyrrhikhos)에서 유래했다는 것인데, 이와 관련된 기록을 우리는 《아테나이오스(*Athēnaios*)》 630d~631a에서 찾아볼 수 있다. 이에 의하면, '피리코스'라는 이름은 당시에도 스파르타인들이 쓰는 이름인 데다, 그 춤이 전투적인 것이어서, 스파르타적인 것임을 드러내 보여 준다고 한다. 이 '전쟁 춤'은 다른 헬라스인들 사이에서는 이미 찾아볼 수 없게 되었지만, 오직 스파르타인들 사이에서만 '전투의 예비 훈련(progymnasma)'으로서 존속하고 있고, 그 시대에 와서는 오히려 디오니시오스 축제 춤의 일종이 되었다고 한다. 이 '전쟁 춤'에 대해서는 816b8에서도 계속해서 언급되고 있다.

815a

되는 것들, 곧 이와 반대로 공격하는 자세들을 취하는 것들을 모방(표현)하는 춤이죠. 활쏘기와 투창 그리고 일체의 타격에 있어서의 모방물들을 모방(표현)하려는 거죠. 이런 것들[176]에 있어서 [자세]의 바름과 긴
b 장은, 몸의 사지가 대체로 직선으로 뻗침으로써 훌륭한 몸들과 혼들의 모방(표현)이 이루어질 때[의 것이니], 그런 것은 바른 것이나, 이것들과 반대되는 것은 바른 것으로 받아들일 게 아닙니다. 반면에 평화로운 춤은 그 각각을 이런 식으로 지켜보아야만 합니다. 곧 누군가가 합창가무(choreia)들에서 아름다운 춤에 참여해서 훌륭한 법질서 아래 사는 사람들답게 그 역을 바르게 수행하는지 아니면 자연스럽지 못하게 하는지를 말입니다. 따라서 첫째로 논쟁거리가 되는 춤과 논쟁거리가 되지 않는
c 춤은 따로 분리해야만 합니다. 그러면 이건 무엇이며, 이 각각은 어떤 식으로 따로 분리해야만 합니까? 박코스 신도들의 춤들이나 이를 따르는 하고많은 춤들로서, 사람들이 그리 말하듯, 요정들(Nymphai)과 판들(Panes)들 그리고 실레노스들(Silēnoi)과 사티로스들(Satyroi)[177]이라는

175) 곧 방어적 자세의 춤을 뜻하며, 따라서 바로 다음에서 말하는 공격적 자세의 춤과 반대되는 것이다.

176) 춤의 자세들(skhēmata) 곧 춤사위들을 가리킨다.

177) 박코스 및 그 신도들에 대해서는 672b의 본문 및 해당 각주 그리고 790e에서 해당 각주를 참고할 것. 이들의 비밀스런 의식을 특히 오르기아(orgia)라 하는데, 포도주를 마시며 광적인 춤을 추는 것은 그 일환이었던 모양이다. 영어 orgy의 어원은 이에서 유래한다. 여기서 원래는 단수가 아닌 것들까지 복수로 지칭하고 있는 것은 술이 취한 상태로 춤을 추는 자들을 싸잡아서 사람들이 흔히 그리 지칭하는 대로 말했기 때문이다. 요정(Nymphē)들은 강이나 호수, 샘, 참나무 따위의 나무, 산을 인격화한 여성들로서 젊고 아름다우며 음악과 춤을 좋아하고, 영생은 하지 않으나, 오랫동안 사는 것으로 상정했던 것들이다. 판(Pan)은 이른바 목신(牧神)으로, 헤르메스(Hermēs) 신과 요정 사이에서 태어났으며, 펠레폰네소스 반도의 중부 지대로서 산악 지대가 많은 목가적인 아르카디아(Arcadia)가

이름들로 부르는 술 취한 자들을 모방하는(흉내 내는) 것들이죠. 이것들은 어떤 정화 의식(淨化儀式: katharmoi) 및 밀교(密敎, 秘敎)의 입교의식(入敎儀式: teletai)과 관련해서 치르는 것들인데, 이 부류의 춤 전체는[178] 평화로운 춤으로도, 전투적인 춤으로도, 또는 그 어떤 것으로도 쉽게 규정되는 걸 결코 받아들이려 하지 않을 것입니다. 그렇지만 이를 이런 식으로 규정하는 것이 아마도 지당할 것으로 제게는 생각되는군요. 곧, 전 d
투적인 것과도, 평화적인 것과도 따로 떼어 놓은 다음, 이 부류의 춤은 시민에 적합한 것(politikon)이 아니라고 말하는 것이 말입니다. 그러나 이건 이것이 위치한 이곳에 있게 하고, 이제 전투적인 부류의 것과 함께 평화적인 부류의 것으로 되돌아가는 것이 우리가 할 일임은 이론의 여지가 없습니다.

그렇지만 비전투적인 무사(Mousa)에 속하는 부류의 것은 춤들에서 신들과 신들의 자식들을 숭배하는 사람들의 것으로, 그 전체가 안녕(평안함: to prattein eu)에 대한 염원 속에 행하여지는 것으로서 하나의 부류가 될 것입니다. 또한 이것을 우리는 둘로 나눌 수 있겠는데, 그 하나 e
는 어떤 고난들과 위험들에서 벗어나 좋은 것들 속으로 피해 가는 사람

헤르메스와 함께 그 출생지로 전한다. 위 몸통과 팔은 사람의 형상이나, 양의 다리와 귀 그리고 뿔을 가진 걸로 묘사된다. 산과 동굴 등 한적한 곳들을 좋아하며, 피리(syrinx)는 그의 고안품이라 한다. 실레노스(Silēnos)는 디오니소스의 양부이며 젊은 사티로스(Satyros)들의 지도자로서, 반은 사람의 형상을, 반은 짐승의 형상을 가졌으며 술을 몹시 좋아한 것으로 묘사되었다. 사티로스들은 디오니소스의 종자(從者)들로서, 거의 사람의 형상을 하고 있으나, 말의 꼬리와 유난히 큰 생식기를 갖고 있고 호색하며 술을 좋아하는 것으로 묘사되었다.

178) 815c3~6의 텍스트 읽기는 Budé 판을 따르지 않고, Burnet의 읽기를 따랐다. 따라서 3행의 hais는 has로, 5행의 perikatharmous는 peri katharmous로, 그리고 [tēs orkhēseōs]는 괄호를 풀고 읽었으며, 번역도 그리했다. 이 읽기가 오히려 무리가 없어서다.

815e 들의 것으로서, 더 큰 즐거움들을 갖는 것인 반면에, 다른 하나는 이전의 좋은 것들의 보존과 증대가 있었으면 하는 염원에서 행하여지는 것으로서, 앞 경우의 것들보다는 더 온화한 즐거움들을 얻게 되는 것[179]이죠. 그런데 이런 상태들에서는 아마도 모든 사람은 즐거움들이 더 크면, 몸의 움직임들을 더 크게 할 것이나, 즐거움들이 더 작으면, 그 움직임들을 더 작게 할 것입니다. 또한 더 절도 있고 용기와 관련해서도 더 단련이

816a 되었을 경우에도 그 움직임들이 작은 반면에, 비겁하고 절제함과 관련해서 단련이 되어 있지 않을 경우에는 그 움직임의 변화들을 더 크고 격렬하게 해 보입니다. 노래로든 말로든 소리를 내고 있는 사람은 전반적으로 모두가 몸으로는 조용한 상태로 있을 수가 없습니다. 하는 말들을 자세들(춤사위들: skhēmata)에 의해 모방하는 것이 실현됨으로써, 춤 전반의 기술을 성립하게 한 것이 그 때문입니다. 그래서 우리 중에서 어떤 이는 이 모든 자세에서 조화롭게 움직이나, 어떤 이는 엇가게 움직입니

b 다. 그런데 물론 우리에게 있어서의 옛날 명칭들 중에서 다른 많은 것이 훌륭하게 그리고 자연스럽게 지어진 것으로 생각되는 것들은 칭찬해야만 합니다. 그러나 이것들 가운데 하나로서, 잘 지내는 사람들[180]이면서도 스스로 즐거움들에 대해서 알맞은 정도를 지키는 사람들의 춤들에 관련된 부류를, 그 이름을 붙인 이가 누구였던 간에, 옳게 그리고 동시에 시가에 맞게 불렀으며, 합리적으로 이것들 모두에 대해 엠멜레이아(em-

---

179) 815e4의 텍스트 읽기에서 kektēmenēn은 Budé 판을 따르지 않고, Burnet 등의 읽기를 따라, kektēmenon으로 읽었다.

180) '잘 지내는 사람들'(hoi eu prattontes)에서 '잘 지냄'(eu prattein)은 815d 끝에 나온 '안녕(평안함: to prattein eu)'과 같은 말이다. eu는 '잘', prattein은 어떤 일을 '처리함', '해냄', '함', 어떤 상태로 '지냄' 등을 뜻하는 말이다. 이 말의 어원적 의미와 현실적 사용 사이의 괴리에 관련된 철학적 논의에 대해서는 졸저 《헬라스 사상의 심층》 78, 82~3쪽을 참조할 것.

meleia)들[181]이라는 이름을 정해 불렀거니와, 바로 두 종류의 아름다운 춤들을 확립하게 되어,[182] 전투적인 종류는 전쟁 춤으로, 평화적인 종류는 '엠멜레이아'로, 그 각각에 적절하고 어울리는 이름을 붙여 주게 된 것입니다. 바로 이것들을 입법자는 개략적으로 설명해야만 하고, 호법 c
관[183]은 찾아야만 하며, 일단 찾아내게 되면, 다른 시가와 함께 춤을 결합해서 모든 축제에서 각각의 제례의식에 적합한 것을 배정합니다. 이처럼 이것들 모두를 차례로 봉헌한 다음, 이후로는 춤이나 노래와 관련되는 그 어떤 것도 변경하지 않아야 하며, 같은 나라와 가능한 한에서 [서로] 닮은 시민들은 같은 즐거움들 속에서 같은 방식으로 보내며 잘 그리 d
고 행복하게 살아야만 합니다.

---

181) emmeleia에 대해서 Liddell & Scott의 대사전에서는 '전쟁 춤'(pyrrhikhē orkhēsis)과 대비되는 '비극의 춤'이라고만 설명하고 있다. 그러나 '비극의 춤'이라고 막연히 넓게 이해하기보다는 본문에서 밝히고 있는 내용의 것으로 이해해야만 할 성질의 것이겠다. 왜냐하면 "잘 지내는 사람들이면서도 스스로 즐거움들에 대해서 알맞은 정도를 지키는 사람들의 춤들에 관련된 부류를, … 이것들 모두에 대해 엠멜레이아(emmeleia)들이라는 이름을 정해 불렀고," 확립된 두 종류의 아름다운 춤들 중에서 "전투적인 종류는 전쟁 춤으로, 평화적인 종류는 '엠멜레이아'로 … 이름을 붙여 주게 되었다"고 했기 때문이다. 이와 관련해서 참고로 덧붙여 말하면, 816a 끝 부분의 "어떤 이는 이 모든 자세에서 조화롭게 움직이나, 어떤 이는 엇가게 움직입니다"라는 구절에서 '조화롭게'로 번역한 것의 원어는 emmelōs이고, '엇가게'로 번역한 것의 원어는 plēmmelōs이다. melos는 이 대화편에서 줄곧 '노랫가락'으로 번역해 왔는데, '멜로디'나 '노래' 등의 뜻도 있는 말이다. 이 낱말에 전치사 en(영어 in에 해당함)이 접두어로 붙은 형용사 emmeles는 '조화로운', '적합한', '합리적인' 들을 뜻하고, 이와 반대되는 말이 plēmmeles인데, plēn(영어 except, save에 해당함) + melos이니까, '조화가 안 된', '곡조가 틀린', '잘못된' 등을 뜻한다. 이들 형용사들의 명사형태가 emmeleia 및 plēmmeleia이다.

182) 814e~815a를 참조할 것.

183) 이 경우의 법률수호자는 곧 교육 감독관을 겸하는 사람이다.

816d

그러면 아름다운 몸들과 고매한 혼들의 춤들에 관련된 것들, 곧 그 춤
들이 어떤 것들이어야만 하는지는 소상히 다루어졌습니다. 그러나 추한
몸들과 생각들에 관련된 것들 그리고 웃음을 자아내게 하는 희극적인 것
들에 골몰한 사람들에 관련된 것들은 말투 및 노래와 관련해서 그리고
춤과 관련해서 그리고 또 이 모든 것의 희극화한 모방물들과 관련해서
고찰되어야 하며 또한 알아야 할 필요가 있습니다. 왜냐하면 우스운 것
들 없이는 진지한 것들을 그리고 모든 상반되는 것들 없이는 상반되는
e 것들을 이해하게 될 수가 없기 때문입니다. 누군가가 분별 있는 사람이
고자 할 경우에 말입니다. 그렇다고 해서, 양쪽 다를 창작할 수는 없습니
다. 만약에 누군가가 정녕 [사람으로의] 훌륭함(덕: aretē)에 조금이라도
관여하겠다면 말입니다. 그러나 바로 이를 위해서는, 즉 무지로 해서 하
고많은 우스운 것들을, 전혀 그럴 필요가 없는데도, 행하거나 말하는 일
이 결코 없도록 하기 위해서는, 이것들을 또한 이해해야만 합니다. 하지
만 이와 같은 것들은 노예들이나 고용된 외국인들에게 모방하도록 지시
해야만 하고요. 이것들에 대해서는 그 어떤 진지성도 결코 있어서는 안 될
것이며, 이것들을 배우는 누군가가, 그가 여인이건 남자이건 간에, 자유민
들의 일원으로 판명되는 일이 없도록 해야 할 것입니다. 그러나 이것들과
관련된 모방물(표현물)들에는 늘 새로운 뭔가가 나타나야만 합니다. 그
러면 웃음과 관련된 공연들, 바로 이것들은 우리 모두가 희극(kōmǫdia)
817a 으로 말하는 것들인데, 이는 이렇게 법과 설명에 의해서 정리된 걸로 하
죠. 그러나 사람들이 말하듯, 진지한 시인들, 곧 비극(tragǫdia)과 관련
된 우리의 시인들 중에서 몇몇이 언젠가 와서는 우리에게 대략 이렇게
묻는다고 합시다. "선생들이시여! 우리가 여러분의 나라와 영토를 자주
찾아와도 됩니까 아니면 그러지 말아야 합니까, 그리고 우리의 시를 들
여와도 되는 겁니까 아니면 이런 것들에 대해서는 어떻게 하기로 결정하
셨습니까?" — 그러면 이에 대해 우리가 이 비범한 사람들에게 뭐라 대

답하는 게 옳겠습니까? 실은 제게는 이렇게 하는 게 좋을 것 같군요. "더 b
할 수 없이 훌륭하신 선생들이시여! 우리는 자신들이 가능한 한에서 가
장 아름다우면서 동시에 가장 훌륭한 비극을 지은 시인들입니다. 적어도
우리의 나라 체제 전체는 가장 아름답고 가장 훌륭한 삶의 모방(표현)으
로 구성되어 있으며, 바로 이것을 우리는 진실로 가장 참된 비극[184]이라
주장합니다. 여러분이야 물론 시인들입니다만, 우리도 같은 것들을 시로
짓는 시인들[185]이요, 여러분과는 참된 법만이, 우리의 희망대로, 완성할
성질의 것인 가장 아름다운 극의 적수들이며 경쟁자들입니다. 그러니 우 c
리가 여러분을 이처럼 쉽게 우리 곁으로 오게 해서, 장터(agora)에 무대
를 설치케 하고 아름다운 목소리로 우리보다도 더 큰 소리를 내는 배우
들을 등장토록 허용할 것이라고는 결코 생각지 마십시오. 또한 아이들과
여인들 그리고 전체 군중을 상대로 대중연설을 하도록 여러분께 허용하
리라고는 생각지 마십시오. 같은 일들(활동들: epitēdeumata)[186]에 대해
서 말씀하시지만, 우리가 말하는 것들과는 같은 것들을 말씀하시지 않

184) 이 문장을 표현된 그대로만 이해하려 들면, 쉽게 이해가 되지 않을 것이다. 플라톤에 의하면 모든 예술 행위는 모방 행위, 곧 어떤 현상이나 현실적인 것들의 표현이나 묘사이다. 따라서 그 작품은 그런 모방 행위의 결과물이다. 이런 모방의 성격과 존재론적 위상에 대해서는 《국가(정체)》편 제10권의 앞부분(595a~608b)에서 자세히 언급되어 있다. 그런데 여기에서 구상하고 있는 '마그네시아'라는 새로운 나라는 '가장 아름답고 가장 훌륭한 삶'을 사는 사람들의 진지한 삶의 모습을 담고 있는 조직체라 할 것이니, 그런 진지한 삶의 모습과 진지한 조직을 모방(표현)해 보인다는 점에서 이는 곧 '참된 비극' 작품과도 같은 것이라 해서 하는 말이다.

185) 시인을 뜻하는 헬라스어 poiētēs는 원래 뭔가를 '만드는 자'(maker)를 뜻하는 말이지만, 시나 연설문 따위를 '지은이'도 가리키게 된 것이다. 본문에서 '같은 것들을 시로 짓는 시인들'은 문맥상 그렇게 풀어서 번역한 것이지만, '같은 비극 시인들'이란 뜻이다.

186) 632e1의 해당 각주를 참조할 것.

817c

고, 대체로 대부분은 상반되게 말씀하시는 여러분을 말입니다. 우리도
d 그렇겠지만, 어느 나라든 방금 말한 것들을 여러분에게 하도록 허용하는
나라는 모두가 실은 어쩌면 완전히 미쳐서일 테니까요. 여러분이 지은
것들이 말할 수 있는 것들이며 공공연히 말하는 게 적절한 것들인지 아
니면 그렇지 못한지를 주무 관청이 판단하기 전에는 말입니다. 그러니,
상냥한 무사 여신들의 후예들이시여! 이제 먼저 여러분의 노래들을 우리
노래들과 나란히 행정관들에게 보여 주고서, 여러분이 말씀하시는 것들
이 적어도 우리가 하는 것들과 같거나 또는 더 나아 보일 경우에는, 우리
가 여러분에게 합창가무단(choros)을 제공할 것이지만,[187] 만일에 그렇
지 못할 경우에는, 친구들이시여, 결코 그리할 수 없을 것입니다."

e 그러면 이것들이 모든 합창가무(choreia)와 관련해서 그리고 이것들의
배움과 관련해서 법률에 의해 제도화된 관습들이게 하죠. 동의하신다면,
노예들의 관습들과 주인들의 그것들은 각기 별도의 것들인 걸로 하죠.

클레이니아스: 하지만 어쨌든 지금의 이 마당에 어찌 동의하지 않겠습니까?

아테네인: 그러니까 더 나아가 자유민들에게는 세 가지 교과목(tria mathēmata)이 있습니다. 계산 및 수와 관련된 것들이 하나의 교과이고, 길이와 평면[188] 그리고 부피[189]의 측정술이 또 하나의 것으로서[190] 둘째 것이며, 셋째 것은 별들이 자연적으로 운행할 때의 이들 서로 간의 회전

---

187) 아테네의 경우, 비극 및 희극 등의 공연을 위한 합창가무단의 의상이나 연습 등에 소요되는 여러 가지 경비를 지원해 주는 사람(chorēgos)은 부자로서, 나라에서 지정해 주었다.

188) 여기에서 '평면'으로 옮긴 epipedos는 곧 '넓이(너비)'로 이해하는 게 옳겠다. 아닌게아니라 819d1 및 819e6에서는 platos(넓이, 너비)로 언급되고 있기 때문이다.

189) 원어 bathos는 입체에 있어서의 '깊이' 곧 '높이'를 뜻하는 말이다.

190) 기하학을 가리키는 것으로 보면 되겠다.

주기(periodos)[191]에 대한 교과입니다.[192] 그러나 이것들 모두를 엄밀성 818a
(정확성: akribeia)을 갖는 것들로서 배우는 데 정진하는 걸 다중(hoi polloi)이 할 필요는 없지만, 소수의 어떤 사람들(tines oligoi)은 해야 할 일입니다. — 하지만 이들이 어떤 사람들인지는 우리가 끝에 이르면, 말하게 될 것입니다.[193] 그렇게 하는 것이 적절할 것이기 때문입니다. — 대중(to plēthos)으로서는, 이것들 중에서 어쩌면 필수적인 것들([ta] anankaia)이라 말하는 게 지당할 하고많은 것들을 알지 못한다는 것이 다중에게는 부끄럽겠으나, 모든 걸 엄밀(정확)하게 탐구한다는 것은 쉽지도 않고, 전혀 불가능하기도 합니다. 그러나 이것들의 필연성(필요성: to anankaion)[194]은 폐기할 수도 없거니와, 신을 두고 처음으로 속담 투

191) 이와 관련해서는 《티마이오스》 편 39d~e를 참조하는 게 좋겠다. 그리고 periodos 자체의 여러 가지 뜻에 대해서는 809c에서 '신성한 것들의 운행들'에 대한 각주를 또한 참조할 것.

192) 이들 세 과목들은 넓은 의미에서는 수학 과목들이라 포괄적으로 말할 수도 있겠으나, 정확히 말하자면, 앞의 둘만 그리 말할 수 있겠다. 《국가(정체)》 편 522a~531c에서는 이들 세 과목 이외에도 입체기하학과 화성학(和聲學)을 포함하는 교과목들이 제시되어 있다. 물론 이들 교과 이전에 체육과 시가 교육이 선행되는 점은 기본적으로 두 대화편의 경우가 같다. 그러나 《국가(정체)》 편에서는 산술 및 수론, 기하학, 입체기하학, 화성학, 천문학에 대한 공부는 그것들을 자체적으로 이해하는 데 있다기보다는 장차 나라의 진정한 수호자들, 곧 지도자들로 되어야 할 사람들이 최종적으로 이르러야 할 단계인 변증술(dialektikē)을 익히도록 하는 데 필요한 예비적 교육을 위한 교과목들일 뿐이다. 이에 반해 《법률》 편의 이 대목에서 제시되고 있는 교과들은 시민들로 자랄 젊은이들을 위한 실용적 목적을 갖는 것들이다.

193) 이들 소수의 사람들과 이들이 받아야 할 더 엄밀한(정확한) 교육(akribestera paideia)에 대한 언급은 965a 이후에서 하게 되는데, 요컨대, 이들은 장차 이 나라 지성의 총집합체라 할 [새벽녘] 야간회의(ho nykterinos syllogos)의 구성원들로 될 사람들이다.

194) to anankaion(영어로는 the necessary에 해당함)에는 여러 가지 뜻이

b 의 표현을 한 사람은 이것들에 주목하고서 말한 것 같습니다. 신도 필연(anankē)과는 맞서 싸우는 일이 결코 없어 보인다고[195] 했는데, 어쨌든 필연들 중에서도 적어도 신적인 필연들은 그렇다는 [뜻인] 것으로 저는 생각합니다. 반면에 많은 사람이 그런 말을 하는 것은 어쨌든 인간적인 필연들을 눈여겨보고서[196] 그러는 것이겠는데, 이는 모든 말 중에서도 더할 수 없이 월등히 어리석은 것입니다.

클레이니아스: 그렇다면, 선생이시여! 무엇들이 그와 같은[197] 필연들이 아니라, 그 교과목들에 속하는 것들로서, 신적인 필연들입니까?

아테네인: 이런 필연들이라 저는 생각합니다. 신도 수호신도 영웅도 그 누구도 그것들에 따라 행하거나 또한 더 나아가 그것들을 익히게 되
c 지 않고서는, 인간들에 대해 마음 쓰는 일을 진지하게 할 수 있게 되는 일이 결코 일어날 수가 도저히 없습니다. 반면에 사람은 1, 2, 3 등 전반적으로 말해서 홀수와 짝수를 알 수가 없고서는, 셈할 줄을 전혀 모르고서는, 밤과 낮을 별도로 계산해 낼 수가 없고서는, 또한 달과 해 그리고

있다. 그래서 아리스토텔레스의 《형이상학》(제5권 5장)에서도 그 의미를 필수적인 것, 필요한 것, 강제적인 것, 불가피함, 다를 수가 없는 것, 논리적 필연성, 논증 등으로 분석해 보이고 있다. 그 다음의 anankē(= necessity)는 그 자체가 명사형이다. 그러니까 여기에서는 앞에서 든 수학 등의 교과목들이 새로운 나라의 시민들로 되어야 할 젊은이들로서는 배워야 할 '필요하거나 필수적인' 것들이며, 이에서 나아가 이들 학과목에 있어서 그 진리들은 필연성을 갖는 것들이요, 절대적인 것이라는 점에서 달리 어찌 해 볼 수 없는 것이요, 따라서 그 점에서는 '필연'으로서 받아들일 수밖에 없다는 뜻의 말을 하고 있는 것이다.

195) 741a에서도 비슷한 표현이 있었으며, 내용적으로는 시모니데스의 시구와 일치한다. 그곳의 해당 각주를 참조할 것.

196) 《국가(정체)》 편 458d를 보면, 농담조로 기하학적 필연성과 성적인 필연성을 대비해서 언급하는 대목이 보인다.

197) '인간적인'을 뜻한다.

다른 별들의 회전들에 대한 경험이 없고서는 신과도 같은 이로 되기에는 많이 미치지 못합니다.[198] 그러니까 가장 훌륭한 교과목들 중의 어느 것 d
이든 대충이나마 알고자 하는 이에게 있어서는 이 모든 게 필수적인 교과목들이 아니라고 하는 생각은 몹시도 어리석은 것입니다. 하지만 이것들 각각으로 어떤 것들을 얼마만큼 그리고 언제 배워야만 하며, 무엇과 함께 무엇을 그리고 무엇은 다른 것들과 별도로 배워야 하며, 또한 이것들의 전체적인 종합, 이것들이 먼저 옳게 파악해야만 하는 것들이요, 이 교과목들의 인도를 받아 다른 것들로 나아가 배워야 할 것입니다. 실은 이처럼 필연이 자연스럽게 그리하도록 하니, 필연에 대해서는 지금도 신들 가운데 그 어느 신도 맞서 싸우지 못하며, 장차도 맞서 싸우게 되는 일은 없을 것이라 우리는 주장합니다.

클레이니아스: 어쨌든, 선생이시여, 방금 그리 말씀하신 것들이 어쩌 e
면 옳게 하신 것들이며, 선생께서 지금 하시는 말씀도 자연스러운 것 같아 보입니다.

아테네인: 사실 그렇습니다, 클레이니아스 님! 그러나 이것들을 이런 식으로[199] 앞세워 놓고서 입법하는 것은 힘듭니다. 하지만 다른 때에, 만약에 그러는 게 좋다면, 우리가 더 자세하게 입법했으면 합니다.

클레이니아스: 선생이시여, 선생께서는 이런 것들에 대한 저희의 습관화된 경험 부족을 우려하고 계신 걸로 저희에게는 여겨집니다.[200] 그

198) 신들이나 신령들 또는 영웅들조차도 필연, 곧 자연의 이치에 순응하지 않고서는 인간들에게 유익한 아무것도 할 수 없으며, 사람도 비범한, 그래서 신과도 같은(theios) 이로 되려면, 수적인 필연적 진리나 자연의 이치를 알아야만 한다는 말을 하고 있는 것이다.

199) 바로 앞의 d와 e 사이의 중간에서 언급된 것들을 가리킨다.

200) 《대 히피아스》 편 285c를 보면, 스파르타인들이 천문학에 대한 관심은커녕 많은 사람은 수를 셀 줄도 모르며, 추론하는 것에 대해서는 질색하는 것으로 언급되어 있다. 크레테인들도 스파르타인들도 다같이 도리스

818e 렇다면 선생께서 우려하시는 것은 옳지가 않습니다. 그러니 말씀하도록 하십시오. 아무것도 그 때문에 숨기지는 마시고요.

819a 아테네인: 지금 선생께서 말씀하시는 그것들 또한 우려하기는 합니다만, 제가 한층 더 우려한 것은 이들 교과목에 접하기는 했으나, 잘못 접한 사람들입니다. 왜냐하면 어떤 경우에도 모든 것에 대한 심한 경험 부족(apeiria)이 겁난 것도 가장 나쁜 것도 아니고, 잘못된 지도를 받은 많은 경험(polypeiria)과 많은 배움(polymathia)이 그것들보다도 훨씬 더 큰 손실이기 때문입니다.

클레이니아스: 참된 말씀입니다.

아테네인: 그러니까 자유민들은 이들 교과목들의 각각들을, 이집트
b 에서 아주 많은 무리의 아이들도 글과 함께 배우는, 그만큼은 배워야만 한다고 우리는 주장해야 합니다. 첫째로, 셈들과 관련해서는 아주 어린 아이들을 위해서 놀이와 함께 즐겁게 배우는 교과들이 고안되었습니다. 일정 수의 사과들과 화환들을 더 많은 수의 인원들에게 또한 더 적은 수의 인원들에게 분배하는 방법들인데, 같은 수들을 맞추면서 하는 것입니다.[201] 또한 권투 선수들이나 레슬링 선수들의 차례 대기나 짝 추첨[202]의

(Dōris)족이다.

201) 이에 대한 설명은 《아테나이오스》(*Athēnaios*) XV. 670f~671b에서 찾아볼 수 있다. 이를테면, 60개의 사과나 화환을 오찬에 초대되는 1명에서 6명까지의 선생들에게 마지막까지 똑같이 나누는 방식에 대한 것이다. 처음 1명이 왔을 때는 60개가, 2명이 왔을 때는 30개씩, 3명이 왔을 때는 20개씩, 4명이 왔을 때는 15개씩, 5명이 왔을 때는 12개씩, 마지막으로 6명이 다 왔을 때는 10개씩 할당할 수 있을 것이다.

202) '차례 대기(ephedreia)나 짝 추첨(syllēxis)'에서 '차례 대기'란 권투나 레슬링 시합에서 짝 추첨을 하다 보면, 시합 상대 곧 짝이 없어 자리(hedra)에 앉아 대기 상태로 있게 되는 경우가 있겠는데, 이런 경우에 그 차례는 부전승으로 다음 시합에 나갈 수 있으니, 일종의 행운일 것이고, 따라서 이런 행운은 골고루 차례대로 누릴 수 있는 혜택이어야 할 것이다.

배분을 번갈아 그리고 자연스럽게 차례대로 하는 것입니다. 특히 놀이를 하기를, 금이나 청동, 은 또는 이런 유의 다른 금속들로 만든 잔들[203]을 뒤섞어 놓으면, 사람들이 어떤 식으로든 그 전체를 종류별로 나누어 줍 c 니다.[204] 제가 말씀드렸듯, 필요한 수들의 이용들을 놀이에 적용함으로써, 배우는 사람들로 하여금 진영들의 배치와 행군 및 원정에 있어서 또한 가정 경영에 있어서도 도움을 줄 것이며, 그리고 또 이들로 하여금 스스로에 대해서도 단연코 더 유용하도록 만들 게 될 것이고, 또한 인간들을 더욱 깨여 있게 만들 게 될 것입니다. 그다음으로는 측정들에 있어서, 곧 길이와 넓이 그리고 깊이(부피)를 갖는 것들, 이 모든 것과 관련해서 모 d 든 인간에게 내재하는 그 성격상 우습고 부끄러운 이 무지에서 벗어나게 합니다.

클레이니아스: 선생께서 이것이라 말씀하시는 것은 바로 어떤 것이며 무엇입니까?

아테네인: 친애하는 클레이니아스 님! 제 자신도 뒤늦게 언젠가 이것들과 관련된 우리의 처지에 대해서 듣고서 그야말로 아주 몹시 놀랐거니와, 이는 인간적인 것이 아니라 오히려 돼지 같은 어떤 가축들의 것이라는 생각이 제게는 들었으며, 비단 저 자신 때문만이 아니라 헬라스인들

203) 여기서 편의상 '잔'으로 번역한 원어는 phialē인데, 실상 이 낱말로 지칭되는 그릇은 접시 모양의 그릇에서부터 술잔에 이르기까지 다양하다. 정식 포도주 잔을 지칭하는 kylix에는 양쪽 귀가 달린 손잡이가 있지만, 술잔이나 제주를 따르기 위한 phialē에는 손잡이가 없다. 그 모양은 접시가 액체를 담을 수 있게끔 넓게 오목한 형태로 대접 모양을 갖추려다 만 납작한 꼴이다. 큰 것들은 직경이 좋이 20센티미터가 넘는데, 《연회(향연)》 편 223c를 보면, 소크라테스가 아가톤 및 아리스토파네스와 함께 새벽녘에 이런 큰 잔으로 포도주를 돌아가며 마시면서 대화하고 있는 장면이 나온다.

204) 이 분배가 어떤 형태로 이루어지는지는 불명하다.

e 모두 때문에도 부끄러워졌습니다.[205)]

---

205) 이 문장에서 가리키고 있는 '부끄러운(창피스런) 일'이란 바로 다음에서 언급하게 되는 '[같은 척도로] 잴 수 없는 것'과 관련된 것이다. 헬라스어로 유리수들을 ta rhēta라 하고 무리수들은 ta arrhēta(유리수들 또는 정수들로는 나타낼 수 없는 것들)라 한다. 이것들은 원래 '[말로] 표현할 수 있는 것들'과 '[말로] 표현할 수 없는 것들'을 각기 뜻하는 말들이다. 그런데 이 '[말로] 표현할 수 없는'을 뜻하는 arrhētos라는 말과 같은 뜻으로 쓰이는 것이 alogos이다. 이 헬라스 낱말들이 수(arithmos), 특히 기하학적 도형과 관련해서 쓰일 경우에는 '같은 유리수로 나타낼 수 없는' 곧 '같은 척도(metron)로 잴 수 없다'(asymmetros)는 뜻으로 쓰인다. 왜냐하면 정사각형의 대각선과 그 변의 길이를 같은 유리수로 나타낼 수 없다는 사실을 알게 되었기 때문이다. 피타고라스학파의 사람들에 의해서, 그리고 플라톤의 아카데미아에서 활동하던 수학자들에 의해 이 무리수들에 대한 연구 성과가 속속 나오면서 이 낱말이 쓰이기 시작하여 차츰 '무리수'를 지칭하는 용어로 굳어지게 된다. 그런데 arrhētos라는 말과 같은 뜻으로 쓰이는 alogos는 접두사 a(非) + logos(말, 표현, 논의, 이성, 이치, 논거, 이유 등등)여서, '비이성적'이라는 뜻으로도 쓰이는 말이다. 따라서 이의 중성 복수형태인 ta aloga는 '무리수들'(ta arrhēta)을 뜻하기도 하지만, '비이성적인 것들' 곧 '짐승들'이나 '동물들'을 뜻하기도 한다. 바로 이런 점을 갖고서 농담을 하고 있는 장면을 우리는 《국가(정체)》편 534d에서 보게 된다. 마찬가지로 여기에서도 이 무리수들에 대한 사람들의 무지한 처지는 말하자면 이성적인 존재들인 '인간적인 것이 아니라 오히려 돼지 같은 어떤 가축들의 것' 곧 '비이성적인 존재들'인 '짐승들의 것'이라는 생각이 들었다는 말을 하고 있는 것이다. 아닌게아니라 무지한 상태에 처한 사람을 진흙 속에서 뒹구는 돼지의 꼴에다 비유한 장면이 같은 대화편, 535e에 보인다. 또한 《메논》 편 82d~85b에서는 8평방 피트의 면적을 갖는 도형이 4평방 피트의 면적을 갖는 도형의 대각선인 $2\sqrt{2}$를 한 변으로 갖는 정사각형에서 얻게 됨을 모르는 데서 오는 소년의 당혹감(aporia)을 아주 잘 표현해 보이고 있다. 이 무리수와 관련된 언급은 《국가(정체)》 편 546c 및 《테아이테토스》 편 147d~148b에도 보인다. 그리고 내친 김에 더 언급해 두는 것도 좋을 것 같은데, 그건 영어나 독일어 irrational 및 불어 irrationnel이, 비록 어원상으로는 라틴어 irrationalis (in + rationalis: 비이성적인)에서 유래하지만, 의미상으로 이 양쪽 뜻을 다 지니게 된 것이 이에서 유래된다는 점이다.

클레이니아스: 무엇과 관련해서 말씀입니까? 또한 무슨 뜻으로 하시는 말씀인지 말씀해 주십시오, 선생이시여!

아테네인: 그야 말씀드리죠. 하지만 그러기보다는 선생께 질문을 함으로써 밝히게 될 것입니다. 제게 대답을 좀 해 주시죠. 아마도 선생께선 길이라는 걸 알고 계시겠죠?

클레이니아스: 물론입니다.

아테네인: 어떤가요? 넓이는?

클레이니아스: 틀림없이.

아테네인: 이것들이 두 가지 것들이라는 사실도, 그리고 이것들 중에서 셋째 것은 깊이(부피)라는 점도?

클레이니아스: 어찌 모르겠습니까?

아테네인: 그런데 이것들 모두는 서로에 대해서 [같은 척도로] 잴 수 있는 걸로 선생께는 생각되지 않나요?

클레이니아스: 그렇죠.

아테네인: 제가 생각하기엔 길이는 길이에 대해서, 넓이는 넓이에 대해서, 그리고 깊이(부피) 또한 마찬가지로 그 본성상 [같은 척도로] 잴 수 있는 걸로 말입니다. 820a

클레이니아스: 그렇고말고요.

아테네인: 한데, 만약에 어떤 것들이 대단한 정도로도 미약한 정도로도 그럴 수가 없고, 어떤 것들은 그럴 수 있되, 어떤 것들은 그럴 수 없는데도, 선생께서는 모두가 그럴 수 있다[206]고 생각하신다면, 이것들과 관련해서 선생께서 어떤 처지에 계실 것으로 생각하십니까?

클레이니아스: 보잘것없는 처지에 있을 게 분명합니다.

아테네인: 그러면 이번에는, 깊이(부피)에 대해서 길이와 넓이는, 또

206) 곧 "같은 척도로 잴 수 있다"의 뜻이다.

820a

는 넓이와 길이는 서로에 대해서 어떻습니까? 그러니까[207] 이것들에 대해서 우리들 헬라스인들은 모두가 이렇게, 곧 이것들이 어떤 식으로든 서로 [같은 척도로] 재게 될 수 있는 것으로 생각지 않나요?

b 클레이니아스: 그야 전적으로 그렇습니다.

아테네인: 하지만 다시, 그것들이 어떤 식으로도 결코 그렇게 될 수 없는데도,[208] 제가 말씀드렸듯, 만약에 우리들 헬라스인들이 모두 그렇게 될 수 있는 걸로 생각한다면, 우리 모두 때문에 부끄러워하면서, 자신들에게 이렇게 묻는 게 합당하지 않을지. "헬라스인들 중에서도 가장 훌륭한 이들이시여! 이것은 알지 못하는 것이 부끄럽게 여겨지는 것들이라 우리가 말한[209] 그런 것들 가운데 하나이겠으나, 필수적인 것들을 안다는 것이 훌륭하기까지 한 것은 전혀 아니겠죠?"

클레이니아스: 어찌 그렇지 않겠습니까?

아테네인: 또한 이에 더하여 이것들과 동류의 것들인 다른 것들도 있
c 거니와, 이것들에 있어서 그 과오들과 형제 간인 많은 과오가 또다시 우
리에게 생기죠.

클레이니아스: 바로 어떤 것들인가요?

아테네인: 상호 간에 [같은 척도로] 잴 수 있는 것들과 잴 수 없는 것들의 문제들이 어떤 성질로 해서 생기는가 하는 것입니다. 그야 이것들을 고찰함으로써 구별하게 되어야만 하거니와 그러지 못하면 아주 하찮은 자로 될 게 필연적이기 때문입니다. 서로에게 이런 문제들을 늘 제기함으로써 노인들의 장기 두기[210]보다는 훨씬 고상한 시간 보내기로 소일

207) a8의 [ὥστε πῶς]는 삭제하고서 읽었다.

208) 곧 '같은 척도로 잴 수 없는데도'라는 뜻이다.

209) 텍스트 읽기에서 b5의 [ἔ]φαμεν은 괄호를 풀고서, ἔφαμεν으로 읽었다. 이 문장에서 앞뒤로 말하고 있는 것은 818a에서 말한 것을 가리키는 것으로 보아야 할 것 같다.

하면서, 그들에게[211] 걸맞은 여가 속에서 이기기 경쟁을 해야만 합니다.

클레이니아스: 아마도 그럴 것입니다. 어쨌든 장기와 이 교과들이 서 d
로 간에 아주 판이한 것으로 구별되지는 않는 것 같습니다.

아테네인: 그래서, 클레이니아스 님, 저는 이것들을 젊은이들이 배워야만 한다고 주장합니다. 이것들은 해롭지도 어렵지도 않고, 놀이와 함께 배우게 되면, 우리들의 나라를 이롭게 하지, 해롭게 하는 일은 아무것도 없을 것입니다. 하지만 만약에 누군가가 달리 말한다면, 들어 보아야만 합니다.

클레이니아스: 어찌 그래야만 하지 않겠습니까?

아테네인: 그렇지만, 만약에 이것들이 과연 그런 것으로[212] 밝혀진다면, 이것들을 우리가 받아들일 게 명백하나, 그렇지 못한 것으로 밝혀질 경우에는, 배제될 것입니다.

클레이니아스: 그야 명백합니다. 어찌 그러지 않겠습니까? e

아테네인: 그러니까, 선생이시여, 이제 이것들을 필요한 교과목들인 걸로 확정해야 하지 않겠습니까? 우리의 법률에 비어 있는 데가 없으려면 말씀입니다. 그렇지만 이것들은, 마치 되찾을 수 있는 담보물처럼, 나

---

210) 원어는 petteia(pesseia)로서, 물론 서양 장기의 일종으로 보아야 할 것이다.

211) toutōn이 정확하게 누굴 또는 무엇을 가리키는지가 분명치 않다. 이들 3인의 노인들인지 그냥 노인들인지 또는 헬라스인들인지 또는 England의 지적처럼 자유민들과 젊은이들인지, 아니면 Saunders의 주장처럼 여기에서 말하고 있는 '문제들'이나 '주제들'을 지칭하고 있는 tauta(c5, d1, d3)를 받고 있는지, 그 어느 쪽이라고도 단언적으로 말하기가 어렵다. 그러나 '여가'를 보내는 주체를 고려한다면, 어떤 부류의 '사람들'일 것이란 점은 분명할 것 같다.

212) 곧 배우기도 어렵지가 않고 나라를 이롭게 하는 것으로 판명될 경우를 말한다.

820e
머지의 나라 체제에서는 제외시킨 상태로 두죠. 만약에 담보 예치를 한 우리나 담보 제공을 받은 여러분이 마음에 들어 하지 않을 경우에는 말씀입니다.

클레이니아스: 선생께선 올바른 담보 예치를 말씀하십니다.

아테네인: 그것들 다음으로는, 바로 별들에 대한 젊은이들의 배움이 말한 대로 우리를 만족시키겠는지 아니면 그 반대이겠는지 보십시오.

클레이니아스: 말씀이나 하세요.

아테네인: 그런데 실은 이것들과 관련해서는 크게 놀랄 일이 있으니, 이는 어떤 면에서도 도무지 참아 낼 수가 없는 일입니다.

821a 클레이니아스: 바로 어떤 것인가요?

아테네인: 가장 위대한 신과 온 우주(kosmos)는 탐구해서도 안 되며, 그 원인(aitia)들을 찾느라 분주해서도 안 된다고 우리는 말하고 있습니다. 그건 경건하지 않기 때문에 안 된다는 거죠. 그러나 이와는 정반대의 일이 일어난다면, 그건 옳게 일어나는 것입니다.

클레이니아스: 어찌 하시는 말씀인지?

아테네인: 제가 하게 되는 말은 역설적인 것이거니와, 그게 노인들에게는 적합지 않다고 누군가는 생각할 수 있겠습니다. 그러나 누군가가 어떤 교과를 훌륭하고 참된 것이며 나라에도 이롭고 또한 신도 아주 마
b 음에 들어 하는 것이라 여기면서도, 그가 여전히 그걸 말하지 않는다는 것은 어느 면에서나 불가능합니다.

클레이니아스: 그럼직한 말씀입니다. 그러나 별들과 관련해서는 무슨 교과를 그런 것으로서 우리가 찾아내게 되겠습니까?

아테네인: 훌륭하신 분들이시여! 오늘날 우리들 헬라스인들은 거의 모두가 위대한 신들, 곧 해와 함께 달에 대해서도 거짓말을 말하고 있습니다.

클레이니아스: 바로 어떤 거짓인가요?

아테네인: 우리는 이것들이 결코 같은 길을 가지 않는 것으로, 또한 이것들과 함께 다른 몇몇 별들도 그러는 것으로 말합니다. 이것들을 떠돌이별들[213]이라 일컬으며 말입니다.

클레이니아스: 맹세컨대, 선생이시여, 선생께서 말씀하시는 이것은 진실입니다. 물론 제 자신도 일생을 통해서 여러 번이나 샛별과 개밥바라기[214] 그리고 다른 몇몇들이 결코 같은 코스로 진행하지 않고 온갖 방향으로 떠도는 것을 목격했으니까요. 그러나 어쩌면 해와 달은 늘 그런 운행을 한다는 것을[215] 우리 모두는 충분히 잘 알고 있습니다. c

아테네인: 따라서, 메길로스 님 그리고 클레이니아스 님, 이것들이 하늘의 신들[216]에 대해서 적어도 우리의 시민들과 젊은이들이 배워야만

---

213) 행성들을 우리말로 '떠돌이별들'이라고도 일컫는 것은 헬라스어 astra planēta의 어원을 그대로 살린 번역어이기는 하나, 이 원어 자체가 '행성들'에 대한 바른 지칭은 아니겠다. 따라서 이들 별들은, 그 이름처럼 아무렇게나 떠돌아다니는 것이 아니라, 일정한 방향의 주기적인 운행을 하고 있다는 걸 환기시키고 있다.《티마이오스》편 38c를 참조할 것.

214) 샛별과 개밥바라기가 같은 금성이라는 사실이 이 무렵에는 이미 알려져 있었으나, 문맥으로 보아, 클레이니아스는 여전히 이를 모르고 있는 걸로 상정되어 있는 것 같다. 우리가 새벽 하늘의 동쪽에 밝게 빛나고 있는 별이라 해서 '샛별'이라 하듯, 헬라스인들도 '새벽 또는 아침(heōs)을 가져오는 자(phoros)'라는 뜻으로 Heōsphoros 또는 '동쪽의 새벽별'이라는 뜻으로 heǭos astēr(= the morning star)라 일컫고, 저녁에 서쪽 하늘에 보이는 것은 '저녁별'이라는 뜻으로 astēr hesperos(= the evening star)라 일컬었다.

215) 텍스트 읽기에서 ταῦθ' ἃ는 ταῦτα로 읽었다.

216) 물론 천체들을 가리킨다.《국가(정체)》편 508a에서는 '하늘에 있는 신들'이라는 표현이, 그리고《티마이오스》편 39e에서도 '천상의 신들의 부류'라는 표현이 보인다. 헬라스인들이 신화 시대부터 천체들을 그리 불러온 터라, 플라톤도 관습에 따라 그렇게 불렀던 것이다. 그런데 천체들을 신들로 부르게 된 유래에 대한 것으로는《크라틸로스》편 397c~d에서 재미있는 언급을 찾아볼 수 있다. 이에 의하면, 헬라스에 살던 최초의 사

d 하는 것들로 지금 제가 주장하고 있는 것들입니다. 이들 모두에 대해서 이 정도만큼은, 즉 이들에 대해서 모독하지 않고 언제나 제물을 바치기도 하며 기원하는 가운데 공경하는 마음으로 기원할 정도만큼은 배워야만 한다는 겁니다.

클레이니아스: 그건 옳습니다. 첫째로, 선생께서 말씀하시는 바가 배울 수 있는 것이라면 말입니다. 그다음으로, 만약에 저희가 이들에 대해서 지금은 뭔가 옳지 않게 말하고 있지만, 배우게 됨으로써 옳게 말하게 된다면, 저 또한 적어도 그 정도만큼은 그리고 그런 것을 배워야만 한다는 데 동의합니다. 따라서 이것들이 이러하니, 전적으로 선생께서 설명해 주도록 하시되, 저희는 배우면서 선생을 따라가도록 할 것입니다.

e 아테네인: 하지만 제가 말하는 것을 배우기가 쉽지는 않습니다만, 그렇다고 아주 어려운 것도 아니며, 아주 시간이 걸리는 것도 어쨌든 아닙니다. 그 증거는 있습니다. 제가 이것들에 대해서 들은 건 젊었을 때도 아니고 오래된 것도 아닙니다. 두 분께는 이제 오래 걸리지 않고 제가 설명해 드릴 수 있을 것입니다. 그게 정말 어렵다면, 그 연세의 두 분께 이 나이의 제가 설명해 드릴 수도 결코 없을 테죠.

클레이니아스: 정말입니다. 하지만 선생께서 놀라운 것이라 말씀하시
822a 면서도[217] 젊은이들로서는 배우는 게 적절하나, 저희는 알지 못하고 있
는 것으로 말씀하시는 이 교과는 무엇을 말씀하시는 겁니까? 이것에 대해서 적어도 그 정도만큼은 되도록 명확히 말씀해 주도록 애써 주십시오.

아테네인: 그리하도록 해야 하겠습니다. 지극히 훌륭하신 분들이시

람들이 해와 달, 지구, 별들을 신들로 믿었는데, 이는 이것들 모두가 언제나 일정한 코스를 따라 가며 달리고 있는 걸(theōn) 보고서, 늘 '달리기(thein)를 하는 것들' 곧 '달려가는 것들'이라는 뜻에서 theoi(신들: 단수는 theos임)라 했다는 것이다.

217) 820e의 끝 부분에서부터 821a에 걸쳐서 한 말을 가리킨다.

여, 달과 해 그리고 다른 별들에 대해 이것들이 어느 때는 떠돈다는 견해는 옳은 게 아니고, 이와는 정반대이기 때문입니다.[218)] 이것들 각각은 같은 길[219)]을 그리고 여럿 아닌 한 길로 언제나 둥글게 완주하지만, 여러 길로 이동하는 것으로 보이니까요. 그런데 이것들 중에서 제일 빠른 것이 옳지 못하게도 가장 느린 것으로 여겨지고 있으며, 또한 그 역으로도 여겨지고 있습니다. 그런데 이것들이 본성상 이러한데도, 우리가 이런 b
식으로 생각지 않는다면, [다시 말해,] 올림피아에서 달리는 말들이나 장거리를 달리는 사람들[220)]에 대해 우리가 이렇게 생각하고서, 가장 빠른 자를 가장 느린 자로, 가장 느린 자를 가장 빠른 자로 우리가 호명한다면, 그리고서 찬가를 지어서는, 패자를 승자로 노래한다면, 우리가 옳지도 않고, 인간들인 달리는 자들에게 마음에도 들지 않게 찬가를 바치게

---

218) 러셀은 *Wisdom of the West*(서양의 지혜) 78쪽에서 당시의 "태양 중심의 가설은 아카데미아의 한 발견이었을 것 같다"고 적고 있다. 아닌게 아니라 플루타르코스(Ploutarchos)의 《플라톤적인 물음들》(*Platōnika Zētēmata: Quaestiones Platonicae*)의 '여덟째 물음'에서 전하는 바에 의하면, "더 나이를 먹게 된 플라톤은 지구에 적절하지 않은 우주(to pan)의 중심 자리(hē mesē khōra)를 배정한 것을 후회했다"고 한다. 이것이 사실일 경우에, '더 나이를 먹게 된 플라톤'의 시점은 《티마이오스》 편 이후를 말한다. 왜냐하면 이 대화편에서는 지구가 우주의 중심 자리를 차지하고 있는 것을 전제로 한 우주론을 펼치고 있기 때문이다. 이와 관련된 자세한 논의로는 다음 책들을 참조할 것. England의 주석서 제2권, 319~20쪽 및 Taylor, A. E., *A Commentary on Plato's Timaeus*, (Oxford, 1928), pp. 226~239.

219) 여기서 말하는 '길'(hodos)은 곧 '궤도'(periodos)를 의미한다.

220) 올림피아의 스타디온(stadion)이 있던 곳에서 오른쪽(입구 쪽에서 스타디온 방향으로)에 경마장이 있었다고 한다. 이 경기장에 있는 192미터 정도의 거리를 갖는 스타디온(stadion)이 단거리 경주의 코스이고, 장거리 달리기 코스(dolikhos)로는 하루가 걸리는 것(hēmerodromos)이 있었고, 그 선수를 hēmerodromēs라 했다. '스타디온'에 대해서는 789c에서 해당 각주를, '올림피아'에 대해서는 807c에서 해당 각주를 각각 참조할 것.

될 것이라고 저는 생각합니다.[221] 그러나 지금은 신들에 대해서 이 똑같
c 은 잘못을 우리가 저지르고 있는 터라, 앞의 경우에 그땐 우습고 옳지 못한 것으로 되었던 것이, 지금의 이 경우에는, 신들[222]과 관련해서 거짓된 소문만 우리가 읊조리고 있는 터라, 이들에게 있어서는 결코 우스운 것이 되지 못하며,[223] 신들의 사랑을 받는 것도 실은 되지 못하는 걸로 우리는 생각합니다.

클레이니아스: 이것들이 정녕 이러하다면, 그건 더할 수 없이 진실입니다.

아테네인: 그러니까 이것들이 이러함을 우리가 증명하게 될 경우에는, 이런 것들 모두를 적어도 이 정도만큼은 배워야 하겠지만, 증명되지 못할 경우에는, 그냥 내버려 두어야만 하지 않겠습니까? 그러면 우리에게 있어서 이것들이 이렇게 합의된 걸로 할까요?

d 클레이니아스: 물론입니다.

아테네인: 그렇다면 마침내 교육을 위한 교과목들과 관련된 법규들이 결말을 본 걸로 말해야 합니다. 그러나 사냥과 관련해서도 그리고 이런 유의 모든 것과 관련해서도 똑같이 생각해야만 합니다.[224] 그야 물론 입법자에게는 법률을 제정하고서 이에서 벗어나 버리는 것 이상으로 더 큰 것이 맡겨져 있을 것 같기 때문입니다. 법률에 더하여 다른 뭔가가, 곧 그 성격상 훈계(nouthetēsis)와 법률 사이의 것이 있을 것 같습니

---

221) 달리는 것과 관련된 이런 언급에 대해서는 좀 앞서 천체들을 헬라스인들이 신들(theoi)로 말한 것이 '늘 달리기를 하는 것들'로 본 데서 유래했다고 한 각주를 참조할 것.

222) 역시 천체들을 가리킨다.

223) 신들에 관련된 것들을 웃음거리로 삼는다는 것은 불경한 일이기 때문이다.

224) 사냥도 교육, 특히 군사 훈련의 일환으로 보아, 추가적으로 논의하게 되는 걸로 보아야 할 것이다.

다.[225] 이건 바로 우리가 논의하던 중에 여러 차례 마주쳤던 것인데, 이를테면, 아주 어린 아이들의 양육에 관련된 것입니다.[226] 이것들은 말할 것이 못 되는 것들이 아니라고 우리가 주장하며, 이를 말해 버림으로써, 법률로서 제정된 것이라 생각하는 것은 어리석기 그지없는 일이기 때문입니다. 물론 이런 식으로 법률과 전체 나라 체제가 성문화되었더라도, [사람으로서의] 훌륭함(덕: aretē)과 관련해서 특출한 시민에 대한 칭찬은 완벽하지가 못합니다. 누군가가 이 사람을 법률을 가장 훌륭하게 섬기고 최대한 따른 사람으로 말하면서, 이 사람이 훌륭한 이라고 말할 경우에는 말입니다. 한층 더 완벽한 칭찬은 다음과 같이 말하는 것입니다. 그러니까 입법자가 법률 제정을 하면서 칭찬도 하고 비난도 하는 가운데 성문화한 것들에 철저하게 따르며 일생을 보낸 사람이라고 말입니다. 또한 823a
이 표현은 시민의 칭찬으로서는 더할 수 없이 옳은 것입니다. 또한 참된 입법자는 법률을 성문화할 뿐만 아니라, 법률에 더해서, 자신에게 훌륭한 것들로 그리고 훌륭하지 않은 것들로 여겨지는 것들을 법률과 엮어서 성문화해야만 합니다. 반면에 최상의 시민은 법률에 의한 처벌들에 의해 제재를 받는 것들 못지 않게 그것들이 재가를 해 주어야 할 것입니다.

그렇지만 지금 우리에게 [화제로서] 주어져 있는 것을, 이를테면 증인처럼, 우리가 끌어들일 경우에는, 우리가 뜻하는 바를 더 잘 밝힐 수 있을 것입니다. 왜냐하면 사냥은 오늘날 대체로 하나의 명칭으로 포괄되지 b
만 아주 다양한 어떤 활동이기 때문입니다.[227] 물속에 사는 것들의 사냥

225) 793a9~d에서 바로 그런 언급을 했다.

226) 제7권 첫머리(788a~c)에서 언급되었다.

227) 《소피스테스》 편 219d~221c에는 온갖 종류의 사냥에 대한 분류가 망라되어 있는데, 이는 '소피스테스'라는 부류가 갖는 기능(ergon)의 여러 측면들 중의 하나가 '돈에 팔려 부유한 젊은이들을 낚는 사냥질'을 하는 것임을 밝히기 위한 것이다.

도 여러 가지이지만, 날짐승들의 사냥도 여러 가지이고, 물에서 걸어 다니는 것들의 사냥들과 관련된 종류 또한 아주 다양하니까요. 야수들뿐만 아니라, 인간들에 대한 생각해 볼 가치가 있는 사냥도 있으니, 전쟁과 관련된 것도 있지만, 우애와 관련해서 추구하는 사냥 또한 여럿이 있으니, 어떤 것은 칭찬을 받지만, 어떤 것은 비난을 받죠. 또한 약탈자들의[228)]
c 도둑질들과 군대들 대 군대들의 사냥들도 있습니다. 그러나 사냥과 관련해서 법률을 제정하는 입법자로서는 이것들을 명시하지 않을 수도 없고, 그렇다고 해서 모든 경우에 대해 지시들과 처벌들을 함으로써 위협하는 법규들을 제정할 수도 없습니다. 그러면 이와 같은 것들과 관련해서는 뭘 해야만 합니까? 한쪽은, 곧 입법자는 젊은이들의 노고와 활동들을 고려해서 사냥과 관련된 것들을 칭찬도 하고 비난도 해야 합니다. 반면에 다른 한쪽인 젊은이는 이를 듣고서 복종해야만 하며, 즐거움도 노고도 그를 막아서는 안 되고, 각각의 것들과 관련해서, 처벌로 위협받거나 법
d 제정을 하게 되는 것보다는, 칭찬과 함께 하는 말들을 더 존중하며 지시받은 것들을 이행해야만 합니다.

이것들이 서두로 언급되었기에, 그다음으로 사냥에 대한 알맞은 정도의 칭찬과 비난이 있겠습니다. 젊은이들의 혼들을 더 낫게 만드는 것은 그 어느 것이든 칭찬하되, 그 반대로 만드는 것은 비난하는 겁니다. 그러면 그다음 순서대로 기원을 통해서 젊은이들에게 말하는 식으로 말하도록 합시다. "친구들이여! 바다에서의 사냥에 대한 어떤 욕구나 열망이 결코 그대들을 붙잡지 않기를! 낚시질에 대한 또는 수중 동물들의 사냥
e 전반에 대한, 또한 깨어 있는 자들을 위해서든 또는 잠든 자들을 위해서든 게으른 사냥의 수고를 해 주는 통발들에 대한 욕구나 열망 또한 그러지 않기를! 또한 바다에서의 인간들에 대한 사나운 노략질의 갈망이 그

---

228) 텍스트 읽기에서 이 앞의 [kai]는 생략하고서 읽었다.

대들에게 엄습하여 그대들을 야만스럽고 무법의 사냥꾼으로 만들지 않기를! 시골에서고 도성에서고 털끝만큼이라도 도둑질할 마음을 갖게 되는 일이 없기를! 또한 날짐승들의 사냥에 대한 거부하기 어렵고 그다지 자유롭지 못한 열망이 젊은이들 가운데 누군가에게 엄습하지 않기를! 따라서 물에서 걸어 다니는 것들의 사냥과 포획물만이 우리의 [수렵] 선수 824a
들에게는 남으오. 그중에서 교대로 잠을 자는 자들의 밤 사냥이라 불리는 것은 게으른 사람들의 것으로서, 칭찬받을 가치가 없는 것이며, 힘든 걸 마다하지 않는 혼을 지닌 자의 승리에 의해서가 아니라 그물들이나 올가미들에 의해서 야수들의 사나운 힘을 제압함으로써 노고의 휴식들을 갖는[229] 사냥 또한 못지않게 칭찬받을 가치가 없느니. 따라서 모두에게 유일한 것으로 남는 최선의 것은 말들이나 개들 그리고 자신들의 몸들을 이용한 네 발 짐승들의 사냥이니, 이것들 모두를 달리기와 후리기 그리고 제 손으로 하는 창 따위의 던지기에 의해서 사냥함으로써 제압하는 것이오. 신적인 용기[230]에 주목하는 자들에게 남아 있는 것은 말이오."

이것들 모두와 관련된 칭찬과 비난은 이미 말한 것들이겠습니다만, 그 법은 이런 것이겠습니다. "그 누구도 이들 참으로 성스러운 사냥꾼들이 어디서 그리고 어떤 식으로 사냥을 하고자 하건, 이들을 막아서는 아니 된다. 그러나 그 누구도 그물이나 덫을 믿는 밤 사냥꾼이 사냥하는 것은 어느 때고 어디에서고 허용하지 않을 것이다. 놀리는 땅이나 산에서

229) 여기에서 '노고의 휴식들을 갖는' 것이란, 직접 사냥감을 추적하며 제 몸을 써 가며 하는 힘든 사냥이 아니라, 그물이나 올가미 또는 덫을 쳐놓고 그런 노고를 피하며 한가롭게 사냥하는 걸 가리켜 하는 말이다.

230) 631b~c에서는 '좋은 것들'(ta agatha)을 '인간적인(세속적인) 것들'과 '신적인 것들'로 구별해서 말하면서 용기를 뒤의 것들에 포함시켰다. 곧 이은 용기와 관련된 언급은 633c~634b에 보인다.

는 새 사냥꾼을 막지 말 것이나, 경작지와 성스러운 지대에서는[231] 누구든 목격자가 막을 일이다. 물속 것을 사냥하는 자의 경우에는, 항구들과 성스러운 강들 그리고 늪들과 호수들에서의 경우들을 제외한, 다른 곳들에서는 사냥케 할 것이다. 단 유독한 즙으로 탁하게 만들지[232] 않을 경우이다."

그러니까 이제 마침내 교육과 관련된 모든 법규가 종결지어진 것으로 말해야만 합니다.

클레이니아스: 훌륭한 말씀일 것입니다.

231) 텍스트 읽기에서 [agriois]는 살려서 읽었다.

232) 아마도 독성이 있는 녹즙을 물에 풀어서 물고기들을 마비시켜 잡는 경우를 가리켜 말하고 있는 것 같다.

제 8 권

아테네인: 그렇지만 이것들 다음의 것들은 델피 신탁들의 도움을 받 828a
아[1] 축제들을 정하고 법제화하는 것입니다. 무슨 제례들이 그리고 어느
신들에게 제물을 바치는 것이 나라를 위해서 더 나으며 더 바람직하게[2]
될 것인지 말씀입니다. 그러나 언제 그리고 그 수는 얼마나 할 것인지를
법으로 정하는 것은 어쩌면 거의 우리 자신들의 일이겠습니다.[3]

클레이니아스: 아마도 그 수는 그렇겠습니다.

아테네인: 그러면 그 수를 맨 먼저 말합시다. 365에서 빠지는 경우들
이 없게 하죠.[4] 나라와 시민들 및 이들의 소유물들을 위해서 언제나 적 b
어도 어느 한 관리직이 신들이나 수호신(신령)들 중의 어느 하나에 제물

---

1) 759c를 참조할 것.

2) 같은 표현이 《필레보스》 편 11b에도 보인다. 이 표현은, 델피의 신탁(manteion)을 구하면서, 아마도 어떻게 하는 것이 '더 나으며 더 바람직한지' (ameinon kai lōon)를 물을 때의 공식화된 표현인 것으로 추정하는 견해가 있다. England의 해당 주석에서 밝힌 문헌은 Lobeck, *Aglaophamus* (ii. 1093)이다.

3) 텍스트 읽기에서 a5의 [enia g']는 생략하고서 읽었다.

4) 이로 미루어 플라톤은 당시의 관행과는 달리 태양력을 따라 이런 분류를 하고 있음을 확인할 수 있겠다.

을 바치도록 말입니다. 그러나 해설자들[5]과 남녀 제관들 및 예언자들이 호법관(護法官)들과 함께 회합을 갖고서, 입법자가 빠뜨릴 수밖에 없는 것들을 조례로 제정하게 하죠. 특히 바로 이 사람이 빠뜨린 것을 판정하는 자들로는 같은 이 사람들이 되어야만 합니다. 물론 법은 열두 신들[6]
c 을 위해 열두 축제가 있음을 선언합니다. 각 부족은 이들의 이름을 따서 불리겠는데, 이들 각각에 달마다의 제물들을 바치며,[7] 합창가무단들과 음악경연들 그리고 체육시합들을 신들 자신들과 함께 각각의 계절들에 적절하게 배당합니다. 또한 여자들의 축제들도 남자들을 배제하고서 하는 것이 적합한 것들과 그렇지 않은 것들을 배분하고요. 또한 더 나아가서는 지하 세계의 신들에 속하는 것과 하늘의 신들로 불러야 할 신들 그리고 이들을 따르는 것들[8]에 속하는 것은 섞지 말고 분리해야만 합니다.
d 법에 따라 열두째 달인 플루톤의 달[9]에는 지하 세계의 신들에 속하는 것

---

5) 759c~d의 본문 및 해당 각주를 참조할 것.
6) 745d의 해당 각주를 참조할 것.
7) 이와 관련해서는 745d~e 및 771b~e를 참조할 것.
8) 신들의 자손들, 수호신(신령)들 및 영웅들을 가리킨다. 799a 및 801e를 참조할 것.
9) 플루톤(Ploutōn)은 지하 세계의 신으로 하데스(Hạdēs)의 별칭이기도 하다. 그런데 '플루톤의 달'이란 당시의 아테네 달력(음력)으로는 한 해의 마지막 달인 스키로포리온(Skirophoriōn)을 지칭한다. 한 해의 첫째 달은 헤카톰바이온(Hekatombaiōn)이라 하는데, 이는 6월 21~22일경인 하지 이후의 초승달에서 시작해서 다음 초승달까지에 해당하는 달이다. 그러니까 '헤카톰바이온'은 대충 줄잡아서 6월(하순?)에서 7월(하순?)에 걸친 달로 보면 되겠다. 따라서 여기서 '플루톤의 달'로 지칭되고 있는 한 해의 마지막 달인 '스키로포리온'은 5월(하순?)에서 6월(하순?)에 걸친 달이다. 새싹이 돋는 싱그러운 봄철(ear)은 끝나가고 바야흐로 여름(theros)으로 접어들기 직전인 시기이고, 곧 새해가 시작된다. 새해는 이처럼 여름과 더불어 시작한다. 지중해, 특히 에게 해는 춘분(3월 21~22일)에서 추분(9월 23~24일) 사이가 항해의 계절이라고는 하지만, 그중에서도 여름

을 배정할 것이니,[10] 전사들로서는 이런 신을 언짢아해서는 안 되고, 인류로서는 언제나 최선의 신으로서 존중해야만 합니다. 혼과 몸으로서는 그 결합(koinōnia)이 서로 갈라짐(dialysis)보다도 어떤 점에서도 더 낫지 않기 때문입니다.[11] 이는 제가 진지한 뜻으로 말하며 주장하려는 바입니다.

그러나 이것들에 더해서, 이 일들을 만족스레 나누어 보려는 이들은 다음과 같은 생각을 해야만 합니다. 시간 여유와 필수품들의 풍족함과 관련해서 우리의 나라는 오늘날의 나라들 가운데서는 또 다른 그런 나라를 누구도 찾아볼 수 없을 그런 나라이거니와, 이 나라는, 마치 한 인간처럼, 훌륭하게(잘) 살아야만 합니다.[12] 하지만 행복하게 사는 이들에게 829a

---

이 항해하기에 가장 좋은 계절로 알려져 있다. 이때는 건기인지라, 이 지역의 쾌청한 날씨는 카메라 필름의 감도까지 새삼 조절해야 할 정도로 햇빛이 풍부해서, 열매들이 익어 가고 풍성함을 기약하는 '좋은 계절'(kalokairia, euetēria)이기도 하다. 에게 해에서도 육지에서도 온 헬라스에 활기가 넘치는 계절이다. 그러고 보면, 현대의 헬라스어로 여름을 '깔로깨리'(kalokairi)라 하는 것도 '좋은 계절'을 뜻하는 kalokairia와 어원상으로는 연관성을 갖는 것일 거라는 생각이 들기도 한다. 767c의 본문 및 해당 각주를 참조할 것.

10) 이 배정과 관련해서는 717a~b를 참조할 것.

11) 플라톤에 따르면, 철학을 한다는 것은 혼(psychē)이 지닌 이성(logos), 더 나아가서는 지성(nous)에 의해서 하는 것이므로, 이 능력을 최대한 발현하는 것은 오관의 능력이라 할 감각적 지각(aisthēsis)의 영향을 최대한 받지 않도록 함으로써 가능하다. 그럼으로써 감각적 대상들(ta aisthēta)이 아닌 지성의 대상들(ta noēta)에 대한 지성에 의한 이해 또는 그런 앎(noēsis)에 이르게 된다. 그런 의미에서 철학을 한다는 것은 어느 의미에서는 몸에서 혼을 최대한 떼어 놓는 것이기도 하겠는데, 그것은 곧 '죽음의 수련'이기도 하다. 이런 논의를 집중적으로 하고 있는 것이 《파이돈》편이다. 이를테면, 이 대화편의 64d~65a 및 80a~81d를 참조할 것.

12) 그런 나라의 삶에 대한 기본적인 생각은 739c~e에서 피력되었다. 그리고 여기에서 '훌륭하게 사는 것'으로 옮긴 헬라스 말 eu zēn은 '잘(훌륭

829a

첫째로 갖추어져 있어야만 하는 것은 스스로도 올바르지 못한 짓을 하지(adikein) 않고 남들한테서도 올바르지 못한 짓을 당하지(adikeisthai) 않는 것입니다.[13] 한데, 이 둘 중에서 한쪽 것은 그다지 어렵지 않습니다만, 올바르지 못한 짓(불의)을 당하지 않는 능력을 획득하는 것은 아주 어렵거니와, 이는 완벽하게 훌륭해지는 것밖에 달리는 갖게 될 수가 없습니다. 바로 이 똑같은 것이 나라에도 해당될 수 있는데, 훌륭하게 된 나라에는 평화로운 삶이 있겠으나, 나라가 나쁠 경우에는, 안팎으로 전쟁을 하는 삶이 있겠죠. 이런 일들이 대개는 이러할진대, 저마다 전쟁의
b 훈련을 해야만 하는 것은 전시가 아니라, 평화 시의 생활 속에서입니다.[14] 따라서 지성을 갖춘 나라라면,[15] 달마다 하루 이상, 여러 날 동안

하게) 삶' 또는 '잘(훌륭하게) 사는 것'을 뜻하며, 이 헬라스 말 중에서 'eu'는 '잘'이나 '훌륭하게'를 뜻한다. 한데, 우리말로는 '잘산다'고 하면, '부유하게 사는 걸' 뜻하니, 이 경우에 '잘'을 '사는 것'과 떼어서 '잘 사는 것'으로나 '훌륭하게 사는 것'이라고 하면, 그 본뜻을 살리는 것이 되겠다. 플라톤은 '잘 사는 것'에 대한 일반인들의 이런 이해를 근본적으로 반성해 보게 하려는 의도를 갖고 이런 말을 하고 있는데, 그런 의미를 살리려 한다면, '잘'과 '훌륭하게'를 동시적으로 생각하는 것이 좋겠다. eu zēn과 거의 같은 뜻으로 쓰이는 표현으로는 eu prattein이 또한 있는데, 이는 '잘 함', '잘 처리함', '잘 해냄', '잘 삶', 그리고 '잘 지냄' 등을 뜻한다. 그래서 편지에서 안부를 물을 때나 기원할 때도 이 표현을 쓰기도 한다.

13) 662e~663b 및 730d를 참조할 것. 그리고 "스스로도 올바르지 못한 짓을 하지(불의를 저지르지: adikein) 않고 남들한테서도 올바르지 못한 짓(불의)을 당하지(adikeisthai) 않는 것입니다"에서 '올바르지 못한 짓을 하지(불의를 저지르지: adikein)'를 '해치지'로 '올바르지 못한 짓(불의)을 당하지(adikeisthai)'를 '피해를 보다'로 간편하게 번역해도 될 것 같은데, 이렇게 옮기려면, '[남을] 해치지'로 원문에 없는 낱말을 보완해서 해야 할 것이다.

14) 더 자세한 언급은 626b~630a를 참조할 것.

15) '지성을 갖춘 나라라면'은 '제정신을 가진 나라라면'으로 읽어도 되겠다.

군사훈련을 받게 해야만 합니다. 당국자들도 동의할 때는, 겨울철 동안에도 염열 기간에도 전혀 상관하지 않고서 말입니다. 또한 거의 온 민중이 행군하는 것을 당국자들이 의결할 경우에는, 자신들과 처자들도 함께 그래야만 합니다. 하지만 때로는 일부가 하기도 하고요. 그리고 제례 의식들과 함께 언제나 어떤 멋진 놀이들을 고안해야만 하는데, 이는 실제 전투들을 되도록 실감나게 모방하는 어떤 축제 형태의 전투들이 벌어지게 하기 위해서입니다. 이것들의 각각에는 우승 상과 용맹 상을 배분해 c
주어야 하며, 또한 각자가 이들 경합에서 그리고 또 일생을 통해서 어떤 사람이 되는지에 따라 서로를 위해 찬양과 나무람의 시를 지어야만 하거니와, 가장 훌륭한 걸로 여겨지는 이는 칭송하되, 그렇지 못한 이는 나무랍니다. 하지만 아무나 그런 시들을 짓는 사람이어서는 안 됩니다. 첫째로 쉰 살 이하인 사람이어서도 안 되며, 또한 시작(詩作)과 음악의 재능을 자신들 속에 충분히 지니고 있는 이들이라 할지라도, 훌륭하고 두드러진 일을 전혀 한 적이 없는 이들은 그 누구도 안 됩니다. 반면에 그들 d
자신들이 훌륭하며 나라에서 존경받는 이들이고, 훌륭한 일들을 이룩한 이들일 경우에는, 비록 그런 이들의 시들이 그 성격상 음악적이지 못하다 할지라도, 노래로 불리게 합니다.[16)] 한데 이들의 선정은 교육담당관[17)]과 그 밖의 호법관들에게 맡깁니다. 이 특권은, 곧 노래들에 있어서의 전적인 자유는 이들에게만 부여하고, 다른 사람들에겐 아무런 자유재량권도 주어지지 않습니다. 또한 [호법관들이 선정하지 않았을 경우에는][18)]

---

16) 801c~d 및 802b~c를 참조할 것.

17) 원어로는 단순히 '교육자'(paideutēs)로 되어 있으나, 교육 감독관(ho tēs paideias epimelētēs)을 가리킨다. 그는 동시에 호법관들 중의 한 사람이다. 이 교육 감독관에 대해서는 765d~766b를 참조할 것.

18) [ ] 속에 묶인 이 구절의 원문 [μὴ κρινάντων τῶν νομοφυλάκων]은 이 기호가 가리키는 대로 삭제해도 되는 것이다. 그러나 Burnet는 그냥 살려

e 불명예스런 노래는 아무도 부르려 들어서는 안 됩니다. 타미라스와 오르
페우스의 노래들[19]보다도 더 즐거운 것이라 할지라도 안 됩니다. 성스러
운 것들로 선정되어 신들에게 바쳐진 그런 시들 그리고 훌륭한 사람들이
나무라거나 칭찬을 하는 것들로서 적절히 한 것으로 선정된 시들을 노래
해야만 합니다. 군사훈련과 관련해서도 그리고 시작(poiēsis)에 있어서
전적인 자유와 관련해서도 똑같은 것들이 남자들과 여자들에게 같이 적
용되어야만 합니다.

한데, 입법자는 스스로 비교해 가면서 제 자신에게 논의를 제기해야만
합니다. "자, 그러면 온 나라를 정비한 다음에는, 도대체 어떤 사람들을
830a 내가 양육할 것인가? 그러니까 수도 없이 많은 경쟁자들이 있는 가장 큰
시합들의 선수들이 아닐까?" "그야 물론이죠." 하고 누군가는 옳게 대답
을 할 것입니다. 그렇다면, 어떻겠습니까? 만약에 우리가 권투선수들이
나 팡크라티온 선수들[20] 또는 이런 유의 시합들 중의 다른 어떤 것의 선
수들을 키웠을 경우에, 앞서 어느 때도 날마다 대전을 하지 않고서도, 그
래 이 시합에 나갈 수가 있었을까요? 만약에 우리가 적어도 권투선수들
이라면, 시합 전에 아주 많은 날 동안 싸우는 걸 배우고 단련도 할 것입
b 니다. 승리를 위해 싸우면서, 그때 아마도 우리가 이용하게 될 그 모든
걸 흉내 내면서 말입니다. 또한 같은 상황에 최대한 접근하고자 해서, 가
죽띠 대신에 둥근 모양의 것들[21]을 감아 묶는데, 이는 가격과 가격을 피

서 읽고 있다.

19) Thamyras 또는 Thamyris는 트라케의 음유시인으로서, 노래에 관한 한, 무사 여신들과 경합해도 자기가 이길 것이라고 뽐내다가, 여신들의 분노를 사서 눈이 멀고 노래하는 재주도 잃게 되었다 한다. 호메로스의 《일리아스》 2. 595~600에 그런 이야기가 전해져 온다. 오르페우스에 대해서는 669d의 해당 각주 및 677d의 해당 각주를 참조할 것.

20) 팡크라티온 및 권투에 대해서는 795b에서 해당 각주를 참조할 것.

21) 795b의 각주에서도 말했듯, 정식시합에서는 가죽띠로 손목과 손 관절

함이 가능한 한 충분하리만큼 부지런히 단련을 받도록 하기 위해서죠. 그리고 우리에게 여러 연습상대가 부족한 사태가 일어날 경우에는, 생각 없는 사람들의 비웃음을 두려워해서, 우리는 생명 없는 모상을 걸어 놓고서는 이를 상대로 훈련을 하려 들지 않겠습니까? 또한 더 나아가서, 생명이 있는 것들이건 생명이 없는 것들이건 간에 모두가 부족할 경우 c
에, 그땐 우리가 연습상대도 없이 우리 자신들을 상대로 그야말로 섀도 복싱을 하려 들지 않겠습니까? 아니면 도대체 다른 어떤 게 손짓하는 연습으로 될 것이라고 누군가가 말해 줄까요?

클레이니아스: 선생이시여! 아마도 방금 선생께서 말씀하신 바로 그것말고 다른 건 어쨌든 아무것도 없을 것입니다.

아테네인: 그렇다면, 어떻겠습니까? 우리나라의 군대가 실인즉 그와 같은 시합의 선수들보다도 준비상태가 어떤 점에서 덜 되어 있으면서도, 목숨과 아이들, 재산 그리고 온 나라를 위해서 싸운답시고, 겨룸들 중에서도 가장 중대한 겨룸에 감히 매번 임하려 할 경우에는? 또한 이들의 d
입법자가, 서로를 상대로 삼아서 하는 바로 이 체력 단련들이 어떤 사람들에게는 우스운 것들로 보이지 않을까 두려워하게 되어, 이런 입법을 하지 않게 될 경우에는? 중무장은 하지 않은 상태로 되도록 날마다 소규모의 군사훈련을 하도록 지시하고, 또한 이와 함께 합창가무단들과 일체의 체육을 이에 기여케 하는 한편으로, 이를테면 무장을 한[22] 더 큰 규모

들을 감고서 대전하나, 이처럼 연습 경기에서는 이 가죽띠(himantes) 대신에 속을 채워 메운 둥근 모양의 것들(sphairai)을 감아 묶었는데, 어쩌면 연습용 글러브와 같은 것이었던 것 같다. 원래는 공이나 공 모양의 것을 뜻하는 이 sphaira를 H. A. Harris(*Greek Athletes and Atheletics*, Connecticut, 1964, pp. 98~9)는 연습용 글러브인 것으로 밝혔는데, Liddell & Scott, *Greek-English Lexicon*, *Revised Supplement*(Oxford, 1996)에서도 그런 뜻으로 수정했다.

22) '무장을 한'(ἐνοπλίους)은 England의 시사를 따른 Diès의 텍스트 읽기

830d

의 훈련들은 매달 한 번 이상 할 것을 지시하는 걸 말입니다. 국토 전역
e 에서 거점들과 매복지역의 점유를 목표로 하여 서로를 상대로 전투를 하게 하며, 모든 형태의 전쟁 기술을 흉내 내게 하고. 실제처럼 모의 전투를 하며,[23] 실전들을 최대한 방불케 던지기를 하여, 좀은 위험스런 날아가는 무기들을 이용하는 걸 말입니다. 서로를 상대로 하는 놀이가 전혀 무섭지 않은 것이 아니도록 함으로써, 공포감을 생기게 하여, 용맹한 자와 그렇지 못한 자를 어느 정도 드러내게 하기 위해서죠. 용맹한 자들에게는 명예를, 그렇지 못한 자들에게는 불명예를 옳게 배분해 줌으로써,
831a 온 나라가 일생 동안의 실전에서 쓸모 있도록 준비하게 하는 거죠. 이러다가 특별한 경우로 누군가가 죽게라도 될 경우에는, 본의 아닌 살해이기에, 살해한 자가 법에 따라 일단 정화되면, 그 손은 정화된 걸로 보는 겁니다. 소수의 사람들이야 죽더라도, 그들보다 못하지 않은 다른 사람들이 다시 태어나게 되겠지만, 무서움이, 말하자면, 종식될 때는,[24] 이런 모든 경우에서 더 나은 자들과 더 못한 자들에 대한 시금석을 찾지 못하
b 게 될 것인즉, 이는 작은 나라에는 그것[25]보다도 더 큰 나쁜 일이 아니겠

를 따른 것인데, 이를 Burnet 판에서는 elattous로 읽고 있다. 이 읽기로는 전혀 뜻이 통하지 않는다.

23) '모의 전투를 하며'는 sphairomakhein을 의역한 것이다. 이는 b의 각주에서 언급한 권투 수련을 하는 사람이 연습용 글러브라 할 sphairai를 팔에 감아 묶고서 권투 연습을 하는 걸 뜻하는 말이지만, 여기에서는 '모의 전투를 하는 걸' 빗대어 하는 말로 보인다.

24) '무서움이 종식될 때는'에서 '종식된다'는 말은 바로 앞의 '죽는다'는 말과 헬라스어로는 같은 낱말(teleutaō)이다. 물론 '소수의 사람들이야 죽더라도'와 연계된 대비적 표현이다. 따라서 원어를 그대로 살리려면, '무서움이 죽게 될 때는'이라고 '무서움'을 의인화해서 번역하는 게 더 좋을 것도 같다.

25) 무서움을 느끼게 하는, 그래서 다소 위험한 훈련을 하게 함으로써, 자칫 사망 사고도 당하게 할 수 있게 하는 경우를 가리킨다.

습니까?

클레이니아스: 선생이시여! 저희야 그런 것들을 법으로 정하여 온 나라가 수행해야만 한다는 데 동의할 것입니다.

아테네인: 그렇다면 우리 모두는 오늘날 나라들에서, 아주 소규모의 것들을 제외하고는, 이런 합창가무와 시합이 대체로 어떤 식으로도 결코 행하여지지 않고 있는 원인을 알고 있습니까? 이를 우리는 많은 사람(다중)과 이들에게 법률을 제정해 주는 자들의 무지 탓이라 말할까요?

클레이니아스: 아마도 그렇겠습니다.

아테네인: 결코 그렇지 않습니다, 클레이니아스 님! 그 원인들로는 c
두 가지가 있으며, 이로써 아주 충분하다고 우리는 말해야만 합니다.

클레이니아스: 어떤 것들을 말씀하시는지?

아테네인: 그 하나는 부에 대한 사랑으로, 이로 인해서 그 모든 시간 동안 개인적인 소유물들 이외에 다른 것들에 대해서는 마음 쓸 시간적 여유를 전혀 갖지 못하고, 모든 시민의 혼이 이에 매달려 있어서, 날마다의 이득 이외의 다른 것들에 대한 관심을 결코 가질 수가 없게 됩니다. 그리고 무슨 배움 또는 무슨 활동이건, 이것에 기여하는 것이면, 모두가 사사로이 배우고 수련할 만반의 준비가 되어 있지만, 다른 것들에 대해
서는 비웃습니다. 이것이 그 하나라고, 이게 그 한 가지의 원인이라고 말 d
해야만 합니다. 즉 나라가 그런 훈련이나 그 밖의 훌륭하디훌륭한 어떤 활동에는 전혀 열의를 보이려 하지 않고, 금과 은에 대한 만족할 줄 모르는 욕심으로 인해서, 일체의 기술이나 방책을, 그게 비교적 볼품 있는 것이건 또는 볼품 없는 것이건 간에, 부유해지게만 된다면, 모든 사람이 이용하려 하며, 경건하거나 경건하지 못한 행위도 또는 아주 부끄러운 행위도 행하게 되는 원인이라고 말입니다. 마치 짐승의 경우처럼, 온갖 걸
먹고 마찬가지로 마시며 욕정들의 전적인 충족을 모든 면에서 실현시켜 e
주는 능력을 가질 수만 있다면, 아무것도 거리끼지 않고서 그러는 원인

831e

말입니다.

클레이니아스: 옳은 말씀입니다.

아테네인: 그러니까 제가 말하고 있는 이것이 방해를 하여 나라들로 하여금 다른 훌륭한 것도 전쟁과 관련된 것들도 충분히 수련케 허용하지도 않고, 사람들 중에서도 천성으로 단정한 자들을 상인들과 선주들 그리고 완전히 일꾼들로 만들어 놓는가 하면, 천성으로 용감한 자들은 해
832a 적들과 강도들, 신전 약탈자들, 전투적인 인간들 그리고 참주적인 인간들로 만드는 한 가지 원인이라 하죠. 그리고 때로는 이들이 자질이 많이 모자라는 것이 아니라, 실은 운이 나쁜 겁니다.

클레이니아스: 어떻게 하시는 말씀인지요?

아테네인: 그렇다면 어찌 이들을 아주 불운한 자들이라 제가 말하지 않을 수 있겠습니까? 어쨌든 일생을 통해 언제나 자신들의 혼이 굶주린 상태로 지내게 하지 않을 수 없게 된 사람들일진대 말입니다.

클레이니아스: 그러니까 이게 그 한 가지 원인이군요. 그러면 둘째 원인은 무엇이라 말씀하시겠습니까, 선생이시여?

아테네인: 잘 일깨우셨습니다.

클레이니아스:[26] 선생께선 사실 이게 그 한 가지 원인이라 말씀하십니다. 일생을 통해 만족할 줄 모르는 추구가 각자로 하여금 바쁘게 만들
b 어, 전쟁과 관련된 것들을 저들 각자가 훌륭하게 수련하는 것을 하지 못하게 방해하게 된다고 말씀입니다. 그렇다고 하죠. 그러면 둘째 것을 말씀하세요.

아테네인: 제가 낭패로 해서 말은 하지 않고 시간 보내기를 하고 있

26) Budé 판 및 Loeb 판에서는 여기에서 그리고 또 바로 다음(b5)에서 말하는 사람을 메길로스인 걸로 보고 있으나, 특별히 그럴 이유도 없는 것 같아, 당분간은 클레이니아스가 계속해서 아테네인과 말하고 있는 것으로 보는 견해를 따랐다. Saunders의 *Notes*, No. 70 참조.

는 걸로 여겨지는 건 아닌지요?

클레이니아스: 아닙니다. 그게 아니라 말하자면 선생께서는 논의를 하다 보니, 그와 같은 성품을 미워하셔서, 필요 이상으로 나무라시는 것으로 저희에겐 생각되는군요.

아테네인: 선생들이시여, 더할 수 없이 훌륭한 꾸지람입니다. 두 분께서는 그다음 걸 듣게 되실 것 같습니다.

클레이니아스: 말씀이나 하십시오.

아테네인: 저로서는 그 원인들을 앞에서의 논의들에서[27] 여러 차례 말한 나라 체제(정체)들, 즉 민주체제(dēmokratia)와 과두체제(oligarchia) 및 참주체제(tyrannis)라 말한 '나라 체제(politeia)들도 아닌 것들'이라 주장합니다.[28] 그야 이것들 가운데 그 어떤 것도 나라 체제가 아 c

27) 712e 및 714a~b 등에서.

28) 여기에서 '나라 체제(politeia)들도 아닌 것들'로 번역한 것의 원어는 hai ou politeiai이다. 원론적으로, 더구나 이 대화편에서처럼 수립과정에서 본 나라(polis)는 시민들(politai)의 공동체(koinōnia)일 것이니, 이는 마땅히 공동의 것(to koinon)을 위한 조직체(systēma)요, 이런 것이라야 그 참뜻에 있어서의 나라 체제(정체: politeia)일 것이다. 자유롭되 화목하고 아울러 지혜를 갖춘 나라(693b~694b)가 그런 나라이다. 나라와 같은 조직체의 구성원들 사이에 '대립'과 '분쟁', 더 나아가 이로 인해 일어나게 되는 '내란'까지를 다 아우르는 헬라스어가 stasis이다. 제대로 된 나라 체제를 갖추지 못한 것들은 모두가 분쟁 체제(stasiōteia)들이다. 그런 체제에서 사는 시민들은 공동체의 시민들(politai)이 아니라, 도당들이요 패거리(stasiōtai)이다. 그러니 페르시아의 극단적인 1인 독재체제나 참주체제 또는 이에 준하는 과두정체 그리고 플라톤 시대의 아테네에서 중우정치(ochlokratia)로 전락한 민주정체도 엄밀한 의미에서는 모두가 '나라 체제들도 아닌 것들'이기는 마찬가지이다. 715b 그리고 693d를 참조할 것. 또한《정치가》편 293b~e를 보면, 참된 의사의 기준이 의술이듯, 바른 유일한 나라 체제는 그 안에서 '참으로 아는 자'인 통치자를 찾아볼 수 있을 경우의 것이라고 한다.

832c

니고, 모두가 분쟁 체제들(stasiōteiai)이라 말하는 게 지당하겠기 때문입니다. 이것들 중의 어떤 것도 자발적인 사람들을 자발적으로 지배하는 게 아니라, 자발적이지 않은 사람들을 언제나 일종의 강제력에 의해 지배를 하니까요. 지배하는 쪽은 피지배자 쪽을 두려워해서, 이쪽이 훌륭해지는 것도, 부유해지는 것도, 강해지는 것도, 용감해지는 것도, 그리고 전사답게 되는 것도 절대로 자발적으로 허용하는 일이 결코 없을 테니까요. 그러니까 이것들 둘[29]이 특히 거의 모든 [나쁜] 것의 원인들이니, 아무튼 이런 것들[30]의 실제 원인들로는 둘이 두드러집니다. 그러나 우리가 법률을 제정하고 있는 지금의 나라 체제의 경우는 우리가 말하는 두 가
d 지 다에서 벗어나 있습니다.[31] 왜냐하면 아마도 이 나라는 더할 수 없는 여가를 누리겠고, 시민들도 서로에게서 자유롭되, 이들 법률로 해서, 돈을 좋아하는 건 제일 덜할 것이라[32] 저는 생각하기 때문입니다. 그래서 나라 체제의 이와 같은 제도만이 오늘날의 나라 체제들 중에서는 유일하게 이제껏 소상히 다룬 군사교육과 함께 군사놀이[33]를 아마도 그리고 원칙적으로 수용할 것입니다. 논의를 통해서 제대로 완결한 것을 말입니다.

클레이니아스: 훌륭한 말씀입니다.

아테네인: 그러면 이것들 다음으로 모든 체육시합과 관련해서 기억
e 하고 있어야 할 것은, 이것들 중에서 전쟁과 관련되는 시합들은 수행도 하고 우승 상들도 제도화해야만 되지만, 그렇지 못한 것들과는 결별해야

29) 요컨대, '부에 대한 사랑'과 나쁜 정치적인 지배 형태를 가리킨다.
30) 이제껏 말한 '나쁜 것들'을 가리킨다.
31) 이 부분에서 Burnet의 텍스트 읽기는 다르며, 옳은 읽기도 아닌 것 같다.
32) 741e를 참조할 것.
33) 헬라스어로 아이를 pais(복수는 paides임)라 하고, paideia는 육아 그리고 교육을, paidia는 아이들 장난, 오락, 놀이를 뜻한다. 이 둘은 어원도 같고 발음도 유사한 데다 서로 연관성을 갖는 것들이어서 곧잘 함께 언급되고 있다. 656c 및 803d를 참조할 것.

만 한다는 것이겠죠? 그러나 그런 것인 것들은 처음부터 언명하고 법으로 정해 두는 게 더 좋습니다. 그리고 첫째로는 달리기 및 전반적인 속도와 관련된 시합들을 정해야만 하지 않겠습니까?

클레이니아스: 그건 정해야 하죠.

아테네인: 어쨌든 무엇보다도 전투를 잘할 수 있게 하는 것은 전적으로 몸의 민첩성, 곧 발들과 손들의 민첩성입니다. 달아나고 붙잡는 데는 833a
발들의 민첩성이, 반면에 얽힌 상태에서 [손들을 쓰는][34] 접전과 맞섬에서는 체력과 힘이 요구됩니다.

클레이니아스: 물론입니다.

아테네인: 그렇더라도 적어도 무기 없이는 어느 쪽 것도 크게 유용하지는 못합니다.

클레이니아스: 어떻게 그럴 수 있겠습니까?

아테네인: 물론 우리의 행사 진행자가, 요즘처럼, 시합들에서 맨 먼저 스타디온 달리기 선수[35]를 호출하는데, 이 선수는 무장을 하고 입장합니다. 우린 무장을 하지 않은 경쟁자에게는 시상을 하지 않을 것입니다. 첫째는 무장을 갖추고서 스타디온 경주를 하게 될 사람이 입장하고,
둘째는 그 두 배 코스[36] 경주를 할 사람이, 셋째는 경마 코스 경주를 할 b
사람이, 특히 넷째는 장거리 코스[37]를 경주할 사람이 입장합니다. 그리

34) 원어에는 없는 말이나, 문맥으로는 그런 뜻이 포함되어 있다고 할 것이다.

35) '스타디온 달리기 선수'로 번역한 원어는 stadiodromos인데, '스타디온에서 달리는 선수'를 말하니까 단거리를 뛰는 선수를 뜻하는 것으로 보면 되겠다. '스타디온'에 대해서는 789c에서 해당 각주를 참조할 것.

36) 원어는 diaulos로서, stadion의 두 배 코스를 뜻한다. 올림피아의 1스타디온이 약 193미터(정확히는 192.24미터)이므로, 대충 오늘날의 400미터 경주에 해당하는 셈이다.

37) 원어는 dolichos인데, 그 거리가 얼마쯤인지는 분명치가 않다. 앞에서

833b

고 다섯째는 첫 선수를 중무장을 시켜서 내보내는데, 아레스[38] 신전까지 60스타디온의 거리를 갔다가 돌아오게 합니다. 더 무겁게 무장을 한지라 중무장을 한 선수[39]로 일컫는데, 비교적 평탄한 길로 경주를 하나, 그의 경주상대는 일체의 궁술장비를 갖춘 궁수로서 아폴론과 아르테미스[40]의 신전까지 100스타디온이 되는 산들과 온갖 지역을 거치는 길로 경주를
c 합니다.[41] 그리고 우리는 이 시합을 거행하고서는, 이들이 돌아올 때까지 이들을 기다렸다가,[42] 각 경주의 우승자에게 우승 상을 수여할 것입니다.

클레이니아스: 옳은 말씀입니다.

아테네인: 물론 이들 시합은 삼중의 것들로 생각합시다. 그 하나는 아이들의 것이고, 또 하나는 아직 수염이 나지 않은 소년들의 것이며, 나머지 하나는 어른들의 것입니다. 그리고 궁수들로나 중장비를 한 선수들

언급한 Harris의 책 73째 쪽에서는 7스타디온에서 8, 10, 12, 20, 24스타디온에 이르기까지 설이 많은 것으로 언급하고 있다.

38) 아레스(Arēs)는 군신(軍神)이기 때문이다. 물론 아레스의 신전이 이미 세워져 있는 것은 아니지만, 경기장에서 그 거리의 어딘가에 세우는 걸 전제로 해서 하는 말이다. 이는 다음에서 말하는 아폴론과 아르테메스 신전의 경우에도 마찬가지이다.

39) 여기서 '중무장을 한 선수'로 번역한 hoplitēs는 군인의 경우에는 '중무장보병'을 뜻하는 것이다.

40) 아폴론은 궁술의 신이기도 하고, 그와 쌍둥이인 아르테미스 여신은 사냥의 여신이며, 역시 활과 연관되어 있다.

41) 물론 앞의 경우처럼, 이 경우에도 100스타디온의 거리를 갔다가 돌아오는 것으로 보아야 할 것이다. 요즘 용어로 일종의 크로스 컨트리(cross-country) 경기인 셈인 이 무장경기는 플라톤이 고안한 걸로 간주되고 있다. Morrow의 책 382째 쪽 및 Saunders, *Notes*, 73째 쪽 참조.

42) 이들 경기는 한 가지씩 하며 그 결과를 기다리는 것이 아니라, 먼 거리를 경주하는 선수들을 먼저 출발시킨 상태에서, 스타디온 안에서의 경주들을 그동안에 진행시킬 수 있을 것이다.

로 시합을 하는 자들의 경우에도, 아직 수염이 나지 않은 소년들의 경우에는 그 코스 거리의 2/3로, 반면에 아이들의 경우에는 그 반으로 우리가 정할 것입니다. 반면에 여자들의 경우에는, 아직 사춘기가 되지 않은 소녀들은 옷을 벗은 상태로[43] 스타디온과 그 두 배 코스, 경마 코스 그리고 장거리 코스를 이 스타디온의 코스에서 시합을 하게 하나, 13세에서 혼 d
인 때까지의 여자들[44]은 [적어도] 18세까지는 이에 참여하되, 20세 이상은 그러지 않는 걸로 할 것입니다. 그러나 이들은 적절한 의상을 걸치고서[45] 이 코스들의 경주에 등장해야 합니다.

이것들이 남자들과 여자들의 달리기 코스와 관련된 것들이라 합시다. 체력과 관련된 것들로는, 레슬링이나 오늘날 힘든 것들에 속하는 그런 것들 대신에, 무장 상태로 하는 싸움을, 1 대 1 그리고 2 대 2로 겨루며, e
또한 10 대 10까지도 서로 겨루기를 하는 겁니다. 이기기 위해서는 공격을 당하지 않거나 공격을 하는 자가 무엇 무엇을 그리고 얼마나 해야 하는지는,[46] 마치 오늘날의 레슬링에서 레슬링 자체와 관련해서 무슨 행위가 레슬링을 훌륭하게 하거나 훌륭하지 못하게 하는 것에 속하는지를 법으로 규칙을 정하여 갖고 있듯이, 바로 그처럼 중무장 상태로 하는 전투에 대해 정상급인 자들 또한 초빙해서 이들로 하여금 함께 법률 제정을 하도록 지시해야만 합니다. 이들 겨루기와 관련해서 누가 올바른 승리를 한 것인지, 무슨 공격을 당하지 않거나 무슨 공격을 해야만 하는지, 그리 834a
고 마찬가지로 무슨 규칙이 패자를 가리는지에 대한 규칙들을 말입니다.

43) 원어 gymnais를 '옷을 벗은 상태로'로 번역하지 않고, '무장을 하지 않고'로 번역해야 하는 걸로 주장하는 사람들도 있다. 그러나 이런 뜻으로는 833a9에서 psilōi가 쓰이고 있다.

44) 785b에서 여자의 혼인 연령을 16세에서 20세까지로 말했다.

45) Morrow의 책 383째 쪽 참조.

46) 유효한 공격과 그 점수를 뜻하는 것으로 보면 되겠다.

똑같은 것들이 혼인 때까지의 여자들과 관련해서도 법률로 정해져야만 될 것들이라 합시다. 팡크라티온[47]의 겨루기에는 경무장보병 기술(peltastikē) 전반을 대치시켜야만 합니다. 활과 가죽방패,[48] 창, 손으로 던지는 돌, 그리고 투석기로 던지는 돌을 갖고서 하는 시합으로 말입니다. 또한 이것들과 관련해서도 법률을 제정하여, 이것들과 관련된 규정들을 가장 훌륭하게 충족시키는 자에게 상들과 우승을 배분합니다.

b 이것들 다음으로는 경마와 관련된 규정들이 뒤따를 것입니다. 그러나 어쨌든 크레테의 경우야말로 우리로선 많은 말도 필요 없고, 그 소용도 많지 않아서, 그것들을 키우는 데도, 그것들의 시합과 관련해서도 그 열의가 덜할 것은 필연적입니다.[49] 따라서 우리에게는[50] 전차를 이끄는 말들을 키우는 사람도, 이것들과 관련되는 어떤 언급할 만한 명예욕이 누군가에게 일게 되는 일도 전혀 없을 것인지라, 이 고장 것도 아닌 것의 시합을 제도화한다는 것은 지각 있는 일로 보이지도 않을 것이고, 실제로
c 도 지각 있는 일이 아닐 것입니다. 그러나 아직 젖니를 갈지 않은 망아지들,[51] 다 자란 말들과 아직 젖니를 갈지 않은 것들의 중간인 것들 그리고

---

47) 795b에서 해당 각주를 참조할 것.

48) 여기에서 '가죽방패'로 번역한 것의 원어는 peltē로서, 작고 가벼운 가죽방패로 금속테두리조차도 없다. 이 방패와 함께 본문에서 언급되고 있는 무기들을 이용하는 병사를 '경무장보병'(peltastēs)이라 한다. 이와 대비되는 것이 이른바 '중무장보병'(hoplitēs)이고, 이 보병의 방패(hoplon)는 겉에 청동을 입힌 직경 약 80센티미터의 방패였다.

49) 625d를 참조할 것.

50) 여기서와 이어지는 문장들 그리고 바로 앞 문장에서도 등장하는 '우리'는 지금 이런 논의를 통해 크레테에 새로 세우려는 나라의 법률 제정을 함께하고 있는 세 사람 모두를 지칭해서 하는 말이지, 아테네인이 제 고장 사람들을 지칭해서 하는 말이 아니다.

51) '아직 젖니를 갈지 않은'(abolos)이란 30개월이 되지 않은 어린 말을 지칭하며, 12개의 앞니를 갖고 있다.

바로 이들 다 자란 말들을 이용한 필마단기로 하는 시합을 제도화한다면,[52] 우리는 이 고장의 자연에 맞는[53] 승마놀이를 하게 하는 것일 겁니다. 따라서 바로 이들의 법에 따른 시합과 경쟁이 있게 하고, 부족 지휘관들과 기병대 지휘관들[54]에게 모든 경주 자체와 무장을 갖추고 겨루기에 참여하는 자들에 대해 공동으로 결정하는 권한이 주어지게 합니다. 반면에 무장을 갖추지 않은 자들을 위해서, 체육에서건 이 경우에건, 겨루기를 제도화한다면, 우리가 옳게 법 제정을 하는 게 아닐 것입니다. 하지 d
만 말 위의 크레테 궁수(弓手)는 쓸모 없는 게 아니며, 투창하는 사람 또한 그렇지 않아서, 이들의 놀이를 위해서도 대항과 시합이 있게 합니다.

반면에 여자들을 법령들에 의해 이것들에 대한 참여를 강요하는 것은 합당치 않습니다. 그러나 이전의 가르침들 자체로 해서 습관으로 되어 버림으로써 이들의 성향이 거부감 없이 수용할 경우에는, 소녀들과 처녀들이 참여하는 걸 허용하며 나무라지도 않습니다.

이제 체육 시합과 체육 학습은 이미 완전히 끝맺음을 보았습니다. 시합에서 그리고 날마다 학교에서 우리가 얼마나 단련하게 되는지에 대해 e
서는 말입니다.[55] 그리고 시가의 대부분도 마찬가지로 끝맺음을 보았습니다. 그러나 음송인들과 이들에 뒤따르는 사람들[56]의 일들, 그리고 축제행사들에서 있어야만 하는 합창가무단들의 그 많은 경연은, 신들 및 신들에 동반하는 것들[57]을 위한 연월일들이 지정될 때, 그때 그 순서가

52) '한 필의 말'(monippos)은 '전차를 이끄는 여러 필의 말들'(harma)과 반대되는 것으로 쓰이고 있다. 그리고 여기에서 말하고 있는 필마단기로 하는 이들 경마는 세 단계의 말들을 이용하는 것이 되겠다.

53) 625d를 참조할 것.

54) 755c~756b를 참조할 것.

55) 체육에 대해서는 813a~816d에서 다루었다.

56) 764d~e를 참조할 것.

57) 738d를 참조할 것.

834e

정해질 것입니다. 3년째마다 또는 5년째마다[58] 개최할 것인지는, 그 순서와 관련해서 어떤 식으로 그리고 어떻게 배정하게 될 것인지에 대해

835a 신들이 그 뜻을 시사함에 따라서 말입니다.[59] 그 행사 때에 시가의 경합들도 차례대로 행하여지는 것으로 기대해야만 합니다. 판정관들과 젊은이들의 교육자(교육 감독관)[60] 그리고 호법관들이 정해주는 대로요. 이들은 이것들과 관련된 공동의 목적을 위해 함께 모여서 스스로들 입법자들이 되어, 언제 누가 누구와 함께 모든 합창가무단 및 합창가무의 경연을 벌일 것인지를 정합니다. 이 경연들 각각이 노랫말과 노래들 그리고 선법들과 관련해서 이것들이 리듬 및 춤과 섞일 때 어떤 것들이어야 하

b 는지는 첫 입법자에 의해서 여러 번 언급되었습니다.[61] 이차적인 입법자들[62]은 이것들을 따라서 그다음 것들을 입법해야만 하고, 경연들을 각각의 제례들에 맞게 합당한 시기에 배정함으로써, 나라가 축제를 거행토록 해 주어야 합니다.

이것들과 그 밖의 이런 것들이 어떤 식으로 합법적인 질서를 갖추어야

---

58) 헬라스인들의 셈법에서는 셋째 해는 그 기산 시점을 포함하므로, 2년 뒤가 된다. 따라서 '3년째마다 또는 5년째마다'는 실제로는 '2년마다 또는 4년마다'를 뜻한다.

59) 828a에서 말했듯, 델피 신탁을 통해서 신들의 뜻을 구하는 걸 가리켜 하는 말이다.

60) 이 교육자(교육 감독관)는 호법관들 중의 한 사람이다. 811d의 본문 및 해당 각주를 참조할 것.

61) 798d~802e를 참조할 것. 여기에서 '첫 입법자' 또는 '일차적인 입법자'는, 굳이 단수를 고집한다면, 마그네시아의 기본 법률을 제정하고 있는 아테네인 자신을 지칭하는 것이 되겠으나, 자신과 대화를 하고 있는 두 사람까지도 포함한 지칭으로 보는 게 옳을 것 같다.

62) 여기에서 c 바로 앞의 것들까지에 해당하는 것들은 '처음에 입법하는 자'들이 정한 기본적인 것들에 준해서 정할 자질구레한 조례들이기에, 이들 조례들을 정할 사람들은 '이차적인 입법자들'인 셈이다.

만 하는지를 아는 것은 실상 어렵지도 않고, 또한 여기저기 변경되더라 도 나라에 큰 이득이나 손실을 가져다주지는 않을 것입니다. 그러나 사 c 소한 차이를 가져다주는 것이 아닌 것들은 설득하기가 어려운데, 이것이 야말로 신의 일입니다. 그 지시들 자체가 어떻게든 신에게서 내려질 수 있다면 말입니다. 하지만 지금은 담대한 어떤 인간이 요청되고 있는 것 같습니다. 특히 거리낌없이 말하기(parrhēsia)를 존중하여, 나라와 시민 들을 위해 가장 좋은 것으로 여겨지는 것들을 말하는 사람으로서, 타락 한 혼들을 지닌 사람들 속에서 전체 나라 체제에 적절하고 부합하는 것 을 지시하며, 막강한 욕망들에 대립하는 주장을 하고, 아무도 도움을 주 는 사람도 없이 오직 이성(logos)만을 홀로 따르는 사람 말입니다.

클레이니아스: 선생이시여, 우리가 또 무슨 말을 하고 있는 겁니까? 저희는 아직 이해를 못하고 있기 때문입니다. d

아테네인: 그건 그렇겠습니다. 하지만 제가 두 분께 한층 더 명확하게 말씀드리도록 해 볼 것입니다. 제가 논의를 통해서 교육의 문제에 이르렀을 때, 저는 젊은 남녀들이 서로 친근하게 사귀는 걸 보았기 때문입니다.[63] 따라서, 으레 그렇겠듯, 제게는 두렵다는 생각이 들더군요. 젊은 남녀가 영양 상태가 좋게 자라고, 무엇보다도 '히브리스'(hybris)[64]를 잠재워 버리는 심하고 부자유한 노고들에서 자유로운 그런 나라를 누군가가 어떻게 다루게 될 것인지 곰곰 생각해 보니까 말입니다. 제물 바치는 e 의식들과 축제들 그리고 합창가무단들이 모두에게 일생을 통해 관심거리가 될 것이고요. 그러니 이 나라에서 무슨 방법으로 많은 사람으로 하여금 다방면에 걸쳐 극단적으로 몰아가는 욕망들을 멀리하게 되겠습니

63) 771d~e를 참조할 것.

64) 637a 및 793e에서 해당 각주들을 참조할 것. 특히 여기에서 말하는 '히브리스'는 637a의 각주 끝 쪽에서 욕망과 관련해서 말하는 부분이 해당되는 것이겠다.

835e

까? 이성이 법이고자 하며[65] 그것들을 멀리하도록 지시한들 말입니다. 그러니 여러 가지 욕망들을 앞서 제정된 법규들(ta nomima)이 제압하고

836a 자 하더라도, 이는 놀랄 일이 아닙니다.[66] 지나치게 부유한 것을 허용하지 않는 것[67]은 절제함을 위해서는 적잖이 좋은 것이니까요. 또한 교육 전체가 그와 같은 것들과 관련해서 알맞은 법률을 갖추고 있으며, 이에 더해 관리들의 시선은 다른 데를 응시하지 않고, 언제나 바로 젊은이들을 지켜보는 훈련을 받았습니다. 이들이 하고많은 인간적인[68] 다른 욕망들에 대해 적도(適度)를 지키는지를[69] 말입니다. 그러나 남녀 아이들과 여자들에 대한 남자들 그리고 남자들에 대한 여자들의 사랑(애욕: erōs)

b 들의 문제로 말할진대, 바로 이로 해서 수없이 많은 일이 인간들에게 개인적으로 그리고 온 나라들에서 일어났습니다. 이에 대해 누가 어떻게 잘 대처할 수 있겠으며, 무슨 처방을 써서[70] 이들 각자에게 이와 같은 위험을 피할 길을 찾아 주게 되겠습니까? 도무지 쉽지가 않습니다, 클레이니아스 님! 실은 다른 것들과 관련해서는 전체 크레테와 라케다이몬이 많은 사람의 방식들과는 다른 법률을 제정하는 우리에게 적지 않은 도움

65) 713a(본문 및 각주)~714a(본문 및 각주)를 참조할 것.

66) 여기서부터 metron ekhei까지의 lineola(짧은 선)는 제거했다.

67) 736c~737d 그리고 특히 741a~745a를 참조할 것.

68) 여기에서 '인간적'(anthrōpina)이란 '신적인'(theia)과 대비시켜 하는 말이다. 인간에 있어서 우리의 몸과 관련된 것들은 인간적인 것들로 비유되는 반면에, 혼과 관련되는 것은 신적인 것들로 비유되고 있다. 631b~c 및 732e를 참조할 것.

69) '적도(適度)를 지키는지'의 원어는 metron ekhei인데, 직역하면, '척도(尺度: metron)를 갖고 있는지'로 된다. 이 경우, metron은 그 자체가 '알맞은 정도(한도)' 곧 '적도'(to metrion)를 뜻하기도 한다.

70) 여기서 '처방을 쓴다'로 번역한 pharmakon temnein은 약으로 쓰기 위해 식물을 자르는 것을 뜻하는 말인데, 919b4에도 같은 표현이 쓰이고 있다.

을 훌륭히 제공해 주지만, 사랑(애욕)들과 관련해서는, — 우리끼리니까 하는 말이지만, — 전적으로 우리와 대립하고 있기 때문입니다.[71] 만약에 c
누군가가 자연의 이치를 따라 라이오스[72] 이전의 법을 제정한다면, 이런 주장을 할 테니까요. 남자 어른들이 젊은이들과, 마치 여자들과 성적인 교합을 갖는 것처럼, 관계를 갖지는 않는 것이 옳다고 할 것인즉, 동물들의 본성을 증거로 제시하며, 이런 것들과 관련하여서는 수컷이 수컷과 교접하지 않음을 이것이 본성적인 것이 아니기 때문임을 보여 줌으로써, 아마도 설득력 있는[73] 논변을 펼칠 것입니다. 그렇더라도 이는 여러분의 나라들과는 결코 합치하지 않겠죠.[74] 이것들에 더하여, 입법자가 언제나
지켜야만 하는 것으로 우리가 주장하고 있는 것, 이것이 이 경우들에는 d
일치하지 않습니다. 그야 제정된 것들 가운데서 무엇은 [사람으로서의]

71) 소년애와 관련된 이들 두 나라의 실정에 대해서는 이어지는 c 끝의 각주를 참조할 것.

72) 아가멤논(Agamemnōn)의 할아버지인 펠롭스(Pelops)는 한 요정과의 사이에 아들 크리시포스(Chrysippos)를 낳는다. 그의 아내인 히포다메이아(Hippodameia)는 남편이 제 아들들보다도 크리시포스를 편애하는지라, 후계가 걱정스러웠던 나머지 제 아들들을 시켜 살해했다고 한다. 그러나 다른 전설에 의하면, 실은 그가 살해된 것이 아니라, 마침 펠롭스의 손님으로 피신해 와 있던 테베의 훗날 왕이며 오이디푸스(Oidipous)의 아버지인 라이오스(Laios)가 그를 붙잡아 전차에 태우고서 테베로 납치해 갔다고 한다. 그가 그 미모에 반해서 그랬다는 것이다. 그래서 어떤 사람들은 라이오스가 최초로 소년애(paiderastia)를 시작한 것으로 말하기도 한다. *Athēnaios* XIII. 602f 참조.

73) 이 단어는 Budé 판의 텍스트 읽기(ἀπιθάνῳ)를 따르지 않고, Burnet 판의 읽기를 따라 πιθανῷ로 읽었다. Budé 판의 읽기를 그대로 따른다면, '설득력 있는'은 '설득력 없는'으로 된다.

74) 역시 *Athēnaios*, XIII. 602f를 보면, 소년애(paiderastia)의 풍습은 처음에 크레테에서 헬라스로 유입된 것으로 언급되고 있다. 그리고 스파르타에서의 소년애에 대해서는 633b에서 '비밀 업무'와 관련된 각주를 참고할 것.

836d
훌륭함(덕: aretē)으로 인도하고 무엇은 그러지 않는지를 우리가 늘 찾고
있기 때문입니다.[75] 자, 그러면, 그걸[76] 아름다운 것으로서 또는 전혀 부
끄럽지 않은 것으로서 지금 법제화하는 데 우리가 동의한다면, 그게 [사
람으로서의] 훌륭함과 관련해서 우리에게 기여하는 부분은 무엇이겠습
니까? 유혹을 당한 자의 혼에 용감한 성품이 생겨서 자라게 되겠습니까,
아니면 유혹하는 자의 혼에 절제하는 종류의 성품이 그리 되겠습니까?
또는 그런 것들로는 결코 아무도 유혹되지 않고, 오히려 그것과는 완전
e 히 정반대일까요? 쾌락들을 버티어 내지 못하고 그것들에 굴복하는 자
의 나약함은 모두가 나무라지만, 여자의 모방 곧 그 모상의 닮은꼴이 되
려는 자[77]에 대해서는 꾸짖지 않게라도 되겠습니까? 그러니 도대체 누
가 이와 같은 것인 이걸 입법하겠습니까? 아마 아무도 그러지 않을 것입
니다. 적어도 참된 법을 염두에 두고 있는 사람이라면 말입니다. 그러면
어떻게 이것이 참된 것이라고 우리가 주장할 수 있겠습니까? 누군가가
837a 이것들에 대해 옳게 생각하게 되고자 한다면, 우애(우정: philia)[78] 및 욕
망(욕구: epithymia)과 함께 이른바 사랑(애욕: erōs)들[79]의 본성을 알
아보는 게 필수적입니다. 이것들은 두 가지 것[80]이고, 이들 둘에서 다른
종류인 셋째 것이 나오지만, [이것들을] 한 이름(onoma)이 포괄함으로

75) 630d~631a, 688a~c, 705d~706a, 770b~771a를 참조할 것.

76) 소년애의 풍습을 가리킨다.

77) '여자의 모방 곧 그 모상의 닮은꼴이 되려는 자'란 성적인 관계에서 여자가 수동적이듯, 소년애(paiderastia)의 경우에 수동적일 수밖에 없는 사랑을 받는 자(ho erōmenos)로서의 소년(ta paidika)을 가리킨다.

78) philia는 우애, 우정, 애정, 친애, 좋아함 등을 뜻한다.

79) erōs는 사랑, 성애, 애욕, 욕정, 정욕, 열망 등을 뜻한다. 이의 고유명사는 에로스 신을 지칭한다.

80) 여기서 '이것들은 두 가지 것'이란, 바로 다음 문장에서 언급하고 있듯, 우애 곧 우정의 종류로는 두 가지가 있다는 뜻으로 하는 말인 것 같다.

써, 일체의 당혹스러움(aporia)과 모호성(skotos)을 초래하니까요.

클레이니아스: 어떻게 되어서죠?

아테네인: 아마도 우리는 [사람으로서의] 훌륭함(덕: aretē)과 관련해서 닮은 사람에 대해 닮은 사람을, 동등한(같은) 사람에 대해 동등한(같은) 사람[81)]을 친구(philos)라 일컫겠으며, 또한 곤궁한 사람을, 부류에 있어서는 반대되지만, 부유하게 된 사람의 친구로 부르겠습니다. 그러나 이 각각이 열정적으로(sphodra) 될 때, 이를 우리는 사랑(애욕: erōs)이라는 이름으로 부릅니다.

클레이니아스: 옳게 부르는 겁니다. b

아테네인: 그러므로 반대되는 사람들 사이에서 생기는 우애는 극성스러우며 거칠고 우리 사이에서 상호적인 것을 갖는 경우가 잦지 않지만, 닮은 사람들 사이에서 생기는 우애는 온유하고 평생토록 상호적입니다. 그러나 이 둘이 뒤섞이어 생긴 것은, 첫째로, 이해하기가 쉽지 않습니다. 즉 이 셋째의 사랑(애욕)을 지닌 자가 자신에게 도대체 무엇이 일어나기를 바라고 있는지 말입니다. 다음으로는, 그가 양쪽에 의해 반대방향으로 이끌림으로써 당황해하게 됩니다. 곧 한쪽 것은 [상대의] 젊음

81) '닮은'은 homoios(=like)를, '동등한'은 isos(=equal)를 각기 번역한 말이다. 우리가 유유상종(類類相從)이라고 하는 말에 해당하는 것이 "닮은 것에 닮은 것이"(to homoion tō̧ homoiō̧: ho homoios tō̧ homoiō̧ = like for like)라는 것인데, 이는 속담 성격의 것으로 굳어진 것이다. 사람의 경우라면, 괄호 안의 헬라스어로는 뒤의 것, 곧 "닮은 자에게 닮은 자가" 해당된다. 호메로스의 《오디세이아》(XVII, 218)에서는 "사실 신은 언제나 닮은 자를 닮은 자에게로 인도하니까"라는 구절이, 《고르기아스》 편(510b)에서는 "닮은 자에게 닮은 자가 … 벗이다"라는 구절이, 그리고 《리시스》 편(214b)에서도 "닮은 자에게는 닮은 자가 언제나 벗이게 마련이다"라는 구절이 보인다. 이 속담이 갖는 인식론적 의미나 인격적 동화(同化)와 관련해서는 656b의 본문 및 해당 각주를 참조할 것.

837b

의 꽃다움을 취하도록 지시하나, 다른 쪽 것은 그걸 단념케 함으로써 말
c 입니다. 왜냐하면 몸을 사랑하는 자는, 그리고, 마치 익은 과일에 대해서처럼, 젊음의 꽃다움을 갈구하는 자[82]는 그걸 채우게 되도록 자신에게 권고하기 때문입니다. 사랑하는 상대의 혼의 성품에 대해서는 전혀 존중하는 마음을 보이지 않으면서요. 반면에 다른 쪽 사람은 몸에 대한 욕망을 곁다리로 지니고 있어서, 사랑하기(애욕을 갖기)보다는 오히려 바라보면서,[83] 혼으로써 진실로 혼을 갈망하니, 그는 몸과 관련된 몸의 충족을 '히브리스'[84]로 여깁니다. 또한 절제 있고 용감하며 당당함을 그리고 신중함을 공경하여 우러르니, 사랑하는 상대의 순결함과 함께 스스로도
d 언제나 순결하기를 원할 것입니다. 어쨌든 양쪽 것들이 뒤섞인 바로 이 사랑(애욕)이 우리가 방금 셋째 것으로 말한 것입니다.[85] 한데, 이것들이 이만큼 있는 터에,[86] 법은 이것들 모두가 우리들 속에 일어나지 않도록 함으로써 막아야만 합니까, 아니면 [사람으로서의] 훌륭함(덕)에 속하는 것이며 젊은이를 되도록 훌륭해지도록 욕구하는 것은 우리의 이 나라에 있었으면 하고 우리가 바라지만, 다른 두 가지는, 가능하다면, 우리가 막고자 할 게 명백합니까? 그것도 아니면, 우리가 어찌 말해야 할지, 친애

---

82) '마치 익은 과일에 대해서처럼, 젊음의 꽃다움을 갈구하는 자'란 표현은 '익은 과일'(opōra)과 '젊음의 꽃다움'(hōra)으로 번역한 두 헬라스어를 연관시키며 말놀이를 겸한 표현의 성격이 강하다.

83) '사랑하기(애욕을 갖기: ἐρῶν)보다는 오히려 바라보면서(ὁρῶν)'에서 두 헬라스어가 음의 유사성을 갖고 있는 것을 이용해서, 육체적인 애욕을 채우기보다는 자기가 사랑하는 소년을 사랑스럽게 여기며 바라볼 뿐임을, 그러면서 또한 어쩌면 그 장래성까지 내다보고 있음을 말하고자 하는 것으로 생각할 수도 있게 하는 표현이다.

84) 835d의 해당 각주를 참조할 것.

85) 이 문장의 텍스트 읽기에서 Budé 판과 Burnet 판 사이에는 세 군데나 차이가 있다. 물론 Budé 판의 읽기를 따랐다.

86) 곧 '셋이 있는데'의 뜻이다.

하는 메길로스 님?

메길로스: 선생이시여, 이것들과 관련해서 선생께서 방금 말씀하신 것은 실로 모든 면에서 훌륭합니다. e

아테네인: 제가 짐작한 일이기도 합니다만, 어쨌든 선생의 동의를 얻게 된 것 같군요, 친구시여! 그러나 선생네의[87] 법이 이런 것들에 대해 어떤 생각을 갖고 있는지는 저로서는 전혀 캐물을 필요가 없고, 제 주장에 대한 동의를 받아들이게 된 것으로 되었습니다. 클레이니아스 님께는 바로 이것들과 관련해서는 나중에 다시금 주문 외듯 설득하도록 힘쓸 것입니다. 하지만 두 분께서 제게 동의해 주신 걸로 치고, 본격적으로 법률에 대한 논의진행을 합시다.

메길로스: 지당하신 말씀입니다.

아테네인: 또한 이 법의 제정에 대한 한 방책을 바로 지금 제가 갖고 있기는 한데, 이는 한편으로는 쉬운 것이지만, 또 한편으로는 어느 면에 838a
서 더할 수 없이 아주 어려운 겁니다.

메길로스: 어떻게 하시는 말씀인지?

아테네인: 우리는 어쩌면 알고 있을 것입니다. 오늘날에도 대다수의 사람들이, 비록 무법한 사람들일지라도, 잘생긴 사람들과의 교접을 얼마나 잘 그리고 엄격하게 제지당하고 있는지를 말입니다. 그것도 마지못해서가 아니라, 최대한 자발적으로요.

메길로스: 언제 말씀입니까?

아테네인: 누군가에게 동생이나 누이가 예뻐질 때입니다. 또한 아들이나 딸의 경우에도 같은 법이, 비록 성문화하지는 않았을지라도, 드러 b
내 놓고서든 몰래든 누군가가 잠자리를 같이하거나 또는 달리 어떻게 껴안으며 이들과 관계를 갖는 일[88]이 없도록 최대한으로 충분할 정도로 지

87) 라케다이몬 곧 스파르타 사람들을 가리킨다.

켜 줍니다. 아니 그렇다기보다도 이런 교합의 욕망은 많은 사람의 마음에 전혀 일지도 않습니다.

메길로스: 참된 말씀입니다.

아테네인: 그러니까 이와 같은 모든 쾌락은 간단한 말이 꺼 버리지 않겠습니까?

메길로스: 바로 어떤 걸 말씀하십니까?

아테네인: 이것들은 어떤 경우에도 경건하지 못하거니와, 신들의 미움을 받는 것이며 부끄러운 일들 중에서도 가장 부끄러운 것들이라 말하
c 는 것입니다. 그러나 그 까닭은 이것, 곧 그 누구도 이를 달리 말하지 않는다는 것이 아니라, 우리들 각자가 태어난 길로 언제 어디서나 이것들을 말하는 걸 들어 왔기 때문이 아니겠습니까? 희극에서도 또한 이와 함께 진지한 비극에서도 많은 경우에 언급되는 바죠. 티에스테스[89] 같은 인물이나 오이디푸스[90] 같은 인물들을 등장시키거나, 또는 누이들과 몰

---

88) 이 문장에서 언급하고 있는 경우들은 모두가 근친상간을 지칭하고 있다.

89) 펠롭스(Pelops)와 히포다메이아(Hippodameia) 사이의 세 아들들 중에 아트레우스(Atreus)와 티에스테스(Thyestēs)가 있었는데, 이들 둘은 왕위를 두고 다투다가 서로 증오하는 사이가 된다. 아트레우스의 두 아들이 저 유명한 아가멤논(Agamemnōn)과 메넬라오스(Menelaos, Menelas, Meneleōs)이다. 티에스테스는 제 딸과의 사이에 아이기스토스(Aigisthos)를 낳는데, 트로이아 원정이 끝나고 돌아온 아가멤논은 그동안 아이기스토스와 놀아난 클리타이메스트라(Klytaim[n]ēstra)의 계략에 의해 살해된다. 아트레우스가(家)의 저주받은 비극은 그 뒤로도 이어진다.

90) 오이디푸스(Oidipous)는 그와 관련된 서사시 권(圈)인 *Oidipodeia*에서는 Oidipodēs라 불린다. 피사(Pisa)의 왕 펠롭스의 왕궁으로 피신해 와서 신세를 지고 있던 라이오스가 제 나라 테베(Thēbai)로 돌아가면서 펠롭스의 아들을 납치한 게(836c의 각주 참조) 화근이 되어 오이디푸스의 비극은 시작된다. 만약에 그가 아들을 낳는다면, 그 아들이 아비를 죽일 것이라는 경고를 아폴론 신이 한다. 그가 왕국을 되찾고 이오카스테(Iokastē: 서사시에서는 Epikastē로 불림. 호메로스의 《오디세이아》 XI, 271~280을

래 관계를 가졌던 마카레우스[91] 같은 인물들을 등장시킬 때, 이들이 과

참조할 것)와 혼인하여 아들을 낳게 된다. 왕은 신의 경고를 기억하고, 이 아이의 두 발을 큰 못으로 꿰어 하인을 시켜 키타이론(Kithairōn) 산에 버리게 하나, 하인은 한 양치기에게 이 아이를 넘기고, 양치기는 후손이 없는 코린토스(Korinthos)의 폴리보스(Polybos) 왕에게 다시 아이를 넘기니, 이 아이는 '발이 부은 아이'(오이디푸스)라는 뜻의 그 이름으로 불리며 자란다. 그가 성장한 어느 날 자기가 왕의 친자식이 아니라고 조롱하는 말을 듣고, 친부모가 누군지 확인코자 델피(Delphoi)로 신탁을 구하러 갔다가, 자기가 제 아버지를 죽이고 어머니와 혼인할 것이라는 예언을 듣게 된다. 이에 코린토스로는 되돌아가지 않기로 결심하고, 길을 간다는 게 테베 쪽으로 향하여 가다가, 삼거리에서 라이오스와 조우하게 되어, 서로를 알지 못한 채로 시비가 붙어, 언쟁 끝에 왕을 죽이게 된다. 왕이 죽으매, 섭정을 하게 된 처남 크레온(Kreōn)은 마침 행인들에게 죽음의 수수께끼를 내놓는 스핑크스로 인한 공황의 피해를 해소해 주는 사람에게 왕위와 함께 왕비 이오카스테와 혼인케 해 준다는 포고를 한다. 오이디푸스가 그 답을 말하매, 스핑크스는 자결해 버린다. 그리하여 왕이 된 아들은 어머니와 혼인을 하게 되나, 얼마 지나지 않아 이 사실을 알게 된 어머니는 스스로 목을 매 죽는다. 그런데 여기에서 이야기가 갈린다. 서사시에서는 이후에도 오이디푸스는 통치를 계속했고, 후처 에우리가네이아(Euryganeia)와의 사이에 두 아들과 두 딸(그중의 하나가 안티고네임)을 갖게 되었다 한다. 그런가 하면 다른 이야기는 이들을 이오카스테와의 사이에 이미 갖게 되었다고도 한다. 그건 어쨌든, 나라에 역병과 기근이 닥쳐, 신탁을 구한즉 라이오스의 살해자를 나라에서 추방해야만 해결되는 문제라 하매, 오이디푸스는 그 살해자를 온갖 만류에도 아랑곳하지 않고 끝끝내 캐물어 간 끝에, 결국은 저 자신이 진범임을 밝혀낸다. 눈먼 자도 알고 있는 사실을 눈뜬 자인 자기가 모르고 있었다는 회한 때문에 스스로 브로치(peronē. 앞뒤의 두 폭 옷감을 어깨 쪽에서 하나로 연결하는 긴 옷핀)로 제 눈을 찔러 장님이 되어 유랑 길을 떠나는데, 안티고네만이 동행한다.

91) Makareus 또는 Makar라고도 일컬으며, 레스보스(Lesbos) 섬에 정착하여 왕이 되었다. 비극시인 에우리피데스(Euripidēs)는 오늘날 토막 상태로 전하는 그의 《아이올리스(*Aiolos*)》에서 마카레우스와 누이 카나케(Kanakē)가 근친상간으로 아이를 낳게 되자, 아버지 아이올로스가 보낸 칼로 딸은 자결하고, 아들 마카레우스는 재판을 받는 걸로 되어 있다. 그

실(hamartia)에 대한 벌(dikē)로 서슴없이 죽음을 자신들에게 내리는 걸 보게 되죠.

메길로스: 그런 [간단한] 선언적인 말(phēmē)[92]이, 그 누구도 어떤
d 식으로도 결코 법을 어기려 덤벼들려고[93] 하지 않을 때에는, 어떤 놀라운 힘을 발휘한다는 그런 점에서 선생의 말씀은 지당합니다.

아테네인: 그러니까 방금 한 말은 옳습니다. 즉 사람들을 특히 그 노예로 만드는 욕망들 가운데 어떤 한 욕망을 [오히려] 노예로 만들고자 하는 입법자로서는 이를 어떻게 다룰 수 있을지를 아는 건 어쨌든 쉽습니다. 이 선언적인 말을 모든 이에게 있어서, 곧 노예들과 자유민들, 아이들과 여인들 그리고 모든 시민에게 있어서 똑같이 신성한 것이게 함으로써, 이처럼 이 법에 대해 최대의 확고함을 다져 놓게 될 것이라는 걸
e 말입니다.

메길로스: 그야 물론입니다. 하지만 이번에는 어떻게 그와 같은 걸 모두가 말하고 싶어 하도록 만들어 놓을 수 있을지가 —

아테네인: 훌륭하게 짚으셨습니다. 제가 말한 것도 바로 이것이었으니까요. 즉 이 법과 관련해서는 아이의 출산을 위한 교합을 자연스럽게 이용하는 방책을 제가 갖고 있을 것 같다는 겁니다. [남자가] 남자와의

런데 이들의 이런 관계를 소재로 삼은 에우리피데스에 대한 풍자를 우리는 아리스토파네스의 《구름》(1371~1379)에서 만난다.

92) 바로 앞에서 "이것들은 어떤 경우에도 경건하지 못하거니와, 신들의 미움을 받는 것이며 부끄러운 일들 중에서도 가장 부끄러운 것들이다"라고 하는 말, 곧 모두가 수긍하는 말을 가리킨다. phēmē는 특히 신들이나 신탁이 내리는 말을 가리키기도 한다. 이를 여기에서는 public opinion(공론 또는 여론: vox populi: la voix [de opinion] publique)으로 번역하고들 있기도 하다.

93) 원어는 anapnein으로서, 일단 숨을 들이쉰 다음 덤빌 태세를 갖추는 것에 대한 비유로 보면 되겠다.

교합을 삼감으로써, 의도적으로 인류에게 종말을 가져오는 일이 없게 하
며, 바위나 돌에다 씨를 뿌리는 일도 없게 할 것이니, 이곳에서는 그 씨 839a
가 뿌리에서부터의 생장을 결코 보게 되는 일이 없게 될 것입니다. 반면
에 뿌린 씨가 그 안에서 자라게 되는 것을 선생께서 바라시지 않는 일체
여성의 밭을 멀리하는 것입니다. 바로 이 법이 영속하게 됨과 함께 억제
력을 갖게 되어, 오늘날 부모 쪽에서의 [자식들과의] 성적인 교접을 억
제하듯, 다른 경우들에서도 올바르게 제압하게 된다면, 그건 수도 없이
많은 좋은 일들을 초래할 것입니다. 왜냐하면 첫째로 그것은 자연의 이
치를 따른 것이기 때문이며, 욕정적인 격정과 광기, 일체의 간통들, 그리
고 일체의[94] 적도(適度)를 넘는(ametron) 음식물들에 대해 삼가도록[95]
만들며, 제 자신들의 아내들과도 사랑하는 사람들이게 만들기 때문입니 b
다. 만약에 누군가[96]가 이 법을 확보하여 가질 수 있다면, 그 밖의 온갖
좋은 일들 또한 일어날 것입니다. 그러나 격정적이고 젊은 누군가가, 많
은 씨(정액)[97]를 그득히 갖고 있는 누군가가 우리 곁에 서 있다가 이 법
이 제정되고 있는 걸 듣게 될 경우에는, 아마도 그는 비난을 해 댈 것입
니다. 어리석고 불가능한 법규들([ta] nomima)을 제정하고들 있다고 하
며, 온통 고함으로 채울 것입니다. 바로 이것들을 고려해서 제가 이 말을
했던 겁니다. 즉 제가 어떤 방책을 갖고 있는데, 이 법을 제정한 다음 이 c

94) b1의 pantōn 다음에 구두점(,)을 치고서 읽는 게 도움이 되겠다.

95) 이런 것들을 삼가지 않는 행위도 '히브리스(hybris)'라 했다. 637a에서 해당 각주를 참조할 것.

96) 물론 입법자를, 곧 '입법자인 누군가'를 지칭한다.

97) 여기서 '씨(정액)'로 번역한 sperma에는 물론 식물 씨의 뜻도 있지만 동물 씨의 뜻도 있으니, 이는 곧 '정액'을 의미한다. 이 경우에는 '정액'으로 옮기는 것이 더 직접적인 표현일 수도 있겠으나, 838e 끝에서부터 839a에 걸쳐 언급된 '씨'와 논의가 연계되고 있는 걸 고려해서 '씨'를 앞세워 '씨(정액)'로 옮겼다.

것이 부동의 것으로서 존속되는 것과 관련해서, 그게 어떤 점에서는 무엇보다도 가장 쉬운 것이지만, 어떤 점에서는 가장 어려운 것입니다.[98] 그야 그게 가능하다는 것과 어떻게 가능한지를 깨닫기는 아주 쉽기 때문입니다. 이 관례(법규: to nomimon)가 충분히 신성한 것으로 될 경우에는, 그것은 모든 혼을 예종하도록 할 것이며 제정된 법률에 두려움과 함께 전적으로 복종하게끔 만들 것이라고 우리가 주장하고 있는 터이니까요. 그러나 사실 지금은 이 지경에 이르렀으니, 그때에도 그런 일은 안 일어날 것으로 여겨지고 있다는 겁니다. 마치 공동 식사들의 관행(epitēdeuma)이, 평생토록 온 나라가 이를 실천하며 살아갈 수 있다는 것은 가
d 능하지 않을 것으로, 불신되고 있듯이 말입니다. 그러나 이는 사실에 의해 반박되었으며, 여러분에게 있어서 실현되었습니다. 그렇지만 어쨌든 여자들의 경우에는 선생들의 나라들에서도 그게 여전히 자연스런 것으로 될 것 같지는 않아 보입니다.[99] 또한 이 점에서 그 불신의 강력함 때문에 제가 이들 두 가지 것들[100]이 법적으로 확립되기는 아주 어렵다고 말했던 것입니다.

메길로스: 선생께서 말씀하시는 바는 어쨌든 옳습니다.

아테네인: 그렇더라도 그게 인간 능력을 넘어서는 것은 아니며, 실현될 수도 있다는 것에 대한 어떤 설득력을 가진 주장을 두 분께 말하도록 해 보길 두 분께서는 바라십니까?

클레이니아스: 어찌 그러지 않겠습니까?

e 아테네인: 그러면 누군가가 성적인 쾌락들에 대해 더 쉽게 자제할 수 있으며, 또한 이와 관련된 지시 사항을 절도 있게 이행하고자 하는 것은,

---

98) 837e9~838a2를 참조할 것.

99) 781a~d를 참조할 것.

100) 여자들의 공동 식사와 자연스럽지 못한 성관계를 말한다.

몸을 좋은 상태로 가진, 따라서 체력 단련을 소홀히 하지 않은 사람의 경
우이겠습니까, 아니면 나쁜 상태로 가진 사람의 경우이겠습니까?

클레이니아스: 체력 단련을 소홀히 하지 않은 사람이 아마도 훨씬 더
그럴 것입니다.

아테네인: 그런데 우리는 올림피아에서의 경기와 그 밖의 경기들을
통해 타라스의 이코스[101]를 소문으로 들어서 알고 있지 않습니까? 그는 840a
이런 경기들에서의 승리를 좋아해서, 그리고 그 기술을 갖고 있는 데다,
사람들 말로는, 절제함과 함께 용감스러움마저[102] 그 혼에 갖추고 있어
서 한창 훈련하는 전 기간 동안 어떤 여인이나 소년[103]도 건드리는 일이
결코 없었다는 겁니다. 또한 크리손과 아스틸로스, 디오폼포스[104] 그리
고 그 밖의 아주 많은 사람의 경우에도 짐작건대 똑같은 이야기가 전하
죠. 클레이니아스 선생! 이들은 비록 혼들의 면에서는 선생네와 우리네
시민들에 비해 훨씬 덜 교육을 받았지만, 몸들의 면에서는 훨씬 더 강건
합니다. b

클레이니아스: 그 말씀은 정말입니다. 이들 선수들과 관련해서 그건

---

101) Taras에 대해서는 637b에서 해당 각주를 참조할 것. Ikkos는 5종 경기(pentathlon) 선수로서, 올림피아 경기의 우승자였으며, 《프로타고라스》 편(316d)에서는 조련사로 언급되고 있다. 5종 경기는 멀리뛰기(halma), 달리기(podōkeiēn), 원반던지기(diskon), 창던지기(akonta) 그리고 레슬링(palēn)으로 이루어진 것이었다.

102) 이 둘을 함께 갖추는 경우에 대한 언급으로는 696b를 참조할 것.

103) 곧 소년애의 대상인 소년(ta paidika)을 가리킨다.

104) Krisōn은 시켈리아 북쪽 해안 지대에 있은 히메라(Himera) 출신으로, 올림피아에서 달리기로 세 번이나 잇달아(448년, 444년 및 440년) 우승을 했다. 역시 《프로타고라스》 편(335e~336a)에서 언급되고 있다. Astylos는 남이탈리아의 크로톤(Krotōn) 출신으로, 역시 달리기로 두 번이나 연이어(488년 및 484년) 우승했다. Diopompos는 테살리아 출신의 달리기 선수였으나, 달리 알려진 바는 없다.

840b

실제로 그때 일어났던 일로 옛사람들이 강하게 말한 바이니까요.

아테네인: 어떤가요? 그 사람들은 레슬링과 달리기 및 그런 따위의 것들에서의 승리를 위해서 많은 사람이 행복한 것으로 말하는 것을 멀리하기를 감행했거늘, 우리의 아이들이 훨씬 더 훌륭한 승리(nikē)를 위한

c 인내를 할 수가 없게 될까요? 이 승리를 가장 훌륭한 것으로, 이야기들과 하게 되는 말들 그리고 노랫가락들을 통해, 으레 그렇겠듯, 우리가 이들을 상대로 어릴 때부터 노래 삼아 말해 줌으로써 매혹되게 할 것입니다.

클레이니아스: 어떤 승리인데요?

아테네인: 쾌락들에 대한 승리를 장악하게 된 사람들[105]은 행복하게 살 것이나, 쾌락들에 진 사람들은 완전히 그 반대라고 말입니다. 이에 더하여 그 짓[106]은 어떤 점에서도 어떻게도 경건하지 못할 것이라는 두려움이 다른 사람들이 이들보다 못한 사람들이면서도 극복했던 것들[107]을 극복할 힘을 우리가 갖도록 하지 않겠습니까?

클레이니아스: 어쨌든 그럴 것 같습니다.

아테네인: 그런데 우리가 이 법규와 관련해서 여기에 이르렀지만, 많

d 은 사람의 타락으로 인해서 곤경에 처하게 되었기에, 바로 이것들과 관련된 우리의 법규는 이런 선언을 함으로써 물론 진전되어야만 한다고 저는 주장합니다. 우리의 시민들이 새들이나 다른 많은 짐승들보다도 못해

---

105) Tēs tōn hēdonōn nikēs, 〈hēs〉 enkrateis ontas …에서 문법상으로는 hēs enkrateis …이고, 따라서 번역도 그리했지만, enkrateis의 실제 내용상의 대상은 tōn hēdonōn인 셈이기도 하다. '쾌락들에 대한 승리를 장악하게 된 사람들'은 '쾌락들을 통제 또는 억제하게 된 사람들'을 의미하겠고, 바로 다음의 '쾌락들에 진 사람들'과도 대비되겠기 때문이다.

106) 여기서 '그 짓'으로 번역한 대명사 'auto'는 특히 자연스럽지 못한 성적인 관계를 지칭하는 것으로 보는 게 옳을 것 같다.

107) 성적인 욕망들을 가리킨다.

서는 안 된다는 겁니다. 이것들은 큰 무리로 태어나서, 새끼를 출산하게 되기까지는 짝지어지지도 교미하지도 않고 순결한 상태로 살지만, 이 나이에 이르면, 수컷은 암컷과 암컷은 수컷과 호감에 따라 짝짓기를 하여, 이후로 경건하게 그리고 올바르게 살아가는데, 우애의 처음 합의들을 굳 e
건하게 지킵니다. 우리의 시민들은 짐승보다는 당연히 더 나아야만 합니다. 그야 어쨌든, 만약에 이들이 다른 헬라스인들이나 대부분의 이방인들에 의해 타락하게 된다면, 이른바 무질서한 아프로디테(성애)[108)]가 저들 사이에서 막강한 힘을 발휘하는 걸 보기도 하고 듣기도 한 터라, 그야말로 이처럼 이를 이겨 낼 수도 없게 된다면, 호법관들은 이들을 위해 입법자들이 되어[109)] 차선의 법[110)]을 고안해 내게 되어야만 합니다.

클레이니아스: 방금 제정된 법이 이들을 비켜가 버린다면, 선생께선 841a

108) Aphroditē는 로마 신화의 Venus에 해당하는 여신으로, 성(性)과 출산을 관장하는 신이다. 《연회(향연)》 편 180d~181b를 보면, 아프로디테에도 하늘의 신인 '우라노스'(Ouranos)의 나이 들고 어미 없는 딸인 '천상의 아프로디테'(Ourania Aphroditē)와 제우스 및 디오네(Diōnē) 사이의 딸로서 젊은 '세속적인 아프로디테'(Pandēmos Aphroditē)가 있다고 한다. 호메로스의 《오디세이아》 22. 444를 보면, '아프로디테' 자체를 성애(性愛) 또는 성적인 쾌락으로 말하고 있다. 《일리아스》 5. 370~417에서는 아프로디테 여신이 제우스와 디오네의 딸로 언급되고 있으나, 헤시오도스의 《신들의 계보(神統記)》 188~206에서는 우라노스의 잘린 생식기가 바다에 떨어졌을 때, 그 주위에 인 흰 거품(aphros)에서 탄생하여 성장한 것으로 언급되고 있다. 그곳이 키프로스의 앞바다라 해서, 여신은 키프리스(Kypris)로 불리기도 한다.

109) 770a를 참조할 것.

110) 원어는 deuteros nomos(둘째 법)이다. 성 문제와 관련된 으뜸가는 법은 사실상 성문화되지는 않은 법(838a)으로서, 공론(公論) 성격의 [간단한] 선언적인 말(phēmē, 838c)이다. 여기에서 두 번째로 제시되는 법은 처음 것이 실효성 없이 빗겨가 버리게 된 때문에 제시되는 것이므로, '둘째 법'보다는 '차선의 법'으로 옮기는 것이 좋을 것 같아, 그리했다.

841a 무슨 법을 이들에게 제정해 주도록 조언하시겠습니까?

아테네인: 그다음의 차선의 것인 게 분명합니다, 클레이니아스 님!

클레이니아스: 뭘 말씀하시는 건지?

아테네인: 쾌락들의 힘을 되도록 키우지 않도록 하는 것이니, 이는
몸의 힘든 일들을 통해서[111] 그 힘의 쏟음과 자양을 다른 데로 돌림으로
써 되는 것입니다. 이는 성적인 쾌락들(ta aphrodisia)의 탐닉에 대해 부
끄러움을 모르는 일이 없을 경우입니다. 부끄러움으로 해서 이와 같은
b 것을 드물게 즐길 경우에는, 뜸하게 즐기는 사람들은 그 힘이 한결 약한
여주인[112]을 갖게 될 것이기 때문입니다. 그러니 눈에 띄지 않게 이들 행
위를 하는 것은 자기들 사이에서는 아름다운 일이라 하고요. 이는 관습
에 합치하며 불문율로도 존중되는 것이지만, 눈에 띄게 그러는 것은 부
끄러운 일이죠. 그러나 이는 그걸 아주 하지 않는 게 아닙니다. 이처럼
이것이 우리의 법에서 차선으로 부끄러운 것과 아름다운 것이 정해진 셈
인데, 이것이 갖는 옳음(정당성: orthotēs)[113]은 차선의 것입니다. 그리
고 우리가 저 자신들에게 지는(저 자신들보다 못한) 사람들[114]로 일컫고
c 있는 천성이 타락해 버린 사람들은 한 부류이기에, 세 부류의 것들이 [이
한 부류를] 포위하고서는[115] 범법을 하지 않도록 강요할 것입니다.

클레이니아스: 그 세 부류란 바로 어떤 것들인가요?

아테네인: 신들을 공경함과 함께 명예를 사랑함 그리고 몸 아닌 혼의

---

111) 835d를 참조할 것.

112) 여기서 '여주인'(despoina)으로 비유된 것은 쾌락의 힘 또는 쾌락이 문법상으로는 여성이기 때문이다.

113) 627d의 본문 및 각주를 참조할 것.

114) 626e 이후의 본문 및 해당 각주들을 참조할 것.

115) 앞의 '한 부류'는 사람들을 가리키나, 뒤의 '세 부류의 것들'은 바로 다음에서 밝히는 덕목들을 의인화한 것이다.

아름다운 특성들에 대해 갈망하는 상태입니다. 그러니까 방금 말한 이것들은 마치 어쩌면 이야기 속의 기원들과도 같은 것들이어서, 만약 실현되기라도 한다면, 이는 모든 나라에 있어서 그야말로 더할 수 없이 좋은 일이 될 것입니다. 그러나, 만약에 신이 원한다면, 애욕적인 것들과 관련해서 우리는 아마도 다음 둘 가운데 어느 하나를 강행하고자 할 것입니
다. 그 하나는 남편이 제 아내와 관계를 갖는 것 이외에는, 그 누구도 고 d
귀하며 자유민인 여인들 중의 누구와도 감히 관계를 갖지 못하도록 하는 한편으로, 첩들과 관계를 가짐으로써 부정한 서출의 씨들을 뿌리지 못하도록 하며, 자식을 낳지도 못하면서 자연의 이치를 거스르는 남자들과의 관계도 갖지 못하도록 하는 것입니다. 또는 남자들끼리 관계를 갖는 건 우리가 아주 막으려 할 것이나, [상대가] 여자들일 경우에, 만약에 누군가가 신들 및 신성한 혼례식을 동반하여 그의 집으로 들어오는 여인들을 제외한 어떤 여인과 관계를 갖는다고 한다면, 돈으로 사거나 그 밖의 다
른 어떤 방식으로 얻게 된 여인들과, 모든 남녀의 시선을 피하지도 못하 e
면서 그리한다면, 아마도 이 사람을 이 나라에서의 칭찬들을 받을 자격이 없는 것으로 우리가 법으로 정하더라도 우리는 옳게 법 제정을 하고 있는 것으로 여겨질 것입니다. 이 사람은 진실로 딴 나라 사람이기 때문입니다. 따라서 이 법이, 이것들을 하나로 일컫든 둘로 일컫든, 성적인 쾌락들 및 일체의 애욕적인 것들(ta erōtika)과 관련되어 정해진 걸로 하
죠. 이와 같은 욕망들로 해서 서로들 사귀면서 우리가 옳게 또는 옳지 않 842a
게 처신하기도 하는 그런 것들과 관련해서 말입니다.

메길로스: 그렇다면, 선생이시여! 저로서는 선생의 그 법을 적극적으로 받아들이겠지만, 클레이니아스 님께서는 이것들에 대해 도대체 무슨 생각을 하시는지 스스로 말씀하시게 하죠.

클레이니아스: 그건 그럴 것입니다, 메길로스 님! 물론 적절한 때가 닥친 걸로 제게 판단될 경우에는 말입니다. 그렇지만 지금은 이분께서

여전히 법률의 후속 논의를 진행토록 해 드립시다.

메길로스: 옳은 말씀입니다.

b 아테네인: 그렇기는 하지만 논의를 진행해 가는 동안 이미 공동 식사는 거의 제도화된 단계에 우리가 이른 것 같습니다. 이게 다른 곳에서는 어려울 것이라고 우리가 말하지만, 크레테에서는 아무도 이게 달라야만 하는 걸로 생각지 않을 것입니다. 그러나 그게 무슨 방식으로인지, 여기에서처럼, 아니면 라케다이몬에서처럼,[116] 그것도 아니면 두 경우 이외의 셋째 유형으로서 이들 양쪽 것들보다도 더 나은 어떤 것이 있는지, 이를 찾아내는 것도 어렵지 않겠거니와, 찾게 되더라도, 크게 장점이 될 것이라곤 아무것도 없을 것으로 제게는 생각됩니다. 그야 지금으로서도 적절히 제도화된 상태이기 때문입니다.

c 이것들에 뒤따르는 것은 생계의 마련이니, 무슨 방식으로 이에 부응하겠습니까? 물론 생계는 다른 나라들의 경우에는 온갖 방식으로 여러 곳에서 공급됩니다. 이곳 사람들보다는 적어도 두 배로 말입니다. 대부분의 헬라스 사람들에게 먹을거리와 관련된 것들은 땅과 바다에서 공급됩니다만, 이들에게는 오직 땅에서만 공급되기 때문입니다.[117] 따라서 입

---

116) 라케다이몬 곧 스파르타에서는 공동 식사(ta syssitia)를 ta phiditia (pheiditia)라 했고, 그 이전에는 ta andreia라 했으며, 그 비용은 각자가 부담했다. 따라서 상대적으로 가난한 사람들에게는 이 제도가 부담스런 것이었고, 경우에 따라서는 이를 감당하지 못함으로써 공동체의 구성원 자격을 상실할 수도 있는 일이었다. 반면에 크레테에서는 이 공동 식사 제도를 ta andreia라 했으며, 그 비용은 나라가 부담했다. 크레테인들은 공유의 땅에서 생산되는 농산물과 가축 그리고 변방의 예속민들(hoi perioikoi)이 바치는 것들, 이 모두를 합해 그 일부는 제물과 공공 목적을 위한 것들로 비축하고, 나머지는 공동 식사를 위해 사용했다. 남자들도 여자들도 그리고 아이들도 이 공동의 것으로 식생활을 했다. 아리스토텔레스의 《정치학》 II, 1271a26~37, 1272a12~21, 1372a12~27 참조.

117) 제4권 첫머리, 특히 704d에서 이 나라의 지리적 조건에 대한 언급 및

법자에게는 이게 더 쉽습니다. 왜냐하면 반의 법률만으로도, 아니 그보 d
다 훨씬 적은 법률로도 적절할 테고, 더욱이 자유민들에게 더 적합한 법률이기 때문입니다. 선박 항해나 교역, 소매업, 숙박, 관세, 광업, 금전 대부, 복리놀이 그리고 이런 따위의 수도 없이 많은 문제에서 벗어나게 된 터라, 이 나라의 입법자는 이런 문제들과는 작별을 하고서, 농부들과 목부들, 양봉하는 사람들, 이런 따위의 것들과 관련해서 지키는 사람들 그리고 도구들을 관리하는 사람들을 위해 입법을 할 것입니다. 혼인과 e
함께 아이들의 출산 및 양육과 관련된 대부분의 것들, 또한 더 나아가 교육 및 이 나라에서의 관리들의 임명과 관련해서도 이미 입법을 했습니다. 이제는 입법을 하는 사람으로서는 먹을거리와[118] 바로 이것에 관련해서 함께 일을 계속할 하고많은 사람들에게로 방향을 바꿔야만 합니다.[119]

첫째로, 그 명칭으로 농업법(nomoi geōrgikoi)이라 일컫는 게 있게 하죠. 토지의 경계를 보호해 주는 제우스[120]의 첫째 법은 다음 것이라 말하죠. "아무도 토지의 경계[표지]들을, 그게 제 이웃 시민의 것들이든, 또는 나라의 변두리에 이웃한 다른 나라 사람과 같은 경계선을 가진 사람의 경우든, 이동시키지 않도록 할 것이다. 실은 이것이야말로 '옮기지 말아야 할 것들을 옮기는 것'[121]이라 여기고서. 신들에 맹세하고서 우호적 843a

743d에서 농산물에 의존하는 생활에 대한 언급을 참조할 것.

118) 텍스트 읽기에서 epi [tous] tēn …의 [tous]는 Burnet 판에서처럼 살리지 않고, Budé의 읽기대로 삭제하고서 읽었다.

119) 곧 농사와 관련된 법률 제정을 하게 됨을 말하고 있다.

120) '토지의 경계를 보호해 주는 제우스'(Zeus horios)는 제우스의 여러 가지 하는 일들에 따른 수식적 호칭들 중의 하나이다. 경계를 뜻하는 헬라스어로는 horos(복수는 horoi임) 및 이의 지소어(指小語)인 horion(복수는 horia임)이 있다.

121) 684e의 본문 및 각주를 참조할 것. 913b9에서도 이 속담 성격의 것에

인 땅과 적대적인 땅을 경계 짓는 작은 돌[122]보다는 모두가 차라리 경계 표지가 아닌 큰 바위를 옮기려 해 보기를 바랄 일이다. 한쪽의 경우는 같은 부족을 보호해 주는 제우스[123]가 보증자이나, 다른 쪽은 손님을 보호해 주는 제우스가 보증자이기 때문이다. 어느 쪽 [제우스]이든 자극을 받게 되면, 가장 적대적인 전쟁들을 동반하게 되느니. 그리고 법에 따르는 자는 법이 [벌로서] 내리는 나쁜 일들을 겪게 되는 일이 없을 것이나, 법을 얕보는 자는 이중의 벌을 받게 하는데, 그 하나는 신들이 내리는 첫
b 째 것이고, 둘째 것은 법에 의한 것이다. 그 누구도 부디 이웃들 토지의 경계[표지]들을 고의로 이동시키지 않도록 할 것이다. 만약에 누군가가 그것들을 이동시킨다면, 누구든 그러고 싶은 이가 이를 이웃들에 알릴 것이며, 이들은 법정으로 그를 데리고 갈 것이다. 만약에 누군가가 그런 재판에서 유죄판결을 받는다면, 그는 몰래 그리고 강제로 토지의 재분배

대한 언급이 보인다.

122) 헬라스말로 바위는 petra이고 돌은 lithos이다. 토지의 경계를 나타내는 것으로는 담이나 울타리가 때로는 이용되기도 했겠지만, 대개는 돌이었다. 여기서도 '작은 돌'(smikros lithos)이 경계표지석으로 이용되고 있음을 말하고 있지만, 호메로스의 《일리아스》 21. 403~5에도 이런 돌에 대한 언급이 보인다. 역자의 역주서 《플라톤의 국가(정체)》 끝에 수록된 사진들 가운데서 역자가 직접 찍은 "나는 아고라의 경계이다"(HOPOΣ-EIMITEΣAΓOPAΣ)라고 새겨진 아테네의 아고라 경계표지석을 볼 수 있을 것이다. 단, 여기에서 H는 훗날의 '에타'를 표시하는 대문자가 아니고, 라틴 문자처럼 기음(氣音 곧 h음) 표시이다. 기원전 403년 이전의 아테네에서는 공적으로는 이 문자가 그렇게 사용되었으며, E가 '에타'와 '에프실론' 둘 다를 나타내는 문자이었다. 또한 '케라미코스 박물관'이 있는 곳의 유적지에도 대리석으로 된 Kerameikos의 경계표지석이 지금도 서 있다.

123) '토지의 경계를 보호해 주는 제우스'(Zeus horios)가 제우스의 수식적 호칭들 중의 하나였던 것처럼, '같은 부족을 보호해 주는 제우스'(homophylos Zeus)도 그리고 바로 다음의 '손님(외국인)을 보호해 주는 제우스'(Zeus xenios)도 그런 호칭들이기는 마찬가지다.

를 시도한 죄로 유죄판결을 받았으므로, 패소한 자가 무슨 벌을 받거나 배상을 해야만 하는지를 법정이 판정케 한다."

다음으로는 이웃들 사이에 일어나는 많은 사소한 가해 사건들인데, 이것들은 되풀이됨으로써 큰 적대감을 낳게 되어, 가혹하고 몹시 날카로운 이웃관계를 가져다줍니다. 그 때문에 이웃은 이웃과 아무런 불화도 일으 c
키지 않도록 아주 조심해야만 합니다. 다른 것들과 관련해서도 그렇겠지만, 특히 일체의 토지 잠식과 관련해서는 언제나 아주 철저하게 조심하여서 말입니다. 가해를 하는 것은 전혀 어렵지가 않아서, 모든 사람이 할 수 있는 일이지만, 돕는 것은 모든 사람이 할 수 있는 일이 전혀 아니니까요. 토지의 경계[표지]들을 넘어가서 이웃의 것들을 잠식해 들어가는 자는 그 피해보상을 하게 하되, 그 파렴치와 함께 그 천함에 대해 치유받는다는 뜻으로, 그 피해액의 두 배를 따로 피해자에게 지불케 합니다. d
이것들과 이런 따위의 모든 것에 대한 판정자들 및 재판관들 그리고 평가자들로는 농촌지역 관리인들이 되게 하되, 그중에서도 비교적 큰 것들에 대해서는, 앞에서 언급되었듯,[124] 1/12 분견대[125]의 대원 전체가, 반면에 비교적 작은 것들에 대해서는 이들 중에서 수비대장들이 그리됩니다. 또한 만약에 누군가가 가축들을 남의 땅에서 방목할 경우에는, 그 피해들을 확인하고서 결정하고 평가하게 합니다. 만약에 누군가가, 꿀벌들의 기호에 맞추어 요란한 소리를 내어서는, 이런 식으로 그것들을 꾀어내게 되어, 남의 벌 떼를 제것으로 만들 경우에도, 그 피해를 보상케 합니다. e
불을 피우면서 이웃의 숲에 대해 충분히 주의하지 못하게 되었을 경우에도, 관리들이 판단하는 손해를 벌금으로 물리게 합니다. 나무를 심으면서 이웃의 땅과 알맞은 거리를 남겨 두지 않을 경우에도, 역시 입법자들

124) 761d~e를 참조할 것.
125) 755c~e를 참조할 것.

843e
에 의해 충분히 언급되었듯, 이들의 법률을 준용할 것이며, 많은 사소한 것들은 보통 입법자의 소관사이기에, 나라의 큰 질서를 잡아 주는 이[126)]
844a 가 모든 걸 입법하도록 요구해서는 안 됩니다. [이를테면,] 농부들을 위한 물과 관련해서도 오래되고 훌륭한 법률이 제정되어 있는 터라, 논의들로 물길을 바꿀 필요까지는 없으니까요.[127)] 하지만 물을 제 땅으로 끌어가고자 하는 자는 끌어갈 것이로되, 공동의 것들인 흐르는 물[128)]에서 시작해서 할 것이지, 그 어떤 개인의 지표면으로 드러난 샘들을 그 밑으로 해서 가로채는 일은 없어야 합니다. 물을 끌어감에 있어서 그는 자신이 원하는 길로 끌어가게 할 것이나, 가옥들이나 어떤 신전들 또는 무덤들을 통과하는 건 안 되며, 바로 이 물대기 이외에 다른 손상을 입혀서는
b 안 됩니다. 만약에 어떤 지역에서 물 부족이 그 땅에는 자연적인 것이어서 제우스 신이 보내 흐르는 물[129)]을 저장하지 못해 필요한 마실 물이 부족할 경우에는, 제 땅을 진흙 층까지 파게 합니다. 그러나 이 깊이에서도 전혀 물을 만나지 못할 경우에는, 이웃들에게서 가족들 각각에 필요한 마실 물 정도까지는 물 공급을 받게 합니다.[130)] 하지만 그게 이웃들에게

---

126) '나라의 큰 질서를 잡아 주는 이'로 번역한 원어는 ho meizōn poleōs kosmētēs인데, 여기에서 kosmētēs는 '질서를 잡아 주는 자'로서의 '입법자'(nomothetēs)인데, 이 입법자는 보통의 입법자와는 달리 큰 틀에 있어서 나라의 질서를 잡아 주는 더 큰 의미에 있어서의 입법자를 뜻한다. 846c에는 원로 입법자와 젊은 입법자들에 대한 언급이 보인다. 769d도 참조하는 게 좋겠다.

127) "논의들로 물길을 바꾼다"는 표현은 이 문제에 관한 한 예부터 전해져 내려오는 관습이 있으니, 이에 대해서 언급하는 것으로 족할 것이고, 따라서 새삼 달리 긴 논의를 하느라 옆길로 빠져나갈 필요는 없다는 뜻을 바로 앞에서 말한 '물'과 연관시켜서 말하고 있는 것이다.

128) 원어 nama(복수는 namata임)는 흐르는 물, 즉 강물, 시냇물 그리고 넘쳐흐르는 샘물 따위를 가리킨다.

129) 비가 내려 흐르는 물을 가리킨다. 761a의 해당 각주를 참조할 것.

도 빠듯할 정도일 경우에는, 물 가져가기의 배정량을 농촌지역 관리인들에 의해 정해 받아서, 이를 날마다 얻어감으로써, 이런 식으로 이웃들과 물을 나누어 갖게 합니다. 반면에 제우스 신이 보내는 물이(비가) 내리게 되었을 경우에, 위쪽에서 농사를 짓는 사람이나 담 하나를 사이에 두고 살고 있는 사람[131)]을 그 아래쪽에 살고 있는 사람들 중의 누군가가 그 넘쳐흐름을 허용하지 않음으로써 해를 입힌다면, 또는 그 반대로 위쪽 사람이 멋대로 방류를 해서 아래쪽 사람에게 해를 입히고, 이것들과 관련해서 이것들을 통한 상호협력도 하고자 하지 않을 경우에는, 원하는 이가 시내에서는 시내(도심지역) 관리인을, 농촌지역에서는 농촌지역 관리인을 개입하게 해서, [당사자들] 각각이 뭘 해야만 하는지 조정하게 합니다. 결정된 지시에 따르지 않는 자는 질투심 많고 불만스러워하는 심성(혼)에 대해 재판을 받게 합니다. 그래서 유죄판결을 받게 되면, 그가 관리들에게 승복하지 않으려 했으므로, 피해자에게 그 피해액의 두 배를 갚게 합니다.

c

d

그런데 추수 과일은 모두가 다음과 같은 식으로 공유해야만 합니다. 이 여신[132)]은 우리에게 이중의 은혜로운 선물을 주고 있으니, 그 한 가지는 디오니소스가 기른 것[133)]이로되 저장할 수 없는 것이고, 다른 하나는

130) 플루타르코스의 《대비 열전(對比列傳)》(솔론 23, 6)을 보면, 솔론(Solōn)이 제정한 법률 중에 이와 관련된 것으로 다음과 같은 것이 있었다고 한다. 물이 풍부하지 않은 곳에서는 대부분이 인위적으로 만든 우물을 이용하는데, 4스타디온(stadion) 곧 약 770미터 이내에서는 공동우물을 이용하지만, 그 이상의 거리라면, 개인적으로 물을 찾아야만 한다. 제 땅에서 열 길을 파되, 물을 찾지 못할 경우에는, 6쿠스(khous = pint)의 물을 매일 두 번씩 이웃에서 공급받는데, 이는 어려운 처지는 도와야지, 게으름을 조장해서는 안 되기 때문이란다.

131) '담 하나를 사이에 두고 살고 있는 사람'이란 시내 곧 도심지역(asty)에서 '같은 하나의 담을 공유하며 사는 이웃'을 뜻한다.

132) 가을의 여신인 오포라(Opōra)를 가리킨다.

844d

그 성질상 저장하게 되는 것입니다.[134] 그러면 추수 과일과 관련해서는
다음 법이 정해진 걸로 하죠. 송이포도든 무화과든 설익은 과일을 맛보
e 게 되는 사람은, 아르크투로스 별[135]이 뜨는 것과 일치하는 수확할 계절
이 닥치기도 전에 제 땅에서든 또는 남의 땅에서든 그러는 사람은, 그것
들을 제 것들에서 땄을 경우에는 50드라크메를 디오니소스에게 헌금할
것이나, 이웃 사람의 것들에서 땄을 경우에는 1므나를, 남의 것들에서
땄을 경우에는 1므나의 2/3를 물게 합니다. 반면에 요즘의 이른바 고품
질의 잘 익은 싱싱한 포도와 역시 고품질로 일컫는 무화과[136]를 수확하
고자 하는 이가, 제 땅의 것들에서 취할 경우에는, 그가 원하는 대로 그
리고 그가 원하는 때에 수확을 하도록 합니다. 하지만 설득도 하지 않고
남의 것들에서 취할 경우에는, 법에 따라, 곧 자기가 놓아둔 것이 아닌
845a 것은 무엇이든 옮기지 말라는 법에 따라[137] 언제나 그처럼 벌을 받게 합
니다. 그런데 만일에 노예가 그 땅 주인을 설득하지 않은 채로 이런 것들
중의 어떤 것을 딴다면, 이들 포도송이의 알과 무화과나무의 무화과와
같은 수만큼의 매질을 하게 합니다. 그런가 하면, 거류민[138]이 고품질의

---

133) 포도를 의미하는데, 텍스트 읽기에서 paidian Dionysiada로 읽지 않고, England 및 Taylor를 따라 paideian Dionysiada로 읽었다.

134) 앞 경우의 포도는 바로 먹기에 알맞은 포도이고, 뒤의 포도는 포도주를 만드는 데 쓰이는 것이다.

135) Arktouros 별이 해돋이 직전에 나타나는 것은 추분 곧 9월 23일 전후로, 이때를 그렇게 부르기도 한다.

136) 고품질의 잘 익은 싱싱한 포도(hē gennaia staphylē)와 고품질의 무화과들(ta gennaia syka)이란 푹 익어서 바로 먹기에 좋은 것들을 가리킨다. 따라서 이런 것들은 저장할 수 있는 것들이 아니다.

137) 842e~843b에서 말한 원칙에 따른 것이라 하겠지만, 이 경우에는 자기가 심은 것이 아닌 것은 함부로 거두지 말라는 뜻으로 하는 말이겠다. 913c8에서 말하고 있는 "네가 놓아둔 것이 아닌 것은 집어들지 말라"는 것도 기본적으로는 같은 걸 뜻하는 말이겠다. 《디오게네스 라에르티오스》 I. 57에서 언급되는 솔론의 법으로, 같은 내용의 것(913c8)이 있다.

가을 과일을 사서 수확하고자 할 경우에는, 그리하게 할 것이며, 외국인이 방문하여 체류하면서 길을 가다가 과일을 먹고 싶어 하여, 원할 경우에는, 1명의 수행원과 함께 값을 치르지 않고, 고품질의 과일을 따게 합니다. 손님에 대해 환대하는 뜻에서입니다. 하지만 법은 외국인들이 이 b
른바 설익은 과일과 이런 따위의 것들을 우리와 나누는 것을 금하게 합니다. 그러나 [외국인인] 누군가가 그 자신이든 또는 그 노예든, 이를 모르고서, 그런 걸 취하게 된다면, 노예는 매질로 벌주되, 자유민[인 외국인]은 훈계를 하고서 보내며 가르쳐 줍니다. 건포도와 포도주 그리고 말린 무화과로 저장해서 간직하기에는 부적합한 다른 과일[139]을 취할 것을 말입니다. 배와 사과, 석류 및 이런 따위의 것들 모두와 관련해서는 몰래 취하는 짓이 결코 부끄러운 일은 아니도록 하겠지만,[140] 붙잡힌 자가 30 c
세 안쪽일 경우에는, 때려 주되 상처는 나지 않게 하고서 내쫓습니다. 그러나 자유민[인 시민]이라 해서 그런 구타에 대한 그 어떤 재판도 없습니다. 외국인에게는, 추수 과일의 경우처럼, 이런 것들 또한 나눠 먹을 수 있게 합니다. 그 이상의 나이인 사람이 이것들을 취해서, 그 자리에서 먹고 가져가는 게 전혀 없다면, 외국인의 경우처럼, 그런 식으로 이 모든 걸 나눠 먹게 합니다. 그러나 법을 따르지 않을 때에는, 그는 [사람으로서의] 훌륭함(덕: aretē)과 관련해서 경합을 할 수 없게 될 수도 있는 걸 d
로 합니다. 누군가가 그때 그와 관련된 이런 것들을 그때의 판정자들에게 상기케 할 경우에는 말입니다.

---

138) 637b에서 이주민 및 거류민에 대한 각주를 참조할 것.

139) 곧 제대로 익어서 바로 먹을 것들을 가리킨다. 너무 익어 버린 과일들은 저장용으로 쓸 수 없겠기 때문이다. 무화과는 우리의 곶감처럼 말려서 타래형태로 엮어 저장하기도 하지만, 건포도처럼 말리기도 한다. 포도와 마찬가지로 헬라스인들에게 있어서 무화과는 중요한 저장식품이었다.

140) 아마도 우리의 '서리' 정도로 이해하면 될 일일 것 같다.

845d

물은 과수원과 관련되어서는 모든 것 중에서도 각별히 성장을 돕는 것이지만, 쉽게 더럽혀지는 것입니다. 흙도 태양도 그리고 바람도, 물과 함께 땅에서 자라나는 것들의 성장을 돕는 것들이기는 하지만, 독물이나 물길 돌리기 또는 도둑질에 의해서 더럽혀지기는 쉽지 않습니다. 그러나
e 물의 성질과 관련해서는 이와 같은 모든 것이 일어날 수 있습니다. 바로 이 때문에 법의 도움이 필요합니다. 그러니까 이와 관련된 법은 이런 것이게 합니다. 만약에 누군가가 고의로 남의 물을, 이게 샘물이든 또는 모은 물이든, 이를 독물이나 땅파기 또는 도둑질에 의해 더럽힐 경우에는, 피해자가 그 피해액을 적어 내어 시내(도심지역) 관리인들을 상대로 판결케 합니다. 한데, 누군가가 어떤 독물로 해를 입힌 것으로 유죄판결을 받을 경우에는, 그 피해액에 더해서 그 샘과 저수시설을 정화케 합니다. 그 정화는 그때마다 각자에게 그 해설자들[141)]의 율법이 지시하는 바로 그 방식에 따라 이루어져야만 합니다.

제철에 거두어들이는 모든 과일을 수확해 들임과 관련해서는, 원하는
846a 사람은 어떤 곳을 지나서도 가져올 수 있게 합니다. 그 길이 그 누구에게도 아무런 피해를 주지 않거나 이웃의 손해보다 세 배의 이익을 그가 얻게 될 경우에는 말입니다. 그러나 이에 대한 판정자들로는 당국자들이 될 것이고, 그 밖의 모든 것 중의 어떤 것들에 누군가가, 상대는 마음 내켜 하지도 않는데, 고의로 강제적으로나 또는 몰래 손상을 입힌다면, 그게 당사자 자신이든 또는 당사자의 것인 어떤 것이든, 그의 소유물들[142)]로 인해서 그리된다면, 그 피해가 3므나 미만일 때는, 이와 같은 것들 모두를 당국자들에게 보여 주고서 배상을 받게 합니다. 그러나 다른 사람을 상대로 하는 소송 내용이 그보다도 더 큰 액수인 다른 것일 경우에는,

141) 759c~d를 참조할 것.

142) 가축이나 운반수단이겠다.

일반법정들(ta koina dikastēria)로 소송을 제기해서 그 가해자가 배상케 합니다. 그런데 만일에 당국자들 가운데 누군가가 올바르지 못한 판단으로 그 손실들에 대해 판결한 걸로 여겨질 경우에는, 그 피해자에게 두 배의 배상을 하는 책임을 지는 재판을 받을 수 있게 합니다. 또한 각각의 소송들에 대한 당국자들의 부당한 행위들은 원하는 사람이 일반법정들에 제소합니다. 그렇지만 이들 법규들은 수도 없이 많고 소소한 것들인데, 징벌은 이것들에 따라 이루어져야만 하거니와, 서면고소와 출두명령 그리고 증인소환, 두 사람 또는 얼마나 많은 사람을 불러야만 하든 간에, 이런 따위의 하고많은 모든 것이 법에 의해 규정되지 않은 상태로 있을 수도 없지만, 연로한 입법자가 할 만한 가치가 있는 것도 아닙니다. 그러나 이것들은 젊은 사람들이 이전 사람들의 법령들을 전범(典範)으로 삼아, 곧 큰 것들에 비추어 작은 것들을 본받아서, 그리고 이것들의 불가피한 필요성들을 체득함으로써, 법규들로 만들게 합니다. 모든 것이 충분히 제정된 것으로 판단될 때까지 말입니다. 그때에야 이것들을 바꿀 수 없는 것들로 확정하고서, 이것들을 이용하면서 사는 가운데 어느새 척도를 갖게 됩니다.[143)] b c

다른 장인(匠人: dēmiourgos)[144)]들의 경우는 다음과 같이 해야만 합니 d

---

143) 여기에서는 metron ekhousi를, 다른 학자들과는 달리, 문자 그대로 그 본뜻을 살리는 쪽을 택해서 번역했다. 836a를 참조할 것.

144) 장인(匠人, 匠色, 工人, 공장: dēmiourgos = craftsman, artisan)에 대한 언급은 이미 여러 차례 있었다. 그러나 이에 대한 주석은 달지 않았는데, 이쯤에서 그리해 두는 게 좋을 것 같다. 그 어원과 연관 지어 말할진대, '데미우르고스'란 '사람들(dēmos)을 위해서 뭔가를 만드는 일을 하는 이'라는 뜻을 지닌 복합어로서, 일단은 '장인'이라 하는 게 무난하겠다. 그러니까 주어진 소재로 뭔가를 만드는 이면, 다 '데미우르고스'인 셈이다. 그리고 플라톤은 이 말을 실로 광범위하게 애용하고 있는데, 심지어는 어떤 가치의 '구현자'에다가도 적용하고 있는가 하면(예컨대, 《국가(政體)》 편 제6권 500d 참조), 《티마이오스》 편에서는 '우주 창조자'를 그리

846d

다. 첫째로, 자국민은 그 누구도 장인들의 기술분야에 종사하는 사람들의 일원으로 되지 않게 합니다. 자국민의 가복(家僕) 또한 그리합니다. 왜냐하면 한 사람인 시민(politēs anēr)은 많은 수련과 함께 많음 배움을 요하는 기술(technē), [전문성을 갖기에] 충분한 기술을 갖고 있기 때문이니, 그는 나라의 공공질서(ho koinos kosmos)를 보존하며 확고히 하고 있거니와, 이는 부차적인 일로 종사하는 게 요구되는 것이 아니니까요. 두 가지 업무에 또는 두 가지 기술에 철저하게 종사하기에는 아마도

e 그 어떤 인간적인 성향도 충분하지 못할 것이며,[145] 또한 한 가지 기술은 스스로 수행하되 다른 기술은 남이 수행하는 것을 관리하기에도[146] 충분하지 못할 것입니다. 따라서 이것이 나라에 첫째로 확립되어 있어야 합니다. 금속 세공인은 그 누구도 목수 일을 함께 하게 하지 말 것이며, 목수 일을 하면서 자신의 기술보다는 금속 세공을 하는 다른 사람들에 대

일컫기도 한다. 그런데 여기에서 보다시피 '공장'으로서의 장인은 자국민이 종사할 직업이 아닌 것으로 규정하고 있다. 이런 직업은 외국인들이면서 그 나라에 와서 오래도록 함께 살고 있는 '거류민들'(metoikoi = metics)의 몫이다.(741e 각주 및 742a 참조) 자국민은 주로 농사를 생업으로 삼고, '나라의 공공질서'를 유지하기 위해서는 '많은 수련과 함께 많은 배움을 요하는 기술'이라 할 시민으로서의 정치적 책무를 수행하는 것 자체가 이미 버거운 일인 데다 많은 시간을 요하는 일이기 때문일 것이다. 이는, [사람으로서의] 훌륭함(덕: aretē)에 대해 마음 쓰는 것도 훌륭한 시민으로서는 바람직한 일이기에, 더욱 그러할 것이다.

145) 시민들이 저마다 성향에 따라(kata physin) 한 가지 일에 종사하는 것을 유난히 강조한 것은 《국가(정체)》 편(369e~370c, 374a, 394e, 434a~c 등)에서였다.

146) '다른 기술은 남이 수행하는 것을 관리하기에도'는 앞(d3)에서 말한 '자국민의 가복(家僕) 또한 그리합니다'와 연결되는 언급으로, England의 지적대로, 가복이 주인과 달리 다른 기술 분야의 일을 하는 걸 관리하는 경우를 염두에 두고서 하는 말일 것이다. 그러니까 농사를 짓는 주인이 농사일에 가복들을 동원해서 일하게 하며 감독하는 것은 같은 한 가지 일에 종사하는 것이다.

해 감독하느라 더 마음을 쓰게 되는[147] 일이 있어도 안 됩니다. 자신을
위해 일하는 많은 가복을 감독하느라 마음을 쓰다 보면, 그것으로 해서
자기가 얻게 되는 수익이 자신의 기술로 해서 얻게 되는 것보다도 더 크
게 될 것이기 때문에, 당연히 그들에 대해 감독하느라 더 마음을 쓰게 된 847a
다는 걸 핑계로 말입니다. 그러나 이 나라에서는 각 개인이 한 가지 기술
을 갖고서 이것으로 생계 또한 유지케 합니다. 바로 이 법을 시내(도심지
역) 관리인들은 애써 보존토록 할 것이며, 자국민이 [사람으로서의] 훌
륭함(덕: aretē)에 대한 마음 씀보다도 어떤 기술 쪽으로 더 기울 경우에
는, 제 자신의 길로 바로 가게 할 때까지는, 비난들과 불명예들로 벌주게
합니다. 하지만 외국인들 중에서 누군가가 두 가지 기술에 종사할 경우
에는, 구속과 벌금 및 이 나라에서의 추방으로 벌줌으로써, 그를 여럿 아 b
닌 한 사람만일 수밖에 없도록 만들어야만 합니다. 이들에 대한 보수들
과 일들의 빼앗음과 관련해서는, 그리고 이들을 누군가 다른 사람이 해
치거나 또는 이들이 다른 누군가를 해칠 경우에는, 50드라크메까지는 시
내(도심지역) 관리인들이 판결토록 할 것이로되, 이 이상의 경우는 법에
따라 일반법정들이 판결케 합니다.

이 나라에서는 그 누구도 수출물품들에 대해서도 수입물품들에 대해
서도 아무런 세금을 물지 않습니다. 그러나 유향(乳香) 및 신들과 관련되
는 이와 같은 이국의 하고많은 향료, 그리고 자주색(심홍색) 물감과 그 c
많은 물들이는 물감들로서 이 땅에서 생산되지 않는 것들 또는 불필요한
것을 위한 다른 어떤 기술과 관련해서 소요되는 어떤 이국의 수입품들을
누군가가 수입하는 일이 없도록 합니다. 또한 이 나라 안에 있어야만 하

147) '감독하느라 더 마음을 쓰게 되는'으로 번역한 원어는 epimeleisthai 인데, 이 낱말은 '마음 쓴다'거나 '관리 또는 감독한다' 등의 뜻으로 쓰이는 말이지만, 문맥을 고려해서 그리 옮겼다.

847c
는 것들을 누군가가 수출하는 일도 없도록 합니다. 그리고 또 이것들 모
두에 대한 판정자들과 감독자들은 호법관들 중에서, 5명의 연장자들을
빼고서, 그다음 연장자들인 12명이도록 합니다.[148]
d 무기 및 모든 전쟁 장비와 관련해서, 어떤 기술의 도입 또는 그런 용도
를 위한 어떤 식물이나 금속물, 묶는 것 또는 어떤 동물들의 수입이 이루
어져야만 할 경우에는, 기병대 지휘관들과 장군들이 이것들의 수입 및
수출에 대해 책임을 지게 합니다. 주는 것과 함께 받는 것은 나라가 하는
겁니다. 이것들과 관련된 적절하고 충분한 법률을 호법관들이 제정할 것
입니다. 따라서 돈을 위한 이것 또는 그 밖의 다른 어떤 것[149]의 소매 행
e 위도 우리의 지방과 도성 전체를 통해서 있을 수 없습니다.

농산물들의 공급과 배분은 크레테의 관습에 가깝게 이루어질 경우에
야 방식에 있어서 어떤 형태의 그 옳음(정당성: orthotēs)이 실현을 보게
될 것 같습니다. 모든 농산물은 물론 모두가 열두 부분들로 나눠야 하며,
바로 이 방식으로 소비 또한 해야만 하니까요.[150] 열두 부분들의 각각은,
— 이를테면, 밀이나 보리 그리고 다른 모든 제철에 거두어들인 과일들
도 그리고 각 구역에서 팔게 될 모든 동물 또한 이것들에 따라 나뉘게 하
848a 는데, — 세 부분으로 비율에 따라 나뉘게 할 것이며, 그 한 부분은 자유
민들을 위한 것이고, 또 한 부분은 이들의 가복들을 위한 것입니다. 셋째
부분은 장인들과 전체 외국인들을 위한 것입니다. 이들의 일부는 [우리

148) 호법관(nomophylax)들의 정원은 37명이고(752e), 그 연령은 50세 이상 70세까지이다.(755a)

149) '이것 또는 그 밖의 다른 어떤 것'이란 앞에서 든 것들 또는 그 밖의 다른 전쟁 물자를 가리키는 것으로 보는 게 옳겠다. Saunders의 주석서(No. 77) 참조.

150) 곧 일 년간 전체적으로 소요되는 농산물들을 열두 달 치로 나눈 다음, 이 나뉜 만큼의 것을 달마다 쓰게 한다는 뜻이다. 단, 크레테의 공동식사 제도 자체에 대해서는 842b에서 해당 각주를 참조할 것.

와] 함께 살고 있는 거류민들의 부류로 필수적인 식품이 필요한 사람들이고, 또한 일부는 나라 또는 어떤 개인의 업무로 해서 그때마다 들어와 있는 사람들입니다. 모든 생필품 중에서 나누어 떼어 낸 셋째 부분, 반드시 이것만 팔게 하고, 나머지 두 부분 중에서는 아무것도 팔지 못하게 합니다. 그렇다면 이것들은 어떻게 분배하는 게 가장 옳겠습니까? 우선 명 b
백한 것은 우리가 한편으로는 똑같게 분배하되, 다른 한편으로는 같지 않게 분배하게 된다는 점입니다.[151)]

클레이니아스: 어떻게 하시는 말씀인지요?

아테네인: 이것들 각각을 땅이 생산하며 자라게는 하지만, 필연적인 것은 어떤 것들은 어쩌면 더 못한 것들이고 어떤 것들은 더 나은 것들일 것이라는 점입니다.

클레이니아스: 어찌 그렇지 않겠습니까?

아테네인: 따라서 이런 점[152)]에서는 셋인 이들 부분들 중에서 어느 부분도 더 낫게 가지도록 하지 않습니다. 주인들이나 노예들에게 배분된 부분도, 또한 외국인들의 몫인 부분도 그 분배가 모두에게 질적으로 같은 똑같은 균등함을 갖도록 해 줍니다. 시민들 각각이 두 몫을 받고 나 c
면, 노예들과 자유민들에 대한 분배에 대해서는, 즉 그가 얼마나 그리고 어떤 걸 나눠 주고자 하든, 결정권은 그가 갖게 합니다. 이것들의 잉여분은 양적으로 그리고 수적으로 다음과 같이 배분되어야만 합니다. 땅에서 나는 것들로 사육되어야만 모든 동물의 수를 파악해서 배분하는 것입니다.

그다음 문제는 이들에게 가옥들을 따로따로 마련해 주어야만 한다는 것입니다. 그 배치는 다음과 같은 것이 이것들에 적절합니다. 열두 마을

151) 바로 다음의 언급에서 확인할 수 있듯, 분배되는 것들이 양으로는 같지만, 질에서는 차이가 나는 것은 어쩔 수 없다는 말이다.

152) 곧 질적인 면을 뜻한다.

848c

이 있어야 하는데, 중앙의 열두 부분들의 각각을 따라 마을이 하나씩 있
d 고, 각각의 마을에는 맨 먼저 신들과 신들에 뒤따르는 신령들의 신전들
과 시장(agora)의 터가 선정되어야만 합니다. 마그네시아인들[153]의 그곳
신들이 있거나, 또는 아직도 기억 속에 간직되어 있는 다른 옛 신들의 신
전들이 있다면, 이 신들에게 옛사람들의 경의를 표해야만 합니다. 그러
나 헤스티아와 제우스 및 아테나의 신전들 그리고 다른 신들 중에서 열
두 부분 각각의 수호신의 신전이 두루 세워져야만 합니다.[154] 이 신전들
e 의 둘레에 우선 건물들을 있게 하는데, 이곳은 가장 높은 곳[155]이 되겠으
니, 파수꾼들에게는 더할 수 없이 잘 조성된 진지입니다. 나머지 영토 전
체에 열세 부분으로 나뉜 장인들을 대비케 하는데, 그중의 하나는 도심
에 정주케 하고, 이 또한 도성 전체의 열두 부분으로 나뉘어, 도성 외각
을 빙 둘러 배치되게 하나, 각각의 [시골] 마을에는 농부들에게 도움을
주는 장인들의 부류들이 함께 거주케 합니다. 이들 모두의 감독관들로는
농촌지역 관리인들 중에서 우두머리들이 되게 할 것이고, 각 지역에 몇
명이 또 어떤 장인들이 필요한지, 그리고 어디에 정주하게 함으로써 농
부들에게 가장 덜 힘들게 하면서도 가장 도움이 될 것인지도 이들이 결
849a 정합니다. 반면에 도심의 장인들에 대해서는 시내(도심지역) 관리인들의
주무관청이 마찬가지로 감독을 맡아 관리하게 될 것입니다.

그렇지만 시장과 관련되는 것들 각각은 아마도 시장 관리인들[156]이 돌
보아야만 할 것입니다. 혹시 누군가가 무슨 비행이라도 저지르는 일이

---

153) 704a의 해당 각주 및 860e를 참조할 것.
154) 이 대목에서 한 이상의 언급과 바로 다음의 언급에 관련해서는 745b~c를 참조할 것. 또한 771d도 참조할 것.
155) 바로 '아크로폴리스'(akropolis: 성채)가 그런 뜻의 것이기도 하다. 앞의 각주에서 말한 곳을 참조할 것.
156) 763e~764b를 참조할 것.

없는가 하고 시장 주변의 신전들을 감시하는 것, 그다음의 둘째 것이 사
람들의 일에 대한 감독일 것입니다. 그들은 절제와 오만 무례함(hybris)
의 감시자들이기도 하니, 처벌이 필요한 사람은 처벌합니다. 시장상품들
중에서 시민들이 외국인들에게 팔도록 지시받은 것들의 각각이 법에 따
라 팔리고 있는지를 우선적으로 지켜보아야만 합니다.[157] 이 경우의 법 b
은 한 조문(條文)이게 하죠. 그 달 초하루에는 외국인들에게 팔아야 할
몫을 수탁자들이 갖고 나오는데, 이들은 시민들을 위해서 그 대행을 하
는 외국인들 또는 노예들이고,[158] 첫째 것은 1/12 몫인 곡물로서, 외국인
은 그 달 내내 소요되는 곡물 및 곡물과 관련되는 것들을 첫 장에서 사야
만 합니다. 그 달 열흘에는 그 달 전체를 통해 충분할 액체류를 한쪽은
사고, 한쪽은 팔게 합니다. 셋째 장인 스무날에는 각자가 팔아야 하거나
자신들이 필요해서 사야 할 동물들의 거래가 있게 합니다. 또한 농부들 c
에 의한 하고많은 도구들과 물건들의 거래가, 이를테면 가죽들이나 온갖
의류 또는 직물이나 펠트 제품 또는 이런 유의 다른 것들의 거래가 있게
하는가 하면, 외국인들로서는 이것들을 가지려면 남들에게서 살 수밖에
없습니다. 이것들 또는 가루로 빻은 보리나 밀의 소매행위들도, 또는 일
체 다른 식품을 누군가가 시민들과 이들의 노예들에게 파는 일도 또는
이런 사람인 누구에게서도 그 누구도 사는 일 또한 없게 합니다. 그러나
외국인들의 시장들[159]에서는 외국인이 장인들 및 이들의 노예들에게 [이 d
런 것들을] 팔 수 있게 하는데, 포도주와 곡물의 거래도 하거니와, 바로
이를 대부분의 사람들이 소매행위라 일컫습니다. 그리고 동물들의 잘린

157) 848a를 참조할 것.

158) 시민들이나 이들의 사사로운 노예들은 아무도 이런 매매행위를 할 수 없다. 이런 일로 시민이 돈을 버는 일은 금지되고 있기 때문이다. 이어지는 c 끝 부분을 참조할 것.

159) e에서 말하는 '공동시장'과는 물론 구별된다.

849d

고기들은 푸주한들이 외국인들과 장인들 그리고 이들의 종복들에게 처분케 합니다. 그러나 일체 땔나무는 무슨 날에든 원하는 외국인이 시골의 수탁자들한테서 한꺼번에 사게 하며, 스스로 외국인들에게 원하는 만

e 큼 그리고 원하는 때에 팔게도 합니다. 그 밖의 다른 모든 물건과 도구들로 각자에게 필요한 만큼의 것들이 공동시장(hē koinē agora)의 각 장소로 운반되어 팔리도록 합니다. 이곳들에서 호법관들과 시장 관리인들이 시내(도심지역) 관리인들과 함께 적절한 자리들을 배정하고서는, 판매 상품들의 경계를 정해 주게 되면, 이 장소들에서 물건들과 화폐를 그리고 화폐와 물건들을 교환하게 될 것이니, 대금과 물건을 맞바꾸지 않고서 주어 버리는 일은 없을 것입니다. 믿고서 주어 버리는 사람이야, 그

850a 대가를 받건 또는 받지 못하건, 이런 교환과 관련된 소송이 결코 없다는 사실에 만족할 일입니다. 사게 된 것이나 팔게 된 것이 법의 기준보다 더 많거나 더 비싼 [대가를 지불한] 경우에는, 법은 [재산이] 늘어나고 줄어드는 한도를 밝혀 그 어느 쪽도 해서는 안 되는 걸로 말했기에,[160] 그때에는 호법관들에게 초과하는 것을 신고케 하되, 그 반대의 경우는 취소케 합니다. 재산의 신고와 관련해서는 거류민들의 경우에도 똑같게 합니다. [거류민으로] 이주해 오기를 원하는 자는 이런 조건으로 하게 합니다. 외국인들의 거주지가 있으므로,[161] 정주하기를 원하고 그럴 수 있는

b 사람으로서, 기술을 갖고 있고, 등록하게 된 날 이후 20년 이상은 체류하지 않으며, 절제하는 것 이외에는 거류민 세금[162]으로는 조금도 내지 않고, 또한 매매 행위로 인한 그 밖의 다른 어떤 세금도 물지 않는다는 조건입니다. 그러나 기간이 만료되면, 자신의 재산을 갖고 떠납니다. 그렇

160) 744d~745a 및 754e를 참조할 것.

161) 848e를 참조할 것.

162) 여기서 말하고 있는 경우와는 달리, 실제로는 인두세 성격의 세금(metoikion)을 거류민(metoikos. 복수는 metoikoi임)이 냈다.

지만 이 햇수 동안에 주목하기에 충분할 만큼 나라에 잘한 어떤 일이 그에게 있었고, 또한 협의회(boulē)와 민회(ekklēsia)를 설득할 수 있을 것이라 그가 믿고 있을 경우에는, 자신에 대한 출국의 연기 조치가 합법적으로 취해지길 요구하거나, 또는 아예 평생토록 체류하는 걸 나라를 상 c
대해서 설득할 것이로되, 그가 설득해 내게 되는 것들, 이것들은 그에게 완벽하게 실현되게 합니다. 그러나 거류민들의 아이들이 장인들이고 열다섯 살이 되었을 때, 열다섯 살 이후의 거류 기간이 시작된 걸로 합니다. 이런 조건으로 20년 동안 머문 다음에, 제 마음에 드는 곳으로 가게 합니다. 하지만 머물기를 바랄 경우에는, 똑같은 방식으로 설득하고서 머물게 합니다. 떠나는 자는 이전에 그가 당국자들에게 적어서 낸 것들인 등록사항들을 말소하고서 떠나게 합니다.

제 9 권

아테네인: 다음으로는 소송(dikē)들이 앞서의 모든 행위에 뒤따르는 853a
것들로서, 이것들은 법률의 정리 과정에서 자연스레 생기게 되겠습니다.
특히 어떤 것들에 대해서 소송들이 있어야만 하는지는, 그 일부의 것들
로서 농사와 관련되는 것들 그리고 이에 뒤따르는 것들과 관련되는 것들
은 이미 언급되었으나,[1] 아주 중요한 것들은 아직 언급되지 않았습니다.
개별적인 각각의 경우에 무슨 응징(처벌: timōria)을 받아야만 하며, 도
대체 누구누구가 재판관들로 되어야만 하는지를 밝히게 되는 것이니,[2]
바로 그것들 다음으로는 이것들을 차례로 언급해야만 합니다. b

클레이니아스: 옳은 말씀입니다.

아테네인: 지금 우리가 제정하려고 하고 있는 이 모든 것을 입법한다는 것 자체가 사실은 어느 면에서는 부끄러운 일입니다. 훌륭하게 관리될 것이며 [사람으로서의] 훌륭함(덕: aretē)의 수행과 관련해서도 전적으로 바른 상태(pasē orthotēs)에 이르게 될 것으로 우리가 말하고 있는 그런 나라에서는 말입니다. 한데, 이런 나라에서 다른 나라들의 가장 큰

---

1) 842e 이후에서 '농업법'과 관련된 언급을 참조할 것.
2) a6의 [ῥηθὲν]은 군더더기라 여겨, 삭제하고서 읽었다.

853b
유형의 사악(邪惡: mokhthēria)에 관여하게 되는 누군가가 생기게 될 것
이라는 상상을 하는 것조차도, 그래서 그와 같은 누군가가 생기는 경우
c 를 예상하고서 겁주어 막느라 입법을 해야만 한다는 것은, 또한 이들의
생각 바꾸기(단념)를 위해 그리고 그런 자들이 생겼을 경우의 처벌을 위
해, 이들이 실제로 생기게 될 사람들로 보아, 이들에 대비하여 법률을 제
정한다는 것은, 제가 말했듯, 어느 면에서는 부끄러운 일입니다. 그러나
우리는, 옛날의 입법자들이 신들의 자식들 곧 영웅들을 위해 입법을 했
듯, 입법을 하고 있는 게 아닙니다. 오늘날 전해지고 있는 이야기처럼,
이들은 자신들도 신들의 자손들이면서 역시 신들에게서 태어난 다른 사
람들을 위해 입법을 했지만, 우리는 인간들로서 인간들의 씨들을 위해서
지금 입법을 하고 있기에, 우리의 시민들 중에서 누군가가 이런 사람이
d 되지 않을까 하고 우리가 두려워한대서 비난까지 받을 일은 아닙니다.
이를테면, 뿔에 받히고도 버티는 사람, 즉 성격상 굽힐 줄을 모를 정도로
완고하게 되는 사람[3] 말입니다. 〈그리고〉[4] 마치 그 씨들이 열을 가해도
삶기지 않듯, 이 사람들은 이처럼 강력한 법률에 의해서도 굽혀지지 않
습니다.

---

3) '뿔에 받히고도 버티는 사람, 즉 성격상 굽힐 줄을 모를 정도로 완고하게 되는 사람'에서 '뿔에 받히고도 버티는 사람'은 kerasbolos를 의역한 것이고, '완고한'의 원어는 ateramōn이다. 플루타르코스(Ploutarchos)의 *Moralia*, *Quaestiones convivales*(*Symposiaka problēmata*: 《연회석에서 제기된 문제들》) II. 700c~e를 보면, 이와 관련해서 이런 언급을 하고 있다. 사람들은 소뿔에 받힌 씨앗들(ta kerasbola tōn spermatōn)이 좀처럼 삶기지 않는 곡물을 산출한다고 믿어서, "고집스럽고 제 멋대로 굴고 뻣뻣한 사람(ho authadēs kai sklēros anthrōpos)을 비유해서 kerasbolos kai ateramōn [anthrōpos](뿔에 받히고도 [버티는] 단단한 [사람])이라 일컫는데," 그런 씨앗이 왜 그런지 그 원인은 알 수 없다는 이야기이다.

4) 이 경우에 〈kai〉(그리고)는 텍스트 읽기에 넣건 또는 그러지 않건 별로 상관이 없겠다.

바로 이들 때문에 신전들의 약탈들과 관련된 달갑지 않을 첫째 법을 제가 말할까 합니다. 누군가가 이 짓을 감행하려 할 경우를 대비해서죠. 바르게 양육된 시민들 중의 누구도 이 질병[5]을 앓게 되는 걸 우리가 바라지도 않겠거니와, 그럴 것으로는 전혀 예상되지도 않습니다. 이들의 가복들이나 외국인들 그리고 이들의 노예들이나 이런 따위의 많은 짓들을 하려 들겠죠. 특히 이들 때문이기는 하지만, 그렇더라도 인간성의 전반적인 연약함을 유념해서, 신전 약탈 및 이런 따위의 그 밖의 모든 것으 854a
로 치유(교정)하기 힘들거나 치유할 수 없는 것들과 관련된 법을 제가 말할 것입니다. 그러나 이것들 모두에 대해서는, 되도록 간략하게나마, 합의된 앞서의 논의에 따라, 전문(prooimion: 前文)들을 먼저 말해야만 합니다.[6] 그런데 나쁜 욕망이 낮에 충동질을 해서 밤에 잠을 자지 않고 깬 상태로 있게 하였다가 어떤 성물(聖物)을 약탈하도록 이끈 사람을 상대로 누군가가 대화를 하며 동시에 권고하는 말을 이렇게 할 수 있겠습니다. "여보시오! 지금 그대로 하여금 신전 약탈로 몰아가도록 움직인 b
악은 인간의 것도 신의 것도 아니오. 오래되고 정화되지 않은[7] 비행들로 해서 인간들 안에서 자라게 된 일종의 광적인 욕망이 가증스레 돌아다니니, 이를 전력을 다해 경계할 일이오. 그러면 이 경계가 무엇인지 배우시오. 그대에게 그런 어떤 생각이 들 경우에는, 속죄의 제물을 바치는 의식들에 참여할 것이며, 속죄의 제물로 마음을 돌리는 신들의 신전으로 탄원자로서 갈 것이고, 그대들 사이에서 훌륭한 사람들로 일컫는 이들의 모임들에 가시오. 가서 듣기도 하고, 스스로도 말하도록 애쓰시오. 모든 c

5) 이는 물론 정신적 질환이라 할 것이다.

6) 722b~723c를 참조할 것.

7) akathartos는 종교적으로 '정화되지 않은' 또는 '속죄받지 못한'을 뜻하는 말이지만, 법적으로는 '마땅한 처벌을 받지 않은' 경우를 뜻하는 것이 되겠다.

854c

사람은 아름다운(훌륭한) 것들과 올바른 것들을 귀히 여겨야만 한다고. 나쁜 사람들의 모임들은 피하되 돌아가지 마시오.[8] 또한 그대가 이렇게 하게 될 경우에는, 그대의 병도 다소 가볍게 될 것이오. 그러나 만약에 그렇지 못할 경우에는, 죽음을 더 고귀한 것으로 여기고, 삶에서 해방되시오."

이것들이 우리가 불경한 짓들과 나라를 파멸케 하는 그 모든 것을 궁리하는 사람들에게 들려주는 전문(서곡)입니다.[9] 복종하는 사람에 대해서는 법이 침묵하게 해야 하겠지만, 불복하는 자에게는 이 전문(前文) 다음에 크게 들려주어야만[10] 합니다. "신전 약탈을 하다가 붙잡힌 사람일

d 경우, 그가 노예나 외국인이라면, 얼굴과 손에 이 죄과를 새기고서, 재판관들의 판단에 따른 수만큼의 매를 맞고, 나라의 경계 밖으로 발가벗긴 상태로 내던져지게 하라." 이 벌을 받음으로써 그가 아마도 삼가는 마음을 갖게 되어 더 나은 사람으로 될 것이기 때문입니다. 법에 따라 내려지는 벌(dikē)[11]은 그 어떤 것도 나쁜 의도로 주게 되는 것이 아니고,[12] 대체로 둘 중의 어느 한 가지 작용을 하게 되니까요. 실상 그 벌을 받게 된

e 사람을 더 나은 사람으로 만들거나 덜 나쁜 사람으로 만들죠. 그러나 "시

---

8) 곧 정면으로 돌파하라는 말이 되겠다.

9) "우리가 … 들려주는 전문(前文: 서곡)입니다"는, 원어 그대로 번역하면, "우리가 … 노래로 들려주는 서곡입니다"로 된다. 이런 말을 하는 것은 헬라스어 prooimion이 노래의 경우에는 '서곡'을, 법(nomos)의 경우에는 '전문'을 뜻하기 때문이다. 이와 관련해서는 특히 722d에서 해당 각주를, 700b에서는 'nomos'에 대한 각주를 참조할 것.

10) 여기에서 '들려준다'(ᾄδειν)는 말은, 바로 앞의 각주에서 언급했듯, '노래로 들려준다' 곧 '노래한다'는 것이 그 본뜻이다. 그리고 "이 전문(前文) 뒤에 크게 들려준다"는 말은 전문 뒤에 '본 법조문'을, 노래로 치면, 서곡 뒤에 본 악곡을 들려준다는 뜻이 된다.

11) dikē의 여러 가지 의미에 대해서는 728b에서 해당 각주를 참조할 것.

12) 벌을 주는 의도와 관련해서는 862d 이후를 참조할 것.

민 누군가가 이런 어떤 짓을 저지르다가, 즉 신들과 관련해서 또는 부모와
관련해서 또는 나라와 관련해서 중대하고 말하기 거북한 불의들 가운데
어떤 걸 저질렀다가 들킨다면, 재판관이 이 사람을 이미 치유할 수 없는
사람으로 여기게 할 것이다. 어릴 적부터 그와 같은 교육과 양육을 받고서
도 최악의 것들을 멀리하지 못했다는 점을 고려해서다. 따라서 이 사람
에 대한 처벌은 죽음이고, 이는 [그가 저지른] 나쁜 것들에 비하면 제일
덜한 것이다. 그러나 그가 이름 없이 나라의 경계 너머로 사라짐으로 855a
써,[13] 본보기가 되어 남들을 이롭게 할 것이다. 그러나 그 아이들과 집안
에는, 그 아버지의 성품을 비껴갔다면, 명성도 얻게 할 것이며, 칭송하는
말도 듣도록 할 것이다. 악에서 선으로 훌륭하게 그리고 용감하게 달아
났다고." 한데, 그런 사람들 중의 누구의 재물이든 공공의 것으로 된다는
것[14]은 이 나라 체제에는 적절치 않을 것입니다. 이 나라 체제에서는 추
첨에 의한 할당 토지(klēros)들이 똑같은 [수의] 그리고 균등한 것들로[15]
언제나 지속되어야만 합니다. 그러나 누군가가 죄를 짓기를 재물변상에
해당하는 것으로 판단될 경우에는, 벌금들을 물게 하는데, 추첨에 의해
할당된 토지에 갖추어 갖고 있는 것들을 초과하는 것이 있다면, 그만큼
까지만 물게 할 것이나, 그 이상은 하지 않게 합니다. 이것들에 대해서는 b
호법관들이 등록된 기록들[16]에서 정확한 사항들을 검토하고서 명확한
것을 재판관들에게 언제나 알려 주도록 합니다. 추첨에 의한 할당 토지
들 가운데 어느 것도 밑천이 모자라서 놀리게 되는 일은 결코 없도록 하

13) 이는, England의 말대로, 사람들의 기억에서 사라지고, 이 나라 안에는 그의 무덤조차 없게 됨을 의미하는 걸로 보아도 될 것이다.

14) 곧 나라 소유로 몰수함을 뜻한다.

15) 온 나라의 토지가 일부 공공목적의 용지를 제외하고는 5,040세대에 추첨에 의해 균등하게 할당되었기 때문이다. 739e~741b를 참조할 것.

16) 744d~745a 및 850a를 참조할 것.

기 위해서죠.[17)] 그러나 누군가가 벌금이 감당할 수 있는 것 이상인 것으
로 여겨질 경우에, 친구들 몇몇이라도 그에 대한 보증을 하고서, 함께 도
와서 벌금을 물어 줌으로써 그를 자유롭도록 하려 하지 않는다면, 장기
간의 공개적인 구금과 어떤 모욕들로 벌을 줍니다. 하지만 한 번의 과실
c 로 해서는 그 누구도 완전히 시민권 박탈을 당하는 일은 결코 없습니다.
국경 밖으로의 망명의 경우에도 그렇습니다. 내려야 할 벌들은 죽음이나
구금, 매질, 체면을 손상시키는 어떤 자세로 앉거나 서 있게 함, 영토의
변방에 있는 신전들로의 추방, 또는, 앞서 우리가 말했듯, 그런 처벌로
있어야만 하는 재물의 변상입니다. 그러나 사형과 관련된 재판관들은 호
법관들과 지난해의 관리들 중에서 공적에 따라 뽑힌 재판관들[18)]이게 합
d 니다. 이들 소송들과 소환들 및 이런 따위의 것들 그리고 이것들이 어떻
게 진행되어야만 하는지는 더 젊은 입법자들이 관심을 가져야 할 것이
고,[19)] 우리가 할 일은 표결(diapsēphisis)을 법제화하는 것입니다. 투표는
공개적으로 행하되, 이에 앞서 원고와 피고는 서로 마주보고, 우리의 재
판관은 연장자순으로 차례로 앉게 합니다. 한가한 시민들은 모두가 이와
같은 재판들에 참석해서 진지하게 청취하는 사람들이게 합니다. 한 차례
e 의 발언을, 먼저 원고가 하고, 두 번째로 피고가 합니다. 이 발언들 다음
에는 최연장자가 신문하기 시작하는데, 발언한 것들에 대한 충분한 검토
를 해 갑니다. 최연장자 다음으로는 차례로 모두가 신문을 진행해야만
하는데, 누군가가 소송 당사자들 중의 어느 한쪽이 말했거나 또는 말하
지 않은 것으로서 어느 면에서 부족한 것으로 느끼는 점을 무엇이든 신
문합니다. 그러나 어떤 점도 그리 느끼지 않는 사람은 다른 사람에게 신

---

17) 물론 토지만 있다고 농사를 지을 수 있는 게 아닐 것이다. 농사를 짓기 위한 기구들과 수확기까지의 생활 자금 따위가 있어야 하겠기 때문이다.

18) 767d를 참조할 것.

19) 846c를 참조할 것.

문을 넘기게 합니다. 말한 것들 중에서 중요한 것들로 여겨지는 것들은
확인을 하고서, 문자로 재판관들 모두의 서명들을 추가한 다음, 헤스티 856a
아[20]의 제단에 놓아두었다가, 다음 날 다시 같은 곳에 모여, 역시 같은
식으로 신문을 하고 재판을 진행한 다음, 진술된 것들에 다시 서명을 추
가합니다. 이 과정을 세 번 거친 다음, 증거들과 증인들을 충분히 확보하
여, 각자 성스러운 투표를 합니다. 되도록 올바르고 참된 판정을 할 것을
헤스티아에 서약하고서 말입니다. 이런 식으로 이와 같은 소송에 대해
종결을 짓습니다.

신들에 관련된 것들 다음은 나라 체제(정체: politeia)의 전복(katalysis) b
과 관련된 것들입니다. 법률이 인간들의 지배를 받게 함으로써 노예 신
세가 되게 하는 한편으로, 나라(polis)를 정치적 집단(hetairia)에 따르도
록 만드는 사람,[21] 또한 이 모든 걸 그야말로 강제로 하며 분쟁을 일으킴
으로써 범법하는 사람, 이 사람이야말로 온 나라에 대해 모두들 가운데
서도 최대의 적으로 간주되어야만 합니다. 그런가 하면 이런 따위의 짓
들 중에서 그 어떤 것에도 관여는 하지 않지만, 나라에서의 최고위 관직
들에는 참여하면서도, 이 사실들을 자신은 모르고 있거나, 또는 모르고
있는 건 아니지만, 비겁함으로 해서 제 조국을 위해 응징을 하지 않는 이 c
런 시민은 나쁨으로 해서 버금가는 자로 여겨져야만 합니다. 조금이라도
쓸모 있는 사람은 나라 체제의 강제적이고 동시에 불법적인 바꿈(혁명:
metastasis)을 모의하는 자를 당국에 고발하여 재판을 받도록 합니다. 이
들에 대한 재판관들은 신전 약탈자들에 대한 재판관들인 바로 그 사람들
이게 할 것이며, 이들에 대한 모든 판결은 그들에 대해서 하는 것과 똑같
이 할 것이고, 사형을 내리는 것은 투표가 다수에 의해 승소한 경우입니

---

20) 745b의 해당 각주를 참조할 것.

21) 715b~d를 참조할 것.

856c
다. 그러나 한마디로 말해서, 아버지의 수치나 처벌은 그 아이들 중의 누
d 구에게도 연계되지 않습니다. 그 아버지와 할아버지 그리고 증조부가 연
이어서 사형 판결을 받았을 경우를 제외하고서 말입니다. 하지만 나라는
이 아이들이, 추첨에 의한 할당 토지로 완비해 갖고 있는 것을 제외하고
서는, 자신들의 재산을 가진 채로 자신들의 옛 고향인 제 나라로[22] 가게
내보냅니다. 시민들 중에서 열살 이상 된 아들이 하나 이상 있는 경우에,
아버지 쪽이나 어머니 쪽의 아버지 또는 할아버지가 지명한 자들 중에서
e 열 명을 추첨에 의해 뽑게 하여, 당첨된 자들의 명단을 델피로 보내게 합
니다. [이곳의] 신[23]이 지명한 당첨자가 사망자들의 집에 더 나은 행운과
함께 정주하게 합니다.[24]

클레이니아스: 훌륭합니다.

아테네인: 더 나아가, 누군가가 반역(prodosis)의 죄목으로 어떤 사람
들을 재판받게 할 경우, 이들에 대해 재판을 해야 할 재판관들 그리고 이
들 재판의 절차와 관련된 세 번째 경우로,[25] 하나의 일반법(koinos
nomos)[26]이 있게 합니다. 또한 그 자식들의 체류와 조국에서의 추방의
857a 문제와 관련해서 이 법은 세 경우에, 즉 반역자와 신전 약탈자 그리고 나

---

22) 702c에서 언급되었듯, 크레테의 여러 나라에서 이 마그네시아라는 새로운 나라로 이주해 오는 걸 전제로 하고서 이런 구상을 하고 있기 때문에 하는 말이다.

23) 델피의 아폴론을 가리키며, 물론 신탁을 통해 대답을 얻게 되는 걸 뜻한다.

24) 아버지가 자기의 상속자를 정하지 못하고 죽은 경우, 그 상속자를 결정하는 문제와 관련된 지침이다. 물론 5,040가구를 유지한다는 원칙에 따른 유산 처리방식이다. 이와 관련해서는 740b~d를 참조할 것.

25) 곧 나라 체제의 전복이나 반역은 신전 약탈자의 경우 및 부모나 신들 또는 나라에 대한 불의의 경우에 이어, '하나의 일반법'이 적용되는 세 번째 경우가 된다는 뜻일 것이다.

26) 645a의 각주를 참조할 것.

라의 법률을 강제로 무너뜨리는 자에 대해 하나의 법이 있게 합니다. 누군가가 도둑질을 할 경우는, 그가 큰 도둑질을 하건 또는 작은 도둑질을 하건, 역시 모든 경우에 하나의 법을, 한 가지의 벌금 처벌을 정합니다. 그러니까 도둑질한 것의 두 배를 우선 물게 합니다. 누군가가 그런 소송에 지고, 추첨에 의한 할당 토지 이상의 다른 재산을 갖고 있어서, 그걸 충분히 갚을 수 있을 경우에는 말입니다. 하지만 그렇지 못할 경우에는, 그걸 치를 때까지 또는 승소한 사람을 설득하게 될 때까지, 구금됩니다. 반면에 누군가가 공공의 것에 대한 절도죄로 유죄판결을 받았을 경우에 b
는, 나라를 설득하거나 훔친 것의 두 배를 갚음으로써 구금에서 벗어나게 합니다.

클레이니아스: 그런데, 선생이시여, 어떻게 우리가 큰 도둑질을 한 자와 작은 도둑질을 한 자에 대해서 아무런 차이가 없는 걸로 말할 수 있겠습니까? 성소(聖所)에서든 또는 세속적인 곳에서든, 그리고 모든 도둑질과 관련해서 유사점들이 없는 그 밖의 것들, 다양한 이것들에 입법자가 똑같은 형벌들로 처벌함으로써 전혀 상응하는 대처를 할 필요가 없다는 겁니까?

아테네인: 더할 수 없이 훌륭한 말씀입니다, 클레이니아스 님! 실은 제가 마치 휩쓸리어 가다가 선생께서 저와 충돌하여 저로 하여금 정신이 c
들게 하신 것만 같습니다. 전에도 생각했던 바입니다만, 법률의 제정과 관련해서 수고한 것들이 결코 어떤 식으로도 옳게 수행되지는 않았다는 사실을 선생께선 일깨워 주셨습니다. 실상 지금 처하여 있는 처지에서 말할 수 있겠듯이 말입니다. 그러면 다시 이 말은 우리가 또 어떤 뜻으로 말하고 있는 것이겠습니까? 우리가 오늘날 법률을 제정해 갖게 된 모든 사람을 노예[의사]들한테서 치료받고 있는 노예들에 비유했을 때, 우리는 잘못 비유를 한 것이 아닙니다.[27] 이런 점은 잘 알고 있어야만 하니까요. 가령 이론적 근거(logos)는 없이(aneu logou) 경험(empeiria)들에 의

857c
해서 의술(iatrikē)을 시술하고 있는 자들 중의 어떤 의사가 자유민인 환
d 자와 대화를 하고 있는 자유민인 의사를, 그것도 철학을 하는 것(philo-
sophein)에 가까운 논의들을 하고 있는 걸, 즉 질병의 근원에서부터 착
수해서 몸들의 전반적인 성질에 대해 거슬러 올라가는 걸 언젠가 목격하
게 된다면, 그는 대뜸 그리고 몹시도 웃어 댈 것이며, 다름 아닌 대부분
의 이른바 의사들이 그런 것들에 대해서 언제나 쉽게 끌어다 쓸 수 있는
말들을 할 것입니다. "아, 바보이시군요! 당신은 환자를 치료하고 있는
것이 아니라, 어쩌면 교육을 하고 있는 겁니다. 건강하게 되어야 할 환자
아닌 의사가 되어야 할 사람이기라도 한 것처럼 말입니다" 하고 그는 말
e 할 것이기 때문입니다.

클레이니아스: 그러니까 그런 말을 함으로써 그는 옳은 말을 하고 있는 게 아닙니까?

아테네인: 아마도 그럴 것입니다. 만약에 그가 법률과 관련해서도, 지금 우리가 하고 있듯, 이처럼 논의 진행을 하게 되는 사람은, 시민들을 교육하고 있지, 입법을 하고 있는 건 아니라는 생각도 또한 하고 있다면 말입니다. 그렇다면 이 말을 하는 것도 적절한 것인 것 같지 않나요?

클레이니아스: 아마도 그럴 것입니다.

아테네인: 그러나 지금의 우리가 처한 상황은 행운입니다.

---

27) 720a~e의 본문 및 해당 각주를 참조할 것. 그러니까 '오늘날 법률을 제정해 갖게 된 모든 사람'이란 현실적으로 법률의 지배를 받고 있는 당시의 사람들 모두를 지칭하며, 이 대화편에서 장차 '마그네시아' 법률의 지배를 받게 될 사람들의 처지와 대비되고 있다. 왜냐하면 '마그네시아' 법률은 달랑 법조문들만 갖춘 것이 아니라, 그런 법조문에 앞서 설득과 장려의 성격을 갖는 전문(前文)을 달아, 그런 법의 시행이 불필요한 상황의 조성이 더 권장되어야 할 것임을 강조하고 있기 때문이다. 마치 환자를 치료하는 것도 중요하지만, 그보다는 그런 병에 걸리지 않도록 예방의학의 중요성이 강조되어야 하듯이.

클레이니아스: 바로 어떤 걸 말씀하시는 건지요?

아테네인: 법률 제정을 할 필요는 전혀 없지만, 우리 자신들이 전반적
인 나라 체제(정체)에 대한 고찰을 하게 됨으로써, 최선의 것(to ariston) 858a
과 최소한도의 것(to anankaiotaton)이 어떤 식으로 될 경우에 실현을 볼
수 있을 것인지를 간파하도록 애쓰긴 해야 한다는 것입니다. 특히 지금
우리로서는, 우리가 원한다면, 최선의 것(to beltiston)을 고찰할 수 있을
것 같습니다만, 또한 원한다면, 법률과 관련된 최소한도의 것을 고찰할
수도 있을 것 같습니다. 그렇다면 어느 쪽이 좋을지 선택합시다.

클레이니아스: 선생이시여, 우리가 우스운 선택을 제시하고 있습니
다. 그리고 우리는 영락없이 마치 어떤 굉장한 강요에 의해서 당장 법률
제정을 하도록, 내일이면 더는 그럴 수 없다고 해서, 압박받고 있는 입법 b
자들과도 같은 사람들이 되어 있는 셈입니다. 신의 동의를 전제로 말할
진대, 우리로서는, 마치 석수들이나 또는 다른 어떤 구조물 건설을 시작
하는 사람들처럼, 가리지 않고 재료들을 쌓아 두었다가, 이것들 가운데
서 바야흐로 생기게 될 구조물 건설에 적합한 것들을 우리가 가려내게
되듯, 특히 한가한 때에 가려낼 수 있습니다. 그러므로 우리가 우리 자신
들을 강요로 해서 지금 건물을 짓고 있는 사람들이 아니라, 아직도 한편
으로는 한가롭게 재료들을 준비해 두면서, 다른 한편으로는 건설을 하고
있는 사람들로 봅시다. 따라서 법률 중에서도 일부분은 이미 제정된 것
들로, 일부는 준비되어 있는 것들로 말하는 게 옳습니다. c

아테네인: 클레이니아스 님, 어쨌든 법률에 대한 포괄적인 봄(synopsis)이 우리에겐 더 자연스러울 것입니다. 물론 신들에 맹세코, 입법자들과 관련해서 다음과 같은 점을 보도록 합시다.

클레이니아스: 바로 어떤 것인가요?

아테네인: 아마도 나라들에는 다른 여러 사람의 저작들과 글로 적은 연설문들이 있겠지만, 입법자의 저작들이나 연설문들도 있을 것입니다.

858c

클레이니아스: 어찌 없겠습니까?

아테네인: 그러면 다른 사람들의 저작들에 대해서는, 즉 시인들 그리
d 고 삶에 대한 자신들의 조언을 기억하도록 운율을 갖추거나 갖추지 않기
도 한 글들로 적어서 남긴 사람들의 저작들에 대해서는 관심을 가지면
서, 입법자들의 저작들에 대해서는 관심을 갖지 않도록 할까요? 아니면
누구보다도 이들의 저작들에 제일 관심을 가져야만 할까요?

클레이니아스: 훨씬 많이 그래야 합니다.

아테네인: 그러나 글을 쓰는 사람들 중에서도 입법자만이 아름다운(고귀한) 것들과 좋은 것들 그리고 올바른 것들과 관련해서, 이것들이 어떤 것들이며 장차 행복하게 되고자 하는 자들로서는 이것들을 어떻게 추구해야만 하는지를 가르쳐 주면서 조언을 해 줄 필요는 없는 게 분명합니까?

클레이니아스: 그야 어찌 그럴 필요가 없겠습니까?

e 아테네인: 그러나 호메로스나 티르타이오스 및 다른 시인들의 경우에
는 삶과 관행들에 대해 잘못 써 놓은 것이 물론 더 부끄럽지만, 리쿠르고
스나 솔론[28] 그리고 입법자들이 되어 저작을 한 그 많은 사람의 경우에
는 덜 부끄러운가요? 또는 실상 바른 것은, 나라들에 있는 모든 저작들
가운데서도 법률과 관련해서 쓴 것들이 펼쳐졌을[29] 경우에 월등하게 더
할 수 없이 훌륭하디훌륭해 보여야 하는 반면에, 다른 사람들의 것들은
859a 그것들을 뒤따르거나, 아니면 그것들과 합치하는 말을 하지 않을 경우에
는 비웃음을 당해야만 할 것들이라는 건가요? 나라들에서 법률의 문장
작성(graphē)과 관련해서는 이렇게 되어야만 하는 걸로, 즉 문장화된 것

---

28) 698b의 각주에서 솔론에 대한 언급을 참조할 것. 그 밖의 인명들과 관련해서는 '고유명사 색인'을 통해 해당 각주를 찾아볼 것.

29) 파피루스로 이어진 두루마리에 적혀 있는 걸 펼치면서 읽기 때문에 하는 말이다.

들이 사랑하며 지성을 가진 부모의 모습으로 보여야 하는 걸로 우리가 생각해야만 할까요, 아니면 참주(tyrannos)나 전제군주(despotēs)[30] 식으로 지시하고 겁주면서, 벽들에다 그것들을 적어 놓고서는 끝내 버리는 걸로 생각해야만 할까요? 그러니까 지금 우리도 법률에 대해 이런 식으로 생각하면서 말해 보도록 할 것인지 생각해 봅시다. 우리가 정작 그럴 수 있건 또는 없건 간에, 적어도 열의만은 갖고서 말입니다. 그리고 우리가 b
이 길을 따라서 가다가, 무슨 일이라도 겪게 된다면, 겪어 내도록 합시다. 그게 좋은 일이었으면, 그리고 신이 바란다면, 그리되었으면 합니다.

클레이니아스: 훌륭한 말씀이었습니다. 역시 선생께서 말씀하시는 것처럼 하십시다.

아테네인: 그러면 먼저, 우리가 이미 착수했듯, 신전 약탈자들과 일반적인 도둑질 그리고 모든 비행과 관련된 법을 자세히 검토해 보아야만 합니다.[31] 또한 우리가 법률 제정을 하고 있는 사이에도 일부의 것들은 우리가 이미 제정했지만, 일부의 것들과 관련해서는 아직도 우리가 검토 c
하고 있는 중이라는 점에 대해 못마땅해해서는 안 됩니다. 왜냐하면 우리는 입법자들이 되고 있는 중이지, 아직은 아니지만, 아마도 될 수는 있겠기 때문입니다. 제가 말한 것들이 제가 말한 대로 고찰하는 게 좋을 것으로 여겨진다면, 그것들에 대한 고찰을 하도록 합시다.

클레이니아스: 물론 그리하십시다.

아테네인: 그러면 아름다운(고귀한) 것들 및 올바른(정의로운) 것들

30) despotēs는 일반적으로는 단순히 '주인'을 뜻하는 말이지만, 이 경우처럼 참주와 함께 사용되었으니까 특정한 뜻으로 이해하는 것이 옳으며, 따라서 '전제군주'를 뜻한다.

31) 857b4에서 클레이니아스의 의문 제기로 해서, 잠시 법률 제정과 관련된 그동안의 원론적인 논의를 다시 점검해 보느라, 중단되었던 논의로 되돌아간다.

전반과 관련해서 다음과 같은 점을 또렷이 보도록 노력해야만 합니다. 도대체 어떤 면에서 지금 우리가 우리 자신들과 의견의 일치를 유지하고[32)] 또 어떤 면에서 의견을 달리하게 되는지, 다른 건 몰라도, 대부분의 사람들과는 차이가 있도록 어쨌든 열의를 보여야만 할 사람들로 스스로 말하고 있는 우리가 말입니다. 또한 대다수의 사람들도 그들 스스로에 대해
d 서 어떤 면에서 그러는지.

클레이니아스: 하지만 우리의 바로 어떤 불일치들을 생각하시고서 말씀하시는 건지?

아테네인: 제가 설명하도록 해 볼 것입니다. 올바름(정의: dikaiosynē)과 관련해서 전반적으로, 즉 올바른 사람들, 올바른 일들 그리고 올바른 행위들, 이것들 모두가 아름답다는[33)] 데 어쩌면 우리 모두는 동의할 것입니다. 따라서 올바른 사람들이, 비록 신체적으로는 추할 경우라도, 적어도 가장 올바른 성품(ēthos) 자체의 면에서는 아주 아름답다(훌륭하다)고 누군가가 단언한다면, 그리 말하는 사람이 아마 누구도 잘못 말하
e 는 걸로 생각되지는 않을 것입니다.

클레이니아스: 그러니까 옳은 말이 아닙니까?

아테네인: 아마도 그럴 것입니다. 그러나 이렇게 봅시다. 만약에 올바름(정의)에 속하는 것들 모두가 아름답다(훌륭하다)면, 그 '모두'에는 우리가 당하는(겪는) 일들([ta] pathēmata)[34)]도 틀림없이 포함되며, 이는

---

32) 곧 자가당착에 빠지지 않고 일관성을 유지하는 걸 말하고 있다.

33) kalos는 기본적으로 '아름답다'는 뜻의 형용사이지만, 이에는 고운, 훌륭한, 멋진, 고귀한, 존귀한, 좋은 등의 뜻들도 포함된다. 이와 반대되는 낱말은 aiskhron(추한, 부끄러운)이다. 이는 도덕적인 가치를 말할 때도 그대로 적용된다.

34) pathēma(pathēmata는 복수형임)는 어떤 사람에게 닥친 것, 그가 겪게 된 것, 수난 등을 기본적으로 의미하며, 이와 반대되는 능동적인 '행위'는 바로 다음에서 보듯 poiēma(poiēmata는 복수형임)라 한다. 이것들의 부

[능동적인] 행위들([ta] poiēmata)의 경우와도 거의 같은지 말입니다.

클레이니아스: 그런데 그건 왜죠?

아테네인: [능동적인] 행위(poiēma)가, 올바른(정의로운) 것일 경우, 그것이 올바름(정의로움: to dikaion)에 관계하는 정도만큼, 그 정도로 아름다움(훌륭함: to kalon)에도 관여하고 있습니다.[35)]

클레이니아스: 물론입니다.

아테네인: 그러면 당함(겪음: pathos)도, 올바름(정의로움)에 관계하는 것일 경우, 그만큼 아름다운(훌륭한) 것으로 된다는 것은 동의를 얻

정사(不定詞)는 각기 poiein과 pathein, paskhein이다. 이는 작용과 관련해서는 능동과 수동을 의미하기도 한다. 728b~c에서도 비슷한 맥락에서 poiein과 paskhein 그리고 당함(겪음: pathos)에 대한 논의가 한 차례 있었다. 또한 《고르기아스》 편 476b~d, 《국가(정체)》 편 436a~c, 《파이드로스》 편 270c~e, 《테아이테토스》 편 156a~b를 참조할 것. 반면에 《소피스테스》 편(248b~e)에는 poiēma, poiein, dran과 pathēma, pathos, paskhein이 두루 쓰이고 있는 게 보인다.

35) 여기에서 '관계한다'로 번역한 원어의 원형은 koinōneō이고, '관여하고 있다'는 metekhon esti이다. 이것들의 명사형은 각각 koinōnia와 methexis인데, 플라톤 철학에서 이것들은 사물과 형상 또는 이데아의 관계 맺음 그리고 형상들끼리의 관계 맺음을 나타내는 데도 또한 쓰이는 용어이다. 이와 관련해서는 역자의 《플라톤의 네 대화편: 에우티프론, 소크라테스의 변론, 크리톤, 파이돈》 중에서 《파이돈》 편 100c~e의 본문 및 해당 각주들을 참고하는 게 좋겠고, 더 자세한 설명이 필요한 사람은 졸저 《헬라스 사상의 심층》 제5장 플라톤의 결합 이론을 참조하는 게 좋겠다. 그러나 《법률》 편의 이 대목에서는 아름다운 사물들이 이데아인 아름다움에 관여하고 올바른 사물이 올바름의 형상에 관여하듯, 동종의 사물들이 동종의 이데아 또는 형상에 관여하는 걸 말하고 있는 게 아니라, 상관적인 관계 맺음을 일반적인 논의 차원에서 하고 있을 뿐이다. 중기의 대화편들에서 보듯, 형상이론의 방법론적 엄격성이 아직도 강조되고 있는 단계가 아니라, 이는 이미 확보된 터이므로, 이에 입각한 일반적인 방법론적 활용이 실제로 이뤄지고 있는 한 경우를 여기에서 우리가 확인할 수 있는 대목이기도 하다.

860a 게 된 게 아닌지요? 논의가 모순된 것이 안 되려면 말입니다.

클레이니아스: 그건 참됩니다.

아테네인: 그러나 당함(겪음)이 올바른 것이기는 하나, 부끄러운(추한: aiskhron) 것이라는 데 우리가 어쨌든 동의를 한다면, 올바름과 아름다움(훌륭함)은 합치하지 못할 것이니, 올바른 것들은 더할 수 없이 부끄러운(추한) 것들이라 말하게 되겠기 때문입니다.[36)]

클레이니아스: 무슨 뜻으로 그 말씀을 하신 것인지?

아테네인: 전혀 이해하시기 어려운 게 아닙니다. 왜냐하면 좀 전에 우

---

36) 이 문장이 뜻하는 바에 대해 조금이라도 의아스러운 느낌을 갖지 않아야 논의를 계속해서 따라갈 수 있을 것 같다. 따라서 이와 관련된 논의의 맥락을 분명하게 해 놓는 게 좋을 것이다. 이 문장은 물론 859d에서부터 이어지는 논의의 일환이다. 《고르기아스》 편 476b~e를 보면, 같은 생각을 읽게 하는 대목이 보이는데, 오히려 이를 통해서 접근하는 게 이해에 더 도움이 될 것 같다. “모든 올바른 것들(ta dikaia)은 아름다운(훌륭한) 것들(kala)이다.” 그런데, 때리는 쪽이 있으면 맞는 쪽이 있다. 이 경우에 한 쪽은 어떤 행위를 하는 쪽(to poioun)이고 다른 쪽은 당하는 쪽(겪는 쪽: to paskhon)이다. 당하는 쪽의 처지가 곧 pathos(당함 또는 겪음)이다. 이를 재판(dikē)의 경우에서 생각해 보자. 누군가가 비행(adikēma) 또는 불의(adikia)를 저질렀다가 재판을 통해 처벌을 받는다고 하자. 이 사람을 재판하는 사람(dikastēs)이 옳게(orthōs) 처벌한다면, 그는 ‘올바르게’(dikaiōs) 처벌하는 것이다. 그는 올바른(정의로운) 것들(dikaia)을 행한 것이다. 다시 말해, 정의(dikē) 곧 올바름(dikaiosynē)을 집행한 것이다. 반면에 처벌을 받은 사람은 ‘벌을 받음으로써’(dikēn didous) ‘올바른 것들을 당하게(겪게) 된다’(dikaia paskhei). 한데 “모든 올바른 것들(ta dikaia)은 아름다운(훌륭한) 것들(kala)이다”라고 했다. 그렇다면 한쪽은 아름다운(훌륭한) 것들(kala)을 행하였고, 다른 쪽은 벌을 받음으로써 아름다운(훌륭한) 것들을, 곧 좋은 일들을 겪게 된 것이다. 벌을 받음으로써 더 나은 사람으로 될 가망이 있고, 따라서 이는 그에게 더 이롭기 때문이다. 그러나 과연 모두가 그리 생각할까? 많은 사람들은 처벌받는 걸 나쁜 일들(ta kaka)로, 부끄러운 일들로 여기니 말이다. 이런 맥락에서 본문의 이 문장을 다시 읽어 보면, 이해가 쉽게 될 것이다.

리가 제정하게 된 법률은 방금 말한 것들과는 무엇보다도 제일 모순되는 것들을 지시하는 것으로 생각될 수도 있겠기 때문입니다.

클레이니아스: 무엇들과 말씀입니까?

아테네인: 신전 약탈자와 훌륭하게 확립된 법률에 대한 적을 사형에 b
처하도록 우리가 정한 것은 아마도 올바를 겁니다.[37] 그리고 우리는 그와 같은 온갖 법규들을 바야흐로 제정하려다가 중단했는데, 이는 당하는(겪는) 일들이 수와 규모에 있어서 한정되지 않은 것들인 데다, 모든 당하는(겪는) 일들 중에서도 가장 올바른 것들이 무엇보다도 가장 부끄러운(추한) 것들이라는 것을 알게 되어서죠. 이처럼 올바른(정의로운) 것들(ta dikaia)이 때로는 아름다운(훌륭한) 것들(ta kala)과 전반적으로 똑같은 것들로, 때로는 더할 수 없이 대립되는 것들로 우리에게 보이지 않을까요?[38]

클레이니아스: 그럴 것 같습니다.

아테네인: 그래서 많은 사람이 이런 것들과 관련하여 이처럼 '아름다 c
운(훌륭한) 것들'과 '올바른 것들'이라는 지칭을 구별도 하지 않은 상태로 쓰게 되는데 그 일관성(일치함)이 없습니다.[39]

클레이니아스: 어쨌든 그런 것 같군요, 선생이시여!

아테네인: 그러니, 클레이니아스 님, 우리로서는 바로 이것들과 관련해서 그 일관성(일치함)이 어떤 상태인지 다시 한 번 보도록 합시다.

---

37) 854e 및 856c를 참조할 것.

38) 860a의 각주에서 이미 해명된 것일 것이다.

39) 이 문장의 원문은 행간의 의미를 읽지 못하면, 도저히 제대로 읽어 낼 수 없는 것이다. 원문에는 없는 작은 따옴표(' ')를 이용하여 전체적으로 의역에 가까운 번역을 했다. 그리고 이 문장은 바로 앞에서 아테네인이 한 말 중에서 문장 끝 부분의 말과 직결된 것이다. "지칭을 … 쓰게 되는데"는 prosagoreuetai를, "그 일관성(일치함)이 없다"는 asymphōnōs를 각각 그리 번역한 것이다.

860c

클레이니아스: 그러면 무엇과 관련된 무슨 일관성(일치함)을 말씀하시는 건지?

아테네인: 앞서의 논의들에서[40] 어쩌면 제가 명백히 말했던 것으로 생각합니다만, 만약에 앞서 그러지 못했다면, 지금 말하는 걸로 치십시오. …

클레이니아스: 어떤 것인가요?

d 아테네인: 나쁜 사람들 모두가 나쁜 것은 모든 경우에 자발적이지 않다(自意에 의한 것이 아니다)[41]는 것입니다. 이게 이러할진대, 이에는 그 다음 주장이 뒤따르는 게 어쩌면 필연적이겠습니다.

클레이니아스: 무슨 주장을 말씀하십니까?

아테네인: 올바르지 못한(불의한) 사람(ho adikos)은 아마도 나쁘겠으나, 나쁜 사람(ho kakos)이 그런 것은 자발적이지 않다(自意에 의한 것이 아니다: akōn)는 겁니다. 자발적인 것(自意에 의한 것: hekousion)이 자발적이지 않게(akousiōs) 행하여졌다는 것은 결코 이치에 맞지 않습니다. 그러므로 올바르지 못함(불의: adikia)은 자발적이지 않은 것(akousion)[42]으로 보는 이에게는 올바르지 못한 짓(불의)을 저지르는 사람(ho

---

40) 731c의 본문 및 해당 각주, 그리고 734b를 참조할 것.

41) 자발적이지 않다(自意에 의한 것이 아니다)는 헬라스 원문으로는 akontes(단수는 akōn임)이고, akōn의 반대어는 hekōn(복수는 hekontes임)이다. 이 주장의 한결 더 간결한 형태를 우리는 《티마이오스》 편 86d~e에서 찾아볼 수 있는데, 그것은 이런 것이다. "그 누구도 자의로 나쁘지는 않다(아무도 자의로 나쁜 사람이 되지는 않는다: kakos hekōn oudeis)". 바로 앞의 각주에서 밝힌 곳들을 참조할 것. 《국가(정체)》 편 382a, 413a~c, 589c 그리고 《고르기아스》 편 509e에도 관련된 언급들이 또한 보인다.

42) akousion은 aekousion의 단축형이다. 이것들이 형용사형인 데 비해, akōn(aekōn의 단축형임)은 부사형이다. 이에 반대되는 부사형은 hekōn이고, 형용사형은 hekousion이다.

adikōn)이 올바르지 못한 짓(불의)을 저지르는 것(adikein)은 자발적(自意에 의한 것)이지 않은 것으로 보일 것입니다. 이에 대해서는 지금의 저 또한 동의해야만 하겠군요. 모든 사람은 본의 아니게 올바르지 못한 짓(불의)을 저지른다는 데 저는 동의하기 때문입니다. 설사 누군가가 [논쟁에서] 이기기를 좋아해서 또는 명예욕으로 해서, 본의 아니게 올바르 e
지 못한(불의한) 사람들이 있기는 하지만, 올바르지 못한 짓(불의)을 저지르기를 자발적으로(자의로) 하는 사람들이 실은 많다고 주장할지라도,[43] 어쨌든 제 주장은 앞의 것이지, 이건 아닙니다. 그렇다면 다시 저로서는 어떤 방식으로 제 자신의 주장들에 일관성을 유지할 수 있게 될까요? 클레이니아스 님 그리고 메길로스 님! 가령 두 분께서 이렇게 물으신다고 합시다. "선생이시여, 이것들이 과연 이런 것들이라면, 마그네시아인들의 나라를 위한 법률 제정과 관련해서 저희에게 무엇을 조언해 주시겠습니까? 저희가 입법을 해야만 하나요, 아니면 하지 말아야 하나요?" "어찌 하지 않아도 되겠습니까?" 하고 저는 반문할 것입니다. "그러면 선생께서는 이들에게 자발적(고의적)이지 않은 비행들(akousia adikēmata)과 자발적(고의적)인 비행들(hekousia adikēmata)을 구별해

---

43) 여기에서 '자발적인(自意에 의한: hekousion)' 그리고 '자발적이지 않은(자의에 의한 것이 아닌: akousion)'으로만 언급하고 있는 표현은 적극적인 범죄행위와 관련되면, 바로 다음에서부터 보듯, '자발적(고의적)인 것'(to hekousion) 그리고 '자발적(고의적)이지 않은 것'(to akousion)이라는 법률적인 관점의 표현으로 바뀌는 것이 옳겠다. 그러나 이런 논의의 핵심은 누군가의 가해 행위로 인한 피해에 대해 상당하는 법적인 보상만 하면 되고, 도덕적인 비난의 대상일 수는 없는 경우가 있다는 데 있다. 그의 혼이 질병 상태에 있는 게 아니므로, 치유 성격을 갖는 처벌까지는 불필요할 것이기 때문이다. 이어지는 아테네인의 주장은 이런 뜻에서 하는 것이다. 또한 이 문제는 862e에서 말하는 '가장 훌륭한 법률의 기능'과 관련시켜 생각해 볼 일일 것이다.

860e
주시고, 저희는 자발적(고의적)인 과실들(hamartēmata)과 비행들에 대
861a 한 벌들은 한결 더 큰 것들로 정하되, 자발적(고의적)이지 않은 것들에
대해서는 한결 더 작은 벌들로 정할까요? 아니면 자발적(고의적)인 비행
들은 전혀 없다는 이유로, 모든 것에 대한 벌들을 똑같이 정할까요?"

클레이니아스: 물론 옳은 말씀입니다, 선생이시여! 방금 말하게 된 이것들을 우리가 무엇에 이용할까요?

아테네인: 잘 물으셨습니다. 그렇다면 우선 그것들을 이렇게 이용합시다.

클레이니아스: 어떤 것인가요?

아테네인: 방금 앞서 우리가 올바른 것들과 관련해서 아주 많이 혼란
스러워하고 일관되지 못한 상태에 있다고 우리가 말한 것[44]이 훌륭했다
b 는 점을 상기합시다. 이를 명심하고서 다시 우리 스스로 자문합시다. "그
러니까 우리는 이것들에 대한 당혹스러움(aporia)과 관련해서 이에서 빠져나갈 길(방도)을 찾지도 못했으며,[45] 다음 [두 종류의] 것들이 도대체 어떤 점에서 서로 다른지를 구별하지도 못하고 있습니다. 바로 이것들이 모든 나라에서 일찍이 입법자들로 되었던 모든 이에 의해서 두 종류의 비행들, 곧 자발적(고의적)인 것들과 자발적(고의적)이지 않은 것들인 것으로 [간주]되어, 이 관점에서 또한 법 제정이 되었습니다. 그러나 방금 우리가 말하게 된 주장은, 마치 신에게서 내려진 말씀처럼, 옳게 말한 것이라 해서 아무런 논거도 밝히지 않은 채로,[46] 그 정도로 말하는 것만

44) 859c6 이후에서 언급한 것을 가리킨다.

45) 여기에서 '빠져나갈 길(방도)을 찾지도(exeuporēsantes) 못했다'는 표현은 '당혹스러움'으로 옮긴 aporia가 '길, 방도, 방책, 해결책'(poros)이 '없는'(a-) 상태, 그런 '어려움'이나 '곤경'을 뜻하는 말이기 때문에 쓰게 된 것이다.

46) '아무런 논거도 밝히지 하지 않은 채로'(dous oudena logon)에서 '논

으로 해결이 되고, 어떤 식으로든 법 제정을 단행하면 되는 걸까요?" 그 c
럴 수는 없습니다. 법 제정을 하기에 앞서 이것들이 두 가지 것들이며 그
차이점도 다르다는 걸 어떻든 밝히는 게 필수적입니다. 어느 쪽에든 누
군가가 형벌을 내릴 때, 모두가 그 주장들을 따르게 되어, 적절하게 제정
되었거나 또는 그렇지 못한 것을 어떻게든 판정할 수 있기 위해서는 말
입니다.

클레이니아스: 선생이시여! 저희가 보기에 선생께선 훌륭하게 말씀
하신 것 같습니다. 왜냐하면 저희로선 둘 중의 하나를 해야만 하니까요.
곧 모든 비행은 자발적(고의적)이지 않다는 주장을 하지 않거나, 아니면
이게 옳은 말이라는 걸 먼저 [그것들을] 구별해 보임으로써 밝히어야만
합니다. d

아테네인: 그러니까 이들 둘 중에서 하나는 어쩌면 저로서는 도무지
받아들일 수 없는 것이 되겠습니다. 진실이 그렇다고 믿고 있으면서, 어
쨌든 그걸 주장하지 않는다는 것은 말입니다. 이는 사람의 도리에도 율
법에도 맞지[47] 않겠기 때문입니다. 한데, 만약에 그 각각이 자발적(고의
적)이지 않음(to akousion)과 자발적(고의적)임(to hekousion)으로 해서
서로 다르지 않다면, 그것들이 무슨 수로 둘일 수 있겠습니까? 하지만,[48]
그러기에 어떻게든 다른 어떤 것에 의해서 이를 밝히도록 해야만 합니다.

클레이니아스: 물론입니다, 선생이시여! 이 문제는 어쨌든 우리가 달
리 어떻게 생각해 볼 수도 없습니다.

아테네인: 그렇게 할 것입니다. 자, 그러니까 시민들의 공동 사회와 e

거를 밝힌다'(logon didonai)는 말은 합리적 설명을 하거나, 이유나 근거를 대는 것을 뜻한다.

47) '사람의 도리에도 율법에도 맞지'로 옮긴 부분은 nomimon … hosion이다.

48) Budé 판에서는 [alla]로 괄호를 쳤다.

861e

모임들에서는 서로 사이에 해를 입히는 일(가해: blabē)들이 많이 일어나며, 이것들에는 자발적(고의적)임도 자발적(고의적)이지 않음도 숱하게 있는 것 같습니다.

클레이니아스: 어찌 없겠습니까?

아테네인: 그러므로 누군가가 모든 가해(加害: blabē)를 불의(올바르지 못함: adikia)들로 간주하는 일이 없도록 함으로써, 그것들에 있어서 불의한(올바르지 못한) 것들도 이처럼 이중적인 것들, 곧 일부의 것들은 자발적(고의적)인 것들이나 일부의 것들은 자발적(고의적)이지 않은 것들로 된다는 생각을 하게 됩니다. 전체 가해들 중에서 자발적(고의적)이지 않은 것들이 수적으로도 규모로도 자발적(고의적)인 것들보다 덜하
862a 지는 않으니까요. 그럼, 제가 이제 말하려는 걸 말함으로써 뜻 있는 말을 제가 하는 건지, 아니면 아주 헛소리를 하는 건지 생각해 보십시오. 클레이니아스 님 그리고 메길로스 님! 만약에 누군가가 어떤 사람을 어떤 일로 괴롭히기를 의도적으로(boulomenos)가 아니라 비자발적으로(akōn) 할 경우에, 어쨌든 저는 그가 불의(올바르지 못한 짓)를 저지르기는(adikein) 하나, 자발적(고의적)인 것은 아니라고 주장하고 있는 건 아닙니다. 그리고 실은 이런 식으로, 즉 이를 자발적(고의적)이지 않은 비행(akousion adikēma)으로 법적인 규정을 하고서, 법률 제정을 하지도 않을 것입니다. 그와 같은 가해를 저는 전혀 불의로 간주하지도 않을 것입니다. 그게 누군가에게 비교적 큰 것이거나 또는 작은 것이라 할지라도 말입니다. 반면에, 정당치 못한 이득이 생기는 경우에, 우리는 그 이득의 원인이 불의(올바르지 못한 짓)를 저지른 것이라고 종종 말할 것입니다.
b 만약에 제 견해가 어쨌든 이겨 낸다면[49] 말입니다. 친구들이시여! 누군가가 누군가에게 무슨 물건을 줄 경우에도, 또는 반대로 가져갈 경우에

49) 곧 '있을 수 있는 반론에도 무너지지 않고 버티어 낸다면'의 뜻이다.

도, 그런 것을 이처럼 단순히 '올바르다'(정의롭다: dikaion)거나 또는 '올바르지 않다'(불의하다: adikon)고 말해서는 안 됩니다. 다만 누군가가 누군가를 무슨 일로 이롭게 하거나 해를 입히는 게 올바른 인격(성품: ēthos)[50]과 생활 방식(tropos)으로 해서인지,[51] 이것을 입법자로서는 관찰해야만 하며, 또한 바로 다음 두 가지, 곧 불의와 가해에 대해서도 주목해야만 합니다. 그리고서 해를 입힌 것은 법률에 의해 가능한 한 해를 입지 않은 상태로[52] 만들어야만 할 것이니, 파멸되어 가려는 것은 구원해 주고, 넘어진 것은 무언가로 다시 바로 세워 주며, 죽었거나 다친 c
것은 건전한 상태로 만들어야 할 것이나, 각각의 가해 행위에 대해 보상이 이루어지게 된 경우에는, 가해자들과 피해자들로서는 법률로 해서 불화의 상태에서 화목한 상태로 있게 되도록 언제나 노력해야만 합니다.

클레이니아스: 그리하는 것은 어쨌든 훌륭합니다.

아테네인: 그러므로 불의한 가해 그리고, 누군가가 누군가를 해침으로써 이득을 보게 할 경우에는, 이득도, 이것들 가운데 많은 것이, 혼에

---

50) 636d의 해당 각주 및 792d~e의 본문 및 각주를 참조할 것.

51) 단순히 누군가의 행위 자체 또는 결과만을 보고서, 그것에 대해서 '올바르다'(정의롭다)거나 또는 '올바르지 않다'(불의하다)고 말할 것이 아니라, 그 행위의 주체가 어떤 인격(성품: ēthos)의 소유자인지 그리고 일관된 그의 생활 방식(tropos)이 어떠한지를, 곧 그의 혼의 상태(hexis) 또는 사람됨을 판단 기준으로 삼아야 함을 말하고 있다. 가령 어떤 사람이 누군가에게 가해 행위나 불의를 저질렀다 하더라도, 그가 사람으로서 '나쁜 상태'(kakia: badness)에 있지 않으며 따라서 생활 방식도 그러하지 않다면, 그의 그런 행위는 의도적인 것이 아닐 것이므로, 그는 자기의 행위로 인한 피해자에게 상당하는 법적인 보상만 하면 될 것이고, 도덕적인 비난의 대상일 수는 없을 것이다. 또한 그의 혼이 질병 상태에 있는 게 아니므로, 치유 성격을 갖는 처벌들도 불필요할 것이다. 이어지는 아테네인의 주장은 이런 뜻에서 하는 것이다. 특히 e에서 말하는 '가장 훌륭한 법률의 기능'과 관련된 언급을 귀담아듣는 게 좋겠다.

52) ablabes를 Burnet 판은 hygies로 읽고 있다.

862c
있어서의 질병들이어서, 치유 가능한 것들이기에 치유되어야만 합니다.
그러나 우리로서는 이 불의의 치유가 이런 방향으로 이루어지는 걸로 말
해야만 합니다.

클레이니아스: 어떤 방향으로 말씀입니까?

d 아테네인: 누군가가 크건 작건 간에 무슨 불의든 저지르게 될 경우에,
법이 이 사람으로 하여금 다시는 그런 짓을 자발적으로(고의로) 감행하
려 드는 일이 결단코 없도록 또는 두드러지게 줄어들도록 가르치고 압박
하게 하는 겁니다. 가해에 대한 보상에 더해서 말입니다. 이것들은 실제
행동이나 말을 통한 것들이겠는데, 즐거움들이나 괴로움들을 동반할 수
도, 또는 명예나 불명예, 그리고 금전적인 벌이나 선물이 함께할 수도 있
겠으니, 전반적으로 누군가가 무슨 방법으로든 불의는 미워하되 올바름
의 성질을 좋아하거나 아니면 혐오하지는 않도록 만드는 것, 바로 이것
e 이 가장 훌륭한 법률의 기능(ergon)입니다. 하지만 이것들을 통해서도
치유 불가능한 사람으로 입법자가 감지하게 된 자, 이런 자들에 대해 그
가 무슨 벌과 법을 정하게 될까요? 아마도 이런 자들 모두에 대해서, 이
들로서는 더 이상 생존하는 것이 더 나을 수도 없으며, 또한 이들이 삶과
작별함으로써 그가 다른 사람들을 이중으로, 곧 남들에게 불의를 저지르
지 않는 본이 되는 한편으로[53] 또한 나라에 나쁜 사람들이 없게 만들어
줌으로써, 이롭게 할 것이라는 점을 알기에, 입법자로서는 이처럼 이런
863a 자들에 대해 그 과실들(hamartēmata)에 대한 징벌로서 사형을 지정하는
게 필수적이겠으나,[54] 이는 다른 경우에는 결코 그렇지 않습니다.

클레이니아스: 선생께서 말씀하신 것들은 대체로 아주 적절히 하신
것 같아 보입니다. 그렇지만 이것들이 더 자세하게 언급되는 걸 저희가

---

53) 854e를 참조할 것.
54) 728c 및 735e 그리고 《국가(정체)》 편, 410a를 참조할 것.

듣게 된다면 더욱 즐겁겠습니다. 불의(올바르지 못한 상태, 올바르지 못함: adikia)와 가해(blabē)의 차이점 그리고 자발적(고의적)인 것들과 자발적(고의적)이지 않은 것들이 이것들[55]에 있어서 여러 형태로 섞이는 데 따른 차이점 말씀입니다.

아테네인: 그러면, 하라고 하시는 대로 말하도록 해야겠습니다. 실은 두 분께서도 혼에 대해서 적어도 이만큼은 서로 말씀도 하시고 듣기도 b
하실 거라는 건 명백합니다. 혼에는 그 본성의 하나로 일종의 감정(pathos)이거나 한 부분인 격정(격노: thymos)[56]이 있는데, 이는 다투기를 잘하고 당해 내기 힘든 성질을 가진 소유물로서, 비이성적인 힘으로 모든 걸 뒤집어 놓는다는 걸 말입니다.

클레이니아스: 그러고 말고요.

아테네인: 그런데 쾌락(즐거움: hēdonē)을 격정(격노)과 똑같은 것으로 우리가 공언하지는 않습니다. 그것은 이것에 맞서는 힘으로 해서 군림하게 되는데, 꼼짝없이 당하게 하는[57] 기만을 동반한 설득으로 제

55) 바로 앞의 '불의와 가해'를 가리키는 것으로 보인다.

56) 731b 끝의 해당 각주를 참조할 것.

57) '꼼짝없이 당하게 하는'으로 옮긴 것의 원어는 biaiou이다. 텍스트 읽기에서 이 부분은 Burnet 판을 따랐으며, 이 읽기의 타당성을 Saunders는 그의 논문 The Socratic Paradoxes in Plato's *Laws*, 387~8(T. Irwin(ed.), *Classical Philosophy*, Vol. 3, *Plato's Ethics*, 원래 논문집에서는 425~6)째 쪽에서 그 나름으로 밝히고 있는데, 설득력이 있다. Bury는 이 부분을 [biaiou]로 괄호를 침으로써 아예 배제하는 쪽을 택했다. 반면에 England, Diès, Brisson, Robin & Moreau는 οὐ βίᾳ(난폭하지 않게, 강제가 아닌)로 읽고 있다. 문제는 biaiou를 '강제적'(forced, forcible) 또는 '난폭한'(violent)이라는 뜻으로 해석하지 않고, '도리가 없는', 또는 '거부할(버텨 볼) 수 없는'(irresistible)으로 해석하면, 이 문제는 자연스럽게 해결될 것 같다. 왜냐하면 강렬한 쾌락의 유혹은 사람을 그렇게 만들 수도 있기 때문이다.

863b

의도대로 하고자 하는 것은 무엇이든 다 한다고 우리는 말합니다.

클레이니아스: 물론 그럴 것입니다.

c 아테네인: 그렇지만 누군가가 과실들의 원인을 셋째로 무지(agnoia)
라 말한다면, 그는 거짓말을 하는 게 아닐 것입니다. 실은 입법자가 이를
둘로 나눈다면, 더 잘하는 게 될 것입니다. 입법자가 이것의 단순한 유형
을 가벼운 잘못들의 원인으로 생각하되, 이중적인 유형은 누군가가 무지
한 상태에 있는 게 무지에 사로잡혀 있을 뿐만 아니라, 자기가 전혀 알고
있지 못하는 것들에 대해 완벽하게 알고 있는 듯이, 지혜의 허상에 사로
잡혀 있어서[58]라고 생각한다면 말입니다. 이것들이 힘과 강력함을 동반
할 경우에는 크고 교양 없는 과실들의 원인으로 입법자가 간주하되, 허
d 약함을 동반할 경우에는, 아이들과 늙은이들의 과실이 발생하는 걸로 간
주하겠죠.[59] 이것들을 그는 과실들로 간주하여, 과실을 범한 사람들로서
의 이들에 대한 법률을 제정할 것이나, 이 법률은 그렇더라도 무엇보다
도 가장 온유하고 최대의 관용(寬容)을 유지하는 것들일 겁니다.

클레이니아스: 합당한 말씀입니다.

아테네인: 그런데 실은 우리들 거의 모두가 말하길 우리 중에서 어떤 이는 쾌락(즐거움)과 격정(격노)보다도 더 강하나, 어떤 이는 더 약하다[60]고 말합니다. 실제로 그렇기도 하고요.

클레이니아스: 그건 전적으로 그렇습니다.

---

58) 732a를 참조할 것.

59) 이와 관련해서는 《필레보스》 편 49a~c에서 좀 더 구체적인 설명에 접할 수 있겠다.

60) "어떤 이는 쾌락(즐거움)과 격정(노여움)보다도 더 강하나, 어떤 이는 더 약하다"는 표현은 "어떤 이는 쾌락(즐거움)과 격정(노여움)에 지지만, 어떤 이는 이긴다"로 고쳐 읽어도 되는 것이다. 이런 표현과 관련해서는 626e~627a의 본문 및 해당 각주를 참조할 것.

아테네인: 그러나 우리 중에서 어떤 이는 무지보다도 강하나, 어떤 이는 더 약하다는 말은 어쨌든 우리가 들어 본 적이 결코 없습니다.

클레이니아스: 더할 수 없이 참된 말씀입니다. e

아테네인: 그렇지만 이것들 모두는 어쨌든 각자로 하여금 자신의 의도대로 따르게 되는 것과는 반대되는 쪽으로 동시에 몰고 가는 일이 종종 있다고 우리는 말합니다.

클레이니아스: 그야 더할 수 없이 그렇습니다.

아테네인: 바로 이제 제가 선생께 올바른 것(정의로운 것: to dikaion)과 올바르지 못한 것(불의한 것: to adikon)으로 제가 주장하는 바를, 전혀 복잡하지 않게, 명확히 구별해 보였으면 합니다. 실은 혼에 있어서 격정(격노)과 두려움, 쾌락(즐거움)과 괴로움(고통: lypē), 시기심들과 욕망(욕구)들의 전제적 지배(tyrannis)를, 그게 무언가 해를 입히건 또는 안 입히건 간에, 전적으로 올바르지 못한 상태(불의)로 저는 공언합니다. 그러나 가장 좋은 것(to ariston)에 대한 의견(판단: doxa)은, 그것[61] 864a
을 나라나 어떤 개인들이 어떤 식으로 하면 이르게 될 목표로 여기게 되건 간에, 그것에 대한 이 의견(판단)이 혼들에 있어서 모든 삶을 지배하면서 통할할 경우, 비록 어떤 점에서 잘못하는 일이 있더라도, 이렇게 해서 행하게 된 모든 것을 그리고 이와 같은 지배에 순종하게 되는 각자의 부분을 올바르다(dikaion)고 또한 사람들의 온 생애를 통해서 최선이라고 말해야만 합니다. 그러나 이와 같은[62] 가해(blabē)는 자발적(고의적)이지 않은 올바르지 못함(불의)(akousion adikia)이라고 많은 사람은 생

61) 이 부분의 텍스트 읽기에는 문제되는 점이 적지 않으나, ephesthai toutou로 읽는 쪽을 일단 택하여, 이에 맞게 약간의 의역을 했고, 지시대명사 toutou가 받는 것은 to ariston으로 보았다.

62) '이와 같은 [판단으로 말미암은]'으로 보완해서 읽는 게 제대로 읽는 것이 되겠다.

각하게 됩니다. 하지만 우리가 지금은 낱말들에 대해서 트집을 잡는 식
b 의 논의를 하고 있는 게 아니라, 범하게 되는 과실들의 세 가지 종류가
명백하게 밝혀졌으므로, 이것들을 맨 먼저 기억 속에 한층 더 잘 간직해
야만 합니다. 따라서 괴로움(고통)의 종류가 우리에게 있어서 그 한 가
지이니, 이를 우리는 격정(격노)과 두려움으로 일컫습니다.[63)]

클레이니아스: 물론입니다.

아테네인: 또한 쾌락과 욕망들의 종류가 둘째 것이겠으나, 예상들 및
가장 좋은 것에 대한 참된 의견(doxa alēthēs)을 겨냥함[64)]은 또 다른 종
류인 셋째 것입니다. 한데, 바로 이것이, 방금 우리가 말했듯,[65)] 둘로 나
c 뉨으로써 셋이 되었고 다섯 종류로[66)] 되었습니다. 이것들에 대해서 서로
다른 다섯 종류의 법률을 두 부류로 제정해야만 합니다.

클레이니아스: 그것들은 무엇 무엇입니까?

아테네인: 그 하나는 강제적이고 공공연한 행위들을 통해 그때마다 행하여지는 것이나, 다른 하나는 어둠 및 기만과 함께 몰래 일어나는 것입니다. 한데, 때로는 이들 두 방식을 통해 행하여지는 경우들도 있습니다. 이 경우에 대해서야말로 법률도, 그 합당한 역할을 하려면, 가장 가혹할 것입니다.

클레이니아스: 다분히 그럴 것입니다.

아테네인: 그러면 그다음으로는 우리가 하던 논의에서 벗어나[67)] 여기

63) 《필레보스》 편 40d~e를 참조할 것.

64) 바로 '참된 의견'(doxa alēthēs)을 말하는 것이 아니라, 그걸 '겨냥함'은, 864a에서 의견(판단: doxa)과 관련해서 말했듯, 얼마든지 잘못될 수 있는 것이다. 그리고 b7의 텍스트 읽기에서 aphesis는 Burnet, England 및 Saunders 등의 읽기를 따라 ephesis로 읽었다.

65) 863c~d를 참조할 것.

66) 바로 앞문장 끝에서 말했듯, 괴로움(고통)의 종류를 격정(노여움)과 두려움으로 일컫게 될 경우에 다섯이 되겠다.

까지 이르게 되었던 그곳으로 돌아가, 그 법률 제정을 끝맺도록 합시다. 신들의 것들을 약탈한 자들과 관련된 것들 그리고 반역자들과 관련된 것 d 들, 그리고 또 더 나아가 현재의 나라 체제(정체)를 전복시킬 의도로 법률을 망쳐 놓는 자들과 관련된 것들은 우리로 해서 이미 마련되었던 것으로 저는 생각합니다. 바로 이런 어떤 짓을 누군가가 저지르는 것은 미쳐서거나, 질병들로 해서거나[68] 너무 나이가 들어서, 또는 어쩌면 이런 것들과 조금도 다를 것이 없는 철없음으로 해서일 것입니다. 그런 어떤 것이, 그 행위자나 그 행위자의 변호인이 언급하게 됨으로써, 그때마다 선출된 재판관들에게 명백해질 경우에는, 그런 상태에서 불법을 저지른 e 것으로 판결을 받을 것이고, 누군가에게 손해를 입히게 되었을 경우의 그 손해는 완벽하게 무조건 갚게 하되, 그 밖의 다른 벌은 면제케 합니다. 그러니까 누군가를 살해하여, 그 손이 살인으로 정화되지 못한 상태에 있는 게 아닌 한은 말입니다. 하지만 이 경우에는 1년 동안 집을 떠나 다른 나라나 다른 고장으로 가서 거주케 할 것이나, 법이 정한 이 기간 전에 돌아오거나, 또는 제 나라 영토의 어느 곳에든 발을 들여놓을 경우에는, 호법관들에 의해 2년 동안 공공의 감옥에 구금되어 있다가, 그러고서야 구속에서 풀려나게 합니다.

그러면, 우리가 시작했던 대로, 모든 종류의 살인과 관련된 법률을 완 865a 벽하게 제정하는 데[69] 조금도 주저할 것이 없겠으며,[70] 먼저 어쩔 수 없으

67) 857b를 가리킨다.

68) 《티마이오스》 편 86b~87b를 참조할 것.

69) 살인 사건들을 그 의도나 동기 등과 관련해서 다루는 내용은 873c까지에 걸쳐 언급되고 있다. 865a~866d에서는 어쩔 수 없이 그러나 자발적(고의적)이지는 않은 살인의 경우들을, 866d~869e에서는 격해서 저지른 살인의 경우들을, 그리고 869e~873c에서는 자발적(고의적)이며 계획적인 살인의 경우들을 다루고 있다.

70) 텍스트 읽기에서 a1의 [peirōmetha]는 생략했다.

며 자발적이지 않은(본의가 아닌: akousia) 경우의 것들을 말하도록 합시다. 만약에 누군가가 시합이나 공적인 겨룸들에서 본의 아니게(akōn) 친근한 사람을 살해하게 되었을 경우, 그게 현장에서 그렇게 되었건 또는 [시합 때의] 타격들로 해서 나중에 그렇게 되었건 간에, 또는 마찬가지로[71] 전쟁 중에 그렇게 되었건 또는 전쟁과 관련된 훈련 중에 그렇게 되었건 간에, 보호장구를 갖추지 않은 맨몸 상태로 투창 연습을 하다가 또는 어떤 무기[72]를 갖고서 전투 행위를 모방하다가 그리되었을 경우,

b 델피에서 받아 온 이와 관련된 법[73]에 따라 정화되었다면, 정화된 걸로 합니다. 반면에 의사들 모두와 관련해서는, 본의 아니게 이들에 의해 치료를 받는 자가 사망하게 되었을 경우에는, 법에 따라 정화된 걸로 합니다. 하지만 만약에 누군가가 제 손으로 다른 사람을 살해하되, 본의 아니게 한 것일 경우에는, 그가 맨몸으로나 도구로, 또는 던지는 것으로나, 음식물을 줌으로써, 또는 불이나 냉기의 엄습에 의해서, 또는 질식케 하

c 는 것으로나 간에, 스스로 제 몸으로 또는 다른 사람들의 몸들을 이용해서건 간에, 모든 경우에 제 손으로 그런 걸로 하여, 다음과 같이 벌금을 물게 합니다. [남의] 노예를 살해할 경우에는, 자신의 노예를 잃게 된 걸로 여기고서, 죽은 자의 주인이 피해도 입지 않고 손해도 보지 않은 상태이도록 할 것이니, 그러지 않을 경우에는,[74] 죽은 자의 두 배 되는 값을 벌금으로 물리도록 할 것이나, 그 값에 대한 판정은 재판관들이 하도록 합니다. 그런가 하면, 정화 의식(淨化儀式: katharmoi)은 겨룸들과 관련되어 죽게 된 사람들의 경우들보다도 더 크고 더 여러 차례 해야만 할 것

71) 앞에서 말한 '본의 아니게(akōn)'의 뜻으로 하는 말이다.

72) 이 경우의 [ta] hopla에 대해서는 794d를 참조할 것.

73) 759c 및 831a를 참조할 것.

74) 스스로 자진해서 그런 보상을 하지 않을 경우를 가리켜 하는 말이다. 물론 재판을 통한 제재가 뒤따를 것임을 말하고 있다.

이나, 이 의식들은 그 신이 선발하게 되는 해설자들[75]이 주관합니다. 반 d
면에 제 노예를 살해할 경우에는, 정화하게 됨으로써 법에 따라 살인죄에서 벗어나게 합니다. 그러나 누군가가 자유민을 본의 아니게 살해할 경우에는, 노예를 살해한 자의 경우와 똑같은 정화 의식을 치르도록 하되, 옛 전설들 중의 하나로 오래도록 전하는 이야기를 결코 무시하는 일이 없도록 할 것입니다. 그러니까 자유로운 마음으로 살다가 폭력에 의해서 살해된 사람은, 갓 죽어서는, 가해자에 대해 격노한 상태로 있다는
이야기입니다. 또한 폭력적인 수난으로 인해 저 스스로도 두려움과 공포 e
심으로 가득 차서는, 자주 찾던 친숙한 곳에 돌아다니는 제 가해자를 보고서도 겁에 질린다는 겁니다. 그런가 하면, 스스로도 혼란스러워하면서 그 가해자를 전력을 다해 혼란스럽게 하는데, 기억을 협력자로 갖고 있어서, 그와 그가 하는 일들을 그리한다는 겁니다. 바로 이 때문에 가해자는 피해자를 한 해의 사시사철 동안 피해야만 하며, 온 나라를 통해 피해자와 친숙한 모든 곳을 찾지 않도록 해야만 한다고도 하고요. 그러나 죽은 자가 다른 나라 사람이라면, [가해자는] 같은 기간 동안 그 딴 나라를
찾지 않도록 합니다. 바로 이 법에 누군가가 자발적으로(hekōn) 승복한 866a
다면, 죽은 자와 혈통상으로 가장 가까운 이가, 진행되는 이 모든 사태를 지켜본 사람으로서, 용서를 하도록 하여, 그에 대해 평화로운 관계를 유지하는 것이 아주 적절할 것입니다. 하지만 만약에 누군가가 불복하고서, 우선 정화되지도 않은 채로 신전으로 가서 제물을 바치려 들고, 더 나아가서는 집을 떠나 있으면서 앞에서 말한 기간을 채우고자 하지 않는
다면, 죽은 자와 혈통상으로 가장 가까운 이가 살인자에 대해 살인죄로 b
제소케 하며, 유죄판결을 받은 자에게는 모든 벌금을 두 배이게 합니다.

75) 759c~d를 참조할 것. 그리고 여기서 말하는 신은 델피의 신 곧 아폴론을 가리킨다.

866b

그러나 가장 가까운 친족이 이 사태에 대해 제소를 하지 않을 경우에는, 부정(不淨: miasma)이 자신에게로 돌아오는 꼴이 되는데, [이는] 당한 자가 수난에 대한 탄원을 해섭니다. 이 친족에 대해서는 원하는 사람이 제소를 하여,[76] 법에 따라 제 나라에서 5년 동안 떠나 있지 않을 수 없게 합니다. 반면에 외국인이 그 나라에 있는 한 외국인을 본의 아니게 살해할
c 경우에는, 원하는 사람이 같은 법률을 근거로 하여 제소케 합니다. 그가 거류민[77]일 경우에는, 일 년의 기간 동안 추방토록 할 것이나, 그가 아주 외국인[78]일 경우에는, 그가 외국인을 살해하건 또는 거류민이나 시민을 살해하건 간에, 정화에 더해서 이 나라의 법률을 관장하는 영토에서 전 생애를 통해 못 들어오게 합니다. 그러나 그가 불법하게 들어올 경우에는, 호법관들이 죽음의 처벌을 하게 할 것이며, 혹여 뭔가 재산이라도 가

76) 바로 앞에서 말하고 있듯, 살인의 경우, 죽은 자와 혈통상으로 가장 가까운 이가 살인자에 대해 살인죄로 제소케 하는 게 원칙인데, 이는 아마도 원시적인 개인적 보복 대신에 법에 의한 합법적 보복으로서의 징벌(timōria)을 하도록 하는 법적 장치일 수 있겠다. 그러나 그런 친족이 망자를 위해 그 원한을 갚아 주지 않을 경우에는, 오히려 이 친족이 기소 대상일 수 있음을 말하고 있다. 그런데 일반적으로 소송(訴訟) 또는 재판을 헬라스어로는 dikē라 하지만, 이 용어는 엄격히는 개인 간의 '송사'(idia dikē)를 가리키고, 공소(公訴: dēmosia dikē)의 제기, 즉 기소는 graphē라 한다. 개인 간의 송사는 피해자측이 소송을 제기할 수 있으나, 공소의 제기는, 당시에는 검사 제도가 없었으므로, 아테네의 성인 남자로서 공민권을 가진 사람이면 누구든 '원하는 사람'(ho boulomenos)이 할 수 있었는데, 이는 서면으로 해야 하므로, '글로 적은 것' 또는 '글로 적어서 하는 것'이라 해서 '그라페'(graphē)라 했다. 그리고 '제소함' 또는 '기소함'의 헬라스어 동사 형태는 epexienai이다. '제소(기소)하는 사람'은 ho diōkōn (the prosecutor)이고, 피고는 ho pheugōn(the defendant)이다.

77) 거류민(metoikos)에 대해서는 637b에서 이주민과 관련해서 언급된 각주를 참조할 것.

78) 거류민이 아니고 단순히 잠시 동안 머물고 있는 딴 나라 사람(xenos)을 가리킨다.

진 게 있다면, 수난을 당한 자와 혈통상으로 가장 가까운 이에게 넘겨줍
니다. 하지만 그가 본의 아니게(akōn) 들어오게 되었으되, 영토 가까운
바다에서 난파되어서라면, 바닷물에 발을 담그고 노숙을 하면서 항해할 d
기회를 지켜보게 합니다. 어떤 사람들에 의해 억지로 뭍으로 이끌리어
오게라도 될 경우에는, 이 나라의 관리들 중에서 맨 먼저 맞닥뜨린 관리
가 그를 풀어 주고서, 국경 밖으로 무사하게 내보내게 합니다.

그런데 누군가가 자유민을 제 손으로 살해하지만, 그 행위가 격해서
(격한 나머지)[79] 하게 된 것이라면, 이런 행위는 우선 두 갈래로 나누어
야만 합니다. 그야 물론 갑작스럽게 그리고 살해할 사전 계획도 없이 충 e
동이 일자 당장에 구타 또는 그와 같은 방식으로 누군가를 사망케 하고
서는, 한 짓에 대해 후회하는 마음이 곧바로 일게 되는 사람들도 격해서
행동하게 되기 때문이지만, 말이나 치욕스런 짓들로 모욕당한 사람들이
앙갚음을 도모하여 훗날 누군가를 살해하는데, 죽이기로 작정도 하고 또
한 한 짓이 이들에게는 후회되지도 않는 그런 사람들도 격해서 행동하게
되기 때문입니다. 이렇듯, 사실은 살인을 두 종류의 것들로 보아야만 하
거니와, 둘 다가 대체로 격한 나머지 일어나는 것들이지만, 아마도 자발 867a
적(고의적)인 것(to hekousion)과 자발적(고의적)이지 않은 것(to akou-
sion) 사이의 것들로 말하는 게 가장 옳겠습니다. 그렇더라도 그 각각은
비슷한 것(eikōn)입니다. 격정(격노: thymos)을 다잡아, 갑작스레 당장

79) 여기서 '격해서'(격한 나머지)로 옮긴 것의 원어는 θυμῷ이다. 이는 863b에서 격정(격노)으로 옮긴 thymos의 여격(與格: dative) 형태인데, 이 경우에는 '동기'를 나타내는 여격으로 쓰인 것이다. 그러니까 이는 '격정(격노)으로 해서'로 옮겨도 되는 말이겠으나, 우리말 '격해서'는 격정 또는 격노의 양면성을 다 아우르는 양태의 표현일 것이다. 바로 다음에서는 이를 '격한 상태에서'로도 옮겼는데, 이는 문장 표현상의 매끄러움을 위한 배려에서 그런 것이다.

은 아니지만, 계획적(의도적)으로 나중에 보복을 하는 자는 자발적(고의적)인 것과 비슷한 것입니다. 반면에 충동과 분노(orgai)[80]를 다스리지 못하고 당장에 바로 아무런 사전 계획도 없이 폭발시키는 자는 자발적(고의적)이지 않은 것을 닮았으나, 그렇다고 이 사람이 전적으로 자발적(고의적)이지 않은 것은 아니고, 자발적(고의적)이지 않은 것과 비슷한
b 것입니다. 이 때문에 격해서 저지르게 된 살인들은 구별하기가, 즉 이것들을 자발적(고의적)인 것들로 아니면 어떤 것들은 자발적(고의적)이지 않은 것들로 법제화해야만 하는지 결정하기가 어렵습니다. 그렇지만 최선의 것이며 가장 참된 것은 둘 다를 비슷한 걸로 간주하고서, 이들 둘을 '계획(의도: epiboulē)에 의해서'와 '사전 계획은 없이'(aproboulia)로 따로 구별하는 것이며, 그래서 계획적(의도적)으로(met' epiboulēs) 그리고 분노(orgē)로 해서 살인을 한 자들에 대해서는 한결 더 가혹한 형벌을, 반면에 사전 계획(의도)도 없이 갑작스레 살인을 한 자들에 대해서는 한결 가벼운 형벌들을 법제화하는 것입니다. 한층 크게 나쁜 것에 대해서는 더 크게 처벌해야 하되, 한층 작게 나쁜 것에 대해서는 더 작게
c 처벌해야 하는 게 합당하기 때문입니다. 우리의 법률도 마땅히 이렇게 제정되어야만 합니다.

클레이니아스: 그건 전적으로 그렇습니다.

아테네인: 그러면 다시 되돌아가서 말합시다. 그러니까 누군가가 자유민을 제 손으로 살해하되, 사전 계획은 없이 저질러진 것으로서 어떤 분노로 해서 저질러지게 되었다면, 다른 벌들은, 격하지 않은 상태로 살인을 한 자가 받는 게 합당하듯, 받게 할 것이되, 반드시 2년간은 추방시
d 켜, 제 격정(thymos)을 교정하게 합니다. 반면에 격해서 살인을 하되, 계

80) 헬라스어 orgē는 자연적인 충동이나 성향 및 분노를 뜻하는 말인데, 여기에서는 복수여서 '충동과 분노'로 옮겼다.

획적(의도적)으로 한 자는, 다른 벌들은 이번에도 앞의 경우와 같이 받게 할 것이로되, 다른 쪽이 2년간 추방되었듯, 3년간 추방시켜, 격정의 크기에 상응해서 더 오랜 기간 벌을 받게 합니다. 이들에 대해 추방에서 돌아오는 것과 관련해서는 다음과 같이 합니다. 엄밀하게 법 제정을 하기야 어렵죠. 두 경우 중에서 때로 법에 의해서는 더 잔혹한 자로 규정된 자가 더 유순할 수도 있는 반면, 더 유순한 자로 규정된 자가 더 잔혹할 수도 있으며, 살인과 관련된 경우에는 더 난폭하게 할 수도 있겠으나, 전
자가 더 유순하게 할 수도 있겠기 때문입니다. 그러나 대개는 지금 말한 e
대로 일어납니다. 그리하여 이 모든 것[81]에 대해 판정하는 자들로는 호법관들이 되어야만 하며, 그 각각에 대한 추방 기간이 끝나게 되면, 이들 중에서 12명의 재판관들을 영토의 경계지대로 보내야만 합니다. 이들은 그 기간 동안 추방된 자들의 행위들을 한층 더 면밀히 검토하고서,[82] 그들의 용서 및 귀환과 관련된 재판관들이 되어야만 합니다. 또한 그들로서는 이런 당국자들의 판정 결과를 따라야만 합니다. 그러나 그들 중의
어느 쪽이고 돌아온 다음에 언제고 다시 분노를 이기지 못해서 똑같은 868a
이 짓을 하게 된다면, 추방되어 다시는 돌아오지 못합니다. 그러나 돌아올 경우에는, 외국인이 돌아오는 경우의 방식대로 처벌받게 합니다.[83]

제 노예를 살해한 자는 정화 의식을 치르게 할 것이나, 남의 노예를 격해서 살해한 자는 두 배로 그 손해를 그 소유주에게 갚게 할 것입니다.

---

81) 살인자의 잔혹성 여부와 관련된 것들을 뜻하는 것일 것이다.

82) 추방된 자들이 추방되어 있는 기간 동안 그들의 범행 행위와 관련해서 충분한 시간적 여유를 갖고서 한층 더 면밀히 재검토함을 뜻하는 것으로 본 Saunders의 견해가 옳은 것 같다. 이런 재검토의 결과를 갖고, 영토의 경계 지대로 가서 그들의 행동거지를 새삼 살핌으로써 그들의 복귀 여부를 결정토록 해야만 한다는 주장이다. Saunders의 *Notes*, No. 86 참조.

83) 866c를 참조할 것.

868a

모든 살인자들 중에서도 누구든 법에 복종하지 않고, 정화되지도 않은
b 채로 시장(agora)과 경기장 및 그 밖의 성소(聖所)들을 더럽힐 경우, 누
구든 원하는 자가 죽은 자와 친척 간인 자들 중에서 그걸 방임한 자와 살
인자를 재판받게 함으로써, 두 배의 금액도 물고 그 밖의 다른 조처들도
취하지 않을 수 없도록 하되, 그 벌금은 법에 따라 스스로 자신이 갖도록
합니다. 한데, 만약에 어떤 노예가 격해서 제 주인을 살해한다면, 죽은
자의 친척들이 그 살인자에 대해 자신들이 원하는 무슨 짓을 해도, 결백
c 합니다.[84] 이들이 그를 어떤 식으로도 어떻게도 살려 두지 않는 걸 제외
하고는 말입니다. 그러나 만약에 다른 어떤 노예가 격해서 자유민을 살
해한다면, 주인들은 그 노예를 죽은 자의 친척들에게 넘겨줄 것이고, 이
들은 범인을 반드시 처형케 할 것이나, 그 방식은 자신들이 원하는 대로
입니다. 그런가 하면, 드물기는 하겠지만, 일어나는 일로, 아버지나 어머
니가 아들 또는 딸을 격정으로 인한 구타나 강압적인 방식으로 인해서
살해하게 된다면, 다른 경우들과 마찬가지로 정화 의식이 치러져야만 하
d 며, 3년간 추방해야만 합니다. 살인자들이 돌아오게 되더라도, 처는 남편
과 남편은 처와 헤어져야만 하며, 결코 더 이상 아이를 함께 가져서도 안
되며, 그 자식이나 형제를 앗아간 사람과는 같은 화덕도 결코 쓰지 않으
며,[85] 성스러운 것들을 함께 이용하지도 않습니다. 또한 이런 것들에 대
해 공경하지 않으며 불복하는 자는 누구든 원하는 이가 [신들에 대한] 불
경(asebeia)으로 재판을 받게 합니다. 만일에 한 남자가 혼인한 제 아내
e 를 홧김에 살해한다면, 또는 여자가 제 남편에게 똑같은 이 짓을 마찬가
지로 저지른다면, 똑같은 정화 의식을 치르게 하되, 3년간의 추방 생활을

84) 이는 특히 종교적 의미에서 '깨끗하다'(katharos einai) 곧 '죄가 없다'는 걸 뜻한다.

85) 곧 같은 집에서 살지 않는다는 뜻이다. 740b의 해당 각주를 참조할 것.

마치게 합니다. 그런 짓을 저질렀던 자가 돌아오게 되더라도, 성스러운 것들을 제 아이들과 함께 이용하지 못하게 하며, 결코 같은 식탁에서 식사를 하게 되어서도 안 됩니다. 또한 형제가 형제나 누이를, 또는 누이가 남자 형제나 자매를 격해서 살해한다면, 부모와 자식들에 대해서 말한 것처럼, 이들에 대해서도 정화 의식과 일정기간 동안의 추방이 똑같이 있어야만 한다고 말합니다. 그 형제들에게서 형제들을 그 부모에게서 자식들을 앗은 자들과는 같은 화덕도 결코 쓰지 않으며, 성스러운 것들을 함께 이용하지도 않습니다. 만약에 누군가가 이에 불복한다면, 이것들과 869a
관련해서 이미 말한 [신들에 대한] 불경의 경우에 적용되는 법에 의해 재판을 받게 되는 게 옳고 정당합니다. 그런데도 누군가가 부모를 상대로 도무지 격정을 자제하지 못한 나머지 분노의 광기로 해서 부모 중의 어느 한쪽을 감히 살해하게 될 경우에, 죽게 된 이가 죽기 전에 이 살인범을 자발적으로(자진해서) 용서해 준다면,[86] 자발적(고의적)이지 않은 살인을 저지른 자들이 정화 의식을 치르듯이, 그리고 그 밖의 다른 것들을 저들이 했듯이[87] 한다면, 정화된 걸로 합니다. 반면에 용서해 주지 않는다면, 그런 걸 저지른 자는 여러 가지 법률에 저촉됩니다.[88] 또한 그는 b
폭행에 대해 실로 극단적인 처벌을 받게 되겠는데, 똑같이 [신들에 대한] 불경과 신전 약탈 행위에 대해서도 그러하겠으니, 이는 어버이의 혼을 약탈한 것이기 때문입니다. 따라서 만약에 같은 사람이 여러 번 죽을 수만 있다면, 부친 살해범이나 모친 살해범도, 격해서 이 짓을 저질렀더라도, 여러 번의 죽음을 맞는 게 지당할 것입니다. 이 자에게만은 죽음에

86) 이런 관용은, England가 지적하고 있듯, 아테네의 법률을 따른 것으로, 이후의 형법들에서도 아테네의 법률제도를 따르는 경우들이 많은 것 같다.

87) 앞에서 언급된 일정 기간 동안의 추방 따위를 가리켜 하는 말이다.

88) 폭행죄 이외에도 바로 다음에서 언급되는 죄목들을 가리킨다.

869b

대한 자기방어가 허용되지 않기 때문입니다. [부모에 의해서 바야흐로
c 죽임을 당할 처지라 할지라도,][89] 그 어떤 법도 이 세상에 제 출생 자체
를 가져다준 부친이나 모친을 살해하는 걸 허용하지 않을 것인즉, 오히
려 그 따위 짓을 저지르기에 앞서 모든 걸 참고 견디면서 겪어 내야만 하
는 것으로 입법할 것이니, 어쨌든 이 자에 대해서는 법적으로 달리 어떻
게 처벌을 받게 되는 게 적절하겠습니까? 그러니 부친이나 모친을 격한
나머지 살해하는 자에 대한 형벌은 사형으로 확정토록 합니다. 내란(sta-
sis) 중에 일어난 싸움으로 또는 이런 식으로 형제가 형제를 죽이게 될
경우, 먼저 폭력을 쓰기 시작한 쪽을 막아 내느라 그랬다면, 마치 적을
d 살해한 자처럼 결백한[90] 걸로 합니다. 시민이 시민을 또는 외국인이 외
국인을 살해할 경우에도, 이는 마찬가지입니다. 시민이 외국인을 또는
외국인이 시민을 자기방어로 살해할 경우에도, 똑같이 결백한 걸로 합니
다. 그리고 노예가 노예를 살해할 경우에도, 마찬가지입니다. 그러나 이
번에는 노예가 자유민을 자기방어로 살해할 경우에는, 부친을 살해하는
자의 경우처럼, 똑같은 법률에 저촉되는 걸로 합니다. 그러나 살인에 대
한 부친의 용서와 관련해서 언급된 바[91]와 똑같은 것이 이런 것들에 대
e 한 모든 용서(사면)와 관련해서도 적용되게 합니다. 만약에 어느 누구든
어느 누구에 대해서건 자발적으로(자진해서) 이를, 자발적(고의적)이지
않은 살인이라 해서, 용서해 준다면, 범인에 대해서는 정화 의식이 치러
진 것으로 하고, 법적 조처로 일 년간의 국외 추방이 있게 합니다. 살인
들과 관련해서 폭력적이면서도 자발적(고의적)이지는 않은 그리고 격한

89) 텍스트 읽기에서 [mellonti hypo tōn goneōn teleutēsesthai]를 우리말로 옮기면서 역시 괄호로 묶긴 했으나, 괄호를 풀고 살리는 것이 오히려 전후의 맥락 연결을 위해서는 좋을 것 같다.

90) 868c의 해당 각주를 참조할 것.

91) 869a를 참조할 것.

나머지 일어나는 것들은 이로써 적절히 언급된 걸로 하죠. 그러나 자발적(고의적)이며 전적인 불의(올바르지 못함: adikia)로 해서 일어나는 것들, 이것들과 관련된 것을 그리고 계획(의도)적임(epiboulē)과 관련된 것을 그것들 다음으로 우리가 말해야만 합니다. 이는 쾌락들과 욕망들 및 시기들에 짐으로 해서 말미암는 것이죠.

클레이니아스: 옳은 말씀입니다.

아테네인: 그러면 다시금 이런 것들과 관련해서 먼저 얼마나 많은 게 있겠는지 가능한 한 말하도록 합시다. 그러니까 갈망들로 해서 사나워진 870a
혼을 지배하게 된 욕망은 막강한 것입니다. 이는 특히 여기에 있어서 그러하니, 많은 사람에게 있어서 가장 크고 가장 강한 열망을 찾아볼 수 있는 데죠. 곧 그 만족할 줄 모르며 끝도 없는 소유의 수도 없이 많은 욕망들을 낳는 재물의 힘이니, 이는 천성과 잘못된 교육[92]으로 인한 것입니다. 이 잘못된 교육의 탓은 헬라스인들도 이방인들도 하게 되는 부에 대한 잘못된 찬양의 말입니다.[93] 왜냐하면 좋은 것들(ta agatha) 중에서도
셋째 것인 이것[94]을 으뜸으로 앞서 선택함으로써, 그들은 후손들도 자신 b
들도 불구상태로 만들고 있기 때문입니다.[95] 사실 모든 나라에서 부에 대해 진실을 말하게 된다는 것은 무엇보다도 가장 아름답고 가장 훌륭한 것입니다. 그것은 몸을 위한 것이고, 몸은 혼을 위한 것이라 함은 말입니

92) 여기에서 '잘못된 교육'으로 번역된 원어 apaideusia hē kakē는, 문자 그대로 번역하면, '나쁜 교육 부족'이다. 결국 제대로 된 교육이 아니라는 뜻이겠다. 바른 양육 및 바른 교육과 관련된 643a~644b 및 652b~653b에서의 언급을 참조하는 게 좋겠다.

93) 이 문장의 텍스트(a6~7: tēs … phēmē …) 읽기는 Budé 판을 따르지 않고, Burnet 및 England의 읽기를 따랐다.

94) 곧 부(富: ploutos)를 가리킨다. 여기서 말하고 있는 순서와 관련된 같은 취지의 언급은 697b 및 743e에서도 했다. 그러나 좋은 것들 전반에 대한 원론적인 언급에서 매겨진 부의 서열과 관련해서는 631b~d를 참조할 것.

95) 728a, 729a 및 831c~d를 참조할 것.

다. 그러니까 좋은 것들이 있어서, 부는 그 성격상 이것들을 위한 것이니, 몸의 훌륭한 상태(훌륭함: aretē)[96]와 혼의 훌륭한 상태(훌륭함) 다음인 셋째 것일 겁니다. 그렇게 되면, 이 말은 행복하게 되고자 하는 이는 부유해지려고 꾀할 것이 아니라, 올바르게 그리고 건전한 마음으로
c 부유해지려고[97] 꾀해야만 한다는 걸 가르쳐 주는 선생이 되겠군요. 이러할진대[98] 나라들에 있어서 살인들에 의해 정화되는 게 요구되는 살인들 또한 일어나지 않을 것입니다. 그러나 실은, 우리가 이 논의를 시작하면서 말했듯, 이것[99]이 자발적(고의적)인 살인의 극형을 초래하는 한 가지 것이며 막강한 것[100]입니다. 둘째로 원인인 것은 명예를 사랑하는 혼의 습성(hexis)인데, 이게 시기들을 낳으니, 시기심을 가진 바로 이 사람과는 특히 함께 지내기가 힘든 사이지만, 그렇더라도 이들은 나라의 구성원들 중에서는 버금가는 최선의 사람들이죠. 셋째로는 비겁하고 옳지 못한 두려움들이 많은 살인들을 일으키는 것들입니다. 누군가에 의해 저질
d 러지고 있거나 이미 저질러진 일들이 [바야흐로] 저질러지고 있거나 이미 저질러진 걸 남들이 아무도 모르기를 바랄 경우의 두려움 말입니다. 그래서 이것들에 대해 폭로하는 사람들을, 다른 방도를 쓸 수 없을 경우에는, 죽음으로 제거합니다. 바로 이것들 모두와 관련된 전문(前文:

---

96) '몸의 훌륭한 상태'(sōmatos aretē)라는 말에서 볼 수 있듯, 이 또한 aretē를 '덕'으로 번역하기 거북한 사례들 가운데 하나일 것이다. 627e에서 해당 각주를 참조할 것.

97) 742e~743c를 참조할 것.

98) houtōs를 이렇게 번역했는데, 이는 "사실 모든 나라에서 부에 대해 …… " 이후 여기까지의 문장에서 말한 대로 될 경우를 지칭하고 있는 것으로 보아서 그리했다. 이 점에서는 England의 해석을 따랐다.

99) 부, 곧 부에 대한 욕망을 가리킨다.

100) '한 가지 것이며 막강한 것'이란 막강한 한 가지 원인이 되는 것이란 뜻이다.

prooimion)들[101]로는 이로써 언급된 걸로 하죠. 이에 더해 이런 것들과 관련해서는 밀교 의식(密敎儀式: teletai)에 열성인 사람들의 주장을 많은 사람이 열심히 듣고서 믿습니다. 그런 일들에 대한 응보가 저승에서 있게 되며, 또한 다시 이 세상에 환생하게 된 자들에게는 자연의 이치에 따 e
라(자연스럽게: kata physin) 그 죗값을 치르는 게 필연적이라는 겁니다. 자신이 저지른 바로 그것들을 겪게(당하게) 되는 벌이니, 다른 사람에 의해서 그런 운명으로 이번의 삶을 마치게 된다는 겁니다. 그러니까 이 전문(前文)으로 설득되어 그런 벌을 아주 두려워하게 된 자에게는 이에 더해 법을 읊조릴[102] 필요가 전혀 없습니다만, 설득되지 않은 자에게는 871a
다음 법이 글로 적힌 상태로 선언되게 합니다.

의도(pronoia)적으로[103] 그리고 올바르지 못하게 제 손으로 같은 부족(시민) 가운데 누구든 살해하는 자는 첫째로 법률로 지정된 것들(ta nomima)에 드나들지 못하게 합니다.[104] 신전도 시장(아고라)도 항구도

101) 722d에서 해당 각주를 참조할 것.

102) '법을 읊조린다'(nomon hymnein)는 표현에 대한 설명은 700b 및 722d의 본문 및 관련 각주들에서 얻을 수 있겠다.

103) 원어는 ek pronoias이다. 869e7의 '계획(의도)적임'(epiboulē)과 같은 뜻이겠다.

104) '법률로 지정된 것들(ta nomima)에 드나들지 못함'(eirgesthai tōn nomimōn)은 살인 혐의로 기소된 자에 대한 공고(prorrhēsis)이다. ta nomima는 앞에서 '관례'나 '법규들'을 뜻하는 말이었다. 그러나 여기에서 쓰이고 있는 이 낱말의 뜻에 대해서는 참으로 이설이 많다. 대개는 '평소에 사람들이 많이 모이는 곳들' 또는 이에 가까운 뜻의 것들로 번역하고 있다. 그러나 이 낱말을 가장 충실히 살리는 번역을 우리는 P. J. Rhodes, *A Commentary on the Aristotelian ATHENAION POLITEIA*, (Oxford, 1981), p. 647에서 얻을 수 있을 것 같다. 여기에서는 eirgesthai tōn nomimōn이 'to be excluded from the things specified in the laws'(본문 번역은 이에 따른 것임)를 뜻한다고 하면서, 다른 번역들의 부적절함을 지적하고 있다. 아닌게아니라 바로 이어지는 본문에서 그런 것들이

그 밖의 다른 어떤 공공의 모임도 더럽히지 않게 합니다. 어느 누군가가 이 범인에게 이를 하지 못하게 하건 또는 그러지 않든 간에 말입니다. 왜냐하면 법은 금지하고 있거니와, 나라 전체를 대신해서 금지하면서 언제
b 나 공시를 하고 또한 공시를 할 것이기 때문입니다. 그러나 죽은 자와는 남자들 쪽으로든 또는 여자들 쪽으로든 친척들로서 사촌 관계 이내인 자가 마땅히 기소를 해야만 하는데도, 그리하지 않는 자는, 또는 그런 곳들에 드나들지 못함을 공고하지 않을 경우, 첫째로 그 더러움(不淨)과 신들의 미움을 자신에게로 받아들이는 것이니, 법의 저주가 신들의 뜻을 전하게 될 것이기 때문입니다.[105] 둘째로는 그가 죽은 자를 대신해서 응징하기를 원하는 자에 의해서 기소되도록 합니다. 반면에 [범죄인을] 응징하기 원하는 자[106]는 이런 것들을 위한 목욕재계와 그 밖에 이들 관례와
c 관련해서 신이 넘겨주는 많은 것의 수호와 관련된 모든 것을 이행하고, 또한 공고를 하고, 나서서 그 범죄인으로 하여금 법에 따른 형벌의 집행에 응하지 않을 수 없도록 합니다.

이것들은 나라들에 살인들이 발생하지 않도록 이런 것들이 그 소관사가 되는 어떤 신들에 대한 기원들과 제례들을 통해서 행하여져야만 하는 것임을 입법자가 밝히어 보여 주기는 쉽습니다. 그 신들이 어느 신들이며, 그런 소송들의 제기 절차로서는, 신성한 것을 고려할 경우, 무엇이

지적되고 있음을 확인하게 된다. "신전도 시장(아고라)도 항구도 그 밖의 다른 어떤 공공의 모임도 더럽히지 않게 합니다"라는 표현은 그런 곳들과 그 취지를 명료하게 드러내고 있다. 또한 이 공고와 관련된 언급은 873b에서도 하고 있다.

105) 866b를 참조할 것.

106) 여기서 말하는 '응징하기 원하는 자'는 England가 지적하고 있듯이 바로 앞의 '응징하기를 원하는 자'와는 다른 사람이다. 앞의 경우는 범죄인을 마땅히 기소해야 할 사망자의 친족이 기소하지 않을 경우에, 이 친족을 기소하는 것이고, 뒤의 경우는 바로 범죄인을 기소하는 것이다.

가장 옳을지는 호법관들이 해설자들 및 예언자들 그리고 신과 함께 법률로 정하고서, 이들 소송들을 제기케 합니다. 이 소송들의 재판관들은 신 d
전 약탈자들에 대해 판결을 주도하는 이들로 언급된 바로 같은 그 재판관들입니다.[107] 유죄로 판명된 자는 사형에 처할 것이며 살해당한 자의 나라에서는 묻히지 못하게 합니다. 신들에 대해 불경한 것에 더해서 파렴치(anaideia) 때문입니다. 그러나 도망하여 판결을 받으려 하지 않는 자는 영구히 추방된 상태로 있게 합니다. 만약에 이들 [살해범들] 중의 누군가가 살해된 자의 나라에 발을 들여놓는다면,[108] 죽은 자의 친척들 또는 시민들 중의 누구라도 맨 먼저 맞닥뜨린 이가 살해케 하되, 이에 대
한 벌은 받지 않게 합니다. 또는 체포한 다음, 그 판결을 한 재판관들 중 e
의 관리들에게 처형토록 넘겨주게 합니다. 한데, 고발하는 자는 고발을 당하는 자에게서 이와 동시에 보증을 받게 합니다.[109] 이 사람이 보증인

107) 855c~856a를 참조할 것.

108) '만약에 이들 [살해범들] 중의 누군가가 살해된 자의 나라에 발을 들여놓는다면'으로 일단 번역한 이 부분의 텍스트 읽기에는 아무래도 석연치 않은 데가 있다. 이 읽기는 d7의 που τῶν을 τούτων으로 읽은 England, Bury, Taylor 및 Saunders의 읽기를 따른 것이긴 하나, 이 읽기에서는 살해범이 갑작스레 복수인 '살해범들'로 지칭된 것이 석연치 않은 면이 있으나, 헬라스어 문장들에서는 단수와 복수의 상호 변환이 자유로이 일어나는 경우를 적잖이 찾아볼 수 있다. 반면에 Burnet나 Diès 및 Brisson은 που τῶν으로 읽었는데, 이렇게 읽을 경우에는 '만약에 누군가가 살해된 자의 나라 [곳곳들: τῶν] 어딘가에 발을 들여놓는다면'으로 되어, [곳곳들: τῶν]의 처리가 난감해진다. [곳곳들: τῶν]을 우리말 번역에서 삭제하고서 읽는다면, 문장으로는 매끄럽게 되겠으나, 텍스트 읽기에서는 역시 문제로 남는다.

109) 이 보증은 고발당한 자가 이후의 재판에 출두하기까지의 보석을 말한다. 그리고 여기서 말하는 고발은 살인범이 무단으로 귀환한 경우를 두고 말하는 것이 아니라, 살인 혐의자 일반에 대한 언급을 다시 하고 있는 것이다.

871e

들을 제시케 합니다. 이 일들과 관련된 재판관들의 당국이 믿을 만한 것으로 판단하고, 그를 재판에 출두시킬 것을 보증하는 믿을 만한 세 보증인들을 말입니다. 만약에 누군가가 그리하려 하지 않거나 그럴 수가 없을 경우에는, 그를 체포해서 구금 상태로 지키고 있다가, 재판의 판결을 받도록 출두시킵니다. 하지만 만약에 그가 제 손으로 살해하지는 않고,
872a 다른 누군가가 다른 사람에 대한 죽음을 획책할 경우에, 그 획책과 음모에 의해 살해함으로써 그 책임이 있는데도, 그 혼이 살인에서 정화되지도 않은 채로 그 나라에 거주하고 있다면, 이 자에 대해서도 이것들과 관련된 재판들은, 보석을 제외하고는, 똑같은 것이게 합니다. 그러나 유죄로 판명된 자라도 제 무덤은 갖도록 허용합니다. 하지만 다른 것들은 앞서 말한 경우[110)]에 대해서와 마찬가지로 똑같이 이 사람에게도 적용되게 합니다. 이들 똑같은 것들이 외국인들끼리의 관계에 있어서도, 시내에 거주하는 사람들과 외국인들 간의 상호관계에서도, 또한 노예들끼리의
b 관계에 있어서도, 그리고 또 제 손으로 저지른 살인과 계획적인 살인에 대해서도, 보석을 제외하고는, 적용되게 합니다. 한데, 노예가 자유민을 자발적으로, 제 손으로든 또는 획책해서든, 살해하고서 유죄판결을 받는다면, 나라의 공적인 형의 집행관이 그를 죽은 이의 무덤을 볼 수 있는 묘지로 이끌고 가서, 승소한 사람이 지시하는 만큼의 매질을 한 다음, 살
c 인자가 그리 맞고서도 아직도 살아 있다면, 처형케 합니다. 만약에 누군가가 아무런 잘못도 저지르지 않는 노예를 살해한다면, 자신의 부끄럽고 나쁜 짓들의 폭로자가 되지 않을까 두려워서, 또는 이런 유의 다른 어떤 것 때문에 그리한다면, 시민을 살해했을 경우에 살인에 대한 재판을 받아야만 했던 것과 마찬가지로, 그런 노예가 죽게 되었을 경우에도 이처럼 똑같은 처결을 받게 합니다.

---

110) 의도적으로 제 손으로 살해한 경우를 가리킨다.

그런데 법률 제정을 하기조차도 무섭고 도무지 내키지도 않는, 그렇다
고 법률 제정을 하지 않을 수도 없는 경우들이 생긴다면, 즉 친족들에 대
해 제 손으로 저지른 살인들이나 계획적인 살인들, 곧 자발적(고의적)이 d
고 전적으로 올바르지 못한 살인들이 일어날 경우에, 이는 대개의 경우
잘못 다스려지고 양육되는 나라들에서 일어납니다. 그러나 어쩌면 예상
하지도 못할 곳에서 어떤 일이 일어날 수도 있을 것입니다. 그러기에 좀
앞서 언급된 주장[111]을 또다시 말해야만 하겠는데, 누군가가 우리가 하
는 말을 귀담아 듣는다면, 이런 일들로 인해서 저지를 수 있는 모든 면에
서 가장 불경한 살인들을 더욱 자발적으로 삼갈 수 있게 될 것입니다. 그
이야기(mythos) 또는 주장(logos)은, 또는 그걸 무엇이라 일컫든 간에,
옛날의 제관들을 통해서 명확히 전해지고 있기 때문입니다. 친족들의 피 e
에 대해 보복해 주는 감시자 디케(Dikē)[112]는 방금 말한 법을 이용하여,
이런 어떤 짓을 저지른 자는 자기가 저지른 것과 똑같은 것을 반드시 당
하도록(겪도록: pathein) 지시한다는 겁니다. 만약에 누군가가 아버지를
언젠가 살해했다면, 이 자는 어느 땐가는 제 자식들에 의해 이 일을 필연
적으로 당할 수밖에 없고, 어머니를 살해할 경우에도, 이 자는 반드시 여
자의 성(性)을 갖고서 태어날 것이고,[113] 태어난 다음에는, 훗날 제 자식
들에 의해 삶을 마감하게 마련이라는 것입니다. 더럽혀진 공동의 피에
대한 다른 정화는 없으니까요. 또한 범행을 한 혼이 살인을 살인으로, 같
은 것을 같은 것으로 갚기 전에는 그리고 모든 친족의 격노(thymos)를 873a
가라앉혀 원래대로 되돌려 놓기 전에는 더럽힘이 좀처럼 씻겨질 수가 없

111) 870d를 참조할 것.

112) 정의(dikē)가 신격화된 여신으로서, 제우스와 테미스(Themis)의 딸로 이야기되고 있거니와, 사람들의 잘못을 지켜보고 있다가, 이를 제우스에게 고해바친다고 한다. 또한 717d에서 이 여신과 관련된 언급을 참조할 것.

113) 물론 이 세상에 다시 태어날 경우를 말한다.

873a

을 테니까요. 바로 그래서 신들 쪽에서의 이런 보복들을 누군가가 두려워하여 제지를 당하게 됩니다. 그러나 어떤 사람들을 이처럼 비참한 운명이 덮치게 되면, 그래서 아버지나 어머니 또는 형제들이나 자식들의 혼을 감히 의도적으로 그리고 자발적으로 그 몸에서 앗는다면,[114] 죽게 마련인 입법자가 제정하는 법은 이런 경우들과 관련해서는 다음과 같이
b 제정될 것입니다. 법률로 지정된 것들(ta nomima)에 드나들지 못하는 것과 관련된 공고들[115] 및 보증들은 앞서의 경우들에 언급된 것과 똑같은 것들이게 합니다. 만약에 누군가가 이런 살인으로, 곧 그들 중의 누군가를 죽인 걸로, 유죄판결을 받게 될 경우에는, 재판관들을 보좌하는 사람들[116]과 당국자들이 그를 처형한 다음, 도성 밖의 지정된 삼거리에 벌거숭이로 내다 버리게 하되, 당국자들은 모두 온 나라를 대표해서, 저마다 돌을 갖고 가서, 시신의 머리에다 던짐으로써 온 나라를 정화토록 합니다. 그런 다음 국경 지대로 운반해서, 법에 따라 무덤 없이 내다 버리
c 게 합니다.

그렇다면 무엇보다도 가장 가까우며 이른바 가장 친애하는 자를 죽이는 자는 무슨 일을 당해야(겪어야) 합니까? 제가 말하고 있는 자는 제 자신을 죽이는 자입니다. 스스로 자신의 정해진 운명에서 그 몫을[117] 강제

114) 우리가 '혼' 또는 '영혼'으로 번역하는 psychē는 원래 숨 또는 목숨 곧 생명을 뜻하는 말이다. 본문에서와 같은 표현은 헬라스인들이 죽음을 혼과 몸(sōma)의 분리(khōrismos)로 보는 데서 연유한다.

115) 871a의 본문 및 해당 각주를 참조할 것.

116) 형 집행자인 이런 유의 보좌하는 사람(hypēretēs)에 대한 언급은 《파이돈》 편 116b 이후에서도 보인다.

117) '스스로 자신의 정해진 운명에서 그 몫을'로 번역한 부분의 원어 tēn tēs eimarmenēs [moiras] … moiran인데, 텍스트에서는 [moiras]가 생략된 형태로 되어 있다. hē eimarmenē [moira]는 사람이 이 세상에 태어날 때 '저마다 제 몫으로 할당받은 삶의 기간 등을 포함한 운명'을 뜻한다. 그

로 빼앗아가 버리는 거죠. 나라가 판결로 지시한 것도 아니고, 그에게 닥친 너무나 고통스럽고 피할 수 없는 불운으로 해서 어쩔 수 없어서도 아니고, 어찌 해 볼 도리도 없고 살아남을 수도 없는 창피를 당한 것도 아니면서, 게으름과 사내답지 못한 비겁함으로 해서 자신에게 부당한 벌을 내리는 사람은 말입니다. 따라서 이 경우에 정화 의식 및 매장과 관련된 d
다른 문제들에 있어서 법규들이 어떤 것들이어야만 하는지는 신이 알고 있으니, 그와 혈통상 가장 가까운 친척들은 이 법규들의 해설자들[118]과 이와 관련된 법률에 문의를 함으로써, 이들이 지시하는 것들에 따라 행하여만 합니다. 이렇게 죽은 자들을 위한 매장들은 첫째로 개별적인 것들이어야만 하며, 다른 누구와도 함께 무덤을 쓰는 일이 없게 할 것입니다. 다음으로는 열두 지역들의 변경 지대들에서 놀리는 땅들이며 이름 없고 알려지지도 않은 땅들에 묻히게 할 것이니, 비석들이나 이름들로 그 무덤들을 밝히지도 않게 합니다.

만약에 멍에를 메운 짐승이나 다른 어떤 짐승이 누군가를 살해한다면, e
공적으로 갖게 되는 시합에서 겨루다가 그런 일을 저지르게 되는 경우들을 제외하고는, 친척들이 살인범을 기소케 합니다. 농촌지역 관리인들 중에서 그 친척이 임명하는 수의 인원이 재판을 하게 하되, 유죄판결을 받은 짐승은 죽여서 영토의 경계 밖으로 치워 버려야 합니다. 만약에 혼이 없는[119] 어떤 것이 사람에게서 그 혼을 앗아간다면, 벼락이나 신이 던져 보내는 무기와 같은 어떤 것[120]을 제외하고, 그 밖의 다른 어떤 것에

러니까 여기에서는 그런 의인화된 운명에서 한 몫 곧 일정 부분(moira)을 빼앗아 가는 짓을 하는 것이 '자살 행위'라는 뜻으로 이런 말을 하고 있는 것이다. 《파이돈》 편 115a에서도 운명을 의인화해서 말하고 있다.

118) 이들에 대해서는 759c~d를 참조할 것.

119) 혼이 없는(apsychon) 것이란 곧 무생물을 의미한다.

120) 헤시오도스의 《신들의 계보(신통기)》 85~4에는 번개(steropē), 천둥

873e

누군가가 떨어지거나 아니면 이게 그에게 떨어져서 죽게 한다면, 혈통으로 친척인 이가 그 이웃들 중에서 가장 가까운 사람을 그 재판관으로 앉
874a 힐 것이며, 그를 위해서 그리고 친족 전체를 위해서 정화를 하고서, 유죄판결을 받은 물건을, 동물들의 부류에 대해 말했던 것처럼, 국경 밖으로 치워 버려야 합니다.

반면에, 누군가가 죽어 있는 걸로 밝혀졌지만, 살해자가 불명하고 소홀하지 않게 찾고 있는데도 찾을 수가 없게 된다면, 그 공고들은 다른 경우들과 똑같은 것들이게 할 것이나,[121] 살인을 저지른 자에 대해서 공고해야만 합니다. 그리고 소송이 사실 입증을 하게 되면, 아무개를 살해한
b 자 그래서 살인으로 유죄판결을 받은 자는 신전들이나 피해자의 나라 전지역에 발을 들여놓지 말 것을 시장(agora)에 공고해야만 합니다. 만약에 그가 나타나 발각된다면, 그는 처형되어 피해자의 나라 밖으로 내던져져 무덤에 묻히지도 못할 것이기 때문이라고 말입니다. 그러면 이상의 것[122]이 우리에게 있어서 살인과 관련해서 확립된 하나의 주된 법이게 합니다.

그리고 이런 것들에 관련된 것들은 이처럼 이것들까지입니다. 그러나 살해자가 정당하고 결백한[123] 경우들은 다음 것들이게 합니다. 밤에 재물을 훔칠 목적으로 가택 침입을 한 도둑을 붙잡아 살해한 경우에, 그는
c 결백한 걸로 합니다. 자기방어를 하다가 노상강도를 살해할 경우에도, 결백한 걸로 합니다. 자유민인 여자나 소년에게 누군가가 성적인 쾌락을

(brontē), 벼락(keraunos)이 제우스의 무기들(hopla)로 언급되어 있다.

121) 871a~b에서 말한 것들을 가리킨다.

122) 여기에서 '이상의 것'으로 번역한 것의 원어는 '이것'(houtos)이지만, 이게 바로 앞 것을 가리키는 것은 아니기 때문에 그리했다.

123) 법률적 용어로는 '무죄' 또는 '죄가 없다'로 번역하는 게 옳을지 모르겠으나, 여기서는 원어 katharos를 그대로 살려서 '결백하다'로 번역했다.

위해서 폭력을 쓸 경우, 폭력으로 모욕을 당한 자에 의해서 그리고 그 아버지나 형제들 또는 아들들에 의해서 살해되어도 벌을 받지 않게 합니다. 남편이 폭력을 당하고 있는 혼인한 제 아내와 맞닥뜨릴 경우에도, 그 폭력을 쓴 자를 죽여도 법에서는 결백한 것으로 합니다. 누군가가 아무런 불경한 짓도 하지 않은 아버지의 목숨을 구하느라 누군가를 살해할 경우에도, 또는 어머니나 자식들, 형제들 또는 제 자식들의 어미를 구하느라 그럴 경우에도, 전적으로 결백한 걸로 합니다. d

그러니까 살아갈 혼의 양육(trophē)과 교육(paideia), 이것들을 혼이 받게 될 경우에는 살 보람이 있겠으나, 이것들을 받지 못할 경우에는 그 반대가 되게 할 이것들과 관련된 것들, 그리고 응징들이 있어야만 하는 폭력으로 인한 죽음들과 관련된 것들에 대해서는 이제 법 제정이 된 걸로 하죠. 그 반면에 신체의 양육 및 교육과 관련된 것들도 언급되기는 했으나, 이것들과 연관된 것, 곧 서로로 해서 생겨나는 자발적(고의적)이지 않은 그리고 자발적(고의적)인 폭력적 행위들이 어떤 것들이며 얼마나 많이 있는지를 가능한 한 구분해야만 하며, 또한 그 각각이 어떤 응징들을 받게 되는 게 적절할 것인지, 이것들에 대해 그것들 다음으로 법 제 e
정을 하는 게 옳을 것 같습니다.

따라서 상해(傷害)와 상해로 인한 불구가 살인 다음으로 다룰 둘째 것들로 순서를 정하는 것은 입법을 하려는 사람들[124]치고 가장 변변찮은 이조차도 그리할 것입니다. 살인의 경우들이 나뉘었던 것처럼, 상해들도 나뉘어야만 하는데, 더러는 자발적(고의적)이지 않은 것들이겠으나, 더러는 격함으로 인한 것들과 두려움으로 인한 것들일 것입니다. 그런가 하면 의도적으로 저질러지는 자발적(고의적)인 것들도 있습니다. 그런데 이런 모든 것과 관련해서는 다음과 같은 것을 앞서 말해 두어야만[125]

124) 텍스트 읽기에서 e4의 epi nomōn은 epi nomon으로 읽었다.

874e

합니다. 그러니까 사람들로서는 법률을 제정하여 법률에 따라 사는 게
불가피합니다. 그렇지 않으면 사람이 모든 면에서 가장 사나운 짐승들과
875a 다를 것이 아무것도 없습니다. 그 이유는 다음과 같은 것입니다. 그 어떤
인간의 자질(physis)도 나라 체제(politeia)와 관련해서 인간들에게 유익
한 것들을 알기에 충분하리만큼 타고나진 못하며, 설령 알더라도, 최선
의 것을 언제나 행할 수 있기에 또한 내켜서 그렇게 하기에 충분하리만
큼 타고나지는 못한다는 겁니다. 그건, 첫째로, 참된 치술(治術: politikē
[technē])[126]에는 사적인 것(to idion) 아닌 공적인 것(to koinon)이 관심
거리가 되는 게 필연적이라는 걸 아는 게 어렵기 때문입니다.[127] 공적인
것은 나라들을 함께 묶지만, 사적인 것은 나라들을 분열시키니까요. 또
한 사적인 것보다는 공적인 것을 훌륭하게 처리할 경우에, 공적인 것과
b 사적인 것, 양쪽 다에 이롭다는 사실을 알기도 어렵기 때문입니다. 둘째
로는, 설령 누군가가 이것들이 본디 이러하다는 걸 치술을 통해서 충분
히 알게 될지라도, 이다음에 그가 감사(監査)를 면제받으면서[128] 절대권
을 행사하는 자(autokratōr)로서 나라를 다스리게 된다면, 이 신념
(dogma)을 결코 지켜 낼 수도 없을 것이며, 나라에 있어서 공적인 것을

---

125) 여기에서 '앞서 말해 두어야만 한다'(prorrhēteon)는 말의 뜻은 어떤 부문의 법률 제정(nomothesia)에 앞서 이제껏 해 온 전문(前文: prooimion)을 이 경우에도 말해야만 하겠다는 것이다. 그런데 여기에서부터 875d5까지에 걸쳐 하게 되는 이 전문은 인간성의 현실적 한계로 해서 법률 제정이 불가피함을 말하고 있는 것이다. 《국가(정체)》 편에서 피력된 철인 통치 대신에 법치(法治)를 택할 수밖에 없게 된 이유에 대한 일차적인 설명을 우리는 여기에서 접하게 되는 셈이다.

126) 여기에서 '참된 치술'로 번역한 원어는 politikē kai alēthēs technē인데, 이는 '치술과 참된 기술'을 뜻하는 것이 아니라, 문법적으로 hendiadys라 불리는 용법의 것으로, '둘로써 하나 나타내기'의 한 사례이다.

127) 697c~d를 참조할 것.

128) 761e에서 해당 각주를 참조할 것.

우선적으로 보살피면서, 사적인 것은 공적인 것에 종속시키며 끝까지 살아갈 수도 결코 없을 것이기 때문입니다. 오히려 죽게 마련인 자의 그 인간성이 그를 탐욕([제 몫보다도] 더 가지려는 욕망: pleonexia)[129]과 사익(私益)의 추구(idiopragia)로 언제나 몰고 갈 것이니, 비이성적으로 고통은 피하면서 쾌락을 추구할 것이며, 더 올바르고 더 나은 것보다도 이들 c
둘[130]을 앞세우게 될 것이며, 또한 제 안에 암흑까지 조성하여서는 마침내 저와 온 나라를 온갖 악으로 가득 채울 것입니다.[131] 언제고 인간들 중에서 누군가가 신적인 섭리에 의해[132] 천성으로 충분히 자질을 타고남으로써 그런 지위를 얻게 될 경우에는, 그로서는 자신을 지배할 법률이 전혀 필요하지 않을 것입니다. 왜냐하면 앎(epistēmē)보다는 법도 그 어떤 법령(taxis)도 더 우월하지 못하며, 지성(nous)이 그 어떤 것에 종속된다거나 종 노릇을 한다는 건 가당치도 않기 때문입니다. 과연 지성이 d
그 본성대로(kata physin) 정말로 참되고 자유로울진대, 그게 모든 것의 지배자여야 함은 당연하니까요.[133] 하지만 현실적으로는 그 어디에도 그

129) 677b에서 해당 각주를 참조할 것.

130) 고통은 피하면서 쾌락을 추구하는 걸 가리킨다.

131) 이 문장에서 주어는 '죽게 마련인 자의 그 인간성' (hē thnētē physis = the mortal nature)이다.

132) '신적인 섭리' (theia moira)란 우리가 흔히 말하는 '하늘의 뜻' 또는 '천행(天幸: hermaion)'으로 이해해도 될 것이다. 그런데 이 말은 여기에서도 보다시피 흔히 '신적인 섭리에 의해[서]' (θείᾳ μοίρᾳ)라는 여격(與格: dative) 형태로 쓰이는데, 이 경우의 여격은 원인을 나타내는 용법으로 쓰인 것이다. 이는 정상적인 사람의 힘이나 능력으로는 도저히 될 법하지 않은 비범한 일이 누군가에게 일어나는 경우에 쓰이는 표현이다. 《메논》편 99e 그리고 《소크라테스의 변론》 33c에서도 이 표현이 보인다. 그리고 바로 다음에서 대명사 tauta가 지칭하는 것으로 본 '그런 지위'란, England가 주장하듯, b의 앞부분에서 '절대권을 행사하는 자'와 관련된 내용의 것들로 보는 게 옳을 것 같다.

133) 713e~714a를 참조할 것.

875d 런 지성[을 지닌 인물]은 단연코 없습니다. 드문 경우들을 제외하고는 말
입니다. 바로 이 때문에 차선의 것(to deuteron), 곧 법령과 법을 택해야
만 하는 겁니다. 그러기에 이것들은 많은 경우를(epi to poly) 보며 염두
에 두는 것들이겠으나, 모든 경우를(epi pan) 그럴 수는 없는 것들입니다.

이것들을 말하게 된 것은 이런 것들 때문입니다. 이제 우리는 남을 다
치게 하거나 어떤 일로 해친 사람이 무엇을 겪고 무엇을 보상해야만 하
는지에 대해 법령 제정을 할 것입니다. 그러면 누구나 모든 것과 관련해
서 당장 말허리를 자르고서 물을 텐데, 이는 옳습니다. "무슨 부상을 입
e 혔으며, 누구를, 어떻게, 또는 언제 그랬다는 말입니까? 왜냐하면 이것
들 각각은 수도 없이 많으며 서로 아주 크게 차이가 나기 때문입니다."
그러니까 이것들을 법정들에 판결토록 모두 맡긴다는 것도 또는 아무것
도 안 맡긴다는 것도 불가능합니다. 모든 경우들과 관련해서 실상 한 가
지는, 즉 이것들 각각이 일어났는지 또는 일어나지 않았는지는 판결토록
맡겨야만 합니다. 하지만 그렇다고 해서 이것들 중의 어느 일로 잘못한
876a 자가 무슨 벌금을 물어야만 하며 무엇을 당해야만 하는지를 판결하는 걸
전혀 맡기지 않고, 스스로[134] 크거나 작은 모든 것과 관련해서 법 제정을
한다는 것도 거의 불가능합니다.

클레이니아스: 그렇다면 그다음 말은 무엇입니까?

아테네인: 이것, 곧 일부의 것들은 법정들에 맡겨야 하나, 일부의 것들은 맡기지 않고, 스스로 법 제정을 해야만 한다는 것입니다.

클레이니아스: 그러면 어떤 것들은 법 제정을 해야만 하고, 어떤 것들은 법정들에 판결토록 배당해야만 합니까?

아테네인: 그것들 다음으로는 바로 다음 것들을 말하는 게 지당할 것
b 입니다. 한 나라에서 법정들이 변변찮고 벙어리 노릇을 하게 될 경우, 자

134) 입법자를 가리킨다.

신들의 생각들을 숨기고, 판결들을 비밀히 내린다는 겁니다. 더구나 이보다 더 놀라운 것은, 조용히 하지 않고 마치 극장에서처럼 소음으로 가득 차게 연사들 각각을 번갈아 가며 칭찬하기도 하고 비난하기도 하면서 소리를 질러 대다가 판결을 할 때일 것이니,[135] 그땐 온 나라에 힘든 상황이 되는 게 보통입니다. 그러니까 어떤 필연성에 붙들리어 이와 같은 법정들을 위해 법 제정을 한다는 것은 행운일 수 없는 일이지만, 그렇더라도 누군가가 불가피하게 붙들리어 이와 같은 정체를 위해 정녕 언젠가는 법 제정을 한다면, 아주 작은 것들과 관련해서나 법정들이 벌을 정해 c
주도록 맡기되, 대부분은 스스로 명백하게 법 제정을 해야만 합니다. 그러나 법정들이 가능한 한에서 옳게 확립되어 있는 나라에서는, 그리고 장차 재판을 하게 될 자들이 훌륭하게 양육되어 심사[136] 또한 철저하게 엄밀히 받게 되는 나라에서는, 이곳에서는 유죄가 인정되는 자들과 관련해서 많은 것을, 곧 이들이 무엇을 당해야만 하며 무슨 벌금을 물어야만 하는지를 판결하는 걸 이런 재판관들에게 맡긴다는 것은 옳으며 잘 하는 훌륭한 일입니다. 그러니 지금의 경우에 중대하고 대부분인 것들을, 곧 d
범죄들 각각에 대해 피해와 가해[137]의 정도를 간파하여 벌금을 물리는 것[138]이야 평범하게 교육받은 재판관들조차도 할 수 있는 것들이거늘, 이것들을 우리가 재판관들에게 법으로 정하여 주지 않는다고 해서 비난받을 일은 아닙니다. 하지만 우리가 법 제정을 해 주고 있는 사람들이 이런 것들의 판관들로 되기에 조금도 못지않게 적격인 것으로 우리는 여기

135) 766d를 참조할 것.

136) 요즘의 청문회와도 같은 이 심사에 대해서는 753e 및 761e에서 해당 각주를 참조할 것.

137) 여기에서 '피해(pathos)와 가해(praxis)'로 의역한 것의 본 낱말 뜻은 수동적인 '당함'과 능동적인 '행함'이다.

138) '피해와 가해의 정도를 간파하여 벌금을 물리는 것'을 원어에 가깝도록 직역한다면, '피해와 가해의 액수를 간파하여 물리는 것'이 되겠다.

876d

고 있기에, 대부분의 것들을 이들에게 맡겨야만 합니다. 그렇더라도 앞서의 법률 제정에서 우리가 여러 번 말하고 제시했던 것,[139] 곧 응징들의

e 개략[140]과 유형들을 말하면서, 재판관들에게 결코 정의(dikē)를 일탈하지 않는 보기들을 제공한 것은 그때에도 지당했는데, 이미 다시 법률 제정으로 되돌아간 터라, 지금은 더더욱 그걸 실행해야만 합니다.

따라서 우리에게 있어서 상해와 관련해서 적는 것은 다음과 같은 것이도록 하죠. 누군가가, 법이 허용하는 경우들[141]이 아닌데도, 친근한 사람을 의도적으로 살해할 생각을 하나, 부상을 입힐 뿐, 죽일 수는 없게 되는 경우, 그런 생각을 하고서 이처럼 부상을 입힌 자는 불쌍히 여길 가치

877a 가 없으며, 살인자와 마찬가지로 용서받지 못하고, 살인에 대한 재판을 받지 않을 수 없도록 합니다. 그러나 그의 아주 나쁘지는 않은 운 그리고, 그와 부상자를 불쌍히 여겨 불치의 부상은 되지 않게 하는 한편으로 저주받은 운명과 불행한 사태는 일어나지 않게 함으로써, 이들을 구해준 수호신(daimōn)[142]을 우러르기에, 이 수호신에게 고마워하며 거역하지 않는 마음에서, 부상을 입힌 자의 사형은 면하게 하되, 그의 여생을

b 이웃 나라로 옮겨 가서 보내게 하고, 자신의 모든 자산으로 얻는 이득은 누리게 합니다. 한데, 부상을 입은 자를 크게 다치게 한 가해는 피해자에게 충분히 보상토록 하되, 그 산정은 그 재판을 하는 법정이 하며, 그 부상의 타격으로 결국 죽게 되었을 경우에는, 살인에 대한 재판을 했던 바로 그 사람들이 판결을 합니다. 그러나 아이가 부모를, 또는 노예가 주인을 마찬가지로 의도적으로 다치게 할 경우에는, 그 벌은 죽음입니다. 또한 형제가 형제를, 자매가 자매를, 또는 오라비가 누이를 마찬가지로 다

139) 718b, 770b 및 800b6 이후를 참조할 것.

140) 768c를 참조할 것.

141) 874b6 이하를 참조할 것.

142) 713d에서 해당 각주를 참조할 것.

치게 할 경우, 그것도 의도적인 부상으로 유죄판결을 받을 경우, 그 벌은 c
죽음입니다. 아내가 제 남편을 살해할 계획을 했다가 부상을 입혔거나, 또는 남편이 제 아내를 그랬을 경우, 영구적인 추방을 하게 합니다. 이들의 아들들이나 딸들이 아직도 아이들이라면, 보호자들이 그 재산을 관리하며 아이들을 고아들처럼 돌보게 해야 합니다. 반면에 그들이 성인들일 경우, 재산은 이들이 소유하게 되지만,[143] 추방된 자를 그 자식들이 부양할 의무는 없게 합니다.[144] 누구든 이런 불운에 처한 자가 자식이 없을
경우에는, 추방된 자의 양쪽, 곧 남자들 쪽 및 여자들 쪽으로 사촌들의 d
자식들까지의 친척들이 모여서 호법관들 및 제관들[145]과 함께 협의하여, 나라의 5,040세대의 하나인 이 가산[146]의 상속인을 확정합니다. 다음과 같은 식의 원칙에 준해서 생각하는 겁니다. 5,040세대의 그 어떤 가산도 [거기에] 거주하는[147] 자나 전체 가족의 것이라기보다는 공적으로도 사
적으로도 나라의 것이라고 말입니다. 따라서 나라는 그 세대(가정)들을 e
가능한 한 최대한으로 경건하고 번영토록 유지해야만 합니다.[148] 그러니까 어느 한 세대(가정)가 불행하게 되는 동시에 불경하게 될 경우, 그래서 그 세대에 아이들도 남기지 못하고, 즉 혼인도 하지 못하거나 혼인을

143) 바로 다음 문장에서도 언급되고 있듯, 5,040세대가 각기 할당 토지를 갖도록 제도화되어 있기 때문이다.

144) Burnet의 텍스트 읽기에 따라, c6행의 ean de andres ēdē를 ean de andres, mē로 읽었다. Saunders의 *Notes*, No. 90을 참조함.

145) 제관들과 관련해서는 758e~759b의 본문 및 해당 각주를 참조할 것.

146) 바로 다음에 이어지는 언급의 내용과 함께 740a~e를 또한 참조할 것. 여기에서 가산(家産)으로 번역한 말의 원어는 oikos인데, 이는 여느 경우에는 '집'을, 또한 '세대'나 '가정'을 뜻하는 말이다.

147) 바로 앞의 각주에서 '가산'으로 번역한 oikos가 보통은 '집'을 뜻한다고 말했다.

148) 이와 관련해서는 741a~b 및 744a~745b 그리고 해당 각주들을 참조할 것.

877e

했더라도 아이들도 없이, 고의적(자발적)인 살인으로 또는 신들과 시민들에 관련된 비행들, 법에서는 사형이 그 벌로서 명백히 정해져 있는 그런 비행들 중의 어떤 것으로 유죄판결을 받고서 죽는 경우, 또는 영구적인 추방으로 추방당한 자가 성인이 된 자식도 없을 경우, 이 세대(가정)는 먼저 법에 따라 정화되고 정화되도록 해야만 합니다. 그다음으로는,

878a 방금 우리가 말했듯, 친척들이 모여서 호법관들과 함께 이 나라에서 가장 덕망 있고 또한 행운인 가문으로 아이들이 많은 집안이 있는지 찾아야만 합니다. 이렇게 해서 그중의 하나를 죽은 자의 아버지에게 그리고 그 조상들에게 이들의 아들로 입양시키고서, 상스러운 징조를 위한 이름을 따서 부릅니다.[149] 또한 이들을 위해 자식을 낳고 그 집을 보호하며 세속적인 것들과 성스러운 것들을 보살핌으로써 그 아버지보다는 더 나

b 은 운명 쪽으로 되어 가도록,[150] 이런 식으로 이들은 기원하고서, 이 사람을 법에 따라 상속인으로 확정합니다. 반면에 잘못을 저지른 자에게 이런 불운들이 덮친 경우에는, 이름 없이 또한 무자식인 채로 가진 것도 없는 상태로 둡니다.

한데, 모든 것들의 경계(horos)와 경계가 인접해 있는 게 아니라, 이것들에는 중간 경계지대(methorion)가 있는 것 같거니와, 이것은 경계들의 중간 양쪽 사이에서 그 각각과 먼저 부딪치게 되겠죠. 특히 자발적(고의적)인 것들과 자발적(고의적)이지 않은 것들 [사이에], 격한 나머지 일어나는 것으로 우리가 말한 것이 이런 것입니다.[151] 따라서 부상들도 격

---

149) 이 이름은 물론 대가 끊기게 된 가문의 조상들 중에서 따오는 이름이 되겠다. 헬라스인들은 대개 할아버지나 외할아버지의 이름을 따서 부른다.

150) 856e를 참조할 것.

151) 866d~867c의 본문 및 해당 각주들을 참조할 것. 특히 867a에서 말한 부분, 곧 '격한 나머지 일어나는 것들이지만, 아마도 자발적(고의적)인 것(to hekousion)과 자발적(고의적)이지 않은 것(to akousion) 사이의 것들

한 나머지 일어나는 것들이 있는 걸로 합니다. 만약에 누군가가 유죄인 c
걸로 판결을 받되, 그 부상이 치유할 수 있는 걸로 판명될 경우에는, 첫
째로, 그 피해의 두 배를 물 것이나, 치유할 수 없는 것들에 대해서는 그
네 배를 물 것입니다. 하지만 치유할 수 있는 것이라 하더라도, 부상자에
게 어떤 큰 부끄러움을 안겨 주고 창피스럽도록 하는 것일 경우에는, 그
세 배를 배상할 것입니다.[152] 반면에 누군가가 어떤 사람을 다치게 함으
로써 부상을 당한 사람뿐만 아니라 나라 또한 해친다면, 그래서 적들에
대항해서 조국을 도울 수 없게 만든다면, 이 사람은 다른 벌들과 함께 나
라에 대해서도 그 손해를 배상해야만 합니다. 자신의 군 복무에 더하여,
그럴 수 없게 된 사람을 대신해서 군 복무를 하게 하고, 또한 그를 대신 d
해서 전열에 가담케 해야 하니까요. 혹시라도 이를 이행하지 않을 경우
에는, 누구든 원하는 자가 법에 따라 재판을 받게 합니다. 그렇지만 그
피해액은, 두 배든 세 배 또는 네 배든, 유죄판결을 한 재판관들이 정하
도록 하죠. 만약에 친척이 친척을 이와 똑같은 식으로 다치게 한다면, 어
버이와 남녀 쪽으로 사촌아이들까지 남자들도 여자들도 함께 모여서 결
정을 본 다음, 그 배상액 산정을 친부모에게 위임합니다. 그러나 배상액 e
의 산정이 다툼거리가 될 경우에는, 남자들 쪽에서 산정한 사람들이 결
정권을 갖도록 할 것이나, 이들이 할 수 없을 경우에는, 호법관들에게 최

로 말하는 게' 라는 표현과 여기에서 말하고 있는 것은 정확히 일치하는 것이다. 따라서 '[사이에]' 란 표현도 보완했다.

152) Burnet 판에서는 c4의 triplasian(세 배)을 tetraplasian(네 배)으로 읽고 있다. England는 Orelli 등의 읽기를 타당하다고 보고, triplasian(세 배)으로 읽으면서, 상이한 세 경우의 보상 사례들에 대한 언급을 하고 있는데, 이게 더 설득력이 있다고 할 것이다. 그것들은 다음과 같다. (1) 벤 상처가 났으나, 흉하게는 되지 않은 경우, (2) 한쪽 눈이나 사지 중의 어느 하나를 잃은 경우, (3) 벤 상처는 나았으나, 얼굴에 흉터를 남긴 경우이다.

878e
종적으로 이를 맡깁니다. 부모를 상대로 한 자식들의 이런 부상들에 대
한 재판관들은 반드시 60세 이상이 된 분들이어야만 하는데, 그 자식들
은 양자들 아닌 친자식들이어야 할 것입니다. 한데, 누군가가 유죄판결
을 받게 될 경우에는, 이런 자가 죽어야만 하는지, 아니면 이보다 더 큰
다른 뭔가를 당해야만 하는지,[153] 또는 크게 덜하지 않은 걸 당해야만 하
는지 판정해야만 합니다. 또한 범죄자의 친족들 중에서는 그 누구도 재
879a 판관이 되어서는 안 되며, 이는 법이 말하는 그 연령이 되었다 해도 안
됩니다. 만약에 어떤 노예가 자유민을 홧김에 다치게 한다면, 그 노예를
주인이 부상자가 원하는 대로 처리하도록 그에게 넘겨주게 합니다. 만약
에 넘겨주지 않을 경우에는, 그 자신이 그 가해에 대한 충분한 보상을 하
게 합니다. 그러나 그 사건을 노예와 부상자의 공모에 의한 것이라고 누
군가가 고발할 경우에는, 시비를 가리게 합니다. 승소하지 못할 경우에
는, 피해액의 세 배를 물게 할 것이나, 승소할 경우에는, 그 노예와 공모
한 자를 납치행위로 재판을 받게 합니다. 한데, 남에게 부상을 입히는 자
b 가 자발적(고의적)으로 한 것이 아닐 경우에는, 단순한 피해보상을 하게
합니다. 그 어떤 입법자도 우연(tykhē)을 다스릴 만큼 유능하지는 않기
때문입니다. 그러나 재판관들은 부모들에 대한 자식들의 경우에 말한 바
로 그 사람들이게 하여, 피해액 산정도 하도록 합니다.

앞에서 우리가 다룬 수난들은 물론 모두가 폭력적인 것들이지만, 폭행(학대)[154]의 부류도 모두가 폭력적인 것입니다. 그러니까 이런 것들과 관련해서는 남자고 여자고 아이들이고 간에 모두가 언제나 다음과 같이 생각해야만 합니다. 연장자는 연소자보다도 적지 않게 존경받는다는 건

153) 죽어서 묻히지 못하는 경우가 그런 것일 것이다.

154) '폭행'(학대: aikia)은 폭력적일 뿐만 아니라 모욕감을 주는 것일 것이다. 따라서 '히브리스'(hybris)의 일종인 셈이다. 《국가(정체)》 편 425d 및 464e에 이것과 이것으로 인한 소송에 대한 언급이 보인다.

데,[155)] 이는 신들 사이에서도, 장차 살아남아 행복하게 살게 될 인간들 c
사이에서도 그러합니다. 그러므로 연장자에 대한 연소자에 의한 폭행(학대)이 나라에서 일어나는 것을 본다는 것은 부끄럽고 신들의 미움을 사는 일입니다. 노인한테서 매를 맞는 젊은이가 모두 태연하게 화를 참아내는 것은 도리에 맞는 일인데, 이 젊은이는 노년의 자신을 위해 이 명예를 다져 가고 있는 겁니다. 따라서 이는 다음과 같은 것이게 하죠. 우리 모두가 저보다 연장인 사람을 언행을 통해 공경하게 합니다. 스무 살 앞선 남자 또는 여자를 아버지나 어머니로 여기고서 아주 조심할 것이며,
저를 충분히 잉태하고 낳을 수 있은 전체 세대에 대해 언제나 삼가는 태 d
도를 지닐 것이니, 출산을 관할하는 신들[156)]을 위해서입니다. 외국인에 대해서도, 그가 오래전부터 살아온 사람이건 또는 최근에 오게 된 사람이건 간에, 똑같이 삼가는 태도를 지녀야 할 것입니다. 공격을 할 경우에도 또는 방어를 할 경우에도, 그런 사람을 구타에 의해서 감히 책망하려 드는 일은 결단코 없게 해야만 하기 때문입니다. 저를 함부로 대하며 그리고 건방을 떨며 때린 외국인은 응징해야만 한다고 생각할 경우에는, 이 자를 붙잡아서 시내(도심지역) 관리인들[157)]의 관청으로 연행해 가게 할 것이나, 구타는 제지할 것이니, 이는 토착민을 감히 두들겨 패려 덤비
는 일이 결코 없도록 하기 위해서입니다. 시내(도심지역) 관리인들이 이 e
들을 넘겨받아서는, 역시 손님(낯선 사람)을 보호해 주는 신[158)]을 숭상하면서, 신문을 하고서, 그 외국인이 토착민을 부당하게 때린 걸로 판단될

155) 690a 및 714e를 참조할 것. 《국가(정체)》 편 461d~465b에서도 어버이나 어버이 또래의 어른들 그리고 연장자들에 대한 공경의 태도가 강조되고 있다.

156) 729c를 참조할 것.

157) 759a의 해당 각주 및 763c~d의 본문을 참조할 것.

158) 718a에서 해당 각주를 참조할 것.

879e

경우에는, 이 사람이 맞은 그만큼 그 외국인에게 매질을 해 줌으로써 외
국인의 대담성에 종지부를 찍게 합니다. 하지만 외국인이 잘못하지 않았
을 경우에는, 그를 연행해 간 사람에게 겁을 주어 나무란 다음, 둘 다 놓
아줍니다. 한데, 같은 나이 또래가 또래를 또는 나이는 저보다도 더 먹었
880a 지만 아이가 없는 자를 구타할 경우, 또한 노인이 노인을 그리고 젊은이
가 젊은이를 구타할 경우, 무기 없이 자연스럽게 맨손으로 방어하게 합
니다. 그러나 40세 이상인 사람이 누군가와 싸우려 든다면, 그가 시작을
하건 또는 방어를 하건 간에, 그를 거칠고 저속하며 천한 자로 말하게 될
것이니, 창피스런 벌을 받아 마땅할 것입니다. 그리고 만약에 누군가가
이런 권고의 말(paramythion)에 순종한다면, 그는 유순한 사람일 것입
니다. 반면에 순종하지 않으며 전문(前文: prooimion)[159]에 대한 생각을
전혀 하지 않는 자는 다음과 같은 법이 이미 마련되어 있는 대로 받을 것
입니다.

b 만약에 누군가가 저보다도 20세 또는 그 이상의 연장자를 구타한다면,
첫째로, 목격자가 [싸우는 당사자들과][160] 같은 또래 나이도 아니고 더 젊
지도 않을 경우에는, 말릴 것이니, 그러지 않는다면, 법률상으로는 비겁
한 사람이라 할 것입니다. 반면에 그가 구타당하고 있는 자와 같은 나이
또래이거나 더 젊을 경우에는, 구타당하고 있는 이를 형이나 아버지 또
는 그 이상의 손윗사람처럼 방어해 주게 합니다. 더 나아가, [방금] 말한
것처럼, 연장자를 감히 구타하는 자는 폭행(학대)[161]에 대한 재판을 받게
c 하여, 유죄판결을 받게 될 경우에는, 1년 이상 구금되게 합니다. 그러나

---

159) 632d에서 해당 각주를 참조할 것. 여기서 말하고 있는 전문은 879b5에서부터 여기까지의 것을 가리킨다.

160) Burnet와 England는 텍스트 읽기에서 원어 [tōn makhomenōn]의 괄호를 풀고, 이를 살려서 읽었다.

161) 879b의 해당 각주를 참조할 것.

재판관들이 더 긴 형량을 정할 경우에는, 정해진 기간이 그에게 유효한 걸로 합니다. 그런가 하면, 외국인이나 거류민들 중의 누군가가 저보다도 20세 또는 그 이상의 연장자를 구타할 경우에는, 현장에 있게 된 자들의 도움과 관련된 법이 같은 효력을 갖게 할 것이나, 이런 재판에서 패소한 자가 거류민 아닌 외국인일 경우에는, 이 형벌은 2년간의 구금 생활을 치르게 합니다. 그가 거류민이면서 법률에 불복할 경우에는, 3년 동안 구금케 합니다. 법정이 그에게 그 이상의 형량을 정하지 않는다면 말입 d
니다. 그리고 현장에 있게 된 자가 이 경우들 중의 어느 경우에나 법에 따른 도움을 주지 않는 경우에는 벌금을 물게 합니다. 이 사람이 과세기준 재산(timēma)이 최고인 계층[162]에 속하는 경우에는 1므나[163]를, 과세기준 재산이 둘째인 계층에 속하는 경우에는 50드라크메를, 과세기준 재산이 셋째인 계층에 속하는 경우에는 30드라크메를, 과세기준 재산이 넷째인 계층에 속하는 경우에는 20드라크메를 벌금으로 물게 합니다.[164] 이런 경우들에 대한 법정은 장군들, 분견대 지휘관들, 부족장들 및 기병대 지휘관들로 구성되게 합니다.

한데, 법률은 한편으로는 선량한 사람들을 위해서, 곧 이들이 어떤 식으로 서로 함께 지냄으로써 우애롭게 살게 될 것인지에 대한 가르침을 위해서 생기게 된 것이며,[165] 다른 한편으론 교육을 기피한 자들을 위해 e
서, 곧 거친 성정대로 처신하면서도, 아주 나쁜 쪽으로는 빠지지 않을 정

162) 698b의 본문 및 해당 각주를 참조할 것.

163) 므나(mna) 및 드라크메(drakhmē)의 화폐단위에 대해서는 754d의 해당 각주를 참조할 것.

164) 시민들을 네 단계의 평가 자산에 따라 나누고 있는 것과 관련된 언급은 744b~c에서 했다.

165) 나라의 구성원들 간에 우애롭도록 하는 관점에서 법 제정을 하는 것과 관련해서 언급된 대목은 628c, 694b~c, 701d, 738d, 743c에도 보인다.

880e

도로 순화된 것도 전혀 아닌 자들을 위해서 생기게 된 것 같습니다. 이제 하게 될 말들을 하게끔 만든 사람들은 이들일 것입니다. 입법자가 불가피하게 법률 제정을 하게 되는 건 바로 이들을 위해서이겠는데, 이 법률이 적용되는 사태가 결코 일어나지 않기를 바라서입니다.[166] 아버지나 어머니 또는 더 앞선 이들의 조상들을 누구든 일종의 폭행(학대)으로 폭력을 쓰면서 감히 제압하려 드는 자는, 머리 위의 신들의 분노도 지하 세
881a 계에서의 이른바 응보들도[167] 두려워하지 않고, 전혀 알지 못하는 것들을 아는 듯이, 옛것들과 많은 사람이 말하는 것들[168]을 무시하고서 범법을 하니, 이 사람에게는 어떤 극한적인 방지책이 필요하기 때문입니다. 그러니까 죽음(사형)이 극한적인 것이 아니니, 저승에서 이들이 겪을 것으로 말하고들 있는 고난들은 이승의 것들보다도 한결 더 극한적인 것들입니다. 그리고 이런 혼들에는 더할 수 없이 진실을 말한다고 해도 그 방지에는 아무런 효과를 보지 못합니다. [그랬던들,] 모친 살해 사건들이나 그 밖의 어버이들에 대한 무모한 불경스런 구타 행위들은 결코 일어나지 않았을 테니까요. 따라서 이런 것들과 관련된 이들에 대한 이승에서의
b 처벌들, 곧 이승에서 사는 동안의 처벌들은 가능한 한 저승에서의 그것들에 전혀 못지않아야 합니다.

그러니까 이다음으로 말하게 되는 것은 다음과 같은 것이게 합니다. 실성하지 않은 자가 그 아버지나 어머니 또는 이들의 아버지나 어머니를 감히 구타하게 될 경우에는, 첫째로, 앞서처럼[169] 목격자가 돕게 합니다.

166) 872c~d를 참조할 것.

167) 저승에서의 일들과 관련해서는 플라톤의 대화편들 중에서도 《파이돈》 편 107c~115a와 《국가(정체)》 편 608c 이후에서 상당히 길게 이야기하고 있다.

168) 872d~e를 참조할 것.

169) 880b에서 말한 것을 가리킨다.

그리고 거류민인 외국인[170]이 도울 경우에는, 경기 행사에서 상석[171]에 초빙할 것이나, 돕지 않았을 경우에는, 영토 밖으로 영원한 추방을 하게 합니다. 반면에 거류민이 아닌 자가 도울 경우에는 칭찬을 받게 하되, 돕지 않을 경우에는, 비난을 받게 합니다. 노예가 도왔을 경우에는, 자유민이 되게 하되, 돕지 않았을 경우에는, 매 백 대를 맞게 할 것입니다. 이 일이 시장(아고라)에서 일어날 경우에는 시장 관리인들에 의해, 시장 밖의 시내에서 일어날 경우에는 시내(도심지역) 관리인들에 의해 그 체류자가 체벌을 받게 될 것입니다. 농촌지역 어딘가에서일 경우에는, 농촌지역 관리인들의 우두머리들에 의해 그리될 것입니다. 현장에 있게 된 누군가가 본바닥 사람이라면, 아이이건 남자어른이건 여인이건 간에, 모두가 그를 '불경한 자'로 지칭하며 막도록 합니다. 반면에, 막지 않는 자는 가족과 어버이를 보호하는 제우스의 저주를 법에 따라 고스란히 받게 합니다. 누군가가 어버이에 대한 학대로 유죄판결을 받게 될 경우에는, 첫째로 그는 도성에서 다른 지방으로 영원히 추방할 것이며, 모든 성전에 접근하지 못하게 합니다. 그 접근을 삼가지 않을 경우, 그를 농촌지역 관리인들이 매로써 벌하게 할 것이로되, 전적으로 그들이 원하는 대로 할 것이나, 돌아올 경우에는[172] 사형으로 처벌을 받게 합니다. 만약에 자유민들인 자들 중에서 누군가가 이런 자와 함께 식사를 하거나 함께 술을 마시거나 또는 이런 유의 다른 동참으로 어울리게 된다면, 또는 어딘

c (합니다. 반면에 … 돕), d (두가 그를 … 막지 않는 자), e (을 마시거나 … 어딘)

170) 텍스트 읽기에서 ho men metoikos [ē] xenos의 [ē]는 괄호 [ ] 표시가 뜻하는 대로 삭제하고서 읽었다. 따라서 Burnet의 읽기처럼 '거류민 또는 외국인이'로 옮기지 않았다. 이는, England의 지적처럼, 바로 그다음 다음줄(c1)의 ho de mē metoikos(거류민이 아닌 자)와 바로 대비되는 표현일 것이다.

171) 이 경우의 상석(上席: proedria)은 공공의 경기나 공연 또는 집회에서 외국인 명사들을 예우하는 뜻에서 베푸는 앞자리(proedra) 배정을 뜻한다.

172) 곧 농촌에서 도성으로 돌아오는 것을 의미한다.

881e

가에서 그와 만나게 되어서 자발적으로는 접촉만 하게 될[173] 뿐일지라도, 이 사람은, 정화되기 전에는, 어떤 신전에도 들어가지 못하며, 시장(아고라)에도 도성에도 전혀 들어가지 못하니, 저주받은 운명에 동참한 것으로 믿어서입니다. 만약에 이 사람이 법에 불복하여, 신전들이나 도성을 불법적으로 오염시키는데도, 관리들 중에서 누군가가 이를 감지하고서도, 이런 자에 대해 기소하지 않는다면, 감사(監査)[174]에서 그에 대

882a 한 가장 큰 고발 사항들 중의 하나를 이것이게 합니다.

그러나 이번에는 노예가 자유민을 구타할 경우, 이 사람이 외국인이건 또는 시민이건 간에, 목격자가 도울 것이나, 그러지 않을 것 같으면, 과세기준 재산에 따라 밝힌 대로의 벌금[175]을 물게 합니다. 목격자들은 구타당한 자와 함께 이 노예를 묶어서, 해코지를 당한 자에게 넘겨줍니다.

b 이 자를 넘겨받은 이는 족쇄를 채운 다음, 그 주인에게는 전혀 손해를 입히지 않는 범위에서 자신이 원하는 만큼 매질을 하고서, 법에 따라 그가 소유하도록 넘겨주게 합니다. 그 법은 이런 것이게 하죠. 노예이면서, 관리들이 시키지도 않는데, 자유민을 구타하는 자를 그 소유주가 구타당한

c 자에게서 묶인 상태로 넘겨받더라도, 그 노예가 풀려난 상태로 살 자격이 있는 걸로 구타한 자에게 납득게 하기 전에는, 풀어 주지 않을 것입니다. 똑같은 법규들이 이런 모든 경우들과 관련해서 여인들 상호 간에도, 남자들 대 여자들, 여자들 대 남자들 간에도 적용되게 합니다.

173) 이를테면, 손을 잡는 정도의 인사를 나눈 걸 의미하겠다.
174) '감사'에 대해서는 761e에서 해당 각주를 참조할 것.
175) 880d를 참조할 것.

제 10 권

아테네인: 폭행(학대) 다음으로는 일체 경우의 폭력적인 것들과 관련 884a
해서 다음과 같은 한 가지 법규를 말해 두기로 하죠. 그건 남의 것은 무
엇이든 그 누구도 취하거나 가져가서는 안 되며, 또한 이웃의 물건들을
그 어떤 것도 이용해서도 안 된다는 것입니다. 그 임자를 설득하기 전에
는 말입니다.[1] 이미 언급된 나쁜 것들은 모두가 실은 이런 것에 연유하
였으며 연유하고 있고 또한 연유할 것이기 때문입니다. 그런데 나머지
나쁜 것들 중에서도 가장 못된 것은 젊은이들의 무절제와 방자함
(hybris)들[2]입니다. 그것도 성스러운 것들에 대해서 저질러질 경우에는,
가장 중대한 것들에 대한 거죠. 게다가 특히 심각한 것은 공공의 것들이
며 신성한 것들 또는 각각의 부족 구성원들이나 그 밖의 그런 공동체의
구성원들 공동의 것들에 대해 저질러질 경우입니다. 둘째 것들 곧 그다 885a
음으로 심각한 것은 사적으로 성스러운 것들과 무덤들에 대해 누군가가
방자한 짓을 저지를 경우일 것이나, 부모에 대해 그럴 경우에는 셋째 것

1) 남의 재물에 대한 소유권을 침해하는 행위는 곧 도둑질과도 같은 폭력적 행위일 것이다.

2) 여기서는 hybris를 문맥에 따라 '방자함'으로 번역했다. 637a 및 793e에서 해당 각주를 참고할 것.

885a

일 겁니다. 이미 앞서 언급된 경우들[3]과는 다르다면 말입니다. 넷째 부류의 방자함은 누군가가 당국자들에 대해 조심도 하지 않고, 그들의 것인 뭔가를 그들의 허락도 받아 내지 않고서 가져가거나 옮기거나 또는 이용할 경우이겠으나, 다섯째 부류의 것은 재판을 청구하게 되는 경우로, 시민들 각자의 권리가 유린되었을[4] 때의 것일 겁니다.[5] 이들 각각의 경우들에 대해 공통되게 적용되는 법이 주어져야만 합니다. 신전 약탈이, 그게 폭력적인 것이든 또는 은밀히 저질러진 경우이든 간에, 무슨 벌
b 을 받아야만 하는지는 이미 총괄적으로 언급되었습니다.[6] 누군가가 말을 하거나 행동을 하면서 신들에 대해서 말로써 그리고 행동으로써 방자함을 저지르는 일들 모두에 대해서는, 권고의 말(paramythion)[7]을 한 다음에야, 받아야 할 벌들을 말해야만 합니다. 그건 이런 것이게 합니다. "법률에 따라 신들이 있다고 믿는 사람은 그 누구도 자발적(고의적)으로 불경한 짓을 하거나 불법한 말을 내뱉는 일이 결코 없었느니라. 그럴 경우는 다음 세 가지 상태 중의 어느 하나이니라. 방금 말했듯, 신들이 있다고 믿지 않거나, 둘째로는 신들이 있긴 하나, 인간들에 대해서는 마음 쓰지 않는 걸로 믿거나, 셋째로는 신들이 제물들과 기원들에 의해 쉽게 동하며 마음을 돌리게 되는 걸로 믿는다는 것이니라.[8]"

---

3) 바로 앞의 제9권 869a~c, 877b 및 880d~882a에서 말한 경우들을 가리킨다.

4) 여기에서 '유린당함'(hybristhen)이란 'hybris를 당함'을 뜻한다.

5) 앞의 경우는 공공 자산의 일부를 누군가가 멋대로 취하거나 이용할 경우이나, 뒤의 경우는 사유 재산에 대해 그럴 경우를 가리켜 말하고 있다고 할 것이다.

6) 854c~e 및 860b에서.

7) 이는, England가 그리 말하고 있듯, 구체적인 법 조항에 앞선 전문(前文: prooimion)과 같은 뜻으로 쓰이고 있는 셈이다.

8) 이 셋째 믿음에 대해서는 《국가(정체)》 편 364b~366a에서 상당히 길게

클레이니아스: 그렇다면 우리는 이들을 상대로 무엇을 할 것이며 무엇을 말할 것인지? c

아테네인: 선생이시여, 이들이 우리를 얕보고서 농담조로 말할 것으로 제가 예측하는 바를 들어 보도록 하죠.

클레이니아스: 바로 어떤 것들인가요?

아테네인: 아마도 그들은 익살스레 말할 것입니다. "아, 아테네 분과 라케다이몬 분 그리고 크노소스 분! 여러분께서는 진실을 말씀하십니다. 실은 저희 가운데 일부는 결코 신들을 전적으로 믿지 않지만, 일부는 선생들께서 말씀하시는 그런 사람들이니까요. 그래서 저희도 선생들께서 법률과 관련해서 요구하신 것과 똑같이 요구하고 있습니다.[9] 저희에게 d
사납게 위협하시기에 앞서, 신들이 있다는 걸, 충분한 증거들을 말씀해 주심으로써, 먼저 설득하고 가르쳐 주시도록 애써 주실 것을 말입니다. 또한 신들이 어떤 선물들에 홀리어 올바른(정의로운) 것과 어긋난 방향으로 마음을 바꾸기에는 너무나도 훌륭한 존재들이라는 것도 말입니다. 한데 실은 이런 말과 그 밖에도 이와 같은 말들을 가장 훌륭하다는 시인들과 연사들, 예언가들과 제관들 그리고 그 밖의 수천의 사람들에게서 듣고서도, 우리들 대다수는 올바르지 못한(불의의) 짓들을 하지 않는 쪽으로 방향을 잡지는 않고, 저지른 다음에야 고치려고 애를 쓰죠. 그렇더 e
라도 거칠지 않고 부드러운 걸로 자처하는 입법자들에게 저희를 상대로 먼저 설득을 이용해 주실 것을 저희는 요구합니다. 신들이 있다는 데 대해 남들보다 더 훌륭히는 말씀하지 못하시더라도, 어쨌거나 진실에 비추어서 더 훌륭히 말씀하신다면, 저희 또한 아마도 선뜻 여러분께 설득될 것입니다. 저희가 적절한 말을 하고 있다면, 저희가 청하는 바를 말씀해

언급하고 있다. 그리고 이들 세 가지는 잠시 뒤의 888c에서도 들고 있다.

9) 719e 끝 부분 이후 및 857c 이후를 참조할 것.

885e

주시도록 애써 주십시오."

클레이니아스: 그러니까, 선생이시여, 신들이 있다는 진실을 말한다는 것이야말로 말하기 쉬운 걸로 여겨지지 않습니까?

886a 아테네인: 어째서죠?

클레이니아스: 우선 지구와 태양, 별들과 모든 것(萬有) 그리고 이와 같이 계절들의 질서 정연함, 연월들의 나뉨이! 또한 모든 헬라스인들도 이방인들도 신들이 있다고 믿고 있다는 사실이!

아테네인: 선생이시여, 어쨌든 저로서는 못된 자들이 두렵습니다. — 제가 적어도 경외한다고는 결코 말하고 싶지는 않으니까요.— 그들이 어쩌면 우리를 얕보지나 않을까 하고 말입니다. 실은 선생들께서는 그들의 경우에 의견을 달리하는 까닭은 모르시고, 그들의 혼들이 [신들에 대한] 불경한 삶으로 내닫게 되는 것이 다만 쾌락과 욕망들을 자제하지 못함
b (akrateia)으로 인한 것이라 여기고 계십니다.

클레이니아스: 하지만 선생이시여, 그것들 이외에 또 무슨 까닭이 있을까요?

아테네인: 선생들께서는 그 바깥에 살고 계시기 때문에 아마도 전혀 아시지 못하고 있는 것일 터라, 선생들께서는 의식하지 못할 것입니다.

클레이니아스: 지금 무엇을 말씀하시고 있는 겁니까?

아테네인: 일종의 굉장히 곤란한 무지(amathia)인데, 가장 큰 지혜(phronēsis)인 듯이 여겨지고 있는 것이죠.

클레이니아스: 어떻게 하시는 말씀인지요?

아테네인: 우리에게는 저술된 상태의 이야기들이 있는데, 선생들 쪽에는, 제가 아는 바로는, 나라 체제의 훌륭함(aretē)으로 인해서 없는 것
c 들이죠. 그것들의 일부는 운문으로 된 것들이지만, 일부는 운문이 아닌 것들인데, 신들에 관해서 이야기하고 있는 것들입니다. 가장 오래된 이야기들은 하늘과 그 밖의 다른 것들의 최초 기원(physis)[10]이 어떻게 비

롯했으며, 시작 단계에서 오래가지 않아서 신들의 탄생(theogonia)[11] 그리고 이들이 탄생된 다음에는 어떻게 서로 어우러지게 되었는지[12]에 대한 것들입니다. 그것들을 듣는 사람들[13]에게 다른 어떤 점에서는 그것들이 유익한지 아닌지를 옛 사람들로서는 판정하기가 쉽지 않겠죠.[14] 그렇지만 어버이들에 대한 섬김과 존경이라는 점에서는[15] 적어도 저로서는 결코 칭찬하는 말을 하지 않겠으며, 유익하다고도 전혀 진실을 말하는 것도 아니라고 말하겠습니다. 그러므로 옛날 사람들의 것들에 대해서는 d
내버려 두고 작별키로 하고서, 어떻게든 신들의 마음에 드는 방향으로 그리 말하기로 하죠. 하지만 우리의 요즘 현자들[16]의 일들은 그게 어떤

---

10) physis에는 기원, 출생, 성장, 자연, 천성, 근원적인 것, 본질, 본질적인 것, 성질, 어떤 성질의 것 등의 뜻들이 있다.

11) theogonia에는 여기서처럼 '신들의 탄생'의 뜻도 있고, 헤시오도스의 책 이름처럼 '신들의 계보'를 뜻하기도 한다.

12) 여기에서 '어우러지게 되었다'(hōmilēsan)는 말은 homileō가 일반적인 사귐을 포함하여 여러 가지 형태로 사귀거나 관계 맺는 걸 뜻하는 말이어서, 성적인 관계 맺음도 뜻한다. 이 낱말은 앞의 각주에서 말한 신들의 탄생과 그 계보와도 연결되어 쓰인 것이라 할 것이다.

13) 헬라스어로는 '듣는 사람들'(hoi akouontes)이 곧 '독자들'이다. 당시에는 파피루스 두루마리에 쓰인 또는 필사된 책이 귀하기도 했겠지만, 호메로스 등의 서사시를 낭송으로 들어 온 오랜 관습도 있은 데다, 연극 공연을 보고 듣는 버릇도 익숙한 탓으로, 혼자서 하는 책 읽기는 흔한 일이 아니었던 것 같다. 어쨌든 모처럼 한 권의 책을 갖고 여러 사람이 같이 읽는 방법은 한 사람이 큰 소리로 읽으면 해결될 일이겠다. 동석한 사람들 모두가 듣게끔 큰 소리로 책을 읽어 주는 사람(anagnōstēs)은 그렇게 읽도록 훈련받은 노예이기도 했다. 당시의 책값과 관련해서는 《소크라테스의 변론》 편 26d를 참조할 것.

14) 신화 작가들에 대해 이런 태도를 취하는 것은 《소피스테스》 편 243a에서도 보인다.

15) 우라노스와 크로노스 및 제우스로 연결되는 주신들에 얽힌 이야기가 특히 이 경우에 해당되겠다. 《국가(정체)》 편 378a~d를 참조할 것.

886d

식으로 나쁜 일들의 탓이 되고 있는지 비판받도록 하죠. 그러니까 그런 사람들의 주장들은 다음과 같은 것이 되겠습니다. 신들이 있다는 데 대한 저나 선생의 증거들로 우리가 바로 이것들을, 즉 해나 달, 별들 그리고 지구를 끌어다 대며, 이것들이 신들이거나 또는 신성한(신적인) 것들이라 주장할 경우에, 현자들에게 설득된 사람들은 이것들이 흙과 돌들이
e 며 인간사들에 대해서는 전혀 마음 쓸 수도 없는 존재들이라고 말할 것입니다. 그것들을 설득력 있게 아무리 말로써 잘 치장을 했을지라도 말입니다.

클레이니아스: 선생이시여, 아무튼 어려운 주장을 말씀하셨습니다. 한 가지뿐이라고 해도 그렇겠는데 말입니다. 그러나 지금처럼 온갖 주장들이 있을 경우에는, 한층 더 어렵겠죠.

아테네인: 그러면 뭡니까? 우리가 무슨 말을 하고 있는 겁니까? 뭘 우리가 해야만 하나요? 누군가가 우리를 [신들에 대해] 불경한 자들[17] 앞에 고발이라도 한 것처럼, 우리가 변론을 할까요? 법률 제정과 관련해서 피고의 처지에서, 우리가 신들이 있는 것으로 하고 법 제정을 함으로
887a 써 놀라운 짓들을 하고 있다고 주장하는 사람들 앞에서처럼 말입니다. 아니면 우리가 이는 개의치 않기로 하고, 다시 법률의 문제로 돌아갈까요? 법률 [자체][18]보다도 우리의 전문(prooimion: 前文)[19]이 더 길게 되지는 않도록 말입니다. 일단 논의가 확대되면, 짧게 끝날 것이 아닐 것이기 때문입니다. 신들을 공경하고 싶어 하지 않는 저들에게 설명해야

---

16) 꼭 누구라고 집어서 말하기보다는 그 시대의 자연철학자들을 일반적으로 가리켜 말하고 있는 것으로 보면 되겠다.

17) 곧 '무신론자들'을 가리킨다.

18) 원문으로는 그냥 '법률'로만 되어 있으나, 실제로는 '법조문들'을 뜻하므로, 이를 '법률 [자체]'로 옮겼다.

19) 722c~723c를 참조할 것.

만 하는 것으로 그들이 주장해 오는 것들에 대해 우리가 한편으로는 논의를 통해 적절히 증명해 보이려 하되, 다른 한편으론 우리가 [그들로 하여금] 두려움[20]을 갖게 했으면 해서, 곤혹스러워하게 만든 다음, 그제야 마땅한 것들을 입법했으면 할 경우에는 말입니다.

클레이니아스: 선생이시여, 하지만 이처럼 짧은 시간 동안에 우리는 b
바로 그 말을 여러 번 했습니다.[21] 지금으로선 긴 것보다 간결한 표현을 더 선호할 필요는 없다는 겁니다. 흔히 말하듯, 아무도 우리를 바짝 뒤쫓고 있는 것도 아니니까요. 최선의 것들에 앞서 더 간단한 쪽을 택하는 사람들은 아주 우습기도 하고 변변찮아 보이기도 합니다. 신들이 있으며 신들은 선하여 인간들과는 달리 정의(dikē)를 귀히 여긴다는 우리의 주장은 어떤 식으로든 설득력을 갖는다는 것이 적잖이 중요한 것입니다.
아마도 이것은 우리의 법률 전체를 위해서 더할 수 없이 훌륭하디훌륭한 c
전문(前文)일 것이기 때문입니다. 따라서 전혀 언짢아하지도 쫓기지도 말고, 이런 주장들의 설득을 위해서 우리가 쓸 수 있는 힘이 무엇이거나 간에, 조금도 남겨 두지 말고 가능한 한 충분하리만큼 상세히 설명토록 합시다.

아테네인: 선생께서 방금 말씀하신 주장은, 선생께서 열성적으로 주장하시는지라, 신들에 대한 기원을 하도록[22] 하시는 것이라 제게는 여겨지는군요. 더는 말을 하지 않고 머뭇거릴 시간이 없군요. 자, 그러면 신들이 있다는 걸 누군가가 어떻게 격하지 않은 상태로 주장할 수 있겠습니까? 그야 물론 우리에게 있어서 이들 논의의 빌미가 되었고 지금도 되

---

20) England의 지적처럼 신들에 대한 두려움을 뜻하는 것으로 보는 게 옳겠다.

21) 722a, 781e 및 858a~b를 참조할 것.

22) 어떤 일을 착수할 때는 신들의 도움을 청하는 것이 헬라스인들의 관습이었기 때문이다. 《티마이오스》 편 27c 및 《필레보스》 편 61b 끝을 참조할 것.

d 고 있는 저들에 대해 사납게 대하며 미워하게 되는 건 필연적일 것이기
때문입니다. 아직도 젖먹이들이었던 어린 시절부터 마치 주문들[23]처럼
농담조로 또는 진지한 투로 들려주는 보모들과 어머니들한테서 들은 설
화들(mythoi)[24]을 곧이듣지 않아서죠. 제물들과 함께하는 기원들 속에
서 듣기도 하고, 또한 그것들에 뒤따르는 광경들을 보기도 했을 텐데, 이
들 제물들이 바쳐지면서 거행되는 행사들을 아이가 구경하며 듣는다는
것은 더할 수 없이 즐거운 것들입니다. 자신들의 어버이들이 자신들과
그들을 위해 더할 수 없이 진지한 가운데 지어 보이는 진지한 태도를, 가
e 장 확실히 존재하는 신들과 기원들 그리고 탄원들로 이야기를 하는 것을
보기도 하고 듣기도 한 것입니다. 또한 해 뜰 때에도 달이 뜰 때에도 그
리고 그것들이 질 때에도 모든 헬라스인들과 이방인들이 온갖 불행과 번
영에 처해서도 엎드림과 함께 부복을 하는 걸 보기도 하고 듣기도 합니
다. 신들이 없는 것이 아니라 가장 확실히 있으며, 따라서 신들이 없지
않은가 하는 의심을 전혀 갖지 않게끔 하는 걸 말입니다. 바로 이 모든
것들을 [단] 한 가지의 충분한 근거도 없이 무시하는 자들이, 조금이라
도 지각이 있는 사람들이라면 그리 말하겠듯, 우리가 말하고 있는 것들
888a 을 우리로 하여금 지금 말하지 않을 수 없도록 하고 있는데, 누군들 어찌
부드러운 말로 그들을 훈계하면서 우선 신들이 있다는 걸 동시에 가르칠
수 있겠습니까? 하지만 이는 감행해야만 합니다. 우리 가운데서 어떤 이
들이 쾌락에 대한 탐닉으로[25] 미친 상태가 되어서도 안 되지만, 동시에
어떤 이들이 이들에 대해 격분함으로써 미친 상태가 되어서도 안 되겠기
때문입니다. 따라서 이처럼 그 생각이 타락한 자들에 대해서는 다음과

---

23) 주문(epǭdē)과 관련해서는 659e를 참조할 것.

24) 어릴 적에 들려주는 설화의 중요성과 관련된 언급으로는 《국가(정체)》 편 377a~c를 참조할 것.

25) 886a에서 아테네인의 말을 참조할 것.

같은 격하지 않은 어떤 미리 말해 둠[26]이 있도록 합니다. 격정을 가라앉
히고서, 마치 그런 자들 중의 한 사람과 대화를 하듯, 부드럽게 말합시
다. "젊은이여! 그대는 젊으이. 그러나 시간이 지나면서, 지금 그대가 생
각하는 것들 가운데 많은 것이 바뀌게 하여, 그대로 하여금 반대로 여기 b
게 만들지. 그러니 그때까지는[27] 참았다가, 가장 중대한 것들에 대한 판
정자가 되게나. 그러나 가장 중대한 것은, 지금은 그대가 아무것도 아닌
걸로 여기고 있는 것으로서, 신들에 대해 옳게 생각하고서 훌륭하게 사
는가 아니면 그러지 못하는가 하는 것일세. 첫째로, 내가 그대에게 이들
과 관련해서 한 가지 큰 것을 알려 줄 경우, 내가 속이고 있는 게 아니라
는 것이 드러날 것이니, 그건 다음과 같은 것이네. 신들에 대해 이 의견
(doxa)을 처음으로 갖는 자들은 그대만도 아니고 그대의 친구들이 처음
도 아니네. 이 병을 앓는 자들은 언제고 늘거나 줄지. 따라서 그대에게
내 말해 주고 싶으이. 그들 중의 많은 이들을 내가 접한 터라. 신들에 대
해서 이들이 있지 않다는 이 의견을 젊어서 갖게 된 자 그 누구도 늙어서 c
까지 이 생각 속에 끝끝내 머물러 있는 자는 결코 아무도 없으이.[28] 그렇
지만 신들에 대한 두 가지 마음 상태는 남아 있는데, 많은 이의 경우에는
그렇지 않지만, 몇몇 사람들의 경우에는 그냥 남아 있다네. 그것들은 신
들이 있기는 하지만, 인간사들에 대해서는 전혀 마음 쓰지 않는다는 것
이 그 하나이고, 그다음 것은 신들이 인간사들에 대해서 마음 쓰긴 하지
만, 제물들과 서원들에 의해 쉬 진정된다는 것이지. 만약에 그대가 내 말
대로 한다면, 이것들과 관련된 신념(dogma)이 가능한 한 확실하게 되는

26) 여기에서 '미리 말해 둠'으로 옮긴 원어는 prorrhēsis로서, prooimion(前文)과 비슷한 뜻으로 쓰인 것이다.

27) 곧 시간이 지나 훌륭한 판단을 할 수 있게 될 때까지를 뜻하는 것으로 보면 되겠다.

28) 《국가(정체)》 편 330d~331a에 그런 언급이 보인다.

d 걸 그대는 기다리게 되는 걸세. 그게 그런지 또는 그렇지 않은지, 다른 사람들에게 그리고 특히 누구보다도 입법자에게 알아본 다음, 재검토해 봄으로써 말일세. 그렇다면 이 기간 동안에는 신들과 관련해서 아무런 불경한 짓도 저지르지 않도록 하게. 그대를 위해 법률을 제정하는 사람으로서는 바로 이것들이 어떠한지를 지금도 그리고 앞으로도 가르쳐 주도록 해야만 하겠기 때문이네."

클레이니아스: 선생이시여, 이제껏 하신 말씀은 저희에게는 더할 수 없이 훌륭합니다.

아테네인: 좋습니다, 메길로스 님 그리고 클레이니아스 님! 하지만 우린 우리 자신들도 모르는 사이에 놀라운 논의 속에 빠진 것 같습니다.

클레이니아스: 바로 어떤 논의를 말씀하시는 것인지?

e 아테네인: 많은 사람들에 의해서 모든 논의들 중에서도 가장 지혜로운 것으로 여겨지는 것입니다.

클레이니아스: 한층 더 명확히 말씀하시죠.

아테네인: 짐작건대 어떤 이들은 말합니다. 생기는 것들과 생긴 것들 그리고 생기게 될 것들은 모두가 자연(physis)에 의한 것들이거나, 기술(인위: technē)에 의한 것들 또는 우연(tykhē)으로 인한 것들이라고.[29)]

클레이니아스: 훌륭히 말한 게 아닌가요?

아테네인: 어쨌든 현자들이 하는 말이니 어쩌면 옳겠죠. 그렇더라도

889a 이들을 따라가면서 그런 견해를 갖는 사람들이 도대체 무슨 생각을 하고 있는지도 검토해 보기로 합시다.

클레이니아스: 어떻게 해서든 그러기로 하죠.

아테네인: 그들은 주장합니다. 그것들 가운데서도 가장 크고 가장 훌

29) 709a~c에서도 비슷한 말을 하고 있으나, 거기에서는, England가 지적하고 있듯, '신'이 '자연'을 대신하고 있다.

륭한 것들은 자연과 우연이 만들어 내나, 한결 작은 것들은 기술이 만들어 내는데, 기술은 크고 일차적인 산물들의 생성을 자연 쪽에서 받아서는, 한결 작은 것들 모두를 형성하고(plattein) 구성해 내는데(tektainesthai)[30], 바로 이것들을 우리 모두가 기술의 산물들([ta] technika)이라 일컫습니다.

클레이니아스: 어떻게 하시는 말씀인지요?

아테네인: 이런 식으로 더 명확히 말씀드릴 수 있겠습니다. 불과 물, b
흙 그리고 공기[31]는 모두가 자연과 우연에 의한 것이지, 이것들[32] 가운데 어느 것도 기술에 의한 것이 아니라고 그들은 주장합니다. 또한 그들은 주장하길, 이것들 다음에 생긴 물체들(sōmata)도 전혀 생명(혼)이 없는 것들인 이것들로 해서 생기게 된 것들인데, 지구와 해, 달 그리고 별들의 경우가 그렇다는 겁니다.[33] 그것들 각각이 운동하게 되는 것은 그 각각의 것들이 지닌 힘 [작용](dynamis)의 우연성에 의해서라 하고요.

---

30) 형성함(plattein, plassein)은 조형하는 것이나 주조하는 것을 뜻하는 말로, 이의 형용사 plastos에서 영어 plastic이 유래된 것으로 볼 수 있겠다. '구성해 냄'으로 옮긴 tektainesthai는 목공 기술처럼 뭔가를 조립함 곧 '짜서 만듦'을 뜻하는 말이다.

31) 이것들은 이른바 4원소들로서, 헬라스의 자연철학자들이 상정했던 기본적인 물질들이요, 모든 물체 또는 사물들은 이로써 구성되어 있다고 생각했다. 물은 탈레스(Thalēs)가, 공기는 아낙시메네스(Anaximenēs)가, 불은 헤라클레이토스(Hērakleitos)가 각각 만물의 근원적인 물질로 내세웠는데, 엠페도클레스(Empedoklēs)가 여기에다 흙을 추가한 이래로, 이것들이 4원소들로 지칭되었다.

32) 여기서부터 e1까지에 걸친 아테네인의 발언 가운데 유난히 많이 나오는 지시대명사들 및 지시부사들이 정확히 가리키는 것이 각기 어느 것인지가 다소 불분명해 보이는 경우가 더러 있어서, 역자들 간에 의견의 일치를 보지 못하고 있는 대목이 더러 있다. 그래서 Saunders는 그의 *Notes*, No. 92에서 무려 6쪽에 걸쳐서 이를 정리하고 있다.

33) 886d를 참조할 것.

그것들이 어떤 식으로든 적절한 방식으로 조화되게 서로 어우러졌듯, 즉 뜨거운 것들은 찬 것들과 건조한 것들은 습한 것들[34]과 그리고 보드라운
c 것들은 단단한 것들과 그리되듯, 반대(대립)되는 것들(ta enantia)의 우연에 따른 혼화(混和: krasis)[35]에 의해서 필연적으로 혼합되는 그 모든 것처럼, 그런 식으로 마찬가지 방식으로 온 천구[36]와 하늘에 있는 모든 것도 생기게 되었답니다. 이것들로 해서[37] 모든 계절이 생기게 되니까, 일체의 동물들과 식물들 또한 생기게 되었다고 합니다. 그러나 이는 지성(정신: nous)으로 인한 것이 아니고, 어떤 신으로 인한 것도 아니며, 기술로 인한 것도 아니고, 우리가 말하고 있듯, 자연에 의한 그리고 우연에 의한 것이라고 그들은 주장합니다. 반면에 기술은 훗날에야 이들[38]로 해서 나중에 생긴 것이니, 그 자체가 사멸하는 것인 이것이 사멸하는 자
d 들로 해서 나중에는 몇 가지의 놀이들을 생기게 했으나,[39] 이것들은 진

---

34) 온, 냉, 건, 습은 초기 자연철학자 아낙시만드로스(Anaximandros) 이래로 대립되는 성질들을 나타내는 대표적인 것들로 간주되어 왔다. 훗날 엠페도클레스가 물, 불, 흙, 공기의 4원소 설을 주장했는데, 이것들은 앞의 네 가지 반대 또는 대립되는 것들(ta enantia)의 상징적 물질들로 흔히 간주되기도 했다.

35) krasis는 우선 섞음이나 혼합을 뜻하지만, 그 결과가 조화 또는 융화를 이룬 것일 경우에는 단순히 '혼합'이라고 하기보다는 '혼화(混和)'라 하는 게 옳겠다. 이와 관련해서는 역자의 역주서 《플라톤의 필레보스》에서 본문 63e의 끝 부분~64a 및 해당 각주 그리고 64d~e의 본문을 참조하는 게 좋겠다.

36) 원어는 ho ouranos holon으로서, 그대로 번역하면, '전체 하늘'로 되겠으나, 《티마이오스》 편, 34b5에서 이를 하나뿐인 '천구'(kyklos … ouranos)로 말하고 있는 점도 고려하여, '온 천구'로 옮겼다.

37) 곧 천체들의 운행을 뜻하는 것으로 보아야 할 것이다.

38) 동물 특히 사람을 가리키는 것으로 보면 되겠다.

39) 바로 다음에 이어지는 미술이나 시가(詩歌), 곧 무대나 극장에서 공연되는 연극 활동 등에서 볼 수 있는 일체의 예술 행위들을 두고 하는 말이

실(alētheia)에는 제대로 관여하지 못하는 것들이라, 저들과 동류인 몇 가지 영상들일 뿐이라는 겁니다.[40] 회화[기법](繪畫[技法]: graphikē [technē])이나 시가(詩歌)[기법](mousikē [technē])[41] 그리고 이것들과 협력 관계에 있는 기술(technē)들이 생기게 하는 그런 것들 말입니다. 그러나 기술들 중에서도 일부의 것들은 실제로 어떤 진지한 걸 산출하는데, 이것들은 자체의 힘을 자연과 협력하게 하는 것들입니다. 이를테면, 의술이나 농경기술 그리고 체육[기술]도 그런 것들입니다. 특히 치술(治術: politikē [technē])은 작은 부분에서 자연과 협력하는 관계에 있지만, 기술과는 대부분이 협력 관계에 있다고 합니다. 이처럼 모든 법률 제정 (nomothesia)도 자연적인 것이 아니라, 인위적인(기술에 의한)[42] 것이 e
며, 그 제정조항(thesis)들이 진실인 것들[43]은 아니라는 겁니다.

겠는데, 예술 행위 전체를 모방(mimēsis) 행위로 본 당시의 예술관을 염두에 둘 필요가 있겠다.

40) 일체의 예술 행위를 모방 행위로 보는 것과 관련해서는 특히 《국가(정체)》 편 595a~598d를 참조할 것.

41) '회화[기법](繪畫[技法]: graphikē [technē])이나 시가(詩歌)[기법](mousikē [technē])' 처럼 원문에서는 괄호 [ ]속에 표시된 technē가 생략된 상태로 쓰이는 것이 관례이다. 바로 다음의 의술(iatrikē [technē]), 농경기술(geōrgikē [technē]), 체육(gymnastikē [technē]), 치술(politikē [technē]) 등의 경우에도 이는 마찬가지이다.

42) 여기에서 보듯, technē를 이제껏은 대체로 '기술' 곧 the *art* of …라는 표현에서의 art(… 술)로 번역해 왔으나, 이 경우에는 상당한 무리가 따르는 것 같아, '인위'(人爲)로 번역하는 게 의미 전달을 더 잘 할 것 같다. 그리고 여기에서 '인위적인(기술에 의한)'의 원어는 technē(τέχνη)의 여격(與格: dative)인 τέχνῃ이다. 영어로는 artificiality와 artificially가 그 각각에 해당하는 걸로 보면 되겠다.

43) 인위적으로 제정된 것들, 곧 인정법(人定法)들이라는 뜻이다. 바로 앞 d 첫머리에서 "진실(alētheia)에는 제대로 관여하지 못하는 것들이라"는 표현과 연관된 언급이겠는데, 인위적인 것에 비해 자연적인 것은 진실하다는 뜻으로 하는 말이겠다.

889e

클레이니아스: 어떻게 하시는 말씀인지요?

아테네인: 선생이시여! 이들은 첫째로 주장합니다. 신들이 있는 것은 인위적인, 곧 자연 아닌 어떤 법률에 의한 것이며, 법률은 그 법률을 제정하게 된 각각의 무리가 저들끼리 합의하기 나름인 그 방식에 따라 다르다는 겁니다. 특히 자연적으로(physei) 아름다운(훌륭한) 것들(ta kala)과 관습(법: nomos)[44]에 의해 아름다운(훌륭한) 것들은 다르거니와, 올바른(정의로운) 것들(ta dikaia)만 해도 전혀 자연적인 것이 아니라, 끝내 서로 논쟁을 하게 되는 것들이며 언제나 이것들을 바꾸고들 한다는 겁니다. 이것들이 일단 바뀌게 되면, 그땐 이것들 각각이 권위 있는

---

44) 복수 형태의 nomoi는 '법률'을, 단수인 nomos는 '법'을 뜻하는 말이기도 하지만, 원래 이 낱말은 어떤 공동체의 구성원들이 그대로 따르는 게 옳은 걸로 믿게 된(nomizetai) '관습'(convention)을 뜻한다. 이런 관습이 사회적으로 구속력을 갖게 되면, 이는 곧 법이 되기 때문이다. 불문율이 바로 그런 것들이다. 신들에 대한 공경과 부모에 대한 공경, 나그네들에 대한 환대 등은 헬라스의 어느 나라 사람들이나 다 지켜야 할 불문율이었다. 그러나 이런 관습법들은 '자연적인'(자연에 의한) 것인가 아니면 단지 '인위에 의한' 곧 '관습에 의한' 것인가? 더구나 각각의 나라들은 나름의 필요에 의해 그리고 통치자들은 그들 나름으로 수시로 법을 만드는 게 현실이 아닌가? 그러고 보면, 법은 다분히 인위적인 성격을 갖는 것이다. 그래서, 여기에서도 보다시피, 아테네인이 대화 상대자들뿐만 아니라 독자들인 우리까지 어느 결에 휘말려 들게 하고 있는 이 nomos(관습)와 physis(자연)의 대립적 시각과 관련된 논쟁은 실은 5~4세기 헬라스 철학에서 가장 중대한 뜨거운 논의거리들 중의 하나였다. 이제껏 당연한 그래서 자연스런 것들로 받아들였던 모든 사회제도나 사회질서 및 종교 또는 도덕적 규범들을 단지 관습의 산물들로만 보는 시각이 대두되면서 헬라스, 특히 아테네 사회는 정신적인 격동기를 맞게 된 것이다. 이 대화편의 논의에서 이제 곧 우리는 이 대립을 아우르게 되는 플라톤의 자연법 사상의 일면을 읽게 될 것이다. 이와 관련해서는 졸저《헬라스 사상의 심층》에서 제6장 '플라톤의 자연법 사상' 항목을 참조하는 것도 도움이 될 것이다.

(결정권을 갖는)[45] 것들로 되는데, 이것들은 인위적으로 그리고 법률에 의해 생긴 것들이지, 어떤 형태로도 자연적으로 생긴 것들은 아니라는 겁니다. 친구들이시여! 이것들은 모두가 젊은 사람들의 판단으론 지혜로운 이들이 주장하는 것들로서, 이들 산문으로 글을 쓰는 사람들[46]이나 시인들은 누군가가 강압적으로 이기게 된 것이 가장 올바른(정의로운) 것(to dikaiotaton)이라고 주장합니다.[47] 이에서 [신들에 대한] 불경한 마음들이 젊은 사람들에게 엄습하게도 된 것이니, 법이 믿어야만 하는 것으로 지시하는 그런 신들은 없다는 겁니다. 분쟁들도 이것들로 인한 것이니, 자연에 따른 바른 삶[48]으로 그들이 이끌어서죠. 이는 남들을 정말로 지배하면서 살지, 법에 따라 남들에게 종 노릇을 하면서 살지는 않는 삶입니다. 890a

클레이니아스: 선생이시여, 어쩜 그런 주장을, 그리고 공동체인 나라들에 있어서도, 사적인 가정들에 있어서도 얼마나 큰 젊은 사람들의 타락을 선생께서 말씀하시는 건지! b

45) 헬라스어로 주인을 ho kyrios라 하는데, 여기에서 '권위 있는(결정권을 갖는)'으로 번역한 형용사 kyrios는 곧 '주인 노릇을 하는'의 의미로 쓰인 비유적인 표현이다. 현대 그리스어로 정관사 없이는 Mr의 뜻으로도 쓰인다.

46) 여기에서 '산문으로 글을 쓰는 사람들'로 번역한 원어 idiōtai(단수는 idiōtēs)는 대개 '사인(私人)들'이나 '문외한들'을 뜻하는 말이다. Liddell & Scott의 *Greek-English Lexicon: Revised Supplement*(Oxford, 1996)에는 바로 이 대화편의 이 대목의 예를 든 'of prose writers'(산문작가들에 대해서)라는 내용이 보유(補遺)되어 있다.

47) 690b의 각주에서 칼리클레스와 관련된 언급을 참조할 것. 또한 《국가(정체)》 편 337a~352d에 걸쳐서 피력된 트라시마코스(Thrasymachos)의 주장이 이와 관련된다. 그 주장의 요지는 "올바른 것(to dikaion)이란 더 강한 자의 편익(to sympheron)이다"라는 것이다.

48) 원어는 ho kata physin orthos bios인데, 이는 바로 다음에서 언급하고 있듯 자연 상태에서 강자가 살아가는 방식을 지칭해서 하는 말이다.

890b

아테네인: 그렇지만 클레이니아스 님! 선생께서는 진실을 말씀하시는 겁니다. 그렇다면 이처럼 이런 상황들이 오래전부터 조성되어 있는 터에 선생께선 입법자가 무엇을 해야만 한다고 생각하십니까? 이 나라에서 모든 사람을 상대로 맞서서 오로지 위협만 해야 할까요? 만약에 신들이 있는 것으로 그들이 주장하지 않는다면, 그리고 신들은 법이 주장하는 것과 같은 그런 존재들이라 믿고 그대로 그들이 생각하지 않는다면 말입니다. 또한 아름다운 것들과 올바른(정의로운) 것들 그리고 모든 중요한 것들에 대해서도, 그런가 하면 [사람으로서의] 훌륭함(덕: aretē) 및 나쁨(악덕: kakia)과 관련되는 모든 것에 대해서도[49] 하는 말은 똑같
c 아야만 할까요? 이것들은 입법자가 법을 기초하면서 지시하게 되는 그대로 생각하면서 실천해야만 한다고 말입니다. 스스로 법률에 순종해 보이지 않는 자일 경우, 어떤 자는 죽어 마땅하나, 어떤 자는 매질과 구금으로써, 어떤 자는 시민권 박탈로, 그런가 하면 다른 사람들은 가난과 추방으로써 벌을 받게 되어야만 한다고 말입니다. 사람들에게 법률을 제정해 줌과 함께, 그들이 가급적 고분고분해지도록, 지시하는 말들에 아무런 설득도 덧붙이지 않아야만 합니까?

d 클레이니아스: 전혀 그렇지 않습니다, 선생이시여! 만약에 이런 것들과 관련해서 조그마한 설득의 여지라도 아무튼 있기만 하다면, 조금이라도 자격 있는 입법자는 결코 지치는 일 없이, 흔히 하는 말로, 목청껏 외치며, 이런 주장으로 그 오랜 법을 돕게 되어야 할 것입니다. 신들은 있으며 방금 선생께서 말씀하신 것들은 그대로라는 주장으로써 말입니다. 특히 법 자체와 기술을 지원해야 합니다. 법과 기술이, 선생께서 주장하시는 것으로 제게 보이기도 하며 지금은 제가 선생과 동조하고 있는 그 옳은 주장대로 정말로 지성의 산물들이라면, 둘은 자연적이거나 또는 자

49) 890c1의 hosa de는 Budé 판의 읽기에 따라 hosa te로 읽었다.

연 못지않은 것들이라고 말입니다.

아테네인: 아, 더할 수 없이 열성이신 클레이니아스 님, 어떤가요? 많 e
은 사람을 상대로 그리 말할 경우, 이들이 그 논의를 따라가기도 어렵겠거니와, 그 규모 또한 방대하지 않겠습니까?

클레이니아스: 선생이시여, 그게 어때서요? 취흥(술 취함) 및 시가와 관련해서는 우리 스스로 그처럼 길게 말하면서도 견디고서는,[50] 신들 및 그런 것들과 관련해서는 우리가 참아 내지 못할까요? 그리고 진실로 이는 적어도 지혜(사려 분별)가 동반된 법률 제정에는 아마도 더할 수 없
이 큰 도움이 또한 될 겁니다. 법률과 관련된 지시사항들은 글로 적히어 891a
있어서, 언제나 검토할 수 있게 할 것이기에, 아주 확고하여, 처음에는 알아듣기가 힘들다 할지라도 두려워해서는 안 됩니다. 이해가 더딘 자라도 자주 그것들을 찾아가서 고찰할 수 있을 테니까요. 또한 비록 그게 길더라도, 유익하다면, 이 때문에라도 이런 논의들을 누구든 가능한 한 돕지 않는다는 것은 어느 면으로나 이치에도 맞지 않으며 불경한 것으로 제게는 보입니다.

메길로스: 선생이시여, 클레이니아스 님께서 아주 훌륭히 말씀하신 걸로 제게는 생각됩니다.

아테네인: 메길로스 님! 그야 물론 그의 말대로 해야만 하기도 하고 b
요. 그리고 이런 논의들이 거의 모든 사람들 사이에 확산되어 있는 게 아니라면, 신들이 있다는 걸 옹호하는 그 어떤 주장도 필요하지 않을 것입니다. 그러나 지금은 필요합니다. 그러니까 가장 중요한 법률이 나쁜 사람들에 의해 무너지고 있는 터에 이를 지원하는 것이 입법자 이외에 누가 더 적절하겠습니까?

메길로스: 아무도 없습니다.

---

50) 제1권의 638b 이후에서 그리고 제2권 전체에 걸쳐 다루었다.

아테네인: 하지만, 클레이니아스 님, 제게 다시 말씀해 주세요. 선생
c 께서도 논의들의 참여자여야 하겠기 때문입니다. 이런 주장을 하는 사람은 불과 물, 흙 그리고 공기를 만물의 처음 것들이라 여기고, 바로 이것들을 자연(근원적인 것: physis)이라는 이름으로 일컫되, 혼(psychē)은 이것들에서 나중에야 생기게 된 것이라 여기는 것 같습니다.[51] 하지만 실은 그러는 것 같아 보이는 것이 아니라, 정말로 이를 제 주장에 의해서 우리에게 실증해 보이려 한 것 같습니다.

클레이니아스: 물론입니다.

아테네인: 그렇다면, 맹세컨대, 일찍이 자연에 대한 탐구들에 몰두했던 사람들의 지각없는 의견(doxa)의 원천과도 같은 것을 우리가 찾아낸 겁니까? 그 전체 주장을 캐물어 가며 고찰하시죠. 만약에 불경한 논의들
d 을 하면서 이를 다른 사람들에게 가르치기도 하는 사람들이 논의들을 잘 이끌어가지 못하고 잘못 이끄는 것으로 드러난다면, 그 차이는 어쨌든 실상 작은 게 아니니까요. 따라서 이것들은 이러한 것이라 제게는 여겨집니다.

클레이니아스: 훌륭한 말씀입니다. 하지만 어떤 점에서 그런지 말씀

---

51) 889b에서 소크라테스 이전의 이른바 자연철학자들의 주장과 해당 각주를 참조할 것. 이들의 철학적 탐구에 대해서는 흔히 '자연에 관한 탐구'(peri physeōs historia)라 통칭하며, 이런 이름의 저술들을 여럿이 낸 걸로 전한다. 그들의 '자연'(physis)에 관한 탐구는 곧 자연에 있어서 '본질적인 것' 또는 '근원적인 것'이 무엇인지에 대한 탐구이기도 했는데, 이를 '근원적인 물질'(原質)에서 찾는 경향이 주를 이루었다. 그러나 이런 경우의 물질들은, 적어도 다원론자들 이전에는, 단순한 물질이 아니라, 물질 자체가 살아 있는 것으로 간주되었다. 물질에 대한 이런 견해를 물활론(物活論: hylozoism)이라 하는데, 그 어원은 hylē(물질: matter) + zōē(삶: life, living)에 있다. 물론 이런 견해는, 이어지는 논의에서도 보다시피, 그 자체가 '생명'을 뜻하는 혼(psychē)을 앞세우는 플라톤의 생각에는 배치되는 것이다.

해 주시도록 하십시오.

아테네인: 그러니까 한결 익숙지 않은 논의들을 해야만 할 것 같습니다.

클레이니아스: 선생이시여, 망설이지 마십시오. 우리가 이런 논의들을 하게 되면, 법률 제정의 범위를 벗어나게 된다는 생각을 선생께서 하실 거라는 건 저도 알고 있습니다. 하지만 지금의 이 법[52]에 따라 옳은 e
것으로 주장하게 되는 신들에 대해 의견의 일치를 보게 되는 것이 이런 식으로 말고 달리는 어떤 식으로도 불가능하다면, 선생이시여, 역시 이런 식으로 논의를 해야만 합니다.[53]

아테네인: 이제 다음과 같은 거의 익숙지 않을 것 같은 주장을 제가 하게 될 것 같습니다. 모든 것의 생성(genesis)과 소멸(phthora)의 첫째 원인인 이것(혼)을 처음 생긴 것이 아니라 나중에 생긴 것이라고 불경한 자들의 혼을 빚어 낸 주장들이 밝힙니다만, 나중에 생겼다는 것이 먼저 생긴 겁니다. 이로 해서 그들이 신들의 참된 본질(ousia)에 대해 잘못 판단하게 된 것입니다.

클레이니아스: 아직 모르겠군요. 892a

아테네인: 친구시여, 혼을 거의 모두가 모르고 있는 것 같습니다. 그게 어떤 것이며 그게 무슨 힘(능력: dynamis)을 지니고 있는지, 그리고 혼과 관련된 그 밖의 것들 중에서도 특히 그 생성에 대해서, 곧 그게 첫째 것들에 포함되며, 모든 몸들 또는 물체들[54]보다도 앞서 생긴 것이고,

---

52) 곧 이들이 지금 법률 제정을 하고 있는 마그네시아의 법을 가리킨다.

53) 당면한 법률 제정보다도 더 근원적인 문제라 할 신들 및 혼에 관한 철학적 논의를 위해 907e에 이르기까지 얼마 동안 법률 제정 작업에서 벗어나게 되는 걸 두고 하는 말이다. 그러나 그 이후에는 신들에 대한 불경죄를 다루게 되는데, 이는 결국 불경죄에 대한 법률 제정을 위한 이론적 정초작업인 셈이다.

892a
또한 이것들의 변화(metabolē) 및 모든 것의 일체 조건 또는 상태의 변
화(metakosmēsis)도 지배한다는 것을 말입니다. 한데, 이것들이 이러하
다면, 혼이 몸 또는 물체보다도 어쨌든 더 연장(年長)이기에,[55] 혼과 같
은 부류인 것들이 몸 또는 물체에 속하는 것들보다도 먼저 생겼을 것은
b 필연적이지 않겠습니까?

클레이니아스: 그건 필연적입니다.

아테네인: 그렇다면 의견과 배려, 지성, 기술(고안) 및 법이 단단한 것들이나 보드라운 것들 그리고 무겁거나 가벼운 것들[56]보다도 더 앞서는 것들일 것입니다. 특히 크고 으뜸가는 작품들과 행위들은, 첫째 것들에 속하기에, 기술(고안: technē)의 산물들이겠지만, 자연적인 것들과 자연은, 이걸 그들이 옳지 않게도 바로 이 이름으로 일컫는데, 나중 것들이며 기술과 지성에서 비롯되는 것들일 것입니다.[57]

c 클레이니아스: 어째서 그들이 옳지 않다는 겁니까?

아테네인: 그들이 '자연'으로 말하고자 하는 것은 처음 것들(ta prōta)과 관련된 생성입니다. 그러나 만일에 혼이 먼저인 것으로 밝혀진다면, 불도 공기도 아니고, 혼이 처음 것들에 속하는 것으로 생긴 것이라면, 그것이야말로 각별히 자연적이라 말하는 게 아마도 지당할 것입니다. 이게 이러하다는 건, 누군가가 혼이 몸보다도 더 연장인 것임을 증명할 경우에 그럴 것이니, 그러지 못한다면, 결코 그렇지 않을 것입니다.

---

54) 헬라스어로 sōma(복수는 sōmata임)는 라틴어 corpus 및 영어 body가 그렇듯, '몸'을 뜻하기도 하지만, '물체'를 뜻하기도 한다. 따라서 여기에서는 논의의 맥락대로 '몸 또는 물체'로 번역했다.

55) 《티마이오스》 편 34b~c에서도 그리 말하고 있다.

56) 곧 물질적인 것들을 가리킨다. 반면에 그 앞의 것들은 혼 또는 지성에 속하는 것들이다.

57) 반대되는 주장으로 889a를 참조할 것.

클레이니아스: 더할 수 없이 참된 말씀입니다.

아테네인: 그렇다면 다음으로는 바로 이 문제로 나아가도록 해야만 되지 않겠습니까?

클레이니아스: 물론입니다. d

아테네인: 그러면 전적으로 교활한 주장을 막아 내도록 합시다. 연로한 우리를 젊은것이 어떤 식으로든 속아 넘어가게 해서 달아남으로써 우리를 웃음거리로 만들고 또한 우리가 큰일을 도모했다가 작은 것들까지도 놓친 걸로 보이지 않도록 말입니다. 그러면 검토하십시오. 가령 셋인 우리가 마치 급하게 흐르는 강을 건너야만 하는데, 우리 중에서는 제가 가장 젊은 데다[58] 여러 강물들에 대한 경험도 많은 터라, 두 분을 안전한 상태에 계시도록 하고서, 연장자들이신 두 분께서도 건너실 수 있겠는지 e
아니면 어떤 상태인지 제가 먼저 스스로 살펴보도록 해야만 한다고 제가 말했다고 말입니다. 그리고선 이런 식으로 그게 밝혀지게 되면, 그때 두 분을 불러서 제 경험에 의해 함께 건너도록 할 것이나, 두 분으로선 건너실 수 없다면, 모험은 제 차지라고 말한다면, 적절한 표현으로 여겨질 것 같군요. 특히 지금 하려는 논의는 비교적 빠르게 진행되는 데다 아마도 두 분의 힘으로는 거의 건너실 수 없을 겁니다. 그러니 논의가 스쳐지나가고 대답들에 익숙지 않으신 두 분께 질문을 해 댐으로써 현기증과 빙 893a
빙 도는 느낌을 생기게 하는 일이 없도록, 그리고선 유쾌하지 않을 꼴사나움과 어색함도 생기게 하는 일 또한 없도록, 그러니까 이제 제가 이렇게 하게끔 하는 게 좋을 것 같군요. 먼저 제 자신에게 묻고, 두 분께서는 안심하시고 들으시고, 그다음에 제가 다시 대답함으로써, 혼에 대한 논

58) England의 지적처럼, 실제로 젊다는 뜻으로 하는 말이 아니라, 이런 논의와 관련해서는 경험도 많고 그럴 수 있는 힘도 있다는 가정을 해 보자는 뜻으로 하는 이야기일 수도 있을 것이다. 《국가》 편 453d에는 논의의 바다에 빠진 사람에 대한 비유가 보인다.

893a

의를 끝맺고서 혼이 몸보다도 앞선 것임을 증명해 보이게 될 때까지, 이런 식으로 전체 논의를 진행하는 게 말입니다.

클레이니아스: 선생이시여, 아주 훌륭히 말씀하신 걸로 저희에겐 생각되는군요. 말씀하신 그대로 하십시오.

b 아테네인: 자, 그러면, 만약에 우리가 신을 불러 도움을 청해야 한다면, 지금 이게 이행되도록 하죠.[59] 신들이 있다는 데 대한 증명을 위해서 온 정성으로 그들의 도움을 받도록 청하죠. 마치 일종의 밧줄을 붙잡듯이 하고서,[60] 지금의 논의에 착수토록 합시다. 그리고 이런 것들과 관련해서 다음과 같은 질문들로 신문을 당할 경우의 저로서는 다음과 같이 대답하는 게 제일 안전할 것입니다. 가령 누군가가, "손님이시여, 모든 것은 정지하여 있고, 아무것도 운동하지 않는가요? 아니면 이와는 정반대인가요?[61] 이도 아니라면, 이것들 가운데 일부의 것들은 운동하나, 일부의 것들은 정지하여 있나요?" 하고 물을 경우에, 저는 대답할 것입니다. "아마도 일부의 것들은 운동하나, 일부의 것들은 정지하여 있을 것입
c 니다" 하고. "그렇다면 정지하여 있는 것들이 정지하여 있고 운동하고 있는 것들이 운동하고 있는 것은 어떤 장소(공간: chōra)에 있어서가 아니겠습니까?"—"어찌 그렇지 않겠습니까?"—"그리고 적어도 일부의 것들은 아마도 한 자리에서 그럴[62] 테지만, 일부의 것들은 여러 자리에서 그럴 것입니다."—"정지하여 있는 것들이 그 중심에서는 한 자리에서 운동

---

59) 712b에서도 그랬듯, 새로운 일을 착수할 경우에는 신들을 불러, 그들의 도움을 청하는 것이 그들의 관례였다. 《티마이오스》 편 27b~c에 그런 언급이 보인다.

60) 밧줄의 비유는 앞에서 강을 건너는 것에 대한 비유의 연속이다.

61) 일체 운동의 실재성을 부인하는 것은 파르메니데스로 대표되는 엘레아(Elea) 학파의 견해이고, 모든 것은 언제나 운동하고 있다는 보는 것은 헤라클레이토스의 견해이다.

62) 곧 '운동함'을 뜻한다.

하게 되는 힘을 얻게 되는 걸 말씀하시는 겁니까? 정지하여 있는 걸로 말하는 원 모양의 것들이 그 회전을 하게 되는[63] 경우처럼 말입니다" 하고 우리가 말하겠죠. ―"그렇습니다."―"하지만 이 회전에서는 가장 큰 원과 가장 작은 원을 동시에 돌게 하는데, 이와 같은 운동은 작은 것들과 큰 것들에 비례하여 그 운동을 배분한다는 것을, 즉 더 덜한 운동과 더 d
많은 운동[64]이 비례하여 배분된다는 것을 우리는 어쨌든 알게 됩니다. 바로 이 때문에 이것이 모든 놀라운 일들의 근원이 되는데, 큰 원들과 작은 원들에 동시에 합치하는 느림과 빠름으로 운동케 하는 거죠.[65] 이는 누군들 일어날 것으로 기대할 수 없는 사태입니다."―"지극히 참된 말씀입니다."―"그러나 여러 자리에서 운동을 하게 되는 것들이란 언제나 다른 장소로 옮겨 가는 이동(phora)[66]에 의해 운동을 하게 되는 것들을 어

63) '원 모양의 것들이 그 회전을 하게 되는'으로 번역한 부분은 원문이 '원 모양의 것들의 회전이 회전을 하게 되는'으로 되어 있는 것을 의역한 것이다.

64) 같은 중심 축에서 가까운 원과 먼 원은 그 거리에 비례하여 각기 작은 회전이나 큰 회전을 할 것이고, 한정된 시간 내에 함께 회전하게 되는 그 것들의 운동량도 그리고 그 속도감도 다를 것이다. 이는, England가 지적하고 있듯, 897c 이후의 천체 운동을 염두에 둔 언급일 수도 있겠다.

65) 《국가(정체)》 편 616b~617b 및 《티마이오스》 편 39a를 참조할 것.

66) '운동'으로 번역하는 헬라스어는 kinēsis(movement)로서, 이에는 우리가 일반적으로 '변화'(metabolē)로 이해하고 있는 것도 포함된다. 물론 장소 이동의 운동도, 생성 소멸도 변화 또는 운동이긴 마찬가지이다. 그러나 아리스토텔레스는 변화들 중에서 '그 안에서 운동이 진행되는 기체'(基體: to hypokeimenon = the substratum) 자체의 생성(생겨남: genesis)과 소멸(phthora)은 운동에서 제외했다. 운동은 그 기체가 생기고 나서 소멸하기 전까지에 걸친 활동이라 해서다. 이는 그의 관심의 초점이 이 세상에 있는 모든 개체가 지닌 기능(ergon)의 가능한 상태(dynamis)가 실현되어 활동하고 있는 상태(energeia, entelecheia)로 옮겨 가는 데 맞춰져 있었기 때문이다.

893d
쨌든 말하는 것으로 제게는 보입니다. 그리고 이에는 때로는 하나의 어
떤 접촉점을 면으로 이루어 갖고 있는 경우의 것이 있으나, 때로는 구르
e 게 됨으로써 여러 접촉면을 갖는 경우가 있습니다.[67] 각각의 것들과 부
딪치게 될 때마다, 정지하여 있는 것들과 부딪칠 경우에는 쪼개지겠으
나, 맞은 편에서 오는 다른 것들과 마주치게 될 경우에는 하나로 뭉쳐져
서, 이런 것들 사이의 중간 것들로 결합됩니다."—"선생께서 말씀하시는
것처럼, 그것들이 틀림없이 그러하다고 말하겠습니다."—"그리고 실상
결합된 것들은 증대되기도 하지만, 쪼개진 것들은, 그 각각의 기존의 상
태[68]가 보존되어 있을 경우에는, 쇠퇴합니다. 하지만 그 상태가 지속되
894a 지 않을 경우에는, 양쪽 과정들을 통해서 소멸하게 됩니다. 그러면 모든
것의 생성은, 무슨 조건일 때, 실제로 일어나는가요? 이는 시초의 것
(archē)[69]이 성장(auxē)[70]을 보아 두 번째 단계의 변화로 이행할 때, 그
리고 이에서 그다음 것으로, 그리고선 세 번째 단계의 것에까지 이행함

---

67) 곧 미끄러지는 형태의 이동과 굴러가는 형태의 이동을 두고 하는 말이다.

68) 고체 상태나 액체 상태 또는 기체 상태 따위를 뜻하는 것으로 추정되고 있다.

69) archē는 시초, 시작, 기원, 원리, 근원, 지배 등을 뜻한다. 여기서는 이 말이 정확히 무엇을 뜻하는지가 불명하다. 일단 앞 문장에서 말한 '모든 것의 생성'의 단초와 관련되는 것으로 보고서, 하나의 사물이 '물체'(sōma)로서 성립되는 데 있어서 그 '시초가 되는 것'으로 해석하는 게 무난할 것 같다.

70) 성장, 증대, 증가 등을 뜻하는 auxē(아욱세)에는 이차원(deutera auxē), 삼차원(tritē auxē)에서처럼 '차원'을 뜻하기도 한다. 피타고라스 학파에 있어서 '시초의 것'인 점(stigmē)의 '증대'는 선(線)이고, 선의 증대는 평면이며, 평면의 증대가 입체이니, 이 단계에 이르러서야 곧 구체적 사물의 성립 곧 생성도 가능하게 될 것인데, 이게 곧 감각적 지각의 대상이겠다. 이를 기하학적 비유로도 말하는 사람도 있다. 이와 관련해서는 《국가(정체)》 편 528 a~b를 참조할 것. 아울러 아리스토텔레스의 《혼에 관하여》 404b18~21을 참조하는 것도 좋겠다.

으로써, 지각을 하는 것들에 감각적 지각(aisthēsis)을 갖게 할 때인 게 명백합니다. 따라서 이처럼 변화하며 바뀜으로써 모든 것이 생성됩니다. 지속하는 것일 경우에는 실제로 그런 것으로서 존재할 것이나, 다른 상태로 변화하는 경우에는 완전히 파멸될 것입니다."[71)] 그러고 보니, 친구들이시여, 모든 운동들을 종류별로, 두 가지를 제외하고는, 수적으로 포 b
착한 걸로 우리가 말한 거겠죠?

클레이니아스: [그 둘은] 바로 어떤 것들인가요?

아테네인: 선생이시여, 지금 우리의 전체 고찰은 그 둘을 위해서라 할 것입니다.

클레이니아스: 더 명확히 말씀하십시오.

아테네인: 아마도 혼 때문일 것입니다.

클레이니아스: 물론입니다.

아테네인: 그러니까 다른 것들을 운동케(움직이게) 할 수는 있되, 저 자신을 그럴 수는 없는 운동, 언제나 그러는 한 가지 것이 있는 걸로 하죠. 반면에 저 자신을 그리고 또한 다른 것들을 언제나 운동케 할 수 있는 운동도 있는 걸로 하죠. 결합의 면에서 그리고 분리에 있어서, 성장과 그 반대 그리고 생성과 소멸에 있어서 다른 또 하나의 것이 그 모든 운동들 중의 한 가지인 걸로 말입니다. c

클레이니아스: 아닌게아니라 있는 걸로 하죠.

아테네인: 그렇다면 다른 것을 언제나 운동케 하면서도 다른 것에 의해 변화를 하게 되는 운동을 우리는 또한 아홉째 것으로 삼을 것이나,[72)]

71) 바로 앞에서 말한 과정의 역순이 되겠다.

72) 893c 이후 여기까지에 걸쳐 언급된 여덟 가지 운동 또는 변화를 정리하면, 다음과 같다. (1) 중심은 한 장소에 고정된 상태로 원 모양의 회전운동을 하고, 따라서 중심에서 떨어져 그 둘레를 이루고 있는 것들은 그 축을 중심으로 저마다 회전운동을 하는 형태이다. 항성과 이를 축으로 한

저 자신도 다른 것도 운동케 하는 운동으로서, 모든 능동적인 작용과도 모든 수동적인 작용과도 조화하는, 그래서 진정으로 모든 존재하는 것들의 변화와 운동으로 불리는 것, 이것을 아마도 우리는 열째 것으로 일컬을 것입니다.

클레이니아스: 그건 전적으로 그렇습니다.

아테네인: 그러면 이들 열 가지 운동들 중에서 어느 것을 그 모두 중
d 에서도 가장 강한 것이며 각별히 영향력이 있는 것으로 우리가 내세우는 게 지당할까요?

클레이니아스: 스스로 자신을 움직일 수 있는 운동이 만 배는 각별할 것이라 말하되, 다른 모든 것들은 뒤떨어지는 것들이라 말하는 게 아마도 필연적일 것입니다.[73)]

아테네인: 훌륭하신 말씀입니다. 그렇다면 방금 잘못 말한 것들 중에서 한 가지 또는 두 가지는 우리가 고쳐야 하겠죠?

클레이니아스: 어떤 것들을 말씀하시는 건지?

아테네인: 열째 것으로 말한 것이 어쩌면 잘못 말한 것일 겁니다.

클레이니아스: 어떤 점에선가요?

아테네인: 이치로 보아 그 출생에 있어서도 힘에 있어서도 첫째 것이라는 겁니다.[74)] 그다음으로 이보다 둘째인 것으로는 방금 불합리하게도
e 아홉째 것으로 말한 것을 우리가 갖고 있습니다.

클레이니아스: 어떻게 하시는 말씀인지요?

행성들의 운행 또는 팽이의 회전이 이에 해당될 것이다. (2) 이동(phora: 미끄러지거나 구르는 형태의 운동), (3) 분리(쪼개짐: diakrisis), (4) 결합(synkrisis), (5) 성장(auxēsis), (6) 쇠퇴(phthisis), (7) 생겨남(생성: genesis), (8) 소멸(phthora).

73) 《티마이오스》 편 89a를 참조할 것.

74) 《티마이오스》 편 34c에서도 혼에 대해 같은 취지로 하는 언급이 보인다.

아테네인: 이런 겁니다. 어떤 것이 다른 걸 변화시키고, 이것이 또 다른 다른 걸 변화시키는 식으로 언제나 이런 식으로 하는 것들 중의 어느 것이 처음으로 변화를 일으키는 것일까요? 다른 것에 의해 운동하게 될 경우에, 이게 도대체 어떻게 변화하는 것들의 처음 것이 되겠습니까? 실상 불가능하죠. 하지만 스스로 자신을 운동케 하는 것이면서 다른 것을 변화시킬 경우에는, 그리고 다른 이것이 또 다른 것을 그리하고, 또한 바로 이런 식으로 운동하게 되는 것들이 수천 번이고 이어져 생길 경우에,
이것들의 일체 운동의 어떤 시초(archē)는 스스로 자신을 운동케 하는 895a
변화 이외의 다른 것이 아니지 않겠습니까?

클레이니아스: 지극히 훌륭한 말씀이거니와, 그것들에는 동의해 마땅합니다.

아테네인: 더 나아가 이런 식으로도 말하고, 다시 우리 스스로 또한 답하도록 합시다.[75] 가령 모든 것이 일제히 생겼다가 어떻게 해서 [일제히] 정지할 경우, 그런 사람들 대부분이 감히 그리 주장하듯,[76] 그럴 경

---

75) 바로 앞(893b~894a)에서 자문자답 형태로 대화를 진행했던 것과 결부시켜서 하는 말이다.

76) "모든 것이 일제히"(ta panta homou)는 《파이돈》 편 72c에서도 다루고 있는 Homou panta khrēmata(모든 것이 함께)라는 아낙사고라스(Anaxagoras)가 주장하는 사태와 연관시켜서 하는 말일 것이다. 그의 토막 글 1을 보면, "모든 것은 함께 있었다. 그것들은 수와 작기에 있어서 무한하다"는 내용이 있다. 여기에서 그가 말하고 있는 수와 작기에 있어서 무한한 그 모든 것은 사물들을 이룰 요소들을 가리키는데, 이것들을 그는 '씨들'(spermata)이라 했다. 그리고 무한히 많고 무한히 작은 이 씨들은 이 우주에서 사물들이 형성되기 이전의 태초에는 모두가 함께 뒤섞인 상태로 있었는데, 이것들이 분리해 나오면서 서로 구별되는 사물들의 형성을 보게 되었다고 한다. 토막 글 4 참조. Diels/Kranz, *Die Fragmente der Vorsokratiker* II. 그리고 "[일제히] 정지할 경우"란 《테아이테토스》 편 180e~180a 및 183e에서 멜리소스(Melissos) 등의 엘레아(Elea) 학파의 주장으로, 이들을 '모든 것(우주: to pan)을 하나의 정지된 것으로 주장하

895a

우에 언급된 운동들 중에서 어느 것이 그것들[77] 속에서 처음 운동으로 일어날 게 필연적이겠습니까? 스스로 자신을 운동케 하는 운동일 게 틀
b 림없습니다. 그것들 속에 어쨌든 앞서 아무런 변화도 없을진대, 다른 것에 의한 변화가 먼저 일어나는 일은 결코 없을 테니까요. 따라서 모든 운동의 시초는 그리고 정지하여 있는 것들에 있어서도 최초로 생기며 운동하고 있는 것들에 있어서도 최초인 것은 스스로를 운동케 하는 운동이라 우리는 말할 것이니, 이게 필연적으로 모든 변화들 중에서도 가장 연장이며 가장 강력하지만, 다른 것에 의해서 변화하고 다른 것을 운동케 하는 것은 둘째 것이라 할 것입니다.

클레이니아스: 더할 수 없이 참된 말씀입니다.

c 아테네인: 그러면 우리가 논의의 이 대목에 이르렀으니, 다음 것에 대해 대답하도록 합시다.

클레이니아스: 어떤 것입니까?

아테네인: 가령 그것[78]이 흙의 성분을 지닌 것이나 물의 성분을 지닌 것 또는 불의 성분을 지닌 것 속에서 생긴다면, 이게 단독적인 성분의 것이든 또는 혼합된 성분의 것이든 간에, 그와 같은 것 속에 있어서의 그 조건(pathos)이 도대체 무엇이라 우리가 말하겠습니까?

클레이니아스: 스스로 저를 운동케 할 경우, 이를 우리가 살아 있음(zēn)이라 일컫는지를 제게 묻고 계신 게 아닌가요?

아테네인: 그렇습니다.

클레이니아스: 살아 있음이죠. 어찌 그게 아니겠습니까?

아테네인: 어떤가요? 우리가 어떤 것들에 있어서 혼(psychē)[79]을 본

는 사람들'이라 말하고 있다.

77) 일제히 정지된 것들을 가리킨다.

78) 바로 앞의 b에서 말한 것 곧 '스스로를 운동케 하는 운동'을 가리킨다.

79) '프시케'에는 숨, 목숨, 생명, 삶 등의 뜻들이 있다는 건 새삼 유념할

다면, 그건 이것과 똑같은 것이 아닌 다른 것이겠습니까? 살아 있음이라 동의해야겠죠?

클레이니아스: 다른 게 아닙니다.

아테네인: 잠깐만, 제발! 각각의 것과 관련해서 세 가지를 생각해 보 d
고 싶지 않습니까?

클레이니아스: 어떻게 하시는 말씀인지?

아테네인: 존재(ousia)가 그 하나이며, 존재의 의미규정(의미규정 형식, 정의: logos)이 또한 그 하나이고, 이름(onoma)도 그 하나입니다.[80] 있는 것(… 인 것: to on) 모두에 관련해서는 특히 두 가지 물음이 있습니다.

클레이니아스: 어떻게 둘인가요?

아테네인: 때로는 우리들 각자가 이름을 제시하고서 바로 그 의미규정(정의)을 요구하는가 하면, 때로는 바로 의미규정(정의)을 제시하고서 다시 이름을 묻습니다.[81]

클레이니아스: 그러니까 지금 우리가 말하고 싶어 하는 것은 다음과 같은 것이겠군요?[82]

일이다.

80) 어떤 것의 존재(ousia), 그 존재의 의미규정(의미규정 형식, 정의: logos), 그리고 그 이름(onoma)은 어떤 것에 대한 앎 또는 인식(epistēmē)과 관련되는 것들이다. 여기에서 '존재'는 바로 다음에서 언급되는 '있는 것(… 인 것: to on)'과 같은 뜻으로 이해해도 되며, 실제로 그리 쓰이고 있다. 이와 관련해서는 《일곱째 서한》 342a~344b에서 자세히 언급하고 있는데, 이에 대해서 자세히 알고 싶은 독자는 역자의 역주서 《플라톤의 필레보스》에서 62a의 본문 및 각주 400 그리고 이의 보충인 부록 [1]을 참조하거나 《플라톤의 국가(정체)》 759~765쪽을 참조하는 게 좋겠다.

81) 이 둘이 어떤 것에 대한 앎(인식)을 얻기 위해서는 기본적인 것이라는 점을 964a~c에서도 새삼 강조하고 있다.

82) 여기서부터 e4까지의 대화자가 Burnet 판에서는 서로 바뀌어 있다. 곧

895d 아테네인: 어떤 것입니까?

e 클레이니아스: 다른 것들의 경우에도 그렇겠지만, 수의 경우에도 둘로 나뉘겠죠? 수의 경우에 그것에 대한 이름은 짝수(artion)이나, 그 의미규정(정의)은 '같은 두 부분으로 나뉘는 수'[83]입니다.

아테네인: 그렇습니다. 그런 걸 제가 말하고 있는 겁니다. 그러니까 그 각각의 경우에 동일한 것을 우리가 말하고 있는 게 아니겠어요? 우리가 의미규정(정의)을 질문 받고서 이름을 대건, 또는 이름을 질문 받고서 의미규정(정의)을 말해 주건 간에, 즉 이름으로는 '짝수'를 그리고 의미규정으로는 '둘로 나뉘는 수'를 대답함으로써 우리는 똑같은 걸 지칭하고 있는 겁니다.

클레이니아스: 그렇고말고요.

아테네인: 그러면 그 이름이 혼인 것, 그것의 의미규정(정의)은 무엇

896a 입니까? 방금 말한 것, 곧 '스스로 자신을 운동케 할 수 있는 운동'(hē dynamenē autē hautēn kinein kinēsis)[84] 이외의 다른 걸 우리가 갖고 있나요?

클레이니아스: 우리 모두가 혼으로 그 이름을 부르는 바로 그 동일한 존재가 '저 자신을 운동케 하는 것'(to heauto kinein)을 그 의미규정(정의)으로 갖는다고 말씀하시는 겁니까?

아테네인: 분명히 그걸 제가 말하고 있습니다. 이게 이러한데도, 우리는 아직도 혼이 똑같은 것임이, 즉 있는(… 인) 것들과 있었던(… 이었

이 문장은 아테네인의 말이 앞 문장에서 계속되고 있는 걸로 되어 있고, e4의 "그렇습니다"는 클레이니아스가 하는 말로 되어 있다.

83) 이 경우의 수는 물론 자연수일 것이다.

84) 혼의 본성(physis)과 관련해서 같은 뜻으로 '스스로 저 자신을 운동케 하는 것'(to auto hauto kinoun)이라고 그 의미규정을 반복적으로 하고 있는 것을 우리는 《파이드로스》 편 245c~e에서 보게 된다.

던) 것들 그리고 있게(… 이게) 될 것들 그리고 또 이것들과 대립되는 것들 모두의 첫 생성이고 첫 운동임이 충분히 증명된 것이 아니라고 아쉬워하고 있는 건가요? 그게 모든 것들에 있어서 일체 변화와 운동의 원인으로 어쨌든 밝혀졌는데도 말입니다. b

클레이니아스: 아닙니다. 혼이 모든 것들 가운데서 가장 연장(年長)인 것이며 분명히 운동의 시초로 생기게 된 것이라는 게 더할 수 없이 충분히 증명되었습니다.

아테네인: 그렇다면 다른 것으로 인해 다른 것에 있어서 생기는 운동, 스스로 저 안에서 결코 아무것도 운동하게 되도록 할 수 없는 것은 둘째 것이거니와, 누군가가 그 순서를 세고자 한다면 하고많은 수[의 운동]들 가운데서도 아주 낮은 것일 것이니, 사실상 혼이 없는 물체의 변화이기 때문이겠죠?

클레이니아스: 옳은 말씀입니다.

아테네인: 그러니까 혼이 몸보다도 먼저 생겼고, 몸은 둘째로 그리고 나중에 생겼으며, 혼은 지배하나, 몸은 자연의 이치에 따라(본성상: kata c
physin) 지배를 받는다고 우리가 말한 것은 옳게, 결정적으로, 가장 참되게 그리고 가장 완벽하게 한 것입니다.

클레이니아스: 전적으로 지당한 말씀입니다.

아테네인: 아닌게아니라 우리가 앞서의 논의에서, 만약에 혼이 몸보다도 더 연장인 것으로 밝혀진다면, 혼에 속하는 것들도 몸에 속하는 것들보다도 더 연장인 것들이 될 것이라는 데 동의했다는[85] 걸 우리는 기억하고 있습니다.

클레이니아스: 분명히 그렇습니다.

아테네인: 그러면 기질들과 성품들, 의지들, 헤아림들, 참된 의견들,

85) 892a의 끝 부분에서.

d 배려들, 그리고 기억들이 몸 및 물체들[86]의 길이나 넓이, 깊이 그리고 힘보다도 앞서 생긴 것들일 것입니다. 혼 또한 몸이나 물체보다도 앞서 생긴 것일진대 말입니다.

클레이니아스: 그야 필연적입니다.

아테네인: 그렇다면 다음으로는 혼이 좋은 것들과 나쁜 것들, 아름다운 것들과 추한 것들, 올바른(정의로운) 것들과 올바르지 못한(불의의) 것들 그리고 이것들과 대립되는 모든 것의 원인이라는 데 동의하는 게 필연적입니다. 우리가 혼을 어쨌든 모든 것의 원인으로 간주할진대 말입니다.

클레이니아스: 어찌 그렇지 않을 수가 있겠습니까?

아테네인: 혼이야말로 도처에서 운동을 하게 되는 모든 것들에 거주하

e 면서 조종하니, 하늘 또한 조종하는 것으로 말해야만 하는 게 아닐까요?

클레이니아스: 물론입니다.

아테네인: 그게 하나일까요 아니면 여럿일까요? 여럿입니다. 두 분을 위해서 제가 대답을 하죠. 아마도 적어도 둘보다는 적지 않은 것으로 우리가 보아야 할 것 같군요. 좋은 일을 하는 혼과 이와 대립되는 것들을 행할 수 있는 혼 말입니다.

클레이니아스: 아주 옳은 말씀입니다.

아테네인: 됐습니다. 혼은 하늘에 있는 것들[87]과 땅 그리고 바다에 있는 것들 모두를 자신의 운동들을 통해서 이끕니다. 이것들에 대한 지칭

897a 들이 원함, 살핌, 보살핌, 숙고함, 옳게 또는 잘못 판단함, 기뻐하고 슬퍼함, 자신 있어함과 두려워함, 미워함과 좋아함, 그리고 이것들과 동류의

86) 헬라스어 sōma는 라틴어 corpus(영어의 body, 독일어 Körper, 불어 corps)와 마찬가지로 '몸', '물체' 그리고 '물질'을 뜻한다.

87) 물론 천체들을 가리킨다.

것들인 모든 것들입니다. 이런 것들은 또는 일차적인 운동들은 다시 몸 또는 물체들의 이차적인 운동들을 넘겨받아서는 모든 것들을 성장과 쇠퇴, 분리와 결합, 그리고 이것들에 수반되는 따뜻함과 참, 무거움과 가벼움, 딱딱함과 부드러움, 흰 빛깔과 검정 빛깔, 떫은맛과 단맛으로 이끕니다. 혼은 이것들 모두를 이용하는데, 그 자체가 신이기라도 하듯, 옳게도 b
신적인 지성(nous)을 언제나 조력자로 삼고서[88] 모든 걸 바르고 행복하도록 인도합니다. 그러나 혼이 어리석음(anoia)[89]과 어울릴 경우에는 이번에는 이것들과 대립되는 모든 것을 초래하게 됩니다. 이것들이 모두 이러한 것으로 봅시다. 아니면 아직도 혹시라도 다를까 하고 우리가 의심하고 있습니까?

클레이니아스: 전혀 그렇지 않습니다.

아테네인: 그러면 어느 부류의 혼[90]이 하늘과 지구 그리고 일체의 회전을 통제하게 되는 것으로 우리가 주장할까요? 사려 분별이 있고 훌륭함(덕: aretē)으로 가득 찬 부류로 주장할까요, 아니면 그 어느 쪽 것도 갖추지 못한 부류로 주장할까요? 그러니까 이것들과 관련해서는 다음과 c
같이 우리가 대답하기를 바라십니까?

클레이니아스: 어떻게 말씀입니까?

아테네인: 선생이시여, 만약에 하늘과 함께 거기에 있는 모든 것들의 모든 길과 운행이 지성의 운동과 회전 그리고 헤아림과 닮은 성향을 지니고 있고 같은 방식으로 나아간다면, 최선의 혼이 온 우주를 보살피며 그런 길을 따라 그것이 이끈다고 말해야만 한다는 게 명백하다고 주장합

---

88) "그 자체가 신이기라도 하듯, 옳게도 신적인 지성(nous)을 언제나 조력자로 삼고서"로 옮긴 부분의 텍스트 읽기에 대해서는 이론이 많다. 일단은 Budé 판대로 읽되, 약간의 의역을 보탰다.

89) 이는 원어 그대로 '지성이 없는 상태'를 뜻한다.

90) 896e에서 최소한 두 부류의 혼이 있음을 말했다.

897c

시다.[91]

클레이니아스: 옳은 말씀입니다.

d 아테네인: 반면에 만약에 미친 듯이 그리고 무질서하게 운행한다면, 그건 나쁜 혼이 그러는 것이라고 하고요.

클레이니아스: 그것 또한 옳은 말씀입니다.

아테네인: 그렇다면 지성의 운동은 무슨 성향을 지니고 있습니까? 친구들이시여, 이 물음은 실제로는 슬기롭게 대답하여 말하기가 어렵습니다. 바로 이 때문에 두 분께서는 이제 저 또한 대답을 위한 조력자로 삼으시는 게 옳습니다.

클레이니아스: 잘 말씀하셨습니다.

아테네인: 그러면 우리가 그 대답을 하되, 해를 마주 바라봄으로써 한낮에 밤을 끌어들이게 되는 것과 같은 일은 없도록 합시다.[92] 지성이 사멸하는 눈들에 행여 제대로 보이며 알려지기라도 하는 듯이 말입니다.

e 질문 받은 것의 상(像)을 바라봄으로써 그걸 더 안전하게 볼 수 있을 것입니다.

클레이니아스: 어떻게 하시는 말씀인지?

아테네인: 그 열 가지 운동들 중에서 어느 운동과 지성이 닮았는지, 그 상을 취하도록 합시다. 그걸 두 분과 함께 상기하게 됨으로써 저는 그 대답을 공동으로 하게 될 것입니다.

클레이니아스: 지극히 훌륭한 말씀입니다.

아테네인: 그런데 그때 언급된 것들 중에서 적어도 이걸 이 정도만큼은[93] 아직도 우리가 기억하고 있겠죠? 모든 것들 중에서 일부의 것들은

---

91) 《티마이오스》 편 47b 및 90c~d를 참조할 것.

92) 곧 해를 직접 바라봄으로써 우리의 눈이 아무것도 볼 수 없게 되는 사태를 두고 하는 말이다. 《파이돈》 편 99d~e 및 《국가(정체)》 편 516e에도 이 비유가 보인다.

운동하나, 일부의 것들은 정지하여 있는 것으로 우리가 보았다는 건 말입니다.

클레이니아스: 네.

아테네인: 그리고 다시 운동하고 있는 것들 중에서 일부의 것들은 한 장소에서 운동하게 되지만, 일부의 것들은 여러 장소에서 운동하게 된다는 것도. 898a

클레이니아스: 그건 그렇습니다.

아테네인: 바로 이들 두 운동 중에서 한 장소에서 운동하게 되는 것은 언제나 어떤 중심의 것 둘레로 운동하게 되는 게 필연적이어서, 선반과 함께 도는 원형의 것들을 닮은 것인데, 이게 지성의 회전운동과 더할 수 없이 아주 가깝고 닮은 것인 게 틀림없습니다.

클레이니아스: 무슨 뜻으로 하시는 말씀인지요?

아테네인: 틀림없이 똑같은 방식으로, 한결같이, 같은 곳에서, 똑같은 것들 둘레로, 그리고 똑같은 것들에 대해 하나의 규칙과 한 가지 질서에 따라 양쪽 것들이 운동하게 되는 것으로 우리가 말할 경우, 지성과 한 b
장소에서 하게 되는 운동을 선반과 함께 도는 하나의 구(球)의 운동들에 비유한다면, 우리가 말로 빚어내는 훌륭한 상들의 하찮은 제작자들로는 결코 보이지 않을 것입니다.

클레이니아스: 지당하신 말씀입니다.

아테네인: 그렇다면 이번에는 결코 한결같지도 않고, 똑같은 방식으로도 아니며, 같은 곳에서도 아니며, 똑같은 것들 둘레로도, 똑같은 것들에 대해서도 아니며, 한 장소에서 운동하지도 않으며, 질서 정연하게도 어떤 규칙 속에서 운동하지도 않는 운동은 일체의 지성이 없는 상태(어

93) 이 부분의 텍스트 읽기는 Budé 판을 따른 것이다. 그리고 그때 언급된 것이란 893b~c에서 말한 걸 가리킨다.

리석음: anoia)와 같은 부류의 것이 아니겠습니까?

클레이니아스: 그 말씀은 더할 수 없이 진실입니다.

c 아테네인: 따라서 이제는 이런 걸 분명히 말하는 데 어려울 게 아무것도 없습니다. 즉, 혼이 우리에게 있어서의 모든 것을 순환케 하는 것이기에, 하늘의 회전은 최선의 혼 또는 그 반대의 것이 보살피며 조종하면서 순환케 하는 게 필연적이라고 주장해야만 합니다.

클레이니아스: 하지만, 선생이시여! 적어도 방금 말씀하신 것들로 미루어 모든 훌륭함(덕)을 갖춘 하나 또는 그 이상의 혼이 이것들을 순환케 한다고 말하지 않고, 달리 말한다는 것은 경건하지도 않습니다.[94)]

아테네인: 선생께서는 아주 훌륭하게 경청하셨습니다, 클레이니아스

d 님! 이것에 대해서도 또한 경청해주세요.

클레이니아스: 어떤 것인가요?

아테네인: 해와 달 그리고 다른 별들도, 정녕 혼이 모든 걸 순환케 한다면, 그 하나하나의 각각을 그게 그리하지 않겠습니까?

클레이니아스: 그야 물론입니다.

아테네인: 그러면 우리는 그중의 하나에 대해서 논의를 합시다만, 이는 모든 별들에도 적용될 것으로 우리에게는 보입니다.

클레이니아스: 어느 것에 대해선가요?

아테네인: 모든 사람이 해의 몸통은 봅니다만, 그 혼은 아무도 보지 못합니다. 동물들의 경우에도, 그게 살아 있거나 또는 죽어 가고 있거나[95)] 간에, 다른 어떤 몸뚱이가 지닌 그 혼을 보지는 못하니까요.[96)] 그러

---

94) 896e에서 말한 것과 같은 맥락의 것이다.

95) 여기에서 '죽어 가고 있는'(apothnēiskon)은 그 자체가 생명을 뜻하는 혼이 아직은 그 몸에서 이탈하지 않은 상태를 뜻한다. 《파이돈》 편, 64a를 참조할 것.

96) 몸을 갖고서 움직이고 있는 동물들에 육안으로는 볼 수 없는 혼이 있음

나 이 부류가 몸이 지닌 일체의 감각들에는 전혀 지각될 수 없는 것(anaisthēton)이지만, 지성에는 알려질 수 있는 것(noēton)으로서, 우리 e
를 감싸고 있을 가망은 많습니다. 따라서 이와 관련해서는 지성(nous)만으로 그리고 사유(思惟: dianoēma)에 의해서 다음과 같은 것을 파악도록 합시다.

클레이니아스: 어떤 것인가요?

아테네인: 만약에 해를 혼이 정녕 이끈다면, 혼은 셋 중의 하나를 하는 것으로 우리가 말할 것 같으면, 아마도 우리가 잘못 맞히지는 않을 것입니다.

클레이니아스: 어떤 것들인가요?

아테네인: 우리에게 있는 혼이 우리를 어디나 돌아다니게 하듯, 이 둥글게 보이는 몸통 안에 혼이 있어서 그런 그것을 어디서나 조종하고
있다거나,[97] 또는 혼이 바깥 쪽 어디선가에서 불이나, 어떤 사람들의 주 899a
장처럼, 어떤 종류의 공기로 이루어진 물체를 갖추어 갖고서 물체를 물체의 힘으로 밀거나, 또는 셋째로, 혼 자체는 비물질적인 것이지만, 다른 어떤 것들을 놀라울 정도로 능가하는 힘들을 갖고 있어서, 해를 인도한다는 것입니다.

클레이니아스: 네, 이는 필연적입니다. 어쨌든 혼이 그것들 중의 어느 한 가지를 함으로써 모든 것을 이끌어 간다는 것은 말입니다.

아테네인: 그러면 그건 그쯤 해 두죠.[98] 이 혼이 해를 마치 전차 안에 태우듯 하고서, 또는 그 바깥에서, 또는 어떻게 어떤 식으로, 우리 모두

을 부인할 수 없듯, 회전운동을 하는 천체들 각각에도 우리 눈에는 보이지 않는 혼이 있다는 주장을 하고 있는 셈이다. Saunders의 *Notes*, No. 97 참조. 그리고 이 문장의 번역은 약간의 보완과 함께 의역을 한 것이다.

97) 이런 혼에 대한 언급은 《티마이오스》 편 34b에도 보인다.

98) 텍스트 읽기에 이론이 있지만, Budé의 읽기를 따랐다.

899a

를 위한 빛으로서, 해를 인도해 가든, 그걸 모든 사람이 신으로 여겨야만 합니다.

b 클레이니아스: 그렇습니다. 적어도 어리석음의 극단에 이른 사람이 아니고서야 아마도 그럴 것입니다.

아테네인: 그러면 모든 별들 그리고 달과 관련해서, 또한 연월과 모든 계절과 관련해서도 같은 이 주장 이외에 다른 무슨 주장을 우리가 말하겠습니까? 즉, 혼 또는 혼들은 이것들 모두의 원인들로 밝혀졌으며 일체의 훌륭함(덕)에 있어서도 빼어난 걸로 밝혀졌기에, 그것들을 우리가 신들이라 주장할 것이라는 것 말입니다. 그것들이 살아 있는 것들로서 그 몸통들 안에 있으면서, 온 하늘이 질서를 갖추게 하거나, 또는 어떤 방식으로 그리고 어떻게 하거나 간에 말입니다. 누구든 이에 동의하면서도 모든 것이 신들로 가득 차 있는[99] 건 아니라고 고집할 사람이 있을까요?

c 클레이니아스: 그처럼 얼빠진 사람은, 선생이시여, 아무도 없습니다.

아테네인: 그렇다면 일찍이 신들을 믿지 않은 사람에게는, 메길로스 님 그리고 클레이니아스 님이시여, 규준들(horoi)을 말해 주고서, 우리가 자유로워지도록 합시다.

클레이니아스: 무슨 규준들을 말씀하십니까?

아테네인: 우리가 혼을 모든 것들 중에서도 최초의 기원으로 간주함으로써, 그리고 이에 따르는 많은 다른 것들로 우리가 말한 것들을 우리가 잘못 말한 것이라는 걸 우리에게 가르쳐 주거나, 아니면 우리보다도 더 나은 말을 할 수 없다면, 우리에게 승복하고서 여생 동안 신들을 믿으
d 며 사는 것입니다. 그러니 신들을 믿지 않는 사람들에게 신들이 있다는

---

99) 아리스토텔레스의 《혼에 관하여(영혼론)》 A. 5, 411a8에서는 탈레스가 그리 생각한 걸로 언급하고 있다.

걸 우리가 이미 충분히 말해 주었는지 아니면 그게 부족한지 봅시다.

클레이니아스: 선생이시여, 조금도 부족한 건 없습니다.

아테네인: 그러면 이들을 상대로 한 우리의 논의는 끝난 걸로 하죠. 하지만 신들이 있다는 건 믿으면서도, 이들이 인간들의 일들에 대해서는 마음 쓰지 않는다고 믿는 사람에게는 권고해야만[100] 합니다. 우리는 이렇게 말합시다. "여보시오! 그대가 신들을 믿는다는 것은 아마도 일종의 신적인 동류 관계가 그대를 동류인 것으로 이끌어,[101] 이들을 존중하고 이들이 있음을 믿게 한다는 것일 것이오. 그러나 나쁘고 올바르지 못한 (불의한) 사람들의 사적인 그리고 공적인 행운들은 정말로 행복한 것이 e
아니라, 세평(평판)[102]으로는 몹시 행복한 것이겠지만, 제대로 행복한 것은 아니오. 이런 행운들은 그대를 [신들에 대한] 불경으로 이끄니, 노래들과 함께 온갖 이야기들 속에서 옳지 않게 찬양하게 되는 것들이오. 또는 어쩌면 그대가 노령의 끝에 이른 사람들이 자식들의 자식들[까지]도 최대의 영예를 누리게 남겨 놓는 것을 보고서, 이 모든 경우들에, 혹은 900a
소문을 통해서 듣거나 혹은 전적으로 몸소 목격함으로써, 어떤 사람들에게서 많은 불경한 짓들과 끔찍한 일들이 일어나는 걸 알게 된 터에, 바로 이런 일들을 통해서 하찮은 신분에서 참주의 지위와 최고의 지위에 이른

100) '권고해야만 한다' (paramythēteon)의 명사형태들인 '권고' (paramythia)의 성격에 대해서는 720a의 본문을, '권고의 말' (paramythion)에 대해서는 885b의 각주를 참조할 것.

101) 《티마이오스》 편 90a를 참조할 것.

102) 원어는 doxa의 복수 형태인 doxai이다. 이 책에서 '독사' (doxa)를 이제껏은 참된 앎과는 구별되는 것이라 해서 '의견' 또는 '판단'으로 번역해 왔으나, 이 경우에는 세상 사람들의 의견을 가리킨다는 뜻으로 '세평(평판)'으로 번역했다. 이런 뜻의 doxa와 관련된 긴 논의를 우리는 《국가(정체)》 편 제2권에서 만날 수 있다. 그리고 여기에서는 바로 앞의 '정말로'와 대비되어 쓰인 말이다.

900a
자들을 보고서는 지금 그대는 혼란스러워하고 있소. 이 경우에 이런 모
든 걸 통해서 명백해지는 것은 그대가 그 동류관계로 인해서 신들이 그
런 일들의 탓(원인)들인 것으로 비난하고자 하지는 않겠지만, 동시에 비
이성적임(alogia)에 의해 이끌리기도 하고 또한 신들에 대해서 불만을
터뜨릴 수도 없어서, 지금의 이 사태에 그대가 이르게 된 것이라는 것,
b 즉 신들이 있기는 하지만, 인간의 일들에 대해서는 무시하며 아랑곳하지
않는다고 생각하게 된 것이라는 거요. 따라서 지금의 그대의 신념이 [신
들에 대한] 불경(不敬: asebeia) 쪽으로 더 심각한 사태에 이르지 않고,
이게 다가오는 걸 논의에 의해서 어떻게 피해 가게끔 할 수 있게 되기 위
해서는, 이후의 논의를 도무지 신들을 믿지 않는 사람에 대해서 우리가
처음부터 소상히 말했던 논의와 결부시킴으로써, 이를 이제 또한 이용해
c 보도록 합시다." 한데, 클레이니아스 님 그리고 메길로스 님! 두 분께서
는 앞서의 논의에서처럼 이 젊은이를 대신해서 대답하는 역을 해 주십시
오. 하지만 만약에 논의에 곤란한 점이라도 불거진다면, 제가 방금 했던
것처럼 두 분한테서 넘겨받아서는 강을 건널 것입니다.[103)]

클레이니아스: 옳은 말씀입니다. 선생께서도 그걸 그렇게 해 주시고,
저희도 선생께서 말씀하시는 바를 힘닿는 대로 할 것입니다.

아테네인: 그러나 신들이 작은 일들에 대해서, 특히 큰 규모의 일들
못지않게, [아니 더더욱],[104)] 보살핀다는 걸 적어도 이 젊은이[105)]에게 보
d 여 주는 건 아마도 어렵지 않을 것입니다. 왜냐하면 신들이 일체의 훌륭
함(덕: aretē)에 있어서 빼어나 모든 것들에 대한 보살핌을 자신들의 가

103) 892d~e에서 했던 비유의 연속이다.

104) 괄호를 친 부분의 원문이 원래의 텍스트에 있었는지가 의문시되고 있다.

105) 신들이 있음을 믿지 않거나, 믿더라도 인간사와 관련해서 선의를 갖고 보살핀다고는 아직 믿고 있지 않은 젊은이 또는 그런 젊은이들을 가리킨다. 이들에 대한 지칭이 단수 또는 복수로 되고 있는 것은 그래서이다.

장 고유한 일로 갖는다고 아마도 그는 들었을 것이며 방금 했던 논의들의 현장에 있기도 했을 것이기 때문입니다.[106)]

클레이니아스: 어쨌든 충분히 들었을 것입니다.

아테네인: 그러면 다음으로는 신들이 빼어난 것이 이들의 무슨 훌륭함(덕)에 있어서라고 말함으로써 우리가 합의를 보겠는지 그들로 하여금 함께 검토하도록 하죠. 자, 신중하며 지성을 갖추어 갖고 있다 함은 훌륭함(덕)에 속하는 것인 반면에, 그 반대의 것들을 갖추어 갖고 있다 함은 나쁨(kakia)에 속하는 것이겠죠?

클레이니아스: 우리는 그리 말합니다.

아테네인: 그러면, 어떤가요? 용기는 훌륭함(덕)에 속하는 것이겠으 e
나, 비겁함(심약함)은 나쁨에 속하는 것인가요?

클레이니아스: 분명히 그렇습니다.

아테네인: 그리고 이것들 중에서 한쪽은 부끄러운 것들로 우리가 말하지만, 다른 쪽은 귀한 것들로 말하겠죠?

클레이니아스: 그야 필연적입니다.

아테네인: 또한, 하고많은 미천한 것들이, 만약에 누군가에게 속한다면, 그야 우리 [인간들]에게 속하는 것들이겠지만, 신들로서는 이런 것들에는 대소 간에 관여하지 않는다고 우리가 말할까요?[107)]

클레이니아스: 그것 또한 그러하다고 모두가 동의할 것입니다.

아테네인: 그럼, 어떤가요? 무관심과 빈들거림 그리고 물러빠짐을 우리가 혼의 훌륭함(훌륭한 상태, 덕)에 속하는 걸로 볼까요, 아니면 어떻게 말씀하시겠습니까?

---

106) 898c 및 899b에서 언급된 것과 관련해서 하는 말이다.

107) 신들은 좋은 것들의 원인이지 나쁜 것들의 원인은 아니니, 이런 원인은 다른 것들에서 찾아야만 한다는 강력한 주장을 우리는 《국가(정체)》 편 379b~c에서 접하게 된다.

900e

클레이니아스: 역시 어떻게 볼까요?

아테네인: 하지만 반대되는 것에 속하는 걸로 볼까요?

클레이니아스: 네.

901a 아테네인: 그렇다면 그것들과 반대되는 것들은 역시 반대되는 것에 속하는 것으로 보겠군요?

클레이니아스: 반대되는 것이죠.

아테네인: 그러면 뭔가요? 물러빠지고 무관심하며 빈들거리는 자는, 그 시인이 침 없는 수벌들을 닮은 것으로 말한,[108] 그런 자가 모두 되겠죠?

클레이니아스: 어쨌든 더할 수 없이 옳게 말한 겁니다.

아테네인: 따라서 신이 적어도 저 자신이 미워하는 그런 성품을 가진 것으로 말해서는 안 될 것이니, 그런 말을 하려고 드는 자에 대해서 용인을 해서는 안 됩니다.

클레이니아스: 안 되고 말고요. 어찌 용인할 수 있겠습니까?

b 아테네인: 그러면 어떤 것에 대해 각별히 보살피고 행하는 것이 자기 일인 이, 적어도 이 이의 지성이 큰 것들에 대해서는 보살피면서도, 작은 것들에 대해서는 무관심할 경우에, 무슨 말로 칭찬함으로써 그런 말이 아주 엇가는 게 아닌 걸로 우리가 할 수 있겠습니까? 다음과 같이 생각해 봅시다. 그리하는 이는, 그가 신이든 사람이든, 두 가지 방식으로 하겠죠?

클레이니아스: 두 가지로 바로 어떤 걸 우리가 말하고 있는 건가요?

아테네인: 작은 것들은 무시되더라도 전체에는 아무런 차이가 없다

108) 헤시오도스의《일과 역일》303~4에는 빈들거리는 자가 그 기질에 있어서 침 없는 수벌들을 닮은 것으로 언급되고 있다. 수벌을 닮은 인간 유형에 대한 장황한 언급을 우리는《국가(정체)》편 제8권 552c~573a에서 만날 수 있다.

고 생각함으로써, 또는, 설령 차이가 있더라도, 나태함이나 물러빠짐으로 해서, 무관심할 경우입니다. 아니면 무관심함이 달리 어떻게 생기겠습니까? 어쨌든 일체의 것들에 대해 보살피는 게 불가능할 경우에, 그때에는 작은 일들에 대한 것이건 또는 큰 일들에 대한 것이건 무관심이란 아마도 없을 것이기 때문입니다. 신이든 변변찮은 사람이든 능력이 미치지 못하고 보살필 수가 없게 되는 것들에 대해서 보살피지 않게 되는 이에게는 말입니다. c

클레이니아스: 어떻게 그럴 수 있겠습니까?

아테네인: 둘인 그들이 셋인 우리에게 이제는 대답하게 하죠. 둘 다가 d
신들이 있다는 데는 동의를 하고 있지만, 둘 중의 한쪽은 신들에 대한 간청이 받아들여질 수 있다는 쪽이나, 다른 한쪽은 작은 것들에 대해서는 신들이 무관심하다는 쪽입니다. "첫째로, 두 사람 다 신들은 모든 것을 알고 있으며 보기도 하고 듣기도 하는데, 감각적 지각들과 앎들의 대상들이 되는 것들 중의 그 어느 것도 신들이 모르는 상태로 지나 버릴 수는 없다고 주장하고 있소? 두 사람은 그게 이렇다고 말하고 있는 게요, 아니면 어떻다는 게요?"

클레이니아스: 그렇죠.

아테네인: 그럼, 어떤가요? 그들은 모든 걸 할 수 있나요? 죽게 마련인 존재들과 불사하는 존재들이 그 능력을 갖고 있는 모든 대상들에 대해서 말입니다.

클레이니아스: 이 또한 그러하다는 데 어찌 그들이 동의하지 않겠습니까?

아테네인: 더 나아가 다섯인 우리들은 적어도 신들은 훌륭하다는 데 e
그리고 더할 수 없이 훌륭하다는 데에도 합의를 보았습니다.

클레이니아스: 그랬고말고요.

아테네인: 그렇다면 신들이 적어도 우리가 동의한 그런 존재들이면

901e

서, 그들이 나태함이나 물러빠짐으로 해서 무엇이건 한다고 동의할 수는 결코 없는 일이겠죠? 우리에게 있어서 빈들거림은 심약함의 소산이지만, 나태함은 빈들거림과 물러빠짐의 소산이니까요.

클레이니아스: 더할 수 없이 참된 말씀입니다.

아테네인: 그러니 신들 가운데서는 아무도 빈들거림과 나태함으로 해서 무관심하지는 않습니다. 신이 비겁함에는 관여하지 않는 게 분명하니까요.

클레이니아스: 지당하신 말씀입니다.

902a 아테네인: 그렇다면, 남은 건, 만약에 신들이 우주(to pan)[109)]와 관련된 작은 것들과 소수의 것들에 대해서 과연 무관심하다면, 그런 것들에 대해서는 전혀 보살필 필요가 없다는 걸 그들이 알고 있어서, 그리하거나, 또는 알고 있는 것과는 반대되는 것 이외에 나머지 것으로 무엇이 있겠습니까?

클레이니아스: 아무것도 없습니다.

아테네인: 훌륭하디훌륭한 이시여! 그러니까 신들이 모르고 있고 또한 모름지기 보살펴야 하는데도 무지로 해서 무관심한 걸로 선생께서 말씀하시고 있는 걸로 우리가 볼까요, 아니면 마땅히 그래야 한다는 건 알고 있으면서도, 즉 사람들 중에서도 가장 변변찮은 자들이 그러는 걸로 흔히 말하듯, 자기들이 하고 있는 것들보다는 다른 것들을 하는 게 더 낫
b 다는 건 알고 있으면서도, 쾌락들이나 고통들에 져서 그리하지 않는 걸로 말씀하시는 걸로 볼까요?

---

109) 여기에서 '우주'로 번역한 to pan은 전체, 모두, 또는 만유(萬有)를 뜻하는 말이기도 하지만, kosmos(질서 정연함을 갖춘 전체로서의 cosmos) 및 to holon(= the whole)과 함께 '우주'를 뜻하기도 한다. 《티마이오스》 편 27a 및 《필레보스》 편 23c, 64a 등 많은 곳에서 그런 뜻으로 쓰이고 있다.

클레이니아스: 어떻게 그럴 수 있겠습니까?

아테네인: 그렇다면 적어도 인간의 일들은 혼을 지닌 생물에 관여되어 있거니와, 인간이야말로 모든 동물들 중에서도 가장 신을 공경하는(theosebestaton) 동물[110)]이 아니겠습니까?

클레이니아스: 어쨌든 그런 것 같습니다.

아테네인: 죽게 마련인 동물들 모두는 그야말로 신들의 소유물들이라[111)] 우리가 말하고 있거니와, 온 하늘 또한 바로 이들의 것이죠.

클레이니아스: 어찌 아니겠습니까?

아테네인: 그러므로 이제는 누군가가 이것들이 신들에게 작은 것들이라거나 또는 큰 것들이라고 말하거나 내버려 두죠. 우리를 소유하고 c
있는 신들로서는 그 어느 경우에나 무관심하다는 게 적절하지 않을 테니까요. 더할 수 없이 보살피며 더할 수 없이 훌륭한 그들일진대 말입니다. 물론 이것들에 더하여 이것마저 고찰해 봅시다.

클레이니아스: 어떤 것인가요?

아테네인: 감각적 지각(aisthēsis) 및 힘(능력: dynamis)과 관련된 경우로, 이 둘은 쉬움 및 어려움과 관련해서는 서로 그 성질이 반대되는 게 아닌가요?

클레이니아스: 어떤 뜻으로 말씀하시는 건지요?

아테네인: 짐작건대 큰 것들보다는 작은 것들을 보고 듣는 것은 더 어려우나, 작은 것들과 소수의 것들을 옮기고 제압하며 이것들에 대해 보살피게 되는 것이 그 반대의 것들에 대해 그러기보다도 모두에게 더

---

110) 《티마이오스》 편 41e~42a에서도 인간을 그리 말하고 있다. 또한 967d를 참조할 것.

111) 906a에서도 그리고 《파이돈》 편 62b~63a에서도 사람들을 그리 말하고 있다. 원어 ktēmata는 소유물들, 재산을 뜻하는 말이지만, 이에는 노예들도 포함된다. 또한 《크리티아스》 편 109b에도 같은 표현이 보인다.

902c

쉬울 것입니다.

d 클레이니아스: 그야 훨씬 쉽지요.

아테네인: 하지만 의사에게 전신을 치료토록 지시되었을 경우, 그가 큰 것들에 대해서는 보살피고 싶어 하고 또한 그리할 수 있는 사람이기는 하지만, 부분적인 것들과 작은 것들에 대해서는 소홀히 하는 사람이라면, 그 경우에 그에게 있어서 모든 게 잘될까요?

클레이니아스: 전혀 그렇지 못할 것입니다.

아테네인: 또한 키잡이[112]들의 경우에도 장군들의 경우에도 가장들의 경우에도, 그리고 또 어떤 정치가들이나 그런 유의 다른 누구의 경우에도, 소수의 것들과 작은 것들을 제쳐 놓은 채로는 많은 것들이나 큰 것
e 들이 잘되지는 않을 것입니다. 또한 작은 돌들 없이는 큰 돌들이 잘 놓이지 않는다고 석수들도 말하고 있으니까요.

클레이니아스: 어떻게 그럴 수 있겠습니까?

아테네인: 그러므로 우리가 적어도 신을 죽게 마련인 장인들[113]보다도 변변찮게 평가하는 일은 없도록 합시다. 이들은 자신들에 속하는 일들에 있어서 더 나으면 나을수록, 작은 것들도 큰 것들도 한 가지 기술에 의해 그만큼 더 정확하고 완벽하게 이루어 냅니다. 하물며 더할 수 없이
903a 지혜로우며 보살피고 싶어 하고 또 그럴 수 있는 신을, 마치 빈들거리거나 심약한 자가 힘든 일들로 해서 나태해지듯, 보살피는 게 더 쉬운 작은 것들에 대해서는 어떻게도 보살피지 않으면서, 큰 것들에 대해서는 보살

112) 키잡이(조타수: kybernētēs)는 소형 상선이나 어선 따위의 작은 배의 경우에는 곧 선장이기도 했다. 일반적으로는 선주(nauklēros)가 곧 선장이었다. 그러나 폭 3.5미터, 길이 35~37미터의 크기에 승선원들이 200명이 넘는 '삼단 노 전함'(triērēs)에서도 키잡이는 함장에 버금가는 지위를 누렸다.

113) 곧 '인간인 장인들'(thnētoi dēmiourgoi)을 가리킨다.

핀다고 생각하는 일은[114] 말입니다.

클레이니아스: 신들과 관련해서는 이런 의견을 우리가 결단코 받아들이지 맙시다, 선생이시여! 이는 도저히 경건하지도 않고 참되지도 않은 생각을 우리가 하게 되는 것이기 때문입니다.

아테네인: 이제야 우리가 신들의 무관심에 대해 탓하기 좋아하는 자와 아주 적절히 대화를 하게 된 걸로 제게는 여겨집니다만.

클레이니아스: 네.

아테네인: 어쨌든 논의에 의해서 그가 옳지 않게 말했다는 데 스스로 동의하지 않을 수 없도록 강제함으로써 한 것입니다. 그렇긴 하나, 더 나 b
아가 주문(呪文)과도 같은 어떤 이야기들이 더 요구되는 것으로 제게는 생각되는군요.

클레이니아스: 어떤 것들인가요, 선생이시여?

아테네인: 논의에 의해서 젊은이에게 이 점을 납득시키도록 합시다. 곧, "우주(to pan)를 보살피는 이에게 있어서는 모든 것이 전체(to holon)의 보전과 훌륭한 상태(aretē)를 위해서 조직되어 있는 것들인데, 이것들의 각 부분도 적절한 제 구실을 능력껏 수동적으로든 능동적으로든 수행한다오. 한데, 이것들 각각에는 통솔자들이 지정되어 있어서, 언제고 겪음(pathē)과 행함(praxis)[115]의 아주 작은 부분에 이르기까지, 마
지막으로 나뉜 부분까지 완결을 보게 한다오. 딱한 젊은이여! 그대 또한 c
그것들 중의 한 부분으로서, 비록 아주 작은(pansmikron) 부분일지라도, 언제나 전체(우주: to pan)[116]를 보며, 이에 기여하느니. 하지만 그대

114) e5(Burnet 판에서는 e4)의 axiōsōmen을 이 문장에서도 연결해서 읽어야 할 것이다.

115) 바로 앞에서 언급된 각각의 구실과 관련된 수동적 수행(paskhein) 및 능동적인 수행(poiein)의 명사형태들인 셈이다.

116) 902a에서 '우주'에 대한 각주를 참조할 것.

903c

는 바로 이 점을 간과했소. 즉, 일체의 생성(genesis)은 전체(우주: to pan)의 삶에 행복함[117]이 조성되도록 하기 위해서 일어나는 것이니, 그대를 위해서 일어나는 것이 아니라, 그대가 그걸 위해서라오. 모든 의사와 전문 기술을 갖춘 모든 장인은 모두를 위해 모든 걸 하는데, 공동의 최선(to koinē beltiston)에 기여하느라, 전체를 위해 부분을 만들어 내

d 지, 부분을 위해 전체를 만들어 내지는 않기 때문이오. 하지만 그대는 어떻게 해서 그대와 관련되는 것이 전체에 최선의 것이 되며, 공동 생성의 힘에 따라 그대에게도 그러한지를 모르는 탓으로 못마땅해하고 있소. 한데, 혼은 언제나 몸과 결합되어 있되, 한때는 이 몸과 다른 한때는 다른 몸과 결합되어 있기 때문에, 온갖 변화들을 하게 되는데, 이는 제 혼으로 인해서이기도 하고 다른 혼으로 인해서이기도 하오. 장기를 두는 사람에게는 더 나은 특성을 갖게 된 것을 더 나은 장소에[118] 옮겨 놓되, 더 못한 것은 더 못한 곳에 옮겨 놓는 것 이외에 다른 할 일이라곤 남아 있는 게 아무것도 없소. 그것들 각각의 적합성에 따라, 합당한 운명을 만나게[119]

---

117) 여기에서 '행복함'으로 번역한 원어는 eudaimōn ousia(행복한 존재)이다. 생성(genesis)과 존재(ousia)의 이런 관계에 대한 언급은 《필레보스》 편 54a~c에도 보인다. 그리고 '우시아'라는 용어와 관련된 설명으로는 역자의 역주서 《플라톤의 필레보스》에서 같은 대목의 각주 339(207~208쪽)를 참조하는 게 좋겠다.

118) 여기에서 말하는 장기(petteia, pesseia)는 서양 장기이겠다. 그런데 '더 나은 특성을 갖게 된 것을 더 나은 장소에'라는 표현은 장기판에서 어떤 말이 그 판의 상황에 따라 그 중요성이 달라질 수 있겠는데, 그 말을 그때 어떻게 쓰는가에 따라, 곧 어떤 자리에 놓느냐에 따라 장기판의 승부가 결정될 것이다. 여기에서 '특성'으로 옮긴 ēthos는 혼의 경우에는 '성품'에 해당되겠다. 따라서 '더 나은 특성을 갖게 된 것을 더 나은 장소에'는 '더 나은 혼이 더 나은 생물 또는 신분의 몸 속에' 태어남을 뜻하는 윤회설에 입각한 언급인 셈이다.

119) '운명을 만나다'(moiras lankhanēi)에 대해서는 약간의 설명이 필요할 것 같다. moira에는 morion 또는 meros와 마찬가지로 '부분'이라는

되도록 말이오." e

클레이니아스: 어떤 식으로 말씀입니까?

아테네인: 신들에게 있어서 모든 것들에 대한 보살핌이 어떤 식이면 용이하겠는지를 이런 식으로 설명할 수 있겠다고 제게는 생각되는군요. 만약에 누군가가 언제나 전체를 보면서[120] 모든 것들을 변형하여 형성코자 한다면, 이를테면 하나에서 여럿 또는 여럿에서 하나를 만들어 내는 식이 아니라, 불에서 생명을 지닌 물을 만들어 내는 식으로, 첫째 생성 904a (태어남: genesis)이나 둘째 생성(태어남) 또는 셋째 생성(태어남)에까지도 관여하게 됨으로써,[121] 바뀌는 배열에 있어서 그 수는 무한할 것이기 때문입니다. 그렇지만 이는 우주를 보살피는 이에게는 놀랍도록 쉬운 일입니다.[122]

클레이니아스: 이번에는 무슨 뜻으로 말씀하시는 건지요?

아테네인: 그건 다음과 같습니다. 우리의 왕[123]이 모든 행위들에는 혼

뜻도 있지만, 땅이나 전리품으로 나눠 갖게 된 또는 제비뽑기로 갖게 된 각자의 '몫' 그리고 삶에서 각자가 '할당받은 몫으로서의 운명'(hē heimarmonē [moira])이라는 뜻도 있다. 그런데 lankhanein은 '제비뽑기로 뭔가를 얻게 됨'을 뜻하는 말이다. 그러니까 moiras lankhanein은 '제비뽑기로 … 운명을 얻게 됨'을 뜻한다. 《국가(정체)》 편 671c 이후에는 각자의 혼이 삶의 표본 곧 운명을 택하여 갖게 되는 것과 관련된 아주 흥미로운 저승 이야기가 실려 있다. 또한 '모이라'는 운명의 여신을 가리키기도 한다.

120) e4의 텍스트 읽기에서 gar 다음의 mē는 삭제하고서 읽었다. 이와 관련해서는 Saunders의 *Notes*, No. 98을 참조할 것.

121) 여기서 말하고 있는 생성은 894a에서 말한 첫 번째 단계에서 세 번째 단계까지의 생성을 가리키는 것이 아니라, 윤회의 거듭남과 같은 것을 뜻하는 것으로 보는 게 옳을 것이다. 이를테면, 《티마이오스》 편 42b~d에 비슷한 언급이 보인다.

122) 이런 유의 쉬움에 대한 언급은 713d에도 보인다.

123) 여기에서 말하고 있는 '우리의 왕(ho basileus)'은 바로 앞에서 말한

904a

이 담겨 있어서, 그것들에는 많은 훌륭함(덕: aretē)이 있기도 하지만, 많은 나쁨(악덕: kakia)도 있다는 걸[124] 간파했기 대문에, 또한 혼과 몸이 [합쳐져 하나로] 생기고 나면, 파멸되지는 않지만,[125] 법(관습: nomos)에 따라 있게 된 신들처럼은 영원하지도 않다는 걸 간파했기 때문이며,
b — 이들 둘 중의 어느 하나가 완전히 소멸되었더라면, 생물들의 생성은 결코 없었을 테니까요,— 또한 혼에 있어서 좋은 부분은 언제나 그 본성이 이롭도록 하는 반면에, 나쁜 부분은 해롭도록 한다는 걸 생각하게 되었기 때문이죠. 그는 이 모두를 알게 되었기 때문에, 각 부분이 자리잡기를 우주에서 훌륭함(덕)은 이기되 나쁨(악덕)은 지게끔 함에 있어 가장 쉽게 그리고 가장 잘할 수 있게 되도록 꾀했습니다. 따라서 그는 이 모든 것을 고려해서, 어떤 성질의 것이 되었을 때는 언제고 어떤 자리를 잡고서 도대체 어떤 곳들에 정착되어야만 할지를 구상했습니다. 그러나 어떤
c 성질의 것이 되는 원인들[126]을 그는 우리들 각자의 의욕들에 맡겼습니

'우주를 보살피는 이'(ho tou pantos epimeloumenos) 곧 우주에 대해서 마음을 쓰고 우주를 관할하는 이로 상정되는 신을 가리키는 것으로 보아야 할 것이다. 이와는 달리 곧이어 언급되는 '법(관습: nomos)에 따라 있게 된 신들'(hoi kata nomon ontes theoi)은 889e~890b에서 논의거리가 되었던 헬라스인들의 전통적인 신앙의 대상들인 신들 곧 그들의 신화를 통해서 확립된 신들을 가리킨다. 이와 비슷한 언급을 우리는 《티마이오스》 편 40d~41b에서도 만날 수 있다.

124) England가 그리 말하고 있듯, 모든 행위(praxis)는 그 행위자가 어떤 마음 곧 혼의 상태에서 어떤 마음으로 한 것인지가 그대로 나타나 있는 결과이겠기에 하는 말이다.

125) 《티마이오스》 편 41a~b를 참조할 것.

126) '어떤 성질의 것이 되는 원인들'이라는 표현에서 '어떤 성질의 것'은 곧 '어떤 성품(ēthos)'을 뜻하며, '원인'(aitia)이 복수로 되어 있는 것은, England의 설명에 따르면, 그런 성품을 형성하는 데는 어떤 의욕적인 행위나 마음의 상태가 반복적이고 지속적이어야 할 것이기 때문이다. 아닌게아니라 모처럼의 한 번의 용감한 행위가 그 행위자를 용기 있는 인격자

다.[127] 누군가가 어떤 쪽으로 욕구하며 그 혼이 어떠한가에 따라, 거의 이 방향으로 그때마다 그리고 그런 사람으로 우리 모두가 대개는 되니까요.

클레이니아스: 다분히 그럴 것 같군요.

아테네인: 그러기에 혼을 지닌 것들은 모두가 변화하는데, 변화의 원
인은 저들 안에 갖고 있지만, 변화를 할 때는 운명의 질서와 법칙에 따라
이동합니다. 성품들의 사소한 면들에서 작은 변화를 하게 될 때는, 그 지
역의 평면을 따라 장소를 바꿔가지만,[128] 더 많이 그리고 더 옳지 못한
쪽으로 악화될 때는, 깊은 곳 이른바 지하 세계로, 저승(하데스)[129] 그리 d
고 이들 이름들과 관련된 곳들로 불리어, 살아서는 꿈속에서, 혼이 몸과
분리되어서도, 몹시 두려워하게 되는 그런 곳으로 옮겨 갑니다. 그렇지
만 혼이 제 의지로 그리고 사귐을 통해서 강해져서는 나쁨(kakia)과 훌
륭함(덕: aretē)에 더 많이 관여하게 될 경우에는, 즉 신적인 훌륭함
(aretē theia)과 교류함으로써 각별하게 그런 것[130]이 될 경우에는, 장소
또한 각별한 곳으로 바꾸게 되니, 성스러운 길로 해서 더 나은 다른 어떤
곳으로 옮겨 가게 되는 것입니다. 그러나 그 반대의 경우에는, 이 혼은 e

로 만들지는 않을 것이기 때문이다.

127) 같은 맥락의 언급이 《국가(정체)》 617d~e에도 보인다.

128) 이런 혼이 다시 환생하게 되면, 비슷한 유형의 삶을 이승에서 다시 살게 된다는 걸 수평적 이동으로 표현하고 있는 반면에, 나쁜 쪽으로 큰 변화를 하게 된 혼은 다음 줄의 '깊은 곳으로'(eis bathos)라는 표현처럼 수직적 하강을 하게 된다는 말을 하고 있다.

129) Hades의 헬라스어 원어는 Haidēs 또는 Aïdēs(서사시에서)이다. 하데스는 제우스와 형제 간으로 지하 세계를 관장하는 신인데, 나중에는 지하 세계 자체, 즉 저승을 의미하게도 되었다. 그래서 '보이지 않는'(a-idēs) 이라는 말과 연관 지어 생각하기도 한다.

130) 곧 '신적인 것'을 뜻한다. 이는 신적인 것과의 교류를 통한 동화(同化: homoiōsis)를 말하고 있는 것이다.

904e 제 삶을 그 반대쪽으로 옮겨 놓게 됩니다.[131)]

실은 이것이 올림포스를 거처로 가지신 신들의 방식(dikē)이니라[132)]

"소년, 아니 젊은이여! 신들의 보살핌을 받지 못하고 있는 것으로 그대는 여기고 있지만, 더 나빠진 자는 더 나쁜 혼들에게로 옮겨 가나, 더 나아진 자는 더 나은 혼들에게로 옮겨 가게 되어, 사는 동안에도, 모든 죽음에서도, 유사한 것들에 대해서는 유사한 것들을 행하는 것이 마땅한 것
905a 들을 당하기(겪기: paskhein)도 하고 행하기(poiein)도 하오.[133)] 신들의 이 심판을 피했다고 그대든 또는 벌을 면하게 된 다른 사람이든 결코 뽐낼 일은 아닐 것이오. 모든 판결들 중에서도 이 심판은 이를 정한 이들[134)]이 각별히 정하기도 했거니와, 또한 만반의 대비가 되어 있어야만 하는 것이지. 그것에 의해서 그대가 방치되는 일은 없을 테니까. 그대가 아주 작아져서 땅 밑 깊은 곳으로 침몰하게 되더라도, 또는 아주 커져서 하늘로 치솟게 된다 할지라도 그러는 일은 없을 것이니, 이것들에 대한 합당

---

131) 죽은 자들의 혼들이 심판을 받게 된 이후의 행로에 대한 기나긴 이야기를 우리는 《파이돈》 편 107d~114c에서 읽을 수 있다.

132) 호메로스의 《오디세이아》 제19권 43행. 여기에서 '방식'으로 번역한 dikē는 이처럼 원래는 신들 또는 인간들의 '방식'이나 '관습' 또는 '습관' 따위를 뜻하는 것이었다. 나중에는 소송, 재판, 심판, 판결, 벌, 정의 등의 뜻도 갖게 된다. 그런데 여기에서는 인간의 이승에서의 행적에 따른 사후 세계에서의 '판결'과 관련해서 이 구절이 인용되고 있으므로, 그런 뜻도 포함되어 있다고 보아야 할 것이다. 곧 그런 '판결 방식'을 가리켜 말하고 있다고 볼 수 있겠다. 그리고 dikē에 대해서는 728b에서 해당 각주를 참조할 것. 그리고 약간의 보완적인 설명이 필요한 사람은 거스리가 지은 역자의 번역서 《희랍철학입문》 18~20쪽을 참조하는 것도 도움이 되겠다.

133) 이 문장의 앞뒤 대목에서 하고 있는 논의와 관련해서는 728b~c의 본문 및 각주들을 참조할 것. Saunders의 *Notes*, no. 99 참조.

134) 곧 신들을 가리킨다.

한 처벌을 받게 될 것이오. 그대가 이곳에 머물고 있든, 저승으로 가서든 또는 이보다 더욱 먼[135] 곳으로 옮겨 가게 되어서든 간에 말이오. 저들의 b
경우에도 똑같은 말을 그대는 듣게 될 것이오. 즉 경건하지 못한 짓을 저지르거나 또는 그런 유의 어떤 짓을 함으로써 하찮은 신분들에서 거물들로 된 자들을 목격하고서는, 그대가 생각하기를 불쌍한 자들에서 행복한 자들로 되었다고, 그래서 거울 속을 들여다보듯 이들의 행위들로 해서 모든 것에 대한 신들의 무관심(방치: ameleia)을 알아보게 된 걸로 그대가 믿게 되었다고 말이오. 신들의 우주에 대한 기여가 어떤 식으로 이루어지는지는 모르고서요. 하지만 더할 수 없이 담대한 이여, 어찌하여 그 c
대는 이를 알고 있어야만 한다는 생각을 하지 않는 게요? 누군가가 이를 모른다면, 인생과 관련된 행복과 불운에 대해 윤곽적 이해조차도 갖지 못할 것이며 제대로 된 설명도 할 수 없게 될 것이오. 여기 이 클레이니아스와 우리의 이 늙은이들의 모임 전체가 이를, 즉 신들에 대해서 그대가 무슨 말을 하고 있는지를 그대가 모르고 있다는 걸 그대에게 납득시키지 못하고 있다면, 신이 스스로 그대에게 훌륭하게 도움을 줄 것이오. 하지만 만약에 어떤 설명이 그대에게는 아직도 필요하다면, 세 번째 사
람[136]을 상대로 우리가 말하고 있는 동안 귀기울여 들으시오. 그대에게 d
어떻든 지각이 있다면 말이오. 신들은 있으며 또한 인간들을 보살핀다는 점이 우리에게 있어서 증명된 것이 아주 형편없는 것은 아니라고 나로서는 주장할 수 있겠기 때문이오. 그러나 신들이 올바르지 못한 짓을 저지르는 어떤 자들에 대해, 선물을 받고서, 그 간청을 들어주기도 한다는 데는[137] 아무에게도 동의해서는 안 되며, 또한 가능한 한 모든 방식

135) '더욱 먼'을 뜻하는 apōteron으로 읽는 경우는 Budé 판만이고, 그 대신에 Burnet 판 등에서는 '더욱 거친' 또는 '더 황량한'을 뜻하는 agriōteron으로 읽고 있다.

136) 888c를 참조할 것.

905d

으로 논박해야만 하오."

클레이니아스: 더할 수 없이 훌륭한 말씀입니다. 또한 선생께서 말씀하시는 바대로 하십시다.

아테네인: 자, 그러면 신들 자신들의 이름을 걸고서, 신들이 간청을
e 들어주려 한다면, 우리에게 어떤 식으로 들어줄 수 있게 될까요? 그들은 누구누구이며, 어떤 신들일까요? 적어도 온 하늘을 영구히[138] 조종할 이들이 아마도 그 통솔자들로 될 게 필연적일 것 같습니다.[139]

클레이니아스: 그렇습니다.

아테네인: 하지만 그들은 어느 통솔자들을 닮았나요? 아니, 어느 통솔자들이 그들을 닮았나요? 우리로서 비유할 수 있는 것들은 작은 것들을 큰 것들에 대해서 하는 것이겠습니다만. 경주하는 말들의 기수들이 그런 이들일까요, 아니면 배들의 키잡이들이 그들일까요? 아마도 군대의 통솔자들에도 그들이 비유될 수 있을 것입니다. 그런가 하면 몸과 관련해서 질병과의 싸움에 대비하는 의사들과도 그들이 닮아 보일 수 있으
906a 며, 또는 식물들의 생장과 관련해서 늘 있는 힘든 계절들을 두려운 마음으로 대기하고 있는 농부들 또는 목자들과도 닮아 보일 수도 있습니다. 우주[140]는 많은 좋은 것들로 가득 차 있기도 하지만, 그 반대의 것들로도 가득 차 있다는 데, 아니 좋지 않은 것들로 더 많이 차 있다는[141] 데 우리끼리는 동의한 터라, 이런 싸움은 끝날 것이 아니어서 놀라운 방어가 요구되는 것이라고 우리는 주장합니다. 하지만 신들(theoi)과 함께 수호신

---

137) 《국가(정체)》 편 364b~366a를 참조할 것.

138) 텍스트 읽기에서 endelekhōs(영구히)를 entelekhōs(효율적으로)로 읽은 이들(Burnet, England 등)도 있다.

139) 903b를 참조할 것.

140) 원어는 '하늘'(ho ouranos)로 되어 있으나, 이 경우에는 '우주'로 이해하는 것이 좋겠다.

141) 《국가(정체)》 편 379c를 참조할 것.

들(daimones)[142]도 우리와 한편이고, 우리는 또한 신들과 수호신들의 소유물들이기도 합니다.[143] 한데, 올바르지 못함(불의: adikia)과 히브리스(hybris)는 무분별(aphrosynē)과 함께 우리를 파멸케 하나, 올바름 b (dikaiosynē)과 절제(sōphrosynē)는 지혜(사려 분별: phronēsis)와 함께 우리를 지켜 줍니다. 이것들은 신들의 혼이 밴 힘들 안에 깃들어 있는 것들로서, 이곳의 우리에게서도 그런 것들의 약간이 깃들어 있는 걸 누군가가 분명히 볼 수 있을 것입니다.[144] 이 지상에 거주하며 부당한 이득을 취한 혼들은 맹수 꼴을 하고 있는 게 명백한데, 이들은 수호자들의 혼들을 상대로, 그러니까 감시견들의 혼들이나 목자들의 혼들을 상대로, 또는 최정상의 주인들의 혼들과 마주쳐서는, 아첨의 말과 일종의 기원하는 주문들로 설득을 합니다. 나쁜 사람들이 하는 말인즉슨 자기들은 사람들 c 속에서 제 몫보다 더 차지하고도 아무런 험한 꼴을 당하지 않을 수 있다는 겁니다. 하지만 방금 지칭된[145] 잘못, 곧 제 몫보다 더 차지하려는 마음(탐욕: pleonexia)[146]이 살찐 몸들의 경우에는 질병으로 불리는 것이

142) 수호신에 대해서는 713d에서 본문 및 해당 각주를 참조할 것.

143) 902b에서 해당 각주를 참조할 것. 이런 관점에서는 신들과 인간들의 관계는, 바로 다음 언급에서 시사하고 있듯, 목자와 가축들의 관계 또는 감시견과 양 떼들의 관계와 같다고 할 것이다.

144) 이들 훌륭함(덕: aretē)들과 관련되어 이를 '신적인 것들'로 언급했던 대목은 631b~c에 있었다.

145) 바로 앞에서 언급된 '제 몫보다 더 차지하고도'라는 표현을 가리켜 하는 말이다.

146) pleonexia는 곧 알맞은 정도(適度: to metrion)를 넘어서는 '지나침'(과도)을 뜻하는 말이기도 하다. 《티마이오스》 편 82a~b에서는 갈등과 질병의 원인으로 이를 들고 있다. 《국가(정체)》 편 556d에는 '남의 몫 살까지 쪄 가진 부자'라는 표현이 보인다. '제 몫보다 더 차지하려는 마음(탐욕)'으로서의 pleonexia과 관련된 정곡을 찌르는 언급을 우리는 역시 《국가(정체)》 편 358a~c 및 586a~b에서 읽을 수 있다. 또한 이 대화편은 예나 지금이나 제 몫보다 더 차지하려는 인간의 탐욕이 얼마나 많은 문제를

나, 계절들과 세월들의 경우에는 역병으로 불리는 것이요, 나라(polis)들과 정체(政體: politeia)들의 경우에는 그 명칭이 바뀌어 바로 이것, 곧 올바르지 못함(불의: adikia)으로 불리는 것이라 우리는 주장할 수 있을 것 같습니다.

클레이니아스: 그야 전적으로 그렇습니다.

아테네인: 이런 말을 하는 사람이 바로 이 주장을 할 게 필연적입니다. 즉, 신들은, 누군가가 부당하게 취득한 것들의 일부를 자기들에게 떼
d 어 주게 될 경우에는, 올바르지 못한 사람들에게 그리고 올바르지 못한 짓을 저지르는 자들에게 언제나 관용을 베푼다고 말입니다. 마치 이리는 자기들이 약탈한 것들 중에서 조금을 감시견들에게 떼어 주고, 이것들은 그 선물들로 해서 온순해져서는 양 떼를 약탈하는 데 동의해 주듯이 말입니다. 이 주장이 신들은 간청을 받아 주는 이들이라고 주장하는 자들의 주장이 아닌가요?

클레이니아스: 사실 그겁니다.

아테네인: 그렇다면 앞서 언급된 이들[147] 중에서 누구에 신들을 닮은 수호자들로 비유함으로써 누구든 웃음거리가 되지 않을 수 있겠습니까?
e 포도주의 '제주와 제물 타는 향에 의해'[148] 마음을 바꾸게 되는 키잡이

야기하는지를 다각도에서 보여 주고 있기도 하다. 외국과의 전쟁보다도 더 무서운 내란도 이 탐욕으로 인한 상호 간의 불화에서 비롯되며, 이로 인해 이름으로는 하나인 나라가 더 이상 '하나의 나라'가 아닌 '여러 나라'로 분열된 상태에 있게 됨을 이 대화편은 또한 밝히고 있다.

147) 905e~906a에서 언급됨.

148) 호메로스의 《일리아스》 9권 500행. 이 구절은 《국가(정체)》 364e에서도 인용되고 있는데, 그 앞뒤의 4행은 이러하다.

…… 신들조차도 기원에는 마음들이 동한다오.
신들일지언정 사람들이 제물과 공손한 서원으로써,

들, 배들과 선원들을 뒤집어 버리는 이들에 비유할 수 있을까요?

클레이니아스: 결코 그렇지가 않습니다.

아테네인: 그렇지만 경주에서 정렬하여 있는 기수들로서, 선물로 인해 승리를 다른 기수들을 위해 포기해 버리도록 설득된 자들에는 어쨌든 비유될 수 없습니다.

클레이니아스: 그 말씀을 하심으로써 실은 선생께서는 고약한 비유를 하시고 있습니다.

아테네인: 어쨌든 장군들에도, 의사들에도, 농부들에도, 목자들에도, 또한 이리들한테 속아 넘어간 어떤 감시견들에 비유될 수도 없는 게 확실합니다.

클레이니아스: 쉿! 어찌 그럴 수 있겠습니까? 907a

아테네인: 하지만 모든 신들은 우리에게 있어서 모든 수호자들 중에서도 가장 위대하며, 모든 중대한 것들과 관련되어 있지 않나요?

클레이니아스: 그렇고말고요.

아테네인: 그렇다면 가장 고귀한 것들을 수호하는 이들이며, 훌륭함(덕)과 관련된 수호로 빼어난 이들[149]이 감시견들과 보통 사람들보다도 못한 걸로 우리가 말할까요? 이들도 올바르지 못한 자들에 의해 불경하게 제공되는 뇌물들 때문에 올바른 것(to dikaion)을 결코 버리지는 않을 터이니 말입니다.

클레이니아스: 결코 그럴 수는 없습니다. 이는 참을 수 없는 말이니, b
[신들에 대한] 일체 불경(asebeia)과 관련된 것들 중에서도 이 의견을 갖고 있는 자는 모든 불경한 자들 중에서도 가장 나쁘며 가장 불경한 자로

또한 제물이 타는 향과 제주로써 탄원을 할라치면, 그 뜻 돌리게 한다오.
누구든 도가 지나친 짓을 하고 잘못을 저질렀을 경우라 할지라도.

149) 곧 신들을 가리킨다.

간주되는 게 지당할 것입니다.

아테네인: 그렇다면 진술된 세 가지는, 즉 신들이 있다는 것, 신들이 보살펴 주는 이들이라는 것, 그리고 신들이 올바른 것을 거스르고서 간청을 받아들일 수는 도저히 없는 이들이라는 것이 어쩌면 충분히 증명된 걸로 우리가 말할까요?

클레이니아스: 어찌 그리 말하지 않겠습니까? 어쨌든 이 주장들에 대해서는 우리가 찬성하고 있기도 합니다.

아테네인: 하지만 이것들은 실은 나쁜 사람들에 대해 어떻게든 이기
c 고 싶은 마음에서 더 열성적으로 말하게 된 것일 겁니다. 그렇기는 하나, 친애하는 클레이니아스 님, 이기고 싶은 마음에서 그랬다는 것은 바로 이 때문입니다. 즉 나쁜 사람들이 언변으로 제압함으로써 자기들이 하고자 하는 것들을, 신들과 관련해서 자기들이 생각하는 바로 그것들을, 하고많은 그런 것들을 멋대로 할 수 있는 자유(exousia)가 자기들에게 있는 걸로 믿게 되는 일이 없도록 하기 위해서입니다. 그야 물론 이 때문에 우리에게 있어서 그 열의가 세찬 발언을 하게 했습니다. 하지만 어떤 식으로든 이 사람들로 하여금 [그런] 저들 자신을 미워하게 하는 한편으로 저들과 어떻든 반대되는 성품들은 좋아하게끔 설득하는 데 우리가 조금이나마 도움을 주었다면, 우리로선 [신들에 대한] 불경(asebeia)과 관련
d 된 법률의 전문(前文: prooimion)을 훌륭히 말하게 된 셈입니다.[150]

클레이니아스: 하지만 희망은 있습니다. 설령 그렇지 않다 하더라도, 적어도 논의의 종류를 갖고 입법자를 탓할 일은 아닐 것입니다.

아테네인: 이제 전문 다음으로는 법률의 해설자와도 같은 선언이 우리에게 있게 되는 게 옳겠습니다. 모든 불경한 자들이 자신들의 생활태도들에서 벗어나 [신들에 대해] 공경하는 생활태도를 갖게 되도록 공포

150) 이렇게 해서 888a에서 시작한 논의는 일단 여기에서 끝난 셈이다.

하는 선언 말입니다. 그러나 복종하지 않는 자들에 대해서는 신들에 대한 불경과 관련된 법은 다음 것이게 합니다.

만약에 누군가가 말이나 행동을 통해서 [신들에 대한] 불경을 저지를
경우에는, 현장에 있게 된 사람이 당국자들에게 알림으로써 막게 하되,
당국자들 중에서 맨 먼저 통보받은 관리들이 법률에 따라 이들에 대한 e
판결을 하도록 지정된 법정에서 재판을 받게 합니다. 그러나 만약에 보
고를 받은 어떤 관리가 이를 이행치 않을 경우에는, 이 관리는 누구든 처
벌을 원하는 이가 법률을 위해서 [신들에 대한] 불경으로 재판을 받게
합니다. 만약에 누군가가 유죄로 판명될 경우에는, 법정은 각각으로 독
신 행위를 한 자들 각각에 대해서 각각의 처벌을 하게 합니다. 물론 이 908a
모든 경우에 구금(desmos) 조치를 취하게 합니다. 나라에는 세 감옥
(desmōtērion)이 있는데, 하나는 대다수[의 죄수]를 위한 시장(agora)
근처의 보통감옥으로서, 많은 사람의 신체들을 안전하게 구금해 두기 위
한 것이며, 다른 하나는 밤에 모이는 사람들의 회의[151] 장소 근처의 것으
로서, 교도원(矯導院: sōphronistērion)으로 불리는 곳입니다. 또 하나는
시골 한가운데 있는 것으로서, 이곳에서야말로 외지고 가장 황폐한 지역
이 있어서, 징벌이라는 표현에 걸맞은 이름을 갖는 곳입니다. 하지만 [신
들에 대한] 불경과 관련해서는 세 가지 원인들이 있거니와, 바로 이것들
에 대해서는 우리가 상세히 말하기도 했습니다. 한데, 이들 각각의 원인 b
에는 두 가지씩이 있게 되니, 종교(신들에 관련된 것들: ta theia)와 관련
된 잘못들의 분류할 만한 가치가 있는 부류는 여섯이 될 수 있겠는데, 요
구되는 벌이 같을 수도 비슷한 유의 것일 수도 없습니다. 왜냐하면 신들
이 있음을 전혀 믿지 않는 사람의 경우에도 천성으로 성품이 올바를 경

151) 909a에서 한 번 언급되었다가, 951d 및 961a 이후에 본격적으로 언급되는 [새벽녘] 야간회의(ho nykterinos syllogos)를 가리킨다.

908b

우에는, 나쁜 사람들을 미워하는 자들이 되며, 올바르지 못함(불의)을
혐오하고, 그런 짓들을 하려 들지도 않기 때문입니다. 이들은 또한 올바
c 르지 못한 사람들은 피하면서 올바른 사람들을 좋아합니다. 반면에 모든
것에는 신들이 없다[152)]는 생각에 더해서, 쾌락(즐거움: hēdonē)들과 고
통(괴로움: lypē)들에 대해 자제하지 못하는 상태가 된 사람들의 경우
에, 기억력이 좋고 날카로운 학습력도 있을 수 있습니다. 양쪽 다에는 신
들을 믿지 않는다는 공통된 처지(상태)[153)]가 있지만, 다른 사람들을 망침
에 있어서는 한쪽은 덜 해를 입히나, 다른 쪽은 더 크게 해를 입히죠. 전
자는 말을 함에 있어서 신들과 관련해서도, 제물 및 맹세와 관련해서도,
무슨 말이든 해대는 자유(parrhēsia)로 넘치니, 처벌을 받지 않을 경우에
는, 남들을 놀려 댐으로써 아마도 다른 사람들도 그런 사람들로 만들 것
d 입니다. 반면에 후자야말로, 생각은 전자와 똑같이 하지만, 재주 있는 사
람으로 불리고, 기만과 속임수로 넘치죠. 이들에게서 많은 점쟁이들이,
온갖 요술 부리기 준비를 하게 된 사람들이 생깁니다. 그런가 하면 이들
에게서 생기는 게 때로는 참주(tyrannos)들과 대중연설가(dēmēgoros)
들 그리고 장군들이기도 합니다. 또한 때로는 사사로운 밀교 의식(密敎儀
式)에 의해 음모를 꾸미는 자들과 소피스테스들로 불리는 자들의 책략들
e 이기도 합니다. 그런데 이것들의 종류는 여럿이 있을 수 있지만, 법률 제
정의 가치가 있는 것들은 둘입니다. 그 한 종류는 시치미 떼는 것으로서
그 잘못이 한두 번의 죽음으로 그칠 게 아니나, 다른 한 종류는 훈계와
함께 구금이 요구됩니다. 마찬가지로 신들이 무관심한 걸로 믿는 것도
또 다른 두 종류를 생기게 하고, 신들에겐 간청이 받아들여질 수 있다고

152) "모든 것에는 신들이 없다"(theōn erēma einai panta)는 899b8의 "모든 것이 신들로 가득 차 있다"(theōn einai plērē panta)는 의견과 대치되는 것이다.

153) '처지(상태)'라 번역한 원어는 pathos이다.

믿는 것도 다른 두 종류를 생기게 합니다.

그래서 이것들이 이렇게 나뉘었으므로, 나쁜 마음 상태나 성품으로 해서가 아니라 어리석음(anoia)으로 해서 그리된 자들은 재판관이 법에 의해 교도원에 구금해 두되, 5년 이상 구금해 두게 합니다. 그러나 이 기간 909a
동안에는 [새벽녘] 야간회의[154]에 참여하는 사람들을 제외하고는 시민들 중의 다른 누구도 그들과 접촉하지 못하게 합니다. 이들이 접촉하는 것은 충고와 혼의 구원을 위해서입니다. 그러나 이들의 구금 기간이 만료되고, 이들 가운데 누군가가 마음이 건전한 상태에 있는 걸로 판단될 경우에는, 마음이 건전한 사람들과 함께 살게 합니다. 만약에 그렇지 못하여, 또다시 그런 죄목으로 유죄가 판명된다면, 사형을 받게 합니다. 반면에 신들이 있음을 믿지 않거나 신들의 무관심함 또는 간청이 받아들여질 수 있음에 대한 믿음에 더해서 맹수같이 되는 사람들[155]은 사람들을 깔 b
보고 산 사람들의 많은 혼들을 꾀는가 하면, 죽은 자들의 혼들도 꾈 수 있는 걸로 주장합니다. 또한 신들도 설득할 수 있는 걸로 장담하기를, 제물들과 기원들 그리고 주문들로써 호릴 수 있다는 겁니다.[156] 또한 이들은 개인들과 전체 가정들 그리고 나라들을 재물을 위해서 완전히 파괴하려 들죠. 이런 자들 중에서 누군가가 유죄인 걸로 판단된다면, 법정은 이 자에게 법에 따라 내륙의 감옥에 구금되도록 처벌하게 할 것이며, 자유 c
민은 아무도 이들을 찾아가는 일이 결코 없게 할 것이니, 음식은 이들이

154) '[새벽녘] 야간회의'(ho nykterinos syllogos)의 형태로 번역한 것은 명칭 자체가 '야간회의'이기는 하지만, 951d에서 밝히고 있듯, 이것이 '매일 새벽녘부터 해가 뜰 때까지 모이는 회의'이기 때문이다. 908a의 해당 각주를 참조할 것.

155) 906b를 참조할 것.

156) 이런 주장을 펴는 사람들에 대한 생생한 언급을 우리는 《국가(정체)》 편 364b~365a에서 접할 수 있다.

가복들에게서 받도록 호법관(護法官)들이 조처해 둡니다. 죽게 되면, 매장하지 않고 변경 밖으로 버립니다. 만약에 누군가 자유민이 그 매장에 가담할 경우에는, 누구든 원하는 사람이 신들에 대한 불경죄의 재판을 받게 합니다. 그러나 그가 나라에 어울리는 자식들을 남길 경우에, 고아들을 보살피는 사람들이 이들 또한 고아들인 것처럼 보살피게 하는데,
d 이들의 아버지가 유죄판결을 받게 되는 날부터 다른 아이들보다 조금도 못지않게 그리하도록 합니다.[157)]

한데, 이들 모두에 대해서는 일반법(koinos nomos)[158)]이 제정되어야만 하는데, 이는 이들 가운데 많은 사람으로 하여금 신들에 대해 언행에 있어서 잘못을 덜 저지르게 할 것이며, 특히 덜 어리석게 되게끔 만들 것입니다. 법을 거스르며 종교의식을 집행하는 일을 할 수 없게 함으로써 말입니다. 그런 일체의 경우들에는 단순히 다음의 법이 제정되게 하면 되니까요. 사가들에는 그 누구도 성소(聖所)들[159)]을 갖게 해서는 안 되게 합니다. 만약에 누군가가 제물을 바칠 생각이 들 경우에는, 공공의 신전들에 가서 제물을 바치게 하되, 제물들은 남녀 제관들에게 맡길 것이니,
e 이것들을 신성한 것들로 만드는 일들은 이들이 보살피는 일들입니다. 이 사람도 그리고 이 사람과 그러고 싶은 사람도 함께 기원을 하게 합니다. 이 규정들은 다음과 같은 것들 때문에 있게 합니다. 신전들을 세우고 신

---

157) 이들 아이들에 대한 보호와 관련해서는 855a 및 856c에서도 간단한 언급을 했지만, 본격적인 나라 차원의 보호 대책들에 대한 언급은 926d 이후에서 하게 된다.

158) 645a에서 해당 각주를 참조할 것.

159) 여기에서 '성소'로 번역한 것이나 바로 다음에서 '신전'으로 번역한 것은 다 같이 원어로서는 [to] hieron(복수로서는 [ta] hiera임)이다. 이는 성스러운 곳(聖所) 또는 신전(naos, neōs)을 뜻하는 말이지만, 그 쓰임새를 고려해서 그리 번역했다. 물론 717b에서 언급된 '조상신들의 사당'은 이에서 예외가 되겠다.

들이 자리잡게 되는 것은 쉽지도 않거니와, 이런 걸 바르게 하는 데는 깊은 생각이 요구됩니다.[160] 특히 모든 여인들[161]과 모든 면에서 병약한 자들, 위험에 처한 자들, 어떤 식으로 곤란을 겪든, 곤란을 겪고 있는 자들, 이들 모두에게는 하나의 습관(ethos)이 있습니다. 이와 반대로 일종의 번창함을 누리게 될 경우에도, 그게 있죠. 그건 그들이 언제고 제 옆에 있는 걸 봉헌하고 제물을 바칠 것을 서원하며, 신들과 수호신(신령)들 그리고 신들의 자손들에게 신전 건립들을 약속한다는 겁니다. 깬 상태로 910a
나 꿈에서 본 환영들 속에서 겁에 질려, 그런가 하면 똑같이 많은 환영들을 기억해 내고서는, 이것들 각각에 대한 치유책으로서 이용하느라고 장애물들이 없는 곳의 모든 집들과 마을들을 또는 그런 환영 현상들이 보였던 곳에 제단들과 성소들을 세워서 채운다는 겁니다. 이 모든 것 때문에 지금 말한 법에 따라 시행해야만 합니다. 이것들에 더하여 신들에 대한 불경을 저지르는 자들 때문에, 이들로 하여금 눈가림을 하고서 이런 b
짓들을 하지 않도록, 즉 사가들에 성소들과 제단들을 세움으로써, 제물들과 서원들로써 은밀히 신들을 심기가 편한 상태로 만들 수 있을 것이라 생각함으로써, 올바르지 못함(불의)을 끝없이 증대시켜서는, 자신들

160) 717b, 738d, 848d를 참조할 것.

161) 여기에서 '모든 여인들'이라는 여인들에 대한 전칭 '모든'은 발언자의 원론적인 소신에 따른 표현이라기보다는 바로 그다음에 언급하게 되는 당시 여인들의 '습관'(ethos)과 관련된 표현일 뿐이라 할 것이다. 아닌게 아니라 디오니소스 비교(秘教)의 신도들은 대부분 여신도들(Bakkhai, Mainades)이었다. 이와 관련해서는 졸저 《헬라스 사상의 심층》 18~21쪽을 참조할 것. 그러나 여성의 가능성에 대한 확신과 이들에 대한 나라 차원에서의 동등한 교육 기회의 제공을 통한 여성 인력의 활용과 관련된 플라톤의 강조는, 인류가 현대사를 맞기까지, 일찍이 그 유래를 찾아볼 수 없는 것이었음을 우리는 이미 확인한 바 있다. 780d~781c 및 804d~805b 그리고 《국가(정체)》 편 451d~457b를 참조할 것.

에 대한 그리고 이들보다는 나은 사람들이면서도 이들을 방임한 자들에 대한 신들 쪽의 비난들을 살 것이며, 이렇게 해서 온 나라 또한 신들에 대해 불경한 자들의 혜택을 어느 면에서는 당연히 입게 됩니다.[162] 물론 입법자를 신이 비난하는 일은 없을 것입니다. 이 법은 제정되게 할 것이
c 니까요. 사가들에서는 신들의 성소들을 갖지 못하며, 공공의 것들 이외의 것들을 갖고서 이런 곳에서 제례를 올리다가 발각되는 자를, 그가 크고 불경한 종류의 올바르지 못한 어떤 일도 저지르지는 않은 남녀 소유자일 경우에는, 이를 알게 된 자가 호법관들에게 알리게 할 것이로되, 이들은 사적인 것들을 공공의 신전들로 옮기도록 지시할 것이니, 이에 불복하는 자들은, 그게 옮겨질 때까지, 벌을 받게 합니다. 하지만, 만약에 누군가 [신들에 대한] 불경을 저지르기를, 아이들의 짓이 아닌 불경한 어른들의 불경 행위를 저지른 게 분명해질 경우에는, 그가 사적인 곳들에 성소를 세웠거나 또는 공적인 곳들에서 어느 신들에게 제물을 바쳤거
d 나 간에, 부정한 자로서 제물을 바친 자로 사형에 처합니다. 그게 아이들 짓인지 아닌지는 호법관들이 판별한 다음, 이에 따라 법정에서 재판을 받게 함으로써, [신들에 대한] 불경의 벌을 이들에게 내리게 합니다.

162) 이는 물론 반어적 표현이다. Brisson은 이 문장이 헤시오도스의《일과 역일》240~241행의 무의식적인 차용으로 말하고 있는데, 꼭 그리 말할 일은 아닐 것 같다. 이는 실제로 적잖이 일어나고 있는 일이기 때문이다. 그건 어쨌든, 이 시구의 내용은 이러하다.

나쁜 한 사람으로 인해 온 나라까지 고통을 겪게 되는 일이 종종 있지요.
죄를 짓고 무분별한 짓을 꾀하는 자가 있을 경우에는.

제 11 권

아테네인: 이것들 다음의 것으로 우리에게 요구되는 것은 서로 간의 계약들과 관련된 적절한 법령일 것입니다. 그렇지만 어쨌든 간결한 것은 어쩌면 이런 것일 겁니다. 그러니까 누군가가 되도록 나의 재물들을 건드리지 말 것이며, 또한 나를 어떤 식으로 어떻게든 납득시키지 않고서는 아무리 짧은 거리라도 옮기는 일이 없어야 할 것입니다. 이는 다른 사람들의 재물과 관련해서도 똑같이 내가 해야 하는 것입니다. 내가 제 정신이라면 말입니다. 913a

첫째로, 누군가가 제 자신을 위해서 그리고 제 가족들을 위해서 축적해 둔, 이런 사람들의 것이지 내 조상들의 것은 아닌, 그런 보물(thē-
sauros)을 말하도록 합시다. 그걸 찾도록 신들께 기원하는 일도 없겠지 b
만, 그걸 찾았다 하더라도, 옮기지도 않을 것입니다. 또한 저는 이른바 예언자(점쟁이)들과도 의논하고 싶어 하지도 않을 것입니다. 이들은 땅에 묻혀 있는 것을 어떤 식으로든 끄집어 올리도록 제게 조언할 자들이죠. 그걸 끄집어 올림으로써 재물로 소유하는 것이, 그걸 끄집어 올리지 않게 됨으로써 혼의 훌륭함(훌륭한 상태: aretē) 및 올바른 것(to dikaion)과 관련된 크기를 제가 키우는 것만큼, 결코 그 정도로 이득을 보게 되지는 않으니까요. [재물인] 그 소유물 대신에 더 나은 소유물을

913b

[나의] 더 나은 부분[1] 안에 소유하게 됨으로써, 부(富)보다도 혼에 있어서의 정의(dikē)를 자산[2]으로서 더 우선적으로 귀히 여겨 가지는 것이니까요. 그야 "옮기지 말아야 할 것들은 옮기지 말지니라"[3]는 것이 많은 경우에 잘 적용되는 말이거니와, 이 경우도 그런 경우들 중의 하나인 것으

---

1) 곧 혼을 가리킨다.

2) 여기에서 '자산'의 뜻으로 쓰인 ousia(우시아)는 특별한 의미를 갖는 철학 용어이기도 하다. ousia는 기본적으로 라틴어로는 substantia로, 영어로는 substance로 옮기는 것이다. ousia는 einai(영어 be에 해당)의 여성형 현재분사 ousa(being)를 명사화한 것이다. ousia는 일차적으로 어떤 사람에게 '있는 것', 즉 '자산'을 뜻한다. 그래서 '우시아를 가진 자들'(hoi echontes tēn ousian)이란 '자산가들'을 의미한다. 영어 a man of substance가 자산가를 뜻하는 것도 그런 연유로 해서이다. 그런데 이 말은 헬라스인들이 철학적 탐구를 시작하면서 다른 의미들을 덧보태어 갖게 된다. 사물들은 외관상 부단히 변화하지만, 이것들에 있어서도 변화하지 않고 지속성을 유지하며 존속하는 것이 있다는 생각을 하게 되면서, 이 말은 속성(屬性, attributes, qualities)이나 우유성(偶有性: pathos, 복수로는 pathē, 영어로는 accidents)에 대한 '본질'(essence), 생성(genesis)에 대한 '존재'(being), '실재성'(reality) 및 '실재성을 지닌 것', 즉 '실재'(實在: the real) 따위의 의미들을 갖게 된 것이다. 그래서 플라톤의 《국가(政體)》 편의 경우만 해도 이 낱말은 '자산'의 뜻으로 쓰인 빈도와 이런 철학적 의미의 것으로 쓰인 빈도가 거의 반반일 정도이다. 우리는 이런 의미상의 전용(轉用)을, 즉 '자산'을 의미했을 뿐인 일상어를 철학적 전문용어로 전용하게 된 연유를 이렇게 생각해 보면 쉽게 이해할 수 있을 것 같다. 도대체 사물들에 있어서 그것들을 그것들이게끔 해 주는 가장 든든하고 중요한 '자산'은 무엇일까? 이 물음에 대해, 그것은 사물들에 있어서 없어서는 아니 될 본질적인 것일 것이요, 여기에서 더 나아가 그런 것이야말로 어쩌면 지속성(持續性)을 지닌 참된 것일 거라는 대답을 생각하게 된다면, ousia의 이런 의미 전용은 자연스레 이어질 것 같다. 영어 단어 property가 '자산'의 뜻과 함께 사물이 지닌 '특성'의 뜻도 갖고 있다는 것도 어쩌면 그런 의미 전용을 이해하는 데 조금은 도움이 될 것도 같다. 895d를 참조할 것.

3) 684d의 본문 및 해당 각주 그리고 842e를 참조할 것.

로 말할 수 있을 것이기 때문입니다. 또한 이에 대해서는 전하는 이야기 c
들도 믿어야만 합니다. 이런 것들은 후손들에게도 이롭지 못하다는 겁니다. 아이들 생각도 하지 않으며, 법을 제정한 사람에 대해서도 아랑곳하지 않는 사람이, 자신이 놓아둔 것도, 그 아버지나 조상들 중의 누군가가 놓아둔 것도 아닌 것들을, 그걸 놓아둔 사람을 설득하지도 않고, 집어 들 경우, 그래서 법률 중에서도 더할 수 없이 훌륭한 것을, 결코 예사롭지 않은 사람이 제정한 더할 수 없이 간명한 법령을 파괴한 경우를 봅시다. 그 법령은 "네가 놓아둔 것이 아닌 것들은 집어 들지 말라"[4]는 것입니다.
이들 두 입법자들[5]을 얕보고서 집어 든 것이 작은 것도 아니고, 자신이 d
놓아둔 것이 아닌 데다, 이게 때로는 아주 큰 보물덩어리일 경우, 이 사람은 무슨 일을 당해야 하나요? 물론 신들이 내리게 되는 것이야, 신이 알지요. 하지만 맨 먼저 알아챈 자가 이를 보고케 합니다. 도심에서 그런 일이 일어날 경우에는, 도심 관리인들에게 알리게 할 것이나, 도성의 시장(agora) 어딘가에서 일어날 경우에는, 시장 관리인들에게, 다른 시골
에서 일어날 경우에는, 농촌지역 관리인들과 이 지역의 관리들에게 알리 914a
게 합니다. 일단 통보를 받게 되면, 나라가 델피로 사절을 보내게 합니다. 이 신[6]이 이 재물과 이를 옮긴 자에 대해서 무슨 신탁의 대답을 내리더라도, 나라는 이 신의 신탁을 받들어, 이를 이행케 합니다. 그리고 이를 고한 사람이 자유민일 경우에는, [사람으로서의] 훌륭함(aretē)의 평판을 얻게끔 할 것이나, 고하지 않을 경우에는, [사람으로서의] 나쁨(kakia)의 평판을 얻게 할 것입니다. 반면에 그가 노예일 경우에는, 이를

4) 845a의 본문 및 해당 각주를 참조할 것. 이에 따를진대, 앞에서 말한 '예사롭지 않은 사람'은 솔론을 가리키는 것으로 보아야 할 것이다.

5) "옮기지 말아야 할 것들은 옮기지 말지니라"는 준칙과 "네가 놓아둔 것이 아닌 것들은 집어 들지 말라"는 준칙을 말한 사람들을 가리킨다.

6) 물론 아폴론을 가리킨다.

고함으로써 나라에 의해서 그 주인에게 그 값이 지불되어[7] 자유민으로 되는 게 옳을 것이나, 고하지 않을 경우에는 사형의 처벌을 받게 합니다.

b 이에 이어지는 그다음 것은 작은 것의 경우에도 큰 것의 경우에도 똑같은 이 법규가 적용된다는 것이겠습니다. 만약에 누군가가 자기 것인 뭔가를 어딘가에 일부러 또는 무심코 남겨 둘 경우에, 그것에 맞닥뜨리게 된 자는 그걸 놓여 있는 그대로 두어야 할 것입니다. 이런 것들은 법적으로 길가 여신에게 바쳐진 것으로서[8] 여신이 지켜 주고 있는 것이라 여기고서 말입니다. 한데, 누군가가 이를 위반하여, 그걸 집어 들고 집으로 가져갈 경우, 그가 노예이고 그게 값나가는 것이 아닐 경우에는, 그와
c 맞닥뜨린 30세 이상인 사람이 여러 대의 매질을 하게 합니다. 하지만 그가 자유민일 경우에는, 그가 자유민이 못되며 법률을 지킬 줄 모르는 걸로 간주되는 것에 더해, 옮겨진 것의 열 배 값을 그 물건의 주인에게 갚게 합니다. 만약에 누군가가 자기의 재물을 많건 적건 간에 어떤 사람이 갖고 있다고 고발할 경우에, 그러나 이 사람이 그걸 갖고 있다는 데는 동의하지만, 그게 그 사람의 것이라는 데는 동의하지 않을 경우에, 이 물건이 법에 따라 당국에 등록되어 있는 것이라면,[9] 그걸 갖고 있는 사람을

---

7) 텍스트 읽기에서 apodidous는 apodidousēs로 읽는 쪽을 택했다. '나라에 의해서 그 주인에게 그 값이 지불되어'가 뜻하는 것은 주인이 그 노예를 사고서 지불한 값을 나라가 갚아 주는 걸 뜻한다.

8) 여기서 말하는 여신은 헤카테(Hekatē)를 가리킨다. 여신은 여러 부류의 사람들, 이를테면 선원이나 사냥꾼, 전사들, 운동선수, 목자 등을 보호해 주는 여신으로 알려져 있기도 하지만, 여기에서처럼 민속에서는 이른바 '헤카테의 저녁식사'(Hekatēs deipnon, Hekataia deipna)와 연관되어 있다. 매달 그믐에는 새 달을 맞는 일종의 정화 의식으로 교차로에 있는 여신상의 발 앞에 바치는 저녁식사가 차려지는데, 그 내용물은 빵·계란·치즈 등이고, 이는 사실상 부자들이 거지나 가난한 사람들을 위해 차려 놓은 보시인 셈이다.

9) 745a~b를 참조할 것.

당국으로 부를 것이며, 이 사람은 그걸 내놓게 합니다. 이 물건이 공개되고, 이게 다투는 당사자들 중의 어느 쪽 것인지가 문서로 등록되어 있는 것이 밝혀질 경우에, 이 사람이 이걸 갖고 가게 합니다. 하지만 이것이 d
참석하지 않은 다른 사람의 것일 경우에는, 어느 쪽이든 믿을 만한 보증인을 내세우는 쪽이 참석하지 않은 그 사람을 대신해서 그걸 가져갈 그의 권리에 따라 그에게 전하도록 가져가게 합니다. 한데, 다툼의 대상이 되고 있는 것이 당국에 등록되어 있는 것이 아닐 경우에는, 당국자들 중에서 가장 연장자들인 3인에게 판결 때까지 맡겨 둡니다. 담보로 맡겨진 것이 가축일 경우에는, 이것과 관련된 재판으로 패소한 자가 그 사육비를 당국에 지불케 합니다. 당국자들은 이 판결을 3일 이내에 내립니다. e

제 노예는, 그러길 원하는 자는, 잡아가도 되게 합니다. 그가 제정신인 한, 그리고 그게 경건한 것인 한, 제 노예에게는 무엇이나 하고 싶은 대로 대해도 되는 겁니다.[10] 친척이나 친구들 중의 다른 누군가를 대신해서라도 달아난 노예는 안전하게 잡아가도 되게 합니다. 만약에 누군가가 노예로서 잡혀가는 자를 자유롭도록 놓아 주고자 한다면, 잡아가던 사람이 그를 놓아 주게 하되, 그를 놓아 주려는 사람은 믿을 만한 세 사람의 보증인들을 내세우고서, 이런 식으로 놓아 주도록 할 것이로되, 달리는 이를 허용치 않습니다. 누군가가 이에 어긋나게 놓아 줄 경우에는, 폭력행사를 한 책임을 지게 할 것이며, 유죄판결을 받으면, 고소장에 적힌 손 915a
해 액의 두 배를 그를 빼앗긴 사람에게 물리게 합니다. 해방된 자가 저를 해방시켜 준 사람들을 섬기지 않거나 충분히 그러지 않을 경우에는, 그 또한 잡아가도 되게 합니다. 그 섬김이란 해방된 자가 자기를 해방시켜 준 이의 화덕[11]으로 한 달에 세 번 찾아가서 올바른 것들이면서 할 수 있

10) 노예들을 대하는 태도와 관련해서 앞서 언급한 대목으로는 777b~778a를 참조할 것.

915a
는 것들 가운데 무엇이든 해야만 하는 것을 하겠다고 제의하고, 혼인과
관련해서도 한때의 주인에게도 좋게 생각되는 것이면, 무엇이든 하겠다
고 제의하는 것입니다. 그런가 하면 자기를 해방시켜 준 이보다도 더 부
b 유해지는 것은 허용되지 않습니다. 그걸 초과하는 것은 주인 것이 되게
합니다. 해방된 자는 20년 이상 체류하지 못하고, 다른 외국인들의 경우
와 마찬가지로,[12] 자기의 전 재산을 갖고서 떠나야만 합니다. 당국자들
과 저를 해방시켜 준 이를 설득하지 못하는 경우에는 말입니다. 해방된
자나 또는 다른 외국인들 중의 누군가에게 그 규모에 있어서 과세기준
재산[13]이 셋째인 계층보다도 더 많은 재산이 생기게 될 경우에는, 그렇
c 게 된 날로부터 30일 이내에 자신의 것들을 갖고서 떠나게 합니다. 이 사
람에 대한 더 이상의 어떤 체류 청원도 당국에 의해서 받아들여지는 일
이 없게 합니다. 그러나 누군가가 이에 불복하였다가 법정으로 이끌리어
와서 유죄판결을 받게 될 경우에는, 사형의 형벌을 받게 할 것이며, 그의
재물들은 공공의 것이 되게 합니다. 이들에 대한 재판들은 부족 단위의
법정들[14]에서 하게 할 것입니다. 이에 앞서 이웃들이나 선발된 재판관들
이 입회한 가운데 상호 간에 소송 내용들에 대한 해결을 보지 못할 경우
에는 말입니다.

만약에 누군가가[15] 다른 누군가의 짐승이나 이 사람의 재물들 중의 어
d 느 걸 제 것으로 주장할 경우에, 그것을 갖고 있는 자는 그걸 판 사람이
나 실질적이고 합법적인 기증자 또는 다른 어떤 식으로 합법적으로 넘겨

11) 740b 및 771c에서 '화덕'과 관련된 각주들을 참조할 것.

12) 850b~c를 참조할 것.

13) 698b의 해당 각주 그리고 744a~c의 본문을 참조할 것.

14) 768c를 참조할 것.

15) Brisson의 텍스트 읽기대로, c6에서 ephaptētai 다음에 ⟨tis⟩를 보완해서 읽었다.

준 사람에게로 반송케 합니다. 시민이나 또는 국내에 있는 거류민에게는 30일 이내에 반송할 것이나, 외국에서 보내 온 것은 5개월 이내에 그래야 하는데, 그 중간 달은 여름 해가 겨울로 향하는 때입니다.[16)]

누군가가 다른 사람과 어떤 매매 행위를 통해 교환하는 것들은 각각 [의 물품들]에 지정된 장소의 시장에서[17)] 넘겨주고 현장에서 그 값을 받는데, 이런 식으로 교환되지, 다른 어떤 곳에서도 그러지 않거니와, 외상 e
으로는 그 어떤 것의 매매도 하지 못합니다. 하지만 다른 식으로 또는 다른 곳에서 서로가 누구와 거래를 하든, 믿고서 서로의 것을 교환할 경우, 이를 하게는 합니다만, 방금 말한 법규들에 따라 팔린 게 아닌 것들에 대해서는 법에 따른 소송들의 대상이 아닙니다.[18)] 친선협회(eranos)들의 경우에는 원하는 친구가 친구들에게서 기부를 받게 합니다. 그러나 기부받는 것과 관련해서 어떤 불화가 생기더라도, 이것들과 관련해서는 어느 누구의 경우에도 결코 소송이 성립할 수 없다는 걸 전제로 그럴 것입니다. 50드라크메 이상의 값을 받고 물건을 판 사람은 반드시 이 나라에 열흘 동안은 머물게 합니다. 반면에 이걸 산 사람은 판 사람의 집을 알아 916a
두도록 하는데, 이는 이런 것들과 관련해서 곧잘 생기는 불만사항들 때문에 그리고 법률에 따른 상환을 위해서입니다. 그러나 법률에 따른 상환이나 상환치 않음은 다음과 같은 식이게 합니다. 가령 누군가가 폐병이나 결석 또는 배뇨곤란이나 이른바 신성한 병[19)] 또는 다중에게는 명확

16) 곧 하지를 포함하는 달을 가리킨다. 여름철이 항해의 계절인 것과 관련된 언급일 것이다. 952e에서 교역과 관련된 해당 각주를 참조할 것.

17) 849e를 참조할 것.

18) 849e 끝 부분에서 850a 첫머리를 참조할 것.

19) 간질병을 가리켜 이렇게 말했는데, 이는 이 증세가 어떤 초자연적인 힘에 기인하는 것으로 보아 그랬던 것 같다. 이와 관련해서는 역자의 《티마이오스》 편 236쪽 각주 683을 참조할 것.

916a
하지 않은 다른 어떤 만성적이고 치료하기 힘든 신체적 질환이나 정신적
질환으로 병든 노예를 팔 경우에, 의사나 체력 단련을 시키는 사람에게
b 판다면, 그런 경우와 관련해서 이 사람에겐 상환이 없게 합니다. 누군가
가 진실을 미리 말하고서 어떤 이에게 팔 경우에는 상환이 없는 걸로 합
니다. 만약에 어떤 전문가[20]가 그런 자를 문외한에게 팔 경우에는, 산 사
람이 6개월 안에 반환하도록 할 것이며, 신성한 병의 경우는 예외가 되
는데, 이 질환에 대해 반송을 하는 것은 1년 안에 할 수 있게 합니다. 판
결은 당사자들이 공동으로 추천해서 선발한 3명의 의사들이 입회한 가
운데 하게 합니다. 패소한 자는 그가 판 값의 두 배를 갚게 합니다. 그러
나 어떤 문외한이 다른 문외한에게 판 경우에는, 상환이 있게 할 것이며,
c 앞에서도 언급되었듯, 판결 또한 있게 할 것이나, 패소한 자는 단순히 그
값만 갚게 합니다. 살인범임을 누군가가 알면서도 역시 그걸 알고 있는
누군가에게 팔 경우, 그런 자의 거래에 대한 반환이 있을 수 없게 할 것
이나, 이를 몰랐던 사람에게는 구매한 자들 중의 누군가가 이를 감지한
때에 그 상환이 있게 할 것입니다. 그러나 판결은 호법관들 중에서 가장
젊은 5명이 입회한 가운데 있게 하는데, 알고서 그리한 걸로 판결이 날
경우에는, 산 사람의 집들을 해설자들의 율법에 따라 정화케 하고,[21] 산
d 사람에게 그 값의 3배를 또한 상환케 합니다.

교환을 하는 자는, 그게 화폐 대 화폐이든, 또는 살아 있는 것들이나 살아 있는 것이 아닌 것들 중의 어떤 것이든, 모든 걸 법에 따라 순수한 상태로 주고받게 합니다. 다른 법률의 경우와 마찬가지로, 이 경우의 악

---

20) 헬라스 말 dēmiourgos(데미우르고스)는 장인 또는 장색을 뜻하는 말이지만, 여기에서처럼 의사(iatros)나 체력 단련을 시키는 사람(gymnastēs)과 같은 어떤 분야의 전문가를 뜻하기도 한다. 846d에서 해당 각주를 참조할 것.

21) 759c~d를 참조할 것.

행(kakē) 전반과 관련된 전문(前文: prooimion)[22]을 채택합시다. 불순물
을 섞는 행위(kibdēleia)는 거짓(pseudos) 및 속임(apatē)과 한 부류인
것으로 모든 사람이 생각해야만 합니다. 이에 대해서는 많은 사람이 곧
잘 흔히 하는 말[23]을 적용하는 버릇이 있는데, 이는 잘못 말하는 것입니
다. 곧 이런 것이 그때마다 때맞추어 일어날 경우에는 때로는 옳을 수도 e
있다는 겁니다. 하지만 알맞은 때(適期: [ho] kairos)[24]를 그 장소와 그
때에 있어서 무질서하고 불확정한 상태로 방치하고서는, 이 말로 해서
스스로도 많은 손해를 보고 남들에게도 많은 손해를 입힙니다. 입법자로
서는 이를 불확정 상태로 두게 할 수가 없고, 크거나 작은 한계들을 언제
나 분명하게 해 두어야 합니다.[25] 특히 지금이야말로 이를 규정케 해야
할 것입니다. 그 누구도 그 어떤 거짓도 속임도 부정직한 것도, 신들을
부를 때, 언행을 통해서 하지 말 것입니다. 더없이 신의 미움을 사는 자 917a
로 되지 않고자 하는 자라면 말입니다. 거짓 맹세를 함으로써 신들에 대
해 전혀 마음을 쓰지 않는 자가, 그다음으로는 자기보다도 나은 사람들
면전에서 거짓말을 하는 자가 그런 사람입니다. 더 나은 자들은 더 못한
자들보다도 더 우월하며, 더 연로한 자들 또한 대체로 말해서 젊은이들
보다도 그러합니다. 그러므로 부모 또한 자식들보다, 남자들도 여인들이
나 아이들보다도, 다스리는 자들 또한 다스림을 받는 자들보다도 그러합
니다. 이들 모두를 경외(敬畏)한다는 것(aideisthai)은 다른 일체의 다스
림의 경우에 있어서도 모두에게 적절하겠지만, 특히 정치적인 다스림들
의 경우에 있어서야말로 그러할 것이니, 이 때문에 지금 당면하여 있는
우리의 논의가 있었던 것입니다. 시장에서의 무엇인가에 불순물을 섞는

22) 722b~723c를 참조할 것.
23) phēmē를 '흔히 하는 말'로 번역했다.
24) 945c에서 '급소'에 대한 각주를 참조할 것.
25) 이를테면, 719d~e에서처럼.

b 자는 모두가 거짓말을 해 대며 속이는가 하면, 시장 관리인들의 법률과 수칙들이 [엄연히] 있는데도, 신들까지 불러 맹세도 하는데, 이 자는 사람들도 경외하지 않고, 신들도 우러르지 않는 자이니까요. 우리들 대다수가 신들과 관련된 많은 것들의 경우에 그때마다 순수함과 순결함을 지키듯이, 그렇게 하면서, 신들의 이름들을 함부로 더럽히지 않는다는 것은 정말이지 아주 아름다운 관행이죠. 그야 어쨌든 불복할 경우에는, 다음 것이 그 법입니다.

무엇이든 시장에서 물건을 파는 자는 자기가 팔 물건의 값을 어느 경
c 우에나 결코 이중으로 말하지 말고, 한 가지로 말할 것이고, 이게 그렇게 되지 못했을 경우에는, 이걸 도로 갖고 가는 게 옳을 것이요, 그 날은 그 값을 더 많게도 더 낮게도 매기지 말 것입니다. 팔리는 모든 것에 대해서는 맹세와 함께 하는 칭찬은[26] 삼갈 일입니다. 그러나 누군가가 이에 불복할 경우에는, 시민들 중의 누구든 그와 맞닥뜨린 사람이, 30세 이상이라면, 그 맹세를 한 자를 벌주어, 누군가가 때려 주게 하는데, 이는 면책이게 합니다. 이에 대해 무관심하고 불복할 경우, 법률에 대한 배반의 질책을 받게 합니다. 그렇지만 불순물을 섞어서 뭔가를 파는 자와, 그리고
d 지금 말한 것들에 따르지 못하는 자와 맞닥뜨린 자가 그 사실을 알고 있는 자들 중에 포함되는 자로서, 이를 증명해 보일 수 있어서, 실제로 당국자들의 면전에서 증명한다면, 이 사람이 노예이거나 거류민일 경우에는, 불순물이 섞인 것을 가져가게 합니다. 그러나 시민이 입증을 하지 못할 경우에는, 신들을 속인 나쁜 사람으로 선언케 할 것이고, 입증을 할 경우에는, 시장을 관할하는 신들에게 봉납하게 합니다. 하지만 그런 따위의 것을 팔다가 발각된 자는 그 불순물이 섞인 것을 빼앗기는 데 더해,

---

26) 원어로는 '칭찬과 맹세'이지만, '맹세와 함께 하는 칭찬'이라 한 것은 자기가 파는 물건의 품질에 대해 칭찬하는 것이야 못 말릴 일이지만, 자기가 칭찬하는 바에 대해 잇달아 다짐까지 하는 걸 가리키고 있기 때문이다.

그 매물의 값으로 요구된 만큼의 매 드라크메마다 한 대씩의 매를 맞게 합니다. 전령이 시장에서 왜 그가 매를 맞게 될 것인지를 공고한 다음에 e
말입니다. 물건을 파는 자들의 불순물을 섞는 짓들이나 비행들 각각에 대해서는 시장관리인들과 호법관들이 경험자들에게서 배워서, 물건을 파는 자가 해야 할 것들과 해서는 안 될 것들을 글로 적었다가, 시장의 업무와 관련이 있는 사람들에게 명확한 지침들이 되는 법률로 시장관리인의 집무실 앞 입석에 새겨 놓습니다. 시내(도심지역)관리인들과 관련 918a
된 일들은 앞에서[27] 충분히 언급되었습니다. 하지만 뭔가가 추가로 필요한 걸로 판단될 경우에는, 이들이 호법관들과 상의해서 부족한 것으로 판단되는 것을 적어서, 이들에 의해 제정된 당국의 처음의 그리고 나중의 법규들로서 시내(도심지역) 관청의 입석에 새겨 놓습니다.

불순물을 섞는 행위들 바로 다음에는 소매 행위들이 따릅니다. 이 소매 전체와 관련해서는 조언과 논의를 한 다음에, 나중에 이에 대한 법 제정을 합시다. 나라에 있어서 일체의 소매는 그 본성상 손해를 입히기 위 b
해서 생긴 게 아니고, 실은 정반대입니다. 왜냐하면 어떤 물품들의 소유 상태가 불균형이고 고르지 않은 것을 고르고 균형 있는 상태로 만들게 되는 모든 사람이 어찌 선행을 하는 사람이 아니겠습니까? 이 일은 화폐의 힘이 또한 해내는 것으로 우리는 말해야만 하거니와, 상인(교역상: emporos)도 이 일을 위해서 배치된 것으로 말해야만 합니다. 또한 고용인과 여인숙 주인 그리고 그 밖의 사람들도, 더러는 한결 의젓해 보이는가 하면 더러는 한결 볼품없어 보이긴 해도, 적어도 이 구실은 모두가 할 c
수 있지요. 즉 모든 필요에 도움을 충분히 제공하며 물품들의 소유 상태를 균형 있는 상태로 만드는 것은 말입니다. 그러면 도대체 왜 이 일이 아름답지도 않고 의젓해 보이지도 않은 것으로 여겨지게 되며, 또한 왜

27) 758e~759a, 763c~e, 849a, 881c에서.

918c

불신의 대상이 되었는지 보도록 합시다. 비록 전체까지는 아닐지라도, 어쨌든 적어도 부분들은 법으로 치유해 낼 수 있도록 말입니다. 이는 하찮은 일이 아니며, [사람으로서의] 훌륭함(덕)이 적게 요구되는 일도 아닌 것 같아 보입니다.

클레이니아스: 어떻게 하시는 말씀인지요?

아테네인: 친애하는 클레이니아스 님! 사람들 중에서는 작은 부류가 그리고 천성에 있어서 소수이며 최정상의 양육을 받은 부류가, 어떤 것
d 들에 대한 필요와 욕망에 직면할 때, 알맞은 정도(適度: to metrion)에 대응해서 참을(karterein) 수 있거니와, 많은 재물을 취할 수 있을 때에도, 자제할 수 있으며, 다량(to pollon)에 앞서 알맞은 정도(적도)를 유지하는 쪽을 택하죠. 반면에 다수의 사람들은 이와 정반대이며, 필요한 것들은 한도 없이 요구하며, 알맞은 정도의 것들을 이득으로 얻을 수 있을 때에도 만족할 줄 모르며 이득을 취하는 쪽을 택합니다. 이 때문에 소매행위나 교역 그리고 숙박업과 관련되는 모든 부류는 불신의 대상으로 되기도 하고, 부끄러운 멸시의 대상으로 되기도 합니다. 하지만, 가령 누군가가, 일찍이 그리된 적도 없고 또한 언젠가 그리되지도 않을 테지만, 강
e 제하길, ―이는 말하기가 우스운 것이긴 하나, 그렇더라도 말할 것입니다.― 즉, 모든 면에서 가장 훌륭한 사람들로 하여금 얼마 동안 숙박업이나 소매상 또는 이런 따위의 어떤 일을 강제로 하게 할 경우, 또는 여인들이 어떤 운명적인 불가피함으로 해서 이런 생활 형태에 관여하게 될 경우, 우리는 알게 될 것입니다. 이들 각각의 업종이 얼마나 친근하고 사랑스런 것인지를 말입니다. 또한 타락하지 않는 원칙에 따라 된다면, 어
919a 머니나 보모의 모습으로 이런 것들 모두가 존중받을 것입니다. 하지만 이제 누군가가 식료품상[28]을 하기 위해서 황량하고 온 사방으로 길게 뻗은 길들만 있는 곳들에 집들을 지어서, [이들] 만족스런 휴식처들로써 곤경[29]에 처한 사람들을, 또는 거친 폭풍우로 도리 없이 쫓기는 사람들을

받아들여서는, 평화로운 조용함이나 숨막히는 더위에 시원함을 제공할 때마다, 그다음에는 동지들로서 받아들이고서 영접에 이어 우정을 표시하는 환대를 하기는커녕, 항복한 포로들인 적들처럼 엄청나고 부당하며 불순한 몸값을 받아 내고서야 풀어 줄 경우, 이것들과 이런 업태 모두에 b
있어서의[30] 이와 같은 잘못하는 짓들이 곤경에 도움을 주는 행위에 대한 비방들을 생기게 한 것들입니다. 따라서 입법자는 이것들에 대한 처방을 언제나 내놓아야만 합니다. 물론 둘을 상대로 싸우는 것은, 그것도 서로 반대되는 그것들을 상대로 그러는 것은 힘들다는 옛말[31]은 옳습니다. 이를테면, 많은 질병들의 경우나 또는 다른 경우들에 있어서처럼 말입니다. 특히 지금은 이것들과의 그리고 이것들과 관련해서 둘을 상대로 하는 싸움인데, 이것들이란 가난(penia)과 부(ploutos)입니다. 부는 인간들의 혼을 사치로 타락하게 하는 반면에, 가난은 괴로움(고통)들로 그 c
혼을 파렴치로 내몰죠.[32] 그러니까 지성을 갖춘 나라에 있어서 이 질환에 대한 구제 대책은 무엇이겠습니까? 첫째로는, 되도록 소매상들의 부류를 최소 규모로 갖는 것이요, 그다음으로는, 사람들 중에서 타락함으

28) 여기서 일단 '식료품상'으로 번역한 kapēleia는 원래 '소매상'을 뜻하는 말이나, 여기서는 [소규모의] 식료품상과 숙박업을 겸한 업태(業態)를 지칭하고 있다. 이를테면, 우리의 옛 주막을 연상하면 되겠다.

29) 여기에서 '곤경'으로 번역한 aporia는 더 이상 길을 갈 수(poros) 없는 지친 상태를 가리키는 것으로 보는 게 그 뜻을 제대로 이해하는 것일 것 같다.

30) 텍스트 읽기에서 b1의 [orthōs]는 삭제하고서 읽었다.

31) 《파이돈》 편 89c 및 《에우티데모스》 편 297c에도 이는 옛말처럼 언급되고 있다. 그러나 이들 대화편에서는 '그것도 서로 반대되는 그것들을 상대로'(kai enantia)는 없는 표현이다. 이 편이 더 어려운 것은 그 각각에 대한 대처 방법도 각기 달라야 할 것이기 때문이겠다.

32) 《국가(정체)》 편 422a를 참조할 것. 또한 679b와 705b에서 한 언급도 이와 관련되는 내용을 담고 있다.

919c

로써 나라에 큰 해가 되지는 않을 사람들에게 이를 배정하는 것이며, 셋
d 째로는, 이들 업무에 관여하는 당사자들에게 이들의 성품(ēthē)이 파렴
치와 부자유한 혼에 거침없이 관여하게 되는 일이 쉽게 일어나지 않도록
하는 방책을 찾아 주는 것입니다.

지금 말한 것들 다음으로는, 이것들과 관련해서 행운과 함께 다음과 같은 법이 우리에게 생기게 하죠. 신이 다시 일으켜 세워 다시 정착하게 한[33] 마그네시아 사람들, 곧 5,040개의 화덕들의 임자들인 토지소유자들인 이들 가운데서는 그 누구도 자발적으로든 본의 아니게든 소매상도 교역상조차도 되지 말 것이며, 자신에게도 똑같은 봉사를 해 받지 못하는
e 사인(私人)들에게는 어떤 봉사도 하지 말 것입니다. 부모나 이들 이상의 조상들 그리고 저보다도 연상인 모든 사람에 대해서 자유민들이 자유민답게 하는 것말고는 말입니다. 자유민다움과 자유민답지 못함을 정확하게 법으로 규정하기가 쉽지는 않으나, 그것들에 대한 미움과 애정으로 크게 인정을 받은 사람들[34]에 의해 결정을 보게 하죠. 어떤 술책을 써 가며 자유민에 어울리지 않는 [형태의] 소매상에 관여하는 자의 경우,[35] 이 자를, 그러길 원하는 자가 부족의 수치를 죄목으로, [사람으로서의] 훌륭함(덕)으로 으뜸가는 걸로 판단되는 사람들 앞에 기소케 합니다. 그가 어울리지 않는 업무로 제 조상의 화덕을 더럽힌 것으로 판결이 날 경우
920a 에, 구금되어 1년 동안 그런 일을 삼가게 합니다. 그러고도 다시 그럴 경

33) 이런 말을 하는 것은 946b에서 하고 있는 '마그네시아 사람들의 나라가 신의 은총으로 다시금 구원을 받아'라는 말이 시사하고 있듯, 이미 쇠퇴해 가고 있는 나라를 버리고 새로이 세우는 나라를 지칭해서 하는 말이다.

34) 이를테면, 730d~e에서 언급한 사람들이 그런 사람들이겠다.

35) '자유민에 어울리지 않는 [형태의] 소매상에 관여하는 자'로 중괄호 안의 표현을 보완한 것은 소매상에도 자유민의 체면을 손상하지는 않는 형태의 것이 있다는 것을 고려해서이다. 이와 관련해서는 Saunders의 *Notes*, No. 104를 참고했다. 847e~848c 및 849a~e를 참조할 것.

우에는, 2년 동안 구금될 것이고, 체포될 때마다 구금이 [이전 기간의][36)]
두 배로 되는 걸 멈추지 않게 합니다. 하지만 그 둘째 법[조문]은 이것입
니다. 소매 행위를 하려는 사람은 거류민이거나 외국인이어야만 한다는
것입니다. 세 번째로 셋째 법 [조문] 또한 있습니다. 우리의 이 나라에서
함께 살고 있는 그런 사람이 되도록 훌륭하거나 아니면, 나쁘더라도, 가
장 덜하도록, 호법관들은 자신들이 비단 이런 사람들만, 즉 출생과 양육
으로 해서 교육을 잘 받은 사람들이라, 법에 어긋나거나 나쁜 사람들로
되지 않게 지키는 게 쉬운 사람들만 지키는 사람들인 게 아니라, 그런 사 b
람들이 못되어, 나쁘게 되도록 몰아가는 쪽으로 어떤 강력한 치우침을
갖도록 하는 업무들에 종사하는 자들을 더욱 지켜야만 합니다. 바로 이
런 식으로 다양하고 이와 같은 업무들을 포함해서 갖고 있는 소매업과
관련된 것들 중에서도 나라에 있어서 크게 필요해서 있어야만 되는 것으
로 판단되어 남겨지게 될 것들, 이것들과 관련해서는 호법관들이 이번에
도 각각의 소매 행위의 경험자들과 함께 만나야만 합니다. 앞서, 이와 동 c
류의 것으로서, 불순물을 섞는 행위와 관련해서 우리가 지시했던 것처럼
말입니다.[37)] 그들과 만나서는 도대체 얼마만큼의 수입과 지출이 소매상
에게 수익을 알맞은 정도의 것이게 해 주는지 알아보고, 이를 적어서는,
발생하게 되는 지출과 수입을 고시하고 지켜야만 하는데, 일부는 시장
관리인들이, 일부는 농촌지역 관리인들이, 또한 일부는 시내(도심지역)
관리인들이 그래야만 합니다. 또한 이렇게 함으로써 아마도 소매상이 나
라들에 있어서 이를 이용하는 사람들 각자를 부분적으로는 이롭도록 해
주되, 해를 입히는 짓은 최소한으로 할 것입니다.

누군가가 계약 체결을 하기로 합의한 것들을 그 합의한 바대로 이행하 d

36) 괄호 속의 원어는 군더더기로 보아도 될 것이다.

37) 917e를 참조할 것.

지 않을 경우에, 그것들이 법률이나 법령이 금지하는 것들일 경우나, 또는 어떤 부당한 강제에 의해서 어쩔 수 없이 합의하게 되거나, 또는 누군가가 예상치 못한 우연으로 해서 본의 아니게 그러지 못하게 될 경우를 제외하고는, 그 밖의 다른 합의 불이행 사항들에 대한 재판들은 부족단위의 법정들에서 있게 합니다. 중재자들이나 이웃들 앞에서 화해할 수 없을 경우에는 말입니다.[38)]

우리의 삶을 기술들로써 꾸려 주는 장인들의 부류는 헤파이스토스[39)]
e 와 아테나[40)]의 보호를 받는가 하면, 장인들의 제작물들을 다른 방어기술

---

38) 766e 및 768a~c를 참조할 것.

39) Hēphaistos는 불(火)과 대장일의 신으로서, 제우스와 Hēra 사이에 태어난, 또는 헤라 단독으로 낳은 아들이다. 날 때부터 다리를 절름거려서, 여신이 창피하게 여기고선, 올림포스에서 내던져 버렸다. 헤파이스토스는 이에 대한 보복으로 교묘하게 만든 황금 옥좌를 어머니에 대한 선물인 것처럼 보내어 앉게 하는데, 헤라가 거기에 앉자, 그 의자에 숨겨 놓은 사슬에 손발이 묶여 버렸다. 그러나 헤파이스토스 이외에는 아무도 그 사슬을 풀 수 없으매, 디오니소스가 그에게로 가 술에 취하게 만든 다음, 나귀 등에 태워 다시 올림포스로 데려감으로써, 헤라가 풀려나게 되었다고 신화는 전한다.

40) 아테나(Athēna, Athēnē) 여신은 아테네(Athēnai)의 수호신이며, 전쟁의 여신이고, 온갖 기예(技藝)를 관장하며 지혜의 권화(權化)이기도 하다. 아테네의 아크로폴리스(akropolis)에 있는 파르테논(Parthenōn) 신전은 여신을 모신 신전이다. Parthenōn은 '처녀(parthenos)인 아테나를 모신 방'이란 뜻이다. 여신은 주신(主神) 제우스와 지혜의 여신(Mētis) 사이의 딸이다. 제우스는 그와 메티스 사이에 태어나는 자식들이 자기에게 위협이 될 것이라는 경고를 가이아(Gaia)와 우라노스(Ouranos)한테서 받고서, 메티스가 임신하자 혹시나 자기보다 강한 아들을 나으면 어쩌나 싶어 메티스를 삼켜 버렸다. 그러나 때가 되어 어쩔 수 없이 헤파이스토스가 도끼로 제우스의 머리를 열자, 아테나가 완전히 무장을 갖춘 상태로 전쟁의 함성을 지르며 나왔다고 한다. 여신은 'Pallas Athēnē'로도 불리는데, '팔라스'는 창을 '휘두르는 자' 또는 '처녀'를 뜻한다고도 한다. 고대 로마 신화의 '미네르바'에 해당하는 아테나 여신은 또한 'glaukōpis Athēnē'

들로써 보존하는 자들은 아레스[41]와 아테나의 보호를 받습니다. 이들의 부류 또한 이 신들의 보호를 받는 것은 당연합니다. 이 사람들이야말로 모두가 그 땅과 백성을 지속적으로 돌봅니다. 뒤의 부류는 전쟁과 관련된 싸움들을 주도함으로써 그리하며, 앞의 부류는 도구들과 제작물들의 생산을 보수를 받고서 이행함으로써 그리합니다. 이들의 경우에야말로 이런 것들과 관련해서 거짓말을 하는 것이 적절치 않습니다. 이들의 조
상신들을 공경하여서죠. 따라서 장인들 중의 누군가가 못된 탓으로 약속 921a
한 시간 안에 제품을 만들어 내지 못할 경우에는, 제 생계를 도와주는 신에 대해 전혀 공경하지도 않으면서, 신을 친족으로서 너그러울 것이라 믿고, 아무것도 제정신으로 살피는 일이 없는 경우에는, 첫째로, 신에 대한 벌을 받을 것이고, 둘째로는, 이 경우에 상응하는 법을 정하게 합니다. 주문한 사람에게 거짓말을 한 제품들의 값을 그가 빚진 것으로 하여, 다시 처음부터 약속한 시간 내에 무료로 작업수행을 하게 합니다. 그리고 일을 해 주기로 계약한 자에게는 법이 충고를 해 주는 자이니, 물건을
파는 자에게 충고해 준 그대로,[42] 값을 더 매기려 들지 말고, 아주 단순 b
하게 제 값대로 매기는 것을, 바로 똑같은 걸 일을 하기로 계약한 자에게도 지시합니다. 적어도 장인은 그 값을 알고 있을 테니까요. 그러므로 자유민들의 나라들에서는 그 본성상 명확하고 거짓이 없는 것인 기술로써 장인이라는 사람이 사인들에게 술수를 쓰려고 드는 일이 결코 있어서는

로도 불리는데, '글라우코피스'는 '번득이는 눈을 가진'이란 뜻이다. 그래서 그랬는지는 모르겠으나, 번득이는 눈을 가진 올빼미는 아테나 여신의 영물이요, 아테네의 상징이기도 해서, 그들의 은화에는 여신과 올빼미 그리고 올리브 가지가 으레 새겨져 있었다. 아테네인들에게 올리브나무를 준 것도 여신이었기 때문이다.

41) Arēs는 전쟁과 호전적인 파괴의 신이다. 제우스와 그의 아내인 헤라 사이에 모처럼 제대로 낳은 유일한 아들이다.

42) 917b~d 및 920c를 참조할 것.

안 되거니와, 이런 일들에 대해서는 올바르지 못한 짓을 당한 자가 올바르지 못한 짓을 한 자를 상대로 한 소송이 있어야만 합니다. 반면에 누군
c 가가 장인에게 일을 맡기고서도 합법적으로 이루어진 합의대로 그 대금을 제대로 지불하지 않을 경우에는, 이 나라 체제의 공동참여자들로서 이 나라를 수호하는 제우스[43]와 아테나를 무시하며, 조그만 이득을 반기어, 커다란 공동체를 와해하는 경우에는, 법이 신들과 함께 나라의 결속을 돕는 것이 되게 합니다. 실은 제작물을 미리 받고서 합의된 시간 내에 대금을 지불하지 않는 자는 두 배로 징수당하게 합니다. 1년이 경과할 경우에는, 누군가가 빌려 주느라 내놓는 다른 모든 돈이 이자가 없을지
d 라도,[44] 이 사람은 드라크메당 달마다 1오볼로스의 벌금[45]을 지불케 합니다. 이 경우들에 대한 재판은 부족단위의 법정들에서 합니다.

장인들을 전반적으로 우리가 언급했으므로, 전쟁과 관련해서 안전의 장인들 [또는 전문가들][46]에 대해서도, 즉 장군들 그리고 이것들과 관련된 많은 전문적인 기술자들(technikoi)에 대해서도 부차적으로나마 언급하는 것이 옳습니다. 저들의 경우처럼, 말하자면 다른 종류의 장인들인 이들의 경우에도, 만약에 이들 중에서 누군가가, 자발적으로든 또는 지
e 시를 받고서든, 공적인 일을 해 주기로 하고서, 이를 훌륭히 수행하게 되면, 전사들에게 있어서 바로 그 보상인 명예를 정당하게 부여하는 사람을,[47] 이 사람을 법이 칭찬하기에 지쳐 버리는 일은 결코 없을 것입니다.

---

43) 625a에서 미노스와 제우스의 만남과 관련된 각주를 참조할 것.

44) 742c를 참조할 것.

45) '1오볼로스의 벌금'은 헬라스 말로는 epōbelia이다. 6오볼로스(obolos)가 1드라크메(drachmē)이고, 100드라크메가 1므나(mna)이다.

46) 바로 앞의 '장인'이나 이 '전문가'는 원어상으로는 같은 '데미우르고스'이다. 916b의 해당 각주 및 846d의 해당 각주를 참조할 것.

47) 텍스트 읽기에서 Burnet 판에서는 921d7의 dēmiourgois 다음에 종지부(.)를 찍고, 그다음 ean tis …가 새 문장으로 시작되고 있는 걸로

그러나 전쟁과 관련된 훌륭한 행적들 가운데 어떤 것을 미리 해 받고서도, 이에 대한 보상을 하지 않을 경우에는, 비난을 받게 될 것입니다. 그러므로 이것들과 관련해서는 칭찬과 혼성되어 있는 이 법이 우리에게 있어서 정해진 걸로 합니다. 시민들 다수에게 강제하지 않고 조언하기를 용기와 전술들로 온 나라의 구조자들이 된 훌륭한 사람들을 버금가는 사 922a
람들로 명예를 누리게 하는 것입니다. 왜냐하면 가장 큰 영예는 훌륭한 입법자들의 성문화된 법규들을 각별히 존중할 수 있게 된 으뜸가는 사람들에게 수여케 할 것이기 때문입니다.

이로써 사람들이 서로 간에 맺게 되는 계약들 중에서 가장 중요한 것들은, 고아들 및 고아들의 보호자들의 보살핌을 제외하고는, 우리에게 있어서 거의가 정해졌습니다. 그렇다면, 방금 언급된 것들 다음으로는, b
이것들이 어떤 식으로든 정해질 필요가 있습니다. 이것들 모두의 발단은 죽음을 앞둔 자들의 재산 처리(유언: diathesis)의 욕구들과 전혀 아무것도 처리하지 못한 자들의 불운들입니다. 클레이니아스 님, "그럴 필요가 있다"고 제가 말한 것은 이것들과 관련해서 곤란하고 힘든 점을 고려해서입니다. 이 문제는 규정되지 않은 상태로 그냥 둘 수도 없기 때문입니다. 왜냐하면 많기도 하고 서로 다르기도 하며 법률에도 어긋나고 산 사람들의 심성들 및 심지어는 유언을 남기려 하기 전의 저 자신들의 심성들과도 대립되는 것들을 저마다 [유언으로] 삼을 수 있기 때문입니다.

되어 있는데, England는 이를 종지부 아닌, 구점(,)의 오식(誤植)으로 단정했는데, 이것이 맞다. 그런데 Budé 판의 1956년 판 921d8에서는 Burnet 판의 이 실수를 그대로 답습한 데다, Ean tis …가 아예 대문자로 시작하는 우를 범했다. 다행히도 1976년 판에서는 … dēmiourgois, ean tis …로 바로 잡혔다. 그런데 이런 잘못 읽기의 발단은 d7(Burnet 판에서는 d6 끝)에서 관계대명사 hos로 시작되는 이 긴 문장이 중간에 있는 6개의 구점들 끝에 다섯 줄이나 뒤에 가서야 동사 apodidoi …의 주어로서 연결되고 있는 걸 미처 확인하지 못한 탓일 수도 있다.

c 누군가가 삶의 종말에 가까워 어떤 상태에 있으면서 하게 되는 유언이든, 이 유언에 이처럼 무조건적인 결정권을 갖는 힘을 부여할 경우에는 말입니다. 그야 물론 우리들 대부분은, 우리가 이제는 죽겠구나 하고 생각하게 될 때는, 어느 면에서는 생각이 없고 나약해져 있기 때문입니다.

클레이니아스: 그건 무슨 뜻으로 하시는 말씀입니까, 선생이시여?

아테네인: 클레이니아스 님! 죽음을 앞두게 된 사람은 다루기가 어려우며, 해 대는 말이 입법자들에게는 퍽 두렵고 꺼림칙합니다.

클레이니아스: 어떤 식으로 말씀입니까?

아테네인: 그는 모든 것에 대해 결정권을 갖고자 하는 나머지, 화난
d 상태로 말하는 버릇이 있죠.

클레이니아스: 바로 어떤 것들인가요?

아테네인: 그는 말하죠. "신들이시여, 이야말로 고약한 일입니다. 제가 제 것들을 주고 싶은 사람에게 주거나 안 주는 게 허용되지 않는다면, 또한 어떤 사람에게는 더 많이 주는 반면, 어떤 사람에게는 더 적게 주는 게 허용되지 않는다면 말입니다. 이들 중에서 저에 대해서 쓸모없는 사람들과 좋은 사람들이 명백해졌고, 병들었을 때 충분히 시험받았고, 더러는 노년에 그리고 그 밖의 온갖 불운에 처해서도 시험받았던 터이니[48)] 말입니다."

클레이니아스: 그렇다면, 선생이시여, 그들이 그리 말하는 것은 잘하는 걸로 생각되지 않습니까?

e 아테네인: 클레이니아스 님, 제가 보기에는 옛날에 입법을 한 이들은 온건하였으며 인간사들에 대해서 좁은 범위에서 보고서 생각한 끝에 법률 제정을 한 걸로 생각되는군요.

---

48) d7의 텍스트 읽기에서 Brisson의 읽기를 따라 hoi d' 는 hoi g' 로 읽는 쪽을 택했다.

클레이니아스: 어떤 뜻으로 하시는 말씀인지?

아테네인: 선생이시여, 그들은 그 말을 두려워하여 자기의 재산은 전
적으로 자기가 원하는 대로 무조건 유언으로 처리하는 걸 허용하는 법을
제정했습니다.[49] 그러나 저도 선생께서도 선생의 나라에서 죽음을 앞둔 923a
사람들에게 좀은 더 적절한 대답을 하겠습니다. 우리는 말할 것입니다.
"친애하는 이들이시여, 또한 속절없이 하루살이들[50]인 이들이시여! 델피
신전에 새겨져 있는 글[51] 또한 말하고 있듯이, 여러분께서 자신들의 재
물들을 그리고 여러분 자신들에 대해서 아시기는 지금으로선[52] 어렵습
니다. 그래서 저는 적어도 입법자로서 여러분도 이 재산도 여러분 자신
들의 것이 아니고, 여러분의 조상이시기도 하고 후손이기도 할 씨족 전
체의 것이며, 더 나아가서는 그보다도 씨족 전체와 그 재산은 나라의 것 b
이라 봅니다.[53] 또한 이것들이 이러하므로, 누군가가 질병과 노령 상태
에서 흔들리고 있는 여러분을 아첨으로 비위를 맞추어 가면서 최선의 것
에 어긋나게 유언하도록 설득할 경우에, 저는 자발적으로는 동의하지 않
을 것이나, 개개인의 사정은 당연히 덜 중요시하고서, 나라 전체와 씨족
을 위한 최선의 것, 이것에 주목하면서 제가 법 제정을 할 것이라는 데는

49) 플루타르코스의 《대비열전》, 솔론 편(Nomographus et Poeta) 21.3에 그런 면이 보인다.

50) 신들이 죽지 않는 존재들(athanatoi)인 데 비해 인간들은 죽게 마련인 존재들(thnētoi)일 뿐만 아니라, 더 나아가 인간들은 그날그날(eph' hēmeren) 신들이 정해 주는 운명을 살아가게 마련인 존재들이라고 헬라스인들이 더러 자기 비하를 할 때, 이 하루살이들(ephēmeroi)이라는 표현을 썼다.

51) 델피의 아폴론 신전 입구에 새겨져 있었다는 "너 자신을 알라"(Gnōthi sauton)는 경구를 가리킨다.

52) 물론 죽음을 바로 앞에 둔 상황을 가리켜 하는 말이다.

53) 773a~785b, 804d, 855a~b, 877d를 참조할 것.

동의할 것입니다. 그러나 여러분께서는 저희에게 심기가 편한 상태로 고분고분 대해 주시면서, 인간의 본성에 따라 여러분께서 지금 나아가고 계신 그대로 나아가십시오. 여러분의 다른 것들에 대해서는 저희가 마음
c 쓸 일일 것이니, 가능한 한 최대한 돌보지, 일부의 것들은 돌보되, 일부의 것들은 그러지 않는 일은 없을 것입니다. 따라서 클레이니아스 님, 이것들이 살아 있는 사람들을 위한 또한 죽어 가고 있는 사람들을 위한 권고의 말[54]이기도 하고 전문(前文)이게도 할 것입니다만, 그 법은 다음 것이게 합니다.

자신의 재산을 처리하면서 유언을 글로 적는 사람이 아이들의 아버지일 경우, 첫째로, 아들들 중에서 상속인으로 될 자격이 있는 걸로 생각되는 자를 적게 하되, 다른 아이들 중에서 누군가를 남에게 양자로 받아들여지게 줄 경우에는 바로 이 사실을 글로 적게 합니다. 그러나 그의 아들
d 들 중에서 누군가가 어떤 할당 토지[55]도 받지 못한 채로 남게 될 경우에는, 이 아들은 법에 따라 식민 이주(apoikia)[56]로 내보내게 될 가망이 있는데, 다른 모든 재물들[57] 중에서 아버지는 그러고 싶은 만큼의 것을 이 아들에게 주는 게 허용되게 합니다. 조상 전래의 추첨에 의한 할당 토지 그리고 이 할당 토지와 관련된 일체의 장비를 제외하고서는 말입니다. 또한 아들들이 더 많이 있을 경우에는, 아버지는 할당 토지를 초과하는 것들을 자기가 원하는 방식으로 비율에 따라 나누게 합니다. 그러나 아들들 중에 누구에게든 집이 있는 경우에는, 그에게는 재물을 나누어 주

---

54) 720a 및 773e를 참조할 것.

55) 할당 토지(klēros)는 5,040세대들 각각이 정착과 함께 처음에 추첨에 의해서 할당받은 기본 자산으로서 언제나 유지해야만 하는 것이다. 이에 대해서는 737c 이후(특히 740a~741d) 및 855a를 참조할 것.

56) 740e의 본문 및 해당 각주를 참조할 것.

57) 한 아들에게만 상속시킬 수 있는 할당 토지와 가옥을 제외한 재산을 뜻한다.

지 말 것이니, 이는 딸에 대해서도 마찬가지입니다. 약혼을 하여 남편이
될 사람이 있을 경우에는, 나눠 주지 말 것이나, 그런 남자가 없을 경우
에는, 나누어 주게 합니다. 그러나 유언이 있은 뒤에, 아들들 중에서 또 e
는 딸들 중에서도 누군가에게 본고장의 할당 토지가 생기게 된 게 밝혀
지게 될 경우에는, [나누어 받은 것은][58] 유언을 남긴 자의 상속인에게
넘겨 주게 합니다. 하지만 유언을 하는 자가 남자들은 남기지 못하고, 여
자들만 남길 경우, 딸들 중에서 누구든 자기가 원하는 딸의 남편을 자신
의 아들로 [삼아] 남기게 하는데, 이 상속인을 문서로 적게 합니다. 한
데, 누군가의 아들이, 친자이건 또는 양자이건 간에, 어른으로 성장할 수
있기 전에, 아이일 적에 죽게 될 경우에는, 유언을 적는 사람은 이런 불
운과 관련해서도 어느 아이가 더 나은 행운과 함께 그다음을 잇게 될 것 924a
인지 적게 합니다. 누군가가 자식이라곤 전혀 없이 유언을 적게 될 경우,
그가 획득한 재물[59] 중의 1/10을 따로 남겨 두었다가, 자기가 주고 싶어
하는 자에게 주게 합니다. 나머지 모두는 양자에게 물려주는데, 이 자를
흠잡지 말고 기분 좋은 아들로 법적으로 입양케 합니다. 제 자식들의 보
호자들이 필요해서, 유언을 하고 죽으면서, 아이들을 위한 보호자들로서
자발적으로 보호해 주기로 하고 동의해 준 사람들로 누구누구를 그리고
몇몇이나 자기가 원하는지 글로 적을 경우, 이 적힌 바에 따라 보호자들 b
의 선택이 결정되는 걸로 합니다. 그러나 누군가가 전혀 유언을 하지 않
고 죽거나 보호자들의 선택이 없을 경우, 가족 관계로 보아 아버지 쪽이
나 어머니 쪽으로 가장 가까운 사람들이 자격 있는 보호자들입니다. 아
버지 쪽으로 두 사람, 어머니 쪽으로 두 사람, 죽은 사람의 친구들 중에

58) 원문에서는 없는 부분이지만 이를 명시적으로 밝히는 게 혼란을 덜 수 있을 것이다.

59) 나라에서 추첨으로 할당받은 토지와 가옥 및 이에 따른 장비들을 제외하고 스스로 획득한 재산을 말한다.

924b

서 한 사람, 이들을 호법관들은 고아들 중에서 필요한 자에게 보호자들
c 로서 임명합니다.[60] 그리고 일체 보호와 고아들에 대해서는 모든 호법관
들 중에서도 가장 연장자들인 15명이 돌보게 하는데, 언제나 연장순으로
그리고 셋씩 그들끼리 나뉘어서, 한 해 동안 셋이 또한 다음 해에는 다른
셋이 돌보기로 하는데, 다섯 번의 주기가 다 돌 때까지 그럽니다. 또한
이는 가능한 한 결코 중단되는 일이 없게 합니다.

그러나 아무 유언도 하지 않고 죽는 사람이 아이들을 보호가 필요한
상태로 남겨 놓을 경우, 그의 아이들의 곤경이 똑같은 이 법률의 보호를
d 받게 합니다. 반면에 누군가가 예상치 못한 불운을 당해 딸들을 남길 경
우, 법을 제정하는 사람에 대해 다음 것은 용서할 일입니다. 그가 세 가
지 중에서 두 가지에 유의하고서 딸들을 출가하게 하더라도, 즉 친족관
계 및 [추첨에 의한] 할당 토지의 보존과 관련짓는데, 셋째 것은, 곧 이
것이야말로 아버지가 여러 모로 살핌 직한 것으로, 모든 시민들 중에서
성품 및 생활 방식 면에서 자신의 아들이 되기에 그리고 딸의 남편이 되
e 기에 적합한 자를 눈여겨보는 것입니다. 하지만 이는 그 관찰이 불가능
하기에 도외시됩니다. 따라서 이런 것들과 관련된 법은 가능한 한 다음
것이게 합니다. 유언을 하지 않은 자가 딸들[만]을 남길 경우, 같은 아버
지 쪽의 형제(삼촌) 또는 할당 토지가 없는 어머니 쪽의 오라비(외삼촌)
가 죽은 자의 딸과 할당 토지를 갖게 합니다. 그런 형제가 없을 경우에
는, 그 형제의 자식(사촌오라비)이, 이들이 서로 동갑일 때에는, 마찬가
지로 하게 합니다. 이들 중의 아무도 없고, 누이의 자식(외사촌)이 있을
경우에는, 똑같이 합니다. 넷째는 아버지의 형제(삼촌)이며, 다섯째는
그의 아들(사촌오라비)이고, 여섯째는 아버지의 누이의 소생(고종사촌)
입니다. 마찬가지로 가문은 언제나 친족관계에 따라 진행되게 합니다.

60) 766c~d를 참조할 것.

누군가가 딸아이들만 남길 경우, 형제들과 그 아이들을 통해 거슬러 돌 925a
아감으로써, 남자들 쪽이 앞서는 반면, 여자들 쪽은 한 세대 뒤쳐집니다. 이들의 혼인 시기의 적정함과 적정치 못함은 판관이 관찰하고 결정케 하는데, 남자들은 알몸으로, 여자들은 배꼽까지만 벗게 한 상태로 관찰합니다. 가족들에게 죽은 사람의 형제의 손자에 이르기까지도 또는 그 할아버지의 아들에 이르기까지도 마찬가지로 친족이 없을 경우, 딸아이는 보호자들과 함께 다른 시민들 중에서 기꺼워하는 자를 기꺼워하며 선택
할 것이니, 이 사람을 죽은 사람의 상속인으로 그리고 이 딸의 남편으로 b
되게 합니다. 더 나아가 많은 사람들의 많은 경우들이 이 나라에 있을 수 있으며, 더 많은 그런 사람들이 부족한 경우가 생길 수 있을 것입니다. 따라서 [딸인] 누군가가 이 나라에 살고 있는 사람들 중에서는 [그런 선택이] 어려워, 식민 이주로 내보낸 누군가를 보고서, 이 사람이 그 아버지 재산의 상속인이 되는 게 딸의 마음에 들 경우에, 이 사람이 친족이라면, 법의 조례에 따라 그 할당 토지로 복귀하게 합니다. 그가 문중 사람이 아니고, 이 나라에는 친족 이외의 사람들만 있을 경우, 사망한 자의
딸과 그 보호자들의 선택에 따라 고향으로 되돌아와 혼인을 하고, 유언 c
을 남기지 않은 자의 할당 토지를 취할 자격을 갖게 합니다.[61)]

유언을 남기지 않고 죽는 사람이 자녀가 전혀 없을 경우, 그런 사람과 관련된 다른 것들은 앞의 법에 따를 것이로되, 씨족 중에서 남녀가, 이를테면 동반자로서, 그때마다 상속자가 없는 집으로 들어가게 해서, 할당 토지는 이들의 것으로 인정받게 합니다. [여자 쪽으로는] 누이가 첫째요,
형제의 딸이 둘째이고, 셋째는 누이의 여식이며, 넷째는 그 아버지의 누 d
이이고, 다섯째는 아버지의 형제의 여식이며, 여섯째가 그 아버지의 누이의 여식이 될 것입니다. 이들 여자들은 저들 남자들과 친족관계 및 불

61) 923a~b를 참조할 것.

925d
가침의 관습법을 따라[62] 동거하게 합니다. 앞서 우리가 입법한 대로 말입니다.

물론 이런 법률의 중압감을 우리가 간과하는 일은 없게 할 것입니다. 때로는 씨족 관계로 따져 사망한 자의 친척남자와 친척여자를 혼인토록 지시하는 것이 얼마나 가혹한지, 인간들의 경우에 그런 지시들을 아무도
e 따르려 하지 않는 데에는 장애가 되는 것들이 수도 없이 많이 생긴다는 걸, 차라리 누구나 무슨 일이든 당하기를 바랄 것이라는 걸 살피지 못하는 것으로 여겨지는 경우들이 종종 있다는 것을 말입니다. 장가를 들고 시집을 가도록 지시받은 자들 가운데 어떤 사람들에게 몸 또는 마음의 질병들이나 장애들이 생길 경우에는 말입니다. 어떤 사람들에게는 입법자가 바로 이것들에 대해서 전혀 개의하지 않은 것으로 어쩌면 여겨지겠는데, 이는 잘못 생각하는 것입니다. 따라서 입법자를 위한 그리고 법 적용의 대상이 되는 자를 위한 이를테면 공동의 전문(前文)이 대략 언급된 걸로 하죠. 이는 입법자에 대해서는 지시를 받는 사람들이 용서를 해 줄 것을 청하는 것이니, 공동의 것들(ta koina)을 보살피면서 각 개인에게 일어나는 사사로운 불행한 사태들을 동시에 관리할 수는 결코 없겠기 때
926a 문이고, 또한 법 적용의 대상들이 되는 사람들에 대해서도 용서를 해 줄 것을 청하는 것이니, 법 제정을 한 자가 알지 못하면서 지시한 지시 사항들은 어쩌면 때로는 실현될 수가 없겠기 때문입니다.

---

62) 이는 Saunders가 그의 *Notes*, No. 108에서 지적하고 있듯, 924d의 '친족관계 및 [추첨에 의한] 할당 토지의 보존과 관련짓는데' 라는 언급과 같은 맥락의 것이라 할 것이다. 그리고 여기에서 '불가침의 관습법' 으로 번역한 것의 원어는 themis이고, 여기에서 이것이 지칭하고 있는 것은, Saunders의 지적대로, [추첨에 의한] 할당 토지를 함부로 주고받는 것이나 분할하는 것에 대한 금기인 것 같다. [추첨에 의한] 할당 토지와 관련해서는 923d의 해당 각주를 참조할 것.

클레이니아스: 그렇다면, 선생이시여, 도대체 이런 것들에 대해서는 누군가가 무엇을 하는 게 가장 적절할까요?

아테네인: 클레이니아스 님, 이런 법률과 법률 적용의 대상들이 되는 사람들에게는 중재자들이 선출될 필요가 있습니다.

클레이니아스: 어떤 뜻으로 말씀하시는 건지?

아테네인: 그 아버지가 부유한 조카는 삼촌의 딸(사촌)을 기꺼이 [아내로] 취하려 하지 않는 경우들이 더러 있을 것입니다. 으쓱대느라 그리 b
고 더 나은 혼인에 뜻이 있어서 말입니다. 반면에 심지어는 입법자가 더할 수 없이 큰 불행을 지시한다면, 법에 불복할 수밖에 없는 경우도 때로는 있을 것입니다. 미치거나 또는 몸이나 마음의 다른 어떤 무서운 불행한 사태를 겪고 있는 짝을 취하도록 강요할 경우에는 말입니다. 이것들은 상대로 하여금 사는 보람이 없게 하는 것들이죠.

그러면 이것들과 관련해서는 지금 우리가 하는 다음 말이 법으로 정해지게 하죠. 정녕 어떤 사람들이 유언과 관련해서 확립되어 있는 법률에
대해 그 잘못을 들어 소송을 제기할 경우, 그게 다른 어떤 것들과 관련해 c
서거나 특히 혼인과 관련해서거나 간에, 그 입법자 자신이 현존하여 살아 있다면, 단연코 이런 식으로 하도록 강요하는 일은 결코 하지 않을 것이라는 겁니다. 즉 장가를 들지도 말고 시집을 가지도 말라고는 말입니다. 지금은 그리하도록 양쪽이 강요당하고 있습니다. 그러나 이에 대해서는 가족들 중의 누군가가 또는 보호자인 누군가가 주장할 것이니, 입법자가 남녀 고아들에게 15명의 호법관들을 중재자들 및 아버지들로 남겼다고 말할 것입니다. 이런 것들 중의 어느 것에 대해 이의 제기를 하는
사람들은 이들에게로 가서 판결을 받게 합니다. 이들의 판단들이 타당한 d
것으로 결말이 나자면 말입니다. 그러나 이게 호법관들에게 맡기기에는 너무 큰 결정권이라 누군가에게 여겨질 경우에는, 선발된 재판관들[63]의 법정으로 이들을 이끌고 가서, 이의 제기가 된 사항들에 대한 판결을 받

926d 게 합니다. 패소한 자에 대해서는 입법자 쪽의 나무람과 모욕이 있게 할 것이니, 이는 지각이 있는 자에게는 많은 벌금보다도 더 무거운 벌일 것입니다.

이제 고아들 모두에게는 이를테면 일종의 두 번째 탄생이 있게 될 것
e 입니다. 사실 첫째 탄생 뒤의 각자 각자에게 있어서의 양육 과정과 교육 체계는 언급된 바 있습니다.[64] 그러나 아버지를 잃게 된 상태인 두 번째 탄생 뒤에는, 고아들이 된 아이들에게 있어서 고아 신세의 불운이 무슨 방식으로 그 불행에 대해 불쌍한 마음을 최대한 적게 갖도록 할 것인지 그 방도를 강구해야만 합니다. 첫째로는 물론 이들에게 있어서는 호법관들을 어버이들 대신에 못지않은 아버지들로 법으로 정하고서,[65] 특히 해마다 셋이서[66] 친자식들처럼 보살피도록 우리는 지시합니다. 고아들의 양육과 관련해서는 이들 호법관들과 보호자들에게 적절한 전문(前文)을 지어 주고서 말입니다.

그러니까 죽은 자들의 혼들은 죽고 나서도 어떤 힘을 갖고 있어서, 이
927a 에 의해서 그것들이 인간사들에 관심을 보인다고 앞서 우리가 이야기를 했던 것은[67] 실은 때맞추어 한 것으로 제게는 보입니다. 그 이야기 내용은 정말이고, 그 이야기는 길지만, 이런 것들에 관한 다른 전설들, 이처럼 많고 아주 오래된 전설들은 믿어야 하거니와, 입법자들에 대해서도 이것들이 이러하다는 걸 믿어야만 합니다. 이들이 아주 몰지각한 사람들은 아닌 걸로 보인다면 말입니다. 이런 식으로 이것들이 자연스럽다면,

---

63) 767b~d를 참조할 것.

64) 제2권 및 제7권, 특히 7권의 789b~794d에서.

65) e5의 텍스트 읽기에서 [phamen]은 삭제하고서 읽었다.

66) 924b~c를 참조할 것. 〈treis〉(셋이서)는 분명히 하는 쪽을 택해 살려서 읽었다.

67) 865d~e를 참조할 것.

맨 먼저, 위에 있는 신들을 두려워해야 할 것입니다. 신들은 고아들의 외로움에 대해 지각하고 있다고 말입니다. 다음으로는, 죽은 자들의 혼들을 두려워해야 할 것이니, 이들에게는 제 자식들에 대한 각별한 마음 씀이 그 본성으로 있어서, 제 아이들을 존중해 주는 자들에 대해서는 호의적이지만, 업신여기는 자들에 대해서는 호의적이지가 않습니다. 더 나아가서는, 살아 있는 사람들로서 노령이거나 더할 수 없는 영예를 누리고 있는 혼들을 두려워할 것이니, 나라가 훌륭한 법질서를 갖추고서 행복하게 지내는 곳에서는, 그들을 손자들이 애정으로 사랑하면서 즐겁게 살 것이기 때문입니다. 그리고 그들은 날카롭게 들으며 날카롭게 보거니와, 이것들과 관련해서 올바른 사람들에게 대해서는 호의적인 반면에, 고아들과 외로운 사람들을 업신여기는 자들에 대해서는 더할 수 없이 격분하는데, 이들이 가장 중요하고 성스러운 보호대상이라 여겨서입니다. 이들 모두에 대해서 보호자[68]와 관리는, 그에게 조금이라도 지각이 있다면, 고아들의 양육 및 교육과 관련해서 신중을 기하고 조심하면서, 자신과 제 가족들에게 좋은 일을 하듯, 모든 힘을 다해서 잘해 주어야만 합니다. 물론 법 이전의 일러두는 말[69]에 따르게 되는 사람 그리고 고아에 대해서 전혀 업신여기지도 않는 자는 이런 것들과 관련된 입법자의 분노를 실감하지 못할 것입니다. 그러나 이에 불복하고 부모가 없는 누군가를 해코지하는 자는 양친이 살아 있는 자에 대해서 나쁜 짓을 하여 입힌 전체 피해의 두 배를 물리게 합니다. 한데, 고아들과 관련된 보호자들과 이들 보호자들의 감독과 관련된 관리들을 위한 그 밖의 다른 법률 제정과 관련해서는, 이들 스스로 제 자식들을 양육해 보기도 하고 자신들의 재

b
c
d

68) Budé 판의 c4에서 epitroron은 epitropon의 오식이다.

69) 여기에서 '일러두는 말'로 번역한 원어는 mythos이다. 이것이 여기에서 뜻하는 것은, 880a에서 확인할 수 있듯, 구체적인 법의 전문(前文: prooimion)에 해당하는 '권고의 말'(paramythion)이다.

927d

산들을 관리도 해 본 터에, 자유민들인 아이들의 양육에 대한 본보기들

e 도 갖고 있지 않다면야, 더 나아가 바로 이것들과 관련된 법률이 적당히 언급되지도 않았다면야, 그야 어떤 보호법률을 많이 특이한 것들로서, 즉 고아들의 삶을 고아들이 아닌 아이들의 삶에 비해 특이한 관행들에 의해 특화된 것들로서 제정하는 것이 일리가 있겠습니다. 하지만 이와 같은 모든 점에서 지금 우리의 고아 처지가 가부장의 지배를 받는 것과 그다지 다르지는 않지만, 귀히 여기거나 그렇지 않음과 함께 보살핌에 있어서는 보통은 결코 같을 수가 없습니다.

928a 물론 이 때문에 바로 이 문제와 관련해서, 곧 고아들과 관련된 법률 제정과 관련해서 법이 권고의 말도 하면서 위협까지 하며 진지했던 것입니다. 하지만 다음과 같은 어떤 위협은 아주 때맞춘 것일 겁니다. 딸아이든 사내아이든 보호하게 된 자는, 그리고 호법관들 중에서 이 보호자를 지키는 자로 임명되어 감독하게 된 자는 고아의 운명을 맞게 된 아이를 제 친자식들 못지않게 사랑하게 하고, 자기의 보호를 받는 아이의 자산 또한 제 자신의 것들 못지않게, 아니 [제 것들보다도][70] 더 잘 열성으로 보

b 살피게 할 것입니다. 고아들과 관련해서는 모두가 이 하나의 법을 지키며 보호자 노릇을 하게 합니다. 그러나 누군가가 이런 것들과 관련해서 이 법을 어기고 달리 행동할 경우, 관리는 보호자를 벌주게 할 것이나, 보호자는 관리를 선발된 재판관들의 법정에서 재판을 받게 하여, 법정에 의해 산정된 금액의 두 배를 물리게 합니다. 또한 그 보호자가 소홀하거나 해를 입힌 걸로 그 가족들에게 또는 다른 시민들 중의 누군가에게 보

c 일 경우에도, 같은 법정으로 이끌고 가게 합니다. 유죄로 판명될 경우, 산정된 금액의 네 배를 배상케 하여, 그 반은 그 아이의 것이 되게 하되, 나머지 반은 벌금 처벌을 받게 한 자의 것이 되게 할 것입니다. 또한 고

70) 괄호 안의 [hē tōn hautou]는 군더더기로 보아도 될 것이다.

아들 중의 누군가가 성년이 되어, 자기가 잘못 보호를 받은 것으로 여길
경우, 보호 기간이 만료된 지 5년 이내에 그 보호에 대한 소송을 할 수
있게 합니다. 보호자들 중에서 누군가가 유죄로 판명될 경우, 법정은 그
가 무슨 벌을 받거나 배상을 해야만 하는지 산정할 것이나, 이번에는 관
리들 중의 누군가가 유죄로 판명될 경우에, 소홀함으로 인해서 그 고아
를 해롭게 한 것으로 간주될 경우라면, 그가 아이에게 얼마만한 액수를
보상해야 할 것인지 법정이 산정하게 할 것입니다. 그러나 올바르지 못 d
한 짓으로 해서 해롭게 한 경우라면, 산정된 벌금에 더해, 호법관의 관직
에서 물러나게 할 것이니, 나라의 공동기구(to koinon tēs poleōs)는 이
사람 대신에 다른 호법관을 이 땅과 나라를 위해 임명케 합니다.

아버지들의 제 자식들과의 불화 그리고 자식들의 어버이와의 불화가
당연한 것보다 더 커져 가고 있습니다. 이들 불화 속에서 아버지들은, 자
신들이 원할 경우에는, 자기들이 아들을 법에 따라 더는 아들이 아니라
고 모든 사람 앞에서 포고하는 자로 하여금 선언케 할 수 있게끔 입법자 e
가 법 제정을 해야만 한다는 생각을 할 수가 있을 것이고, 아들들은 이들
대로 질병과 노령으로 창피스런 상태가 된 아버지들을 미친 걸로 고소할
수 있게 되어야만 한다는 생각을 할 수가 있을 것입니다. 그러나 이런 것
들은 정말로 아주 나쁜 사람들의 성품들에 있어서나 보통 일어납니다.
나쁜 사람들이 반쪽일 경우에는, 이를테면, 아버지는 나쁘지 않은데, 아
들이 나쁘거나, 또는 그 반대일 경우에는, 그처럼 큰 적대감의 산물들인
불행한 사태들은 일어나지 않으니까요. 물론 다른 나라 체제에서는 자식
이 아닌 걸로 선언된 자가 반드시 나라 없는(apolis) 자인 것은 아니겠지
만, 이것들이 그 법률로 될 이 나라 체제에서는 아비한테서 자식이 아닌
걸로 선언된 자는 다른 나라로 이주하게 되는 게 필수적입니다. 5,040세 929a
대에 하나도 추가될 수가 없기 때문입니다. 바로 이 때문에 이를 당연히
당한 자는 아버지 혼자한테서만이 아니라, 전체 씨족한테서도 그 선언을

당한 것입니다. 이런 것들과 관련해서는 다음과 같은 어떤 법에 따라 해
야만 합니다. 결코 복 받은 것일 수 없는 격정(격노)이 치밀어, 그게 정
당한 것이든 또는 아니든 간에, 제가 낳아서 양육한 자식을 자신의 친족
에서 배제하고 싶어 하는 자가 이를 경솔하게 그리고 곧바로 하게 해서
b 는 안 됩니다. 우선 자신의 사촌들까지의 친족들을 그리고 마찬가지로
아들의 어머니 쪽의 친척들도 모이게 하여, 이들이 있는 데서 고발을 하
게 하여, 그 아들이 모두에 의해 씨족에서 축출 선언을 당해 마땅하다는
걸 알게 해 줍니다. 그러나 아들에게도 이것들 중의 그 어떤 처사도 당하
는 게 부당하다는 데 대해 똑같은 발언의 기회를 주게 합니다. 그리고서
아버지가 설득을 한 다음, 모든 친척들의 과반수의 찬성표를 얻게 될 경
우에는, 그러니까 아버지와 어머니 그리고 피고는 표결에서 제외하고서,
또한 다른 사람들 중에서는 남녀 미성년자들[71]도 제외하고서 그리될 경
c 우에는, 이런 식으로 또한 이에 따라 아버지가 아들을 제 아들이 아니라
고 선언할 수 있게 합니다. 다른 식으로는 결코 허용치 않습니다. 그러나
이 선언을 당한 자를 시민들 중의 누군가가 아들로 삼기를 원할 경우, 그
어떤 법도 이를 막지 못하게 합니다. 젊은이들의 성품은 본성상 일생 동
안 여러 차례에 걸친 변화를 그때마다 하게 되어 있으니까요. 하지만 이
선언을 당한 자를 누군가가 10년 안에 아들로 삼기를 원하지 않을 경우
d 에는, 이주시킬 초과 자제들[72]의 감독자들이 이들 또한 감독하게 됩니
다. 같은 이주에 제대로 참여할 수 있도록 말입니다.

한데 어떤 질병이나 노령 또는 고약한 성미가, 또는 이것들 모두가 누

---

71) c2의 텍스트 읽기에서 ⟨mē⟩ teleioi의 괄호를 풀고서, 이를 살려서 읽었다. Burnet 판 및 Loeb 판에서는 ⟨mē⟩가 아예 없다.

72) 원어는 epigonoi인데, 이는 흔히 '후손들'을 뜻하는 말이지만, 여기서는 5,040세대 중의 하나를 물려받을 상속자가 되지 못하는 자식들, 곧 '추가로 태어난 자식들'을 가리킨다. 740e를 참조할 것.

군가를 많은 사람들과는 달리 제정신이 아닌 상태로 만들고, 함께 사는 사람들을 제외하고서는 다른 사람들은 모르고 있는데, 자기 것들에 대해서는 자신이 주인이라 하여 가산탕진을 하나, 그 아들은 당황해하면서도 이 미친 상태에 대해 소송을 제기하기를 주저할 경우에, 법은 이 사람으로 하여금 먼저 호법관들 중의 원로들에게로 가서 아버지의 불행한 사태 e
에 대해 이야기하게끔 합니다. 이들은 충분히 알아본 다음, 그가 소송을 제기할 것인지 또는 말 것인지에 대해 조언을 하게 합니다. 그리하도록 조언할 경우에는, 소송을 제기한 사람을 위한 증인들이 되어 주는 것과 동시에 그 변론인들로도 되어 주게 합니다. 이 아버지가 유죄로 판명될 경우에는, 여생 동안 제 것들에 대해서 주인 노릇을 할 수 없게 하며, 아주 사소한 것조차도 처리할 수 없게 할 것이니, 여생을 아이처럼 대우받게 합니다.

한 남자와 그 아내가 성격들이 맞지 않아 어떤 식으로도 화합하지 못할 경우, 호법관들 중에서 중간 나이의 남자들 10명이 이런 자들을 언제나 감독해야만 하며,[73] 혼인과 관련되는 여인들 중에서 10명[74]이 또한 930a
마찬가지로 해야만 합니다. 그리고 이들이 진실로 화해할 수 있을 경우에는, 이로써 결정된 걸로 합니다. 그러나 이들의 혼들이 격함으로 너무 북받칠 경우에는, 가능하면 각자와 화합하게 될 사람들을 저마다 찾게 합니다. 그러나 이런 사람들은 온유한 성품을 지니고 있지는 않을 것 같습니다. 이런 사람들과는 기질적으로 더 침착하고 더 온유한 성품들이 짝으로서 결합되도록 힘써야 할 것입니다.[75] 그리고 자신들의 자식들이 없거나 적은 상태에서 갈라서는 사람들은 아이들을 [갖기] 위해서라도

73) 916c에서는 젊은 호법관들이, 924c에서는 가장 연장자들인 호법관들이 각기 전담할 일들에 대해 언급했다.
74) 784a~c를 참조할 것.
75) 773a~d를 참조할 것.

b 새 가정을 꾸려야만 합니다. 반면에 적정수의 자식들을 가진 사람들은
해로와 서로의 보살핌을 위해서도 헤어짐도 혼인을 통한 결합도 해야만
합니다. 아내가 자녀를 남기고서 사망할 경우, 제정될 법은 계모를 끌어
들이지 않고서 아이들인 자식들을 키우도록 조언하는 것이지, 강제적인
것은 아닐 것입니다. 자식들이 없을 경우에는, 반드시 혼인을 하여야 합
니다. 가정과 나라를 위해 적정수의 자식들을 낳을 때까지는 말입니다.
c 남편이 적정수의 아이들을 남기고서 사망할 경우, 아이들의 어머니는 그
집에 머무르며 이들을 키우게 할 것입니다. 그러나 그 아내가 다시 남자
없이 건강하게 살기에는 너무 젊은 걸로 여겨질 경우에는, 친척들이 혼
인을 감독하는 여자들과 상의해서, 이런 것들과 관련해서 이들 및 저들
에게 좋을 것으로 판단되는 것을 하게 합니다. 자식들이 모자랄 경우에
는, 아이들을 위해서라도 그럴 것이지만, 아이들의 정확한 적정 수는 법
d 으로는 남자 하나와 여자 하나이게 합니다. 태어난 아이가 어느 부모의
자식인지에 대해서는 의견이 일치하더라도, 그 태어난 아이가 누구에게
종속되어야 할 것인지에 대한 결정이 필요할 경우에, 그건 이렇게 합니
다.[76] 여자 노예가 남자 노예 또는 남자 자유민이나 [노예였다가] 자유민
이 된 자와 성관계를 가진 경우에는, 그 소생은 전적으로 여자 노예의 주
인에 귀속되게 합니다. 자유민인 어떤 여자가 남자 노예와 성관계를 가
진 경우에는, 그 소생은[77] 그 주인에 귀속되게 합니다. 남자가 제 여자
노예에게서 또는 여자가 제 남자 노예에게서 소생을 갖게 되었을 경우,
그리고 이 사실이 명백할 경우, 이 여자의 소생을 해당 여자관리들이 다

76) 이는 물론 노예 출신이 5,040세대의 세대주로 되는 걸 막기 위한 조치의 일환일 것이다.

77) d7(Burnet 판에서는 d6)의 [tou doulou](남자 노예의)는 군더더기로 보아, 기호가 가리키는 대로 삭제하고서 읽었다. Burnet는 괄호 [ ]도 치지 않고, 그대로 살려서 읽었다.

른 나라로 그 아버지와 함께 내보내게 합니다. 이 남자의 소생은 호법관 e
들이 그를 낳은 어머니와 함께 내보내게 하고요.

신이건 사람이건 간에, 지각이 있는 자라면, 결코 그 누구도 어버이를 홀대하는 걸[78] 아무에게고 조언하는 자가 되지는 않을 것입니다. 신들의 섬김과 관련된 다음과 같은 전문(前文: prooimion)이, 어버이에 대한 존경과 불손에 대한 것이 또한 되어도, 옳게 지은 걸로 되는 것인지를 신중히 생각해 보아야만 할 것입니다. 신들과 관련된 옛날 율법(nomoi archaioi)은 모두에게 있어서 두 갈래가 집니다. 우리는 신들 중의 일부는 또렷이 봄으로써 추앙하지만,[79] 일부는 그 상(像: eikōn)들인 조상(彫
像: agalma)들을 세우고서, 이것들은 비록 혼이 없는 것들이지만, 우리 931a
들로서는 숭배하게 되는데, 이것들을 통해 저들 혼을 지닌 신들이 많은 호의를 보이며 고마워한다고 우리는 믿고 있습니다. 그러니까 누구에게든 아버지와 어머니가 또는 이들의 아버지와 어머니가 집에 쌓여 있는 보물처럼 노령으로 지친 상태로 있는 경우에, 그 누구도 제 집[80] 화덕 곁에 이런 보고[81]를 갖고 있으면서, 자기에게는 조상(彫像)[82]이 있는 걸로

78) 어버이에 대한 섬김과 관련해서는 717b~718a에서 한 차례 언급했다.

79) 여기서 말하는 신들이란 천체들을 가리킨다. 821b 및 886d를 참조할 것.

80) 텍스트 읽기에서 [en oikiai]는 살려서 읽었다. 화덕(hestia)은 공공 건물에도 있는 데다, 문맥상 이를 분명히 하는 게 좋을 것 같아서다.

81) hidryma는 '건조물' 및 '신전'을 뜻하는 말이지만, 그 앞에서 말한 '쌓여 있는 보물들'(keimēlioi)과 연관 지어서, 이것들이 간직되어 있는 '보고'(thēsauros)로 해석하는 게 더 뜻 있을 것 같아서, 그리 번역했다. 아닌게아니라 신전들에는 신전의 재화를 쌓아 두는 '보고'가 있었다. 그러니까 부모나 조부모는 오랜 세월에 걸친 정신적 축적물이라 할 보물과도 같은 혼을 저마다 간직하고 있는 '보고'이지, 단순한 '입상'(agalma) 또는 '조상'은 아니라는 걸 여기서는 힘주어 말하고 있다고 할 것이다. 물론 이런 말은 긍정적 의미에서 그런 부모나 조부모의 경우에는 그렇다는 의미에서 하는 것일 것이다. Saunders의 *Notes*, No. 112를 참조할 것.

결코 생각지 않게 할 것입니다. 이를 가진 자가 이를 정말로 어쨌든 제대로 옳게 섬길 경우에는, 오히려 힘을 행사하는 것이 될 것이라고 생각하게 할 것입니다.

b 클레이니아스: 그럼 옳다는 건 무슨 뜻으로 말씀하시는 건가요?

아테네인: 제가 말씀드리죠. 아닌게아니라, 친구들이시여, 적어도 이런 것들은 들을 가치가 있는 것들이니까요.

클레이니아스: 말씀만 하십시오.

아테네인: 우리는 이야기합니다. 오이디푸스가 제 아들들한테서 홀대를 받고서 이들에 대한 저주를 빌었는데,[83] 바로 이것들이 이루어지고

---

82) '[혼이 없는] 조상'으로 보완해서 이해하는 게 좋겠다. 곧 부모나 조부모를 알기를 생명이 다한, 아니 이미 생명 없는 조상(彫像)처럼 여기는 일이 있어서는 안 된다는 말을 하고 있는 것이다.

83) 오이디푸스(Oidipous)가 테베(Thēbai)의 왕이 되기까지의 이야기는 838c의 해당 각주에서 이미 했다. 따라서 여기서는 이 저주와 관련된 언급만 보태기로 한다. 아침에는 네 발로, 한낮엔 두 발로, 저녁에는 세 발로 다니는 것이 무엇인지를 묻는 수수께끼에 대답을 못한 테베 사람들의 목숨을 사정없이 앗아가는 괴물 스핑크스(Sphinx)로 해서 테베인들이 공포로 질리어 있는 데다, 라이오스 (Laios) 왕까지 횡사하게 된 터라, 섭정을 하게 된 처남 크레온(Kreōn)은 이 괴물을 처치하는 자에게 왕위와 왕비 이오카스테를 아내로 맞게 한다는 공고를 했다. 마침 나그네로서 이곳을 지나던 오이디푸스가 괴물을 퇴치함으로써, 나라의 우환거리를 제거하고 왕이 된 오이디푸스가 나중에는 어이없게도 제 자신이 나라에 역병이 돌게 하는 재앙의 근원임을 알고서, 스스로 제 눈을 브로치로 찌르고 장님이 된다. 이제 나라에서 쫓겨날 처지가 되었으나, 두 아들 에테오클레스(Eteoklēs)와 폴리네이케스(Polyneikēs)는 이를 말리지도 않고, 오히려 박대하며, 왕위 다툼에만 혈안이 된다. 결국 나라 밖으로 쫓겨난 그는 두 딸 안티고네(Antigonē) 그리고 이스메네(Ismēnē)와 함께 거지 생활을 하며 정처 없이 떠돌게 되어, 두 아들이 왕위 다툼으로 서로의 칼에 찔려 죽게 하는 저주(ara)를 내리도록 빈다. 이들 형제의 왕위 다툼과 관련해서는 641c의 끝 쪽에 붙인 각주의 끝 부분을 참조하는 게 좋겠다. 두 형제의 이 다툼을 소재로 한 것이 아이스킬로스(Aischylos)의 《테베를 공격

신들이 들어준 걸로 모두들 노래하고 있죠. 아민토르도 격분하여 그의 아들인 포이닉스에게 저주를 내리게 빌었으며,[84] 테세우스 또한 히폴리토스에 대해 그랬고,[85] 그 밖의 수도 없이 많은 사람이 수도 없이 많은 다른 사람에게 그랬습니다. 신들이 어버이를 위해 자식들에 대한 이런 c
저주들을 들어준다는 건 명백해졌습니다. 자식들에 대해 어버이가 비는 저주의 경우는 다른 사람이 다른 사람들에게 비는 그 어떤 저주의 경우와도 같지 않거니와, 이는 지당하기 때문입니다. 자식들한테서 유달리 무시당한 아버지나 어머니에 대해서, 기원들을 할 때, 신이 들어주게 되는 것은 자연스럽지만, 그렇다고 해서 존중받아 몹시도 기뻐하게 되는 어버이에 대해서는, 그리고 이런 것들 때문에 기원들을 하면서 자식들에게 좋은 일들을 간청하며 신들을 부를 때는, 그렇지 않은 것으로 누군가가 생각하는 일은 없도록 할 것입니다. 그러고 보면 이와 같은 것들은 신들이 똑같이 들어주고 우리들에게 나눠 주기도 할 것이라고 우리는 생각하게 되지 않겠습니까? 그렇지 않다면, 신들은 결코 좋은 것들의 올바른 분배자들이 아니겠는데, 이것이야말로 신들에게는 가장 적절하지 않은 d
것이라 우리는 주장합니다.

하는 일곱 장수들》이고, 이 비극 작품의 766~791에서는 이 저주의 경위에 대한 이야기가 실려 있다. 소포클레스(Sophoklēs)의 《콜로노스에서의 오이디푸스》 421~447에서도 이 저주에 대한 이야기가 실려 있다.

84) 이 이야기는 호메로스의 《일리아스》 9. 445~495에 나오는 것이다. 포이닉스(Phoinix)는 테살리아(Thessalia)의 왕 아민토르(Amyntōr)의 아들이다. 왕이 애첩에만 푹 빠져 있고, 본처는 거들떠보지도 않으매, 본처는 아들에게 통사정하여 그 애첩과 통정하게 만든다. 그러나 이를 눈치챈 아버지는 복수의 여신들에게 제 아들이 아이를 갖지 못하게 해 달라는 저주를 한다. 저주는 이루어졌고, 아들은 고향을 떠나, 프티아(Phthia)로 가서, 이곳의 펠레우스(Peleus) 왕에게 의탁하는데, 펠레우스는 그를 환대할 뿐만 아니라, 아들 아킬레우스(Akhilleus)의 사부가 되게 한다.

85) 이 저주에 대해서는 687e에서 해당 각주를 참조할 것.

931d

클레이니아스: 다분히 그렇습니다.

아테네인: 그렇다면, 좀 앞서 우리가 말했듯, 노령으로 쇠약해진 아버지와 할아버지보다도 그리고 똑같은 처지에 있는 어머니들[86]보다도 신들이 보기에 더 귀중한 어떤 상(像)도 우리가 갖게 될 수는 없다는 걸 염두에 두도록 합시다. 이들을 누군가가 명예들로써 영광스럽게 한다면, 신은 기뻐할 것입니다. 그렇지 않다면, 신이 그들의 기원들을 들어줄 리가 없을 테니까요. 우리에게 있어서 조상들의 사당은 실로 놀라운 것임
e 에 틀림없습니다. 혼이 없는 입상들과는 판이하게 말입니다. 우리들한테서 섬김을 받는 그들로서, 혼을 지닌 그들은 그때마다 우리와 함께 기원을 해 주지만, 홀대를 받는 경우에는 그 반대로 하거니와, 혼이 없는 것(입상)들은 어느 쪽도 하지 않습니다. 그래서 누군가가 아버지와 할아버지 그리고 이런 모든 이들을 옳게 대접할 경우에는, 신의 사랑을 받는 운명을 맞음에 있어서 그 어떤 상들보다도 가장 강력한 영향력을 미치게 될 그들을 갖게 될 것입니다.[87]

클레이니아스: 더없이 훌륭한 말씀입니다.

아테네인: 물론 지각 있는 모든 이는 어버이의 기원들을 두려워하며 존중합니다. 여러 사람들의 경우에 여러 번이나 그것들이 이루어진 걸
932a 알고 있어서죠. 따라서 이것들이 이처럼 자연스럽게 처리되니, 착한 사람들에게는 연로한 어른들이, 수명이 다할 때까지 사는 경우에는, 뜻밖

86) 여기에서 어머니가 복수인 것은, 앞의 '할아버지'의 원어가 '아버지의 아버지'인 것처럼, 할머니를 포함하는 뜻에서 그리 말하는 것으로 보면 될 것 같다.

87) 여기에서 노인들을 다른 입상들(조상들: agalmata)과 함께 묶어서 말하는 것은 노인들이 노령으로 허약해져 활동이 부자유하게 된 터라, 비록 생명(혼)은 있지만, 생명(혼) 없는 입상들과 어떤 점에서는 비슷한 걸로 자칫 볼 수도 있는 사람들을 의식해서이다.

의 행운이고, 젊어서 [이 세상을] 떠날 경우에는 몹시도 아쉽지만, 나쁜 사람들에게는 꽤나 두렵지요. 그러니 지금 하고 있는 이 말에 모두가 설득되어 제 어버이를 법에 정한 모든 명예들로써 존중케 합니다. 그런데도 이와 같은 전문(前文)들에 대해 누군가가 귀머거리 벙어리 행세를 한다는 소문이 퍼져 있다면, 이런 경우들에는 다음과 같은 법이 제정되어 있는 걸로 하는 게 옳겠습니다.

이 나라에서 누군가가 그 정도가 지나칠 만큼 어버이에 대해 소홀할 경우, 그리고 모든 점에서 제 아들들이나 모든 후손들 그리고 제 자신보 b
다도 더 크게 배려하지도 않고, 그들이 원하는 바를 충족시켜 주지도 않을 경우, 이런 일을 당한 자가, 스스로 또는 다른 사람을 보내서든, 호법관들 중에서 제일 원로들인 3인에게, 그리고 또 혼인들을 감독하는 여성들 중의 3인에게 이를 알리게 합니다. 이들이 이 문제를 맡도록 할 것이니, 잘못을 저지른 자들이 아직 젊을 경우에는 태형과 구금으로 처벌하
는데, 이는 남자들인 경우는 30세 이하까지이고, 여자들인 경우에는 남 c
자들보다 열 살을 더 높이어[88] 같은 벌들로 처벌케 합니다. 이보다도 나이가 더 많은 자들로서 어버이에 대한 똑같은 소홀함에서 벗어나 있지 못하고, 더러는 학대까지 할 경우, 이들을 법정으로 이끌고 가게 합니다. 이는 모든 시민들 중에서도 가장 연로한 101명으로 구성되는 법정입니다.[89] 누군가가 유죄로 인정될 경우, 무슨 죗값을 치러야 하며 무슨 벌을 받아야만 하는지 법정이 그 형량 산정을 하게 합니다. 사람이 받을 수 있고 치를 수 있는 벌이나 죗값은 그 어떤 것도 배제하지 않고서 말입니다.
누군가가 학대를 받고서도 이를 알릴 수가 없다면, 자유민들 중에서 이 d
를 알게 된 자가 당국자들에게 알리게 하거나, 아니면 나쁜 사람으로 있

88) 곧 40세 이하까지를 지칭한다.

89) 101명은 양쪽 표수가 같을 경우를 피하기 위한 장치일 것이다.

932d 게 두고서, 원하는 이가 그 가해에 대한 재판을 받게 합니다. 노예가 이를 알릴 경우에는, 그를 자유민이게 할 것이며, 그가 학대하는 사람들이나 학대받는 사람들의 노예일 경우에는, 그가 당국에 의해서 방면되게 할 것이나, 시민들 중의 다른 누군가의 노예일 경우에는, 그를 위해서 공공의 금고에서 그 주인에게 그 값을 지불케 합니다. 당국자들로서는 누군가가 그 알림에 대한 보복으로 그런 사람을 해치지 못하도록 유의하고 있게 합니다.

e 누군가 다른 사람이 다른 사람을 독(pharmakon)들[90]로 해치는 경우들 중에서, 치명적인 경우들은 이미 언급되었습니다.[91] 그러나 다른 가해들에 대해서는, 그러니까 누군가가 마실 것들을 이용해서건 또는 먹는 것들을 이용해서건 또는 연고들을 이용해서건 자발적으로(자의에 의해서: hekōn)[92] 그리고 의도적(pronoia)으로[93] 해치는 경우들, 이것들 중에서는 아직 아무것도 언급되지 않았습니다. 인류와 관련해서는 두 가지의 독(毒) 이용(pharmakeia)이 있어서, 명시적인 법 제정을 제지하고 있
933a 으니까요.[94] 실은 방금 우리가 명시적으로 말한 독의 이용은 신체들을 물질들로[95] 자연스럽게 해치는 것이죠. 다른 한 가지는 어떤 마법들과

---

90) '독'(毒)으로 번역한 pharmakon에는 약, 치료약, 독약, 치료, 치유책, 뭔가를 생기게 하는 수단 등의 뜻들이 있는가 하면, '미약'(媚藥)의 뜻도 있는데, 이에서 마력(魔力), 주문(呪文)의 뜻도 갖게 되었다. 바로 이어지는 문장에서도 확인할 수 있듯, 여기에서 '독'은 '독약'과 함께 사람을 홀리는 '주문' 또는 마술의 힘 같은 걸 가리키고 있다.

91) 865a에서 맨 처음 각주를 참조할 것.

92) 860d~e에서 해당 각주들을 참조할 것.

93) 871a에서 해당 각주를 참조할 것.

94) "명시적인 법 제정을 제지하고 있다"는 말은 이와 관련된 법조문을 말하기 전에 먼저 밝혀야 할 것이 있어서, 이에 대한 법 제정이 지체되겠다는 뜻으로 하는 말이다.

95) '신체들을 물질들로'(sōmasi sōmata)는 'sōmata를 sōmata로'인 셈인

주문들 그리고 이른바 요술들을 이용하여 남을 해치려 드는 사람들로 하여금 자신들이 그런 짓을 할 수 있다고 믿게끔 하는 것이지만, 무엇보다도 이들 요술을 부릴 수 있는 사람들에 의해 피해를 입는 사람들로 하여금 믿게끔 하는 것입니다. 따라서 이것들은 그리고 이런 것들과 관련된 모든 것은 그 성격상 도대체 어떤 식으로도 알기가 쉽지 않고, 설령 누군가가 알더라도, 남들을 납득시키기도 쉽지 않습니다. 이런 것들과 관련해서는 서로 미더워하지 못하는 사람들이 상대에게 설득시키려 애쓴다 b
는 것은 부질없는 일입니다. 어쩌면 밀랍으로 빚은 모상(模像)들을 문간에서나 삼거리에서 또는 그들 어버이의 무덤에서 더러 보게 될 경우라도, 이런 모든 것에 대해 분명한 확신을 갖고 있지 않은 사람들에게는 이를 대수롭지 않게 여기도록 권유할 일입니다. 독의 이용과 관련된 법을 두 갈래로 나눔으로써, 누군가가 어느 방식으로 독을 이용하려고(pharmattein)[96] 꾀하건 간에, 첫째로는, 그런 짓을 하려고 꾀해서도, 마치 아 c
이들을 그리하듯, 많은 사람을 놀라게 해서 겁을 먹게 해서도, 또한 더 나아가 입법자와 재판관으로 하여금 사람들의 그런 공포감들을 완전히 퇴치하도록 강요해서도 안 되는 걸로 진정도 하고 권고도 하며 조언도 해야만 합니다. 첫째는, 독을 이용하려고 꾀하는 자가 무엇을 할지를, 즉 신체와 관련되는 것들을 모르고 있기 때문입니다. 의술을 알고 있는 자가 아닌 한은 말입니다. 또한 마법과 관련되는 것들도 예언자나 점쟁이

데, sōmata는 sōma의 복수이다. 그리고 sōma의 몇 가지 뜻들에 대해서는 896d의 각주에서 이미 언급한 바 있다. 그러니까 이는 사람의 몸들을 독성분이 함유된 물질로 해친다는 뜻으로 하는 말을 헬라스어 sōmata를 갖고 농언 비슷이 재담 형태로 말하고 있는 셈이다.

96) '독을 이용하다'는 동사형태인 pharmattein도 앞에서 말한 pharmakon(독) 및 pharmakeia(독 이용)와 마찬가지로 약물로서의 독을 이용하는 것 그리고 마법에 걸려들게 하는 것이나 아첨 따위로 홀리는 것을 다 뜻한다.

933c
가 아니고서는 말입니다. 그러면 독의 이용에 대한 법은 다음과 같은 조
d 문으로 표현되게 하죠. 누군가에게 독을 이용하는 자가 당사자 또는 그
에게 속하는 누군가의 치명적인 가해는 의도하지는 않으면서도, 가축이
나 벌 때의 치명적인 또는 그 밖의 다른 어떤 가해의 방법으로 독을 이용
할 경우에, 그가 의사이고 독물 이용의 재판에서 유죄로 판명될 경우, 그
는 사형의 벌을 받게 할 것입니다. 그러나 그가 문외한이라면, 무슨 벌을
받거나 어느 정도의 벌금을 물어야만 하는지는 법정이 그의 경우에 대해
서 형량 산정을 하게 할 것입니다. 반면에 요술이나 주술, 어떤 주문이나
e 또는 이런 유의 독 이용들 중의 어떤 것에 의해서든[97] 해치는 자와 닮은
것으로 여겨질 경우에, 그가 예언자이거나 점쟁이라면, 사형케 할 것입
니다. 그러나 예언의 기술도 없이 독 이용을 한 것으로[98] 유죄판결이 나
는 경우, 이 사람에 대해서도 똑같은 처리를 하게 할 것입니다. 이 경우에
도 그가 무슨 벌을 받거나 어느 정도의 벌금을 물어야만 할 것인지는 재판
관들이 판단하는 대로 법정이 형량 산정을 하게 할 것이기 때문입니다.

어떤 사람이 도둑질을 하거나 폭력을 쓰거나 해서 다른 사람을 해칠
경우들에 있어서, 그게 크게 해친 경우에는, 피해를 본 사람에게 큰 보상
을 하게 할 것이나, 비교적 작게 해친 경우에는, 그만큼 작은 보상을 하
게 할 것입니다. 무엇보다도, 입은 피해를 보상하게 되기까지, 누가 누군
가에게 그 정도만큼을 언제나 벌금으로 물게 할 것입니다. 그러나 악행
에 대한[99] 교정(矯正)을 위해서 그에 뒤따르는 죗값을 각자가 추가로 치
934a 르게 합니다.[100] 다른 사람의 어리석음(무지: anoia)으로 해서 나쁜 짓을

97) e1의 hōntinōnoun은 Saunders의 의견에 따라 haistisinoun으로 읽었다. Saunders, *Notes*, No. 115 참조.

98) e3의 ho an tis는 Burnet 판의 읽기에 따라 ōn tēs로 읽었다. Saunders, *Notes*, No. 115 참조.

99) e11의 [pros hekastoi]는 삭제하고서 읽었다.

하게 된 사람은, 즉 젊음이나 또는 그런 어떤 것으로 인해서 설득에 이용당한 경우에는, 한결 가벼운 죗값을 치르게 합니다. 그러나 제 자신의 어리석음(무지)으로 해서, 쾌락이나 고통을 자제하지 못함(akrateia)으로 해서, 비겁함의 두려움들 속에서,[101] 또는 어떤 욕망들이나 질투심들, 치유하기 힘든 격정들 속에서 그리하게 된 사람[102]은 한결 더 무거운 죗값을 치르게 합니다. 이는 나쁜 짓을 한 것 때문에 이 죗값을 치르는 게 아니라, — 이미 일어난 일은 안 일어난 것이 결코 되지 않을 것이니까요,
— 이후로는 이 사람이 그리고 벌을 받고 있는 이 사람을 보는 사람들이 b
불의(adikia)를 아주 싫어하게 됨을 위해서 또는 이런 불행의 여러 면면들에서 해방됨을 위해서입니다. 바로 이것들 모두 때문에 그리고 이런 것들 모두에 주목하면서 법률은, 훌륭한 궁수가 하듯,[103] 각각의 범죄로 인한 처벌의 형량 그리고 무엇보다도 그 배상액을 적중해야만 합니다. 똑같은 일을 함으로써 재판관은 입법자와 공조해야 합니다. 그에게 어떤 법이 재판을 받는 사람이 무슨 벌을 받아야만 하며 어떤 배상을 해야만
하는지 그 형량 산정을 하도록 위임할 경우에는 말입니다.[104] 반면에 입 c
법자는 문자화된 것에 뒤따르는 일들을, 마치 화가가 밑그림을 그리듯, 개괄적으로 제시해야만 하고요. 메길로스 님 그리고 클레이니아스 님, 바로 이걸 지금도 우리가 더할 수 없이 훌륭하디훌륭하게 해야만 하는 겁니다. 온갖 도둑질과 폭력에 대한 이른바 처벌들이 어떤 것들이어야만

100) 그러니까 개인을 상대로 한 도둑질이나 폭력 행사의 경우에는 배상은 기본이고 이에 추가된 징벌이 따르는데, 이는 교정 또는 인격적 치유를 목적으로 한 것이다. 앞의 경우는 합당한 배상만 하면 되겠으나, 뒤의 경우는 다음에서 보듯, 여러 가지로 고려할 사항들이 있겠다.

101) 870c~d를 참조할 것.

102) 863b~c를 참조할 것.

103) 궁수의 과녁 맞히기에 대한 비유는 705e~706a 및 962d에도 보인다.

104) 875e~876e를 참조할 것.

하는지를 말해야만 합니다. 신들과 신들의 자손들이 우리가 [이에 대해] 입법하는 걸 허락할 경우에는 말입니다.[105)]

만약에 누군가가 미쳤다면, 나라 안에서는 그가 모습을 드러내지 않게 할 것입니다. 그 각각의 친척들이 제 가정들에서 이들을 보호하게 할 것
d 입니다. 그들이 알고 있는 무슨 방법을 써서든 말입니다. 그러지 못할 경우에는, 벌금을 물게 할 것입니다. 과세기준 재산이 최고인 계층에 속하는 자는, 그가 소홀히 하고 있는 자가 노예이든 자유민이든 간에, 100드라크메를, 과세기준 재산이 둘째 계층에 속하는 자는 1므나의 4/5(80드라크메)를, 셋째 계층에 속하는 자는 1므나의 3/5(60드라크메)를, 넷째 계층에 속하는 자는 1므나의 2/5를 물게 할 것입니다. 그런데 실은 많은 사람이 여러 가지 방식으로 미칩니다. 방금 우리가 말한 사람들은 질병으로 인한 경우들이지만, 격정(격노: thymos)[106)]으로 인해서 성질과 양육이 나빠진 경우들도 있습니다. 이 경우들은 사소한 적개심만 일어도
e 마구 고함을 질러 대며 서로 고약하게 욕설을 해 대며 말하는데, 훌륭한 법질서를 갖춘 나라에서는 이런 일이 어떤 식으로든 일어나는 게 어떤 경우에도 적절하지 않습니다. 따라서 욕지거리(독설: kakēgoria)에 대해서는 모든 경우에 다음과 같은 하나의 법이 있게 합니다. 아무도 아무에게고 욕지거리를 하지 않게 할 것입니다. 어떤 논의를 하느라 논쟁을 하는 사람은 서로 상대방에게 가르쳐 주게도 하고 배우게도 할 것입니다. 논쟁을 하는 자도 방청자들도 욕지거리를 하는 건 전적으로 삼가면서 말

105) 그러나 이들 처벌 조항들에 대한 구체적 언급은 하지 않고 있다. 어쩌면 그다음 논의로 넘어가기 바쁜 사람으로서는 나중에 다시 그럴 계제가 된다면, 그러자는 발언 정도로 보면 되겠다. 이와 관련해서는 England가 그 나름의 주석(p. 559)을 달고 있다. 그리고 공공의 것들과 관련된 도둑질에 대해서는 제12권 첫머리에서 다루고 있다.
106) 731b에서 해당 각주를 참조할 것.

입니다. 서로에게 저주가 내려지길 간절히 기원함으로써 그리고 흉한 낱
말들을 이용해서 아낙들과도 같은 매몰찬 목소리로 서로에게 퍼부어 댐 935a
으로써, 처음에는 말로 그리고 가벼운 일로 시작해서 실제로 미움들이
그리고 아주 심각한 적대감들이 일게 되는 것입니다. 말하는 사람이 무
례한 일로, 격정(격노)으로 해서 달아오르면, 그의 분노를 나쁜 것들의
성찬으로 채우게 되어, 한때는 교육으로 인해 순화되었던[107] 혼의 그런
부분을 다시금 사나워지게 만들어서는, 심기가 불편한 상태로 살게 됨으
로써 야수 같은 상태가 됩니다. 격정(격노)[108]의 쓴 보답을 받아서죠. 또
한 그런 상황에서는 모두가 반대자에 대한 조롱 투의 말을 하는 쪽으로 b
어쩌면 번번이 옮겨 가곤 합니다. 누군가가 이에 버릇이 들게 되면, 그
누구도 진정으로 진지한 생활 방식에서 아주 일탈해 버리거나 또는 많은
부분의 관대함을 잃어 버리거나 하지 않는 사람은 결코 아무도 없습니
다. 바로 이 때문에 신전에서는 결코 그 누구도 이런 걸 전연 입 밖으로
소리 내어서도 안 되며, 어떤 공공의 제례의식에서도, 또한 경기장에서
도, 시장에서도, 법정에서도, 그리고 그 어떤 공공 집회에서도 그래서는
안 됩니다. 이를 관장하는 관리가 각기 처벌하게 합니다.[109] 그러지 않을
경우에는, 그는 수훈과 관련해서 결코 경쟁하지 못할 것이니, 그가 법률 c
에 대한 염려도 하지 않고, 입법자에게서 지시받은 바도 하지 않고 있기
때문입니다. 누군가가 [그 밖의] 다른 곳들에서 욕질을 시작하거나 이에
대한 방어를 하면서, 누구든 그따위의 말들을 삼가지 않을 경우에, 그 목
격자가 연장자라면, 나쁜 친구인 격정(격노)에 사로잡히는 자들을 매질
로 막음으로써, 법을 지원토록 할 것이니, 그러지 못할 경우에는, 정해진

107) 766a를 참조할 것.

108) 격정으로 인한 곧 격해서 저지른 행위들과 관련해서는 866d~869e에서 적잖이 다루었다.

109) [anati]는 삭제하고서 읽었다.

935c
벌을 받게 합니다.
욕질에 열중하다 보면, 웃음거리를 말하려 꾀하지 않고서는 그리할 수
d 없다는 걸 지금 우리는 말하고 있거니와, 또한 이게 격정으로 인해서 일
어나는 것일 경우, 이를 우리가 비난하고 있는 것입니다. 그러면, 뭔가
요? 사람들에 대한 웃음거리를 말하려는 희극시인들의 열의를 실은 우
리가 용인하는 겁니까? 그들이 격하지 않고 우리의 시민들을 희극화(풍
자)해서 그런 걸 말하려 꾀할 경우에 말입니다. 이를 우리가 농담조로 하
는 것(paizein)과 그렇지 않은 것에 의해서 둘로 나눌까요? 그래서 농담
조로 하는 사람에게는 격하지 않고 웃음거리를 말하는 데 대해서 허용토
e 록 하되, 우리가 말했듯, 전력을 다해서 그리고 격해서 그리하려는 자에
게는 아무에게도 허용치 않도록 할까요? 따라서 이는[110)] 결코 철회하지
않아야 하거니와, 누구에게는 허용하되 누구에게는 허용하지 않아야 할
것인지, 이에 대한 법 제정을 우리는 할 것입니다. 희극시인에게도 이암
보스 운율[111)]이나 서정적 노래의 시인에게도, 말로 하는 표현(logos)으로
나 분장(eikōn)으로써든 또한 격해서든 또는 격하지는 않은 상태로든,
시민들 중의 그 누구도 어떤 식으로든 희극화하는 걸 허용하지 않도록

110) "이는 결코 철회하지 않아야 하거니와, 누구에게는 허용하되 누구에게는 허용하지 않아야 할 것인지, 이에 대한 법 제정을 우리는 할 것입니다." 이 문장에서 앞(e2)의 touto는 웃음거리를 말하거나 흉내 내면서, 격해서 악의적으로 하는 건 물론 허용하지 않는다는 기본 입장은 철회하지 않아야만 한다는 걸 말하려는 것이고, 그다음 줄(e3)의 "이에 대한 법 제정을 우리는 할 것입니다"에서 touto(이)는, 그럴 경우에도, 바로 다음에서 밝히고 있듯, 비록 격하지 않은 상태에서 웃음거리를 말할 경우에라도, 허용할 경우와 허용하지 않아야 할 경우를 법으로 규정해야 한다는 말을 하고 있는 것이다. 이를테면, 구체적으로 어떤 시민을 풍자의 대상으로 삼을 경우는 허용될 수 없을 것임을 말하고 있다. Saunders의 *Notes*, No. 116 참조.

111) 810e의 해당 각주를 참조할 것.

합니다.[112] 만약에 누군가가 불복할 경우에는, 경연의 심판관들[113]이 [그
를] 바로 그날로 그곳에서 쫓아낼 것이나, 그러지 못할 경우에는, 이들이 936a
3므나를 그 이름으로 경합이 행하여지고 있는 신에 대한 헌금으로 벌금
을 물게 합니다. 하지만 앞서 서로에 대해서[114] 그럴 수 있는 재량권이
주어져 있는 걸로 언급된 사람들, 이들에게도 격하지 않고 농담조로 하
는 건 허용하되, 심각하고 또한 동시에 격한 상태가 된 사람들에게는 허
용하지 않도록 합니다. 한데, 이의 판별은 젊은이들의 전체 교육에 대한
감독관에게 맡기도록 합니다. 그리고 이 사람이 인정하는 것이면, 이를
지은이(시인)에게는 공연이 허용되게 합니다. 그가 거부하는 것이면, 지
은이 스스로도 누구에게든 보여 주어서는 안 되며, 노예든 자유민이든[115] b
다른 사람에게 가르쳐 주는 게 목격되어서도 결코 안 됩니다. 그렇지 못
할 것 같으면, 이 시인은 나쁜 사람으로 법률에 불복한 것으로 간주되게
합니다.

가련한 것은 굶주린 사람이나 그런 걸 겪고 있는 사람이 아니라, 절제하는 사람이나 [사람으로서의] 어떤 훌륭함(덕: aretē) 또는 그 일부를 갖추어 갖고 있는 사람이 이에 더해서 어떤 불행한 사태를 맞게 되었을 경우입니다. 그 때문에, 만약에 누군가가 그런 처지인데도 전혀 거들떠보지 않게 되어, 그가 노예이건 자유민이건 간에, 절도까지 있는 상태로 경영된다는 나라 체제를 갖춘 나라에서 상거지 신세가 된다는 것은 놀랄 일이 될 것입니다. 따라서 입법자로서는 그런 경우들에 대비해서 다음과

112) 816d~e를 참조할 것.

113) 이들의 선출과 관장할 일들에 대해서는 765e~766b를 참조할 것.

114) 936a3~4의 [peri tou] poiein, eis allēlous toutois에서 [peri tou]는 삭제하고, poiein, eis allēlous는 England 및 Saunders의 읽기를 따라, poiein eis allēlous, toutois …로 읽었다.

115) 816e에서 희극 배우는 노예나 고용된 외국인이어야 한다고 했다.

c 같은 법을 제정하는 것이 안전할 것입니다. 우리의 이 나라에서는 아무도 거지가 되지 않게 해야 할 것입니다. 그런데도 누군가가, 끝도 없는 비럭질로 생계를 꾸려 가면서, 비렁뱅이 노릇을 하려 든다면, 시장에서는 시장관리인들이 그를 내쫓게 할 것이며, 도심지역에서는 도심관리인들 당국이 내쫓게 할 것이고, 그 밖의 농촌에서는 농촌관리인들이 국경 밖으로 내보내게 하여, 국토가 그런 인간에게서는 완전히 깨끗해진 상태가 되게 할 것입니다.

남자노예나 여자노예가 남의 것들 중의 무엇이건 손상을 입혔을 경우,
d 피해를 본 당사자가 경험부족이나 그 밖의 다른 신중치 못한 사용으로 인한 조성(助成) 책임이 없는 그런 것일 경우에는, 가해자의 주인이 그 피해를 모자라지 않게 충분히 보상케 하거나, 가해자 자신을 넘겨주게 할 것입니다. 그러나 그 주인이 노예를 빼앗을 의도로 가해자와 피해자의 공모에 의해 소송이 제기된 것이라 주장하며 맞고소를 할 경우에는, 피해를 입은 걸로 주장하는 자에 대해서 악의적인 공모의 재판을 받게
e 할 것이며,[116] 승소하게 되면, 법정이 사정(査定)하게 될 노예 값의 두 배를 받아 내게 할 것입니다. 그러나 패소할 경우에는, 그 피해를 충분히 보상케 할 것이며, 노예도 넘겨주게 할 것입니다. 그리고 짐 끄는 짐승이나 말, 개, 또는 그 밖의 다른 어떤 짐승이 이웃사람들의 뭔가에 손상을 입히게 될 경우에도, 마찬가지로 그 피해를 보상할 것입니다.

누군가가 자발적으로는 증언을 하고자 하지 않을 경우에는, 필요한 자가 소환을 요구할 것이고, 소환된 자는 재판에 출두케 할 것입니다. 그가 아는 바가 있어서 증언을 하고자 할 경우에는, 증언을 하게 할 것이나, 아는 바가 없다고 주장할 경우에는, 제우스와 아폴론 및 테미스[117] 세 신

116) 879a를 참조할 것.

117) Themis는 하늘의 신 우라노스(Ouranos)와 땅의 여신 가이아(Gaia)

들께 단연코 아는 바가 없음을 서약한 다음, 그 재판에서 해방되게 할 것 937a
입니다. 증언을 하도록 소환된 자가 그를 소환케 한 쪽을 위해 출두하지 않을 경우에는, 법에 따라 그 피해에 대한 재판을 받게 합니다. 누군가가 재판관이 될 사람을 증인으로 출두케 하게 될 경우에는, 이 재판과 관련해서 증언을 하고서 투표를 하지는 못하게 합니다. 자유민인 여자는, 40세 이상인 경우에, 증언을 하고 변호를 도울 수도 있게 합니다. 남편이 없는 경우에는, 소송도 할 수 있게 합니다. 남편이 살아 있을 경우에는, 증언만 할 수 있게 합니다. 남녀 노예와 아이에게는 살인 사건의 경우에
만 증언을 하고 변호를 도울 수 있게 합니다. 위증을 했다가 고발될 때 b
는, 그 재판 때까지 단연코 머물 것이라는 믿을 만한 보증인을 내세울 경우에는 말입니다. 소송 당사자들 각각은 증언 전체에 대해서 또는 그 일부에 대해서 위증을 고발할 수 있는데, 이는 판결이 나기 전에 누군가가 거짓 증언을 했다고 주장하는 경우입니다. 위증의 고발 내용들은 쌍방에 의해 봉인된 다음, 당국이 보관하였다가, 거짓 증언들의 결정을 위해 제
시합니다. 누군가가 두 번이나 거짓 증언을 한 것으로 유죄가 판명될 경 c
우, 그 어떤 법도 그로 하여금 증언하도록 더는 강제할 수 없게 할 것이나, 세 번이나 그럴 경우에는, 이 자가 증언하는 것을 다시는 허용하지 않게 할 것입니다. 세 번이나 유죄가 판명되고서도, 감히 증언을 하려고 할 경우에는, 누구든 원하는 자가 그를 당국에 알리게 할 것이며, 당국은 법정에 그를 넘길 것이고, 유죄가 인정될 경우, 사형의 형벌을 받게 할 것입니다. 재판에 의해서 그 증언들이 유죄로 판명되는 모든 경우에, 즉 거짓 증언을 하여 승소를 하게 된 것으로 판단되는 모든 경우에, 이들 증

사이에 태어난 딸로서, 제우스와의 사이에서 계절의 여신들(Hōrai)과 운명의 여신들(Moirai)을 낳았다 한다. 정의가 신격화된 여신으로도 알려져 있다.

d 언들의 반 이상이 유죄로 인정되는 경우에는, 그 증언들에 따라 유죄판결을 받은 재판은 재심될 것이며, 이의 제기가 있을 것이고, 그 재판이 그 증언들에 따라 판결된 것인지 또는 아닌지에 대한 심판도 있게 될 것입니다. 어느 쪽으로 결정이 나든, 이에 의해서 이전 재판들의 종결도 보게 할 것입니다.

인간들의 삶에는 많은 아름다운 것들이 있기는 하지만, 이것들의 대부분에는 이를테면 흠들이 들러붙어 있어서, 이것들이 그것들을 더럽히며
e 때묻게 합니다. 특히 정의(dikē)가, 모든 인간적인 것들을 길들인 이것이 어찌하여 아름다운 것이 못됩니까?[118] 이것이 아름다운 것이라면, 우리에게 있어서 법정 변호인 노릇을 하는 것(syndikein) 또한 어찌 아름다운 것이 못되는 걸까요? 따라서 이것들이 이런 것들일지라도, 기술(technē)이라는 미명(美名)을 앞세우는 어떤 비열함(kakē)이 그것들을 불신의 대상들로 되게 합니다. 그야 처음에는 소송들의 한 방책(대책: mēchanē)이라 말하죠. 그러나 이는 소송 진행과 남을 위한 법정 변호인 노릇을 하는 방책으로서, 각각의 소송과 관련되어 진행되는 일들이 올바른 것들이
938a 건 아니건 간에, 승소할 수 있는 방책이죠.[119] 이 기술과 이 기술의 소산인 언변의 선물은 누군가가 돈으로 보답할 경우에 있는 것입니다. 그러므로 우리의 이 나라에서는 그게 기술이든 또는 기술이랄 것도 없는(atechnos) 일종의 경험(empeiria)이며 숙련(연습: tribē)이거나[120] 간에, 무

118) 859d 및 874e9 이후를 참조할 것.

119) e5~6의 텍스트 읽기에서 lineola(짧은 선)의 처리와 이에 따른 추가적인 구두점 표기를 꼭 Saunders의 주장(*Notes*, No. 117)대로 해야 할 것인지도 의문이지만, 번역에서 이를 아예 삭제하고서도 자연스럽게 읽히도록 했다.

120) 《필레보스》 편 55e, 《고르기아스》 편 463b4 및 《파이드로스》 편 270b5~6에서도 이들 셋을 함께 언급하고 있다.

엇보다도 결코 자라나서는 안 될 것임이 분명합니다. 입법자는 복종하고 정의에 대해 반대되는 걸 발언하지 말거나, 아니면 다른 나라 땅으로 떠날 걸 요구하지만, 복종하는 자들에게는 침묵이 있을 것이나, 불복하는 자들에 대한 법의 소리는 다음과 같은 것입니다. 누군가가 올바른 것들의 힘을 재판관들의 혼들에 있어서 반대되는 쪽으로 향하도록 꾀하며, b
때 아니게(para kairon) 툭하면 그런 소송들을 해 대거나 법정 변호인 노릇을 하려 드는 것으로 판단될 경우에는, 원하는 자가 그를 잘못된 소송(kakodikia)과 잘못된 법정 변호(kakē syndikia)의 죄목으로 기소케 하여, 선발된 재판관들[121)]의 법정에서 판결을 받게 합니다. 유죄가 인정될 경우에는, 법정은 그가 그런 짓을 하는 것이 돈을 좋아하기(philochrēmatia) 때문인 것으로 또는 이기기를 좋아하기(philonikia) 때문인 것으로 보이는지를 판단케 합니다. 그래서 이기기를 좋아하는 탓인 걸로 판단할 경우에는, 법정은 그런 자가 얼마 동안 누구를 상대로도 소송을 제기하거나 법정 변호인 노릇을 하지 못하도록 할 것인지 판결케 합니다. 반면에 돈을 좋아하기 때문인 것으로 판단할 경우에는, 외국인은 이 땅 c
에서 떠난 다음, 다시는 오지 못하게 할 것이며, 그럴 경우에는, 사형의 벌을 받게 할 것이나, 시민일 경우에는, 그가 오로지 높이 사는 돈에 대한 애착 때문이라면 사형에 처할 것입니다. 그리고 누군가가 이기기를 좋아해서 그런 짓을 하는 걸로 두 번이나 판결을 받을 경우에도, 사형에 처할 것입니다.

121) 767c~d를 참조할 것.

제12권

아테네인: 만약에 누군가가 나라의 사절(presbeutēs) 또는 사자(kē- 941a
ryx)를 사칭하여 어느 나라를 상대로 거짓 사절 노릇을 하게 되거나, 실제로 사절로 파견되긴 했으되, 그를 보내게 된 실제 사명을 전달하지 않을 경우, 또는 이번에는 반대로 적들[의 나라]나 친구들[의 나라] 쪽에서 그를 사절 자격으로 또는 사자 자격으로 그쪽의 회답을 전하도록 했으되, 이를 옳게 이행하지 않은 것으로 판명될 경우, 이런 자들에 대해서는 헤르메스[1]와 제우스의 전언들과 지시들에 대해, 법을 어겨 가며, 불경을 저지른 자들로서 기소케 하고, 유죄가 인정되면, 받아 마땅한 벌을 받거 b
나 또는 물어 마땅한 벌금을 물게 합니다.

재물의 훔침은 비천한 짓이고, 강탈은 파렴치한 짓입니다. 제우스의 아들들 가운데 그 누구도 속이는 짓이나 폭력으로 즐거워하지 않기에, 이들 중의 어느 것도 행하지 않습니다. 그러므로 그 누구도 시인들로 해서든 또는 그 밖에 엇나간 설화를 들려주는 어떤 사람들로 해서든 이런

1) Hermēs는 제우스와 요정 마이아(Maia) 사이의 소생으로서, 신들 특히 제우스의 사자 노릇을 하며, 망령들을 저승으로 인도하기도 하는 신이다. 재주와 꾀가 많기도 해서, 거북 등을 이용하여 리라를 만드는가 하면, 계략과 속임수에도 능한 걸로 이야기되고 있다.

것들과 관련해서 속아 넘어가서 곧이듣게 되지 않도록 합니다. 훔치는가 하면 폭력을 쓰는데,[2] 전혀 부끄러운 짓을 하는 게 아니라, 이게 바로 신들 자신들이 하는 짓들이라고 생각하지 않도록 말입니다. 이는 진실도 아니며 그럼직하지도 않거니와, 법에 어긋나게 그런 짓을 하는 자는 결
c 코 신도 신들의 자식도 아니니까요. 이것들을 아는 것은 시인들 모두보다도 입법자에게 더 적절한 일입니다. 따라서 우리의 주장에 의해 설복되는 자는 행운을 누릴 것이니, 그것도 온 여생 동안 행운을 누릴 것이지만, 이를 믿지 않는 자는 이후로 다음과 같은 어떤 법과 맞서야 할 것입니다. 만약에 누군가가 공공의 것인 큰, 또는 작은 것일지라도, 뭔가를 훔칠 경우, 똑같은 형벌을 받아야 합니다.[3] 왜냐하면 작은 걸 훔친 자도 똑같은 욕심으로 훔쳤으나, 능력이 모자라서 그런 것이기 때문입니다.
d 반면에 큰 것을 훔친 자는 자기가 놓아둔 일이 없는 것을 옮기는 자[4]로서 통으로[5] 불의를 저지르는 것입니다. 그러므로 훔친 것의 크기 때문에 어느 한쪽에 다른 쪽보다 작은 형벌을 내려야 하는 걸로 법은 주장하고자 하지 않고, 한쪽은 어쩌면 아직도 치유될 수 있겠지만, 다른 쪽은 치유가 불가능한 것이라는 점에 의해서 판단코자 할 것입니다.[6] 그런데 공공의 것들 가운데 뭔가를 훔친 외국인이나 노예를 누군가가 법정으로 붙잡아 올 경우, 개연성에 근거해서 치유 가능한 것으로 보아, 그가 무슨 벌을 받아야만 하고 어느 정도의 벌금을 물어야만 할지 판결이 내려져야

---

2) 신들의 폭력 행사 및 속임수와 관련해서는 《국가(정체)》 편 377e~382e를 참조할 것.

3) 857a를 참조할 것.

4) '자기가 놓아둔 일이 없는 것을 옮기는 자'에 대한 언급은 845a 및 913c에서도 했다. 또한 842e~843b를 참조할 것.

5) 여기서 '통으로'(holon)는 앞의 경우에 비해 통크게 훔치는 걸 빗대어 하는 말일 것이다.

6) 854c~855a를 참조할 것.

만 합니다. 그러나 시민으로서 그리고 마땅히 양육되어야 하는 그대로 942a
양육된 자가 조국에 대해 약탈 행위를 하거나 폭력을 행사하다가, 현행범으로든 또는 그렇지 않거나 간에, 붙잡힐 경우, 사실상 치유 불가능한 자로서 사형의 형벌을 내려야 합니다.[7]

군대를 위해서는 많은 상의와 많은 법률이 적절히 있을 것입니다. 그러나 가장 중대한 것은 남자고 여자고 간에 그 누구도 통솔자가 없는(anarchon) 상태로 있어서는 안 된다는 것이니, 그 누구의 혼도 뭔가를 제 스스로 혼자서 하도록 습관적으로 자신을 버릇 들여서는 안 됩니다.
진지할 때나 놀이를 할 때도[8] 말입니다. 모든 전쟁에서도 모든 평화의 b
시기에도 언제나 통솔자(ho archōn)를 바라보면서 그를 따르며 살아야 한다는 겁니다. 아주 간단한 것들조차도 그의 조종을 받아야만 합니다. 이를테면, 누군가가 지시를 할 때에야, 서 있기도 하며 나아가기도 하고 체력 단련도 하는가 하면 목욕도 하고 식사도 하고 야간 경비와 지시 전달을 위해 깨어도 있으니, 바로 위험들에 처하여서도 통솔자들의 지시
없이는 누군가를 뒤쫓지도 않으며 남에게서 물러나지도 않습니다. 한마 c
디로 말해, 남들과 따로 떨어져서 뭔가를 할 줄도 모르도록, 하겠다는 생각도 전혀 하지 않고, 언제나 일제히 그리고 동시에 공동의 생활을 모두가 무엇보다도 최대한 하게 되도록 습관을 통해서 혼을 가르칩니다.[9] 왜냐하면 전쟁과 관련된 안전과 승리를 위해서는 이보다도 더 강력하고 더 나으며 더 기술적인 것은 없기도 하거니와 앞으로도 결코 있게 되지 않을 것이기 때문입니다. 이는 평화 시에도 바로 소싯적부터 수련해야만

7) 857b에서 말한 것과는 배치된다.

8) '진지할 때나 놀이를 할 때'란 이를테면 실제 전투를 할 때나 모의 전투를 할 때를 가리켜 하는 말일 수도 있겠다. 그러나 놀이와 관련해서는 797a7 이후를 참조할 것.

9) 739c~d의 본문 및 해당 각주를 참조할 것.

942c

하는 것이니,[10] 곧 남들을 통솔하기(다스리기: archein)도 하고 남들에
의해 통솔(다스림)을 받기(archesthai)도 하는 것은 말입니다. 통솔자(통
d 치자)가 없는 상태(anarchia)[11]는 모든 인간들의 삶에서도 또한 인간들
의 지배를 받는 모든 짐승들의 삶에서도 제거되어야만 합니다.[12]

특히 일체의 합창가무(choreia)는 전쟁과 관련된 용맹스러움들에 주목
하면서 행하여져야만 하거니와,[13] 같은 것들을 위해서 전체적인 경쾌함
과 기민함도 연마해야만 하며, 또한 먹을 것들과 마실 것들 그리고 혹한
과 혹서 및 딱딱한 잠자리에 대한 인내심들을 단련해야만 합니다. 그리
고 가장 중대한 것은 머리와 발의 능력을 이질적인 덮개들[14]로 덮음에
의해, 제 자신들의 머리털과 발바닥[15]의 생성과 천성을 망쳐 놓음으로
e 써, 퇴화시켜서는 안 된다는 것입니다. 이들 [몸] 끝에 있는 것들이 보존
됨으로써 몸 전체의 힘을 최대화해서[16] 가지나, 그 반대의 경우에는 그
반대가 되기 때문입니다. 한쪽은 몸 전체에 최대로 봉사하는 것인 반면
에, 다른 쪽은 가장 잘 통솔하는 것이어서 천성으로 몸의 일체 주된 감각
943a 들을 관장하고 있는 것이죠.[17]

---

10) 829a 끝 부분 이후를 참조할 것.

11) anarchia에는 이 뜻 이외에도 우리가 흔히 말하는 '무정부 상태'(anarchy)의 뜻도 있다. '무법 상태'를 지칭하는 헬라스어는 anomia이다.

12) 639a~c를 참조할 것. 비슷한 사례들에 대한 언급이 《국가(정체)》 편 563b-c에도 보인다.

13) 796c~d, 803d~e, 815a를 참조할 것.

14) 모자와 신을 뜻한다. 이를테면, 소크라테스는 겨울에도 신을 신지 않았다고 한다.

15) 여기에서 '제 자신들의 머리털과 발바닥'으로 의역한 것의 원어는 '제 자신들의 펠트와 신발'이다.

16) 〈tēn〉 megistēn dynamin은 England가 한 대로 megistēn 〈tēn〉 dynamin으로 읽는 편이 더 나을 것 같아, 그리 읽었다.

17) 961d를 참조할 것.

따라서 젊은이는 군대생활과 관련된 이 찬사를 들어야만 할 것으로 생
각되거니와, 그 법률 또한 다음의 것들입니다. 소집된 자는 또는 순번에
따라 차출된 자는 군인으로 복무해야 합니다. 그러나 누군가가 어떤 비
겁함으로 해서, 장군들이 허용하지도 않았는데, 이에 응하지 않을 경우
에는, 군의 지휘관들이 진영에서 귀향했을 때, 이들을 상대로 그의 복무
회피에 대한 기소가 있어야만 합니다. 재판은 군복무를 한 사람들의 각
군대가 따로 합니다. 곧 중무장 보병들과 기병들 그리고 그 밖의 다른 복
무분야도 각각 마찬가지로 하는데, 중무장 보병들은 중무장 보병들 앞에 b
서, 기병들은 기병들 앞에서 그리고 다른 사람들은 마찬가지로 자신들의
동료들 앞에서 재판을 받게 합니다. 누군가가 유죄로 판명될 경우에는,
이 사람은 일체의 용맹스러움을 건 경쟁자가 될 수 없으며, 결코 다른 사
람을 복무 회피로 기소하는 것도 또한 이것들과 관련해서 고발인이 되는
것도 불가능하거니와, 이에 더하여 이 사람이 앞으로 무슨 벌을 받아야
만 하며 또한 얼마만큼의 벌금을 물어야만 하는지를 법정은 추가 산정을
해야만 합니다. 이것들 다음으로, 복무 회피의 재판들이 판결을 본 뒤에
는, 지휘관들이 각 군대를 다시 소집하여, 용맹스러움에 대한 포상들과
관련해서 원하는 사람이 같은 집단들[18] 안에서 결정을 보게 하는데, 이 c
는 이전의 전쟁과 관련된 것은, 증거든 증언들의 확인들이든, 아무것도
제시하지 않고, 그때 이들에게 일어난 바로 그 출정과 관련된 것만 제시
함으로써 하는 것입니다. 그러나 각자들에 대한 우승 상은 올리브나뭇가
지의 관(冠)이게 합니다. 이 관은 전쟁과 관련된 신들 중에서 누군가가
원하는 신의 신전에 글을 새겨 바치는데, 이는 용맹스러움들의 판정에
대한 일생 동안의 증거입니다. 이등 상들도 삼등 상들도 그리합니다. 만

18) 여기에서 '집단'(ethnos)이란 보병, 기병 등의 각 군대를 뜻한다. 여러 부류의 군대와 관련된 언급으로는 755e~756a를 참조할 것.

약에 누군가가 군복무를 하게 되더라도, 지휘관들이 철수시키지도 않았
d 는데, 시간적으로 먼저 귀가해 버리는 경우에, 복무 회피의 경우와 같은 사람들 앞에서 탈주자들에 대한 기소 조치가 있습니다. 이들이 유죄로 판명될 경우에는, 앞에서도 내려졌던 것들과 똑같은 징벌이 내려지게 합니다.

사람에게 일체의 소송을 제기하는 모든 사람은 물론 그릇된(거짓에 입각한: pseudēs)[19] 징벌을 내리게 하려고 하지나 않는지, 그러니까 가능한 한도에서 이게 자발적(고의적)이든 또는 자발적이지 않든(고의가 아
e 니든) 간에, 두려워해야만 합니다. 디케(정의의 여신: Dikē)는 아이도스(경외 또는 공경의 여신: Aidōs)의 딸이라 하고 실제로도 그렇다고 말하기도 하지만,[20] 거짓(pseudos)은 경외(공경: aidōs)[21]와 정의(dikē)에 대해 분개의 대상인 게 자연스럽기 때문입니다. 따라서 다른 일들과 관련해서 정의를 어기는 걸 조심해야만 합니다. 특히 전투 장비들을 버림에 대한 경우로, 실은 불가피한 버림들에 대해 누군가가 아주 잘못 판단해서, 이를 부끄러운 일들로서 수치로 보아, 해당되지도 않는 사람에게 해당되지도 않는 소송[22]을 제기하는 일이 없도록 말입니다. 그래서 이들

---

19) '그릇된(거짓에 입각한: pseudēs)'의 형태로 번역한 것은 그다음 문장에 나오는 '거짓'과 연결 짓기 위해서이다. 왜냐하면 pseudēs에는 '거짓된' 또는 '그릇된'의 뜻들이 있지만, '거짓된 징벌'이란 표현은 어딘지 어색한 표현이 되겠기 때문이다.

20) 전통적인 신화에서는 디케(정의의 여신: Dikē)가 아이도스(경외 또는 공경의 여신: Aidōs)의 딸이 아니라, 테미스(Themis) 여신과 제우스 사이의 딸로 이야기하고 있다.

21) 경외(공경: aidōs)에 대해서는 647a~c의 본문 및 해당 각주를 참조할 것. 플라톤의 경우는 새삼 말할 필요조차 없지만, 경외(공경: aidōs)와 정의(dikē)는 헤시오도스의 《일과 역일》(192~3 행)에서도 인간 세계의 아주 중요한 덕목들로 강조되고 있다. 그는 "정의가 주먹 안에 있게 되고, 경외(공경)는 없어지게 될" 날을 두려워하고 있었던 사람이다.

둘 중의 한쪽을 가려내기는 결코 쉽지가 않지만, 그렇더라도 법은 어떻게든 서로를 구분 짓도록 애써야만 합니다. 그러면 설화(mythos)를 또 944a 한 이용해서 말해 봅시다. 가령 파트로클로스가 천막으로 운반되어, 살아났는데, 무장은 없어진 상태라고 합시다. 이런 일이야 수도 없이 많은 사람에게 일어난 것이죠. 이 무장은 테티스와의 혼인식에서 펠레우스가 혼례 선물로서 신들에게서 받게 된 이전의 그것들이라고 그 시인이 말하는 것인데, 이를 헥토르가 갖게 되었으니, 당시의 사람들 중에서 하고많은 고약한 이들이 메노이티오스의 아들에게 무장을 버린 걸로 나무랄 수가 있었을 것입니다.[23] 더 나아가 낭떠러지들에서 떨어지는 통에 무장을

---

22) 여기에서 '소송', '정의', '처벌'이 다 원어로는 dikē임에 유의하고 있는 게 좋겠다.

23) 이 이야기는 호메로스의 《일리아스》 제16권, 제17권 및 제18권에 걸쳐 이야기되고 있는 내용과 관련된 것이다. 《일리아스》는 아킬레우스(Akhilleus)의 분노를 노래하는 걸로 시작해서 그에 의해서 죽게 된 헥토르(Hektōr)의 장례식으로 끝을 맺고 있다. 이 아킬레우스에게 둘도 없는 친구이자 시종과도 같은 이가 파트로클로스(Patroklos)이다. 그들의 첫 인연에 대한 이야기는 제23권(84~90)에 나온다. 이에 의하면, 파트로클로스는 주사위놀이를 하다가 홧김에 살인을 하게 되어, 그의 아버지 메노이티오스(Menoitios)가 이 아들을 데리고 프티아(Phthia)의 왕이 되기도 했던 펠레우스(Peleus)에게로 가 의탁해 살게 된 덕분에, 펠레우스의 아들인 아킬레우스와 같이 성장케 되고 시종으로 지명되기도 했다. 다시 《일리아스》의 이야기로 돌아가, 헬라스의 트로이아 원정군의 총사령관인 아가멤논(Agamemnōn)과의 불화 때문에 아킬레우스가 전투에 불참하니, 결국 전세가 불리해진다. 이에 애가 탄 파트로클로스가 아킬레우스의 참전을 종용하니, 그도 헬라스 원정군의 결정적 패배만은 원치 않는 터라, 파트로클로스더러 자기의 무장을 갖추고서 자기인 것처럼 위장하여 그의 준마들까지 몰고 가 참전케 한다. 다만 아킬레우스만이 휘두를 수 있는 창을 빼고는 다 갖추고서, 아킬레우스로 위장한 그는 크게 전세를 역전시키고, 트로이아군은 패주한다. 앞서 아킬레우스가 그에게 당부한 것은 여기까지가 그가 할 일임을 명심하라는 것이었지만, 그는 끝장을 볼 심산으로 계속 트로이아군을 괴롭힌다. 결국 헥토르가 역공을 하여 그를 살해한다.

b 잃는 일도 있으며, 바다에서 또는 폭풍우가 몰아치는 가운데 갑작스레 불어나 이들에게로 밀려드는 엄청난 급류로 해서 그럴 수도 있는 일입니다. 또는 수도 없이 많은 이와 같은 것들을 위로 삼아 주문처럼 노래할 수도, 잘못 알게 하기 쉬운 나쁜 일을 그럴싸하게 꾸며 댈 수도 있을 것입니다. 따라서 가능한 한 크고 혐오스런 나쁜 것을 그 반대의 것과 구별해야만 합니다. 그러니까 비난받을 경우들 중에는 이들 명칭들이 적용될 부문이 어쩌면 있을 것입니다. '방패를 내던짐' 이 모든 경우에 지칭되는 것은 정당하지가 않겠지만, '무장을 잃은 사람' 이란 정당한 지칭일 테니

c 까요. 왜냐하면 상당한 폭력으로 해서 무장을 빼긴 자도 마찬가지로 자발적으로 무장을 버린 자처럼 방패를 내던진 경우는 아니고, 오히려 어쩌면 전적으로 그리고 모든 면에서 다르기 때문입니다. 그러기에 다음과

헥토르는 그의 무장을 전리품으로 갖고 일리오스 성으로 가져가고, 그의 시신을 두고 양군은 일진일퇴를 거듭한다. 결국 이 소식은 아킬레우스에게 전해지고, 시신도 돌아온다. 아킬레우스의 슬픔은 극에 달하고, 마침내 파트로클로스의 죽음에 대한 보복을 결심한다. 그러나 이미 무장은 헥토르의 손에 넘어갔기에, 다시 마련할 수밖에 없는 일이었다. 헥토르가 파트로클로스에게서 벗겨 가져간 아킬레우스의 무장은 일찍이 테티스(Thetis)와의 혼인식에서 펠레우스가 혼례 선물로서 신들에게서 받게 된 것들이었다. 테티스는 원래 제우스의 사랑을 받던 요정(또는 여신)이었으나, 그가 이 요정과의 사이에 자식을 낳으면, 그 아들이 제우스보다도 더 강력할 것이라는 예언을 프로메테우스의 어머니로 이야기되기도 하는 테미스(Themis)가 했기 때문에, 이 여신과의 혼인이 인간인 펠레우스에게 특별히 허용되었던 것이다. 펠레우스는 온갖 모습으로 바뀌는 테티스와의 씨름에서 이겼고, 그들의 혼인은 그처럼 신들의 축복을 받았던 것이다. 그들 사이에 태어난 아들이 아킬레우스였고, 여신은 그를 불사하는 존재로 만들려고 했으나, 펠레우스가 방해를 하매, 둘은 헤어지게 된다. 어쨌든 그런 사연이 있는 무장을 잃게 된 그는 어머니에게 무장을 다시 갖출 수 있도록 부탁하고, 어머니는 아들의 운명을 예견하면서도, 어쩔 수 없이 헤파이스토스에게 부탁하여, 무장을 갖추고 출전하니, 그로 해서 마침내 헥토르도 죽음을 맞게 된다.

같이 법으로 언명케 합니다.

누군가가 적들에게 붙잡히게 되었는데, 무장을 갖추고 있으면서도, 되돌아 막지 않고, 자발적으로 무장을 버리거나 내던지고서, 용기를 수반한 아름답고 행복한 죽음보다도 부끄러운 삶을 보존하려고 할 경우, 이와 같은 버려진 무장의 버림에 대한 처벌이 있어야만 하지만, 앞서 말한 d
경우의 버림에 대해서는 재판관이 살피기를 소홀히 하지 않도록 할 것입니다. 나쁜 사람은 언제나 벌주어야만 하는데, 이는 더 나아지도록 하기 위해서이지, 불운한 자를 벌주는 건 아니니까요. 실상 그 이상의 것은 아무것도 없습니다. 그와 같은 방어 무장들의 힘을 그 반대의 상태로 만들어 버린 자[24]에 대한 벌은 그러니까 무엇이 적절한 것이 되겠습니까? 사람으로선 신이 언젠가 한 것으로 사람들이 말하고 있는 것과 반대되게 할 수는 없을 테니까요. 테살리아 사람 카이네우스[25]를 여성에서 남성으로 바꿨다고 말입니다. 방패를 내던진 남자에게는 저 전환과 반대되는 전환이, 곧 남성에서 여성으로 바뀌는 것이 그에게 내려질 수 있는 응징 e
으로서는 어느 면에서는 무엇보다도 가장 적절할 것이기 때문입니다.[26] 한데, 현실적으로 이[런 응징들]에 가장 가깝도록 [하자면],[27] 목숨에 대

24) 곧 아무 힘도 못 쓰는 상태로 만든 걸 뜻한다.

25) Kaineus는 원래 카이니스(Kainis)라는 이름을 가진 소녀였으나, 어느 날 외딴 바닷가를 거닐다가 그 미모에 반한 해신 포세이돈(Poseidōn)에게 겁탈을 당한다. 그러나 욕정을 채운 포세이돈이 무슨 소원이든 들어주기로 하매, 더 이상의 겁탈을 당하는 게 싫어서, 자기가 여자가 아니게 해달라는 소원을 말하는 순간, 어떤 가격이나 무기에도 상처받지 않는 남자로 변해 버렸다고 한다. 오비디우스의 《변신 이야기》 제12권 171~209행 및 459~535행에 그에 대한 이야기가 나오고 있다.

26) 아닌게아니라 《티마이오스》 편 90e에서는 첫 번째 탄생에서 남자들로 태어난 자들 중에서 겁이 많았던 자들이 두 번째 탄생에서 여자들로 환생한다는 그럼직한 이야기가 언급되고 있다. 944d8에서 gar 다음의 ⟨an⟩은 살려서 읽었다.

944e

한 애착(philopsychia)[28] 때문에, 남은 삶 동안 위험을 무릅쓰는 짓은 하지 않고, 최대한 오래도록[29] 고약한 모멸에 시달리면서 살도록 하는 것이니, 이런 자들에 대한 법은 다음 것이게 합니다. 전쟁 무기를 부끄럽게 내던진 사람으로 유죄가 판명된 사람일 경우, 이 사람을 그러니까 어떤
945a 장군도 또는 전쟁과 관련된 지휘관들 중의 다른 누구도 군인으로 기용하지 않아야 할 것이며, 그 어떤 대오에도 배치하지 말아야 할 것입니다. 그러지 않을 경우에, 감사관(euthynos)[30]은 이 사람에게 벌금 선고를 합니다. 나쁜 사람을 배치한 자가 과세기준 재산(timēma)[31]이 최고인 계층에 속하는 사람일 경우에는 일천 드라크메를, 둘째인 계층에 속하는 사람일 경우에는 5므나[32]를, 셋째 계층에 속하는 사람일 경우에는 3므나를, 그러나 넷째 계층에 속하는 사람은 1므나를. 반면에 유죄판결을 받은 당사자는 그 성향대로 용감한 모험들을 할 수 없게 된 데 더하여 자신의 벌금을 추가로 물게 하는데, 과세기준 재산이 최고인 계층에 속하는 사람일 경우에는 일천 드라크메를, 둘째인 계층에 속하는 사람일 경우에는 5므나를, 셋째 계층에 속하는 사람일 경우에는 3므나를, 넷째 계층에
b 속하는 사람의 경우에도, 앞서의 경우들과 마찬가지로, 1므나를 물게 합니다.

---

27) 곧 그런 응징을 하자면, 다음과 같이 하는 것이 가장 현실적이라는 말을 하려는 것이다.

28) 《소크라테스의 변론》 편 37c의 본문 및 역자의 각주를 참조할 것.

29) [ōn]은 물론 삭제하고서 읽었다. 따라서 그다음에 kakos로 읽은 Burnet의 읽기도 따를 수 없는 것이 되는 것은 당연하다.

30) 감사에 대해서는 761e의 해당 각주를 참조할 것.

31) 과세기준 재산(timēma)과 관련해서는 698b의 본문과 해당 각주를, 또한 880d를 참조할 것.

32) 곧 500드라크메이다. 1 mna는 100드라크메이다. 헬라스의 화폐단위 및 그 가치와 관련해서는 754d의 해당 각주를 참조할 것.

그러면 감사관들과 관련해서는 무슨 설명이 우리에게 있어서 적절하겠습니까? 관리들 중의 일부는 추첨의 행운에 따라 한 해 동안, 또한 일부는 여러 해 동안 그리고 미리 선발된 자들 중에서 임명되는 터이니 말입니다.[33] 바로 이와 같은 관리들의 감사관(euthyntēs)[34]은 누가 적격일까요? 그들 가운데 누군가가 [관직의] 중압감에 눌리어, 그런가 하면 관직의 지위에 비해서 부족한 능력으로 해서, 뭔가를 어떤 식으로든 뒤틀리게 처리할[35] 경우에는 말입니다. [사람으로서의] 훌륭함(덕: aretē)에 비추어 [다른] 관리들을 압도하는 관리를 찾아내는 것은 결코 쉽지가 않 c
습니다. 그렇더라도 신과도 같은 어떤 감사관들을 찾아내도록 애써야만 합니다. 실은 그게 이렇기 때문입니다. 나라 체제의 해체에는, 어떤 선박이나 동물의 경우처럼, 급소들[36]이 많이 있습니다. 삭구와 [선체의] 아래쪽을 두르는 밧줄들[37] 그리고 힘줄들[을 연결하는] 큰 힘줄들,[38] 이것들은 한 가지 성질의 것으로 산재하는 것이어서, 많은 경우에 여러 가지 이름으로 우리가 부르고 있는 것들이죠. 그러나 이는 나라 체제를 보존하

33) 755c~756b를 참조할 것.

34) 이곳의 euthyntēs는 945a2의 euthynos와 같은 뜻으로 쓰인 것으로, 둘 다 '감사관'에 해당된다. 행위로서의 '감사'는 euthyna이다. 이 헬라스어들은 '바로 잡음'(감사) 그리고 '바로 잡는 사람'(감사관)이 그 본뜻이다.

35) 이 앞의 [tēn archēn]은 삭제하고서 읽었다.

36) 여기에서 '급소'로 번역한 것의 원어는 kairos인데, 신체에 있어서 '중요한 부위' 곧 '급소'를, 때와 관련해서는 '적기(適期)', '제철', '제때', '시의(時宜)', '위기', '중요한 시기', '계기' 등을 뜻한다.

37) 선체의 '아래쪽을 두르는 밧줄들'(hypozōmata)에 대해서는 《국가(정체)》 편 616c에서 언급하고 있는데, 이에 대해서는 역자의 역주서에서 해당 각주를 참조하는 게 좋겠다.

38) '힘줄들[을 연결하는] 큰 힘줄들'로 번역한 것의 원어는 neurōn epitonoi(힘줄들의 큰 힘줄)이다. 이와 관련해서는 역자의 역주서 《티마이오스》 편 84e의 본문 및 해당 각주를 참조할 것.

945c

거나 해체시켜 무너지게 하는 데 있어서 아주 작은 것일 수 없는 하나의
d 급소입니다. 왜냐하면 관리들을 감사하는 이들이 저들보다 더 나은 이들
이라면, 그리고 이를 나무랄 데 없는 정당성을 갖고 나무랄 데 없이 행한
다면, 온 나라가, 시골이나 도성이나 다, 이처럼 번성하고 행복합니다.
하지만 관리들에 대한 감사와 관련된 일들이 달리 행하여질 경우, 그때
에는 모든 제도를 하나로 통합하는 정의가 해체되고, 이런 식으로 일체
의 관직이 서로 제각기 찢기어서, 같은 것으로 더 이상 모이지 않고, 나
e 라를 하나에서[39] 여러 나라로 만들고, 분쟁(stasis)들로 가득 차게 하여
급히 몰락시킵니다. 바로 이 때문에 감사관들은 일체 [사람으로서의] 훌
륭함(덕: aretē)에 있어서 전적으로 놀라울 만해야만 합니다. 그러니 이
들의 탄생을 다음과 같은 방식으로 구상해 봅시다.

해마다 여름에서 겨울로 이행하는 하지 다음에[40] 온 시민이 태양신[41]
과 아폴론에 바쳐진 공동의 성역으로 모여야만 하는데, 신께 그들 가운
946a 데서 세 사람을 내보이고자 해서입니다. 시민들 각자는, 자기를 제외하
고는, 모든 면에서 가장 훌륭한 걸로 생각되는 이로, 50세 이상인 이를
공개합니다. 가장 많은 표를 얻은 예선된 자들 중에서, 이들이 짝수일 경
우에, 반이 될 때까지 탈락시킵니다. 만약에 홀수일 경우에는, 최소의 표
를 받게 된 자인 한 사람을 배제하고서 그럽니다. 그래서 표의 다수에 의
해서 가려냄으로써 이들 가운데 반을 남깁니다. 만약에 몇몇이 같은 수
의 표를 얻어 반의 수를 초과할 경우에는, 연소함에 의해서 가려냄으로

39) 《국가(정체)》 편 422e~423d 및 551d에 나라의 구성원들 모두가 한마음 한뜻(homonoia)인 분쟁(stasis) 없는 '하나인 나라'(mia polis)에 대한 강조가 보인다.

40) 767c~d를 참조할 것.

41) 헬리오스(Hēlios)는 '태양'을 뜻하는 말이지만, '태양신'을 가리키기도 한다.

써 그 초과하는 수를 제거합니다. 나머지 선발된 사람들을 다시 투표에 부치는데, 표수가 같지 않은 세 사람이 남을 때까지 그리합니다. 세 사람 b
모두가 또는 두 사람이 같은 표수일 경우에는, 행운과 우연에 맡김으로써, 추첨에 의하여 우승자와 둘째 및 셋째를 가린 다음, 올리브나뭇가지의 관을 씌웁니다. 그리고선 모두에게 수훈에 대한 포상을 하고서 선언합니다. "마그네시아(Magnēsia) 사람들의 나라가 신의 은총으로 다시금 구원을 받아, 이 나라의 가장 훌륭한 사람들 셋을 태양신께 내보이고서, 옛법에 따라 그 맏물[42]을 아폴론과 태양신께 공동의 것으로서 바치옵니 c
다. 그들이 [시민들의] 그 선정(選定)에 부합하는 기간 동안 내내"라고 말입니다. 한데, 그런 사람들로 12명의 감사관들을 첫해에는 임명할 것이로되, 각기 75세가 될 때까지이니, 이후로는 세 사람씩 해마다 늘 추가되게 합니다.[43] 이들이 모든 관직을 12부분으로 나눈 다음, 자유민에 어울리는 모든 시험을 이용하여 심문케 합니다. 이들이 감사를 하는 기간 동안은, 자기들이 선출된 바로 그곳인 아폴론과 태양신의 성역에서 거주 d
케 합니다. 이들 각자가 나라를 위해 관리로서 일했던 사람들을 어떤 경우에는 개별적으로 또 어떤 경우에는 서로서로 공동으로 판정한 다음, 이를 명문화해서 시장(agora)에 공고케 합니다. 각각의 관리에 대해서 감사관들의 재결에 따라 무슨 벌을 받아야만 하는지 또는 무슨 벌금을 물어야만 하는지를 말입니다. 하지만 관리들 중에서 누구든 그 판정이 옳게 된 것이라는 데 동의하지 않는 이는 선발된 재판관들[44] 앞으로 감

42) 767d에서 해당 각주를 참조할 것.

43) 감사관들의 수가 첫해에는 12명이고, 이후로는 3명씩 보완하고, 75세를 넘기면서 은퇴한다는 것이 이들의 숫자와 관련된 규정이다. 이럴 경우, 그 총수가 얼마나 될지는 불확실하고, 상당히 유동적이다. 다만 이들이 12부분(meros)으로 나뉘어 배치된다는 것만이 확실하다. 이와 관련해서는 Morrow의 책 223~4쪽을 참조할 것.

946d

사관들을 출두케 합니다. 그래서 누군가가 감사 [결과]에서 자유롭게 될
경우에는, 그가 원한다면, 감사관들 자신들을 고발케 합니다. 하지만 그
e 가 유죄판결을 받고, 감사관들에 의해 사형의 벌을 받은 처지라면, 당연
하듯, 무조건 죽게 합니다. 하지만 다른 벌금들의 경우에, 두 배를 지불
하는 게 가능할 경우에는, 두 배를 물게 합니다.

한데 이들 자신들에 대한 감사들에 대해서도, 이게 무엇 무엇일 것이
며 무슨 방식일지도 들어야만 합니다. 그러니까 이들이 살아 있는 동안
에는, 온 시민들에 의해 수훈의 자격이 있는 것으로 간주되는 사람들에
947a 게는 모든 축제에서 앞자리의 특전이 주어지도록 할 것이며, 더 나아가
서는 공동으로 하는 제례들이나 관람들 그리고 그 밖의 종교 행사들에
참여하는 헬라스(Hellas) 사람들(Hellēnes)에게로 보내는 각 [참관]사절
단[45]의 인솔자(단장)들을 그들 중에서 뽑아 파견케 합니다. 또한 이 나라
의 시민들 중에서 월계관[46]으로 장식을 하게 되는 사람들은 이들뿐이며,
이들 모두가 아폴론과 태양신의 제관들이 되며, 해마다의 대제관(大祭
官)으로 되었던 이들 중에서 그 해 으뜸으로 뽑힌[47] 한 사람이 대제관으
b 로서, 이 사람의 이름을 해마다 기록하게 하는데, 이게 연도의 척도가 되
게 하기 위해서입니다.[48] 나라가 존속하는 한은 말입니다. 그들이 죽게
되면, 다른 시민들과는 다른 시신 공개와 장례 행렬 그리고 매장[49]이 있

---

44) 767c~d를 참조할 것.

45) 원어는 theōria인데, 이에는 바로 앞의 경우에서처럼, 축제나 공연 또는 경기의 '관람' (950e 참조)만이 아니라, 어떤 특정한 임무를 띤 '[참관] 사절들(theōroi)의 파견' 또는 '[참관]사절단' (theōroi) 자체를 지칭하기도 한다. 《파이돈》 편 58b를 참조할 것.

46) 월계수는 daphnē이고 월계관은 daphnēs stephanos이다. 943c에서의 올리브나뭇가지는 thallos이고 그것으로 만든 관은 thallou stephanos이다.

47) 텍스트 읽기에서 [tōn hiereōn]은 삭제했다.

48) 785a 끝의 본문 및 해당 각주를 참조할 것.

어야 합니다. 모든 의상은 소복이어야 하며, 만가와 통곡은 없이 진행됩니다. 15명의 소녀 가무단과 또 하나의 남자 가무단[50]이 운구대(運柩臺)[51] 둘레에 서서 교대로 일종의 창작된 찬가를 그 제관들에게 노래해 c 주어, 종일토록 노래로써 축복합니다. 다음날 일찍 운구대 자체를 김나시온(체력 단련장: gymnasion)들[52]의 젊은이들 중에서 망인의 친척들이 선택한 1백 명이 무덤으로 옮겨 갑니다. 맨 먼저 미혼인 청년들이 저마다 군장을 갖추어 입고서 앞장서 갑니다. 말들과 함께 기병들이, 중무장들과 함께 중무장 보병들이 그리고 다른 사람들도 마찬가지로 하고서 행진합니다. 운구대 자체 둘레에는 소년들이 앞쪽에서 조상 전래의 노랫가락[53]을 부르고, 그 뒤로는 소녀들이 그리고 출산 연령이 지난 여인들 d 이 따릅니다. 또한 그다음으로는 남녀 제관들도 따르는데, 이는 정화된 무덤이라 해서입니다. 그야 물론 다른 무덤들에는 이들의 접근이 금지되어 있을지라도, 피티아의 신탁[54] 또한 이런 식으로 이처럼 하도록 동의한다면 말입니다. 이들을 위한 무덤은 땅 밑에 반원형 천장에 장방형으

---

49) 헬라스인들의 장례 절차가 다 언급되고 있는 셈이다. 시신 공개(prothesis)는 입관 전에 하는 것이고, 그다음 것이 운구(運柩) 곧 시신 호송의 장례 행렬(ekphora)이며, 마지막이 매장(thēkē, taphē)이다. 《파이돈》 편 115e에 이에 대한 언급이 보인다. 투키디데스 《역사》 2. 34를 참조할 것.

50) 물론 이들도 15명으로 구성되겠다. 그리고 이들 두 가무단은 좌우 양쪽 중의 어느 한 쪽에 각기 배치되겠다.

51) '운구대(運柩臺)'로 번역한 원어 klinē는 일상에서는 '침상'을 뜻하지만, 이 경우에는 영구(靈柩)를 올려놓았다가 운반할 때까지 이용되는 받침대를 뜻한다. 가마 모양의 것만 없는 우리의 '상여' 비슷한 것으로 생각해도 될 것 같다.

52) 761c에서 해당 각주를 참조할 것.

53) 요즘 식으로 말하면, 일종의 '국가'라 해도 되겠다.

54) Pythia는 델피(Delphoi)의 무녀(여제관)이다. 여기에서 원어 to tēs Pythias 다음에 '신탁'을 뜻하는 manteion이 생략되어 있다. 그리고 이 신탁과 관련해서는 719c의 긴 각주에서 해당 부분을 읽는 게 좋겠다.

947d

로 다공(多孔)이며[55] 되도록 부식되지 않는 돌들로 조성되며, 시신의 돌 받침대들은 옆으로 서로 나란히 놓이게 합니다. 그들은 바로 이곳에 이
e 축복받은 이를 누이고서, 빙 둘러 봉분을 만들고, 주위로는 소규모의 나무숲을, 한쪽 옆은 빼놓고서, 조성합니다. 이는 묻히는 이들을 위해 필요한 분묘의 확대를 언제나 이 방향으로 할 수 있도록 하기 위해서입니다. 또한 해마다 이들을 위해 시가(詩歌)의 경연과 체육 및 승마 경합을 개최할 것입니다. 이 명예로운 선물은 물론 감사를 통과한 감사관들을 위한 것들입니다.

한데, 이들 가운데 누군가가 [감사관으로] 선출된 것을 믿고서, 그 선출 뒤에 나쁜 사람이 되어, 세속적인 인간의 본성을 드러낼 경우에는, 원하는 사람이 이 사람을 기소하도록 법은 지시하게 합니다. 법정 소송은
948a 이런 식으로 진행되게 합니다. 첫째로, 호법관들로, 다음으로는 이들 [감사관들] 중에서 살아 있는 자들[56]로 법정이 구성되게 합니다. 또한 이들에 더해 선발된 재판관들[57]의 법정이 합칩니다. 기소하는 사람이 자기가 기소하는 사람에 대해 기소장을 쓰게 하는데, 기소장 내용은 아무개는 수훈에 대한 포상과 관직의 자격이 없다는 걸 말하는 것이게 합니다. 그

55) 947d7의 텍스트 읽기에서 potimōn을 protimōn으로 읽는 쪽도 있다. Liddell & Scott의 대사전에는 양쪽 가능성을 다 열어 놓고 있다. 앞쪽으로 읽으면 작은 구멍들이 많이 나 있어서 흡수성이 강한 '다공질(多孔質)의 석회화(石灰華)' (porous tufa)를 뜻하나, protimoi lithoi로 읽으면, '귀한 돌들' (precious stones)을 뜻할 뿐으로, 대리석(marmaros, 복수는 marmaroi임)을 뜻하는 것이 되겠다. Saunders는 *Notes*, No. 119에서 '귀한 돌들' 로 읽는 것이 옳다고 주장하고 있으나, 참숯의 경우를 생각해 보면, 앞의 경우가 더 설득력이 있다.

56) 문맥으로 보아, 현역 감사관들뿐만 아니라 은퇴한 감사관들까지 다 포함하는 것 같다.

57) 767c~d를 참조할 것.

리고 피고가 유죄로 판명될 경우, 관직과 묘 그리고 그 밖의 것들로 그에게 주어질 예정인 명예들이 박탈되게 할 것입니다. 그러나 원고가 1/5의 표를 얻지 못할 경우에, 과세기준 재산이 최고인 계층에 속하는 사람은 12므나를, 둘째 계층에 속하는 사람은 8므나를, 셋째에 속하는 사람은 6 b
므나를, 넷째에 속하는 사람은 2므나를 벌금으로 물게 합니다.

라다만티스[58]는 소송들의 전설적인 판결과 관련해서 놀랄 만합니다. 이는 그가 당시 사람들이 신들이 분명히 있는 걸로 믿었음을 간파하고 있었기 때문인데, 그것도 그럴 것이 당시에는 많은 사람이 신들의 후손들이고, 그 자신도 그들 중의 하나였던 걸로 어쨌든 이야기는 전해지고 있는 터이니까요. 따라서 인간들 중의 어느 재판관도 신뢰할 수 없으나, 신들은 신뢰할 수 있는 걸로 생각했을 것 같거니와, 이로 해서 단순하고 신속한 재판들이 그에 의해 판결을 보게 되었던 겁니다. 왜냐하면 각각의 다툼거리들과 관련해서 다투는 당사자들에게 맹세를 하게 함으로써[59] c

58) 624b~625a의 본문 및 해당 각주를 참조할 것.

59) 신들을 걸고 맹세(orkos)를 한다는 것은 함부로 할 수 있는 일이 아니다. 그래서 라다만티스는 이 맹세를 아주 중요시해서, 이른바 '라다만티스식 맹세'(Rhadamanthyos orkos)를 하도록 법령으로 지시했다고 한다. 헬라스인들이 가장 흔하게 하는 맹세는 대개 '제우스 신에 맹세코'(ma ton Dia, ma Dia, nē Dia, nē ton Dia)이지만, 헤라 여신(nē tēn Hēran)이나 그 밖의 올림포스의 다른 신들을 걸고 맹세를 하는 일도 흔하다. 그러나 때로는 엄숙함을 피해서 거위(khēn) 따위의 동물이나 버즘나무(platanos), 심지어는 양배추(krambē)와 같은 채소를 걸고 하는 경우도 있었는데, 이런 종류의 맹세는 '라다만티스식 맹세'(Rhadamanthyos orkos)로 불리었다. 라다만티스(Rhadamanthys)는 크레테의 신화적 인물로 사후에 저승에서 사자(死者)들을 재판하는 재판관들 중의 하나로 되었다고 하는데, 전하는 바에 따르면, "그 누구든 신들을 걸고 맹세하는 것을 허용하지 말되, 거위나 개, 양 등과 같은 것들을 걸고 맹세하도록 그가 법령으로 지시했다"고 한다. E. R. Dodds, *Plato: Gorgias*(Oxford, 1959)의 262~3쪽 참조.

948c

신속히 그리고 무난하게 분쟁 해결을 보게 했기 때문이죠. 하지만 우리가 말하기를 이제는 사람들 중의 일부가 신들을 전혀 믿지 않고 있는가 하면, 어떤 이들은 신들이 우리 인간들에 대해 마음 쓰지 않는 것으로 생각하고 있다고 합니다. 그렇지만 대다수의 그리고 가장 고약한 사람들의 의견은 신들이 제물들과 아첨을 적게 받게 되면, 많은 재물을 빼앗도록 도와주며, 많은 경우에 저들로 하여금 큰 처벌들에서 자유롭도록 해 준다고도 하고요. 요새 사람들에게는 라다만티스식 방책은 재판들에서 더 이상 적절하지 않다는 겁니다. 따라서 사람들에게 있어서 신들에 대한
d 의견들이 바뀌었으므로, 법률 또한 바뀌어야만 합니다. 지성(nous)과 함께 법률 제정을 하는 이들은 서면고소장들에서 소송 당사자들 각각의 맹세를 빼야만 하겠기 때문입니다. 누군가를 상대로 소송을 하게 된 사람은 소송 내용을 문서로 적되, 맹세는 추가되지 않게 합니다. 피고도 마찬가지로 부인서(否認書)를 작성해서 당국자들에게 넘겨주되, 맹세는 하지 않고서 하게 합니다. 왜냐하면 나라에서 어쨌든 많은 소송이 제기되어, 시민들 자신들 중의 거의 반이 거짓 맹세를 한 처지라는 걸 잘 알고 있다
e 는 것은, 그러고서도 공동 식사에서 서로들 무신경하게 어울린다는 것은, 그리고 그 밖의 모임들에서도 또한 각각의 사적인 만남들에서도 그리한다는 것은 어쩌면 무서운 일일 것이기 때문입니다.

그러니 재판에 임하는 재판관이 맹세를 하고, 공공의 관직들에 대한
949a 임명투표를 하는 자가 맹세를 하거나 또는 성스러운 곳들에서 표들을 가져와서 이와 같은 투표행위를 하도록 하는 법이 제정되게 합니다.[60] 또한 합창가무단들과 일체 시가(詩歌)의 경연들에 대한 심판관, 또한 체육시합과 승마시합 그리고 모든 시합들의 감독관들과 심판관들이 그리하도록 말입니다. 거짓 맹세를 하는 자에게 인간적인 생각대로 이득을 가

60) 투표의 신성함에 대한 강조는 753b~d에서도 있었다.

져다주지는 않는 모든 경우들에 있어서도 말입니다. 그러나 전적으로 부인하면서 그 서약까지 하는 자에게 큰 이득이 있을 것으로 명백해 보이는 경우들, 이 경우들에는 소송들을 통해 서로 다투는 당사자들 모두를 맹세 없이 심판받게 합니다. 그리고 대체로 재판에서 주재하는 이들은 솔깃함을 위해서 맹세를 하고서 말하는 것을 허용하지 않아야 하며, 제 b
자신과 가족에게 저주를 퍼붓는 것도, 볼썽사나운 탄원이나 아낙들의 울부짖음을 이용하는[61] 것도 허용하지 않을 것이나, 상서롭지 못한 말을 삼가면서 올바른 것을 가르치고 배우기를 언제나 계속하도록 합니다. 그렇지 않을 경우에는, 마치 논점에서 일탈한 경우처럼, 당국자들은 다시 당면 문제의 이야기로 되돌려놓아야 합니다. 그러나 외국인들끼리의 경우에는, 지금처럼, 그들이 원한다면, 서로 맹세를 재량껏 해 받고 또한 해 줄 수 있습니다. 왜냐하면 이들은 이 나라에서 늙을 때까지 살지도 c
않을 뿐만 아니라,[62] 대체로 이 나라에서 둥지를 틀고서, 자기들과 같은 식으로 살 그런 또 다른 자들을 이 땅에 살 자격이 있는 자들로 남기려 하지는 않을 것이기 때문입니다. 이들 상호 간의 서면 고소의 경우에도 모두에게 똑같은 방식으로 판결이 내려지게 합니다.

어떤 자유민이 나라에 불복하는 경우, 그러니까 태형에도, 구금에도 또는 사형에도 합당하지 않는 경우들로, 어떤 합창가무단들에 참여하는 것이나 축제 행렬들 또는 이런 유의 다른 어떤 공동의 의식들이나 공공의 출연(出捐) 행사(leitourgia),[63] 이를테면, 평화 시의 제례의식과 관련 d

61) 《소크라테스의 변론》 편 34c에 재판관들의 동정을 사기 위해서 이런 방법을 쓰는 것에 대한 소크라테스의 언급이 보인다.

62) 특수 분야의 기술을 가진 외국인으로 이 나라에 거주할 수 있는 기간은 원칙적으로 20년간이다. 이들의 자식들에 대한 거류 조건도 15세 이후로는 같다. 850a~c를 참조할 것.

63) 여기서 '공공의 출연(出捐) 행사'로 번역한 leitourgia는 일찍이 아테네

949d
해서나 전시 재산세를 위한 행사에 참여하는 것을 하지 않는 경우, 이와
같은 모든 것들에 대한 첫째 의무조처는 벌금을 부과하는 것[64]입니다.
그러나 이에 불복하는 자들에게는 나라와 함께 법이 징수토록 지시하는
관리들에게 재산을 담보물로 받게 합니다. 그러나 재산 담보들에 의해서
도 불복하는 자들에게는 담보물들의 매각이 있고, 그 돈은 나라에 귀속
됩니다. 만약에 더 큰 벌이 필요하다면, 당국자들 각각은 불복하는 자들
e 에게 적절한 벌금을 물리고서, 법정으로 데리고 갑니다. 그들이 지시받
은 것을 이행하고자 할 때까지는 말입니다.

한데, 어떤 나라든 땅에서 얻는 수익 이외에는 돈벌이를 하지도 않고[65]
교역도 하지 않는 나라로서는 자국민들의 나라 밖 여행 그리고 다른 곳
에서 오는 외국인들의 수용과 관련해서 무슨 조처를 취해야 할 것인지
상의하는 것이 필수적인 일입니다. 그러니까 입법자는 이것들과 관련해
서는 먼저 되도록 설득하는 식으로 상의해야만 합니다. 나라들끼리의 교
류는, 외국인들 상호 간에 서로 속에 새로움을 생기게 함으로써, 그 성질
950a 상 온갖 습속(ēthē)을 섞어 놓습니다. 이게 실인즉 바른 법률로 인해서
훌륭하게 다스려지고 있는 나라들에는 무엇보다도 심대한 해를 입히지
만, 대부분의 나라들에는, 결코 훌륭한 법률을 갖추어 갖고 있지 않아서,

등에서 시행했던 제도로서, 공공의 목적을 위해서 부자들로 하여금 세금 이외에 따로 부담케 한 출연이다. 이를테면, 합창가무단의 구성 및 이들의 경연 참가에 따른 경비의 부담이나, 삼단 노 전함(triērēs)의 건조나 유지 등과 관련된 비용 출연, 그 밖에도 여러 형태의 경연 참가와 관련된 비용 출연이 있었다.

64) '벌금을 부과하는 것'으로 번역한 tattein … tas zēmias(949d3)의 읽기에 대해서 문제 제기를 하거나 거북한 번역을 하는 경우가 많으나, tattein을 Liddell & Scott의 대사전에서(III, 4)처럼 'impose'로 이해하면, 이 문제는 자연스레 해소될 성질의 것일 것이다.

65) 704c, 705a~b, 743d, 842c를 참조할 것.

자기들 속에 외국인들을 받아들임으로써 그리고 자신들이 다른 나라들에 법석을 떨며 돌아다님으로써 뒤섞이게 되는 것이 아무런 차이를 가져다주지 않습니다. 제 나라 사람인 누군가가, 젊은이든 또는 나이가 든 사람이든 간에, 어느 곳으로든 그리고 언제든 여행을 하고자 해서 그럴 경우에 말입니다. 그런가 하면, 다른 나라 사람들을 받아들이지도 않고 동시에 자신들이 다른 나라로 여행을 하지도 않는다는 것은 전혀 불가능하거니와, 더 나아가 다른 나라 사람들에게는 야만스럽고 거칠어 보일 것 b
이니, 이른바 외국인 추방 [또는 배제][66]라든가 고집 세며 고약한 기질들을 가진 자들이라는 고약한 지칭들을 쓸 것으로 여겨질 것입니다. 하지만 남들에게 훌륭한 사람들로 여겨지는가 아니면 그리 여겨지지 않는가를 결코 사소한 걸로 평가하는 일이 없도록 해야만 할 것입니다. 왜냐하면 많은 사람이 비록 [사람으로서의] 훌륭함(덕: aretē)의 본질(ousia)에 대해 제대로 알고 있지는 못할지라도, 어떤 사람들이 몹쓸 사람들이며 어떤 사람들이 선량한 사람들인지를 판단 못할 그 정도까지는 아니기 때문입니다. 신적이며 용케 알아맞히는 능력이 심지어는 나쁜 사람들에게도 있어서,[67] 몹시 나쁜 사람들 중에서도 아주 많은 사람이 말과 생각을 c
통해서 사람들 가운데서 더 나은 자들과 더 못한 자들을 훌륭하게 구별하게 됩니다. 이 때문에 많은 사람 쪽의 좋은 평판[68]을 더 존중하라는 것

66) '외국인 추방 또는 배제'(xenēlasia)는 특히 스파르타에서 쓰던 정책으로서, 투키디데스의 《역사》 II, 39, 1에 실린 이른바 '페리클레스의 추도사'의 일부로 아테네 사람들에 대비된 스파르타 사람들의 폐쇄성에 대한 언급 가운데서도 나오는 것이다. 《프로타고라스》 편 342c에서도 언급되고 있다.

67) 이런 능력에 대한 언급은 《메논》 편 99b~c에도 보인다.

68) '좋은 평판'의 원어는 eudoxia인데, 이에는 '훌륭한 의견(판단)'(《메논》 편 99b 참조)의 뜻도 있다. 이런 상이한 의미들과 관련해서는 899e에서 '세평(평판: doxa)'에 대한 각주를 참고할 것.

950c

이 많은 나라를 위한 훌륭한 권고입니다. 실은 가장 바르고 가장 중요한
것은 참으로 훌륭한 사람이면서 이처럼 평판이 좋은 삶을 추구하는 것이
지, 적어도 완벽한 사람이 되려는 사람으로서는 그 양면이 분리된 상태
로는 결코 아니 됩니다. 특히 크레테에 세워지고 있는 이 나라로서는 다
른 나라 사람들에게서 [사람으로서의] 훌륭함(덕)과 관련해서 더할 수
d 없이 훌륭하디훌륭하다는 평판을 받을 준비가 되어 있는 게 마땅할 것입
니다. 하지만 이 나라야말로, 만약에 논의대로만 된다면, 그 개연성으로
보아, 훌륭한 법질서를 갖춘 도성들과 시골들에서 다른 소수의 나라들과
함께 해를 그리고 다른 신들[69]도 보게 될 모든 가망성이 있습니다.

그러므로 다른 나라들이나 다른 고장들로의 여행 및 외국인들의 수용
과 관련해서는 다음과 같이 해야만 합니다. 첫째로 40세 미만의 젊은이
는 어디로도 그리고 어떤 식으로도 여행하는 게 허용되지 않도록 합니
다. 더 나아가 누구도 개인적으로 그럴 수가 없고, 공적으로 사자들로나
사절단들 또는 어떤 참관사절들[70]로나 그럴 수 있게 합니다. 하지만 전
e 시의 출정으로 인한 집 떠남은 정치적인 사절 속에 포함되는 것으로 말
할 가치가 없습니다. 피토로 아폴론에게로[71] 그리고 올림피아로 제우스
에게로,[72] 네메아[73]로 또한 이스트모스[74]로 이들 신들을 위한 제례의식

---

69) 여기서 말하는 '다른 신들'은, England의 지적대로, 달 그리고 별들을 가리킨다. 헬라스 사람들이 천체들을 신들로 언급한 것과 관련해서는 821c에서 '하늘의 신들'과 관련된 각주를 참고할 것. 그리고 '해를 보게 된다'는 것은 '햇빛을 보게 된다' 곧 실현된다는 뜻으로 하는 말임은 물론이다.

70) 외교관계로 파견되는 사절단(presbeia)과 외국에서 거행되는 축제 등(바로 다음 e에서 예거하고 있는 행사들)에 참관토록 하는 참관사절들(theōroi)을 구별해서 말하고 있다. '참관사절단'에 대해서는 947a의 본문 및 해당 각주를 참조할 것.

71) 807c에서 피티아 경기(Pythia)에 대한 각주를 참조할 것.

들과 경기들에 참여하는 사람들을 보내야만 하거니와, 더할 수 없이 훌륭하디훌륭한 사람들을 되도록 최대한 많이 보내야 합니다. 이들은 전쟁에 관련되는 사람들에 맞먹는 명성을 갖도록 해 줌으로써, 성스럽고 평화로운 모임들에서 이 나라를 영예로운 나라로 여기게 만들 것이니, 그 951a
들이 귀국하게 되면, 나라 체제들과 관련된 다른 나라들의 법규들(ta nomima)이 둘째 등급의 것들이라는 걸 젊은이들에게 가르쳐 주게 될 것입니다. 또한 다음과 같은 또 다른 시찰단[75]을 호법관들(nomophylakes)의 허락을 받아서 내보내야만 합니다. 만약에 어떤 시민들이 다른 나라 사람들의 일들을 더 많은 여유를 갖고 시찰하고 싶어 한다면, 그 어떤 법도 이를 막지 못하게 합니다. 나라가 나쁜 사람들과 좋은 사람들에

72) 역시 807c의 올림피아 경기(Olympia)에 대한 각주를 참조할 것.

73) 네메아(Nemea)는 아르고스(Argos)와 코린토스(Korinthos) 사이의 비옥한 고지대였다. 이곳의 제우스 성지에서 올림피아 경기가 있은 후 2년째 및 4년째 7월에 열린 범(汎)헬라스적인 경기로서, 573년부터 공식적으로 시작했던 것으로 전한다.

74) 여기에서 이스트모스(Isthmos)란 '코린토스(Korinthos)의 이스트모스'를 가리킨다. 일반적 의미의 '이스트모스'(isthmos)란 '지협(地峽)'을 뜻하는데, 코린토스 지협은 헬라스 본토와 펠로폰네소스 반도를 연결하는 지협으로서, 그 양쪽에는 내륙 쪽의 코린토스 만과 바로 에게 해로 연결되는 사로니카 만이 있다. 펠로폰네소스 반도를 빙 돌아 서쪽으로 코린토스 만으로 진입하는 것은 너무 시간이 오래 걸리는 터라, 옛날에는 이 지협을 가로질러 배를 '끌어가는 길'(diolkos)이 있었으나, 오늘날엔 그 길 옆으로 운하를 뚫었다. 사로니카 만 쪽의 이 운하 옆에 이스트미아(Isthmia)라는 지명을 가진 곳이 있다. '이스트미아'는 포세이돈(Poseidōn) 신을 모시는 신전이 있던 곳을 가리키기도 하고, 이 신을 기리는 축제(heortē)를 가리키기도 한다. 코린토스가 관장한 이 축제는 6세기(582년 무렵)부터 범(汎)헬라스적인 축제의 일환으로 2년마다 4, 5월에 열렸다.

75) 이 경우의 theōroi는 '시찰단'으로 번역했다. 앞에서 theōroi는 '참관사절[단]' 또는 '관람자들'을 뜻하는 말이었다. '또 다른' 시찰단이라 하는 것도 헬라스어로는 그것들이 같은 명칭이었기 때문이다.

b 대해 경험해 보지 않고서는, 곧 그들과의 교류를 가져 보지 못한 상태에서는, 결코 족히 유연할 수도 완벽할 수도 없을 것이며, 또한 법률을, 비단 습관들만이 아니라 앎(gnōmē)에 의해서 붙들지 않고서는,[76] 지켜 낼 수가 없을 것이기 때문입니다. 많은 사람들 중에는 신 같은 사람들이 언제나 몇몇은 있기 때문입니다. 그야 많지는 않지요. 그런 사람들은 무엇보다도 함께할 가치가 있는데, 훌륭한 법질서를 갖춘 나라들이라 해서, 이런 나라들에 그렇지 못한 나라들보다 더 많이 태어나는 건 전혀 아닙니다. 훌륭한 법질서를 갖춘 나라들에서 살고 있는 사람은, 그가 타락하지 않을 사람이라면, 그런 사람들의 발자취를 따라, 바다로 해서든 육지

c 로 해서든, 나라 밖으로 나가서 찾아야만 합니다. 자신들에게 있어서의 법규들 중에서 훌륭하게 제정된 것들은 확고히 하되, 뭔가 소홀한 점이 있을 경우에는, 수정하자면 말입니다. 이런 시찰과 찾음 없이는 나라가 결코 완전한 상태로 존속하지는 않을 것이며, 그들이 시찰을 잘못할 경

76) "법률을, 비단 습관들만이 아니라 앎(gnōmē)에 의해서 붙들지 않고서는, 지켜 낼 수가 없을 것이다"라는 말이 뜻하는 바는 무엇일까? 입법자(nomothetēs)는 그 공동체의 구성원들이 지켜야 할 어떤 관습 및 규범을 제정하는 자요, 거기에는 그 공동체가 추구할 이념과 가치 그리고 유지해야 할 질서의 틀이 수용되어 있어야 마땅할 것이다. 그러나 법률은 그 자체가 이론인 것은 아니고, 그 이론적 근거는 철학적 인식이 뒷받침해야 할 것이다. 앞서 714a에서 "지성(nous)의 배분(dianomē)을 법(nomos)이라" 말할 수 있게 되어야 함을 강조한 것도 그래서였다. 물론 어릴 적부터 교육과 습관에 의해서 법률에 따른 시민 생활을 하는 것은 시민의 기본 의무이지만, 법률이나 관습의 옳음(정당성: orthotēs)에 대한 논거를 알지 못하고 있는 한, 법이나 관습에 의해서 고취되는 가치나 질서가 강력한 어떤 반론에 부딪히게 되면, 자칫 흔들리게 되고, 따라서 무시당하는 사태에 직면하게 될 수 있기 때문이다. 오래도록 지녀 온 신념이 무너지는 것은, 굳건한 앎의 뒷받침이 없으면, 언제나 쉽게 일어날 수 있는 일이다. 이와 관련된 논의로는 《국가(정체)》 편 402a, 497c~d, 537e~539a를 참조하는 게 좋겠다.

우에도 나라는 그러지 못할 것이기 때문입니다.

클레이니아스: 그렇다면 그 양쪽 것들이 어떻게 실현을 볼 수 있겠습니까?

아테네인: 이런 식으로입니다. 첫째로, 우리를 위해 이런 시찰을 하
게 되는 이는 쉰 살 이상이게 하며, 더 나아가 다른 면들에서도 그렇지만
전쟁 분야에서 평판이 좋게 난 이들에 포함되는 사람이게 합니다. 혹시 d
라도 호법관들의 본보기로 다른 나라들에 보낼 참이라면 말입니다. 그러
나 예순 살이 넘은 자는 더 이상 시찰케 하지 않습니다. 그가 10년쯤 원
하는 만큼 시찰을 하고서 귀국하면, 법률과 관련된 감시자들의 회의에
나가게 합니다. 이 회의는 젊은이들과 원로들로 혼성된 것이게 하는데,
날마다 반드시 새벽녘에서 해가 뜰 때까지 회합을 갖는 것입니다.[77] 이
모임은 첫째로 수훈을 세운 제관(祭官)들로, 그다음으로는 호법관들 중
에서 언제나 원로들인 10명으로 혼성된 것이게 합니다. 더 나아가서 일 e
체 교육(paideia)과 관련된 신임 감독관과 함께 이 관직에서 퇴임한 자들
도 포함됩니다. 한데, 이들 각자는 혼자서 참석하는 것이 아니라, 서른
살에서 마흔 살까지의 젊은이로 제 마음에 드는 자를 대동케 합니다. 이
들에게 있어서의 회합과 논의는 언제나 법률 및 제 나라와 관련된 것입
니다. 그리고 이런 것들과 관련해서 무언가 다른 것이라도 알게 될 경우 952a
에, 특히 학문들과 관련해서, 이 탐구에 있어서 배우게 되는 자들에게는
더 밝게 되는 데 도움이 될 것으로 여겨지되, 배우게 되지 못하는 자들에
게는 법률과 관련되는 것들에 대해서 더 어두워지고 불분명해질 것으로
이들에게는 보이는 그런 학문들과 관련해서 알게 될 경우에 말입니다.
이것들 가운데서 연로한 회원들이 받아들이는 것들일 경우에는, 젊은 회

77) 909a에서 말만 꺼냈던 '[새벽녘] 야간회의(ho nykterinos syllogos)'를 가리킨다.

원들은 아주 진지하게 배워야만 합니다. 한데, 초대받은 자들 중에서 누군가가 자격이 없는 것으로 여겨질 경우에는, 그를 초대한 사람[78]에 대
b 해서 회원들 전체가 나무라게 될 것입니다. 반면에 이들 젊은 사람들 가운데서 좋은 평판을 얻은 자들은 다른 시민들이 지켜 줄 것이니, 이들에 주목하여 각별히 지켜보고서, 성공적인 성취를 하는 자들은 존경할 것이나, 대다수의 사람들보다도 더 못한 자들로 전락했을 경우에는, 다른 사람들보다도 더 멸시합니다. 다른 나라 사람들에게 있어서의 법규들을 시찰하고서 돌아온 자는 물론 이 회의에 곧바로 참석하게 해야 할 것이며, 법률 제정과 관련된 어떤 소식이나 또는 교육 및 양육과 관련해서 말해 줄 수 있는 사람들을 찾아냈을 경우에는, 또한 그 스스로 몇 가지 것들을 생각하고서 돌아왔을 경우에는, 전체 회의에 이를 전하게 합니다. 그
c 가 어떤 점에서고 전혀 더 나빠지거나 더 좋아진 게 없이 돌아온 것으로 여겨질 경우에도, 적어도 그의 대단한 열의 때문에라도 칭찬케 합니다. 반면에 훨씬 더 나아져서 돌아온 것으로 여겨질 경우에는, 그가 살아 있는 동안에는 훨씬 더 많이 상찬하는 한편으로, 죽어서도 그에게 합당한 명예들로써 총의가 모아진 이 회의의 권능이 추앙케 합니다. 하지만 그가 타락해서 돌아온 것으로 여겨질 경우에는, 그가 지혜로운 체 행세하면서 어느 누구와도, 젊은 회원이든 연로한 회원이든 간에, 접하게 되는 일이 없게 합니다. 그리고 그가 당국자들에게 복종하게 될 경우에는, 사
d 인으로서 살게 합니다. 하지만 그러지 않을 경우에는, 즉 교육이나 법률과 관련해서 무슨 일로 참견을 하다가 법정에서 유죄로 판명되었을 경우에는, 죽게 합니다. 그러나 그가 법정에 기소되어야 할 처지인데도, 당국자들 중에서 아무도 기소하지 않을 경우에는, 공적 경합에서 당국자들에게 비난거리로 남아 있게 합니다.

78) 곧 그를 대동해 온 사람을 가리킨다.

그러면 외국 여행을 떠나는 사람은 이렇게 그리고 그런 사람이 떠나게
합니다만, 그다음으로는 외국에서 방문하는 사람을 친절히 맞게 되어야
만 합니다. 논의해야 할 외국인들로는 네 부류가 있습니다. 사실 첫째 부
류는 철저하게 언제나 여름에 대개는 규칙적으로 찾아오는 것으로 일관
하죠. 마치 철새들처럼 말입니다. 그리고 이들 중에서도 많은 수는 바다 e
로 해서, 꼭 날개라도 달린 것처럼, 돈벌이를 위해서 여름 동안 교역을
하며 돌아다니길,[79] 다른 나라들로 날아다니듯 하죠. 이런 사람은 시장
(agora)들에서나 항구들에서 그리고 도성 밖 그러나 도성 가까이에 있는
공공건물들에서 이들을 위해 배치된 관리들이 맞아들여야만 합니다.[80]
이들은 이런 외국인들 중에서 누군가가 무언가 새로운 변화를 일으키는
일이 없도록[81] 지키며, 소송 문제는 이들을 위해 공정하게 처리되게 해 953a
주고, 이들과의 교류는 불가피한 만큼의 최소한으로 갖습니다. 둘째 부
류는 음악(mousa)과 관련되는 축제의 공연들을 두 귀로 들으며 실제로
두 눈으로 관람하는 자(theōros)입니다. 이런 사람 모두를 위해서는 물
론 신전들 가까이에 환대하는 숙박편의가 마련되어야만 합니다만, 그런
사람들을 제관들과 신전 관리인들이 보살피고 돌보아야만 합니다. 그들
이 적절한 기간 동안 머물면서, 그들이 온 목적인 공연을 보기도 하고 듣
기도 한 다음, 아무런 피해도 주거나 입지 않고서 떠날 때까지 말입니다. b
그러나 누군가가 이들 중의 누군가를 또는 이들 중의 누군가가 다른 누
군가를 해칠 경우, 그리고 그 피해액이 50드라크메 이내일 경우에는, 제

---

79) 지중해는 비교적 파도가 심하지 않아 잔잔한 편이기는 하나, 폭풍우가 잦고 시계가 흐린 겨울철은 고대의 항해 기술로는 위험부담이 컸다. 따라서 춘분(3월 21~22일)과 추분(9월 23~24) 사이가 항해에 적합한 시기였고, 그중에서도 7, 8월의 여름철이 최적의 시기였다.

80) 848e~849e를 참조할 것.

81) 949e를 참고할 것.

관들이 그들의 재판관들로 되어야 합니다. 하지만 그들에게 있어서 그 소송액수가 그 이상일 경우에는, 그런 사람들에 대한 재판은 시장 관리인들 앞에서 하게 합니다.

셋째 부류의 외국인은 공적으로 맞아들여야만 하는데, 다른 나라에서 공적인 일로 온 사람입니다. 이 사람은 장군들과 기병대 지휘관들 그리고 분견대 지휘관들만에 의해 맞아 들여져야 하는데, 이런 사람들에 대
c 한 보살핌은 이들 중의 누군가가 손님으로서 숙박의 환대를 받도록 해 주게 되는 그 사람만이 협의회의 운영위원들(prytaneis)[82]과 함께해야만 합니다. 한데, 넷째 부류의 외국인은, 혹시라도 누군가가 오게 될 경우, 드문 경우이지만, 우리의 시찰단에 상응하는 사람인 누군가가 어쨌든 딴 나라에서 오게 될 때는, 첫째로 이 사람이 쉰 살 이하가 결코 아니게 할 것이며,[83] 이에 더하여 이 사람은 아름다운 것들에 있어서 다른 나라들의 것들과는 다른 아름다운 것을 보기를, 또는 그와 같은 무언가를 다른
d 나라에 보여 주기를 요구해야 합니다.[84] 한데, 그런 사람은 모두가 초청을 받지 않고서도 부자들과 현자들의 문전으로 찾아가게 합니다.[85] 그 자신이 또한 그런 사람이기도 하니까요. 이를테면, 일체 교육을 감독하는 사람의 집으로 가게 하는데, 그런 주인에게 충분히 상대가 되는 손님

---

82) '협의회의 운영위원들(prytaneis)'이란 협의회(boulē)를 일정 기간 동안 운영하는 위원회(prytanis)의 위원들을 가리킨다. 이와 관련해서는 758a~d의 본문 및 해당 각주를 참조하길 바란다. 이들이 맡게 되어 있는 외교 업무들 가운데는 외국의 사절들을 영접하는 일도 포함된다. 아테네의 경우 이런 사신들을 영접하는 영빈관(prytaneion)이 있었다. 이 영빈관에 대해서는 역자의 《소크라테스의 변론》 편 각주 202(172쪽)를 참조할 것.

83) 이쪽에서 보내는 시찰단의 조건에 상응하는 것이다. 951c를 참조할 것.

84) 곧 그의 시찰 방문의 목적이 그런 것임을 밝혀야 한다는 뜻이다.

85) 현자들이 부자들의 문전으로 찾아가는 것과 관련해서는 《국가(정체)》 편 489b~c에 재미있는 해석들이 있다. 그 본문과 역자의 해당 각주를 참조할 것.

이라 믿고서 말입니다. 또는 [사람으로서의] 훌륭함으로 해서 으뜸상을 받은 사람들[86] 중의 누군가의 집으로 가게도 하여, 이들 중의 몇몇 사람들과 함께 지내면서 한편으로는 가르쳐 주는가 하면 다른 한편으론 배우다가 떠나가게 합니다. 친구가 친구들에게서 선물들과 적절한 존경의 예우를 받고서 말입니다. 그러면 이들 법률에 의해서 다른 나라에서 오는 모든 남녀 외국인들을 받아들이기도 하고, 또한 제 나라 사람들을 내보 e
내기도 해야만 합니다. 손님(낯선 사람)을 보호해 주는 제우스[87]를 추앙하는 한편으로, 오늘날 나일 강이 기른 자들이 하듯,[88] 음식과 제물로도, 또는 거친 포고로도 외국인을 추방하는 짓거리[89]는 하지 않습니다.

누군가가 보증을 하게 될 경우에는, 명백하게 하게 합니다. 일체의 거래는 문서 형태로 합의를 하고, 그 거래액이 일천 드라크메 이내일 경우에는 3인 이상의 증인들 앞에서 하되, 일천 드라크메 이상일 경우에는 5
인 이상의 증인 앞에서 합니다. 물론 무엇이든 중재하는 자는 공정하지 954a
못하게 파는 자의, 또는 결코 믿을 수 없는 판매자의 경우까지도 그 보증인입니다. 중재자도 판매자와 똑같이 책임을 지게 합니다.

누군가가 도난품을 찾기 위한 가택 수색을 하고자 할 경우에는, 겉옷은 벗고[90] 짧은 속옷만 입고서 허리띠도 두르지 않은 상태로,[91] 법으로

---

86) 921e~922a에서 언급된 사람이 그런 사람들이겠다. 또한 943b~c도 참조할 것.

87) 718a에서 제우스에 대한 각주를 참조할 것. 또한 729e~730a를 참조할 것.

88) 이집트의 전설적인 왕 부시리스(Bousiris)는 이집트를 찾는 외국인들을 제우스의 제단에서 살해해서 제물로 바쳤다가 먹는 버릇이 있었다 한다. 이소크라테스(Isokratēs), 《부시리스》(*Bousiris*) 31 참조.

89) 950b에서 말한 스파르타의 경우를 가리키는 것 같다.

90) 텍스트 읽기에서 gymnos 다음의 ē는, Saunders(*Notes*, No. 122 참조) 및 England의 주장대로, 삭제하고서 읽었다.

91) '겉옷은 벗고 짧은 속옷만 입고서'의 원문은 gymnos khitōniskon ekhōn

규정한 신들에게 진실로 진실로 [그걸] 찾아낼 수 있을 것으로 기대하고 있음을 먼저 맹세하고서, 그러고서 가택 수색을 하게 합니다. 상대는 집을 그리고 봉인된 것들도 봉인되지 않은 것들도 내맡기고서, 수색하게 합니다. 찾고자 하는 사람에게 누군가가 가택 수색을 용인하지 않을 경우에는, 찾는 물품의 가치를 평가받게 한 다음, 가택 수색을 하지 못하게
b 된 자가 고소를 하게 합니다. 누군가가 유죄로 판명될 경우에는, 평가액의 두 배 되는 손해 배상을 합니다. 하지만 주인이 집을 떠나 있을 경우에는, 봉인되지 않은 것들은 조사토록 거주자들이 내맡기되, 봉인된 것들에는 나란히 봉인을 하게 하고서, 가택 수색을 하는 자가 원하는 자를 5일 동안 감시자로 세워 두게 합니다. 그러나 주인이 더 오래 집을 떠나 있을 경우에는, 시내(도심지역) 관리인들(astynomoi)을 초청하여 이런
c 식으로 조사케 합니다. 즉 봉인된 것들까지도 해제하였다가, 다시 가족

인데, gymnos는 일반적으로는 '옷을 입지 않고 벗은' 상태를 가리키는 말이지만, 이 경우에는 '겉옷(himation)을 걸치지 않고 속옷 바람인 상태'를 가리키고 있다. '겉옷'을 지칭하는 히마티온(himation)은 헬라스인들이 걸치는 장방형의 모직 통 옷감으로 만든 겉옷으로서, 한쪽 어깨에 걸친 상태에서 몸에 두르는 '두름옷'이다. khitōniskos는 khitōn의 축소형이니까, '짧은 속옷'인 셈이다. '속옷'을 지칭하는 '키톤'(khitōn)은 아테네의 경우 6세기경에 입기 시작한 것으로, 수입품인 아마포로 만든 것이어서, 값비싼 사치스런 옷이었던 셈이다. 차츰 검소해지는 풍조가 만연하면서부터는 이를 입지 않는 사람들이 많아졌던 것 같다. 겉옷 안에 받쳐 입는 이 옷을 입지 않은 상태를 akhitōn이라 하는데, 이는 '히마티온'만 걸쳤다는 뜻이다. 소크라테스가 그런 사람이었던 것으로 전한다. 그나마도 그는 볼품없는 '히마티온'만 걸쳤는데, 하도 오래 입고 다닌 것이어서, 모직물의 보푸라기가 닳아 올이 그대로 드러날 정도로 헐어빠진 겉옷(tribōn)을 입고 다녔다 한다.(《연회(향연)》 편 219b, 《프로타고라스》 편 335d 및 크세노폰의 《회고록》 I. 6. 2를 참조할 것.) 그리고 여기에서 '허리띠도 두르지 않은 상태로'는 그냥 속옷 바람이니 아무것도 옷 속에 숨길 수 없다는 뜻으로 하는 표현이다.

들 및 시내(도심지역) 관리인들과 함께 마찬가지로 봉인케 합니다.

소유권 다툼이 있는 것들의 시한은 다음과 같거니와, 이 기간 동안 누군가가 소유하고 있다면, 더는 소유권 다툼을 할 수 없습니다. 이 나라에서는 토지와 가옥들에 대한 소유권 다툼은 없습니다.[92] 그러나 다른 것들 중에서 무엇이든 누군가가 소유하고서, 이를 도심에서고 시장에서고 그리고 신전에서고 공개적으로 사용하고 있는데도, 아무도 권리 주장을 하며 제지하지도 않다가, 그동안 자기가 이걸 찾고 있었다고 말하더라도, 그 사람이 숨긴 일이 없는 게 분명할 경우, 이런 식으로 한 해 동안 누군가는 무언가를 소유하고 있고, 다른 쪽은 그걸 찾으며 보내게 되더 d
라도, 그해가 지나고 나서는, 그런 소유물에 대해서는 아무도 권리 주장을 하며 제지할 수 없게 합니다. 그러나 도심에서도 시장에서도 그걸 이용하지 않더라도, 시골에서는 공개적으로 사용하고 있는데도, 누군가가 5년 동안 제지하고 나서지 않을 경우, 5년이 경과한 다음에는, 이 사람으로서는 그런 것에 대해 더는 권리 주장을 하며 제지할 수 없습니다.[93] 하지만 누군가가 도심의 집에서 사용하는 경우에는, 그 기간은 3년이지만, 시골에서 비공개 상태로 소유할 경우에는, 그 기간은 10년 동안입니다. e
여행을 떠나 사용할 경우에는, 권리 주장의 아무런 시한도 없습니다. 그걸 어딘가에서 찾아내게 되는 때가 언제이든 간에 말입니다.

누군가가 어떤 사람이 재판에 참석하는 걸, 이 사람이 소송 당사자이건 또는 증인들이건 간에, 강제로 막을 경우, 그가 자신의 노예이든 또는 남의 노예이든 간에, 그 재판은 성립되지 않으며 무효입니다. 반면에, 그가 자유민일 경우에는, 그 불성립에 더하여, 1년 동안 구금되며, 원하는 955a

92) 토지와 가옥은 처음 정착할 때 모든 시민에게 고르게 배분되었고, 이는 양도할 수 없게 법제화되었기 때문이다.

93) d6의 [tou loipou chronou]는 그 기호가 표시하는 대로 삭제하고서 읽었다.

사람에 의해 납치 행위의 재판을 받게 됩니다.[94] 그런데 체육이나 시가(詩歌)의 경쟁자를 또는 다른 어떤 경합의 경쟁자를 누군가가 참가하지 못하게 강제로 방해할 경우, 원하는 자가 심판관들에게 이를 알리게 합니다. 이들은 경합하기를 원하는 자를 자유로운 경합에 참여케 합니다. 만약에 이게 불가능하게 될 때는, 경합을 하지 못하게 막는 자가 승리하
b 게 될 경우에, 우승 상은 방해받은 자에게 주고, 이 사람이 원하는 신전들에 승리자로서 기록되게 합니다. 그러나 방해를 한 자는 어떤 봉납도, 이런 경합의 어떤 기록도 남기게 되는 게 결코 불가능하게 하고, 피해에 대한 재판을 받게 합니다. 그가 경합을 하고서 지게 되건 또는 이기건 간에 말입니다.

누군가가 도둑맞은 것임을 알고서도 받는다면, 그걸 받는 경우, 그는 도둑과 똑같은 처벌을 받게 합니다. 도망자를 숨겨 주는 것에 대한 처벌은 죽음이게 합니다.

모두가 나라와 함께 똑같은 사람을 친구로 그리고 적으로 여기게 합니
c 다. 누군가가 사적으로 어떤 사람들을 상대로 공동체와 상관없이 평화 체결을 하거나 전쟁을 일으킬 경우, 이 사람에 대한 형벌도 사형이게 합니다. 나라의 일부가 어떤 일부들을 상대로 저를 위해서 평화 체결을 하거나 전쟁을 일으킬 경우, 이 행위의 책임자들을 장군들이 법정에 기소케 할 것이며, 유죄가 인정된 자에게는 사형 판결이 있게 합니다.

무슨 일인가로 조국에 봉사하는 자들은 선물들을 떠나 봉사해야만 하거니와, "잘한 일들로는 선물들을 받아야겠지만, 잘못한 일들로는 그러지 못한다"는 걸 그 어떤 구실로도 삼을 수 없으며, 이는 칭찬할 말도 아
d 닙니다. 그걸 판단하는 게 그리고 그 판단을 지키는 게 쉽지가 않기 때문이니, 법에 순종하되, 선물들 때문에 봉사하는 일은 없는 게 가장 안전합

94) 879a를 참조할 것.

니다. 법에 복종하지 않는 자가, 유죄판결을 받게 되면, 무조건 사형에
처합니다.

공과금과 관련해서는 여러 가지 이유로 각자가 그 재산을 평가받아야
만 하며, 연간 곡물수확도 부족의 구성원들이 문서로 농촌지역 관리인들
에게 보고해야만 합니다. 이는 세금 징수에 두 가지 방법이 있을 경우,
공적 기구가 둘 중에서 이용하기를 원하는 쪽을, 해마다 숙의 결정한 다
음, 이용할 수 있도록 하기 위해서입니다. 즉 전체 과세기준 재산의 일부 e
를 이용하거나 또는 매년 그때마다 생기는 수입의 일부를 이용할 수 있도
록 하기 위해서입니다. 공동 식사[95]를 위해 내는 것들은 제외하고서죠.

신들에 대한 봉납물들을 절도 있는 사람은 알맞은 정도로 바치게 되어
야만 합니다. 땅과 모든 이의 가정에 있는 화덕[96]은 모든 신들에게는 성
스러운 것들입니다. 따라서 이미 성스러운 것들을 그 누구도 두 번이나
성스러운 것들로 신들에게 바치게 해서는 안 됩니다. 금과 은은 다른 나
라들에서 개인적으로도 그리고 신전들에서도 부러워하는 소유물이지만,
상아는 혼(생명)을 잃은 몸에 속하는 정화되지 못한 상태의 봉납물이고, 956a
쇠와 청동은 전쟁의 도구입니다. 누군가가 나무로 된 무언가를 봉납하고
자 할 경우에는 한 통의 것으로 할 것이요, 공공의 신전과 관련된 돌의
경우에도 마찬가지이게 할 것이니, 피륙은 한 여인의 한 달 일거리 이상
이 아닌 것이게 합니다. 신들에게 적절한 색깔은, 다른 경우에도 그렇겠
지만, 피륙의 경우에도 흰색일 것이며, 전쟁의 장식물들 이외에는 염료
를 쓰지 않을 일입니다. 신들에 가장 어울리는 선물은 새들 그리고 한 화 b
가가 하루 만에 끝낼 수 있는 그런 그림입니다. 또한 다른 것들도 이런
봉납물들에 따라 모방한 것들이게 합니다.

95) 842b에서 해당 각주를 참조할 것.

96) 740b 및 745b에서 해당 각주를 참조할 것.

956b

전체 나라의 부분들이 얼마나 있어야 하며 또한 어떤 것들이어야 하는
지는 나뉜 터이니, 그리고 계약들과 관련된, 가능한 한, 모든 중요한 계
약들과 관련된 법률도 언급된 터이니, 다음으로 남은 것은 재판들이 되
어야 하겠군요.[97] 법정들 중의 첫째 것은 피고와 원고가 공통으로 선택하
c 게 되는 자들이 선택된 재판관들로 되겠는데, 이들 중재자들은 재판관들
의 명칭을 갖는 게 더 적절합니다.[98] 두 번째 [법정의] 재판관들은 열두
부분들에 따라 나뉜 마을사람들과 부족 사람들로서, 이 법정들에서는,
처음 법정들에서 판결을 보지 못할 경우, 소송 당사자들은 더 큰 벌금과
관련된 소송에 들어가게 되는 겁니다. 피고가 두 번째로 패소하게 될 경
우에는, 적힌 벌금 액수의 1/5을 추가로 갚게 합니다. 하지만 누군가가
재판관들에 대해 잘못을 들어, 세 번째로 소송을 하고자 할 경우에는, 이
d 소송을 선출된 재판관들에게로 갖고 가게 하되, 다시 패소할 경우에는,
벌금 액수의 반만큼을 추가로 물게 합니다. 반면에 원고가 처음 법정에
서 패소하고도 가만히 있지 못하고, 둘째 법정으로 가서, 이길 경우에는,
1/5을 추가로 받게 할 것이나, 이 재판에서 패소할 경우에는, 같은 부분
만큼을 배상케 합니다. 하지만 앞서의 판결들에 불복하여 세 번째 법정
으로 끌고 가서, 피고가 질 경우에는, 이미 말했듯, 반액을 추가로 물 것
e 이나, 원고가 패소할 경우에는, 소송액수의 반을 물게 합니다. 법정들의
추첨과 충원, 당국자들 각각에 대한 보조자들의 임명, 이들 각각이 시행

97) 766d~768c를 참조할 것.

98) 이 문장의 번역과 관련해서는 이론이 있다. 즉 [이들은] "재판관들(dikastai)보다는 중재자들(diaitētai)이라는 명칭을 갖는 게 더 적절하다"로 번역하는 쪽이 있다. 그러나 England, Morrow(p. 257 fn), Saunders 및 Schöpsdau의 이해가 더 옳을 것 같아, 이를 따랐다. "사실상 중재자들이긴 하지만, [여기서는 법정에 대한 논의를 하고 있기에], 재판관들이라는 명칭이 더 적절하다"는 뜻으로 하고 있는 말이라 여겨서다. 766d~e를 참조할 것.

되어야만 하는 시한, 그리고 표결 및 그 연기와 관련된 사항, 또한 재판
과 관련해서 진행되어야 할 이와 같은 불가피한 일체의 사항들, 앞선 서
면 고소와 나중에 하는 것들, 답변들과 이에 대한 응답들의 필요성, 그리
고 또 이와 유사한 일체의 것들은 앞서도 말한 바 있습니다만, 옳은 것
(to orthon)이야말로 두 번이고 세 번이고 말해도 좋은 것입니다.[99] 그렇 957a
더라도 사소하고 고안하기 쉬운 모든 법규들은 원로 입법자가 제쳐 놓음
으로써, 젊은 입법자가 보충케 해야 합니다.[100] 사적인 법정들[101]은 이런
어떤 식으로 이루어지는 게 적절할 것입니다. 하지만 공공의 일반법정들
은 그리고 해당하는 당국이 이용함으로써 관직들의 각각을 위해 운용해
야만 하는 그런 법정들은 많은 나라들에 있어서 훌륭한 사람들의 결코
형편없는 것도 아니며 적지도 않은 법령들을 갖춘 것들입니다. 호법관들
은 이에서 지금 탄생되고 있는 나라 체제에 적합한 것들을 구축하도록 b
해야 할 것입니다. 따져도 보고 수정도 하여, 이것들 각각이 충분히 확립
된 것이라 여겨질 때까지, 경험에 의해 시험도 해 보고서, 그때에야 종결
을 지음으로써, 이처럼 바뀔 수 없는 것들로 확인하고서야, 평생토록 이
용하게 말입니다. 그러나 재판관들의 침묵과 숙연함 그리고 그 반대의
경우와 관련되는 것들은, 그리고 다른 나라들에서의 많은 올바른 것들과
좋은 것들 그리고 아름다운 것들과 다른 것들은 일부는 이미 언급되었지
만,[102] 일부는 끝에 가서 더 언급될 것입니다. 정의(dikē)에 따라 공평하 c

---

99) "옳은 것(to orthon)이야말로 '두 번이고 세 번이고' 말해도 좋은 것입니다"라는 말은 일종의 속담 형태를 빌린 표현으로서, 754c에서도 비슷한 표현이 있었다. 이곳의 해당 각주를 참조할 것.

100) 769d~771a 및 846c를 참조할 것.

101) 956b~c에서 언급된 경우의 것이 그런 것이겠다. 소송 당사자들이 서로의 합의 하에 중재자들을 재판할 사람들로 선택한다는 뜻에서 사적인 법정 성격을 갖는 셈이다.

957c

고자 하는 재판관은 이 모든 것에 유념하면서 이것들에 관한 글들을 획
득해서 배워야만 합니다. 왜냐하면 모든 교과들 중에서도 배우는 사람이
더 나아지게 되는 데 있어서 가장 주된 영향력을 행사하게 되는 것들은,
법률이 옳게 제정된 것들일 경우에는, 법률과 관련해서 씌어진 것들이겠
기 때문입니다. 그렇지 않다면, 우리의 신적이며 놀라운 법(nomos)이
지성(noos)[103]에 어울리는 명칭을 갖는다는 게 공연한 일일 것입니다.
특히 다른 말들 중에는 시들도 있으며, 이것들에는 어떤 것들에 대한 칭
d 찬과 비난이 표현되고 있고, 또한 산문으로 표현된 것들도 있는데, 이것
들은 글로 된 것들이거나, 또는 일상으로 그 밖의 온갖 대화들에서 보이
는 것들인데, 이는 경쟁심으로 해서 말다툼을 하는 중에 또는 때로는 아
주 실없는 것들일 수도 있는 동조들을 통해서 표현됩니다. 이것들 모두
에 대한 명확한 시금석은 입법자의 글일 것이니,[104] 훌륭한 재판관은 이
것들을, 마치 다른 말들에 대한 해독제처럼, 제 안에 갖고 있으면서, 제
자신과 나라를 바르게 유지해야만 할 것이며, 좋은 사람들에게는 올바른
e 것들의 지속과 증대를 도와주는 한편으로, 나쁜 사람들에 대해서는 무지
와 무절제, 비겁함 그리고 요컨대 일체의 올바르지 못함(불의)에서 벗어
나는 변화를 가능한 한 도울 것이니, 이것들에 의해 나쁜 사람들의 의견
(판단: doxa)들은 치유될 수 있습니다. 하지만 정말로 이런 의견(판단)
들과 운명적으로 엮이어서,[105] 이런 상태에 처한 혼들에는 죽음을 처방
958a 으로 내놓음으로써,[106] 이는 몇 번이고 말하는 게 옳겠거니와, 그와 같은

---

102) 776d, 855d 및 876b~c를 참조할 것.
103) noos의 단축형이 nous이다. 714a의 본문 및 각주를 참조할 것.
104) 811c~d를 참조할 것.
105) 곧 이런 의견(판단)들에서 도저히 벗어나지 못하는 나쁜 사람들의 혼들, 곧 다른 어떤 방법으로도 구제가 불가능한 혼들을 가리킨다.
106) 862d~e를 참조할 것.

재판관들은 그리고 그 지도자들[107]은 온 나라에 의해 칭찬을 받을 자격들이 있게 될 것입니다.

그 해의 소송들에 대한 판결들이 다 끝나게 되면, 이것들의 실행을 위해서는 다음과 같은 법률이 생겨야만 합니다.[108] 첫째로, 판결을 내린 당국자는 패소한 자의 모든 재물을 승소한 자에게, 필수적으로 소유해야 할 것들[109]을 제외하고는, 모두 양도하게 합니다. 이는 각각의 투표에 의 b
한 결정(票決) 직후에 재판관들이 듣고 있는 가운데 포고자의 선언에 의합니다. 재판들이 열리는 달들에 이어지는 달이 다 되었는데도, 누군가가 받을 태세가 되어 있는 승소한 자에게 자진해서 손해배상을 하지 않을 경우, 그 판결을 한 당국자가 승소한 자의 요구에 따라 패소한 자의 재물들을 넘겨주게 합니다. 하지만 그걸 변통할 길이 없고, 그 부족액이 1드라크메 이상일 경우에는, 승소한 자에게 그 빚을 모두 갚기 전에는,
이 사람으로서는 다른 누구에 대해서도 소송을 제기하지 못합니다. 반면 c
에 다른 사람들로서는 이 사람에 대해서 소송 자격이 있는 걸로 합니다. 한데, 누군가가 유죄 선고를 받고서 유죄 선고를 한 당국자를 방해하게 될 경우, 이 사람을 부당하게 방해받은 사람들이 호법관들의 법정에 기소케 합니다. 만약에 누군가가 이런 기소로 유죄가 인정될 것 같으면, 온 나라와 법률을 파괴하는 자로서 사형 판결을 받게 합니다.

그다음으론,[110] 그러니까 사람이 태어나서 양육되고, 자식들을 낳아
기르고, 적당히 거래 계약도 하면서, 혹시라도 누군가를 해치기라도 했 d

107) England는 이들을 입법자들로 보고 있다.
108) 아마도 송사가 그 해를 넘기지 않도록 하기 위한 조치일 것으로 역시 England는 보고 있다.
109) 855a~b를 참조할 것. 물론 여기에는 시민들의 기본 재산인 할당 토지(klēros)와 함께 가옥도 포함된다.
110) 바로 앞 문단의 '첫째로'에 이어 '그다음으로'의 뜻으로 하는 말이다.

958d
을 경우에는, 보상을 하고, 남에게서 배상을 받아 내기도 하면서, 법률과
더불어 적당히 노령이 되어 자연스레 삶의 종말을 맞게 됩니다. 그런데
망자들과 관련해서는, 남자고 여자고 간에, 지하 세계의 신들과 이 지상
의 신들의 신성한 율법과 관련된 사항들로서 이행되는 것이 적절한 것들
은 그 해설자들[111]이 말해 주는 것들이 권위를 갖습니다. 그러나 무덤들
은, 그 묘비가 크건 작건 간에, 경작 가능한 어떤 땅에도 안 되며, 이 땅
e 은 바로 이 용도에만 맞는 성격의 것입니다. 곧, 망자들의 육신들이, 산
사람들에게는 괴로움을 가장 덜 주게끔, 수용되어 숨겨지는 땅, 이 땅을
채우게 합니다. 하지만 인간들을 위해 어머니인 대지가 양식을 산출코자
하는[112] 그런 성질의 땅은 그 누구도, 살아서든 죽어서든, 우리들 살아
있는 사람한테서 빼앗게 해서는 안 됩니다. 한데, 분묘는 그 봉분의 높이
가 다섯 사람이 닷새 동안에 끝낼 수 있는 일거리 이상의 것이 아니게 합
니다. 비석은 망자의 생애에 대한 칭송으로 영웅시 운율(hērōikos
stikhos)[113]로 된 넉 줄 이하를 수용하는 것 이상으로 크게 만들지는 않게
959a 합니다. 시신 공개[114]는, 첫째로, 당사자가 졸도해서 죽은 상태에 있는
건지 또는 정말로 죽은 건지를 밝혀 주는 데 소요되는 기간보다 더 길어
지지 않을 것이니, 인간의 경우, 이는 무덤으로의 운구를 위한 사흘 째
날이 대개는 적절할 것입니다. 다른 것들에 있어서는 입법자를 따를 것
이며, 혼이 몸과는 완전히 다른 것이라 주장하는 그를 믿어야만 합니다.
바로 이 삶에 있어서 우리들 각자(hekastos)를 내세울 수 있게 하는
것,[115] 이것은 혼 이외의 아무것도 아니고, 몸은 우리들 각자를 닮은 것

111) 759c 및 873d를 참조할 것.

112) e4의 [pros tauta]는, 그 기호가 표시하고 있듯, 삭제하고서 읽었다.

113) 810e에서 6절 운율의 서사시에 대한 각주를 참조할 것.

114) 시신 공개 등의 장례절차와 관련해서는 947b에서 해당 각주를 참조할 것.

으로서 따라다닌다고 합니다. 또한 송장들의 몸들은 죽은 자들의 영상들 b
이지만, 참으로 우리들의 각자인 것은 죽지 않는 혼이라 불리는 것이
며,[116] 조상 전래의 율법이 말하듯, 다른 신들[117]에게로 자신에 대한 석
명을 하기 위해[118] 떠나간다고 합니다. 이는 좋은 사람에게는 실은 고무
되는 것이지만, 나쁜 사람에게는 몹시 두려운 것이죠. 이미 죽은 당사자
에게는 아무런 것도 큰 도움이 될 게 없습니다. 살아 있을 때의 그를 모
든 친척들이 도왔어야만 했으니, 그가 살아 있는 동안 가장 올바르고 가
장 경건한 사람으로서 살다가, 죽어서는 나쁜 잘못들로 해서 이승에서의 c
삶 다음의 삶에서 문책 당하는 일이 없으려면 말입니다. 이것들이 이러
하니, 묻히게 되는 이 살덩어리가 바로 그 사람의 것이라고 각별하게 믿
고서 [이에] 가산을 탕진하는 일은 결코 없어야 합니다. 그가 아들이든
형제이든, 또는 누군가가 더할 수 없이 애석해하면서 묻을 생각을 하고
있는 사람이 그 누구이든, 그는 제 몫의 운명을 끝막음하여 다 채우고서 떠
난 것이라 여기고서, 지하 세계의 신들의 생명 없는 제단에는 알맞은 정도
의 것을 씀으로써, 주어진 것을 선용해야만[119] 합니다. 그러나 알맞은 정 d
도(適度: to metrion)를 입법자가 알아맞히더라도, 전혀 어색할 일이 아
닐 것입니다. 그러니 이것이 법이게 합니다. 과세기준 재산이 최고인 계층
으로서는 전체 장례비로 5므나 이상을 쓰지 말 것이니, 과세기준 재산이

115) '이 삶에 있어서 우리들 각자(hekastos)를 있게 하는 것'에서 '각자'는 '참으로 나이게 하는 것'이라는 뜻이다.

116) 매장과 관련해서 하는 이런 논의로는 《파이돈》 편 115c~e를 읽는 게 적잖은 감동을 줄 것이다.

117) 저 세상 곧 지하 세계를 관장하는 신들(khtonioi theoi)을 가리킨다. 727d 및 《파이돈》 편 63b를 참조할 것.

118) 곧 이승에서의 자신의 행적에 대한 석명을 뜻한다.

119) "주어진 것을 선용할지니라"(to paron eu poiein)는 헬라스인들의 심오한 격언들 중의 하나이다.

959d

둘째인 계층은 3므나를, 과세기준 재산이 셋째인 계층은 2므나를, 과세기준 재산이 넷째인 계층은 1므나가 비용의 척도(metron)일 것입니다.

호법관들은 여러 가지 다른 것들도 행하여야 하지만, 많은 것들을 보살펴야만 하는데, 이것들 중에서도 가장 소홀히 해서는 안 되는 것은 아
e 이들과 어른들 그리고 모든 연령층의 사람들을 보살피며 사는 것입니다. 특히 모든 사람들이 생애의 끝에 이르면, 망자의 친족들이 요청하게 될 감시자로서 적어도 어느 한 호법관이 감독을 하게 됩니다. 망자와 관련된 일들이 훌륭하게 그리고 알맞게 치러질 경우에는, 호법관에게는 아름다운 일이라 할 것이고, 훌륭하지 못하게 치러질 경우에는, 부끄러운 일이라 할 것입니다. 시신 공개와 그 밖의 것들은 이런 것들과 관련되는 법에 따라 진행되게 할 것이나, 다음 것들은 법을 제정하는 정치가에게 양
960a 보해야만 합니다. 망자를 위해 울도록 또는 그러지 않도록 지시한다는 것은 꼴사납지만, 통곡을 하는 것과 집 밖으로 울음소리가 나가는 건 금합니다. 그리고 시신을 길 한가운데 환한 곳으로 이끌고 나오는 것도, 장지로 가면서 길에서 곡성을 내는 것도 제지하며, 날이 새기 전에 도성 밖으로 나가게 합니다. 바로 이것들이 이처럼 이런 것들과 관련된 법규이게 합니다. 그리고서 이에 따르는 자는 벌을 받지 않게 하지만, 그 한 호법관의 지시에 불복하는 자는 모든 호법관들에 의해 이들 모두가 공통되
b 게 그러기로 결정한 벌을 받게 합니다. 망자들과 관련해서 있게 되는 그 밖의 하고많은 매장들과 매장이 거부되는 행위들, 곧 어버이 살해범들과 신전 약탈범들 그리고 이런 따위의 모든 범죄자들과 관련해서는 이미 앞서 언급되어 법률로 확립되었습니다.[120] 따라서 우리의 법률 제정[작업]은 거의 끝맺게 된 셈이겠습니다.

그러나 모든 것들의 그때마다의 끝은 어떤 걸 가까스로 해내는 것도,

120) 717d~718a, 872e 이후, 908e 이후 및 947b 이후를 참조할 것.

획득하는 것도 또한 수립하는 것도 아니고, 탄생된 것을 위해 완전하고 지속적인 보전 대책(sōtēria)을 찾아내었을 때, 그때에야 해야 할 것들 모두를 한 것이라 여길 것이지, 그 전에는 전부가 마무리된 것이 아닙니다.[121] c

클레이니아스: 훌륭한 말씀입니다, 선생이시여! 하지만 방금 하신 말씀은 무슨 의도로 하신 것인지 더 명확히 말씀해 주십시오.

아테네인: 클레이니아스 님! 옛것들 중에서 많은 것들이 훌륭히 읊조려지고 있습니다만, 어쩌면 운명의 여신들(Moirai)에 대한 호칭들은 더욱 그런 것 같습니다.

클레이니아스: 어떤 것들이죠?

아테네인: 첫째는 라케시스(Lachesis)이고, 둘째는 클로토(Klōthō)이며, 셋째는 아트로포스(Atropos)로서 제비뽑아 결정된 운명들을 보전하는 여신(sōteira)입니다.[122] 이 여신은 방추(紡錘: atraktos)에 의해 자아지는[123] 실들을 되돌릴 수 없는 성질의 것으로 만들고 있는 아낙에 비유

121) '[새벽녘] 야간 회의'를 염두에 둔 말일 것이다.

122) 보통명사로서의 '모이라'(moira)는 그냥 '운명'이지만, 고유명사로서는 '운명의 여신'(Moira)을 뜻한다. 이는 역시 같은 뜻으로 쓰이는 '아이사'(Aisa)의 경우에도 마찬가지이다. 운명의 여신들(Moirai)을 셋으로 말하기 시작한 것은 헤시오도스가 그의 《신들의 계보》 904~6행에서이다. 라케시스(Lachesis)는 인간들 개개인에게 운명의 '제비'를, 곧 운명의 실감개 대를 나눠 주는 여신이고, 클로토(Klōthō)는 각자에게 운명의 실을 뽑아 또는 자아 이 실감개에 감아 주는 여신이며, 아트로포스(Atropos)는 감겨진 운명의 실을 일정한 길이에서 뚝 잘라 버려 더 이상 변경이 불가능한 상태로 굳히는 여신인 셈이다. 《국가(정체)》 편 614b~621d에는 이들 여신들과 혼들의 운명 선택에 얽힌 저승 이야기를 전하는 에르 신화가 있다.

123) c9의 tri〈toi〉는 Saunders를 따라 atraktoi로 읽었다. Burnet는 pyri로 읽은 부분이다. Saunders, *Notes*, No. 126을 참조할 것. '방추'로 번역한 atraktos는 우리가 물레로 실을 잣는 데 반해, 헬라스인들은 방추를 이용

d 되죠. 바로 이런 점에서 나라와 시민들에게 몸들을 위한 건강과 그 보전뿐만 아니라, 혼들에 있어서의 훌륭한 법질서(eunomia)를, 아니 그보다도 법률의 보전(sōtēria)을 가능케 해 주어야만 할 것입니다. 하지만 우리의 법률에는 이게 아직도 부족한 점인 것 같아 보이는 것으로 제게는 생각됩니다. 즉, 우리의 법률에 되돌릴 수 없는 힘이 자연스럽게 생기게 하려면 어떻게 해야만 하는지에 대한 것 말입니다.

클레이니아스: 선생께서 말씀하시는 것은 작은 일이 아닙니다. 모든 것에 그와 같은 것이 생길 수 있게 하는 방법을 찾아내는 게 정녕 불가능하다면 말입니다.

e 아테네인: 하지만 그건 가능합니다. 어쨌든 지금 제게는 그게 아주 분명해 보이니까요.

클레이니아스: 그렇다면 어떤 식으로도 이에서 이탈하지 맙시다. 바로 그걸 이제껏 말한 법률에 우리가 제공해 주게 되기 전에는 말입니다. 전혀 견고하지도 않은 것에 무엇이든 쌓아 놓는다는 것은 헛수고를 하는 어리석은 짓이기 때문입니다.

아테네인: 옳은 권고를 하시는 겁니다. 저 또한 그런 사람임을 보시게 될 겁니다.

클레이니아스: 그야 반가운 말씀입니다. 그렇다면 무엇이 우리의 나라 체제와 법률을 위한 보전 대책이 되겠으며, 그건 어떤 식으로 해서이겠는지 말씀해 주시겠습니까?

961a 아테네인: 우리의 이 나라에는 다음과 같은 회의체(syllogos)가 생겨야만 한다고 우리가 말하지 않았던가요?[124] 호법관들 중에서 언제나 가

하여 모직물을 짜기 위한 실을 뽑았다. 이 방추와 관련해서는 역자의 《플라톤의 국가(정체)》 659쪽에 실린 3개의 그림들 및 657쪽 각주 81에서 이에 대한 설명을 참조하는 게 좋겠다.

124) 950d~952d에서.

장 연장인 사람들 10명 그리고 수훈을 세운 사람들 모두가 이들과 함께 같은 곳에 모여야만 합니다. 또한 더 나아가 법률 수호와 관련해서 어딘가에서 뭔가 중대한 것 한 가지라도 들을 수 있을까 해서 수소문하러 외국 여행을 했다가 무사히 집으로 돌아온 사람들이, 저들 같은 사람들에 의해 철저히 시험받은 뒤에, 이 회의(syllogos)에 참여할 자격이 있는 걸로 간주되어야 합니다. 이들에 더해서 각 회원은 젊은 사람들 중에서 30 b
세 이상인 한 사람을 대동해야 합니다. 그러나 먼저 이 사람은 천성(자질: physis)과 양육(trophē)[125]에 의해 그 자격이 있는지 심사를 하는데, 이러고서야 이 젊은이를 다른 회원들에게 소개해야 합니다. 그리고서 다른 회원들에게도 그리 판단될 경우에는 대동할 것이나, 그렇지 못할 경우에는, 내려진 결정이 다른 사람들에게는 물론 특히 거부된 당사자에게 발설되어서는 안 될 일입니다. 한데, 이 회의는, 모두가 다른 사적인 그리고 공적인 일들에서 가장 한가로울 때인, 새벽에 있어야 합니다.[126] 이런 것은 아마도 앞에서 한 우리의 논의에서 언급되었던 것이겠죠? c

클레이니아스: 실상 언급됐던 것이니까요.

아테네인: 바로 이 회의와 관련해서 다시금 거론하며 다음과 같은 걸 말하고 싶군요. 제가 주장하는 건, 만약에 누군가가 이를, 이를테면, 온 나라의 닻처럼 내려놓는다면, 이 나라에 어울리는 모든 걸 다 갖추게 되어, 우리가 원하는 모든 걸 구원하게 될 것이라는 겁니다.

클레이니아스: 어떻게 말씀이니까?

아테네인: 이다음은 우리의 열의를 조금도 남기지 않고 제대로 말할 우리의 알맞은 때(適期: kairos)가 된 거겠죠.

---

125) 이에는 교육(paideia), 곧 가정교육과 교양교육도 경우에 따라 그 일부로 포함되는 것으로 보아야 할 것이다. 여기에서 말하고 있는 것이 바로 그런 경우일 것이다.

126) 951d 및 909a를 참조할 것.

클레이니아스: 그 또한 아주 훌륭한 말씀입니다. 역시 생각하시는 바대로 하시고요.

d 아테네인: 클레이니아스 님! 그러니까 모든 것과 관련해서는 각각의 활동들에 있어서 적절한 구원자를 알아볼 수 있어야만 합니다. 이를테면, 동물에 있어서는 혼과 머리가 그 본성상 가장 중요한 것이라는 걸 말입니다.

클레이니아스: 이번에는 또 무슨 뜻으로 하시는 말씀인지요?

아테네인: 이들 둘의 훌륭한 상태(훌륭함: aretē)가 모든 동물에 안전(sōtēria)을 제공하는 게 틀림없다는 겁니다.

클레이니아스: 어떻게 말씀입니까?

아테네인: 혼에는, 다른 것들에 더해서, 지성(nous)이 그 안에 생겨서요, 머리에도 또한 다른 것들에 더해서 시각과 청각이 그 안에 생겨서입니다. 요컨대, 가장 훌륭한 감각(aisthēsis)들[127]과 함께 지성이 혼합되어, 하나로 될 경우, 이게 각각의 동물들의 안전으로 불리어 지당할 것입니다.

클레이니아스: 어쨌든 그런 것 같습니다.

e 아테네인: 실상 그런 것 같습니다. 하지만 지성이 무엇과 관련해서 감각들과 함께 혼합될 경우에, 폭풍우에도 그리고 좋은 날씨에도 배들의 안전으로 될까요? 배에서는 조타수[128]와 함께 선원들이 [이들의] 감각들을 조타술에 밝은 지성과 혼합함으로써 자신들을 그리고 배와 관련된 것들을 안전토록 하지 않습니까?

클레이니아스: 그야 물론입니다.

아테네인: 물론 이런 것들과 관련해서는 전혀 많은 예들이 필요하지

---

127) 곧 오감 중에서 시각(opsis)과 청각(akoē)이 대표적인 것들로 간주되고 있음을 알 수 있겠다.

128) 조타수에 대해서는 640e에서 해당 각주를 참조할 것.

않습니다. 이를테면, 군대와 관련해서 장군들이 그리고 일체의 의술에 의한 보살핌이 무엇을 목표(skopos)로 설정함으로써 안전에 옳게 적중하겠는지 생각해 보십시다. 그러니까 앞의 경우에는 승리와 적에 대한 962a
지배가, 뒤의 경우에는 의사들과 그 조수들[129)]의 신체를 위한 건강의 대비가 아니겠습니까?

클레이니아스: 어찌 그렇지 않겠습니까?

아테네인: 그러면 의사가 몸에 대한 걸, 즉 우리가 방금 건강으로 말한 걸 모르는데도, 또는 장군이 승리를 또는 그 밖의 다른 것들로 우리가 말한 것들을 모르는데도, 이것들 가운데 무언가에 대해 이해하고 있을 수가 있겠습니까?

클레이니아스: 어떻게 그럴 수 있겠습니까?

아테네인: 그렇다면 나라의 경우는 어떻겠습니까? 만약에 누군가가 정치가(ho politikos)가 주목해야 할 목표를 모르고 있는 것으로 판명된다면, 첫째로 그가 통치자([ho] archōn)로 불리는 게 옳겠으며, 다음으 b
로 그가 그 목표를 전혀 모르고 있는 것을 보전할 수 있겠습니까?

클레이니아스: 어떻게 그럴 수 있겠습니까?

아테네인: 그러니까 지금의 경우에도, 정녕 우리의 이 나라의 수립이 마무리되려면, 사실이 그렇겠듯, 우리가 지금 말하고 있는 이것, 곧 그 목표를 알고 있는 어떤 부류[130)]가 우선 이 나라에 있어야만 합니다. 우리의 국가적(정치적)인 목표가 도대체 무엇이든 간에 말입니다. 다음으로는, 이 목표에 어떤 방식으로 관여해야만 하는지 그리고 이 부류에게, 첫째로, 법률 자체들 중에서는 어느 것이 그리고 또 사람들 중에서는 누가[131)] 훌

---

129) 의사와 그 조수의 역할에 대한 언급으로는 719e~720e를 참조할 것.

130) 원어 ti to gignōskon 다음에, c5에서 언급하고 있듯, [meros]가 생략된 것으로 보고, '알고 있는 어떤 [부류]'로 옮겼다.

륭하게 또는 그렇지 못하게 조언을 하는지를 아는 [그런] 부류가 말입니
c 다. 하지만 만약에 어떤 나라가 그런 걸 갖지 못하게 될 경우에는, 지성이 없고(anous) 감각도 없는(anaisthētos) 터라,[132] 각각의 일 처리(praxis)에 있어서 그때마다 닥치는 대로 처리하게 되더라도, 전혀 놀랄 일이 아닐 것입니다.

클레이니아스: 참된 말씀입니다.

아테네인: 그렇다면 지금의 우리의 이 나라의 부류(meros)들 또는 활동(제도: epitēdeuma)들 중 도대체 어느 것에 그런 안전 장치(phylaktērion)가, 그게 어떤 것이든, 충분히 마련되어 있습니까? 우리가 말할 수 있습니까?

클레이니아스: 물론 할 수 없습니다, 선생이시여! 적어도 명확히는. 그렇지만 만약에 제가 추측이라도 해야 한다면, 이 논의는 방금 선생께서 야간에 모여야만 하는 걸로 말씀하신 그 회의와 관련되는 걸로 제게는 생각됩니다.

d 아테네인: 아주 훌륭하게 짚으셨습니다, 클레이니아스 님! 그러니, 지금 하고 있는 우리의 논의가 알려 주고 있듯, 이 회의는 전체적인 훌륭함(pasa aretē)[133]을 갖추어야만 합니다. 그 훌륭함은, 여러 가지 것들을 겨냥하다가 헤매게 되는 일이 없이, 한 가지에 주목하고서 모든 것을, 이

131) 법률 자체들 중에서는 어느 것이 그리고 또 사람들 중에서는 누가'에서 '어느 것'과 '누구'로 지칭한 것의 원어는 'tis' 하나이지만, 이게 문법상으로는 법률 자체들 중의 '어느 것'과 사람들 중의 '누구' 양쪽 다를 받고 있기에, 이처럼 반복하는 형태로 달리 표현했다.

132) 961d~e를 참조할 것.

133) '전체적인 훌륭함'(pasa aretē; 630b에서는 sympasa aretē로 표현됨)은 '훌륭함(덕)의 어떤 한 부분'(aretēs ti morion; 631a에서는 morion aretēs로 표현됨)과 대비되는 뜻에서 사용되고 있다. 630b 및 630e의 본문 및 해당 각주를 참조할 것.

를테면 투척 무기들을 던지는 경우처럼, 언제나 이걸 향해 던지는 것에서부터 시작합니다.[134)]

클레이니아스: 그건 전적으로 그렇습니다.

아테네인: 이제 우리는 알게 될 것입니다. 각 나라들의 법규가 갈팡
질팡하는 것은 조금도 놀랄 일이 아닌데, 이는 각 나라에 있어서 법률 제
정에서 주안점을 두는 것이 나라마다 다르기 때문이라는 걸. 그리고 많
은 경우에 이 또한 조금도 놀랄 일이 아닙니다. 즉, 어떤 이들에게 있어
서 올바른 것들의 의미 규정(기준: horos)[135)]은 어떤 사람들이, 더 나은
사람들이건 또는 더 못한 사람들이건 간에, 그 나라에서 통치를 하기 위 e
한 것이며,[136)] 어떤 이들에게 있어서는, 누군가의 노예들이건 또는 아니
건 간에, 부유하게 되기 위한 것이니, 이들의 열망은 자유로운 삶을 향해
내닫는 것입니다. 그런가 하면 어떤 이들은 두 가지 것들을 주목하며, 양
쪽 것 다를 위한 입법을 하는데, 자신들이 자유로우면서 다른 나라들의
주인들로 되기 위한 것이죠.[137)] 반면에, 스스로들 가장 지혜로운 걸로 여
기고 있는 자들은 이것들 그리고 이와 같은 것들 모두에 주목하지, 어느
한 가지 것에 주목하지는 않습니다.[138)] 이들로서는 다른 것들이 주목해
야 할 것으로 각별히 귀히 여기는 것으로 말할 수 있는 것이 아무것도 없
는 터이니까요.

---

134) 705e~706a를 참조할 것.

135) '의미 규정' 또는 '정의(定義)'를 뜻하는 헬라스 말로는 horos 이외에도 logos가 있다. '의미 규정'(정의)을 뜻할 때의 logos의 쓰임새가 horos와 다른 점은 그것이 '의미 규정 형식'(formula)을 갖춘 '말'(logos)이라는 점이다. 895d의 본문 및 해당 각주를 참조할 것.

136) 이와 관련해서는 714b 이후에서 하게 된 논의를 참조할 것.

137) 687a 및 694a를 참조할 것.

138) e7(또는 8)의 eis hen de 〈ou〉의 텍스트 읽기에서 〈ou〉를 보완해서 읽는 쪽을 택했다.

963a 클레이니아스: 그러니까, 선생이시여, 우리가 오래전에[139] 채택한 것은 옳게 한 게 아닙니까? 왜냐하면 우리의 법률에 속하는 모든 것은 언제나 한 가지 것에 주목하는 것들이어야만 한다고 우리가 말했기 때문인데, 이건 [사람으로서의] 훌륭함(aretē)이라 말하는 것이 전적으로 옳다는 데 아마도 우리가 동의했던 것 같습니다.[140]

아테네인: 네.

클레이니아스: 하지만 [사람으로서의] 훌륭함을 우리는 적어도 넷으로 보았던 것 같습니다.[141]

아테네인: 물론입니다.

클레이니아스: 하지만 이것들 모두 가운데서도 주도하는 것은 지성(nous)이고, 바로 이것을 다른 모든 것들도 그리고 이것들 중의 셋 또한 이를 주목해야만 합니다.[142]

아테네인: 아주 훌륭히 이해하셨습니다, 클레이니아스 님! 그러면 나머지 것들도 따라잡으십시오. 그야 조타수의 지성과 의사의 지성 그리고
b 장군의 지성이 주목해야만 하는 그 한 가지 것은 우리가 [이미] 말했습니다만,[143] 정치가의 지성(ho politikos nous)은 우리가 지금 여기에서 검토하고 있으니까요. 그러면 상대가 사람인 것처럼 질문을 하고 싶군요. "아, 대단한 이여! 그렇다면 그대는 어디에 목표를 두고 있소? 의사의 지성은 명확히 말할 수 있는 바로 그 한 가지 것이 도대체 무엇이오? 그대야말로 사려 깊은 모든 이들 중에서도 각별한 걸로 스스로도 주장할 자로서 그걸 말해 줄 수가 없단 말이오?" 아니면 적어도 선생께서는, 메

139) 제1권 첫머리 부분부터를 가리킨다.
140) 630a~631d, 688a~b 및 770b~771a를 참조할 것.
141) 630a~b에서 네 가지로 용기, 올바름(정의), 절제 및 지혜를 말했다.
142) 631b~d를 참조할 것.
143) 961e~962a에서.

길로스 님 그리고 클레이니아스 님, 선생들께서는 그를 대신해서 또렷한 말로 이게 도대체 무엇이라고 주장하시는지 제게 말씀해 주실 수 있겠습니까? 제가 많은 다른 사람들을 대신해서 두 분께 정의해 드렸듯이 말씀 c
입니다.

클레이니아스: 전혀 그럴 수가 없군요, 선생이시여!

아테네인: 그러면 그 한 가지 것과 그것이 표현되고 있는 형태들을 두루 알아볼 수 있도록 진력해야만 한다고 하면 어떤가요?

클레이니아스: 이를테면, 무엇들로 표현되고 있다는 말씀인가요?

아테네인: 이를테면, [사람으로서의] 훌륭함의 종류들(aretēs eidē)로 네 가지가 있게 되었다고 우리가 말했을 때, 그것들이 어쨌든 넷이므로, 그 각각을 하나로 말해야만 한다는 건 명백합니다.

클레이니아스: 물론입니다.

아테네인: 그렇더라도 이것들 모두를 우리는 한 이름으로 일컫습니다. 우리는 용기(andreia)를 [사람으로서의] 훌륭함(aretē)이라 말하고, 또한 지혜(phronēsis)도 [사람으로서의] 훌륭함이라 말하며, 다른 둘 또
한 그리 말하니까요. 사실 여럿이 아니라, 다만 이 하나일 뿐인 것, 곧 d
[사람으로서의] 훌륭함으로서 말입니다.

클레이니아스: 분명히 그렇습니다.

아테네인: 그러므로 어떤 점에서 이들 둘이 서로 달라 이름도 둘을 갖게 되었는지를, 다른 것들 또한 그런 것도, 말하기는 조금도 어렵지 않습니다. 그러나 어떻게 해서 이들 둘에 대해 하나의 이름으로, 곧 [사람으로서의] 훌륭함으로 일컫게 되었는지를, 그리고 다른 것들에 대해서도 그러게 되었는지를 말하기는 여전히 쉽지가 않군요.[144]

144) [사람으로서의] 훌륭함(aretē) 자체와 이의 부분(morion, meros)들에 대한 논의들은 《프로타고라스》 편 329c 이후 및 349b 이후, 《메논》 편

클레이니아스: 어떤 뜻으로 하시는 말씀인지?

아테네인: 제가 말하고 있는 바를 명백히 하는 건 어렵지 않습니다. 질문과 대답을 서로 나누기로 합시다.

클레이니아스: 이번에는 어떻게 하자는 말씀인지?

e 아테네인: 우리가 용기와 지혜 둘 다를 도대체 왜 하나로, 즉 [사람으로서의] 훌륭함으로 일컬었다가, 이것들을 다시 둘로 지칭하는지를 물으십시오. 제가 그 원인을 선생께 말씀드릴 테니까요. 그 하나는, 곧 용기는 두려움과 관련된 것으로, 이에는 짐승들조차도 관여하거니와, 아주 어린아이들의 성품도 관여합니다. 혼은 이성 없이도 그리고 자연적으로도 용감해지기 때문입니다.[145] 그런 반면에, 이성(logos) 없이는 혼이 지

70a~79e, 《국가(정체)》 편 427d~444e 그리고 《정치가》 편 306a 이후에서도 하고 있다.

145) 용기와 관련된 이런 언급은 《라케스》 편 197a 이후에서 하고 있는 논의와도 분명히 배치되고 있음이 단박 드러난다. 특히 이 대화편(197a~c)에서 니키아스와 라케스가 하는 대화 중의 다음 내용을 참조할 것. "사실 저는 야수도 또한 그 밖의 것으로서, 두려워할 것들에 대해 알지 못함으로 해서 두려워하지 않는 그 어떤 것도 전혀 용감한 것들로는 일컫지 않고, 겁이 없고 어리석은 것으로 일컫습니다. 알지 못하는 탓으로 아무것도 무서워하지 않는 모든 아이를 제가 용감한 걸로 일컫는다고 혹시라도 선생께서 생각하십니까? 그러나 겁이 없는 것과 용감한 것은 같은 것이 아니라고 저는 생각합니다. 한데, 저는 아주 소수의 사람이 용기와 원려(遠慮, 선견지명)에 관여하지, 아주 많은 남녀와 아이들 그리고 야수들은 대담성(thrasytēs)과 무모함(tolma) 그리고 원려(遠慮, 선견지명) 부족(aprométhia)에 따른 겁 없음에 관여하고 있는 걸로 생각합니다. 그러니까 선생께서 그리고 많은 사람이 용감한 것들로 일컫는 것들은 이것들인데, 이것들을 저는 대담한 것들로 일컫거니와, 용감한 것들이란 제가 말하는 지혜로운(분별 있는) 것들입니다." 그러니까 《법률》 편의 이 대목에서 말하는 용기란 대담함(tharsos)이나 만용에 가까운 용맹성과 미처 구별되지 않은 상태의 것을 가리키고 있는 셈이다. 《프로타고라스》 편 349b 이후(특히 351a~b)의 논의를 참조할 것. 이와 관련된 한층 심도 있는 논

혜롭고 지성(nous)을 지니는 것이[146] 결코 있었을 수도, 있을 수도 없으며, 또한 언젠가 있게 될 수도 없을 것입니다. 이는 [용기와는] 다른 것이니까요.

클레이니아스: 참된 말씀입니다.

아테네인: 이제 어떻게 그것들[147]이 다르며 둘인지도, 선생께서는 저 964a
의 설명에 의해서 아시게 되었습니다. 하지만 어떻게 그것들이 하나이며

의로는 《국가(정체)》 편 430a~434c를 참조할 것.

146) '이성(logos) 없이는 혼이 지혜롭고 지성(nous)을 지니는 것이' 에서 '혼이 지혜롭고 지성을 지니는 것이(psychē phronimos te kai noun echousa)' 를 Saunders처럼 "a wise and sensible soul"(혼이 지혜롭고 지각 있는 것이)로 옮길 수도 있다. 물론 noun echein은 '지각 있는' (be sensible) 또는 '마음이 …에 가 있는' 이나 '마음이 …로 향하여 있는' 의 뜻으로 쓰이는 말이기도 하니까. 그러나 혼이 지혜로우면 그것으로 되지 그보다 오히려 한결 낮은 정도를 나타내는 '지각 있는' 이라는 표현을 굳이 덧붙인다는 것은 문장 기법상으로도 맞지 않는 것일 것이다. 따라서 이는 '지성(nous)을 지니는 것이' 로 옮기는 것이 이치에 맞는 걸로 보아야 할 것이다. 이 대목은 플라톤이 이성(logos = reason)과 지성(nous = intelligence)을 구별해서 쓰고 있는 또 하나의 전거(典據)가 될 수 있는 것이기도 하다는 게 나의 생각이다. 흔히 logos도 nous도 한결같이 '이성' (reason)으로 번역하는 사람들이 많다. 그러나 이 대화편에서만 해도 714a에서의 '지성의 배분' 을 비롯하여 nous가 쓰이고 있는 곳들이 50군데 정도나 되고 있거니와, 지금의 이 대목 이후(965a~969c)에서도 중요한 의미의 것으로 반복적으로 쓰이고 있다. 《티마이오스》 편 46d에서도 이들 둘은 엄연히 구분되어 쓰이고 있다. "이것들은 어떤 경우에도 이성(logos)이나 지성(nous)을 지닐 수가 없습니다. 왜냐하면 존재하는 것들 중에서 지성을 지니기에 합당한 유일한 것을 우리는 혼이라 말해야만 하기 때문입니다." 더구나 《국가(정체)》 편 제6, 7권에서도 확인할 수 있듯, 이데아들 또는 형상(eidos)들은 지성의 대상들(ta noēta) 곧 '지성에 의해서[라야] 알 수 있는 부류' (to noēton genos)로 지칭되지, 이성의 대상으로 지칭되지는 않는다.

147) 물론 용기와 지혜를 가리킨다.

같은 것인지를 이번에는 선생께서 제게 설명해 주십시오. 그것들이 넷이면서 어떻게 하나인지도 말씀하실 생각을 하시고서, 제게 요구하십시오. 즉 그것들이 하나라는 걸 선생께서 증명해 보이신 뒤에, [저더러는] 그것들이 어떻게 해서 넷인지를 [증명해 보이라고] 말입니다. 그러고서 그다음으로, 어떤 것들에 관련해서건, 그 이름(onoma)이 있고, 그 의미 규정(정의: logos)이 또한 있는 것들[148]에 대해 아는 자(ho eidōs)가 그 이름을 아는 것만으로 충분하지, 그 의미 규정은 알 필요가 없는지, 아니면 적어도 뭐라도 된다는 사람[149]이 그 중요성과 빼어남으로 해서 각별한 것들과 관련해서 그런 모든 걸 모른다는 것은 부끄러운 일인지 고찰하도
b 록 합시다.

클레이니아스: 확실히 그런 것 같습니다.

아테네인: 그러면 입법자 및 호법관(護法官)에게 있어서, 그리고 [사람으로서의] 훌륭함(덕)에 의해서 모두 가운데서도 특출한 것으로 스스로 여기고 있으며 바로 이것들로 우승 상까지 받은 사람[150]에게 있어서 지금 우리가 말하고 있는 바로 이것들, 곧 용기와 절제, 올바름(정의) 그리고 지혜보다도 더 중요한 것이 있습니까?

클레이니아스: 어떻게 있을 수 있겠습니까?

아테네인: 그러니까 이것들과 관련해서는 해설자들과 가르치는 사람들, 입법자들, 그리고 다른 사람들을 수호하는 자들이 남다르겠죠?[151]
c 그건, 깨닫고 알아야 할 필요가 있는 자에게, 또는 벌 받고 꾸지람을 들

---

148) 895d~e의 본문 및 해당 각주를 참조할 것.

149) '[적어도] 뭐라도 된다는 사람'의 원어는 'ho [ge] ōn ti'이다. 《라케스》편 200a에는 '스스로 뭐나 되는 듯이 생각하고 있는 사람'(anēr oiomenos ti einai)이라는 표현이 보인다.

150) 730c~731b 및 해당 각주를 참조할 것.

151) 대체로 말해서 이들은 [새벽녘] 야간회의를 구성하는 사람들인 셈이다.

어야 할 필요가 있는 잘못한 자에게, [사람으로서의] 나쁨(악덕: kakia)과 훌륭함(덕: aretē)이 어떤 힘을 갖고 있는지 가르쳐 주고 어떻게든 명시해 줌으로써가 아니겠습니까? 아니면 이 나라에 들어온 시인이나 또는 스스로 젊은이들의 교육자로 자처하는 자가 전체적인 훌륭함으로 우승상을 받은 이보다도 더 나아 보이는 건가요? 그렇게 되면, [사람으로서의] 훌륭함에 대해 충분히 알고 있어서 언행으로 충분히 자격을 갖춘 수호자들이 없는 이런 나라에서, 무방비 상태인 이 나라가 오늘날의 나라 d
들 중에서 많은 나라가 겪고 있는 일들을 겪는 게 뭐 놀라운 일이겠습니까?

클레이니아스: 전혀 놀랄 일이 아닐 것 같습니다.

아테네인: 어떤가요? 지금 우리가 말하고 있는 걸 우리가 실행해야만 할까요, 아니면 어떻게 해야 할까요? 수호자들(phylakes)은 [사람으로서의] 훌륭함과 관련해서 다중(hoi polloi)보다도 언행에 있어서 더 정확(엄밀)하도록 대책을 강구해야만 하나요? 아니면 우리의 이 나라가 무슨 방도로, 그 자체에 이와 같은 어떤 수호 수단을 갖추어 가짐으로써, 사려 깊은 사람들의 머리 그리고 감각들을 닮게 되겠습니까?

클레이니아스: 그러니까, 선생이시여, 어떻게 그리고 어떤 식으로 이 나라를 그런 사람에 비유하여 가며 말할 수 있겠습니까?

아테네인: 나라 자체는 몸통 같은 것이어서,[152] 수호자들 가운데서도 e
자질이 훌륭하고 혼 전체를 통해서 날카로움을 지닌 젊은이들이 선발되어, 이를테면 머리 꼭대기에서 나라 전체를 빙 둘러 조망하여, 지켜보면서 지각한 것들을 기억들에 넘겨줌으로써, 연장자들을 위해 나라에서 일어나는 모든 일의 보고자가 되고, 반면에 많은 주목할 만한 일들에 있어서 특출하게 지혜를 발휘함에 의해서 지성에 비유되는 사람들,[153] 곧 원 965a

152) 몸통에 대한 비유는 《티마이오스》 편 곳곳에 나온다.

로들은 숙의 결정을 하고, 젊은이들과의 협의와 함께 이들을 조수들로 이용함으로써, 바로 이처럼 양쪽이 공동으로 나라 전체를 진정으로 보전하는 게 명백합니다. 이 일의 준비는 이런 식으로 되어야만 하는 걸로, 아니면 달리 어떻게 되어야만 하는 걸로 우리가 말할까요? 이 나라는 모두가 똑같은 시민들을 갖게 되어서, 용의 주도하게[154] 양육되고 교육받게 된 시민들을 더러 갖게도 되지 못하게 되는 거나 아닌지요?

클레이니아스: 하지만 그렇게는 될 수 없는 일입니다, 선생이시여!

b 아테네인: 그러므로 앞의 것보다 더 엄밀한(정확한) 어떤 교육으로 나아가야만 합니다.[155]

클레이니아스: 아마도 그래야 할 것입니다.

아테네인: 그렇다면 방금 우리가 대충은 건드렸던 그 교육[156]이 우리에게 필요한 것인가요?

클레이니아스: 그건 아주 분명합니다.

아테네인: 그런데 적어도 각각의 것들과 관련된 우두머리 장인 또는 전문가[157]와 수호자는 여럿(ta polla)을 바라볼 수 있어야 할 뿐만 아니라, 하나(to hen)를 알도록 촉구해야만 하며, 일단 이를 알게 되면, 모든 것을 총괄적(포괄적)으로 봄으로써[158] 이와 관련지어 조직화하게 되어

---

153) 961d~e를 참조할 것.

154) '용의 주도하게(엄밀하게)'로 번역한 diēkribōmenōs를 Burnet는 diēkribōmenous로 읽었으나, 이를 따르지 않았다. 그리고 이 표현은 964d5의 akribesterous(더 정확 또는 엄밀하도록)와 그 내용에 있어서 연관된다고 보는 게 옳을 것이다. 이는 바로 다음(b)의 '한결 더 정확한(엄밀한) 교육'(akribestera paideia)에 대한 언급으로도 확인되는 바다.

155) 817e의 끝 부분에서 818a의 첫머리까지를 참조할 것.

156) 963a~964a에서 언급된 내용과 관련된 것이겠다.

157) 여기서 '장인 또는 전문가'로 번역한 원어는 dēmiourgos이다. '데미우르고스'는 장인 또는 장색을 뜻하는 말이지만, 이처럼 어떤 분야의 전문가를 뜻하기도 하기 때문이다.

야만 한다고 우리가 말하지 않았던가요?

클레이니아스: 옳게 한 말이었습니다.

아테네인: 그런데 여럿이며 같지 않은 것들에서 하나의 이데아[159]를 c
바라볼 수 있는 것보다도 더 정확한 고찰(skepsis)과 봄(thea)이 어떤 것에 대해서든 누구에게든 일어날 수 있을까요?

클레이니아스: 아마도 그럴 수 있을 것입니다.

아테네인: 아마도가 아니라, 실제로 이보다도 더 명확한 방법은 그 누구에게도 없습니다, 선생이시여!

클레이니아스: 선생이시여, 선생을 믿고서 동의하니, 역시 이 방식으로 논의를 진행합시다.

---

158) '총괄적(포괄적)으로 봄으로써' (synorōnta)라는 표현은 《파이드로스》 편에서도 만나게 되는 표현이다. 이 대화편에서 소크라테스는 '여러 군데에 흩어져 있는 것들을 총괄하여 봄으로써(synorōnta) 하나의 이데아로 모으는 것(eis mian idean … agein)' (265d)의 중요성을 강조하면서, 그는 이런 말을 하고 있다. "물론 나 자신도 이들 나눔과 모음의 신봉자(애호가: erastēs)인데, 이는 내가 주장을 펼 수도 있고 슬기로울 수도 있게 되었으면 해서일세. 누군가 다른 사람이라도 본성상 하나(hen)이면서 여럿(polla)인 것을 알아볼 수 있는 사람이라고 생각되기라도 하면, '마치 그가 신이기라도 한 것처럼, 그의 발자국을 뒤따라', 그 사람을 좇아갈 걸세. 그리고 더 나아가서는 이를 할 수 있는 사람들을 나로서는 이제껏은, …… , 변증술에 능한 이들(dialektikoi)이라 일컫고 있네." (266b) 역시 이와 관련된 언급을 우리는 《국가(정체)》 편(537c)에서도 만나게 된다. "교과들 상호 간의 친근성 및 실재(to on)의 본성(physis)에 대한 '포괄적인 봄' (synopsis)을 갖도록 해야만 됨"을 강조하면서, 포괄적으로 보는 사람(ho synoptikos)이 변증술에 능한 사람(ho dialektikos)이라 한다.

159) '이데아' (ἰδέα) 및 이것의 '봄' (thea, idein)과 관련해서는 역자의 《플라톤의 네 대화편》 중의 《파이돈》 편 각주 79를 참조하는 게 좋겠다. 《법률》 편에서의 이런 언급들은 플라톤의 이데아 설 또는 형상 이론이 실제로 응용되고 있음을 보여 주고 있는 훌륭한 사례라 할 것이다. 또한 《필레보스》 편 16c~17a 및 《국가(정체)》 편 제5,6,7권을 참조할 것.

965c

아테네인: 따라서 우리의 신적인 나라 체제의 수호자들도, 첫째로,
d 넷 모두를 통해서 동일한 것이 도대체 무엇인지를, 곧 용기와 절제, 올바
름 그리고 지혜에 있어서 하나인 것으로 우리가 말하고 있는 것으로서,
하나의 이름으로써 [사람으로서의] 훌륭함(덕: aretē)이라 지칭하게 되
는 것을 정확하게 보아야(idein)만 할 것 같습니다. 친구들이시여, 우리
가 바란다면, 지금으로서는 이것[160]을, 말하자면, 단단히 누르고 있음으
로써 올라오지 못하게 하죠. 주목해야만 하는 것이 무엇인지를 우리가
충분히 말하게 되기 전에는 말입니다. 즉 그게 하나이건 또는 전체이건
또는 그 양쪽이건 또는 그게 도대체 어떤 성질의 것이건 간에 말이죠. 혹
은 이것[161]이 우리를 비켜갈 경우, 우리는 [사람으로서의] 훌륭함과 관련
된 것들에 있어서 도대체 우리가 충족한 상태에 있을 것이라 생각합니
e 까? [사람으로서의] 훌륭함에 대해, 이게 여럿인지도 또는 넷인지도 또
는 하나인지도 우리가 말할 수 없게 될 경우에 말입니다. 그럴 수 없고말
고요. 적어도 우리가 자신들의 충고를 따른다면 말입니다. 그러나 우리
는 우리의 이 나라 안에 이것[162]이 다른 어떤 식으로라도[163] 생기도록 강
구할 것입니다. 하지만 이 문제는 아주 [논의를] 그만두는 게 좋을 것 같
다면, 그야 그만두어야 합니다.

---

160) 앞에서 말한 '동일한 것' 곧 '넷 모두를 통해서 동일한 것'을 가리킨다.

161) Saunders의 견해대로, 이 경우의 '이것'은, 문맥상 그 내용으로 보건대, 동일한 것인 [사람으로서의] 훌륭함에 대한 앎이 되어야 할 것 같다.

162) 앎에 기반을 둔 [사람으로서의] 훌륭함으로 보는 게 옳을 것 같다. 이 대목의 지시대명사 touto가 가리키고 있는 것들과 관련해서는 Saunders의 *Notes*, No. 129를 참조할 것.

163) '다른 어떤 식으로라도'는 앞(b)에서 말한 '더 엄밀한 교육'을 통한 앎을 갖게 하는 게 여의치 않을 경우, 이를테면 '참된 의견'에 의한 '훌륭함'의 실천도 차선의 것일 수 있을 것이다. 이와 관련해서는 632c의 본문 및 해당 각주를 참조할 것.

클레이니아스: 선생이시여, 손님을 보호하는 신[164]에 맹세코, 그런 문제[의 논의]는 단연코 그만두어서는 안 될 것 같습니다. 선생께서 지당한 말씀을 하시는 걸로 저희에게는 여겨지니까요. 하지만 이를 누군가가 어떻게 강구할 것인지?

아테네인: 어떻게 우리가 강구할 수 있을 것인지는 아직은 말하지 않기로 합시다. 그래야만 하는지 아니면 그러지 않아야 하는지에 대해 먼저 우리 자신들 사이의 합의에 의해 확실히 해 두도록 합시다. 966a

클레이니아스: 그럴 수 있다면, 그렇게 해야 하고말고요.

아테네인: 다음은 어떤가요? 이는 아름다움과 좋음의 경우에도 똑같은가요? 우리의 수호자들은 이것들 각각이 여럿(polla)이라는 것만 알아야만 하는지, 아니면 그 각각이 어떻게 해서 그리고 어떤 의미에서 하나(hen)인지도 알아야만 하는가요?

클레이니아스: 그것이 어떻게 해서 하나인지도 그들이 생각해 보아야만 하는 게 아마도 필연적일 것 같습니다.

아테네인: 어떤가요? 그들은 이해는 하고 있지만, 그걸 보여 줌에 있어서는 말로 증명해 보일 수가 없는 건가요? b

클레이니아스: 그건 또 어떻게? 선생께선 노예의 어떤 상태를 말씀하시고 계시니까요.

아테네인: 그럼 이 경우는 어떤가요? 모든 진지한 것들과 관련된 우리의 주장은 이것이겠죠? 즉, 진실로 법률의 수호자들[165]로 될 사람들은

---

164) 제우스에 대한 여러 호칭들 중의 하나이다. 843a의 본문 및 해당 각주를 참조할 것.

165) 여기서 말하는 '법률의 수호자들'([hoi] phylakes tōn nomōn)은 관직으로서의 '호법관들'(nomophylakes)과는 구별된다. 따라서 England와 Brisson의 지적처럼 [새벽녘] 야간회의의 구성원들을 뜻한다고 보는 게 옳을 것이다.

966b

법률의 진실과 관련된 것들을 진정으로 알아야 하며, 이를 말로써 능히 해설할 수 있어야 하고, 또한 행동이 뒤따라야만 한다는 것이겠죠? 이루어진 것들로서 훌륭하게 된 것들과 그렇지 못한 것들을 그 성질에 따라 판별함으로써 말입니다.

클레이니아스: 어찌 그렇지 않겠습니까?

c 아테네인: 그런데 가장 훌륭했던 것들[166] 중의 하나는 신들과 관련된
것으로서, 우리가 열의를 갖고 소상히 다루었던[167] 바로 그것이 아니겠
어요? 즉, 신들이 있다는 것 그리고 얼마만큼의 힘을 행사할 수 있는 것
으로 보이는지, 또한 사람으로서 이를 알 수 있는 한은 알아야 한다는
것, 그리고 대부분의 사람들로서는 이 나라의 법률이 말하는 바에만 따
르는 걸 용인하되, 수호에 관여하게 될 사람들로서, 신들이 있다는 데 대
한 전적인 믿음을 갖도록 진력하지 않는 자에 대해서는 용인하지 않는다
d 는 것 말입니다. 비범하고 그것들과 관련해서 진력하지 않은 자가 호법
관들의 일원으로 결코 선발되는 일도, 또한 [사람으로서의] 훌륭함과 관
련해서 선발된 사람들의 일원으로 되는 일도 허용하지 않는 것 말입니다.

클레이니아스: 선생께서 말씀하시듯, 그런 것들에 대해서 게으르거나 무능한 자를 훌륭한 사람들과 멀리 떼어 놓게 되는 것은 어쨌든 올바른 일입니다.

아테네인: 그런데 우리가 앞서 자세히 다루었던 것들 중에서 신들에 대한 믿음으로 인도하는 두 가지 것들이 있다는 걸[168] 우리가 알고 있나요?

클레이니아스: 어떤 것들인데요?

---

166) 바로 앞 문장에서 언급된 '이루어진 것들로서 훌륭하게 된 것들'과도 연관 지어서 하는 말로 보아야 할 것이다.

167) 제10권에서.

168) 제10권의 첫 부분, 특히 893b 이후를 참조할 것.

아테네인: 그 하나는 혼에 대해 말한 것인데, 운동이 그 기원을 갖게 되어 영원히 유동하는 존재[169]를 제공한 모든 것 중에서도 가장 연장(年 e
長)이고 가장 신적인 것이 혼이라는 것입니다.[170] 그런가 하면 또 하나는 이동[운동](phora)[171]과 관련된 것으로, 천체들 및 우주에 질서를 부여한 지성이 통제하는 그 밖의 모든 것의 질서와 관련된 것입니다.[172] 이것들을 보기를 예사롭게도 또는 문외한처럼도 하지 않는 사람은 그 누구도, 다중에 의해서 예상되는 것과는 반대되는 것을 경험하지 못할 정도
로, 결코 그처럼 그 성향이 무신론적이지(atheos)는 않으니까요.[173] 왜냐 967a
하면 이들은 이런 것들을 다루는 사람들이 천문학 그리고 이와 동반하는 다른 필수적인 학술들로 해서 무신론자들로 된다고 생각하고 있기 때문입니다. 자기들이 생각하기로는 이 사람들은 일어나는 사태들이 필연들로 인하여서이지[174] 좋은 것들의 실현들[175]과 관련된 계획적인 의도들로 인한 것은 아님을 간파한 사람들이라는 겁니다.

클레이니아스: 그렇다면 어떻게 되는 건가요?

아테네인: 제가 말씀드렸듯, 지금은 상황이 정반대가 되어 있습니다. 그것들[176]에 대해 생각했던 사람들이 이것들을 혼이 없는 것들(apsycha)

169) 여기서 '영원히 유동(流動)하는 존재'(aenaos ousia)는 우주에서 일어나고 있는 삼라만상의 끊임없이 변화하는 운동 현상을 전체로서 지칭하고 있는 것으로 보인다.

170) 894e~896b를 참조할 것.

171) 893d를 참조할 것.

172) 896d~e 및 899b를 참조할 것.

173) 821a 및 그 이후도 참조할 것. 또한 《소크라테스의 변론》 편 23d를 참조할 것.

174) 889a~e를 참조할 것.

175) 《파이돈》 편 97c 이후를 참조할 것.

176) 천체들을 가리키고 있는 것으로 보아야 할 것이다.

967a

로 생각했던 시기와도 말입니다. 그야 물론 그때에도 그것들에 대해서는
b 경이감들[177]이 일었고, 그것들의 정확성에 접하려 했던 사람들은 지금은
사실로 여겨지고 있는 것에 대해 짐작들은 하고 있었죠. 즉, 혼이 없는
것들에 대해 그처럼 정확성을 기하는 놀라운 계산들을 이용할 수는 결코
없을 것이라는 겁니다.[178] 혼이 없는 것들은 지성을 지니고 있지 않으니
까요.[179] 또한 어떤 이들은 바로 이 주장을 그때에도 감행했습니다. 하늘
에 있는 모든 것에 질서를 부여한 자는 지성(정신)이라고 말한 것입니
다.[180] 하지만 같은 사람들이 이번에는 몸이나 물체들[181]보다도 연장인
혼의 본성에 대해 실수를 했으니, 혼이 나중에 생긴 것으로 여김으로써,
c 말하자면, 모든 걸 다시금 뒤집어 놓았습니다. 저들 자신을 더더욱 그래
놓았던 겁니다. 이들의 눈앞에 모든 것이, 하늘에서 운행하는 것들이 돌
과 흙 그리고 그 밖의 여러 가지 혼 없는 물질들로 충만해 있는 걸로 보인
거죠.[182] 이것들이 온 우주의 원인들 노릇을 하게 되는 걸로 말입니다.
이게 당시에 많은 무신론적인 마음상태(atheotēs)들과 그런 사람들[183]에
대한 나쁜 평판들을 갖게끔 작용했던 것이거니와, 특히 비난들을 해 댈
생각이 시인들에게 들게 했던 것이니, 이들은 지혜를 사랑하는 사람들
(철학하는 이들: hoi philosophountes)을 공연히 짖어 대는 개들에다 비
유하는가 하면, 또한 그 밖의 것들로 생각 없는 말들을 하는 자들로 빗댔

---

177) 원어는 thaumata(단수는 thauma임)이다.

178) 897c를 참조할 것.

179) 961d를 참조할 것.

180) 아낙사고라스(Anaxagoras)의 토막 글 12 참조. 《파이돈》 편 97c에서는 이와 관련해서 소크라테스가 비판적 언급을 하고 있다.

181) '몸이나 물체들'은 sōmata(단수는 sōma임)를 이중으로 번역한 것이다. 896d의 본문 및 해당 각주를 참조할 것.

182) 886d 중간 이후를 참조할 것.

183) 아낙사고라스를 위시한 자연철학자들을 가리킨다.

습니다.[184] 하지만 지금은, 이미 말했듯, 정반대로 되어 있습니다. d

클레이니아스: 어떻게 말씀입니까?

아테네인: 죽게 마련인 인간들 중에서 그 누구도, 이제 말하게 되는 이 두 가지를 파악하게 되지 못하고서는, 결코 확고하게 신을 공경하게 (theosebēs) 될 수가 없습니다. 즉, 혼은 출생에 관여하는 모든 것들 가운데서도 가장 연상인 것이며, 불사하는 것이고, 모든 몸들 또는 물체들을 지배한다는 겁니다. 또한 바로 이것들에 더하여, 방금 여러 차례나 말한 것으로서, 지성이 천체들에 있는 것들을 주도하는 것이라는 겁니다. 그 e
는 또한 이것들에 앞서는 필수적인 학문들(anankaia mathēmata)을 이해하게 될 것이며,[185] 이것들과 [철학을 비롯한] 학예(mousa)[186]에 있어서 공유하게 되는 것들을 함께 검토한 다음, 관습의 관행들 및 법규들과 조화를 이루도록 이용할 것이요, 또한 의미 규정(정의: logos)을 갖는 것들[187]
에 대해서는 그것들의 의미 규정을 해 줄 수 있을 것입니다. 하지만 평 968a
민적인 훌륭함(덕)(dēmosia aretē)들[188]에 더해서 이것들[189]을 갖추어 가

---

184) 《국가(정체)》 편 607b에는 철학자들에 대한 당대 시인들의 온갖 욕설들이 보이는데, 이는 호메로스 이후 교육 및 교양에 있어서 시가 누려온 절대적 지위가 철학으로 인해 손상되기 시작하면서, 시인들과 철학자들 사이의 불화로 인한 비난들이다.

185) 818a를 참조할 것.

186) 여기에서의 mousa에 대해서는 이론이 많고, Saunders도 그의 *Notes*, Nos. 10, 130에서 이에 대한 여러 주장들을 소개하면서, 자기로서는 그 핵심적인 의미를 '철학'으로 이해해야 한다고 주장하고 있다. 아닌게 아니라 이는 일리 있는 주장이다. 왜냐하면 《국가(정체)》 편 548b~c에서는 '그들이 논의와 철학을 아울러 갖춘 참된 Mousa'라는 말을, 또한 499d에서는 철인 치자(治者)의 나라가 실현을 보는 것은 'Mousa가 나라를 장악하게 될 경우에나' 가능한 일로 말하는 것을 만나게 되기 때문이다. [철학을 비롯한]이란 표현을 덧붙인 것은 그런 이유에서이다.

187) 964a를 참조할 것.

188) '평민적인 훌륭함(덕)'(dēmosia aretē)과 관련해서는 《파이돈》 편

질 수 없는 사람은 아마도 나라 전체의 통치자가 되기에는 결코 충분하지 않을 것이나, 다른 통치자들(archontes)의 조력자(hypēretēs)는 될 것

(82a~b)의 다음 구절을 통해서 직접적인 설명을 얻을 수 있을 것 같다. "[이들은] 평민적이고 시민적인 훌륭함(덕)(hē dēmotikē kai politikē aretē)을 닦은 이들이 아니겠는가? 바로 이것을 사람들이 절제(건전한 마음 상태: sōphrosynē) 및 올바름(정의: dikaiosynē)이라 일컫는데, 이는 철학이나 지성(nous)을 거치지 않은 채 습관(ethos)과 단련(수련: meletē)을 통해서 생기는 것이네." 《파이돈》 편에서 말하는 '평민적이고(dēmotikē) 시민적인(politikē) 훌륭함(덕: aretē)'과 여기에서 말하고 있는 '평민적인 훌륭함(덕)(dēmosia aretē)'은 원어 표기상의 차이만 약간 있을 뿐, 같은 걸 뜻한다. 앞서도(710a의 해당 각주 참조) 언급한 바 있는 소크라테스의 지론(持論) 가운데 하나인 "aretē(훌륭함, 훌륭한 상태, 덕)는 epistēmē(앎)이다"라는 주장을 다시 상기할 필요가 있을 것 같다. 이는 '앎'이 없는 또는 '앎'이 뒷받침되지 않은 '훌륭함'(덕)은 참된 '훌륭함(덕)'일 수 없다는 주장이다. 이는 '사람의 훌륭함(덕)' 곧 '사람으로서의 훌륭함'이나 '사람으로서 훌륭한 상태'가 무엇인지에 대한 '앎'이 있고서야 비로소 그 실현이 가능하다는 것을 주장하고 있는 것이다. 제화공의 예는 그 설명을 위해 초든 것이다. 사람으로서의 '훌륭한 상태'(덕: aretē = goodness)도 진정한 사람 '구실'(ergon)이 무엇인지에 대한 '앎'이 있을 때라야 실은 가능한 일이다. 마찬가지로 사람의 훌륭한 상태(덕)들 가운데 하나인 '올바름'이 무엇인지를 모르는 데 진정한 의미에 있어서 올바름을 실천한다는 것은 엄밀한 의미에서 불가능한 일이다. 그래서 '철학이나 지성(nous)을 통한 앎'이 없는 절제나 올바름은 '사람들이 그리 일컫는 이른바 절제나 올바름'일 뿐이다. 그런 앎은 의미 규정, 더 정확히 말해서 '의미 규정 형식'(logos)을 갖춘 정의(定義)를 통해서 확보된다. 《국가(정체)》 편, 430b~c에서는 '시민적 용기'(politikē andreia)가, 500d에서는 '평민적 훌륭함(덕)'(dēmotikē aretē)이 언급되고 있는데, 이것들이 그래도 그런 '훌륭함(덕)'이라 불릴 자격이 있는 것은 철학적인 앎에 근거하여 제정된 법률을 통하여 교육받은 시민들이 구현하여 갖게 된 것이기 때문이다. 《법률》 편에서 더 엄밀한 교육과 관련해서 하고 있는 이런 언급은 [새벽녘] 야간회의를 구성하는 통치자(지도자)들(hoi archontes)이 결국은 《국가》 편에서 강조되고 있는 나라의 참된 수호자들이 되기 위한 교육 과정을 거치는 것과 기본적으로 다를 게 없다고 할 것이다.

189) 바로 앞에서 말한 '의미 규정(정의: logos)을 갖는 것들'을 가리킨다.

입니다. 따라서, 클레이니아스 님 그리고 메길로스 님이시여! 우리가 자세히 다루면서 언급한 그 모든 법률에 이제 이것 또한 덧붙일 것인지 보아야 할 시점이 되었습니다. 우리가 자세히 다룬 그 많은 교육에 참여하게 된 통치자들의 [새벽녘] 야간회의(ho tōn archontōn nykterinos syllogos)가 법에 따라 [나라의] 보전을 위한 수호장치(phylakē)로 될 것인지 하는 것입니다. 아니면 어떻게 할 것인지? b

클레이니아스: 하지만, 친구시여! 우리가 어쩌면 조금이나마 할 수 있게 되는 일이라면, 어찌 덧붙이지 않겠습니까?

아테네인: 그렇지만 어쨌든 이런 것에 대해서는 모두가 열성으로 임합시다. 저 또한 적어도 이 일에는 열성으로 두 분의 협력자가 되고 싶으니까요. 오랫동안 제게 축적된 이런 것들과 관련된, 그것도 아주 풍부한 경험과 고찰에 힘입어서 말입니다. 그야 저 이외에도 다른 협력자들을 어쩌면 제가 또한 찾게 될 것입니다만.

클레이니아스: 하지만, 선생이시여! 무엇보다도 더 어쩌면 신도 우리를 인도할 그 방향으로 나아가야만 할 것입니다. 그러나 무슨 방식이 우리에게 생기는 게 옳을 것인지, 바로 이것을 이제 말하고 알아보도록 합 c
시다.

아테네인: 메길로스 님 그리고 클레이니아스 님이시여! 그런 것들과 관련해서는 아직은 법률 제정을 할 수가 없습니다. 그게 설립되기 전에는 말입니다. 그때에는 이들이 스스로 그 법률 제정을 하게 되는 자격을 갖게 됩니다. 하지만 실제로 그런 것들을 갖추도록 하는 것은 많은 교류를 동반한 가르침일 것입니다. 그게 옳게만 진행된다면 말입니다.

클레이니아스: 어떻게 해서입니까? 무슨 뜻으로 그 말씀을 하신 것인지 저희가 다시 여쭙는다면?

아테네인: 첫째로는, 나이와 배움의 능력, 기질적인 성품 그리고 습관에 의해서 수호의 성격에 적합한 사람들의 명부를 작성해야 할 게 틀 d

968d

림없습니다. 그러나, 그다음으로는, 무엇들을 배워야만 하는지를 찾아내기도 쉽지 않고, 이를 찾아낸 다른 사람에게서 배우는 자로 되는 것도 쉽지가 않습니다.[190] 이것들에 더해서, 그 기간들을, 곧 그 기간에 이것들 각각을 습득해야만 한다는 걸 명문화해서 말해 둔다는 것은 공연한 일입
e 니다. 왜냐하면 배우는 당사자들에게는 무엇을 알맞은 때(적기)에 배우는 것인지가 불명할 것이기 때문입니다. 아마도 각자의 혼 안에 그 학과목의 지식이 생기게 되기 전에는 말입니다. 물론 이것들과 관련된 모든 것을 이처럼 '말해서는 안 될 것들'(aporrhēta)로 말한다는 것은 옳게 말하는 게 아니겠으나, '미리 말하지는 말아야 할 것들'(aprorrhēta)로 말하는 것은 옳겠는데, 이는 미리 말한다고 해서(prorrhēthenta) 논의되고 있는 것들 중의 아무것도 밝히어 주는 게 없기 때문입니다.

클레이니아스: 그렇다면 이것들이 이럴진대, 무엇을 해야만 하나요, 선생이시여!

아테네인: 친구들이시여, 속담대로, 우리의 처지가 딱 중간에 있는 것 같아 보이는군요. 만약에 우리가 나라 체제 전체와 관련해서 모험을 감행하고자 한다면, 즉, 사람들이 말하듯, 주사위의 6점을 세 번 던지거나 또는 1점을 세 번 던지는 걸 감행코자 한다면,[191] 이를 해야만 합니다.
969a 저야 두 분과 모험을 함께할 것입니다. 지금 다시금 논의하게 된 양육 및 교육과 관련해서 적어도 제가 갖게 된 판단들을 말하고 해설함으로써 말입니다. 하지만 이 모험은 작은 게 아니며, 다른 어떤 것들과 엇비슷하지

---

190) 《국가(정체)》 편 528b 이후를 보면, 당시에 새로 발견되기 시작한 과정에 있던 입체기하학의 처지와 관련된 비슷한 언급이 보인다.

191) 주사위놀이에서 6점을 세 번 던지는 것은 승자가 되는 것인 반면에, 1점을 세 번 던지는 것은 패자가 되는 것으로 추정된다. 따라서 '주사위의 6점을 세 번 던지거나 또는 1점을 세 번 던지는 걸 감행한다는 것'은 승산이나 실패가 반반인 것에 대한 모험을 감행함을 의미한다.

도 않을 것입니다. 클레이니아스 님! 선생께서야말로 적어도 이에 대해 마음을 쓰실 것을 제가 권고해 드립니다. 왜냐하면 마그네시아 사람들의 나라를, 또는 신이 이 나라로 하여금 어떤 별칭을 얻어 갖게 하건 간에, 선생께서 이 나라를 바르게 수립함으로써 가장 큰 명성을 얻게 되거나, 또는 훗날 태어나는 사람들 가운데서도 적어도 가장 대담한 이로 간주되는 걸 결코 피할 수가 없을 것이니까요. 아닌게아니라 우리의 이 비범한 b
(신적인) 회의체(ho theios syllogos)가 정말로 성립된다면, 친구들이시여, 이것에 나라를 넘겨주어야만 할 것이며, 이에 대해서는 오늘날의 입법자들 중의 그 누구의 경우에도 실제로 아무런 시비도 일지 않을 것입니다. 오히려 조금 전에 논의를 통해서 머리와 지성의 협력 관계의 어떤 상(像)을 혼성함으로써[192] 다루었던 꿈이 실제로 거의 현실로서 실현되어 있을 것입니다. 그러니까 우리의 이 사람들[193]이 엄격하게 선발되어, 적절하게 교육받고, 교육을 받은 다음에는 이 나라의 성채(akropolis)에 c
거주케 하여, 수호자들로서 완벽을 기하게 한다면 말입니다. 우리는 나라 보전의 훌륭함과 관련해서 이 정도가 된 사람들을 일찍이 우리 생애에서 보지를 못했습니다.

메길로스: 친애하는 클레이니아스 님! 이제껏 우리에게 있어서 언급된 모든 것으로 미루어, 나라의 수립을 [아예] 그만두거나, 아니면 여기 이 손님을 보내지 말고, 간청들과 모든 수단을 강구해서 나라의 수립을 위한 동참자로 만들거나 해야만 합니다.

클레이니아스: 지당한 말씀입니다, 메길로스 님! 저도 그리하겠으니, d
선생께서도 가담하십시오.

메길로스: 가담할 것입니다.

---

192) 961d~e 및 964d~965a에서.

193) 곧 [새벽녘] 야간회의를 구성하게 되는 사람들을 가리킨다.

주요 관직들의 일람표

* 호법관(nomophylax): 37명. 50세 이상인 자. 임기 20년. 단 70세 정년. 참전자들이 추천한 300명의 후보자들 중에서 3차의 투표를 거친 최다 득표자들.

* 장군(stratēgos): 3명. 호법관들이 지명한 자들 중에서 참전자들의 표를 가장 많이 얻은 자들.

* 기병대 지휘관(hipparchos): 2명. 호법관들이 지명한 자들 중에서 참전자들의 표를 가장 많이 얻은 자들로서, 장군들을 보좌함.

* 부족 지휘관(phylarchos): 12명(각 부족에서 1명씩). 장군들이 추천하고 전체 기병들에 의한 거수가결로 정하며, 장군들을 보좌함.

* 분견대 지휘관(taxiarchos): 12명. 장군들이 추천하고 중무장 보병들에 의한 거수가결로 정하며, 장군들을 보좌함.

* 기타 지휘관들: 장군들이 임명함.

* 협의회 위원(bouleutēs): 360명(12부족 x 30). 각각의 과세기준 계층에서 90명씩 매년 선출(90 x 4 = 360). 360명의 1/12씩 1개월간 운영위원단(prytaneis)으로 활동함.

* 신전 관리인(neōkoros), 제관(hiereus) 및 여제관(무녀: hiereia): 세습이 원칙이지만, 초기에는 추첨에 의해 당첨된 자들.

* 해설자(exēgētēs)(율법 해설자): 3명. 60세 이상인 자들로 종신. 9명을 뽑아서 델피로 보내, 신탁을 통해서 임명함.

* 시내(도심지역)관리인(astynomos): 3명. 모든 시민이 참여하여 과세기준 재산이 첫째인 계층 6명을 선발하여, 이들 중에서 심사위원들이 3명을 선출.

* 시장관리인(agoranomos): 5명. 모든 시민이 참여하여 과세기준 재

산이 첫째 및 둘째인 계층에서 5명을 선출.

* 농촌지역 관리인(agronomos) 겸 수비대장(phrourarchos): 부족마다 5명씩. 임기 2년. 대원 12명씩.

* 총교육 감독관(ho peri paideias pasēs epimelētēs): 1명. 임기 5년. 협의회 위원들을 제외한 전체 관직 종사자들이 아폴론 성전으로 가서 호법관들 중에서 최적임자로 간주되는 1인을 비밀투표에 의해 선출.

* 기타. 시가와 체육을 관장하는 관리들: 교육을 위한 관리들(김나시온 및 학교의 감독관들), 각종 경연을 위한 관리들(체육 경기 및 시가 경연의 심판관들), 합창가무단과 관련된 관리(40세 이상의 1인), 독창과 관련된 관리(30세 이상의 1인).

* 법원(법정: dikastērion): 1. 개인 간의 송사: (1) 소송 당사자들의 합의 아래 이웃들로 이루어진 중개자들인 재판관들. (2) 부족 단위의 법정. (3) 세 번째의 최종 법정. 2. 공소의 경우: 사형과 관련된 재판관들은 호법관들 및 전년의 관리들 중에서 공적에 따라 뽑힌 재판관들.

* 감사관(euthyntēs, euthynos): 해마다 하지 다음에 온 시민이 아폴론의 성역에 모여, 저마다 모든 면에서 가장 훌륭한 걸로 여기는 50세 이상인 자의 이름을 공개함으로써 최다 득표를 한 3명을 선출함. 단 첫해에는 12명을 선출하는데, 75세까지 복무케 함. 모든 관직에 대한 감사를 함.

* 대제관(大祭官: archiereus): 해마다 그 해에 으뜸으로 뽑힌 1인의 이름을 기록하여, 그 이름을 연도의 척도로 삼음.

* [새벽녘] 야간회의(ho nykterinos syllogos): 이는 나라와 법률의 최종적인 보전장치로서 제시된 기구이며, 원로들과 젊은이들로 혼성됨. 수훈을 세운 사람들, 호법관들 중에서 원로 10인, 신임 및 전임 교육감독관들, 오랫동안 외국 시찰을 다녀온 자격자들. 이들은 저마다 30~40세의 젊은이들(자격 검증을 받은 자들)을 대동하여, 법률 및 나랏일과 관련된 일들 그리고 이와 관련된 학문들에 대해 논의함.

부록

미노스 · 에피노미스

《미노스》 해제

이 대화편은 오늘날 대체로 플라톤의 것이 아닌 것으로 간주되고 있는 것이다. 물론 이에 대해 강력하게 반론을 펴면서, 플라톤 자신의 것이라고 주장하는 학자들도 있다. 이를테면, Morrow가 대표적으로 그런 편이다.[1] 시기상으로는 《법률》 뒤인 4세기 중엽 이후의 것으로 간주되고 있다. 그러나 그 내용은 《법률》 편에 대한 일종의 머릿글 같은 성격의 것이라 하는 것이 옳겠는데, 그 이유들로 다음 몇 가지를 들 수 있겠다.

첫째로, 이 대화편은 대뜸 "우리에게 법은 무엇인가?" 하는 물음의 제기부터 시작하면서, 그 물음의 성격은 "법 전반이 무엇인가"를 묻고 있는 것임을 밝힌다. 이 물음은, 크레테에 새로 세우려는 마그네시아(Magnēsia)의 법률을 제정하기에 앞서, 그 법률의 정당성(orthotēs) 확보를 위해서도 모름지기 제기됨 직한 것이다. 그것들은 관례들(관례로 되는 것들: ta nomizomena)이고, 결의(決議)된 것들(dogmata)이며 표결된 법령들(psēphismata)이요, 나라의 결의(dogma poleōs)이고, 나라 차원의 (국가적인) 판단(doxa politikē)일 수 있겠다는 대답이 제시된다. 그러나 법이 법다우려면, 참된 판단(hē alēthēs doxa)이어야 할 것이고, 이는 참

---

1) 그의 책 *Plato's Cretan City*, 35~39 참조.

으로(사실이) 그런 것(to on)에 기반을 둔 것이어야 할 것이다. 지역이나 사람들에 따라 달라질 수 없는, 참으로 올바른 것, 참으로 아름다운 것, 참으로 옳은 것 등을 알아내어, 이것에 기반을 둘 때에야 법은 상대적인 것이 아닌 절대적인 그 정당성을 확보할 수 있다는 주장이다. 이는, 법이 법다우려면, 《법률》 편에서 지성의 배분이어야 한다고 한 주장과 연결된다.

둘째로, 크레테의 입법자로서 이다 산의 동굴에서 9년마다 제우스의 가르침을 받았다는 미노스 왕에 대한 제대로 된 평가를 하도록 이 대화편은 유도하고 있다. 아테네인들이 갖고 있는 적대감에 가까운 편견을 털어 낼 필요가 있다. 그래야만 《법률》 편에서의 세 노인이 법률에 대한 논의를 종일토록 하면서 이다 산으로 향하는 성스러운 순례가 그 의미를 가질 수 있기 때문이다. 이와 함께 강조되고 있는 것은 미노스가 쥐고 있는 제우스의 홀(skēptron)로 상징되는 교육의 중요성이다.

마지막으로, 《법률》 631b~d에서 법률이, 아니 입법자가 마땅히 주목해야 할 것은 생물로서의 인간이 좋은 것으로 여기는 것들이 아니라, 혼을 지닌 인간으로서 귀히 여겨야 할 좋은 것들이라는 걸 강조하고 있는데, 이 대화편에서도 '혼들에 있어서 훌륭한 것과 하찮은 것이 달려 있는 것들을 혼이 모른다는 것'은 우리 각자의 혼에는 부끄러운 일임을 새삼 일깨우려 하고 있다.

이런 점들에서 이 대화편은 《법률》 편을 읽는 장도에 오르기 전에 독자로 하여금 마음의 준비 운동이라도 시켜 두고자 하는 것인지도 모를 일이다.

그리고 《미노스》의 일차적인 번역 대본으로 삼은 것은 Budé 판 플라톤 전집(*Platon: Œuvres Complètes*) 중의 제13권 제2부에 Joseph Souilhé가 교열 편찬하여 수록된 Dialogues suspects(진위가 의심스러운 대화편들) (1962년 판) 중의 *Minos*이다. 또한 Oxford Classical Texts 중에서 J.

Burnet이 교열 편찬한 *Platonis Opera*, 제5권(1907)에 수록된 *Minos*와 Loeb 판 플라톤 전집 중의 제12권에 수록된 *Minos*도 물론 함께 참조했다.

《미노스》 또는 《법에 대하여》

대화자: 소크라테스, 제자[2]

소크라테스: 우리에게 법(nomos)[3]은 무엇인가? 313a

제자: 법률(nomoi) 중에서도 어떤 걸 물으시는 건가요?

소크라테스: 뭘 묻느냐고? 바로 이 점에 있어서, 즉 법인 점에서(kata

2) 원어 hetairos는 전우, 동료, 친구, 동지, 제자 등을 뜻하나, 소크라테스의 경우에는 그를 따르는 친구 겸 제자로 보는 게 좋을 것 같다. 그러나 이 경우에도 단서는 붙어야 할 것이다. 소크라테스가 《변론》 33a에서 밝히고 있듯, 그는 정식으로 어느 누구의 선생(didaskalos)이 된 적이 없다. 따라서 흔히 말하듯, 그에게서 정식으로 가르침을 받은 제자(mathētēs)도, 정식으로 그의 문하로 찾아가는 문하생(phoitētēs)도 없었다. 오히려 그는 젊은이들이 모이는 곳이나 담론이 있을 만한 곳들을 스스로 찾아가거나 여러 사람들과 어우러져서는 철학적 논의나 담론으로 몇 시간이고 보내며 소일하다시피 한다. 이런 걸 헬라스어로는 '디아트리베'(diatribē)라 했다. 소크라테스의 일생은 이 '디아트리베'로 일관한 일상의 연속이었다고 말해도 될 것이다.

3) 원래 nomos는 관습이나 관례를 뜻하는 말이었다. 관습이나 관례가 공동체의 구성원들에 대해 강제적인 구속력을 갖게 되면 이른바 불문율(agraphos nomos)이 될 것이고, 그 공동체가 필요에 의해 새로이 법을 제정해서 이를 명문화하면, 성문법(gegrammenos nomos)이 될 것이다.

313a

to nomos einai) 법과 법은 다를 수 있는 건가? 실은 내가 자네에게 묻고 있는 바를 생각해 보라고 해서네. 내가 묻기를, 이를테면, 금이 무엇인지를 내가 물었을 경우에, 마찬가지로 자네가 내게 묻기를 어떤 금을 내가 말하고 있는 거냐고 한다면, 내가 생각하기로는 자네가 옳게 묻는 게 아닐 것이란 걸세. 금이 금과는, 또한 돌이 돌과는 어떤 점에서도 전혀 다

b 르지 않을 게 확실할 테니까. 적어도 돌이라는 점에서 그리고 금이라는 점에서는 말일세. 이처럼 법도 법과는 어떤 점에서도 다르지 않은 게 확실하겠으니, 그것들은 모두가 같은 것일세. 이것들의 각각은 똑같이 법이지, 어느 것은 더 법인 반면에 어느 것은 덜 법이지는 않기 때문이네. 내가 묻고 있는 건 바로 이것, 곧 법 전반이 무엇인가 하는 것일세. 그러니 자네가 당장 할 수 있다면, 말하게나.

제자: 그러니까, 소크라테스 선생님! 법이야 다른 무엇이겠습니까? 관례들(관례로 되는 것들, 관습들: ta nomizomena)[4]이 아니고는.

소크라테스: 그래, 말(logos)은 말하게 되는 것들(ta legomena)이고, 보는 것(광경, 모습: opsis)[5]은 보게 되는 것들(보이는 것들: ta horōmena)이며, 듣는 것(akoē)[6]은 듣게 되는 것들(들리는 것들: ta akoumena)이라 자네에겐 생각되는가? 혹시 말과 말하게 되는 것들은 별개의 것

c 인지. 또한 보는 것과 보게 되는 것들도 별개의 것이고. 그리고 듣는 것도 듣게 되는 것들과 별개의 것이며, 따라서 법과 관례들(관례로 되는 것들, 관습들)도 별개의 것인가? 이러한 걸로, 아니면 어떠한 걸로 생각되는가?

4) ta nomizomena의 본뜻은 '관례(관습)로 된 것들'이라는 뜻이다.

5) 여기에서 그리고 다음에서 확인되듯, opsis는 누군가가 보는 것, 광경, 모습, 외관, 시력, 시각, 그리고 보는 행위로서의 '봄' 등을 뜻한다.

6) 바로 앞의 opsis의 경우와 마찬가지로 akoē도 듣는 것, 듣는 행위로서의 '들음' 그리고 청각 등을 뜻한다.

313c

제자: 지금으로선 그게 다른 걸로 제게는 보이는군요.

소크라테스: 그렇다면 법은 관례들이 아닐세.

제자: 아닌 걸로 제게는 여겨지는군요.

소크라테스: 그러면 법은 무엇이겠는가? 이를 이렇게 고찰해 보세
나. 방금 말한 것에 대해서 누군가가 우리에게 "당신들은 보이는 것들을
봄(시각: opsis)으로써 보게 된다고 말할 테니, 무엇인 봄(시각)으로써
보게 되는 건가요?" 하고 묻는다면, 우리는 이 사람에게 대답할 걸세. 눈 314a
을 통해서 사물들을 밝히게 하는 이 감각(aisthēsis)으로써 보게 된다고.
다시 우리에게 "어떤가요? 듣게 되는 것들은 들음(청각: akoē)으로써
듣게 되는 것일 테니, 무엇인 들음으로써 듣게 되는 건가요?" 하고 묻는
다면, 우리는 이 사람에게 대답할 것이고. 귀를 통해서 우리에게 소리들
을 밝히게 되는 이 감각으로써 듣게 된다고 말일세. 그래서 이처럼 누군
가가 우리에게 역시 묻는다면? "관례들(관례로 되는 것들: ta nomizo-
mena)은 법(관습: nomos)에 의해서 관습화되겠으니, 무엇인 법(관습)
에 의해서 관습화되나요? 일종의 감각에 의해서인가요 아니면 밝힘(설 b
명: dēlōsis)에 의해서인가요? 마치 배우게 되는 것들이 밝히는(설명하
는) 앎(지식: epistēmē)에 의해서 배우게 되듯이 말입니다. 아니면 발견
되는 것들이 발견되듯, 일종의 발견에 의해서인가요? 이를테면, 건강한
것들과 병든 것들은 의술에 의해서 알아내게 되지만, 신들이 뜻하는 것
들은, 점술가들이 주장하듯, 점술에 의해서 알아내게 되듯이. 기술
(technē)은 우리에게 있어서 사물들의 발견인 게 틀림없지 않겠어요?"
하고 말일세.

제자: 물론입니다.

소크라테스: 그러면 법이 이것들 중에서 특히 어느 것인 걸로 우리가 보겠는가?

제자: 그건 결의(決議)된 것들(dogmata)이며 표결된 법령들(psēphis-

mata)이라 제게는 생각됩니다. 법이 그것 아닌 다른 무엇이라고 누군들
c 주장할 수 있겠습니까? 그래서 선생님께서 물으시는 바, 이것 전반, 곧 법은 나라의 결의(dogma poleōs)[7]인 것 같습니다.

소크라테스: 자네는 나라 차원의(국가적인) 판단(doxa politikē)을 법으로 말하는 것 같구먼.

제자: 저로서는 그렇습니다.

소크라테스: 어쩌면 자네 말이 훌륭한 것 같기도 하고. 하지만 이런 식으로 하면 아마도 더 잘 우리가 알게 될 걸세. 자네는 어떤 이들을 지혜로운 걸로 말하겠지?

제자: 저로서는.

소크라테스: 그러니까 지혜로운 사람들은 지혜로 해서 지혜롭지 않은가?

제자: 네.

소크라테스: 어떤가? 올바른 사람들은 올바름으로 해서 올바르겠지?

제자: 물론입니다.

소크라테스: 그러면 준법적인 사람들 또한 법으로 해서 준법적이지
d 않은가?

제자: 네.

소크라테스: 한데, 준법적인 사람들은 올바른가?

제자: 네.

소크라테스: 하지만 불법적인 사람들은 올바르지 못한가?

제자: 올바르지 못합니다.

소크라테스: 그러면 올바름(정의: dikaiosynē)도 법도 지극히 훌륭한 게 아닌가?

---

7) 《법률》 644d에서 dogma와 관련된 각주를 참조할 것.

제자: 그렇습니다.

소크라테스: 한데, 올바르지 못함(불의: adikia)과 무법(anomia)은 지극히 부끄러운 게 아닌가?

제자: 네.

소크라테스: 그리고 한쪽은 나라들과 그 밖의 모든 걸 구원하지만, 다른 쪽은 무너뜨리고 뒤엎어 놓겠지?[8)]

제자: 네.

소크라테스: 그렇다면 법에 대해서 아름다운 어떤 걸로 생각해야만 하며, 또한 이를 좋은 것으로서 추구해야만 하네.

제자: 어찌 그렇지 않겠습니까?

소크라테스: 그러니까 우리는 법을 나라의 결의(決議)라 말하지 않았던가?

제자: 실상 그리 말했죠. e

소크라테스: 그러면 뭔가? 일부는 유익한 결의들이지만, 일부는 몹쓸(나쁜) 것들이 아닌가?

제자: 사실 그렇습니다.

소크라테스: 그렇더라도 법은 어쨌거나 몹쓸 것은 아니었네.

제자: 실은 아닙니다.

소크라테스: 그렇다면 이런 식으로 단순하게[9)] 법은 나라의 결의라고 대답하는 건 옳지 않으이.

제자: 제게는 옳지 않은 걸로 여겨지는군요.

소크라테스: 그렇다면 몹쓸 결의가 법이라는 건 격에 맞지가 않은 것

---

8) 《에우티프론》 14b에서 신들에 대한 경건함 및 불경함과 관련해서도 같은 말을 하고 있다.

9) 여기서 '단순하게'로 옮긴 haplōs는 '무조건적으로', 곧 아무런 '단서도 달지 않고'의 뜻이다.

314e

일 게야.

제자: 맞지 않는 게 확실합니다.

소크라테스: 하지만 법은 내 자신에게도 일종의 판단(doxa)인 것으로 보이네. 한데, 그건 몹쓸 판단은 아니기에, 법이 정녕 판단이라면, 유익한 판단인 게 이미 명백하지 않은가?

제자: 네.

소크라테스: 한데, 유익한 판단은 무엇인가? 참된 판단이 아닌가?

제자: 네.

315a 소크라테스: 그러니까 참된 판단(hē alēthēs doxa)은 참으로(사실이) 그런 것(to on)[10]의 발견이 아닌가?

제자: 그야 그렇죠.

소크라테스: 그렇다면 법은 참으로(사실이) 그런 것의 발견이고자 하네.

제자: 소크라테스 선생님! 만약에 법이 참으로(사실이) 그런 것의 발견이라면, 어째서 우리는 같은 것들에 대해 언제나 같은 법률을 이용하지는 않는 건가요? 참으로(사실이) 그런 것들이 어쨌든 우리들로 해서 발견되었다면 말입니다.

소크라테스: 법은 조금도 못지않게 참으로(사실이) 그런 것의 발견이
b 고자 하네. 하지만 언제나 같은 법률을 이용하지 않는 사람들은, 우리들이 그리 생각하듯, 법이 발견하고자 하는 것, 곧 참으로(사실이) 그런 것을 언제나 발견할 수는 없네. 자, 그러면, 이제 보기로 하세. 우리가 언제나 같은 법률을 이용하고 있는지 또는 그때마다 다른 법률을 이용하고

---

10) 여기에서 '참으로(사실이) 그런 것'으로 번역한 to on은 철학에서 많이 쓰이는 전문 용어이기도 한 것이다. '…인 것', '있는 것' 또는 '실재', '사실인 것' 등을 뜻한다.

있는지가, 그리고 모두가 같은 법률을 이용하고 있는지 또는 다른 사람들은 다른 법률을 이용하고 있는지가 이 시점에서 확실해지는지 말일세.

제자: 그러나 적어도 이를 알기는 어렵지 않습니다, 소크라테스 선생님! 같은 사람들이 언제나 같은 법률을 이용하지는 않고 다른 사람들은 다른 법률을 이용한다는 것을 말입니다. 이를테면, 우리에게는 사람들을 제물로 바치는 법은 없거니와 이는 불경합니다만, 카르타고인들은 자신들로서는 경건하며 합법적인 것으로서 이런 제물을 바치니까요. 그리고 c
이들 가운데 더러는, 어쩌면 선생님께서도 들으셨듯이, 자신들의 아들들까지도 크로노스 신에게 바치죠. 그리고 비단 이방인들(barbaroi anthrōpoi)만이 우리와 다른 법률을 이용하는 것이 아니라, 리카이아(Lykaia)[11]에 사는 사람들과 아타마스(Athamas)[12]의 후손들도, 헬라스인들이면서도, 그런 제물들을 바칩니다. 말하자면, 선생님께서도 우리 자신들을 틀림없이 아시고 계십니다. 죽은 사람들에 대해 이전에 우리가 이용했던 법률에 대해서도 몸소 들으셨으며, 시신 호송의 장례 행렬(ekphora)[13]에 앞서 제물들을 희생하고 유골 수습을 하는 여인들을 불러오게 한다는 것도. 그런가 하면 그들보다도 더 앞서 산 사람들은 죽은 자들을 바로 그 d

---

11) 아르카디아(Arkadia)에 있던 지명. 이와 관련된 이야기는 《국가(정체)》 편 565d~e에도 나온다.

12) 아타마스는 테베의 왕으로서, 첫째 부인 네펠레(Nephelē: 구름의 여신)와의 사이에 두 아들 프릭소스(Phrixos)와 헬레(Hellē)를 얻었다. 그러나 둘째 부인 이노(Ino)를 얻으매, 이 여인은 못된 계모 노릇을 톡톡히 한다. 이노는 거짓 신탁을 꾸며, 이 두 아들을 살해하려 음모를 꾸미나, 이들은 도망하게 된다. 이에 얽힌 여러 갈래의 복잡한 이야기들이 전하나, 여기에서 언급되고 있는 것과 관련된 것은 헤로도토스의 《역사》 VII. 197에서 전하는 내용과 관련된 것이다. 아카이아인들은 프릭소스 후손의 장남으로 하여금 영빈관으로 들어가지 못하게 하며 그곳에서 지켰는데, 이는 그 안으로 들어감으로써 제물로 바쳐지는 걸 막기 위해서였다고 한다.

13) 947b에서 해당 각주를 참조할 것.

315d

집에 매장하곤 했습니다. 그러나 우리는 이것들 중의 어느 것도 하지 않습니다. 이와 같은 것들은 누군가가 수천 가지를 말할 수 있을 것입니다. 왜냐하면 우리가 우리 사이에 그리고 인간들이 서로 간에 언제나 똑같은 식으로 법 제정을 하거나 관례로 삼지는 않는다는 걸 증명할 여지는 많기 때문입니다.

소크라테스: 여보게! 자네가 말하는 게 옳지만, 내가 이를 미처 알지 못했더라도, 실은 조금도 놀랄 일이 아닐세. 하지만 자네도 자네 식으로

e 자네 생각대로 길게 말하고 나 또한 그리하는 한, 내가 생각하듯, 우리는 결코 아무런 합의도 보지 못할 걸세. 하지만 자네가 공동의 고찰을 한다면, 아마도 우리는 합의를 보게 될 게야. 그러니 자네가 원한다면, 내게 뭔가를 물음으로써 나와 함께 공동으로 고찰을 하게. 또한 자네가 원한다면, 대답을 함으로써 그리하게.

제자: 하지만, 소크라테스 선생님! 저는 선생님께서 뭘 묻고 싶어 하시든 대답을 하고자 합니다.

소크라테스: 자, 그러면 자네는 올바른(정의로운) 것들(ta dikaia)은 올바르지 못하고(불의하고) 올바르지 못한 것들(ta adika)은 올바르다고 자네는 여기는가, 아니면 올바른 것들은 올바르나, 올바르지 못한 것들은 올바르지 못하다고 여기는가?

제자: 저는 올바른 것들은 올바르고 올바르지 못한 것들은 올바르지 못한 걸로 여깁니다.

316a 소크라테스: 그러니까 이곳에서 [그리] 여기듯, 모두에게 있어서도 그리 여겨지고 있지 않은가?

제자: 네.

소크라테스: 그렇다면 페르시아인들의 경우에도 그렇지 않은가?

제자: 페르시아인들의 경우에도 그렇습니다.

소크라테스: 한데, 언제나 그럴 것 같은데?

제자: 언제나 그렇습니다.

소크라테스: 더 끌어당기는 것들은 더 무거운 것들로 이곳에서는 여겨지되, 덜 끌어당기는 것들은 한결 가벼운 것들로 여겨지는가, 아니면 그 반대인가?

제자: 그렇지가 않고, 더 끌어당기는 것들은 더 무거운 것들인 반면에, 덜 끌어당기는 것들은 한결 가벼운 것들로 여겨지죠.

소크라테스: 그러면 카르타고에서도 그리고 리카이아에서도 그러지 않는가?

제자: 네.

소크라테스: 아름다운 것들은 어디서나 아름다운 걸로 여겨지고 추한(부끄러운) 것들은 추한(부끄러운) 걸로 여겨지지만, 추한 것들이 아 b
름다운 걸로도 아름다운 것들이 추한 걸로 여겨지지는 않을 것 같으이.

제자: 그렇습니다.

소크라테스: 그러니까, 모든 경우로 말할진대, 참으로(사실이) 그런 것들(ta onta)은 참으로(사실이) 그런 걸로 여겨지겠지만, 참으로(사실이) 그렇지 않은 것들(ta mē onta)은 참으로(사실이) 그런 걸로 여겨지지 않으이. 우리에게 있어서도 또한 다른 모든 사람에게 있어서도 말일세.

제자: 제게는 그리 생각됩니다.

소크라테스: 그렇다면 참으로(사실이) 그런 것(to on)에 대해서 잘못 짚는 자는 합법적인 것(관례적인 것: to nomimon)에 대해서 잘못 짚네.[14)]

제자: 소크라테스 선생님! 선생님께서 말씀하시다시피, 이처럼 같은 것들[15)]이 언제나 우리에게도 다른 사람들에게도 합법적인(관례적인) 것

14) 315a3을 참조할 것.

15) Burnet는 이를 ταῦτα(이것들)로 읽었다.

c 들로 보입니다. 하지만 우리가 법률을 이리저리 바꾸기를 전혀 멈추지 않고 있다는 생각을 하게 되면, 제가 동의를 할 수가 없군요.

소크라테스: 장기판의 말들이 옮겨지더라도 이것들은 같은 것들이라는 데 아마도 자네 생각이 미치지 않기 때문일 게야. 하지만 이를 나와 함께 이런 식으로 생각해 보게나. 환자들의 건강에 관해서 쓴 글을 이미 접한 적이 있겠지?

제자: 제게는 있습니다.

소크라테스: 그러면 이 글이 무슨 기술에 속하는 것인지 자넨 알고 있겠군?

제자: 그게 의술에 속한다는 것은 제가 알고 있죠.

소크라테스: 그렇다면 이 일들과 관련해서 전문적 지식을 가진 이들을 자네는 의사들로 일컫지 않는가?

제자: 동의합니다.

d 소크라테스: 그러면 전문적 지식을 가진 이들은 같은 것들과 관련해서는 같은 것들을 인정하는가, 아니면 저마다 다른 것들을 인정하는가?

제자: 같은 것들을 인정하는 것으로 판단됩니다.

소크라테스: 헬라스인들은 헬라스인들하고만 자기들이 알고 있는 것들과 관련해서 같은 것들을 인정하는가, 아니면 이방인들은 자기들끼리도 그리고 헬라스인들에 대해서도 같은 것들을 인정하는가?

제자: 이들 알고 있는 자들은, 헬라스인들도 이방인들도, 아마도 서로들 같은 의견을 갖고 있을 게 다분히 필연적입니다.

소크라테스: 어쨌든 훌륭하게 대답했네. 그러니까 또한 언제나 그런 게 아니겠나?

제자: 네, 또한 언제나 그렇습니다.

소크라테스: 그렇다면 의사들도 건강과 관련해서 바로 참으로(사실
e 이) 그런 걸로 여기는 바를 글로 쓰지 않겠는가?

제자: 네. 316e

소크라테스: 그러면 의사들의 이 글들은 의학적인 것들이고 의료법일세.

제자: 물론 의학적인 것들입니다.

소크라테스: 그렇다면 농사와 관련된 글들도 농업법이겠군?

제자: 네.

소크라테스: 그러면 원예와 관련된 글들과 관례들은 누구의 것들인가?

제자: 원예사들의 것들입니다.

소크라테스: 그러면 이것들이 우리에게 있어서 원예법이겠군.

제자: 네.

소크라테스: 그것들은 정원(과수원)들을 관리할 줄 아는 사람들의 것들이겠지?

제자: 어찌 그렇지 않겠습니까?

소크라테스: 원예사들이 그럴 줄을 알고 있네.

제자: 네.

소크라테스: 한데, 요리의 준비와 관련된 글들과 관례들은 누구의 것들인가?

제자: 요리사들의 것들입니다.

소크라테스: 그럼 이것들이 요리법인가?

제자: 요리법입니다.

소크라테스: 그건 요리의 준비를 관리할 줄 아는 사람들의 것인 것 같은데?

제자: 네. 317a

소크라테스: 사람들이 말하듯, 요리사들이 알고 있네.

제자: 실상 그들이 알고 있으니까요.

317a

소크라테스: 됐네. 그렇다면 나라의 경영(dioikēsis)과 관련된 글들과 관례들은 누구의 것들인가? 나라들을 다스릴 줄 아는 사람들의 것들이 아닌가?

제자: 제게는 그리 생각됩니다.

소크라테스: 한데, 정치가들과 군주의 자격을 갖춘 사람들[16] 이외의 다른 누군가가 그걸 알고 있는가?

제자: 실상은 그들이 알고 있습니다.

소크라테스: 따라서 사람들이 법률로 일컫는 이 글들은 정치적인 글들이며, 군주들과 훌륭한 사람들의 글들입니다.

b 제자: 참된 말씀입니다.

소크라테스: 그렇다면 적어도 아는 자들이 같은 것들과 관련해서 그때마다 다른 것들을 적지는 않지 않겠는가?

제자: 그러지 않습니다.

소크라테스: 그들은 같은 것들과 관련해서 그때마다 다른 관례들로 바꾸지도 않겠지?

제자: 물론 그러지 않을 것입니다.

소크라테스: 그렇다면 이 짓을 하는 누군가를 어디서든 우리가 보게 될 경우에, 이 짓을 하는 자들을 아는 자들이라 우리가 말할 것인가 아니면 알지 못하는 자들이라 말할 것인가?

제자: 알지 못하는 자들이라 말할 것입니다.

소크라테스: 그러니까 옳은(orthon) 것이면, 이걸 우리는 각 경우에 관례적인(합법적인) 것(nomimon)이라 말하겠지? 그게 의술의 경우이

16) 정치가(ho politikos)와 군주의 자격을 갖춘 사람(ho basilikos)을 동일시하는 걸 우리는 《정치가》 편의 여러 군데(특히 267c)에서 접하게 되는데, 이는 왕도적 통치자에서 참된 치자(治者)의 모습을 찾고자 하기 때문이다.

건 요리기술의 경우이건 또는 원예기술의 경우이건 간에 말일세.

제자: 네.

소크라테스: 하지만 옳지 않은 것이면, 이걸 우리는 더는 관례적인 것이라 말하지는 않네. c

제자: 더는 그러지 않습니다.

소크라테스: 그렇다면 관례적이지 않은(불법적인) 게(anomon) 되네.

제자: 그건 필연적입니다.

소크라테스: 따라서 올바른(정의로운) 것들 및 올바르지 못한(불의의) 것들과 관련된 글들의 경우에 있어서도, 또한 나라의 경영 및 나라를 어떻게 경영해야만 할 것인지에 대한 전반적인 글들의 경우에 있어서도 옳은 것(to orthon)은 왕도적인 법(nomos basilikos)이지만, 옳지 않은 것(to mē orthon)은, 비록 알지 못하는 자들에겐 법인 것으로 여겨질지라도, 그렇지가 않으이. 그건 불법적인 것이기 때문이네.

제자: 네.

소크라테스: 그러니까 법은 참으로(사실이) 그런 것(to on)의 발견이라고[17] 우리가 동의한 것은 옳게 한 것일세. d

제자: 그런 것 같습니다.

소크라테스: 또한 더 나아가 이 경우에 있어서 다음 것도 검토해 보세나. 누가 아는 자로서 땅에 씨들을 배분하는가?

제자: 농부입니다.

소크라테스: 한데, 이 사람은 각각의 땅에 적절한 씨들을 배분하겠지?

제자: 네.

17) 315a에서.

317d 소크라테스: 그렇다면 농부가 이것들의 훌륭한 분배자(nomeus)이고, 농부의 법률과 분배가 이것들에 대해서는 올바르겠지?

제자: 네.

소크라테스: 그럼 누가 노래들에 대한 곡조들의 훌륭한 분배자이며, 적절한 것들을 배정하는가? 또한 누구의 법률이 옳은가?

e 제자: 아울로스를 부는 자와 키타라를 타는 자의 법률입니다.

소크라테스: 그러면 이 법률에 가장 통달한 자는 아울로스에 가장 통달한 사람일세.

제자: 네.

소크라테스: 사람들의 몸들에 영양을 배분함에 있어서 누가 가장 훌륭한가? 바로 적절한 영양을 배분하는 자가 아니겠는가?

제자: 네.

소크라테스: 그렇다면 이 사람의 배분과 법률이 최선의 것들이며, 누구든 이것들과 관련해서 법률에 가장 통달한 자가 또한 가장 훌륭한 분배자이기도 하네.

제자: 물론입니다.

소크라테스: 누가 이 사람인가?

제자: 체육 전문가(체육교사)입니다.

318a 소크라테스: 이 사람이 인간의 무리로 하여금 먹고 자라게 하는[18] 데

---

18) '먹고 자라게 하다'의 원어는 nemein이다. 이는 원형 nemō의 부정사(不定詞)이고, 바로 다음에서는 양 떼를 '방목하는'으로 옮긴 말이다. 이는 '분배한다', '할당한다', 가축 따위를 풀밭에 '방목하다', '풀을 뜯어먹게 하다' 등을 뜻하는 말이지만, 사람의 경우 '먹는다'는 뜻도 있다. 이 동사에 어원을 갖는 명사 νομός는 '목초지 및 일정 지역을 뜻하고, νόμος는 관습, 법, 노래의 가락 등을 뜻한다. 그리고 nomeus는 목자 및 분배자를 뜻하며, dianomē는 분배 및 나누기를 뜻한다. 이 글에서는 이런 낱말들

가장 훌륭한가?[19]

제자: 네.

소크라테스: 하지만 누가 양 떼를 방목하는 데 가장 훌륭한가? 그에 대한 이름은 무엇인가?

제자: 양치기입니다.

소크라테스: 그렇다면 양치기의 법률이 양들한테는 최선의 것들일세.

제자: 네.

소크라테스: 그리고 소치는 사람의 법률이 소들한테는 최선의 것들이네.

제자: 네.

소크라테스: 하지만 누구의 법률이 인간들의 혼들에 최선의 것들인가? 군주(왕도적 치자)의 것들이 아닌가? 시인하게나.

제자: 물론 시인합니다.

소크라테스: 따라서 자넨 훌륭히 말하고 있는 걸세. 그러면 자네는 b
옛사람들 가운데서 아울로스와 관련된 법률(노래의 가락들: nomoi)[20] 에 있어서 누가 훌륭한 입법자로 되었는지 말할 수 있겠나? 아마도 생각이 나지 않을 테니, 내가 자네에게 상기시켜 주길 바라는가?

제자: 물론입니다.

소크라테스: 그러니까 마르시아스라 하거니와 그의 사랑을 받는 소년인 프리기아의 올림포스라고 하지?[21]

이 서로 연관성을 가지며 언급되고 있어서 적지 않은 혼란과 당혹스러움을 일으키고 있다.

19) 318a1의 [tou sōmatos]는 삭제하고서 읽었다.

20) 여기에서 nomoi는 '법률'과 함께 '노래의 가락들'을 뜻한다. 《법률》 700b에서 해당 각주를 참조할 것.

제자: 하시는 말씀은 정말입니다.

소크라테스: 바로 이들의 아울로스를 위한 악곡들 또한 가장 신성하거니와, 이것들만이 신들이 필요한 사람들을 감동시키고 드러내네. 또한 더 나아가 지금도 이것들만이 남아 있는데, 신성한 것들이기 때문이지.

c 제자: 그것들은 그렇습니다.

소크라테스: 한데, 옛날의 군주들 가운데서 훌륭한 입법자였던 걸로 말하며, 지금까지도 그의 법규들(ta nomima)이 신성한 것들로 남아 있는 이는 누구인가?

제자: 생각이 나지 않습니다.

소크라테스: 헬라스인들 중에서 가장 오래된 법률을 이용하고 있는 이들이 누구들인지 자넨 모르고 있는가?

제자: 그러니까 라케다이몬(스파르타)인들을 그리고 입법자 리쿠르고스[22]를 말씀하시는 겁니까?

소크라테스: 하지만 아마도 그건 아직껏 300년이 채 안 되었거나 그보다 좀 더 되었거나 하지. 한데, 이 법규들 중에서도 가장 훌륭한 것들
d 은 어디서 왔는가? 자넨 알고 있는가?

제자: 크레테에서 왔다고들 하죠.

소크라테스: 그렇다면 헬라스인들 중에서는 이들이 가장 오래된 법률을 이용하고 있지 않은가?

제자: 네.

소크라테스: 그러면 자네는 이들의 훌륭한 군주들이 누구들이었는지 아는가? 그들은 제우스와 에우로페의 자식들인 미노스와 라다만티스이

---

21) 마르시아스와 올림포스에 대해서는 《법률》 677d에서 해당 각주를 참조할 것.

22) 《법률》 630d에서 해당 각주를 참조할 것.

고, 이 법률은 그들의 것일세.[23)]

제자: 소크라테스 선생님! 사람들은 라다만티스야말로 올바른 사람인 걸로 말합니다만, 미노스는 사납고 거칠며 올바르지도 않은 사람인 걸로 말하죠.

소크라테스: 여보게, 자넨 아티케의 비극 이야기를 말하고 있네.[24)]

제자: 뭔가요? 그게 미노스와 관련해서 하는 이야기가 아닌가요? e

소크라테스: 호메로스와 헤시오도스가 하는 이야기는 어쨌든 그게 아닐세. 하지만 자네가 들은 걸로 말하는 이야기들의 비극 작가들 모두보다는 그들이 더 믿을 만하지.

제자: 한데, 미노스에 대해서 그들이 말하는 게 실은 무엇입니까?

---

23) 《법률》 624a~b에서 해당 각주를 참조할 것. 또한 948b~d를 참조할 것.

24) 여기서 말하고 있는 '아티케의 비극적인 이야기'란 지금은 부분적으로 토막 형태의 것들 이외에는 전해지지 않고 있는 소포클레스의 비극 작품들(《다이달로스》, 《미노스》 등)과 에우리피데스의 비극 작품들(《크레테 여인들》, 《테세우스》)을 통해서 그려진 미노스 왕에 얽힌 이야기이겠다. 그러나 아테네인들이 크레테의 미노스 왕에게 바치는 조공과 관련된 이야기만으로도 그런 인상을 갖도록 하기에는 충분할 것이니, 그걸 요약하면 이런 내용이다. 미노스 왕의 아들 안드로게오스(Androgeōs)가 판아테나이아(Panathēnaia) 축제에서 경기에 참석했다가 살해된 데 대한 보복으로 미노스는 아테네를 포위하는데, 이 사태는 아테네가 제물을 바치기로 하는 조건으로 겨우 수습된다. 그건 해마다 미혼의 젊은 남녀(ēitheoi) 일곱 쌍을 소머리에 사람 몸을 가진 괴물 미노타우로스(Minōtauros)에게 제물로 바치는 것이었다. 당시의 전설 속의 왕인 아이게우스(Aigeus)를 찾아 아테네로 온 그의 아들 테세우스(Thēseus)는 이 끔찍한 조공에 대한 이야기를 듣고서, 그 일행으로 가기를 자청한다. 크레테에 도착한 그를 보고 반한 미노스 왕의 딸 아리아드네(Ariadnē)가 준 실꾸리의 실을 풀어 가며 미궁(labyrinthos) 속으로 들어가 거기에 갇혀 있는 미노타우로스를 처치한 다음, 일행은 그 실을 따라 되돌아 나옴으로써 탈출에 성공하게 된다. 테세우스와 관련해서는 《법률》 687e에서도 언급되고 있다. 이곳에서 해당 각주를 참조할 것.

318e

소크라테스: 그러면 내가 말해 줌세. 많은 사람들처럼 자네 또한 불경한 짓을 하지 않도록 하기 위해서 말일세. 왜냐하면 신들에 대해 언행을 통해서 잘못을 저지르는 것보다도 더 불경한 것이 있을 수 없으며, 또한 이보다도 더 조심해야만 하는 일도 있을 수 없기 때문이네. 비범한(신과도 같은) 사람들에 대해서 그러는 것은 둘째로 그런 것일세. 하지만 사람을 비난하거나 칭찬하게 될 경우에는, 잘못 말하지 않도록, 언제나 아

319a 주 많이 신중해야만 하지. 이 때문에라도 선량한 사람들과 못된 사람들을 구별해 보는 걸 배워야만 하네. 신은 누군가가 자기를 닮은 자를 비난하거나 또는 자기와 반대되는 자를 칭찬할 경우에, 분노하니까. 앞의 사람이 훌륭한 사람이지. 어떤 점에서고 돌과 나무나 새 그리고 뱀을 성스러운 것들로 여기면서도, 사람들을 그렇지 않은 것으로 여기는 일은 없어야 할 것이기 때문이지. 그러나 이것들 모두 가운데서도 가장 성스러운 것은 훌륭한 사람이며, 못된 사람은 가장 혐오스럽지.

따라서 이제 나는 미노스에 대해서도, 그를 호메로스도 헤시오도스도

b 칭찬하듯이, 사람의 아들인 사람이면서 제우스의 아들인 영웅에 대해서 말로써 잘못을 저지르지 않도록 하기 위해서 말할 것이네. 호메로스는 크레테와 관련해서 말하기를, 이곳에는 많은 사람들이 살고 있으며 아흔 개의 나라(polis)들이 있지만,

> 이들 가운데 크노소스라는 큰 나라가 있는데, 거기에서 미노스가
> 아홉 해 동안 다스리니, 그는 위대한 제우스와 흉금을 털어놓는 사이죠.[25)]

c 라고 말하고 있기 때문이네. 그러니까 이게 미노스에 대해 간결하게 언

---

25) 《오디세이아》 19. 178~9. 이 내용과 관련해서는 《법률》 624a에서 해당 각주를 참조할 것.

급된 호메로스의 칭찬인데, 이런 칭찬은 영웅들 중의 어느 누구에게도 호메로스가 하지 않았네. 실은 제우스가 소피스테스[26]이며 [그의] 이 기술이 아주 훌륭한 것이라는 걸 호메로스는 다른 여러 곳에서도 밝히고 있지만, 여기서도 하고 있는 걸세. 그는 미노스가 아홉째 해에는 제우스와 함께 대화를 하고 가르침을 받으러 찾아가곤 하는 것으로 말하고 있으니까.[27] 마치 제우스가 소피스테스이기라도 한 듯이 말일세. 제우스에게서 가르침을 받는 이 영예를 영웅들 가운데서 미노스 이외의 다른 누구에게도 호메로스가 부여하지 않았다는 사실은 따라서 놀라울 만한 칭찬이지. 또한 《오디세이아》의 '저승'(Nekya) 편[28]에서는 미노스가 황금 d
홀을 쥐고서 심판을 하는 것으로 그렸는데,[29] 라다만티스를 그리하지는 않았네. 그는 라다만티스를 여기에서 재판을 하는 것으로도 또한 어디에서도 제우스와 함께 어울리는 것으로 그리질 않았지. 이런 까닭으로 미노스가 호메로스에게서 모두들 가운데서도 가장 칭찬을 받았었다고 나는 주장하네. 제우스의 자식이면서 제우스에게서 유일하게 가르침을 받았다는 것은 그 이상의 칭찬은 없다는 것이기 때문이네. 왜냐하면 이 표현은, 즉

---

26) 《크라틸로스》 398e에서는 영웅들이 변론가들 및 소피스테스들의 부류로, 그리고 403e에서는 하데스 신이 말을 잘한다 해서 소피스테스로 지칭되고 있다. 《에우티데모스》 288b에서는 바다의 신으로서 예언의 능력과 함께 자신의 모습을 자유롭게 바꿀 수 있는 재주를 가진 프로테우스(Proteus)를 소피스테스로 일컫고 있다. 《연회(향연)》 203d에서는 에로스(Erōs) 신을 그리 일컫고 있다. 이처럼 엄숙한 대상들에 대해 '소피스테스'라는 지칭을 하는 것은 어떤 분야에서 가르침을 받을 수 있는 전문적인 기술을 가진 이들이라는 긍정적인 뜻에서 하는 것이라 할 것이다.

27) 바로 앞에서 말한 각주를 참조할 것.

28) 호메로스의 《오디세이아》 제11권의 별칭이다.

29) 《오디세이아》 11. 568~571.

319d

아홉 해 동안 다스리니, 그는 위대한 제우스와 흉금을 털어놓는 사이죠.

라고 한 것은 미노스가 제우스의 제자(synousiastēs)[30]였음을 나타내기
e 때문이지. 친밀한 담화는 논의이며, 흉금을 털어놓는 사이란 논의를 함
께 하는 제자이니까. 따라서 미노스는 9년마다 제우스의 동굴로 찾아가
곤 했는데, 한편으로는 배우러, 다른 한편으론 앞서의 9년간의 기간에
제우스에게서 배웠던 것들을 증명해 보이려 해서네. 한데, 제우스와 흉
금을 털어놓는 사이를 제우스와 대작하는 자이며 놀이 친구인 걸로 이해
하는 자들이 있지만, 어떤 이는 이렇게 이해하는 사람들이 무의미한 말
320a 을 하고 있다는 증거로 이용하지. 헬라스인들도 이방인들도 많은 사람들
이 있지만, 포도주가 있는 곳에서의 연회와 이 오락을 멀리하는 사람들
은 없지. 크레테인들을 그리고 그다음으로는 크레테인들한테서 배운 스
파르타인들을 제외한 다른 나라 사람들의 경우가 그러니까. 하지만 크레
테에서는 미노스가 제정한 다른 법률들 가운데 하나는 이것, 곧 술이 취
할 지경으로 함께 어울려 마시지 않도록 하는 것일세. 또한 실상 명백한
것은 그가 훌륭한 것들로 여긴 것들을 자기 나라 시민들에게도 법규들로
정해 주었다는 것이네. 미노스는 다른 것들을 존중했으면서, 마치 변변
b 찮은 사람처럼, 자신이 존중한 것들과는 어긋나는 다른 것들을 하지는
않은 게 분명하니까. 하지만 이 함께함(synousia)은, 내가 말하듯, 실은
[사람으로서의] 훌륭함(aretē)을 목표로 한 교육(paideia)을 위한 논의를
통한 것이었네. 바로 이 때문에 이들 법률도 자기의 시민들에게 제정해
주었거니와, 이것들 덕분에 크레테도 라케다이몬(스파르타)도, 이것들
을 이용하기 시작한 이래로 줄곧 행복하게 지내네. 그것들이 신적인(비
범한) 것들이어서야.

---

30) 《법률》 624a~b의 해당 각주를 참조할 것.

한데, 라다만티스는 훌륭한 사람이었네. 미노스에게서 교육을 받았기 때문이지. 하지만 그는 전반적인 왕도적 치술(hē basilikē technē)은 교육 c
받지 못하고, 왕도적 치술에 대한 협조(hypēresia)를 교육받았네. 법정들에서 주재하는 한도의 것이지. 이 때문에 그는 훌륭한 재판관으로 불리기도 하고. 미노스는 그를 도심 지역의 법률 수호자(호법관: nomophylax)로 이용한 반면에, 크레테의 다른 지역들의 일들은 탈로스[31]를 이용했으니까. 탈로스는 해마다 세 번 시골들로 순회를 했다니까. 시골들에서 법률을 지키도록 하느라 해선데, 청동 서판(書板)에다 법률을 새겨 갖고서 그러는데, 이로 해서 청동 인간으로 불리게 된 걸세.

미노스에 대해서는 헤시오도스도 이것들과 비슷한 것들을 말했네. 그의 이름을 언급하면서 이런 말을 하고 있으니 말일세. d

> 그는 죽게 마련인 군주들 중에서도 가장 군주답게 되었으며,
> 이웃의 대다수 사람들을 다스렸으니,
> 제우스의 홀을 쥐고서였다. 이것으로써 여러 나라들 또한 통치했다.[32]

그리고 이 사람은 제우스의 홀이 제우스의 교육 이외의 다른 아무것도 아닌 것으로 말하고 있으니, 이것으로써 그가 크레테를 통치했네.

제자: 그러면, 소크라테스 선생님! 미노스가 교육받지 못하고 거친 사람이라는 이 소문이 퍼지게 된 것은 도대체 무엇 때문입니까? e

---

31) 신화에서 Talōs는 헤파이스토스가 만들어 생명을 갖게 되었다는 청동 인간이다. 처음에는 에우로페를 지키는 것이 그의 임무였으나, 나중에는 크레테를 지키는 것이 임무가 되었다 한다. 그가 크레테를 수호하는 방법이 신화답게 특이하다. 그는 이 섬을 순찰하다가 낯선 사람들이 섬에 접근하는 걸 목격하게 되면, 스스로 제 몸을 시뻘겋게 달군 다음, 상륙한 자들을 껴안는 방법으로 처치했다고 한다.

32) 헤시오도스의 토막 시 144 (Merkellbach-West).

320e

소크라테스: 여보게나! 이 때문에 자네도, 만약에 자네가 사려 깊다면, 조심할 것이고, 좋은 평판을 듣는 것이 마음 쓰이는 그 밖의 모든 사람도 결코 그 어떤 시인에게서도 미움을 사는 일이 없도록 조심할 일이네. 시인들은 명성에 큰 영향을 미칠 수 있기 때문일세. 칭찬을 함으로써든 또는 비방을 함으로써든, 사람들에 대해 어느 쪽으로든 시를 지어 댈 것이니까. 바로 이 점에서 미노스도 실수를 한 게야. 이 나라[33]에 대해 전쟁을 일으킴으로써 말일세. 이 나라에는 그 밖의 많은 분야의 지식(sophia)도 있지만, 비극 그리고 다른 시 분야의 온갖 시인들이 있는 터

321a 에. 그러나 이곳에서는 비극은 오랜 것이지. 사람들이 생각하듯, 테스피스[34]에서 시작한 것도 프리니코스[35]에서 시작된 것도 아닐세. 하지만, 자네가 생각해 보겠다면, 이것이 바로 이 나라의 아주 오래된 발견물(eurēma)임을 발견하게 될 걸세. 그러나 시(poiēsis) 가운데서도 비극은 가장 '민중을 즐겁게 하는'(dēmoterpēs) 것이며 가장 '혼을 감동케 하는'(psychagōgikos) 것이지. 바로 이 비극을 통해 또한 미노스를 극화함으로써, 그가 우리로 하여금 저 조공들을 바치지 않을 수 없도록 한 일들[36]

---

33) 물론 아테네를 가리킨다.

34) Thespis는 바로 다음에 언급되는 프리니코스와 함께 비극의 창시자로 흔히 알려져 오나, 여기에서도 밝히고 있듯, 정확한 것은 아닌 것 같다. 파로스(Paros) 섬에 있는 이른바 '파로스의 대리석 입석(stēlē)'(Marmor Parium)에 새겨져 있는 기록에 의하면, 그의 최초 활동 시기는 538년에서 528년 사이의 일인 걸로 잡힌다. 그런가 하면, 535~533년 사이의 어느 해에 디오니소스 제전(637b의 해당 각주 참조)에서의 경연에서 상을 받은 것으로도 전한다.

35) Phrynichos 역시 아테네의 비극 시인으로, 511년에서 508년 사이의 어느 해에 경연에서 우승한 걸로 전한다. 그의 작품들은 오늘날 적은 양의 토막 시들로만 남아 있다. 《밀레토스의 점령》과 《페니키아의 여인들》을 통해서는 페르시아에 대한 반감과 아테네의 승리를 노래한 걸로 전한다.

36) 318d에서 해당 각주를 참조할 것.

321a

에 대한 보복을 우리가 하는 걸세. 그러니까 미노스는, 우리에게서 미움을 삼으로써, 이 실수를 한 게야. 바로 이 때문에, 자네가 묻는 그 일이, 곧 점점 평판이 더 나빠지게 된 거지. 어쨌든 그가 훌륭하고 준법적이었다는 것은, 이 점은 앞서도[37] 이미 말했던 바로서, 그는 훌륭한 분배자 b
(목자: nomeus)였으니까.[38] 이를 가장 잘 보여 주는 것은 그의 법률이 부동의 것들로 확고하다는 점일세. 나라의 경영과 관련해서 참으로(사실이) 그런 것(to on)[39]의 진실을 그가 훌륭하게 찾아냈기 때문이네.

제자: 소크라테스 선생님, 제게 선생님께서는 그럼직한 말씀을 해 주신 것 같습니다.

소크라테스: 그러니까, 내가 진실을 말하고 있을 경우에, 미노스와 라다만티스의 시민들인 크레테인들이 가장 오래된 법률을 이용하고 있는 걸로 자네에겐 생각되지 않는가?

제자: 그러는 것으로 보입니다.

소크라테스: 그렇다면 이들은 옛사람들 중에서는 가장 훌륭한 입법자들로, 분배자들 그리고 사람들의 목자들로 된 걸세. 호메로스도 훌륭 c
한 장군을 백성들의 목자(poimēn)라고 말했듯이.[40]

제자: 그야 물론입니다.

소크라테스: 자, 우정의 신 제우스에 맹세하게. 만약에 몸을 위한 훌륭한 입법자 그리고 분배자가 몸에 분배해 줌으로써 이걸 더 좋도록 만들게 되는 이것들이 무엇인지를 누군가가 우리에게 묻는다면, 우리는 훌륭하게 그리고 간단하게 대답하여 말할 것입니다. 그건 영양과 노고들인

---

37) 318d에서.

38) 317d를 참조할 것.

39) 317d를 참조할 것.

40) 호메로스의 《일리아스》 1. 263, 2. 243, 《오디세이아》 3. 156, 4. 532 등 여러 곳에서. 특히 아가멤논을 곧잘 그리 일컫고 있다.

데, 한쪽 것에 의해서는 성장하고 다른 쪽 것들에 의해서는 몸 자체를 단련시키고 튼튼하게 한다고.

제자: 어쨌든 옳은 말씀입니다.

d 소크라테스: 그런데 그다음으로 우리에게 또 묻는다면? "그렇지만 훌륭한 입법자 그리고 분배자가 혼에 분배해 줌으로써 혼을 더 좋게 만들게 되는 그것들[41]은 도대체 무엇입니까?" 하고 말일세. 우리가 뭐라고 대답한다면, 우리 자신들을 위해서도 그리고 우리 자신들의 연륜을 위해서도 우리가 부끄럽지 않을 수 있겠는가?

제자: 더는 제가 그 대답을 할 수가 없군요.

소크라테스: 그렇지만 실은 우리 각자의 혼에는 어쨌든 부끄러운 일일세. 혼들에 있어서 훌륭한 것(to agathon)과 하찮은 것(to phlauron)이 달려 있는 것들은 혼이 모르고 있는 것으로 밝혀지는데도, 몸이나 다른 것들에 있어서의 그런 것들에 대해서는 이미 고찰했다는 것은 말일세.

41) d2의 〈ha〉는 살려서 읽었다.

《에피노미스》 해제

epinomis란 어떤 법(nomos) 또는 법률(nomoi)에 대한 '부칙' 같은 걸 뜻하는 말이다. 따라서 여기서 말하는 *Epinomis*는 *Nomoi* 곧 《법률》 편에 대한 '부록' 성격을 갖도록 할 의도로 그런 제목으로 저술된 것이라 보면 되겠다. 그러면 누가 그런 의도를 갖고 있었겠는가 하는 의문이 곧바로 제기될 것이다. 《법률》 편의 해제에서도 인용한 《디오게네스 라에르티오스》(III, 37)에 전하는 바에 따르면, 플라톤은 《법률》 편을 밀랍 서판(蜜蠟書板)[에 적힌] 상태로 남긴 채 영면했다. 《법률》 편이 밀랍 서판에 적힌 상태로 있었다는 것은 아직도 그것이 저술 중인 상태로 또는 수정 중인 상태로 있었다는 걸 증언한다. 그렇다면 본 저술이 끝나지도 않은 상태에서 설마하니 플라톤이 '부록' 성격의 대화편을 썼겠는가 하는 의구심을 떨쳐 버릴 수 없는 한, 《에피노미스》는 플라톤의 것일 수가 없다. 게다가 《디오게네스 라에르티오스》의 바로 이어지는 대목에서 《에피노미스》(*Epinomis*)가 오푸스(Opous) 사람 필리포스(Philippos)의 것이라고들 말하고 있는 걸로 전한다. 따라서 이것이 플라톤의 것일 수 없다고 단정하는 것은 비단 이런 이유들뿐만이 아니라, 다음에서 저절로 밝혀지는 이유들 때문이기도 하다.

그렇다면 필리포스가 왜 이런 제목의 대화편을 썼을까 하는 의문을 우리가 갖게 되는 것도 당연한 일이겠다. 이에 대한 대답을 우리는 《법률》 968a~969c에서 얻을 수 있을 것 같다. 여기에서는 앞서 다룬 "그 많은 교육에 참여하게 된 통치자들의 [새벽녘] 야간회의가 법에 따라 [나라의] 보전을 위한 수호장치로 과연 될 것인지" 하는 문제와 함께 그 구성원들 및 이들의 끊임없는 지적 충전 그리고 견문의 넓힘 등의 문제에 대한 언급을 하게 되면서 이런 유보적인 말을 하게 된다. "그런 것들과 관련해서는 아직은 법률 제정을 할 수가 없습니다. 그게 설립되기 전에는 말입니다. 그때에는 이들이 스스로 그 법률 제정을 하게 되는 자격을 갖게 됩니다. 하지만 실제로 그런 것들을 갖추도록 하는 것은 많은 교류를 동반한 가르침일 것입니다. 그게 옳게만 진행된다면 말입니다. …… 첫째로는, 나이와 배움의 능력, 기질적인 성품 그리고 습관에 의해서 수호의 성격에 적합한 사람들의 명부를 작성해야 할 게 틀림없습니다. 그러나, 그다음으로는, 무엇들을 배워야만 하는지를 찾아내기도 쉽지 않고, 이를 찾아낸 다른 사람에게서 배우는 자로 되는 것도 쉽지가 않습니다. 이것들에 더해서, 그 기간들을, 곧 그 기간에 이것들 각각을 습득해야만 한다는 걸 명문화해서 말해 둔다는 것은 공연한 일입니다. 왜냐하면 배우는 당사자들에게는 무엇을 알맞은 때(적기)에 배우는 것인지가 불명할 것이기 때문입니다. 아마도 각자의 혼 안에 그 학과목의 지식이 생기게 되기 전에는 말입니다. 물론 이것들과 관련된 모든 것을 이처럼 '말해서는 안 될 것들'로 말한다는 것은 옳게 말하는 게 아니겠으나, '미리 말하지는 말아야 할 것들'로 말하는 것은 옳겠는데, 이는 '미리 말한다고 해서' 논의되고 있는 것들 중의 아무것도 밝히어 주는 게 없기 때문입니다." 플라톤이 이처럼 유보적인 발언을 분명히 했는데도, 유고를 파피루스에 옮겨 적던 필리포스는 그걸, 특히 "무엇들을 배워야만 하는지"를 스스로 명시적으로 밝히고 싶은 강한 유혹을 도저히 떨쳐 버릴 수 없었던 것 같다. 그러나 그가 저 나름대로 그걸 명시적으로 밝히기는 했어도,

전혀 새로운 것을 적시하지는 않았다. 수학과 천문학에 대한 공부를 새삼 강조했을 뿐이다. 수학 공부의 중요성에 대한 강조는《국가(정체)》편에서도,《법률》편에서도 누누이 했다. 992c에서 '축복받은 학문'으로까지 극찬을 받게 된 천문학에 대한 강조도 마찬가지였다. 다만 이에 관한 한《티마이오스》편은 압도적이다. 그렇다면《에피노미스》고유의 내용은 무엇인가? 자질구레한 잡동사니를 빼곤, 없다! 좀 심하게 말해서, 그나마도 좀 무게가 실린 것들은《국가(정체)》편(제7권)과《법률》편(제10, 12권), 그리고《티마이오스》편에서 수학, 천문학, 종교에 관련된 언급들을 입문 차원에서 발췌하고 원용한 것일 뿐이라 해도 별로 지나칠 것이 없을 것 같다. 그가 '가장 참된 뜻에서 가장 지혜로운 사람'(992b)으로 표방한 사람도, "우리 모두가 [새벽녘] 야간회합을 이 지혜로 초대하는 것이 지당합니다"(992d)라고 말하면서 이 대화편을 끝맺을 때의 그 지혜도 정작 이런 것이다 하고 내세울 새로운 것이 없는 내용이기 때문이다. 그런데도 이런 한두 마디를 빌미로 훗날의 호사가들은 이 대화편에다 부제로서《철학자》또는《야간 회의》까지 달아, 모르는 사람들의 호기심을 자아내는 짓들을 했다. 이런 부제들은 아마도 훗날의 도서 수집가들을 겨냥한 것들이었을 것이다.

그야 어쨌든 이 대화편은 플라톤 사후에 등장하는 철학의 한 경향이라 할 이른바 '플라톤 유(類)의 철학'(Platonism)을 대표하는 원조(元朝)의 하나인 것은 분명하다. 우리는 이를 통해서 플라톤 철학이 품고 있는 다양한 측면들을 어떤 특정한 관점에서 제 나름대로 확대하거나 해석한 하나의 경우를 이에서 만나게 되기 때문이다. 열의만 앞섰지, 플라톤에 비해 별로 설득력도 없는 다소 민망할 정도로 엉성한 논의 전개, 껄끄러운 문장 등 여러 가지로 흠잡을 게 많은 아류의 철학을 우리가 만나는 셈이다.

그리고《에피노미스》의 일차적인 번역 대본으로 삼은 것은 Budé 판 플라톤 전집(*Platon: Œuvres Complètes*) 중의 제12권 제2부에 É. des

Places가 교열 편찬하여 수록된 *Epinomis*(1976년 판)이다. Oxford Classical Texts 중에서 J. Burnet이 교열 편찬한 *Platonis Opera*, 제5권(1907)에 *Nomoi*와 함께 수록된 *Epinomis*와 Loeb 판 플라톤 전집 중의 제12권에 수록된 *Epinomis*도 물론 함께 참조했다.

《에피노미스》

대화자들:[1] 클레이니아스, 아테네인 손님, 메길로스

클레이니아스: 선생이시여,[2] 합의대로, 셋인 우리 모두가, 곧 저와 선생 그리고 여기 이 메길로스 님께서도 지혜(phronēsis)의 문제를 고찰하고자 해서, 온 것은 옳은 일입니다. 또한, 사고(思考)를 하게 될 경우에, 인간의 마음 상태(hexis)가 인간으로서 가질 수 있는 만큼의 지혜와 관련해서 최선의 상태에 있게끔 해 주는 것으로 우리가 말하는 바를 도대체 무슨 말로써 설명해야 할지 고찰하고자 해서 온 것도 그렇고요. 우리가 말하듯, 다른 것들은, 곧 법률의 제정과 관련되는 것들은 죄다 상세히 말한 터이니까요. 그러나 찾아내서 말해야 할 가장 중요한 것, 즉 죽게 마련인 인간이 도대체 무엇을 배움으로써 지혜로울 수 있겠는지, 이걸 우리는 말하지도 않았고, 찾아내지도 못했습니다. 이제 이를 포기하는 일

973a (first line) · b (ninth line)

1) 대화자들로 등장하는 세 사람은 《법률》 편에서와 같으므로, 이들에 대해서는 거기에서 참고할 것.

2) "손님이시여!"(ō xene)로 번역하지 않고, "선생이시여!"로 번역하게 된 것과 관련해서는 《법률》 편 첫머리에서 대화자들에 대한 언급을 하면서, 끝 쪽에서 한 설명을 참조할 것.

973b

은 없도록 합시다. 그럴 경우에는, 처음부터 끝까지를 분명하게 하기 위해서 우리 모두가 시작했던 일을 아마도 마무리 짓지 못하게 될 것이기 때문입니다.

아테네인: 친애하는 클레이니아스 님, 훌륭한 말씀입니다. 선생께서는 실은 이상한 이야기를 들으시게 될 것으로 저는 생각합니다. 그러면서도 어느 면에서는 이상하지 않은 것이기도 하고요. 그야 많은 사람이
c 인생을 알게 되고서는 같은 이야기를 하니까요. 인류는 축복받지도 행복하지도 못할 것이라는 겁니다. 그러니 저를 따라 살피십시오. 그런 것에 대해 저 또한 이들과 함께 훌륭하게 말하고 있는 걸로 선생께는 생각되는지 말씀입니다. 인간들로서는, 소수를 제외하고는, 축복도 받고 행복하게도 될 수는 없다고 저는 주장합니다. 이 말은 우리가 살아 있는 동안으로 한정해서 하는 것입니다. 하지만 누군가가 사는 동안 되도록 더할 수 없이 훌륭하게 살다가 그런 삶의 종말을 맞게 되는 경우에, 그가 열망해 온 그 모든 것을 죽어서 얻게 될 희망은 밝습니다. 그러나, 제가 지혜
d 로운 뭔가를 말하고 있는 건 전혀 아니고, 바로 헬라스인들도 이방인들도 어느 면에서는 모두가 알고 있는 것입니다. 모든 생물에게 있어서 태어난다는 것은 처음부터 힘든 것입니다. 첫째로는 잉태되는 상태가 된다는 것이, 또한 다음으로는 태어나는 것이, 그리고선 더 나아가 양육되고
974a 교육받는 것, 이 모든 것이, 우리 모두가 말하듯, 수도 없이 많은 노고를 통해서 되는 것들입니다. 그리고 괴로운 일들은 계산에 넣지 않고, 견딜 만한 걸 모두가 생각한다면, 그 시간은 분명히 짧을 것입니다. 하지만 이것이 어쩌면 어떤 점에서는 인생의 중반에서 일종의 휴식을 제공하는 걸로 여겨질 것입니다. 그렇더라도 노령이 재빨리 엄습하여서는, 누구든 자신이 산 삶을 헤아려 보게 되는 자로 하여금 다시 살고 싶어 하게 만드는 일은 결코 없을 것입니다. 누구든 아이 같은 생각을 잔뜩 하고 있는 사람이 아니라면 말입니다. 그러면 이것들에 대한 저의 증명은 도대체

974a

무엇이겠습니까? 지금 논의를 통해서 찾고 있는 것의 성격은 이런 것입
니다. 그러니까 우리가 찾고 있는 바는 우리가 어떤 방식으로 지혜로워 b
지겠는지 하는 것입니다. 우리 각자에게는 이런 어떤 능력(dynamis)이
있다고 해서죠. 하지만 이건 이런 때에는 잽싸게 달아나 버립니다. 누군
가가 이른바 전문적 기술들이나 지혜들 또는 이런 유의 다른 어떤 것들
로서 우리가 학문들로 생각하는 것들 중의 어느 지혜로 다가가는 때에는
말입니다. 이것들 중의 어느 것도 이 인간사들에 대한 지혜의 이름으로
지칭될 가치가 없기 때문이라 해섭니다. 그러나 혼은 제게 천성적으로
이 능력이 있다는 걸 아주 확신하고 있으며 예언도 합니다. 하지만 그게 c
무엇이며 언제 어떻게 얻게 되는 것인지는 혼이 전혀 알아낼 수가 없습
니다. 그러니까 지혜와 관련된 우리의 곤혹스러움과 탐구는 이와 몹시 닮아 보이죠? 이는 우리들 중에서도 자신들은 물론 남들도 모든 논의들과 모든 방식으로 하게 되는 말들을 통해서 신중하게 그리고 일관되게 캐물을 수 있게 되는 그런 사람들 가운데 어느 누가 예상하기보다도 더 힘든 것입니다. 우리는 이게 이러하지 않다고 할 것인지 아니면 이러한 걸로 동의하게 될 것인지?

클레이니아스: 선생이시여! 우리는 아마도 이런 기대를 갖고서 이것
들에 대해 선생과 동의하게 될 것입니다. 선생과 함께하는 시간이 경과
하면서 생기게 될 기대 말입니다. 이것들과 관련해서 다시금 가장 진실 d
한 것에 대한 판단을 갖게 될 것이라는 기대죠.

아테네인: 그러면 다른 것들로서 이른바 학문들(지식들: epistēmai)이라는 것들, 이것들을 배워 갖게 된 사람을 지혜롭도록 만들어 주지도 않는 그 모든 것을 먼저 검토해 보아야만 합니다. 이것들을 장애물들로 간주하고서, 우리에게 필요한 학문들을 채택하도록 하고, 일단 채택한 다음에는 배우도록 하기 위해서는 말입니다.

따라서 맨 먼저 인류에게 첫째로 필요한 학문(지식: epistēmē)들이 어

e 떻게 해서 가장 필요하고 어쩌면 진실로 으뜸가는 것들이기도 한지, 그
러나 이것들을 알게 된 자가 비록 처음 한때는 지혜로운 이인 것으로 여
겨졌지만, 이제는 지혜로운 이로 여겨지지도 않고, 이런 지식으로 해서
975a 오히려 멸시를 당하게도 되는지 우선 보도록 합시다. 그러면 그것들이
어느 것들인지 우리가 말할 것이며, 또한 가장 훌륭한 사람이 된 것으로
명성을 얻게 되는 경합을 하게 되는 모든 사람이 지혜의 획득과 그 추구
를 위해서 그것들을 기피한다는 사실을 말할 것입니다. 그러니 첫째로,
생물들 간에 서로를 먹는 짓(allēlophagia)에 대한 지식(epistēmē)은, 이
야기가 그렇듯, 우리로 하여금 일부 생물들에 대해서는 그 짓을 아주 멀
리하게 한 반면에, 일부 생물들에 대해서는 관습적인 음식으로 확립시켰
습니다.[3] 한데, 선대의 사람들이 우리에게 너그러웠으면 하거니와 실제
로도 너그럽습니다. 우리가 말한 사람들이 실은 누구이든, 처음 사람들
b 은 제쳐 놓도록 하죠. 그야 어쨌든 보릿가루 및 밀가루의 생산과 함께 그
음식은 훌륭하디훌륭한 것이지만, 이게 결코 완벽하게 지혜로운 사람이
구현되도록 하지는 못할 것입니다. 바로 이것, 즉 생산(만듦: poiēsis)이
라는 명칭은 생산된 것들(만들어진 것들) 자체에 대한 경멸감을 일으킬
수 있을 테니까요. 일체 땅의 경작도 아마 그러지 못할 것입니다. 왜냐하
면 우리 모두가 땅을 다루는 것처럼 보이는 것은 기술에 의해서가 아니
라, 신을 따르는 자연의 이치에 의해서이기 때문입니다. 그뿐만 아니라
c 거처들의 건설과 일체의 건축, 모든 용구들의 제작 기술, 금속 세공, 그
리고 목공·조형·엮음의 장비, 더 나아가서는 일체 도구들의 장비는 민
중에게 유용성을 지니고 있는 것이기는 하나, [사람으로서의] 훌륭함
(덕: aretē)을 위한 것이라 말하지는 않는 것입니다. 하지만 일체의 사냥
기술도, 아주 많아지고 기술적인 것으로 되었지만, 지혜로움과 함께 호

3) 《법률》 782c~d를 참조할 것.

975c

방함(to megaloprepes)을 생기게 하지는 않습니다. 예언의 능력도 징후들의 해설 능력도 전혀 그러지 못합니다. 이것들은 말한 것만 알지, 그게 진실인지 아닌지는 모르니까요.

필수품들의 획득은 물론 기술을 통해서 실현되지만, 이것들 중의 어느
것도 누군가를 지혜롭도록 만들어 주지는 않기에, 그다음으로는 일종의 d
놀이(paidia)가 남겠는데, 이는 그 대부분이 모방 기술(mimētikē)이지
어떤 식으로도 심각한 게 아닙니다. 모방을 함에는 많은 도구들을 이용
하기도 하지만, 몸 자체의 썩 우아하지도 않은 많은 모방적 표현(mimē-
ma)들에 의해서도 합니다. 말로도 하고 그리고 모든 형태의 음악으로
하는 모방적 표현들 말입니다. 또한 물감을 이용하거나 물감을 이용하지
않는 많은 부류에 있어서의 온갖 다양한 형태로 이루어지는 것들, 이들
하고많은 것들의 어머니 노릇을 하는 회화가 있죠. 이런 것들의 모방 기
술은 제 아무리 열성을 쏟더라도 그 누구도 그 어떤 점에서도 지혜롭도
록 만들어 주지 않습니다.

이것들 모두가 제외되고 나니, 남는 것은 수도 없이 많은 경우들에 있 e
어서 수도 없이 많은 형태의 도움(구원: boēthcia)이 되겠는데, 최대의
것이며 가장 광범한 것은 전술학(polemikē)이라 일컫는 것, 곧 전술(전
략: stratikē technē)입니다. 이것은 그 소용의 측면에서는 최대의 명성을
누리는 것이지만, 최대의 행운을 요하는 것이며, 이는 그 성격상 지혜보
다는 오히려 용기로 해서 주어지는 것입니다. 그런가 하면 사람들이 의 976a
술로 부르는 것도 어쨌든 도움이 되겠거니와, 이것은 계절들이 불시의
추위와 더위 그리고 이런 따위의 모든 것으로써 생물들의 자연적 상태를
망쳐 놓는 하고많은 경우들에 아마도 그럴 것입니다. 그러나 이것들 중
의 어느 것도 가장 참된 지혜(sophia hē alēthestatē)의 면에서 존중받는
것은 아닙니다. 이것들은 측정이 안 되고(ametra), 의견(doxa)들에 의해
추측되는 것들(topazomena)로서 이리저리 떠도는 것들입니다. 또한 어

쩌면 조타수들과 함께 선원들을 도와주는 자들로서 우리가 말할 수도 있겠는데, 누군가가 우리를 달래느라, 이들 모두 가운데서 누구든 지혜로운 사람으로 알리는 일은 없도록 하죠. 이들 중의 아무도 바람의 성남과 호의를 알지는 못할 테니까요. 이에 대한 앎은 모든 조타술이 반기는 것
b 이죠. 그뿐만 아니라 소송들에서 언변의 힘으로 도와주는 자들이 될 수 있다고 주장하는 그 모두도 그런 사람은 아니니, 그들은 기억과 판단의 단련에 의해 사람들의 성품들에 주목하지만, 참으로 올바른(정의로운) 것들의 진실에서는 벗어난 채로 헤매고 있죠.

지혜(sophia)의 평판과 관련해서는 범상치 않은 어떤 능력(dynamis)이 아직 남아 있는데, 이를 많은 사람들은 지혜보다도 오히려 자질(physis)이라 일컬을 것입니다. 누군가가 무엇이든 배울 경우에 쉽게 배우는 한편으로 아주 많이 그리고 확실하게 기억하고 있다는 데 어떤 사
c 람의 생각이 미칠 때, 또한 각각의 경우에 무슨 대처가 적절할 것인지, 그것에 유익한 것을 누군가가 기억해 내고, 이것을 신속히 하는 때, 그때 말입니다. 이것들 모두를 어떤 사람들은 자질로 간주하는 반면에, 어떤 사람들은 지혜로, 어떤 사람들은 천부적인 재치(ankhinoia physeōs)로 간주하지만, 사려 깊은 사람들 중의 어느 누구도 그것들 중의 어느 것으로 해서 참으로 지혜로운 사람으로 결코 일컫고자 하지는 않을 것입니다.

그렇지만 참으로 지혜로운 사람이 그걸 갖춤으로써 지혜롭게 되며, 비단 평판으로만 그런 것은 아닌 사람으로 되게 하는 어떤 학문(앎, 지식: epistēmē)이 나타나야만 합니다. 그러면 봅시다. 실은 우리가 아주 힘든
d 논의에 착수하고 있습니다. 이제껏 언급된 것들과는 다른 학문(앎, 지식)을 찾아내려는 것입니다. 이것이 참으로 그리고 온당하게 지혜로 말할 수 있는 것일 것이니, 이를 취하게 되는 사람은 저속하지도 어리석지도 않게 될 것이며, 이로 말미암아 지혜롭고 훌륭한 시민으로 되며, 나라를 바르게 다스리는 이로 그리고 다스림을 받는 이로 됨과 동시에 조화

976d

로운 이로도 될 것입니다.[4] 그러면 먼저 이 학문(앎)을 알아내도록 합시
다. 현존하는 학문들 중에서 도대체 무슨 학문 한 가지가 인류에게서 빠
져나가거나 곁에 없게 됨으로써 인간들이라는 종족을 가장 어리석고 가
장 무분별한 생물로 만들어 놓겠는지 말입니다. 물론 이를 알아내기는
전혀 어렵지 않습니다. 학문을 1 대 1로 말하자면, 인류 전체에 수(數: e
arithmos)를 제공하는 학문이 그 일을 할 것이기 때문입니다. 한데, 저는
신이 어떤 행운보다도 오히려 수를 우리에게 줌으로써 우리를 구원한 것
으로 생각합니다. 하지만 어느 신을 제가 생각하고 있는 건지 말해야만
하겠군요. 비록 그 신이 이상할지라도, 또한 어떤 점에서는 이상하지 않
을지라도 말입니다. 우리에게 있어서 일체 좋은 것들의 원인이 되는 것
(to aition)이 어찌하여 월등하게 더할 수 없이 귀중한 것 곧 지혜(사려 977a
분별: phronēsis)의 원인인 것으로도 된다고 생각하지 말아야 하는 건가
요? 그러면 제가 도대체 어느 신을 엄숙하기까지 한 태도로 말하고 있는
거겠습니까, 메길로스 님 그리고 클레이니아스 님? 아마도 우라노스
(Ouranos)[5]일 것이니, 다른 모든 신령(수호신: daimōn)들[6]도 신들도
그리하듯, 이 신은 추앙하는 게, 또한 특히 그에게 기원을 하게 되는 게
지당하기도 합니다. 그가 우리들에게 있어서의 모든 좋은 것들의 원인이

4) 《법률》 643e를 참조할 것.

5) ouranos는 하늘을 뜻하나, 하늘의 신 우라노스(Ouranos)를 가리키기도 한다. 따라서 여기서는 소문자보다는 대문자로 시작하는 낱말로 읽는 게 옳겠다. 텍스트 읽기에서 이런 문제가 생기는 것은 고대의 헬라스에서는 소문자 없이 대문자로만 표기했기 때문이다. 소문자를 쓰기 시작한 것은 기원후 9세기에 필사의 편의를 위해서였는데, 이는 3~9세기에 동그스름한 자체로 쓰던 대문자(uncial)를 흘림 글자 형태(cursive)로 소형화해서 쓰기 시작한 데서 비롯된다. '우라노스'에 대해서는 《법률》 701c에서 해당 각주를 참조할 것.

6) 《법률》 713d에서 해당 각주를 참조할 것.

된 것이기도 하다는 데는 우리 모두가 동의할 것입니다. 수 또한 실은 그가 준 걸로 우리는 주장하거니와, 누군가가 그를 따르고자 한다면, 또한
b 여전히 줄 것으로 봅니다. 만약에 누군가가 그것의 바른 고찰로 나아간다면, 그것에 대해 우주(kosmos)로 또는 올림포스(Olympos)로 또는 하늘(천구; ouranos)로 말하는 게 좋건 간에,[7] 그렇게 말하라고 하되, 그것이 스스로를 다채롭게 장식하며 그 안에 있는 별들로 하여금 모든 궤도들을 돌게 함으로써 모두에게 계절들과 자양을 제공하게 됩니다. 어쨌든, 우리가 주장하겠듯, 일체의 수와 함께 다른 지혜와 그 밖의 좋은 것들도 제공해 주게 됩니다.[8] 그러나 가장 위대한 것은 이것이니, 그의 수들의 선물을 누군가가 받아서는, 그 일체 회전을 일일이 검토할 경우입니다.

한데, 우리의 논의들에서 좀 뒤로 되돌아가서 이를 상기토록 합시다.
c 즉 만약에 우리가 인류에게서 수를 앗게 된다면, 우리는 어떤 점에서도 분별 있는 사람들이 결코 되지 못할 것이라는[9] 아주 옳은 생각을 우리가 했다는 것입니다. 이 생물의 혼은, 그 이성(logos)[10]이 떠나 버린 터라,

---

7) 《티마이오스》 28b를 참조할 것.

8) 바로 이런 취지의 글을 우리는 《티마이오스》 47a~b에서 만나게 되는데, 그 내용은 다음과 같다. "우리가 별들이나 태양이나 또는 하늘을 보지 못했다면, 지금 우주에 관해 하고 있는 이야기들 가운데 아무것도 언급되지 않았을 것이기 때문입니다. 그러나 사실은 낮과 밤이 관찰되고, 달들과 해(年)들의 회전 주기들이 그리고 춘분과 추분, 지일(至日)이 관찰됨으로써 수를 고안하게끔 하는 한편으로, 시간의 관념과 우주의 본성에 관한 탐구 활동을 갖도록 해 주었습니다. 또한 이로 해서 우리는 철학(philosophia)의 부류를 얻게 되었는데, 이보다도 더 좋은 것이 죽게 마련인 종족에게 신들한테서 주어지는 선물로서 내려지지도 않았고, 앞으로도 내려지지 않을 것입니다."

9) 976d를 참조할 것.

10) logos에는 계산의 뜻도 있는데, 이런 경우의 '이성'은 '헤아림'(logis-

아마도 [사람으로서의] 전체적인 훌륭함(pasa aretē)을 결코 더는 갖추게 되지 못할 것이기 때문입니다. 2와 3을 알지 못하고, 홀수도 짝수도 알지 못하는, 그래서 수를 전혀 모르는 생물은 그것이 지각들과 기억들만을 갖고 있는 사물들에 대해 [제대로 된] 설명을 할[11] 수가 없겠습니다. 하지만 다른 훌륭함, 곧 용기나 절제를 지니게 되는 걸[12] 방해할 것은 아무 d
것도 없습니다. 그러나 참된 설명을 할 수 없게 된 상태로는 결코 지혜롭게 될 수 없을 것이니, [사람으로서의] 전체적인 훌륭함(덕) 중에서도 가장 큰(중요한) 부분인 지혜(sophia)가 누구에게서든 빠져 있는 사람은 더는 완벽하게 훌륭한 사람이 되어, 행복하게 되는 일은 결코 없을 것입니다.[13] 이처럼 수를 토대로 삼아야 하는 건 전적으로 필연적입니다. 왜 이게 필연적인지에 대해서는 이제까지 말한 것들 모두보다도 한층 더 많은 설명이 있게 되겠습니다. 그러나 이제 말하게 되는 것도 옳게 하는 것입니다. 즉 방금 우리가 기술(technē)들로 인정하고서 열거했던 다른 기술들의 일들도, 이것들 중의 어느 것 한 가지도 남지 못하고, 모두가 아

---

mos)의 능력과 바로 결부되어 있다고 해서 이런 말을 하고 있는 것으로 볼 수도 있겠다.

11) 여기에서 '[제대로 된] 설명을 한다'로 옮긴 원어는 didonai logon(to give an account [of])인데, 누군가가 지각하거나 기억하고 있는 사물들에 대해 수 개념 없이 정확한 설명을 해 줄 수는 없다는 뜻으로 하는 말이다. logon didonai는 철학적인 의미로는 '합리적인 설명을 해 준다'는 뜻으로 쓰이는 표현이기도 하다. 이 경우의 logos는 그런 설명을 뜻하기도 하지만, 그 '논거 또는 이유'로서의 logos를 밝힘을 뜻한다.

12) 지혜(sophia)는 지니게 될 수 없다는 걸 강조하고 있는 셈이다. 《법률》 963e의 본문 및 해당 각주를 참조할 것.

13) 행복에 대한 이런 이해는 인간의 행복을 무엇보다도 사람 구실(ergon) 제대로 하는 것과 연관시켜서 생각하는 데서 비롯된다. 소크라테스는 같은 시대의 사람들에게 사람 구실을 특히 이성(logos)의 활용에서 찾도록 열심히 종용하고 다녔던 사람이고, 플라톤과 아리스토텔레스는 이성 그리고 그 연장선상에서의 지성(nous)의 적극적 활용을 강조했던 철학자들이다.

e 주 폐기되고 말 것입니다. 만약에 누군가가 산술(arithmētikē)[14]을 제거한다면 말입니다.

어쩌면 누군가는 소수의 것들을 위해서 인류가 수를 요하는 것으로 생각할 수도 있겠습니다. 기술들을 눈여겨보고서 말입니다. 비록 이것도 중요하긴 하지만. 만약에 누군가가 창조물들(genesis)에 있어서의 신적인 것(to theion)과 사멸하는 것(to thnēton)을 본다면, 이에서 신들을 공경함(to theosebes)도[15] 그리고 진정한 수(ho arithmos ontōs)도 알려
978a 지게 될 것입니다. 그렇더라도 아직은 아닐 것입니다.[16] 누구나 모두 수 전체가 우리에게 도움을 주게 되는 그 큰 힘의 원인이 될 수 있을 것이라는 것은 알게 되겠죠. 일체 음악과 관련된 것들도 운동들과 소리들의 수치화를 요구하니까요.[17] 그리고 무엇보다도 중요한 것은 수가 모든 좋은 것들의 원인이라는 것이니, 어쩌면 일어날 수 있는 나쁜 일들 중의 어떤 것의 원인도 아니라는 점을 잘 알고 있어야만 합니다. 그러나 무릇 계측할 수 없고 무질서하며 꼴사납고 불규칙적이고 조화롭지 못한 움직임(phora)도, 또한 어떤 나쁜 것에 관여하게 된 모든 것도 일체의 수[18]에

---

14) arithmētikē는 산술 또는 수론(數論)을 뜻한다.

15) 《법률》 967d를 참조할 것.

16) 텍스트 읽기에서 987a1의 eti 다음의 구점(句點)은 살려서 읽었다. Burnet의 옥스퍼드 텍스트와 Lamb의 Loeb 판에서는 이 구두점 없이 읽고 있는데, 이렇게 읽을 경우에는 ouk an eti pas an tis gnoiē …처럼, an이 되풀이되는 문장 구조가 된다.

17) 음악에서 박자, 율동 그리고 고저 등은 모두가 수에 의해서 표현되는 것들이겠다. 옥타브는 2 : 1, 제5음은 3 : 2, 제4음은 4 : 3의 비율에 의해 각각 생긴다는 것을 알아낸 피타고라스의 발견은 유명한 사례이다. 991a~b의 본문 및 해당 각주들(90~93)을 참조할 것.

18) 여기서 '수'는 막연한 수가 아니라, '적정 수치'를 뜻하는 것으로 보아야 할 것이다. 이를테면, 알맞은 정도(適度: to metrion)나 중용(to meson) 또는 균형 상태(to symmetron)의 실현과 관련된 수치가 그런 수

미달한 것입니다. 이는 행복한 사람으로 삶을 마감코자 하는 사람이면 b
이렇게 생각해야만 하는 것입니다. 그리고 올바른 것과 좋은 것, 아름다운 것 그리고 이런 따위의 모든 것을 결코 모르는 자는, 참된 의견(판단)을 갖게 되었다 할지라도, 아무도 제 자신을 상대로도 남을 상대로도 완전히 설득할 만큼 일일이 짚어 가며 수치로 말하지는[19] 못할 것입니다.

그러면 바로 이 문제와 관련해서, 곧 어떻게 해서 수로 세는 걸(arithmein) 우리가 배우게 되었는지를 고찰해 가면서 진행하죠. 자! 그러면 1
과 2를 우리가 생각하게 된 건 어디에서 연유한 걸까요? [그런 걸] 생각 c
할 수 있는 것과 관련된 그런 자질은 우리가 우주(to pan)에서 부여받아 가진 걸까요? 반면에 다른 많은 동물들에게는 바로 이것에 대한 자질이 주어지지 않아서, 수로 세는 걸 아버지 신[20]에게서 배울 수 있게 되지는 못했습니다. 그러나 바로 이것을 신이 맨 먼저 우리에게 깃들게 함으로써, 보이는 것을 우리가 능히 이해할 수 있게 되었으니, 이후로 신은 보여 주었으며 지금도 보여 주고 있습니다. 그것들 가운데서 하나씩 견주어 낮의 부류를 제외하고서 더 아름다운 것으로 무엇을 누군가가 바라볼 수 있겠습니까? 그리고서 그 시각(視覺)을 가진 채로 그가 밤의 부분으

일 것이다.

19) 여기에서 '일일이 짚어 가며 수치로 말하다'는 diarithmēsetai를 의역한 것이다. 바로 앞의 각주와 연관 지어 생각해 보는 게 이해에 도움이 되겠다.

20) 여기서 '아버지 신'으로 번역한 원어는 그냥 '아버지'(patēr)이다. 이것이 '모든 것들의 아버지인 제우스', '인간들과 신들의 아버지' 또는 '아버지 제우스'로 불리는 제우스를 지칭하고 있는지, 아니면 하늘의 신 우라노스를 지칭하는지, 또는 이들도 아니고 《티마이오스》 편에서 상정되고 있는 우주 창조자로서의 데미우르고스(Dēmiourgos)를 뜻하는지는 불명하다. 아마도 그런 '데미우르고스' 같은 존재를 상정하고서 하는 말로 보는 게 그 취지로 보아 더 나을 것 같다.

978c
로 들어가겠는데, 이에서는 아주 다른 광경이 그에게 나타나 보일 것입
d 니다. 하늘이 바로 이것들을 여러 밤과 여러 낮 동안 멈추지 않고 돌게
하여, 사람들에게 하나 둘을 가르치길 그치지 않을 때, 마침내는 아무리
배우는 게 더딘 사람일지도 수로 세는 걸 능히 배우게 될 것입니다. 우리
들 각자는 이것들을 봄으로써 셋과 넷 그리고 여럿에 대해 생각하게 되
겠기 때문입니다. 또한 이것들 중에서 하나를 만들길 달로 만들었는데,
이것은 한때는 더 커 보이다가, 한때는 더 작아 보이면서, 그 궤도를 통
e 과합니다. 열다섯의 낮과 밤이 지날 때까지 언제나 다른 날을 보여 주면
서 말입니다.[21] 만약에 누군가가 한 번의 전체 회전을 한 단위로 간주하
고 싶어 한다면, 이게 한 주기(periodos)입니다. 그래서 말하자면 배우는
게 가장 더딘 동물들조차도, 신이 그 자질을 부여한 것들은 그걸 배울 수
있는 겁니다. 또한 배울 수 있게 된 동물 모두는 이것들까지[22]는 그리고
이것들에 있어서는 수를 세는 데, 즉 이를 하나씩 관찰하는 데 아주 능숙
979a 하게 된 겁니다. 그러나 모든 수를 언제나 서로 연관 지으며 세게 된다는
것은 더 큰 것을 위해서라고, 그러나 이를 위해서이기도 하다고 저는 생
각합니다. 즉 우리가 말했듯, 커졌다가 이지러지는 달을 만듦으로써, 신
은 한 해와 상관되는 달들을 구성했으며, 이 동물은 모든 수와 수를 관련
지어 이해하기 시작하는 행운을 갖게 되었습니다. 이것들로 해서 우리에
게는 열매들이 생기고, 땅은 잉태를 하여 모든 동물을 위한 먹을거리들
이 있게 된 겁니다. 바람도 비도 엄청나지도 과도하지도 않게 됩니다. 하
b 지만 만약에 무언가가 이것들과 어긋나게 나쁜 쪽으로 진행된다면, 신성
(神性: hē theia physis)을 탓해서는 안 되고, 자신들의 삶을 옳게 관리하

---

21) 이는 물론 달이 만월로 되는 과정과 다시 거꾸로 이지러지는 과정을 각각 15일로 잡고서 하는 말이겠다.

22) 15까지를 뜻하는 것으로 보인다.

979b

지 못하는 인간성(hē anthrōpinē physis)을 탓해야만 합니다.

그런데 법률에 대해 탐구하고 있는 우리에게 있어서 사람들에게 가장 좋은 것들로는 다른 것들은 알기가 쉬우며, 또한 우리가 듣게 된 것들을 모두가 능히 이해도 하고 행할 수도 있을 것이라고 대체로 여겨졌습니다. 도대체 무엇이 유익할 것 같고 무엇이 유익하지 않을 것 같은지를 알 경우에는 말입니다. 따라서 다른 탐구활동(epitēdeuma)들은 모두가 그다지 썩 어렵지는 않은 걸로 여겨졌고, 지금도 여전히 그리 여겨지고 있
습니다만, 어떤 방식으로 선량한 사람들이 되어야만 하는지의 문제는 아 c
주 어려운 것입니다. 또한 다른 모든 좋은 것들은 소유하는 것이, 흔히 하는 말처럼, 가능도 하고 어렵지도 않습니다. 재산은 얼마만큼은 갖되 얼마만큼은 갖지 말아야 하는지는, 또한 몸은 어떤 상태로 유지해야만 하되 어떤 상태로는 유지하지 말아야 하는지는 말입니다. 그리고 혼이 훌륭해져야만 한다는 데 대해서는 모두가 합의를 볼 것입니다. 어떤 방식으로 해서 훌륭해져야 하는지에 대해서는, 다시 올바르고 절제 있고 용감해져야만 한다고, 그리고 이것들에 대해서도, 즉 혼이 지혜로워져야만 한다고 모두가 말합니다. 그러나 방금 우리가 자세히 살폈듯, 혼이 어떤 방식으로 해서 지혜로워지는지에 대해서는 많은 사람들 가운데서 아
무도 그 누구와도 아직껏 전혀 의견의 일치를 보지 못하고 있습니다. 그 d
러니까 앞서의 모든 지혜를 넘어서는, 바로 이런 점들에서 곧 우리가 자세히 다루기도 했던 바로 그것들[23]을 배운 자는 적어도 지혜로운 걸로 여겨진다는 점에서 결코 하찮은 게 아닌 어떤 지혜를 우리가 지금 발견하였습니다. 그러나 이것들을 아는 자가 과연 지혜로우며 훌륭한지, 바로 이 점에 대해서는 논의를 해야만 합니다.

---

23) 일단은 산수를 비롯한 수학 그리고 천문학을 가리키는 것으로 보면 되겠다.

979d

클레이니아스: 선생이시여, 중요한 것들에 대해서 중요한 말씀을 하시려 하시다니 참으로 합당한 말씀입니다.

e 아테네인: 실상 사소한 게 아닙니다, 클레이니아스 님! 그러나 한층 더 어려운 점은 전적으로 그리고 모든 면에서 진실인 걸 그리하려 한다는 것입니다.

클레이니아스: 그렇고 말고요, 선생이시여! 그렇더라도 선생께서 하시려는 말씀을 하시다가 싫증을 내시는 일은 없었으면 합니다.

아테네인: 네, 하지만 두 분께서도 듣느라 싫증을 내지 않으셨으면 합니다.

클레이니아스: 그야 그럴 것입니다. 그리고 두 사람을 대신해서 제가 선생께 말씀드리고 있습니다.

980a 아테네인: 좋습니다. 그러면 처음부터 말해야만 하는 게 부득이한데, 첫째로는, 우리가 지혜라고 생각하는 것이 무엇인지, 그걸 우리가 하나의 명칭으로 포괄할 수 있다면, 제일 좋을 것 같군요. 그러나 이걸 우리가 도무지 할 수 없다면, 둘째로는, 누군가가 우리 이야기대로 그것들을 획득함으로써 지혜롭게 될 그런 것들이 도대체 무엇들이며 또한 몇이나 있는지 말하는 것이겠습니다.

클레이니아스: 말씀해 주셨으면 합니다.

아테네인: 그다음 것은 입법자가 이러는 데 대해 비난할 일은 아니라는 겁니다. 곧 신들에 관련해서 이전에 말한 것들보다도 더 아름답고 더 좋은 묘사를 그가 한다고 해서, 이를테면, 더 아름다운 놀이를 이용하고
b 신들을 추앙한다고 해서, 또한 행복한 찬가로 그들을 축하하면서 자신의 일생을 보낸다고 해서 말입니다.

클레이니아스: 선생이시여, 정말 훌륭한 말씀입니다. 이것이 실은 그대에게 있어서 법률의 목표였으면 합니다. 즉 신들을 칭송하며 한층 더 순결한 삶을 살다가 최선의 가장 아름다운 최후를 맞는 것 말씀입니다.

980b

아테네인: 클레이니아스 님, 그렇다면 우리가 무슨 말을 하고 있는 겁니까? 혹시 신들을 칭송함으로써, 신들에 대해 우리가 가장 아름답고 가장 좋은 것들을 말할 생각이 들도록 기원함으로써 우리가 제대로 신들을 추앙하는 걸로 여겨질까요? 그런 뜻으로 하시는 말씀입니까 아니면 어떤 뜻으로 하시는 말씀인가요?

클레이니아스: 그야 물론 아주 정확히 그런 뜻으로 하는 말입니다. 하 c
지만, 선생이시여, 신들을 믿고서 기원도 하시고, 신들과 여신들에 관련된 아름다운 것들에 대한 말이 선생께 생각나는 걸 말씀하십시오.

아테네인: 그건 그렇게 될 것입니다. 신이 스스로 우리를 인도한다면 말입니다. 함께 기원이나 하시죠.

클레이니아스: 그다음 말씀을 하셨으면 합니다.

아테네인: 그러면, 신들의 탄생과 생물들의 탄생을 선인들이 나쁘게 묘사한 터이니, 저로서는 우선 앞서 한 주장[24]에 따라 더 좋게 묘사할 필요가 있을 것 같습니다. 신들에 대한 불경한 주장들[25]을 상대로 제가 했
던 주장을 되살리는 것입니다. 작은 것들도 큰 것들도 모두 보살펴 주는 d
신들은 있으며, 올바른(정의로운) 일들과 관련된 것들에는 간청이 거의 통하지 않는다고 선언한 것이죠. 그야 선생께서 기억하신다면 말입니다, 클레이니아스 님! 실은 선생께선 비망 기록까지 받으셨으니까.[26] 그때 말한 것들은 실은 아주 진실한 것들이기도 했습니다. 그것들 중에서도

---

24) 《법률》의 제10권 거의 전체에 걸친(885b~907b) 내용의 것인데, 907b에서 논증된 것으로 요약된 내용은 다음과 같다. "진술된 세 가지, 즉 신들이 있다는 것, 신들이 보살펴 주는 이들이라는 것, 그리고 신들이 올바른 것을 거스르고서 간청을 받아들일 수는 도저히 없는 이들이라는 것이다."

25) Budé 판에서 logous로 고쳐 읽은 것을 옥스퍼드 판의 Burnet와 Loeb 판에서는 legōn으로 읽고 있다.

26) 실제로는 《법률》 편 어디에도 그런 대목은 없다.

980d

이것은, 즉 모든 혼은 모든 몸 또는 물체[27]보다도 연장인 것이라는 것[28]이 가장 중요한 것이었습니다. — 기억하십니까? 적어도 이건 기억하고 계실 게 아마도 틀림없겠죠? — 왜냐하면 더 낫고 더 오래되고 더 신을
e 닮은 것이 더 못하고[29] 더 연륜이 짧고 덜 명예로운 것보다, 또한 어디서나 지배하는 것이 지배받는 것보다 그리고 모든 면에서 이끄는 것이 이끌리는 것보다 더 연장인 것이라는 건 설득력이 있기 때문입니다.[30] 따라서 이걸, 즉 혼이 몸 또는 물체보다도 연장이라는 견해를 채택합시다.
981a 이게 이러하다면, 최초의 것의 탄생에 대해 우리가 주장하는 최초가 어쩌면 더 설득력이 있는 것으로 주어져 있을 것입니다. 그리고 시작의 시작이 썩 잘된 것으로 보며, 또한 신들의 탄생과 관련된 지혜에서 가장 중요한 부분들에 우리가 발을 디디는 게 지당한 것으로 봅시다.

클레이니아스: 이것들이 가능한 한의 [최선의] 언급인 걸로 해 두죠.

아테네인: 자, 그러면 혼과 몸 또는 물체가 함께 만나서 하나의 것으로 구성되어 하나의 모습을 탄생시킬 때, 그때 그걸 어쨌든 살아 있는 것(생물: zǭon)이라 말하는 것이 더할 수 없이 참으로 자연스럽게 말하는 것이라 볼까요?

클레이니아스: 옳습니다.

아테네인: 그런 것이 살아 있는 것(생물)으로 불리는 것은 물론 지당

---

27) 여기서 '몸 또는 물체'로 번역한 헬라스어는 sōma 하나이지만, 라틴어 corpus(영어의 body, 독일어 Koerper, 불어 corps)와 마찬가지로 '몸', '물체' 그리고 '물질'을 뜻한다. 이는 981b에서 분명해진다.

28) 《법률》 891e~893a, 896a~e를 참조할 것.

29) Budé 판에서 kheironos로 고쳐 읽은 부분은 다른 텍스트들에서는 † νέου 또는 νέου †로 일단 처리했을 뿐, 이것이 무엇을 뜻하는지는 불명하다. 이 십자가 표시에 대해서는 '원전 텍스트 읽기와 관련된 일러두기'를 참조할 것.

30) 《티마이오스》 34c에도 비슷한 내용의 표현이 보인다.

하겠죠? b

클레이니아스: 네.

아테네인: 그럼직한 설명(ho eikōs logos)[31]에 따라 입체들(sterea sōmata)을 다섯으로 말해야만 하는데,[32] 이것들로써 [사물들을] 가장 아름

31) 플라톤 철학에서는 이데아들 또는 형상(形相: eidos)들만이 '참으로 존재하는 것들'인데, 이것들은 '지성에 의해서[라야] 알 수 있는 것들'(ta noēta)이다. 반면에 '감각의 대상들'(ta aisthēta)은 참으로 존재하는 것들이 아니라, 이데아들의 모상(模像: eikōn)들일 뿐이다. 그의 우주론을 담고 있는 《티마이오스》 편에서는 현실의 우주도 존재론적으로는 데미우르고스의 우주론적 설계의 본(paradeigma)에 대한 '모상'일 뿐이다. 따라서 거기에서 시도되고 있는 우주론도 그런 '모상'(eikōn)에 대한 '모상에 어울리는 곧 그럼직한 이야기'일 뿐이라는 뜻에서 그리 말한 것이다. 그런데 거기에서 말하는 이 '그럼직한 이야기'가 여기서 갑자기 등장한 것은 바로 다음에서 '입체들'(sterea sōmata)과 관련된 이야기를 하게 되기 때문인 것 같다. 이와 관련해서 더 자세한 것은 역자의 《플라톤의 티마이오스》에서 각주 90, 91, 94를 참조하는 게 좋겠다.

32) 입체의 단수 형태는 stereon sōma이다. 여기에서 입체들로 들고 있는 것들은 바로 다음(c)에서 밝히고 있듯, 불·물·공기·흙·에테르이다. 이것들 중 에테르(aithēr)를 뺀 나머지 넷은 헬라스의 자연철학에서는 흔히 4원소들(stoikheia)로 불리던 것들이다. 그런데 여기에서 이것들을 왜 입체들로 말하고 있는 것일까? 이는 아무래도 《티마이오스》 편에서 그 이유를 찾아야만 할 것 같다. 이 대화편에서 플라톤은 이들 4원소를 요소 삼각형들로 구성되는 정다면체들로, 곧 불은 정4면체의 각뿔 형태로, 공기는 정8면체, 물은 20면체, 그리고 흙은 정6면체로 설명하고 있기 때문이다. 이와 관련해서는 바로 앞에서 언급한 책의 부록 1, 2(259~264쪽)를 참조하는 게 좋겠다. 《티마이오스》 58d에는 에테르에 대한 다음과 같은 언급이 보인다. "공기(aēr)의 경우에도 마찬가지여서, 에테르란 이름으로 불리는 가장 밝고 맑은 것이 있는가 하면, 안개(omikhlē)나 컴컴함(먹구름)이란 이름으로 불리는 흐린 것들이 있으며, 또한 그 밖에도 이름 없는 종류의 것들이 있다." 그리고 《파이돈》 109b~c에서도 에테르에 대한 이런 언급이 보인다. "순수한 하늘(천구) 안에 … 별들이 있거니와, 이런 것들에 대해 곧잘 말하는 사람들 가운데서 많은 사람이 바로 이것을 에테르라 일컫는

답고 가장 좋게 형성할 수 있을 겝니다. 그러나 나머지의 일체 부류는 한 가지의 모습을 띠고 있습니다. 비물질적이고 아무런 빛깔도 결코 전혀 갖지 않는 것으로는 참으로 가장 신을 닮은(신적인) 혼의 부류를 제외하고는 다른 어떤 것도 없으니까요. 형성하고(plattein) 만드는 것(dēmi-
c ourgein)은 어쩌면 이것만에 속하는 것이겠지만, 형성되고 생성되며 눈에 보이게 됨은 물체 또는 몸에 속하는 것이라 우리는 말합니다. 그러나 앞의 것에 대해서는 다시금 말합시다. 한 번 말하는 것으로는 안 되니까요. 그건 보이지 않는 것이며, 인식을 하는 것이요 지성에 의해서 알게 되는 것(noēton)이고, 기억에 관여하며, 홀수와 짝수의 갈마듦 중에 계산에도 관여하는 것입니다. 그러니까 다섯 가지 물체들이 있어서, 그것

다." 따라서 플라톤의 경우에는 에테르가 다른 네 가지 것들과 동격의 것으로 간주되고 있지는 않고, 공기의 일종으로 간주되고 있을 뿐이다. 반면에 아리스토텔레스는 이와 달리 《천계론(天界論)》(*De Caelo*) 289a11~19에서 이런 내용의 주장을 하고 있다. "가장 합리적이고 일관성 있는 주장은 각각의 별이 그 안에서 이동 운동(phora)을 하고 있는 그 물질(물체: sōma)로 구성되어 있는 것으로 하는 것이다. 회전 운동을 하는 성질의 무엇인가가 있는 것으로 우리는 말했기 때문이다." 그걸 사람들이 최상층에 있는 것으로 에테르라 일컫는 것이고, 이는 '영원한 시간 동안(ton aidion chronon) 언제나 달린다(aei thein)'는 뜻으로 그리 부르게 된 것이란다.(270b21~24) 이 주장이 말하고 있는 것은 이동 운동(phora)에는 전후, 좌우, 상하의 운동 이외에 영원한 운동으로서 그것들 자체가 영원한 것들로 간주되는 천체들의 회전 운동이 있는데, 이를 가능케 하는 물질로 차 있는 하늘이 있고, 천체들도 이 물질로 구성되어 있다는 주장이다. 그런가 하면, 호메로스의 《일리아스》 2. 412에는 제우스가 '에테르 속에 기거하는' 것으로 언급하는 구절이 보인다. 헬라스인들에게 에테르(aithēr)는 구름(nephelē, 복수는 nephelai)에 의해 땅에 속하는 공기(aēr)와 경계가 지어지는 상층부, 곧 하늘(ouranos) 바로 아래에 있는 밝고 맑은 공기로 간주되었다. 아낙사고라스의 토막 글 15를 보면, 우주의 형성 초기에 희박하고 뜨거우며 건조하고 [밝은] 것이 에테르의 외곽으로 몰렸다는 말을 하고 있는데, 불과 거의 비슷한 것으로 생각한 것 같다.

981c

들을 불과 물로, 셋째 것은 공기로, 넷째 것은 흙으로, 다섯째 것은 에테르로 말해야만 하는데, 이것들의 주도 속에서 각각의 생물이 많이 그리고 다양하게 구현됩니다. 이는 하나씩 다음과 같이 배워야만 합니다. 우리의 첫째 것으로 흙에 속하는 것을 그 하나로 논의합시다. 사람들 모두, d
다리가 여럿인 것들과 다리가 없는 것들 모두, 이동할 수 있는 것들과 뿌리들에 붙들리어 고정 상태로 있는 것들 모두죠. 이 첫째 부류가 하나인 것은 다음 것 때문이라고 생각해야만 합니다. 즉 이것들 모두는 [다섯] 종류 모두로 구성되어 있지만, 그것의 많은 부분이 흙과 고체의 성분이라는 겁니다. 그러나 살아 있는 것의 또 다른 둘째 부류가 생겼으며 보일 수도 있게 된 것으로 받아들여야만 합니다. 그것의 최대 부분은 불이지만, 흙과 공기도 부분적으로 갖고 있으며, 다른 모든 것의 적은 부분들도 e
갖고 있습니다. 바로 이 때문에 이것들로 이루어진 온갖 살아 있는 것들이 생겨서 보이게 된 것이라 말해야만 합니다. 그렇지만 하늘에 있는 이것들 모두를 살아 있는 것들의 부류들로 생각해야만 하는데, 바로 이것 전체가 신과도 같은 별들의 부류로 된 것이라 말해야만 하거니와, 가장 아름다운 몸과 가장 행복하고 최선의 혼을 갖게 된 것입니다. 이것들에는, 판단에 의해, 두 운명 중의 한쪽을 어쩌면 갖게 되도록 해야만 합니다. 이것들 각각은 파괴될 수 없고 사멸하지도 않으며 전적으로 신적인 982a
것인 게 아주 필연적이거나, 또는 그 삶에 결코 더 이상 아무것도 필요 없는 그런 삶의 충분한 장수를 그 각각이 갖도록 하거나 말입니다.

그러면, 우리가 말하는 바대로, 먼저 이와 같은 두 가지의 살아 있는 것들이 있다고 생각합시다. 다시 말합시다. 둘 다가 보이는 것들인데, 한쪽은, 그리 여겨지고 있듯, 전체적으로 불로 이루어진 것이지만, 다른 쪽은 흙으로 이루어진 것이고, 흙의 성질을 갖는 것은 무질서하게 운동하게 되나, 불로 이루어진 것은 아주 질서 있게 운동하게 된다고 말입니다. 그런데 무질서하게 운동하는 것은 무분별한 걸로 생각해야만 하는데, 이

b 는 대체로 우리 주변의 생물들이 하는 보이는 짓이지만, 질서 있게 하늘에서 운행을 하게 되는 것은 지혜로움의 큰 증거로 삼아야만 합니다. 왜냐하면 언제나 똑같은 방식으로 한결같이 운행하게 되며 작용하고 작용을 받게 된다는 것은 지혜롭게 산다는 것의 충분한 증거를 제공하는 것이기 때문입니다. 혼(psychē)이 지성(nous)을 지니고 있다는 것은 모든 필연성들 중에서도 아주 지대한 필연성이 될 것입니다. 그것이 법을 제정하는 것은 지배하면서 하는 것이지 지배를 받으면서 하는 것은 아니기

c 때문입니다. 혼이 최선의 지성에 따라 최선의 것을 결정하게 될 경우에는, 참으로 뜻대로 완벽한 것이 실현된 것이요, 바뀔 수 없는 것입니다. 금강석[33]조차도 이것보다 결코 더 강할 수도 더 바뀌지 않을 수도 없게 될 것이니, 운명의 세 여신들(Moirai)[34]은 각각의 신들에 의해서 최선의 숙고 끝에 결정된 것은 완벽한 것으로서 진실로 제어하여 지킵니다. 놀라울 정도로 오래전에 결정된 것들을 별들이 그대로 이행함으로써 언제나 똑같은 것들을 행할 뿐, 결정된 것을 이리저리 바꾸지 않는다는 것은,

d 한때는 이랬다 한때는 저랬다 함으로써 헤매며 궤도를 바꾸게 되는 일 또한 없다는 것은 인간들에게 있어서 별들이 지성을 지니고 있다는 증거여야만 하며 이 모든 운행 또한 그 증거여야만 합니다. 바로 이 점이 우

---

33) 원어는 adamas이고, 영어로는 adamant라 한다. 어원상으로는 깨뜨릴 수 없는 것이라는 뜻인데, 강철이나 금강석을 말한다. 플라톤은 《국가(정체)》 616c에서 이것을 아낭케 여신의 방추(紡錘)의 축과 고리를 만들고 있는 물질로 말하고 있다. 《티마이오스》 59b에서는 이것을 '금의 방계로서 그 조밀함 때문에 가장 단단한 것'이라 말하고 있다. 그리고 《정치가》 303e에서도 금을 정련하는 과정에서 구리와 은 그리고 가끔은 '아다마스'를 분리해 내게 되는 것으로 언급하고 있다. Pollux는 이것을 '금의 꽃'이라 했다.

34) 이들 여신들 및 이들과 관련된 일들에 대한 내용은 《법률》 960c의 본문 및 해당 각주를 참조할 것.

982d

리들 중의 많은 사람들에게는 정반대로 생각된 것입니다. 즉 똑같은 것
들을 같은 방식으로 한다는 것은 혼을 지니지 않은 것으로 말입니다. 이
처럼 분별력이 없는 사람들을 대중이 함께 따라, 인류는 운동하게 되기
때문에 지적이고 살아 있으나, 신과도 같은(신적인) 부류[35]는 똑같은 운
행 상태에 머물러 있기 때문에 분별력이 없는 것으로 이해하게 된 것입
니다. 그러나 어쨌든 더 아름답고 더 좋으며 친근한 쪽 것들을 취하는 사
람은 똑같은 방식으로 한결같이 그리고 언제나 똑같은 것들로 해서 행하 e
는 것은, 바로 이 때문에, 지적인 것으로 생각해야만 한다는 견해를 채택
할 수도 있었던 겁니다. 이것이 별들의 본성이라고도 말입니다. 보기에
더할 수 없이 아름다우며, 그 운행으로 그리고 춤들 중에서도 가장 아름
답고 가장 당당한 춤을 추어 모든 생물을 위한 적절함(to deon)[36]을 구
현한다고 말입니다. 더 나아가 이것들이 혼을 지니고 있는 걸로 우리가
말하는 것은 정당하기에, 먼저 그것들의 크기를 생각해 봅시다. 그것들 983a
은, 외견상 작아 보이는 것처럼, 정말로 그리 작은 게 아니고, 그것들 각
각의 덩어리는 엄청납니다. 이는 믿을 만합니다. 충분한 증명들로 지지
를 받게 될 테니까요. 해 전체가 지구 전체보다도 더 큰 것으로 생각될
수 있다는 것은 옳거니와, 운행하는 별들 모두도 물론 놀라울 정도의 크
기를 갖고 있기 때문입니다. 그러면 자연의 어떤 힘이 그처럼 거대한 덩
어리를, 지금도 그리 운행하고 있듯, 언제나 똑같은 시간 동안 그 궤도
운행을 하게끔 하는 그 방식이 무엇인지 이해하도록 합시다. 바로 신이 b

35) 곧 천체들을 가리킨다.

36) to deon에는 필요한 것, 당연한 것, 마땅한 것, 적절한 것, 적당한 것 알맞은 것, 묶는 것 등을 뜻한다. 그런데 to deon의 소유격인 tou deontos가 비교급의 부사들과 함께 쓰이어 '알맞은(적절한) 정도 (또는 필요) 이상으로 …하게'의 뜻으로 쓰인다. 이런 경우들은 우리말로는 흔히 '정도 이상으로 …하게'라는 표현을 쓰는 것이 오히려 자연스럽겠다.

그 원인이 되겠거니와, 결코 달리는 그럴 수가 없다고 저는 주장합니다. 우리가 증명했듯,[37] 신을 통해서가 아니고는 다른 것에 의해서는 결코 혼을 지니게 될 수가 없겠기 때문입니다. 신이 이를 할 수 있기에, 모든 물체와 일체의 덩어리가 먼저 살아 있는 것이 되고, 그다음에는 최선의 것으로 생각되는 바로 그 방식으로 운행을 하는 것은 그로서는 아주 쉬운 일이 되었습니다. 이제 이것들 모두와 관련해서 하나의 참된 주장을 우리가 말할 수 있겠습니다. 지구도 하늘도 모든 별들도 그리고 그것들[38]
c 로 구성된 모든 덩어리들도 그 각각에 혼이 덧붙어 생기지 않았거나 그 각각 안에 생기지 않았다면, 해마다 달마다 그리고 날마다 이처럼 정확하게 운행하게 될 수가 없으며, 또한 우리 모두에게 일어나는 좋은 일들도 일어날 수가 없습니다.[39]

사람은 변변찮은 그만큼, 실은 허튼 소리를 하지 않고, 명확하게 뭔가를 말하는 것으로 보여야만 합니다. 만약에 누군가가 물체들의 어떤 원인들로 세찬 흐름들이나 자연적인 힘들 또는 그런 따위의 뭔가를 말한다면, 그는 아무것도 명확한 것을 말하는 게 못 될 것입니다. 그러나 우리
d 가 말한 걸 다시 떠올릴 필요가 충분히 있습니다. 그 주장이 합리적인지 아니면 전적으로 부족한지 말입니다. 첫째로는, 두 가지 존재들(ta onta) 곧 혼과 물체가 있으며, 각각의 것들로는 여럿이 있고, [이것들] 모두는 서로 다르며 각각의 것들도 각각의 것들과 서로 달라, 세 번째의 다른 것으로서 그 어떤 것과도 공통된 것은 없습니다. 하지만[40] 혼은 물체를 능

---

37) Harward가 그의 주석(126쪽)에서 그리 말하고 있듯, 아마도 《법률》 제10권에서 그런 결론을 이끌어 낼 수 있을 것도 같다.

38) 앞에서 말한 다섯 가지의 물체들을 가리키는 것으로 보아야 할 것 같다.

39) 《법률》 898c~899b를 참조할 것.

40) 여기에서 '하지만'으로 번역한 de는 앞에서 '첫째로'를 받는 '둘째로'에 해당되는 셈이다.

983d

가합니다. 어쩌면 우리가 한쪽을 지적인 것으로, 다른 쪽은 분별력이 없는 것으로 간주할 것입니다. 또한 한쪽은 지배하나, 다른 쪽은 지배받고, 한쪽은 모든 것들의 원인인 것이나, 다른 쪽은 모든 상태의 원인이 되지 못하는 것으로 간주할 것입니다. 따라서 하늘에 있는 것들이 다른 어떤 것에 의해서 생겨났지, 이처럼 혼과 물체의 산물들이 아니라고 말하는 e
것은 분명히 큰 어리석음이며 불합리함입니다. 이런 모든 것과 관련된 논변들이 정작 이기게 되어야만 하고 또한 이와 같은 것들 일체가 신적인 것들이 되었다는 것이 미덥게 보여야만 한다면, 실은 이것들이 다음 둘 중의 어느 하나인 것으로 보아야만 합니다.[41] 이것들을 바로 신들로 찬양해야만 하는 것이 지당하거나, 또는 상들처럼 신들의 모상(模像)들로서 신들 자신들에 의해 만들어진 걸로 생각하거나 말입니다. 이것들은 984a
적어도 비지성적이지도 초라하지도 않은 이들에 의해 만들어진 것들이기 때문입니다. 우리가 말했듯, 우리로서는 그것들을 이것들 중의 어느 한쪽 것들로 간주해야만 하나, 일단 그리 간주된 것들은 모든 상들보다 월등하게 귀히 여겨야만 합니다. 이것들보다도 더 아름답고 모든 인간들이 더 공유하는 것들로 나타나 보이는 상들은 결코 없을 것이며, 월등한 곳들에 세워진 상들도 없을 것인즉,[42] 순수성과 위엄에 있어서 그리고 모든 형태의 생존에 있어서 이것들보다도 모든 면에서 월등한 것들로 생겨난 것들도 없기 때문입니다.[43] 그러니까 이제 신들과 관련해서는 이 b
정도만큼만 다루도록 합시다. 즉 살아 있는 것들로서 우리에게 보일 수 있는 것들로 두 가지를 확인했는데, 하나는 불사하는 부류의 것으로 우

41) 여기서 말하고 있는 것들은 물론 천체들이다.

42) Harward가 그의 주석에서 그리 언급하고 있듯, 하늘이 마치 신전이고 천체들은 이 신전에 있는 신상(神像)들인 것처럼 묘사되고 있다. 그것들이 신전의 신상들처럼 숭상되는 것도 역시 비슷하다고 할 것이다.

43) b1의 텍스트 읽기는 ἢ ταῦτα ὡς πάντῃ γεγένηται.로 읽었다.

984b

리가 말하는 것이나, 다른 하나는 흙의 성분을 가진 것으로 모두가 죽게
마련인 부류로 태어난 것이라고. 또한 다섯 가지[44] 중에서 세 가지는 중
간 것들 곧 이것들 [둘] 사이의 것들이라고 그럼직한 의견에 따라 말하
도록 하는 것이 가장 무난할 것이라고. 이제 불 다음으로 에테르를 취합
시다. 혼은 이에서, 다른 부류의 것들과 마찬가지로, 대체로 그것 자체의
c 성분에 따른 능력을 갖춘 살아 있는 것들을 형성하지만, 그 결속을 위해
서는 다른 부류의 것(물질)들도 조금은 이용해서 하는 걸로 간주합시다.
에테르 다음으로는 공기에서 혼이 다른 부류의 살아 있는 것들을 형성하
고, 셋째로는 물에서 형성합니다. 이것들 모두를 만든 다음, 혼이 온 천
구(우주)[45]를 살아 있는 것들로, 삶에 참여하게 된 모든 것들로 가득 차
게 한 것 같기도 한데, 가능한 한 모든 부류를 다 이용하여서 한 것입니
다. 눈에 보이는 신들[46]의 탄생부터 시작해서, 둘째 것들, 셋째 것들, 넷
d 째 것들 그리고 다섯째 것들, 그래서 우리 인간들에서 끝나는 것으로 말
입니다.

신들, 곧 제우스와 헤라 그리고 다른 모든 신들에 대해서는, 누군가가 바라는 대로, 그런 식으로 같은 법을 제정하게 하며, 이 주장(원칙)을 적극적으로 견지하게 합니다.[47] 그렇지만 눈으로 볼 수 있는 신들, 가장 위대하며 가장 귀중하고 어디서나 가장 날카롭게 보는 신들, 곧 별들의 종류 그리고 이것들과 함께 우리가 지각하게 되는 것들을 으뜸가는 신들로 말해야만 합니다. 이들 다음은 그리고 이들 아래의 다음 차례는 신령들

---

44) 981b~c에서 말한 것들을 가리킨다.

45) 원어 holos ouranos는 낱말 그대로는 '온 하늘'이다.

46) 물론 천체들을 가리킨다.

47) 헬라스인들의 신화에서 말하는 신들에 대해서는 그냥 관습대로 믿고, 군소리는 하지 않겠다는 것인데, 이런 태도는 《티마이오스》 40d~41a에도 그대로 드러나 있다.

(daimones)[48]로 말해야만 합니다. 이는 공기 성분의 부류로서, 셋째인 e
중간 자리를 차지하는 것이고, 중개의 책임을 지며, 좋은 징조의 전달을
받기 위해서는 기원들로써 크게 존중해야만 합니다. 이들 살아 있는 것
들의 두 부류, 곧 에테르에서 형성된 부류와 그다음의 공기에서 형성된
부류는 어느 쪽 것도 그 전체가 또렷이 보이는 게 아닙니다.[49] 가까이 나
타나 있게 되어도 물론 우리에게는 눈에 띄게 되지 않죠. 그러나 이 부류
는 쉬 배우고 기억을 잘하는 부류여서, 놀라운 지혜를 지니고 있으니, 이 985a
것들이 우리의 모든 생각을 알고 있는 것으로, 그래서 우리들 가운데서
훌륭하디훌륭한 사람은 놀랍도록 반기는가 하면, 몹시 나쁜 사람은 미워
하는 걸로 말합시다. 괴로움(고통: lypē)도 느끼니까요. 그야 물론 신은
신적인 부분을 완성하여 가져서 이것들, 즉 괴로움(고통)과 즐거움(쾌
락: hēdonē)에서는 벗어나 있지만, 모든 면에서의 지혜로움과 앎에는 참
여하고 있기 때문입니다. 그리고 하늘은 온통 살아 있는 것들로 가득 차
있어서, 이것들 모두가 모든 것에 대해 서로들 그리고 가장 높은 곳에 있 b
는 신들에게까지 의사 전달을 하는 것으로 말합시다. 살아 있는 것들 중
에서 중간 것들이 지구로 그리고 전체 하늘로 날렵한 내달음에 의해 이
동하게 됨으로써 그 이동을 통해서 말입니다. 물에서 형성된 다섯째인
것[50]은 물에서 태어난 반신반인(半神半人: hēmitheos)으로 누군가가 묘
사함으로써 옳게 묘사하는 게 되겠거니와, 이것은 때로는 보였다가 때로
는 숨어 버려 불명한 것이 되어, 분명치 않은 시력에 따른 놀라움을 제공
하는 것입니다. 바로 이것들 다섯 부류는 정말로 살아 있는 것들이어서, c

48) 《법률》 713c~d의 본문 및 713d에서의 해당 각주를 참조할 것.

49) 텍스트 읽기에서 aeros on, diorōmenon은 aeros, ou diorōmenon으로 읽었다.

50) 물의 요정들(nymphai)을 가리킨다.

985c

우리들 가운데 어떤 사람들이 어떤 식으로 마주치게 되건 간에, 잠결에
꿈에서 마주치게 되었건, 또는 어떤 건강한 사람들이나 병든 사람들에게
예언적인 목소리들과 예언들의 형태로 들리는 말이든, 또는 임종 상태에
있게 된 사람들이 마주치게 된 그것이든, 이것들이 사사롭게 그리고 공
적으로 의견들이 되어, 이에서 많은 사람들의 많은 종교적인 의식(儀
式)(ta hiera)이 생겼지만, 또한 생기게 될 것입니다. 이 모든 것의 입법
자는, 그가 누구이든 조금이라도 지각이 있는 자라면, 혁신을 한답시
고,[51] 석연치 않은 점이 있는 신들에 대한 공경(theosebeia)으로 제 나라
d 를 전향케 하려고 결코 꾀하지는 않을 것입니다. 게다가 조상 전래의 관
습(법)이 제례와 관련해서 언급한 사항들을 금하지도 못할 것입니다. 죽
게 마련인 자질을 가진 자로서는 이런 것들과 관련해서 안다는 것 자체
가 불가능하듯, 전혀 아는 바가 없는 터이니 말입니다. 하지만 같은 이치
(logos)로, 실제로 우리들에게 분명한 것들로 나타나 보이는 것들을 우
리에게 신들로 말하기를 감행하지 않는 이들은, 또한 종교 의식을 행하
지도 그것들에 합당한 숭배도 받지 못하고 있는 다른 신들로 분명하게
밝히기를 감행하지 않는 이들은 아주 고약한 사람들이 아닌가요? 그런
e 데도 그런 일이 오늘날 또한 일어나고 있습니다. 이를테면, 만약에 우리
들 중의 누군가가 해 또는 달이 생기는(뜨는) 걸, 그리고 이것들이 우리
모두를 지켜보고 있는 걸 보고서도, 어떻게 말해야 할지를 몰라서 말을 하
지 않았다면, 또한 아무런 숭배도 받지 못하고 있는 이것들을 숭배받는
자리들로 또렷하도록 옮겨 놓고서, 이것들에 대한 축제행사들이 열리게
하며 제례들도 제도화하는 열의를 보이지 않는다면, 그리고 또 나뉜 시
간을 더 길기도 하고, 많은 경우에는, 더 짧기도 한 연 단위 주기들[52]의

51) 《에우티프론》 3b를 참조할 것.

52) 윤년 또는 윤달을 염두에 둔 언급일 것이다.

계절들로 배분하는 열의를 보이지 않는다면, 그가 고약한 사람으로 이야 986a
기되는 것이 당연하게 하는 말이라는 데는 본인도 그걸 알고 있는 사람
도 동의하지 않겠습니까?

클레이니아스: 어찌 그렇지 않겠습니까, 선생이시여? 사실 아주 고약한 사람입니다.

아테네인: 그러니까, 친애하는 클레이니아스 님, 이게 지금의 제 경우에 일어난 게 분명함을 아십시오.

클레이니아스: 어떻게 하시는 말씀인지?

아테네인: 선생들께서는 온 하늘에 서로 자매 관계를 이루고 있는 여
덟 천체들[53]을 아십니다. 이것들을 제가 관찰했죠. 그렇다고 제가 큰 일
을 한 것도 전혀 아닙니다. 이는 다른 사람에게도 쉬운 일이니까요. 그것
들 가운데 셋은 이것들이니, 해[54]가 하나이고, 달이 하나이며, 또한 조금 b
전에[55] 우리가 언급한 별들 중의[56] 하나입니다. 그러나 다른 것들 다섯
이 또한 있습니다. 바로 이것들과 이것들 안에서, 스스로 나아감으로써

---

53) 여기에서 '여덟 천체들'(oktō dynameis)로 번역한 '천체들'의 원어 dynameis(단수는 dynamis임)는 영어로는 powers로 번역되는 것인데, 우리에게 막강한 힘(dynamis)을 행사하며 영향을 미치는 것들이라는 뜻에서 그리 지칭되는 것으로 보인다. 그리고 여기서 그 수를 '여덟'으로 말하고 있는 것들은 우리의 시간 개념과 관련지어 태양과 지구, 달 그리고 그 밖의 행성들인 수성, 금성, 화성, 목성, 토성을 포함하는 숫자이다. 따라서 이는 다른 별들이 붙박이별(항성)들로 간주되어 제외되고 있음을 뜻한다. 이와 관련해서는 《티마이오스》 편 38c 이후를 참조할 것.

54) 원어는 '해의 dynamis' 곧 '해라는 천체', 그리고 그다음은 '달이라는 천체'로 하는 게 옳겠으나 그냥 단순화했다.

55) 아마도 978c~979a에서 말한 걸 가리키는 것 같다.

56) '별들 중의'로 번역한 부분(tōn astrōn)의 텍스트 읽기에서 이를 Budé 판의 É. des Places는 tōn pantōn astrōn(모든 별들 중의)으로 읽은 반면에, 옥스퍼드 판의 Burnet와 Loeb 고전 총서의 Lamb은 tōn [planētōn] astrōn ([떠돌이] 별들)으로 읽고 있다.

986b 든 또는 운반체에 실려 옮겨 가게 됨으로써든, 이런 식으로 운행하게 되는 것들을 우리들 모두 가운데서 그 누구도 괜히 그것들 중의 어떤 것들은 신들이지만, 어떤 것들은 아니라든가, 어떤 것들은 적출(嫡出)들이지만, 어떤 것들은 우리들 중의 누구도 그리 말하는 것이 가당치도 않은 그런 것들이라고 생각하는 일이 결코 없어야 할 것입니다. 그렇지만 우리 모두는 그것들 모두를 형제들인 걸로 그리고 형제들 사이의 분한(分限)
c 들 안에 있는 걸로 말하기도 하며 주장도 합시다. 그리고 그것들에 영예를 부여하면서 어느 것에는 해(年)를, 어느 것에는 달(月)을 배정하면서도, 어떤 것들에는 아무런 몫(분한: moira)도, 제 궤도(polos)를 다 통과하게 되는 그 기간도 배정하지 않는 그런 일은 없도록 합시다. 모든 이치들 중에서도 가장 신적인 이치(logos)가 정하는 가시적인 질서(kosmos)를 완성토록 돕는 일을 하지 못하게 하는 일은 말입니다. 이 질서에 대해서 행복한 사람은 처음에는 경탄을 했고, 그다음에는 죽게 마련인 생물로서 가능한 모든 걸 철저히 알고자 하는 욕구를 갖게 되었습니다. 이럼으로써 가장 훌륭하게 그리고 더할 수 없는 행운을 누리면서 인생을 보
d 내게 될 것이라 믿어서요, 또한 죽어서는 [사람으로서의] 훌륭함(aretē)에 상응하는 곳들에 이르게 될 것이라 믿어서죠. 그리고 진실로 실제로 이렇게 들어서게 되어서는,[57] 하나의 지혜에 한 사람으로서 관여하게 되

57) 여기에서 '들어서게 되어서는'으로 옮긴 것의 원어는 memyēmenos인데, 이의 능동태 원형은 myeō이고, 그 명사형은 myēsis이다. myēsis는 어떤 종교, 특히 비교(秘教)의 '입교'(入教)를 뜻한다. 오르페우스 교(Orpheus教)나 디오니소스 교 또는 엘레우시스(Eleusis) 교에는 비교(秘教, 密教) 의식이 있었는데, 이를 헬라스어로는 mystēria(ta mystēria = the mysteries)라 한다. 이 비교 의식의 일환으로 이 종교에 입교(myēsis)하는 사람을 위한 입교 의식(入教儀式: teletai)이 있었다. 그런데 《파이돈》편(69c~d)을 보면 '제대로 지혜를 사랑했던(철학을 했던) 사람들'을 '입교'한 사람들에 비유하고 있는 대목이 나온다. 아닌게아니라 《메논》편

어, 시각과 관련되는 것들인 한, 가장 아름다운 것들의 관찰자로서 여생을 살아갈 것입니다. 이제 이것 다음으로 우리에게 남은 것은 이것들이 얼마나 많으며, 무엇 무엇들인지를 말하는 것입니다. 우리들이 거짓말쟁이들로 드러나는 일은 결코 없어야 할 것이기 때문입니다.[58] 물론 적어 e
도 이 정도만큼은 확실히 제가 장담을 합니다. 다시 말합니다만, 그것들은 여덟이 있고, 여덟 중에서 셋은 언급되었으니,[59] 다섯이 아직 남아 있는 것들입니다. 넷째 운행(phora)과 그 궤도(diexodos)는 다섯째 것과 함께 그 속도로는 해와 거의 같아서, 대체로 더 더디지도 더 빠르지도 않습니다.[60] 셋인 이것들 중에서 지성을 충분히 갖추어 갖고 있는 것이 선도를 해야만 합니다. 그러면 이것들을 해의 궤도와 샛별의 그것 그리고 셋째 것의 그것이라고 말합시다. 이는 그 이름이 알려져 있지 않은 탓으

(76e)에서는 개념의 정의(定義)를 제대로 할 수 있게 되는 것을 비교(秘敎)에 입문하게 되는 것으로 말하고 있으며, 《연회(향연)》 편(209e~210a)이나 《파이드로스》 편(250c)에서도 제대로 철학으로 인도되어 마침내 참된 존재를 바라보게 되는 것을 '입교' 나 '비전'(秘傳: epopteia)에다 빗대어 말하고 있다. 이는 당시로서는 철학을 한다는 것이 일상사를 벗어나 다른 영역으로 들어섬(입문함)을 그리고 그런 활동에 관여하게 됨을 종교적인 입교 행위에다 비유해서 설명코자 한 플라톤의 설명 방식에 기인한 것이다. 그런가 하면 감각적 지각(aisthēsis)의 영향을 배제하는 철학적 인식을 위한 인식 주관의 순수화 과정 자체를 종교적인 정화(katharsis) 과정으로 빗대어 장황하게 말하고 있는 것도 우리는 《국가》 편이나 이 《파이돈》 편에서 확인하게 된다. 곧 이어지는 "하나의 지혜에 한 사람으로서 관여하게 되어, 시각과 관련되는 것들인 한, 가장 아름다운 것들의 관찰자로서 여생을 살아갈 것"이란 말은 곧 수학 및 천문학에 입문하여, 천체 관찰자로 살아갈 것임을 말하고 있는 것이다.

58) 그러기로 한 약속을 지키도록 하자는 뜻으로 하는 말이다.

59) 언급된 셋은 해와 달 그리고 항성들이다.

60) 넷째와 다섯째는 금성과 수성이다. 《티마이오스》 38d를 참조할 것. 헬라스어로 금성은 heōsphoros(새벽을 가져오는 자) 또는 hesperos(저녁별 = 개밥바라기)라 하고, 수성은 ho tou Hermou astēr(헤르메스의 별)라 한다.

986e
로 그 이름으로 지칭할 수가 없어서죠. 그 까닭은 그것들을 맨 먼저 목격
한 자가 이방인이었기 때문입니다. 그건 물론 옛날의 생활 방식이 그 최
987a 초의 사람들로 하여금 이것들에 대한 생각을 하도록 했기 때문인데, 이
는 이집트와 시리아가 말하자면 일체의 별들을 언제나 또렷이 바라볼 수
있게 하기에 충분할 정도의 여름철의 아름다움으로 해섭니다. 이 지역은
그것들을 언제나 구름과 비에서 멀리 벗어난 상태로 갖고 있으니까요.
수천 년 아니 무한한 시간에 걸쳐 시험된 것들이 이곳에서부터 도처에
그리고 여기에도 이른 것입니다. 이로 해서 용기를 얻어, 이것들을 법률
에 반영해야만 합니다. 신적인 것들(ta theia)이 어떤 것들은 존중되지
않는 반면에, 어떤 것들은 존중된다는 것은 사려 깊은 짓이 아닌 게 명확
b 하니까요. 왜 그것들이 이름들을 갖지 못했는지, 그 이유로는 이걸 말해
야만 합니다. 하지만 실은 그것들이 신들의 별명을 갖게 되었죠. 샛별
(heōsphoros = 새벽을 가져오는 것)이며 개밥바라기(hesperos = 저녁별)
이기도 한 같은 것이 아프로디테(Aphroditē)[61]의 별(금성: Venus)이라
는 건 아마도 이치에 맞겠거니와 시리아의 입법자에게는 아주 적절합니
다. 반면에 해 그리고 이 금성과 거의 같이 달리는 것은 헤르메스(Her-
mēs)[62]의 별(수성: Mercurius = Mercury)입니다. 하지만, 더 나아가, 달
그리고 해와 함께 오른쪽으로[63] 진행하게 되는 것들의 운행들 셋을 말하
도록 합시다. 그러나 무엇보다도 '코스모스'[64]로 일컬음 직한 여덟째 것
하나를 말해야만 합니다. 이는 그것들 모두와 반대되게 운행하는데, 다

61) 아프로디테 여신에 대해서는 《법률》 840e에서 해당 각주를 참조할 것.

62) 헤르메스에 대해서는 《법률》 941a에서 해당 각주를 참조할 것.

63) 여기서 말하는 '오른쪽으로'는 '서쪽에서 동쪽으로'의 뜻이다. 《법률》 760d의 본문 및 해당 각주를 참조할 것.

64) 여기서 말하는 kosmos는 항성들을 그 안에 품고 있는 것으로 상정된 천구(天球)의 층(層)을 뜻하는 것 같다.

른 것들을 이끌고 가죠. 이것들에 대해서 아는 것이 적은 사람들에게도 분명해 보이겠듯이 말입니다. 하지만 우리가 충분히 알고 있는 것들 모두를 말해야만 하고, 말하고 있기도 합니다. 조금이라도 옳고 신적인 이 c
해를 갖게 된 사람에게는 참된 지혜는 어쩌면 이런 식으로 드러날 것이기 때문입니다. 그러니까 세 개의 별들이 남아 있는데, 이것들 중의 하나는 그 느림이 이것들 중에서도 유별난데, 이를 어떤 사람들이 크로노스(Kronos)의 이름[65]으로 부르는 것입니다. 그 느림이 이것 다음인 것은 제우스의 별(목성: Jupiter)로 말해야 할 것이나, 이것 다음인 것은 아레스(Arēs)의 별(화성: Mars)입니다만, 이게 모두 가운데서도 제일 붉은 색깔을 갖고 있습니다. 만약에 누군가가 이것들에 대해 설명해 줄 경우에는, 이를 이해하기 어려울 것은 아무것도 없지만, 이를 배우게 된 사람 d
은, 우리가 말하듯, 믿어야만 합니다.

그렇지만 모든 헬라스인은 이에, 즉 우리가 거주지로서 [사람으로서의] 훌륭함(aretē)을 위해서는 아마도 더 없이 좋은 것인 헬라스인들의 지역을 갖고 있다는 데에 생각이 미치어야만 합니다. 이곳의 칭찬받을 만한 점은 겨울철과 여름철 자연 조건의 중간일 것이라고 말해야 합니다.[66] 여름 더위에서 우리가 말한 바로 그 지역[67]의 것보다는 우리의 여름이 처지는지라, 이게 이들로 하여금 이 신들의 질서에 대한 이해를 뒤늦게 갖게 했습니다. 그러나 헬라스인들은 이방인들에게서 무엇을 전수

---

65) 크로노스의 별은 토성(Saturnus = Saturn)을 가리킨다. 크로노스에 대해서는 701c에서 해당 각주를 참조할 것. 그리고 텍스트 읽기에서 이를 Budé 판의 É des Places가 'hēliou'로 읽은 걸 따르지 않고, 옥스퍼드 판의 Burnet와 Loeb 고전 총서의 Lamb이 'Kronou'로 읽은 걸 따랐다.

66) 이곳의 이런 좋은 기후(eukrasia)에 대해서는 《티마이오스》 24c에서도 언급하고 있는데, 이와 관련해서는 역주서 《플라톤의 티마이오스》 각주 55 및 56을 참조할 것.

67) 987a에서 이집트와 시리아에 대한 언급을 참조할 것.

e 받건, 이것을 결국엔 더 훌륭하게 만들게 되는 것으로 봅시다. 특히 지금
언급되고 있는 것들과 관련해서 같은 이 점을 생각해야만 합니다. 이와
같은 모든 것을 논쟁할 여지가 없는 상태로 발견하기는 어렵습니다. 그
988a 러나 많은 가망성과 함께 밝은 희망은 있습니다. 이들 신들 모두의 전설
과 함께 이들에 대한 섬김은 이방인들에게서 온 것이지만,[68] 헬라스인들
은 교육과 델피의 신탁 그리고 법률에 따른 일체의 섬김을 이용함으로써
그보다도 더 훌륭하게 그리고 정말로 더 올바르게 이들 신들에 대해 정
성을 쏟을 가망성 말입니다. 헬라스인들 가운데서는 그 누구도 이를, 즉
죽게 마련인 자들로서는 신적인 것들(ta theia)에 대해서 결코 관심을 가
져서는 안 되는 걸로 [여겨] 두려워하는 일이 결코 없게 할 일입니다. 오
히려 이와는 아주 반대로 생각해야만 할 것입니다.[69] 신적인 것(to
theion)은 결코 무감각하지도 않으며[70] 어쩌면 인간성을 모르지도 않고,

---

68) 헬라스인들이 자기들이 섬기는 신들의 이름들로 호칭하게 된 천체들이 원래는 시리아인들에 의해 상응하는 신들의 이름들로 불리었을 것임을 시사하는 말이다.

69) 《법률》 821a를 참조할 것. "너 자신을 알라"(gnōthi sauton)는 델피 신전의 경구는 인간의 분한(分限)에 대한 자각을 일깨우기 위한 것이었다. 그 분한 중에서도 제일 중요한 것은 죽게 마련인 인간이 인간사를 넘어, 그 이상의 것들인 신적인 세계를 넘보는 것이다. 이에 대해서 신들은 벌을 내린다. 그러나 소크라테스는 오히려 이에 대해 정색한다. 그렇다, 인간은 제 자신을 알아야 한다. 이제껏 인간은 제 자신이 어떤 존재인지를 정작 모른 채로 살아왔다. 자신이 이성(logos)을 지닌 존재라는 걸 제대로 알지 못한 채로 살아온 것이다. 소크라테스의 철학적 행각은 이에 대한 자각을 일깨우며, 이성을 적극적으로 활용하는 것과 관계된다. 플라톤은 이성에서 더 나아가 그 연장선상에 있는 지성(nous)에 대한 자각의 강조와 그것의 적극적 활용을 통한 철학적 위업을 이룬다. 이 지성이야말로 인간 이상의 것이며, 인간에 있어서 신적인 것이다. 아리스토텔레스의 경우에도 지성은 그런 것이다.

70) "신적인 것(to theion)이 결코 무감각하지 않다"는 말은 천체나 우주가

자기가 가르쳐 줄 경우에는 인간들이 충실히 따를 것이며, 가르쳐 준 것 b
들은 배우게 될 것임을 알고 있다고 말입니다. 그것이 바로 이것을 우리에게 가르치고 있다는 걸, 우리가 수와 수로 세는 걸 배우고 있다는 걸 그것은 분명히 알고 있습니다. 이를 모른다는 것은 무엇보다도 제일 생각이 없는 것일 겁니다. 배울 수 있는 자에 대해서 화를 내고, 신의 도움을 받아서 훌륭해진 사람에 대해서 시기함이 없이 함께 기뻐하질 못한다는 것은 정말로 속담대로 제 자신을 모르는 것이니까요.[71]

인간들이 신들에 관한 최초의 생각들을 갖게 되었을 때, 즉 신들이 어
떻게 해서 있게 되었으며 어떤 것들이 되었는지[72] *** 그리고 어떤 활동 c
들을 했는지에 대해 생각들을 하게 되었을 그때에, 그들은 물론 많은 아름다운 이야기를 갖고 있으나, 사려 깊은 사람들에게는 이게 마음에 들게도 친근하게도 들리는 게 아닙니다.[73] 또한 두 번째의 주장(이야기)들[74]도 그렇지 못하기는 마찬가지입니다. 이것들에서는 불과 물 그리고 그 밖의 물체들에 속하는 것들이 가장 연장(年長)인 것들이요, 놀라운 혼에 속하는 것들은 그 뒤의 것들입니다. 그리고 몸(물체)이 하게 된 운동이 그리고 이것이 제 스스로를 열기와 냉기에 의해서 그리고 이런 따위의

조상(彫像: agalma)처럼 무감각하지는 않다는 뜻으로 하는 말이다.

71) '신의 도움을 받아서 훌륭해진 사람'은 신적인 것들, 곧 천체들과 천체 현상들을 통해 수학과 천문학을 배우게 됨으로써 지혜롭게 되는 걸 뜻하는 말이다. 그리고 이 대목의 내용은 바로 앞의 앞 각주에서 언급한 내용과 연결된다.

72) 텍스트 읽기에서 이 다음의 kai ho men은 이 읽기로는 무의미하므로, Harward가 그랬듯, 탈락 상태로 읽었다. 굳이 보완해서 읽는다면, Hermann을 따라 Lamb이 읽은 것처럼 kai hothen(그리고 어디에서 생기게 되었는지)으로 보완할 수는 있겠다.

73) 헬라스인들의 전통적인 신화들과 관련된 비판인 셈이다.

74) 일부의 자연철학자들의 주장을 가리킨다.

988c
모든 것에 의해서 움직이게 하는 운동이 더 힘 있고 더 귀중하지, 혼이
d 몸(물체)을 그리고 제 스스로를 움직이게 하는 운동은 아닙니다. 그러나
혼이 몸(물체) 안에 생기게 되면, 몸(물체)과 스스로를 운동케 하고 회전
하게 하는 건 조금도 놀랄 일이 아니라고 이제 우리가 말하고 있기에,
[그런 주장을 하는] 우리에게 혼이 무거운 것은 아무것도 회전시킬 수
없다며 불신하는 것은 전혀 합리적이지 않습니다. 그러므로 지금도 우리
는 혼이 우주(to holon)의 원인이며, 모든 좋은 것들의 원인들도 그런 것
들인 반면에, 변변찮은 것들의 원인들은 또 다른 그런 것들이라고 주장
하고 있기에, 또한 일체의 이동(운행: phora)과 운동(kinēsis)의 원인이
e 혼인 것은 조금도 놀랄 일이 아니며, 좋은 쪽으로의 이동(운행)과 운동
은 최선의 혼에 속하나, 그와 반대되는 쪽으로의 것은 반대되는 혼에 속
하는 것이라고 주장하고 있기에, 좋은 것들은 그렇지 못한 것들을 이겨
왔고 또한 이겨야만 합니다.[75]

우리가 말하게 된 이것들 모두는 불경한 자들에 대해 보복해 주는 디
케[76]와 합치합니다. 그런데 검토되고 있는 것과 관련해선데, 적어도 훌
륭한 사람을 지혜로운 걸로 우리가 생각해서는 안 되는 게 아닌가 하고
989a 우리가 의심할 수는 없습니다. 우리가 오래전부터 찾고 있는 이 지혜
(sophia)를, 교육과 관련해서 또는 기술과 관련해서 찾아볼 수 있겠는지
봅시다. 어떤 식으로든 그것을 아는 데 이르지 못할 경우에는, 그런 사람
들로서, 올바른 것들을 알지 못하는 상태로 우리는 있게 될 것입니다. 물
론 우리가 그걸 찾아볼 수 있을 것으로 제게는 생각되기에, 제가 말해야
만 하겠군요. 이리저리 찾다가, 어떻게 해서 그게 제게 명백해졌는지, 그

---

75) 《법률》 896a~e 및 906a를 참조할 것.

76) '보복해 주는 디케'(hē timōros Dikē)에 대해서는 《법률》 872e의 본문 및 해당 각주를 참고할 것이며, 아울러 717d에서 이 여신과 관련된 언급을 참조하는 게 좋겠다.

989a

것이 선생들께 명백해지도록 해 볼 것입니다. 그러니까 [사람으로서의]
훌륭함(덕: aretē)의 가장 중요한 부분을 우리가 제대로 실천하지 않고
있은 것이 그 원인입니다. 방금 언급된 것들로 해서 강력히 시사된 걸로
제게 생각되듯이 말입니다. [사람으로서의] 훌륭함의 부분으로서 신들 b
에 대한 공경(eusebeia)보다 더 중요한 것이 죽게 마련인 종족에게 있는
것처럼 누군가가 우리에게 설득하려 드는 일이 결코 있어서는 안 될 것
입니다. 그러나 이것이 최대의 무지로 해서 가장 훌륭한 자질을 타고난
사람들에게 생기지 못했다는 걸 말해야만 하겠습니다. 가장 훌륭한 자질
들을 가진 사람들이 태어나기는 지난하겠지만, 태어날 경우에는, 그 유
익함은 지대한 것입니다. 느긋한 성향의 특징들과 그 반대되는 성향의
특징들을 적절히 그리고 유연하게 갖게 된 혼은 성격이 좋을 것입니다.
용기에 대해 찬탄하며 절제 있음에 대해 잘 따르겠고, 또한 이들 자질들
중에서도 가장 중요한 것은 배울 수 있고 기억을 잘하는 것이니, 바로 이 c
런 것들에서 몹시 즐거워할 수 있어서, 배움을 좋아하게 될 것입니다. 이
런 것들은 쉽게 타고나는 것도 아니며, 일단 타고난 다음에 마땅히 받아
야 할 양육과 교육을 받았을 경우에는, 이들보다도 못한 대부분의 사람
들을 제압할 수 있는 게 지당할 것입니다. 신들과 관련된 각각의 것들을
생각하고 행하며 말함에 의해서입니다. 즉 그것들을 어떻게 해야 하며
그리고 언제 해야만 하는지를 말입니다. 제례와 신들 및 인간들과 관련
된 일들의 정화 의식과 관련해서 겉치레로 치르는 것이 아니라, 진정으
로 [사람으로서의] 훌륭함을 존중하면서 할 것이니, 이것이야말로 온 나 d
라를 위해서는 모든 것 가운데서도 가장 중요한 것입니다. 그러므로 바
로 이 부류가 자질에 있어서 가장 주되며, 만약에 누군가가 가르치게만
된다면, 더할 수 없이 훌륭하게 배울 수 있다고 우리는 주장합니다. 그러
나, 만약에 신이 인도하지 않는다면, 아무도 가르치지 못할 것입니다. 누
군가가 가르치더라도, 그런 걸 제대로 하지 못할 경우에는, 배우지 않는

989d
게 더 좋습니다. 그렇더라도, 방금 한 언급들로 미루어 볼진대, 이것들은
그런 최선의 자질을 갖춘 사람이 의당 배워야만 하고, 저 또한 그리 말해
e 야만 합니다. 그러면 그것들이 무엇 무엇이며, 어떤 것들이고, 어떻게 배
워야만 하는지, 말하는 사람으로서의 저의 능력과 경청할 수 있는 분들
990a 의 능력이 미치는 한에서, 논의를 통해서 자세히 다루도록 합시다. 누군
가가 신들에 대한 공경(theosebeia)에 있어서 무엇을 어떤 방식으로 배
우게 될 것인지 말입니다. 실은 그것의 이름을 우리가 어쨌든 대는 걸 듣
게 되는 사람은 어쩌면 이상해할 것인데, 이 분야 곧 천문학(astrono-
mia)에 대한 생소함으로 인해서 이는 결코 예상하지 못하는 것일 겁니
다. 진짜 천문학자(astronomos)는 지극히 지혜로운 사람임에 틀림없다
는 사실을 모르기도 하고요. 헤시오도스식으로 천체관측을 하는 사람[77]
이나 별들의 뜨고 짐을 관찰한 사람과 같은 그런 모든 사람이 아니라, 여
덟 궤도들 중에서 일곱 궤도를[78] 관찰한 사람 말입니다. 이것들의 회전
b 주기를 각각의 궤도가 다 통과하게 되는 건, 놀라운 자질을 타고나지 않
고서는, 모두가 다 능히 쉽게 관찰하게 될 수는 없는 그런 것이죠. 방금
우리가 말한 것은 그리고 우리가 말하고 있는 것은 그걸 어떤 방식으로
또한 어떻게 배워야만 하는지를 말하는 것입니다. 첫째로 우리는 다음과
같이 말하죠.

달이 제 궤도를 가장 빨리 완주하여, 한 달과 만월(보름달)을 처음 것
으로 가져다줍니다. 둘째로는 해를 알아야만 하는데, 제 전체 궤도를 통

---

77) 단순히 '천체관측을 하는 사람'(ho astronomōn)과 천문학자(astronomos)를 구별하고 있어서, 번역도 달리했다. 여기서 '헤시오도스식으로'라고 한 것은 바로 다음에서 말하고 있듯, 특정한 별들이 뜨고 지는 것에 맞추어 농사짓는 일을 헤시오도스가 일러 주고 있기 때문이다. 이를테면, 그의 《일과 역일(曆日)》 384, 609~17에서처럼.

78) 987a~d를 참조할 것.

990b

과하면서 하지와 동지를 가져온다는 것,[79] 그리고 또 이것과 함께 운행하는 것들[80]도 말입니다. 똑같은 것들에 대해서 같은 대화를 여러 번 하지 않기 위해서는, 앞서 우리가 자세히 다룬 것들로서 이것들과는 다른 c
궤도들을 이해하기는 쉽지가 않기에, 이것들을 이해할 수 있는 자질들을 이것들에 대비해 준비하도록 하기를,[81] 아이이며 젊은이일 때 많은 것을 미리 가르치고 버릇들이도록 진력해야만 합니다. 이 때문에 수학(mathēmata)이 필요할 것입니다. 그러나 이것도 가장 중요하고 첫째인 것은 수들 자체의 그것이지,[82] 물체를 가진 것들의 그것이 아니고,[83] 홀수와 짝수의 부류 전체와 이것들이 존재하는 사물들의 본성에 미치는 영향력의 측면에서의 그것입니다. 이것들을 배운 사람에게 이것들 다음에는 몹시 d
우스꽝스런 이름으로 불리는 기하학(geōmetria)[84]이 있습니다. 그 성질상 서로 같지(닮지) 않은 수들을 평면들의 부문과 관련지어 같게 하기(同化: homoiōsis)가 실현되는 게 분명합니다.[85] 이것이야말로 이를 이

79) 《법률》 767c의 본문 및 해당 각주를 참조할 것.

80) 987b를 참조할 것.

81) Budé 판 c3~4(Burnet c3)의 텍스트 읽기에서, physeis di' ha dynaton einai khreōn, polla는 Burnet 및 Lamb의 읽기를 따라 physeis hoias dynaton einai, khreōn polla로 읽었다.

82) 977e에서 언급한 arithmētikē 곧 산술 또는 수론(數論)을 뜻한다.

83) 《국가(정체)》 525d에서도 수와 관련된 이런 언급이 보인다.

84) 여기에서 기하학을 몹시 우스꽝스런 이름으로 말하고 있는 것은 오늘날에도 '기하학'으로 지칭되고 있는 geōmetria(= geometry)의 본래 뜻이 '땅의 측량'이기 때문이다.

85) 이는 특히 유리수와 무리수 사이의 관계와 관련지어 하는 말일 것이다. 이를테면, 유리수(rhēta)와 무리수(arrhēta, aloga)는 수의 성격상 같은(닮은: homoia) 것들이 아니다. $\sqrt{2}$는 한 변을 1로 갖는 정사각형의 평면도형의 대각선에서 얻는다. 다시 이 대각선의 길이를 한 변으로 갖는 정사각형은 2의 면적을 갖는다. 그리고 한 변을 2로 갖는 정사각형의 평면도형의 대각선은 $2\sqrt{2}$이고, 다시 2를 한 변으로 갖는 정사각형은 4의 면

990d

해할 수 있는 사람에게는 그 기원이 인간적인 것이 아닌 신적인 경이(驚
異: thauma)임이 분명해질 것입니다. 한데, 그것[86] 다음은 3승수들 그리
고 그 성질상 입체와 같은 것들입니다. 그러나 다시 같지 않게 된 수들을
다른 학술(technē), 즉 바로 이것에 최초로 맞닥뜨린 사람들이 입체기하
e 학(stereometria = solid geometry)[87]으로 일컬었던 것에 의해 같은 것들
로 만듭니다.[88] 그러나 정작 신적이며 놀라운 것은 이를 들여다보고 이
에 대해 생각하게 된 사람들에게 있어서의 것입니다. 즉 배(倍: to dipla-
sion)와 관련해서 멱(冪: dynamis)이 거듭되고 또한 이것과는 반대로 거
듭될 경우에, 어떻게 자연 전체가 각각의 비례 또는 급수(수열:
991a analogia)에 따라 종(種: eidos)과 유(類: genos)를 유형화(類型化)해 내
는지에 대해서 그러게 된 사람들 말입니다. 그러니까 배(倍)의 첫 산술급

적을, $2\sqrt{2}$를 한 변으로 갖는 정사각형은 8의 면적을 각기 갖는다. 이처럼 도저히 유리수로 같이 표현할 수 없을 것 같은 무리수가 기하학적 도형을 통해서 유리수와 같이 다룰 수 있게 된 걸 여기에서는 말하고 있는 셈이다. 이 제곱근을 헬라스어로는 dynamis라 하는데, 이에는 제곱을 통해서 유리수로 될 수 있는 '가능성'을 지니고 있다는 뜻도 있다고 할 것이다. 그런가 하면, dynamis 자체가 '제곱' 등의 '멱'을 뜻하는 경우도 있다.

86) 기하학을 가리키나, 더 정확히는 평면기하학을 가리킨다.

87) 《국가(정체)》 528a~e에는 평면 다음에 삼차원의 입체를 다루는 입체기하학이 아직은 새로운 학술 분야로서 연구되고 있지만, 아주 매력 있는 학문으로서 곧 확립 단계에 진입할 것이라는 희망적인 상황에 대한 언급이 보인다. 또한 거기에서는 천문학을 '깊이를 갖는 것의 운동을 다루는 탐구'로 말하고 있는데, 여기에서 입체기하학을 언급하게 되는 것도 운동하고 있는 입체들로서의 천체들을 다루는 천문학으로 이행하는 앞 단계라 해서다.

88) d8의 텍스트 읽기에서, Budé 판에서 ἑτέρα τέχνη ὁμοιοῖ ὁμοία ταύτῃ는 Burnet 및 Lamb의 읽기를 따라 ἑτέρᾳ τέχνῃ ὁμοιοῖ ταύτῃ로 읽었다. 이 읽기의 경우에는 주어가 명시되지 않아 문제될 수 있겠으나, '이것에 최초로 맞닥뜨린 사람들'처럼 이 문제를 다루게 되는 사람이 주어로서 함의(含意)된 것으로 보면 되겠다.

991a

수는 1에서 2로 진행되는 것이고, 제곱에 따라 진행되는 급수는 그 두 배(1에서 4로)입니다. 그러나 입체이고 만질 수 있는 것으로 진행되는 급수는 다시 그 배인 것, 즉 1에서 8로 진행되는 것입니다.[89] 반면에 배의 평균(to meson)으로의 진행은, 똑같이 적은 것보다는 많으나 많은 것보다는 적은 경우가 그 하나이나,[90] 다른 한 경우는 양쪽 끝의 수들에 대한 동일한 [비율의] 분수(meros)만큼 이것들보다 더 많기도 하고 더 적기도 한 것입니다.[91] — 6과 12의 평균으로는 6에 그 1/2을 보탠 수(6+3=9 : hēmiolion)와 6에 그 1/3을 보탠 수(6+2=8 : epitriton)가 있습니다.[92] — 평균인 바로 이것들의 양쪽으로의 진행[93]은 인간들에게 놀이와 리듬 그 b

89) 4는 2^2이고, 8은 2^3임을 말하고 있다.

90) 곧 산술평균을 뜻한다.

91) 조화평균을 뜻한다. 양쪽 끝의 수들을 a와 b로 할 경우에, 그 조화평균은 2ab/(a+b)로 공식화할 수 있겠다.

92) 앞에서 조화평균을 말하면서, "양쪽 끝의 수들에 대한 동일한 [비율의] 분수(meros)만큼 이것들보다 더 많기도 하고 더 적기도 한 것이다"라고 한 것은 8이 6에 대해 6의 1/3만큼 더 많고, 12보다는 12의 1/3만큼 적기도 하다는 뜻으로 한 말이다. 그런데 이런 수치의 비례관계는 피타고라스에서 유래된다. 그는 리라가 내는 8도음정(한 옥타브)을 여덟 현들이 아니라, 한 현(chordē)을 이용해서 실험한 결과, 선법(harmonia)에 따라 달라지는 가변음들이 아닌 고정음들인 넷 사이에 현의 길이로 따져, 다음과 같은 비례관계가 성립함을 발견하게 된다. 곧 2 : 1, 3 : 2, 4 : 3이 그것들이다. 이를 통분하면, 그 길이 순으로 6, 8, 9, 12의 수치를 얻게 되는데, 이 수치는 각기 가장 높은 음(neatē, nētē : Mi에 해당), 다섯째로 높은 음(paramesē : 중간 다음인 음 : Si에 해당), 중간 음(mesē : La에 해당), 가장 낮은 음(hypatē : Mi에 해당) 순으로 주어지는 것이다. 이와 관련해서는 역자의 《플라톤의 국가(정체)》 685~6쪽(443d6~7에 대한 주석)과 J. Burnet, *Greek Philosophy*, (Macmillan, 1968), 35~38을 참조할 것. 그리고 《티마이오스》 35b 이후에서는 이 비율이 우주 혼의 구성에 더 정교하게 적용해 언급되고 있음을 우리는 확인하게 된다.

93) '평균인 바로 이것들의 양쪽으로의 진행'이란, 바로 앞의 각주에서 언

991b

리고 선법(harmonia)[94]을 위해서 조화롭고 균형 있는 용도로 무사 여신들(Mousai)의 행복한 합창에 의해서 주어진 것입니다.

그래서 이것들 모두가 이런 식으로 된 걸로, 또한 그런 것들이게 둡시다. 이것들에 대한 최종 단계로, 신적인 창조물들과 동시에 가시적인 것들 중에서도 가장 아름답고 가장 신적인 종류로 옮겨가야만 합니다. 이는 신이 인간들로 하여금 볼 수 있도록 한 한도 안에서 그런 것이니, 이
c 것은 누군가가 방금 말한 것들의 도움을 받지 않은 상태로 관찰하고서도 쉽게 간파할 걸로 결코 자랑하게 되지는 못할 것입니다. 그러나 이것들에 더해서, 모든 논의의 장에서 개별적인 것을 종들에 적용해 보아야만 하는데, 잘못 말한 것들에 대해서는 질문하고 논박하면서 말입니다. 이게 가장 훌륭하고 으뜸가는 시험이 되는 건 전적으로 옳겠기 때문입니다. 반면에 그렇지 못한 시험들이면서, 그런 체하는 것들은 무엇보다도 제일 공연한 헛수고이죠. 더 나아가 우리로서는 시간의 정확성을 파악해야만 합니다. 하늘에서 일어나는 모든 것이 얼마나 정확하게 실현되고 있는지
d 말입니다. 혼이 물체보다도 더 연장(年長)인 동시에 더 신적인 것이라는 주장이 참임을 믿게 된 사람은 모든 것이 신들로 가득 차 있다고[95] 하는 말이 아주 훌륭하고 만족스런 것이라고 여길 것이며, 또한 [우리보다도] 더 나은 자들[96]의 망각과 무관심으로 해서 우리가 경시되고 있는 걸로

급했듯, 한 옥타브에서 12(가장 낮은 음)와 6(가장 높은 음)의 양쪽 끝 음들과 이것들에 대해 산술평균과 조화평균에 각각 해당하는 넷째의 중간 음과 다섯째인 음(paramesē: 중간 다음인 음)은 고정된 음들인데, 이것들 사이의 가변적인 음들이 얼마만큼의 간격들을 가지며 이동하는가에 따라 선법(harmonia)이 달라지고 음악도 다양하게 변하게 되는 걸 가리켜 말하고 있는 것이다.

94) 《법률》 653e에서 해당 각주를 참조할 것.

95) 《법률》 899b에서 해당 각주를 참조할 것.

96) 물론 신들을 뜻한다.

991d
결코 여기지도 않을 것입니다. 이런 모든 것들에 대해서는 이렇게 생각
해야만 합니다. 즉, 만약에 누군가가 이것들 각각을 옳게 파악한다면, 제
대로 파악하는 사람에게는 큰 이득이 있을 것입니다. 하지만 그렇지 못
할 경우에는, 언제나 신의 도움을 청하는 것이 더 낫습니다. 한데, 그 방
식은 이런 것입니다. — 적어도 이 정도만큼은 말해야만 할 테니까요. — e
모든 도형과 수의 체계, 일체의 선법 구성 그리고 별들의 회전들의 일관
성을 제대로 배우게 된 사람으로서는 모두가 하나임을 밝혀야만 합니다.
누군가가 옳게 하나에 주목하면서 배운다면, 우리가 말하고 있는 것처
럼, 밝혀질 것입니다. 그리 생각하는 사람들에게는 모든 것들의 끈 성격 992a
을 갖는 한 가지 것이 나타날 것입니다. 하지만 누군가가 이것들을 어떤
식으로 다르게 추구한다면, 역시 우리가 말하는 바처럼, 행운을 빌어야
할 것입니다. 어쨌든 이것들 없이는 어떤 성향을 지닌 사람도 결코 나라
들에서 행복해지지 못할 것이기 때문이니, 이것이 그 방식이고, 이것이
그 양육이며, 이것들이 그 교과들입니다. 그것들이 어렵든 또는 쉽든, 이
런 식으로 나아가야만 합니다. 신들[97]에 대해 소홀히 하는 것은 가당치
않습니다. 이들 모두에 대해 제대로 하게 된 발언이 행운의 것임이 명백
해진 터에 말입니다. 이것들 모두를 이런 식으로 파악한 사람, 이 사람을 b
저는 가장 참된 뜻에서 가장 지혜로운 사람으로 말합니다. 저는 이 사람
에 대해 농담으로든 진담으로든 장담합니다. 그런 사람들 중의 누군가가
자신의 운명을 죽음으로써 마감하게 될 때, 아직도 실은 거의 죽어가고
있는 중이라면, 그땐 지금처럼 많은 감각적 지각들에 더 이상 참여하지
는 않을 것이라는 겁니다. 한 운명에만 참여하여, 여럿에서 하나로 됨으
로써, 행복하고 가장 지혜로우면서 또한 축복받게 될 것이라는 겁니다.
그가 대륙들에서 살든 또는 축복받은 자로서 섬들에서 살든 간에[98] 말입

97) 여기서 말하는 신들은 천체들을 지칭한다.

c 니다. 또한 그는 이런 행운을 늘 누릴 것이고요. 그가 공적으로 이것들을 탐구하거나 또는 개인적으로 그러면서 일생을 보내건 간에, 그는 같은 것을 하며 신들한테서 마찬가지로 대접받으며 지내게 될 것이라고 말입니다. 그러나 우리가 처음에도 말했고, 지금도 이 말이 정말로 진실인 것으로 받아들여지는 것은 소수의 사람들을 제외하고는 사람들이 완벽하게 축복받고 행복해질 수는 없다는 것인데, 이는 옳게 하는 말입니다. 천성으로 신과도 같고 마음이 건전함과 함께 [사람으로서의] 다른 훌륭함(덕: aretē)도 갖춘 사람들, 이것들에 더해서 축복받은 학문(교과)[99]과
d 관련되는 모든 걸 — 이것들이 무엇 무엇들인지는 이미 언급되었거니와 — 터득한 사람들, 이 사람들만이 신령스런 것의 모든 걸 충분히 얻어 갖고 있습니다. 그러므로 이것들을 이처럼 힘들여 공부한 사람들로서 원로의 최종 단계에 이른 사람들에게 가장 중요한 관직들이 주어져야만 하는 걸로 우리는 사적으로는 말하고 공적으로는 법적으로 제도화해야만 합니다. 반면에 다른 사람들은 이들을 따라 모든 남녀 신들을 상서롭게 말해야만 합니다. 또한 우리는 이미 충분히 알게도 되고 검증도 한 터이므로, 우리 모두가 [새벽녘] 야간회합을 이 지혜로 초대하는 것이 지당합니다.

---

98) "대륙들에서 살든 또는 축복받은 자로서 섬들에서 살든 간에"라 말하고 있는 것은 헬라스인들이 착한 사람들은 대개 사후에 '축복받은 자들의 섬들'(makarōn nēsoi)에서 아무런 근심 걱정 없이 생전의 즐거움을 그대로 즐기며 살게 된다고 믿은 것과 관련해서 섬과 대륙을 대비해서 하는 것이라 할 것이다. 이 극락군도(極樂群島)에 대한 언급은 《국가(정체)》 519c, 540b에도 보인다. 그리고 헬라스인들은 헬라스 본토의 서북쪽 지역(오늘날의 알바니아 아래쪽)을 그 지역의 섬들과 구분해서 Hēpeiros(대륙)라 일컬어 왔는데, 이 지역 이름은 오늘날에도 그대로 쓰고 있는 것이다.

99) 여기서 '축복받은 학문(교과)'으로 말하고 있는 것은 천문학을 가리킨다.

참고문헌
색인

참고문헌

1. 《법률》, 《미노스》, 《에피노미스》의 원전·주석서·역주서

Budé 판 플라톤 전집(*Platon: Œuvres Complètes*) 중에서 É. des Places가 교열 편찬한 제11권(1, 2부: 《법률(Les *Lois*)》 I~VI권: 1951년 초판, 1975, 1976년 판)과 A. Diès가 교열 편찬한 제12권(1, 2부: 《법률(Les *Lois*)》 VII~XII권: 1956년 초판, 1976년 판)에 수록된 *Nomoi* 및 É. des Places가 교열 편찬한 *Epinomis*. 그리고 제13권 제2부에 Joseph Souilhé가 교열 편찬하여 수록된 *Dialogues suspects*(진위가 의심스러운 대화편들) (1962년 판) 중의 *Minos*.

Burnet, J, *Platonis Opera*, V, Oxford, 1907.

Bury, R. G.(ed. & tr.), *Plato* X, XI: *The Laws* I, II, Loeb Classical Library, 1926.

England, E. B., *The Laws of Plato*, I, II, Manchester/London, 1921. Arno Press, repr. N. Y., 1976.

Lamb, W. R. M.(ed. & tr.), *Plato* XII, *Minos* & *Epinomis*, Loeb Classical Library, 1927.

Brisson, L. et Pradeau, J.-F., *Platon: Les Lois*, I~VI, VII~XII, Paris, 2006.

Saunders, T. R., *Notes on The Laws of Plato*, London, 1972.

Schöpsdau, K., *Platon: Nomoi(Gesetze)*, Buch I~III(1994), Buch IV~VII

(2003), Göttingen.

Harward, J., *The Epinomis of Plato*, Oxford, 1928.

2. 《법률》, 《미노스》, 《에피노미스》의 번역서

Saunders, T. J, *Plato : Laws*, Penguin Books, with minor revisions, 1975.

Taylor, A. E., *The Laws of Plato*, London, 1934.

Pangle, T. L., *The Laws of Plato*, Chicago/London, 1988.

Robin, L. et Moreau, M. J., Platon, *Œuvres Complètes*, II, Paris, 1950.

Schöpsdau, K., *Platon, Werke, Gesetze*, Buch I~VI, Buch VII~XII, Darmstadt, 1977.

Cooper, J. M. & Hutchinson, D. S.(edd.), *Plato : Complete Works*, 1977. 이것에 실린 *Minos*(tr. M. Schofield) 및 *Epinomis*(tr. R. D. McKirahan, Jr.)

3. 기타 참고문헌

Adam, J., *The Republic of Plato*, I, II. Cambridge, 1963.

Barker, E., *Greek Political Theory*, London, 1957.

Bickerman, E. J., *Chronology of the Ancient World*, London, 1980.

Brandwood, L., *A Word Index to Plato*, Leeds, 1976.

Burnet, J, *Platonis Opera*, I~IV, Oxford, 1902.

Burnet, J., *Greek Philosophy*, Macmillan, 1968.

Burnet, J., *Plato's Phaedo*, Oxford, 1911.

Bywater, L., *Aristotelis De Arte Poietica*, Oxford, 1911.[2]

Bywater, L., *Aristotelis Ethica Nicomachea*, Oxford, 1894.

Campbell, D. A., *Greek Lyric*, I, II, III, Loeb Classical Library, 1990~1991.

Crombie, I. M., *An Examination of Plato's Doctrines* I, II, London/New York,

1962, 1963.

Denniston, J. D., *The Greek Particles*, 2nd ed., Oxford, 1970.

Diels/Kranz, *Die Fragmente der Vorsokratiker*, I, II, III, Weidmann, 1954.

Dodds, E. R., *Plato: Gorgias*, Oxford, 1959.

Dover, K. J., *Aristophanes: Cloud*, Oxford, 1968.

Dover, K. J., *Greek Popular Morality* in the time of Plato and Aristotle, Univ. of California Press, 1974.

Duke, Hicken, Nicoll, Robinson et Strachan(edd.), *Platonis Opera*, I, Oxford, 1995.

Evelyn-White, *Hesiod and The Homeric Hymns and Homerica*, Loeb Classical Library, 1914.

Field, G. C., *Plato and his Contemporaries*, 3rd ed., Methuen, 1967.

Forster, E. S., *Aristotle, Topica*, Loeb Classical Library, 1960.

Godley, A. D., *Herodotus*, I(1926), II(1938), III(1922), IV(1925), Loeb Classical Library.

Gulick, G. P., *Athenaeus, Deipnosophistae*, I(1951), II(1928), III(1929), IV (1930), V(1943), VI(1950), VII(1941), Loeb Classical Library.

Guthrie, W. K. C., *A History of Greek Philosophy*, Vol. 5, Cambridge, 1978.

Guthrie, W. K. C., *Aristotle: On the Heaven*, Loeb Classical Library, 1939.

Handerson, J., *Aristophanes*, I, II, Loeb Classical Library, 1998.

Harris, H. A., *Greek Athletes and Atheletics*, Connecticut, 1964.

Harrison, E., *Themis: A Study of the Social Origins of Greek Religion*, London, 1963.

Hicks. R. D., *Diogenes Laertius*, I, II, Loeb Classical Library, 1925.

Hornblower, S. and Spawforth, A. (edd), *The Oxford Classical Dictionary*, 3rd ed., Oxford, 1999.

Irwin, T.(ed.), *Classical Philosophy*, Vol. 3, *Plato's Ethics*, A Garland Series,

1995. 이 책에 실린 Saunders의 논문 The Socratic Paradoxes in Plato's *Laws* 및 Morrow의 논문 The Demiurge in Politics : The *Timaeus* and the *Laws*.

Jaeger, W., *Aristotelis Metaphysica*, Oxford, 1957.

Klosko, G., *The Development of Plato's Political Theory*, Methuen, 1986.

Liddell & Scott, *Greek-English Lexicon*: Revised Supplement, Oxford, 1996.

Lisi, F. L.(ed), *Plato's Laws and its Historical Significance*, Sankt Augustin, 2001. 여기에 실린 Lisi의 논문 Contemporary readings of Plato's *Laws*.

Lucas, D. W., *Aristotle : Poetics*, Oxford, 1968.

Macran, H. S.(ed.), *The Harmonics of Aristoxenus*, Oxford, 1902.

Marchant, E. C. & Todd, O. H., *Xenophon*, I, Loeb Classical Library, 1923.

Morrow, G. R., *Plato's Cretan City*, Princeton, 1960.

Plutarch's *Moralia*, *Adversus Colotem*, Loeb Classical Library.

Plutarch's *Moralia*, *De genio Socratis*, Loeb Classical Library.

Plutarch's *Moralia*, *Quaestiones convivales*, Loeb Classical Library.

Plutarch's *Moralia*, *Quaestiones Platonicae*, Loeb Classical Library.

Plutarch's *Moralia*, *Septem sapientium convivium*, Loeb Classical Library.

Rackham, II., *Aristotle : The Athenian Constitution*, Loeb Classical Library, 1952.

Rhodes, P. J., *A Commentary on the Aristotelian ATHENAION POLITEIA*, Oxford, 1981.

Rogers, B. B., *Aristophanes*, I, II, III, Loeb Classical Library, 1924.

Ross, W. D., *Aristotelis Ars Rhetorica*, Oxford, 1959.

Ross, W. D., *Aristotelis Politica*, Oxford, 1957.

Ross, W. D., *Aristotle : De Anima*, Oxford, 1961.

Russell, B., *Wisdom of the West*, London, 1959.

Sandys, J. (ed.), *Pindar*, Loeb Classical Library, 1937.

Saunders, T. J. & Brisson, L., *Bibliography on Plato's Laws*, Sankt Augustin, 2000.

Schofield, M., *Plato: Political Philosophy*, Oxford, 2006.

Scolnicov, S. & Brisson, L.(edd.), *Plato's Laws: From Theory into Practice*, Sankt Augustin, 2003.

Slings, S. R., *Platonis Respublica*, Oxford, 2003.

Smith, C. F., *Thucydides*, I(1928), II(1930), III(1921), IV(1923), Loeb Classical Library.

Smyth, H. W., *Aeschylus*, I, II, Loeb Classical Library, 1922, 1926.

Stanford, W. B., *The Odyssey of Homer*, Books I~XII, London, 1965.

Stanford, W. B., *The Odyssey of Homer*, Books XIII~XXIV, London, 1965.

Storr, F., *Sophocles*, I, II, Loeb Classical Library, 1912.

Taylor, A. E., *A Commentary on Plato's Timaeus*, Oxford, 1928.

Theognis, *Elegiae*, TLG.

Tyrtaeus, *Elegiae, Fragmenta*, TLG.

Van Hook, L. R., *Isokrates*, Vol. III, Loeb Classical Library, 1945.

Way, A. S., *Euripides: Trōiades, Kylolōps, Hippolytos*, Loeb Classical Library, 1912.

Whibley, L., *A Companion to Greek Studies*, Cambridge, 1905.

Wilamowitz-Moellendorf, U. von, *Platon: Beilagen und Textkritik*, Weidmann, 1969.

Willcock, M. M., *The Iliad of Homer*, Books I~XII, London, 1978.

Willcock, M. M.,*The Iliad of Homer*, Books XIII~XXIV, London, 1984.

Ziegler, K. & Sontheimer, W., *Der Kleine Pauly*, 1~5, Muenchen, 1979.

박종현 지음, 《헬라스 사상의 심층》, 서광사, 2001.

박종현 편저, 《플라톤》(개정·증보판), 서울대학교 출판부, 2006. 절판.

박종현 역주, 《플라톤의 국가(政體)》(개정 증보판), 서광사, 2005.

박종현·김영균 공동 역주, 《플라톤의 티마이오스》, 서광사, 2000.

박종현 역주, 《플라톤의 네 대화편; 에우티프론, 소크라테스의 변론, 크리톤, 파이돈》, 서광사, 2003.

박종현 역주, 《플라톤의 필레보스》, 서광사, 2004.

호메로스 지음, 천병희 옮김, 《일리아스》, 도서출판 숲, 2007.

호메로스 지음, 천병희 옮김, 《오뒤세이아》, 도서출판 숲, 2006.

오비디우스 지음, 천병희 옮김, 《변신 이야기》, 도서출판 숲, 2005.

고유 명사 색인

※ 스테파누스 쪽 수 앞의 *표시는 그곳에 해당 항목과 관련된 주석이 있음을 뜻한다. 또한 그 앞의 《미》는 《미노스》 편을, 《에》는 《에피노미스》 편을 각기 가리킨다.

[ㄹ]

[ㅁ]

[ㅈ]

[ㅋ]

[ㅌ]

[ㅍ]

[ㅎ]

내용 색인

[ㄱ]

※ 스테파누스 쪽수 앞의 *표시는 그곳에 해당 항목과 관련된 주석이 있음을 뜻한다. 또한 그 앞의 《미》는 《미노스》 편을, 《에》는 《에피노미스》 편을 각기 가리킨다.

[ㄴ]

[ㄷ]

[ㄹ]

[ㅅ]

[ㅈ]

[ㅊ]

[ㅎ]